Comentário
Teológico-Pastoral

Catecismo da
Igreja Católica

Comentário Teológico-Pastoral

Catecismo da Igreja Católica

Organizado por
DOM RINO FISICHELLA

Traduzido por
ENIO PAULO GIACHINI
GABRIEL FRADE
ORLANDO SOARES MOREIRA

Edições Loyola

Título original:
Catechismo della Chiesa Cattolica. Testo integrale.
Nuovo commento teologico-pastorale di Rino Fisichella
© Amministrazione del Patrimonio della Santa Sede Apostolica
e © Libreria Editrice Vaticana. Città del Vaticano, 2017.
All rights reserved. International Copyright handled
by Libreria Editrice Vaticana, Città del Vaticano.
ISBN 978-88-92-21251-0

A presente edição brasileira está baseada na edição italiana
publicada originalmente pela *LEV – Libreria Editrice Vaticana*
e conta com a devida autorização.

Dados Internacionais de Catalogação na Publicação (CIP)
(Câmara Brasileira do Livro, SP, Brasil)

Comentário Teológico-Pastoral - Catecismo da Igreja Católica / organização Rino Fisichella ; tradução Enio Paulo Giachini, Gabriel dos Santos Frade, Orlando Soares Moreira. -- São Paulo : Edições Loyola, 2024. -- (Catequese)

Título original: Catechismo della Chiesa Cattolica : testo integrale : nuovo commento teologico-pastorale di Rino Fisichella
ISBN 978-65-5504-224-5

1. Catequese 2. Catequese - Igreja Católica 3. Doutrina cristã I. Fisichella, Rino. II. Série.

24-206501   CDD-268.82

Índices para catálogo sistemático:
1. Catequese : Igreja Católica   268.82
Eliane de Freitas Leite - Bibliotecária - CRB 8/8415

Capa e diagramação: Ronaldo Hideo Inoue
Na primeira orelha, papas São João Paulo II (1978-2005), Bento XVI (2005-2013) e Francisco (2013-), fotos do © Vatican Media. (*As datas entre parênteses se referem aos anos do papado.) Na segunda orelha, Dom Rino Fisichella (org.), foto de © Riccardo Rossi, © Wikimedia Commons.

Edições Loyola Jesuítas
Rua 1822 nº 341 – Ipiranga
04216-000 São Paulo, SP
T 55 11 3385 8500/8501, 2063 4275
editorial@loyola.com.br
vendas@loyola.com.br
www.loyola.com.br

Todos os direitos reservados. Nenhuma parte desta obra pode ser reproduzida ou transmitida por qualquer forma e/ou quaisquer meios (eletrônico ou mecânico, incluindo fotocópia e gravação) ou arquivada em qualquer sistema ou banco de dados sem permissão escrita da Editora.

ISBN 978-65-5504-224-5

© EDIÇÕES LOYOLA, São Paulo, Brasil, 2024

O logotipo da capa representa uma pedra sepulcral cristã das catacumbas de Domitila (Roma), do final do século III. Esta imagem bucólica de origem pagã é usada pelos cristãos para simbolizar o repouso e a felicidade que a alma do falecido encontra na Vida Eterna.

A figura sugere também alguns aspectos que caracterizam este Catecismo: Cristo, Bom Pastor, que conduz e protege seus fiéis (a ovelha) com sua autoridade (o cajado), os atrai pela melodiosa sinfonia da verdade (a flauta) e os faz repousar à sombra da "árvore da vida", sua Cruz redentora que abre o paraíso.

SUMÁRIO

Apresentação do Papa Francisco … xiii
Introdução de Dom Rino Fisichella … xv

Autores … 1
Siglas … 5

QUESTÕES INTRODUTÓRIAS

O Catecismo da Igreja Católica na história dos catecismos … 9
    Giuseppe Biancardi

História e estrutura do Catecismo … 29
    Raffaello Martinelli

O Catecismo da Igreja Católica na dinâmica da renovação da catequese … 33
    Joël Molinario

O Catecismo da Igreja Católica nas Igrejas particulares … 39
    Christoph Schönborn

Recepção do Catecismo da Igreja Católica … 49
    Caroline Farey

Primeira Parte
A PROFISSÃO DE FÉ

Primeira Seção
"EU CREIO" — "NÓS CREMOS"

Capítulo I: O homem *imago Dei* é *capax Dei* … 61
    Ramón Lucas Lucas

Capítulo II
Artigo 1: A revelação de Deus … 69
    Rino Fisichella

Artigo 2: A transmissão da revelação divina ... 83
Jared Wicks

Artigo 3: A Sagrada Escritura ... 89
Ignace de la Potterie

Capítulo III: A resposta do homem a Deus ... 95
Rino Fisichella

Segunda Seção
A PROFISSÃO DA FÉ CRISTÃ

Os símbolos da fé ... 117
Jared Wicks

Capítulo I: Creio em Deus Pai ... 119
Thomas Joseph White

Artigo 1, Parágrafo 1: Creio em Deus ... 121
Thomas Joseph White

Artigo 1, Parágrafo 2: O Pai ... 133
Thomas Joseph White

Artigo 1, Parágrafo 3: O Todo-poderoso ... 145
Thomas Joseph White

Artigo 1, Parágrafo 4: O Criador ... 149
Luis F. Ladaria

Artigo 1, Parágrafo 5: O céu e a terra ... 157
Paul O'Callaghan

Artigo 1, Parágrafo 6: O homem ... 165
Luis F. Ladaria

Artigo 1, Parágrafo 7: A queda ... 171
Luis F. Ladaria

Capítulo II: Creio em Jesus Cristo, Filho único de Deus ... 179
Vincenzo Battaglia

Artigo 2: "E em Jesus Cristo, seu Filho único, nosso Senhor" ... 183
Vincenzo Battaglia

Artigo 3: "Jesus Cristo foi concebido pelo poder do Espírito Santo, nasceu da Virgem Maria" ... 185
Vincenzo Battaglia

Artigo 4: "Jesus Cristo padeceu sob Pôncio Pilatos, foi crucificado, morto e sepultado" ... 193
Vincenzo Battaglia

Artigo 5: "Jesus Cristo desceu aos infernos, ressuscitou dos mortos no terceiro dia" ... 197
Vincenzo Battaglia

Artigo 6: "Jesus subiu aos Céus, está sentado à direita de Deus Pai Todo-poderoso" ... 199
Vincenzo Battaglia

Artigo 7: "Donde virá julgar os vivos e os mortos" » 201
Vincenzo Battaglia

CAPÍTULO III

Artigo 8: "Creio no Espírito Santo" » 203
Giulio Maspero

Artigo 9: "Creio na santa Igreja católica" » 215
Manuel José Jiménez R.

Artigo 9, Parágrafo 4/I-II: Os fiéis de Cristo: hierarquia, leigos, vida consagrada » 231
Salvador Pié-Ninot

Artigo 9, Parágrafo 4/III: A vida consagrada » 245
Pier Giordano Cabra

Artigo 9, Parágrafo 5: A comunhão dos santos » 255
Salvador Pié-Ninot

Artigo 9, Parágrafo 6: Maria — Mãe de Cristo, Mãe da Igreja » 259
Regina Willi

Artigo 10: "Creio no perdão dos pecados" » 269
Antonio Miralles

Artigo 11: "Creio na ressurreição da carne" » 271
Luis F. Ladaria

Artigo 12: "Creio na vida eterna" » 277
Luis F. Ladaria

"Amém" » 285
Rino Fisichella

Segunda Parte
A CELEBRAÇÃO DO MISTÉRIO CRISTÃO

Primeira Seção
A ECONOMIA SACRAMENTAL

CAPÍTULO I: O mistério pascal no tempo da Igreja » 291
Maria del Pilar Rio García

CAPÍTULO II: A celebração sacramental do mistério pascal » 303
Goffredo Boselli

Segunda Seção
OS SETE SACRAMENTOS DA IGREJA

Os sete sacramentos da Igreja » 315
Philip Goyret

CAPÍTULO I

Artigo 1: Os sacramentos da iniciação cristã — O sacramento do batismo » 317
Juan Carlos Carvajal Blanco

Artigo 2: O sacramento da confirmação .... » 325
Juan Carlos Carvajal Blanco

Artigo 3: O sacramento da eucaristia .... » 331
Juan Carlos Carvajal Blanco

CAPÍTULO II

Artigo 4: Os sacramentos de cura — O sacramento da penitência
e da reconciliação .... » 341
Antonio Miralles

Artigo 5: A unção dos enfermos .... » 351
Antonio Miralles

CAPÍTULO III

Artigo 6: Os sacramentos do serviço da comunhão — O sacramento da ordem ... » 357
Philip Goyret

Artigo 7: O sacramento do matrimônio .... » 373
Ina Siviglia

CAPÍTULO IV: As outras celebrações litúrgicas .... » 381
Edward McNamara

Terceira Parte
A VIDA EM CRISTO

Primeira Seção
A VOCAÇÃO DO HOMEM: A VIDA NO ESPÍRITO

A vocação do homem: a vida no Espírito .... » 397
Renzo Gerardi

CAPÍTULO I: A dignidade da pessoa humana .... » 409
Ángel Rodríguez Luño

CAPÍTULO II: A comunidade humana .... » 421
Gaetano De Simone

CAPÍTULO III: A salvação de Deus: a lei e a graça .... » 429
Aristide Fumagalli

Segunda Seção
OS DEZ MANDAMENTOS

Os dez mandamentos .... » 441
Stefano Zamboni

CAPÍTULO I

Artigo 1: O primeiro mandamento .... » 449
Cataldo Zuccaro

Artigo 2: O segundo mandamento .... » 461
José M. Galván

Artigo 3: O terceiro mandamento » 467
Cettina Militello

Capítulo II

Artigo 4: O quarto mandamento » 473
Carmelo Dotolo

Artigo 5: O quinto mandamento » 479
Stefano Zamboni

Artigo 6: O sexto mandamento » 487
Aristide Fumagalli

Artigo 7: O sétimo mandamento » 497
Sabatino Majorano

Artigo 8: O oitavo mandamento » 507
Réal Tremblay

Artigo 9: O nono mandamento » 513
Martín Carbajo Núñez

Artigo 10: O décimo mandamento » 519
Mauro Cozzoli

Quarta Parte
A ORAÇÃO CRISTÃ

Primeira Seção
A ORAÇÃO NA VIDA CRISTÃ

Capítulo I: A revelação da oração » 531
Enzo Bianchi

Capítulo II: A tradição da oração » 541
Anna Maria Cànopi

Capítulo III: A vida de oração » 551
Michael Schneider

Segunda Seção
A ORAÇÃO DO SENHOR: "PAI-NOSSO"

A oração do Senhor: "Pai-nosso" » 559
Ugo Vanni

Tradutores da Edição Brasileira » 585
Tradutores da Edição Italiana » 587

APRESENTAÇÃO

O *Catecismo da Igreja Católica* se apresenta como um caminho que, por meio de quatro etapas, permite perceber a dinâmica da fé. Abre-se com o desejo de todo ser humano que traz em si o anseio por Deus e conclui-se com a oração, enquanto expressão de um encontro em que o ser humano e Deus se contemplam, falam e escutam. A vida da graça, expressa particularmente nos sete sacramentos, e o estilo de vida do fiel como uma vocação a ser vivida segundo o Espírito são as outras duas etapas necessárias para compreender em plenitude a identidade do fiel como discípulo missionário de Jesus Cristo.

Na ocorrência do XXV aniversário da Constituição Apostólica *Fidei depositum* — com a qual se entregava aos fiéis o *Catecismo da Igreja Católica* —, assinada simbolicamente por São João Paulo II no dia 11 de outubro de 1992, no trigésimo aniversário do início do Concílio Ecumênico Vaticano II, a publicação desta nova edição [...] se apresenta como um *comentário teológico-pastoral* e é de grande ajuda para entrar sempre mais na compreensão do mistério da fé.

Deste modo, o *Catecismo da Igreja Católica* se torna uma mediação adicional por meio da qual promover e sustentar as Igrejas particulares em todo o mundo na tarefa da evangelização como instrumento eficaz para a formação principalmente dos sacerdotes e catequistas. Faço votos que possa ser conhecido e utilizado para valorizar ao máximo o grande patrimônio de fé destes dois mil anos da nossa história.

Franciscus

INTRODUÇÃO

Um Catecismo para o nosso tempo

A catequese é um capítulo fundamental para a vida da Igreja. De fato, é anúncio da novidade cristã por sua própria natureza e, com sua obra de formação, torna sempre mais firme a profissão de fé por meio do compromisso de testemunhá-la com coerência no mundo. Em um momento como o nosso, em que a Igreja redescobriu a exigência de renovar sua obra de evangelização para que possa emergir sempre mais uma "nova alegria na fé e uma fecundidade evangelizadora" (EG 11), a catequese se apresenta como um momento decisivo para a vida dos cristãos.

No transcorrer das décadas, afasta-se cronologicamente cada vez mais o evento do Concílio Vaticano II (1962-1965) e cresce de modo exponencial a urgência de manter vivo esse ensinamento. O que emergiu das quatro constituições: *Dei Verbum*, *Lumen Gentium*, *Sacrosanctum Concilium* e *Gaudium et spes* continua a alimentar a vida do povo de Deus na escuta da Palavra de Deus, na sua celebração litúrgica e na responsabilidade de oferecer a própria contribuição ao mundo de hoje.

O *Catecismo da Igreja Católica* permanece como um fruto do concílio. Recordava-o São João Paulo II quando escrevia: "Este Catecismo trará um contributo muito importante àquela obra de renovação da vida eclesial inteira, querida e iniciada pelo Concílio Vaticano II [...]. Vejo-o como um instrumento válido e legítimo a serviço da comunhão eclesial e como uma norma segura para o ensino da fé" (FD). A essa voz é necessário adicionar a voz mais recente do Papa Francisco, que atualizou seu significado: "O *Catecismo da Igreja Católica*, instrumento fundamental para aquele ato unitário com que a Igreja comunica o conteúdo inteiro da fé, 'tudo aquilo que ela é e tudo quanto acredita'" (LF 46).

Para se introduzir com coerência no estudo do *Catecismo da Igreja Católica*, poderá ser útil fazer referência ao logo que o caracteriza e em que se encontram alguns elementos peculiares: o *bom Pastor* com um *cajado* na mão no ato de tocar a *flauta*; a *ovelha* junto dele à escuta da sua música e ambos à sombra da *árvore da vida*.

A metáfora do *bom Pastor* é capaz de sintetizar em si dois aspectos que aparentemente poderiam ser contrastantes: o da autoridade e o da amizade. O pastor deve ser forte para defender seu rebanho; ao mesmo tempo, de todo modo, é capaz de amar com ternura. Fiel à imagem das Escrituras antigas, também Jesus faz referência ao pastor para indicar o cuidado de que ele dispõe em relação aos seus discípulos e de todos aqueles que nele crerem. Os Sinóticos mostram Jesus em sua consciência de ter sido enviado às "ovelhas perdidas" (Mt 15,24); ele reúne seus discípulos como um "pequeno rebanho" (Lc 12,32) e o defende de quem, disfarçado de cordeiro, busca destruí-lo (Mt 7,15). Nesse mesmo horizonte, o autor da Carta aos Hebreus o chamará de "o grande pastor das ovelhas" (Hb 13,20) e Pedro, de "o pastor supremo" (1Pd 5,4). Entretanto, será João que nos transmitirá a imagem mais coerente do bom pastor, apresentando Jesus como o Filho que nas vestes do pastor revela o amor do Pai (cf. Jo 10). Ele se torna uma unidade: bom pastor, porta pela qual se pode entrar no redil, cordeiro que se oferece. Com base nessa sua autoridade, ele é também o único capaz de confiar seu cuidado pastoral a quem ele escolheu para ser pastor: Pedro, os Doze e seus sucessores (cf. Jo 21,15; Ef 4,11; 1Pd 5,1).

No logo proposto, nota-se que o pastor está *sentado* e segura em sua mão o *cajado*. Também dessa simbologia emerge um ensinamento que merece ser explicitado. Estar sentado é sinal de autoridade, pois indica o mestre que ensina. Para o pastor nômade, o cajado é sinal do caminho. Esses particulares ajudam a perceber a finalidade do *Catecismo da Igreja Católica*. O ensinamento que é oferecido não é outra coisa senão a fé da Igreja, assim como se desenvolveu ao longo dos séculos, e que possui sua fonte primária na Palavra de Deus vivida pela comunidade cristã e interpretada autenticamente pelos seus Pastores. Em todo caso, há um caminho que deve ser percorrido e que ainda não está terminado. O cajado do pastor indica propriamente isso: a longa estrada que ainda deve ser percorrida. É o futuro que está diante de nós, cheio de expectativas e esperanças; futuro no qual o "compromisso da fé" (1Ts 1,3) exigirá a necessidade de crescer na verdade completa (cf. Jo 16,13), para vivê-la coerentemente na participação a uma responsabilidade comum da qual ninguém pode se eximir. A Igreja, nessa peregrinação, está acompanhada pela multidão de homens e mulheres que por milênios professam a fé. Das grandes figuras bíblicas de Abraão, Moisés, Elias, Davi, os profetas, os apóstolos, os discípulos... até os mais desconhecidos fiéis do quais, em todo caso, permanece viva a fé ainda que seus nomes não tenham permanecido; todos se colocaram a caminho com um empenho que exigiu força, coragem, paixão e amor.

O bom pastor, sentado com o cajado na mão, está tocando uma *flauta*. A música é sinal da melodia e da beleza do ensinamento do pastor. O longo caminho tem necessidade de uma pausa. É o tempo para recuperar as forças e fazer o balanço da situação. A *ovelha* está sentada junto ao pastor; ela o vê e o escuta com confiança. É esta a atitude fundamental que se deve ter em relação à "música" do mestre: a disponibilidade à escuta, pois ele não quer e não pode enganar. A imagem se aplica facilmente ao *Catecismo da Igreja Católica*: este se insere naquele constante ensinamento "ordinário" dos Pastores da Igreja; por esse motivo o povo de Deus o acolhe com confiança e disponibilidade na escuta atenta e no estudo sistemático.

Além disso, o logo está envolvido, como se fosse uma moldura, pela *árvore da vida*. É a árvore colocada no centro do jardim do Éden (cf. Gn 2,8); é a mesma árvore que, renovada pelo sangue do Cordeiro, se encontra novamente no Apocalipse. Uma árvore que "dá doze colheitas e produz frutos todos os meses, as folhas da árvore servem para curar as nações" (Ap 22,2). À sombra dessa árvore da vida, os fiéis encontram refúgio e orientam seu olhar para o caminho subsequente, que permanece ainda a ser percorrido.

Por fim, não se deve esquecer que esse logo foi recuperado a partir de um *grafito* que se encontra nas *catacumbas* em uma *pedra sepulcral*. Ambos os aspectos permitem adicionar algo mais na interpretação. Para a fé cristã, as *catacumbas* são o sinal que remete ao período em que a fé tinha necessidade de ser sustentada em seu testemunho público. A fé conheceu momentos de obscuridade, de medo, de martírio. Por muito tempo e até os nossos dias, em diferentes partes do mundo o fato de ser fiel é ainda uma situação de catacumba. Em todo caso, é essa fé que sustenta a nossa, que muitas vezes se torna preguiçosa e incapaz de se sacudir do sono para provocar a conversão. O *grafito* colocado na pedra sepulcral é ao mesmo tempo sinal de uma expectativa e de um compartilhar. Também o bom pastor acolheu e viveu a experiência do "sábado santo". Sobre ele a pedra sepulcral foi rolada pensando que o caso de Jesus de Nazaré pudesse ser definitivamente fechado. Não foi assim. A pedra, embora pesada para as débeis forças humanas, foi encontrada rolada e Cristo retornado para sempre à vida. O anúncio do anjo às mulheres: "Não está aqui" (Mc 16,6) permanece também para nós o sinal mais convincente. Não é no reino dos mortos que se deve procurar Cristo, mas no reino dos vivos. O sepulcro é sinal de expectativa e de esperança de que o Senhor, fiel à sua promessa, permitirá também à nós ressurgir para a vida nova com ele. Esta é a novidade radical da fé cristã.

Na expectativa desse encontro, a fé compromete todos com o anúncio. Em todo caso, para que a evangelização possa ser fecunda, é solicitado a todo batizado seu crescimento à escuta da Palavra de Deus, na celebração dos sagrados mistérios, na vivência do seguimento do Senhor e no fazer da oração o pão cotidiano. O *Catecismo da Igreja Católica* é um instrumento que ajuda a entrar progressivamente nesse compromisso de vida. Testemunha disso é o interesse constante presente na comunidade cristã, que permitiu chegar até hoje a sua tradução em mais de sessenta línguas. Segundo as palavras de São João Paulo II, este Catecismo exprime "a 'sinfonia' da fé"; sua realização "reflete a natureza colegial do episcopado e testemunha a catolicidade da Igreja" (FD); sua acolhida se transforma em um sinal de "comunhão" (FD).

O *Catecismo da Igreja Católica* se apresenta também como um instrumento necessário para a *nova evangelização* na medida em que permite sublinhar a unidade que intercorre entre o ato pelo qual se crê e os conteúdos da fé. Uma tendência muito difundida em nossos dias quer justificar o fato do ser cristãos independentemente do conhecimento de seus conteúdos. Nada mais perigoso do que uma tendência como essa. De fato, o ato pelo qual se crê se justifica justamente pelo conhecimento do mistério a que se dá o próprio consentimento. Graças a esse conhecimento, crer se torna um ato livre da pessoa e não um gesto desgastado de pertença a algumas tradições. Uma referência importante, neste contexto, deve ser feita à Exortação apostólica de Paulo VI, a *Evangelii nuntiandi* (1975), que representa um ponto sem volta para verificar o forte liame que mantém unida a catequese com a missão evangelizadora da Igreja. Com o olhar profético e clarividente que caracterizou seu magistério, o Papa colocava em evidência o quão determinante foi a catequese para o processo de evangelização. A Exortação apostólica antevia a necessidade de uma nova linguagem e de uma nova metodologia para fazer da catequese uma companheira decisiva na estrada para uma evangelização renovada (cf. EN 44).

O *Catecismo da Igreja Católica* pode ajudar a nova evangelização a superar uma dificuldade presente em várias Igrejas, que frequentemente limitam a catequese apenas à preparação para os sacramentos. Essa configuração hoje mostra seus limites. Se a catequese está endereçada à recepção dos sacramentos, parece evidente que, ao se terminar o percurso relativo aos sacramentos da iniciação cristã, a formação posterior corre o risco de uma deriva. É tempo de retomar com convicção a possibilidade de uma formação constante, dirigida a todos os fiéis, respeitando os diferentes estágios e metodologias, mas voltada a oferecer a compreensão do mistério cristão em vista de uma existência coerente com tudo aquilo que se crê. Não é um acaso que volte, sempre mais frequente, uma solicitação em relação à exigência de um *catecumenato* que torne evidente a escolha da fé por uma permanente inteligência e testemunho da vida cristã.

Um ponto decisivo neste momento histórico da evangelização é saber dar uma razão do *porquê* de crer. A insistência sobre os conteúdos da fé (*fides quae*) certamente é decisiva. E, não obstante, é urgente que o cristão saiba responder ao porquê de ele ser alguém que crê. Em outras palavras, ele deve ser capaz de dar a si mesmo, em primeiro lugar, uma explicação convincente do seu ato de crer e de querer se confiar a Deus, que se revela em Jesus Cristo. Este momento (*fides qua*) não pode ser esquecido, como ocorreu nas últimas décadas. As consequências negativas desse esquecimento estão diante de nossos olhos. Dentre essas tantas consequências, pode-se fazer referência à privatização da fé devido ao esquecimento de se tratar de um ato pessoal, mas igualmente eclesial. É possível conhecer os conteúdos da fé como se fossem algumas fórmulas químicas, sem ser capaz de entrar nestes com a força da convicção que provém apenas de uma escolha realizada. Escolher crer permite compreender a própria vida como um chamado à liberdade. Em um período como o nosso, em que a liberdade assume uma importância tão qualificante e decisiva, ainda que frequentemente equivocada, não é nada secundário dar as razões da escolha de fé como um ato pessoal em que o fiel exprime da melhor maneira seu desejo de liberdade e sua força para exercê-la.

Um aspecto adicional a ser considerado é o uso do *Catecismo da Igreja Católica* na *pastoral*. Em um tempo como o nosso, que se confronta cada vez mais com o progresso científico, não deveria faltar o conhecimento de poder conjugar de modo coerente o patrimônio da cultura que se tem com as perguntas inevitáveis que surgem a partir da ciência. O analfabetismo religioso se embate com a preparação profissional que cada um busca, a fim de dar densidade à própria atividade de trabalho. Daí surge a necessidade, para que a personalidade dos fiéis não sofra um desequilíbrio injusto que, efetivamente, enfraqueça o próprio testemunho de fé. Nesse contexto, emerge de modo preponderante a *via pulchritudinis* como expressão privilegiada para sustentar o anúncio da fé e sua relevância cultural.

Portanto, é bom que a praxe cultural recupere o momento da catequese como um estudo sistemático da fé orientada para a vida e para o testemunho público. Não um conhecimento fragmentário da fé, mas sistemático; isso significa ser capaz de mostrar a relação coerente entre os diferentes conteúdos da fé, a hierarquia das verdades e as várias fases que o desenvolvimento do dogma tem. Em síntese, não se deve ter medo de afirmar que a fé exige também o estudo e que apenas uma catequese genuína favorece uma obra eficaz de evangelização.

Por fim, a catequese se explicita da melhor maneira onde ela é vivida como momento comunitário e onde, no compartilhamento da mesma fé, os fiéis se ajudam uns aos outros a viver dela e a testemunhá-la onde são chamados todos os dias, na família e no trabalho. Por mais paradoxal que possa parecer, também o estudo em privado da fé é sempre um ato comunitário. A nota da *eclesialidade* pertence por sua própria natureza à catequese. É sempre bom que a catequese permita viver diretamente a experiência comunitária. De fato, o sujeito da catequese é a comunidade cristã, pois trata-se sempre de um ato de transmissão da fé da Igreja. Nesse sentido, a obra da evangelização se torna um autêntico serviço que a comunidade sente como responsabilidade própria.

A edição aqui apresentada tem o mérito de conter um *comentário teológico-pastoral* ao *Catecismo da Igreja Católica* que pouco a pouco explicita os seus conteúdos, inserindo-os em um uso mais afeito à catequese e às diversas expressões da vida eclesial. Uma primeira edição foi feita quase que contemporaneamente com a saída do *Catecismo*, em 1993. Foi acolhida com entusiasmo, e as repetidas reedições testemunham seu sucesso. Após algumas décadas, haja vista o ministério que o Papa me chamou a desempenhar na promoção da nova evangelização, que comporta a responsabilidade sobre a catequese, considerei que era necessário retomar esse instrumento tão útil, principalmente para os sacerdotes e os catequistas. Dessa constatação surgiu uma edição completamente nova, com o envolvimento de quarenta especialistas em várias áreas. A composição internacional testemunha que o *Catecismo da Igreja Católica* é um verdadeiro serviço às Igrejas particulares e sua utilização é apoiada pela reflexão teológica e pastoral de teólogos e catequetas de todo o mundo. Foi conservado o ensaio escrito pelo saudoso padre Ignace de la Potterie como testemunho de afeto e estima por este mestre da exegese que ensinou de maneira coerente a Palavra de Deus. Na medida em que agradeço de coração a todos os autores que ofereceram suas contribuições tão qualificadas, não posso deixar de exprimir a minha gratidão pessoal pela edição italiana do Grupo Editorial San Paolo nas pessoas do padre Simone Bruno, Enrico Maria Beraudo e Pino Occhidipinti. Um agradecimento especial vai aos meus colaboradores, o padre monsenhor Francesco Spinelli e o doutor Ricardo Piacci pela sua paciência e assistência cotidiana.

Espero que este trabalho, para usar as palavras de Bento XVI, possa "dar um novo impulso à evangelização e à catequese, de que dependem 'não apenas a expansão geográfica e ao crescimento numérico, mas também, e muito mais ainda, o crescimento interior da Igreja e sua conformidade com o desígnio divino'".

✠ DOM RINO FISICHELLA
Presidente do Pontifício Conselho para
a Promoção da Nova Evangelização

AUTORES

RINO FISICHELLA
Direção e coordenação

BATTAGLIA, VINCENZO
Cristologia,
Pontificia Università Antonianum – Roma

BIANCARDI, GIUSEPPE
Catecismo,
Pontificia Università Salesiana, Facoltà Teologica – Torino

BIANCHI, ENZO
Fundador da Comunidade Monástica de Bose

BOSELLI, GOFFREDO
Liturgia,
monge de Bose

CABRA, PIER GIORDANO
Ex-Presidente da
Conferência das Ordens Religiosas Italianas (CISM)
e das Ordens Religiosas Europeias (UCESM)

CÀNOPI, ANNA MARIA
Abadessa da Abadia Beneditina "Mater Ecclesiae",
Isola San Giulio – Orta

CARBAJO NÚÑEZ, MARTÍN
Teologia moral,
Pontificia Università Antonianum – Roma

CARVAJAL BLANCO, JUAN CARLOS
Teologia da Evangelização e Catequese,
Universidad Eclesiástica San Dámaso – Madrid

COZZOLI, MAURO
Teologia moral,
Pontificia Università Lateranense – Roma

DE SIMONE, GAETANO
Doutrina Social da Igreja,
Pontificia Università Lateranense – Roma

DOTOLO, CARMELO
Teologia das religiões,
Pontificia Università Urbaniana – Roma

FAREY, CAROLINE
Diretora de estudos,
School of Annunciation, Buckfast Abbey – Devon

FISICHELLA, RINO
Presidente do Pontifício Conselho
para a Promoção da Nova Evangelização

FUMAGALLI, ARISTIDE
Teologia moral,
Facoltà Teologica dell'Italia Setentrionale – Milão

GALVÁN, JOSÉ M.
Teologia moral,
Pontificia Università della Santa Croce – Roma

GERARDI, RENZO
Teologia moral,
Pontificia Università Lateranense – Roma

GOYRET, PHILIP
Eclesiologia,
Pontificia Università della Santa Croce – Roma

JIMÉNEZ R., MANUEL JOSÉ
Teologia pastoral,
Centro de Formación para la Nueva Evangelizacíon
y Catequesis (CEFNEC) – Bogotá

LADARIA, LUIS F.
Prefeito da Congregação para a Doutrina da Fé

LUCAS, RAMÓN LUCAS
Antropologia filosófica e bioética,
Pontificia Università Gregoriana – Roma

MAJORANO, SABATINO
Teologia moral sistemática,
Accademia Alfonsiana – Roma

MARTINELLI, RAFFAELLO
Bispo de Frascati,
ex-secretário da Comissão para a preparação do CCE

MASPERO, GIULIO
Teologia dogmática,
Pontificia Università della Santa Croce – Roma

McNAMARA, EDWARD
Liturgia,
Ateneo Pontificio Regina Apostolorum – Roma

MILITELLO, CETTINA
Eclesiologia e Mariologia,
professora emérita da Pontifícia Facoltà Teologica Marianum – Roma

MIRALLES, ANTONIO
Teologia sacramentária,
professor emérito na Pontificia Università della Santa Croce – Roma

MOLINARIO, JOËL
Teologia prática,
diretor do Institut Supérieur de Pastorale Catéchétique – Paris

O'CALLAGHAN, PAUL
Antropologia teológica,
Pontificia Università della Santa Croce – Roma

PIÉ-NINOT, SALVADOR
Teologia fundamental,
Facultat de Teologia de Catalunya – Barcelona
Pontificia Università Gregoriana – Roma

PILAR RIO GARCÍA, MARIA DEL
Teologia sacramentária,
Pontificia Università della Santa Croce – Roma

POTTERIE, IGNACE DE LA
(24.06.1914–11.09.2003)
Biblista,
Pontificio Istituto Biblico

RODRÍGUEZ LUÑO, ÁNGEL
Teologia moral,
Pontificia Università della Santa Croce – Roma

SCHNEIDER, MICHAEL
Teologia dogmática e liturgia,
Universität St. Georgen – Frankfurt am Main

SCHÖNBORN, CHRISTOPH
Arcebispo de Viena

SIVIGLIA, INA
Antropologia teológica,
Facoltà Teologica di Sicilia – Palermo

TREMBLAY, RÉAL
Teologia moral,
professor emérito na Accademia Alfonsiana – Roma

VANNI, UGO
Exegese do Novo Testamento,
professor emérito da Pontificia Università Gregoriana – Roma

WHITE, THOMAS JOSEPH
Teologia sistemática,
Pontifical Faculty of the Immaculate Conception, Washington DC

WICKS, JARED
História da Teologia,
Jesuit School of Theology – Chicago

WILLI, REGINA
Teologia espiritual,
Institut für Historische Theologie – Viena

ZAMBONI, STEFANO
Teologia moral,
Accademia Alfonsiana – Roma

ZUCCARO, CATALDO
Teologia moral,
Pontificia Università Urbaniana – Roma

SIGLAS

AA	Apostolicam actuositatem (18.11.1965)	DH	Dignitatis humanae (07.12.1965)
AAS	*Acta Apostolicae Sedis*	DP	Dignitas personae (08.12.2008)
AG	Ad gentes (07.12.1965)	DS	DENZINGER-SCHÖNMETZER, *Enchiridion Symbolorum, definitionum et declarationum de rebus fidei et morum*
AL	Amoris laetitia (19.03.2016)		
AS	Acta Synodalia Sacrosancti, Concilii Oecumenici Vaticani II, 1970-1980	DV	Dei Verbum (18.11.1965)
BA	Bibliothèque augustinienne, Brepols, Paris 1933 ss.	EB	Enchiridion Biblicum, Bologna, EDB, 1993
c.	capítulo ou corpus	EG	Evangelii gaudium (24.11.2013)
CCE	Catechismus Catholicae Ecclesiae (11.10.1992)	EN	Evangelii nuntiandi (08.12.1975)
CCEO	Codex Canonum Ecclesiarum Orientalium	EO	Enchiridion Oecumenicum, Bologna, EDB, 1986 ss.
CCL	*Corpus Christianorum (Series Latina)*	EV	Enchiridion Vaticanum, Bologna, EDB, 1976 ss.
CD	Christus Dominus (28.10.1965)	EVi	Evangelium vitae (25.03.1995)
CIC	Codex Iuris Canonici	Exort. apost.	Exortação apostólica
CL	Christifideles laici (30.12.1988)	FC	Familiaris consortio (22.11.1981)
Const.	Constituição	FD	Fidei depositum (11.10.1992)
Const. ap.	Constituição apostólica		
CSEL	*Corpus Scriptorum Ecclesiasticorum Latinorum*	FR	Fides et ratio (14.09.1998)
CT	Catequese tradendae (16.10.1979)	GS	Gaudium et spes (07.12.1965)
CV	Caritas in veritate (29.06.2009)	HG	Humani generis (12.08.1950)
DaS	Divino afflante Spiritu (30.09.1943)	HV	Humanae vitae (25.07.1968)
DB	Documento base para a catequese. A renovação da catequese (02.02.1970)	ID	Indulgentiarum doctrina (01.01.1967)
		IGMR	Institutio generalis MR (25.01.2004)
DCE	Deus caritas est (25.12.2005)	LF	Lumen Fidei (29.06.2013)
DCG	Directorium Catecheticum Generale (11.04.1971)	LG	Lumen gentium (21.11.1964)
DeV	Dominum et Vivificantem (18.05.1986)	LS	Laudato si' (24.05.2015)
DF	Dei Filius (24.04.1870)	Mansi	J. D. MANSI, Sanctorum Conciliorum et Decretorum Collectio nova...
DGC	Diretório Geral para a Catequese (15.08.1997)		

MCC	Mystici corporis Christi (29.06.1943)	RH	Redemptor hominis (04.03.1979)
MD	Mediator Dei (20.11.1947)	RICA	Ritual de iniciação da vida cristã de adultos (30.01.1978), ver OICA
ME	Mysterium Ecclesiae (05.07.1973)	RMa	Redemptoris Mater (25.03.1987)
MQ	Ministeria quaedam (15.08.1972)	SA	Slavorum Apostoli (02.06.1985)
NA	Nostra aetate (28.10.1965)	SaC	Sacramentum caritatis (22.02.2007)
OICA	Ordo initiationis christianae adultorum (06.01.1972)	SC	Sacrosanctum Concilium (04.12.1963)
OS	Ordinatio sacerdotalis (22.05.1994)	SD	Salvifici doloris (11.02.1984)
PDV	Pastores dabo vobis (25.03.1992)	SF	Sensus fidei (10.06.2014)
PF	Porta fidei (11.10.2011)	SRS	Sollicitudo rei socialis (30.12.1987)
PG	*Patrologia graeca* (J. P. MIGNE)	UR	Unitatis redintegratio (21.11.1964)
PL	*Patrologia Latina* (J. P. MIGNE)	UUS	Ut unum sint (25.05.1995)
PO	Presbyterorum ordinis (07.12.1965)	v.	volume
q.	quaestio	VC	Vita consecrata (25.03.1996)
RBC	Ritual do Batismo de Crianças (31.05.1970)	VD	Verbum Domini (30.09.2010)
RC	Ritual da Confirmação (29.04.1972)	VS	Veritatis Splendor (06.08.1993)

Questões introdutórias

O CATECISMO DA IGREJA CATÓLICA NA HISTÓRIA DOS CATECISMOS

Um panorama histórico sintético

GIUSEPPE BIANCARDI

Entre os termos mais difundidos do léxico cristão comum aos católicos e reformadores, deve-se certamente elencar a palavra "catecismo". Há séculos que esse conceito está indicando numa só voz o "momento" da catequese eclesial, seu "conteúdo" e o "texto" que reúne, de forma diversa, mas orgânica, aquele mesmo conteúdo que cada bom catequista é chamado a comunicar aos catequizandos. Nossa atenção aqui está centrada principalmente no catecismo, entendido como um manual que logo se torna "o" instrumento por excelência da catequese em todas as comunidades cristãs e que, portanto, hoje pode gabar-se de ter uma história secular, muito variada e interessante; uma história que chegou até nós e que, com a publicação relativamente recente do CCE (1992-1997), experimentou um de seus momentos mais notáveis.

Para melhor compreensão do último autorizado *Catecismo*, pode então ser útil, mesmo que de forma resumida, revisitar os desdobramentos históricos dos livrinhos de catecismo que o precederam. E é precisamente isso que estas páginas introdutórias pretendem fazer.

I. Rumo às raízes do texto do catecismo, na época patrística e medieval

As raízes "remotas" já podem ser vislumbradas na catequese dos Padres, que explicam o símbolo da fé, o pai-nosso, os sacramentos, a moral, isto é, os núcleos temáticos mais importantes dos futuros catecismos. Em Santo Agostinho, em particular, encontramos a justificação para o vínculo entre símbolo e fé e oração e esperança, assim como uma das primeiras atestações do vocábulo *catechismus*.

Quanto à Idade Média, na qual se podem encontrar as "raízes mais próximas" desse subsídio com o qual estamos às voltas aqui, devem ser recordados os inúmeros sínodos diocesanos e provinciais que enumeram os temas fundamentais de cada ensinamento religioso, reunindo-os em torno ao credo, à moral, aos sacramentos e à oração. Os mesmos conteúdos são confirmados nos primeiros instrumentos elaborados para pastores que cuidam de almas, como as *Artes praedicandi* que sintetizam os temas da pregação relacionada ao *quid credendum* (o símbolo), *quid petendum* (pai-nosso e a oração em geral), *quid faciendum et vitandum* (a moral), *quid sperandum* (os novíssimos). Isto também se aplica aos muito difundidos *Elucidari*, que explicam as verdades cristãs, ou aos textos que ajudam o confessor em seu ministério (*Summae poenitentiae, Summae confessorum, Confessionalia* e *Confessiones generales*): subsídios que propõem esquemas bem detalhados de exame de consciência, realçando assim a importância da componente moral da catequese, que de fato irá ocupar a maior parte dos manuais catequéticos.

É entre a Idade Média e a Renascença que se vai encontrar um esboço mais preciso do catecismo compreendido no sentido moderno. É o caso, por exemplo, do famoso *Opus tripartitum de praeceptis decalogi, de confessione et de arte moriendi*, atribuído a Jean Gerson (1363-1429), e da produção catequética de Erasmo de Rotterdam (1469-1536), da qual emerge o *Christiani hominis institutum*, redigido em esplêndidos hendecassílabos latinos para estudantes das escolas de humanidades.

II. O catecismo entre os séculos XVI e XIX

A consolidação do texto do catecismo

O "nascimento", ou melhor, o firmar-se do verdadeiro catecismo deve ser localizado mais propriamente no século XVI. Este é o século que vê em primeiro lugar a iniciativa catequética dos reformadores, em particular de Lutero (1483-1546), que em 1529 escreve tanto o seu catecismo "maior" como o ainda mais famoso catecismo "menor" ou *Enchiridion*, imediatamente seguido por Calvino (1509-1564).

Nas décadas seguintes, verifica-se no contexto católico a elaboração de alguns textos destinados a se tornarem "clássicos" e a serem utilizados durante séculos e em áreas geográfico-culturais muito amplas. Entre esses textos, em ordem cronológica, devemos pelo menos destacar as obras de São Pedro Canísio (1521-1597), autor de *Summa doctrinae christianae* (1555) para estudantes universitários, que ele logo reduziu a *Catechismus minimus* (1556) e *Parvus catechismus* (1558-1559) para níveis menores de estudo. Depois encontramos o *Catechismus ad parochos*, ou *Catechismo Romano*, requerido pelo Concílio de Trento e promulgado por São Pio V em 1566: o catecismo mais influente de toda a era moderna e contemporânea. Além disso, pertencem à última década desse século dois livros escritos na Espanha e cuja paternidade é disputada entre dois jesuítas: Jerônimo de Ripalda (1536-1618) e Gaspar Astete (1537-1601). Por fim, o final do século XVI assiste à elaboração por São Roberto Belarmino (1542-1621) de duas outras "doutrinas" clássicas e de longa duração: sua famosa *Doutrina cristã breve*, feita em 1597, que foi seguida no ano seguinte pela *Declaração mais copiosa da Doutrina Cristã*.

Em continuidade e seguindo o exemplo desses escritos, assiste-se a um pulular de catecismos que se espalharam não só no Ocidente de antiga cristandade, mas também nos novos mundos — da América à Ásia —, que precisamente a partir da Idade Moderna foram sendo descobertos e evangelizados.

No entanto, a variedade de textos não elimina a presença entre eles de alguns elementos comuns e certas constantes que são facilmente traçadas ao longo da era moderna, ainda no século XIX e mesmo além deste.

Razões fundamentais na origem do catecismo

Comuns aos catecismos são, em primeiro lugar, as duas razões fundamentais pelas quais são elaborados.

No século XVI, católicos e reformados redigiram esses instrumentos antes de mais nada para expor suas doutrinas contra as posições adversárias, e, portanto, por uma razão polêmica e controversista. Nos séculos seguintes, porém, essa motivação iria diminuir gradualmente, deixando cada vez mais espaço a outra razão que, ao contrário, marcou presença na origem de cada catecismo, tanto da Idade Média quanto da Idade Contemporânea: a luta contra a ignorância religiosa abismal que afetava o povo cristão em todos os níveis, desde os grupos mais pobres e marginalizados até o alto clero. A denúncia desta situação deplorável foi tão forte que se tornou habitual, pelo menos até o século XVIII, equiparar as populações nominalmente cristãs da Europa aos infiéis das distantes Índias, descobertas por essa época. "As nossas Índias estão aqui!", no Velho Continente.

Daí a urgência essencial de remediar uma situação julgada intolerável, causa de imoralidade, superstição ou rendição à heresia, e consequentemente de condenação eterna. Por isso, era imperativo que se divulgasse e se fizesse conhecer todo o conteúdo da fé, como demonstraram bem as repetidas disposições de Trento em torno da pregação em geral e mais ainda no que se refere à instituição da catequese paroquial para as crianças, desconhecida nos tempos medievais. A urgência evangelizadora encontra, portanto, uma de suas concretizações mais conhecidas e duradouras precisamente no cuidado de uma instrução catequética que se deseja tão sistemática e universal quanto possível, apoiada e orientada pelo manual do catecismo, considerado *"quasi Christi Domini gramatica"*, isto é, como uma coleção completa do que um cristão é obrigado a saber para viver como tal e assim obter a salvação eterna.

A CONCEPÇÃO DO CATECISMO ENTRE OS SÉCULOS XVI E XIX

Os propósitos e princípios inspiradores que orientam o trabalho dos editores dos vários catecismos representam um elemento comum, mesmo que nem sempre sejam aplicados.

De fato, pelo menos segundo as intenções dos compiladores, o catecismo é um "texto popular", pensado para as pessoas simples e incultas nas coisas da fé, ainda que sejam também disponibilizadas obras para estudantes e pessoas instruídas (como a *Summa* canisiana) e para os pastores em sentido estrito (o *Catechismus ad parochos*).

O subsídio também se destina a ser um "resumo exato e seguro da doutrina cristã". Enquanto tal, o catecismo deveria enunciar apenas as "verdades certas" do dogma e da moral, excluindo opiniões particulares das diferentes escolas teológicas. Com efeito, a era moderna registra a elaboração de vários textos que se tornam difusores de visões teológicas particulares, a ponto de muitos deles acabarem esbarrando no *Index*. A este respeito, bastará recordar a notável produção de obras de inspiração jansenista.

Quanto à forma, ela deseja apresentar clareza, precisão, facilidade de compreensão e de memorização, até por causa de sua brevidade, pois o catecismo está destinado a ser aprendido de memória. Na realidade, haverá efetivamente manuais catequéticos que corresponderão a essas linhas programáticas, mas muitos outros estarão longe de ser claros e essenciais. Isso porque o redator de um catecismo considera estar sobretudo à serviço das verdades a serem comunicadas e em geral não se mostra particularmente sensível às preocupações psicopedagógicas e didáticas que hoje consideramos como ponto pacífico em qualquer ensino, mesmo religioso.

De qualquer modo, curto ou longo, em quase todos os casos o catecismo é estruturado de acordo com a metodologia didática de "pergunta e resposta"; uma formulação que com o passar do tempo se torna quase sagrada, e, portanto, intocável. Prova é que, prescindindo do catecismo tridentino, para encontrar um catecismo que fosse expressão do Magistério, escrito de forma discursiva e não mais no estilo de perguntas e respostas, será necessário esperar até 1955, ano de edição do famoso *Katholischer Katechismus der Bistümer Deutschlands* [*Catecismo católico das dioceses alemãs*].

A CONFIGURAÇÃO DO CONTEÚDO
Os esquemas básicos e seu valor teológico

À primeira vista, os catecismos podem dar a impressão de que são elaborados com base em esquemas múltiplos e díspares. Na realidade, se apresentam assim apenas no estágio embrionário de sua história. Porque, pelo menos a partir do século XVI, a configuração que seguem pode remontar a duas vertentes fundamentais, que ademais perduram até hoje.

O esquema mais antigo foi estabelecido desde o início do século XVI e distribui claramente os argumentos em "quatro partes", com base nas virtudes teologais, nos sacramentos e nos deveres da vida cristã. Os temas do ensino religioso são então reunidos em torno dos seguintes núcleos:

— o "Símbolo" ou "Credo", que esclarece a "fé";
— os "mandamentos", que especificam em pormenor como deve ser vivida a "caridade";
— a "oração", que recorda a "esperança", uma vez que — segundo o ensinamento agostiniano — a oração recorda ao homem quais são os bens que deve esperar e a quem deve pedi-los,
— os sacramentos.

Às vezes, esse esquema é completado com uma "quinta parte", na qual se encontra a exposição das verdades não essenciais à fé, mas sobretudo uma listagem mais detalhada dos "deveres da vida cristã". Podemos, portanto, considerar essa divisão adicional como uma simples retomada da parte moral do catecismo, que se torna facilmente compreensível à luz da polêmica católica em relação à doutrina protestante que nega o valor meritório das obras humanas.

O esquema "quadripartido" caracteriza as formulações "clássicas" do século XVI, começando pelas de Lutero e Calvino, para passar aos textos de Canísio, Trento, Astete, Ripalda e Belarmino. Encontramos a esquematização em quatro (cinco) partes em alguns textos, com uma organização histórico-bíblica do século XVII francês, no *Compêndio* (1765) de Dom Michele Casati (1699-1782), fonte remota do primeiro catecismo de Pio X (1905), e em muitos catecismos "oficiais" de hoje, incluindo o CCE.

A segunda esquematização é mais tardia e alcança um sucesso notável e "crescente" do século XVII ao século XIX. É um esquema que pode ser definido como "tripartido", porque é construído a partir do tríplice dever que o homem tem para com Deus: (1) "crer", (2) "guardar" os mandamentos, (3) "utilizar os meios" disponíveis para poder crer e guardar. A partir dessa "lógica", em suas duas primeiras partes essa esquematização parece semelhante à anterior. A diferença é apreendida quando se vai abordar a questão dos "sacramentos e da oração", precisamente porque são considerados "unitariamente meios" que o fiel "deve utilizar para obter a graça" necessária para "crer e guardar" os mandamentos.

Esse modelo também aparece periodicamente na história dos catecismos. Rege, por exemplo, a exposição dos textos jansenistas e do conhecido *Catéchisme impérial* de Napoleão (1806), encontrando depois seu máximo rigor teológico no século XIX e precisamente na produção catequética inspirada pela neoescolástica, que entre outras coisas, influenciará significativamente a edição de 1912 do formulário de Pio X. Nesse texto, a pergunta/resposta n. 27 exprime muito bem a "lógica" da divisão "tripartida" das verdades cristãs: "Para viver de acordo com Deus, o que devemos fazer? Para viver de acordo com Deus, devemos 'crer' nas verdades reveladas por ele e 'guardar seus mandamentos', com a ajuda da sua 'graça', que é obtida por meio dos 'sacramentos e da oração'".

No que se refere à divisão dos temas nos formulários catequéticos, podemos ainda fazer brevemente duas observações.

No primeiro esquema, a ordem de disposição dos argumentos não é aleatória, mas geralmente obedece a um plano teológico preciso. Assim, na escolha de Lutero de colocar no início de seus catecismos (1529) a apresentação dos mandamentos, seguida da exposição do Credo, é possível perceber um reflexo da sua visão do ser humano, considerado incapaz de obras meritórias e levado à salvação apenas pela fé na graça divina. De fato, os dez preceitos apresentados imediatamente no início do itinerário catequético — para retomar a mesma imagem usada pelo reformador — mostram claramente ao homem que ele está doente e só pode se curar (salvar-se) recorrendo à medicina da fé. A mesma coisa se deve dizer da *Instruction et confession de foy* (1537), de Calvino, que, no entanto, no *Formulaire* de 1542, analogamente à perspectiva católica, volta a colocar a fé em primeiro plano, porque o fim fundamental da vida humana é conhecer e amar a Deus.

Observações semelhantes podem ser desenvolvidas em torno dos formulários católicos. Geralmente, aqueles que seguem a esquematização "quadripartida" dão prioridade à maneira de tratar a fé e os sacramentos (liturgia), colocando em segundo lugar a moral e a oração. Ora, textos deste tipo podem ser considerados mais corretos do ponto de vista teológico, porque são autenticamente "teocêntricos". De fato, reconhecem o primeiro lugar à iniciativa de Deus de se aproximar do ser humano mediante uma história da salvação, sintetizada no Credo e atualizada nos sinais litúrgico-sacramentais, ao passo que apenas numa fase posterior explicitam ao ser humano seus deveres para com a divindade, isto é, a observância da lei e da oração. Outros catecismos, em particular aqueles que desenvolvem o esquema "tripartido" elaborado com base nos deveres religiosos do homem, devem ser considerados menos precisos numa perspectiva teológica, pois são demasiado "antropocêntricos", no sentido de colocar em primeiro plano a pessoa e o que ela "deve fazer".

O predomínio do catecismo compreendido como síntese teológica ou catecismo "texto"

Outro dado realçado pela historiografia sobre a organização do conteúdo dos manuais de catecismo é a clara predominância, ao longo da era moderna e até o Concílio Vaticano II, de textos que exprimem a mensagem cristã com o instrumental conceitual da linguagem teológica, tanto que podem ser considerados pequenas *summae* que transmitem de modo resumido os conteúdos dos manuais teológicos à massa dos fiéis. De fato, enquanto os primeiros e embrionários catecismos são elaborados principalmente com intenções moralizadoras, para ajudar o fiel a "viver e a morrer bem" (pense-se na *Opus tripartitum* de Gerson), nos subsídios catequéticos da era moderna, sobretudo a partir de Calvino e de seu *Formulaire*, começa gradualmente a predominar a preocupação por uma comunicação catequética exata e completa do ponto de vista teológico.

Inúmeros fenômenos fazem com que na história do catecismo ocorra o que foi definido de modo autorizado como um "desvio" teologizante e até racionalizante: o formulário exprime "doutrina", e doutrina formulada de modo teológico e até filosófico, com uma mudança de tom que acaba reverberando também na linguagem comum. Assim, "ir ao catecismo" se torna um "ir à doutrina", isto é, a uma escola popular de teologia, em que se aprende de memória textos que significativamente têm títulos como *Compêndio de doutrina cristã* ou simplesmente *Doutrina Cristã*.

Entre as causas desse fenômeno que se desenvolveu ao longo dos séculos, podemos antes de mais nada enumerar, por ordem cronológica, as divergências entre as diversas confissões cristãs e os debates da teologia sistemática e moral no interior da própria Igreja Católica. A influência do Iluminismo, que se desenvolve em duas direções, também é crucial. Por um lado, analogamente ao que acontece no campo teológico, ele se torna gerador de uma catequese de vertente claramente racionalista. Por outro, a mesma Era das Luzes reage, precisamente em uma perspectiva teológica e racionalista, aos conteúdos lendários de muitos catecismos precedentes, considerando inaceitáveis certos elementos manifestamente lendários, imaginários ou milagrosos, presentes em textos até respeitáveis como os de Belarmino e, mais ainda, em outros catecismos menos conhecidos. A mesma tendência se mantém crescente no século XIX, quando o contraste com a modernidade induz a Igreja a reafirmar suas próprias verdades, valorizando com essa finalidade toda a contribuição da reflexão neoescolástica e neotomista e gerando uma catequese que, juntamente com a componente racional da proposta cristã, enfatiza a razão da integridade e sistematicidade teológica.

Não será, portanto, surpreendente que no século XIX haja quem enfatize a dificuldade de se elaborar um catecismo, pois deve ser um "compêndio da teologia", mas breve e conciso. Tampouco causa surpresa a condenação formulada pelo conhecido neoescolástico jesuíta Giovanni Perrone em relação a um catecismo redigido com notável esforço de "inculturação" por Dom Guglielmo Massaja (1809-1889) para os povos Galla da Etiópia: condenação motivada pelo fato de o censor recusar "considerar 'teologia' esse texto eivado de barbarismos e quase que totalmente desprovido dos 'termos técnicos dos manuais teológicos'".

Pode-se então dizer que, na maioria dos casos, os séculos XVI e XIX nos dão formulários catequéticos elaborados com a preocupação predominante de expressar em toda a integridade e ortodoxia o conteúdo da fé estabelecido com a linguagem técnica da teologia; textos mais atentos principalmente à "fidelidade a Deus" e muito menos à "fidelidade ao ser humano", para assumir uma declaração muito conhecida do catequeta Joseph Colomb (1902-1979).

Em suma, se quisermos nos apropriar da terminologia utilizada pelo então Cardeal J. Ratzinger na famosa conferência que ele realizou em Lyon e Paris, em janeiro de 1983, o manual da doutrina que se difundiu em toda a Igreja entre os séculos XVI e XIX é o catecismo "texto": precisamente, um elenco sistematizado teologicamente dos conteúdos doutrinais da fé cristã-católica, anterior a qualquer intervenção ulterior de explicação, adaptação e "inculturação" em relação aos catequizandos. É uma obra certamente necessária, mas a ser confiada a catecismos de segunda ordem chamados de "comentários".

A escassez de catecismos histórico-bíblicos e litúrgicos

Mas a prevalência de uma linha de exposição teológica não impede a emergência periódica de catecismos com uma abordagem mais histórico-bíblica e até mesmo litúrgica, que em todo caso continuam a ser a expressão de uma corrente pastoral sempre minoritária e malsucedida.

Em particular, no que diz respeito à dimensão bíblica, esse aspecto de minoria é ainda mais evidente se for feita uma rápida comparação com o que acontece entre os reformados. Ao passo que no contexto protestante há uma forte sensibilidade no que tange à relação entre doutrina e história da salvação, no católico, também por causa das conhecidas disposições seguidas pelo Concílio de Trento em matéria bíblica, se está bem longe da concepção patrística de que a catequese é eminentemente uma *narratio historiae salutis*. Portanto, quando aparece no catecismo, a Bíblia se limita a apoiar e dar suporte aos conteúdos doutrinais, sendo esporadicamente citada, de forma fragmentária, como um conjunto de *exempla* moralizantes e de *dicta probantia* invocados como sustentação de verdades enquadradas em esquemas predefinidos, que não são exatamente bíblicos.

Contudo, limitações e dificuldades no uso do texto sagrado não significam sua total exclusão. Já no século XVI, as proibições hierárquicas acerca da impressão, tradução em vernáculo, disseminação e comentários de livros sagrados não excluem completamente a referência bíblica também nas "doutrinas".

Com o século XVII, também se nota no campo católico um aumento considerável da atenção às Escrituras. Foi justamente dito que, por várias razões, "a volta à Bíblia foi um fenômeno de grandes proporções entre os anos de 1600 e 1700" (P. Braido). Nesse contexto, é possível encontrar alguns textos catequéticos compromissados com a apresentação dos temas da fé em chave preferencialmente histórico-bíblica; e esse fenômeno irá se repetir periodicamente até o final do século XX, mas — como já foi dito — continua sempre minoritário, se comparado com a prevalência maciça de catecismos de tom teológico.

Entre os séculos XVII e XVIII, os autores mais significativos foram os franceses J. B. Bossuet (1627-1704), C. Fleury (1640-1723) e F. Fénelon (1651-1715). Em todos os três, a referência à Bíblia se justifica fundamentalmente com base em razões psicopedagógicas e didáticas: o relato bíblico é valorizado pelo fato de que a narração torna o ensino mais atraente e, portanto, mais eficaz para o aprendizado das verdades religiosas, especialmente para as crianças e as pessoas mais simples. No entanto, a motivação teológica está também presente neles, pelo menos em nível embrionário: o catecismo deve tornar-se concreto pela narração histórico-bíblica, porque o próprio Deus se revela numa *historia salutis*. A lição desses três autores, especialmente a de Fleury, embora não universalmente aceita, irá exercer certa influência também sobre os manuais mais teológicos: depois deles, muitas "doutrinas", como premissa ou — mais frequentemente — como apêndice, reportam um resumo de história sagrada, ou de história da religião em geral, ou ainda de história da Igreja.

No século XVIII, a Bíblia irá encontrar um espaço muito maior nas escolas dos territórios da coroa de Habsburgo, a partir da Áustria. Contudo aqui, ao lado do catecismo doutrinal, a história sagrada torna-se uma verdadeira disciplina em si mesma. Isto implica a necessidade de preparar compêndios de história bíblica e bíblias escolásticas; uma obra em que vão se destacar jesuítas e escolápios. No mesmo século, independentemente de seu uso no campo escolástico, em razão da influência do Iluminismo, o texto sagrado continua a ser proposto principalmente em chave ética e civil.

No século XIX, enquanto por um lado se vê o apreço da Bíblia voltada para a apologética e a dogmática, surge também a proposta de uma catequese e de catecismos mais bíblicos no âmbito da inovação sugerida pela Escola Teológica de Tübingen, bem como no *Catecismo disposto segundo a ordem das ideias* de Rosmini (1797-1855).

Quanto à liturgia considerada globalmente, ela não tem um tratamento específico, pois a atenção dos editores de catecismos se concentra sobretudo nos sacramentos considerados individualmente. Quando é mencionada, a liturgia é apresentada simplesmente como o conjunto das "cerimônias" eclesiásticas. Ela recebe mais atenção pelos "catecismos das festas": são textos para adultos, provavelmente de origem francesa que, repetindo a forma de pergunta e resposta, desenvolvem a catequese a partir dos mistérios celebrados aos domingos e festas do ano litúrgico. Bossuet e João Batista de la Salle (1651-1719), entre outros, comprometem-se a elaborar esses catecismos, produzindo formulações emblemáticas em virtude da atenção dada à questão litúrgica.

Catecismo e conteúdo moral e ideológico

Além de um desvio teológico e racionalizador, o catecismo conhece outro desvio no âmbito da moral, no sentido de que é levado a enfatizar o conteúdo ético da mensagem cristã. Também este desvio adicional foi justificado por várias razões que foram se sobrepondo ao longo do tempo. São certamente e sobretudo de ordem teológica, que podem ser facilmente compreensíveis quando se pensa nos debates que na época moderna agitam internamente a teologia moral católica, na ênfase dada à ética pelo jansenismo e na afirmação do esquema catequético de três partes elaborado a partir do tríplice "dever" da pessoa.

No entanto, o vínculo estreito entre poder civil e poder religioso nos tempos modernos não pode ser esquecido. Ainda que por vezes conflitantes, continua firme a relação entre os dois poderes, induzindo a Igreja a desenvolver uma pastoral que contemple também a ideologia política do *Ancien Régime*. Para além do caso extremo dos catecismos especialmente elaborados para os escravos, no campo catequético encontramos formulários que justificam com motivações de fé a estratificação social e o corporativismo das sociedades do antigo regime, considerando como algo desejado por Deus a presença da riqueza e da pobreza, convidando os pobres a se resignarem e qualificando o roubo como um pecado muito grave, mesmo se realizado por necessidade. Na mesma lógica, partindo do pressuposto de que o poder é de origem divina, o catecismo inculca com tons insistentes uma obediência total e indiscutível às autoridades políticas.

À luz dessa componente moral-ideológica, podemos compreender muito bem o notável interesse demonstrado ao longo dos séculos pelos poderes políticos em relação aos manuais de doutrina utilizados pelos súditos. Podem ser considerados momentos exemplares desse cuidado a "política catequética" adotada por Maria Teresa da Áustria nas últimas décadas do século XVIII, mas sobretudo a promulgação do *Catéchisme impérial* de Napoleão (1806); um texto em que a "lição" mais importante é a sétima, "a irritante *leçon VII*" (B. Plongeron), que — não é preciso nem dizer — ilustra em pormenor e com meticulosa precisão os deveres dos súditos para com o Imperador Bonaparte.

Catecismo e "inculturação"

Continuando a estudar a partir de um ponto de vista de conteúdo os manuais de catecismo dos séculos que nos interessam, podemos nos perguntar se neles há elementos daquilo a que chamamos hoje "inculturação" ou, em outras palavras, se é possível encontrar aí conteúdos "inculturados". A questão se aplica, como é natural, particularmente ao que se refere aos manuais de catecismo presentes em territórios fora da Europa. Ora, é evidente que, se não quiser cair num anacronismo grosseiro, não se pode esperar encontrar nesses subsídios catequéticos a plena aplicação do princípio da inculturação, tal como este se entende atualmente. Com efeito, quando muito é possível encontrar nesses catecismos algumas tentativas significativas de "adaptar" ou "acomodar" a mensagem cristã às culturas locais, realizadas num contexto pastoral em que predomina a tendência mais confortável de simplesmente traduzir os textos europeus para as línguas nativas; um empreendimento — como pode ser facilmente compreendido — que já é objetivamente difícil em si mesmo, dada a notável diversidade dos universos culturais envolvidos na operação.

Entre os séculos XVI e XIX, é impensável haver maiores experiências de "inculturação"; e é impensável também por causa de uma certa ambivalência demonstrada a este respeito pelas diretrizes dadas por Roma, em particular através da Congregação de *Propaganda Fide*. Com efeito, o organismo curial, erigido por Gregório XV no início de 1622, em vários documentos dirigidos ao mundo missionário, reflete corretamente uma ideia de inculturação pelo menos embrionária, como quando convida os missionários a uma perfeita aprendizagem da língua nativa ou quando realça a necessidade de respeitar as culturas locais, sem querer submetê-las à cultura ocidental. No entanto, a prática desenvolvida pela própria Congregação nem sempre está em harmonia com os pronunciamentos teóricos referidos há pouco. Para além das decisões relativas à "questão dos ritos" devidas a outras instituições curiais, convém salientar que, desde 1626, quatro anos após sua ereção, a Congregação implantou em Roma uma tipografia multilíngue, na qual vários catecismos são impressos em várias línguas; mas, via de regra, trata-se quase sempre dos textos de Belarmino e do *Catecismo Romano*, que, depois, são simplesmente "exportados" para os países mais distantes. E, em 1632, para dar outro exemplo, essa Congregação vaticana, para silenciar as divergências pastorais entre os missionários de diversas famílias religiosas, exige que as missões japonesas adotem o texto de Belarmino: um texto que se difunde rapidamente na Ásia e acaba por favorecer em muito o aprofundamento do gueto psicológico e social no qual se encontrarão as comunidades cristãs presentes nesse continente.

Em todo caso, houve subsídios catequéticos que procuraram encarnar a comunicação do cristianismo nos mundos culturais das populações não europeias.

Nesse sentido, são particularmente significativas as tentativas feitas na América Latina (México) por meio dos catecismos chamados "pictográficos", porque procuraram traduzir a complexa articulação do discurso lógico-formal de tipo ocidental para a linguagem simbólica própria dos ideogramas da cultura asteca. Um testemunho igualmente eloquente da mesma linha de ação pastoral é o primeiro manual catequético (e provavelmente o primeiro livro) escrito em espanhol no Novo Mundo. É um texto preparado em Santo Domingo pelo dominicano Pedro de Córdoba (1482-1521), que chegou à ilha em 1510, impresso postumamente sob o título *Doctrina Cristiana para instrucción e información de los Indios por manera de historia*. Nessa obra, o anúncio cristão é ordenado de maneira histórico-narrativa, como instrumento mais adequado à mentalidade indígena, habituada a organizar a realidade religiosa não sobre verdades dogmáticas, mas em torno de um conto mítico sobre a origem dos deuses e do mundo.

Evidências de uma "inculturação" catequética embrionária também podem ser encontradas na Ásia. Quanto à Índia, basta recordar os corajosos esforços do jesuíta Roberto de Nobili (1577-1656); no caso da China, os trabalhos dos outros famosos jesuítas Michele Ruggeri (1543-1607) e Matteo Ricci (1522-1610). Igualmente significativo, embora menos conhecido, é o trabalho desenvolvido em outras partes da Ásia, como o Japão e o Vietnã.

Essa "inculturação", no entanto, parece tornar-se menos corajosa quando se percorre a idade moderna e se chega ao século XIX, como bem testemunha, na metade desse século, a já mencionada rejeição do catecismo preparado por Massaja para as terras africanas. Como já foi referido, a condenação da formulação feita pelo grande missionário é motivada fundamentalmente pela concepção do catecismo como texto teológico, uma pequena *summa* de teologia (neoescolástica). Entretanto, provavelmente, não seria forçar demais pensar que, na origem da rejeição, estivesse também a tendência então vigente de unificação das fórmulas catequéticas.

Essa última observação leva-nos a avançar em nosso argumento, levando em consideração outro aspecto da variada história dos manuais catequéticos: precisamente a sua oscilação entre a proliferação e a tendência para a unificação.

O TEXTO DO CATECISMO ENTRE PROLIFERAÇÃO E TENDÊNCIA À UNIFICAÇÃO

Com efeito, nas vicissitudes das fórmulas elaboradas desde o século XVI, é evidente uma espécie de movimento pendular, oscilando entre a tendência para multiplicar os textos e a orientação oposta, buscando a unificação.

Mais em pormenor: observou-se que, quando os catecismos começaram a difundir-se no século XVI, alguns manuais tendiam a prevalecer sobre os outros, de modo a se impor e exercer o predomínio durante séculos no campo da prática pastoral. São os textos que descrevemos como "clássicos"; são os textos de Canísio, que são predominantes nos países de língua alemã até a metade do século XIX, bem como nos ambientes jesuítas; de Belarmino, que exercem o predomínio na Itália pelo menos até 1905 e, também, entre os jesuítas; os de Astete e Ripalda, muito difundidos no espaço ibérico do Velho e do Novo Mundo, até o Vaticano II e além deste.

No entanto, o domínio plurissecular desses subsídios não impede a tendência de proliferação de outras fórmulas. O fenômeno, que se desenvolveu especialmente a partir da metade do século XVII, tem várias causas:

— A motivação fundamental continua sendo a contínua "constância da ignorância religiosa", que impele vários autores a empenharem-se na elaboração de obras consideradas adequadas para preencher essa lacuna. Essa tarefa lhes foi facilitada também pela invenção e difusão da "imprensa".

— Também têm um peso considerável — para os católicos — as "disputas com o mundo da Reforma" e a vontade das várias forças da Contrarreforma (ordens religiosas *in primis*) de prover seus próprios textos para propor e divulgar a ortodoxia católica numa perspectiva controversa e apologética. Assim, nesse contexto, nascem os "catecismos da controvérsia", alguns dos quais são muito bem-sucedidos.

— Tem-se uma outra razão, sem dúvida, nos debates e nas conhecidas "disputas no seio da própria Igreja Católica". A situação dialética estimula as diversas escolas teológicas a difundir suas opiniões próprias tanto quanto possível, até mesmo por meio do catecismo, o instrumento por excelência de divulgação.

— Outro elemento decisivo para a multiplicação dos textos catequéticos foi a escolha feita pelo Concílio Tridentino de centrar a reforma da Igreja na figura do "bispo diocesano". Essa determinação permitiu que cada zeloso prelado, consciente de seu *munus docendi*, depois de ter chegado à sua diocese, se preocupe com a catequese ali realizada, por vezes aprovando o catecismo do seu predecessor, mas também — e mais frequentemente — retocando-o ou mesmo impondo um novo catecismo. O fenômeno, que dá origem à rica série de catecismos "diocesanos", é particularmente evidente na França, onde, sobretudo depois de 1660, muitos formulários diocesanos trazem na capa a curiosa, mas emblemática, abreviatura P.E.S.E.D.S.D. [*Pour Être Seul Enseigné Dans Son Diocése* (*Para Ser O Único Ensinado Em Sua Diocese*)].

— Além disso, com a sucessão dos séculos, a catequese vai se "especializando" com base nas diversas categorias de destinatários (classificados, por exemplo, por idade ou profissão), em seus diferentes ambientes socioculturais de vida (cidade ou campo, *petites écoles* na França e Escolas de Doutrina Cristã na Itália, colégios, paróquias ou irmandades), nos sacramentos, aos quais se destina, ou em eventos religiosos particulares em que ela se realiza (missões populares). Uma tal "especialização" — que o conhecido historiador da catequese Jean-Claude Dhôthel descreve como "impulso" — explica bem a produção dos diversos manuaizinhos catequéticos; uma produção em que é muito comum encontrar, desde o século XVI, catecismos *ad hoc* para os soldados ou, no início do século XIX, o esboço de catecismo elaborado por São Gaspar del Bufalo para os "feneiros", isto é, os agricultores da zona rural romana que entravam em Roma para vender o próprio feno.

— No século XVIII, portanto, é o amadurecimento da "atitude antijesuítica" na Igreja que leva ao abandono, pelo menos em parte, dos grandes textos do século XVI, quase todos de autores jesuítas, e à sua substituição por diversos novos subsídios.

— Por fim, não se deve subestimar a "preocupação de cada um dos pastores" no cuidado das almas, os quais consideram impróprios para os seus fiéis os textos oficiais estabelecidos pelo ordinário diocesano, sentindo-se autorizados a produzir e a imprimir os seus próprios textos.

Especialmente a partir do século XVIII, esta proliferação é considerada um perigo que preocupa as próprias autoridades do Vaticano e que, no entanto, não se detém, tanto que se começa a constatar em toda parte a "monstruosa babilônia de catecismos", expressão usada como lamento na Lombardia austríaca do final do século XVIII.

Como reação, emerge a necessidade oposta, de uma certa unidade, apoiada por razões pastorais evidentes, como a preocupação com a ortodoxia dos conteúdos ou a necessidade de uniformizar o ensino catequético nas dioceses criadas por Napoleão, reduzindo e reunindo muitas Igrejas locais que existiam anteriormente.

No entanto, em termos cronológicos, os primeiros a impor um catecismo único foram as autoridades civis, baseadas em motivos proeminentemente políticos: Maria Teresa da Áustria, em 1777, e Napoleão, em 1806, promoviam um texto unificado para os seus respetivos domínios, em sintonia com os ideais típicos do jurisdicionalismo e do galicanismo.

No século XIX, para justificar a unidade do formulário catequético, as preocupações pastorais há pouco referidas retornam ao primeiro plano, ao que se acrescenta a conscientização dos crescentes fenômenos migratórios de massas, cada vez mais imponentes e que, com a industrialização nascente, se movem em busca de um melhor nível de vida.

O século XIX, portanto, registra em muitas Igrejas, tanto na Europa como fora do Velho Continente, um "aumento" de exigências pela unificação dos manuais de catecismo, que encontram sua realização, por exemplo, na Alemanha da metade do século XIX, onde se chega a uma única fórmula com base na produção catequética do jesuíta Joseph Deharbe (1800-1871).

Nem por isso diminui a tendência de multiplicação das fórmulas catequéticas, devido ao zelo pastoral de cada uma das personalidades. A este respeito, para citar apenas os mais conhecidos, basta recordar os catecismos elaborados por Rosmini, São João Bosco (1815-1888), o Bem-aventurado João Batista Scalabrini (1839-1905) e o jovem pároco Giuseppe Sarto (1835-1914) que, como bispo e pontífice [São Pio X], torna-se um fomentador decisivo para a unificação do subsídio catequético.

Em todo caso, as exigências de unidade, que continuam predominantes, chegam ao Concílio Vaticano I, que as recebe: não sem tensão, a assembleia conciliar aprova a deliberação de deixar à Santa Sé a elaboração de uma fórmula catequética breve, em latim, para os fiéis de toda a Igreja, a partir do modelo da *Doutrina cristã breve* de Belarmino. Aos bispos incumbia a tarefa de traduzir o futuro texto nas diversas línguas e com a possibilidade de lhe acrescentar o que considerassem apropriado para as suas Igrejas, desde que fosse impresso em caracteres diferentes.

O dispositivo, apesar de aprovado pelos Padres conciliares, acaba não sendo promulgado por Pio IX, provavelmente devido ao inesperado e antecipado encerramento do Concílio, permanecendo de fato letra morta. O problema de um catecismo "universal", portanto, continuará a ocupar periodicamente as autoridades romanas até o Vaticano II.

Entretanto, nas décadas imediatamente seguintes ao Vaticano I, de modo análogo ao que se registra em outros âmbitos eclesiais, começa a desenvolver-se um movimento catequético que vai renovando em profundidade o manual do catecismo e seu ensinamento.

III. O texto do catecismo na análise do movimento catequético: do catecismo "texto" ao catecismo "comentário"

A fórmula objeto de nossos estudos aqui sofre objetivamente limitações evidentes, tanto no âmbito do conteúdo como no do seu ensino. Quanto aos conteúdos, ela é apresentada como um manual sintético de teologia, preocupada apenas com a integridade e a ortodoxia da doutrina, sem uma presença explícita das suas fontes primárias: a Bíblia e a liturgia. Em suma, é um catecismo "texto", para retomar aqui a formulação do Cardeal Ratzinger: um subsídio que, de fato, não tem a preocupação de fazer-se imediatamente claro e compreensível para o catequizando. E, no que diz respeito ao seu ensino, a memorização dos conteúdos é assegurada por meio de processos didáticos que são também deficientes, posto que não respeitam a psicologia da aprendizagem humana.

Essas limitações, denunciadas periodicamente já nos séculos anteriores por alguns autores, são tratadas de forma mais sistemática precisamente pelo movimento catequético, que dá seus primeiros passos na Alemanha e na Áustria nas últimas décadas do século XIX. Em si, os pioneiros do movimento encontram limitações tanto nos conteúdos quanto na metodologia da fórmula, mas, dada a influência predominante da neoescolástica, não podem inicialmente pensar em renovar diretamente seu conteúdo. Por conseguinte, devem atuar apenas no sentido de uma renovação metodológica da catequese, alcançando, de qualquer modo, ainda que indiretamente, sua inovação incipiente, também em nível de conteúdo.

A RENOVAÇÃO METODOLÓGICA NO ENSINO DO CATECISMO DOUTRINAL

A melhora no nível metodológico ocorre quando o movimento inovador se abre às indicações da pedagogia e da psicologia do final do século XIX e início do século XX. Na época, a pedagogia falava de pedocentrismo, ao passo que a psicologia ensinava que a aprendizagem humana se desenvolvia indo do concreto ao abstrato, do conhecido ao desconhecido, por meio da indução e da retomada cíclica e do aprofundamento do objeto de conhecimento, que inicialmente só é percebido em sua totalidade.

A partir dessas indicações, se dá um passo além da prática catequética tradicional, o que ignora completamente as indicações acima referidas, e formula-se um novo método de ensino que encontra a sua expressão mais completa no conhecido "Método de Mônaco", ou método dos cinco graus, ou passos "formais" que devem ser percorridos em todos os ensinamentos, incluindo o catequético. Esses graus são: a "preparação", que envolve a referência inicial ao que já se sabe, uma vez que foi aprendido na lição catequética anterior, e a indicação do objetivo que se quer alcançar com a nova lição; a "apresentação" da verdade ou da norma a ser aprendida, realizada por meio de uma narrativa que seja fácil de compreender por indução, e passando do concreto para abstrato o que se quer comunicar; a "explicação", feita pelo catequista, mas com o envolvimento direto e ativo dos catequizandos; a "síntese" que, a essa altura, com uma linguagem universal-abstrata, esclarece a "doutrina" aprendida corretamente; a "aplicação à vida".

O método — que, como se pode facilmente constatar, já conduz, ainda que indiretamente, a uma alteração do conteúdo do catecismo — foi oficialmente aprovado pelo movimento alemão e austríaco em 1912, enriquecendo-se posteriormente pela aceitação criticamente analisada das indicações do ativismo pedagógico que o mesmo movimento recebeu em termos oficiais em 1928.

O intenso trabalho inovador desenvolvido na Alemanha e na Áustria é uma força impulsionadora para a renovação catequética em outros países europeus, onde, entretanto, não faltam iniciativas autônomas semelhantes. E, da Europa, a inovação metodológica espalha-se lentamente para as Igrejas em outros continentes.

No entanto, há que se dizer que, durante muito tempo, todas essas indicações inovadoras promovem a modificação apenas dos subsídios catequéticos "privados" e sequer conseguem arranhar as fórmulas "oficiais" das várias Igrejas.

Em todo o caso, a identidade e o propósito do catecismo tradicional começam a mudar: esse, de catecismo "texto" — para revalorizar novamente outra expressão usada pelo Cardeal Ratzinger, na França — vai se tornando progressivamente em catecismo "comentário", isto é, um subsídio já não só preocupado em expressar em termos ortodoxos toda doutrina, mas também em tornar esta mesma doutrina mais facilmente compreensível pelo catequizando.

A RENOVAÇÃO DO CONTEÚDO DO CATECISMO

Com a renovação do catecismo por volta da década de 1930, o movimento catequético dá um passo mais decisivo na renovação do texto do catecismo, com repercussões óbvias em seu ensino. Uma vez iniciada a ampla e controversa discussão em torno da metodologia, é agora possível prosseguir com a notável mudança dos "conteúdos" catequéticos, por meio da recuperação das fontes primárias de toda catequese: a Palavra de Deus, reunida nas Escrituras, e a liturgia.

A exigência de uma proposta catequética mais bíblica não é, naturalmente, nova. Sem querer remontar aos citados catecismos histórico-bíblicos franceses, em particular ao *Catéchisme historique* de Fleury (1683), podemos reportar ao século XIX mais uma vez uma visão da catequese como *narratio historiae salutis*, amadurecida por Rosmini, ao traduzir o livro de Agostinho *De catequizandis rudibus*, e a contribuição feita a esse respeito pela Escola de Tübingen. No início do século XX, os bispos Geremia Bonomelli (1831-1914), Pierre Dadolle (1857-1911) e Maurice Landrieux (1857-1926) foram particularmente notáveis por suas críticas à catequese doutrinal e por sua escolha decisiva em favor de um catecismo histórico-bíblico.

No entanto, a contribuição decisiva para a reformulação catequética numa chave histórico-bíblica provém da teologia querigmática, amadurecida na escola teológica de Innsbruck, graças à contribuição decisiva de Jungmann (1889-1975). A reflexão leva os expoentes do círculo teológico austríaco a distinguir claramente a teologia da pregação e à sabida afirmação de que é necessário conhecer o dogma, mas o que devemos proclamar de forma absoluta é o *kérygma*, extraído da fonte bíblica.

Por conseguinte, também no campo catequético, redescobre-se a importância da Escritura, em cujo centro está Cristo, princípio da concentração e da hierarquização de todas as verdades da fé cristã. Ao mesmo tempo, recupera-se também a outra fonte primária da catequese, ou seja, a liturgia, como atualização de uma história de salvação que tem o seu ponto focal em Cristo.

A partir de meados da década de 1930, quando Jungmann escreveu a sua obra-manifesto, apesar das dificuldades criadas pela guerra, começou-se a difundir-se por toda a Igreja a proposta de um catecismo renovado numa chave bíblico-litúrgica, para além do âmbito meramente metodológico. O binômio "Bíblia e liturgia" torna-se o *leitmotiv* que perpassa a reflexão catequética e anima a renovação da catequese até o Vaticano II. No entanto, mais uma vez, no que se refere aos textos do catecismo, a influência querigmática incide apenas nos textos "privados". A única exceção, mas decisiva e exemplar, é o mencionado *Katolischer Katechismus der Bistümer Deutschlands* [*Catecismo católico das dioceses alemãs*]. Publicado em 1955, o catecismo "verde" dos bispos alemães assumiu plenamente as diretrizes de décadas de renovação metodológica e de conteúdo. De fato, além de estarem substancialmente estruturadas de acordo com os graus formais do Método de Mônaco, cada "lição" traduz em prática as indicações da catequese querigmática, no que diz respeito aos conteúdos. Traduzido em pelo menos trinta e cinco línguas, o texto tem uma influência decisiva na inspiração de um movimento de renovação, mesmo nos países em que o movimento catequético ainda estava ausente, assim como na transformação do catecismo "texto" em catecismo "comentário". A sua novidade é tal que chega a parar os trabalhos de uma comissão vaticana, empenhada na revisão do Catecismo de Pio X, sobre o qual se tratará logo em seguida.

O Magistério entre exortação, catecismos tradicionais e problema do catecismo "universal"

Enquanto, entre o Vaticano I e o Vaticano II, o movimento catequético iniciado a partir da base eclesial imprime alguns redirecionamentos decisivos à catequese, também o Magistério se interessa em diversas frentes pela pastoral catequética. E esse interesse se mostra numa ação diversificada, que se estrutura entre exortação, codificação normativa e atenção específica ao texto do catecismo.

Deve-se dizer imediatamente, porém, que esta é uma série de intervenções que, mesmo incentivando de modo bastante insistente o cuidado da prática catequética, permanecem basicamente presas nos caminhos da tradição, justamente a partir do problema da fórmula catequética.

Assim, em nível de Igreja universal, devemos registrar o fato de Leão XIII procurar levar a efeito a deliberação do Vaticano I sobre o catecismo "universal" previsto. Por conseguinte, confia a compilação a Dom Scalabrini, pioneiro do movimento catequético italiano, e a uma comissão posterior, mas sem alcançar sucesso nesse intento.

No que diz respeito às Igrejas locais, ainda no período de governo do Papa Pecci, podemos observar que, por um lado, os bispos continuam a exigir uma unificação das fórmulas, como demonstra claramente o primeiro Concílio Plenário Latino-Americano (1899); por outro lado, eles se engajam nessa empreitada, algumas vezes levando-a a uma conclusão bem-sucedida, como é o caso, por exemplo, nos EUA (1885), em Quebec, na parte de língua francesa (1888-1889), no Norte da Itália, entre 1896 e o início do século XX, e no Chile, em 1900.

Pio X, o "Papa do catecismo", sucedeu a Leão XIII. Como se sabe, ele dedica em primeiro lugar a carta especial, Carta encíclica *Acerbo nimis* (1905), à pastoral do catecismo, que une exortação e regulação canônica do ministério catequético.

No mesmo ano, ele promulga um *Compêndio da doutrina cristã*, subdividido em várias partes, também muito amplas, e que tem como principal fonte o catecismo de Casati (1765), retomado no texto unificado estabelecido no norte da Itália em 1896. Defensor convicto da necessidade de uma fórmula universal, mas dotado de grande sensatez e prudência, o Pontífice impõe o seu texto apenas em Roma e na província eclesiástica romana.

O subsídio, de estrutura claramente tradicional, segue o padrão que definimos como "quadripartido". Ele logo revela seus defeitos, que foram relatados no exterior, em particular, pelos pioneiros do movimento catequético.

Seus limites objetivos e diversas dificuldades de uso levaram o Papa Sarto a promulgar, no final de 1912, uma nova fórmula: um *Catecismo da doutrina cristã* muito menor em tamanho e que acolhe e ratifica autorizadamente a esquematização "tripartida" dos conteúdos. Por conseguinte, esses continuam a ser propostos com a linguagem teológica da neoescolástica e, portanto, a inspirar uma prática catequética que preserve os limites tradicionais em termos de conteúdo e método. Estes defeitos, mais uma vez, são evidenciados por todos quantos se empenham na renovação da pastoral catequética.

Este segundo catecismo é também imposto apenas a Roma e à província eclesiástica romana, mas, pela sua autoridade — como já a forma anterior —, experimenta uma notável difusão também no estrangeiro, especialmente naqueles países onde se procura um manual de doutrina unificado. O *Catecismo* de 1912, em particular, torna-se "a" fórmula catequética da Igreja italiana até o Vaticano II.

Os pontificados sucessivos dão origem a uma rica regulamentação, que pretende animar e regular a atividade catequética, manifestando-se em particular no CIC de 1917 de Bento XV, no *Motu proprio* "Orbem catholicum" (1923) e no *Divini illius Magistri* (1929-1930) de Pio XI, cujas linhas são retomadas e resumidas no decreto *Provido sane consilio* (1935) da Congregação do Concílio, dedicada ao governo e à animação da catequese eclesial.

No entanto, dada a concisão necessária nestas páginas, é mais importante sublinhar que, nas mesmas décadas e até à véspera do Vaticano II, permanece a necessidade de unificação das fórmulas, tanto em nível local como em nível da Igreja universal. Em nível local, o problema é resolvido progressivamente em pelo menos alguns países, como o sul do Brasil (1904), a China (1934), a França (1937-1947), enquanto que para outras nações um catecismo unificado só chegará nos anos de 1950 e 1960.

Ao mesmo tempo, nota-se uma atividade recorrente da Santa Sé que, através de comissões especiais, continua a buscar a elaboração de uma fórmula universal. Basta aqui recordar alguns momentos emblemáticos desse empenho. Particularmente envolvido na obtenção de uma fórmula universal é o Cardeal Pietro Gasparri, Secretário de Estado de Pio XI (1852-1934), desejoso de mostrar a unidade da Igreja em torno dos *Códigos* (ocidental e oriental) e precisamente em torno de um catecismo unitário. O entendimento, porém, contrasta com a perplexidade e o realismo do Papa Ratti, que remete à decisão sobre o tema ao Santo Ofício. Esse órgão vaticano exprime uma opinião negativa sobre o projeto, provocando grande descontentamento em Gasparri. É concedido então ao Cardeal a possibilidade de publicação, mas somente a título pessoal, de um *Catechismus catholicus*, que foi publicado em 1930 e, pelo que consta, foi traduzido para várias línguas, chegando a países como o México e a China.

Para o período seguinte, pelo estado atual da documentação, sabe-se que no pontificado de Pio XII trabalhou-se na revisão do formulário de Pio X de 1912, ao passo que no início do pontificado de João XXIII estipulou-se o trabalho de reescrever o "Pio X" em um texto impresso provisório: trata-se do *Projeto de modificações no Catecismo da doutrina cristã de São Pio X*. Esse esboço é imediatamente seguido por outro com o título: *Catecismo da Doutrina Cristã. Projeto II*. Este novo texto, no entanto, não é mais o formulário do Papa Sarto, ainda que revisto, mas um catecismo universal propriamente dito, totalmente novo, constituído por 1060 perguntas e respostas, agrupadas em 240 páginas.

IV. O problema do texto do catecismo no Vaticano II

Também o *Projeto II*, recém-mencionado, não foi adiante, porque nesse ínterim foi feito o anúncio do Concílio.

A consulta realizada na fase pré-preparatória da assembleia leva à catalogação de 160 propostas atinentes ao ministério catequético; junto aos "votos" sobre outros assuntos, essas propostas confluem também para um volumoso *Analyticus conspectus*.

No que se refere à catequese, essas declarações transitam essencialmente entre referências indispensáveis à legislação em vigor sobre a educação religiosa e uma certa abertura, tímida e genérica, às sugestões introduzidas nas Igrejas locais pelo movimento catequético em vigor na época, como demonstra o pedido de um catecismo *kerygmaticus*.

Das 160 proposições, pelo menos 41 propõem a discussão do catecismo como texto, sugerindo várias tipologias possíveis de catecismo universal. Apenas três pedidos manifestam uma orientação decididamente diferente, enquanto um pede que "não" se redija um catecismo universal para fiéis; o outro manifesta o desejo pela indicação de orientações em nível de princípios, típica de um diretório; uma terceira proposta, formulada pelo francês Dom Pierre-Marie Lacointe, bispo de Beauvais, é o único que sugere explicitamente a elaboração de um "diretório".

E será precisamente essa última indicação que encontrará a aprovação dos Padres conciliares. Estes, por sua vez, ao longo de todo o período dos trabalhos, seja no âmbito da assembleia ou das comissões, veem a perspectiva de três hipóteses sobre um possível texto catequético. Há aqueles que gostariam de contar com a elaboração de um catecismo propriamente dito, e aqueles que, por outro lado, preferem um diretório. Entre os dois extremos, acaba abrindo caminho a ideia de um *catechismus fons*, a saber, de um texto de compromisso entre as duas hipóteses anteriores: portanto, um documento destinado a fornecer pelo menos o conteúdo fundamental de toda catequese, juntamente com os princípios que a deveriam guiar. Como se sabe, o Concílio, no documento *Christus Dominus* 44c, faz a escolha clara de um diretório que verá a luz como *Diretório Catequético Geral* em 1971, por obra da Congregação para o Concílio, que entrementes havia se tornado (em 1967) a Congregação para o Clero.

V. O Catecismo no pós-concílio: entre "texto" e "comentário"

Os desdobramentos da catequese pós-conciliar são suficientemente conhecidos, e não precisamos nos deter em trazer mais detalhes aqui, também porque esses desdobramentos serão retomados mais atentamente nas páginas seguintes, enquanto contexto imediato e específico em que nasceu o CCE.

Aqui, então, basta recordar muito brevemente que o Concílio, embora nunca trate em termos específicos de catequese e não deixe nenhum documento *ad hoc* a esse respeito, induz, todavia, a uma profunda renovação da prática catequética.

No seguimento do espírito conciliar, em vários países, as Igrejas locais desenvolvem o seu próprio diretório, que as orienta na elaboração de textos de catecismo nacionais para diferentes idades. E em outras realidades, como na Igreja da França, em vista daquilo a que hoje chamamos catequese de "iniciação", renuncia-se à preparação de catecismos nacionais; para cada faixa etária, redige-se em vez disso uma espécie de *catechismus fons*, deixando ao encargo das várias equipes locais a elaboração de subsídios catequéticos mais "encarnados" nas diferentes situações existenciais dos catequizandos. Sem esquecer que em outras nações, em que as forças eclesiais são mais fracas, limita-se finalmente a uma abertura às indicações do movimento catequético pré-conciliar, mas também a prosseguir a catequese com o clássico manual de perguntas e respostas.

Catequese "experiencial", para um catecismo cada vez mais "comentário"

Mantendo-se no nível de um olhar geral sobre a evolução pós-conciliar da catequese, é importante notar que, um pouco em toda a parte, mas especialmente no Ocidente e na América Latina, a catequese faz a escolha de realçar sua própria dimensão "antropológica" ou, melhor, "experiencial".

A opção é essencialmente motivada pelo fato de a Igreja se tornar profundamente consciente de que o homem da modernidade, radicalmente marcado pelo individualismo, pelo subjetivismo e pelo relativismo (ou — lançando mão de uma terminologia sintética em voga, especialmente no imediato período pós-conciliar — marcado por uma radical "viragem antropológica" de tipo cultural), assume atitudes cada vez mais negativas face a cada discurso religioso e a propostas específicas de fé, mesmo nas chamadas sociedades cristãs. Tais posições podem manifestar-se como uma oposição ativa ou passiva em nome da "não-credibilidade" dos enunciados religiosos, ou como "indiferença" para com eles, dada a "insignificância" que estes têm para o homem moderno.

Em um contexto como esse, a prática pastoral tradicional e plurissecular, incluindo a prática catequética, mostra sinais muito claros de crise. Ao procurar uma solução para o problema macroscópico, a Igreja se coloca numa atitude positiva em relação ao homem que lhe é contemporâneo, filho da modernidade, e se empenha em lhe mostrar o "significado" que a mensagem cristã tem "para sua existência".

Na nossa perspectiva, este entendimento complexo leva à convicção de que — segundo a feliz imagem de J. Goldbrunner — a catequese, depois de se ter ocupado por um longo tempo com a "semente", ou seja, com a mensagem cristã, nos anos posteriores ao Concílio deve interessar-se pelo "terreno" sobre o qual a própria semente — isto é, o ser humano — deve cair.

Deriva daí a elaboração de uma atividade catequética que, desenvolvendo algumas escolhas já presentes na catequese pré-conciliar francesa, toma como propósito a elaboração inovadora dos dados antropológicos: o ser humano, com a sua experiência concreta no âmbito existencial, pessoal e social, de simples destinatário acaba se tornando fonte e conteúdo do percurso catequético. Em evidente analogia com o ponto de viragem antropológica na teologia, propiciado já nos anos trinta do século passado por K. Rahner, todos os temas clássicos do catecismo são tratados, reformulados e propostos a partir da pessoa, isto é, em diálogo contínuo com a experiência humana e em vista do significado que podem assumir para a pessoa em si.

A reflexão catequética, juntamente com a reflexão teológico-pastoral mais geral, está naturalmente ligada ao fundamento teórico desta escolha radical. Assim, enquanto o difícil conceito de "experiência" é abordado numa perspectiva filosófica, são individuadas, em perspectiva teológica, as várias razões que podem justificar uma pastoral e catequese de orientação existencial ou "experiencial". São identificadas, por exemplo, nas relações objetivas que ligam revelação e experiência humana ou experiência e salvação; relações que mostram uma evidente convergência e correlação entre polo teológico e polo antropológico. O ponto de síntese das argumentações pode ser buscado no evento da Encarnação, que se torna o princípio da ação pastoral e catequética, como documenta amplamente o DB para uma renovação da catequese pós-conciliar no âmbito italiano (1970).

Apoiada por razões teológicas bem fundadas, a orientação para uma catequese experiencial se propaga rapidamente em vastas áreas eclesiais. Nesse sentido, as Semanas Catequéticas Internacionais, que ocorrem na década de 1960, celebradas em Eichstätt (Alemanha, 1960), Bangkok (1962), Katigondo (Uganda, 1964), Manila (1967), Medellín (Colômbia, 1968), desempenham um papel importante a este respeito. Na Semana de Medellín, por exemplo, a orientação antropológica no campo catequético marca sem dúvida o seu ápice.

O próprio Magistério, embora obviamente não absolutize uma opção pastoral particular, como a experiencial, reconhece, no entanto, sua validade e importância. É um fato que pode ser facilmente visto mediante a análise dos documentos catequéticos elaborados em nível episcopal, como o DB há pouco mencionado (adotado, entre outros, pela Igreja da Austrália). Da mesma forma, podem ser apontados outros pronunciamentos pontifícios e curiais, como o DCG (11.04.1971) e a EN (08.12.1975). A própria CT (16.10.1979), mesmo sugerindo alguma prudência a este respeito, aprova a perspectiva de uma catequese de tipo experiencial.

Com base em todas essas indicações teológicas e magisteriais, nasce um florescimento luxuriante de projetos catequéticos, catecismos e subsídios, que dizem respeito diretamente à pessoa e a sua experiência cotidiana. Os catecismos de "textos", dirá o Cardeal Ratzinger na França, em 1983, isto é, coleções precisas e completas das verdades da fé, acabam se transformando cada vez mais em catecismos "comentários", isto é, instrumentos comprometidos em traduzir *hic et nunc* o conteúdo da mensagem cristã, por vezes em detrimento da correta comunicação dos dados da fé.

A recuperação do catecismo "texto"

A orientação experiencial-antropológica torna-se assim emblemática da catequese pós-conciliar, tanto que parecia indicar um terceiro e grande passo que ela mesma deu em seu caminho de renovação: depois de ter se renovado em nível metodológico no início do movimento catequético e, posteriormente, nos conteúdos que se seguem à teologia querigmática, ela teria progredido ao longo do seu caminho, prestando a devida atenção ao seu próprio referente, o catequizando.

Mas a escolha, embora generalizada, não é universal e pacificamente partilhada por todos. Aqueles que, na Igreja, se preocupam com o fato de a catequese continuar a assegurar uma comunicação integral e ortodoxa da verdade cristã, justificada também pelas fraquezas e inadequações reais que marcam o uso concreto da prática catequética experiencial, fazem dela alvo de várias acusações: o cuidado excessivo da *fides qua* à custa da *fides quae*, a comunicação parcial da verdade, o abandono da memorização e da responsabilidade quanto à ignorância religiosa e outras coisas semelhantes.

A denúncia dessas deficiências e a consequente reação manifestam-se em todos os níveis da comunidade eclesial.

Em nível de "base", por exemplo, em oposição aos catecismos acusados de "ignorar o Credo" ou o "pai-nosso", temos a reimpressão e a reproposta do *Catechismus ad parochos* ou das fórmulas de Pio X; escolhas que caminham lado a lado com a rejeição dos catecismos promulgados pelas Conferências episcopais ou a adaptação dos seus conteúdos, adequadamente integrados, ao tradicional esquema de perguntas e respostas.

Vários sinais de atenção crítica à catequese pós-conciliar emergem também no nível do Magistério. Podemos compreendê-los a partir dos desdobramentos do *Catecismo holandês* (1966) e do primeiro *Sínodo dos Bispos* (1967), quando representantes autorizados da hierarquia eclesiástica sugerem a elaboração de um catecismo "universal", evidentemente entendido como "texto" e não como "comentário", para uma catequese mais precisa e como um remédio para os erros que pululavam na Igreja dessa época. Um indicador semelhante também é encontrado na DCG de 1971, que, embora conservando-se como um diretório, é um documento que estabelece apenas princípios de ordem metodológica e de conteúdo; nos nn. 47-69 há o cuidado de se propor uma lista de conteúdos específicos que todo catecismo deveria transmitir. Igualmente indicativa é a discussão que se desenvolve entre o Sínodo de 1971 e o de 1974 sobre as relações entre a evangelização e a promoção humana; um debate que se move entre os extremos de uma promoção humana considerada "constitutiva" do processo evangelizador e, pelo contrário, outra considerada "secundária" e, portanto, não essencial. Importantes e decisivos apelos a uma catequese que, sendo fiel ao ser humano, não se esqueça da fidelidade a Deus, são então expressos na CT e na conhecida conferência do Cardeal Ratzinger, à qual já se fez referência várias vezes. Finalmente, acrescente-se a frequente demanda emergente de fato em todos os sínodos celebrados até 1985: a elaboração de um catecismo "texto", de valor universal, para que assim se tenha uma visão bastante precisa do quadro em que toda a história do CCE se desenvolve, uma história que requer uma abordagem à parte.

HISTÓRIA E ESTRUTURA DO CATECISMO

RAFFAELLO MARTINELLI

I. A redação do texto

O *processo* de elaboração do CCE passou por várias fases importantes. É possível descrever brevemente o percurso trilhado por esse esquema.

Do Sínodo extraordinário de 1985 a novembro de 1986

O Santo Padre São João Paulo II, acolhendo favoravelmente a proposta do Sínodo extraordinário de 1985, constituiu em 10 de julho de 1986 uma Comissão restrita representativa dos pastores de vários continentes e dos responsáveis pelos devidos Dicastérios da Cúria Romana. O objetivo dessa Comissão, estabelecida pelo Santo Padre, era elaborar um projeto de *Catecismo para a Igreja universal* ou *Compêndio da Doutrina Católica* (da fé e da moral) que "possa ser um ponto de referência para os catecismos preparados ou a serem preparados nas diferentes regiões". Era também um desejo do Papa que "a preparação do catecismo se faça segundo o estilo e o modo desejados pelos Padres sinodais e exigido pelas necessidades pedagógicas, psicológicas e técnicas da sociedade e da cultura modernas" (*Discurso à Cúria Romana*, 28.06.1986).

Os Padres sinodais, em seu relatório final de 1985, exprimiram-se nos seguintes termos a esse respeito: "Muitos manifestaram o desejo de que um catecismo ou compêndio de toda a doutrina católica seja composto tanto em relação à fé como à moral, para que possa ser quase um ponto de referência para os catecismos ou compêndios que são preparados nas diferentes regiões. A apresentação da doutrina deve ser bíblica e litúrgica. Deve apresentar uma sã doutrina adaptada à vida atual dos cristãos" (*Relatório Final*, II, B, 4). A Comissão de Cardeais e Bispos, nomeada pelo Papa, decidiu, antes de mais nada, na primeira sessão de novembro de 1986, recorrer à assistência de uma *Secretaria operacional* (composta pelo pessoal da Congregação para a Doutrina da Fé), de uma *Comissão de redatores* (sete bispos diocesanos pertencentes a diversas áreas linguísticas), um *Secretário de redação* e de um *Colégio de Consultores* (quarenta especialistas, escolhidos tanto de acordo com a sua competência específica nas várias disciplinas teológicas, quanto de sua pertença a diferentes culturas e línguas).

De dezembro de 1986 a outubro de 1989

Como primeira tarefa houve a preparação um esboço geral do CCE e, em seguida, vários projetos do texto catequético, procurando-se implementar alguns princípios de redação fundamentais, tais como: brevidade e concisão; atenção ao contexto cultural e à tradição das igrejas orientais; uso frequente da terminologia tradicional da Igreja; recusa das opções teológicas e das aplicações metodológico-didáticas.

Em julho de 1989, ficou pronto o *projet-révisé* [rascunho revisado], considerado pela Comissão como sendo já suficientemente maduro para ser submetido à consulta prevista de todos os bispos. Depois das traduções terem sido realizadas nas quatro línguas principais correntes (inglês, francês, espanhol, alemão), de novembro de 1989 a novembro de 1990 realizou-se a consulta de todos os bispos católicos do mundo, bem como das Conferências episcopais e, por meio delas, dos principais institutos universitários católicos. O texto enviado em cerca de 5.000 cópias aparece em quarto lugar na escala das nove elaborações.

O exame das respostas do episcopado

O trabalho de examinar as respostas dos bispos foi bastante cansativo e nada fácil. De fato, o material recebido foi muito abundante: 938 respostas, com mais de 24.000 ressalvas, todas a serem examinadas e catalogadas, a fim de preparar "uma radiografia" tão completa e objetiva quanto possível e um quadro resumido sobre questões gerais, partes individuais e alguns assuntos particulares, com possíveis propostas de soluções.

Quase unanimemente todos aqueles que tinham enviado sua apreciação tinham concordância em considerar como atual e necessário, para não dizer urgente, a elaboração de um texto catequético único para toda a Igreja católica, que servisse como "ponto de referência" para a elaboração dos catecismos nacionais e diocesanos. Em geral, o número e o conteúdo das respostas mostraram que *o projet-révisé* tinha sido bem recebido pelos bispos, que o consideraram como uma "base válida", capaz de acolher o grande número de melhorias sugeridas para a redação definitiva do texto. No decurso de várias reuniões, a Comissão, assistida pelo Comitê de redação, procedeu à redação do texto definitivo. Por essa razão, o texto foi revisto por um grupo misto de peritos, teólogos e exegetas, a fim de ter em conta, no que diz respeito ao uso da sagrada Escritura, tanto o propósito do CCE (que não é um estudo de exegese científica) como, sobretudo, a metodologia indicada pela DV. Em 14 de fevereiro de 1992 — Festa dos copadroeiros da Europa, Cirilo e Metódio, apontados pelo Santo Padre em sua Carta encíclica SA como "verdadeiros modelos para todos os missionários" (n. 11) —, os membros da Comissão expressaram, por votação secreta, a sua avaliação global de todo o texto: o resultado positivo foi unânime. Os aplausos de todos os presentes sublinharam o êxito da conclusão da tarefa iniciada em 1986.

São João Paulo II, depois de ter acompanhado diligentemente os trabalhos de preparação do texto nas suas diversas fases e de ter examinado atentamente os projetos finais do texto, propondo também ele suas próprias melhorias, aprovou o texto, chamado CCE, em 25 de junho de 1992, na proximidade da solenidade dos Santos Pedro e Paulo, com uma cerimônia simples, mas de notável relevância. Uma Constituição apostólica, intitulada *Fidei Depositum*, foi colocada no início do texto com data de 11 de outubro de 1992, o 30° aniversário da abertura do Concílio Ecumênico Vaticano II, que tinha sido o guia constante durante a elaboração do CCE. A solene cerimônia de promulgação do CCE teve lugar em 8 de dezembro de 1992, solenidade da Imaculada Conceição.

Em resumo, portanto, os seguintes passos podem ser esquematizados na preparação e elaboração do catecismo: *Adumbratio schematis* (fevereiro de 1987); *Avant-projet* (dezembro de 1987); *Projeto* (fevereiro de 1989); *Projeto revisado* (novembro de 1989); *Textus emendatus* (março de 1991); *Texto pré-definitivo* (maio de 1991); *Texto pré-definitivo corrigido* (28 de agosto de 1991); *Projeto definitivo* (8 de dezembro de 1991); *Texto definitivo* (14 de fevereiro de 1992).

II. A estrutura do CCE

A estrutura do CCE apresenta algumas caraterísticas que agora merecem ser analisadas brevemente. O esquema pode ser dividido em uma estrutura "quadripartida", "sinfônica" e "veritativa".

Quadripartida

Um critério hermenêutico particularmente importante para uma abordagem adequada do Catecismo e para uma correta compreensão do seu conteúdo é a sua estrutura, caracterizada pela "unidade inseparável das quatro partes". Essas partes se entrelaçam mutuamente como um tecido, harmoniosamente sintonizadas como uma sinfonia, encaixadas como as peças de um mosaico. As muitas referências marginais (as *referências cruzadas*) são uma demonstração disso. Tal como o mostra claramente a FD: "As quatro partes estão ligadas entre si: o mistério cristão é objeto da fé (primeira parte); é celebrado e comunicado nas ações litúrgicas (segunda parte); está presente para iluminar e sustentar os filhos de Deus em suas ações (terceira parte); dá fundamento à nossa oração, cuja expressão privilegiada é o 'pai-nosso', e constitui o objeto da nossa súplica, do nosso louvor, da nossa intercessão (quarta parte). A liturgia é ela mesma oração; a confissão da fé encontra o seu justo lugar na celebração do culto. A graça, fruto dos sacramentos, é a condição insubstituível do agir cristão, assim como a participação na liturgia da Igreja exige a fé. Se a fé não se desenvolve nas obras, está morta (cf. Tg 2,14-16) e não pode dar frutos de vida eterna".

Essa unidade das partes implica e justifica a consequente declaração: o argumento sobre uma única temática, feito pelo CCE em uma única parte, e em alguns casos em todas as quatro partes, está intimamente ligado e é complementar ao argumento das demais temáticas, ou seja, ele é compreendido, iluminado e aprofundado à luz das outras temáticas. Existe, por conseguinte, também no CCE uma estreita ligação entre *lex credendi — lex orandi — lex agendi*; entre: *quid credas — quo tendas — quid agas*.

Além disso, essa interconexão das partes no CCE deve-se igualmente à escolha feita pela Comissão redacional de uma proporção bem determinada entre as partes: 39% para o "Credo", 22% para a segunda parte (da qual a segunda seção — os sacramentos — constitui 16% de todo o CCE), 27% para os mandamentos e 12% para o "pai-nosso".

A complementaridade harmoniosa dos vários argumentos é também uma expressão, uma concretização da profunda unidade do próprio mistério cristão. E mais uma vez é essa unidade que caracteriza o CCE como um todo: "Lendo o CCE, pode-se captar a maravilhosa unidade do mistério de Deus, de seu desígnio de salvação, bem como a centralidade de Jesus Cristo, o Filho unigênito de Deus, enviado pelo Pai, feito homem no seio da Santíssima Virgem Maria por obra do Espírito Santo, para ser nosso Salvador. Morto e ressuscitado, ele está sempre presente em sua Igreja, particularmente nos sacramentos; ele é a fonte da fé, o modelo do agir cristão e o Mestre da nossa oração" (FD).

Sinfônica

Essa estrutura quadripartida, com a sua interconexão das partes, tornou possível descrever o CCE como "sinfonia", como fez São João Paulo II em vários discursos e sobretudo na FD. Numerosos e complementares são os aspectos, as acepções que caracterizam o CCE como sinfonia. O catecismo é como uma exposição completa dos conteúdos essenciais e fundamentais do *depositum fidei*: é ele próprio uma sinfonia, uma vez que constitui um conjunto harmonioso e uma apresentação orgânica das principais verdades da fé e da moral católica. O catecismo é sinfônico no sentido de que é uma obra colegial (desejado por um Sínodo dos bispos, redigido por bispos, fruto da consulta de todo o episcopado católico e da colaboração de numerosos peritos e especialistas nas diversas disciplinas teológicas, pastorais, pedagógicas...). É sinfônico na interconexão das quatro partes (basta verificar a relação proporcional quantitativa das várias partes; o vínculo teológico-doutrinal entre elas, também ressaltado por meio das *referências cruzadas*). A sinfonia do Catecismo reflete a unidade do mistério cristão (cf. FD), bem como a circularidade das virtudes teologais: fé, esperança, caridade. É uma sinfonia que se manifesta e também se realiza na interconexão das fontes do CCE: bíblicas, patrísticas, litúrgicas, magisteriais e testemunhais. Também relevante é a sinfonia dos dois "pulmões" da Igreja, que interagem no CCE: a Tradição ocidental e a oriental. Não se pode esquecer que existe uma correspondência profunda e misteriosa entre a sinfonia da verdade da fé e a sinfonia da unidade da fé. A sinfonia exprime-se também na apresentação da beleza harmoniosa que caracteriza a verdade católica (como resulta do estilo e da linguagem do catecismo, que persegue essas caraterísticas). Também relevante é a sinfonia das verdades que deriva e é implementada em relação à sua hierarquia. O CCE é sinfônico no sentido de procurar conjugar a verdade perene com o hoje eclesial e social. O CCE, como ponto de referência para a elaboração dos catecismos locais, promove a unidade sinfônica da catequese, isto é, a catequese que busca o equilíbrio, a integração entre a dimensão universal (católica) e a caracterização particular, entre as diferentes dimensões que compõem o ato catequético. A partir dessa concepção sinfônica da verdade e da Igreja, apresentada pelo CCE, deriva a necessidade de uma dimensão que expresse uma mentalidade sinfônica não só para o cristão individual, mas também para a comunidade eclesial em seus vários níveis.

Veritativa

Esta estrutura quadripartida e sinfônica caracteriza-se também por uma atenção especial ao conteúdo da fé cristã, tornando assim o CCE um compêndio dos conteúdos essenciais e fundamentais da fé católica. O CCE, na medida em que privilegia a exposição de conteúdos (*depositum fidei*), pertence mais ao tipo de catequese veritativa (*fides quae*, a verdade da catequese), do que ao tipo de catequese comunicativa (*fides qua*, mais atenta aos destinatários e aos métodos pedagógicos e didáticos). Ele pretende dizer o que é essencial e fundamental para garantir a unidade da fé certa, segura, crida, celebrada, vivida, pregada pela Igreja Católica, atuando certos princípios, tais como: plenitude, integridade, ortodoxia, certeza de fé, sistematicidade, essencialidade, clareza, simplicidade e concisão. O CCE proclama, portanto, a verdade da Igreja, isto é, aquela que a Igreja crê, celebra, vive e prega; é memória da fé da Igreja em todo o seu rigor, vigor e beleza. O CCE expressa especial atenção à verdade. É a fidelidade a Cristo e ao mandato-missão confiado à Igreja; de fato, a Igreja é a depositária-guardiã-intérprete-testemunha da verdade de Cristo. É serviço à pessoa que se realiza na verdade, é convocação à verdade que "liberta" e, por isso, é serviço à construção de uma nova pessoa e de uma nova humanidade. Por fim, é a atuação da missão recebida de proclamar a verdade de Cristo, como é crida, anunciada, celebrada, vivida, pregada pela e na Igreja.

O CATECISMO DA IGREJA CATÓLICA NA DINÂMICA DA RENOVAÇÃO DA CATEQUESE

JOËL MOLINARIO

O CCE e a renovação da catequese

O Papa Bento XVI, no *Motu proprio* PF de 2012, quis estabelecer um vínculo entre o Concílio Vaticano II, o Ano da fé, o Sínodo sobre a nova evangelização e o CCE, com o objetivo de formar um conjunto que permitisse ao CCE ser melhor compreendido e acolhido no âmbito da ação catequética da Igreja. O CCE não é, portanto, um documento que possa ser isolado da vida da Igreja. Tampouco é uma expressão estática da sua doutrina. Ele veio reafirmar que o Concílio Vaticano II é, em nome da tradição, a verdadeira expressão teológica de hoje, como já afirmou o Papa Paulo VI.

A compreensão e o acolhimento do CCE para a ação catequética só podem ser feitos mediante o cuidado do vínculo orgânico que o une ao Concílio Vaticano II, reintegrando o estatuto do CCE na fé que a Igreja vive e ensina, e interpretando-o finalmente como instrumento a serviço da nova evangelização.

O CCE e o Concílio Vaticano II

A partir do anúncio da elaboração de um catecismo universal durante o Sínodo de 1985, começaram a surgir dois posicionamentos, ambos exagerados: de um lado, em muitos responsáveis pela catequese, especialmente no Ocidente, começou a aparecer certa desconfiança em relação ao CCE, se não mesmo uma rejeição. Essa desconfiança já se mostrava no início do século XX. Por outro lado, verificou-se também um entusiasmo que via no CCE uma solução para todos os problemas. Essas duas atitudes não permitiram uma recepção justa e serena do CCE e criaram uma ambiguidade sobre o papel que ele deve desempenhar na vida da Igreja e, em particular, na catequese. A recepção entusiástica do CCE na catequese, em especial na Europa e na América, e a recepção com certa desconfiança em outros países ocorreram em nome de uma imagem distorcida do Catecismo, a qual havia se difundido na Europa durante o século XIX e o início do século XX. Não podemos desenvolver aqui a argumentação histórica (cf. obra da grande historiadora Irmã Elisabeth Germain), mas acreditamos que a noção de catecismo mudou de sentido na Igreja entre o Concílio de Trento (1545-1563) e o Concílio Vaticano I (1870). O *Catecismo Romano*, conhecido como catecismo "do Concílio de Trento", quis ser um instrumento para despertar o desejo de conhecer Jesus Cristo, com a tarefa de os pastores adaptarem a pedagogia aos vários tipos de fiéis, no espírito dos humanistas do Renascimento e com o objetivo de construir sujeitos que creem. É isso que São Carlos Borromeu expressou na tão citada introdução do *Catecismo do Concílio de Trento*. Os catecismos do século XIX, por sua vez, insistiram em um texto a ser aprendido por obediência e considerado como uma garantia para a salvação e a vida eterna. De fato, os catecismos daquele tempo adotavam uma postura defensiva e se mostravam rigidamente voltados a três controvérsias: contra os protestantes, principalmente, o que causou uma notável retração do lugar da sagrada Escritura e a uma concepção de fé como um conjunto de verdades a crer; depois, contra os jansenistas, derivando disso uma forte tendência para o moralismo, com um desenvolvimento dos catecismos em três "é preciso": "é preciso crer", "é preciso guardar os mandamentos", "é preciso receber os sacramentos"; e, finalmente, a polêmica com as ideias dos iluministas, de onde surgiu um empobrecimento espiritual e um intelectualismo que se viu obrigado a responder aos filósofos do século XVIII que afirmavam que a fé é irracional (cf. MOLINARIO, J., *Le catéchisme, une invention moderne. De Luther à Benoît XVI*, Paris, Bayard, 2013).

Foi durante o Sínodo de 1985 que o Papa João Paulo II e o Cardeal Ratzinger relançaram a ideia de elaborar um Catecismo para a Igreja Católica. Aparecem então duas referências constantes: o *Catecismo do Concílio de Trento*, com o prefácio de São Carlos Borromeu, e o Concílio Vaticano II, chamado de *Catecismo do século XX* pelo Papa Paulo VI. O Magistério evitou cuidadosamente fazer referência aos catecismos do século XIX e do início do século XX, a fim de compor um catecismo fruto do Concílio Vaticano II.

Essa vontade de escrever o CCE como fruto do Concílio Vaticano II não foi uma empreitada tranquila, uma vez que os Padres do Concílio não quiseram promulgar um catecismo universal pelo medo, segundo o Cardeal Ciriaci, de "congelar a doutrina". Com efeito, os Padres conciliares tinham em mente a concepção maioritária dos catecismos, cujo modelo de referência provinha do século XIX. Daí o motivo das reservas dos Padres em reescrever um catecismo, numa situação em que estava tomando corpo uma nova concepção da relação da Igreja com o mundo, e sobretudo quando novas e grandes personagens da teologia (referimo-nos a De Lubac, Congar, Geiselmann, Balthasar, Rahner...) e da renovação catequética (J.-A. Jungmann, J. Colomb) retomavam de uma maneira nova a questão do sobrenatural e da revelação. Se a questão do catecismo surgiu no início do Concílio, no decorrer das quatro sessões, o interesse voltou-se gradualmente para as orientações catequéticas e catecumenais (SC 64; AG 14; CD 14; LG 19).

O vínculo orgânico do CCE com o Concílio Vaticano II foi enfatizado do ponto de vista pastoral pelo Papa João Paulo II. Na FD, a Constituição apostólica para a publicação do CCE, que lhe serve de introdução, João Paulo II volta com insistência ao Concílio Vaticano II e ao aniversário da sua abertura, à feliz memória de João XXIII e à alegria que experimentou em participar "daquelas assembleias da Igreja" que alimentaram o atual CCE.

O vínculo orgânico com o Vaticano II é enfatizado de forma mais teológica nos dois capítulos de introdução ao CCE e que visam eliminar qualquer mal-entendido teológico sobre o estatuto e a doutrina exposta. Porque, como diz o CCE, "a fé é uma adesão pessoal do homem inteiro a Deus que se revela" (n. 176).

Esta é a teologia do Vaticano II, baseada na longa tradição da Igreja. Com a finalidade de afirmar bem isso, o primeiro capítulo retoma GS para chamar a atenção de que o homem é capaz de Deus (nn. 27-30), e que não tem descanso até que nele repouse. O segundo capítulo retoma então a doutrina da revelação de DV para expressar como a revelação de Deus em Jesus Cristo se encontra com o desejo humano; e que a plenitude dessa revelação faz com que os seres humanos partilhem da natureza divina, graças sobretudo à mediação da sagrada Escritura (nn. 51-53). Nesse início do CCE encontram-se confirmados os grandes impulsos teológicos que deram origem ao

Concílio Vaticano II. GS e DV renovaram a própria natureza da compreensão de um catecismo: é isso que nos recordam os dois primeiros capítulos do CCE.

O CCE e a fé

Bento XVI escreve, na PF, que "existe uma profunda unidade entre o ato pelo qual se crê e os conteúdos aos quais damos nosso consentimento" (PF 10). A fé é a abertura do coração por meio do dom de Deus e a adesão às palavras de Deus através da confissão dos lábios. Portanto, o conhecimento dos ensinamentos é insuficiente, observa Bento XVI, sem a abertura do coração que converte a pessoa (PF 10).

Essa chave de leitura do Ano da fé desponta novamente algumas linhas mais à frente, quando se trata do CCE: "Para ter acesso a um conhecimento sistemático do conteúdo da fé, todos podem encontrar uma ajuda preciosa e indispensável no CCE" (PF 11). Bento XVI continua: "Em sua própria estrutura, o CCE apresenta o desenvolvimento da fé até o ponto em que toca os grandes temas da vida cotidiana. Página após página, vai se descobrindo que tudo o que é apresentado não é uma teoria, mas o encontro com uma pessoa" (PF 11). Assim, essa chave de leitura abre caminho para o bom uso do CCE na catequese. O CCE, como "instrumento para sustentar a fé", realiza o seu trabalho quando a inteligência das palavras remete à abertura do coração; mas também quando, inversamente, a graça da abertura do coração remete ao desejo de conhecer melhor aquele em quem o fiel colocou a sua confiança. O conhecimento em questão no CCE não é, portanto, algo abstrato; é uma estrutura que harmoniza a fé professada, celebrada, vivida com a oração: as quatro partes do CCE que nos permitem encontrar Cristo. Assim, o conteúdo da fé do CCE são ao mesmo tempo palavras de inteligência da fé e experiências humanas da fé. A catequese consiste então em combinar inteligência e experiência do mistério de Deus, que ninguém pode, no entanto, compreender plenamente.

Santo Agostinho deu-nos uma fórmula de surpreendente clareza para compreender isso. Comentando o Símbolo dos Apóstolos (primeira parte do CCE), ele escreve: "Se credes 'nele', dai também crédito 'a' ele; mas não necessariamente quem lhe dá crédito (*credere Deo*) também crê nele. Os demônios lhe davam crédito, mas não criam nele" (*In Evangelium Ioannis Tractatus*, 29, 6). E o bispo de Hipona explica que nos tornamos cristãos a partir do momento em que cremos em Deus (*credere in Deum*; "*Hoc est etiam credere in Deum quod utique est quam credere Deo*": Enarrationes in Psalmos, 77, 8). Sem a graça da relação com Cristo, o enunciado permanece árido e o dogma não atinge o seu objetivo, que é desvendar o mistério do Deus vivo para todo homem. É uma doutrina de vida, segundo a bela expressão do padre De Lubac, que deve promover a catequese com o auxílio do CCE. A esse respeito, os grandes inovadores da catequese em meados do século XX e os grandes teólogos que inspiraram o Concílio Vaticano II estavam em perfeita harmonia.

O Papa Francisco — junto com Bento XVI — na LF retoma esta chave fundamental e acrescenta esse esclarecimento: "A fé, de fato, tem necessidade de um âmbito em que se possa testemunhar e comunicar, e que seja correspondente e adequado ao que se comunica. Para transmitir um conteúdo meramente doutrinal, uma ideia, talvez bastasse um livro ou a repetição de uma mensagem oral; mas aquilo que se comunica na Igreja, o que se transmite na sua Tradição viva é a luz nova que nasce do encontro com o Deus vivo, uma luz que toca a pessoa no seu íntimo, no coração, envolvendo a sua mente, vontade e afetividade, abrindo-a a relações vivas na comunhão com Deus e com os outros" (LF 40).

O CCE, a nova evangelização e a iniciação cristã

Uma vez esclarecido o mal-entendido sobre o estatuto do CCE, graças ao Concílio Vaticano II e ao Ano da Fé, podemos compreender melhor o seu lugar na nova evangelização. Retomo aqui um elemento que foi destacado nessa ocasião: o catecumenato, que foi mencionado na Proposição 38 do Sínodo sobre a nova evangelização e na LF, trechos que nos ajudam a ver a ligação entre os dois elementos do texto. Por um lado, a fé é transmitida, em primeiro lugar, por meio do batismo, que não é um acontecimento isolado e passado, visto que envolve toda a vida do cristão. "Esse dinamismo de transformação", escreve o Papa Francisco, "próprio do batismo, ajuda-nos a compreender a importância do catecumenato [...] [e isto] é de singular importância para a nova evangelização" (LF 42). Por outro lado, a busca de Deus é apresentada na Encíclica como o caminho que seguem os magos, "para eles a luz de Deus se mostrou como um caminho, como uma estrela que orienta ao longo de um caminho de descobertas" (LF 35). O que nos remete naturalmente à experiência do catecúmeno.

Em que isso diz respeito ao CCE? É necessário voltar à estrutura teológica do catecismo em quatro partes organicamente ligadas umas às outras (conferências do Cardeal Ratzinger em Lyon e Paris, *"Transmissão da fé e fontes da fé"*): a fé proclamada ("A profissão da fé cristã", nn. 144-1065), a fé celebrada ("A celebração do mistério cristão", nn. 1066-1690), a fé vivida ("A vida em Cristo", nn. 1691-2557) e a fé rezada ("A oração cristã", nn. 2558-2865). Esta é a estrutura teológica retomada pelo Concílio de Trento, comum aos catecismos de Lutero (Catecismo menor e maior, 1529), cuja origem remonta explicitamente ao catecumenato que a Igreja desenvolveu entre os séculos III e V e à vida apostólica, como nos é apresentada em Atos dos Apóstolos: "Eles eram assíduos ao ensinamento dos apóstolos e à comunhão fraterna, à fração do pão e às orações" (At 2,42). Com efeito, para a iniciação cristã dos adultos, é necessária uma participação na vida litúrgica da comunidade cristã e é permanente o chamado a converter-se e a viver uma vida cristã que se paute pelos mandamentos bíblicos; por fim, a *traditio-redditio* do Símbolo dos apóstolos e do pai-nosso, acompanhadas de uma catequese adequada, marca a última preparação para os sacramentos que serão recebidos na Vigília Pascal (RICA 175-178). O Concílio Vaticano II quis a instauração do catecumenato para o tempo presente e convidou os bispos a organizar, em diversas etapas, um caminho batismal para os adultos (SC 64, cf. CCE 1232). O DGC percebe aqui a referência inspiradora de cada catequese (nn. 59 e 88-90). Isso significa que existe uma estrutura teológica comum entre a iniciação cristã dos adultos (OICA 53 e 55), a prática catequética de todas as idades, o CCE e a vida apostólica.

Por conseguinte, as quatro partes do CCE não correspondem a um programa a ser seguido tal e qual, como se fosse um manual. Podem ser muito bem comparadas aos faróis e às boias de sinalização que guiam os marinheiros nas passagens essenciais de sua travessia. É daqui que provém o uso diferente dessa estrutura teológica na catequese: se no catecumenato batismal existe a ritualidade que orienta a ordem e a articulação dos quatro elementos, no CCE, a catequese das crianças deve ser considerada como catecumenato pós-batismal (n. 1231). Isto significa que o essencial do caminho da iniciação cristã deve também ser vivido por crianças ou adolescentes já batizados. Isso se baseia em uma compreensão teológica do batismo que não o limita à sua celebração litúrgica isolada, porque a graça sacramental se desdobra ao longo de todo o percurso que torna a pessoa cristã, antes e depois do sacramento. Nesse sentido, o "dinamismo de transformação" do catecumenato pode ser considerado como uma referência para a nova evangelização. Também aqui o CCE fornece as orientações necessárias. Mesmo se, ao contrário daquilo que acontece com os adultos, em que a *traditio* do pai-nosso só está prevista no final do processo catecumenal (OICA 188-192), a iniciação cristã das crianças batizadas começa frequentemente com o pai-nosso. Não é um processo normal introduzir imediatamente as crianças em uma relação filial com Deus? (CCE 2765-2766). Do mesmo modo, a conversão do coração e a mudança de vida em nome do Evangelho estão no centro da maturação da fé. Ora, não se pode pedir às crianças que mudem de vida quando se encontram num período de construção de sua personalidade, portanto, os faróis e as boias propostos pelo CCE continuam sendo os mesmos, mas, segundo o bom senso, a idade própria dos catequizandos e dos catecúmenos, o encontro e a articulação das quatro partes do CCE são feitos em ordem e de modo diferentes. A contribuição essencial e conjunta do catecumenato e do CCE para a catequese e para a nova evangelização é compreender que cada itinerário catequético está sacramentalmente estruturado e que a graça batismal não é isolada, mas desdobra-se antes e depois de se receber o sacramento. O CCE desempenha, portanto, o papel de uma mediação concreta sob a forma de uma estrutura teológica da fé da Igreja e, nesse sentido, está em condições de inspirar e alimentar toda e qualquer caminhada de fé para a vida de cada pessoa. Assim, a exposição da fé contida no CCE remete e designa em continuidade sua experiência viva (Moog, Fr.; Molinario, J. [ed.], *La cathéchès et le contenu de la foi*, Paris, DDB, 2011).

O CCE e a fé viva dos fiéis

O CCE desempenha plenamente o seu papel quando a sua expressão teológica consegue delinear a experiência humana do crer em Deus, quando a sua linguagem sucede a nos fazer experimentar o Evangelho que molda a vida, quando sua expressão dogmática qualifica a experiência que crê. Em suma, a oposição tão frequentemente mencionada, entre linguagem dogmática e linguagem da experiência, não tem muita importância, ao passo que articulação destas se revela como algo vital. Nossa era moderna separou o que estava originalmente unido na vida apostólica. As quatro partes do CCE nada mais são do que a retomada da vida da Igreja, que vem em primeiro lugar. É da vida de fé dos apóstolos que surge essa estrutura teologal do CCE. Por conseguinte, no CCE não é a vida da Igreja e os catequistas que aplicam um dogma abstrato, dado pelo Magistério da Igreja, mas sim o Magistério que se põe à escuta da vida apostólica para discernir os elementos que estruturam cada vida cristã. Assim, se compreende melhor a ideia de que os conteúdos da fé expostos no CCE remetem ao modo como a Igreja vive sua fé. De tal forma que os dois não podem ser separados. É por isso que, ao ler cada capítulo do CCE, convém perguntar-se sobre a experiência de fé que ele está designando (Rochette, M.-L.; Souletie, J.-L., *La résurrection de la chair*, Paris, Le Sénevé, ISPC, 2011, 7-15). Sem este trabalho, arriscamo-nos a confundir o CCE com uma teoria abstrata, incapaz de dar conta da experiência de encontro do fiel com Jesus Cristo (EG 7-8).

Outro aspecto do CCE é sugerido por Carlos Borromeu, ao explicar que o catecismo é um instrumento ao serviço dos catequistas ("Doutores da Igreja"), porque "[este] se aplica [se aplicará] antes de tudo para fazer nascer na alma do fiel o sincero desejo de conhecer Jesus Cristo". Assim, o objetivo do CCE é não só alimentar e clarificar a experiência de fé, mas também criar um desejo (nn. 2541, 2589). O desejo tem duas dimensões: uma teológica, o desejo de ver Deus, sobre o qual Santo Tomás de Aquino nos falou com propriedade, e, a outra, pastoral e pedagógica. Existe, de fato, uma pedagogia catequética do desejo, em total harmonia com o que dizia um escritor francês a respeito de grandes obras: "Uma das grandes e maravilhosas características dos belos livros [...] é aquilo que para o autor se poderia chamar de 'as conclusões', e, para o leitor, 'as provocações'" (PROUST, Marcel; *Dias de leitura*). Esse escritor prossegue explicando que as grandes obras existem sobretudo para provocar desejos. Ao colocar o desejo de Jesus Cristo como finalidade do Catecismo, Carlos Borromeu antecipou a nossa iniciativa de uma nova evangelização. Com efeito, sem o desejo de Deus, o Evangelho sempre se afigurará velho, porque é o desejo que abre espaço para a renovação da fé e da relação com Cristo. Assim, o CCE evangelizará tanto melhor quanto mais tornar desejável a Palavra de Deus e o encontro com Jesus Cristo, e quanto mais permitir ao fiel tomar consciência de que Deus também deseja a salvação do homem.

O CATECISMO DA IGREJA CATÓLICA
NAS IGREJAS PARTICULARES

CHRISTOPH SCHÖNBORN

Introdução

O CCE foi promulgado há trinta anos. O catecismo que precede o atual, o *Catecismo Romano* (1556), que levou a efeito os propósitos do Concílio de Trento, permaneceu durante quatrocentos anos o principal trabalho de referência para a transmissão da fé na Igreja católica. Após trinta anos, ainda não é possível avaliar com precisão se o CCE poderá desempenhar tal papel. Porém há um detalhe que pode ser considerado uma conquista. O CCE tornou-se "o" principal texto de referência quando são levantadas questões relativas ao ensino eclesial. João Paulo II, em sua Constituição apostólica, FD, de 11 de outubro de 1992, salientou que: "Eu o considero [o CCE] a norma segura para a doutrina da fé, como um instrumento bom e legítimo ao serviço da comunidade eclesial".

Nas reflexões seguintes, tentarei delinear as orientações gerais com base nas quais o CCE foi concebido e elaborado. Para tal, estabeleci sete critérios, que eram também os critérios orientadores de todo o catecismo, bem como de cada uma das seções subsequentes.

O primeiro critério necessário para a preparação do catecismo é (1) a constatação de que a fé se apresenta como uma unidade e, como tal, esta pode ser utilizada para professá-la; em segundo lugar, (2) a distinção entre a doutrina da fé e a teologia deve ser clara, tal como aparece desde o *Prólogo* do CCE; trata-se então de (3) levar em consideração a hierarquia das verdades da fé, para apresentar a unidade da doutrina da fé como um todo orgânico; (4) acima de qualquer outro aspecto, deve-se manifestar o primado da graça; (5) a doutrina deve ser claramente apresentada na sua estrutura trinitária; (6) tudo deve ser orientado para Cristo; (7) em cada temática há que ficar clara a união íntima existente entre Escritura e Tradição. Estabelecidos esses princípios orientadores do CCE, passo a explicá-los brevemente.

I. A fé — um conjunto orgânico

O conceito em si de Catecismo implica que a fé possa ser recebida e aceita como um conjunto, e que a fé esteja presente e seja compreendida como um todo orgânico. A partir dessa perspectiva, os pontos-chave são precisamente as citações de Santo Ireneu nos nn. 172-175. Trata-se precisamente da questão inerente à unidade: "Há séculos, mediante tantas línguas, culturas, povos e nações, a Igreja não cessa de confessar sua única fé, recebida de um só Senhor, transmitida por um único batismo, enraizada na convicção de que todos os homens têm um só Deus e Pai" (n. 172). Um princípio fundamental do CCE é a unidade e a trindade de Deus e, a partir disto, a unidade do gênero humano, pelo que todos os homens são destinatários de um chamado sobrenatural à comunhão com Deus. Santo Ireneu de Lyon acrescenta: "Com efeito, a Igreja, embora espalhada pelo mundo inteiro até os confins da terra, tendo recebido dos Apóstolos e de seus discípulos a fé [...], guarda (esta pregação e esta fé) com cuidado, como se habitasse em uma só casa; nelas crê de forma idêntica, como se tivesse uma só alma e um só coração; prega as verdades da fé, as ensina e transmite com uma voz unânime, como se possuísse uma só boca" (n. 173).

A convicção de que a fé é una, mesmo ao longo dos séculos, é o requisito básico para que também nós, hoje, possamos anunciar a mesma fé que os Apóstolos, por sua vez, já nos transmitiram. E assim prossegue Ireneu: "Pois se no mundo as línguas diferem, o conteúdo da Tradição é uno e idêntico. Nem as Igrejas estabelecidas na Germânia têm outra fé ou outra Tradição, nem as que estão entre os iberos, nem as que estão entre os celtas, nem as do Oriente, do Egito, da Líbia, nem as que estão estabelecidas no centro do mundo [não nos é dado saber o que Ireneu entendia por 'centro do mundo', se a Antioquia ou a sua Lyon, mas em todo caso revela-nos que, com a Boa-Nova, a fé é ensinada também lá]. A mensagem da Igreja é, portanto, verídica e sólida, pois ela mostra ao mundo um único caminho de salvação" (n. 174). E finalmente: "Esta fé que recebemos da Igreja, nós a guardamos cuidadosamente, pois sem cessar, sob a ação do Espírito de Deus, como depósito de grande valor contido em um vaso precioso, ela rejuvenesce e faz rejuvenescer o próprio vaso que a contém" (n. 175). A própria fé permanece sempre jovem e mantém a Igreja jovem.

A fé é una. Não só no tempo de Ireneu, mas também vinte séculos depois. E é precisamente com essa argumentação que começou toda a história do CCE. No primeiro dia do Sínodo, em 1985, o então Arcebispo de Boston, o Cardeal Bernard Law, expressou-se com estas palavras em latim: *"Juvenes Bostoniensis, Leningradensis et Santiago de Chile easdem blue jeans induti sunt et eandem musicam audiunt et saltant"*. É bem provável que essa argumentação não estivesse à altura teológica de Ireneu, e o latim certamente não tinha o brilho do latim de Cícero, mas foi uma intervenção particularmente esclarecedora. A pergunta soa assim: por que em um mundo em que todos os jovens usam os mesmos *blue jeans*, não professam também a mesma fé por meio de uma única língua, uma vez que essa fé continua sendo a mesma em todas as línguas e nações? Hoje, em suma, trata-se de testemunhar juntos a fé. Essa é certamente a espinha dorsal que serve como pano de fundo para o CCE. É bem ali onde o pluralismo é levado em consideração como a última instância para a fé que acontece de o CCE tornar-se verdadeiro.

II. Teologia e doutrina da fé

É, em primeiro lugar e naturalmente, necessário estabelecer aqui uma distinção entre teologia e doutrina da fé. Em minha opinião, este é um problema fundamental no debate de hoje, uma vez que a distinção entre a teologia e a doutrina da fé não é suficientemente clara. Aqui e ali emerge a suspeita de que este CCE representaria apenas uma teologia entre outras. Seria o caso então daquela teologia "ratzingeriana" ou, como disse Hans Küng, "teologia romana". É claro que os bispos possuem uma índole própria pessoal, também presente em suas contribuições — que foram muitas —, sua própria teologia, sua própria cultura, sua língua, seu próprio caráter. Na Igreja existe uma pluralidade legítima, que sempre se fará presente. São Boaventura e Santo Tomás são diferentes, assim como João e Mateus. E, naturalmente, esta pluralidade torna-se possível quando não se torna oposição ou contradição, precisamente com fundamento na unidade da fé.

No caso dessas teologias deve-se ter como pressuposto que a unidade da fé precede as diversas teologias plurais. No caso de já não ser possível falar da mesma fé entre estas diferentes teologias, então essas diferentes teologias já não têm mais sua casa na Igreja católica. Considerado como um dos critérios mais importantes para sua elaboração, o CCE procurou sempre formular o que se entende por comunhão da única fé, obviamente não por meio de uma mera definição, mas também tendo em conta o que diz o Magistério da Igreja e o que exprime a consciência da fé eclesial.

Nas várias etapas de redação, sempre se procurou prestar atenção às diferentes teses teológicas, mesmo as controversas, mantendo-as, no entanto, longe do CCE. Um exemplo: em uma fase preliminar da redação, o capítulo sobre o *descensus ad inferos* foi rotulado como "balthasariano". Com efeito, procurou-se reunir as intuições de Hans Urs von Balthasar e de outros teólogos em torno desse mistério de fé e incorporá-las no CCE. Durante o processo de redação, essas expressões foram removidas, porque — foi dito — era uma tese teológica que ainda estava em discussão, embora analisada também de modo bastante espiritual e, portanto, digna de nota, mas que, no entanto, não fazia parte do ensinamento da fé da Igreja. Só para indicar outro exemplo: ninguém encontrará no CCE a analogia psicológica trinitária de Santo Agostinho, por mais urgente que alguns bispos e peritos considerassem essa questão, se não por outra razão, por ter marcado positivamente a teologia ocidental durante séculos. Esta teoria não faz parte da doutrina da fé e até hoje permanece uma hipótese teológica, certamente digna de nota, mas sempre uma hipótese teológica não ligada à doutrina da fé. A distinção entre a doutrina da fé e a teologia é, portanto, um requisito útil se se quiser compor ou apresentar um livro sobre a fé, sem privar as teologias do seu direito prévio à diversidade e isso, porém, levando em conta a afirmação de que estamos tratando de um nível fundamental, o nível da doutrina da fé.

III. Hierarquia das verdades

O projeto que foi submetido à atenção de todos os bispos em 1989 tornou-se objeto de muitas queixas e por várias razões, particularmente da ala anglo-saxônica, porque se constatou um embotamento do princípio da hierarquia da verdade. Foi dito que as verdades da fé bastam a si mesmas, sem que devam ser ordenadas por uma verdade central que seja mais ou menos clara o suficiente.

Como é que o atual CCE em suas *Conclusões* trata desse princípio da hierarquia das verdades do Vaticano II? O Cardeal Ratzinger sempre apontou que "hierarquia das verdades" — certamente um termo controverso também usado no Decreto sobre Ecumenismo — não pode ser considerado um princípio de subtração, de modo que se possa dizer "isto é essencial, o resto é, por assim dizer, apresentado como uma disposição e, portanto, pode ser omitido". A hierarquia das verdades não pode ser trocada com os graus de certeza em todo caso compreendidos, pois na doutrina da fé aparece, a este respeito, um ensinamento preciso, de modo que algumas certezas são menores do que outras.

A hierarquia das verdades entra no CCE já através de sua expressão e estrutura. Detalhe que o Cardeal Ratzinger, nos debates a respeito do CCE, sempre apontou que isso esteve presente desde o início do nascimento deste. Uma vez que se começa com o Credo, vindo em seguida os sacramentos, depois a moral cristã e, finalmente, a oração, estas quatro seções fundamentais da Igreja primitiva já são uma expressão da hierarquia da verdade.

É oportuno, aqui, dar uma olhada na edição crítica do *Catecismo Romano*, um trabalho científico valioso e enriquecedor preparado por dois estudiosos do *Opus Dei*. Pedro Rodríguez e Raúl Lanzetti encontraram na Biblioteca do Vaticano o manuscrito original do *Catecismo Romano*, que se acreditava ter desaparecido e, a partir dessa base, prepararam a primeira edição crítica deste catecismo. Nas pesquisas anteriores a essa edição, eles haviam apontado elementos bastante importantes, válidos também para o novo CCE. Sabe-se que o *Catecismo Romano* foi o modelo da estrutura do CCE. Pedro Rodríguez e Raúl Lanzetti demonstraram que essa estrutura é mais do que justificada. Por outro lado, não se justifica, por exemplo, que os dez mandamentos, antes de mais nada, apareçam na terceira seção. Nas tradições catequéticas latino-americanas e francesas há uma clara tendência de se abordar os mandamentos antes dos sacramentos, tal como Lutero faz no seu *Catecismo*. O *Catecismo Romano* segue aqui outro modelo — e esta é uma aplicação direta da hierarquia das verdades —: fé e sacramentos, a *fides* e os *fidei sacramenta* vêm antes de tudo, em seguida os mandamentos e a oração. Raúl Lanzetti e Pedro Rodríguez demonstraram que o *Catecismo Romano* não está realmente dividido em quatro, mas em duas seções, como um díptico, sendo que em um painel é exposta a ação de Deus, como nos é apresentada no Credo, e as grandes obras do Deus Trino comunicadas a nós nos sacramentos, ao passo que no segundo painel do díptico está representada a resposta do homem. Como demonstraram esses dois pesquisadores, é particularmente significativo que, nesse caso, o Concílio de Trento — ou melhor, a Comissão responsável pela elaboração do Catecismo — tenha desejado responder às provocações da Reforma.

IV. Primazia da graça

Trata-se também da primazia da graça. Ainda antes mesmo de falar da ação e das obrigações do ser humano, narra-se antes de tudo o que Deus fez pelos seres humanos e o quanto Deus tornou possível que se atuasse por meio da sua graça e da ação humana. Assim, a primazia da graça é novamente expressa em um segundo momento: a proporção das duas primeiras partes é medida em relação à terceira e à quarta parte. Essas proporções correspondem com certa precisão às do *Catecismo de Trento*, com exceção de uma variante: no novo CCE, o Credo ocupa cerca de 39% de todo o texto, enquanto no *Catecismo de Trento* 37% de todo o texto se dedica à abordagem dos sacramentos. De qualquer modo, as duas seções juntas, a primeira e a segunda, referentes à ação de Deus com os homens, constituem cerca de dois terços de todo o CCE. A comparação dessas proporções não deve ser interpretada como um truque ou uma jogada. É antes um anúncio catequético. Assim se especifica, em outras palavras, que na catequese a ação de Deus com as pessoas e, portanto, o próprio Deus, deve ocupar o primeiro lugar e que a ação humana se configura sempre com o caráter de uma resposta que se tornou possível pelo impulso da graça. Quando se lê a primeira afirmação da terceira parte, pode-se facilmente ver um paralelismo preciso com o *Catecismo Romano*, que está precisamente na perspectiva da resposta do homem a Deus: "Cristão, reconhece a tua dignidade. Por participares agora da natureza divina, não te degeneres, retornando à decadência de tua vida passada" (n. 1691). O imperativo segue o indicativo.

Preocupa-me que entre os teólogos não se perceba com clareza — ou seja, raramente isso é percebido — que um importante anúncio catequético só é implementado se se olhar para a estrutura do CCE. O CCE não prescreve nenhum método catequético, como está claramente indicado no *Prólogo*. Apesar disso, o anúncio mantém certamente uma posição central em todo o CCE, devido à intuição fundamental, pela qual a graça detém a primazia absoluta no anúncio da fé. Dessa forma, acaba-se esclarecendo também o estilo afirmativa do CCE. O modelo básico cruza em linha transversal todos os textos, havendo antes de tudo uma afirmação de fé na base desses, de modo que possa sobressair um imperativo para a vida cristã a partir do indicativo de fé. É muito rara a intervenção direta de João Paulo II nas páginas do CCE, embora tenha sempre mostrado grande interesse pessoal. Exceto uma vez quando interveio diretamente com uma sugestão significativa: usar uma linguagem afirmativa! Isto não significa: "A Igreja afirma que Cristo ressuscitou", mas mais diretamente "Cristo 'está' ressuscitado". O anúncio da fé não corresponde ao se esconder atrás de outra autoridade, nem mesmo a da Igreja, mas é muito mais afirmar e reconhecer o anúncio em si. E isto não por orgulho, mas com aquela humilde consciência de ter recebido na fé tudo o que nos foi transmitido. Sim, Cristo está verdadeiramente ressuscitado! É desse indicativo que brota o imperativo para a vida cristã.

V. A estrutura trinitária

Aparece com clareza que o tema da hierarquia das verdades foi pouco usado na linguagem da articulação interna. Já com uma primeira olhada no índice analítico do *Catecismo*, observa-se que na hierarquia das verdades aparecem dois pontos fundamentais, como se fossem os dois pontos focais da elipse: são os dois principais mistérios da nossa fé, a unidade e a trindade de Deus e a humanidade-divindade de Jesus Cristo. Como deveria ser também para o anúncio da fé.

A Trindade, mistério do Deus uno e trino, apresenta-se como o ponto central na hierarquia das verdades: "O mistério da Santíssima Trindade é o mistério central da fé e da vida cristãs. É o mistério de Deus em si mesmo. É, portanto, a fonte de todos os outros mistérios da fé, é a luz que os ilumina. É o ensinamento mais fundamental e essencial na 'hierarquia das verdades' da fé" (n. 234). Segue-se uma citação do *Diretório catequético geral* (17): "Toda a história da salvação é a história das vias e meios do revelar-se do Deus verdadeiro e único: Pai, Filho e Espírito Santo, o qual reconcilia e une a si aqueles que se afastam do pecado". Se alguém quisesse um bom resumo de todo o CCE, que contém mais de oitocentas páginas, ele o encontraria nesta declaração. E é realmente a síntese de todo o CCE.

Um sumário similar pode ser percebido no primeiro artigo do CCE, que oferece, por assim dizer, uma visão geral preliminar: "Deus, infinitamente Perfeito e Bem-aventurado em si mesmo". Em certa ocasião, realizei uma conferência sobre o CCE a um grupo de jovens, composto prevalentemente por meninos. É evidente que não é tarefa fácil falar sobre o CCE para alguns meninos. Entre eles estava sentada uma menina que ficava desenhando enquanto eu falava. No final ela me deu seu desenho. Fiquei muito impressionado com o fato de que essa menina de nove anos tivesse resumido minha conferência com um balão desenhado saindo da boca: "Deus é infinitamente bem-aventurado". Pareceu-me ser uma maravilhosa e teológica "desaprovação": a resposta de fé de uma menina de nove anos.

Essa primeira afirmação do CCE, "Deus é infinitamente Perfeito e Bem-aventurado em si mesmo", conduz à segunda: "Em um desígnio de pura bondade, criou livremente o homem para fazê-lo participar da sua vida bem-aventurada". Mais uma vez, creio que a hierarquia das verdades se faz presente aqui, expressa de forma concisa. Trata-se da questão de participação na natureza divina, como afirma a Segunda Carta de Pedro, da *Théosis*, como se diria na Igreja Oriental. De fato, o mistério do Deus uno e trino é a melodia fundamental que atravessa todo o livro. Só com este tema se poderia demonstrar que ele foi transmitido por toda parte como um *fio condutor* para vir à luz do dia, ali onde as peças que compõem o texto se tornam claras, bem como as que ficaram escondidas entre as tramas.

Se tomarmos o Credo, notamos que ele tem uma clara entonação trinitária, mas também nos vários capítulos continuamente se enfatiza que as obras de Deus são obras do Deus trinitário. Gostaria apenas de salientar que, no capítulo sobre a Trindade, o tema da economia trinitária é apresentado como uma prospectiva de abertura para o restante do texto inteiro do CCE: "*O lux, beata Trinitas et principalis Unitas* — Ó luz, Trindade bendita. Ó primordial Unidade! Deus é beatitude eterna, vida imortal, luz sem ocaso. Deus é amor: Pai, Filho e Espírito Santo" (n. 257). Assim, mostra-se que toda a economia divina, toda a divindade, mas também a salvação e toda a realidade criada são obra das três Pessoas divinas e como esta obra se destina em última instância a incorporar o ser humano na intimidade da comunhão da vida trinitária. Isso é claramente realçado no n. 260, que termina com a oração de Santa Elisabeth da Trindade: "Ó meu Deus, Trindade que eu adoro...". Este é um primeiro ponto focal da elipse.

VI. O mistério de Cristo

O segundo ponto focal da elipse diz respeito ao mistério de Cristo. Também neste caso, gostaria de me referir ao *Prólogo*, que recorda os artigos cristológicos de fé do Credo. É importante ter aqui em conta os nn. 426 e seguintes, em que, em harmonia com a CT, se destaca a posição central de Cristo na catequese: "'No centro da catequese, encontramos essencialmente uma Pessoa, Jesus de Nazaré, Filho único do Pai [...], que sofreu e morreu por nós e agora, ressuscitado, vive conosco para sempre. [...] Catequizar [...] é, portanto, desvendar na pessoa de Cristo todo o desígnio eterno de Deus [...]. É procurar compreender o significado dos gestos e das palavras de Cristo e dos sinais realizados por ele'. A finalidade da catequese é 'levar à comunhão com Jesus Cristo: só ele pode conduzir ao amor do Pai no Espírito e pode nos fazer participar da vida da Santíssima Trindade'" (n. 426). Haveria muito a se dizer sobre essa perspectiva cristocêntrica, e gostaria apenas de salientar dois pontos. O primeiro diz respeito aos "mistérios da vida de Jesus", que muitas vezes parece ser um ponto negligenciado entre os fundamentais da cristologia. Estou convencido de que temos aqui uma rica perspectiva da cristologia do século XX, que pode ser sempre utilizada de novo. Refiro-me às afirmações de Hugo Rahner na década de 1930 e àquilo que Karl Rahner e Hans Urs von Balthasar haviam projetado ao conceber uma dogmática a partir de uma perspectiva histórico-salvífica. Tornou-se muito clara e considerável a ênfase posta pela exegese, que se valeu do método histórico-crítico e da conexão relativa — que se perdeu pelo caminho, em algum lugar — entre a vida de Jesus e sua respectiva concretização em nossa existência. É claro que a questão sobre o Jesus histórico permaneceu a mesma, pelo menos para os especialistas, bem como a ligação com a vida litúrgico-sacramental, a ponto de celebrarmos todos os anos toda a existência do Senhor dentro do ciclo do ano litúrgico, para o tornar presente e nos inserirmos nele. Ora, para o CCE — seguindo uma opção da Comissão do CCE que surgiu desde a primeira sessão — era algo evidente orientar-se no sentido de apresentar a vida de Jesus na perspectiva da teologia dos mistérios (no sentido lato). Quando se lê o parágrafo intitulado os "Mistérios da vida de Jesus", vistos a partir de uma perspectiva cristológica, deve-se entrever a tentativa correspondente de criar pontes com a liturgia, mas também com a sacramentária e a moral. Porque, de fato, a vida cristã é a vida de Cristo em nós. Cristo deseja viver sua vida em nossa vida (cf. n. 521).

São dois focos que mostram de modo relativamente claro em qual perspectiva sacramental nos encontramos. As primeiras quatro seções são, portanto, apresentadas como um quadro, das quais as três primeiras podem ser encontradas na arte protocristã. Perante a segunda seção há a representação em afresco das catacumbas dos santos mártires Pedro e Marcelino. Mostra a hemorroíssa que toca na borda das vestes de Jesus. Quando se lê a narração dessa representação, compreende-se também a perspectiva com que foi concebida toda a seção sacramental. "Os sacramentos da Igreja continuam hoje as obras que Cristo cumprira durante sua vida terrestre". No mesmo texto, faz-se referência a São Leão Magno: "aquilo que era visível em nosso Salvador passou para seus mistérios" (n. 1115). Os mistérios da vida de Jesus tornam-se presentes a nós nos sacramentos. "Os sacramentos" — continua a narração da representação com afrescos — "são como que essas 'forças que saem' do corpo de Cristo (porque é assim que vem dito no texto do Evangelho de Lucas: 'E saiu dele como que uma força' e no Evangelho de Marcos se diz: 'Ele sentiu como se uma força dele saísse') para curar as feridas do pecado e para nos dar a vida nova do Cristo". "Essa pintura simboliza, pois, o poder divino e salvador do Filho de Deus, que salva o homem todo, alma e corpo, por meio da vida sacramental".

Quando se abre o *Prólogo*, na terceira seção, aqui novamente pode-se ver a perspectiva dos mistérios da vida de Jesus. Por isso, lemos no final do *Prólogo*: "A referência primeira e última dessa catequese será sempre Jesus Cristo, que é 'o caminho, a verdade e a vida' (Jo 14,6). Contemplando-o na fé, podem esperar que Cristo realize neles suas promessas e que, o amando com o amor com o qual ele os amou, cumpram as obras que correspondem à sua dignidade" (n. 1698). O conjunto todo fica mais bem esclarecido mediante uma citação de São João Eudes: "Peço-vos que considereis que Jesus Cristo, nosso Senhor, é vossa verdadeira Cabeça e que vós sois um de seus membros. Ele é para vós o que a cabeça é para os membros; por isso tudo o que é dele é vosso: seu espírito, coração, corpo, alma e todas as suas faculdades, e deveis fazer uso disso como coisa vossa, para servir, louvar, amar e glorificar a Deus. Vós sois em relação a ele o que os membros são em relação à cabeça. Assim, ele deseja ardentemente fazer uso de tudo o que está em vós para o serviço e a glória de seu Pai, como coisa sua" (ibid.). Pode-se observar aqui em que perspectiva se considera a hierarquia das verdades, permanecendo fixo o polo cristológico como ponto focal da elipse, até que se chegue às questões concretas sobre a moral.

VII. Unidade das Escrituras e Tradição

Façamos ainda algumas considerações sobre o uso da Escritura pelo CCE. O trabalho exegético feito no CCE foi supervisionado por excelentes especialistas em exegese. Não é inteiramente verdade que, olhando para o texto do CCE, a exegese dos últimos trinta ou cinquenta anos tenha sido total ou simplesmente omitida. O texto sobre a relação entre Jesus e Israel, por exemplo, a relação entre Jesus e os favoritos entre a multidão (nn. 574-591) pressupõe estudos exegéticos diferentes e bastante qualificados. Qualquer pessoa que tenha tido que se ocupar, mesmo que por pouco tempo, com a exegese, observa que o trabalho exegético foi extenso e de excelente qualidade. Portanto, quando o trabalho exegético é criticado porque "não foi realizado de maneira científica", uma vez que o CCE afirma "Jesus disse" — e depois segue uma citação do Evangelho de João —, dá a impressão, então, de que a objeção se volta contra si mesma. Aqui estamos às voltas com um CCE, não com uma monografia exegética, mas com um livro da fé. E é, portanto, legítimo quando nós, na liturgia, dizemos: "Evangelho de nosso Senhor Jesus Cristo", precisamente quando lemos o Evangelho de João. A esse respeito, quase ninguém nota que o Evangelho de João é uma *ipsissima vox*. Da mesma forma, pouco séria é também a crítica dirigida às Cartas Pastorais, quando citadas com o *incipit*: "Paulo diz" e, em seguida, segue uma citação da Primeira Carta a Timóteo. Na realidade, existe diferença entre uma monografia de exegese científica e o uso catequético da Escritura. Com efeito, devemos e, de acordo com os critérios exegéticos eclesiais, temos o direito de dizer: "Paulo escreve na Primeira Carta a Timóteo...". Isto não significa que ele mesmo tenha entregue a carta, tampouco significa que a Primeira Carta a Timóteo seja *ipsissima vox* do apóstolo Paulo. Contudo, quando a Igreja na sua liturgia declara que esta Carta é de Paulo, o faz de modo autêntico e legítimo. Os critérios pelos quais se utiliza a Escritura no CCE são os indicados na DV 12. É legítimo e necessário que, por meio do estudo das Sagradas Escrituras, mediante a exploração da intenção declarada pelos autores sagrados, se preste atenção à cultura, aos idiomas, ao pensamento e aos gêneros literários daquela época. Há, no entanto, um princípio importante para uma interpretação correta, sem o qual a Escritura permanece uma letra morta, e é este: a Escritura deve ser lida e interpretada com o mesmo Espírito com o qual foi inspirada (cf. CCE 111). Trata-se da relação íntima entre interpretação científica e espiritual. É uma questão de se prestar uma atenção cuidadosa ao conteúdo e à unidade de toda a Escritura. A Escritura deve ser interpretada no âmbito da tradição eclesial comum e não pode ser lida de modo separado da história interpretativa que a precedeu. E isso justamente em vista da analogia da fé, segundo a qual a experiência da fé dos séculos que nos precederam também é útil. Francisco de Assis é, portanto, um comentário vivo sobre o Evangelho. E é precisamente isso que o CCE pretende expor, uma vez que as Escrituras e a tradição estão intimamente interligadas entre si em unidade.

Foi feita também a acusação segundo a qual várias citações no CCE se seguem umas às outras: Agostinho, depois Tomás, depois os Concílios e por fim citações da liturgia. Em relação a essa crítica, poderiam se levar em conta algumas considerações. No entanto, o objetivo fundamental que foi conscientemente buscado é o de fazer perceber a Tradição da Igreja que se apresenta como unidade viva. Portanto, tenho o direito e a possibilidade de ler hoje Agostinho sem ser um especialista antipelagiano e de ler Tomás de Aquino sem ser um profundo conhecedor de Aristóteles. Isso significa que ao lado da interpretação científica do ensinamento eclesial, deve comparecer também uma leitura realizada no âmbito da unidade da Tradição da fé, na qual eu, por exemplo, possa ler Agostinho como uma das primeiras testemunhas da fé. Por isso, Tomás, Agostinho, Ireneu e a pequena Teresa de Lisieux podem ser considerados companheiros próximos. Trata-se, portanto, da contemporaneidade da fé.

Finalmente, a experiência decisiva dos santos também pertence a este argumento. Em todas as importantes passagens do CCE, tentou-se conscientemente deixar a última palavra aos santos, deixando claro que não se trata de um mero ensinamento árido, mas uma experiência viva de fé. Assim, seria impossível que este Catecismo mensurasse de modo articulado todas as diversas experiências de fé da atualidade, visto que são bastante variadas do ponto de vista cultural. Há uma experiência, no entanto, que se torna mais universal do que qualquer outra: a experiência dos santos. Não é por acaso que nenhum santo seja tão popular, mesmo fora dos limites eclesiais, como São Francisco de Assis. Da mesma forma, não é coincidência que a pequena Teresa seja a santa mais popular do mundo. O fato de Santa Terezinha, Santa Teresa d'Ávila, Santa Catarina de Sena e outras santas terem a última palavra no CCE não significa que a mulher na Igreja deva ter a última palavra, mas que quem tem a última palavra a dizer são os santos. É a palavra mais importante, precisamente a Palavra em que fica claro que a doutrina da fé tem definitivamente algo a ver com a vida. E isso deve ficar evidente com o testemunho dos santos.

RECEPÇÃO DO CATECISMO DA IGREJA CATÓLICA

CAROLINE FAREY

Introdução

O conceito de "recepção" e a prova da sua importância encontram-se já no Novo Testamento (1Cor 12; 1Cor 15). O batizado é santificado pelo Espírito Santo, mediante o qual cada um pode receber as verdades da fé e aderir a elas "para a renovação e uma maior expansão da Igreja" (LG 12). A recepção pelo povo de Deus do "que é proposto como pertencente à fé dos apóstolos" (SF 74) é levada bastante a sério: "Porque é por toda a Igreja que a fé apostólica é sustentada no poder do Espírito" (SF 74).

Uma definição — que precisa de elaboração — do conceito eclesial de recepção está contida no documento sobre o *sensus fidei*, elaborado pela Comissão Teológica Internacional (2014). Esse é descrito como "um processo pelo qual, sob a orientação do Espírito, o povo de Deus reconhece intuições ou ideias e as integra na configuração e na estrutura de sua vida e de seu culto, aceitando um novo testemunho da verdade e as formas de expressão que lhe correspondem, porque se compreende que estão de acordo com a Tradição apostólica" (SF 78). Aqui pode-se ressaltar um conceito importante: que o fiel já está de acordo com a Tradição apostólica para ser parte legítima do "processo" eclesial da recepção.

A falta de recepção dos ensinamentos magisteriais, portanto, "pode ser um sinal de fraqueza ou de falta de fé por parte do povo de Deus [...]. Mas, em alguns casos, pode ser um sinal de que certas decisões foram tomadas por quem detêm autoridade sem ter em devida conta a experiência e o *sensus fidei* dos fiéis" (SF 123). No caso do Catecismo, alguns constataram que a aparente não recepção de alguns elementos do conteúdo é uma indicação clara destas duas possibilidades.

Outro elemento de recepção relevante para os nossos objetivos pode ser encontrado nesse mesmo documento: "a eucaristia plasma e molda" o povo de Deus, porque é aqui que o mistério da fé é mais plenamente recebido, onde ele "se encontra e se celebra" (SF 75). Esta é claramente uma condição significativa que, juntamente com a necessidade de estar de acordo com a Tradição apostólica que nos chega por meio do Magistério, implica que as atitudes e posições teológicas daqueles que não receberam plenamente o CCE (ou daqueles que sustentam sua não recepção) devem ser levados em conta.

Esta análise do modo como a recepção está relacionada com o CCE é apresentada aqui em três partes: em primeiro lugar, são consideradas as questões relativas à recepção do *conteúdo* do documento; em segundo lugar, é examinada a recepção do *gênero* do CCE; e, em terceiro lugar, descreve-se o testemunho da recepção em termos da utilidade catequética do CCE; por exemplo, o número de traduções, a difusão dos catecismos locais e de todos os outros tipos de publicações, incluindo as relativas aos meios eletrônicos.

I. Recepção do conteúdo do CCE

O elemento mais significativo a ser observado quando se trata de toda a questão da recepção do conteúdo doutrinal do CCE é que o conteúdo consiste expressamente em uma doutrina "já recebida". Portanto, o conteúdo é apresentado como "exposição orgânica e sintética dos conteúdos essenciais e fundamentais da doutrina católica tanto sobre a fé como sobre a moral" (CCE 11), haurindo na "Sagrada Escritura, nos Santos Padres, na Liturgia e no Magistério da Igreja" (ibid.).

Os autores das várias partes e a Comissão que supervisionou o projeto seguiram uma série de critérios editoriais, incluindo um critério que "reivindicou o primeiro lugar: tudo o que poderia ser considerado como pertencente a uma escola de teologia deveria ser deixado de lado pelo CCE". Como explicou o Cardeal Schönborn, isso deveu-se ao fato de que "o CCE não está no mesmo nível das teologias, que são necessariamente plurais, mas está no nível da *regula fidei*, que é necessariamente uma". O conteúdo "está em um nível que precede os conceitos teológicos e provê sua fundamentação" (SCHÖNBORN, Ch., *Il concetto teologico del CCC*, 09.10.2002). Neste ensaio, apresentado por ocasião do décimo aniversário do CCE, Schönborn traz o exemplo da explicação de Santo Agostinho sobre a Santíssima Trindade. Enquanto Agostinho é o mais citado entre os escritores eclesiásticos indicados no CCE, sua explicação da Santíssima Trindade deliberadamente deixou de ser incluída, pois foi julgada como sendo uma "explicação teológica particular" e não como algo que poderia ser considerado normativo na "Tradição apostólica".

Nessa mesma conferência sobre o décimo aniversário, o Cardeal Ratzinger salientou que "o objetivo do CCE é precisamente apresentar esse 'dado' que nos precede, cuja formulação doutrinal da fé é apresentada na Igreja; é uma proclamação de fé, e não uma teologia". Ele continua: "A fé não é, antes de tudo, uma questão de experimentação intelectual, mas sim o fundamento sólido — a hipóstase, como diz a Carta aos Hebreus (11,1) — sobre o qual podemos viver e morrer" (*Congregação para a Doutrina da Fé*, no 10º aniversário do CCE, outubro de 2002).

As mudanças feitas na edição final de 1997 visavam, portanto, garantir que o conteúdo presente no CCE "fosse" verdadeiramente — e fosse "somente" — a "doutrina já recebida", que brota da Escritura e da Tradição e que foi confirmada pelo Magistério. Por isso, vejamos, por exemplo, uma alteração feita na edição final do CCE de 1997, com exclusão de uma sentença que tinha sido incluída na edição de 1992 relativa às nações "confiadas pela providência divina à proteção dos anjos" (CCE 57, edição de 1992).

É útil pensar em termos de autêntica cultura cristã como "expressão da doutrina recebida", manifestando essa recepção nas quatro dimensões da vida eclesial, da "profissão de fé", dos "sacramentos da fé" celebrados nas liturgias da Igreja, da "vida de fé" nas suas posições e compromissos morais e da "oração do fiel" (cf. CCE 13-17). Essas se manifestam no patrimônio cultural católico dos escritos, da arte, da arquitetura, das práticas litúrgicas, dos *mores* e das leis sociais, assim como nas suas orações, hinos e devoções. Essas expressões de recepção ao longo dos séculos — de diferentes nações, de mulheres e homens santos e escritores e de diferentes períodos históricos — enriquecem consideravelmente o CCE. As quatro obras de arte incluídas no CCE, por exemplo, juntamente com a ampla gama de fontes testemunhadas no seu índice de citações, revelam alguns aspectos da importância dessas expressões da doutrina recebida.

A doutrina social tem sido a seção mais difícil de estruturar no que diz respeito à "doutrina recebida", como explica o Cardeal Ratzinger — "Por um lado, por causa das diferenças que se discutem sobre os princípios estruturais da moral cristã e, por outro, por razões ligadas à dificuldade dos problemas no campo da política, da ética social e da bioética, que estão em constante evolução" (RATZINGER, 2002). A Igreja tem uma voz profética sobre o estado atual dos acontecimentos ligados ao tempo, e é só com uma visão retrospectiva que se poderá mais facilmente distinguir o que é verdadeiramente perene.

Diferentes visões da relação entre doutrina e teologia também influenciaram, de vários modos, a recepção do conteúdo do CCE. Fica claro, por exemplo, que alguns problemas acabaram se enraizando, ou no não reconhecer alguma diferença significativa entre doutrina e teologia, ou na não aceitação da compreensão eclesial fundamental da teologia. Aqueles que não encontram diferença entre doutrina e teologia e acreditam que a chamada "doutrina" é de fato "outra teologia", uma das muitas, não encontram razões para dar tratamento preferencial a uma teologia em vez de outra e preferem acolher uma variedade delas, ou fazer uma mescla, das perspectivas teológicas apresentadas. Por outro lado, aqueles que abraçam uma visão patrística e eclesial da teologia (cf. CCE 236), segundo a qual a autorrevelação de Deus é um mistério no qual somos chamados a entrar, compreendem que "a teologia reconhece o dom do conhecimento que precede a sua própria reflexão" (cf. RATZINGER, 2002), e, portanto, podem construir a sua reflexão teológica com base sólida a partir da doutrina transmitida e presente no CCE.

Além de sua aparente irrelevância, outra razão que sustenta a não recepção do conteúdo do CCE é aquela apresentada por determinados teólogos envolvidos na fragmentação da disciplina tradicional em teologias com base em chaves hermenêuticas. A Escritura e a Tradição são então lidas a partir de certa perspectiva específica — feminista, negra, da libertação, e assim por diante. A doutrina é geralmente considerada fixa, estática e a-histórica, e necessariamente limita a liberdade de expressão requerida pela exploração teológica criativa. O Cardeal Piacenza, considerando claramente o modo como estas teologias se afastaram do depósito da fé, fala de um entendimento teológico que precisa investir "suas energias de maneira menos centrífuga e quase dolorosamente marginal em relação às verdades essenciais da nossa fé" (PIACENZA, 2012).

Para o Cardeal Avery Dulles, o CCE é "o desafio mais ousado oferecido ao relativismo cultural que hoje ameaça erodir o conteúdo da fé católica" (DULLES, A., *The Challenge of the Catechism*, in: *First Things* 1/1995). Ele argumenta que entre os teólogos há alguns que consideram declarações doutrinárias "tão culturalmente condicionadas que não podem ser transferidas de uma era ou região cultural para outra. Toda afirmação teológica que vem do passado deve ser examinada com suspeita, porque foi formulada em uma situação que difere consideravelmente da nossa". Para esses pensadores, há apenas a dimensão da perspectiva, sendo o CCE considerado apenas como uma perspectiva, na melhor das hipóteses como um modelo, mas sem ocupar uma posição privilegiada.

Mais uma vez, algumas pessoas argumentaram que algumas das doutrinas contidas no CCE são simplesmente obsoletas e desatualizadas (por exemplo, certos ensinamentos escatológicos ou sobre o pecado original). Argumentam que a falta de recepção do CCE se deve à revisão teológica contemporânea de tais conceitos em alguns ambientes. Aqui, o consenso doutrinal é considerado como uma "ameaça à criatividade das Igrejas locais" (DULLES, A., *The Challenge of the Catechism*, op. cit.). Também nesses círculos, o CCE não é recebido, devido a um mal-entendido sobre a natureza do que estaria contido nele.

Também a acolhida do Concílio Vaticano II influencia a recepção do conteúdo do CCE, do qual depende fortemente (cf. o índice de citações do *Catecismo*). Aqueles que leem o Concílio Vaticano II sob a perspectiva de uma hermenêutica da continuidade e reforma recebem o CCE como a união do trabalho do Concílio com a continuidade da Tradição. Aqueles que consideram o Concílio sob a perspectiva da hermenêutica da descontinuidade e o veem ou como um ponto de ruptura com um passado infelizmente já perdido, ou como uma ruptura necessária e preciosa com a Igreja pré-conciliar têm dificuldade em ver os textos do Concílio através de uma hermenêutica da continuidade com a Tradição apostólica.

Ademais, alguns estudiosos das Escrituras fundamentaram a rejeição do conteúdo do CCE com base na falta de envolvimento deste com algumas das conclusões típicas da exegese contemporânea. Essa recusa, no entanto, é em grande parte causada por um mal-entendido sobre o gênero específico de um catecismo e o papel das Escrituras no ensino da fé, que provém dos apóstolos e "fundamenta a vida cristã". Ratzinger respondeu a este tipo de crítica ao CCE recordando que "no que diz respeito a um trabalho que deve apresentar a fé, e não hipóteses [...] deve-se ter em mente a rapidez com que as hipóteses exegéticas mudam e [...] quão grande é realmente o dissenso, mesmo entre autores contemporâneos, em referência a muitas teses". Continua com uma tríplice defesa do uso da Escritura no CCE, que vale a pena mencionar integralmente: "A exegese canônica enfatiza a unidade da Bíblia como princípio de interpretação; a interpretação síncrona e diacrônica é cada vez mais reconhecida em sua igual dignidade. O vínculo essencial da Escritura e da Tradição é sublinhado por famosos exegetas de todas as confissões; é evidente que a exegese separada da vida da Igreja e das suas experiências históricas não pode ir além da categoria das hipóteses" (RATZINGER, 2002).

A fonte mais profundamente enraizada na não recepção do CCE talvez resida na rejeição da presunção de um único depósito de fé e na "certeza interior" de uma única fé. Receber o CCE, em acordo com a Tradição apostólica, significa aceitar a revelação como "um depósito divino dado à esposa de Cristo, para que a preserve fielmente e a ensine com magistério infalível" (DF IV; cf. DS 3020).

O Cardeal Müller fala da unidade da fé na sua exposição sobre a "Eclesialidade do Catecismo" (MÜLLER, G., *Ecclesiality of the Catechism*, Ireland, 2014), na qual, falando do "caráter eclesial do CCE, [...] ele, em sua origem, conteúdo e estrutura, revela sua pertença intrínseca à 'Igreja Católica'". É o instrumento da Igreja a serviço da sua missão evangelizadora fundamental. As primeiras palavras do CCE enunciam o seguinte: "Pai, [...] esta é a vida eterna: que conheçam a ti, o Deus único e verdadeiro, e a Jesus Cristo, aquele que enviaste" (Jo 17,3).

Para responder ao relativismo e ao perspectivismo de algumas teologias, o Papa João Paulo II, na Carta encíclica FR, fala das exigências indispensáveis da Palavra de Deus. Ele reitera esses requisitos precisamente devido à sua frequente negação. Sem esses três requisitos [cf. FR 81-83], a Palavra de Deus não pode ser plenamente percebida ou compreendida e o CCE muitas vezes não é recebido quando faltam esses elementos. As exigências são filosóficas, no sentido de que certos posicionamentos fundamentais devem ser mantidos para poder dar pleno testemunho da verdade da Palavra de Deus. A primeira exigência é um significado de vida totalmente abrangente. Se Jesus é o Filho unigênito de Deus, não se pode ensinar a fé católica como um sistema de crenças entre outros, como um modo que tem o mesmo valor. A segunda exigência é ter confiança na capacidade humana de conhecer a verdade objetiva. Na transmissão da Palavra, a nossa confiança pode legitimamente ser colocada na Escritura e na Tradição apostólica como objetivamente verdadeira para toda a humanidade. A terceira exigência é a manutenção de uma verdadeira "gama metafísica", que permite ao homem "fazer a transição do fenômeno para ao fundamento", transcendendo os dados empíricos para alcançar algo absoluto, último e fundamental na busca da verdade. Essa passagem do fenômeno para o fundamento é descrita como "um passo tão necessário, quanto urgente" (FR 81-83) e a falta desse passo também influenciou a recepção do CCE.

II. Recepção do gênero Catecismo

"O Catecismo não é um livro de teologia, mas um texto próprio da fé ou da doutrina da fé. Via de regra, essa diferença fundamental não está suficientemente presente na atual consciência teológica" (RATZINGER, 2002, 10º aniversário do CCE). O CCE está a serviço da catequese, que não é "menos do que" a teologia ou "um nível fraco" da teologia; antes, a teologia está a serviço da catequese. Uma vez que a Igreja existe para evangelizar (EN 14), é bom recordar que "o trabalho teológico na Igreja está sobretudo ao serviço do anúncio da fé e da catequese" (FR 99). Um catecismo é concebido na sua natureza, estrutura e propósito para ser um instrumento de transmissão, e é, por assim dizer, explicitamente concebido para "promover a recepção da fé".

A transmissão e a recepção são como dois lados da mesma moeda; somente o que se recebe pode ser transmitido, e somente o que se transmite pode ser recebido. Como diz São Paulo, "a fé vem da escuta" (Rm 10,17). A transmissão não está completa até que tenha ocorrido uma recepção correspondente. Ambas requerem tempo e atenção humana; ambas são processos vivos na vida e no crescimento da Igreja. Portanto, para nos interrogarmos sobre a recepção do CCE, devemos perguntar-nos se ele está cumprindo sua natureza e seu propósito próprio, porque se trata de um documento projetado para a constante missão da Igreja de "transmitir" (*traditio*) a plenitude da fé em Jesus Cristo, que conduz cada pessoa à casa do Pai.

A falta de recepção do CCE pode surgir simplesmente da falta de compreensão da natureza da catequese. Aqueles que pensam que a catequese seja "apenas [uma questão] para remediar a ignorância" (DCG 9) e aqueles que esperam que o catecismo seja um compêndio de informação, como se encontra no trabalho de Ludvig Ott ou no Denzinger, ficam decepcionados por se depararem com um instrumento pedagógico.

Há aqueles que compreendem que a catequese não diz respeito apenas à transmissão de conhecimentos, mas há também aqueles que pensam que o CCE tem apenas esse propósito. Os editores que removem a seleção de obras de arte e o índice de citações do CCE, na verdade, estão retirando duas ferramentas-chave de ensino em relação à transmissão da Tradição e ao patrimônio da família de Deus. Ao tomar a decisão de remover os índices de citações nas áreas cultural, histórica e pastoral, esses editores trataram o CCE como se fosse simplesmente um texto de referência para o conhecimento do assunto.

O CCE destina-se, portanto, a contribuir para a recuperação da *traditio Evangelii* (cf. *Instrumentum Laboris*, para a XIII Assembleia Geral Ordinária do Sínodo dos Bispos, dedicada à "Nova evangelização para a transmissão da fé cristã". Cidade do Vaticano, Libreria Editrice Vaticana, 2012, n. 26) para ser uma transmissão fiel da Boa-Nova, das quatro dimensões da vida cristã e uma formação completa na fé. Aqueles que procuram um instrumento catequético para apoiar uma catequese mais "experiencial" ficam decepcionados por encontrar o CCE tão abrangente do ponto de vista doutrinal. Ao apresentar esta "espiritualidade dogmática", o CCE encarna também as tendências saudáveis da renovação catequética do século XX, incluindo os elementos litúrgicos e bíblicos da renovação de Jungmann e a estrutura querigmática desenvolvida por Hofinger. Aqueles que não estão conscientes de que as ideias destas importantes figuras da renovação da catequese foram reunidas no CCE não podem compreender a importância do papel que ele pode desempenhar, e está desempenhando, na renovação da catequese (cf. a análise em COINTET, P.; MORGAN, P.; WILLEY, P., *The Catechism of the Catholic Church and the Craft of Catechesis*, San Francisco/CA: Ignatius Press, 2007). No CCE, o conteúdo é apresentado de tal forma que manifesta e demonstra a pedagogia de Deus. É a apresentação de uma doutrina que honra os caminhos de Deus e do homem (cf. FAREY, C.; LINNIG, W.; PARUCH, M. J., *The Pedagogy of God. Its Centrality in Catechesis and Catechetical Formation*, Steubenville/OH: Emmaus Road, 2011).

III. Traduções, catecismos locais e outras publicações

Damo-nos conta de que, onde o CCE foi bem apresentado, sua recepção foi extremamente disseminada e sentida. Por exemplo, a maior *network* religiosa do mundo, a EWTN (*Eternal Word Television Network*), que hoje já transmite em 145 países diferentes, promove o CCE junto aos seus telespectadores em todas as áreas da vida e em diversas línguas. Promove também todo o CCE, todas as quatro partes, como um todo orgânico e integrado, e tem feito isso de forma contínua e decisiva ao longo dos últimos trinta anos em muitos dos seus programas especificamente dedicados ao próprio CCE. De modo análogo, a TV indiana Shalom, em sua programação, está constantemente promovendo o CCE. Esses exemplos recordam-nos que a "recepção" no século XXI deve incluir não só o papel impresso, mas também sua difusão em rádios católicas, diferentes programas eletrônicos e veículos do mundo digital.

Ao considerar a recepção, deve-se ter em mente o grande número de traduções em diferentes línguas que ocorreram após sua primeira publicação em francês (em 1992), a língua do comitê editorial, e os dois milhões de cópias vendidas. Os primeiros frutos da recepção foram testemunhados pelas rápidas traduções para outras línguas europeias, como dois anos mais tarde para o inglês, e gradualmente para mais de 35 idiomas, tais como árabe, chinês, persa, malaio, vietnamita, suaíli, etíope, apenas para citar alguns. A publicação é contínua em todas as línguas europeias, exceto em alemão.

Conforme solicitado pelo próprio CCE (n. 24), com o objetivo de melhorar sua compreensão, os catecismos locais, recursos para a formação dos catequistas e para a difusão da catequese, começaram a ser produzidos em diferentes partes do mundo, como fora solicitado pelas Conferências Episcopais. No entanto, o processo não é fácil. A Congregação para a Doutrina da Fé e a Congregação para o Clero elaboraram o texto *"Orientações sobre as 'obras-síntese' do CCE"* (20.12.1994), sobre os catecismos locais que têm como texto autorizado de referência o CCE. O documento fala sobre a necessidade de uma adequada assimilação do CCE. Mesmo no caso de um "tempo prolongado de assimilação do CCE, o campo teológico, catequético e linguístico estará preparado para uma verdadeira obra de inculturação dos conteúdos do *Catecismo*" (*Orientações* 3).

Em outras palavras, antes de mais nada, é necessário um período de recepção de modo que os catecismos locais possam ser verdadeiramente elaborados. Outros foram publicados, mas seria interessante notar: quantos incluíram, por exemplo, o caminho da beleza? Quantos incluíram ou excluíram o índice das citações da Escritura e da Tradição ou apresentaram apenas um índice de citações da Escritura? Quantos são querigmáticos, com a apresentação sempre conectada com as verdades fundamentais?

Quantos buscam fazer uma apresentação orgânica e como é que a explicam? O modo como o CCE procede sobre isso é explicado nos nn. 18-22. Quão bem expressa é a doutrina na vida, como no CCE, por meio das palavras dos santos? Eventos como o Ano da Fé e outras ocasiões e conferências no aniversário das datas de publicação são esforços que visam promover "uma recepção ainda mais capilar do *Catecismo*, como instrumento de uma doutrina certa e, ao mesmo tempo, uma correta hermenêutica do Concílio Ecumênico Vaticano II" (PIACENZA, *Lectio magistralis sobre o catecismo e a nova evangelização*, 19.05.2012).

Textos pedagógicos: os cardeais Ratzinger e Schönborn escreveram várias obras explicativas que introduzem o texto e seus indicadores pedagógicos. Isso só foi retomado nas obras de Petloc Willey na Franciscan University de Steubenville e no Instituto de Notre Dame de Vie, na França.

Textos homiléticos: o índice de citações bíblicas no CCE foi usado para compilar textos-guia para as homilias catequéticas, que ligam as passagens da Escritura usadas na Liturgia da Palavra à doutrina da Igreja, pautadas pelas mesmas passagens da Escritura.

Textos catequéticos: o Comitê para a Catequese da Conferência Episcopal dos Estados Unidos tem conseguido influenciar os editores da área de catequética, que produziram muitas publicações em inglês, espanhol, português e francês, com uma grande e direta referência ao conteúdo do CCE e muitas referências à estrutura de quatro partes. As Bíblias, tanto para adultos como para adolescentes, têm sido publicadas fazendo referência ao CCE, com o objetivo de ajudar os catequistas a manter unidos Escritura, Tradição e Magistério.

Textos para os jovens: a série *YouCat*, produzida em muitas línguas, aproxima o CCE aos jovens, por meio de ferramentas digitais e livros tradicionais impressos.

Textos doutrinais: em diferentes idiomas, especialmente em português, espanhol e inglês, as buscas na internet mostram trabalhos baseados em grande parte no CCE em apoio à *traditio Evangelii*.

Como disse o cardeal Piacenza: "muito foi feito, mas certamente muito resta a fazer para a correta recepção do CCE"; para isso, faremos bem em nos dirigirmos ao modelo perfeito de receptividade do Verbo feito carne, a Bem-aventurada Virgem Maria, Mãe do Verbo encarnado. Fazer a pergunta sobre a recepção do CCE significa perguntar se ele é recebido de forma semelhante à recepção, por Maria, da mensagem do Arcanjo Gabriel. Devido à sua perfeita recepção da Palavra de Deus, o Papa São João Paulo II chamou-a de "catecismo vivo" (CT 73). Acolher a Bem-Aventurada Mãe nas próprias vidas possibilita aos fiéis também que recebam o CCE.

Primeira Parte
A profissão de fé

Primeira Seção
"EU CREIO" — "NÓS CREMOS"

Capítulo I
O HOMEM *IMAGO DEI* É *CAPAX DEI*

RAMÓN LUCAS LUCAS

A *imago Dei* é uma expressão central da sagrada Escritura para definir o ser humano e é reafirmada no CCE, desde seu início (nn. 31, 36). A partir do livro do Gênesis, o homem é descrito como aquele que pode entrar em comunhão com Deus e ouvir sua voz. Segundo Rousseau, o homem distingue-se dos outros animais não pela perfeição, mas pela perfectibilidade; isto é, nele a perfeição não é a de ter atingido o mais alto grau de desenvolvimento entre os primatas, mas sim o estar ciente de que sua vida é uma tarefa e uma responsabilidade, pois se apercebe de uma perfeição absoluta e busca alcançá-la. A intenção básica dos primeiros capítulos de Gênesis, de onde o CCE toma a expressão *imago Dei*, não é fazer uma descrição cosmológica, mas esclarecer o sentido e o significado da existência humana e colocar "o homem [...] diante de Deus [...] em busca de sua própria identidade; pode-se dizer: em busca da definição de si mesmo" (JOÃO PAULO II, *Catequese da quarta-feira*, 10.10.1979). Sua perfeição não é estática, mas dinâmica: é *capax Dei*, ou como dizem os filósofos *quodammodo omnia*. Como *imago Dei* e *capax infiniti*, ele tende por sua natureza ao desejo de Deus, a buscar a verdade e aspirar à infinitude (n. 27). "O homem supera infinitamente o homem" (PASCAL, *Pensamentos*, 438), sente que é ele mesmo quando, ultrapassando os limites da finitude, *transumana* (DANTE, *Paraíso*, I, 70) para além do humano. O seu ser finito transcende a si mesmo, permanecendo ele mesmo, porque "afinal de contas o que é o homem na natureza? Nada em comparação com o infinito, tudo em comparação com o nada, algo entre o nada e tudo" (PASCAL, *Pensamentos*, 84). Como Bento XVI bem escreveu: "O homem que se dirige a Deus não se torna menor, mas maior, porque graças a Deus e junto com Ele se torna grande, torna-se divino, torna-se verdadeiramente ele mesmo" (*Santa Missa por ocasião do 40º aniversário da conclusão do Concílio Vaticano II*, 08.12.2005), na medida em que é *imago Dei*. Ser um homem não é existir, mas questionar-se sobre a existência. Desde Sócrates, temos testemunhos de que o ser humano é o único ser que se interroga sobre o porquê das coisas.

Já a partir dessas primeiras reflexões, é salientado que o CCE busca unir as dimensões doutrinal, moral e pastoral. Ser *capax Dei* não é apenas uma constituição ontológica, mas também um apelo à coerência da liberdade e a uma exigência de vida moral. Para os cristãos, a relação entre a vida ética e a fé cristã não se faz necessária do ponto de vista da ética, mas do ponto de vista da fé. É a fé que precisa da moral para verificar a sua autenticidade. Só quando uma pessoa tem fé católica é que nela surge uma ética que se configura necessariamente em referência à fé que ela professa. A ética é então "religiosa" não por causa de uma exigência interna a si própria, mas pela necessária articulação da fé com a vida moral. "Se me amais, guardareis meus mandamentos" (Jo 14,15), diz Jesus. A abertura à fé não priva o homem do seu valor absoluto; antes, pelo contrário, faz com que ele o descubra plenamente, porque "o mistério do homem só no mistério do Verbo encarnado se esclarece verdadeiramente" (GS 22). Deus é precisamente aquele que faz com que a pessoa humana seja aquilo que ela é. Dessa forma, a realização do homem é sempre uma tendência para Deus e uma participação na sua perfeição. Por essa razão VS fala de uma "teonomia participada" (n. 41).

I. O desejo de Deus torna o homem *capax Dei*

O "desejo de Deus", do qual fala o CCE, não é um sentimento ou um ato de vontade; é antes uma estrutura fundamental da pessoa. Uma das caraterísticas essenciais da mensagem cristã revelada é sua universalidade. Se é dirigida a todos os homens (n. 51), significa que em todos existe a capacidade de recebê-la como fundamento da universalidade. Assim, uma mensagem como essa exige a antropologia, ou visão do homem, que se tornou tradicional na Igreja Católica e se plasmou na expressão "natureza humana". Existe uma natureza humana, partilhada por todos os homens, na qual se reconhece o pressuposto do chamamento universal à salvação e o ponto de contato com o Absoluto. Se os seres humanos não fossem todos iguais, se não possuíssem uma natureza ou essência, ou seja, uma estrutura ontológica comum que se concretiza na singularidade e particularidade de cada um deles, não seriam chamados à salvação nem poderiam aceitar a revelação (n. 36). A vocação de todos à vida sobrenatural exige que em cada homem haja uma base comum que signifique o que é o homem e aquilo que é essencial para ele. Essa base comum é precisamente a constituição ontológica tradicionalmente chamada de "natureza humana". É só uma constituição ontológica particular, um "desejo natural de Deus", é condição de possibilidade de "transumanizar" e ser destinatário da revelação, podendo responder a ela de maneira pessoal.

A revelação cristã é o apelo a um diálogo de amor entre Deus e o ser humano. Isto só é possível se o homem for estruturalmente capaz de ouvir esse chamado e de estabelecer uma relação de diálogo amoroso. No homem, não só em seus atos conscientes e livres, mas em sua própria estrutura ontológica, deve haver um ponto de ancoragem com Deus. Isso — como afirma E. Brunner — "não pode ser negado por quem reconheça que nem pedras, nem troncos de árvores, mas somente indivíduos humanos podem receber a Palavra de Deus e o Espírito Santo [...]; a Palavra de Deus não produz no homem a capacidade de receber a palavra. Ele jamais perdeu essa capacidade; ela se constitui na condição para que o homem possa ouvir a Palavra de Deus. Em vez disso, crer na Palavra de Deus, bem como a capacidade de ouvi-la, como só aqueles que creem podem ouvi-la, são diretamente causados pela Palavra de Deus" (BRUNNER, E., *Natur und Gnade* [1934]).

E. Brunner vê este ponto de contato no conceito bíblico da *imago Dei*, seguindo nisso uma tradição teológica consolidada, como se pode extrair dos escritos de Santo Ireneu e de Santo Tomás de Aquino, que retoma o pensamento de Santo Agostinho e baseia esta capacidade no fato de o homem ser criado à imagem de Deus: "A alma é, por natureza, capaz da graça; de fato, segundo Santo Agostinho [*De Trinitate*, 14, 8], 'pelo próprio fato de ter sido criada à imagem de Deus, é capaz de Deus mediante a graça'" (*Summa Theologiae*, I-II, 113, 10). Isto também é confirmado pelo CCE que, evocando a GS, coloca como fundamento da dignidade humana: "O desejo de Deus está inscrito no coração do homem, visto que o homem é criado por Deus e para Deus [...]. 'O aspecto mais sublime da dignidade humana está nesta vocação do homem à comunhão com Deus'" (n. 27); "Criado à imagem de Deus, chamado a conhecer e a amar a Deus" (n. 31). Parece-me, porém, oportuno sublinhar que a essência da *imago Dei* e, portanto, do "desejo de Deus", se encontra na natureza aberta e espiritual do homem que, precisamente por isso, é capaz de ouvir a Palavra. É essa natureza humana espiritual que sustenta no homem a possibilidade de estabelecer um diálogo com Deus e é por isso que podemos afirmar que o ser humano é "religioso" pela sua própria natureza. Este é o fundamento antropológico da vocação de todos os homens à salvação. Só uma antropologia em que o homem é um ser espiritual, estruturalmente aberto ao Absoluto, pode ser compatível com a revelação (n. 36). Poderíamos recordar a expressão de Nietzsche, "a grandeza do homem está em ser uma ponte, não um fim". Em sua própria estrutura o homem possui uma ligação com/ancoragem em Deus.

As vicissitudes acadêmicas que levaram o jovem Karl Rahner a estudar teologia não o impediram de pesquisar a raiz antropológica da possibilidade de o homem ser "ouvinte da Palavra". Ouvir a palavra reveladora implica e atesta uma constituição fundamental do ouvinte. "Essa constituição fundamental do homem, que ele implicitamente afirma em cada um dos seus conhecimentos e ações, nós a designamos com uma única palavra: espiritualidade. O homem é espiritual, isto é, vive a sua vida numa tensão contínua rumo ao Absoluto, em uma abertura a Deus. Isso não é um fato que possa, por assim dizer, ocorrer aqui e ali no homem, através de seu consentimento. É a condição que faz do homem o que ele é e o que deve ser e está sempre presente também nas ações ordinárias da vida cotidiana. Ele é homem apenas porque está a caminho de Deus, quer ele saiba ou não expressamente, quer o queira ou não. Ele é sempre o ser finito totalmente aberto a Deus" (*Uditori della Parola*, Roma, Borla, ²1977, 97-98). O texto de Rahner é significativo: o ser humano pode ouvir e aderir ao chamado de Deus porque está estruturalmente aberto a Ele. Sua natureza espiritual é precisamente esta abertura ao Transcendente.

II. O homem é capaz de conhecer a Deus

O homem, *capax Dei*, sente a necessidade de conhecer aquele de quem ele é imagem (CCE 31). Como se sabe, *Fides quaerens intellectum* foi o título que Anselmo deu ao *Proslogion*, escrito com o propósito de "alguém que se esforça para elevar o seu espírito à contemplação de Deus e procura compreender aquilo em que crê" (*Proêmio*). A expressão tornou-se clássica para indicar, por um lado, a possibilidade de a razão humana conhecer a Deus; por outro, a implicação necessária da razão na fé, que assim se torna teo-logia; "*Oportet philosophari in theologia*" diz Fisichella (cf. *Gregorianum* 76 [2/1995] 221-262 e 76 [3/1995] 503-534). Uma *fides quaerens intellectum* afasta-se da superstição, busca a inteligência e não pode deixar de dar razão para aquilo em que crê. Aquele que crê não despreza a razão, mas antes exalta-a, procurando, tanto quanto possível, encontrar "a razão da própria fé", mesmo sem poder demonstrá-la. Não é verdade, como diz Camus, que quem crê tenha apenas dogmas. A fé procura inteligibilidade: *credo ut intelligam*. Creio para compreender, para aprofundar as razões que estão presentes nos conteúdos da fé. Entretanto "as motivações para crer são suficientes para que a inteligência adira a elas sem que isso pareça absurdo; mas são insuficientes para produzir uma adesão compulsória, como por exemplo frente à evidência do teorema de Pitágoras. Para que a adesão possa se realizar, sob o impulso da graça, é necessário haver um ato livre e pessoal da vontade" (HADADJ, F., *La fede dei demoni ovvero Il superamento dell'ateismo*, Genova – Milano, Marietti, 2010, 82).

A FR destaca a abertura metafísica, que permite que o ser humano passe do fenômeno para a fundamento: "Em toda a parte onde o homem descobre a presença de um apelo ao absoluto e ao transcendente, lá se abre uma fresta para a dimensão metafísica do real: na verdade, na beleza, nos valores morais, na pessoa do outro, no ser, em Deus. Um grande desafio que nos espera no final deste milênio é saber realizar a passagem, tão necessária como urgente, do 'fenômeno' ao 'fundamento'. Não é possível deter-se simplesmente na experiência; mesmo quando esta exprime e manifesta a interioridade do homem e a sua espiritualidade, é necessário que a reflexão especulativa alcance a substância espiritual e o fundamento que a sustenta. Portanto, um pensamento filosófico que rejeitasse qualquer abertura metafísica seria radicalmente inadequado para desempenhar um papel de mediação na compreensão da Revelação" (FR 83).

O equilíbrio entre fé e razão é sempre necessário. Como diz Tomás de Aquino, "De fato, alguém que tenha a vontade pronta para crer ama a verdade em que crê, reflete sobre ela e a abraça com as razões que pode encontrar" (*Summa Theologiae*, II-II, 2, 10). A compreensão, no entanto, não é realmente possível sem fé, portanto o *intellectus quaerens fidem* também é necessário: "Desejo compreender de alguma forma a tua verdade, em que o meu coração crê e que ele ama. Eu não busco compreender para crer, mas creio para compreender. Pois creio também nisso: 'Se não cri, não poderei compreender' (Is 7,9)" (*Proslogion*, 1). Essas expressões já estão presentes em Santo Agostinho, que tinha feito a experiência antes de Anselmo: "Se não crerdes, não alcançareis compreender com o intelecto" (*Sermones*, 43, 7). "Não negligencies agora minha invocação. Tu que me antecipaste antes mesmo que eu te invocasse" (*Confessiones*, XIII, 1, 1). Agostinho é muito perspicaz. Havia procurado a verdade em toda parte e, uma vez que a encontrou na fé, não renunciou a compreender o que a razão pode alcançar (n. 35). É suficiente mencionar aqui dois textos muito incisivos: "Mas nós queremos ter conhecimento e ciência do que aceitamos pela fé" (*De libero arbitrio*, II, 2, 5). "Buscamo-lo para encontrá-lo, e devemos buscá-lo ainda mesmo após tê-lo encontrado. Para o encontrar, devemos procurá-lo, porque está escondido; e depois de o ter encontrado, devemos procurá-lo novamente, pois é imenso" (*In Evangelium Ioannis Tractatus*, 63, 1).

Neste contexto, a aceitação da fé não é uma humilhação pela razão, mas a luz que a leva a reconhecer os seus próprios limites e as muitas dificuldades que encontra (n. 37), de acordo com a afirmação de Pascal segundo a qual a razão atinge o seu auge admitindo que as coisas que a superam são infinitas e que ela não pode erigir-se como única medida de verdade: "O último passo da razão está em reconhecer que há um número infinito de coisas que a ultrapassam: ela seria algo muito débil, caso não chegasse a reconhecer isso. E se as coisas naturais a ultrapassam, o que deve ser dito das sobrenaturais?" (PASCAL, *Pensamentos*, 466). *Credo ut intelligam*, a razão não é autossuficiente: deve voltar-se para a fé para ter a explicação última da realidade. Assim, o *fides quaerens intellectum* torna-se um *intellectus quaerens fidem* (n. 35).

O ser humano tem a *possibilidade* de estabelecer um diálogo com Deus pelo simples fato de o ser. É verdade que amar a Deus "com toda a tua inteligência e com toda as tuas forças" (Mc 12,30) só pode ser *realizado* pela graça divina. É igualmente verdade, porém, que o homem é [tem] a *possibilidade*, *capacidade* para esse tipo de amor, como um dado estrutural de sua natureza (n. 35). Com a precisão que lhe é característica, Santo Agostinho distingue bem a *capacidade* da *realização*: "Posse habere fidem, sicut posse habere caritatem, naturae est hominum; habere autem fidem, quemadmodum habere caritatem, gratiae est fidelium" (*De praedestinatione*, V, 10). Lonergan comenta que esta capacidade é apenas *quaestio iuris* e não *quaestio facti*, isto é, "não é um fato, mas uma possibilidade; não é um ato, mas uma potência" (LONERGAN, B., *A Second Collection*, Toronto,

University of Toronto, 1974, 118). O homem está para a mensagem da salvação como a potência para com o ato. Como potência, é capaz de receber a mensagem revelada, mas só com capacidade natural não consegue efetivamente recebê-la e possuí-la em ato; a graça sobrenatural deve intervir para atuá-la. Numa interpretação correta, pode-se dizer que se trata de uma potência passiva e não de uma potência ativa. Portanto, o sim sobrenatural pressupõe a dimensão espiritual da natureza humana, na qual possa existir e agir. Essa dimensão espiritual não é outra coisa senão a abertura estrutural da natureza humana à totalidade do ser e, por meio disso, ao Ser Absoluto e ao mistério sobrenatural (n. 33). A famosa *potentia oboedientialis*, como capacidade de receber a graça sobrenatural de Deus, refere-se precisamente a isso. Por conseguinte, a mensagem revelada pressupõe a natureza humana. Não é algo que lhe é adicionado externamente, mas que forma um todo com ela.

III. O homem é capaz de falar de Deus e com Deus (é um ser religioso)

Essa capacidade do homem de estabelecer uma relação com Deus, fundada na sua própria essência, constitui o fundamento da dimensão religiosa da pessoa. A relação do homem com Deus e com as suas diversas expressões (n. 28) ocupam um lugar importante na história da humanidade. Goethe dizia que a língua materna da Europa é o Cristianismo. A cultura, a arte, as guerras, os acontecimentos históricos de todos os povos são marcados por essa relação. Com inspiração na religião, foram construídas esplêndidas catedrais, mesquitas ou pagodes; obras-primas literárias foram escritas e foram compostas sinfonias e outras obras musicais de alto valor, praticaram-se os mais extraordinários atos de generosidade, chegando até ao martírio, travaram-se guerras e cometeram-se as piores injustiças. Esta presença maciça leva-nos a pensar que estamos diante de uma dimensão fundamental do ser humano, presente sempre e em toda a parte, ligada à sua estrutura ontológica e não apenas ao resultado de situações contingentes. Ela permite o diálogo com todos os seres humanos, mesmo os não-crentes (n. 39).

Apesar da oposição do pensamento contemporâneo, do desenvolvimento tecnológico e de certas formas de ateísmo militante que se desenvolveram vigorosamente nos últimos séculos (n. 29), a dimensão religiosa não se extingue, antes, ao contrário, vão surgindo novas manifestações de religiosidade e a proliferação de seitas e movimentos religiosos é evidente. Como isso pode ser explicado? Por que, apesar da diversidade das interpretações, existe um consenso que reconhece que o homem se apresenta em toda a parte como *homo religiosus*; ou seja, existe em todos os homens algo em comum que torna possível esta relação? Essa ancoragem é o que chamamos de natureza humana. O homem é por natureza "um ser religioso" (n. 28), que fala de Deus e com Deus. Isso significa que, na sua essência constitutiva, esta dimensão lhe pertence de forma inalienável. Como diz Viktor Frankl, "os fenômenos da autotranscendência da existência em relação ao *Lógos* devem ser localizados dentro da dimensão especificamente humana. De fato, a existência humana tende sempre para o além de si mesma, tende sempre para uma dimensão de sentido" (*Das Leiden am sinnlosen Leben* [1977]).

O problema de Deus não é o problema de uma vida no além. A dimensão religiosa é uma "dimensão humana", na medida em que constitui a possibilidade da existência humana. Além disso, a solução para o problema de Deus não é antes de tudo uma preparação para outro mundo, mas para este mesmo mundo, para poder "existir na realidade". A dimensão religiosa é, antes de mais nada, um problema da vida no aquém, porque é a explicação da realidade humana. É esclarecedor a este respeito que Xavier Zubiri não tenha colocado o problema de Deus como uma questão caída do céu, mas como uma questão que emerge do íntimo da nossa própria realidade humana. "O homem não 'tem' a experiência de Deus; antes, o homem é experiência de Deus" (*El hombre y Dios* [1984]).

O homem é religioso na sua própria estrutura ou natureza, porque é uma natureza espiritual, aberta ao infinito, que tem o infinito como origem e fundamento. A dimensão religiosa é um "movimento em direção a", é uma "adesão a" um ser que convoca, um "enraizamento" num ser fundador; "invocação" de um infinito que é um tu pessoal, dotado de inteligência e vontade, "tendência a" perceber Deus e a entrar em relação com ele, visto que cada capacidade cria uma tendência; uma "necessidade" racional, afetiva, psicológica e espiritual de um tu transcendente, enraizado no mais íntimo do homem (n. 33). Esse tu transcendente está presente no homem como o fundamento daquela abertura essencial para o Outro, que tende à comunhão.

IV. A crise existencial e cultural do desejo de Deus

"O desejo de Deus está inscrito no coração do homem, visto que o homem é criado por Deus e para Deus. Deus não cessa de atrair o homem a si mesmo e somente em Deus que o homem há de encontrar a verdade e a felicidade que não cessa de procurar" (n. 27). Bento XVI, verdadeiro mentor do CCE, comentando essa passagem, destaca o paradoxo existencial. "Esta afirmação, que também hoje em muitos contextos culturais parece ser totalmente partilhável, quase óbvia, poderia ao contrário parecer uma provocação no âmbito da cultura ocidental secularizada. Com efeito, muitos dos nossos contemporâneos poderiam objetar que não sentem minimamente tal desejo de Deus. Em amplos setores da sociedade ele já não é o esperado, o desejado, mas sim uma realidade que nos deixa indiferentes, face à qual nem sequer se deve fazer o esforço de se pronunciar" (*Audiência Geral*, 07.11.2012).

Em outros casos, o "desejo de Deus" é interpretado como uma projeção psicológica e social de tendências inconscientes, aspirações ocultas, esperanças frustradas e complexos profundos. A religiosidade torna-se um fato psicológico, sentimental, irracional, uma verdadeira fuga da realidade. Mesmo sem mencionarmos os "pais" desse posicionamento (Feuerbach, Marx, Freud, e também Schleiermacher e R. Otto), muitos dentre nossos contemporâneos se reconhecem nela. Esse posicionamento se localiza nos antípodas do verdadeiro desejo de Deus; na verdade, nada está tão longe da experiência do sagrado como as interpretações intramundanas. Quem crê se relaciona com realidades que o superam totalmente e às quais, de acordo com uma experiência muito pessoal, ele ama, venera, teme, implora etc. A religião é, por definição, uma relação com um tu; o outro tu não é, porém, humano, mas Absoluto. As interpretações redutivas têm aqui o seu ponto mais fraco. "Assim que se concebe a religião como uma relação que não parte do ser humano, sua especificidade é eliminada, falseia-se sua problematicidade, e se lhe retira toda razão de ser. Para que o fenômeno religioso seja operante, deve-se admitir que um termo da relação é de natureza não-humana" (LEDURE, Y., *Transcendenze. Saggio su Dio e il corpo*, Bologna, EDB, 1991).

Muitas vezes, o desejo de Deus e a religiosidade são entendidos como o conjunto de formas externas: a linguagem religiosa, as formas de oração, as instituições e as associações religiosas. Este é o significado que Bonhoeffer apresenta quando pede por um "cristianismo sem religião". A religiosidade autêntica não é formalismo nem irracionalidade. Se a religião é "a ilusão da humanidade", que é criada para encontrar consolação nas misérias da vida, como ela se mantém mesmo quando não é capaz de consolar, ou quando não pode salvar o homem do sofrimento e da morte? Se a religião é um sinal de "fraqueza psíquica", por que são aqueles que creem os que mostram maior força de ânimo frente às dificuldades da vida, e também aqueles que têm a coragem de enfrentar o martírio? Se a religião é uma "doença do espírito", uma "neurose obsessiva", por que são precisamente os homens que são mais profundamente religiosos que mostram saúde espiritual, equilíbrio, honestidade, bondade, capacidade de compreensão e de doação aos outros, solidariedade?

O desejo de Deus não depende, portanto, dos estados de ânimo ou de posicionamentos subjetivos, mas é uma exigência que pressupõe um fundamento ontológico, do qual o filósofo tem o dever de examinar o valor. Os fatores subjetivos de natureza psicológica podem intervir na manifestação do fenômeno religioso, expresso mesmo como negação, mas este vai mais além e se enraíza fundamentalmente na natureza ontológica da pessoa (n. 36). Não há dúvida de que o sentido de crise e de desorientação, o perigo e a angústia, a frustração e o vazio podem levar a formas inautênticas de relacionamento com Deus. No entanto, não devemos confundir a necessidade de paz, muito menos o desequilíbrio psíquico, com a autêntica dimensão religiosa da pessoa. A frustração que chega a se tornar uma doença psíquica e se reveste de religiosidade não é religiosidade autêntica, mas como diz Viktor E. Frankl comentando Freud, "a neurose obsessiva é a religiosidade psiquicamente doente" (*Dio nell'inconscio. Psicoterapia e religione*, Brescia, Morcelliana, ⁵2014, 82). No entanto, não podemos perder de vista o que é positivo nestas atitudes. Assim, como diz F. M. Sciacca — "Quando o sentido da crise e da desorientação é percebido como uma crise interna de consciência, como conscientização de que a vida terrena é incompreensível, enquanto fim em si mesma e considerada a partir da pura ordem natural, e que essa ordem é contingente, então a necessidade, a ansiedade e o trabalho se enchem de um conteúdo espiritual e eu me torno um ser verdadeiramente sincero, religioso e necessitado de fé" (*Il problema di Dio e della religione nella filosofia attuale*, Brescia, Morcelliana, ²1946, 15). Esta foi a experiência vivida por Agostinho. Porque nada de finito pode encher seu coração, ele está inquieto até que descanse em Deus.

Também hoje, o homem secularizado experimenta o "desejo de Deus" em muitos modos que, aparentemente, parecem ser uma rejeição (n. 29). Com o Renascimento, mas sobretudo com o Iluminismo, abriram-se horizontes insuspeitados às ciências humanas e naturais, as quais reivindicaram a própria autonomia. A ciência natural, o desenvolvimento técnico e o pensamento filosófico imanentista adquiriram um prestígio extraordinariamente sedutor, que gradualmente provocou uma ruptura com o pensamento teísta anterior. No início, esta separação significou apenas uma divergência de orientação intelectual dentro de uma fé religiosa comum; mas logo adquiriu um direcionamento belicoso, que levou a conflitos bem conhecidos — como o caso Galileu e a campanha antievolucionista — a partir dos quais parecia deduzir-se que a religião colocava um freio ou mesmo bloqueava a ciência, criando assim uma nova lacuna entre a verdade científica/racional e a verdade da fé.

Esse afastamento entre racionalidade e fé é ainda mais significativo quando esta fé é a cristã. J. Ratzinger, que estudou este tema com profundidade, coloca o problema de forma perspicaz no escrito *Fede, verità, tolleranza* [Fé, verdade, tolerância]: "A força que transformou o cristianismo em uma religião mundial consistiu em sua síntese entre razão, fé e vida [...], por que será que essa síntese já não convence mais hoje? Por que motivo a racionalidade e o cristianismo são, pelo contrário, considerados hoje como contraditórios e até mesmo mutuamente excludentes? O que mudou na primeira e no segundo?" (RATZINGER, J., *Fede, verità, tolleranza*, Siena, Cantagalli, 2003, 184). Essa aparente divisão entre ciência e fé persiste até os dias de hoje. O desejo de Deus parece ser anulado pelo conhecimento científico e se depara com "muitas dificuldades" (CCE 37), mas já Pascal, no primeiro de seus *Pensamentos*, falando do *Plano e da ordem da apologética*, tenta mostrar como isso não é verdade: "Os homens desprezam a religião; odeiam-na e temem que seja verdadeira. Para curar-se de tudo isso, devemos começar a demonstrar que a religião efetivamente não é contrária à razão". Vale a pena reler toda a carta que Galileu escreveu a Dom Benedetto Castelli. A carta, escrita em 21 de dezembro de 1613, constitui o texto programático da investigação científica autônoma postulada pela era moderna, e aborda e resolve, de uma forma não preconceituosa e avançada, o difícil problema da relação entre ciência e fé, ao afirmar que a ciência natural e a Sagrada Escritura expressam a mesma verdade em duas línguas diferentes. No entanto, ambos têm o seu método próprio e autônomo, que exige rigor. E "embora a Escritura não possa errar, pode, no entanto, por vezes errar qualquer um dos seus intérpretes". Portanto, contra a firmeza das verdades relativas à fé e à Sagrada Escritura não há perigo de que possa surgir uma doutrina científica válida e eficaz, "porque a Sagrada Escritura, provinda igualmente do Verbo divino e da natureza [...], e sendo mais do que manifesto que duas verdades nunca podem contrariar-se, é tarefa dos sábios expositores esforçar-se para encontrar os verdadeiros sentidos dos lugares sagrados".

A fé não se opõe à razão: "Não há motivo para existir concorrência entre a razão e a fé: uma implica a outra, e cada qual tem o seu espaço próprio de realização" (FR 17). Contudo, o cristão sabe que a fé não mortifica a razão, mas aperfeiçoa-a e eleva-a. Por isso, ele também sabe que a rejeição do "desejo de Deus" pode ser apenas aparente e, paradoxalmente, volta a afirmar esse desejo. Parece que os homens já não creem em Deus (CCE 29); tornaram-se adultos; o conhecimento científico-filosófico substituiu a voz de Deus, que já não se escuta, porque ele está morto. Porém Deus não desapareceu definitivamente e "não cessa de chamar todo homem" (n. 30) do profundo do coração. Ele ainda está presente como um desejo oculto e é percebido e tocado como um cadáver. Esse é o drama. "Este silêncio do transcendente, unido à permanência da necessidade religiosa no homem moderno: esse é o grande problema de ontem e de hoje. É o problema que atormenta Nietzsche, Heidegger, Jaspers" (BUBER, M. *Religion und modernes Denken*, in: *Merkur* 48 [1952] 101-120). É o tormento que angustiava Camus, Sartre e Freud. É a angústia que não deixa indiferentes aqueles que negam esse tormento. Os ateus têm uma ideia elevada da religião; de outra forma não seria possível compreender a razão por que a combatem com tanta determinação. Quanto mais nos empenhamos em negar a Deus e em criticar a religião, menos credível se torna que esta negação crítica seja um sinal da ausência do desejo de Deus. "Tu nos criaste para ti, e nosso coração está inquieto enquanto não repousar em ti" (*Confessiones*, I, 1, 1).

Capítulo II

Artigo 1

A REVELAÇÃO DE DEUS

RINO FISICHELLA

I. Deus revela seu "plano de benevolência"

Pode-se argumentar, com razão, que o verdadeiro começo do CCE se dê com estes números: 51-73. É a partir da revelação de Deus que se torna possível compreender o conteúdo da fé cristã. Em apenas três parágrafos, após uma formulação clássica, o CCE apresenta os traços fundamentais da revelação: em que consiste, os conteúdos que a compõem e o fim em relação ao qual ela tende.

A citação de DV, com a qual o capítulo se abre, forma o cenário em que se apresenta o conceito de revelação: "Aprouve a Deus, em sua bondade e sabedoria, revelar-se a si mesmo e dar a conhecer o mistério da sua vontade" (n. 2). A partir desta expressão, pode-se inferir que o ato de revelação é concebido como a autocomunicação de Deus. Ele sai do silêncio do seu mistério para se tornar conhecido e comunicar-se com o propósito de estabelecer uma comunhão de vida com a humanidade. Esse texto está diretamente relacionado com o *Proêmio* da Constituição dogmática. Citando 1 João 1,2-3, o Concílio torna evidente sua intenção de fazer uma introdução no mistério que permitiu a salvação da humanidade. Nesse contexto, é fácil de compreender que a melhor expressão pela qual o Concílio compreende a revelação é a do amor.

De fato, a revelação de Deus é um ato de amor livre e gratuito que nada mais deseja, exceto o bem da pessoa amada. É um amor tal que ama sem qualquer possibilidade de retribuição. Para compreender totalmente o valor desta declaração, basta verificar as citações que o CCE coloca na margem do texto. Por um lado, remete a oração de pai-nosso, na qual se pede para fazer a vontade de Deus (CCE 2823); por outro, refere-se à graça e à lei moral (nn. 1996; 1950). Conceber a revelação à luz do amor, como princípio que a informa, permite ao fiel se colocar no seguimento de Cristo, tornar-se seu discípulo, assumir sua lei, que não é outra coisa senão o amor. Essa escolha em nada o humilha; antes, pelo contrário, realiza-o em tudo, porque a vocação humana é o amor. Ao mesmo tempo, o fiel pode dirigir-se ao Pai num gesto de plena confiança e abandono, pedindo para que sua vontade seja sempre cumprida. Com efeito, ele está consciente e certo de que a vontade de Deus pode ser expressa sempre e apenas à luz do amor.

O conteúdo da revelação é Deus no seu mistério trinitário. A "luz inacessível" em que ele habita é dissipada pelo evento da encarnação em que uma pessoa da Trindade se torna homem. Neste acontecimento único e irreproduzível, o ato pelo qual Deus se revela já não é separável do próprio conteúdo revelado. O revelador e a revelação se identificam na pessoa do Filho feito carne, que se torna o verdadeiro "intérprete" da vida divina (Jo 1,18). Essa dimensão será clarificada nos números subsequentes, em que o CCE, na mesma perspectiva que a DV, revisita as várias fases da economia da revelação para chegar até seu cume: Cristo Jesus "mediador e plenitude de toda a revelação" (DV 2).

O fim da revelação é a salvação humana, ou melhor, sua participação na vida divina. O ato pelo qual Deus se revela é um ato de amor que se estende a toda a humanidade e a cada pessoa como um apelo de graça à partilha. A salvação é explicada à luz do texto de João: "Ora, a vida eterna é que eles te conheçam a ti, o único e verdadeiro Deus, e àquele que enviaste, Jesus Cristo" (Jo 17,3). A revelação em Jesus Cristo, portanto, supera a revelação que se tornou visível na criação. Na criação, todos são chamados a reconhecer e a louvar a Deus como criador; em Jesus Cristo, por outro lado, o ser humano é convidado à participação da vida divina como filho. O que se revela, em suma, é uma participação total, tornada possível pelo fato de que Deus se doou primeiro.

O n. 52 do CCE permite compreender a diferente ordem em que se coloca a revelação: "Ao revelar-se, Deus quer tornar os homens capazes de responder-lhe, de conhecê-lo e de amá-lo, bem mais do que seriam capazes por si mesmos". Uma expressão como essa traz à mente o grande problema que diz respeito ao tema teológico do *potentia oboedientialis*, que é bom ter presente na catequese em vista das grandes perspectivas em que ele introduz. No capítulo anterior, o CCE apresentou o tema do homem "aberto" ao conhecimento de Deus. Em todo caso, é sintomático que a passagem que introduz a esse segundo capítulo seja uma citação da Constituição do DF do Concílio Vaticano I, em que se afirma que "por meio da razão natural, o homem pode conhecer a Deus com certeza a partir de suas obras" (DS 3004). O CCE, no entanto, obriga-nos a não nos determos nessa perspectiva, mas a ir além. Ele afirma, de fato, que com a criação Deus colocou em cada pessoa a "capacidade" e a "possibilidade" de conhecê-lo, mesmo que em um nível ainda potencial (*potentia*). Com efeito, é necessário seguir o chamado, que é graça, com o qual o homem se abandona a ele na obediência da fé (*oboedientialis*). Portanto, não se pode ter um conhecimento pleno de Deus a partir da criação; é necessário alcançar o evento da Encarnação, com o qual o próprio Deus se faz conhecer como pessoa que vem ao encontro do homem, pedindo a resposta da fé nele. A invocação feita por São Paulo na Carta aos Romanos nos ajuda a compreender melhor esta perspectiva. Com efeito, explicando por que razão os pagãos não têm desculpas em sua incapacidade de reconhecer e honrar o Criador, o Apóstolo esclarece o modo como Deus pode ser conhecido. O Apóstolo sustenta que cada criatura tem uma possibilidade concreta de conhecer Deus através da criação. É por essa razão que os pagãos são indesculpáveis, porque, podendo conhecer Deus nas obras da criação, não o quiseram aceitar nem louvar. A criação, portanto, é uma verdadeira revelação de Deus para dar-se a conhecer, mas é ainda uma primeira etapa que exige ir mais além, dinamicamente, para alcançar a plenitude.

O n. 50 é uma citação de DF que permite realizar uma dupla passagem. De fato, por um lado, permite interligar o tema da revelação com o capítulo anterior, no qual, a partir do texto de Romanos 1,18-24, se apresentou o conhecimento natural de Deus e a possibilidade de cada criatura alcançar, por meio da razão, a compreensão de um Deus Criador. Por outro lado, salienta-se que a revelação não pode ser reduzida a uma simples ordem racional; exige, antes de mais, o ato livre e transcendente com que Deus decide revelar-se. É nesta perspectiva que se pode compreender melhor a passagem feita entre os dois Concílios do Vaticano sobre a ideia da revelação. Sob a influência de duas tendências extremas, racionalismo e tradicionalismo, os Padres conciliares apresentaram ao Vaticano I a ideia de revelação à luz de um duplo princípio: "verdade" e "autoridade". Com o primeiro, apontava-se que a revelação era um conjunto de verdades que só são conhecidas à luz do conhecimento sobrenatural; daqui brotou o segundo princípio: as verdades da revelação são tais porque Deus é o seu fiador no próprio ato de comunicá-las. A revelação, em outras palavras, era apresentada como um conjunto de verdades que formam uma doutrina, cuja verdade, no entanto, não pode ser sujeita apenas ao controle estrito da razão. Essa, de fato, é capaz de aceitar a revelação através da análise dos "sinais" que ela expressa. Os sinais, de fato, asseguram à razão a liberdade de compreender a verdade da revelação, apesar de sua evidência. A perspectiva na qual se inseria o Vaticano I, em suma, incidia mais propriamente na ênfase da natureza sobrenatural da revelação; contudo, os Padres naquele Concílio não abordaram nem quiseram tratar do tema sobre a natureza da revelação. Coube ao Vaticano II preencher este vazio, sugerindo um conceito verdadeiramente inovador de revelação.

Com a DV, o Concílio abordou o tema da revelação no horizonte de uma compreensão prioritariamente bíblico-patrística, fazendo emergir principalmente o componente histórico-salvífico. Contudo, reler a revelação à luz da história da salvação equivale a realizar um duplo movimento: por um lado, se dá um regresso à fonte originária da revelação, a Palavra de Deus; por outro, evidencia-se a originalidade da revelação cristã em relação a qualquer outra possível revelação. O retorno à perspectiva bíblica anda de mãos dadas com a recuperação do horizonte salvífico da revelação. O Deus que se revela é o Pai que entra na história humana para comunicar o seu amor e entrar numa relação de amizade e de comunhão. Isso vem fortemente comprovado na expressão: "Em virtude desta revelação, Deus invisível, na riqueza do seu amor, fala aos homens como amigos e convive com eles, para os convidar e admitir à comunhão com ele" (DV 2, com referências bíblicas a Ex 33,11; Br 3,38; Jo 15,14-15). Em poucas palavras, os Padres conciliares afirmam a primazia de Deus no revelar-se; ao mesmo tempo, porém, também exprimem a modalidade da revelação. Ela é fruto do amor e permite haver uma presença constante, permanente e contínua de Deus, em vista da participação em sua vida de amor. Deus, portanto, não só se revela, mas se "convive"; isto é, permanece por muito tempo, para que o convite à participação da vida divina seja um verdadeiro ato de liberdade pessoal com o qual cada pessoa se realiza na comunhão de vida com Deus.

No que se refere mais diretamente ao evento da revelação, deve-se observar uma passagem extremamente importante da DV em confronto com o DF: a revelação passa de uma formulação de ordem "gnosiológica" para uma formulação de ordem "salvífica". Enquanto no DF a revelação era interpretada à luz de um ensinamento dado pela via sobrenatural, DV recupera a dimensão veritativa no horizonte da história da salvação: Deus se autocomunica, mas faz isso entrando na história e submetendo-se a ela dentro dos limites desta. A *kénosis* de Deus é a medida pela qual a revelação pode e deve ser lida no processo da economia salvífica. A esse respeito, não se deve esquecer que, já em nível terminológico, o Vaticano II age de tal modo a permitir compreender os significados mais originais das expressões. Basta pensar, por exemplo, no uso da palavra "economia", que, entre os Padres da Igreja, foi utilizada para explicar o mistério da Encarnação, distinguindo-a de "teologia", que na época pretendia identificar o mistério trinitário de Deus. A verdade da revelação, como se pode ver, é apresentada na historicidade do evento da Encarnação; isso envolve uma dinâmica permanente, que permite entrar progressivamente no mistério da revelação de Deus. O que foi revelado em Jesus Cristo é toda a verdade que Deus quer dar a conhecer à humanidade para sua salvação; contudo, essa verdade de amor é expressa em uma forma "dialética" própria da revelação: ao passo que manifesta algo de modo claro, ao mesmo tempo, esconde-o (re-vela) para uma etapa adicional do progresso em uma compreensão mais profunda.

II. Os estágios da revelação

Seguindo este caminho, o CCE entra gradualmente nas várias fases que marcam a economia da revelação: da revelação na criação, passando pela revelação histórica no povo de Israel, à revelação definitiva em Jesus de Nazaré. Houve várias formas de descrever as fases da economia da revelação. Na esteira de Paulo, alguns Padres, e sobretudo Santo Agostinho, compuseram alguns marcos com referência à lei; assim, falamos da revelação *ante legem, sub lege, sub gratia*. Outros autores identificaram com mais precisão a tripartição trinitária, de modo que a "criação" corresponderia à ação do Pai; a "redenção" à do Filho; e a "expectativa" escatológica à do Espírito Santo. Depois do Vaticano II, a teologia preferiu uma divisão que procura recuperar mais os dados do Antigo Testamento e é a que foi adotada pelo CCE. Tornou-se comum estabelecer os três passos principais: (1) revelação pela natureza; (2) pela história de Israel, (3) mediante os profetas. Cada subdivisão envolve claramente limites e méritos; mas, para além disso, é fácil ver a ideia subjacente: um progresso contínuo e permanente de Deus, como que uma pedagogia toda própria e sua para chegar ao evento final: Jesus Cristo.

Para que esses textos não sejam lidos em uma chave reducionista, deve-se ressaltar que o CCE, seguindo o caminho traçado pela DV, não pode deixar de submeter essas diferentes etapas à luz da encarnação. DV 2, citado repetidamente nos três parágrafos em questão, bem como o próprio parágrafo 53, que se encerra com a perspectiva da revelação que "resplende" na sua plenitude em Cristo, não fazem outra coisa senão exprimir essa centralidade. O mesmo se verifica com a citação de DV 3, que introduz o parágrafo sobre a revelação por meio da criação, encontrando plena luz no mistério da encarnação: "Deus que cria e preserva todas as coisas pelo Verbo". Essas referências mostram que o fundamento deste ensinamento deve ser reconduzido ao princípio cristológico. A compreensão cristã da revelação, portanto, nas suas diversas manifestações, pode ser efetivamente reconhecida como a história da salvação operada por Deus a partir do seu fim; é ali que se realiza o cumprimento da própria revelação: Jesus de Nazaré no seu mistério pascal.

A criação

A "criação", mais uma vez, é colocada como o cenário necessário onde se deve situar a primeira revelação de Deus. Ela permanece na história sobretudo como o ato inicial pelo qual o Deus trino inicia a revelação do seu plano salvífico, que nem o pecado nem a traição podem jamais destruir (n. 55). Ao mesmo tempo, a criação permanece um ato dinâmico e vivo na história, e continuará até ao fim dos tempos, quando tudo será recapitulado em Cristo (Ef 1,10; Cl 1,16.20). Esta perspectiva pode ser melhor compreendida se retornarmos a uma leitura mais precisa da citação conciliar que é colocada no texto do CCE. Corrigindo uma primeira redação, a DV fala da criação como um ato contínuo; o uso do gerúndio em "criando e conservando" destaca que a criação é um ato em contínuo *fieri*; que o universo está aberto a um cumprimento e a uma evolução que sempre progride, até o fim. Aqueles que querem encontrar-se com Deus na criação o verão sempre e constantemente em ação, expressando a abertura infinita do seu amor sem fim. Também nesse caso, no entanto, o intento cristológico permanece inalterado para o CCE. A referência ao fato de que o Pai cria tudo por meio do "Verbo" enfatiza que a criação está sob a Palavra de Deus e vive na sua sombra; a Palavra é uma palavra criadora: ele fala, e tudo é criado.

A insistência na dimensão natural e cósmica da revelação não é sem significado para a sensibilidade contemporânea, que parece voltar a ver a relação com a natureza de forma mais direta e imediata e não mais metafísica como nos séculos anteriores. Essa pode tornar-se um instrumento válido para uma compreensão mais universal do fato da revelação, sem cair assim em formas de imanentismo sempre subjacentes. Com efeito, por meio da criação, em todas as fases da sua história e em cada momento da sua existência, o homem pode verificar, na medida em que o queira, a presença constante de Deus. O *Cânone romano* recorda isso com uma expressão sintomática: "[Tu, ó Deus] Por ele [o Cristo] não cessais de criar e santificar estes bens e distribuí-los entre nós". Na criação, o mistério parece vir ao encontro de todos com um encanto todo próprio; por um lado, de fato, o ser humano vê a grandeza do cosmos e sua infinitude, mesmo experimentando o seu limite, muito embora tendo sido colocado à cabeça de toda a criação (Gn 1,26; Sl 8,4-5). Por outro lado, ele vê que nessa criação sua inteligência tem espaço para transcender e, numa dinâmica contínua, tenta descobrir os mistérios nela presentes, mesmo que escondidos.

A revelação por meio do cosmos permite reconhecer, antes de mais, que a criação é um dom gratuito de Deus e está na origem de tudo. O profeta expressa isso claramente quando diz: "Eu, o Senhor, sou o primeiro" (Is 41,4); ou ainda: "Fui eu que fiz a terra, que nela criei o homem; fui eu, com minhas mãos, que estendi os céus e a todo o seu exército dou ordens" (Is 45,12). É também salientado, ao mesmo tempo, que o homem é criado à imagem do Criador e leva dentro de si o reflexo da divindade. Por fim, por meio da criação, o ser humano dá glória ininterruptamente a Deus, tomando como instrumento de ação de graças as obras que ele criou: "Os céus narram a glória de Deus, o firmamento proclama a obra de suas mãos. O dia transmite a mensagem ao dia, e a noite a faz conhecer à noite" (Sl 19,2-3; 104; 136).

Como dom e fruto do amor, a revelação de Deus não pode ser derrotada pela presença do mal e do pecado; muito pelo contrário, ela vence-o. A revelação de Deus que cria é ao mesmo tempo uma manifestação de Deus que vai além do limite do mal e da desobediência humana, para colocar na história o princípio de uma promessa de salvação que nunca falhará. O pecado não priva a revelação do seu aspecto de graça; antes, nas palavras do Apóstolo, "onde o pecado abundou, superabundou a graça" (Rm 5,20).

Esta parte do CCE encontra uma explicitação significativa na Carta encíclica LS, do Papa Francisco. Ao analisar o "mistério do universo", o Papa lê-o e interpreta-o à luz do amor (cf. n. 76). A criação é uma "carícia de Deus" (n. 84) e na sua contemplação é possível compreender a novidade da revelação divina: "Esta contemplação da criação permite-nos descobrir qualquer ensinamento que Deus nos quer transmitir através de cada coisa, porque, 'para o fiel, contemplar a criação significa também escutar uma mensagem, ouvir uma voz paradoxal e silenciosa'. Podemos afirmar que, 'ao lado da revelação propriamente dita, contida nas Sagradas Escrituras, há uma manifestação divina no despontar do sol e no cair da noite'. Prestando atenção a esta manifestação, o ser humano aprende a reconhecer-se a si mesmo na relação com as outras criaturas" (n. 85).

A aliança

O passo dado agora pelo CCE é expor a segunda etapa da história da revelação: a "aliança". Não deve surpreender que haja forte ênfase e espaço dedicado à aliança com

Noé. A sua figura está repleta de caraterísticas que nos são oferecidas pelo Antigo e Novo Testamento; mas, de modo especial, a pessoa de Noé realça o caráter universal da aliança de Deus com a humanidade e o seu caráter social. De fato, a aliança feita com Noé é figura de uma aliança que afetará para sempre as "nações", isto é, os povos (cf. n. 58). A revelação de Deus, que se apresenta na aliança com Noé, não estará mais limitada a um único sujeito ou a uma única nação, mas se abrirá aos povos e a nações inteiras. Isso permite entrever uma ideia subjacente, explicitada no n. 57: a divisão entre os povos é um mal objetivo; este continua sempre vigilante toda vez que o rosto se distrai de Deus, fonte de unidade e de paz. As formas de idolatria ou politeísmo, que hoje assumem novos nomes e novos rostos nas várias sociedades, indicam um caminho provisório e não permitem a finalização da história pessoal nem da universal.

A figura de Noé é particularmente significativa a este respeito. Ele é visto como protótipo da pessoa justa que se beneficia da salvação, apesar do pecado e do mal da humanidade (Sr 44,17-18). Noé, como o próprio nome atesta (*Noah*), é um sinal de consolação por ter ouvido a palavra de YHWH. No entanto, ele se torna sobretudo imagem de toda a humanidade, com a qual Deus se reconcilia para sempre: "Nunca mais amaldiçoarei a terra por causa dos homens... nunca mais hei de castigar os seres vivos como fiz" (Gn 8,21). A universalidade deste pacto com Noé permanecerá na história do povo como sinal de uma misericórdia paciente que Deus nutre em relação a este: "Comigo sucede como no tempo de Noé; como jurei que as águas de Noé não submergiriam mais a terra, juro agora não me irritar contra ti nem de ameaçar-te" (Is 54,9). Essa aliança permanecerá como uma memória constante de que um "resto" de Israel estará sempre pronto a assumir a responsabilidade de ser um parceiro de uma nova aliança com YHWH, até que sua promessa seja cumprida.

À luz de uma leitura do Novo Testamento, a figura de Noé, colocada neste ponto do CCE, deveria convocar também à vigilância permanente que o fiel deve ter diante da expectativa do retorno do Senhor (Mt 24,37). Num mundo em que o cristão muitas vezes se torna uma voz isolada, mas não menos profética por isso, a figura de Noé recorda a coragem do testemunho (2Pd 2,5) e a coerência da fé (Hb 11,7). A aliança universal e eterna proposta aqui permite-nos ver mais um traço saliente da revelação: o pecado jamais poderá sobrepujar o amor de Deus, porque na morte do crucificado cada homem é salvo do dilúvio da morte e da autodestruição. Passando pelas águas do batismo, de fato, todos podem nascer de novo para uma vida nova.

O propósito da revelação, como mencionado, é trazer toda a humanidade de volta às mãos de Cristo, que a oferecerá ao Pai. Esse movimento de síntese, no qual toda a criação, o cosmos e o homem que nele existe se reconciliarão definitivamente com Deus, já vai encontrar na história concretizações que prefiguram a realidade futura. É nesse horizonte que se pode ler mais uma etapa da revelação apresentada pelo CCE, nos nn. 59-61: a aliança que Deus realiza com Abraão, "pai de todos os que creem" (Rm 4,11.18).

A figura de Abraão, como emerge das três tradições bíblicas — elohista, javista e sacerdotal — que confluem em Gênesis 12–25, é a do homem chamado por Deus para cumprir a aliança que iria se transmitir a gerações inteiras. Posto à prova, mas cheio de bênçãos, Abraão responde com o abandono total e confiante a este chamado, confiando apenas na promessa que lhe é feita. No texto, o caráter da liberdade presente no chamado de Deus é imediato e eficaz: "Para reunir toda a humanidade, Deus escolhe Abrão". Deus é sempre o primeiro a intervir. Pode-se reconhecer essa primazia no chamado para seguir a sua vontade, assim como na proposição da aliança. Não há alternativa; é Deus que escolhe Abrão; é sua a proposta de aliança, sua é também a promessa. A expressão "Eu te darei" ressoa como um refrão em todos os textos relativos a Abraão: a "terra", a "fecundidade de Sara", o "filho Isaac", uma "geração tão numerosa como as estrelas do céu"... tudo é um dom e uma graça que está diante de Abraão, porque "o Senhor o abençoara em tudo" (Gn 24,1).

O que, no entanto, se destaca como fator determinante é que a vocação de Abraão tem sua completude em sua "paternidade". O chamado não é individual, mas universal: "Todas as nações da terra serão abençoadas por meio de tua descendência" (Gn 22,18). O que torna Abraão significativo para a história da revelação é ser "pai de uma multidão de nações" (Gn 17,5). Em virtude disto, a tradição sacerdotal muda o seu nome: "Não mais levarás o nome de Abrão, mas te chamarás Abraão" (Gn 17,5), que significa "pai de uma multidão".

Como Deus havia prometido em Noé uma aliança universal e eterna com a qual nunca mais destruiria o fruto da sua criação, assim torna visível em Abraão o primeiro esboço desta bênção e promessa. Enquanto em Noé a bênção de Deus possuía traços genéricos, porque se estendia sobre tudo, em Abraão ela se torna, em vez disso, concreta, porque se concentra no homem que tem fé nele. A referência ao n. 145, posto na margem, nos permite ver que a relação Abraão-fé exigirá um desdobramento mais preciso em outro lugar; aqui, porém, antecipa-se seu ser prefigurativo da verdadeira fé que o homem deve colocar em Deus. Posto à prova nos momentos cruciais de sua existência, ele é visto como aquele que "creu no Senhor, que lho imputou como justiça" (Gn 15,6).

Em todo caso, o que o CCE parece enfatizar mais, nessa passagem do n. 60, é que em Abraão se antecipa a recomposição que "um dia na Igreja" será cumprida entre todos os filhos de Deus. Há uma ideia recorrente nesses parágrafos e que, começando com a apresentação da aliança feita com Noé, vai encontrar aqui uma explicitação mais detalhada. A dimensão universal da revelação, ao que parece sugerir o texto, não é interrompida pelo fato de fazer parte de uma história particular, a do povo de Israel. Muito pelo contrário, a promessa feita a Abraão de reunir todas as nações é uma prefiguração daquele chamado universal que será cumprido pela morte e ressurreição de Cristo. O texto de João 11,52, citado aqui como referência, não deixa dúvidas sobre isso.

Segundo João, o sumo sacerdote, mesmo sem o querer, proclama a profecia: "Não falou isto por si mesmo, mas, sendo o Sumo Sacerdote daquele ano, profetizou que Jesus haveria de morrer por toda a nação. E não só por toda a nação, mas também para congraçar, na unidade, todos os filhos de Deus que estão dispersos" (Jo 11,51-52). A teologia joanina, pela boca do Sumo Sacerdote, recorda nesta passagem o valor salvífico da morte de Jesus: não mais apenas o povo restrito dentro dos confins de Israel, mas o futuro Israel escatológico no qual, como um novo povo, judeus e pagãos se reunirão juntos.

Essa profecia do Antigo Testamento encontra-se nos vários livros sagrados (Is 11,12; Mq 2,12; 4,6; 7,11; Jr 23,3; Ez 11,17; 20,34; 28,25; 34,16); mas, aqui, João insere uma compreensão eclesiológica de fundamental importância: não mais as tribos de Israel serão reunidas, mas os "filhos de Deus". Portanto, na morte de Jesus, os fiéis tornaram-se verdadeiramente filhos; a sua condição é real, mesmo que o que será no futuro ainda não esteja claro (1Jo 3,1-2). Eles serão dispersos no mundo, mas a glória que flui da cruz marca o ponto da unidade inseparável. O único rebanho de Cristo é recolhido e reunido, mesmo que seja formado por "judeus e pagãos"; o que agora se torna decisivo, de fato, é o ser "filhos de Deus". A partir de Abraão, portanto, abre-se uma vez mais a perspectiva universal da revelação de Deus, que chamou e elegeu todos os homens, especialmente aqueles que estavam afastados, para participarem de seu banquete. Ninguém mais será excluído (cf. Jo 12,20), porque a morte do Filho tem um valor universal: "Mas eu, quando for elevado da terra, atrairei todos a mim" (Jo 12,32). Enxertada na "oliveira boa" (Rm 11,24), a Igreja não pode renunciar à história do povo no qual ela foi inserida. Por este motivo, partilha com o povo antigo as figuras dos patriarcas e dos profetas, venera-os e considera-os santos, isto é, como partícipes da promessa e da partilha do Reino de Deus.

A partir de uma perspectiva mais teológica, os nn. 62-64 constituem o fundamento daquilo que foi até agora expresso sobre a revelação cósmica de Deus. A reflexão bíblica, de fato, começou a pensar em Deus como criador somente depois de tê-lo conhecido como o Deus de Abraão, de Isaac e de Jacó. O Deus que tinha feito um pacto com Israel, de quem ele tinha recebido as "dez palavras" (Ex 34,28) a serem observadas para sempre, era o mesmo Deus experimentado como aquele que "com mão forte e braço poderoso" libertou o povo da escravidão do Egito. Um Deus tão grande e poderoso, portanto, deve ter criado o céu, a terra e tudo o que neles habita.

Na história e nos vários eventos que a compõem, Israel conheceu a ação reveladora e salvífica de YHWH. A partir daqui, portanto, a história da revelação começou como a conhecemos hoje, embora, cronologicamente, a revelação tenha conhecido diferentes fases. Neste sentido, a revelação é descrita como "histórica", para indicar a entrada de Deus nos acontecimentos do povo escolhido e para especificar ainda mais as modalidades da revelação. A palavra com a qual Deus criou o céu e a terra torna-se agora uma palavra que convida o homem e o povo escolhido a assumir as suas responsabilidades. Deus intervém fazendo-nos reconhecer os sinais da sua presença e, a partir deles, pede a cada um que viva segundo os cânones da aliança.

Na história de Israel, a aliança permanecerá como o ponto vital em que se exprime o plano de salvação de Deus. A aliança (*berît*) feita no Sinai condicionará toda a vida do povo: todas as instituições políticas, familiares, sociais, militares e sobretudo religiosas serão elaboradas e vividas à luz dessa aliança. Revelando a Moisés o seu nome (Ex 3,7.14), Deus também indica o plano de sua revelação: libertar Israel para levá-lo à terra que mana "leite e mel" (Ex 3,16-17). O êxodo do Egito confirma a eleição que Deus fez de Israel e marca o primeiro reconhecimento da fidelidade da sua palavra. O povo responde a YHWH pela fé, aceitando suas palavras e colocando-as em prática. O texto de Êxodo exprime, num único ato, a essência da aliança — "E agora, se ouvirdes com atenção a minha voz e observardes a minha aliança, sereis para mim uma propriedade exclusiva, escolhida dentre todos os povos: pois toda a terra é minha. E vós sereis para mim um reino de sacerdotes e uma nação santa" (Ex 19,5-6).

A partir daqui, Israel será constituído como um povo santo que somente presta culto a YHWH, seu Deus (Ex 20,3). Para tornar evidente sua consagração, ele será separado dos povos pagãos e de todas as formas de idolatria (Ex 23,24; 34,12-16) — que sempre será considerada como o pecado mais grave, porque é uma forma de traição — e será estabelecido como o Reino do Senhor. À eleição de Deus corresponde o compromisso de Israel: "Faremos tudo que o Senhor nos disse!" (Ex 19,8). Tendo fidelidade ou não a este compromisso, o povo decidirá o seu destino: se quer viver ou morrer, se quer permanecer livre ou voltar à escravidão.

Com a aliança com Moisés, a revelação exprime um dos traços essenciais de seus objetivos: o plano que Deus tem de unir a si mesmo todos os seres humanos, realizando uma comunidade digna de oferecer culto, uma comunidade depositária de sua promessa e capaz de pôr em prática a sua ordem de justiça e de amor. No entanto, a aliança no Sinai não vem marcada com os traços de um caráter definitivo; os parceiros estão num plano diferente: Deus e o povo nunca podem ser colocados no mesmo plano. O fato de ser "eleito", "chamado", "escolhido" coloca sempre Israel diante de uma liberdade prioritária de Deus, que reflete sua transcendência absoluta. Somente à luz do Novo Testamento pode-se compreender plenamente o valor da aliança sinaítica. Jesus, que celebra a Páscoa com os seus discípulos, exprime a autoridade do próprio Deus; por isso só ele é capaz de cumprir a aliança no seu "sangue" (Mc 14,24; Mt 26,28; Lc 22,20; 1Cor 11,25), que doravante terá um valor salvífico universal. O sacrifício feito no Sinai, em que foram sacrificados os animais e com cujo sangue Moisés havia aspergido o povo (Ex 24,8), foi substituído agora pelo sangue do cordeiro inocente, que torna o sacrifício completa e radicalmente novo. Só agora a nova aliança assume as características de ser definitiva, porque combina e sintetiza em si mesma, num só ato, o sacrifício da aliança, o sacrifício expiatório e a nova Páscoa de Deus em meio a seu povo.

A revelação profética

É sempre no horizonte da aliança que se pode compreender o n. 64, que marca o estágio da revelação "profética". O profetismo acompanha transversalmente toda a história do povo. Nos momentos de traição, o profeta permanece como uma "sentinela" vigilante para recordar a fidelidade à aliança; na deportação, faz ouvir sua voz como consolação e esperança; ao regressar à pátria, ele se torna instrumento de renovação e de misericórdia que toca o homem na raiz mais profunda do seu coração e não lhe permite contentar-se apenas com a observância formal da lei. O papel dos profetas na história da revelação é essencial, pois põe em evidência a mediação privilegiada adotada por Deus para se comunicar com o seu povo. Ele fala por meio dos profetas (Jr 1,9; Ez 3,1-3); sua própria voz ressoa nos sinais feitos pelo profeta; a obediência exigida do profeta é total, e sua morte marca sua devoção extrema e incondicional à palavra que lhe foi dirigida. Em suma, os profetas resumem todos os elementos constitutivos da história do povo do Antigo Testamento e renovam-nos à luz de uma nova experiência de revelação.

A aliança feita no Sinai é o cenário a partir do qual deve-se colocar a tomada de posição dos profetas; quer denunciem a infidelidade, quer proclamem maldições ou palavras de misericórdia, o Sinai permanecerá como memória permanente e indelével. A uma leitura demasiado jurídica da aliança, os profetas acrescentam notas que favorecem a internalização desse evento. A relação entre Deus e o seu povo será lida de forma simbólica com as imagens do pastor e do rebanho, da vinha e do vinhateiro, do esposo e da esposa, do pai e do filho. Em uma palavra, a aliança adquire os traços progressivos de uma relação pessoal, em que o amor emerge como uma dimensão fundamental que vai além da esfera da observância legal da lei (Ez 16,6-14). Israel, porém, "apaixonou-se pela sua beleza" (cf. Ez 16,15) e, confiando demasiadamente em si, traiu a aliança. A infidelidade do povo à aliança é o pecado que é clamado pelos profetas, evidenciando o drama de um povo que quer viver sem Deus e a sua lei (Jr 22,9). Como o esposo é traído pela esposa, assim YHWH é traído por Israel, quebrando-se a aliança (Os 2,4; Ez 16,15-43; Jr 31,32). Deus não está na origem dessa ruptura, mas é obrigado a dar ciência das consequências da traição: o exílio, a destruição de Jerusalém e a dispersão do povo escolhido.

Apesar do pecado e da traição, o amor e a fidelidade de Deus à sua Palavra mantêm a primazia. A revelação profética relê os temas do êxodo, prevendo no futuro do povo um novo êxodo e uma nova aliança. O tempo do noivado está voltando (Os 2,21-22) e Israel será para sempre a esposa de seu Senhor; justiça, paz, fidelidade, alegria e profundo conhecimento de YHWH serão as caraterísticas desses novos tempos. A maior transformação, porém, será aquela que o próprio Deus vai operar no íntimo das pessoas: ele escreverá a sua lei em seus corações (Jr 31,33), os reunirá de todos os cantos da terra onde estavam dispersos e constituirá novamente um verdadeiro e único povo (Jr 32,37-41; Ez 36,24). A aliança do Sinai será renovada definitivamente, porque será purificada e atualizada pela mediação do Espírito (Ez 36,27). O selo que concluiu a antiga aliança será o mesmo que concluirá a nova: "Sereis meu povo e eu serei vosso Deus" (Ez 36,28; 37,27; Jr 31,33; 32,38). No anúncio do último Isaías, se encontra até mesmo a renovação da aliança feita com Noé (Is 54,9). O círculo, então, é fechado, e retorna-se ao plano inicial de uma aliança eterna de valor universal, feita com toda a humanidade, porque o amor com o qual Deus se revela não pode ser fechado dentro das fronteiras estreitas de uma só nação; estende-se, procurando abraçar todo ser humano em toda terra e em todo lugar.

As grandes mulheres da revelação

É significativo que, nesse ponto, o CCE mencione as figuras das grandes "mulheres" que participaram da revelação e que constituem uma mediação que não pode ser considerada meramente simbólica. Os exemplos que os nomes dessas mulheres recordam são expressão do fato de que a distinção de sexo não constitui um obstáculo à ação do Espírito; pelo contrário, a Escritura assume voluntariamente a figura da mulher para expressar frequentemente a sabedoria divina. "Sara" é um sinal da fé que sabe tornar a vida fecunda, apesar dos anos avançados (Gn 18,9-15). "Rebeca" é um instrumento de Deus que livremente, ainda que de maneira misteriosa, escolhe Jacó, preferindo-o a Esaú (Gn 27,7-17). "Raquel" é aquela que na angústia não se afasta do Senhor, mas é tenaz e constante no pedido de seu filho, e será o fundamento da casa de Israel (Gn 30,22-24; Rt 4,11). "Miriam", a profetisa irmã de Aarão, convida à oração e ao louvor com todos os instrumentos (Ex 15,20-21). "Débora", juíza e profetiza em Israel, incita à guerra e canta a vitória de YHWH sobre o inimigo (Jt 4–5). "Ana" é aquela que louva o Senhor, que escuta os humildes em antecipação da oração da virgem Mãe (1Sm 2,1-10). "Judite", com sua beleza, astúcia e prudência, torna-se um sinal de que todos podem contar com a proteção de Deus (Jt 4–13). "Ester" permanece fiel à lei do Senhor, mesmo numa terra estrangeira, e salva o seu povo da destruição (Est 2–8).

Todas estas mulheres formam um coro à volta de Maria e, de alguma forma, antecipam os traços fundamentais de obediência e fidelidade que farão dela a mãe do Senhor. O CCE tratará deste assunto com uma seção específica nos nn. 963-972.

III. Cristo Jesus "mediador e plenitude de toda a revelação"

A apresentação da revelação em Jesus Cristo permite que o CCE alcance o cume do ensinamento sobre a revelação. Com a presença de Jesus na história, Deus visitou o seu povo sem qualquer mediação e cumpriu a promessa que fizera muitas vezes (cf. n. 422). Abrindo o parágrafo com a citação inicial da Carta aos Hebreus, o olhar inevitavelmente se detém na dialética que o autor sagrado quis colocar entre os elementos expressos nas diversas etapas da revelação no Antigo Testamento e a novidade expressa na revelação feita por Jesus: "Outrora, Deus falou a nossos pais muitas vezes e de diversas maneiras, por meio dos profetas. No período final em que estamos ele nos falou por meio de seu Filho. Por ele é que Deus criou o universo e é ele que foi feito herdeiro de tudo" (Hb 1,1-2). Com alguns poucos versículos, somos imediatamente introduzidos no coração do discurso e manifesta-se a essência do conteúdo bíblico: cada um agora está em relação com Deus e pode finalmente entrar em relação com ele (cf. Hb 7,19; 10,19). O que marca o fato surpreendente para toda a história é que "Deus falou". Ele entrou em uma relação particular com o homem, que é feita de comunicação e relacionamento interpessoal. O que o autor da Carta aos Hebreus quer ensinar, de fato, é que Deus tem procurado incansavelmente com o ser humano uma relação de verdadeiro amor como a que ocorre entre duas pessoas; isso é expresso de maneira imediata por uma peculiaridade gramatical. O conteúdo da comunicação divina não é especificado, ao passo que se apresentam claramente os sujeitos da comunicação: Deus, os pais, os profetas, nós, o Filho. A revelação não é primariamente um conjunto de doutrinas ou conhecimentos, mas um encontro com uma pessoa. As várias e diferentes maneiras pelas quais Deus havia revelado a sua vontade aos pais e aos profetas encontram agora o seu ápice na própria pessoa do Filho. Nas etapas anteriores, a palavra estava marcada pela fragmentação, pela multiplicidade, pelas diversas mediações que, no final, levavam a uma visão parcial da revelação. Agora, porque é o Filho que revela, o desígnio original do Pai vem expresso de forma unitária e plena. Também estilisticamente, o autor da Carta faz sobressair esta peculiaridade e singularidade da revelação de Jesus; de fato, ele põe o Filho no final do versículo. Tudo o que foi dito precedentemente, em suma, é como que um movimento de tensão na direção do Filho, que constitui o culminar da revelação. O Filho é o "herdeiro", aquele através do qual tudo foi feito; participa da mesma natureza divina e, portanto, separa-se qualitativamente de qualquer mediação anterior. A sua relação com o Pai é única, típica daquele que nasceu como Filho, é "a irradiação da sua glória", nele repousa a plenitude e tudo que é definitivo.

A revelação de Jesus Cristo é uma síntese completa e definitiva de toda a ação de Deus na história, porque se realiza no compartilhar da natureza humana por parte de Deus.

A brevidade com que o CCE trata esta seção é bastante surpreendente. É verdade que a parte cristológica será explicada na seção que abrange os nn. 422-679; mas o tema é tão vital que teria merecido uma discussão mais ampla.

A mesma citação de Hebreus 1,1-2 pode ser encontrada também em DV 4, e torna-se necessário retornar a esse ponto caso se queira chegar a uma compreensão global do tema. De fato, em DV é possível constatar uma apresentação progressiva da revelação em Cristo, que, a partir do *Proemio*, se estende até o n. 4, ponto em que os Padres conciliares fazem uma identificação entre o conteúdo da revelação e o revelador. Uma vez que Jesus é o "Verbo feito carne" e "fala as palavras de Deus", já não há diferença alguma entre aquilo que ele é como revelador e como conteúdo da própria revelação. A sua palavra em nada difere da do próprio Pai, porque ouviu-a pronunciada no interior do próprio Pai (cf. Jo 5,38); as obras que ele realiza são as mesmas que viu realizadas pelo Pai (cf. Jo 5,36); o testemunho que ele oferece é validado pelo próprio Pai a quem ele dá testemunho, porque a ele, e só a ele, é que ele remete constantemente, para manifestar sua vida como a missão de obediência que recebeu de Deus (cf. Jo 5,31-34).

A plenitude e o caráter definitivo da revelação, portanto, se realizam pelo fato de que Jesus é a segunda Pessoa da Trindade, o Verbo que se torna homem; ele é Deus como o Pai; mediante a encarnação, fala em linguagem humana. Ninguém poderia expressar melhor o mistério de Deus do que ele, visto que só ele o conhece perfeitamente na medida em que é Deus. O que torna possível compreender essa identificação é a citação do texto de João: "Quem vê a mim, vê o Pai" (Jo 14,9). Essa consciência delineia o caráter definitivo da revelação; os mediadores anteriores e as diferentes formas de mediações históricas já desempenharam seu papel. Diante do Filho, que fala, comunicando o mistério de Deus, tudo o que o precedeu está referido a ele e nele encontra o seu pleno significado. Diante dele, até as Sagradas Escrituras, que guiaram a vida do povo, tornam-se "antigas" porque se apresenta a "nova" aliança de uma maneira conclusiva. "Por isso [...], com toda a sua presença e manifestação da sua pessoa" (DV 4), exprimem claramente o ensinamento conciliar: em Jesus, Deus está presente em plenitude; por isso mesmo a manifestação de sua revelação é definitiva, porque no Verbo se torna visível o mistério trinitário de Deus Pai, Filho e Espírito.

A gradualidade que a DV cria ao evidenciar a obra reveladora do Filho é digna de particular atenção, porque permite ver uma "hierarquia" de valor revelador que determina a adesão da fé. O que é apresentado como objeto de revelação, de fato, é em primeiro lugar a pessoa de Jesus Cristo, o Verbo entre os homens. O encontro com ele, a escuta da sua Palavra e a aceitação do seu testemunho geram a fé. Ele é crível em si mesmo, porque a sua existência é totalmente coerente com a missão recebida do Pai.

O fato de ele "se referir" somente a Deus o coloca em uma situação de autotestemunho que não necessita de justificação. A sua Palavra e a sua ação são verdadeiras porque nele repousa o poder (*dýnamis*) do Pai e nele brilha a sua própria glória (*dóxa*). A plenitude do Espírito que o reveste é garantia de que cada homem se possa confiar totalmente a ele, como se confia ao próprio Deus. Os sinais que fluem de sua pessoa nos permitem verificar sua ação como o próprio agir de Deus. Suas palavras e obras "intimamente ligadas" formam a originalidade da pessoa; os sinais e milagres que realiza exprimem o amor do Pai e a sua força que vence o poder do mal. De maneira muito especial, seu mistério pascal dá provas contundentes de como ama a Deus. Com efeito, a morte e a ressurreição marcam a expressão culminante da revelação, porque constituem o acontecimento definitivo da salvação. Torna-se mais uma vez evidente que não é possível separar o conteúdo da revelação da realização do seu propósito: a salvação como comunhão de vida com Deus.

O que já foi dito anteriormente sobre a nova e definitiva aliança se reflete no n. 66 que, citando DV 4, nos permite compreender porque essa revelação é agora definitiva. A plenitude e o caráter definitivo, no entanto, não equivalem à "completude" da revelação. A dimensão histórica em que se insere a revelação de Jesus permite verificar uma dimensão dupla. Por um lado, a revelação, por ser realizada pelo próprio Deus, é definitiva e nenhuma outra manifestação pode modificar a sua verdade. Por outro lado, ela nos obriga a ver um progresso contínuo e dinâmico da sua verdade, que só encontrará plenitude sob a ação do Espírito, que conduz a Igreja no tempo rumo à verdade plena (cf. Jo 16,13). Neste espaço da história, que constitui a história da Igreja, a revelação é cada vez mais compreendida, relacionada às diferentes situações em que a comunidade se encontra e cresce na dinâmica da verdade que lhe é própria.

De fato, a revelação em Jesus é apresentada em sua dialética conatural: ela revela o mistério, mas ao mesmo tempo volta a envolvê-lo, para provocar a fé a ser cada vez mais ela mesma; isto é, para ir além do que compreendeu, a fim de procurar cada vez mais profundamente a verdade em que crê. Nesse ponto, o axioma de Santo Anselmo é a pedra angular para compreender a dinâmica reveladora: Deus é sempre maior do que aquilo que se pode pensar dele e pela razão compreende-se que ele é incompreensível. Por isso, o olhar centra-se na perspectiva escatológica e na *parusía*, que revelará plenamente o verdadeiro rosto de Deus, na medida em que ele será contemplado como ele é (cf. 1Jo 3,2).

O n. 67 conclui esse capítulo, sugerindo dois problemas de grande alcance e atualidade: o problema das revelações depois de Cristo e a especificidade da revelação cristã em relação a outras religiões que propalam a mesma pretensão de revelação.

Talvez devêssemos abandonar a terminologia das revelações "privadas", que aparece como inadequada. Provavelmente ela foi necessária quando as mensagens, verdadeiras ou presumíveis, eram apresentadas mediante uma linguagem apocalítica, induzindo muitas vezes os fiéis a cometer grandes erros, levando a equívocos sobre o verdadeiro e real significado da manifestação. No entanto, no momento em que se dá uma revelação verdadeira e comprovada, essa deveria ter uma validade para toda a Igreja; portanto, dizer que é uma revelação "privada" torna-se algo impróprio. Contudo, surgem diferentes problemas teológicos em relação às revelações, após a revelação de Cristo. Esquematicamente, pode-se mencionar que tais revelações requerem uma análise séria e imparcial para verificar seu caráter sobrenatural. Além disso, é necessário avaliar a "mensagem" que é frequentemente apresentada juntamente com a visão e que não poucas vezes exige ser interpretada à luz do gênero da "profecia". Finalmente, essa manifestação deve ser submetida a um conjunto de critérios que seja capaz de se certificar da veracidade do evento, juntamente com a fiabilidade do vidente. De qualquer modo, uma manifestação como essa nunca pode acrescentar nada à revelação feita por Jesus Cristo; só poderá ser um eco fiel e coerente da sua Palavra. À exceção desses elementos, toda e qualquer outra manifestação se autoexclui do caráter revelador.

No que diz respeito à especificidade da revelação cristã em relação às outras religiões, convém recordar o que o Vaticano II ensinou na NA: "A Igreja católica nada rejeita do que nessas religiões existe de verdadeiro e santo. Olha com sincero respeito esses modos de agir e viver, esses preceitos e doutrinas que, embora se afastem em muitos pontos daqueles que ela própria segue e propõe, todavia, refletem não raramente um raio da verdade que ilumina todos os homens" (n. 2). Todavia, em virtude da revelação, a Igreja não pode deixar de cumprir a sua missão de anunciar que Cristo é "o caminho, a verdade e a vida" (Jo 14,6).

No entanto, é necessário distinguir entre religiões e seitas. Enquanto as primeiras se esforçam por responder às grandes questões que tocam o homem e o mistério de Deus, as seitas tendem a absolutizar certos aspectos, radicalizando a componente escatológica e caindo facilmente em formas de fanatismo ou fundamentalismo. O diálogo interreligioso abre-se à recepção de elementos positivos e verdadeiros presentes nas diversas experiências religiosas, não renunciando, no entanto, ao valor normativo e salvífico que a revelação de Jesus Cristo possui para a fé cristã.

Capítulo II

Artigo 2

A TRANSMISSÃO DA REVELAÇÃO DIVINA

JARED WICKS

O artigo sobre a transmissão da revelação começa com um texto clássico, 1 Timóteo 2,4, que liga a comunicação eclesial da revelação à vontade divina universal e salvífica. Com efeito, essa transmissão pretende realizar o intento divino de introduzir toda pessoa humana, sem exceção, na comunidade dos filhos adotivos que, por meio de Cristo e do Espírito, acedem ao Pai (nn. 51-52). A nossa humanidade como um todo é, portanto, destinatária do plano divino de revelação salvífica.

Os ensinamentos oferecidos sobre a transmissão podem ser agrupados em torno de três temas principais: o Evangelho apostólico, a Tradição e o Magistério que interpreta o dom apostólico original.

I. O Evangelho da salvação

No centro da economia da revelação encontra-se a pessoa de Cristo, na qual Deus Pai nos manifestou toda a sua benevolência salvífica (n. 65). No entanto, para que o plano de Deus cumpra o seu propósito universal, o próprio Cristo iniciou uma fase posterior de comunicação do que ele havia revelado. O meio primordial dessa transmissão, de acordo com n. 75, é o Evangelho da salvação que Cristo confiou aos seus Apóstolos com o mandato solene de anunciá-lo universalmente (Mc 16,15, Mt 28,18-20; Lc 24,46-48; At 1,8).

O Evangelho apostólico foi e é a mediação essencial entre Cristo e cada pessoa que recebe a salvação daquele que "morreu pelos nossos pecados... e que ressuscitou no terceiro dia" (1Cor 15,3-4). Mesmo antes de Cristo, em Israel, já ressoara uma palavra evangélica, na qual a mensagem apostólica encontra sua própria história prévia, especialmente no anúncio profético do fim do exílio e do regresso do povo escolhido à terra da promessa (Is 52,7-12). O próprio Jesus, no seu ministério público, foi o arauto itinerante do Evangelho do Reino do seu Pai, com um chamado à conversão e à fé (Mc 1,15, Mt 4,17.23; Lc 4,16,21; At 10,35-38; cf. nn. 541-550).

As formulações do Evangelho apostólico podem ser encontradas nas Cartas de São Paulo, especialmente nas passagens sobre Cristo morto e ressuscitado, que remontam à obra daqueles que eram apóstolos antes de Paulo (Rm 1,2-4; 4,24-25; 1Cor 15,3-5; Gl 1,3-4; 1Ts 1,9-10). Outras expressões da mensagem evangélica ressoam nos discursos apostólicos de Pedro, no Livro dos Atos dos Apóstolos (2,14-36; 3,12-26; 4,8-12; 5,29-32; 10,34-43). Esse anúncio é "poder de Deus para a salvação dos que creem" (Rm 1,16), que nos alcança "não só por meio da palavra, mas também pelo poder do Espírito Santo e com profunda convicção" (cf. 1Ts 1,5). O Evangelho é "a palavra da fé que pregamos. Porque se confessares com tua boca que Jesus é o Senhor e creres com o teu coração que Deus o ressuscitou da morte, serás salvo" (Rm 10,8-9).

O Evangelho confiado aos apóstolos e depois anunciado inclusive com o testemunho do martírio é essencialmente uma história sobre Jesus Cristo que põe em evidência o sentido da sua morte e ressurreição para o bem de toda a humanidade. O Evangelho apostólico é "segundo as Escrituras", como o cumprimento esclarecedor de tudo o que está escrito nos livros sagrados de Israel (Lc 24,44). Na Igreja, o Evangelho recebido com fé é o conteúdo fundamental daquilo que une os cristãos em sua profissão de fé.

O Evangelho pregado era uma mensagem fecunda, aberta às amplificações feitas por meio dos relatos sobre Jesus, que acabaram por ser registrados por escrito nos quatro evangelhos, as "memórias dos apóstolos" (São Justino), que são de fato "o coração de todas as Escrituras" (n. 125). A leitura dos evangelhos feita pelos fiéis, porém, procura em cada passagem a ressonância do Evangelho que anuncia que Cristo morreu para a nossa salvação, mas agora vive e foi "constituído Filho de Deus, com pleno poder, segundo o Espírito de santidade, em virtude da ressurreição dos mortos" (Rm 1,4).

O Evangelho, na medida em que é o anúncio da salvação, é a "fonte de toda a verdade salvífica e de todo regramento moral" (DV 7, que retoma o Concílio de Trento, DS 1501) e o núcleo vital da tradição, isso é, de "tudo o que contribui para uma conduta santa e para o aumento da fé do povo de Deus" (DV 8).

A doutrina católica sobre a transmissão do Evangelho, formulada de forma densa pelo Concílio de Trento, não se articula de forma especial em termos da dualidade amplamente discutida entre modo de comunicação escrita e oral, mas de uma outra dualidade mais profunda, formulada em Trento pelo cardeal legado Marcelo Cervini (18 de fevereiro de 1546). Trata-se da distinção entre o Evangelho oral próprio da pregação pública de Jesus e dos Apóstolos e o Evangelho que foi semeado nos corações por meio da obra interior do Espírito Santo. A dimensão interior da transmissão é muitas vezes esquecida, mas continua sendo o verdadeiro fundamento de todo discurso sobre a transmissão da Palavra de Deus e da fé (cf. nn. 91-93, sobre o "sentido da fé"). Até hoje ainda, quem sabe também nos leitores do CCE, continua operante o Espírito que escreve nos corações, suscitando a escuta do Evangelho com alegria em meio a tribulações e a fé na Palavra de Deus transmitida com palavras humanas (1Ts 1,4-6; 2,13).

II. A Tradição viva e vivificante

O segundo tema-chave deste atual artigo é a Tradição, sobre a qual o Concílio Vaticano II deu uma instrução profunda em DV 8. Nesta base, a Tradição é definida no n. 78 como um prolongamento vital a todas as gerações, através da doutrina, da vida e da liturgia da Igreja, daquilo que os apóstolos criaram, sob a orientação do Espírito Santo, como uma forma coerente de existência e de fé nas igrejas de sua fundação. "Tradição" é uma noção global ligada à Igreja, referindo-se ao modo como esta comunidade, como sujeito corporativo, perpetua o que ela é, assim como o que crê, continuando sem interrupção a aceitação e a comunicação do dom apostólico original.

No Novo Testamento, "tradição" é sobretudo a forma apostólica de transmissão oral, mas exata, do rito da ceia do Senhor (1Cor 11,23) e do próprio Evangelho (1Cor 15,3). As "tradições" que guiam a vida dos fiéis podem ser orais ou escritas (2Ts 2,15), mas devem ser cuidadosamente observadas. Nas Cartas tardias do Novo Testamento, "tradição" tem um significado mais global e objetivo de "depósito" do apóstolo, que deve ser custodiado intacto em virtude do Espírito que habita nos fiéis e em seus pastores (1Tm 6,20; 2Tm 1,14). Esse "depósito" é a célula completa da vida eclesial, cujo núcleo é o Evangelho, que deve ser recebido, protegido e comunicado fielmente, a fim de prolongar integralmente aquilo que os apóstolos formaram nas igrejas desde sua fundação.

Enquanto a compreensão bíblica da Tradição combina os elementos da transmissão viva e de um conjunto coerente de vida comunitária, os primeiros Padres identificam a Tradição com a doutrina fundamental que une a catequese e a profissão de fé das várias Igrejas (cf. nn. 173-175). A Tradição da verdade, deixada pelos apóstolos, exprime o verdadeiro significado das Escrituras e serve como "regra" da leitura fiel e fecunda dos livros sagrados (cf. n. 113). O símbolo da fé resume essa Tradição doutrinal em seus elementos ou "artigos" principais e constitutivos.

A Tradição, no entanto, não é um conjunto de doutrinas que os apóstolos primeiro comunicaram de forma secreta e não escrita. Precisamente essa noção de tradição não escrita foi a base da doutrina "gnóstica" desenvolvida no século II, com a pretensão de ser um ensinamento secreto de Jesus ressuscitado. Contra a heresia gnóstica, Padres como Santo Ireneu insistiram na Tradição como a "regra da fé" transmitida e ensinada publicamente nas igrejas de fundação apostólica. No entanto, no limiar dos tempos modernos, o Concílio de Trento insistiu numa série de "tradições não escritas" que transmitem certos valores do Evangelho. Essas são as práticas eclesiais de grande antiguidade, como a observância do domingo e o batismo das crianças, enquanto a Tradição como regra abrangente de fé foi afirmada pelo Concílio de Trento na sua declaração sobre a normatividade para a interpretação daquele "sentido [da Escritura] que a santa mãe Igreja sustentou e sustenta" (DS 1507).

Na Igreja, a Tradição é criadora do ambiente comunitário da liturgia, da espiritualidade e do testemunho vivido. Segundo a convicção católica, esse ambiente tem uma afinidade natural com a Sagrada Escritura, por meio de uma relação de coinerência mútua, devido aos elementos comuns enumerados no nn. 80-81 do CCE. A Tradição cria, portanto, o contexto onde o texto sagrado é lido, compreendido e vivido como testemunho profético e apostólico que suscita a fé. Esse diálogo da Palavra de Deus e da fé é, em um nível mais profundo, o modo como a revelação se torna, no tempo da Igreja, uma comunicação atual da *viva vox evangelii* para a salvação do mundo (cf. n. 79).

III. A interpretação do depósito da fé

A transmissão da revelação realiza-se com a interação triangular e recíproca entre Escritura, Tradição e Magistério eclesial (n. 95). Cada membro dessa "tríade de transmissão" contribui para a compreensão dos outros dois membros, com o Magistério no papel de expoente vivo e autorizado do conteúdo e significado da revelação para o momento atual de vida e de testemunho eclesial (nn. 85-87).

No CCE, a base, a função, o propósito e a autoridade do Magistério são descritos de forma mais articulada em outros lugares (cf. nn. 67, 688, 861-862, 888-892, 1558, 2032-2040, 2663). Este presente artigo trata da relação dos "mestres da fé" (n. 1558) com a Escritura e seu serviço da Tradição viva. Coloca-se em destaque o ofício hermenêutico do Magistério como intérprete da Palavra escrita e como promotor da Tradição, por meio do desdobramento das riquezas da verdade e das normas de vida contidas no patrimônio apostólico original.

Alguns livros do Novo Testamento mostram a preocupação, muito sentida no final do período apostólico, de conservar fielmente e comunicar plenamente o que os apóstolos ensinaram e instituíram. O último discurso do apostolado de São Paulo encarrega os anciãos e os "bispos" de Éfeso a vigiar o rebanho de Cristo, no qual o Apóstolo tinha pregado e ensinado de maneira completa o Evangelho da graça de Deus (At 20,18-35).

Os pastores devem ensinar constantemente o conteúdo do patrimônio apostólico e manter cuidadosamente as estruturas e o culto das suas comunidades (1Tm, 2Tm, Tt), que formam um precioso "depósito" (1Tm 6,20; 2Tm 1,14). Uma indicação rudimentar de um Magistério pós-apostólico encontra-se na admoestação dada a Timóteo: "O que aprendeste de mim, em presença de tantas testemunhas, comunica a homens de confiança, capazes de ensiná-lo também aos outros" (2Tm 2,2).

Na Igreja antiga, os bispos desempenharam o serviço magisterial na transmissão da "regra de fé", especialmente com as explicações adequadas aos catecúmenos. Bispos como Santo Atanásio de Alexandria e Santo Agostinho estavam entre aqueles que difundiram e defenderam os esclarecimentos sobre o cânone oficial da Escritura. Os bispos reunidos nos sínodos resolveram várias disputas doutrinais com as primeiras declarações de valor dogmático, como no Concílio de Niceia de 325 (n. 465). Esses atos magisteriais especificaram os contornos, dando mais precisão a alguns dos conteúdos do patrimônio apostólico, que marcam a vida da Igreja ao longo de toda a sua história.

Por duas vezes o CCE interliga a ação do Magistério com o discernimento para o bem da Igreja daquilo que é conforme com a palavra de Cristo e fiel ao seu ensinamento (nn. 67, 2663). De maneira semelhante, Paulo VI explicou a Dom Lefebvre que o Papa e os Concílios devem discernir entre o patrimônio autêntico dos apóstolos e as tradições reformáveis que, por vezes, devem ser atualizadas para melhor servir a missão da Igreja (carta de 11 de outubro de 1976; cf. n. 83). Com sua habitual perspicácia, Santo Tomás de Aquino especificou o papel magisterial do Papa como o *"determinare ea quae sunt fidei"*, isto é, constatar os "artigos" que expressam autenticamente a revelação salvífica, exigindo, portanto, a adesão da fé (n. 88; cf., entretanto o n. 170).

Em todo caso, o Magistério tem um campo de ação mais vasto do que a definição dos dogmas de fé divina e católica, como explica o CCE, por exemplo, nos nn. 67 (juízo sobre revelações privadas), 2032-2040 (ensinamento moral) e 2663 (avaliação das formas de oração). No entanto, o serviço fundamental do Magistério continua a ser a promoção da pregação integral e viva do Evangelho em todos os tempos. Precisamente por isso, "os apóstolos deixaram como sucessores os Bispos, a eles transmitindo seu próprio encargo de Magistério" (n. 77, citando DV 1 e Santo Ireneu).

Uma razão fundamental para a existência e o funcionamento do Magistério é a própria fecundidade do Evangelho e o dinamismo imanente no patrimônio apostólico rumo ao progresso (cf. n. 175). O cardeal Newman escreveu que o que os apóstolos deixaram dificilmente poderá ser contido em vários documentos, sendo "demasiadamente vasto, muito detalhado, demasiado complicado, demasiado implícito, demasiado fecundo para que possa ser registrado por escrito". Na Igreja, a Tradição "era multíplice, variada e independente em suas manifestações locais" (*Essays Critical and Historical*, London, 1871, 1, 126 ss.). Além disso, a dimensão interior da transmissão aumenta o potencial para um ulterior desenvolvimento da doutrina, da liturgia e das formas de testemunho (nn. 91, 94). No entanto, quem é que julga para constatar a proveniência das novas formas de compreensão e expressão de fé e de vida a partir do depósito original? Esse serviço de discernimento do progresso autêntico é a contribuição própria do Magistério.

Em todo caso, a Igreja recebeu também vários carismas de testemunho e de ensinamento, que estão documentados nas referências que Paulo faz à "palavra de ciência" e aos "doutores" (*didáskaloi*) em 1 Coríntios 12,8.28; Romanos 12,7; Efésios 4,11. Além disso, a importância da exegese científica é reconhecida nos nn. 101-110 e 111 do CCE, assim como também a pesquisa teológica no n. 94. Entre as tarefas prioritárias dos teólogos, há que se considerar a explicação da gênese das doutrinas de fé e a evidenciação da "hierarquia das verdades" (n. 90), isso é, a ordem e a configuração dos artigos particulares em torno das grandes verdades do Símbolo batismal que professa a fé no Pai criador, no Filho redentor e no Espírito que santifica, e assim realiza o desígnio do Pai e a obra do Filho (cf. nn. 189-191).

Devido a essa abundância de ministérios da palavra na Igreja, o Magistério episcopal não absorve toda a função do ensinamento. Não pode operar sozinho, em última análise, porque faz parte da comunidade na qual todos receberam a unção interior do Espírito da verdade (n. 91). Contudo, o papel fundamental da "direção" pertence ao Magistério, por meio de atos de discernimento avaliativo daquilo que emerge das diversas atividades que têm lugar na Igreja para promover a compreensão e a atualidade da revelação divina.

Capítulo II
Artigo 3
A SAGRADA ESCRITURA

IGNACE DE LA POTTERIE

Para compreender bem a importância e a relativa novidade desta seção do CCE, é muito útil fazer uma breve comparação com os documentos anteriores do Magistério.

Nas três Encíclicas bíblicas desse século — as de Leão XIII (1893), Bento XV (1920) e Pio XII (1943) — quase nada foi dito sobre a revelação. A perspectiva foi completamente invertida no Vaticano II, na Constituição dogmática sobre a divina revelação: o seu título, *Dei Verbum*, não indica a "Palavra de Deus" escrita, isto é, a Escritura, mas o próprio acontecimento da revelação divina; ora, essa revelação "resplende em Cristo, que é a plenitude de toda a revelação" (DV 2). Por isso, o Concílio propunha aqui uma poderosa "concentração cristológica" sobre o tema da revelação (cf. o texto de São João da Cruz, 65). Algo semelhante se diz em relação ao Espírito Santo: a Encíclica bíblica de 1943, que pretendia antes de tudo promover o estudo filológico e histórico da Bíblia, ainda não explicava a importância teológica da inspiração, apesar de seu título, *Divino afflante Spiritu*. Essa questão sofreu nova modificação na DV, que insere uma ligação formal entre o fato dogmático da inspiração (que consiste na ação do Espírito Santo na elaboração da Sagrada Escritura) e a interpretação que dela fazemos: a Sagrada Escritura "deve ser lida e 'interpretada' no mesmo 'Espírito' em que foi 'escrita'" (DV 12, 3). Foi por isso que se afirmou justamente que o coração do concílio reside nisto: voltou a abrir o problema da "interpretação" da "fé".

Ora, essa dupla perspectiva aberta pela DV, tanto cristológica como pneumatológica, não só é retomada, mas ainda reforçada pelo CCE. Em nossa análise do artigo sobre a Sagrada Escritura, seguindo as divisões indicadas no texto, distinguiremos três aspectos: (a) Cristo e Sagrada Escritura; (b) o Espírito Santo e a Sagrada Escritura; (c) a Sagrada Escritura na Igreja (é uma extensão da seção anterior).

I. O Cristo — A Palavra única da Sagrada Escritura

Esse significativo título exprime um ensinamento comum a toda a Tradição (cf. nn. 65; 134). Ele é objeto de um comentário profundo de Santo Agostinho (n. 102), fazendo referência ao Prólogo de João; aqui citamos seu texto em uma nova versão, mais próxima ao latim original: "Lembrai-vos de que a única Palavra de Deus se difunde por todas as Escrituras e que, das inúmeras bocas dos santos (escritores), ressoa um único Verbo, que 'no princípio era Deus junto de Deus' (Jo 1,1): ali não há multiplicidade de sílabas porque não há multiplicidade dos tempos" (*Enarratio in Psalmum*, 103, 4, 1: PL 37, 1378).

Por isso, essa única Palavra de Deus na tradição era chamada de *Verbum abbreviatum*: "*Eloquium Dei, Verbum Dei; Verbum Dei, Filius Dei*" (cit. de Lubac, H. de, *Esegesi medievale*, I, Roma, 1972, 340). O próprio Jesus já tinha dito que as Escrituras lhe dão testemunho (Jo 5,39); depois da ressurreição, no seu encontro com os discípulos de Emaús, ele, começando com Moisés e todos os profetas, "explicou-lhes em todas as Escrituras o que a ele se referia" (Lc 24,27).

Paulo ensinou aos coríntios que a rocha da qual Israel bebia no deserto era na verdade uma rocha espiritual: "A rocha era Cristo" (1Cor 10,4); e com a morte de Jesus na cruz a Escritura foi perfeitamente cumprida (cf. Jo 19,28). Mas se Cristo está no centro das Escrituras, se ele é o princípio da sua unidade, a razão é precisamente que ele é "a plenitude de toda a revelação", a revelação de Deus é feita no homem Jesus; no coração de Cristo, o coração de Deus é revelado.

Isso foi explicado por um autor medieval, Godofredo de Admont (1165): "O peito de Jesus é a Sagrada Escritura. Aqueles que amam a Deus e querem imitar Jesus devem esforçar-se por conhecer a Sagrada Escritura com o único propósito de [...] descobrir nele o coração de Deus, o sentir de Deus" (*Homilia LI in Dominicam IV post Pascha prima*: PL 174, 339; cf. também Santo Tomás, n. 112).

Durante o Concílio Vaticano II, um bispo africano, o Cardeal P. Zoungrana, retomou este ensinamento mais atual do que nunca: "Fundamentalmente, o próprio Cristo é a revelação que ele mesmo traz. As verdades a serem cridas e os deveres a serem cumpridos devem ser considerados sobretudo em sua relação com uma pessoa viva. Dizei ao mundo que a revelação divina é Cristo" (citação de LUBAC, H. de, *Entretiens autour de Vatican II*, Paris, Cerf, 1985, 51).

Tendo presente, portanto, que "toda a verdade está incluída no mistério de Cristo" (DV 24), pode-se concluir que essa doutrina da grande Tradição da Igreja já foi resumida sinteticamente no Prólogo de João: "A graça e a verdade nos vieram por meio de Jesus Cristo" (Jo 1,17), porque ele, o homem Jesus, revelou em si mesmo o Verbo encarnado, "o Filho Único que vem do Pai", abrindo assim para nós a vida rumo ao Pai (Jo 1,14-18).

Contudo, essa plenitude de revelação presente em Jesus Cristo só pode ser descoberta por nós através da mediação da Escritura, da Palavra de Deus. E aqui torna-se essencial a relação da Escritura com o Espírito Santo.

II. A inspiração e a verdade da Sagrada Escritura

João havia citado a palavra decisiva de Jesus: "Eu sou [...] a verdade" (Jo 14,6), mas também diz que "o Espírito é a verdade" (1Jo 5,6) e ele é o único a usar por várias vezes no Novo Testamento a fórmula "o Espírito da verdade" (por exemplo em Jo 14,17; 1Jo 4,6). Somente ele — como Jesus dissera — poderia guiar-nos a alcançar "toda a verdade" (Jo 16,13). Então, qual é a função do Espírito Santo, primeiro na elaboração da Sagrada Escritura e depois também no modo como podemos compreendê-la e devemos interpretá-la? Vejamos isto por meio das observações que se seguem.

O dogma da inspiração

O dogma da inspiração dos livros sagrados é um tema quase esquecido na teologia contemporânea. Na verdade, havia sido feito como que um desafio: "O fim da teologia da inspiração" (O. Loretz). Mas essa pretensão teria consequências graves para a exegese bíblica, a qual arriscaria ser reduzida a uma ciência puramente filológica e histórica.

O CCE, nos nn. 105-198, seguindo cuidadosamente a DV, propõe novamente os dados essenciais da doutrina tradicional, mas com maior insistência nas suas implicações para a interpretação cristã da Sagrada Escritura. Em primeiro lugar, reafirma-se o fato dogmático fundamental: "os livros completos do Antigo como do Novo Testamento, com todas as suas partes, porque, escritos sob a inspiração do Espírito Santo";

e precisamente por isso, "têm Deus como autor e, nesta sua qualidade, foram confiados à própria Igreja" (n. 105).

No parágrafo seguinte (n. 106) também se afirma, no entanto, que os autores humanos dos livros sagrados escreveram "como verdadeiros autores": é a primeira vez, em um documento magisterial, que a palavra "autor" é aplicada aos hagiógrafos. Aqui retoma-se implicitamente (muito embora não seja mencionada) a doutrina da DaS (EB 556-557), isso é, que o autor humano, como instrumento do Espírito Santo, mantém integralmente seu próprio caráter e o uso de suas faculdades. Contudo seria errado concluir — como por vezes foi sugerido — que o texto conciliar estaria orientado assim para as ciências da linguagem: essas ciências da linguagem são ciências humanas; não podem ser a explicação teológica da doutrina da inspiração, porque a inspiração é uma ação divina sobre os autores humanos. Portanto, continua a ser essencial que os livros sagrados "tenham 'Deus' como seu autor". O *Deus auctor* não pode ser reduzido ao *hagiographus auctor* (cf. nosso artigo *L'esegesi biblica scienza della fede*, in: *L'esegesi cristiana oggi*, Piemme, Casale M., 1991, 141-144). No CCE, o verdadeiro significado do *Deus auctor* é indicado três vezes: significa que, justo por causa da inspiração, os livros sagrados contêm "as coisas divinamente reveladas" (n. 105), "tudo e só aquilo que ele [Deus] próprio queria" (n. 106), isto é, "a verdade que Deus, em vista de nossa salvação, quis que fosse registrada nas Sagradas Escrituras" (n. 107). Sempre de novo se destaca a ideia de revelação nos livros sagrados.

A "verdade" da Escritura

Assim, compreende-se em que consiste a "verdade" da Escritura. Houve duras discussões sobre este ponto durante o Concílio. Abordava-se aqui, então, o problema da infalibilidade bíblica, que na época do modernismo, na França, ocupava o centro da *"question biblique"*. O que foi qualificado como "obsessão pela infalibilidade" continuava vivo no início do Vaticano II. O texto apresentado aos Padres no início dos trabalhos propunha novamente o velho problema da "imunidade absoluta de erro em toda a Sagrada Escritura [...] em qualquer assunto religioso ou profano". Porém esse primeiro projeto, verdadeiramente impraticável, foi imediatamente rejeitado pelo Concílio. Posteriormente, foram elaborados cinco esquemas. No penúltimo, o que dizia respeito ao nosso tema foi: "Todos os livros da Escritura [...] ensinam com firmeza e fidelidade, de modo integral e sem erro, 'a verdade salvadora' (*veritatem salutarem*)". Também essa fórmula provocou fortes reações: temia-se que a infalibilidade acabasse se limitando assim à *"res fidei et morum"* (doutrina condenada). A comissão doutrinal explicou, no entanto, que *"veritas salutaris"* não introduzia nenhuma limitação material à verdade da Escritura, mas indicava sua especificação formal. No entanto, para eliminar toda e qualquer ambiguidade, foi feita uma última alteração, pelo que se chegou à fórmula definitiva, que afirma de forma mais clara a mesma coisa. O "sem erro" permaneceu, portanto, mas deve ser correlacionado com "verdades" das quais se exclui o contrário. E o próprio termo "verdade" deve ser entendido no seu significado bíblico, tomado em diversos outros textos do Concílio (cf. DV 2, 8, 24; LG 17; DH 11), isto é, designa a própria revelação divina, a revelação salvífica.

Em resumo, como é que se deve entender que a Escritura ensina a verdade? Significa que tudo na Escritura está relacionado com a revelação, cuja única orientação é em vista de nossa salvação; portanto, não se exclui que possa haver "erros" na Bíblia do ponto de vista específico da historiografia ou da ciência moderna. No entanto, comunicar dados precisos "deste" tipo não era e não é o propósito da Sagrada Escritura.

III. O Espírito Santo, intérprete da Escritura

Nesta seção, retoma-se e desenvolve-se o n. 12 da DV. Todavia, vê-se logo uma forte desproporção entre duas partes: é apenas nos nn. 109-110 que se recomenda ter cuidado para elucidar o significado literal da Escritura, isto é, para compreender exatamente a intenção humana dos autores sagrados; para isso, explica o texto, é necessário ter em conta os "gêneros literários" por eles utilizados e o contexto histórico em que viveram e falaram (aqui resume-se o ensinamento da encíclica de Pio XII, sem ser mencionado). Sem dúvida, essa busca pelo sentido literal será sempre a base de toda exegese. No entanto, ao longo de todo o restante da seção (nn. 111-119) assevera-se o fato de que, para ser bem compreendida, a Sagrada Escritura deve "ser lida e interpretada 'no mesmo Espírito' em que foi escrita". Talvez isso explique o paradoxo de que toda essa seção receba um título não tão apropriado: "O Espírito Santo, intérprete da Escritura", ao passo que na fórmula conciliar da qual depende o título, estes três verbos foram utilizados mais justamente na forma passiva (*legenda est, interpretanda est, scripta est*), porque "escrever" os textos bíblicos, "lê-los" e "interpretá-los" são atividades humanas, não do Espírito Santo. No entanto, continua a ser verdade que devem ser praticadas *eodem Spiritu quo*... Em outras palavras, o Espírito no qual os livros sagrados foram anteriormente "escritos" e no qual hoje são "lidos" e "interpretados" deve ser o mesmo Espírito. Pode-se, portanto, ver que o fato dogmático da "inspiração" bíblica é apresentado como a verdadeira norma hermenêutica da própria "interpretação" da Escritura. Aqui temos o princípio básico da busca do sentido espiritual do texto bíblico (cf. nosso artigo sobre toda essa temática: L'interpretazione della Sacra Scrittura nello Spirito in cui è stata scritta [DV 12, 3], in: *Vaticano II. Bilancio e prospettive venticinque anni dopo, 1962-1987*, Assis, Cittadella, 1987, 1, 204-242).

Em termos concretos, o que significa tal interpretação "no mesmo Espírito"? Significa: interpretar à luz da fé, ou seja, procurar nas Escrituras o seu significado profundo, o seu significado espiritual, porque, como disse São Jerônimo, apenas o homem espiritual "descobre Cristo nos livros divinos" (*Commentaria in Epistolam ad Galatas*, 4, 24: PL 26, 417A). A DV (12, 3), retomada aqui no CCE nos nn. 112-114, apontava três meios concretos para a aplicação dessa interpretação: "Não menos atenção se deve dar ao conteúdo e à unidade da Escritura inteira, tendo em devida conta a Tradição viva de toda a Igreja e a analogia da fé". O primeiro meio, já explicado anteriormente no CCE (cf. nn. 101-104), foi explicitado no conhecido texto de Hugo de São Vítor: "Toda a Escritura divina é um só livro, e este único livro é Cristo" (n. 134). É o princípio cristológico que forma a unidade de toda a Sagrada Escritura. O segundo meio é a Tradição viva de toda a Igreja. Trata-se de um breve resumo do princípio clássico da exegese católica, praticamente ignorado hoje, o da relação recíproca entre Escritura e Tradição (cf. nn. 9-10). O texto de Orígenes citado em nota (n. 113) explica bem o significado deste princípio: a Escritura deve ser interpretada "segundo o significado espiritual que o Espírito dá à Igreja" (*Homiliae in Leviticum*, 5, 5: PL 12, 454). O terceiro meio é a analogia da fé: a interpretação deve ser tal que se insira bem no movimento global de toda a revelação; exige que o intérprete seja sensível a este amplo desdobramento da história da salvação e da fé.

Até aqui, o CCE seguiu de perto a DV. Constata-se, porém, com certa surpresa que uma pequena seção está inserida aqui (nn. 115-118) com o subtítulo "Os sentidos da Escritura": como tal, não estava na Constituição conciliar, mas desenvolve seu princípio interpretativo apenas explicado, o da interpretação "no Espírito". Parecia, portanto, aos redatores do CCE que os princípios fundamentais da exegese científica analisados na encíclica de 1943 podiam hoje ser considerados um tema já solidificado, mas que já era tempo de ir adiante, mesmo para além da DV, precisamente com o convite a aprofundar a busca pelos "sentidos da Escritura". Em um artigo sugestivo (*Il senso spirituale della Scrittura*, in: *Communio* 126 [1992] 82-87), H. Urs von Balthasar também notou que na teologia contemporânea não há quase nada mais necessário do que "uma reflexão radical sobre o significado da Escritura".

Para ilustrar esta doutrina dos "sentidos" da Escritura, cita-se então (cf. n. 118) o célebre dístico medieval que foi extensivamente estudado em seu tempo por H. de Lubac (*Esegesi medievale. I quattro sensi della Scrittura*, 3 vol., Roma, Edizioni Paoline, 1962-1972). Ele ressaltou, em particular, a importância da ordem dos dois primeiros "sentidos" espirituais (isto é, se o "sentido moral" vem antes ou depois da "alegoria"): segundo a grande tradição, o sentido "alegórico" deve preceder o sentido "tropológico" (ou seja, moral); em outras palavras, o que devemos "crer" (*quid credas*) com base nos contos bíblicos deve sempre preceder o que devemos "fazer" (*quid agas*), a fim de evitar o perigo de querer imediatamente extrair moralizações da Escritura: a moral cristã deve ser sempre moral da fé; caso contrário, o cristianismo corre o risco de ser reduzido a uma ética. É também útil recordar que, na Idade Média, os três sentidos espirituais estavam ligados às três virtudes teológicas: a alegoria, com a fé (*quid credas*), que descobre nos acontecimentos da história a profundidade do mistério; o sentido moral (*quid agas*), que se concentrava na caridade, mas era considerado como fruto da esperança de descobrir a realização escatológica da revelação bíblica (*quo tendas*).

IV. O cânone das Escrituras

Esta seção, relativamente longa (nn. 120-133), não requer tantas explicações. Basta indicar precisamente o seu significado. O cânone bíblico é a coleção de livros reconhecidos como inspirados e, portanto, considerados como uma "regra" para a fé (o termo "cânone" significa "regra"). Houve opiniões diferentes sobre este ponto ao longo dos séculos. A terminologia católica geralmente distingue entre livros "protocanônicos" e livros "deuterocanônicos"; estes são livros cujo caráter inspirado nem sempre foi aceito por todos; entre os judeus (para o Antigo Testamento) e os protestantes (para os dois Testamentos) esses livros são chamados de "apócrifos". Na Igreja, a delimitação definitiva do cânone bíblico foi fixada apenas pelo Concílio de Trento, durante o período da Reforma (cf. DS 1502-1503).

Nessa seção do CCE, retoma-se pontualmente toda a doutrina da DV, no Capítulo IV (Antigo Testamento) e no Capítulo V (Novo Testamento). Há dois pontos a enfatizar aqui. O primeiro é que, na história da Igreja, vemos surgir sempre de novo a tentação de excluir certas partes das Escrituras: os gnósticos (assim como antes deles os "anticristos" da igreja joanina), rejeitavam os textos que falavam do "*Verbum caro factum*" (Jo 1,14). Marcião rejeitou o Antigo Testamento. Desde o tempo da Reforma até os nossos dias, existe uma tendência semelhante, a de distinguir "um cânone no cânone", isto é, de deixar de lado diferentes partes do Novo Testamento (por exemplo, as Cartas Pastorais), em que se pensa encontrar vestígios do "proto-catolicismo", que são considerados, portanto, como desvios da *puritas evangelii*". O outro ponto que é mais uma vez e fortemente enfatizado no CCE (nn. 128-130) é a unidade do Antigo e Novo Testamento (sobre o que já se falava em DV 12, 3). Essa doutrina era comum a toda a Tradição, tanto patrística como medieval (cf. LUBAC, H. de, *Storia e spirito*, Milano, Jaca Book, 1985, 185-198: "I due Testamenti"; *Exégèse médiévale*, I/1, 305-365; BARSOTTI, D., *La parola e lo Spirito*, Milano, OR, 1971, 38-42: "L'unità di tutta la Bibbia"). E esta unidade encontra o seu centro na pessoa do Filho de Deus encarnado. Aqui podemos aplicar a famosa palavra de Santo Ireneu, que respondeu a Marcião e aos Valentianos, segundo os quais Cristo não trouxe nada de novo: *"Cognoscite quod omnem novitatem attulit semetipsum afferens"* (Adversus Haereses, IV, 34, 1).

V. A Sagrada Escritura na vida da Igreja

Nos números finais, 131-133, temos um breve resumo do Capítulo VI da DV. Com esta nova orientação devida ao Concílio, foi dito que hoje na Igreja se deu "a centralidade da Palavra de Deus" (E. Bianchi). Antes, falou-se do primado da Bíblia. No entanto, se isso fosse verdade, poderia surgir o perigo de um certo tipo de biblicismo. Portanto, é preciso ter sempre presente a insistência do Vaticano II na unidade entre a Escritura e a Tradição.

Porém é especialmente importante o que se afirma sobre a relação entre Escritura e teologia: "O estudo da Sagrada Escritura seja, portanto, como a alma da sagrada teologia" (n. 132). Este princípio, na época do Concílio, tinha um caráter quase revolucionário. Hoje, porém, devemos perguntar-nos: que hermenêutica isso supõe? Só se pode responder que tudo o que foi dito anteriormente sobre a interpretação da Sagrada Escritura, e que também aqui se recorda (n. 24), deve ser respeitado: tanto na exegese bíblica como teológica se deve sempre "[perscrutar] à luz da fé toda verdade incluída no mistério de Cristo". Cada uma dessas palavras deve ser longamente ponderada.

Aos vários textos aqui citados ainda é oportuno acrescentar um passo profético do Concílio (DV 8) que ainda não foi mencionado; parece diretamente inspirado em João 16,13, quando Jesus diz que o Espírito da verdade deve introduzir os discípulos na totalidade da verdade; no que se refere à tradição, o Concílio afirma: "A Igreja, no decurso dos séculos, tende continuamente para a plenitude da verdade divina, até que nela se realizem as palavras de Deus". O mesmo texto joanino impressionara profundamente a Tertuliano, inspirando-o a atribuir diversos títulos ao Espírito Santo: *"doctor veritatis"* (De Praescritionibus Adversus Haereticos, 28, 1); *"deductor omnis veritatis"* (Adversus Praxean, 2, 1; 30, 5); *"dux universae veritatis"* (De Ieiuno Adversus Psychicos, 10, 6).

Capítulo III
A RESPOSTA DO HOMEM A DEUS

RINO FISICHELLA

O tema da fé no CCE permite a abordagem com confiança de um problema que afeta cada fiel na primeira pessoa. Com efeito, cada um faz, com a fé, a escolha de confiar-se a Deus, arriscando nele tudo que é seu, em nome do amor. Pascal também recordou isso com sua força argumentativa quando escreveu: "Sim, é necessário apostar; não é algo opcional... Que mal poderá vos acontecer? Sereis fiéis, honestos, humildes, gratos, bons, amigos sinceros, verdadeiros [...]. Digo que com isso ganhareis nesta vida; e que, em cada passo que derdes nesse caminho, vereis tanta certeza a ser ganha, e tanta nulidade naquilo que arriscaríeis, que reconhecereis, por fim, que apostastes numa coisa certa, infinita, pela qual nada destes" (*Pensamentos*, 233).

A citação do n. 2 da DV, com o qual se abre o terceiro capítulo do CCE, favorece a compreensão da fé como um verdadeiro "encontro" interpessoal com Deus que se revela. À revelação de Deus, com a qual escolhe no "seu imenso amor [...] entreter-se" com a humanidade e "convidá-la" à "comunhão", corresponde a resposta da fé humana que nele se abandona. Portanto, para compreender a revelação de forma coerente, torna-se necessária a fé.

Artigo 1
EU CREIO
I. A obediência da fé

A expressão privilegiada com a qual o CCE define a fé é a "obediência". A mente volta-se imediatamente ao texto clássico de Paulo: "Ora, como vão invocar sem antes crer nele? Como crer nele, sem antes escutar? Como escutar, sem pregador? E como pregar, sem ser enviado antes? Como diz a Escritura: 'Como são belos os passos dos que anunciam Boas-novas!' Mas nem todos ouviram a Boa-Nova, pois Isaías diz: 'Senhor, quem acreditou no anúncio que fizemos?'. Portanto, a fé vem da audição, e a audição vem da pregação, que é mandamento de Cristo" (Rm 10,14-17). O apóstolo faz um jogo com o duplo significado da palavra hebraica *shemâ*, que se traduz em grego com "escutar" e "obedecer"; o sentido do seu pensamento, porém, é expresso de forma plena e precisa pela referência aos dois verbos: a fé consiste em ouvir a palavra da pregação que leva à obediência e, vice-versa, a obediência leva à escuta da palavra anunciada.

Não será inútil, antes de entrar na análise específica do ato de fé, recordar o valor semântico que o termo possui na Sagrada Escritura, sabendo bem que, subjacente ao termo, há uma ampla gama de significados que só na sua complementaridade permite alcançar o sentido global do crer.

A língua hebraica tem um leque de terminologias para descrever o "crer". A expressão fundamental mais próxima faz referência à raiz *'aman* que significa "estar firme", "estável", "seguro"; a partir desse centro, encontram-se outros vocábulos que o complementam e explicitam: "refugiar-se", "confiar", "encontrar abrigo" que, especialmente nos

Salmos, indicam a atitude do homem piedoso e religioso. A esses deve acrescentar-se o sentido da "esperança" e da "espera", que não são menos importantes. As nuances expressas por esses termos são confirmadas na atitude concreta do homem bíblico que, de tempos em tempos, se torna a atitude de "temor" e da "admiração", do "abandono confiante" e da "veneração".

Se, no uso comum, "crer" significa confiar em alguém que oferece garantias (cf. Gn 45,26), em vez disso, quando referido a YHWH, exprime o ato de abandono total e confiante, sabendo que Deus é zeloso e fiel. Ao longo da tradição bíblica, o exemplo clássico de fé será referido à atitude de Abraão, em quem confluem as referências características da fé, como vem expresso no CCE, nos nn. 145-147. Em Gênesis 15,1-21 — especialmente na interpretação que Paulo fornecerá em Romanos 4,18-25 —, encontram-se condensadas três atitudes que determinam a compreensão da fé bíblica: a plena "confiança" nas promessas que YHWH cumpre, a "obediência" de Abraão à palavra e à ordem que lhe é dirigida e, finalmente, o "conhecimento" de Deus nos acontecimentos da sua vida. Abraão crê em Deus, que lhe promete uma descendência apesar da idade avançada de Sara. Crendo, confia-se a Deus e abandona-se à sua promessa, mas, ao mesmo tempo, tem plena convicção, isso é, a certeza, de que a promessa feita seria cumprida. As mesmas caraterísticas também podem ser encontradas em Êxodo 4,31, em que se diz que o povo acreditou nas palavras que YHWH tinha dirigido a Moisés, aceitando sua missão e vivendo na certeza da libertação.

Para o Antigo Testamento, crer se mostra como um ato pelo qual se "conhece" a Deus em sua ação histórica concreta; se "reconhece" a verdade de sua promessa, e se "abandona" a ele com uma obediência inabalável, sabendo que ele é um Deus fiel. Crer, portanto, não é um ato isolado nem mesmo teórico. Exprime-se numa atitude fundamental de confiança e de certeza que envolve o fiel em toda a sua existência. A expressão culminante dessa atitude pode ser encontrada no texto, que é altamente controverso do ponto de vista exegético, e que se constitui num ponto de referência clássico: "Se não crerdes, não subsistireis" (Is 7,9). O profeta aponta, em poucas palavras, a essência da fé: crer é ser/estar "enraizado" no Senhor e toda a existência só se realiza estando consciente de "estar enraizado" nele. Não é por acaso que a versão grega dos LXX traduzirá essa passagem do seguinte modo: "Se não crerdes, não compreendereis"; ou seja, a vida não pode ter sentido sem fé. O próprio profeta Isaías ainda apresenta um texto sintomático que conduz a uma síntese preciosa sobre o tema da fé: "Vós sois minhas testemunhas, oráculo do Senhor, e meu servo, a quem eu escolhi, a fim de que possais conhecer-me, crer em mim e compreender que eu sou" (Is 43,10). Naturalmente, para o homem bíblico, conhecer não significa uma forma de pensamento teórico, como é para o nosso contemporâneo. Saber é, antes, verificar na concretização da própria vida e na história do povo o cumprimento das promessas. Esse texto, entretanto, permite compreender o valor cognitivo que a fé possui. A fé não é um sacrifício da mente; pelo contrário, está tão empenhada em saber que ela atinge a certeza.

Os Salmos dão mais provas dessa dimensão em várias ocasiões: "Eu 'sei' que o Senhor defende a causa dos pobres, o direito dos necessitados" (Sl 140,13); "Isto eu 'sei': Deus está ao meu favor" (Sl 56,10); "Sim; 'reconheço' que o Senhor é grande; nosso Senhor ultrapassa todos os deuses" (Sl 135,5); "Senhor, eu 'sei' que teus julgamentos são justos, e com razão tu me humilhaste" (Sl 119,75)... Neste *saber* do Salmista, exprime-se a certeza de um conhecimento da presença de Deus que dá força à sua fé.

O Novo Testamento aprofunda ainda mais os dados até agora expressos e dá-lhes maior concretização, apontando para o acontecimento da Encarnação. A simples referência numérica ao uso de *"pístis"* e *"pistéuein"* (cerca de 240 vezes) já indica o valor que isso possui para a teologia do Novo Testamento. O chamado a estar "prontos", ser "pacientes", "vigilantes" na fé e a ter esperança indica a atitude religiosa unitária que imprime à vida sua orientação decisiva. Na pluralidade de expressões encontradas nos vários autores sagrados, o ato de crer, no entanto, mantém uma forma privilegiada que equivale a "aceitar a pregação de Jesus de Nazaré". Os diferentes textos que se encontram, por exemplo, em Atos dos Apóstolos (2,14-36; 3,12-26; 4,8-12; 5,29-32; 8,5-35; 9,20-22; 10,34-43; 13,16-41; 17,1-3; 18,5...) e que relatam a pregação de Pedro, Filipe e Paulo, mostram com clareza que crer envolve um ato pelo qual, depois de ouvir a pregação do apóstolo, se concorda em viver em conformidade com essa mensagem.

Os evangelhos sinóticos expressam a teologia da fé como a "confiança" que tem o discípulo em relação ao Mestre. A fé é o ato pelo qual uma pessoa se confia plenamente a Deus e à sua Palavra, alterando radicalmente o modo de vida. O anúncio do Reino, que se realiza na própria pessoa de Jesus (cf. Lc 11,20), visa acolher a sua pessoa na concretização da vida. Aquele que acolhe o Senhor é simplesmente chamado de "fiel". A pregação de Jesus mostra claramente o encorajamento para assumir dentro de si o risco da fé como o abandonar-se à palavra que o Pai faz ouvir (cf. Mt 6,25-34). Em suma, para os sinóticos, a escuridão da espera terminou e os sinais que Jesus realiza são uma manifestação que o Reino finalmente veio entre nós. O tempo de realização exige uma escolha definitiva, seja qual for o destino que isso implica (cf. Mc 10,38-40; Lc 9,23-24).

O evangelista João oferece uma reflexão mais elaborada sobre o tema da fé, porque representa um tema abrangente no seu Evangelho. Acima de tudo, através do binômio "crer-conhecer", se desenvolve para ele uma reflexão de profundo valor teológico. Pode-se mostrar facilmente como todo o seu Evangelho encontra sua síntese em torno do versículo que conclui seu escrito: "Para que acreditando tenhais vida no seu nome" (Jo 20,31). Essa conclusão é tão decisiva que o capítulo 21, que foi escrito posteriormente, não ousou suprimir ou modificar. A partir deste texto, todo o Evangelho pode ser lido retrospectivamente, emergindo claramente o drama entre "crer" e "não crer" (3,36).

A fé, para João, é o princípio da vida cristã e a síntese da participação humana na vida de comunhão com Deus. A vida trinitária de Deus é o conteúdo da fé e a ela só é possível chegar se o Pai chama e oferece os instrumentos para alcançá-la (cf. 6,29.40). Ao "cético" Nicodemos, Jesus ensina que é preciso "nascer do alto" (Jo 3,7); que o modo de se colocar frente a ele, portanto, deve ser diferente porque só quem "vem do alto está acima de todos", mas quem, ao contrário, vem da terra, "pertence à terra e fala das coisas da terra" (3,31). O evangelista salienta também que a fé já está incluída na obra terrena de Jesus e já se acha explicitada no encontro com ele. Um olhar sobre a própria construção do verbo indica o sentido para o qual tende: "dar crédito a", "crer em", "crer que", "crer no nome de Jesus", expressam as diferentes funções às quais a fé vai ao encontro.

Crer e conhecer, em seu Evangelho, são semelhantes e, por vezes, até mesmo intercambiáveis; o significado subjacente, no entanto, é diferente e desencorajador para aqueles que querem perseguir teorias gnosiológicas modernas. "Conhecer" indica uma fé mais consciente (cf. 6,69, 10,38, 14,20), não no sentido de uma maior clareza intelectual, mas muito mais de uma compreensão da própria vida que se abre cada vez mais ao novo. É esta forma de conhecimento que cria comunhão com o Pai; por isso, pode-se compreender o uso mais frequente do verbo "conhecer" nos discursos de despedida (cf. capítulos 14; 17). Crer, em suma, é para João uma atitude concreta na qual confluem o "conhecer", "reconhecer", "ver", "acolher", "ouvir", "tocar"... Em todas as suas dimensões, o que crê abre-se ao Espírito para aceitar sua vida de graça e sua verdade. Crer, portanto, é ver o Filho e as obras que ele realiza refletindo a glória (*dóxa*) do Pai. Com efeito, ter ouvido sua Palavra e ter visto suas obras levaram a conhecê-lo e a reconhecê-lo como revelador do Pai e, portanto, a entrar numa relação de amor com ele.

A fé, em outras palavras, abre-se a um conhecimento e inteligência cada vez maiores e a uma comunhão cada vez mais íntima, levando por fim ao amor. Ao mesmo tempo, porém, este conhecimento, precisamente porque se realiza à luz da fé, é protegido de toda possível incompreensão mítica ou gnóstica. Esta permanece ligada ao fato histórico e à historicidade de uma pessoa com quem se estabelecem relações de vida tão fortes que por ela tudo se deixa e se a segue (cf. Jo 1,35-51) sempre, apesar de não poder ser "vista" diretamente (cf. Jo 20,24-29). Crer, portanto, indica para João um compromisso concreto de vida, que implica uma decisão que abraça toda a existência. Sendo "luz" que entra na vida, ela implica uma ruptura com o mundo das "trevas", com a "mentira" e o "pecado"; isso explica porque João nunca usa o verbo "converter-se" ou o vocábulo "conversão", porque crer em si mesmo é equivalente a ser uma nova criatura que entra na própria vida de Deus, invocado como Pai.

Na teologia de Paulo, finalmente, o tema da crença assume uma originalidade ainda maior. Com efeito, exprime-se a dimensão soteriológica que vê no mistério da paixão, da morte e da ressurreição do Senhor o ápice da salvação. Pode-se dizer, sem dúvida, que para Paulo o tema da fé desempenha um papel essencial e decisivo na sua visão cristã. A fé, para o Apóstolo, define o ser cristão e sua identidade pessoal. É uma realidade dinâmica; começa com o batismo, mas dura toda a vida sem conhecer qualquer interrupção ou alternância no engajamento. Além disso, a fé tem uma dimensão universal; todos podem aceder a ela e ninguém está excluído: bárbaros, gregos e judeus, livres ou escravos, homem ou mulher, todos são chamados à salvação mediante o ato de fé (cf. Gl 3,26; Rm 10,12). Por meio do anúncio do Evangelho, todos são convidados a acolher o Cristo para obter a salvação. Em todo caso, o anúncio do Evangelho abre-se à atividade missionária; todo aquele que se torna fiel, por sua vez, é chamado a partilhar com os outros a alegria do encontro com o Senhor (cf. Cl 1,4-6). Finalmente, a fé tem como substrato toda a comunidade fiel. É a Igreja que crê nas suas diversas ações: desde o testemunho à oração litúrgica, não faz outra coisa a não ser testemunhar a dimensão comunitária da fé.

Tudo isso depende do fato de Paulo pensar na fé como *fides ex auditu* (Rm 10,17). Essa depende da pregação do Apóstolo, mas por sua vez se atua e se fundamenta na palavra do Senhor Jesus. Para Paulo, em suma, a fé está centrada na formulação cristológica que sintetiza o mistério pascal: paixão, morte e ressurreição do Senhor. Nesse sentido, um texto de 1 Coríntios adquire um valor programático: "Assim pregamos, e assim credes" (1Cor 15,1-19). Em poucas palavras, Paulo nos apresenta a originalidade da fé cristã: o evento pascal tem testemunhas diretas. A fé é transmitida por meio do anúncio da Igreja, é real e verdadeira, caso contrário a própria obra missionária seria destruída.

Na teologia paulina, "crer-conhecer" e "crer-confiar" tornam-se assim um binômio colocado em paralelismo contínuo, porque somente em seu relacionamento mútuo indicam e explicam a globalidade do único ato. Na verdade, o ser humano só pode compreender a si mesmo apenas se crer. A sua vida só se torna sensata se for colocada num caminho marcado por um ponto inicial — a justificação recebida do acontecimento pascal do Senhor — e um ponto de chegada — o glorioso retorno do Senhor. Toda a existência fiel é colocada entre esses dois pilares: ela parece quase "flutuar" entre esses dois momentos, sem criar angústia ou ansiedade; pelo contrário, é precisamente a expectativa do Senhor que aumenta a confiança nele, porque cresce o conhecimento do seu mistério.

Parecerá paradoxal, mas Paulo nunca tem medo de usar precisamente o verbo "saber" com extrema desenvoltura quando fala dos maiores e mais inacessíveis mistérios da fé e da vida humana. Uma rápida exemplificação mostra isso claramente: "Mas se estamos mortos com Cristo, cremos que também viveremos com ele, 'sabendo' que Cristo, ressuscitado de entre os mortos, não morre mais" (Rm 6,8-9); "Pois 'sabemos' que, quando nossa morada terrestre for dissolvida, que é como uma tenda, nós receberemos dele uma habitação" (2Cor 5,1); "'Sabemos' que aquele que ressuscitou o Senhor, também vai nos ressuscitar" (2Cor 4,14). Este conhecimento certo do Apóstolo é uma expressão de fé que não receia entrar no mistério com o poder da razão iluminada pela graça.

Como pode ser visto a partir dessa rápida consideração, para a Escritura "crer" é uma forma peculiar de conhecimento. A fé é uma atitude concreta e envolve "reconhecer", "acolher", "ver", "ouvir" e "escutar"; em uma palavra, um contato pessoal. São todos verbos que antecipam, acompanham ou conduzem ao ato de "crer" como uma forma pela qual cada um exprime plenamente a si mesmo através dos sentidos. Em suma, estamos diante da compreensão de um ato totalmente pessoal, em que o todo da pessoa é inteiramente assumido: inteligência, vontade, compreensão de si e decisão.

De forma acertada, o CCE nos nn. 148-149 identifica em Maria a expressão mais coerente da fé dentro do Novo Testamento. O "princípio mariano" torna-se para a Igreja a forma pela qual é possível ver realizado e finalizado o ato de crer na pessoa de Jesus. Nela, "a Igreja encontra o seu centro pessoal e a plena realização da sua ideia eclesial" (BALTHASAR, H. U. von, *Chi è la Chiesa?*, in: *Sponsa Verbi*, Brescia, Morcelliana, 1972, 157), porque vê realizada na Mãe do Senhor a resposta mais coerente que é dada a Cristo pela humanidade. Maria marca o ponto culminante da ação da graça quando um fiel se deixa moldar e definir. O crer de Maria exprime, portanto, da melhor maneira, a concepção cristã da fé; de fato, está colocada num duplo horizonte: o da virgindade e o da fecundidade. Em sua origem, a fé é sempre graça e dom de Deus; o imaculado ser de Maria indica isso. Em seu fim, ela visa a fecundidade porque gera, como a Igreja que gera novos fiéis na fé.

Ao lado da fé exemplar de Maria, não destoa colocar também a fé de Pedro, porque também ele se torna sinal de como o pecador crê; ou a fé de João, o discípulo que crê amando e ama crendo. Há diferentes perspectivas de como se encontra a gratuidade da fé e de como pode responder a pessoa que a acolhe. Pedro que, em nome dos doze, é o primeiro a professar a messianidade do Senhor (cf. Mc 8,25-30) e sabe ser capaz das grandes promessas (cf. Mc 14,30), no entanto, cai na traição (cf. Mt 20,30-35). João consegue crer mesmo na dor da prova sob a cruz e será o primeiro a saber reconhecer o Ressuscitado (cf. Jo 21,7). A fé, em suma, toca cada um na fraqueza da própria vida, mas também sabe imprimir confiança e força, porque é fruto da graça que torna forte o que é fraco (cf. 1Cor 1,28).

II. "Sei em quem acreditei"

De acordo com uma expressão clássica, o ato de fé é especificado por seu objeto (*actus fidei specificatur ab obiecto*). Por trás desta formulação está escondida uma riqueza incalculável, que permite verificar a peculiaridade da fé em Deus. Em linguagem comum, o verbo "crer" é usado nos contextos mais díspares: "Creio que amanhã fará bom tempo", "creio que uma economia de mercado permita um uso diferenciado da riqueza", "creio que o meu amigo diz a verdade"... Sempre que utilizado, ele envolve a pessoa de uma forma diferente, de acordo com o conteúdo com o qual é preenchido. Dizer que se "crê em Deus" envolve a assunção de uma atitude que toca a pessoa no seu íntimo, e que determina toda sua existência, na medida em que se refere ao transcendente.

Na teologia, são utilizadas duas expressões que favorecem a compreensão da unidade do ato de fé e do conteúdo que se crê: *fides qua* e *fides quae*. Com a primeira, se qualifica o ato pelo qual se crê; com a segunda, se qualifica o conteúdo em que se crê. A fé consiste nestes dois momentos inseparáveis, que formam uma unidade substancial, mas que são teologicamente diferenciados em vista da análise. Nos nn. 150-152 o CCE trata primeiramente do tema da *fides quae*, mostrando seu conteúdo trinitário. De fato, a fé cristã qualifica-se por ser fé na Trindade. Nada como o mistério da Trindade transformou a inteligência humana e, ao mesmo tempo, na fé cristã nada pode substituir o mistério da Trindade. Ela constitui o fundamento de nosso crer e o objetivo último ao qual o fiel deseja alcançar. Só nessa perspectiva a cristologia assume plenamente o seu valor, e a revelação assume o seu significado último. O que Jesus de Nazaré revela de si mesmo como expressão última e definitiva da Palavra de Deus (cf. DV 4), no entanto, é a consciência de um "remeter" ao Pai e ao seu mistério de amor. A fé é resolvida nesta profissão trinitária e só nela se torna fecunda. É impossível separar Jesus Cristo da Trindade; seria algo deletério pensar Deus sem Jesus Cristo. O mistério da fé cristã adquire toda sua originalidade e singularidade apenas na medida em que o mistério do Deus Trino se expõe, revelando-se na Encarnação do Filho, nos seus "eventos e palavras intimamente ligados" (DV 2) (dimensão histórica); e daqui a existência pessoal de cada um recupera o sentido último para um significado pleno (dimensão soteriológica).

Deus revelado por Jesus como Pai, Filho e Espírito é, portanto, o centro da fé e do seu mistério peculiar. Os outros mistérios do cristianismo são explicados e articulados em torno dele: a Encarnação do Filho e sua obediência ao Pai até a morte de cruz, para ser por ele ressuscitado; a origem da Igreja na força dinâmica do Espírito do Ressuscitado; os sacramentos e a liturgia da Igreja como ação permanente do Espírito, que leva os fiéis ao encontro definitivo com Cristo glorificado; a Igreja como instituição que marca a *"kénosis* do Espírito" (von Balthasar) e os ministérios nela realizados como dons do mesmo Espírito para a edificação da comunidade (cf. nn. 748-750); o dogma como uma inteligência cada vez maior do mistério da fé, em uma abertura à verdade plena (Jo 16,13). Assim, se cria uma articulação hierárquica em torno do único mistério da revelação do Deus Trino, que permite ver a única verdade como uma sinfonia harmônica, destinada a tudo fazer *ad maiorem Dei gloriam*.

O CCE explicitará na explicação de cada artigo do Símbolo — que assim como todos os símbolos da fé possui uma "estrutura trinitária" — os conteúdos principais que são apenas mencionados nestes seus três parágrafos. Por conseguinte, se remete aos números correspondentes que marcam toda a primeira parte do CCE, de forma a ter uma visão mais completa e coerente.

Será bom salientar o uso, que é frequentemente feito pelo CCE, da fé como "consentimento". O consentimento indica uma atitude específica do sujeito que envolve um compromisso absoluto com a aceitação de um conteúdo. De maneira muito especial, foi um grande convertido do século XIX, São John Henry Newman, quem explicitou teologicamente as intuições de Santo Agostinho a esse respeito. Em sua *Gramática do Assentimento*, ele distingue entre o assentimento "real" e "teórico" e define-o como "o ato pelo qual se aceita de modo absoluto, de forma incondicional, uma proposição" (*Grammatica dell'assenso*, Milano, Jaca Book, 1980, 8). Ele dá uma atenção especial a Santo Agostinho que, em uma famosa passagem, afirma: "Ademais, também o crer nada mais é que pensar assentindo. Na verdade, nem todo aquele que pensa crê, porque muitos pensam justamente para não crer; mas todo aquele que crê pensa, pensa com o crer e crê com o pensar [...], porque a fé, se não é um objeto de pensamento, não é fé; e não conseguimos pensar em algo sozinhos, como se viesse de nós mesmos, mas a nossa suficiência vem de Deus" (*De predestinatione sanctorum*, 2, 5: PL 44, 962-963).

A partir da tradição agostiniana, em uma passagem do *Sermo de Symbolo* lemos: "Uma coisa é dar-lhe crédito, outra crê-lo, outra ainda crer nele. Dar-lhe crédito significa acreditar que tudo o que ele disse é verdadeiro; crê-lo é crer que ele mesmo é Deus; crer nele significa amá-lo" (PL 40, 1190-1191). Como se pode ver, todo crer se reúne em torno de uma expressão tríplice que condensa em si mesma a globalidade da riqueza bíblica a este respeito: *credere Deo, credere Deum, credere in Deum*. Com o *credere Deo* (dar crédito "a" Deus) quer-se sublinhar a dimensão formal da fé; o que constitui o seu fundamento, isto é, a autoridade de Deus em seu revelar-se. Crendo, cada um aceita o próprio testemunho que Deus dá de si mesmo e que se fundamenta em sua própria autoridade; o fiel aceita, portanto, a verdade da revelação porque o próprio Deus é seu garante. Com o *credere Deum* (crer Deus, portanto, como objeto da fé), enfatiza-se a dimensão do mistério em que se crê e que é toda a vida divina revelada em Cristo. Com essa expressão, pretende-se sublinhar que o centro da fé é o próprio Deus e o seu mistério, que não podem ser plenamente acolhidos na mente, mas que exigem o consentimento. Com o *credere in Deum*, enfatiza-se a dimensão dinâmica que a fé possui e seu componente interpessoal. Crer estando em Deus é acolher uma pessoa; no horizonte da fé isso implica decidir-se por essa e entrar numa relação permanente de comunhão, que é amor. Assim, a fé é vista aqui à luz da relação de amor, que compromete o fiel a dar-se plenamente a Deus, tendo consciência de que ele mesmo se comprometeu totalmente a tornar-se homem.

III. As características da fé

Um parágrafo interessante agora se abre no CCE com os nn. 153-160. O que se busca ali é descrever a estrutura do ato de fé e os diversos componentes que entram em ação. Sabe-se que esse tema é, sob muitos aspectos, a *crux theologorum*; de fato, sua dificuldade é objetiva e o tema exige a capacidade de compreender os vários aspectos presentes em um único ato. Em todo caso, é preciso sublinhar a extrema importância do conteúdo desses números para os cristãos de hoje e sua urgência na prática pastoral. É especialmente nessa seção que se deve fazer a pergunta: "Por que creio?". Essa questão jamais poderá ser considerada como algo óbvio, sob pena de enfraquecer a própria fé. A questão sobre "por que creio?" é uma etapa de qualificação no caminho da fé e é nela que se decide a fé como uma escolha "pessoal" e "livre", tendo em conta a verdade que é acolhida em si como condição de vida. Sem a resposta a esta pergunta, feita em diferentes níveis, mas correspondente à sua idade e formação (cf. nn. 23-24), dificilmente o cristão poderá pensar ter realizado um ato de fé pleno.

Vivemos num contexto cultural, especialmente no que diz respeito ao Ocidente, em que parecem surgir grandes dificuldades para explicar o ato de fé. Essas dificuldades podem referir-se a um duplo horizonte: ideológico e eclesial. Quanto ao primeiro aspecto, é fácil identificar a presença de certos comportamentos que, como tais, minam a compreensão da própria fé. A convicção de que é impossível fazer escolhas que tenham um caráter definitivo parece crescer cada vez mais. A superação da fragmentação por sobre a globalidade e um comportamento frequentemente apenas funcional — mesmo no que qualifica a pessoa em sua identidade derradeira, como o amor — estabelecem uma pré-compreensão segundo a qual tudo parece estar limitado ao compromisso momentâneo, mas não por toda uma vida. Por outro lado, a supremacia da subjetividade sobre todas as formas de objetividade, especialmente no que se refere à dimensão veritativa, induz a posicionamentos em que o sujeito se apega às suas convicções e certezas como o único critério da verdade, perdendo de vista o próprio horizonte sobre o qual se deve colocar a questão sobre a verdade e o sentido. Em nível eclesial, é fácil ver quantas vezes a prática pastoral é incapaz de responder adequadamente à questão sobre o "por que creio?". Ao fugir dessa questão, corre-se o risco de fazer com que a fé seja entendida apenas como uma série de conteúdos que nunca afetam a vida pessoal. Por isso, é essencial que a catequese dedique muita energia para recuperar a apresentação do ato de fé, analisando várias propostas capazes de dar corpo à resposta a essa questão de fundo.

Nesse contexto, convém recordar antes de mais nada o tema específico que é conhecido sob o nome de *motivum fidei*, isto é, as "motivações" que levam a crer. Nesse aspecto, o CCE refere-se apenas à DF do Vaticano I, e diretamente aos sinais clássicos de credibilidade, tais como: milagres, profecias, santidade e difusão da Igreja (n. 156). Para compreender o texto do Vaticano I no justo horizonte, é necessário repensar o contexto em que se propuseram essas afirmações. Com efeito, o Concílio se confrontava com duas questões decisivas que exigiam uma resposta: o racionalismo e o tradicionalismo. No que dizia respeito ao primeiro, o Concílio argumentava que, embora se pudesse conhecer a Deus por uma via natural, ele revelara outro caminho, sobrenatural, que era a expressão coerente e correta para o verdadeiro conhecimento de si (DS 3004). Para o segundo, ao invés, respondeu que a fé não podia ser um "movimento cego da alma" (DS 3010), mas necessita de inteligência, como a capacidade de verificar a coerência entre o conteúdo da fé e a própria razão. Neste sentido, os sinais de revelação, como acontecimentos históricos, foram confiados à razão para que pudesse avaliá-los e verificar neles não só a não contradição com a razão, mas sobretudo a possibilidade de compreender neles a própria ação de Deus na história. Milagres, profecias e a santidade da Igreja, em diferentes níveis, manifestaram a origem divina do cristianismo, permitindo que a razão escolhesse livremente a fim de alcançar a certeza da verdade através da análise desses sinais.

No atual horizonte cultural, é necessário alargar o ensinamento proposto pelo CCE, a fim de colocar com maior intensidade o tema da fé à luz da "busca de sentido", coisa a que nossos contemporâneos são muito mais sensíveis. É característico da pessoa a busca por um ideal de vida, e uma das formas de desenvolvimento da própria personalidade é justamente ver a si mesmos direcionados a esse ideal que permite dar sentido à existência. Isso significa que toda a vida é vista primordialmente em sua totalidade e não na fragmentação de gestos ou momentos individuais. Diante do sentido da existência, cada um problematiza, busca e escolhe, porque precisa dar alguma certeza à sua própria vida. Ninguém, de fato, poderia viver uma existência pessoal se não tivesse algumas certezas; pelo menos, é necessária a certeza da própria existência. Quanto a essa exigência, cada um é colocado na condição de ter de escolher definitivamente pelo menos no que diz respeito à própria vida. De forma alguma isso é deixado à arbitrariedade, e ninguém pode permanecer neutro. A escolha torna-se necessária em vista de uma identidade pessoal. Na escolha com que se finaliza a própria existência para que ela tenha um significado, ninguém pode ter a certeza absoluta de que, naquele ideal, toda a vida adquirirá sentido; entretanto, "crê"-se que o que foi estabelecido como ideal pode ser satisfatório. Nesse horizonte, a fé manifesta-se como uma forma de conhecimento que ultrapassa o conhecimento factual, mas também como uma autêntica capacidade de a pessoa se confiar a outra pessoa, a fim de obter um sentido completo.

A razão pela qual se crê, portanto, vem conjugada com uma dimensão que não é externa à pessoa, mas profundamente ligada à sua vida e, sobretudo, conjugada com a verdadeira razão imposta pela existência: o sentido para o qual vive, mas não só isso. No momento em que se propõe o encontro com toda a pessoa de Jesus Cristo como aquele "que manifesta plenamente o homem ao próprio homem e lhe descobre a sua altíssima vocação" (GS 22), então torna-se evidente que o motivo da fé é, antes de tudo, o encontro com uma pessoa e não só com sua manifestação, como acontecia no passado com a referência aos milagres.

Considerado o motivo pelo qual se crê, é necessário prosseguir na apresentação da análise do ato de fé, que envolve a abordagem de pelo menos três temas: a "ação da graça", a "certeza da fé" e a condição da "liberdade pessoal".

A ação da graça

"Crer só é possível pela graça e pelos auxílios interiores do Espírito Santo" (n. 154). Deus está sempre na origem de cada ação; mesmo na fé, portanto, ele é o autor do nosso crer por meio do dom da graça. Pela criação, Deus fez cada pessoa à sua "imagem e semelhança" (Gn 1,27). Ele colocou em cada um uma *"potentia oboedientialis"*, como a capacidade (*potentia*) que permite receber determinações que de per si não possui, mas que só pode aceitar, na obediência (*oboedientialis*), como dom. Por conseguinte, em cada pessoa existe a possibilidade de poder aceitar a graça que age como força motriz dos atos que, apenas em nível humano, ela não poderia sequer ter a pretensão de realizar. A ação da graça não contradiz a liberdade do homem; na verdade, essa só se constitui como tal na medida em que se abre a um horizonte de sentido que o personaliza, levando-o a realizar atos de autotranscendência autêntica.

Um texto da Primeira Carta de João pode ajudar a entender essa relação: "Se aceitamos o testemunho dos homens, maior é o testemunho de Deus, que deu o testemunho de seu Filho. Quem crê no Filho de Deus, tem nele mesmo o testemunho. Quem não crê em Deus, faz dele um mentiroso, porque não crê no testemunho que Deus deu de seu Filho" (1Jo 5,9-10). Nesse texto, parece que o autor sagrado deseja expressar a ideia de que o testemunho de Deus é ao mesmo tempo interno e externo. É um testemunho por Jesus Cristo, que é creditado como Filho (cf. Jo 5,32.37); é, portanto, um testemunho que se apresenta na história e se torna visível ao longo de toda a vida de Jesus, permitindo que tudo isto seja aceito como sua própria revelação. Aqui, porém, o autor acrescenta outro detalhe: o testemunho de Deus é maior do que o dos seres humanos e não pode ser colocado no mesmo plano. De fato, ele se dá dentro do próprio homem, no seu íntimo mais profundo, onde ele acolhe e percebe a própria presença da verdade. Paulo exprime claramente a mesma concepção quando diz: "Quem conhece os pensamentos secretos do homem, a não ser o espírito do homem que está nele? Do mesmo modo, ninguém conheceu os pensamentos de Deus a não ser o Espírito de Deus. E nós não recebemos o espírito do mundo, mas o Espírito que vem de Deus, para que conheçamos os dons que

Deus nos deu" (1Cor 2,11-12). Assim, na medida em que o homem crê, o testemunho de Deus nele torna-se "fé". Ela, para usar ainda uma expressão do Apóstolo, nada mais é que "a luz de Deus que brilha em nossos corações" (cf. 2Cor 4,6). Deus, portanto, em sua natureza intratrinitária, só pode ser conhecido e aceito pelo homem se este permite ser movido pelo Espírito de Deus, o único que pode conhecê-lo. A tradição patrística e escolástica chamou este testemunho interior de Deus e a graça que age em nós de *lumen fidei*, a luz da fé. Deus, portanto, está na origem de cada ato de fé nele e constitui o ponto mais íntimo do próprio fundamento da fé. Como afirma sucintamente o texto de Atos dos Apóstolos: "Foi pela graça que se tornaram fiéis" (At 18,27).

A dimensão da graça presente em nós, que gera a fé, é, contudo, direcionada ao horizonte do Filho, o revelador do Pai. Ele não só torna possível a luz da graça em nós, mas ao mesmo tempo se coloca como a verdadeira luz para todos os que querem ter acesso ao Pai (cf. Mt 11,27; Jo 1,4-9; 9,5; 12,36). Aqui exprime-se de novo a dimensão cristológica da fé, que é a imprescindível via de acesso ao Deus de Jesus Cristo. Acolher e crer em Jesus Cristo, presença visível e "imagem-ícone" (Cl 1,15) do Pai, equivale a acolher e ver o próprio Deus (cf. Jo 14,9). Isso inevitavelmente implica crer na Palavra e tornar-se filhos, participando assim da vida divina. Para usar uma bela imagem do Papa Francisco: "A fé não só olha para Jesus, mas olha do ponto de vista de Jesus, com os seus olhos: é uma participação no seu modo de ver" (LF 18).

A certeza da fé

Um segundo elemento a ser avaliado é a dimensão da certeza da fé (n. 157). Sem essa certeza não se pode conceber o ato de crer, porque não poderia corresponder à própria natureza humana. De fato, ninguém poderia realizar um ato definitivo com base numa premissa que, como tal, é provisória e incerta. A existência seria negativamente marcada e se desenvolveria à sombra da precariedade e, portanto, da constante dúvida e angústia. A certeza da fé baseia-se no conhecimento da verdade adquirida no próprio ato com o qual se crê. Por conseguinte, é conveniente que, nesse aspecto, a catequese tire o máximo partido de alguns elementos que são um peculiar patrimônio da tradição cristã. Em primeiro lugar, o tema da verdade.

Não se deve esquecer que há fortes mal-entendidos sobre este assunto causados por preconceitos filosóficos e culturais. Na compreensão e explicação da verdade, é como se colidissem dois mundos: o mundo grego e o mundo cristão. É claro que, para ambos, a verdade está no próprio ser e, portanto, na manifestação do ser. Porém a revelação do ser para os gregos (e para aqueles que os tomam como referência, que no caso é essencialmente todo o pensamento filosófico do Ocidente) não é a mesma que para os cristãos. Aqui surge o primeiro grande problema e é aí que começa a aparecer a grande diferença: o sentido da verdade será diferente porque a maneira como o ser se manifesta é diferente. No mundo grego prevalece a experiência do enraizamento imediato da verdade no ser, o que leva à própria necessidade do ser; portanto, o sentido grego da verdade é considerado como perfeição do mundo. Diante desse conceito, o filósofo é levado a confrontar-se com a verdade apenas na contemplação intelectual.

O mundo cristão, por outro lado, concebe a verdade como manifestação e revelação de Deus em um "acontecimento histórico", que traz consigo a caraterística do cumprimento definitivo. A compreensão bíblica da *alethéia-verdade*" não significa apenas "manifestação", mas muito mais; ela exprime, de fato, antes de mais nada, a "fidelidade" de YHWH às promessas feitas. A verdade, para o homem bíblico, remonta, essencialmente, à constatação de que YHWH é um Deus que mantém a promessa feita, porque ele a experimenta diretamente em sua história pessoal. Em resumo, ele compreende a verdade à luz da revelação que Deus realiza na história, dando àquela uma direção escatológica que tende a um encontro definitivo com ele. Na perspectiva cristã, portanto, a verdade não pode ignorar esta ideia estrutural; ela é concebida como um acontecimento de revelação, que será cada vez mais plena e total, mas que por ora se reveste de traços de ocultação, porque "não se pode ver a Deus e permanecer vivo" (cf. Ex 33,20). Portanto, no pensamento cristão, a verdade está unida, pela primeira vez, com as categorias temporais e históricas.

Inserir a verdade no tempo e na história implica, por outro lado, vê-la relacionada com o típico movimento temporal, constituído pelo passado-presente-futuro. Nessa perspectiva histórico-temporal, a revelação de Deus apresenta ademais um processo dialético entre "manifestação" e "ocultação". Assim, haverá uma verdade no passado, constituída pelo acontecimento da criação, que atesta a bondade de Deus e confirma a possibilidade do seu conhecimento (cf. Rm 1,20). Há, porém, a verdade do presente que, para aqueles que creem, se exprime no acontecimento global da Encarnação, que imprime em toda a história a síntese final e definitiva de toda possível revelação de Deus (DV 2.4). Essa verdade está ligada também ao futuro, pois implica a realização total do Reino anunciado por Cristo e, com ele, o pleno conhecimento de Deus (Jo 16,13).

Essas premissas levam de forma direta a identificar a dimensão da fé como uma forma de conhecimento que possui a certeza da verdade. O acesso a Deus e à sua verdade é dado através da historicidade do evento-Cristo, que encontra sua própria objetividade em si mesmo e não nas determinações que o fiel poderia lhe dar a partir do seu "crer" nele. De fato, a fé e a revelação não são mais do que os dois polos da única estrutura reveladora de Deus, aquela que se refere à sua manifestação histórica — que age e torna visível a verdade sobre si mesmo e, portanto, sobre o mundo. Neste horizonte, entende-se como a certeza não advém ao homem por si, mas muito mais por um remeter à evidência da revelação que ele encontra historicamente na pessoa de Jesus de Nazaré. Nele, a verdade é oferecida no presente de cada dia, porque ele possui — de uma vez por todas na história da humanidade — as caraterísticas da universalidade, mesmo na concretude da sua pessoa histórica (*universale concretum*). A verdade que emerge da pessoa de Jesus Cristo exige necessariamente ser lida e interpretada à luz do amor que permanece como a natureza íntima do mistério divino. O amor, portanto, é o critério coerente e verdadeiro para entrar na revelação e é o conteúdo fundamental que dá início e força à fé.

A evidência da revelação é a evidência do amor que se oferece por si mesmo, sem qualquer outra razão que não a do próprio amor. Uma boa explicação neste sentido pode ser encontrada em LF, onde o Papa Francisco escreve: "amor e verdade não se podem separar. Sem o amor, a verdade torna-se fria, impessoal, gravosa para a vida concreta da pessoa. A verdade que buscamos, a verdade que dá significado aos nossos passos, ilumina-nos quando somos tocados pelo amor. Quem ama compreende que o amor é experiência da verdade, compreende que é precisamente ele que abre os nossos olhos para verem a realidade inteira, de maneira nova, em união com a pessoa amada. Neste sentido, escreveu São Gregório Magno que *'amor ipse notitia est'*, o próprio amor é um conhecimento, traz consigo uma lógica nova. Trata-se de um modo relacional de olhar o mundo, que se torna conhecimento partilhado, visão na visão do outro e visão comum sobre todas as coisas. Na Idade Média, Guilherme de Saint Thierry adota esta tradição, ao comentar um versículo do Cântico dos Cânticos no qual o amado diz à amada: 'Como são lindos os teus olhos de pomba!' (cf. Ct 1,15). Esses dois olhos — explica Saint Thierry — são a razão que crê e o amor, que se tornam um único olhar para chegar à contemplação de Deus, quando a inteligência se faz 'entendimento de um amor iluminado'" (LF 27). O que a fé verifica neste horizonte é a possibilidade de oferecer outras razões à inteligência que questiona o mistério para assegurar-se de sua verdade. Os instrumentos que hoje a exegese e a hermenêutica oferecem, assistidos pelas ciências históricas e arqueológicas, permitem chegar a certos dados sobre a pessoa e a personalidade de Jesus de Nazaré. Evidentemente, esses dados não oferecem a fé, pois essa é sempre fruto da graça que converte o coração, mas garantem àquele que crê que tudo aquilo que ele crê pode ser alcançado e analisado também pela razão e não é, portanto, um mero produto da fé de alguns homens e mulheres do passado, e muito menos fruto de sua imaginação. Seu testemunho, em suma, baseia-se em fatos históricos verificáveis e sujeitos à crítica.

A liberdade pessoal

Chegando ao final do tema da graça e da certeza da verdade, surge inevitavelmente a questão de como o ato de fé pode ser considerado um ato livre e pessoal. Se, de fato, nos vemos confrontados com a certeza e a evidência da verdade, como podemos ainda ser livres para escolher? Será que não acabamos sendo forçados pela evidência? O n. 160 do CCE apenas esboça uma resposta a isso e as citações da DH (cf. nn. 10-11), de princípio, não correspondem ao nosso tema. O contexto em que essas citações falam da natureza do ato de fé visa uma explicação da liberdade religiosa e, por conseguinte, da liberdade de adesão à religião; no entanto, não tem por objetivo estabelecer a relação com a verdade da fé como no nosso caso. Certamente, teria sido melhor recuperar no mesmo documento o n. 2 em que se diz que "todos os seres humanos [...] têm também a obrigação de aderir à verdade conhecida e de ordenar toda a sua vida segundo as suas exigências" (DH 2). Deste modo, o problema teria sido mais coerente e a referência e a ligação com os nn. 1730-1742 no qual o CCE prenuncia o tema da liberdade no âmbito da vida moral se tornaria mais lógico e consequente.

Não se pode pensar que o tema da liberdade na fé só possa ser apresentado com a exemplificação segundo a qual ninguém é obrigado a crer em Deus, sendo, portanto, livre. Uma expressão como essa reflete apenas parte da sua verdade e, numa análise mais profunda, poderia facilmente revelar-se falsa. Não se descobre a liberdade *verdadeira* no confronto entre dois seres criados, mas no relacionamento com uma liberdade que vai além de sua própria natureza contraditória. A liberdade é sempre um espaço de escolha que acolhe em si a superação do seu próprio limite e que realiza a pessoa, permitindo-lhe realizar ações que transcendem o finito. Ora, uma autêntica liberdade se dá no momento em que se descobre a presença do infinito e nele se abandona. A fé cristã vive a partir do supremo paradoxo de que Deus Criador respeita a criatura de tal forma que a deixa livre para escolher até mesmo voltar-se contra ele próprio. Tal escolha, no entanto, não corresponderia à liberdade pessoal, porque impediria o homem de alcançar um espaço que vai além do seu limite. Em uma palavra, permaneceria fechado dentro de suas próprias contradições sem qualquer possibilidade de uma verdadeira superação de si mesmo e, portanto, de um espaço de liberdade absoluta.

Pelo ato da fé ninguém é obrigado a crer a partir da evidência da verdade da revelação, porque, como foi mencionado, a revelação cristã reconhece a verdade na pessoa de Jesus Cristo. Em todo caso, essa verdade se dá na dialética própria à revelação que se desenvolve entre o conhecimento e o ocultamento. Isso significa que se depara sempre e em todos os casos com o mistério da fé, que incita a mente e a inteligência a descobrir constantemente a verdade de Deus, e nela a própria verdade. A verdade que se descobre é sempre uma verdade que remete a uma verdade ulterior, porque nisto consiste a revelação de Deus: uma vez "revelado", permanece "abscôndito" e no "esconder-se revela" ulteriormente a si mesmo. O fiel, portanto, alcança sua própria esfera de liberdade pessoal, porque está diante da verdade da fé no ato de uma descoberta contínua que o compromete a ver Deus sempre presente na sua vida e por toda sua existência. Sua liberdade será aquela que, à luz da graça, lhe permitirá, de tempos em tempos, perceber o plano da salvação e aderir a ele.

O fato de a revelação entrar na vida pessoal com a dialética do encobrimento-manifestação exige que a escolha pela qual ela é aceita e à qual se abandona seja fruto da "fé". Isso aponta para um conhecimento que pode arriscar e apostar não tanto em um conceito de verdade em si como teoria pura, mas sim na escolha de uma obediência pessoal que confia a esta revelação sua própria existência e seu sentido último, embora a perceba e a conheça sempre num movimento que é próprio do mistério. A liberdade consiste, portanto, em aceitar e reconhecer a sua dependência da verdade revelada e da forma que é capaz de torná-la conhecida: a fé. Por conseguinte, sem fé, ninguém poderia conhecer a verdade de Deus e, portanto, nem sequer poderia ser autenticamente livre (cf. Jo 8,32).

Não teríamos abordado suficientemente a temática do ato de fé, se não se preenchesse o vazio inexplicável deixado sobre esse ponto pelo CCE acerca da relação entre fé e amor e a circularidade entre eles. Cabe certamente a Santo Tomás de Aquino a primazia de ter organizado sistematicamente a unidade entre os dois. Em várias passagens, ele propõe a *caritas* como forma de fé: "A caridade é considerada forma da fé, enquanto por ela o ato de fé se torna perfeito e formado" (*Summa Theologiae*, II-II, 4, 3). Essa circularidade, porém, se dá numa relação que estabelece a fé em primeiro lugar no *ordo generationis*, mas capaz de deixar o seu lugar à primazia do amor no *ordo perfectionis*. A reflexão teológica sobre este assunto carece de um maior desenvolvimento. A partir do texto da Primeira Carta de Pedro: "Sem tê-lo visto, vós o amais. E apesar de não o verdes atualmente, nele credes e exultais com alegria inefável, repleta de glória" (1Pd 1,8), pode-se facilmente recuperar a primazia do amor também na geração da fé. A perspectiva aberta por von Balthasar com o *pulchrum* encontraria neste contexto um lugar coerente, em que ao amor, como forma própria da revelação, seria restituído seu valor constitutivo.

A fé, particularmente na teologia joanina e paulina, é vista como um caminho que conduz ao amor; neste aspeto, tanto João como Paulo fazem derivar do crer apenas uma segunda exigência fundamental, a do amor. De fato, para Paulo, a fé torna-se atuante no amor (cf. Gl 5,6); para João, o amor ao próximo torna-se um novo mandamento, que permitirá reconhecer no futuro os verdadeiros discípulos de Cristo. Para ambos, crer e amar são duas exigências que resumem todas as demais e que se impõem para aqueles que querem ser discípulos de Cristo. Não se poderia ter fé se essa não partisse e se desenvolvesse no amor; tampouco se poderia ter amor se esse não tivesse seu início na fé que sabe reconhecer o rosto nunca visto do Mestre que fora anunciado.

O amor e a fé vivem, portanto, a partir de uma circularidade que permite a clarificação recíproca, e juntos constituem o ser cristão de maneira fundamental. O acontecimento salvífico que Jesus de Nazaré representa pode ser reconhecido apenas com base nos dois, porque juntos formam a resposta autêntica e coerente que pode ser devolvida à revelação. Certamente, na peculiaridade do uso neotestamentário, a fé e o amor se referem à identificação de aspectos complementares, de modo que, especialmente em Paulo, a fé indicará uma nova relação que se estabelece com Deus por meio de Cristo; ao passo que o amor se refere antes à intensidade, à abertura, à totalidade e ao pleno abandono que deve ocorrer nessa relação, mas ambos qualificam e determinam a natureza geral do ato de fé. A fé não pode ser limitada ao momento da conversão, ela abre-se ao amor, procura-o, porque, no fim, descobre-o como sua origem, à qual tudo deve, e como sua própria razão de ser. (Para uma visão mais sistemática, cf. FISICHELLA, R. *Fidens quaerens caritatem*, in: KESSLER, M.; PANNENBERG, W.; POTTMEYER, H. J., *Fides quaerens intellectum. Beiträge zur Fundamentaltheologie*, Tübingen, 1992, 414-426.)

Nesse horizonte da circularidade entre fé e amor, todos os esforços deverão ser feitos na catequese para recuperar o caráter unitário do ato de fé, que não sofre um "antes" e "depois". Não se pode pensar que "antes" se crê e "'depois' se vive como cristão". O crer já é em si mesmo um viver de acordo com o modo peculiar do amor. Torna-se ainda mais claro neste sentido que o ato com o qual se acredita é basicamente uma decisão que abrange toda a vida e nada dela é excluído. Crer, portanto, envolve a concreção de uma prática que se torna testemunha da fé, como Tiago explicitamente afirma: "Assim também se passa com a fé: se não for acompanhada pelas obras, por si mesma está morta. Entretanto poderá alguém dizer: 'Tu tens a fé e eu tenho as obras'. Pois bem, prova-me essa tua fé sem as obras! Bem, eu posso provar com obras a minha fé!" (Tg 2,17-18). O mesmo ensinamento é confirmado em Paulo quando fala de "atividade da vossa a fé" (cf. 1Ts 1,3; Ef 4,15). De acordo com todo o pensamento bíblico, conhecer a Deus é equivalente a "cumprir sua justiça" e "sua vontade"; porque "não é quem diz: Senhor, Senhor, que entrará no reino dos céus, mas aquele que faz a vontade do Pai" (Mt 7,21).

O n. 158, que tem ao início e à conclusão duas citações clássicas, a primeira de Anselmo ("*Fides quaerens intellectum*") e a segunda de Agostinho ("*Credo ut intelligam et intelligo ut credam*"), nos permite dizer mais algumas palavras sobre o valor do conhecimento e da investigação na fé. Por sua própria natureza, a fé procura a inteligência do seu próprio conteúdo e quer transmiti-lo. Toda a tradição cristã, de diferentes maneiras, nada fez senão buscar a compreensão daquilo em que crê. Os Padres do Oriente primeiro, e os do Ocidente depois, mediaram a partir de suas tradições e formas de pensamento filosófico um instrumental de conceitos e linguagens para tentar compreender, aprofundar e transmitir o conteúdo da fé. O que permanece como herança comum de toda essa tradição ininterrupta é a constância do "*quaerere*" da fé. Se a fé não investigasse não seria fé cristã, mas apenas uma gnose.

A busca pela compreensão do que se crê não é motivada por causas fora da fé, mas por fatores internos. Pelo menos três deles podem ser reconhecidos: o primeiro está na ordem da certeza da verdade, como já foi dito anteriormente. O segundo está na ordem apologética, porque o conteúdo deve ser transmitido e, portanto, deve-se encontrar os meios apropriados à comunicação para que possam ser o mais universal possível; nesse sentido, devem ser apresentados argumentos que possam defender a fé quando surgem interpretações errôneas. O terceiro é o que vem expresso de forma plástica por São Boaventura: "Quando a fé não dá o assentimento em virtude da razão, mas do amor, ela, de todo modo, não deixa de buscar razões; por isso, não tira o mérito da razão humana, mas aumenta a consolação" (*Proemium I Sent.* 2 ad 6).

A fé não teme, portanto, confrontar-se com os resultados das ciências (cf. n. 159); naturalmente, as competências são diferentes, mas a Igreja "afirma a legítima autonomia da cultura e, sobretudo, das ciências" (GS 59). Será útil complementar a citação de GS 36, que conclui o n. 159, com outra afirmação extremamente significativa do Concílio: "Tais dificuldades (no contexto são aquelas que podem surgir entre os resultados das ciências e o conteúdo da fé) não são necessariamente danosas para a vida da fé; antes, podem levar o espírito a uma compreensão mais exata e mais profunda da mesma fé. Efetivamente, as recentes investigações e descobertas das ciências, da história e da filosofia levantam novos problemas, que implicam consequências também para a vida e exigem dos teólogos novos estudos. Além disso, os teólogos são convidados a buscar constantemente, de acordo com os métodos e exigências próprias do conhecimento teológico, a forma mais adequada de comunicar a doutrina aos homens do seu tempo; porque uma coisa é o depósito da fé ou as suas verdades, outra o modo como elas se enunciam, sempre, porém, com o mesmo sentido e significado. Na atividade pastoral, conheçam-se e apliquem-se suficientemente não apenas os princípios teológicos, mas também os dados das ciências profanas, principalmente da psicologia e sociologia, para que assim os fiéis sejam conduzidos a uma vida de fé mais pura e adulta. A literatura e as artes são também, segundo a maneira que lhes é própria, de grande importância para a vida da Igreja. Procuram dar expressão à natureza do homem, aos seus problemas e à experiência das suas tentativas para conhecer-se e aperfeiçoar-se a si mesmo e ao mundo; e tentam identificar a sua situação na história e no universo, dar a conhecer as suas misérias e alegrias, necessidades e energias, e desvendar um futuro melhor. Conseguem assim elevar a vida humana, que exprimem sob múltiplas formas, segundo os tempos e lugares" (GS 62).

Portanto, o apelo à educação permanente na fé que, no final, é justamente representada pela catequese, nunca será suficiente. A fé exige o esforço de um estudo constante e sistemático, porque o mistério que temos diante de nós põe permanentemente em jogo a existência pessoal. Nesse horizonte, a teologia não é uma opção para a fé, mas sua forma própria, por meio da qual a própria Igreja estuda, investiga e ensina de modo apropriado a revelação em que se crê (cf. CT 20-21; 61). Abre-se, portanto, um caminho para a fé; ele se estende a toda a vida, mas deve ser vivido com a coragem e a paixão de quem sabe que está experimentando de antemão aquilo que irá constituir a felicidade perene: a contemplação do amor do Deus trino.

Artigo 2
NÓS CREMOS

O segundo artigo deste terceiro capítulo merece uma atenção especial porque, se levado a sério naquilo que ele significa, poderia ser capaz de impulsionar uma virada importante na formação dos fiéis. A dificuldade que a explicação e a compreensão do ato de fé envolvem na cultura contemporânea foi sublinhada anteriormente. Um forte subjetivismo entrou não apenas nos comportamentos, mas na própria consciência dos indivíduos, que parecem não mais perceber o drama de um comportamento como esse. Uma vez removida a referência para com a verdade, a consciência pessoal se torna mais fraca e é tentada a tornar-se autônoma, com o risco de ficar presa em seu próprio pequeno mundo.

A recuperação de uma "consciência eclesial" é um dos compromissos que devem ser propostos como objetivo para quebrar o cerco do subjetivismo e para recuperar plenamente o verdadeiro sentido da fé e do compromisso de solidariedade para com todos. A fé cristã é uma fé eclesial, não só porque antes de mais nada o sujeito é a Igreja, mas porque ela é um conteúdo de fé. Chama a atenção o fato de a edição italiana do CCE [o mesmo vale para a edição brasileira — N. do E.], transcrevendo os dois textos do Símbolo, insista em propor uma tradução incorreta do Credo Niceno-Costantinopolitano, especialmente depois de o CCE ter sublinhado com todo um artigo a importância do "nós cremos" (cf. nn. 166-175). Também na liturgia dominical, a Igreja italiana permaneceu praticamente sozinha, conservando a expressão "eu creio", enquanto nas outras Igrejas a fé é proclamada com razão pelo "'nós' cremos". De fato, o original dessa profissão de fé é "nós cremos" (DS 125; 150) e não sem razão. É isso que nos propomos dizer brevemente nas seguintes considerações.

O contexto que forma a base do surgimento das profissões da fé (o "símbolo", cf. nn. 185-197) não é único; pelo menos dois podem ser reconhecidos: o contexto "litúrgico" e "teológico". O primeiro tem sua referência na liturgia batismal e é sempre expresso na primeira pessoa do singular, porque tende a comprovar o conhecimento direto do conteúdo da fé e da decisão de nele viver. O segundo, que provavelmente surgirá para combater os primeiros erros e heresias, tem seu âmbito específico nos Concílios e busca sublinhar a fé professada por toda a Igreja. É claro que não há absolutamente nenhuma oposição entre os dois; pelo contrário, eles confirmam a caraterística do ato de fé cristã que é, ao mesmo tempo, um ato pessoal e eclesial. Nesse processo, o "eu" do fiel individual não se dissolve no "nós" eclesial, mas nele encontra pleno sentido e possibilidade de significação. Propomos algumas linhas teológicas que, devidamente abordadas, podem favorecer a compreensão do fundamento de "nós cremos". Anteriormente, insistiu-se que o ato de fé é determinado pelo seu conteúdo (*actus fidei specificatur ab obiecto*) e constatamos que o conteúdo da fé é o mistério da Trindade (cf. nn. 150-152). A partir desse dado, é possível pensar no ato de fé em sua dimensão eclesial.

Afirmar que a Igreja professa toda a sua fé na Trindade não pode ser algo sem consequências no aspecto teológico. Com efeito, a fé trinitária implica a afirmação da própria essência do Deus cristão, que é precisamente unidade da natureza e trindade das pessoas. Uma primeira consequência é aquela que conduz a uma compreensão de Deus como um Deus tripessoal. Numa palavra, afirma-se que na imagem do Deus cristão é constitutiva a dimensão comunitária. A consciência que a fé recebe não é a de um Deus isolado, fechado em seu Olimpo, mas de um Deus que é "relacionamento" e que, portanto, entra em relação e está interessado no outro. Essa, em nossa opinião, é o elemento teológico basilar para que se possa criar um primeiro fundamento para a dimensão eclesial do crer. O Deus da fé, assim como é professado na fé da Igreja, é marcado pela imagem de Deus que é comunidade e vive a comunhão. Na economia reveladora, o comportamento de Jesus de Nazaré, que se interessa pelo outro e a ele se doa — especialmente quando esse é fraco e indefeso ou sobretudo quando ele está sob o olhar indiferente de todos (cf. Lc 10,29-37) — é um dos sinais mais expressivos e consistentes para revelar a natureza de Deus. Por conseguinte, deve-se afirmar que o conteúdo da fé trinitária, por sua vez, determina a própria estrutura do ato de fé, tornando-o, como tal, um ato que, pela sua própria natureza, precisa ser "trinitário".

Isso significa, em primeiro lugar, um ato comunitário e, por conseguinte, um ato de comunhão. A centralidade da Trindade para o ato da fé equivale a admitir o princípio da comunidade-comunhão como fundamento do ato de fé em si.

A partir de uma perspectiva de antropologia cristã, a Trindade determina a compreensão do ser "pessoa", porque adquire o valor final capaz de descobrir o ser pessoal como um ser de comunhão a partir do caráter relacional. Ora, o ser "pessoa", na antropologia cristã, torna-se evidente com a revelação que Jesus historicamente realiza. O texto de Filipenses esclarece essa dimensão: "Ele [Jesus Cristo], embora sendo de condição divina, não considerou um privilégio o ser igual a Deus. Mas esvaziou-se a si mesmo, assumindo a condição de servo [...], tornando-se obediente até a morte e uma morte de cruz" (Fl 2,6-8).

Como se pode ver, nesse texto o Apóstolo fala da segunda Pessoa da Trindade; quem se encarna é o Filho e ele está habilitado a expressar a "natureza" de Deus, porque ele é Deus como Pai. Ele é a primeira comunicação, pela qual o amor de Deus se torna evidente. Revela-se que a natureza divina consiste em "doar tudo" da parte do Pai — e por isso o Pai é "pai" na relação intratrinitária — e em "tudo recebe" da parte do Filho — e por isso ele é "filho" dentro da mesma dinâmica. "Doar tudo" é o que constitui a natureza divina. O não "manter 'nada' para si mesmo", mas dar tudo ao "outro" é o que permite que as três pessoas se diferenciem. Por isso são "pessoa", porque se caracterizam pelo "dar tudo" até o fim, e o "receber tudo". Na linguagem humana, esta "doação de tudo" de Deus torna-se visível no assumir de uma realidade que não pode pertencer a ele precisamente porque é Deus. O Apóstolo vê, portanto, a encarnação — e sua expressão culminante que se revela na morte do inocente pregado na cruz — como o sinal último e definitivo dado ao homem, para que ele compreenda que aqui Deus se doa inteiramente. Para nós, cartesianos impenitentes, habituados a ver o "fim" como o processo que maximamente se afasta do "início" (Plotino), torna-se difícil compreender a lógica da revelação, na qual o fim não é um fim, mas um princípio perene, fonte e nascente do próprio ser de Deus, portanto o amor que se doa inteiramente.

Quando Deus ama, ama segundo a sua natureza, dando "tudo" de si; todavia, sem, com isso, deixar-se condicionar pela criatura que desejaria deter-se diante da morte. A mensagem revelada neste evento é, no entanto, a última chance de entender o nosso ser "pessoa". Somente na atuação dessa "doação de tudo" é que se descobre também para nós o verdadeiro rosto de ser homem e mulher à "imagem de Deus".

É nesse contexto que a referência anterior ao tema da liberdade pessoal se torna mais clara. A ajuda vem da teologia joanina, ali onde se mostra claramente a intencionalidade de Jesus diante da morte: "Eu dou minha vida para retomá-la de novo. Ninguém tira a vida de mim; mas eu a dou por minha própria vontade. Tenho poder de entregá-la e poder de a retomar" (Jo 10,17-18). Só na medida em que se é capaz de realizar este ato de liberdade, antropologicamente o mais significativo, isso é, "dar a vida por própria vontade", será possível "retomá-la em seguida". O abandono de si mesmo é, portanto, em vista da aquisição de uma identidade pessoal que implica a saída de si mesmo para entrar em um processo mais vasto, isto é, aquele que insere no âmbito relacional das pessoas e na sua comunhão.

De tudo isto, pode-se concluir que ser "pessoa" é equivalente a assumir a mesma estrutura trinitária que permite a conotação última na expressividade da "pessoa" e da sua identidade. Do ponto de vista do ato de fé, infere-se que o assumir a normatividade do objeto professado implica, por sua vez, a unidade substancial com o sujeito que o professa. Portanto, o "eu" que professa a fé precisa se inserir a si mesmo naquela perspectiva cristológica que o torna um "eu" de comunhão, um "eu" no qual toda a Igreja se encontra e se descobre.

Nesse ponto, a compreensão do mistério de Cristo torna-se evidente à luz do seu "autoexpropriar-se" para acolher o outro. Essa dimensão ontológica, mesmo antes de ser psicológica, deve tornar-se o "ser" daquele que crê, que só em virtude disto pode se tornar "crente". De fato, ele só se torna tal na medida em que se autoexpropria para acolher o outro. Assim como em Cristo, portanto, não ocorre nada de "individual", do mesmo modo, para o fiel tudo se torna "eclesial".

Em todo caso, tornar-se fiel, entendido como realidade pela qual se abandona a si mesmo em Deus e se vive por ele, só pode realizar-se com a mediação do "ser-para-Cristo"; e isso implica a presença da Igreja que transforma o sujeito individual em uma "alma eclesiástica". Portanto, a possibilidade de o fiel individual se compreender como tal torna-se real à luz de uma eclesialidade do crer que exprime a forma de comunhão pela qual o Espírito edifica a Igreja.

Em suma, o ser fiel equivale a ser capaz de expropriar-se de si mesmo no que é mais pessoal; e isso de modo tal a permitir que o "outro" — mesmo a Igreja como instituição — possa julgar até mesmo o meu carisma, ou seja, o dom mais pessoal que Deus me deu, de modo que o ato de crer se torne evidente ao extremo como um "abandonar-se" em obediência. Uma vez que o ato de fé é ainda um ato de amor e este, em todo o caso, deve buscar seu padrão de medida no amor de Jesus Cristo, ele pode ser equiparado a um ato pleno e total de autoexpropriação. Mediante isso, o fiel, ao privar-se de si mesmo, dá espaço ao outro, a quem ele ama, para que este possa apropriar-se dele e o habilite a encontrar uma identidade completamente nova, anteriormente inesperada, mas agora alcançada. Identidade pessoal tão nova e real que ele não mais poderá compreender a si mesmo a não ser em sua relação para com a pessoa amada. Pois bem, dado que a revelação de Deus acontece na Encarnação do Filho e persevera com sua presença salvífica e sua graça na vida da Igreja, em virtude desse ato que já não é mais apenas seu, mas é comunitário, o fiel pode "viver, sentir, experimentar a subjetividade da Igreja e a do Filho como se fossem a sua própria" (BALTHASAR, H. U. von, *Gloria. Un'estetica teologica* I, Milano, Jaca Book, 1970, 237). Numa palavra, o ato de fé personaliza "eclesializando".

De que forma essa passagem se torna concreta, o Apóstolo mostra-o claramente quando diz: "Sou um crucificado com Cristo. Eu vivo. Mas não mais eu: Cristo é que vive em mim. A vida que presentemente eu vivo na carne, eu a vivo pela fé no Filho de Deus, que me amou e se ofereceu por mim" (Gl 2,19b-20). Ao contrário de tantos outros textos em que Paulo usa o "eu" e o "nós" de maneira intercambiável, em vez disso, neste caso o uso é específico para expressar a condição pessoal do Apóstolo; o "eu" do qual Paulo fala é ele mesmo; indica a concretude da sua existência pessoal.

Desejando-se, é possível encontrar neste texto todos os elementos necessários para fundamentar as considerações que foram feitas até o presente. Em sua identidade pessoal, o fiel vive uma existência histórica que, em virtude da fé, já está em si marcada por uma união ontológica com Cristo. Esta união que se realiza pela graça, na medida em que se foi incorporado ao Cristo pela conversão e pelo batismo, é necessariamente mediada pela Igreja porque a mensagem de Cristo e o batismo vêm por ela. O fiel, portanto, vive sempre a sua existência pessoal "na carne", mas agora é uma vida marcada pela existência "na fé no Filho de Deus"; isso é, em uma condição em que se abandonou algo de si mesmo para se inserir em uma nova existência, que realiza uma nova criatura. O ato pelo qual o sujeito crê, portanto, exige que aquele "eu" seja um "eu eclesial", fora do qual a fé não poderia ser fecunda.

Essa caracterização do ato de fé, em suma, coloca quem crê naquele "nós" que é condição para a fé do futuro. O ato de fé pessoal é um ato que está relacionado com a Igreja de dois modos distintos. Em primeiro lugar, porque anuncia e transmite a cada um o conteúdo da fé; portanto, o ato pessoal é um ato que "participa" do ato mais global e total da Igreja perene. A fé professada não é apenas aquela que acredita na Igreja como seu conteúdo, mas antes de tudo é "fé da Igreja". É a Igreja que comunica o batismo (cf. n. 168); essa nova criação, que torna evidente e eficaz a escolha pessoal do crer, é o que constitui a entrada no Reino. De fato, por meio do batismo, cada um é inserido "em Cristo" (1Cor 12,13); e como é usual para a teologia paulina, estar "em Cristo" é intercambiável com estar "na Igreja" (Rm 16,7.11; 1Cor 1,30; Gl 1,22; 1Ts 2,14). Estar "em Cristo", longe de ser uma fórmula de união mística, é antes de tudo uma "fórmula eclesiológica" e designa a inserção no corpo de Cristo por meio do batismo (cf. Rm 8,1; 2Cor 5,17; Gl 2,17).

Uma fé assim concebida não tende a despersonalizar o indivíduo, mas antes a torná-lo consciente de uma dimensão que vai além da esfera individualista e que permite a recepção de uma eclesialidade como elemento essencial e constitutivo da própria fé. Deste modo, a vida do fiel torna-se uma dinâmica contínua, na qual se realiza concretamente o movimento de princípio entre o "já" e o "ainda não" (cf. nn. 163-165). Isto significa que o ato de fé com o qual o fiel está incorporado na Igreja não é um processo estático. Constitui antes o ato "decisivo" pelo qual ele se abandona e se insere em Cristo e no seu corpo e, ao mesmo tempo, um ato aberto ao futuro. Um ato no qual o tornar-se Igreja envolve uma dinâmica constante de sua vida pessoal, por meio do qual, com a totalidade de seu ser, vai se identificando cada vez mais com a Igreja de que é partícipe, e, ao mesmo tempo, torna a Igreja cada vez mais evidente perante o mundo, como uma realidade constitutiva e significativa para a sua vida.

Uma nota conclusiva para esse longo discurso sobre o ato de fé poderia ser resumida por algumas expressões sintéticas que podem ser condensadas da seguinte maneira:

1. Como corretamente nota o CCE, referindo-se a uma fórmula clara de Santo Tomás de Aquino: "O ato do que crê não se orienta para o enunciado, mas para a coisa" (*Summa Theologiae*, II-II, 1, 2 ad 2: "*Actus autem credendi non terminatur ad enuntiabile sed ad rem*"). A essência é o mistério de Deus que, em Jesus Cristo, se revelou como Pai, Filho e Espírito. A Trindade é o centro da fé, e o amor trinitário é a norma da existência cristã.

2. Uma segunda expressão de Santo Tomás no seu tratado sobre a fé diz que "o artigo da fé é uma percepção da verdade divina, para a qual tende essa mesma verdade" (*Summa Theologiae*, II-II, 1, 6: "*Articulus fidei est perceptio divinae veritatis tendens in ipsam*"). Há um progresso contínuo na fé, que se condensa num único ato: no conhecimento da verdade revelada que a Igreja continuará a receber até ao fim como dom do Espírito (Jo 16,13); progresso na vida da fé, que deve ser testemunhado de forma coerente.

3. O conteúdo da fé é "católico", isto é, universal. As linguagens podem divergir, mas a "linguagem" da fé permanecerá única, como um sinal de comunhão e de uma comunidade única, que, crendo, rezando e amando, dá testemunho da unidade daquilo que professa (nn. 170-171).

4. O ato da fé não é um fim em si mesmo; é realizado com vista à salvação. O Evangelista João ensina claramente isto: "Estes, porém, foram escritos para que creiais que Jesus é o Cristo, o Filho de Deus, e acreditando, tenhais vida no seu nome" (Jo 20,31; cf. nn. 163-164). O que se busca, portanto, é a vida eterna, a salvação; é o objetivo último para o qual tende, porque é vida de comunhão com Deus.

5. A fé é o ponto de gravidade da vida. Dá pena não perceber nunca mencionada nessa seção a palavra que daria sentido global a toda a fé: mártir. O martírio é o sinal do maior amor porque, pela fé, dá o supremo testemunho; aquele que escolhe livremente a morte infligida pela certeza de estar na verdade e de ter a vida.

"Eu cri, e por isso falei, também nós cremos, e é por isso que falamos" (2Cor 4,13); com essas palavras o Apóstolo exprime a convicção de que, uma vez tornado fiel, já não é possível que alguém conceba a existência fechada em si mesma; pelo contrário, abre-se à comunhão e à participação. Da fé provêm, portanto, as diferentes formas de compromisso com o mundo, a sociedade, a cultura, o local de trabalho, ali onde o homem vive e precisa de uma palavra que lhe dê esperança sem o afastar das suas responsabilidades.

A fé, ensina sempre o Apóstolo, só pode ser medida pelo "metro da fé" que Deus atribuiu a cada um (Rm 12,3). Pois bem, esse "metro" se edifica sobre a forma do *agápe* que, por definição, nunca pode ser posse de uma única pessoa (cf. Gl 5,6). É o amor, no fim, que deixa claro por que o ato de fé não pode ser limitado ao indivíduo singular e por que nunca pode ser classificado paralelamente à multidão de todos os outros atos. Como fruto do amor e da correspondência do amor, ele permanece como ato constitutivo do ser próprio e, como tal, deve ser considerado único. Assim, é possível compreender a razão pela qual a antiga tradição queria que a profissão de fé não fosse escrita, mas mantida viva, aprendida de cor, através de uma inteligência que a tornasse sempre presente nas diversas situações da vida. O ato de fé marca, de fato, toda a vida do fiel, colocando-se naquele momento em que se começa a participar da eternidade do amor do Deus Trino.

Segunda Seção
A PROFISSÃO DA FÉ CRISTÃ

OS SÍMBOLOS DA FÉ

JARED WICKS

Antes da exposição pormenorizada do conteúdo da fé, o CCE analisa as fórmulas com as quais o crente confessa a fé da Igreja. A seção explica os termos de referência a essas fórmulas (nn. 187-188), sua conexão com o batismo e sua estrutura trinitária (nn. 189-191) e as principais profissões particulares da tradição católica (nn. 192-196).

Um tom particular do CCE é a ligação entre profissão do Símbolo e o batismo, especialmente nos nn. 189 e 197. Uma forte relação, com efeito, une a declaração da adesão a Deus, bem como à sua verdade revelada (n. 150) e a consagração sacramental da pessoa "em nome do Pai e do Filho e do Espírito Santo".

O Novo Testamento mostra várias formulações da confissão de fé: das simples proclamações, "Jesus é o Senhor" (1Cor 12,3) e "Jesus é o Filho de Deus" (1Jo 4,15), à afirmação do conteúdo essencial do Evangelho pregado, "se com a tua boca proclamares 'Jesus é o Senhor!' e se, em teu coração, crês que Deus o ressuscitou dos mortos, serás salvo" (Rm 10,9). Componentes de um credo arcaico ressoam também na referência de São Paulo aos inícios da igreja dos Tessalonicenses, "vós vos convertestes dos ídolos a Deus, para servir o Deus vivo e verdadeiro e esperar dos céus o seu Filho, que ele ressuscitou dos mortos, Jesus, o qual nos livra da ira que vem" (1Ts 1,9-10).

Por volta do ano 200 d.C., na África setentrional, segundo o que afirma o escritor Tertuliano, quem era batizado, primeiro, renunciava a Satanás e, depois, professava a fé em resposta aos três pedidos relativos a Deus como Pai, Filho e Espírito Santo. Por volta do ano 215, Hipólito descreve o rito batismal da igreja de Roma, referindo a um texto que deve ser considerado como uma fórmula fixa. Na água, antes de cada imersão, o ministro fazia estas perguntas: "Crês em Deus Pai Todo-Poderoso? Crês em Jesus Cristo, filho de Deus, que nasceu do Espírito Santo no seio da virgem Maria, foi crucificado sob Pôncio Pilatos, morreu e foi sepultado, no terceiro dia ressurgiu vivo dos mortos e subiu ao céu e se assenta à direita do Pai e virá a julgar os vivos e os mortos? Crês no Espírito Santo, na santa Igreja e na ressurreição da carne?" (*Traditio apostolica*, 21).

Notemos nessa fórmula de fé a estrutura dialógica. Assim, a fé toma forma nas respostas "Creio" às perguntas que apresentam as convicções da Igreja. A estrutura trinitária põe em evidência que o indivíduo, com a sua profissão, confia a própria vida ao projeto salvífico do Pai realizado em Cristo e no Espírito Santo. Assim, o Creio faz parte da expressão litúrgica da conversão ao Deus Trino. O crescimento da Igreja antiga produziu um número de símbolos de forma declarativa nas várias Igrejas locais. Enquanto a fórmula pergunta/resposta permanecia central no próprio batismo, a transmissão ou *traditio* do Símbolo aos catecúmenos marcava a passagem deles a um estádio avançado da preparação para o batismo. Pedia-se que o aprendessem de cor, enquanto o bispo dava as instruções sobre o significado de cada artigo, como nos discursos de São Cirilo de Jerusalém e de Santo Ambrósio, citados no texto do CCE (nn. 186, 191 nota 206, 194 nota 215, 197). Pouco antes de serem batizados os candidatos chegavam ao fim das instruções pré-batismais, com o rito da *redditio* ou profissão aberta do Símbolo. Santo Agostinho conta nas suas *Confissões* (Livro VIII) como isso ocorria em Roma, por volta do ano 350, quando o conhecido orador Mario Vittorino passou a fazer parte da Igreja. "Em Roma, os que estão para fazer parte da tua graça fazem, normalmente, a profissão da fé com uma fórmula que aprendem de cor e que depois recitam num pódio diante dos fiéis". Mario recusou a possibilidade de uma profissão particular. "Fez a sua profissão da verdadeira fé com imensa confiança e todos gostariam de o abraçar e de o manter apertado ao peito". Depois do Concílio de Niceia (cf. n. 465), o Credo assumiu uma nova função, tornando-se a expressão da fé ortodoxa, com a exclusão de posições errôneas. Começa assim a servir como o critério de pertencimento ao colégio dos bispos e, portanto, à comunhão de suas Igrejas. Esses dados elementares da história do Símbolo evidenciam que a Igreja possui e transmite a sua fé a seus membros. Essa fé está longe de ser um vago sentimento de sinceridade, porque provém da pregação e do ensinamento dos apóstolos de Cristo nas igrejas desde a fundação delas. O sujeito — portanto — prioritário da profissão é o "nós" da comunidade formada em resposta ao que os apóstolos viram e testemunharam (cf. 1Jo 1,1-3). O diálogo do Símbolo batismal é, antes de tudo, a oferta da fé da Igreja a um novo membro e, depois, a apropriação voluntária dessa fé por parte de alguém que entra na comunidade e começa a partilhar de sua fé. Com esse ato, a revelação de Deus chega a seu termo, quando o fiel, com o batismo, recebe a nova vida mediante Cristo e pode ter acesso ao Pai no Espírito Santo. A meditação cotidiana do Símbolo, além disso, mantém e aprofunda essa comunhão pessoal com o Deus Trino e com a Igreja, que perpetua e transmite a todas as gerações tudo aquilo em que ela crê (DV 8, 1).

Capítulo I
CREIO EM DEUS PAI

THOMAS JOSEPH WHITE

O CCE começa o seu ensinamento sobre o mistério de Deus ressaltando a centralidade da fé em Deus para a vida cristã. "Creio em Deus" é a afirmação mais fundamental do Credo apostólico e todas as demais afirmações devem ser interpretadas com base nela. O ser humano e toda a criação, definitivamente, são mais bem compreendidos se relacionados a Deus, a fonte transcendente de tudo o que existe. Todos os artigos de fé se entendem à luz do primeiro: a confissão de fé em Deus, a Trindade. A perspectiva do CCE sobre esse ponto assemelha-se muito ao ensinamento de Tomás de Aquino (cf. *Summa Theologiae*, I, 1, 7), que observa que Deus, que se revela à humanidade, é, ele mesmo, o sujeito principal da ciência da teologia. Em outras palavras, a doutrina católica ensina os seres humanos a interpretar todas as coisas (a criação, os desdobramentos da divina economia, o mistério da vida em Cristo) em relação a Deus, à Trindade. Do mesmo modo, a fé católica permite à pessoa humana perscrutar o mistério do próprio Deus, embora na obscuridade, nesta vida (cf. *Summa Theologiae*, II-II, 1, 1). Na sua confissão de fé, a Igreja ensina à humanidade quem é Deus realmente.

A perspectiva teológica do CCE é, decididamente, teocêntrica, mas não a ponto de pôr em dúvida a dignidade intrínseca da criação. Ao contrário, a confissão do mistério de Deus oferece um fundamento último para a afirmação da dignidade da criação e, em particular, da pessoa humana, que Deus criou à sua imagem e redimiu em Jesus Cristo.

Artigo 1
Parágrafo 1
CREIO EM DEUS

THOMAS JOSEPH WHITE

I. "Creio num só Deus"

O primeiro enunciado do Credo Niceno-Constantinopolitano é a afirmação da unicidade de Deus. Aqui o CCE enfatiza o caráter normativo do monoteísmo para a fé cristã e nota que a unicidade de Deus tem a sua origem na revelação do Antigo Testamento. Ao mesmo tempo, o ensinamento bíblico não exclui as contribuições do raciocínio filosófico sobre Deus, mas, ao contrário, convida a esse raciocínio, a serviço da revelação divina. Os nn. 2 e 3 do *Catecismo Romano* encomendado pelo Concílio de Trento foram citados precisamente para evidenciar esse ponto. Nas seções citadas, o *Catecismo Romano* observa que a razão humana, privada de ajuda, experimenta, com frequência, muita dificuldade em chegar à correta consciência de Deus; tem necessidade de tempo, está sujeita ao erro e se mostra muito limitada. A razão natural, fortificada pela graça da fé sobrenatural, pode, porém, ser levada a compreender Deus de um modo verdadeiro e realista, pela graça da revelação divina, em primeiro lugar, mas também pelas contribuições salutares de um sadio raciocínio filosófico. O n. 200 cita a afirmação do *Catecismo Romano*, dizendo que Deus é "único por natureza, por substância e por essência". Esse ensinamento é significativo, porque indica que a revelação bíblica da unicidade de Deus é corretamente interpretada em referência ao ensinamento clássico de figuras patrísticas de destaque que fizeram um uso moderado dos termos clássicos derivados das tradições filosóficas helenísticas. Esses termos eram usados de modo significativo nas definições da Igreja dos primeiros Concílios e, ainda hoje, permanecem como parte normativa da confissão de fé do Credo, como quando dizemos que o Pai e o Filho são "consubstanciais" (como no Concílio de Niceia), ou que Deus Filho subsiste pessoalmente na sua encarnação em duas "naturezas", quer divina, quer humana. Ainda que de maneira inadequada, mas direta, o Catecismo indica aqui o lugar normativo das práticas tradicionais na teologia católica, porquanto procura interpretar a revelação do Antigo e do Novo Testamento em profunda harmonia com a filosofia perene, bem como entender o desenvolvimento da doutrina cristã historicamente, segundo uma hermenêutica de continuidade, desde os períodos patrísticos e escolásticos até a era moderna.

Estabelecida essa estrutura, o CCE parte para apoiar a afirmação da unicidade de Deus no ensinamento da Sagrada Escritura. A formulação escriturística de Deuteronômio 6,4-5 é citada porque representa a afirmação central do Credo do Pentateuco. O autor sagrado, por meio dela, quer encarnar o coração da revelação mosaica. "Escuta, Israel: o Senhor, nosso Deus, é o Senhor que é Um. Amarás o Senhor, teu Deus, com todo o teu coração, com todo o teu ser, com todas as tuas forças". O conteúdo dessa "oração *Shemá*" é, ao mesmo tempo, teórico, histórico e eticamente imperativo. De modo teórico, a oração dá destaque à fé fundamental de Israel num só Deus, que tanto o Pentateuco como os Profetas pintam como único Criador do céu e da terra. Historicamente, a oração cita o fato divino de que Deus quis se revelar como "o Senhor"

(YHWH) para envolver o povo de Deus numa aliança de fidelidade, caracterizada pelo testemunho distintivo do monoteísmo e da rejeição dos falsos deuses. Eticamente, esse ensinamento é visto como obrigatório no coração de todos aqueles que professam a fé no único Deus da Bíblia. Adora-se somente a Deus, o qual deve ser amado sobre todas as coisas, além de ser confessado ao resto da humanidade como testemunho da verdade sobre Deus.

Essa mesma visão do monoteísmo bíblico é aprofundada pela referência a Isaías 45,22-24, bem como a Filipenses 2,10-11 (n. 201, notas 218 e 219). A profecia de Isaías na passagem citada foi dada em seu contexto original ao povo de Israel, o qual estava sofrendo por causa da crise do exílio babilônio e da sujeição cultural a forças políticas e religiosas contra a verdade do ensinamento bíblico. A revelação de Deus dada pelo profeta afirma em termos muito explícitos que o Deus de Israel é o único Criador do mundo, que somente ele pode salvar as nações pagãs e que ele se revelará (o seu nome santo "o SENHOR") a todas as nações por meio de Israel, o seu povo eleito, apesar da sua aparente insignificância. Em Filipenses 2,10-11, São Paulo recorda essa mesma passagem de Isaías, interpretando o monoteísmo do Antigo Testamento de uma maneira caracteristicamente cristológica. Ele revela que a promessa de Deus feita por Isaías se verifica na encarnação, morte e ressurreição de Jesus Cristo. É Cristo Senhor, fisicamente ressuscitado dos mortos, que revelou a identidade do Deus de Israel a todas as nações. Na morte e ressurreição de Jesus, o poder salvífico do Criador manifestou-se a todos.

O ensinamento doutrinal da Igreja católica mantém claramente, pois, não só a harmonia potencial da revelação bíblica e a razão filosófica humana, mas também a profunda coerência, dentro da própria revelação, do entendimento de Deus no Antigo e no Novo Testamento. No século II d.C., surgiu um sério erro teológico, com o ensinamento de Marcião. Sustentava ele que o Deus do Novo Testamento era de algum modo fundamentalmente diferente em relação ao Deus do Antigo Testamento. Padres da Igreja, como Ireneu (*Contra as heresias*, livro IV) demonstraram de maneira evidente que a revelação neotestamentária de Deus presume e completa o ensinamento sobre Deus dado a Israel nas Escrituras veterotestamentárias. Desse modo, nenhum dos dois Testamentos pode ser entendido corretamente senão em referência um ao outro.

Consequentemente, o CCE continua a analisar (n. 202) o apelo de Jesus Cristo à revelação do Antigo Testamento como alguma coisa central no próprio ensinamento e ministério, e à revelação da sua identidade como Filho de Deus. Em Marcos 12,29-30, Jesus recorda o *Shemâ* de Deuteronômio 6,4-5 para um entendimento normativo de Deus em cada ser humano. Ao mesmo tempo, somente alguns versículos depois, em Marcos 12,35-37, Jesus nos ajuda a entender que é ele mesmo "o Senhor" a quem se refere a profecia veterotestamentária do Salmo 110,1. É essencial à fé cristã que nós confessemos que Jesus Cristo é Senhor, ou seja, que Cristo é um com Deus Pai e é, ele próprio, o Deus de Israel que se fez homem. Do mesmo modo, a Igreja confessa também que o Espírito Santo é "o Senhor que dá a vida"; também o Espírito Santo é o único Deus de Israel, junto com o Pai e o Filho. A confissão de fé da Igreja na divindade de Cristo e na divindade do Espírito Santo não é contrária à fé no único Deus nem introduz divisão alguma em Deus. Ao contrário, a confissão de um monoteísmo rigoroso e inequívoco é central no entendimento que a Igreja tem do mistério da Trindade. O Novo Testamento é um documento totalmente trinitário e totalmente monoteísta.

Para sublinhar o caráter monoteísta do ensinamento neotestamentário, o CCE completa esta primeira seção sobre a unicidade de Deus apelando para o Concílio Lateranense IV (1215). Esse Concílio afirmou solenemente que o único Deus é "eterno e imenso, Todo-Poderoso, imutável, incompreensível e inefável, Pai e Filho e Espírito Santo, três pessoas, mas uma só essência, substância ou natureza simplicíssima" (DS 800). O ensinamento sobre a unidade dos dois Testamentos, Antigo e Novo, é aqui reproposto em termos dogmáticos: a Trindade é o único Deus de Israel. O que foi metodologicamente observado acima deve ser posto em destaque também aqui: o patrimônio filosófico do pensamento escolástico é essencial para um entendimento correto do mistério de Deus. Eis por que a Igreja fala dogmaticamente a respeito dos atributos divinos de Deus que manifestam a divina essência: simplicidade, eternidade, infinitude, imensidão, imutabilidade. Uma profunda reflexão teológica sobre os atributos divinos é importante por pelo menos três motivos. Em primeiro lugar, ajuda a teologia católica a ressaltar corretamente que o Deus da Bíblia não deve ser confundido com o mundo finito e temporal que criou. Exclui-se qualquer forma de panteísmo, porque Deus transcende totalmente a ordem da criação, é causa de tudo o que existe e está intimamente presente em tudo o que sustenta no ser. Em segundo lugar, uma reflexão longa sobre os atributos divinos é um requisito para a teologia trinitária, a fim de que se possa verdadeiramente entender o que significa afirmar que as três pessoas são um na essência. O monoteísmo trinitário depende de uma teologia de atributos divinos, a fim de que possamos falar coerentemente da natureza divina, a qual é possuída completamente por cada uma das pessoas divinas. Finalmente, essa reflexão deixa claro que o Deus da Bíblia é também o Deus dos filósofos. A revelação de Deus respeita as aspirações naturais da razão humana e nos convida a cooperar ativamente com a graça ao fazer teologia. A reflexão sobre os atributos divinos surge dessa forma de colaboração cristã entre a revelação e a humana razão filosófica. Isso nos permite falar propriamente do que Deus é e não é, mas nos permite também reconhecer a transcendência e o ocultamento de Deus. Deus é também conhecido por nós imperfeitamente, pelo véu da sua criação e pela fé no mistério da sua autorrevelação. A sua grandeza não pode nunca ser totalmente compreendida pelo nosso entendimento finito.

II. Deus revela seu nome

A revelação bíblica de Deus está profundamente enraizada na revelação do nome divino dado a Israel por meio de Moisés, em Êxodo 3,3-15. O CCE observa que há uma analogia entre o papel natural que os nomes interpessoais têm entre as pessoas humanas e o papel sobrenatural que o nome divino tem ao estabelecer uma relação entre Deus e a humanidade. Os nomes podem revelar a natureza de alguma coisa ou a identidade individual de uma pessoa. Estabelecem também uma base para a comunicação interpessoal e podem indicar a intimidade de amizade e de amor pessoal. Tudo isso ocorre no plano divino de uma maneira distinta, mediante a revelação do nome de Deus à humanidade na revelação bíblica. O nome de Deus revela a essência de Deus e, também, a sua identidade individual. Esse nome dá acesso a Deus em termos interpessoais, dentro da aliança da fé sobrenatural, e permite que os seres humanos que invocam a Deus confiem na sua íntima presença como Pai e Salvador.

A autorrevelação de Deus em toda a história bíblica é progressiva. Desdobra-se por meio dos ensinamentos dos profetas do Antigo Testamento e, depois, na revelação de Cristo e no ensinamento dos apóstolos. Apesar disso, o fundamento de todo o patrimônio da revelação divina encontra-se no início, ao dar o nome de Deus no Êxodo. Ao enfatizar a centralidade da revelação mosaica, o CCE afirma a historicidade implícita do evento do êxodo e a realidade da profecia inspirada como dom ao povo do antigo Israel. O nome divino de Deus é visto como central na aliança histórica selada por Deus com Israel no Sinai (n. 204). Ao mesmo tempo, o CCE reconhece que a revelação de Deus feita no Êxodo exprime-se em termos fortemente soteriológicos. Deus é o Deus vivo dos patriarcas Abraão, Isaac e Jacó, que vem até seu povo no Egito para o libertar da escravidão e da ameaça de extinção. O agir compassivo de Deus na história reflete quem é verdadeiramente Deus na sua natureza eterna. A sua fidelidade à aliança tem o fundamento transcendente na identidade eterna de Deus e na sua bondade imutável. Ao interpretar o Êxodo desse modo, o CCE oferece uma solução a opostas problemáticas que, às vezes, se encontram entre uma teologia dos atributos ontológicos de Deus e uma teologia das atividades e da obra salvífica de Deus na história. Todo o desenvolvimento do cosmos e da história humana deve ser interpretado à luz da eternidade de Deus, o qual se revelou nas Escrituras e cuja autorrevelação culmina em Cristo.

Os nn. 206-209 oferecem um comentário extenso sobre o significado do nome divino revelado no Êxodo 3,13-15. O n. 206 apresenta três interpretações diferentes do nome divino. "EU SOU AQUELE QUE SOU" manifesta a essência divina: Deus é aquele que existe em virtude da sua própria natureza. Não pode deixar de existir e é ele que dá o ser a todo o resto que existe. "EU SOU AQUELE QUE SOU" sugere o mistério da eternidade presente de Deus. Deus é um ato eterno de perfeição e, consequentemente, não há um tempo evolutivo em Deus. A sua eternidade consiste numa posse perfeita e infinita da vida divina. "EU SOU AQUELE QUE SOU" indica o conteúdo apofático da revelação. Deus permanece oculto até mesmo enquanto se revela. A sua essência vai além da compreensão da medida humana. Aquele que se aproxima de Deus deve se preparar para entrar numa nuvem do não conhecimento. É significativo que o CCE assuma a fundamental compatibilidade de todas as três interpretações. Todas são muito comuns na tradição cristã e podem ser vistas como mutuamente complementares e qualificantes.

O n. 207 indica a importância soteriológica do nome divino. Como Deus é "Aquele que é" eternamente, Deus pode estar presente em Israel durante toda a sua história como o Deus dos patriarcas, assim como o Deus da aliança. Permanece fiel a seu povo para sempre, seja no passado, seja no futuro. Mais uma vez, vemos aqui a rejeição a uma falsa oposição entre dimensão ontológica e soteriológica da Bíblia; a ideia de Deus como eterno e a ideia de Deus como um que está presente na história. Deus pode governar a história com a sua providência de um modo eficaz para nos salvar, precisamente graças ao fato de que é Deus na sua identidade eterna e imutável. A identidade eterna de Deus manifesta-se justamente na — e por meio da — sua atividade e na sua presença entre nós na história sagrada. Ao mesmo tempo, Deus é um Deus oculto (Is 45,15). A presença de Deus entre nós não torna Deus automaticamente acessível ou controlável. Tampouco abole o papel insubstituível do livre-arbítrio humano, porque Deus raramente impõe às suas criaturas racionais uma sensação da sua presença. Deve ser procurado livremente e, de fato, Deus nunca está distante daqueles que o procuram.

A revelação do nome divino é também acompanhada por uma revelação da santidade de Deus. Ela é simbolizada por Moisés, que tira as sandálias na presença do Senhor em Êxodo 3,5-6. Diante de Deus, a pessoa humana reconhece cada vez mais a sua relativa pequenez e a sua indignidade moral (Is 6,5; Lc 5,8; Os 11,9). A santidade de Deus sugere como infinitos a transcendência, a pureza moral, o esplendor ou luminosidade e o poder de Deus. O nome de Deus [YHWH] não é pronunciado pelo povo de Israel, por respeito à santidade de Deus, e é frequentemente substituído na própria Escritura por títulos eufemísticos, como *Adonai* em hebraico antigo ou *Kýrios* na versão dos LXX. Jesus ser chamado de "Senhor" (*Kýrios*) no Novo Testamento indica também a santidade de Cristo. É o Senhor da glória que foi crucificado (1Cor 2,8), aquele que é santíssimo. Ao contemplar o mistério da crucifixão, a Igreja é chamada a reconhecer a transcendência, a beleza e o poder de Deus, o qual se revelou pessoalmente presente até no sofrimento e na morte humana de Cristo.

O nosso entendimento do nome de Deus revelado em Êxodo 3,13-15 deve ser qualificado em referência a uma revelação seguinte, feita em Êxodo 34,5-7, onde o nome dado originalmente é recapitulado. Deus fala a Moisés uma segunda vez. Essa última revelação ocorre depois da queda de Israel no pecado de adultério (Ex 32), logo após a estipulação da aliança. O povo viola o primeiro mandamento (Ex 20,4) e faz para si um deus com uma representação, adorando o bezerro de ouro (Ex 32,4). Esse evento de traição quer decerto simbolizar Israel e a humanidade, seja em sua fraqueza sistêmica, seja em sua falta de fidelidade a Deus; a resposta de Deus, todavia, é representada também em termos simbólicos e universais. Deus revela o seu nome a Moisés, de novo como "YHWH", mas agora qualifica o nome com o acréscimo "Deus misericordioso e benevolente, lento para a cólera, cheio de fidelidade e lealdade" (Ex 34,5-6). Aqui, a revelação de Deus como AQUELE QUE É completa-se pelo desvelamento da divina misericórdia. Deus é aquele que é livre para ser eternamente fiel e clemente, graças precisamente ao fato de ser Deus em seu ser, na sua bondade e poder eternos. O CCE sublinha o fato de que essa profunda conexão entre o ser e a compaixão misericordiosa de Deus é referida no Novo Testamento e ali recapitulada em termos cristológicos. Jesus Cristo diz em João 8,28: "Quando tiverdes elevado o Filho do Homem, conhecerei que Eu Sou". Aqui o Senhor aplica a si mesmo o nome divino "Eu Sou", mostrando a sua identidade com o Deus de Israel e o fato de que ele possui o nome reservado somente a Deus. Todavia, ele indica também que a misericórdia de Deus será revelada particularmente na crucifixão, como resposta direta à pecaminosidade humana, a qual crucificou a Deus feito homem. Deus tem o poder de perdoar os pecados e redimir a sua criação, mesmo quando ele próprio sofre na sua natureza humana pelas mãos dos homens. O nome divino tem o poder de revelar esse mistério de Deus crucificado, especialmente quando é enunciado pelo próprio Jesus Cristo.

Evidentemente, as afirmações feitas até agora pressupõem que a revelação bíblica de Deus tenha dimensões metafísicas ou ontológicas profundas, embora sendo profundamente pessoais e teologicamente numinosas. Todavia, poder-se-ia fazer aqui uma pergunta ou uma objeção. Acaso não é possível que a tradição da Igreja tivesse imposto mais tarde um conceito filosófico e helenístico de Deus a uma tradição hebraica prévia, que era, originariamente, mais simbólica e afetiva? O CCE responde a essa preocupação, observando que há um desenvolvimento histórico do conceito dentro das próprias Escrituras. A formulação é muito atenuada: "Ao longo dos séculos, a fé de Israel pôde desenvolver e aprofundar as riquezas contidas na revelação do nome divino" (n. 212). Em certo sentido, é claro que a revelação de Deus procede de um estado menos perfeito para um estado mais perfeito, enquanto se move do Antigo Testamento para o Novo. Todavia, é também possível observar um movimento contrário: o que é dado originariamente em plenitude de um modo mais alto e mais implícito pode ser manifestado e tornado conceitualmente mais explícito no tempo (sobre esse ponto, ver TOMÁS DE AQUINO, *Summa Theologiae*, II-II, 1, 7). A Igreja católica, na época pós-apostólica, não acrescenta nada ao conteúdo intrínseco da revelação divina, mas articula a sua compreensão dessa revelação de maneira conceitualmente mais explícita com o tempo e, ao fazer isso, aprofunda a sua compreensão teológica do mistério originariamente revelado na época apostólica (cf. DV 23). Portanto, "analogamente", na era da própria revelação divina, Israel chegou a compreender mais perfeitamente no tempo o que tinha sido inicialmente revelado aos maiores profetas num sentido mais elevado, mas também mais oculto (cf. DV 14).

O CCE sugere que essa forma evolutiva do pensamento bíblico seja o que se tem com o nome divino presente no Êxodo. O que estava presente de uma maneira menos manifesta e implícita é esclarecido e tornado conceitualmente mais explícito no tempo, porque os profetas e autores inspirados seguintes representaram a revelação original em épocas seguintes. O texto remete-se particularmente a Isaías 44, em que o nome de Deus revelado a Moisés tem claramente um significado ontológico universal. O "Senhor" é o único e eterno Deus, a fonte de todas as coisas e o soberano de todas as nações. Esse entendimento universalista do nome divino é pressuposto na literatura sapiencial grega tanto no Antigo Testamento como no Novo Testamento. Nesses textos, o Deus de Israel é descrito pelos autores sagrados que fazem uso inspirado de conceitos helenísticos para ilustrar a verdade perene da revelação. Depois, a Carta de Tiago (Tg 1,17) nota que em Deus "não existe nem hesitação nem sombra de variação"; pode-se inferir daí, corretamente, o mistério luminoso da imutabilidade divina de Deus. O Deus da Bíblia é para sempre igual na sua identidade, fidelidade e bondade.

Do mesmo modo, a tradução do nome divino no Êxodo feita pelos LXX é reafirmada pelo CCE com um desenvolvimento legítimo da antiga tradição israelita, que teve uma grande influência na Igreja primitiva e na teologia católica seguinte. A tradução do Êxodo 3,14, feita pela versão dos LXX como *"ego eimi ho on"*, tem implicações ontológicas distintas: "Eu sou aquele que é" ou "Eu sou aquele que é o ser". Os pensadores patrísticos, como Agostinho (*De Trinitate*, V, 3) e Gregório de Nissa (*De Vita Moysis*, II, 22-26), viram nesse texto um sinal da divina perfeição: Deus nos é incompreensível porque possui em si mesmo a plenitude imutável e perfeita do ser. Igualmente, Tomás via no nome divino o fundamento para uma teologia da criação católica. Somente Deus possui o ser por si mesmo. Tudo o mais recebe o seu ser de Deus como dom gratuito e, portanto, participa do seu ser (cf. TOMÁS DE AQUINO, *Summa contra Gentiles*, I, cap. 22). O CCE afirma essa tradição ao dizer que "Deus é a plenitude do Ser e de toda perfeição, sem origem e sem fim" (n. 213). O que se segue é uma calma afirmação da simplicidade da essência divina. "Enquanto todas as criaturas receberam dele todo o seu ser e o seu ter, só ele é seu próprio ser, e é por si mesmo tudo o que é." Em todas as criaturas, a existência é um dom gratuito do Criador. O ser não pertence necessariamente à essência de uma determinada criatura; a criatura pode existir ou não existir. Ao contrário, é da essência de Deus que ele necessariamente subsista, para sempre, na plenitude do ser. Nas criaturas, os atributos como a sabedoria ou a bondade moral são propriedades de certa substância, mas, em Deus, "as propriedades" como a sabedoria ou a bondade são idênticas à essência divina. Deus é a sua bondade e a sua sabedoria, e a sua sabedoria e a sua bondade são, de certo modo, idênticas uma com a outra. Deus é uma sabedoria boa eterna, ou uma bondade sábia eterna. Dizer tudo isso não é procurar reduzir o que é Deus à medida do nosso entendimento humano, ou de apreender Deus numa estrutura humana abstrata. Ao contrário, a afirmação da perfeição e da simplicidade de Deus ajudam a salvaguardar um sentido exato da inefabilidade e transcendência divinas.

III. Deus, "aquele que é", é verdade e amor

Teólogos cristãos no período moderno debateram a respeito da ordem em que se deveria abordar a teologia trinitária. A reflexão cristã deveria partir da unidade de Deus e, depois, considerar a distinção das pessoas, ou deveria começar com uma consideração das três pessoas em comunhão e, depois, refletir sobre a unidade de essência delas? Há várias abordagens bíblicas e teóricas apresentadas pelos doutores da Igreja, com figuras como Agostinho (*De Trinitate*, I, 2) e Boaventura (*De mysterio Trinitatis*, I-II), que partem de uma consideração da distinção das três pessoas; e há pensadores, como Gregório Nazianzeno (*Oratio*, 27-31) e Tomás de Aquino (*Summa Theologiae*, I, qq. 3-43), que partem de uma consideração da divina essência como prelúdio à reflexão sobre a unidade e sobre a distinção das pessoas. Evidentemente, abordagens tão distintas podem ser profundamente convergentes. O Pai, o Filho e o Espírito Santo devem ser um no ser e na essência e, portanto, uma reflexão apoiada na comunhão das pessoas exige uma consideração da unidade da essência de Deus como condição necessária para a teologia trinitária. Analogamente, uma consideração do monoteísmo na teologia cristã quer servir como prelúdio à reflexão apoiada nas pessoas da Trindade, precisamente porque as três pessoas são um no ser e na essência. Essa última abordagem reflete também, num sentido básico, a história da revelação, porquanto a revelação veterotestamentária do único Deus de Israel é um prelúdio à revelação neotestamentária da Trindade.

Sem procurar propor alguma posição definitiva sobre os debates teológicos acima mencionados, o CCE usa na prática uma ordem de reflexão tomista sobre essas questões. Depois de tratar do único Deus no seu ser transcendente, há uma consideração da vida de Deus como inteligente e amorosa. Essa apresentação é, como veremos, um prelúdio temático à consideração da Trindade na seção seguinte do CCE.

Ao afirmar que Deus, o qual é "Aquele que é", é também verdade e amor, o CCE manifesta as características pessoais de Deus. Uma teologia da divina asseidade que enfatiza a perfeição do ser divino não se opõe a uma concepção personalista de Deus. De fato, a primeira é o fundamento de um correto entendimento da segunda. Deus é pessoal de um modo que transcende a nossa compreensão normal do ser pessoa humana e que não está sujeito às nossas concepções antropomórficas ou representações sensíveis até muito humanas. Deus é verdadeiramente pessoal e as Escrituras o revelam, ao falarem das qualidades morais de Deus: a sua bondade, o seu amor sólido, a sua fidelidade e a sua veracidade. Enquanto o Antigo Testamento atribui certamente essas qualidades a Deus, elas se confirmam na revelação neotestamentária, a qual ensina que "Deus é luz e, de trevas, nele não há vestígio algum" (1Jo 1,5) e que "Deus é amor" (1Jo 4,8). Os dois Testamentos dão juntos testemunho do caráter pessoal de Deus como verdade e amor. Ao mesmo tempo, essa afirmação está também aberta a nosso entendimento natural. Segundo as Escrituras, o fato de ser pessoa está no cerne de toda a ontologia. O universo físico não é simplesmente um produto do acaso nem é uma ocorrência fortuita sem sentido. Foi criado fundamentalmente para a pessoa encarnada: as pessoas humanas são animais espirituais da verdade e do amor, feitas à imagem e semelhança de Deus. O princípio último da nossa existência é um Deus pessoal oculto e misterioso que criou todas as coisas e se revelou a Israel. Deus revela a sua identidade pessoal como Trindade a cada um de nós, no mistério de Jesus Cristo, a fim de que possamos viver na intimidade pessoal com Deus.

Afinal de contas, o cristianismo está irredutivelmente em contraste com todas as afirmações religiosas ou metafísicas que imaginam o princípio último da realidade como alguma coisa impessoal, ou que afirmam que o fato de ser pessoa por parte dos seres humanos é algo efêmero ou não real. Está também em contraste com todas as formas filosóficas de materialismo, ateísmo ou agnosticismo; com esse último especialmente, quando afirma que não podemos verdadeiramente saber quem é Deus ou encontrar Deus definitivamente no seu próprio mistério pessoal. A revelação divina serve como uma correção sobrenatural a várias concepções errôneas da realidade que levam as pessoas a erros graves ou ao desespero filosófico. A consideração do CCE sobre os atributos pessoais e espirituais de Deus segue a consideração do ser e da essência de Deus. Pertence à essência do Deus eterno ser pessoal numa vida divina transcendente e misteriosa de verdade e de amor.

O ensinamento sobre a verdade divina parte, de per si, de princípios soteriológicos. Os mandamentos e a instrução de Deus são verdadeiros e dignos de confiança. Se seguirmos o caminho traçado por Deus para nós, não podemos nos transviar, pois Deus é a própria verdade. A sua palavra não pode enganar. Esses ensinamentos estão imersos na Escritura (2Sm 7,28; Dt 7,9). Do mesmo modo, a tentação original do diabo representado em Gênesis 3,1-5 consiste no uso do engano. A dúvida humana referente à verdade do ensinamento de Deus está nas origens do pecado original da humanidade e, de modo mais geral, do pecado humano.

O fundamento dessa verdade soteriológica é de tipo ontológico: Deus age com base no que é em si mesmo e segundo a sua identidade divina. Observamos acima, com referência à doutrina da divina simplicidade (afirmada pelo Catecismo e precedida por DF, do Vaticano I), que é verdade quando se diz que Deus é, de certa maneira, idêntico aos seus atributos. Deus simplesmente é a sua bondade, por exemplo, ou é a bondade subsistente. Portanto, a Igreja ensina também que "A verdade de Deus é sua sabedoria, que comanda toda a ordem da criação e do governo do mundo" (n. 216). A literatura sapiencial da Bíblia diz precisamente isso, de vários modos. Deus é sábio em si mesmo, "antes" da criação, e é dessa sabedoria que o mundo criado haure a sua existência, a sua ordem e o seu fim último (veja-se, por exemplo, Sb 7,24-29). Esse ensinamento implica que Deus possui o autoconhecimento desde a eternidade e que esse autoconhecimento é a fonte de tudo o mais, que é tudo o que Deus realiza "fora" de si mesmo. Isso inclui, no plano mais fundamental, dar a existência a criaturas finitas: tudo o que Deus cria é produto da sua sabedoria e da sua autocompreensão. É importante ressaltar que a sabedoria de Deus está na origem de tudo o que existe, e não o contrário. Criaturas que dependem de Deus para seu próprio ser não enriquecem a atualidade e a perfeição do autoconhecimento eterno de Deus. Ao contrário, como afirma Santo Tomás, é à luz da consciência perfeita de si mesmo que Deus cria livremente e, ao compreender a si mesmo, Deus compreende também a realidade de todas as criaturas (cf. *Summa Theologiae*, I, 14, 5). Proporcionalmente, a economia divina é transparente em Deus, que é onisciente e "é o único que pode dar o conhecimento verdadeiro de toda coisa criada em sua relação com ele" (n. 216).

Segue-se que Deus é totalmente digno de confiança na sua autorrevelação, particularmente ao enviar o Filho ao mundo, o qual dá testemunho à verdade (cf. Jo 18,37) e que é, ele próprio, verdadeiro. "Eu sou o caminho, a verdade e a vida" (Jo 14,6). Em

Cristo, a verdade interna de quem é Deus foi manifestada às criaturas num sentido absoluto na história humana. Consequentemente, não temos de esperar por outra revelação de Deus com referência a seu mistério e à sua identidade. Quem Deus é eternamente já nos foi dado de fato a conhecer na economia divina. Ao aceitar a graça da fé, os cristãos aprendem progressivamente a viver com a revelação da plenitude da verdade sobre Deus e sobre si mesmos. Por meio da graça, podem participar da própria vida de Deus, uma vida de verdade que é íntima à Trindade (cf. 1Jo 5,20).

A consideração do CCE sobre a vida divina é representada, antes de tudo, em termos bíblicos, ao lembrar a escolha gratuita de Israel por parte de Deus. Deus elege Israel livremente, com base no amor que tem pelos seres humanos e continua a manter a aliança com Israel, apesar de infidelidades religiosas, justamente pelo seu amor duradouro (cf. notas 234 e 235). A dimensão soteriológica do amor divino é vista aqui como a porta de ingresso que convida a pensar com mais profundidade sobre a identidade e sobre a essência de Deus como amor. É o amor eterno de Deus em si mesmo que é revelado na eleição gratuita do ser humano. Esse ponto antipelagiano pode ser expresso tanto positiva como negativamente. Somos salvos pela iniciativa livre da graça de Deus e não pelos nossos esforços naturais ou pelas iniciativas humanas sem a ajuda da graça. Israel não mereceu o dom da divina eleição, mas foi formado como um povo escolhido pela iniciativa de Deus, uma dinâmica que continua a se verificar na Igreja católica e no dom da eleição à vida em Cristo. Esse dom gratuito de amor é visto aqui como revelador de quem Deus é eternamente, na sua transcendência e na sua liberdade.

O Antigo Testamento usa várias imagens metafóricas para representar esse amor divino transcendente: o amor paterno, o amor materno, o esposo e a esposa, um amor que é vitorioso sobre todo mal e infidelidade humanos e que é eterno. A esperança soteriológica de Israel tornar-se-á a da Igreja católica mediante a manifestação de Cristo. A promessa neotestamentária da vitória eterna do amor de Deus tem os seus fundamentos nas promessas veterotestamentárias, as quais são confirmadas e cumpridas na encarnação, morte e ressurreição do Filho de Deus.

Enfim, o CCE aborda o discurso do único Deus, ao falar da natureza do amor eterno, imanente e incriado de Deus (n. 221). A revelação neotestamentária ensina que "Deus é amor" (1Jo 4,8). Em certo sentido, esse ensinamento personifica o cristianismo e o distingue historicamente como religião e "filosofia" ou estilo de vida. Há uma vida de amor imanente em Deus. Crer nesse amor não é alguma coisa irracional ou existencialmente inacessível aos homens. Ao contrário, o amor divino é o fundamento da ordem criada e é a realidade mais alta que a pessoa possa aspirar a conhecer e encontrar. No princípio, era o mistério do amor divino. Consequentemente, crer numa ontologia de amor é eminentemente racional e, em certo sentido, até a característica própria de qualquer verdadeira filosofia.

O CCE usa essa linguagem do amor divino em vários sentidos. A palavra pode servir não só como o que Tomás de Aquino chama de "termo essencial" em relação a Deus (pertencente à divina natureza comum às três pessoas da Trindade), mas também como um "termo nocional" que pode indicar uma das três pessoas na sua atividade eterna e no seu ser distinto pessoal (cf. *Summa Theologiae*, I, 37, 1). Ao enviar o Filho e o Espírito ao mundo, "Deus revela seu segredo mais íntimo: ele mesmo é eternamente intercâmbio de amor..." (n. 221). O Pai gera eternamente o Filho com o poder de geração que possui como Deus, que é também um poder de amor eterno. Ele comunica ao Filho no amor tudo o que tem em si, inclusive o poder do amor divino por meio do qual a Trindade cria o mundo. O Filho, por sua vez, ama o Pai e com o Pai (em seu amor recíproco) está na origem do sopro eterno do Espírito Santo, uma pessoa divina que é amor, procedendo do Pai e do seu Verbo.

Deus mostrou essa verdade no Novo Testamento não só para que nós soubéssemos quem é Deus, mas também a fim de que participássemos da vida divina de Deus por meio da graça. A nossa participação na caridade de Cristo é uma participação da vida mesma de Deus. A revelação da Trindade significa que o único Deus deseja nos fazer participantes do que é primário na ordem da realidade: uma comunicação com a vida íntima e o mistério de Deus como ele é em si mesmo.

Deveria ficar claro pela consideração sobre o monoteísmo acima apresentada que o CCE já procura antecipar uma teologia da Trindade da maneira como apresenta os atributos do único Deus na sua consideração da revelação do Antigo e do Novo Testamento. Isso é particularmente significativo no tratamento da seção que estamos considerando, em relação à verdade e ao amor de Deus. Esses últimos, certamente, são termos essenciais que pertencem a Deus na sua essência eterna e na sua unidade divina. Porém são também termos que podem ser usados em sentidos análogos para representar a distinção das pessoas da Trindade em Deus. O Filho é o Verbo de Deus eternamente gerado e o próprio Jesus Cristo fala de si mesmo como verdade do Pai, como já observamos. O Espírito é tradicionalmente entendido como o eterno amor do Pai e do Filho. Isso significa que a consideração sobre a verdade e sobre o amor de Deus na sua unicidade antecipa aqui o mistério da Trindade. O que o Antigo Testamento revela como pertencente à essência de Deus, o Novo Testamento o revela como pertencente ao mistério da Trindade e à vida de Deus anteriormente oculta. A "analogia psicológica" da verdade e do amor (tirada das ações espirituais humanas de conhecimento e de amor) pode ser usada para falar por similitude da vida de Deus, totalmente outra na sua essência. Essa mesma analogia, porém, pode ser usada para falar por similitude de Deus na sua identidade trinitária como Pai e Filho e Espírito Santo. O ponto dessa última seção sobre a consideração da vida divina é o de antecipar o tratamento da Trindade na seção seguinte. O que sabemos da vida íntima de Deus "essencialmente" como mistério de conhecimento e de amor eternos chega à perfeição no que sabemos da vida de Deus interiormente-pessoalmente, como mistério da geração eterna do Verbo por parte de Deus Pai e do sopro eterno do Espírito Santo, que é um sopro de amor, com e por meio seu Verbo.

IV. Consequências da fé em um só Deus

A seção final do ensinamento do CCE a respeito da crença em Deus pertence às implicações práticas da confissão de fé da Igreja. Como Deus é a origem principal e o fim de toda a realidade criada, qualquer reconhecimento realista de Deus de nossa parte deveria progressivamente qualificar a nossa vida toda e o exercício íntegro da nossa razão em ações práticas concretas. Esse ensinamento é certamente um desafio. Porém, a graça de Cristo eleva as nossas inclinações e os nossos instintos espirituais para nos permitir reconhecer a verdade sobre Deus e para integrar a nossa vida inteira no serviço de Deus, animados pela caridade. Esse instinto da vida cristã de servir a Deus fielmente pode dar à existência humana a sua verdadeira nobreza e inspira tudo o que fazemos com uma estabilidade religiosa salutar. O CCE cita as grandes palavras de Joana d'Arc a esse propósito: que Deus deve ser "o primeiro a ser servido" (n. 223).

O imperativo religioso de amar e servir a Deus é dado aqui em termos hierárquicos e organicamente unidos. Deveríamos, antes de tudo, reconhecer a grandeza e a majestade de Deus e viver agradecendo a ele, gratos pela nossa existência, pela sua divina providência e pelos muitos e diversos dons que nos dá na ordem da graça e da natureza. Depois, deveríamos reconhecer à luz de Deus a unidade e a dignidade verdadeira de todos os seres humanos, os quais são feitos à imagem e semelhança de Deus e são chamados à unidade na comunhão e na vida da Igreja católica. Enfim, deveríamos reconhecer a bondade de todas as coisas criadas, as quais refletem sempre alguma coisa da bondade divina e da sabedoria organizadora de Deus. As realidades criadas podem ser usadas a serviço de Deus e do próximo e deveriam ser guardadas com respeito, amor moderado, com o desapego necessário e o agradecimento a Deus. Finalmente, um reconhecimento da verdade de Deus deveria nos motivar a confiar em Deus em qualquer circunstância. O CCE cita Santa Teresa d'Ávila: "Nada te perturbe. Nada te assuste. Tudo passa. Deus não muda. A paciência tudo alcança. Quem a Deus tem, nada lhe falta. Só Deus basta" (n. 227). A nossa paz mais profunda e a nossa segurança derivam da confiança incondicional em Deus, porque somente ele tem o poder de nos salvar em todas as circunstâncias e somente ele é eterno na sua sabedoria, na sua bondade e no seu amor.

Artigo 1
Parágrafo 2
O PAI

THOMAS JOSEPH WHITE

Nesta seção do CCE, o ensinamento dogmático da Igreja referente à Trindade é apresentado com mais detalhes. A primeira parte considera (I) o nome trinitário de Deus e a centralidade do mistério da Trindade para toda a vida cristã e para a doutrina. As partes dois a quatro oferecem uma apresentação sucinta da doutrina da Igreja sobre a Trindade. Consideram, respectivamente, (II) como o mistério da Trindade foi revelado, (III) como a Igreja articulou a doutrina da fé em relação ao esse mistério, (IV) como Deus Pai realiza o plano da criação, redenção e Santificação por meio das missões divinas do Filho e do Espírito, que são enviados ao mundo.

I. "Em nome do Pai e do Filho e do Espírito Santo"

A apresentação doutrinal começa com uma consideração do nome de Deus como "Pai e Filho e Espírito Santo". Esse título para Deus é revelado em seu auge no Evangelho de Mateus, durante a aparição final do Senhor ressuscitado em Mateus 28,19. Jesus Cristo dá a missão de ir a todas as nações, batizando-as no nome do Pai e do Filho e do Espírito Santo. Por que é tão importante? O culto cristão tem o seu fundamento no batismo, o sacramento primário da Iniciação e se administra no nome da Trindade, com base no ensinamento de Mateus 28,19: "Eu te batizo em nome do Pai e do Filho e do Espírito Santo". Segue-se que a identidade cristã é radicalmente trinitária. Crer nesse mistério é peculiar a toda a vida cristã, porque é preciso ser batizado em nome da Trindade para poder receber todos os outros sacramentos. O batismo é igualmente essencial para a unidade da Igreja. Como os católicos são batizados, podem participar da santa eucaristia e da comunhão santificante dos fiéis.

O nome de Deus está no singular e não no plural (n. 233). Não há três deuses, mas um Deus que é Pai e Filho e Espírito Santo. Quando o Senhor Jesus revela esse nome em relação a Deus, está recapitulando e qualificando de novo o uso do nome divino do Êxodo 3,13-15. Assim como a ressurreição revela que ele é um com o Pai e o Espírito Santo, o "Eu Sou" de Deus revela-se como tendo um conteúdo trinitário que anteriormente estava oculto. A Trindade é a revelação final do nome do único Deus de Israel. Como nota o CCE, o Papa Virgílio I reconheceu essa verdade bíblica de uma maneira solene no século VI, ao formular esse ensinamento como uma doutrina da Igreja (n. 233).

O mistério da Trindade é o mistério central de todo o cristianismo. Todos os outros mistérios, como a encarnação, a vida da Igreja ou a eucaristia, haurem sua inteligibilidade da relação com esse mistério principal. Aqui o CCE fala da doutrina da Trindade como a mais alta na hierarquia das verdades. Em outras palavras, esse ensinamento lança uma luz de fundamento último sobre todos os outros de mais alta perspectiva. A noção da hierarquia das verdades quer ilustrar, na teologia católica, o modo como os vários ensinamentos da vida sobrenatural dependem uns dos outros e como são relativos uns aos outros de uma maneira inteligivelmente ordenada. Isso não significa que alguns mistérios sejam essenciais para a fé, enquanto outros poderiam ser dispensados, porque todos os mistérios sobrenaturais são revelados por Deus e a rejeição de qualquer aspecto da revelação de Deus leva implicitamente a uma rejeição do todo (veja-se a análise de TOMÁS DE AQUINO, *Summa Theologiae*, II-II, q. 1). É extremamente importante, porém, comunicar a verdade da doutrina cristã numa ordem de prioridade objetiva, atendo-se ao ensinamento do próprio Cristo, fazendo ver que o mistério mais central de todos é o relativo à identidade de Deus. A doutrina trinitária não relativiza ou ofusca os outros ensinamentos da fé. Ao contrário, permite-nos entendê-los mais profundamente. Mistérios como a encarnação, a Igreja ou a eucaristia querem nos revelar de modo mais profundo que Deus é; portanto, a fé no Deus trinitário leva organicamente a um entendimento mais profundo dessas outras verdades sagradas, assim como elas mesmas revelam a verdade sobre Deus. Toda a história da salvação tem o seu fundamento na revelação do mistério da Trindade.

Para ilustrar esse ponto, o n. 236 introduz a distinção tradicional entre *theologhía* e *oikonomía*, que foi dividida pela primeira vez por Orígenes, no século III (*Homilias sobre Jeremias*, n. 18) e, a seguir, foi usada por Padres da Igreja, como Basílio, Gregório Nazianzeno, Máximo, o Confessor, e João Damasceno. A distinção quer mostrar o que é próprio de Deus em si mesmo (*theologhía*: a vida íntima da Trindade) como distinto da economia divina na qual Deus revela a si mesmo e comunica a sua vida. As duas coisas são relacionadas, mas também distintas: "Mediante a 'Economia' nos é revelada a 'Teologia'; mas, inversamente, é a 'Teologia' que ilumina toda a 'Economia'". Uma analogia provém das pessoas humanas. De uma parte, as ações exteriores de uma pessoa revelam a sua identidade interior; de outra, quanto mais conhecemos quem é uma pessoa interiormente, tanto mais compreendemos as suas decisões e ações exteriores. Por similitude, podemos dizer que Deus Trindade revela-se verdadeiramente a nós na economia divina da criação, redenção e Santificação. A revelação que se abre lentamente na história ensina-nos que Deus é imanente na sua vida eterna como Pai, Filho e Espírito Santo. Ao mesmo tempo, Deus é imutavelmente trino em seu ser perfeito e eterno, distinto da criação e sem qualquer dependência ontológica dela. Portanto, de modo algum Deus é constituído na sua identidade trinitária pela sua revelação histórica e pela sua autocomunicação aos seres humanos. Deus é Deus, independentemente do dom gratuito da criação que nos deu e da sua graça redentora, que nos foi dada ao longo da história humana.

Se entendermos corretamente essa distinção, podemos evitar dois erros opostos, mas relacionados, que surgiram nas origens da Igreja. Um é o erro do "arianismo", que afirmou que a pessoa do Pai é verdadeiramente Deus, mas que o Filho e o Espírito Santo são meras criaturas. Essa afirmação errônea vê o Filho e o Espírito como produtos de Deus na economia divina e não anteriores a ela. O erro contrário de "sabelianismo" (ou "modalismo") afirmava que o Pai, o Filho e o Espírito Santo são meras significações imperfeitas do único Deus que a economia divina nos ofereceu, mas que não há eternamente distinção real de pessoas em Deus. Deus aparece sob esses três aspectos ou modos na economia, mas eles não caracterizam quem é verdadeiramente Deus em si mesmo. O arianismo afirma uma distinção de pessoas, mas não uma unidade de essência comum às três pessoas. O modalismo afirma uma unidade de essência das três pessoas, mas nega que haja uma distinção real de pessoas. Esses erros têm dois pressupostos em comum: (1) não existe eternamente em Deus uma distinção de pessoas, das quais cada uma possua plenamente o único ser e essência divinos; (2) consequentemente, a distinção de pessoas surge unicamente na economia, mas não é própria da identidade eterna de Deus. O CCE usa a distinção patrística entre *theologhía* e *oikonomia* precisamente para evitar esses erros gêmeos. Deus é verdadeiramente trino desde toda eternidade: três pessoas verdadeiramente distintas que são um ser e essência. Deus verdadeiramente nos revela quem ele é na economia da salvação e por meio dela.

Essa primeira seção termina notando que o mistério da Trindade é um mistério da fé em sentido estrito e, portanto, é inacessível à razão natural. Tomás apresenta uma divisão clara dessa ideia (cf. *Summa Theologiae*, I, 32, 1). A identidade de Deus como Trindade não pode ser nem provada nem confutada pela razão filosófica natural. A razão para isso é que o nosso conhecimento natural de Deus é indireto e deriva dos efeitos criados naturais de Deus. Esses efeitos, porém, têm todos a sua origem em Deus na sua unidade. Poderíamos dizer que são todos efeitos das três pessoas trinitárias que agem em unidade e que, devido ao tipo de efeitos que são, não manifestam a distinção real das pessoas em Deus. Por meio da razão natural, podemos chegar ao conhecimento de que existe um criador transcendente que está na origem primária e fim último de todas as coisas (cf. DF). Esse conhecimento não nos dá, porém, nenhuma percepção direta da essência da identidade oculta de Deus. Para conhecer a Deus pessoalmente como Trindade, Deus deve se revelar a nós por meio de uma nova iniciativa da graça. Há vestígios do mistério trinitário impressos nas criaturas. A *imago Dei* nos seres humanos, por exemplo, nos quais percebemos conhecimento e amor "procedentes" de um sujeito pessoal, fornece certa similitude imperfeita da Trindade. Essas analogias são plenamente perceptíveis pela razão humana somente depois do fato da revelação trinitária em Cristo. A Igreja, pois, opõe-se a todas as formas de racionalismo que procuram demonstrar ou negar filosoficamente a realidade da Trindade. Somos iluminados somente pela graça para descobrir esse mistério. O caráter sobrenatural do conhecimento da santíssima Trindade não é, porém, fonte de alienação para a razão humana. É parte da Boa Notícia. Ao se revelar livremente a nós, Deus se volta (e talvez desperte em nós) para nosso desejo interior de conhecimento direto e pessoal de Deus. O que a razão natural pode desejar, mas não obter por si mesma, fornece-o a revelação divina. Desse modo, a revelação convida a razão humana a encontrar a sua própria completude interior a partir da fé, para receber o dom da verdade com relação à Trindade, na amizade pessoal com Deus.

II. A revelação de Deus como Trindade

O Pai revelado pelo Filho

O CCE considera depois como o mistério da Trindade foi revelado. A apresentação começa com uma consideração do que significa falar da paternidade de Deus. Observa ele que a noção de Deus como um Pai surge em várias tradições religiosas não cristãs e é, sob certos pontos de vista, uma característica natural da religiosidade humana. A noção, porém, assume significações especiais na revelação veterotestamentária, onde a paternidade de Deus é discutida de diversas maneiras. Ela pode definir Deus como Criador do mundo e como fonte da eleição de Israel, porque Deus o gera como seu "filho unigênito", mediante o dom da lei (Ex 4,22). Deus é o Pai do rei de Israel (seu filho) e é também o Pai dos pobres, governando o mundo providencialmente em vista do bem do seu povo (cf. Is 66,13; Sl 131,2). Essas várias imagens veterotestamentárias da paternidade prefiguram a revelação da paternidade eterna de Deus na santíssima Trindade, que foi manifestada em Cristo.

É importante que nos demos conta de que os nn. 239 e 240 sucedem-se no CCE para sugerir uma comparação e um contraste. O n. 239 explora o significado geral da divina paternidade no sentido lato do termo, como enunciado no Antigo Testamento. Falamos aqui da paternidade de Deus segundo certa similitude metafórica. Deus é como um Pai humano enquanto produz efeitos que se assemelham à paternidade humana: Deus é a origem de tudo o que existe e é uma autoridade transcendente. Ele governa a criação de um modo pessoal, para dirigir os seres humanos para o bem e a realização deles. Do mesmo modo, o Antigo Testamento fala de Deus metaforicamente como uma mãe que cuida dos seus filhos (cf. Is 66,13; Sl 131,2). Ali onde a metáfora da paternidade significa a transcendência e a autoridade de Deus, a metáfora da maternidade sugere a imanência divina de Deus na sua criação, assim como seu governo compassivo do mundo. Essas comparações, como a genitoriedade humana, que estão presentes na revelação divina, pressupõem a nossa experiência comum de paternidade e de maternidade na sociedade. Pelo mesmo motivo, porém, essas metáforas são profundamente imperfeitas e carentes. Devem ser qualificadas conceitualmente pelo realismo metafísico e moral. Deus não é nem masculino nem feminino. Ele é Deus que dá o ser a todas as coisas e que transcende todas as imagens humanas. Os seres humanos podem falhar como genitores e desfigurar em nós o sentido mais profundo de uma paternidade e de uma maternidade verdadeiras, mas Deus não pode nunca fracassar na sua eterna bondade. Consequentemente, a sua paternidade é a origem e o padrão que transcendem toda a paternidade criada.

O n. 240 delineia um sentido mais elevado e mais apropriado da paternidade divina, que é revelada explícita e perfeitamente só no Novo Testamento, contra o pano de fundo quer das tradições religiosas humanas, quer da revelação do Antigo Testamento. Encontramos nele a novidade da revelação da paternidade de Deus a partir de Jesus. Deus é eternamente Pai em virtude da sua relação com seu único Filho, o qual é o Filho único em relação ao Pai. Não falamos mais de similitudes metafóricas da paternidade divina, como as que encontramos nos autores inspirados do Antigo Testamento. A revelação de Deus Pai que nos é dada usa termos analógicos próprios, que significam verdadeiramente, embora de modo imperfeito, o que Deus é na sua vida imanente. Deus Pai gera eternamente o seu Filho, o Verbo eterno de Deus, e é constituído eternamente pela sua relação com o Filho. Essa distinção da paternidade divina e da filiação é própria de Deus, que é, imanentemente, por toda a eternidade. Certamente, Deus não gera do mesmo modo que pais humanos e, portanto, a comparação é meramente analógica, mas há verdadeira paternidade, geração e filiação e, portanto, os significados do Novo Testamento indicam alguma coisa a mais do que as imagens metafóricas do Antigo Testamento. Revelam de uma maneira mais alta o que Deus é em si mesmo.

A revelação bíblica fornece os fundamentos para a teologia trinitária seguinte da Igreja. Deus Pai e Deus Filho podem ser entendidos somente na relação entre si. "Ninguém conhece o Filho, a não ser o Pai, e ninguém conhece o Pai, a não ser o Filho" (Mt 11,27). Entende-se no Prólogo do Evangelho de João que o Filho é o *Lógos* eterno ou o "Verbo" de Deus. O Filho é a Sabedoria eterna de Deus que vem do Pai como a imagem do Deus invisível (Cl 1,15; Hb 1,3).

Note-se o que sugerem esses termos. (1) O Filho tem uma preexistência eterna que precede a criação. Todas as coisas foram feitas por ele. (2) Ele é gerado eternamente pelo Pai e se caracteriza por essa relação de origem do Pai. A geração do Filho é de tipo espiritual, não físico nem temporal. Há uma analogia com a atividade espiritual humana. Como o pensamento procede do pensador, assim o Filho procede do Pai como o seu Verbo unigênito. (3) O Filho é um reflexo totalmente adequado do Pai; significa que tudo o que está no Pai é comunicado ao Filho. Portanto, são um na essência, nos atributos e no poder.

Na Igreja antiga, os Concílios de Niceia (325) e de Constantinopla (381) formularam esse ensinamento bíblico em termos dogmáticos, usando o termo grego *homoúsios* (latim: *consubstantialis*). Contra a antiga heresia do arianismo, a Igreja proclamou que o Filho não é uma criatura, mas é o Verbo incriado do Pai e é "um só Deus com ele" desde toda a eternidade. Todas as coisas foram feitas por meio dele. Portanto, falamos do Filho como "consubstancial ao Pai" e como "Deus de Deus, Luz da Luz, Deus verdadeiro de Deus verdadeiro". O Filho é um só Deus com o Pai, e o Filho tem origem eternamente do Pai. A noção de consubstancialidade indica a identidade da essência. Há um só Deus. A noção de "gerar" indica a igualdade do Filho derivada do Pai. Na geração do Filho, o Pai comunica ao Filho tudo o que tem e é como Deus, de modo que tudo o que pertence à essência divina (a sabedoria, a bondade, o poder etc. divinos) é comunicado ao Filho. Ele o possui na unidade do ser com o Pai, como o único verdadeiro Deus.

O Pai e o Filho revelados pelo Espírito

A Igreja afirma, também com base na revelação bíblica, que o Espírito Santo é uma pessoa divina distinta do Pai e do Filho. A revelação do Espírito como uma pessoa divina está presente em muitos textos do Novo Testamento, mas especialmente do Evangelho de João, onde Cristo promete enviar "outro Paráclito" (Consolador) que permanecerá com os apóstolos para conduzi-los "à verdade plena". É o Espírito que guiará e instruirá a Igreja (cf. Jo 14,26; 15,26; 16,13).

O n. 244 faz uma profunda observação da natureza da teologia trinitária com base na missão temporal do Espírito Santo (ser enviado pelo Pai e pelo Filho sobre a Igreja). Diz-se que essa missão temporal nos revela quem é verdadeiramente o Espírito, como alguém que tem origem no Pai e no Filho eternamente. O que se afirma implicitamente nesse número do CCE é que as relações das pessoas reveladas a nós na economia divina refletem a verdadeira identidade de quem é Deus eternamente. As relações trinitárias internas à vida de Deus não podem ter desdobramento nem alteração cronológicos como resultado da economia. Se fosse assim, a Trindade nasceria historicamente ou seria, de certo modo, constituída internamente pelo ato da autorrevelação de Deus na história. Essas noções são absurdas. Temos de dizer, ao contrário, que a revelação econômica das relações das Pessoas que se verifica no tempo reflete quem é Deus verdadeiramente na sua vida íntima, desde toda a eternidade. O Espírito é enviado ao mundo seja pelo Pai, seja pelo Filho e, portanto, temos também de dizer que procede eternamente, tanto do Pai, como do Filho, por uma inspiração comum.

A divindade do Espírito foi definida de modo dogmático no Concílio de Constantinopla (381) depois dos argumentos teológicos de Basílio Magno (*De Spiritu Sancto*) e Gregório Nazianzeno (*Oratio* 31). Diziam que, segundo o Novo Testamento, o Espírito Santo salva e diviniza, mas somente Deus pode fazer essas coisas e, consequentemente, o Espírito é verdadeiramente Deus. O Concílio afirmou que ele é consubstancial (*homoúsios*) ao Pai e ao Filho. "Cremos no Espírito Santo, que é Senhor e dá vida; que procede do Pai. Com o Pai e com o Filho é adorado e glorificado." O CCE nota que essa reflexão evoluiu mais, num modo logicamente orgânico, no Concílio de Toledo (638) e no Concílio de Toledo XI (675). O primeiro desses concílios latinos afirmou que o Pai é a fonte primária e a origem de toda a divindade, porque o Filho e o Espírito procedem dele. O segundo afirmou que o Espírito procede do Pai como Espírito do Pai, mas na mesma medida procede do Filho, que é um com o Pai. Essa é a doutrina latina tradicional da fé conhecida como o *Filioque*: o Espírito Santo procede eternamente do Pai e do Filho, o faz desde o início e mediante um sopro.

A formação doutrinal do *Filioque* por parte da Igreja é teologicamente importante por, pelo menos, três motivos. Primeiro, ajuda a entender a distinção real das pessoas em Deus. As pessoas divinas são idênticas no ser e participam igualmente da essência divina. Consequentemente, a distinção entre elas faz-se inteligível somente à luz das suas relações de origem. Se o Filho e o Espírito procedem somente do Pai, não é claro como podemos verdadeiramente distingui-las teologicamente. O ensinamento de que o Espírito procede do Pai e do Filho como de um princípio único ajuda-nos a entender a distinção do Espírito e do Filho. O Espírito é o Espírito do Pai e do Filho.

Segundo, esse ensinamento é importante para manter um monoteísmo bíblico autêntico. Somente se há uma distinção real de pessoas desde a origem é que podemos afirmar como cada uma das três pessoas possui em si mesma a plenitude da deidade, enquanto permanece distinta das outras. O Filho é eternamente Deus, o Verbo é gerado pela sabedoria eterna do Pai. O Espírito é eternamente Deus, o sopro de amor, originando-se do amor mútuo do Pai e do Filho.

Terceiro, essa doutrina nos dá uma compreensão muito mais profunda da analogia psicológica revelada no Prólogo do Evangelho de João, discutido na seção anterior do CCE, ao se falar do único Deus. O Filho é o Verbo de Deus gerado eternamente, que procede do Pai como emanação de eterna sabedoria do Pai. O Espírito é sopro eterno de amor que procede do Pai como emanação da sua bondade eterna. Porém como o amor entre pessoas humanas pressupõe o conhecimento e procede do conhecimento (pois não podemos amar o que antes não conhecemos), assim em Deus, por analogia, o Espírito, que é o amor, procede do Pai "por meio do" Filho, que é o Verbo eterno do Pai. O dogma da Igreja em relação à processão do Espírito Santo ressalta o fato de que a alma humana é uma imagem criada da Trindade.

Os nn. 247 e 248 formulam uma consideração ecumênica importante da doutrina do *Filioque* em vista da relação entre a Igreja católica e as Igrejas ortodoxas, as quais não aceitam essa doutrina. O ortodoxo exprime, comumente, a preocupação de que o *Filioque* represente uma inovação doutrinal particular da Igreja latina medieval. Afirma-se igualmente que o ensinamento compromete o primado do Pai nas relações trinitárias. O primeiro desses números é de natureza histórica e procura se relacionar de uma maneira delicada com a primeira preocupação. Faz-se notar a antiguidade da afirmação do *Filioque* nas tradições latinas e alexandrinas, com origem em época até anterior ao incontestado Concílio ecumênico de Calcedônia e reconhece também claramente que, na ocasião, a ideia foi introduzida na liturgia latina e na formulação latina do Credo Niceno. Isso ocorreu especialmente entre os séculos VIII e XI e permanece um ponto de controvérsia com as Igrejas ortodoxas, pois a Igreja católica mantém a convicção de que se trata de um desenvolvimento doutrinal legítimo.

O n. 248 oferece, a seguir, uma análise profunda e pacífica da convergência das concepções orientais e ocidentais do sopro do Espírito Santo. Teólogos da tradição ortodoxa afirmam muitas vezes que o Espírito procede do Pai mediante o Filho. Isso é inteiramente compatível com o ensinamento católico, porque a afirmação de que o Espírito procede do Pai e do Filho como um princípio não nega a afirmação de que o Espírito proceda principalmente do Pai por meio do Filho. O Pai mantém a sua primazia em relação ao Filho, porque o Pai é a origem eterna do Filho gerado, o princípio sem princípio. De modo semelhante, os teólogos católicos estão de acordo com os ortodoxos, ou seja, que o Pai é a fonte principal do Espírito, mas se faz notar que o Pai é Pai, ele próprio, porque é desde sempre o princípio eterno do Filho, que reside nele em virtude da sua geração eterna como o Verbo. Pela interpenetração mútua (*perichorésis*) do Pai e do Verbo, o Pai é somente a origem eterna do Espírito como aquele que é um com o Filho. Como Máximo, o Confessor, já observou no século VII, os ensinamentos das tradições ocidentais e orientais sobre o Espírito Santo são profundamente convergentes e teologicamente compatíveis, se cada um é tratado com compreensão e caridade recíprocas.

III. A santíssima Trindade na doutrina da fé

A FORMULAÇÃO DO DOGMA TRINITÁRIO

Depois de ter tratado da revelação da Trindade na Escritura, o CCE procura delinear os elementos essenciais do dogma trinitário. O que segue nesta seção, pois, é uma exposição clara, sucinta e bela da doutrina trinitária. A primeira parte da seção é dedicada à consideração do desenvolvimento histórico dos dogmas trinitários. Como surgiram? O CCE nota que há fórmulas trinitárias presentes na própria Escritura que são, implicitamente, doutrinais em sua estrutura: "A graça do Senhor Jesus Cristo, o amor de Deus e a comunhão do Espírito Santo estejam com todos vós" (2Cor 13,13). Essas frases confessionais estão, muitas vezes, incorporadas na liturgia eucarística e correspondem à fórmula batismal que usa o nome do Pai e do Filho e do Espírito Santo. Em outras palavras, a confissão explícita das três Pessoas da Trindade está presente no Novo Testamento e está inscrita na vida sacramental da Igreja. Esse é o caso histórico que precede todos os esclarecimentos doutrinais seguintes. O depósito apostólico da fé e a vida sacramental original da Igreja permanecem o fundamento para a proclamação seguinte de afirmações dogmáticas referentes à Trindade.

Nos primeiros quatro séculos da Igreja, ela enfrentou grande número de controvérsias relevantes em relação à identidade de Cristo e ao mistério de Deus. Enfrentou nesse processo uma série de ensinamentos errôneos ou heresias, como o arianismo e o sabelianismo, já mencionados. O ensinamento dogmático da Igreja desenvolveu-se para apresentar uma compreensão verdadeira do Novo Testamento relativamente ao mistério da Trindade. Para fazer isso, a Igreja fez uso de grande número de termos ou expressões de esclarecimento, como "substância", "pessoa" e "relação". Essas noções foram utilizadas para salvaguardar uma interpretação correta da Escritura e da Tradição apostólica sob o cuidado vigilante do Magistério vivo da Igreja (cf. DV 23). Esses termos de esclarecimento não querem trair o caráter luminoso da revelação de Deus. Ao contrário, ajudam a salvaguardar o sentido do mistério da Trindade, que permanece infinitamente além de nosso entendimento e compreensão (n. 251).

Os termos "substância", "essência" e "natureza" são todos utilizados no dogma trinitário para falar do ser divino na sua unidade. Deus é um e, portanto, dizemos bem que a Trindade é una na substância, essência e natureza. Os termos "pessoa" e *hypós-*

tasis referem-se ao Pai, ao Filho e ao Espírito Santo na distinção entre si. *Hypóstasis* é um termo grego antigo que designa uma pessoa como um sujeito concreto distinto de outros. Usa-se para definir a distinção das pessoas. A noção de relação utiliza-se no dogma trinitário para denotar o fato de que as distinções entre as pessoas surgem das relações que há entre elas. Como já notamos, as relações na Trindade são principalmente relações de origem, um ponto a que retornaremos.

O dogma da Trindade

Os princípios fundamentais do dogma trinitário estão organizados pelo CCE de modo claro e direto nos nn. 253 a 256. Encontramos aí princípios básicos que dão clareza ao ensinamento perene da Igreja.

A Trindade é una

"Não professamos três deuses, mas um só Deus em três pessoas: 'a Trindade consubstancial'" (n. 253). Evidentemente, com essa afirmação, o monoteísmo é afirmado e qualquer ideia de triteísmo está excluída; todavia, a afirmação da unidade da Trindade exclui também o arianismo (que afirma que o Filho e o Espírito Santo são meramente criados, não divinos). Diz-se que as três Pessoas da Trindade são "consubstanciais" justamente porque são um na essência e no ser. Significa isso que as três pessoas "têm uma parte" na divindade, cada uma assumindo partes diferentes da divindade, de modos diferentes? Claro que não. Ao contrário, cada uma das pessoas participa plenamente da única essência divina e é Deus totalmente pleno. O Pai é o único Deus, o Filho é o único Deus, o Espírito Santo é o único Deus. A deidade do Pai (a essência divina) é comunicada ao Filho por meio da geração, de tal modo que o Filho possui em si mesmo tudo o que está no Pai. A verdade do Pai e do Filho é comunicada ao Espírito Santo por meio do sopro, de tal modo que o Espírito Santo possui em si mesmo tudo o que está no Pai e no Filho.

Para sublinhar a unidade da Trindade, o CCE cita no n. 253 os Concílios de Constantinopla II, Toledo XI e Lateranense. Há um ponto hermenêutico importante que se enfatiza aqui. Os Concílios da Igreja católica devem ser lidos em harmonia entre si, segundo a lógica do desenvolvimento histórico, a fim de que se entenda que os ensinamentos seguintes estão em continuidade teológica com ensinamentos anteriores. Os ensinamentos seguintes tornam mais explícito o que está contido em doutrinas anteriores de maneira potencial e implícita. Além disso, o uso intencional da Igreja de termos que provêm da filosofia antiga (como "substância", "essência", "natureza") não é nunca alguma coisa que a tradição abandona ou descarta. Ao contrário, esses termos são parte do patrimônio doutrinal da Igreja porque nos dão um modo para designar claramente o mistério bíblico da unidade de Deus e o fato de que a nossa fé trinitária é decididamente monoteísta. Eles têm também um elemento devocional: temos de servir somente ao único Deus, que sabemos que é um na essência ou substância. A Trindade indivisa é a fonte da nossa devoção indivisa do coração.

As Pessoas divinas são realmente distintas entre si

Enquanto a afirmação dogmática da unidade divina quer excluir o triteísmo e o arianismo, essa afirmação quer excluir o modalismo. "Pai", "Filho" e "Espírito Santo" não são meramente nomes que designam modalidades do ser divino ou o modo como Deus nos aparece na economia. Designamos quem Deus é verdadeiramente na sua identidade eterna. Consequentemente, o Concílio de Toledo XI pôde afirmar simultaneamente que "o Pai é o que é o Filho... o Pai e o Filho são o que é o Espírito", graças à unidade da natureza divina e, também, que "o Filho não é o Pai, o Pai não é o Filho, e o Espírito Santo não é o Pai nem o Filho". Essas duas afirmações não são contraditórias e são, de fato, profundamente coerentes. O Pai, o Filho e o Espírito são verdadeiramente distintos como pessoas e verdadeiramente idênticos na natureza. Essa verdade é profundamente misteriosa, mas não é de modo algum intelectualmente incoerente. Em Deus, há uma comunhão entre pessoas que implica uma unidade essencial do ser. As três pessoas são realmente distintas, mas também absolutamente imanentes umas às outras, porque cada uma possui a única essência e a plenitude do ser divino.

As pessoas trinitárias são distintas por suas relações de origem. O Pai gera o Filho e comunica a ele a plenitude do ser divino. O Pai e o Filho sopram o Espírito Santo e comunicam a ele a plenitude do ser divino. "A Unidade divina é Trina" (n. 254). Isso quer dizer que há realizações modais da essência divina. Por exemplo, pode-se dizer que o único Deus é Todo-Poderoso, mas a onipotência é paterna no Pai, filial no Filho e soprada no Espírito. A única onipotência de Deus subsiste em três modos distintos de ser, nas três pessoas realmente distintas da Trindade. Se o Pai age na sua onipotência divina, ele o faz como o Pai que é a origem eterna do Filho e do Espírito. Se o Filho age na sua onipotência divina, ele o faz como quem recebeu tudo o que tem no seu poder divino provindo do Pai, como o Verbo gerado pelo Pai. Se o Espírito age na sua onipotência, ele o faz como quem recebe tudo o que tem provindo do Pai e do Filho, como Espírito Santo de amor deles.

As Pessoas divinas são relativas umas às outras

Dos dois primeiros princípios dogmáticos indicados acima segue-se que as pessoas da Trindade são somente pessoas em relação entre si. "[A] distinção real das pessoas entre si reside unicamente nas relações que as referem umas às outras" (n. 255). Alguém pode pensar, portanto, em cada uma das pessoas divinas somente de duas maneiras: como provinda das outras ou pelas outras e como totalmente Deus. O Pai é somente Pai como a origem eterna do Filho e do Espírito e é somente Pai como aquele que possui a plenitude da verdade por si mesmo, comunicando-a ao Filho e ao Espírito por geração e sopro. O Filho é somente Filho como quem é eternamente gerado pelo Pai, e é somente Filho como quem possui a plenitude da deidade em si mesmo, tendo-a recebido do Pai. O Espírito é somente Espírito como quem é soprado pelo Pai e pelo Filho, e como aquele que possui a plenitude da deidade em si mesmo enquanto comunicada a ele pelo Pai e pelo Filho.

O CCE continua a citar o Concílio de Florença para enfatizar que as três pessoas residem umas dentro das outras por interpenetração, ou *perichorésis* em grego (n. 255, nota 288). O ensinamento aqui expresso é muito próximo do entendimento de Santo Tomás (cf. *Summa Theologiae*, I, 42, 5). A mútua interpenetração das pessoas provém da sua posse comum da natureza divina. Tudo o que o Pai tem dentro de si como Deus comunica ao Filho por geração e, por sua vez, ao Espírito por sopro. Consequentemente, tudo o que está no Pai está, do mesmo modo, no Filho e no Espírito. Não se encontra nada numa das pessoas que seja ontologicamente alheio de algum modo às outras, embora as três pessoas permaneçam eternamente distintas umas das outras. "Eu estou no Pai e o Pai está em mim" (Jo 14,11).

Esta seção do CCE termina com uma longa citação de Gregório Nazianzeno nas *Orações teológicas* (*Orationes*, 40), articulando a teologia do que se poderia chamar de "igualdade derivada". O Filho e o Espírito vêm do Pai, mas não são menos do que o Pai. São eternamente idênticos e iguais ao Pai, possuindo a plenitude da essência divina provinda do Pai. "Dou-vos uma só Divindade e Poder, que é Um em Três e contém os Três de modo distinto. Divindade sem diferença de substância ou de natureza, sem grau superior que eleve ou inferior que rebaixe... A infinita conaturalidade é de três infinitos. Cada um considerado em si é Deus todo inteiro... Deus, as Três Pessoas consideradas juntas... Mal comecei a pensar na Unidade e eis-me imerso no esplendor da Trindade. Mal comecei a pensar na Trindade e eis que a Unidade me preenche...".

Essa apresentação das pessoas trinitárias traz à luz a noção de que a verdade principal de toda a realidade é uma comunhão eterna e inefavelmente perfeita de divinas Pessoas. Há implicações aqui para todos os seres humanos, os quais são criados à imagem de Deus e são chamados à comunhão com Deus Trindade. Cada um de nós é convidado a participar, pela graça, da comunhão eterna das três Pessoas. Por essa mesma graça, também estamos unidos uns aos outros na vida visível da Igreja católica, que é uma comunhão de pessoas humanas na caridade. Essa comunhão de pessoas na Igreja católica reflete, por meio de uma similitude criada, a vida eterna da Trindade.

IV. As operações divinas e as missões trinitárias

A parte final do ensinamento do CCE sobre a Trindade trata das missões das pessoas divinas. Tomás de Aquino define uma missão divina de uma pessoa trinitária com um duplo significado: a processão de origem daquele que envia e um modo novo de existir num outro (cf. *Summa Theologiae*, I, 43, 1). O que ele quer dizer é que, quando o Filho é enviado pelo Pai ao mundo, isso pressupõe ontologicamente que o Filho procede eternamente do Pai, mas implica um novo modo da existência do Filho entre nós (em virtude da encarnação do Filho numa natureza humana). Quando o Espírito é enviado pelo Pai e pelo Filho sobre os apóstolos e sobre a Igreja, é como quem procede eternamente do Pai e do Filho. Porém agora ele está presente de um modo novo entre nós, como o autor da graça. Falamos das missões, portanto, porque temos de dizer claramente que os efeitos temporais do Filho e do Espírito entre nós estão radicados fundamentalmente na vida do próprio Deus. As missões nos revelam quem é Deus verdadeiramente e servem para nos comunicar a vida eterna de Deus por meio da graça. Consequentemente, há um profundo significado soteriológico nas missões trinitárias. O Pai envia o Filho e o Espírito ao mundo para redimir e santificar o homem. Essa santificação consiste, afinal, na nossa assimilação da própria vida de Deus, uma vida da verdade e do amor divinos. Deus procura comunicar a glória da sua vida feliz ao homem por meio das missões visíveis do Verbo encarnado e por meio do envio do Espírito Santo sobre os apóstolos e sobre a Igreja.

Como diz claramente o n. 258, toda a economia divina é a obra comum das três Pessoas. As Pessoas são de uma mesma essência e de uma mesma operação. Portanto, a teologia católica afirma tradicionalmente que todas as obras *"ad extra"* da Trindade (todos os efeitos de Deus fora de si mesmo) são sempre e somente atos de todas as três pessoas. São o Pai, o Filho e o Espírito Santo que agem juntos como unidade, criam e redimem o mundo. Cada uma das Pessoas age verdadeiramente segundo o seu modo de ser pessoal. O Pai cria o mundo por meio do Verbo e no Espírito. O Verbo cria o mundo como a sabedoria gerada do Pai. O Espírito cria o mundo como o amor soprado do Pai e do Filho. Todavia, *não* há ações do Pai que *não* impliquem o Verbo e o Espírito, ou do Verbo que não impliquem o Pai e o Espírito, e assim por diante. As ações trinitárias são todas interpessoais, e em cada uma delas as Pessoas agem como um.

O ápice da economia divina é a encarnação do Filho e o envio do Espírito Santo. O envio do Filho e do Espírito ao mundo são também obras de todas as três Pessoas, queridas ativamente por todas as três Pessoas. O Pai, o Filho e o Espírito Santo querem todos que o Filho se faça homem para a nossa salvação. Somente o Verbo se encarna e se torna homem. Somente a pessoa do Verbo sofre uma morte humana e é ressuscitado e glorificado na sua natureza humana. Quando, porém, Jesus Cristo age em virtude da sua natureza divina, age em unidade com o Pai e com o Espírito. Quando Jesus estende a sua mão para curar alguém, é somente o Filho que age numa natureza humana, com gestos humanos. Contudo, quando cura milagrosamente a pessoa que ele toca em virtude do seu poder divino, age em unidade com o Pai e com o Espírito, que também efetuam essa cura. É somente o Espírito que é enviado pelo Pai e pelo Filho sobre a Igreja apostólica. Quando, porém, o Espírito age divinamente para santificar os membros do corpo místico de Cristo, ele o faz somente agindo com o Pai e com o Filho, com os quais é um no ser e na natureza, como Deus. Por consequência, as ações de qualquer das Pessoas na economia divina revelam-nos necessariamente as outras duas pessoas. O Espírito Santo nos ilumina e nos leva ao conhecimento do Verbo encarnado. E o Verbo encarnado nos leva ao Pai. Quando as pessoas agem na economia divina, agem em unidade como Trindade para se revelarem a nós na sua unidade, bem como nas suas identidades pessoais. Há um caráter profundamente espiritual desse ensinamento que toca as nossas vidas cristãs de um modo muito concreto. À medida que aprendemos a reconhecer pessoalmente Jesus Cristo, o Filho de Deus, encontramos também o Pai e o Espírito Santo como agentes pessoais nas nossas vidas. Uma confiança pessoal profunda em Deus Trindade está no âmago da vida espiritual e mística do cristão.

O ensinamento do CCE sobre a doutrina da Trindade termina com duas afirmações significativas no n. 260. Primeiro, com base em João 17,21-23, o texto afirma que "o fim último de toda a economia divina é a entrada de todas as criaturas na unidade perfeita da Santíssima Trindade". A santificação das criaturas espirituais — homens e anjos — é o objetivo primário de toda a obra da criação e da santificação de Deus. Como essa santificação tem uma natureza comunitária, podemos dizer na verdade que a razão principal pela qual Deus criou todas as coisas é a vida comunitária da Igreja celeste. A Trindade quer habitar nas suas criaturas espirituais por meio da graça e nos comunicar a vida divina para formar em nós uma comunhão escatológica de pessoas humanas.

Em segundo lugar, o CCE observa que essa vida de comunhão com a Trindade pode ter início já nesta vida, por meio da habitação espiritual da Trindade nas almas dos fiéis cristãos. Esse ensinamento tem uma base escriturística em João 14,23 (n. 260) e foi enfatizado pelo Papa Leão XIII na sua encíclica *Divinum illud munus* (09.05.1897). Deus deseja oferecer a cada homem que vive no coração da Igreja uma participação real na vida de Deus e um conhecimento íntimo das Pessoas da Trindade. O CCE, de maneira adequada, conclui com a citação de uma oração de Elisabeth da Trindade, uma santa carmelita moderna, para a qual a reflexão sobre esse mistério da habitação divina era temática. "Ó meu Deus, Trindade que adoro, ajudai-me a esquecer inteiramente de mim, para firmar-me em Vós, imóvel e pacífica, como se a minha alma já estivesse na eternidade: que nada consiga perturbar a minha paz nem me fazer sair de Vós, ó meu Imutável, mas que cada minuto me leve mais para longe na profundidade do vosso Mistério! Pacificai a minha alma! Fazei dela o vosso céu, vossa amada morada e o lugar do vosso repouso. Que nela eu nunca vos deixe só, mas que eu esteja aí, toda inteira, completamente vigilante na minha fé, toda adorante, toda entregue à vossa ação criadora." Fundamentalmente, nós estudamos o mistério da Trindade para viver numa amizade contemplativa com a Trindade, nesta vida e na que virá.

Artigo 1
Parágrafo 3
O TODO-PODEROSO

THOMAS JOSEPH WHITE

A Igreja católica confessa no Credo Niceno que Deus é Todo-Poderoso: ele tem poder infinito e pode fazer qualquer coisa. De todos os atributos divinos, somente a onipotência é mencionada no Credo. Essa confissão da onipotência de Deus tem um valor prático importante na nossa vida. No coração das nossas expectativas e da nossa esperança em Deus como nosso Salvador há a convicção de que Deus pode nos salvar e tem o poder para o fazer. Como, portanto, deveríamos entender a natureza da onipotência de Deus? Primeiro, o poder de Deus tem um alcance universal. Segundo, sua natureza é "paterna" e, portanto, "amorosa". Terceiro, é misteriosa e age de acordo com os desígnios providenciais de Deus em meio à nossa fraqueza e às nossas limitações humanas. Essa seção do CCE dedica um parágrafo à consideração de cada um desses três aspectos da onipotência divina.

I. "Ele faz tudo o que quer"

A revelação bíblica enfatiza o "alcance universal" do poder divino (Gn 49,24; Is 1,24). O fato de Deus ser Todo-Poderoso é manifestado da maneira mais fundamental pela existência da própria criação. Deus cria todas as coisas do nada, quer dizer, sem nenhuma matéria preexistente e sem o uso de nenhum agente instrumental. Simplesmente dá o ser a todas as coisas, diretamente. Somente quem tem poder infinito pode agir desse modo (cf. Tomás de Aquino, *Compendium Theologiae*, I, cc. 69-70). Consequentemente, Deus pode não só criar do nada, como também pode fazer milagres e pode também governar o universo por meio da sua sabedoria. Nada é impossível a Deus, o qual dispõe da sua obra como lhe apraz (cf. Lc 1,37). Ele é o Senhor de todo o universo e a sua providência é detalhada e específica, atingindo todas as coisas. Do mesmo modo, a Igreja afirma que Deus é o senhor da história e quem governa o coração humano. Isso significa não somente que Deus sabe o que acontece na mente e no coração de cada pessoa, mas também que ele é a causa transcendente da nossa própria liberdade humana, aquele que dá a existência como criaturas dotadas de livre-arbítrio. Se compreendermos corretamente, não há rivalidade possível entre a onipotência de Deus e o livre-arbítrio humano. Ao contrário, a ação onipotente de Deus é a fonte transcendente da nossa liberdade, porque ele dá o ser a criaturas humanas verdadeiramente livres (veja-se, por exemplo, *Summa Theologiae*, I, 19, 8).

II. "Tens compaixão de todos, porque tudo podes"

O poder de Deus caracteriza-se "pelo amor paterno". A paternidade de Deus manifesta-se na sua ação onipotente: dá o ser às criaturas e provê às suas necessidades. Reflete-se também na sua eleição dos seres humanos como filhos de Deus Todo-Poderoso em Cristo. Talvez o amor de Deus seja manifestado sobretudo na atividade da misericórdia infinita de Deus, que usa a sua onipotência a serviço da sua misericórdia. Por que a misericórdia de Deus é particularmente expressiva da sua onipotência? Porque manifesta o poder redentor de Deus, o qual jamais é derrotado pelo mal ou pelo pecado. Deus não quer o mal moral nas criaturas, mas, misteriosamente, o permite ou o tolera, em vista de um bem maior que pretende dele extrair. Santo Agostinho afirma que, em certo sentido, Deus realiza uma obra ainda maior ao tornar um pecador justo, por meio do dom misericordioso do seu relacionar-se, do que criando os céus e a terra (*In Evangelium Ioannis*, Tractatus 72). Isso se deve ao fato de que Deus, que é misericordioso, usa até a fraqueza dos seres humanos moralmente errantes como ocasião para lhes oferecer o maior de todos os bens possíveis: a participação da vida de Deus.

O uso que Deus faz da sua onipotência não é de modo algum arbitrário. No n. 271, o CCE cita o Doutor de Aquino: "Em Deus o poder e a essência, a vontade e a inteligência, a sabedoria e a justiça são uma só e mesma coisa, de modo que nada pode estar no poder divino que não possa estar na justa vontade de Deus ou na sua sábia inteligência" (*Summa Theologiae*, I, 25, 5, ad 1). A ideia expressa aqui é significativa e se refere implicitamente à doutrina da divina simplicidade. Em Deus, os atributos que definimos com nomes distintos são, na realidade, ontologicamente um. Os seres humanos poderiam possuir a sabedoria, a justiça e o poder como propriedades ou atributos. Na sua eternidade e na sua perfeição divina, porém, Deus é a sua sabedoria, a sua justiça e o seu poder, que são, misteriosamente, infinitos. Além disso, esses seus três atributos são idênticos. Os atributos da natureza divina dos quais falamos de diferentes maneiras são, na realidade, um em Deus. Segue-se que há dois extremos que temos de evitar, quando pensamos na onipotência paterna de Deus. Um dos extremos enfatizaria a objetividade da sabedoria e da justiça divinas com prejuízo do poder livre de Deus, como se ele fosse sempre obrigado a agir segundo um ideal de justiça preexistente, que o transcende e ao qual ele está sujeito. Tal modo de pensar é obviamente absurdo. O outro extremo é pensar que a onipotência livre de Deus seja potencialmente vazia de sabedoria e de justiça, como se alguma coisa pudesse ser boa simplesmente porque Deus a tenha querido assim, sem referência a nenhum critério de sabedoria ou de bondade. Se pensarmos no poder divino desse modo, a sua ação poderia parecer moralmente arbitrária e, afinal, livre de qualquer referência à sua própria sabedoria e justiça, o que é igualmente absurdo. A verdadeira via média baseia-se na afirmação da simplicidade divina. Deus é eternamente sábio e justo, assim como é Todo-Poderoso no seu agir divino. Portanto, quando Deus age, ele o faz segundo a sua sabedoria e justiça eternas. O uso do seu poder onipotente sempre bom jamais é arbitrário ou injusto. Essa atividade é a expressão da identidade eterna de Deus, porque Deus é soberanamente bom e perfeitamente sábio e nele não há variação nem sombra de mudança (cf. Tg 1,17).

III. O mistério da aparente impotência de Deus

O exercício do poder de Deus é "misterioso". "A fé em Deus Pai Todo-Poderoso pode ser posta à prova pela experiência do mal e do sofrimento. Por vezes, Deus pode parecer ausente e incapaz de impedir o mal" (n. 272). Os seres humanos naturalmente procuram entender por que Deus permite o mal e o sofrimento e como ele poderia, de certo modo, tirar deles um bem. Somente à luz da revelação divina é que podemos obter a perspectiva de referência definitiva para essas perguntas. A chave de interpretação da aparente impotência de Deus diante do mal encontra-se na humilhação voluntária e na ressurreição do Filho de Deus. Deus derrotou o mal de um modo misterioso, antes de tudo, ao se sujeitar ao mal e ao sofrer em solidariedade com os seres humanos, como alguém que é, ele próprio, humano. Venceu o mal de um modo definitivo, por meio da vitória da ressurreição de Cristo, na glorificação do seu corpo e da sua alma. São Paulo faz referência à aparente impotência e à loucura da cruz, que, na verdade, revelam o poder e a sabedoria incomensuráveis de Deus Pai (cf. 1Cor 1,24-25; Ef 1,19-22). A vida cristã é animada pela esperança que temos em Cristo crucificado e ressuscitado. Em virtude da nossa união com Cristo no amor, até os nossos sofrimentos agora podem ser fonte da vida espiritual no corpo maior da Igreja (cf. Cl 1,24). São Paulo nos garante que não importa quais males possamos encontrar nesta vida, "nem a morte nem a vida... nem outra criatura alguma, nada poderá nos separar do amor de Deus, manifestado em Jesus Cristo, nosso Senhor" (Rm 8,38-39).

É o conhecimento que vem somente por meio da fé sobrenatural que dá acesso final ao mistério do governo Todo-Poderoso de Deus do mundo. "Somente a fé pode aderir aos caminhos misteriosos da onipotência de Deus. Esta fé gloria-se de suas fraquezas, a fim de atrair sobre si o poder de Cristo" (n. 273). Pode parecer aqui que o CCE faz um ato de súplica especial, como se dissesse que temos simplesmente de aceitar a nossa impotência para confiarmos no poder de Deus por meio de um ato voluntarista da vontade. A ideia expressa, porém, é muito mais profunda e com uma conotação espiritual e lógica. Por essa fé, orgulhamo-nos em nossas fraquezas humanas como para enfatizar a sua colaboração real com o poder divino. São Paulo ensina isso, citando as palavras que Cristo lhe disse: "O meu poder se faz na fraqueza" (2Cor 12,9). A ideia não é a de que Jesus Cristo queira rebaixar os homens. Ao contrário, Cristo oferece aos homens, que são verdadeiramente limitados, pecadores e fracos, a possibilidade de uma amizade espiritual genuína com alguém que é Todo-Poderoso e que pode lhes dar a força para tudo poder (cf. Fl 4,13). Deus usa a sua onipotência a serviço do seu amor, para nos unir, até mesmo em meio às nossas fraquezas, com o poder redentor de Cristo crucificado. A Virgem Maria é representada aqui como modelo da confiança cristã na bondade e na onipotência de Deus. Ela acreditou na afirmação por parte do Anjo de que nada é impossível a Deus e viveu com essa convicção não somente no tempo da infância e da vida oculta de Cristo, mas também durante o ministério público e na hora da crucifixão e morte dele. Foi também assimilada por Cristo ao poder da ressurreição no mistério da sua Assunção à glória. A Virgem Maria demonstra a virtude da confiança absoluta no poder de Deus por sua humildade, sua esperança de magnificar a Deus e a sua aceitação grata das iniciativas de Deus.

O tratado do CCE sobre a onipotência divina termina com uma citação do *Catecismo Romano* (I, 2, 13): "Nada melhor poderia fortalecer em nós os sentimentos de fé e de esperança do que a persuasão de que Deus tudo pode fazer. A razão, adquirida a noção da onipotência divina, aderirá, sem sombra de hesitação, a qualquer coisa em que seja necessário crer, por mais notável e admirável que seja, por mais superior que seja às leis e à ordem na natureza".

Essa passagem diz respeito implicitamente à relação entre fé e razão, com relação ao mistério da onipotência divina. De uma parte, a crença na onipotência de Deus é razoável. Deus deu o ser a todas as coisas e é, portanto, infinitamente poderoso. Poderíamos dizer, seguindo o Concílio Vaticano I (DF), que a confissão da Igreja sobre a onipotência de Deus faz parte do que tradicionalmente chamamos de *praeambula fidei*.

Os "preâmbulos da fé" são ensinamentos contidos na revelação divina, aos quais é possível ter acesso com a razão humana natural no estado de natureza decaída. Para ser mais preciso: é possível que a razão humana natural chegue a saber que Deus existe e que Deus é Todo-Poderoso.

De outra parte, ninguém pode demonstrar somente por meio da razão natural que Deus, que é Todo-Poderoso, tenha dado início às coisas misteriosas, sobrenaturais ou milagrosas que são atribuídas a ele na Escritura, como a encarnação, a fundação da Igreja católica ou a instituição da eucaristia. São mistérios da fé que foram revelados, não conclusões da razão natural que os seres humanos poderiam descobrir por si mesmos. Dito isso, a revelação divina e a razão natural podem cooperar harmoniosamente. Se considerarmos os mistérios revelados à luz da aceitação racional da onipotência de Deus, podemos ver que Deus "pode, em princípio" fazer as coisas atribuídas a ele pela Sagrada Escritura. As afirmações do Credo da fé católica, portanto, não são de modo algum contrárias à razão natural. Deus pode se encarnar como pessoa, ressuscitar os mortos, fundar a Igreja, preservá-la do erro e mudar o pão e o vinho no corpo e no sangue de Cristo. Se acreditarmos em Deus, podemos ver que tudo o que a fé católica afirma é racionalmente factível, em princípio, porque Deus existe verdadeiramente e porque verdadeiramente "todas as coisas são possíveis a Deus".

Se consideramos a onipotência de Deus à luz da própria revelação divina, porém, podemos dizer muito mais. As ações onipotentes de Deus na economia divina são manifestações do mistério da identidade de Deus. O seu poder exprime a sua bondade, amor e misericórdia. Por meio das iniciativas que Deus livremente toma para a nossa salvação, podemos saber intimamente quem é a Trindade. Como confessamos no Credo: "E por nós, homens, e por nossa salvação, desceu dos céus". A encarnação, vida, morte e ressurreição de Cristo revelam do modo mais profundo o mistério da sabedoria e do amor onipotentes de Deus. A confiança no poder de Deus que nos foi dada pela fé, esperança e caridade sobrenaturais são de uma ordem mais alta e perfeita do que qualquer convicção provinda simplesmente da razão humana. A verdade revelada do amor onipotente de Deus deveria ser um ponto de referência fundamental para nós em todos os momentos da nossa vida cristã. Deus, que é Todo-Poderoso, fez grandes coisas por nós e santo é o seu nome (cf. Lc 1,49). Podemos, portanto, nos entregar a ele com confiança absoluta, como nossa ajuda perpétua e como o autor da nossa salvação.

Artigo 1
Parágrafo 4
O CRIADOR

LUIS F. LADARIA

O texto sobre Deus criador começa com a citação do Gênesis 1,1, a primeira frase da Sagrada Escritura. A fé na criação ocupa, por esse fato, um lugar de honra. Tudo o que existe no céu e na terra é obra do Deus criador. Toda a ação divina no mundo e a economia da salvação que terá o seu cumprimento final em Jesus parte desse pressuposto. O Credo retoma a mesma ideia do Gênesis. Basta, porém, um simples confronto entre esses dois textos para descobrir uma diferença fundamental. O Deus criador de tudo é, para a confissão da fé cristã, o Pai. A seguir, no n. II deste parágrafo 4, será feita uma referência à Trindade, que intervém como tal na obra criadora. É bom notar que desde essas indicações introdutivas já está presente tal perspectiva.

No n. 280 é apresentado, em síntese, a relação da criação com Cristo.

Isso, em duas direções. De uma parte, a criação é o início da história da salvação, que culminará em Cristo. De fato, não podemos pensar que a criação seja uma simples moldura neutra que Deus estabelece para, depois, realizar a salvação dos homens. Segundo Gênesis 2,7, Deus cria o homem com as suas próprias mãos; segundo Gênesis 1,26 s., ele o cria à sua imagem e semelhança. As outras coisas têm sentido em função do ser humano, com o qual chega ao ápice a obra criadora. Desde o primeiro momento, Deus já está próximo dos homens.

Por isso, a criação culmina em Cristo; nela tem início o diálogo entre Deus e o homem, que deve chegar a seu ápice em Jesus. Ao mesmo tempo, porém, nos é dito que o mistério de Cristo é a luz definitiva para compreender o mistério da criação. Com efeito, segundo o Novo Testamento, Cristo é o mediador na obra criadora, como o foi na obra da salvação (cf. 1Cor 8,6; Cl 1,15; Jo 1,3.19; Hb 1,2).

O n. 281 põe em evidência que a liturgia, de modo particular a celebração da Vigília Pascal, coloca a criação como o primeiro momento da história, que culminará na ressurreição de Jesus.

I. A catequese sobre a criação

Não escapa a ninguém a importância do tema, que, infelizmente, foi um tanto esquecido na teologia dos últimos tempos. Atualmente, voltou-se a ter um interesse crescente pela teologia da criação. Muitas questões importantes sobre o sentido da nossa vida e do mundo estão em íntima relação com a verdade da criação. O nosso ser é fruto da vontade livre e amável de um Deus bom? Ou é o resultado de um destino cego? Naturalmente, muitas consequências, até concretas, na vida humana dependem da resposta que dermos a essas interrogações. A questão teológica, como indicam os nn. 283-284, não se situa no mesmo nível da questão das ciências, ainda que possa ter certa relação com elas. É, antes, a questão do sentido do universo, de Deus, fundamento permanente dele, o que nos interessa.

O n. 285 passa em resenha uma série de respostas à questão das origens, entendidas num sentido que não é apenas cronológico. Não podemos aqui comentar, uma a uma, todas essas soluções. Positivamente, porém, pode-se afirmar: a fé cristã diz que o mundo depende totalmente de Deus, mas que tem também uma consistência própria e uma sua bondade de criatura (não é Deus) que não é fruto de uma queda, que não há um mundo superior bom e um mundo inferior mau, que não é uma realidade da qual temos de nos libertar, mas que é radicalmente bom, porquanto reflexo da bondade do Criador; que não é uma obra da qual Deus tenha se desinteressado, dado que o pôs em movimento, mas que continua a ser objeto constante de seu amoroso cuidado. Algumas dessas questões ficarão mais claras no desdobramento dos pontos seguintes.

Segundo o Concílio Vaticano I, o homem pode chegar ao conhecimento certo de Deus criador mediante as coisas criadas (cf. DS 3004; 3026). Esse ensinamento tem o seu fundamento em Sabedoria 13,1-9. No Novo Testamento, a ideia se repete em Romanos 1,19-20 e em Atos 17,24-29. O texto do CCE segue a linha do Concílio Vaticano I, o qual afirma que a revelação divina vem confirmar e esclarecer verdades que, embora possam ser atingidas em si mesmas com a razão humana, não podem, contudo, na atual condição humana, ser facilmente conhecidas, de fato, com total certeza e sem mistura de erro (cf. DS 3005). Isso é aplicado concretamente à criação.

Com efeito, muitos séculos de tradição judaico-cristã podem nos fazer pensar que a criação seja uma verdade evidente, pelo menos para todos os que, de algum modo, creem em Deus. Na realidade, para o desenvolvimento da fé na criação foi fundamental a experiência que o povo de Israel teve da proximidade de Deus, manifestada na aliança. Ainda que no dia de hoje nem todos aceitem que a ideia da criação tenha chegado a um sentido teológico apenas como desenvolvimento da ideia da aliança (foi, como se sabe, a tese de K. Barth), não há dúvida de que no aprofundamento da ideia da criação tenha desempenhado um papel determinante a ideia da aliança de Deus com o seu povo. Os ecos da aliança podem ser descobertos no mesmo relato javista da criação e do pecado: Deus manifesta o seu poder nos benefícios que concede ao homem, ou seja, criação e colocação do homem no Paraíso preparado para ele, em correspondência com Deus que faz sair do Egito o povo de Israel e lhe dá a terra prometida; obrigação de Adão e Eva de observarem o mandamento de Deus de não comer da árvore do conhecimento do bem e do mal, obrigação de observar os preceitos da aliança. Prêmio ou castigo divino, segundo a conduta humana. O castigo, porém, não é a última palavra. Nos profetas, de modo especial no Dêutero-Isaías (cf. Is 41,20; 43,1.7.15; 44,1-2; 45,8 etc.), as obras que Deus realiza em favor do seu povo são explicadas em termos de criação. Por isso, explica-se que, como indica o texto, a ideia do amor pelo povo é aprofundada na da criação (Is 44,24). O Deus de Israel manifesta-se assim como o único Deus de todos os homens, aquele que criou o céu e a terra. O poder criador, por sua vez, é a garantia da capacidade divina de salvar o seu povo, de fazer voltar o povo do exílio (Jr 31,35 ss.; 32,17 ss.; 33,2.23-26). Os dois relatos da criação, nos primeiros três capítulos do Gênesis, têm um papel central no Antigo Testamento. Apresentam as ideias fundamentais sobre o homem e o mundo, criaturas de Deus, a queda original e o perdão divino. As coordenadas fundamentais da relação do homem com Deus já se encontram estabelecidas ali. No entanto — indica o texto de um modo muito acertado — "lidas à luz de Cristo" (n. 289). A criação é uma verdade cristã, não somente do Antigo Testamento. A continuação do texto nos dará ocasião, a seguir, de retornar a essa questão.

II. A criação — obra da santíssima Trindade

Não se pode senão elogiar o fato de o texto do CCE dar especial importância a esse dado. Com efeito, às vezes se diz, um tanto unilateralmente, que a criação é a obra do Deus uno. Certamente é assim. Todavia, talvez, com isso não tenha sido dita toda a verdade. Os textos bíblicos, litúrgicos e patrísticos que o texto evoca são eloquentes a respeito disso. Não são senão alguns exemplos entre os muitos que poderiam ser citados.

As primeiras afirmações do n. 290 fazem menção à especificidade da ação criadora. Tudo o que existe fora de Deus depende totalmente dele. "Criar" é alguma coisa que somente Deus pode fazer. Já o Antigo Testamento tem um verbo que indica essa peculiaridade (usado sobretudo no documento sacerdotal e concretamente na narrativa da criação do Gn 1,1–2,4a) e que pode ter somente Deus como sujeito. Em continuação, será mais especificada a intervenção das diversas pessoas na criação.

Já fizemos referência há pouco à mediação de Jesus na criação, ao tratarmos da nova visão que dela se tem à luz de Cristo. São citados (n. 291) João 1,3 e Colossenses 1,16-17. A intervenção do Espírito Santo na criação não é diretamente indicada no Novo Testamento, porém está bem atestada na tradição da Igreja. O Concílio de Constantinopla fala em termos genéricos da função "vivificante" do Espírito. São conhecidos os hinos litúrgicos que falam do Espírito "criador". Os Apologetas já tinham visto a intervenção do Espírito Santo na criação (cf. Atenágoras, *Legatio pro Christianis*, 6; Teófilo de Antioquia, *Ad Autolycum*, 7). Digna de especial menção é a doutrina de Santo Ireneu, referida no n. 292, segundo a qual o Filho e o Espírito Santo são as mãos de Deus. A ideia se tornou tão comum que se cristalizou na fórmula do II Concílio de Constantinopla, no ano 553: "Um só Deus e Pai do qual tudo procede, um só Senhor Jesus Cristo por meio do qual tudo foi feito e um só Espírito Santo no qual tudo existe" (DS 421; cf. CCE, n. 258). O n. 292 indica com muito acerto que a ação das três pessoas na criação é uma só. Pai, Filho e Espírito Santo não são três princípios das criaturas, mas um só. Por isso, a criação é obra "comum" da Trindade. Os mesmos textos bíblicos e da Tradição que são adotados permitem até dar alguns passos adiante, que o CCE, prudentemente, parece ter deixado em aberto: a ação das três pessoas, sendo comum, é ao mesmo tempo "diferenciada", ou seja, ao Pai se atribui a iniciativa última, ao Filho, a mediação etc. Podemos observar certo paralelismo entre a ação da Trindade na criação e a que será realizada na salvação do homem: o Pai realiza a obra salvífica com a única mediação do Filho e no Espírito Santo. É posta assim em evidência a relação entre a ação criadora e a salvadora. Ambas respondem a um único desígnio do único Deus uno e trino. O Deus uno e trino, que tem em si mesmo a plenitude de vida e que, portanto, não tem absolutamente necessidade da criatura para a sua perfeição, cria para poder comunicar os seus bens às criaturas.

III. "O mundo foi criado para a glória de Deus"

A comunicação da glória divina é o que moveu o Deus uno e trino a criar. A descarnada formulação do Vaticano I enche-se de conteúdo com as citações de São Boaventura e de Santo Tomás. Para o Vaticano I, criação para a glória de Deus (DS 3025) e criação para "manifestar a sua perfeição mediante os bens que concede às suas criaturas" (DS 3002) parecem coincidir. Exclui-se em ambos os casos que a criação sirva para o aperfeiçoamento de Deus.

A glória de Deus é uma noção de forte raiz bíblica. Já é utilizada no Antigo Testamento para indicar a manifestação de Deus mediante a criação (Sl 19,2, "os céus narram a glória de Deus") e nos prodígios do êxodo (cf. Es 16,7.10; 40,34). No Novo Testamento, a ideia da glória une-se à revelação do Pai, que ocorre em Jesus (cf., entre outros textos, Jo 1,14; 2,11; 17,1 ss.; 2Cor 4,4). A glória que o Pai deu a Jesus é um bem comunicável ao homem (cf. Jo 17,22). A salvação do homem, a consecução da filiação divina, é o que glorifica a Deus. Tanto o texto de Efésios quanto o bem conhecido de Ireneu de Lyon são adotados oportunamente no n. 294. A glória de Deus é a manifestação do seu amor na salvação do homem. E, ao mesmo tempo, essa salvação não consiste senão na participação da vida divina, que nos é dada em Jesus. O fim da criatura, do ser humano em particular, é somente o próprio Deus (cf. 1Cor 15,28, "Deus tudo em todos"). Por isso, Santo Tomás pôde escrever que Deus não procura sua glória para si mesmo, mas para nós (*Summa Theologiae*, II-II, 132, 1).

IV. O mistério da criação

A criação nasce da vontade livre de Deus, da sua sabedoria e do seu amor. Os textos bíblicos que são citados são suficientemente claros. O fato de o mundo ser sustentado pela vontade livre de Deus dá sentido à liberdade humana. Não teria sentido falar dela no contexto de um mundo governado pela cega necessidade. O Concílio Vaticano I ressalta em DF que Deus criou o mundo pela sua bondade e pelo seu poder onipotente (DS 3002). A importância dada ao amor é muito significativa. Por isso, Deus pode efundir o seu amor sobre todas as criaturas. É o amor que move o mundo, "o sol e as outras estrelas", como diz o verso insuperável de Dante.

Deus, para criar, não tem outro pressuposto intrínseco senão o seu livre amor. Tampouco tem pressuposto extrínseco que limite a sua liberdade. Cria "do nada", ou seja, o mundo não é uma emanação sua e, de outra parte, não há nenhuma coisa estranha a ele que o condicione. Tudo o que existe depende radicalmente dele, segundo tudo o que é (cf. Vaticano I: DS 3025). Na Escritura, predominam as formulações positivas: Deus criou tudo o que existe. Em dois textos, porém, citados pelo Catecismo, 2 Macabeus 7,28 e Romanos 4,17, aparece a criação do nada. O Catecismo indica de modo adequado que essa é uma verdade de esperança. Com efeito, esses dois textos unem a criação do nada e a fé na ressurreição.

No n. 298, faz-se uma alusão à criação "mediante a palavra". A ideia se repete frequentemente na Bíblia a partir de Gênesis 1,1 ss. Deus, que cria do nada, pode "falar", "exprimir-se" de modo inteiramente livre, ou, como diz o Vaticano II, DV 3, "dar um perene testemunho de si". Esse poder divino pode também dar ao coração dos homens a luz da fé.

O mundo não é um caos, mas um *"kósmos"*, um conjunto ordenado e coerente. Daí a constatação do Criador no fim de cada um dos dias: "E Deus viu que era bom". Com o aparecimento do homem, o mundo bom torna-se "muito bom" (Gn 1,31). A criação é entregue ao homem para que, por meio dela, conheça e honre o seu Criador. Dado que tudo brotou da livre vontade e das mãos de Deus, o mundo criado é radicalmente bom. A Igreja sempre rejeitou qualquer ideia pessimista sobre o mundo criado (cf. as referências no fim do n. 299). A bondade do ser criado proclama a do Criador. Não reconhecemos a grandeza de Deus quando diminuímos o valor da sua criatura. Ela depende certamente de Deus, mas na sua dependência tem uma bondade e consistência própria (GS 36). Essas duas verdades, opostas à primeira vista, devem ser mantidas sempre juntas: Deus é transcendente ao mundo e, ao mesmo tempo, imanente a ele. Não se confunde com o mundo, ultrapassa-o, porque o criou livremente. Porém, não tendo as realidades criadas consistência senão nele, é a coisa mais íntima das próprias coisas. Santo Agostinho expressou esse paradoxo na famosa sentença que é citada, segundo a qual Deus é mais íntimo a nós do que nosso próprio íntimo (*Confissões*, III, 6, 11). São Boaventura ressaltava que Deus é mais íntimo a qualquer coisa do que ela o é a si mesma (*In Sententiarum*, III, d. 29, q. 2). E Santo Tomás diz que as coisas estão ainda mais em Deus do que Deus nas coisas (*Summa Theologiae*, I, 8, 3). A criatura não pode adquirir uma autossuficiência diante do Criador, diferentemente das obras humanas, as quais, uma vez realizadas, subsistem independentemente de seu autor. Deus é fiel a si mesmo e à sua obra. Por isso, mantém no ser o que livremente criou. Ama tudo o que fez, pois, não fosse assim, não teria feito. A "conservação" no ser do que Deus fez é a continuação da ação criadora (*Summa Theologiae*, I, 104, 1). Reconhecer essa dependência equivale a ver Deus que age nas criaturas, a descobrir a sua presença ativa no mundo. O texto indica que esse último é fonte de sabedoria e de liberdade, de alegria e de confiança. A razão de tudo isso pode estar na proximidade com que se experimenta Deus, que é a fonte de todo bem.

V. Deus realiza o seu desígnio: a Providência divina

O tema de que agora se começa a tratar tem relação direta com o que se acabou de explicar. Em ambos os casos, quer-se ressaltar a constante ação de Deus no mundo que criou. O fato de Deus manter o mundo no ser não significa que a sua presença seja meramente estática. Essa manutenção é, ao mesmo tempo, guia da criação em direção a seu destino. Essa dimensão mais dinâmica da constante ação divina é a que é posta em destaque, quando se trata da "providência". A criação chegará à sua finalidade apenas quando Deus for tudo em todas as coisas (1Cor 15,28). Nesse ínterim, Deus a conduz à perfeição com a sua providência. O Vaticano I, em DF, apresenta essas ideias, embora não especifique no parágrafo dedicado à providência a finalidade concreta à qual Deus quer levar a criação.

A solicitude de Deus na sua "providência" pelo bem das criaturas não se limita à direção e guia do mundo na sua totalidade. A Escritura põe em evidência a imediação e a concretude desse cuidado divino (n. 303). Nada escapa ao olhar de Deus. Todo homem e cada movimento concreto têm para Deus uma importância, muito diferente, sem dúvida, da que lhe damos nós em nossa avaliação. O primado da ação divina na guia da história e do mundo manifesta-se, na Sagrada Escritura, na atribuição "a" Deus de determinadas ações, sem menção das causas segundas (n. 304). É o resultado da visão de fé com que se contempla o mundo na Bíblia. De fato, também na ação das "causas segundas", até das mais livres, opera Deus, Senhor de tudo. Voltaremos depois sobre esse particular. Primeiro, porém, é posto em destaque o chamado de Jesus ao abandono filial à divina providência (n. 305). O Deus providente, no cuidado que tem pelas criaturas, manifesta a sua paternidade. Os textos do Sermão da Montanha são eloquentes a esse respeito. Nesse contexto, Jesus se refere frequentemente a Deus, seu Pai, como o Pai dos discípulos: "o 'vosso Pai' sabe de que tendes necessidade...". A grandeza do Criador manifesta-se na capacidade que dá às suas criaturas. Por isso, a "intervenção" de Deus e das criaturas no cumprimento do desígnio divino não é sinal de fraqueza, mas expressão máxima da grandeza do Criador. Na sua condição de "causas segundas", as criaturas participam da causalidade fontal de Deus. É uma perfeição especialmente marcada pelo fato de que Deus é capaz de fazer sua criatura participar. Se isso já vale para as causas segundas naturais, aleatórias, deve valer muito mais para o ser humano. Desde o primeiro instante foi chamado a dominar a terra. O homem, com a sua inteligência e liberdade, é capaz de ser um autêntico cooperador da obra de Deus. O homem foi criado e, a um tempo, Deus o fez "criador". Com a sua livre ação, o homem faz com que se desenvolvam as virtualidades da natureza de tal modo que ela, deixada a si mesma, jamais poderia conseguir. Se Deus tem sempre a primazia nas obras das causas segundas, tem também, sobretudo, na ação humana. Deus é também quem sustenta a liberdade; não é um freio nem sua limitação. Vice-versa, na livre resposta do homem ao convite divino, mostra-se o máximo poder do Criador. Se não há oposição entre Criador e criatura, uma vez que essa última recebe tudo de Deus, tampouco pode haver entre o homem e Deus. O Deus que dá a vida jamais pode ser apresentado como quem limita a minha liberdade. A grandeza humana manifesta-se na sua capacidade de cooperar não apenas com a criação, mas também com o Reino e com a salvação do homem (n. 307, no fim). Mais uma vez, notamos no texto do CCE a unidade do desígnio divino, que abraça, inseparavelmente, a criação e a salvação. Ambas podem e devem ser distintas, mas não separadas. A criação, como já se mostrou, é o início da obra salvífica.

As mesmas ideias recorrem no n. 308. Deus é o princípio de todas as operações, inclusive e principalmente, o do homem. Deus suscita em nós o querer e o operar para a realização dos seus desígnios (cf. Fl 2,13). Na capacidade de suscitar a livre cooperação da criatura, o Criador manifesta a sua maior grandeza; ao mesmo tempo, põe-se em destaque a dignidade do homem. Também aqui está presente a consideração explícita da salvação. Com o Criador, a criatura não se esvai, porque somente ele é quem a sustenta no ser; além disso, não pode atingir o seu fim sem a ajuda da graça. Isso deve ser aplicado de modo específico ao ser humano. A pergunta sobre o mal é antiga. É a objeção que sempre se repete diante da mensagem do Deus bom e providente que o cristianismo proclama. A existência do mal, do sofrimento inocente... não desmente o que foi dito até agora? Temos de constatar que uma explicação racional do mal que nos seja plenamente satisfatória provavelmente jamais será encontrada. Com sabedoria, o CCE mostra que, de certo modo, toda a fé cristã é uma resposta à questão do mal. Sobretudo se levarmos em conta que, mediante a sua encarnação, o Filho de Deus sofreu o mal, inclusive as consequências do pecado humano e, com isso, nos abriu a esperança da alegre ressurreição. Com efeito, a fé cristã é uma resposta à questão sobre o mal: ele foi assumido pelo próprio Deus. Jesus fez-se em tudo semelhante a nós, exceto no pecado (Hb 4,25). Naturalmente, Deus poderia ter criado um mundo melhor do que o nosso. Poderia tê-lo criado "todo de uma só vez", sem o processo de aperfeiçoamento e de mudança a que estamos sujeitos, mas não o fez assim. Não podemos entrar nas intenções divinas. Todavia, nos é lícito pensar que, com esse "aperfeiçoamento" que Deus quis deixar aberto na sua obra, quis dar ao homem a possibilidade de cooperar com a obra da criação. O homem na sua liberdade aperfeiçoa a si mesmo e, ao mesmo tempo, o mundo que o circunda. O mundo é um desafio para o homem e a sua criatividade. Isso porque é limitado, passível de aperfeiçoamento. Daí a existência do mal chamado "físico", o que deriva das causas naturais e do limite da criatura. Os seres vivos nascem e morrem, constroem-se e destroem-se. Esse mal pode ser motivo de bens maiores, ainda que não deva ser banalizado e seja sempre um interrogativo para o homem, o qual somente na cruz de Cristo encontrará uma luz para esse mistério.

As criaturas inteligentes e livres, porém, devem conseguir seu fim mediante a escolha do amor delas. É essa a sua maior perfeição, ou seja, poder atingir seu fim livremente, por sua vontade, não obrigadas. Contudo os anjos e os homens pecaram. O mal moral, a livre rejeição de Deus, o pecado, é um mal infinitamente maior do que o mal físico. Nele está envolvido o próprio destino eterno da criatura. Por essa razão, temos de afirmar que Deus não quer esse mal e não pode ser considerado causa dele. Santo Agostinho dizia que tudo o que somos e temos vem de Deus, exceto o pecado, que vem somente de nós. A Igreja sempre rejeitou a predestinação ao mal, pois Deus quer que todos os homens se salvem. Dado que não podemos imaginar um "espaço" no mundo no qual Deus não intervenha de algum modo, nem que as coisas possam acontecer de modo absoluto contra a sua vontade, recorre-se tradicionalmente à solução segundo a qual o mal é "permitido" por Deus, o qual respeita a liberdade por ele mesmo criada. Se Deus nos criou livres, não pode impedir que essa liberdade seja exercida. Daí o risco, portanto, do mal e do pecado; o risco, por assim dizer, que Deus corre ao nos criar livres. Naturalmente, Deus, sempre Todo-Poderoso no seu amor, é capaz de tirar o bem do mal. O pecado dos homens deu lugar à entrega do Filho de Deus até a morte. Deus nos manifestou, assim, o seu amor de um modo que, se não existisse o pecado humano, não teríamos conseguido imaginá-lo, pois a prova de que Deus nos ama é que, enquanto éramos ainda pecadores, Cristo morreu por nós (cf. Rm 5,8). Da própria morte de Jesus — o crime mais hediondo que a humanidade pôde cometer, como lembra bem o texto — proveio o maior bem possível, a glorificação de Jesus, a redenção do homem. O fato de o amor Todo-Poderoso de Deus poder tirar bens até dos piores males não significa que o mal moral não seja mais um mal e que, portanto, seja querido por Deus. Esse princípio deve ficar bem claro.

Tudo concorre para o bem dos que amam a Deus, diz Paulo. Esse n. 313 parece se referir ao mal físico que pode nos acontecer. O pecado não concorre para o bem de ninguém; além disso, por sua causa, recusamos o amor que Deus tem sempre por nós. A esperança é uma virtude teologal, uma das atitudes fundamentais da existência cristã. Quem crê no Deus Pai e providente deve pensar que é para seu bem tudo o que ele lhe envia. Os caminhos de Deus são ainda misteriosos para nós. E o são os próprios caminhos pelos quais ele nos guia em cada um de nossos dias. Mas Deus é senhor da história. Nem o mal nem o pecado lhe tiraram esse senhorio. Por isso, sabemos que conduzirá a criação a seu fim. Ela é chamada à consumação final no repouso definitivo, do qual o repouso sabático do Gênesis 2,2 não é senão uma prefiguração: a plenitude de todos os homens e, também, da própria criação, na participação da glória do Senhor ressuscitado. O oitavo dia, o dia da ressurreição, é o início de um mundo novo (cf. *Epístola a Barnabé*, XV, 8). A criação nos abre à perspectiva escatológica à qual está dedicada a parte final da nossa confissão de fé.

Artigo 1

Parágrafo 5

O CÉU E A TERRA

PAUL O'CALLAGHAN

I. Os anjos

O CCE ensina que todas as coisas foram criadas por Deus, quer as espirituais, quer as materiais, bem como o homem "como participante de umas e de outras". Nesse ensinamento, segue o Concílio Lateranense IV (DS 800, CCE 326). Essa doutrina é referida pelo Símbolo dos Apóstolos, que professa que Deus é "o Criador do céu e da terra" e no Símbolo Niceno-Constantinopolitano, que explicita: "De todas as coisas, visíveis e invisíveis". O primeiro fala do mundo material, habitado pelos homens; o segundo pode indicar "o firmamento, mas também o 'lugar' próprio de Deus [...] o 'lugar' das criaturas espirituais — os anjos — que estão ao redor de Deus" (n. 326).

O termo "anjo" deriva do grego *ánghelos* (daí *angelus* em latim) que quer dizer "mensageiro". A Escritura, quer o Antigo Testamento, quer o Novo, fala frequentemente dos anjos. "Quase todas as páginas das sagradas Escrituras dão testemunho da existência dos anjos e dos arcanjos", observa Gregório Magno (*Homiliae 34 in Evangelia*, 7).

A expressão "o anjo do Senhor" (*malak YHWH*) encontra-se com frequência no Antigo Testamento. A íntima relação entre os anjos e Deus é muito enfatizada no Antigo Testamento, a ponto de a identidade precisa do "anjo do Senhor" não ser sempre clara; às vezes a expressão parece se referir às próprias ações de Deus e não a um sujeito separado.

A proximidade da relação deles com Deus é expressa principalmente de dois modos na Escritura. O primeiro, no louvor a Deus. "Dos céus, louvai o Senhor: louvai-o nas alturas; louvai-o, vós, todos os seus anjos; louvai-o, vós, todo o seu exército" (Sl 148,1-2); "Bendizei o Senhor, vós seus anjos, forças de elite a serviço de sua palavra, que obedeceis ao ressoar de sua palavra" (Sl 102,20). E o segundo, no cuidado deles com o resto da criação e, especialmente, do homem. Os anjos "desde a criação e ao longo da história da salvação, anunciando de longe ou de perto essa salvação e servindo ao desígnio divino de sua realização, fecham o paraíso terrestre, protegem Lot, salvam Agar e seu filho, seguram a mão de Abraão, comunicam a Lei por seu ministério, conduzem o povo de Deus, anunciam nascimentos e vocações, assistem os profetas... para citar apenas alguns exemplos" (CCE 332).

Com clareza, as duas expressões acompanham uma à outra e se explicam uma à outra: os anjos assistem os homens com o objetivo de dirigir suas vidas para Deus, cumprindo com alegria a sua vontade, no louvor e na ação de graças.

No tempo do Novo Testamento havia algumas dúvidas sobre a existência dos anjos, quer entre os judeus, quer entre os gregos. Abundavam os espíritos, os deuses e as divindades. De outra parte, Jesus, na Escritura, além de afirmar a existência dos anjos contra os Saduceus (Mt 20,30; At 23,8), esclarece duas coisas. Em primeiro lugar, que os anjos e os espíritos de qualquer gênero estão subordinados a ele. De fato, o CCE diz que "Cristo é o centro do mundo angélico" (n. 331). Eles são, afinal, "os seus anjos" (Mt

25,31). Esse ensinamento pode ser encontrado de modo particular nos escritos paulinos. Como todas as outras coisas, os anjos foram criados '"por ele' e 'para' ele": "Ele é a imagem do Deus invisível. Primogênito de toda criatura, pois nele tudo foi criado, nos céus e na terra, tanto os seres visíveis como os invisíveis, Tronos e Soberanias, Autoridades e Poderes. Tudo foi criado por ele e para ele" (Cl 1,15-16; Hb 1,14). Com toda probabilidade, Paulo estava se referindo aos ensinamentos gnósticos comuns naquele tempo, que consideravam Jesus mais como um anjo — ou uma divindade ou um espírito — entre os outros. Em segundo lugar, toda a vida e o ministério de Jesus estão cercados e são inspirados pelos anjos. "Desde a encarnação até a ascensão, a vida do Verbo Encarnado é cercada da adoração e do serviço dos anjos. Quando Deus introduziu o 'Primogênito no mundo, Deus diz: Todos os anjos devem adorá-lo' (Hb 1,6). O canto de louvor deles ao nascimento de Cristo não cessou de ressoar no louvor da Igreja: 'Glória a Deus...' (Lc 2,14). Os anjos protegem a infância de Jesus, servem a Jesus no deserto, o reconfortam na agonia, quando ele poderia, por si mesmo, ter se salvado das mãos dos inimigos como outrora Israel. São ainda os anjos que 'evangelizam', anunciando a Boa-Nova da encarnação e da ressurreição de Cristo. No retorno de Cristo, que eles anunciam, estarão lá a serviço de seu juízo" (CCE 333). Particularmente significativa, enfim, é a aparição dos anjos no momento da ascensão; quando Jesus se afasta da vista dos apóstolos, eles explicam a eles o significado do desaparecimento do Mestre (At 1,10).

Dado que o ensinamento cristológico da Igreja se desenvolveu e se consolidou ao longo dos séculos, a devoção aos anjos e a consequente teologia progrediram e amadureceram firmemente, tornando-se um elemento essencial da eclesiologia e espiritualidade cristãs. Desde os primeiríssimos dias da Igreja, os anjos cuidaram dos crentes, os quais expressaram sua devoção em relação a eles. "A vida da Igreja se beneficia da ajuda misteriosa e poderosa dos anjos" (CCE 334). Quando os apóstolos foram presos, "durante a noite, o anjo do Senhor abriu as portas da prisão, fê-los sair e lhes disse: 'Ide, ficai no Templo, e lá, anunciai todas essas palavras de vida'" (At 5,19-20). Justamente porque os anjos participaram da missão de Cristo, também participam da missão da Igreja, seu Corpo. E os crentes reconheceram o poder e a ação deles. Quando Pedro foi solto da prisão pelo poder de um anjo e se dirige à casa onde estavam os cristãos, eles exclamam: "É o anjo de Pedro" (At 12,15). Também Paulo é salvo pelos anjos, quando estava se afogando (At 27,23-24). Pedro participa da conversão de Cornélio devido ao convite de um anjo (At 10,3-12). A mesma coisa ocorre com Filipe no caminho de Jerusalém a Gaza (At 8,26-29).

Não é de espantar, por isso, que Orígenes possa afirmar que existem duas igrejas: uma, dos homens, e uma, dos anjos, visível e espiritual, unidas estreitamente uma à outra, cada qual governada por um bispo próprio, um angélico e um humano (*Homiliae in Lucam*, 13). A presença deles é particularmente intensa e poderosa durante a celebração da eucaristia. "Na liturgia, a Igreja se associa aos anjos para adorar o Deus três vezes Santo. Ela invoca a sua assistência (assim em *In paradisum deducant te angeli... — Ao paraíso te levem os anjos*, na liturgia dos defuntos, ou ainda no 'hino dos querubins', da liturgia bizantina). Além disso, festeja mais particularmente a memória de certos anjos (São Miguel, São Gabriel, São Rafael, os anjos da guarda)" (CCE 335).

Muitos Padres da Igreja e renomados teólogos ensinaram que Deus provê todo homem de um anjo protetor (ou "da guarda"). Além disso, considera-se habitualmente que casas, instituições e países inteiros estejam sob a proteção dos anjos. Orígenes o diz com muita clareza: "Cada um dos fiéis, até mesmo o menor de todos na Igreja, é guardado por um anjo que, segundo a palavra de Cristo, contempla o rosto de Deus" (*De principiis* II, 10, 7). Também Tomás de Aquino ensina que os homens são guardados durante sua vida terrena pelos anjos, e que depois, quando chegam ao céu, não têm mais um anjo da guarda, mas, antes, um anjo "correinante" ou (em caso de condenação) um demônio atormentador (*Summa Theologiae*, I, 113, 4).

Também os Padres estão cientes, sob o ponto de vista cristológico, da vida e da atividade dos anjos. Gregório Magno diz que, por culpa do pecado, perdemos a amizade dos anjos, "estávamos longe da luminosa pureza deles". Todavia "a partir do momento em que começamos a reconhecer o nosso Rei, os anjos nos reconhecem como seus compatriotas. A partir do momento em que o Rei do céu assumiu a nossa carne terrena, os anjos não se distanciam mais da nossa miséria. Eles não ousam mais considerar como inferior à natureza deles aquele que adoram, vendo-o exaltado acima deles na Pessoa do Rei do céu" (*Homiliae in Evangelia*, 8, 2). E o CCE, obviamente, acolhe essa tradição: "Desde o início até a morte, a vida humana é cercada pela proteção dos anjos e por sua intercessão. 'Cada fiel é ladeado por um anjo como protetor e pastor para conduzi-lo à vida' [Magno, São Basílio, *Adversus Eunomium*, 3, 1]. Ainda aqui na terra, a vida cristã participa na fé da sociedade bem-aventurada dos anjos e dos homens, unidos em Deus" (n. 336).

A pergunta que nos fazemos, porém, é esta: as duas afirmações do Novo Testamento são compatíveis entre si, ou seja, que, de uma parte, os anjos estão subordinados a Cristo e que, de outra, Jesus (e a Igreja, seu Corpo) têm necessidade deles no exercício do ministério e da obra da salvação? Isso nos leva à questão da "mediação" exercida pelos anjos. Afinal, Jesus Cristo é "o único mediador" (1Tm 2,4). Portanto, com base nessa afirmação, onde se colocam os anjos? Se Cristo, o Unigênito Filho de Deus, a Palavra na qual nos é dito tudo, é o único mediador da palavra e do poder divino, por que deveríamos atribuir um papel relevante aos anjos nesse processo, como mediadores do divino? Podemos fazer cinco observações.

1. Para começar, a mediação dos anjos não está em competição com a de Cristo. Eles partilham de sua única mediação. São João Paulo II, nas suas catequeses sobre os anjos, observa que "a existência e a obra dos anjos (bons e maus) não constitui o conteúdo central da Palavra de Deus [...]. A verdade sobre os anjos é, em certo sentido, 'colateral'; todavia, é inseparável da revelação central, que é a existência, a majestade e a glória do Criador, que refulgem em toda a criação 'visível' e 'invisível' e na ação salvífica de Deus na história do homem" (*Audiência*, 09.07.1986, n. 3).

2. A natureza e o papel dos anjos foram frequentemente postos em dúvida nos últimos séculos. Isso se deve, em parte, ao programa de desmitologização de Bultmann e de outros; segundo eles, os anjos não pertencem de direito à Sagrada Escritura, mas são, antes, como Hobbes e Voltaire já haviam dito, simples ficções da nossa imaginação. A ciência os expulsou da religião cristã, diria Bultmann, junto com os milagres e outras figuras mitológicas. As dúvidas sobre a existência e as atividades dos anjos provêm também do fato de que a teologia protestante se afasta completamente da vertente cristã das mediações de qualquer tipo, temendo que a atenção dos crentes sobre elas — e sobre outras mediações, como a Igreja, os sacramentos, a Palavra, os ministros — possam suscitar idolatria e limitar a mediação de Cristo. É interessante lembrar que Calvino considerou de grande importância a fé nos anjos (*Inst. Christ.* I, 14, 3), e Lutero os chamou de "as

sentinelas de Deus" (*Weimarer Ausgabe* 30/2, 597). Do mesmo modo, Karl Barth insistiu sobre a importância dos anjos como mediadores na história da salvação, embora os considerasse inferiores aos homens (*Dogmatica Ecclesiale* III/3, § 51). No entanto, afinal de contas, o protestantismo opõe tipicamente a mediação de Cristo à das criaturas. E isso deixou sua marca. Com a Escritura em mãos, a existência deles não pode ser negada, mas na teologia moderna, seja protestante, seja católica, eles são comumente considerados como irrelevantes no plano quer pastoral, quer espiritual.

3. Os anjos são seres puramente espirituais. Orígenes, Agostinho e outros pensavam que eles fossem, pelo menos em parte, seres materiais. Desse modo, poder-se-ia explicar seu modo de ser criado e finito, diante de Deus, que é o único Espírito puro. Tomás de Aquino insistiu, todavia, na plena espiritualidade dos anjos, na qual se refletem dentro da ordem criada a perfeição infinita de Deus, que é Espírito (*Summa Theologiae*, I, 50, 2). Ele afirma que seu modo de ser criado e finito é garantido pela composição neles de ato e potência (*Summa Contra Gentiles*, III, 53). Diferentemente de Deus, eles são incapazes de exprimir sua inteira natureza numa só ação, porque somente Deus é "Ato puro". O CCE, com efeito, ensina que os anjos são "criaturas puramente espirituais" (n. 330). Consequentemente, nós homens não somos capazes de interagir com eles no nível empírico. Nós cremos neles, mas não podemos fazer com que os vejamos ou os toquemos ou os sintamos. Embora haja uma crise hoje na devoção aos anjos, isso não é por causa de um excesso da ciência ou de um defeito de idolatria, mas, antes, por uma falta de fé. Historicamente, é interessante observar que, quando diminuiu a fé nos anjos, diminuiu também a fé em Deus. Quando tentamos eliminar os anjos, a Escritura deve ser completamente reinterpretada e, com isso, esvazia-se a própria história da salvação (J. Auer, A. Winklhöfer).

4. Se a mediação dos anjos não é necessária, como é a de Cristo, que papel exercem na vida dos fiéis e no mundo em geral? A mediação deles não será necessária "para Deus", mas é ainda muito adequada "para nós". Deus faz uso de mediações de diversos tipos para comunicar a sua graça e a sua força, para estabelecer unidade e harmonia entre todas as criaturas, que são (ou que deveriam ser) um reflexo da sua própria comunhão trinitária, para provocar uma resposta livre, responsável e generosa a seus dons. Os anjos que louvam incessantemente a Deus comunicam seu próprio espírito de serviço e de louvor ao resto da criação. Ao fazer isso, eles ensinam aos crentes a verdadeira essência da caridade, da humildade e do louvor. Paradoxalmente, pode-se ver a perfeição da mediação deles no fato de que desaparecem enquanto a realizam, seja ela qual for, e não exigem nenhuma retribuição senão que seja para sempre proclamada a glória de Deus e louvada a sua Majestade. A eles se adequam, literalmente, as palavras de Jesus aos discípulos: "Assim também brilhe a vossa luz aos olhos dos homens, a fim de que, vendo as vossas boas obras, eles glorifiquem o vosso Pai que está nos céus" (Mt 5,16).

5. Devido à discreta mediação deles, sabemos pouco da natureza dos anjos, embora tenhamos consciência da amplitude da missão deles por meio do testemunho da Escritura. "A palavra 'anjo' designa o ofício, não a natureza. Caso se pergunte qual o nome dessa natureza, responde-se que é espírito; caso se pergunte qual é o ofício, responde-se que é anjo" (AGOSTINHO, *Enarratio in Psalmum* 103, 1, 15).

Temos, no entanto, de dizer ainda alguma coisa sobre a natureza deles. Diz o CCE: "Como criaturas puramente espirituais, são dotados de inteligência e de vontade; são criaturas pessoais e imortais. Superam em perfeição todas as criaturas visíveis. Disto dá testemunho o brilho de sua glória" (n. 330). No que diz respeito à sua pura espiritualidade, Tomás de Aquino (*Summa Theologiae*, I, aa. 50-61) ensina que (1) dado que os anjos não ocupam nenhum espeço, não há razão pela qual não seja possível existir um vasto número deles, como a Escritura parece indicar (Dn 7,10; Ap 5,11); (2) a identificação deles não deriva da matéria, como no caso das outras criaturas, e, portanto, pode derivar somente da espécie deles; por essa razão todo anjo tem uma espécie "própria", diferentemente dos homens, que têm uma natureza comum e, por isso, pertencem todos à mesma espécie; (3) os anjos são imortais, dado que não são compostos de matéria e de espírito: de fato, Jesus diz que os ressuscitados "não podem mais morrer, pois são iguais aos anjos" (Lc 20,36); (4) embora espirituais e imortais, os anjos são criaturas e vivem dentro de certa estrutura temporal, chamada *aevum*, na qual suas ações se sucedem umas às outras; (5) os anjos não se localizam dentro de uma circunscrição material e espacial, como no caso dos homens: não são onipresentes como Deus, mas a presença deles no universo criado é "operativa", mais que circunscrita; (6) a inteligência angélica é diferente da humana, que é discursiva e dependente da matéria: eles conhecem as coisas mediante a iluminação divina, de modo intuitivo, direto e claro; e (7) a vontade dos anjos segue o intelecto deles, sem as obscuras e nebulosas imperfeições que pesam sobre o ser humano: eles agem de modo completamente claro, lúcido, instantâneo e definitivo, tanto que são incapazes de se arrepender de suas ações, como o são, porém, os limitados seres humanos.

Paul Claudel exprime esse ensinamento de modo muito forte: "O anjo... não tem nada a aprender: sabe e existe olhando... Não há véu. Nada no anjo se opõe à realização da pessoa, daquilo para o que foi criado, nem ignorância, nem fraqueza, nem obstáculo. A consciência ocupa tudo e se transforma imediatamente em vontade, como o círculo em circunferência. O papel que desempenha é para ele a própria existência. Ele respira inesgotavelmente o inspirador. A visão nele provoca tal tiragem sobre a vontade, o Espírito aspira o Espírito com tal vigor que na coerência de todos os seus elementos rítmicos infinitamente complexos liberta-se diretamente do nada a pronunciação desse nome admirável, desse ser inextinguível" (*Presença e profecia*, Milano, Edizioni di Comunità, 1947, 147 s.).

II. O mundo visível

Na economia cristã não há somente mediações espirituais, como a dos anjos, mas também materiais. Desde os tempos mais antigos, os cristãos resistiram aos ensinamentos gnósticos, que consideravam a matéria como não ordenada ou até oposta a Deus, uma categoria de mal e de perversão. Repetidamente, a Igreja insistiu sobre a bondade não só da alma, mas também do corpo, da matéria, do mundo, do matrimônio, da procriação, das estrelas e do universo todo. Fazia-se isso com base em muitas doutrinas fundamentais. Em primeiro lugar, a da "criação": todas as coisas receberam o ser de Deus, sem exceção, até as mais humildes. *"Não existe nada que não deva a própria existência a Deus criador.* O mundo começou quando foi tirado do nada pela Palavra de Deus. Todos os seres existentes, toda a natureza, toda a história humana têm suas raízes neste acontecimento primordial: a própria gênese pela qual o mundo foi constituído e o tempo começou" (CCE 338). Em segundo lugar, o valor da matéria é confirmado pela encarnação do Verbo (Deus se fez homem e, mais, fez-se carne, Jo 1,14). De modo semelhante, o mundo material é avaliado positivamente, com base na economia sacramental (a graça de Deus chega infalivelmente ao homem por meio de elementos materiais, como água, óleo, pão e vinho). E, enfim, a futura vocação e durabilidade da matéria no desígnio de Deus podem ser encontradas na doutrina da ressurreição final, quando os homens, no fim dos tempos, ressurgirão na carne. Em suma, pode-se dizer que Deus ama a matéria e a leva em consideração. Efetivamente, como diz Tertuliano: *caro cardo salutis*, "a carne é o eixo da salvação" (*De carnis resurrectione*, 8).

Podemos, pois, fazer seis afirmações sobre o mundo material, sob o ponto de vista teológico:

1. A bondade das criaturas materiais deriva de Deus, no sentido de que, se Deus, hipoteticamente, não as tivesse criado, não seriam "boas". "As diferentes criaturas, queridas em seu próprio ser, refletem, cada uma a seu modo, um raio da sabedoria e da bondade infinitas de Deus. Por isso o homem deve respeitar a bondade própria de cada criatura, a fim de evitar o uso desordenado das coisas, que menospreze o Criador e acarrete consequências nefastas para os homens e o meio ambiente" (CCE 339). Assim sendo, todas as criaturas são queridas para glorificar o Criador delas. É esse o verdadeiro significado do dia do *shabbath* que conclui a obra da criação de Deus: "'Deus concluiu no sétimo dia a obra que tinha feito' […]. No sétimo dia, Deus 'repousou', e santificou e abençoou este dia" (n. 345). "A criação está em função do sábado, portanto do culto e da adoração de Deus. O culto está inscrito na ordem da criação" (n. 347).

2. Os seres materiais pertencem uns aos outros em harmonia, em unidade, em sinfonia. Eles se encontram em recíproca relação, interagem, interdependem, enriquecem-se reciprocamente. "O sol e a lua, o cedro e a pequena flor, a águia e o pardal: as inúmeras diversidades e desigualdades significam que nenhuma criatura se basta a si mesma, que só existem em dependência recíproca, para se completarem mutuamente, a serviço umas das outras" (n. 340). "Existe solidariedade entre todas as criaturas pelo fato de terem todas o mesmo Criador e de todas estarem ordenadas à sua glória" (n. 344).

3. Todas as criaturas, pelo fato de terem a própria origem em Deus, podem ser consideradas belas, atraentes, fascinantes, com uma beleza que não é fria, nem solitária, nem competitiva, mas partilhada e que mutuamente se amplia. "A ordem e a harmonia do mundo criado resultam da diversidade dos seres e das relações que existem entre eles. O homem as descobre progressivamente como leis da natureza. Elas despertam a admiração dos sábios. A beleza da criação reflete a infinita beleza do Criador. Ela deve inspirar o respeito e a submissão da inteligência e da vontade do homem" (n. 341).

4. Deus constituiu os seres materiais numa hierarquia, cujo ápice é ocupado pelo homem. "A hierarquia das criaturas é expressa pela ordem dos 'seis dias', que vai do menos perfeito ao mais perfeito. Deus ama todas as suas criaturas, cuida de cada uma, até mesmo dos pássaros. Todavia, Jesus diz: 'Vós valeis mais do que muitos pardais' (Lc 12,7), e ainda: 'Um ser humano vale muito mais do que uma ovelha' (Mt 12,12)" (n. 342). O CCE insiste sobre o fato de que, enquanto todas as criaturas são feitas por Deus, o homem ocupa uma posição superior, tendo sido plasmado à sua imagem e semelhança. "O homem é a obra-prima da criação. A narração bíblica exprime isso, distinguindo nitidamente a criação do homem daquela das outras criaturas" (n. 343).

5. O fato de Deus ter criado o mundo até o último pormenor significa que ele "depositou um fundamento e leis que permanecem estáveis, nos quais o crente pode se apoiar com confiança e que serão para ele o sinal e a garantia da fidelidade inabalável da Aliança de Deus" (n. 346). A nossa grata aceitação da obra da criação de Deus está em nos conservarmos "[fiéis] a este fundamento e respeitar as leis que o Criador inscreveu nele" (ibid.). A alegre valorização cristã do mundo material leva-nos a investigar e aceitar a lei natural.

6. O mundo material não é fechado e infinitamente repetitivo, como sugere a doutrina grega do eterno retorno. Antes, é aberto à novidade da criação em Cristo. Isso é indicado muitas vezes na Escritura como "o oitavo dia". "Para nós, porém, nasceu um dia novo: o dia da ressurreição de Cristo. O sétimo dia leva ao termo a primeira criação. O oitavo dia dá início à nova criação. Assim, a obra da criação culmina na obra maior da redenção. A primeira criação encontra seu sentido e seu ápice na nova criação em Cristo, cujo esplendor ultrapassa o da primeira" (n. 349).

Artigo 1
Parágrafo 6
O HOMEM

LUIS F. LADARIA

Depois de ter falado do mistério da criação, do mundo invisível (os anjos) e do mundo visível em geral, o CCE volta agora sua atenção ao homem. Pode-se facilmente supor a importância deste parágrafo? Quem somos nós, segundo a fé cristã? Sobre nós mesmos podemos ter muitos conhecimentos que não provêm da revelação divina. Ao nos revelar, porém, o amor do Pai, Jesus, o homem perfeito, nos disse quem somos (GS 22). A fé nos dá a visão do homem segundo o que, em última análise, nos caracteriza com mais radicalidade: a nossa relação com Deus. Gênesis 1,26 s. indica a especial dignidade do homem na criação por sua condição de imagem de Deus. Assim, isso será o primeiro ponto a ser desenvolvido. Seguem-se outras três seções dedicadas ao humano enquanto ponto que une o mundo material e espiritual; existente como homem e mulher; estabelecido na amizade com Deus.

I. "À imagem de Deus"

São muitíssimas as interpretações que no decurso da história se deram sobre a afirmação do Gênesis: o homem foi criado à imagem de Deus. O concílio Vaticano II, GS 12, indica a condição do homem — imagem de Deus — como o que é mais próprio da visão cristã do ser humano, o que, sobretudo, o distingue das numerosas visões apresentadas a respeito do homem. Antes de tudo, define essa imagem como a capacidade de conhecer e amar o seu Criador. A ideia já se encontra em Santo Tomás (*Summa Theologiae*, I, 93, 3; embora, segundo Santo Agostinho, apenas a alma seria para ele propriamente imagem de Deus e o corpo não partilharia dessa dignidade; nem o Concílio Vaticano II nem o texto que estamos comentando retomam essa restrição, mas falam acertadamente do homem todo). É indicada também a tarefa de dominar a criação que o ser humano recebeu de Deus. O texto da GS 12 termina com uma alusão à condição social do homem. O CCE privilegia, creio que com razão, a primeira indicação do Concílio; não exclui evidentemente as outras dimensões. Elas adquirem, porém, um novo valor se forem consideradas como consequências dessa condição fundamental: o ser humano é uma criatura privilegiada de Deus, porquanto criada à sua imagem e semelhança, chamada à comunhão com Deus e à participação da sua vida, no conhecimento e, sobretudo, no amor. As considerações cristológicas que se seguem nos ajudarão a aprofundar essa questão.

A condição *pessoal* do homem é posta em relação com a da imagem (n. 357). Há boas razões para isso, uma vez que a questão da imagem foi centrada na relação com Deus. Duas são as características do ser pessoal que são postas em destaque: de uma parte, a capacidade de se conhecer e de se dominar; em segundo lugar, a possibilidade de se doar livremente e de entrar em comunhão com os outros. Os dois aspectos são igualmente importantes. Por último, é-nos dada a razão última dessa dignidade peculiar do ser humano: o chamado à aliança com o Criador, à resposta de fé e de amor. A condição pessoal de "sujeito" do homem não pode estar desligada desse chamado à vida divina. O homem é "alguém" e não somente "alguma coisa", porque, antes de tudo, Deus quis criá-lo como seu interlocutor. Se Deus nos criou com essa capacidade de autodomínio e de autodoação é porque podemos nos doar livremente a ele e aos irmãos. O nosso ser pessoal atinge a sua plenitude no dom e no amor, no seguimento de Jesus. Para isso, o homem foi criado por Deus. É a única criatura deste mundo que pode conhecê-lo e amá-lo, louvá-lo e lhe dar graças. Para isso, no louvor, o homem, como diz a liturgia, faz-se voz de todas as criaturas. As outras coisas são para o homem (n. 358). O homem não é um meio, é um fim em si mesmo. Por ele, Deus chegou a entregar seu Filho.

O n. 359 retoma, embora não a desenvolva, uma feliz frase do Concílio Vaticano II, GS 22: "Na realidade, o mistério do homem só se torna claro verdadeiramente no mistério do Verbo encarnado". O belo texto de Pedro Crisólogo retoma o paralelismo paulino entre Adão e Cristo. Com muita fidelidade ao espírito paulino, embora não haja diretamente uma fidelidade literal, o santo doutor nos diz que o segundo Adão, Jesus, é verdadeiramente o primeiro. Ele é o primeiro e o último. Assim o apresenta a sentença do Apocalipse (1,17; 21,6; 22,13; cf. 1,8). Desejo chamar a atenção para uma frase da citação: "O segundo Adão estabeleceu sua imagem no primeiro Adão, quando o modelou". É retomada uma antiga tradição, que remonta a Santo Ireneu e a Tertuliano, que transmite também Santo Hilário de Poitiers, segundo o qual o modelo de Deus ao criar o homem teria sido seu Filho, que deve se encarnar. Antes, sendo o Filho o mediador da criação (falamos da doutrina de Santo Ireneu sobre as mãos do Pai), o próprio Filho de Deus já imprimiu no homem, modelando-o, os traços que ele próprio devia assumir na sua encarnação. Segundo essa linha de pensamento, o homem foi criado à imagem de Deus porque foi criado segundo o modelo de Jesus (o único que propriamente é a imagem de Deus: 2Cor 4,4; Cl 1,15), que devia se encarnar. Ao longo da história essa não foi a única interpretação dada dessa verdade bíblica. Contudo é particularmente sugestiva e profunda, com uma forte inspiração neotestamentária (cf. 1Cor 15,45-49). Temos de nos alegrar pelo fato de o CCE ter retomado esse texto de São Pedro Crisólogo e dele tenha se servido para comentar a afirmação da GS 22. Segundo esse mesmo texto conciliar, todas as afirmações sobre o homem que justamente o Concílio fez no cap. 1 da constituição têm sua fonte e chegam a seu ápice em Jesus, e, portanto, também a verdade do homem criado à imagem de Deus.

Os números finais desta seção (360-361) lembram-nos a unidade do gênero humano. É essa uma verdade teológica de grande importância. Fundamenta-se, certamente, na comum origem, como é indicado, mas também na comum vocação em Cristo. Antes, se o primeiro Adão já é a imagem do segundo, temos de pensar que esse fundamento cristológico da unidade entre nós não pode ser de modo algum secundária. Somente na revelação da "paternidade" divina que se manifesta em Jesus é que podemos compreender o sentido pleno da "fraternidade" entre todos os homens, no respeito e no reconhecimento da verdade.

II. "Corpore et anima unus"
— Unidade de alma e de corpo

O homem é uno, corpo e alma. Todo ele foi querido por Deus, foi criado todo à imagem de Deus. Na sua unidade, temos de reconhecer uma diversidade de aspectos e de dimensões. O Gênesis já mostra, com uma linguagem diferente da nossa, a condição corpórea do homem e, contemporaneamente, a sua participação na vida de Deus.

O termo "alma" tem múltiplos significados (n. 363). Na Escritura significa, sobretudo, a vida, bem como a pessoa humana inteira. Pode, porém, significar também — e esse foi o significado que teve maior desenvolvimento na tradição seguinte — o que é mais íntimo ao homem, o seu princípio que transcende este mundo, o seu princípio "espiritual". Diz-se que, por sua alma, o homem é "mais particularmente" imagem de Deus. Depois do que foi dito anteriormente e será dito a seguir, isso não pode significar e exclusão do corpo dessa condição. Naturalmente, é por meio de seu princípio espiritual que o homem pode conhecer a Deus e entrar em comunhão de amor com ele.

Dado que, como foi afirmado antes, o ser criado à imagem de Deus é o "homem", o seu corpo não pode deixar de participar da dignidade da imagem. Sendo a alma a forma do corpo (cf. o n. 365), o corpo é humano somente porque é animado pela alma. Por sua vez, ser forma do corpo é para a alma uma dimensão da sua própria natureza. A distinção entre a alma e o corpo não prejudica, assim, a unidade profunda e substancial do ser humano. Ele é uno, precisamente enquanto alma e corpo. A distinção entre a alma e o corpo manifesta-se no destino que nos espera: segundo a fé cristã, esse destino é a ressurreição, que afeta o homem inteiro. Qualquer desprezo pelo corpo é, pois, contrário à nossa fé. A fé no Deus criador significa a afirmação da bondade de toda a criação, inclusive do mundo material e, consequentemente, o corpo humano. Não temos, portanto, uma alma, primeiro, e, depois, um corpo, os quais se unem e constituem o homem. Não se trata de duas naturezas unidas, mas de uma só natureza corpóreo-espiritual. O Concílio de Viena insistiu sobre essa unidade, afirmando que a alma racional é a única forma do corpo. O Concílio se serviu da fórmula que Santo Tomás já havia cunhado. Naturalmente, nenhuma fórmula poderá abraçar totalmente o mistério humano, reflexo do mistério de Deus, porquanto criado à sua imagem. Porém deve ficar claro que, para a fé da Igreja, o homem, na necessária distinção das dimensões espirituais e corpóreas, é substancialmente uno. Tanto a alma quanto o corpo são alma e corpo "do homem".

No n. 366, são lembradas algumas importantes afirmações sobre a criação da alma humana e sua imortalidade. Antes de tudo, a criação imediata da alma por parte de Deus. Pio XII, na encíclica HG, reafirmou esse ensinamento tradicional da Igreja. A irreproduzibilidade da pessoa humana na sua relação com Deus exige, com efeito, essa intervenção direta. Como transcendente a este mundo e, mais, como chamado à comunhão com Deus, o homem não pode ter sua origem somente nas causas intramundanas. O ensinamento da criação direta da alma por parte de Deus não pode dar lugar ao desprezo do corpo: a alma criada diretamente por Deus é, ao mesmo tempo, a "forma do corpo". A imortalidade da alma foi afirmada várias vezes, especialmente no Concílio Lateranense V, no ano de 1513. Essa imortalidade, que pertence a um dos dois coprincípios do ser humano, é garantia da continuidade e da identidade do sujeito humano entre a vida presente e a vida da ressurreição, fim último do homem.

O n. 367 alude a uma importante distinção, a que se estabelece entre "alma" e "espírito". Certamente, as duas noções no Novo Testamento (faz-se referência a 1Ts 5,23) não são identificadas, nem mesmo nos primeiros Padres da Igreja (por exemplo, Ireneu de Lyon). Não se trata de uma dualidade na alma. A distinção ressalta algo muito mais profundo. O humano é um ser que não tem a sua finalidade em si mesmo, mas é chamado, desde a sua criação, a uma única vocação divina, como lembra o Concílio

Vaticano II, GS 22. Vive, portanto, na ordem "sobrenatural". Sem o dom do Espírito divino, que o transforma interiormente, não pode chegar a seu fim último. A salvação do homem não vem dos seus componentes antropológicos (embora não se realize à margem deles), mas do próprio Deus. A noção de "espírito" mostra-nos essa relação essencial do homem com Deus; enquanto unido a Jesus e guiado pelo Espírito, o homem se faz "espírito" (cf. Rm 1,10; 1Cor 6,17). O coração (n. 368) é a expressão do homem no mais profundo do seu ser; nele se decide, na sua liberdade, pró ou contra Deus. Segundo a linguagem bíblica, também Deus tem um coração no qual se decide a favor dos homens (cf. Sl 33,11).

III. "Homem e mulher ele os criou"

O Gênesis já ressalta que tanto o homem quanto a mulher foram criados à imagem de Deus. Com essa afirmação fundamental evidencia-se que os dois foram queridos igualmente por Deus e que a sua dignidade de imagem e de pessoas humanas é, em ambos os sexos, a mesma. Dado que Deus quis essa distinção, enfatiza o texto, ela é boa. Sendo homem ou sendo mulher, é necessariamente ser humano. A diferença não é obstáculo para a comum dignidade.

Deus, evidentemente, não é nem homem, nem mulher. Dele, porém, eles provêm e são participação do seu ser perfeitíssimo tanto as qualidades ou "perfeições" que caracterizam o homem quanto as que caracterizam a mulher. Não há nada, pois, de estranho que na Bíblia Deus apareça com traços masculinos e femininos; de mãe, de uma parte, de esposo e pai, de outra. Na Virgem Maria temos um ícone dessa "maternidade" e, portanto, desses traços femininos de Deus.

O homem e a mulher não foram criados apenas juntos, mas um para o outro. O Gênesis já nos mostra essa verdade. O texto (n. 371) evoca os pontos culminantes da narrativa genesíaca da criação da mulher. O homem, ao descobrir a mulher como carne da sua carne, seguindo o sentido da expressão bíblica, descobre-a como um ser com o qual está unido por um vínculo que não depende da sua vontade, mas do próprio desígnio divino.

Por isso, o homem e a mulher são feitos um para o outro. O texto alerta contra uma falsa interpretação dessa verdade. Não se trata de o homem e a mulher, considerados em si mesmos, serem incompletos. Não. Em seu ser de pessoas inteligentes e livres, criadas à imagem de Deus, cada um deles tem uma vocação única, inigualável, cada um é para Deus um "tu" e é responsável de si. Somente se os considerarmos como pessoas no sentido pleno da palavra, em seu autodomínio e capacidade de doação, é que tem sentido o dom de si mesmos que reciprocamente se fazem no matrimônio. Com essa união formam "uma só carne", não no sentido de que o seu ser pessoal desapareça ou permaneça absorvido numa unidade superior, mas no sentido de que a personalidade de cada um recebe dessa união com o outro uma nova conotação. Em virtude dessa união podem transmitir a vida humana e cooperam de modo único para a obra do Criador. Com efeito, não há maior cooperação para a obra criadora do que a que se realiza na procriação: o ser humano é o ápice da criação, o único ser deste mundo que Deus quis para si mesmo. Na criação do homem — homem e mulher — encontramos o núcleo essencial e uma expressão altamente qualificada da sociabilidade humana: certamente, porém, essa qualidade do homem não se reduz a esse aspecto. O homem — homem e mulher — recebeu no Gênesis o encargo de dominar a terra, junto com o de crescer e se multiplicar. Naturalmente, esse domínio não pode ser feito sem referência ao Criador. Esse domínio deve levar em consideração as demais criaturas, que servem certamente ao homem, segundo o desígnio de Deus, mas das quais o homem não é proprietário. Não há somente a preocupação com os outros seres. O homem deve também cuidar das gerações futuras. Esse problema hoje é de uma grande atualidade, com a crise ecológica diante da qual a humanidade se encontra. Na desmesurada sofreguidão de dominar o mundo sem referência ao Criador, o homem pode destruir a si mesmo. O Papa Francisco, na sua encíclica LS, abordou esse problema.

IV. O homem no Paraíso

O homem tem, desde a criação, como já dissemos antes, uma única vocação divina. Desde o primeiro momento constituiu-se na amizade com o Criador, na "graça". Dessa harmonia na relação com Deus devia provir a harmonia consigo mesmo, a harmonia com os outros e com toda a criação. Essa situação de paz na qual Deus criou o homem está destinada a ser superada somente na glória da nova Criação em Cristo. A relação entre o início e o fim é antiga. Na linguagem teológica ordinária continua-se a falar do céu, da vida eterna e do "paraíso": o Novo Testamento já o faz. A imagem dos inícios é usada para ilustrar a plenitude do fim.

O ponto fundamental do ensinamento da Igreja sobre o homem no paraíso é, sem dúvida, o da "santidade e justiça" (a expressão é do Concílio de Trento) concedidas aos nossos primogenitores. Esse dom gratuito significa a participação da vida divina. O homem, criatura de Deus, foi colocado num estado superior ao que lhe corresponderia com base nessa situação de criatura.

Todos os outros bens de que o homem gozava no paraíso são a irradiação dessa graça. Jamais devem ser vistos sem íntima relação com ela. Fundamenta-se nela sobretudo a "justiça original", que abraça todos os outros dons de que nos fala a Bíblia e a Tradição da Igreja: a imortalidade, a falta de sofrimento, a harmonia interior do homem em si mesmo ("integridade", ou ausência de concupiscência), a harmonia nas relações entre o homem e a mulher e a harmonia do homem com o mundo. A relação com Deus articula-se também necessariamente em todos esses âmbitos intramundanos.

O n. 377 enfatiza bem que o domínio sobre a natureza não pode ser separado do domínio do homem sobre si mesmo. Mais; poder-se-ia, talvez, dizer que somente se o homem for realmente senhor de si é que poderá exercer ordenadamente o domínio sobre as outras criaturas. Caso contrário, refletirá sobre a criação essa falta de harmonia interna. É o que sucede depois do pecado. A concupiscência ofuscou a capacidade do homem de perceber a verdade e a capacidade de seguir a razão e o bem em suas obras. Nos Concílios da Igreja antiga falava-se da "liberdade" do homem antes do pecado. Se entendermos a liberdade como capacidade de fazer o bem, compreenderemos como o pecado terá reduzido a uma escravidão a vontade humana. No estado de amizade e de familiaridade com Deus, o homem devia cuidar do paraíso em que fora colocado, cultivando-o. É uma falsa interpretação pensar que o trabalho seja um castigo, consequência do pecado. O Gênesis afirma claramente o contrário. Mediante o seu trabalho, o homem coopera com Deus na obra criadora. Mais, humaniza a própria criação (cf. João Paulo II, *Laborem Exercens*). O último parágrafo (n. 379) abre a passagem ao capítulo seguinte: o pecado do homem que causa a perda desses bens. No conjunto, é preciso considerar a sobriedade com que o texto do CCE fala do paraíso. Valorizam-se, antes de tudo, os elementos teológicos: a graça, a participação da vida de Deus, a harmonia interna e externa do homem, contemplados em sua íntima relação intrínseca. A essas profundas verdades quer, sem dúvida, referir-se o Gênesis com a sua riquíssima linguagem simbólica.

Artigo 1
Parágrafo 7
A QUEDA

LUIS F. LADARIA

O n. 385, que introduz o tema do pecado original, indica o caminho de aproximação desse mistério. A experiência do mal é geral: todos nós a fazemos. Se permanecermos, porém, nessa experiência, não há solução para o problema. Somente a revelação do mistério da misericórdia divina, que faz conhecer a superabundância do perdão e da graça, nos diz qual é a extensão do mal. É a revelação de Jesus que nos faz conhecer profundamente o que significa o pecado humano. Somente quando conhecemos o imenso amor de Deus pelos homens é que sabemos o que significa o pecado que se opõe a esse amor. Isso não quer dizer que não possamos ter antes certa ideia desse pecado. Nós a encontramos no Antigo Testamento. Com a revelação definitiva da graça, porém, o pecado adquire toda a sua gravidade. O título da primeira seção deste parágrafo já é, de per si, eloquente (cf. Rm 5,20).

I. "Onde proliferou o pecado, superabundou a graça"

O pecado está presente na história humana e é inútil tentar camuflá-lo. Ele pode ocorrer porque o homem é essencialmente referido a Deus, que o chamou à sua amizade, como vimos na última seção do parágrafo anterior. Somente se partirmos dessa relação com Deus é que podemos entender o pecado como rejeição e afastamento dela.

O pecado implica a liberdade humana, ou a pessoal (no caso do pecado pessoal que cometemos todos) ou a de quem nos precedeu (é o caso do pecado original). O texto, no n. 387, faz referência a algumas tentativas de explicação do pecado como defeito de crescimento (estádios primitivos da evolução, como explicação do pecado original), ou erro, ou condições sociais desfavoráveis. É melhor chamar o pecado pelo seu verdadeiro nome. É o abuso da liberdade que Deus nos deu a fim de amarmos a ele e ao próximo. Paradoxalmente, o pecado nos mostra, pelo lado negativo, a grandeza da liberdade humana: feita para acolher a Deus, pode também se voltar contra ele. Já tratamos da questão do mal, antes; aqui pode-se fazer o discurso mais direto.

No início do Antigo Testamento já encontramos a narrativa do primeiro pecado. Certo conhecimento do "pecado original" já existe antes de Jesus. Alguns livros do Antigo Testamento — relativamente poucos e tardios, porém — fazem referência ao pecado de Adão e de Eva, bem como às consequências que teve para a humanidade (cf. Sb 2,23 ss.; Sr 2,24). A importância, porém, do que o Gênesis nos diz não pode ser conhecida até a plena revelação da redenção e do perdão que Cristo nos traz. O texto mais importante do Novo Testamento para compreender o mistério do pecado original é Romanos 5,12-21. Paulo utiliza o paralelismo entre Adão e Cristo, que já usara em 1 Coríntios 15,20-28.44-49, para fazer ver que em Cristo tem início uma nova vida de graça e de perdão que superabunda diante da situação de pecado em que toda a humanidade se encontra como consequência do pecado de Adão; pois "por que, assim como por um só homem o pecado entrou no mundo, e pelo pecado, a morte e assim a morte atingiu todos os homens, porque todos pecaram..." (Rm 5,12). Consequentemente, não se pode compreender a doutrina do pecado original senão como o reverso do Evangelho. É-nos mostrado do que Cristo nos libertou, qual o alcance da salvação e da graça superabundante que nos dá. Nesse sentido, a doutrina do pecado e em especial a do pecado original, é de importância fundamental para a fé. Uma inadequada compreensão dela leva a uma inadequada compreensão do mistério de Cristo e da salvação que ele nos oferece. Não interessa à Igreja, portanto, a doutrina do pecado isolada, "por si mesma", mas na sua inseparável relação com Jesus, que nos redime e nos liberta desse pecado. É claro que o relato do Gênesis 3 é simbólico, mas isso não quer dizer que não nos exponha um evento real, que se deu no início da história. Portanto, ainda que nos permaneçam desconhecidos os detalhes desse pecado nos inícios, sabemos que ele aconteceu e que, com a sua influência negativa, marcou e marca toda a história humana. Somente ao se colocar esse pecado no início da história é que se pode compreender a universalidade do pecado que abraça a todos e, consequentemente, a universalidade da redenção de Jesus, na qual o Pai reconciliou o mundo a si.

II. A queda dos anjos

Por trás desse acontecimento nos inícios da história situa-se outro, de contornos ainda mais misteriosos. Na origem da tentação e do pecado há um ser que se opõe a Deus. A serpente do Gênesis é identificada, a partir de Sabedoria 2,24, com Satanás. O Novo Testamento e a Tradição no-la apresentam como um anjo decaído. Com efeito, os anjos, como seres espirituais, têm em comum com os homens a liberdade, a qual, por ser no caso deles uma liberdade finita, pode ser mal utilizada. Desse pecado dos anjos fala o Novo Testamento, em 2 Pedro 2,4: "Pois Deus não poupou os anjos culpados, mas os precipitou, entregando-os aos antros tenebrosos...". Também nesse caso, o pecado é uma rejeição a Deus. Não quiseram se submeter a ele, quiseram "ser como Deus". Por isso, na voz tentadora da serpente, diz-nos o texto, podemos reconhecer o que foi, no seu cerne, o pecado dos anjos. Naturalmente, se não conhecemos os detalhes concretos do primeiro pecado do homem, muito menos podemos nos aventurar a imaginar aqueles do pecado dos anjos. Creio, porém, ser interessante, a título de curiosidade, indicar que uma tradição dos primeiros tempos cristãos, da qual faz eco, por exemplo, Santo Ireneu, vê a manifestação desse pecado (da "apostasia") na inveja (cf. Sb 2,24) pelos bens que Deus quer conceder ao homem, e que teriam tido sua máxima expressão na humanidade gloriosa de Jesus. Mantendo rancor em relação a Deus por esses bens, Satanás quer impedir, com a tentação, que o ser humano possa deles gozar.

O pecado dos anjos, a livre decisão deles contra Deus, é, por sua própria natureza, irrevogável. A explicação que tradicionalmente foi dada a esse fato é que, sendo o anjo uma natureza puramente espiritual, dispõe inteiramente de si, na sua livre escolha e, portanto, se determina de modo irrevogável. Também o homem, na sua livre escolha, dispõe de si. Dados, porém, os seus condicionamentos, essa disposição não é total; pode, pois, se arrepender, mudar de comportamento, enquanto está neste mundo. O resultado mais grave da influência de Satanás, homicida desde o início e pai da mentira (cf. Jo 8,44), foi, portanto, a indução do homem ao pecado das origens. Continua a influir negativamente em nós. Como tentou os progenitores e triunfou no seu empenho, assim tentou também a Jesus. Porém, se Adão e Eva cederam à tentação de querer ser como Deus, Jesus, que existia na forma de Deus, não considerou como um bem a ser conservado com ciúme o ser igual a Deus, mas se esvaziou a si mesmo (Fl 2,6 ss.). Com a sua vinda ao mundo, com a sua obediência ao Pai, destruiu as obras do diabo. O último número alerta-nos sobre as falsas interpretações que tendem a exagerar o poder do diabo. Ele é uma criatura de Deus. A sua própria ação e os danos que causa são sempre permitidos por Deus. Não há, pois, um princípio do mal oposto ao do bem e do mesmo nível. Não há senão um só Criador de tudo, o Deus bom, que pode tirar o bem até mesmo do mal.

III. O pecado original

Depois de ter tratado do pecado dos anjos, o CCE volta à história das origens do homem. É retomado o que já fora dito no n. IV do parágrafo 6 sobre o homem no paraíso (nn. 374-379). Deus constituiu o homem na sua amizade. Essa amizade não pode ser imposta; o homem deve aceitá-la livremente. Essa amizade, dado que o homem recebeu tudo de Deus, tem o significado da grata submissão. A proibição divina de não comer da árvore do conhecimento do bem e do mal tem um profundo significado: o homem morrerá se quiser se rebelar contra Deus, se quiser se tornar como ele, conhecendo o que cabe somente a Deus conhecer (cf. Gn 3,5.22). A ordem divina não é, pois, arbitrária. Mostra que o homem pode viver somente na dependência do Criador.

O homem desobedeceu a Deus, porque deixou de ter confiança nele. Quis, sob a instigação da serpente, viver como Deus, ou seja, sem referência a Deus que o fizera. O primeiro pecado, além de ser fonte de muitos males, é, ao mesmo tempo, o exemplo, o paradigma de todo pecado: o homem quer se afirmar contra Deus e, por isso, desobedece a ele, esquecendo-se do fato de que pode viver somente se se abandona com confiança ao Deus que o ama. Autoafirmação que leva à desobediência, porque o ser humano não se convence de que a sua felicidade está somente em Deus.

Procurando ser como Deus ao comer o fruto da árvore proibida, o homem não pretendeu uma grandeza que não lhe teria sido oferecida: fora criado à imagem e semelhança divina, na graça de Deus; ser "deus" era e é o seu destino. No entanto, como diz de modo expressivo Máximo, o Confessor, ele quis ser Deus sem Deus e não segundo Deus. E assim quis por sua própria conquista e não com o acolhimento de um dom. Daí deriva a fonte de tantos males para o homem.

O Gênesis mostra as consequências do pecado do homem. O n. 399 concentra-se no essencial: a perda da amizade com Deus e da sua "graça", que constituía o núcleo essencial da condição do homem no paraíso. Notemos que as restantes indicações desse número se referem à deterioração da relação com Deus: o homem e a mulher têm medo dele, construíram para si uma falsa imagem do seu Criador. A santidade e a justiça consistem na amizade com Deus, a perda dessa condição consiste na destruição dessa harmônica relação.

Se, como observamos, ao falarmos do estado original e do paraíso, provêm da santidade e da graça do paraíso todos os outros dons de que o homem gozava, não podemos nos espantar com o fato de que, justamente com a perda dessa harmonia na relação com Deus, perdem-se todos os outros bens (n. 400). Em primeiro lugar, a harmonia do homem consigo mesmo, o domínio de si, o controle sobre as paixões etc. Rompe-se a harmonia com o próximo, já na própria vida conjugal (cf. Gn 3,11-13.16), e daí em todas as outras manifestações da vida social. Por último, a harmonia com a criação e com a natureza. Também se Deus não castigou imediatamente com a morte o homem e a mulher pecadores, apesar disso, segundo o relato do Gênesis, uma das mais terríveis consequências do pecado é que o homem deve retornar ao pó, o pó do qual foi tirado. O castigo anunciado pelo Senhor realiza-se, embora sua execução seja posposta. "Eis por que, por um só homem o pecado entrou no mundo e, pelo pecado, a morte", diz São Paulo em Romanos 5,12. Temos de ter presente que na mentalidade bíblica a morte não significa somente o fato biológico, mas também a separação de Deus, expressa na morte física. Se levarmos em consideração esse fato, vê-se mais claramente que para os autores sagrados a morte esteja unida de modo intrínseco à perda da santidade, da justiça original e da amizade com Deus.

O pecado gera pecado. Isso já aparece no início da história. As consequências do pecado de Adão e Eva, além da expulsão do paraíso e da nova situação vital em que acabaram se encontrando, mostram-se também nos novos pecados que se cometem, consequências, sem dúvida, do novo estado de isolamento de Deus em que se vê o ser humano fora do paraíso; em primeiro lugar o fratricídio de Caim, que mata seu irmão Abel e que, depois do crescimento do volume de pecados, chega até a causar o fato de Deus "se arrepender" de ter criado o homem sobre a terra; vem o dilúvio, do qual se salvam poucos, mas nem com isso a história do pecado no mundo cessa. O pecado de Adão e de Eva é o início de uma história e de uma cadeia de pecados que arrastará toda a humanidade. Dissemos há pouco que o pecado de Adão é o paradigma ou modelo de todo pecado. Agora vemos que é mais do que isso; é, ao mesmo tempo, o que desencadeou uma força do pecado que envolve e arrasta todos os homens. Parece-me muito significativo que o CCE faça referência a esse problema. Com efeito, às vezes, no contexto da doutrina sobre o pecado original trata-se apenas do problema do como possa a criança que vem ao mundo ter contraído o pecado etc. Essas questões não devem ser esquecidas, como veremos a seguir. Além disso, porém, nos é indicado que também essa concatenação de pecados, essa universalidade do pecado, deve ser vista em relação com a ruptura original da amizade com Deus, por causa do pecado das origens da humanidade. Lembremo-nos de que o Magistério da Igreja falou das "estruturas de pecado" (cf. João Paulo II, SRS). Embora não se trate exatamente da mesma coisa, há, sem dúvida, uma relação entre a universalidade do pecado na história humana e o fato de que o "pecado" se introduza nas estruturas da sociedade e da convivência humana. É eloquente a citação da GS que fecha a seção. A revelação divina nos esclarece o sentido profundo da experiência que o homem tem em si e no mundo que o circunda: a divisão, a inclinação ao mal, que o bom senso se recusa a atribuir ao Criador bom que deu origem a tudo.

Na realidade, já se começou a falar dessas consequências no último número (n. 401). Mostrava-se que, depois do pecado de Adão, produziu-se no mundo uma invasão do pecado. Agora se trata de dar mais um passo, ou seja, de ver a íntima ligação que existe entre o pecado de Adão e os homens pecadores. Como já se disse no início deste parágrafo, a doutrina do pecado original insere-se na da redenção e está em relação com ela. Daí as citações paulinas do n. 402. Universalidade do pecado como consequência do pecado de Adão e, ao mesmo tempo, universalidade da salvação em Cristo. O Catecismo move-se, portanto, nas coordenadas paulinas. Elas deverão ser levadas em consideração para uma justa interpretação de todas as afirmações concretas.

O n. 403 repete algumas afirmações que já conhecemos. Os males que afligem o homem, de modo particular a sua inclinação ao mal, não se compreendem sem o vínculo com o pecado de Adão e ao se prescindir do fato de que ele "nos transmitiu um pecado" que nos diz respeito a todos desde o nosso nascimento, e que é a "morte da alma". Detenhamo-nos no comentário dessa afirmação de indubitável interesse teológico. Seguindo os ensinamentos da Igreja, em particular do Concílio de Trento, o texto diz que, como consequência do pecado de Adão, o homem é "pecador" antes ainda de uma livre escolha sua. A seguir, será esclarecido o sentido desse ser pecador. Por ora, retenhamos o fato: por causa do pecado de Adão e pelo próprio fato do nascimento, é transmitido ao homem um pecado. Por isso, a criança, que não pôde ainda pecar pessoalmente, é realmente batizada "pela remissão dos pecados". O Concílio de Trento afirma que essa fórmula, inclusive no caso da criança, é verdadeira e não falsa (cf. DS 1514).

O n. 404 aborda o ponto mais difícil da doutrina do pecado original, ou seja, como o pecado de Adão possa ser o pecado de todos. A resposta é naturalmente muito vaga e foi dada em diferentes momentos. Em primeiro lugar, fala-se da unidade da natureza humana, à qual o CCE já fez referência anteriormente (vejamos os nn. 360-361). Unidade em Adão e, também, unidade em Cristo. Portanto, é a unidade de todos os homens a que faz com que possamos estar todos implicados na culpa de Adão, bem como na justiça de Cristo. Essa primeira observação, necessária, abre a passagem à segunda: não podemos encontrar uma explicação racional totalmente compreensível do modo como esse pecado original se transmite a nós. Na terceira passagem, pressupostas as outras duas, é retomado o dado da revelação: Adão e Eva receberam a justiça original não apenas para eles, mas também para seus descendentes. Ou seja, na obediência deles ao desígnio de Deus, ao possuírem pessoalmente a graça, deviam ser, de algum modo, "transmissores" desse estado de justiça e de santidade. Com o pecado que neles é "pessoal", fizeram com que os outros se vissem privados da graça, uma vez que a natureza humana que eles transmitiram está privada dela. Temos aqui um caso muito especial de alguma coisa que ocorre também em níveis mais normais e de menor importância. Pressuposta a unidade de todo o gênero humano no desígnio de Deus, o bem e o mal que cada um de nós realiza não é importante apenas para nós. Diz respeito, de um modo ou de outro, a todos os outros. O pecado das origens pôde, portanto, provocar essa privação da graça em todos, porque os nossos progenitores tinham sido chamados, na obediência a Deus, a transmitir a todos a graça e a amizade divina, transmitindo a vida humana, a "natureza". Dado que essa "mediação" ficou falha, dizemos que o homem vem ao mundo desprovido da santidade e da justiça. O pecado das origens interrompeu essa comunicação do seu amor, a qual Deus queria nos fazer também com a mediação de Adão e de Eva. O esclarecimento das últimas linhas é importantíssimo: o pecado original é real em nós, mas é pecado de modo "analógico", com relação ao pecado pessoal; ou seja, não é um pecado que nós tenhamos "cometido"; nós o "contraímos" do modo como agora acabamos de ver. Não é um ato, mas um "estado" no qual nós nos encontramos, independentemente da nossa vontade. Entretanto, podemos acrescentar, nos nossos pecados pessoais, se a graça de Deus não nos ajuda — ratificamos — fazemos nossa, de algum modo, a decisão pecaminosa dos nossos progenitores, ou seja, também nós nos rebelamos contra Deus.

O pecado original não nos diz respeito apenas "externamente", como, às vezes, podemos ter a tentação de pensar. Não faltam sequer interpretações teológicas que vão apenas nessa linha. Não parece que sejam suficientes. O Concílio de Trento, como lembra oportunamente o texto (n. 405), afirma que esse pecado está em cada um como próprio. O Concílio queria se opor precisamente a duas tentativas de explicação meramente "extrínsecas". Ao mesmo tempo, o texto insiste no que já foi afirmado no fim do número anterior: o pecado original não tem em nós o caráter de culpa pessoal. Também essa é uma afirmação à qual, com muita razão, o CCE quer dar peso, para evitar, sem dúvida, equívocos que possam levar à rejeição de toda a doutrina do pecado original. Com efeito, seria possível argumentar do seguinte modo: "Dado que não é possível que o pecado de outro seja meu, não tem sentido algum o que se ensina sobre o pecado original". Depois do que dissemos, é claro que o pressuposto do qual parte esse raciocínio não é exato: a Igreja não ensina que o pecado de Adão seja nosso no mesmo sentido como foi dele. A privação da santidade e da justiça original atingiu, sem dúvida, a natureza, feriu-a, mas não a corrompeu totalmente. O CCE alude brevemente à doutrina católica da concupiscência, que, segundo o que afirma o Concílio de Trento (cf. DS 1515), provém do pecado e inclina a ele, mas não é pecado em sentido estrito (pelo menos no batizado). O batismo, ao nos dar a graça, cancela o pecado original e nos faz voltar de novo a Deus. O batizado permanece internamente transformado, santificado. Nele não há nada que Deus odeie. Isso não quer dizer que tenham desaparecido todos os efeitos e consequências do pecado. A vida cristã foi comparada, muitas vezes, a um combate. O texto nos lembra isso. Porém, com a confiança posta em Deus e na sua graça, o cristão pode sair vitorioso dessa luta.

O n. 406 dá algumas informações históricas interessantes. São dois os momentos-chave para compreender o desenvolvimento da doutrina do pecado original: a luta de Santo Agostinho contra os pelagianos e a reação católica ao Concílio de Trento contra as doutrinas protestantes. Os primeiros reduziam a influência de Adão sobre nós a um mau exemplo. E tendiam também a considerar que Cristo é apenas um bom exemplo e que, portanto, não temos necessidade da sua graça para o bem. Os primeiros reformadores protestantes propendiam, ao contrário, para o extremo oposto, ou seja, a considerar a natureza humana totalmente corrompida e incapaz de qualquer bem. Diante desses extremos, a doutrina do pecado original que a Igreja nos propôs (Concílio de Orange, em 529, e, antes, no Concílio de Cartago, de 418, e, sobretudo, o Concílio de Trento, na sua V Sessão, no ano de 1546) segue uma linha média, equilibrada. Insiste sobre a realidade do pecado original e sobre a impossibilidade de sair dele com as nossas próprias forças: somente pelos méritos de Cristo, que são aplicados a nós no batismo, é que podemos nos ver livres dele. De outra parte, porém, não considera o homem totalmente corrompido. O homem pecador continua a ser uma criatura de Deus, continua a ser amado por Deus, ainda que o rejeite. A sua bondade de criatura, certamente ferida, permanece. Por isso, é capaz, sempre movido por Deus e pela sua graça, de acolher o dom do perdão que Deus lhe oferece e de cooperar para a própria justificação.

Reaparece a ideia do combate que já vimos insinuada. Este n. 407, mais do que acrescentar novos conteúdos doutrinais, é um apelo ao realismo. A doutrina do pecado original ajuda-nos a compreender o homem e o mundo. Pascal dizia que o pecado original é certamente difícil de compreender. Sem ele, porém, várias coisas se tornam ainda muito mais incompreensíveis. Muitos de nós subscreveríamos sem nenhuma dificuldade essa aguda observação. Esquecer a situação na qual o pecado pôs o homem, certo domínio que o seu poder exerce sobre nós, a nossa inclinação ao mal etc. não levam a nenhum bom resultado. Esse apelo ao sadio realismo não é pessimista. Como fizemos notar muitas vezes, o CCE não separa o pecado da redenção. Aqui mesmo é novamente lembrada essa profunda união.

No n. 408, depois da referência à condição real do homem, volta-se a fazer algumas observações teológicas importantes. O pecado de Adão teve consequências sobre a humanidade, mas têm consequências também os outros pecados que, como já foi insinuado, são, por sua vez, consequência da força do pecado que o primeiro deles desencadeou. A privação da santidade e justiça originárias tornou mais fácil o fato de todo homem ter caído no pecado pessoal e, esse último, por sua vez, não pôde deixar de ter consequências negativas sobre os outros seres humanos. A partir do primeiro pecado, o "pecado do mundo" aumenta como uma bola de neve que vem declive abaixo. A condição pecaminosa do mundo e da humanidade abraça, portanto, todos esses pecados. Os pecados pessoais criam situações e estruturas que são fontes de novos pecados. Creio que seja muito acertado que o Catecismo tenha mencionado essas intuições teológicas e do Magistério no contexto da doutrina sobre o pecado original. Ela adquire, assim, grande força existencial: não se trata apenas do fato de sofrermos as consequências do nosso pecado e da nossa infidelidade a Deus. Todos contribuímos para fazer com que aumente no mundo a força do pecado. O "pecado do mundo" ajuda-nos a compreender a doutrina do pecado original e é, ao mesmo tempo, um capítulo dela. O mundo encontra-se, assim, segundo a Escritura, "sob o poder do maligno". O CCE já fez referência ao poder do diabo e aos seus limites neste mesmo parágrafo. Não podemos interpretar a afirmação do n. 409 num sentido absoluto, sem levar em conta o que se disse antes. Esse poder real, porém, é a causa do combate contra o poder do mal, que Cristo começou e que durará até o fim. Todo homem está envolvido nessa luta.

IV. "Não o abandonaste ao poder da morte"

A liturgia (cf. a IV oração eucarística) retoma com essa sintética frase o ensinamento da Escritura e da Tradição: Deus não abandonou o homem depois do pecado. O n. 410 lembra os pontos fundamentais do Gênesis 3 a esse propósito; Deus vai à procura do homem que se escondeu e o chama: não o amaldiçoa, nem ao homem nem à mulher, como o faz, ao contrário, com a serpente. E, sobretudo, anuncia de modo misterioso a salvação. A tradição cristã chama o Gênesis 3,15 de "Protoevangelho". Somente à luz de Jesus é que se compreende a fundo o sentido último dessa promessa inicial de salvação.

Jesus, por sua obediência, inaugurou um novo modo de ser humano, contraposto ao da desobediência que marcou a existência de Adão e daqueles que vieram depois dele. Na sua obediência ao Pai, entregando-se à morte de cruz, ele é o redentor dos homens, aquele que os liberta do pecado. Unida intimamente a Jesus, que não conhece o pecado e que nos libertou dele, a tradição da Igreja contempla Maria. Ela é a "nova Eva" que, com a sua obediência ao desígnio de Deus, tornou possível a encarnação do Verbo, o novo Adão (em contraposição a Eva que, com a sua desobediência, induziu também Adão a desobedecer). Maria aparece assim associada intimamente à obra de Jesus. No que diz respeito à sua isenção do pecado original, a definição dogmática da Imaculada Conceição é promulgada em 1854 (cf. DS 2803). Fora preparada por outras declarações magisteriais. É importante a do Concílio de Trento no decreto sobre o pecado original, que, no cânone 6, diz que o que é afirmado nesse decreto a respeito de todos os seres humanos não se aplica a Maria (cf. DS 1516). Como lembra o texto, o próprio concílio indica que Maria, por privilégio divino, não cometeu nenhum pecado durante a sua vida (DS 1573).

Por que Deus permitiu o pecado? Voltamos a nos encontrar aqui diante do problema do mal, que o Catecismo já abordou. Deus criou o homem livre e respeita a sua liberdade. Além disso, nada impede que Deus tire dos piores males o bem. A revelação do seu imenso amor, ao entregar o Filho por nós enquanto éramos ainda pecadores (cf. Rm 5,6 ss.), não teria sido possível ocorrer sem o pecado. Agora podemos conhecer a infinita grandeza da sua misericórdia. A graça de Cristo é mais forte do que o pecado: onde proliferou o pecado superabundou a graça (Rm 5,20). O CCE lembra, além disso, o ensinamento de Santo Tomás, segundo o qual nada impede Deus de ter a determinação de dar ao homem bens maiores, mesmo depois do pecado, como diz a bela exclamação do Precônio pascal: *"O felix culpa...!".*

Capítulo II
CREIO EM JESUS CRISTO, FILHO ÚNICO DE DEUS

VINCENZO BATTAGLIA

Critérios didáticos e pedagógicos

1. O conteúdo cristológico da fé cristã é confessado na segunda parte do Símbolo dos apóstolos com seis artigos, do segundo ao sétimo, cuja formulação reúne o essencial normativo transmitido — no que diz respeito ao mistério de Cristo — pelo depósito da fé "contido na sagrada Tradição e na Sagrada Escritura" e que "foi confiado pelos Apóstolos à totalidade da Igreja" (n. 84).

Depois do segundo artigo, centrado em três títulos maiores com os quais a Igreja confessa a fé em Jesus de Nazaré e enuncia sua identidade e obra salvífica — Cristo, Único/Unigênito Filho de Deus, Senhor —, os quatro artigos que seguem, do terceiro ao sexto, propõem a referência, absolutamente decisiva em chave reveladora/salvífica, aos "mistérios" da vida de Cristo que são o fundamento histórico dos títulos cristológicos, objeto do segundo artigo. Tais mistérios são: a encarnação — o Natal —, que remete à maternidade de Maria, ocorrida por obra do Espírito Santo (terceiro artigo); a Páscoa, que vai da paixão sofrida por Jesus, na época do procurador Pôncio Pilatos, à ressurreição, que culminou na ascensão/exaltação à direita do Pai (artigos quarto, quinto e sexto). Enfim, o sétimo artigo diz respeito ao advento da *parusía* — a segunda vinda do Senhor Jesus, a sua vinda na glória —, de que a Páscoa é antecipação, garantia e promessa. A *parusía* selará o exercício do juízo universal e escatológico, juízo que pertence de direito ao senhorio de Cristo como Redentor/Salvador de todos e comportará o definitivo cumprimento da salvação, com a ressurreição dos mortos, cuja afirmação está implícita no fato de que ele "virá julgar os vivos e os mortos".

Assim, o mistério de Jesus Cristo, o Unigênito do Pai, Senhor da Igreja e Salvador do mundo, está "no centro da catequese" e da evangelização (nn. 426-429). Essa afirmação deriva da certeza a respeito da unicidade e da universalidade da sua mediação reveladora/salvífica segundo o projeto de Deus, exercida no poder do Espírito Santo. A necessidade de Jesus Cristo, posta por Deus, implica, então, que a única condição válida e eficaz para obter a salvação, posta igualmente por Deus, é a fé em Jesus de Nazaré, "o Filho eterno de Deus feito homem" (n. 423).

2. Anotado esse princípio doutrinal fundamental, é oportuno propor uma explicação preliminar sobre a unidade inseparável entre fé em Deus e fé em Jesus, para guiar os fiéis a uma compreensão cada vez mais rigorosa do fato de que a doutrina cristã sobre Deus é determinada, fundamentalmente, por Jesus Cristo, ou seja, nós cremos em Deus por causa dele, segundo a revelação operada por ele e graças a ele. "A profunda verdade, quer sobre Deus, quer sobre a salvação do homem, brilha para nós por meio dessa revelação em Cristo, o qual é, ao mesmo tempo, o mediador e a plenitude de toda a revelação" (DV 2). Simultaneamente, acreditamos em Jesus Cristo, convencidos de que a fé nele não difere em nada da fé em Deus quanto a seu caráter necessário e vinculante no envolvimento total da própria pessoa.

O apóstolo Paulo, por seu "testemunho, chamava tanto os judeus como os gregos a se converterem a Deus e a crerem em Nosso Senhor Jesus" (At 20,21). Nós, cristãos, unimos indissoluvelmente Deus e Jesus Cristo, teo-logia e cristo-logia, na certeza de que, em Jesus Cristo, Deus se revelou e, portanto, se deu a conhecer e se comunicou de modo definitivo na história, para a salvação da humanidade. Revelou-se por aquilo que realmente é, na sua identidade de Deus, que é, ao mesmo tempo, Uno na substância e Trino nas pessoas. Em princípio, o discurso cristão sobre Deus é regulado e mediado pelo evento Jesus Cristo, que se tornou acessível em plenitude pelo Espírito Santo; é um discurso cristocêntrico e trinitário. O monoteísmo trinitário é o conteúdo essencial e normativo da fé cristã sobre Deus: "o mistério da Santíssima Trindade é o mistério central da fé e da vida cristã"; é "a fonte de todos os outros mistérios da fé, é a luz que os ilumina" (n. 234); isso vale também para o mistério de Jesus Cristo, na harmoniosa e inexaurível reciprocidade entre um e outro. Assim, se a contemplação do mistério de Jesus Cristo, sem solução de continuidade, faz imergir o crente no mistério da Trindade, é igualmente verdade que a contemplação desse último leva à imersão em cada vez mais misteriosas profundidades do Verbo encarnado, crucificado e ressuscitado.

3. O empenho e o desejo de progredir no "conhecimento amoroso de Cristo" (n. 429), pois, não podem deixar de acompanhar e corroborar a atividade catequética e evangelizadora, como se lê nos nn. 428 e 429. Retomando uma afirmação do Papa Francisco, é conveniente ressaltar que "a primeira motivação para evangelizar é o amor de Jesus que recebemos, a experiência de sermos salvos por ele, que nos impulsiona a amá-lo cada vez mais" (EG 264).

O progresso no conhecimento amoroso de Cristo inscreve-se no dinamismo da relação entre vida intelectual e vida espiritual, entre estudo e contemplação, entre ciência e santidade, uma relação que leva a crescer na verdadeira sabedoria cristã, baseada na interação harmoniosa e progressiva, jamais exaurível, entre atividade intelectual e sensibilidade afetiva. Esse enfoque permeia em detalhe a parte cristológica do Símbolo apostólico.

É útil então especificar que a experiência que se faz e se tem de Jesus Cristo é um tipo de conhecimento global e completo que implica a consciência/conhecimento da fé nele e envolve a razão e a vontade, o conhecimento e o amor; com efeito, a fé comporta o pleno obséquio do intelecto e da vontade a Deus que se revela (cf. DV 5). É o conjunto dos atos com que o cristão vive a comunhão com Cristo sob a guia do Espírito Santo e, graças a essa comunhão, vive a condição de filho adotivo de Deus, o pertencimento à Igreja, o amor para com o próximo. Emerge em primeiro plano a referência à iniciativa absolutamente gratuita do Senhor Jesus, iniciativa que se desdobra por força da sua presença, oferecida em dom e intrinsecamente aberta à relação. "De sua plenitude, com efeito, todos nós recebemos, e graça sobre graça" (Jo 1,16). A experiência cristã, além disso, não pode prescindir de um processo permanente de conversão, um crescimento em direção à santidade, cuja plenitude e cujo cumprimento devem ser pensados em perspectiva escatológica. Compreende-se, então, com clareza em que sentido o Espírito Santo age para transformar e plasmar os cristãos à imagem de Cristo Jesus crucificado e ressuscitado; para esse objetivo cria neles um coração novo e um espírito novo e infunde neles os seus dons, tornando-os participantes da santidade — portanto, também dos "sentimentos" e do "estilo de vida" — do seu Senhor. Como Espírito da verdade (Jo 16,13), ele é o intérprete autorizado, exegeta confiável do mistério de Jesus Cristo, o qual é o único intérprete seguro do mistério de Deus Pai (cf. Jo 1,18). Tudo isso ocorre pela missão conjunta do Filho e do Espírito, missão que, ocorrida a glorificação do Filho, "se desdobrará então nos filhos adotados pelo Pai no corpo de seu Filho: a missão do Espírito de adoção será uni-los a Cristo e fazê-los viver nele" (n. 690).

4. Enfim, a argumentação estabelecida nesta segunda parte do Símbolo dos apóstolos ensina a conceder o justo lugar e a justa importância à história de Jesus de Nazaré na construção do discurso cristológico. O estudo é conduzido segundo um método narrativo que, seguindo o andamento progressivo próprio dos relatos evangélicos, é caracterizado e tomado por uma equilibrada interação entre história e interpretação, entre a hermenêutica histórica e a hermenêutica da fé. Essa hermenêutica, típica da um enfoque metodológico integral e completo, garante à reflexão teológica o conhecimento rigoroso e sistemático da verdade que salva, tendo em vista a educação da fé, segundo as exigências e as obrigações da formação permanente.

Nesse sentido, o texto do CCE ensina a avaliar atentamente e a saber juntar, com espírito de sabedoria, todo o material evangélico relativo quer ao que Jesus disse e fez durante os dias da sua vida terrena, que culminou na Páscoa, quer aos acontecimentos que compõem sua história singular e única. À luz dessas considerações, valoriza-se ainda mais a fecundidade do recurso à leitura contemplativa e orante da Palavra de Deus, especialmente dos evangelhos. É muito instrutiva, então, a oração da festa do apóstolo João: "Ó Deus, que, por meio do apóstolo João, nos revelaste as misteriosas profundidades do teu Verbo: dá-nos a inteligência penetrante da Palavra de vida, que ele fez ressoar na tua Igreja". O dom de uma inteligência penetrante da Palavra de vida é o resultado de um acolhimento contínuo que nasce da "permanência" no amor que o Senhor Jesus nutre pela Igreja e por cada um de seus discípulos e discípulas, como se aprende da maravilhosa perícope das videiras e dos sarmentos (cf. Jo 15,1-11). O convite e o chamado dirigidos aos discípulos de todos os tempos concretizam-se no dom feito à Igreja, seu Corpo e sua Esposa, de uma comunhão real com ele, alimentada, dia a dia, pela sua Palavra e pelos sacramentos, tendo no centro a eucaristia, na qual está operante a ação santificadora do Espírito Santo, tendo em vista dar glória ao Pai.

Artigo 2
"E EM JESUS CRISTO, SEU FILHO ÚNICO, NOSSO SENHOR"

VINCENZO BATTAGLIA

O segundo artigo de fé começa pelo nome e com o nome de Jesus, ao qual são atribuídos os títulos Cristo, seu (de Deus) único Filho, nosso Senhor. Isso quer dizer, em primeiro lugar: Jesus de Nazaré está como origem e fundamento da confissão de fé, da cristologia do Novo Testamento, de toda cristologia do Novo Testamento. Sob esse ponto de vista, nos outros artigos cristológicos do Símbolo dos apóstolos, tem-se a memória e a narração da sua história, que vai dar na Páscoa e em Pentecostes, voltada para a *parusía*. Uma história singular, única e inimitável. Além disso, a expressão "e em Jesus Cristo" já é, em si mesma, confissão de fé completa e digna de crédito segundo a tradição neotestamentária. E o é, porquanto no título "Cristo" estão incluídas e compreendidas quer a identidade de Jesus em relação a Deus (o Messias de Deus, enviado, avalizado e confirmado por Deus, "segundo as Escrituras"), quer a sua missão redentora e salvífica em favor da humanidade e de toda a criação (o Messias segundo o projeto de Deus, narrado pela história da salvação e nela, "segundo as Escrituras").

A supracitada expressão é a base e a justificação dos dois títulos cristológicos seguintes, de caráter divino, que a especificam, esclarecendo — sempre com um estilo confessional e, ao mesmo tempo, narrativo — a sua identidade em relação a Deus: seu único Filho, o Unigênito; e a sua função salvífica em relação à humanidade e à Igreja em particular: Nosso Senhor. Aqui, o adjetivo possessivo "nosso" diz com clareza que o sujeito confessante é a Igreja; mas diz com igual clareza que cada pessoa que confessa a fé faz esse ato como membro do Corpo do qual somente Jesus Cristo, o Filho único de Deus, é o Senhor. Além disso, da exposição construída com uma sábia e contínua referência a múltiplas passagens bíblicas, tiradas sobretudo dos evangelhos e de outros escritos do Novo Testamento, conclui-se que a finalidade pedagógica é a de ensinar a confessar a fé, fazendo próprias as fórmulas e as palavras transmitidas pela Tradição apostólica, fundada na autoridade de Jesus e do Pai.

O segundo título cristológico apresenta-se com uma característica linguística doutrinal única. Remete ao primeiro artigo do Símbolo, mediante a confissão das relações intratrinitárias eternas de paternidade por parte de Deus em relação a Jesus Cristo e de filiação de Jesus Cristo em relação a Deus Pai. Esse título contém outra especificação da paternidade de Deus, porque essa última se exprime e se revela em toda a sua verdade na relação com Jesus, que é o Filho único do Deus único. Como tal, como Unigênito do Pai, ele é o Primogênito de uma multidão de irmãos. Se é justo interpretar o título em conexão com o primeiro artigo do Símbolo, é igualmente justo — e necessário — interpretá-lo em conexão com o terceiro artigo do Símbolo: "Foi concebido pelo poder do Espírito Santo, nasceu da Virgem Maria", que contém a confissão do evento da encarnação. Enfim, a posição central desse título — está entre o título Cristo e o título Senhor — atesta também que a confissão da filiação divina de Jesus "será, desde o início, o centro da fé apostólica professada primeiro por Pedro como fundamento da Igreja" (n. 442).

O terceiro título cristológico ensina a conjugar o Senhorio de Jesus com o senhorio e a realeza de Deus: "o poder, a honra e a glória devidos a Deus Pai convêm também a Jesus" (n. 449), e o poder salvífico que Jesus exerce como Senhor é um poder de ordem divina, vem-lhe de Deus, por ser seu Filho Unigênito, exerce-o em comunhão com ele e por sua incumbência e, portanto, tem a mesma eficácia do poder de Deus. Além disso, a expressão "nosso Senhor" implica, em primeiro lugar, a verdade de que somente Jesus de Nazaré é o Senhor reconhecido, confessado, adorado e anunciado pela Igreja. É significativa, em função do testemunho crítico/profético que os cristãos devem dar diante das pretensões absolutistas de toda forma de poder humano e terreno, a ênfase de que a confissão do senhorio de Jesus "significa também o reconhecimento de que o homem não deve submeter, de maneira absoluta, sua liberdade pessoal a nenhum poder terrestre, mas somente a Deus Pai e ao Senhor Jesus Cristo: César não é 'o Senhor'" (n. 450). Em segundo lugar, o fato de que o Reino de Deus veio, vem e virá definitivamente em Jesus Cristo e por meio dele, pelo poder do Espírito Santo, pode ser justificado somente com base no que é enunciado pelos títulos de Cristo e Filho único de Deus. A ele o Pai confiou e entregou todo poder no céu e na terra (cf. Mt 28,18). O que é confessado sobre o senhorio salvífico universal exercido por Jesus é mais corroborado e justificado pela confissão sobre a sua identidade divino/filial, precisamente pelo fato de que "depois de sua ressurreição, a filiação divina de Jesus aparece no poder de sua humanidade glorificada: 'foi declarado Filho de Deus com poder, desde a ressurreição dos mortos' (Rm 1,4)" (n. 445).

Dada a orientação temática, assegura-se mais uma vez o caráter sintético, antecipador e programático do segundo artigo de fé, em função dos artigos cristológicos que seguem. O senhorio universal de Jesus Cristo como mediador absoluto da vinda do Reino de Deus está fundado, em última instância, na encarnação e na Páscoa, na sua exaltação à direita de Deus Pai Todo-Poderoso, na sua segunda vinda na glória e na certeza de que "virá a julgar os vivos e os mortos".

Enfim, deve-se observar que o título "nosso Senhor", lido segundo essa última orientação hermenêutica, exige mais uma vez a retomada do discurso sobre a onipotência de Deus Pai, objeto do terceiro parágrafo do primeiro artigo do Símbolo dos apóstolos (cf. nn. 268-278). Jesus Cristo, Filho único/Unigênito de Deus e Senhor, "está sentado à direita de Deus Pai, Todo-Poderoso". Ele participa, no exercício de seu senhorio, da onipotência de Deus, onipotência universal, amante, misteriosa (cf. n. 268). Ao mesmo tempo — pois "a fé em Deus Pai Todo-Poderoso pode ser posta à prova pela experiência do mal e do sofrimento" (n. 272) —, é mais uma vez determinante o recurso ao princípio cristocêntrico, como explicado ao ilustrar, no início, os critérios didáticos e pedagógicos. A paternidade e a onipotência de Deus — a "sua paternidade e seu poder" (n. 270) — carregam, com efeito, uma precisa e definitiva marca cristológica, porquanto "Deus Pai revelou da maneira mais misteriosa a sua Onipotência no rebaixamento voluntário e na Ressurreição do seu Filho, por meio dos quais venceu o mal. Assim, Cristo crucificado é 'poder de Deus e sabedoria de Deus'" (n. 272).

Uma vez concluída a reflexão sobre o segundo artigo, fica patente o significado doutrinal e espiritual do nome "Jesus", que em hebraico significa "Deus salva" (n. 430) e que está "no cerne da oração cristã" (n. 435). Com efeito, avaliando atentamente o conteúdo doutrinal dos três títulos cristológicos em questão e valorizando sua interação, aprende-se e compreende-se com convicção cada vez maior que em Jesus, e somente nele, "Deus recapitula toda a sua história da salvação em favor dos homens" (n. 430). Cristo Jesus é a pedra angular sobre a qual é edificada a Igreja, sobre a qual apoia, bem firme, toda comunidade cristã: "Integrados na construção que tem como fundamento os apóstolos e os profetas, e o próprio Jesus Cristo como pedra angular" (Ef 2,20).

ARTIGO 3
"JESUS CRISTO FOI CONCEBIDO PELO PODER DO ESPÍRITO SANTO, NASCEU DA VIRGEM MARIA"

VINCENZO BATTAGLIA

O estudo do terceiro artigo é muito denso e começa a estabelecer o tema dos acontecimentos históricos de Jesus de Nazaré. Nesse sentido, os números do CCE que lhe dizem respeito, até por causa de uma pertinente referência aos "mistérios" que o caracterizam, têm um impacto pedagógico notável, porquanto apresentam, a meu ver, uma leitura dos evangelhos entendidos também como biografia teológica de Jesus. Os relatos evangélicos, com efeito, ensinam que a identidade de Jesus é inseparável do itinerário que a revela em toda a sua verdade e plenitude de graça.

Os três parágrafos que compõem a exposição prevista para o terceiro artigo contêm, de modo progressivo, o ensinamento sobre o motivo da encarnação e sobre a pessoa e a constituição ontológica do Verbo encarnado, verdadeiro Deus e verdadeiro homem (par. 1); sobre a intervenção do Espírito Santo no evento da encarnação considerado sob o ponto de vista da maternidade divina e virginal de Maria (par. 2); sobre os mistérios da vida de Cristo, da infância à vida pública (par. 3).

I. O Filho de Deus se fez homem

De notável alcance formativo é o estudo, objeto do primeiro parágrafo, sobre a polivalência salvífica do mistério da encarnação. A resposta à pergunta, sempre atual — e hoje mais do que no passado — sobre o porquê de Deus ter se feito homem está resumida em quatro afirmações essenciais, que permitem reunir num quadro unitário a polivalência do discurso soteriológico. Em primeiro lugar, a reconciliação com Deus, que comporta a finalidade redentora do evento da encarnação (n. 457). Depois, a revelação e o dom do amor de Deus, em forma definitiva e em medida insuperável (n. 458). Em terceiro lugar, a referência fundante a Jesus Cristo como modelo de santidade, porquanto a vida como discípulo exige o empenho no seguimento e na imitação que levam a se tornar conforme a ele (n. 459). Enfim, a participação por graça da vida divina, que por força do princípio do *admirabile commercium* (a maravilhosa troca) se configura como participação da filiação divina do Unigênito Filho de Deus, consequência da assunção, por parte dele, da nossa condição humana (n. 460).

Tem-se assim à disposição uma premissa que leva a ler, compreender e confessar o mistério de Jesus Cristo, dando a justa importância a seu alcance e sua incidência soteriológicos, como se conclui, preliminarmente, da frase posta no início, tirada do Símbolo Niceno-Constantinopolitano, em que a fórmula "por nós homens, e para nossa salvação" está ligada sobretudo ao mistério da encarnação (n. 456).

Na fórmula "por nós homens e para a nossa salvação", a preposição por/para (expressa no texto original grego por *diá* e na tradução latina por *propter*) encontra-se muitas vezes no Novo Testamento e aqui, no texto conciliar, significa fundamentalmente "em nosso favor, por nossa causa, para realizar a nossa salvação". Menos evidente e numa posição subordinada está também um terceiro significado: o de "em nosso lugar". O caminho a ser percorrido na reflexão sobre o motivo da encarnação é, antes de tudo, o de considerar de modo rigoroso a iniciativa assumida pelo Unigênito Filho de Deus, em comunhão com o Pai, pelo poder do Espírito Santo. Para poder, porém, compreender sua motivação, para poder conhecer seu sentido e finalidade, "por nós homens", não temos outro critério a ser adotado senão o que coincide com a história da salvação, culminada no evento Jesus Cristo, cuja mediação salvífica é universal e abraça todo o tempo: passado, presente e futuro, estendendo-se em perspectiva escatológica e em perspectiva protológica. O livro do Apocalipse enuncia de modo lapidar essa verdade essencial: "Eu sou o Alfa e o Ômega, o Primeiro e o Último, o Começo e o Fim" (Ap 22,13; cf. 1,8; 21,6). Com uma frase perspicaz o CCE ensina que "a Igreja denomina 'encarnação' o fato de o Filho de Deus ter assumido a natureza humana para nela realizar nossa salvação" (n. 461).

Entretanto, para que se evite o risco de pensar o mistério de Jesus Cristo somente em chave funcional — isso ocorre quando não se leva em consideração na justa medida a identidade divino/filial de Jesus, que deve ser conjugada com o dado da sua preexistência eterna em Deus como Verbo e Filho Unigênito do Pai —, é dada na continuação do parágrafo a justa importância à exposição doutrinal sobre a fé "na encarnação verdadeira do Filho de Deus", porquanto essa última "é o sinal distintivo da fé cristã" (n. 463). A exposição se vale da contribuição, respeitável e determinante, proveniente da história do dogma cristológico na época patrística, especialmente das formulações dogmáticas dos primeiros sete Concílios ecumênicos, mencionadas com definições claras e sintéticas nos números que fazem parte do parágrafo 1 (cf. nn. 456-483).

Neste primeiro parágrafo, o CCE focaliza a atenção sobretudo sobre as heresias, como o apolinarismo, o nestorianismo, o monofisismo, que teorizaram uma explicação errônea do evento da encarnação no que se refere quer à constituição ontológica do Verbo encarnado, na sua condição de verdadeiro Deus e verdadeiro homem, quer à integridade e à concretude da natureza humana (alma racional e corpo), da condição humana, assumida pelo Filho de Deus. No que se refere à definição da divindade de Jesus feita pelo Concílio de Niceia, porém, tem-se à disposição um só número (cf. n. 465). Dadas as não poucas dificuldades que hoje muitos encontram para compreender e, depois, aceitar essa verdade, que é o dado central da fé transmitida pelos apóstolos, considero que seja útil propor uma explicação um pouco mais detalhada do Credo Niceno, que foi, depois, o ponto de referência imprescindível dos outros Concílios da época patrística. Desse modo, poderá ser mais valorizado o que o CCE diz nos números anteriores, sob o título de Filho Único/Unigênito de Deus.

A questão abordada e resolvida em Niceia, em resposta às teses errôneas dos arianos, tocava num duplo aspecto doutrinal: cristológico e trinitário. Sobre a divindade do Senhor Jesus Cristo e a sua relação com Deus, os arianos davam uma interpretação que confundia geração e criação; Niceia define a diferença entre os dois conceitos. Criação deve ser aplicada à relação entre o mundo (os homens) e Deus; geração, à relação entre Jesus Cristo e Deus. O mundo provém de Deus por criação, Jesus Cristo provém de Deus por geração, ou seja, é gerado pela substância do Pai — dizem os Padres de Niceia —, para ensinar que a existência do Filho é necessária, diferentemente de como ocorreu para a criação do mundo, que existe por vontade de Deus. Da combinação das duas frases "gerado... da substância do Pai" e "consubstancial ao Pai" chega-se a compreender que provir do Pai por geração comporta, para Jesus Cristo, uma igualdade perfeita com ele quanto ao ser Deus e, portanto, a coeternidade. O Filho existe desde sempre e necessariamente junto com o Pai e à maneira do Pai. Em última análise, com Niceia se esclarece definitivamente que, quando se deve enunciar a identidade pessoal de Jesus de Nazaré, deve-se confessar que ele é uma pessoa divina e, devido à sua relação com Deus — uma relação que é eterna e imutável —, é a pessoa divina cujo nome é Filho e Verbo de Deus. Em segundo lugar, o Símbolo atribui ao único e mesmo sujeito, o Filho Unigênito de Deus, quer a processão eterna do Pai, quer a encarnação e os acontecimentos que se seguem, até a Páscoa e a *parusía*.

A declaração de fé de que o Filho é verdadeiro Deus, ou seja, é Deus como o é o Pai que o gerou, impõe uma reviravolta radical na linguagem teológica: "Deus verdadeiro" é agora um nome comum a mais de uma pessoa: ao Pai e ao Filho. Enquanto Ário tinha considerado inadmissível pensar que Deus, o Deus único e eterno, comunicasse o seu ser Deus (a substância divina) a um outro, ao Filho, o Concílio de Niceia afirma exatamente o contrário, ensinando precisamente, mediante o termo *homoúsios* (da mesma substância do Pai), a identidade de substância entre o Pai e o Filho, sem prejuízo, por isso, do credo monoteísta.

No que diz respeito à elucidação da constituição ontológica do Verbo encarnado, verdadeiro Deus e verdadeiro homem, o discurso sobre a contribuição do Concílio de Calcedônia é imprescindível. Deve-se considerar a unidade de pessoa na qual coexistem duas naturezas distintas, mas não separadas. Trata-se, com efeito, de "união segundo a hipóstase", como declarou o Concílio de Éfeso. A união é um ato realizado pelo Verbo: afeta e envolve a sua pessoa.

O Verbo não se transforma em carne, perdendo a própria identidade divina, nem a carne é absorvida, ou seja, alterada ou comprometida pelo Verbo. A encarnação não deve ser explicada como se fosse uma fusão ou uma mistura entre as duas naturezas. Permanece inalterada a diferença específica; assim, de Jesus Cristo podemos confessar o seu ser verdadeiro Deus e o seu ser verdadeiro homem, e o confessamos porque se reconhece que é assim, em razão do testemunho dado pelos relatos evangélicos e da própria revelação feita por Jesus Cristo com as suas palavras e as suas obras. Além disso, falar de dualidade em Cristo não significa admitir dois indivíduos, dois sujeitos postos um ao lado do outro, ou juntos. Com a encarnação dá-se uma real comunicação entre o Verbo e a natureza humana por ele assumida: o Verbo transmite à natureza humana a própria especificidade pessoal e assume suas propriedades individuantes. Assegura-se, com efeito, que "a humanidade de Cristo não tem outro sujeito senão a pessoa divina do Filho de Deus, que a assumiu e a fez sua desde sua concepção" (n. 466). Se, ao contrário, se insistisse no erro de manter uma não perfeita comunhão e comunicação entre o Verbo e a natureza humana, seria inevitável pensar em dois sujeitos subsistentes, com a consequência de que se estabeleceria uma separação, ou seja, um tal distanciamento a ponto de não se perceber mais a união entre o Verbo e a carne animada por alma racional na unidade de pessoa. Uma só pessoa, e precisamente o Verbo encarnado, é o sujeito das palavras, das obras e da história de Jesus de Nazaré.

Nesse sentido, a catequese deve favorecer uma rigorosa compreensão da experiência humana feita pelo Verbo de Deus, na qual estão presentes todos os elementos característicos: a alma, o conhecimento, a atividade, a vontade, a corporeidade. Segundo os objetivos inerentes a este comentário, parece-me útil pôr o acento sobretudo na vontade humana de Cristo, segundo a afirmação doutrinal do III Concílio de Constantinopla (681).

A afirmação de que a vontade humana do Verbo encarnado está perfeitamente submissa à sua vontade divina pertence ao aspecto ontológico do mistério da unidade hipostática e, portanto, diz que toda a ação obediencial realizada por Jesus de Nazaré — o qual fez sempre referência à vontade e ao amor do Pai — é a tradução histórico-salvífica, a revelação concreta e visível da sua identidade divino-filial e da sua eterna comunhão de amor e de intenções com o Pai na unidade do Espírito Santo.

Em segundo lugar, esclarecendo que a vontade humana, embora divinizada, conserva a sua plena autonomia e o seu específico modo de ser e de agir, o Concílio constantinopolitano III convida a pensar sobre a harmoniosa correspondência entre a eficácia salvífica inerente à obediência de Jesus de Nazaré e a participação efetiva e a cooperação necessária exigidas e referentes à natureza humana assumida pelo Verbo. Sob esse ponto de vista, é útil lembrar que a vontade divina e a vontade humana, bem como as duas atividades, não estão no mesmo plano. Em relação à diferença das propriedades e, portanto, segundo o conteúdo calcedonense, a respeito do duplo princípio "sem confusão nem mistura" (contra o monofisismo) e "sem divisão nem separação" (contra o nestorianismo), compreende-se bem que a capacidade salvífica da natureza humana é outra em relação à capacidade salvífica da natureza divina, e a primeira nada poderia sem a segunda.

Em terceiro lugar, chega-se a compreender ainda melhor a verdade da encarnação e da plena humanização do Filho de Deus mediante o contínuo retorno à história evangélica de Jesus de Nazaré, especialmente à sua paixão e morte de cruz, objeto específico do quarto artigo do Símbolo dos apóstolos, tratado de modo côngruo e aprofundado no texto do CCE. Em outras palavras, somente no respeito total à autenticidade da experiência humana escolhida e feita pelo Verbo de Deus encarnado é que se pode perceber adequadamente o significado soteriológico da divinização da criatura humana como meta e cumprimento da sua humanização. De fato, a pessoa humana é promovida na sua dignidade de criatura de Deus justamente porque é posta em condição de cooperar, com o pleno assentimento do intelecto e da vontade, para a própria salvação, acolhendo-a livremente como um dom que somente Deus pode realizar e pôr à disposição por meio do Salvador Jesus Cristo e pela graça santificante do Espírito Santo.

II. "Concebido pelo poder do Espírito Santo, nascido da Virgem Maria"

O discurso de fé sobre a bem-aventurada Maria, Virgem e Mãe de Deus, faz parte plenamente da formação intelectual, espiritual e pastoral dos fiéis.

O conteúdo doutrinal deste segundo parágrafo deve ser ligado e completado com o conteúdo doutrinal do par. 6, "Maria, Mãe de Cristo, Mãe da Igreja", que faz parte do nono artigo do Símbolo apostólico: "Creio na Igreja, una, santa, católica e apostólica". O ensinamento sobre a pessoa e sobre o papel da bem-aventurada Virgem Maria na história da salvação é assim organizado em duas seções, segundo o enfoque proposto no título do capítulo VIII da LG: fala-se ali da bem-aventurada Virgem Maria Mãe de Deus no mistério de Cristo; no outro parágrafo fala-se dela no mistério da Igreja. O princípio doutrinal que guia o presente parágrafo está bem anunciado como segue: "aquilo que a fé católica crê acerca de Maria funda-se no que ela crê acerca de Cristo e, por sua vez, o que a fé ensina sobre Maria ilumina sua fé em Cristo" (n. 487). A esse princípio deve estar ligado outro, derivante do dogma da maternidade divina e virginal de Maria, ocorrida por obra do Espírito Santo: "A missão do Espírito Santo está sempre conjugada e ordenada à do Filho" (n. 485). Essa afirmação constitui uma chave de leitura de primária importância para tudo o que se refere à realização do mistério de Jesus Cristo e, ao mesmo tempo, oferece a ocasião e o motivo para aprofundar a reflexão sobre a relação entre cristologia e pneumatologia.

O discurso de fé sobre a bem-aventurada Virgem Maria deve ser elaborado e proposto, evitando tanto os falsos exageros, quanto os indevidos reducionismos. Haure do riquíssimo patrimônio das fontes comuns a toda a verdade essencial do Credo cristão e a toda disciplina teológica. A Constituição dogmática sobre a Igreja LG as lembra com precisão, quando, dirigindo-se aos teólogos e aos pregadores, afirma: "Com o estudo da Sagrada Escritura, dos santos Padres, dos doutores e das liturgias da Igreja, feito sob a guia do Magistério, ilustrem retamente as funções e os privilégios da bem-aventurada Virgem, que sempre têm por objetivo Cristo, fonte de toda verdade, santidade e devoção" (LG 67).

Reflexão teológica e intervenções do Magistério interagem em medida eficaz, como se conclui sobretudo da história das definições magisteriais referentes aos quatro dogmas marianos, cujo caráter digno de confiança empenha a adesão de fé; três deles são lembrados e comentados neste parágrafo segundo: a Imaculada Conceição, a Maternidade divina e a Virgindade. O quarto, a Assunção ao céu em corpo e alma, é comentado no contexto do novo artigo (cf. n. 966). O primeiro e fundamental dogma, ao qual os outros se relacionam e do qual dependem, baseado nos textos evangélicos de Mateus 1,16.18-25 e Lucas 1,26-38, é o da maternidade divina e virginal de Maria: ela concebeu como homem o Filho unigênito do Pai, o qual está repleto do Espírito Santo de Deus desde o seio materno. A partir daí deve ser enfatizado o dado de que a encarnação é um evento no qual se contemplam, numa relação sublime, segundo a iniciativa do Pai que envia o Filho e o Espírito Santo, a ação do Verbo de Deus, que une a si a natureza humana recebida pela mãe Maria e a unção do Verbo operada pelo Espírito Santo. Assim, como acenei mais acima, o tornar-se carne do Verbo/Unigênito Filho de Deus realiza-se, por obra do Espírito Santo, ao longo de todo o período da sua existência histórico-terrena encerrada no evento pascal.

Prosseguindo no estudo, o CCE ensina que a fé da Igreja reconhece uma intrínseca ligação entre a maternidade divina de Maria e a sua virgindade. A virgindade — antes, durante e depois do parto — tem um significado primariamente cristológico, relativo à identidade de Jesus como Filho unigênito de Deus, mas também mariológico. O significado mariológico explica a total dedicação e consagração da serva do Senhor ao desígnio salvífico da Trindade, como filha predileta do Pai, mãe do Filho de Deus, morada do Espírito Santo (LG 53) e, consequentemente, à pessoa e à obra do Filho. Dedicação e consagração que jogam luz sobre sua condição de mulher "cheia de graça" e "toda santa", sobre a perfeita obediência na fé à vontade de Deus e sobre a capacidade de um amor oblativo radical, que pôde pôr em prática graças ao Espírito Santo, que nela operava. Sendo a primeira redimida e tendo sido redimida de modo mais sublime do que os outros seres humanos, porque foi preservada imune do pecado original, a humilde Serva do Senhor mostra em si mesma toda a eficácia da obra salvífica realizada por Cristo Jesus, o perfeitíssimo Mediador e Redentor/Salvador. Além disso, devido à obediência mostrada no relato da Anunciação, ela é "o modelo supremo" da fé, pois "somente a fé pode aderir aos caminhos misteriosos da onipotência de Deus" (n. 273).

Acatando as orientações da mariologia contemporânea, fruto também de uma fecunda recuperação dos dados escriturísticos relativos à função da bem-aventurada

Virgem Maria na história da salvação, como fidedignamente ensinou o Concílio Vaticano II, o CCE oferece muitas sugestões para olhar para a Virgem Maria como modelo de vida cristã. E o faz delineando os traços marcantes da "peregrinação de fé" (LG 58) feita por ela como mãe, discípula fiel e cooperadora generosa do seu Filho. Peregrinação que atingiu sua curva decisiva na hora trágica e gloriosa da paixão, quando, sofrendo junto com o Filho, "cooperou de modo único para a obra do Salvador, em obediência e fé, em esperança e caridade ardente, para restaurar a vida sobrenatural dos homens. Por essa razão foi para nós mãe na ordem da graça" (LG 61). Nesse sentido, deve-se dar valor à observação que se encontra no âmbito do quarto artigo, quando, ressaltando que Cristo quer associar ao próprio sacrifício redentor aqueles que são seus primeiros beneficiários, ou seja, todos os membros da Igreja, se diz que "isto se realiza de maneira suprema em sua Mãe, associada mais intimamente do que qualquer outro ao mistério do seu sofrimento redentor" (n. 618).

A dependência de Jesus Cristo por parte da Virgem Maria é tal que deve ser colocada antes do tempo. A Trindade decidiu desde sempre criar e salvar o mundo por meio do Filho/Verbo de Deus e no Espírito Santo; assim, a predestinação dele à encarnação comportou também a predestinação daquela que devia ser "a alma-mãe do Redentor divino, a associada singular e, mais do que tudo, generosa e humilde serva do Senhor" (LG 61). Essa verdade é posta como comentário da frase "nasceu da Virgem Maria" (nn. 488-489). Maria de Nazaré foi desde sempre preordenada a ser a primeira pessoa humana repleta de graça. A graça que coincidia com a sua vocação e missão de Mãe do Filho de Deus por obra do Espírito Santo. "Alegra-te, o Senhor está contigo" (Lc 1,28). O sentido teológico da saudação do anjo pode ser mais aprofundado ao recorrermos ao que o Prólogo de João afirma sobre o Verbo encarnado, cheio de graça e de verdade: "De sua plenitude, com efeito, todos nós recebemos, e graça sobre graça" (Jo 1,16). Essa declaração vale, de modo singular, para aquela que gerou como homem o Autor da vida, a única fonte perene da graça para toda a humanidade (cf. LG 61). Portanto, o envio e o dom do Filho ocorrido na plenitude do tempo (cf. Gl 4,4), enquanto revelam o amor incomensurável de Deus para com a humanidade (cf. Jo 3,16), revelam também o amor incomensurável de Deus para com Maria de Nazaré. O dom e a graça concedidos por Deus a Maria são a medida do seu amor para com aquela que se declarou a humilde serva do Altíssimo (cf. Lc 1,38).

III. Os mistérios da vida de Cristo

O espaço reservado aos mistérios da vida de Cristo responde a um critério muito correto, sob o ponto de vista doutrinal: embora o Símbolo dos apóstolos mencione somente os dois mistérios da encarnação e da Páscoa e "não diga nada, de modo explícito, sobre os mistérios da vida oculta e da vida pública de Jesus", todavia, os artigos de fé referentes aos dois supracitados mistérios "iluminam toda a vida terrena de Cristo" (n. 512). O adjetivo qualificativo "toda" sugere que a encarnação e a Páscoa atravessam, com seu poder revelador/salvífico, toda a história terrena de Jesus e, ao mesmo tempo, constituem sua mais coerente inclusão histórica e teológica. Portanto, se a luz da Páscoa reverbera em toda a história de Jesus até nos fazer contemplar o que aconteceu, segundo Deus, no segredo e no silêncio da concepção virginal e do nascimento de Jesus, do mesmo modo, a luz da encarnação se estende até o cumprimento da história terrena de Jesus, fazendo compreender que na Páscoa está contida a resposta definitiva à pergunta sobre o motivo da encarnação. Mais; por força da relação harmoniosa e progressiva entre a encarnação e a Páscoa, pode-se compreender bem que a humanidade de Jesus "aparece, assim, como o 'sacramento', isto é, o sinal e o instrumento de sua divindade e da salvação que ele traz. Aquilo que havia de visível em sua vida terrestre apontava para o mistério invisível de sua filiação divina e de sua missão redentora" (n. 515).

O programa formativo inerente ao desenvolvimento de "toda a riqueza dos mistérios de Jesus" (n. 513) deve ressaltar, em primeiro lugar, os traços que os unem. O CCE enuncia três deles, mas confirmando um conceito que pus em destaque mais acima, ou seja, que esses traços emergem de "toda a vida de Cristo". Essa última é "revelação do Pai", "mistério de redenção", "mistério de recapitulação" (nn. 516-518). Essa insistência sobre a totalidade da vida de Cristo está em função de fazer reconhecer o caráter revelador/salvífico de todo dado narrativo contido nos evangelhos, os quais são o resultado também de uma seleção bem cuidadosa da tradição de Jesus e sobre Jesus, com o objetivo de transmitir, em forma de narrativa, tudo o que tem a força confiável para levar à fé em Jesus como Cristo, Filho Único/Unigênito de Deus e Senhor. Esse critério foi enunciado pelo autor do quarto evangelho: "Jesus operou ante os olhos de seus discípulos muitos sinais que não estão consignados neste livro. Estes foram escritos para que creiais que Jesus é o Cristo, o Filho de Deus, e para que, crendo, tenhais vida em seu nome" (Jo 20,30-31). Assim, não se deve, na verdade, deixar esvair-se ou ser menosprezada, por indiferença ou ignorância, nenhuma passagem narrativa dos evangelhos: nelas está concentrado tudo o que é preciso conhecer sobre Jesus para nele crer. Na verdade, como se lê numa frase muito incisiva, "toda a riqueza de Cristo 'é destinada a cada homem e constitui o bem de cada um'" (n. 519). Portanto, "tudo o que Cristo viveu foi para que pudéssemos vivê-lo nele e para que Ele o vivesse em nós" (n. 521). A perspectiva e o fundamento experienciais inerentes à vida em Cristo segundo o Espírito são delineados de modo absolutamente claro.

Julgo conveniente aqui, mais do que entrar no comentário dos vários mistérios da infância, da vida oculta e da vida pública de Jesus, apresentar algumas considerações de ordem geral.

O evento da encarnação, que culminou na Páscoa, garante o valor absoluto, normativo e eterno inerente à existência na carne assumida, uma vez por todas, pelo Unigênito do Pai. O Senhor Jesus, seja onde quer que se encontre, em Deus, no mundo e na Igreja, aí se encontra com todo o seu "mistério", do qual a Igreja faz memória, na espera da sua vinda na glória, celebrando e contemplando os "mistérios" da sua vida, da qual é feita participante pelo Espírito Santo. Basta lembrar que o contato com os mistérios da vida de Cristo — e com a graça que dele é própria — ocorre no tempo da Igreja, especialmente por meio da liturgia e do ciclo do ano litúrgico. Em particular, a Igreja "distribui todo o mistério de Cristo durante o ano, da encarnação e da natividade até a Ascensão, ao dia de Pentecostes e à espera da feliz esperança e do retorno do Senhor. Lembrando desse modo os mistérios da redenção, ela abre aos fiéis os tesouros do poder e dos méritos do seu Senhor, de modo a torná-los como presentes em todos os tempos, a fim de que possam entrar em contato com eles e ficar cheios da graça da salvação" (SC 102).

Com a cooperação do Espírito Santo — que age na Igreja e no mundo em função de Cristo e a partir dele — o Senhor Jesus torna continuamente atual e eficaz na história tudo o que ele disse e fez durante os dias da sua vida terrena, para levar a humanidade e o mundo para a plenitude escatológica da salvação realizada uma vez para sempre, para a meta final, para o *éschaton* da história, os quais coincidem com a sua *parusía*. Ele é "o Primeiro e o Último, o Que Vive" (Ap 1,17; 1,8; 21,6), que deu início e que dará cumprimento — enquanto único e perfeito Mediador entre Deus e os homens — a toda a história humana. É dele que a história recebe sentido definitivo: somente ele é o Caminho, a Verdade e a Vida (Jo 14,6). Se, com a sua missão terrena, que termina na Páscoa, já realizou o início definitivo do Reino de Deus na história, se agiu para revelar a soberania e a paternidade de Deus, cuja onipotência se manifesta sobretudo na misericórdia e no perdão, se realizou a salvação mediante a sua *ágape* exercida no Espírito Santo, esse seu modo de se referir ao mundo e à humanidade é válido universalmente, é válido eternamente.

É nesse amplo contexto teológico que se incluem e devem ser entendidas quer a normalidade do seguimento e da imitação a que os cristãos são chamados como discípulos, quer a graça da conformidade ao Senhor Jesus — "em toda a sua vida, Jesus mostra-se como nosso modelo" (n. 520) —, vértice da experiência espiritual. Uma conformidade que é participação, no Espírito, da vivência de Jesus, dos seus sentimentos e do seu estilo de vida, especialmente da sua afetividade. Essa última é sinal e atualização concreta de como o Filho de Deus entrou na condição humana e em contato tão estreito e definitivo com o mundo, até assumir toda a gama expressiva da sensibilidade humana veiculada a partir da e na corporeidade. A esse respeito, deve-se dar o justo destaque ao dado biopsicológico, histórico e teológico da maternidade da Virgem Maria e, consequentemente, à tese de que a sensibilidade humana do Filho de Deus carrega também a marca da "carne" de Maria, no contexto da relação afetiva que viveu em Nazaré, com a mãe e José.

A afetividade, a sensibilidade, a oração, os sentimentos e o estilo de vida do Senhor Jesus estão agora definitivamente transfigurados pela glória e pelo poder do Espírito, que caracterizaram o evento da ressurreição e da exaltação à direita do Pai. Portanto, os cristãos podem fazer essa experiência à medida que se tornam cada vez mais o Corpo do Senhor Jesus — o Corpo que é a Igreja, repleta do seu Espírito —, imergindo gradualmente na totalidade do seu "mistério", sobretudo e antes de tudo mediante a leitura orante da Palavra, da liturgia e dos sacramentos, tendo no centro a eucaristia e a oração pessoal e comunitária.

Artigo 4
"JESUS CRISTO PADECEU SOB PÔNCIO PILATOS, FOI CRUCIFICADO, MORTO E SEPULTADO"

VINCENZO BATTAGLIA

A narração dos mistérios da vida de Jesus, objeto do terceiro parágrafo do terceiro artigo, conclui-se com o ingresso messiânico em Jerusalém. Agora, no quarto artigo do Símbolo dos apóstolos, a narração continua com o relato da paixão, seguindo uma subdivisão em três fases: a relação entre Jesus e Israel (par. 1); a morte na cruz (par. 2); o sepultamento de Jesus (par. 3).

Constatado que "o projeto salvador de Deus realizou-se 'uma vez por todas' (Hb 9,26) pela morte redentora de seu Filho, Jesus Cristo" (n. 571), é preciso reconhecer que somente uma cuidadosa e bem documentada pesquisa histórica sobre as circunstâncias e, portanto, sobre as causas da morte de Jesus, segundo as narrativas evangélicas e a contribuição de outras fontes históricas, favorece e garante "melhor compreender o sentido da redenção" (n. 573). Verificada a pertinência desse esclarecimento metodológico, deve-se ter presente que o CCE, com base numa hermenêutica integral que conjuga história e fé, prossegue na elaboração da narração histórico-teológica do percurso feito por Jesus no desenvolvimento da sua missão terrena, movendo-se das primeiras oposições dos seus adversários para chegar à morte de cruz e à sepultura. Valorizando do melhor modo os recursos didáticos e pedagógicos que se encontram seja aqui, seja na parte dedicada aos mistérios da vida de Cristo, é útil delinear uma ligação entre as duas partes para perceber a continuidade e a progressividade do ensinamento doutrinal, sobretudo em referência às atitudes interiores que caracterizam o modo como Jesus realizou a sua missão messiânica e salvífica. Refiro-me, sobretudo, à sua obediência e ao seu amor sacrifical-oblativo que o levou a dar tudo de si e todo inteiro para a salvação do mundo.

Por exemplo, a respeito da obediência com a qual repara a nossa desobediência, no caso das tentações enfrentadas e superadas no deserto, diz-se muito claramente que "Jesus é o novo Adão, ficou fiel enquanto o primeiro sucumbiu à tentação. [...] Cristo se revela como o Servo de Deus totalmente obediente à vontade divina" (n. 539). Igualmente, quando se considera a oferta que fez de si mesmo ao Pai pelos nossos pecados, afirma-se que "por sua obediência até a morte, Jesus realizou a substituição do Servo sofredor que oferece a si mesmo em sacrifício expiatório, quando carrega o pecado de muitos, e os justifica levando sobre si o pecado deles" (n. 615). Além disso, acerca do amor sacrifical-oblativo, sinal concretíssimo do amor de Jesus em relação ao Pai e do amor do Pai para com a humanidade necessitada de redenção e de salvação, é oportuno chamar a atenção sobre o anúncio do Reino de Deus como centro e objetivo da missão realizada por Jesus, um tema tratado extensamente no âmbito dos mistérios da vida pública. Pode-se dar, assim, destaque quer ao dado de que Jesus revela o senhorio/realeza de Deus na forma da paternidade divina cheia de misericórdia, compaixão e perdão em relação a todos, sobretudo para com os pobres, os pequenos, os pecadores, os marginalizados e as pessoas vítimas de doenças e de sofrimento, quer ao dado de que "é pela cruz de Cristo que o Reino de Deus será definitivamente estabelecido: '*Regnavit a ligno Deus* — Deus reinou do alto do madeiro'" (n. 550). Verdadeiramente, "o mistério da cruz" não só faz parte do desígnio salvífico de Deus e da sua vontade salvífica universal, como se deduz da unânime afirmação dos escritos do Novo Testamento — assim, tudo o que diz respeito a Jesus ocorreu "segundo as Escrituras", especialmente a sua paixão, a sua morte pelos nossos pecados e a sua ressurreição (cf. por exemplo, Lc 24,26-27.44-48; At 2,22-24; 1Cor 15,3-5) —, mas, consequentemente, faz parte com toda razão da construção do discurso cristão sobre o mistério de Deus.

Portanto, recorrendo aos múltiplos pontos de reflexão que uma leitura contínua e cada vez mais aprofundada do CCE é capaz de sugerir, amplia-se, antes de tudo, a atenção à teologia da entrega, do amor sacrifical-oblativo, dando o justo destaque à presença e à intervenção do Espírito Santo. Uma vez que o Pai enviou, entregou e deu o Filho unigênito por um ato de amor extremo que declara a cooperação realizada pelo Espírito Santo, segue-se que o dom de si feito por Jesus na cruz não só aconteceu no Espírito Santo (cf. Hb 9,14), mas constitui o início da entrega, do dom e do envio do Espírito Santo à Igreja nascente, bem como a todos os que crerão em Cristo Jesus (cf. Jo 19,28-37).

Em segundo lugar, o mistério da cruz, por força do seu poder redentor, induz a crer firmemente que Deus é e continuará fiel para sempre a seu desígnio salvífico centrado na aliança amorosa-esponsal com a comunidade, na Igreja e por meio da Igreja. Deus, que é Amor absolutamente livre e gratuito, é de tal modo fiel a si mesmo e à humanidade, criada porque amada desde sempre, que elimina todo obstáculo que o ser humano interpôs e interpõe na comunhão amorosa com ele, em primeiro lugar e sobretudo o pecado. Valendo-se da contribuição sistemática oferecida pela teologia trinitária da cruz, que estimula uma leitura da história do Crucificado em chave kenótico-agápica — uma chave de leitura que se encontra facilmente nos números do CCE que aqui comentamos —, pode-se considerar fundamentalmente válida a instância de atribuir ao Filho de Deus preexistente a disposição de se tornar homem não de um modo abstrato, separado da condição real do ser humano, mas no único modo capaz de pôr a humanidade e toda pessoa humana em condição de conhecer e acolher o Amor que Deus Uno e Trino nutre desde sempre por suas criaturas. O modo perfeitamente adequado à sabedoria, onipotência e bondade de Deus e, portanto, verdadeiramente eficaz para a salvação humana, é o que foi revelado e transmitido na história da paixão e por meio dela, à luz do que é anunciado na primeira parte do hino da Carta aos Filipenses (Fl 2,6-8). Assim, em última análise, não se pode deixar de admitir, com base também no que atesta, por exemplo, a Carta aos Hebreus (Hb 10,5-10), que, "desde o primeiro instante de sua encarnação, o Filho desposa o desígnio de salvação divino em sua missão redentora" (n. 606).

Em função dessa última tese, merece atenção a seguinte afirmação, que justifica a destinação e, portanto, a eficácia universal do sacrifício redentor: "É 'o amor até o fim' que confere o valor de redenção, de reparação, de expiação, de satisfação ao sacrifício de Cristo. Ele nos conheceu e amou a todos na oferenda de sua vida. [...] A existência em Cristo da Pessoa divina do Filho, que supera e, ao mesmo tempo, abraça todas as pessoas humanas, e o constitui Cabeça de toda a humanidade, torna possível seu sacrifício redentor por todos" (n. 616). Com base nessa verdade objetiva e fundamental, assume importância bem particular a observação feita a propósito da relação entre Jesus e Israel, de que se trata no par. 1. "Se a Lei e o Templo de Jerusalém puderam ser ocasião de 'contradição' da parte de Jesus para as autoridades religiosas de Israel, foi o papel dele na redenção dos pecados, obra divina por excelência, que constituiu para elas a verdadeira pedra de escândalo" (n. 587).

No horizonte da síntese interpretativa esboçada, torna-se necessário responder a uma pergunta crucial: para falar por completo, de modo rigoroso, do evento da encarnação, não se pode deixar de valorizar do melhor modo a inseparável relação entre o se tornar homem do Verbo/Unigênito Filho de Deus e o estar inserido numa história particular, num fragmento de história que faz parte da história universal, da história da Palestina do século I. Com toda a densidade das múltiplas relações por ele vividas, a começar do vínculo afetivo-filial com sua mãe Maria e com José.

Além disso, conhecendo e avaliando o aspecto dramático inerente à sua história terrena, marcada pela condenação à morte e pelo suplício sofrido no patíbulo da cruz, não se pode deixar de admitir, mais uma vez, que um discurso teológico não abstrato sobre a encarnação do Filho de Deus deva englobar o fato de que para o unigênito Filho de Deus tornar-se "carne/homem/corpo" significou entrar também nas dobras mais dramáticas, mais obscuras, mais distantes de Deus, da história humana, das liberdades humanas. Até o ponto de ter de enfrentar o pecado, a rejeição, a hostilidade, a vontade de morte do homem, dos que o condenaram como "blasfemador" e "falso messias", como um sujeito perigoso e subversivo, culpado do crime de lesa-majestade em relação ao dominador romano.

Emerge o vínculo com toda uma plurissecular teologia e espiritualidade da *kénosis* de Deus na pessoa de Cristo Jesus, ocorrida no Espírito Santo. Cristo Jesus, "sendo de condição divina, não considerou como um bem a ser conservado com ciúme o ser igual a Deus. No entanto, despojou-se, tomando a condição de servo, tornando-se semelhante aos homens" (Fl 2,6-7). Não se deixará nunca de raciocinar, na fé e segundo a fé, sobre esses poucos versículos de um hino litúrgico que, de forma sóbria, mas altamente incisiva, anuncia um acontecimento que, por ser paradoxal, jamais deixará de suscitar admiração e escândalo. Parafraseando, pode-se dizer que somente Cristo Jesus, justamente por ser como Deus, era capaz de se tornar semelhante aos homens. "Por seu aspecto, reconhecido como homem, ele se rebaixou, tornando-se obediente até a morte e morte numa cruz" (Fl 2,7-8). Tornar-se semelhante aos homens não foi fim em si mesmo; foi o modo, o "lugar", o ato de uma solidariedade salvífica querida até as extremas consequências, absolutamente inclusiva. Ele é o Único que quis e soube estar do lado de todos e de cada um, sem excluir ninguém; estar com os últimos dos últimos (cf. Mt 25,31-46). Quis e soube se imergir no humano mais desumanizado; desumanizado pelo sofrimento e pelo pecado; e o quis tomar sobre si, para curar e salvar, cumprindo o que fora dito pelo profeta Isaías no quarto canto do Servo de YHWH: "Foi ele quem levou as nossas enfermidades e carregou sobre si as nossas doenças" (Mt 8,17; cf. Is 53,4). "Carregou nossos pecados sobre o madeiro" (1Pd 2,24; cf. Jo 1,29). Cristo Jesus, o Cordeiro sem defeitos nem mancha que nos redimiu a preço do seu sangue "foi predestinado antes da fundação do mundo e manifestado no fim dos tempos por vossa causa" (1Pd 1,19-20).

Artigo 5
"JESUS CRISTO DESCEU AOS INFERNOS, RESSUSCITOU DOS MORTOS NO TERCEIRO DIA"

VINCENZO BATTAGLIA

Descida e subida, abaixamento e exaltação: o Símbolo dos apóstolos retoma e reflete no artigo quinto um modelo cristológico em dois estádios com o qual fica evidenciada a extensão universal, no tempo e no espaço, da vitória de Cristo sobre o pecado e sobre a morte. Se Jesus "conheceu a morte como todos os seres humanos e com sua alma esteve com eles na morada dos mortos" (n. 632) — o CCE propõe a definição tradicional da morte como separação da alma do corpo —, é igualmente verdade que, por essa sua experiência, a estada no mundo dos mortos, ele pôde "libertar os justos que o tinham precedido" (n. 633). Essa afirmação baseia-se na verdade de que "a Pessoa divina do Filho de Deus continuou a assumir sua alma e seu corpo separados entre si pela morte" (é o que é afirmado a respeito da sepultura de Jesus, ao mistério do Sábado santo: n. 626). É próprio de Deus, com efeito, dar a vida e vencer a morte, libertando da morte; assim, o sábio vínculo feito pelo quinto artigo do Símbolo dos apóstolos ressalta, com razão, a função de Cristo como autor da vida, o qual exerce o próprio poder sobre a morte e sobre os infernos. Não só: ele "com a sua ressurreição dá acesso a uma nova vida" (n. 654), que se abre para o definitivo coincidente com a nossa ressurreição futura, da qual ele é "princípio e fonte" (n. 655), justamente porque no seu corpo ressuscitado, em virtude da nova condição de glorificado/exaltado por Deus, ele passou para outra vida, a vida cheia da glória própria de Deus, "para além do tempo e do espaço" (n. 646). Senhor e Dominador do tempo e do espaço, ele exerce o poder próprio de Deus, que é o de dar a vida, tanto na primeira criação como na nova.

À luz desses esclarecimentos preliminares, a explicação entra no mérito dos numerosos aspectos de um discurso sistemático sobre a ressurreição de Cristo, aceita como a verdade culminante e central da fé nele (cf. n. 638).

O evento da ressurreição dos mortos por parte de Jesus, bem como da sua exaltação à direita do Pai pelo poder do Espírito Santo, revela e confirma, de modo definitivo, a verdade inerente à sua missão, às suas palavras e obras e em todo o seu comportamento. Há uma continuidade fundamental entre a fase pré-pascal e a fase pós-pascal da história de Jesus; ao mesmo tempo, há também uma descontinuidade, uma diferença, porquanto a primeira fase é aperfeiçoada e levada a termo, é levada à plenitude escatológica pelo evento da ressurreição, a qual confere a Jesus crucificado uma nova condição em relação à terrena. A linguagem dos autores neotestamentários é tão essencial quanto precisa a esse respeito, mediante o recurso aos conceitos, postos em correlação, de humilhação, rebaixamento, fraqueza, e de exaltação, glorificação e poder.

A fé da Igreja confessa que Deus confirmou e convalidou definitivamente, com o poder do Espírito Santo, a pessoa e a missão de Jesus de Nazaré "crucificado sob Pôncio Pilatos". A sua ressurreição, portanto, tem um caráter único e escatológico. É o acontecimento no qual Deus realizou o que Israel aguardava e esperava para o fim dos tempos: a ressurreição dos mortos. Deus o realizou neste mundo e nesta história em favor de Jesus de Nazaré e, por meio dele e nele, a favor da humanidade e do mundo, da maneira descrita pelos autores neotestamentários e testemunhada pela fé e pela experiência da Igreja. Testemunho que se condensa na confissão de fé sobre a unicidade e a universalidade salvíficas de Jesus, constituído por Deus Senhor e Cristo (cf. At 2,36). Consequentemente, a ressurreição-exaltação de Jesus Crucificado é e comporta a reviravolta definitiva do tempo e da história. O Senhor ressuscitado constitui e é o início da humanidade e da criação renovadas, livres da corrupção do pecado e da morte e encaminhadas para a perfeição final: ele, "o Senhor da glória" (1Cor 2,8) é a primazia, o primogênito dos que ressuscitam dos mortos (cf. 1Cor 15,20-23; Cl 1,18; Ap 1,5). Portanto, a Igreja, confiante e vigilante, espera a sua *parusía*, a vinda na glória, quando levará a seu termo o Reino de Deus (1Cor 15,24-28).

Nesse amplo horizonte de sentido, é muito necessário expor uma rigorosa avaliação da relação entre os "sinais" que levaram os autores do Novo Testamento a atestar a verdade da confissão da fé apostólica sobre a ressurreição de Jesus: a descoberta do sepulcro encontrado aberto e vazio; as aparições de Jesus; a vitalidade e a obra evangelizadora da comunidade cristã. Logicamente, o fulcro são as aparições de Jesus. Os autores do Novo Testamento são unânimes ao afirmarem ter sido o próprio Jesus de Nazaré a aparecer, a se fazer ver "vivo" pelos discípulos depois da sua morte (cf. At 1,3; Jo 20,19-20; 1Cor 15,5-8). Portanto, nas palavras pronunciadas pelos Onze e pelos outros que estavam com ele — "É verdade! O Senhor ressuscitou e apareceu a Simão" (Lc 24,34) — temos a transcrição de uma fórmula de fé tradicional, que se pode encontrar também no epistolário paulino. Construída pela aproximação dos dois verbos no passado (ressuscitou — apareceu), precedidos da afirmação: "É verdade", a fórmula diz explicitamente que o encontro com Jesus ressuscitado foi real. Além disso, os relatos das aparições são construídos segundo uma estrutura que prevê três informações convergentes entre si: a iniciativa, livre e gratuita, assumida por Jesus, o qual, desse modo, reúne de novo em torno de si os discípulos e os conduz à fé plena e definitiva nele; o reconhecimento de Jesus por parte dos discípulos, suscitado e feito possível pelo Senhor mediante gestos que lhes eram familiares e pela sua Palavra; a atribuição da missão de anunciar o Evangelho a todas as nações.

Graças à experiência das aparições, que leva a dar a justa explicação ao fato de o sepulcro ter sido encontrado aberto e vazio, os discípulos são agora capazes de entender, de admitir, de crer que Jesus, já durante a sua vida terrena, era, embora de forma velada e oculta, o Cristo, o Filho de Deus, o Senhor. Assim, estão agora prontos a desempenhar a missão universal que lhes é confiada por Jesus. Essa missão constitui o desfecho e o fim da vocação ao seguimento que tinham recebido nos dias da sua vida terrena.

Por todas essas razões, como se conclui dos nn. 639-647 do CCE, a ressurreição deve ser classificada como um fato objetivo, realmente ocorrido no bojo da história do mundo e que mantém uma ligação permanente com essa história e, ao mesmo tempo, como um evento transcendente, que supera a história, porquanto se torna acessível somente na fé e graças à iniciativa do Senhor, o qual se mostra somente aos discípulos e aos que são por ele chamados a ser no mundo suas testemunhas até os confins da terra.

Artigo 6
"JESUS SUBIU AOS CÉUS, ESTÁ SENTADO À DIREITA DE DEUS PAI TODO-PODEROSO"

VINCENZO BATTAGLIA

O sexto artigo do Símbolo dos apóstolos enuncia, numa frase lapidar, o que aconteceu com Jesus crucificado, depois de sua ressurreição dos mortos: a intervenção de Deus a seu favor comportou a sua elevação/exaltação à direita de Deus. Esse é o dado que, mais do que todos os outros, permite compreender e confessar a divindade e o senhorio de Jesus, em toda a sua integridade verdadeira. Uma vez que Jesus ressuscitado ocupa o lugar que está à direita de Deus (entre as muitas passagens a respeito, nas quais se recorre, aliás, ao Sl 110,1; cf. Mc 16,19; At 2,33-34; 5,31; 7,55-56; Rm 8,34; 1Cor 15,25; Cl 3,1; Ef 1,20; Hb 1,3-4.13), tudo isso quer dizer, interpretando em sentido ontológico e funcional a linguagem simbólica/local, que ele foi confirmado por Deus na sua identidade de Filho unigênito e que partilha plenamente de sua glória. A esse propósito, o CCE observa que há "uma diferença de manifestação entre a glória de Cristo ressuscitado e a de Cristo exaltado à direita do Pai" (n. 660). Sendo igual a Deus, pode estar ao lado dele, ou seja, vive a comunhão perfeita e eterna com ele na unidade do Espírito Santo; além disso, recebe do Pai a missão e o poder de partilhar do seu senhorio salvífico e de exercê-lo a favor da humanidade e do mundo, para sempre. Deus, com efeito, o exaltou de modo eminente e único (o superexaltou: Fl 2,9). Por consequência, concedeu-lhe "o nome que está acima de todo nome", ou seja, até o próprio nome divino de Senhor; assim, todas as criaturas lhe estão submetidas e todos os povos, "toda língua", devem lhe prestar honra, proclamando-o Senhor "para a glória de Deus Pai" (Fl 2,9-11; cf. Ef 1,20.21).

A esse respeito, a linguagem de ascensão, que é, sem dúvida, mais recente com relação à de exaltação, confirma a ideia de que o Ressuscitado foi assumpto, elevado (por Deus) ao céu (cf. por exemplo, At 1,2.11.22) e se senta para sempre à sua direita (cf., por exemplo, Mc 16,19), mas acrescenta também a informação sobre um dado muito importante: a certo ponto, as aparições não se verificam mais. O Senhor Jesus, porém, não está ausente! Não se afastou, separado do mundo. De agora em diante, a sua presença será experimentada somente por meio de sinais que, feitos por ele com o poder do Espírito Santo, atestam que ele opera com eficácia para a salvação do mundo, dado que ele, no céu, "exerce, em caráter permanente, seu sacerdócio" a nosso favor (n. 662). O sinal por excelência é a Igreja: a Igreja é o seu corpo (cf. Rm 12,5; 1Cor 6,15; 12,27; Cl 1,24; Ef 1,23; 4,12; 5,30), do qual é a Cabeça (cf. Ef 1,22; 4,15-16; Cl 1,18; 2,19); a Igreja é a sua Esposa (cf. 2Cor 11,2; Ef 5,21-33; Ap 19,7-9; 21,2.9; 22,17). Com a Ascensão tem início, de fato, o tempo da Igreja, "o reino do Messias" (n. 664), do qual a Igreja é, com efeito, início, germe e instrumento (cf. n. 669). No âmbito da Igreja adquirem densidade os outros sinais: a Palavra, os sacramentos, sobretudo a eucaristia, que alimentam a evangelização, o testemunho, a contemplação e a ação. Como "Sumo Sacerdote dos bens futuros" (Hb 9,11), o Senhor Jesus "é o centro, é o ator principal da liturgia que honra o Pai nos céus" (n. 662).

Exaltado e glorificado por Deus, elevado à sua direita, o Senhor Jesus vive uma relação nova com a humanidade e toda a criação. Na verdade, por força da sua corporeidade ressurgida, pneumática e gloriosa, ele é absolutamente livre não só para se comunicar com a humanidade e com o cosmos, mas também para comunicar à humanidade e ao cosmos o seu Espírito e, mediante o Espírito, comunicar a sua vida nova e gloriosa. Ele, que não está mais sujeito ao espaço e ao tempo como nos dias da sua vida terrena, é agora o Senhor do espaço e do tempo e quer se doar e doar o seu amor salvífico a todos, para conduzir a criação, da qual é Mediador, à plenitude e ao aperfeiçoamento inscritos nela por Deus desde o princípio. Uma conclusão desse tipo permite valorizar do melhor modo a verdade central da escatologia comunitária e final: a ressurreição dos mortos deve ser entendida como a extensão da ressurreição do Senhor aos que lhe pertencem. "E assim estaremos sempre com o Senhor" (1Ts 4,17).

ARTIGO 7
"DONDE VIRÁ JULGAR OS VIVOS E OS MORTOS"

VINCENZO BATTAGLIA

A parte conclusiva do comentário ao sexto artigo do Símbolo dos apóstolos precedeu e preparou o comentário ao sétimo artigo. A exposição do CCE, aliás, começa, nesse caso, com uma ligação pontual com o mistério da Ascensão e encerra essa premissa abrindo o olhar para o papel do Senhor Jesus como futuro recapitulador da história: "Nele, a história do homem e mesmo toda a criação encontram sua 'recapitulação', sua consumação transcendente" (n. 668). Assim, a certeza de que o Senhor Jesus "virá de novo na glória" e a fé na sua *parusía* com as consequências salvíficas que comportará, ou seja, a ressurreição dos mortos, o juízo final/universal e a constituição definitiva da nova criação, contêm a resposta última sobre o motivo da encarnação. Entretanto, ao mesmo tempo, somente o realismo da encarnação garante o realismo da *parusía* e ambos os eventos estão ligados pelo mistério pascal, que é o centro da história da salvação.

Os trechos do discurso escatológico, tema deste último artigo da seção cristológica do Símbolo dos apóstolos, são úteis, sobretudo, para dar fundamento e sustento à esperança cristã, marcada pela vigilância e pela espera. Vigilância e espera que atravessam a existência da Igreja na história, empenhada em enfrentar a luta contra o mal que se desencadeia e contra toda e qualquer falsificação do Reino futuro, "sobretudo sob a forma política de um messianismo secularizado, 'intrinsecamente perverso'" (n. 676). Muito a propósito, lê-se logo depois: "A Igreja só entrará na glória do Reino por meio dessa derradeira Páscoa, na qual seguirá o seu Senhor na sua morte e ressurreição". Nada, portanto, de triunfalismos sobre os quais construir falsas ilusões. O Reino será realizado "por uma vitória de Deus sobre o desencadeamento último do mal, que fará sua Esposa descer do Céu" (n. 677).

"A sua Esposa". A Sagrada Escritura tem como selo e chancela o livro do Apocalipse, cujas últimas páginas proféticas anunciam as núpcias escatológicas do Cordeiro imolado e glorificado com a Igreja e a humanidade, de que é o Senhor e Salvador, mas também o Juiz. "Cristo é Senhor da vida eterna. O pleno direito de julgar definitivamente as obras e os corações dos homens pertence a ele como Redentor do mundo" (n. 679). "O Espírito e a esposa dizem: 'Vem!'. E o que ouvir, diga: 'Vem!' [...] O que dá testemunho destas coisas diz: 'Sim, eu venho em breve'. Amém. Vem, Senhor Jesus" (Ap 22,17.20). "*Marana tá*" (1Cor 16,22). "Estou ouvindo o meu querido! Ei-lo: está vindo!" (Ct 2,8). Encantada pelo amor que, infundido e alimentado pelo Espírito Santo, dilata o espaço do acolhimento e faz arder de desejo, a Igreja se empenha em permanecer sempre vigilante e fiel, de modo que se veja pronta quando o Senhor Jesus vier para introduzi-la "em seus aposentos" (cf. Ct 1,4), para celebrar com ela a festa das núpcias escatológicas (cf. Mt 25,10), para fazê-la gozar, eternamente, a alegria e as delícias do seu amor, do qual jamais ficará farta. Pode-se, por isso, dizer que a última palavra profética — a palavra que se cumprirá na plenitude de uma vida eterna e de uma felicidade sem fim — será aquela com a qual o Esposo da Igreja dirá à sua esposa e a todas as pessoas que lhe pertencem como membros do seu Corpo: "Levanta-te, minha companheira, bela minha, vem embora! [...]. Eu noivarei contigo para sempre [...] e tu conhecerás o Senhor" (Ct 2,10; Os 2,21-22). Então, à esposa dileta será dado experimentar, de modo perfeito, a verdade inerente às palavras que a amada dirige a seu amado no início do Cântico dos Cânticos: "É com razão que se enamoram de ti!" (Ct 1,4).

O amor educado pela sensibilidade esponsal confere a disponibilidade para aceitar os riscos, as fadigas e o martírio provenientes da escolha de participar da missão eclesial posta a serviço da missão salvífica realizada pelo Senhor Jesus. Na vida da Igreja Esposa, aprende-se a partilhar tudo do Senhor. Portanto, o amor gera progressivamente a corajosa aceitação de viver dentro da história, de ser solidário com os irmãos e as irmãs que sofrem e esperam, de enfrentar os grandes, às vezes ímpares, desafios postos quer pelas rápidas e profundas transformações que afligem a sociedade contemporânea, quer pela preocupante invasão da violência e pela queda dos valores. A todo cristão que quer viver a vocação de membro da Igreja, a Esposa do Cordeiro imolado e vitorioso, deveria ficar comprovado que a chave para interpretar cabalmente a vida em Cristo segundo o critério do amor sacrifical/oblativo é sempre a que corresponde a duas exigências radicais, contidas no Evangelho. A primeira é esta: "Se alguém quer me seguir, renuncie a si mesmo, tome a sua cruz e siga-me. Pois quem quiser salvar a sua vida, perdê-la-á; mas quem perder a sua vida por minha causa, salvá-la-á" (Mt 16,24). A outra remete à regra contida na parábola do juízo final: "Em verdade, eu vos declaro, tudo o que fizestes a um destes mais pequenos, que são meus irmãos, foi a mim que o fizestes" (Mt 25,40).

Capítulo III
Artigo 8
"CREIO NO ESPÍRITO SANTO"

GIULIO MASPERO

Introdução (nn. 687-688)

O primeiro ponto do oitavo artigo desta terceira parte apresenta desde o início o Espírito Santo em relação ao Pai e ao Filho; poderíamos dizer, "entre" o Pai e o Filho. Duas imagens que a Tradição identificou para abordar esse mistério são o ar e o amor. O Espírito é como o ar no qual o Pai pronuncia a sua Palavra ou como o amor no qual gera o próprio Filho e no qual é por ele amado. O ar, não o vemos, mas sem ele não há vida, o ar é bom se nos faz bem. O amor, igualmente, não se vê nem se toca, mas a sua existência é realíssima e essencial.

Isso visa esclarecer imediatamente que o mistério de Deus não é simplesmente gnosiológico, como no caso das palavras cruzadas, onde a solução existe e são apenas os limites do sujeito conhecedor que impedem o acesso a ela. Ao contrário, precisamente por meio do Espírito Santo é que se descobre que o mistério de Deus é ontológico, no sentido de que não pode ser compreendido pela infinitude do próprio objeto conhecido, como ocorre analogamente para nós com a imensidade e a profundidade do mar.

Essa é também a doutrina dos santos, os quais definiram a terceira Pessoa como "o Grande Desconhecido" (Escrivá de Balaguer, J., *È Gesù che passa*, Milano, Ares, 1974, nn. 127-138) ou demonstraram a dificuldade em falar dele, pois, quando se trata de falar do amor, experimentamos uma verdadeira pobreza de palavras (Tomás de Aquino, *Summa Theologiae*, I, q. 37, in c.). Assim, para exprimir o amor humano, recorre-se à arte; por exemplo, a poesia e o canto. O amor, com efeito, é sempre um mistério, de modo que o amor de Deus, ou seja, o amor do Pai e do Filho, deve ser mistério por excelência (Ratzinger, J., *Introduzione al cristianesimo*, Brescia, Queriniana, 2005, 121). A pergunta sobre por que duas pessoas se amam é, com efeito, misteriosa; as respostas porque "é rica" ou porque "é bela" não se sustentam. A única razão é que uma ama a outra porque simplesmente é ela, porque é ela própria.

Compreende-se, então, a escolha de começar com a citação de 1 Coríntios 2,11, em que se afirma que somente o Espírito de Deus pode conhecer os segredos de Deus (n. 687). Isso é análogo ao que ocorre para o ser humano, cuja intimidade e cujo coração não podem ser percebidos "de fora", mas somente "de dentro". Portanto, o Espírito não fala nunca de si, mas é como a luz dos vitrais, que revela o rosto de Cristo ou como o ouro dos ícones. A terceira Pessoa, enquanto Pessoa-comunhão e Pessoa-relação que une as primeiras duas como Pessoa-amor e Pessoa-dom (João Paulo II, DeV 10), não atrai a atenção sobre Si, porque a sua própria característica pessoal é ser o Amor que une as outras duas Pessoas. Esse seu ocultamento, que no n. 687 é chamado de "apagamento propriamente divino", revela sua característica distintiva como Pessoa divina.

Isso permite perceber também por que o Espírito não pode ser conhecido mediante um raciocínio ou um percurso filosófico feito sozinho, com as próprias forças. Ao contrário; é na comunhão da Igreja e na história *onde* se pode reconhecer a sua presença e entrar em relação com ele. Assim, o elenco no n. 688 apresenta como "lugares" de encontro com a terceira Pessoa a Escritura, a Tradição viva da Igreja, em especial os Padres, o Magistério e a liturgia sacramental, a oração e os carismas, a vida apostólica e missionária, o testemunho dos Santos. De fato, o Espírito, que é comunhão do Pai e do Filho, conhece-se na comunhão, o Espírito que é a Vida do Pai e do Filho conhece-se na vida. Assim, comunhão e vida são duas chaves de leitura privilegiadas do CCE na sua apresentação do artigo pneumatológico do Símbolo.

I. A missão conjunta do Filho e do Espírito

A referência à identidade da terceira Pessoa como comunhão do Pai e do Filho parece adquirir na organização deste artigo do CCE um valor estrutural. Com efeito, a comunhão ou a relação dizem ao mesmo tempo união e distinção. Então, passando da história da salvação, que o n. 688 indica como único caminho de acesso ao conhecimento do Espírito, à intimidade do Deus uni-trino, ou seja, passando do seu agir à sua imanência, que é a dimensão que se refere a seu ser eterno, constata-se que a terceira Pessoa é uma coisa só com as duas Primeiras, a única substância ou natureza que simples e absolutamente é enquanto plenitude fontal do próprio Ser. Ao mesmo tempo, porém, nessa passagem, reconhece-se também a distinção pessoal. Assim, no Novo Testamento encontram-se muitas expressões nas quais o Espírito é sujeito de verbos pessoais, até ser indicado pelo próprio Jesus como "outro Paráclito", outro Consolador que o Pai envia ao mundo no nome do Filho, para que lembre e torne presente na história o Verbo que se fez carne para sempre (cf. Jo 16,12-14).

Assim, no n. 689, conflui a linha de pensamento desenvolvida especialmente na teologia do século XX, graças à descoberta da Escritura, da liturgia e dos Padres da Igreja, e assumida na organização geral do Concílio Vaticano II: a vida da Igreja está fundada nas missões trinitárias que, por sua vez, estão radicadas nas processões eternas. A unidade do povo de Deus brota da Trindade, porque sua própria vida é a da Trindade (LG 4). Do agir divino, que, tecnicamente, é definido como "economia", pode-se remontar à "imanência", ou seja, à dimensão eterna de Deus constituída pela distinção pessoal na unidade perfeita da única natureza (cf. CCE 236).

Deus, obviamente, continua a ser mistério, mas o agir de Deus revela, na verdade, o seu Ser, porque nas missões divinas a própria Trindade se comunica ao homem na sua profundidade pessoal, estabelecendo relações reais entre a sua própria imanência e a humana. Com a revelação trinitária, mediante a Escritura, a liturgia, os carismas etc., ou seja, por meio dos "lugares" vistos no n. 688, podemos, na verdade, usar o "tu" em relação a cada uma das Pessoas divinas.

Essa abordagem induz, então, a uma leitura unitária e relacional das duas missões do Filho e do Espírito, que remete a uma correspondente concepção da relação das duas processões eternas na imanência divina. A partir de João 16, com efeito, as missões da segunda e da terceira Pessoa podem ser consideradas como uma única "missão conjunta". Na encarnação, o Espírito cobre Maria com a sua sombra (Lc 1,35) e Jesus efunde o seu Espírito sobre os discípulos. Identificar alguma prioridade temporal ou de grau entre uma ou outra missão seria errôneo. Portanto, as duas missões são distintas, mas inseparáveis, como, precisamente, na comunhão e na relação. E isso permite remontar à relação de distinção sem separação e de união sem confusão das duas processões em Deus.

Na história da teologia, esse foi um ponto crítico, porque, existencial e historicamente, é mais fácil para o ser humano perceber e, portanto, falar da missão do Verbo, porquanto ele se fez carne. Daí, experimentou-se, às vezes, a tendência de conceber a segunda processão como separada e secundária com relação à primeira. Pode parecer uma questão abstrata, mas as consequências do diferente enfoque são extremamente relevantes no plano antropológico e eclesiológico. Se são concebidas as duas processões como independentes e sem ligação na relação de uma com a outra, então as missões do Filho e do Espírito podem ser consideradas como desvinculadas. A ação da segunda Pessoa na história teria se traduzido numa dimensão visível e institucional, enquanto a presença da terceira Pessoa indicaria o primado do que é invisível, espiritual e carismático. Seria criado, assim, o espaço para uma interpretação dialética das duas missões, que contradiz os dados escriturísticos.

De modo análogo, no nível antropológico, separar a processão do Verbo divino — à qual corresponde na imagem criada humana o pensamento — da processão do Espírito Santo poderia levar ao terrível equívoco de opor o intelecto ao amor. Ao contrário, para Santo Tomás, a segunda Pessoa da Trindade não é uma palavra qualquer do Pai, mas é o Verbo que sopra o Amor (*Summa Theologiae*, I, 43, 5, ad 2). Também no nível humano não se conhece verdadeiramente se não se ama, ou seja, se não se entra em relação real com o outro, nem se pode querer bem a alguém sem procurar conhecer o que é o bem.

A íntima ligação entre as duas missões já havia sido demonstrada no âmbito magisterial por São João Paulo II, em DeV n. 7, mas no n. 690 do CCE chega-se a uma formulação sintética particularmente eficaz com a introdução da definição de "missão conjunta do Filho e do Espírito".

Essa expressão é especialmente feliz e parece poder ser considerada uma verdadeira chave de leitura da doutrina pneumatológica oferecida neste artigo do CCE. Com efeito, a fórmula da missão conjunta ou a referência à realidade por ela indicada retornam várias vezes nos números que estamos comentando (por exemplo, nn. 702, 721, 727 e 737) até a síntese final, em que ela é explicitamente retomada no n. 743.

A inspiração patrística dessa dinâmica interpretativa se descobre no n. 690, o qual propõe uma citação de Gregório de Nissa particularmente eficaz. No último quarto do século IV, assume certa intensidade o confronto com os pneumatômacos ou macedonianos, os quais reconheciam a divindade do Filho, mas negavam a da terceira Pessoa, com base no princípio — fundado numa concepção literal da exegese — de que na Sagrada Escritura não se diz que o Espírito tenha criado. Portanto, eles, embora se opondo aos arianos que negavam também a divindade do Filho com base em João 1,3, em que se diz que tudo foi criado por meio dele, afirmavam que a terceira Pessoa, se não é Criadora, deve ser criatura. Nesse contexto, a formulação da doutrina trinitária ortodoxa devia necessariamente tender a apresentar as processões do Filho e do Espírito como distintas, mas, ao mesmo tempo, separáveis.

E é o que faz Gregório de Nissa a partir do significado do termo "Cristo", que se refere ao fato de ser ungido. Esse nome, portanto, remeteria imediatamente ao Espírito Santo, que é unção, de tal modo que exclui qualquer possibilidade de aproximação da segunda Pessoa sem entrar em relação também com a terceira, do mesmo modo como não se pode tocar um corpo ungido sem entrar em contato com o óleo e, portanto, ungir-se (GREGÓRIO DE NISSA, *Adversus Macedonianos*, 16). O estilo é típico dos Padres capadócios, os quais gostam de ilustrar a teologia joanina mediante metáforas físicas. Assim, a relação entre o Filho e o Espírito é relida em chave relacional, de tal modo que tudo na encarnação é apresentado a partir da plenitude do Espírito Santo e, por sua vez, o Espírito é fruto do cumprimento do mistério pascal, quando o Filho comunica a sua glória, ou seja, o seu Espírito, aos que creem nele.

Desse modo, a ação da terceira Pessoa na história da salvação é apresentada justamente a partir da sua identidade pessoal em relação ao Filho. Ele, com efeito, torna os batizados filhos no Filho, comunicando-lhes a salvação, ou seja, a participação da vida eterna que brota do seio do Pai.

II. O nome, as denominações e os símbolos do Espírito Santo

Do que foi dito, a possibilidade mesma de indicar com um nome ou com imagens o Espírito Santo depende precisamente da missão conjunta. Por isso, o nome próprio, as alcunhas e os símbolos que são referidos à terceira Pessoa lembram a comunhão, a relação com o Filho e as diversas manifestações do Espírito na história da salvação.

Assim, o mesmo nome próprio da terceira Pessoa, indicado por Cristo no mandato missionário no fim do Evangelho de Mateus (Mt 28,19), é "Espírito Santo", ou seja, a cominação de dois nomes que podem ser atribuídos a Deus em si e, portanto, a cada uma das Pessoas divinas. Agostinho observa que, justamente porque a terceira Pessoa é a comunhão ou a *caritas* do Pai e do Filho, é lógico que o seu próprio nome é uma forma de união de termos que correspondem também às outras duas Pessoas divinas (AGOSTINHO, *De Trinitate*, VI, 5, 7).

Para perceber o significado completo desse nome é essencial considerar o significado hebraico do termo que o indica: *Ruah* não só faz referência à dimensão inteligível ou intelectual, que era típica da concepção metafísica grega, mas indica, em primeiro lugar, a força do vento, o poder da vida (n. 691). A reflexão pneumatológica cristã teve, assim, de purificar e ressemantizar esse nome, reconhecendo nele, a um tempo, a imaterialidade e a força de dar, conservar e transformar a vida material. Isso significa que a verdadeira força ou poder não é questão de solidão, ou seja, possibilidade dialética que permite superar os outros, mas comunhão, capacidade de unir e pôr em relação os outros.

Compreende-se, portanto, por que os epítetos do Espírito Santo remetem ao Filho a partir do "Paráclito", termo explicitamente atribuído seja à segunda Pessoa, seja à terceira. Ele é o Consolador que consola, unindo a Cristo, o qual, por sua vez, é o Consolador, porque leva ao Pai, fonte da vida, de toda vida (n. 692). Do mesmo modo, o Espírito prometido é o Espírito da glória, ou seja, o Espírito de Cristo e o Espírito do Senhor (n. 693).

A essa dimensão de comunhão que remete à missão conjunta corresponde também a referência de toda a simbologia à história da salvação. A "água" é mencionada como primeiro símbolo da terceira Pessoa pela referência imediata ao batismo; como na natureza a gestação humana ocorre na água, assim a água batismal comunica a vida sobrenatural. A linha interpretativa une a rocha da qual nasce a água no deserto à água e ao sangue que brotam do lado de Cristo, passando pela água que jorra para a vida eterna do encontro com a Samaritana.

Se o primeiro símbolo remete ao batismo, o segundo alude ao sacramento da confirmação. O Espírito, como já visto, está ligado à "unção" e, portanto, ao próprio nome do Cristo. Também aqui a linha interpretativa se une ao Antigo Testamento, com a unção de Davi. A comunicação plena e definitiva da unção do Espírito se tem, porém, somente com a encarnação, quando Maria concebe o Cristo, ou seja, o Ungido, por obra do Espírito Santo. A partir desse momento, a presença da terceira Pessoa é como se explodisse na história mediante a humanidade de Jesus. Por toda parte por onde passe ou seja levado, como na Visitação e na Apresentação no templo, o Espírito se derrama sobre os que entram em relação com Maria e com o Menino, como ocorre com Isabel e Simeão. A santidade passa, assim, pela carne e pela presença física do Cristo, até o extremo da ressurreição, onde o Espírito age também no sepulcro e no corpo morto de nosso Senhor, ressuscitando-o. É como se a terceira Pessoa, pois, transbordasse do crucificado-ressurgido sobre todos, para santificar os homens, tornando-os um só corpo com seu Redentor, até formar o *Christus totus* (Agostinho, *In Epistolam Ioannis*, I, 2).

Além da água e da unção, o terceiro elemento que indica o Espírito na simbologia bíblica é o "fogo". Aqui, o significado ligado à força, inclusive no hebraico *Ruah*, está em primeiro plano. O Espírito, com efeito, transforma em si mesmo aquilo que toca, porque, precisamente, unindo ao Filho, introduz no seio do Pai, ou seja, diviniza a pessoa criada. Ele é energia transformadora que, no Antigo Testamento, se revelava por meio do fogo que desce do céu ou das palavras vibrantes dos profetas, como Elias. No Novo Testamento, começa a se apresentar na sua individualidade pessoal por meio da figura do Batista, o qual anuncia o batismo no Espírito Santo e fogo (Lc 1,17). O próprio Jesus define sua missão como a de quem veio trazer o fogo sobre a terra (Lc 12,49). Vê-se que até na trama dos diversos símbolos, as missões do Filho e do Espírito não podem ser separadas, mas continuamente se remetem uma a outra.

Isso é evidente também para o outro símbolo da "nuvem luminosa". Ela está presente desde o êxodo através do deserto, na forma de presença do Altíssimo em relação a seu povo em fuga do Egito para a terra prometida e no encontro de Moisés com Deus no monte Sinai. Pode-se dizer, por isso, que esse é o símbolo por excelência da presença de Deus no Antigo Testamento, que se reapresenta no Novo por ocasião das máximas teofanias trinitárias no batismo de Jesus no Jordão e na Transfiguração. Aqui, a unidade de significado com a Lei e os Profetas manifesta-se explicitamente no diálogo de Cristo com Moisés e Elias. Portanto, no Novo Testamento, da Anunciação até a Ascensão de Jesus ao Céu, a nuvem acompanha a humanidade do Cristo nos momentos mais significativos, como que a indicar a dimensão daquele mistério ontológico do qual se falava acima. O conhecimento de Deus na sua profundidade trinitária, com efeito, não se pode dar somente por meio da luz do intelecto, mas é necessário sempre o véu da carne assumida pelo Filho com o poder do Espírito na encarnação. Os Padres gregos, como o já citado Gregório de Nissa, afirmam que Deus na sua transcendência e infinitude é como o sol que não pode ser visto diretamente pela criatura; assim, o homem não teria podido conhecê-lo senão por meio das missões da segunda e da terceira Pessoa, ou seja, na carne e na vida de Jesus. Essa afirmação da impossibilidade de conhecer o Deus uno e trino senão por meio do seu corpo e da sua história é tão radical que o Padre capadócio chega a afirmar que até os anjos podem conhecer a Trindade somente por meio da humanidade do Cristo e, portanto, mediante a Igreja (Gregório de Nissa, *In Canticum Canticorum*, 8).

Por isso, não deve surpreender a materialidade dos últimos quatro símbolos relacionados nestes números do CCE. O "selo" é, em João e nos escritos paulinos, figura semanticamente próxima à unção, da qual exprime mais explicitamente a condição definitiva, de tal modo a se oferecer como principal ponto de referência simbólica da afirmação do caráter indelével do batismo, da crisma e da ordem (n. 698). Assim também a "mão" é símbolo da terceira Pessoa, como se deduz dos gestos de Jesus, que cura os doentes e abençoa. A própria comunicação do Espírito Santo ocorrerá por meio da imposição das mãos, como também hoje ocorre na liturgia. Na celebração dos sacramentos, com efeito, aparecem a epiclese, ou seja, a invocação do Espírito para que desça sobre a pessoa e sobre as ofertas. Isso ocorre, às vezes, por meio do simples gesto, não acompanhado de uma fórmula explícita. É exemplo disso o *Cânone romano*, quando o sacerdote, no momento de consagrar, cobre as ofertas com as mãos, criando uma sombra sobre elas. Tem ela uma função de súplica da presença do Espírito, unindo-se ao símbolo da nuvem. Relacionada à mão é a figura do "dedo", que exprime melhor a força e o poder divinos, como mostra Jesus, ao expulsar os demônios com o dedo de Deus (Lc 11,20). A expressão está na base da imagem que aparece no hino ao Espírito Santo *Veni, Creator Spiritus*. Enfim, a "pomba" é outro símbolo que, a partir do dilúvio e da aliança com Noé, atravessa a história da salvação. Segundo algumas exegeses patrísticas, essa simbologia poderia ser feita remontar até mesmo ao momento da criação, quando se fala do Espírito que pairava sobre as águas (Gn 1,2). Essas prefigurações encontram seu pleno cumprimento na descida do Espírito sob forma de pomba durante o batismo de Jesus. O CCE mostra a sua atenção ao elemento litúrgico e à iconografia, lembrando a custódia do Santíssimo em forma de pomba, chamada *columbarium*, posta sobre o altar.

III. O Espírito e a Palavra de Deus no tempo das promessas

A própria relação dos símbolos ligados ao Espírito Santo pode ser considerada um esboço de reconstrução da história da salvação em chave pneumatológica. Essa história é ilustrada de modo articulado nas últimas três seções, onde se apresenta a missão conjunta do Filho e do Espírito, primeiro no tempo das promessas (III), depois na plenitude dos tempos (IV), para concluir com a escatologia (V).

De modo significativo, o n. 702 abre essa reconstrução, lembrando mais uma vez a missão conjunta, que no Antigo Testamento está oculta, mas já em ação. Sob o ponto de vista teológico, é crucial a questão da relação entre o Deus do Antigo Testamento e o Deus uni-trino, revelado plenamente só no Novo. Desde os primeiros tempos da Igreja, um dos desafios mais difíceis que o pensamento cristão teve de enfrentar foi a oposição apresentada por setores gnósticos entre o deus mau, que teria criado e dado a Lei, e o deus bom de Jesus. Tal posição privaria de valor de modo radical o mundo material, contrariamente ao que se viu a propósito da Carne de Jesus como única possibilidade de acesso a Deus na sua profundidade pessoal. Criação e salvação estariam, assim, em relação dialética. Por isso, o CCE, com grande precisão e clareza, mostra o Espírito que prepara desde o início a vinda do Messias de tal modo que tanto ele como o Filho não são ainda plenamente revelados, mas já prometidos. É esse o fundamento da possibilidade de ler o Antigo Testamento à luz do Novo, como ensinaram os Padres.

Essa passagem, tão eficazmente proposta no CCE, é fruto do grande trabalho teológico do século XX, cuja fecundidade confluiu também no Concílio Vaticano II. Na Idade Média tinha se acentuado especialmente a afirmação da distinção entre a dimensão substancial de Deus, ou seja, a unidade, onipotência, eternidade etc., que podem ser conhecidas também pela razão, e a dimensão propriamente pessoal e trinitária, à qual se chega somente pela revelação. Essa abordagem era sugerida pelo desejo de salvaguardar a transcendência de Deus e sublinhar o papel da graça. Ao mesmo tempo, esse enfoque tinha necessidade de ser, de algum modo, completado pela constatação de que Deus é sempre e somente Trindade. Assim, Karl Rahner pôs em evidência precisamente que o Deus do Antigo Testamento é sempre o Pai. Isso está em sintonia com a exegese dos Padres da Igreja, os quais identificavam com o Verbo aquele que apareceu nas teofanias aos Patriarcas. Vai nessa mesma direção a inserção no artigo pneumatológico do Símbolo Niceno-Constantinopolitano, o "que falou por meio dos profetas", em referência ao Espírito. O n. 702 especifica de modo significativo que por "profeta" é preciso, pois, entender também aqueles que compuseram os livros sagrados, seja do Antigo Testamento, seja do Novo.

A reconstrução proposta pelo CCE visa fazer emergir com vigor um princípio de unidade da história da salvação. Por isso, estabelece o início dela no próprio ato criativo. Explica-se isso ao se citar em primeiro lugar um texto da liturgia bizantina, no qual se afirma com clareza e beleza que o Espírito é Criador, juntamente com o Pai e com o Filho. Era essa uma verdade negada pelos pneumatômacos ou macedonianos, como já vimos acima.

Portanto, no texto, a missão conjunta do Filho e do Espírito está conexa já na criação do homem, lembrando a bela metáfora de Ireneu, que define a segunda e a terceira Pessoa da Trindade como as duas mãos do Pai, as quais imprimiram a imagem invisível divina na matéria visível humana. Essa perspectiva é particularmente eficaz porque apresenta toda a história como um grande abraço, no qual Deus Pai atrai a si o mundo mediante as missões do Filho e do Espírito, distintas, mas, precisamente, inseparáveis.

É ainda dos Padres que deriva a distinção entre a imagem e a semelhança, típica, por exemplo, de Orígenes. O homem, pelo pecado original, teria perdido a semelhança, mas teria conservado a imagem, porquanto o Filho permanece como o modelo e o sentido do homem, mesmo quando esse último feriu a relação com ele. O conteúdo da promessa feita por Deus a Abraão é justamente a restauração da semelhança, mediante a encarnação e o dom da glória que é o próprio Espírito. Portanto, a descendência do Patriarca é justamente o Cristo com o seu Espírito, nos quais tem origem uma fecundidade sem limites, uma fecundidade mais forte do que a morte.

Assim, a relação entre o Verbo e o Espírito já está no coração das teofanias veterotestamentárias, porquanto elas são atribuídas à segunda Pessoa, enquanto a terceira está nelas simbolicamente velada. A própria Lei é apresentada sob essa luz, como dom da pedagogia divina, para dispor ao encontro com Cristo: seu fim seria a tomada de consciência da impotência humana e, portanto, da necessidade da redenção. O fim da Lei seria, pois, suscitar o desejo do Espírito.

A relação entre a Lei, a percepção do próprio limite por parte do homem e a abertura à dimensão espiritual encontra-se também no caminho do povo de Israel, em particular na sua oscilação com respeito à sua estrutura institucional. O Reino prometido por Deus não é uma realidade apenas humana, na qual se entrincheirar, transformando-a num ídolo. É essa uma tentação que continuamente se reapresenta na história da Igreja. A presença de Deus produz frutos e obras que não são, porém, o próprio termo para o qual se deve voltar o coração humano. Quando o povo de Israel escolhe, por exemplo, o reino político no lugar da incerteza aparente da relação com Deus, expõe-se necessariamente à purificação. Isso acontecerá no exílio.

A cruz de Cristo revela-se, assim, como sentido também do Antigo Testamento, enquanto via de acesso à verdadeira identidade do homem no dom da filiação divina, fruto da missão conjunta. O n. 711 apresenta, portanto, a convergência de uma linha profética, que tem o centro no Messias, e de outra, que fala de um Espírito novo capaz de tornar novas todas as coisas, ou seja, recriá-las. Contudo isso ocorre mediante o resto de Israel, mediante os pobres, os poucos que permanecem fiéis. Eles apontam para o Messias, que não vem instaurar um reino político, mas gerar um Reino espiritual.

Assim, a disposição a acolher o Messias prometido está fundada precisamente no reconhecimento da sua ligação incindível com o Espírito. A profecia do Emanuel, em Isaías 11,1-2, é trazida como exemplo desse núcleo central da preparação veterotestamentária: sobre o rebento que brotará do tronco de Jessé pousará o espírito do Senhor, enchendo-o de seus dons. Analogamente, o Salvador que deve vir é descrito pelos cantos do Servo como homem sofredor, apontando para a cruz da qual se efundirá o Espírito Santo. A ligação com esse ensinamento em Isaías é indicada pelo próprio Cristo, quando, na sinagoga de Nazaré, aplica Isaías 61,1-2 à sua própria pessoa, afirmando ter sido consagrado com a unção, porquanto o Espírito do Senhor estava sobre ele (cf. Lc 4,18-19).

Pentecostes será o cumprimento definitivo dessas promessas, pois, graças à plenitude da efusão do Espírito, possível pelo mistério pascal, introduz-se no coração humano uma nova Lei, capaz de levar à vida. A Lei externa, impossível de se cumprir, é substituída por uma Lei imanente, que é a própria Vida da Trindade no homem. Nesse cumprimento, a misericórdia revela-se como coração da Boa-Nova, porque o dom pode ser aceito somente por aqueles que se reconhecem pobres, pecadores, incapazes de se salvarem sozinhos. O Espírito se dispõe, portanto, a reconhecer a necessidade de ser redimido, a qual se aloja no coração de todo homem.

IV. O Espírito de Cristo na plenitude do tempo

O Batista, Maria e Cristo representam um tríptico que oferece à admiração dos fiéis o cumprimento da promessa. A terceira Pessoa é, aqui, caracterizada como Espírito de Cristo.

João Batista é apresentado justamente como resto de Israel, que leva, pelo próprio testemunho e a própria pregação, a reconhecer a necessidade da salvação nos próprios pecados e nas próprias misérias. A tentação da autossuficiência, que, às vezes, pode atingir precisamente aqueles que são os mais atentos à Lei, é aqui radicalmente desmontada. E isso ocorre, mais do que no ensinamento, na pessoa mesma do Precursor.

Note-se que a seção começa com uma citação do Prólogo do quarto Evangelho, onde se diz que veio um homem "enviado" por Deus. A ligação com a missão conjunta está ainda em ação. Com efeito, o Batista, enviado a indicar a Israel o Verbo que se fez carne, fica cheio do Espírito desde o seio de sua mãe, sem ter feito nada. É particularmente interessante observar que na Visitação emerge com clareza o contínuo entrelaçamento das histórias pessoais com a universal de Israel e da humanidade. O n. 717, com efeito, evidencia que o encontro entre Maria e sua prima é, ao mesmo tempo, o encontro de Deus com seu povo.

Assim, na vida de João Batista cumpre-se o caminho de preparação do próprio povo ao encontro com o seu Senhor que vem. O fogo que ardia em Elias alastra-se na vida do Precursor, purificando o resto de Israel e dispondo-o a aceitar o Cristo. Nele se fecha, assim, o ciclo dos profetas, pois ele pode apontar diretamente a seus discípulos o Messias, presente no meio deles, de tal modo que justamente aqueles discípulos serão também os primeiros discípulos de Jesus.

Nesse sentido, o exemplo de João mostra com vigor a perfeição como pura relação: ele é voz daquele que vem, ele é testemunha da Luz. Tudo nele é referência ao Cristo e ao Reino que veio instaurar, restituindo ao homem a semelhança divina que havia perdido com o pecado. Por isso, o n. 720 é particularmente importante: o Batista não é simplesmente um convidado cuja missão se encerra com o início da pregação de Jesus. Essa perspectiva seria meramente funcionalista e dialética, projetando a lógica humana no agir de Deus. Ao contrário, a ação da Trindade é conforme o seu ser, em que a relação é eterna e absoluta. Assim, na suposta "pobreza" do Batista, cuja vida está toda ela definida por Jesus e a serviço de Jesus, revela-se precisamente o núcleo da sua identificação com ele, como indica a sua própria morte.

Isso se torna evidente pelos outros dois elementos do "tríptico", porquanto também a vida de Maria é pura relação com Deus. E justamente nisso consiste a sua perfeição insuperável, enquanto também o Filho do Pai, que por obra do Espírito Santo se fez carne no seu seio, é puro "ser provindo" do Pai e "ser para" o Pai, segundo uma bela expressão de Ratzinger (*Introduzione al cristianesimo*, cit., 180). O Batista, graças ao dom do Espírito recebido no seio de sua mãe, adquire, portanto, as características do Filho que se fez carne no seio de Maria. É, portanto, divinizado, ou seja, torna-se todo relação e todo comunhão.

O que é anunciado em João é, em Maria, cumprimento. O n. 721, voltando à chave teológica essencial deste artigo oitavo, define-a "obra-prima da missão do Filho e do Espírito". Isso se explica com o seguinte sentido: posto que a missão conjunta tem como origem o Pai e como termo a pessoa criada, esse ponto de chegada configura-se em Maria como ser Morada da Trindade. Com efeito, "o Pai encontra a 'Morada' onde o seu Filho e o seu Espírito podem habitar entre os homens". Por isso, a Tradição lhe atribuiu os mais belos textos relativos à Sabedoria e, em particular, o atributo "Sede da Sabedoria".

Ela é, portanto, completamente "trinitarizada", porquanto toda ela é relação com cada Pessoa divina. Os santos perceberam com força essa realidade. Por exemplo, Francisco de Assis chamava Nossa Senhora de "Filha de Deus Pai, Mãe de Deus Filho e Esposa de Deus Espírito Santo" (*Scritti*, 163) e Luís Maria de Montfort escrevia: "Maria é toda relativa a Deus e eu a chamaria perfeitamente de a relação de Deus, que não existe senão em relação a Deus" (*Trattato della vera devozione*, 225). Essa doutrina foi retomada também pelo Concílio Vaticano II: "Maria virgem, a qual, no anúncio do anjo, acolheu no coração e no corpo o Verbo de Deus e trouxe a vida ao mundo, é reconhecida e honrada como verdadeira mãe de Deus e Redentor. Redimida de modo eminente em vista dos méritos do seu Filho e a ele unida por um estreito e indissolúvel vínculo, foi distinguida com o sumo ofício e dignidade de mãe do Filho de Deus e é, por isso, filha predileta do Pai e templo do Espírito Santo; por esse dom de graça excepcional precede de longe todas as outras criaturas, celestes e terrestres" (LG 53).

Esse último texto é particularmente importante, porque exprime claramente que a relação profunda com cada Pessoa divina que caracteriza Maria não implica uma sua separação dos homens. Justamente o contrário, essa relação a põe numa relação única de intensidade com cada um deles. A Virgem, com efeito, recebeu um dom muito superior a cada criatura, e esse dom é fruto da redenção. Ela não é inatingível, mas foi objeto, mais do que todos os outros, da misericórdia divina, ao ser redimida de modo radical no momento da sua própria concepção. Assim, nela se revela aos homens o que Deus está realizando na história. Nela a onipotência da misericórdia divina manifesta-se em plenitude.

O CCE exprime tudo isso por meio de quatro verbos que evidenciam dinamicamente a relação de Maria com o Espírito Santo. Ele a "preparou", cumulando-a de graça, para que pudesse habitar nela corporalmente a divindade (Cl 2,9), para referir todas as coisas à Trindade (n. 722). O movimento da história da salvação tem origem, portanto, no seio do Pai, tem como termo imediato o seio de Maria, do qual ele volta ao seio do próprio Pai, levando todo o mundo a ele. Portanto, o Espírito "realiza" na Virgem o desígnio misericordioso do Pai, o qual derrama na virgindade da mãe de seu Filho a sua própria fecundidade infinita (n. 723). Por isso, o próprio Espírito "manifesta" nela, verdadeira e definitiva sarça ardente, o Filho do Pai como Filho da Virgem (n. 724). Assim, todo o ser de Nossa Senhora, toda a sua vida e a sua existência estão a serviço da comunhão, que é justamente a marca do Espírito, o qual por meio dela começa a "pôr em comunhão" os homens com Cristo, a partir dos últimos, dos mais pequeninos (n. 725). Assim, nela torna-se evidente a proximidade de Deus com os que sofrem. A Trindade não aguarda o homem lá do alto, a olhar se ele supera as dificuldades e se eleva acima das trevas do mundo. Ao contrário, o Pai envia o Filho e o Espírito às trevas, para as transformar com a sua luz. Onde brilha o sol, com efeito, a escuridão se dissolve, mesmo que se esteja num lugar apertado. O que em Maria se revela a todo homem é, então, que Deus se faz presente justamente nos altos e baixos, nos limites, nas dores, até a extrema hora da nossa morte.

A missão de Maria, cuja existência está toda voltada para a missão conjunta — e por ela impregnada — do Filho e do Espírito, é universal. Por isso, o n. 726 retoma a imagem patrística da nova Eva: Maria é a "Mulher", como Cristo a chama na narração joanina, a Mãe dos viventes, a aurora da nova criação que reverbera a luz do dia que anuncia (LUBAC, H. de, *Cattolicesimo*, Milano, Jaca Book, 1992, 123).

Chega-se desse modo ao elemento central desse tríptico, que apresenta o Cristo como plenitude do tempo à luz do Espírito Santo. Mais uma vez, emerge a missão conjunta indicada como autêntica chave de leitura, quer do segundo artigo do Símbolo, quer do terceiro. Jesus, como o Cristo, remete ao Espírito na sua própria identidade mais profunda. Em toda a sua vida deixa-o entrever cada vez mais, como se deduz dos encontros com Nicodemos ou com a Samaritana. Mas é na sua hora que Jesus promete a vinda da terceira Pessoa, mediante a sua morte e ressurreição. O Espírito é o outro Paráclito que Jesus impetrou do Pai e que este envia no nome do próprio Jesus. Assim, o estar sempre conosco, que define também etimologicamente o Emanuel, significa referência à terceira Pessoa, como já diz o próprio nome do Cristo. É o Espírito, com efeito, que ensina e lembra tudo o que Jesus disse e realizou, levando à verdade toda.

Assim, na hora de Jesus, ou seja, na cruz, ele entrega o seu Espírito ao Pai, restituindo na sua humanidade o mesmo Espírito que eternamente lhe pertence na sua divindade. A terceira Pessoa, com efeito, como já se viu, é a Vida ou o Amor com o qual o Pai gera o Filho e que o Filho restitui ao Pai. A primeira Pessoa não dá somente "alguma coisa" de si, ao dar origem à segunda, mas dá a si mesmo, ou seja, a Vida e o Amor que são o próprio Deus. E a segunda Pessoa, por sua vez, é imagem perfeita do Pai justamente porque não "retém para si" essa Vida ou esse Amor, mas o restitui à primeira Pessoa, tornando a dar a si mesmo a ele. O Espírito Santo, portanto, é essa Vida e esse Amor que, tendo origem do Pai, este o troca com o Filho. Esse ato de doação e devolução de si é tão perfeito e absoluto que os três são uma só coisa, ou seja, a única infinita e eterna substância divina.

Quando Jesus está na Cruz e lhe é dito que faça ver o seu poder, descendo da cruz, ou seja, demonstrando que é verdadeiramente Filho de Deus mediante um ato de poder, livrando-se dos pregos e das garras da morte que pouco a pouco se apoderavam dele, o Verbo encarnado permanece fiel ao Amor do Pai até o fim, *usque ad summum*, até o cumprimento do dom da sua humanidade. A oferta da sua vida humana terminada configura-se como tradução no tempo do seu ser Filho na eternidade. Unindo perfeitamente a própria vontade humana à divina, Jesus torna possível que a sua humanidade fique repleta do Espírito de Deus, até transbordar sobre o mundo e sobre a história. O Espírito Santo é, portanto, fruto da cruz, porque a oferta da vida finita torna possível a irrupção da vida infinita na humanidade. Desse dom, dessa efusão nasce a missão da Igreja, como do sangue e da água que brotam do Coração traspassado de Cristo. Tem-se, portanto, uma única linha que conecta não só idealmente, mas, antes ainda, ontologicamente, a missão conjunta do Filho e do Espírito à missão dos discípulos e da Igreja.

V. O Espírito e a Igreja nos últimos tempos

A Páscoa de Jesus realiza-se, então, justamente no dia de Pentecostes, quando se dá a plena efusão do Espírito como Pessoa divina sobre os discípulos. Nesse mesmo dia revela-se plenamente a Trindade santíssima, ou seja, o Reino de Deus — que é a vida mesma do Deus uni-trino — manifesta-se aos homens (n. 732). A missão conjunta, mais do que a saída de Deus de si, é a atração dos homens na Trindade. Com outra referência à liturgia bizantina, o CCE apresenta essa dinâmica como introdução do mundo nos últimos tempos por obra do Espírito.

Agora, na antecipação escatológica realizada pela terceira Pessoa divina, torna-se possível ao homem viver da vida de Deus e amar com o amor de Deus (n. 735). O Espírito é, portanto, como a linfa que une os ramos à videira, que é Cristo, comunicando aos filhos de Deus a própria fecundidade divina. São, pois, coincidentes a glória eterna e a plenitude da filiação ao Pai no Filho pelo Espírito Santo, conforme a doutrina de Basílio, irmão mais velho do já citado Gregório de Nissa. É, mais uma vez, evidente a atenção à tradição oriental que inspira a perspectiva pneumatológica do CCE.

O termo da missão conjunta da segunda e da terceira Pessoa é, então, a Igreja, apresentada como corpo de Cristo e templo do Espírito Santo. Os homens são, assim, introduzidos na comunhão trinitária mediante a ação do Paráclito, o qual dirige a eles as ações descritas pelos quatro verbos já aplicados a Maria: "prepara-os", "manifesta-lhes" o Ressuscitado, "torna presente" a eles o mistério de Cristo, sobretudo na eucaristia, e os coloca "em comunhão" com Deus (n. 737).

O percurso se completa, portanto, ao apresentar a missão da Igreja em união íntima com a missão conjunta do Filho e do Espírito. Mediante a citação de outro Padre grego, Cirilo de Alexandria, mostra-se que a missão da Igreja não é um acréscimo com relação às missões divinas, mas, antes, é o seu prolongamento (n. 738).

Desse modo, os últimos quatro pontos do artigo remetem organicamente ao que se segue no CCE; em primeiro lugar à seção eclesiológica (artigo nono), que vem imediatamente depois da pneumatológica. A relação entre a terceira Pessoa e os sacramentos, apresentada como unção que se difunde nos diversos membros do corpo de Cristo, remete, porém, à segunda parte do CCE (n. 739). Depois, a vida nova que tem origem nessa relação é indicada como objeto da terceira parte do CCE (n. 740), assim como a oração que anima essa vida é tema da última parte do CCE (n. 741).

Como também os pontos do resumo revelam, tudo é organizado a partir da missão conjunta do Filho e do Espírito (n. 743), cujo fim é atrair os seres humanos à comunhão "com" Deus, que no Espírito Santo é comunhão "em" Deus. A citação de Gálatas 4,6, posta como *incipit* da seção do resumo, pode muito bem valer como compêndio de todo o percurso, porquanto explicita a conexão entre a missão conjunta e a filiação divina; o homem, que, de per si, é criatura e não pode chamar Deus de Pai em sentido literal, ou seja, de *Abbá*, como Jesus faz, graças à presença do Espírito do Pai e do Filho no próprio coração pode orar, viver e amar na própria Trinidade, como Maria.

Capítulo III

Artigo 9

"CREIO NA SANTA IGREJA CATÓLICA"

MANUEL JOSÉ JIMÉNEZ R.

Desde os tempos do Concílio se fala de "Igreja da Trindade". Apoiada pelas sagradas Escrituras e pela patrística, a eclesiologia trinitária do Vaticano II, que é a expressa pelo CCE, dá destaque a uma relação da Igreja com a Trinidade em três frentes principais: (a) a origem trinitária da Igreja; (b) a forma trinitária da Igreja; (c) o objetivo ou o destino trinitário da Igreja. Marcada com o selo da Trindade, a Igreja tem a sua origem, o seu modelo e o seu fim no Deus Uno e Trino.

Quando o cardeal Schönborn — na época Secretário da Comissão para a redação — apresentou o CCE, disse que "o mistério trinitário é o seu fio condutor". E para explicá-lo remeteu ao seu n. 234: "O mistério da santíssima Trindade é o mistério central da fé e da vida cristã. É o mistério de Deus em si mesmo. É, portanto, a fonte de todos os outros mistérios da fé; é a luz que os ilumina. É o ensinamento fundamental e essencial na 'hierarquia das verdades' de fé".

O CCE, no artigo sobre Deus, deixa clara desde o início a marca da Trindade também na Igreja: "Toda a economia divina é obra comum das três Pessoas divinas. Com efeito, a Trindade, assim como tem uma só e mesma natureza, tem uma só e mesma operação" (n. 258). "Toda a economia divina, obra comum e, ao mesmo tempo, pessoal, dá a conhecer tanto a propriedade das Pessoas divinas, quanto sua única natureza" (n. 259).

Essa orientação trinitária inspira a estrutura do comentário que apresentamos. Será feito uso de expressões tiradas do CCE, do art. 9 do cap. 3: "A Igreja é una, santa, católica e apostólica" (nn. 811-870). Apresentado desse modo, o comentário assume a fórmula do Símbolo Niceno-Constantinopolitano como princípio articulador de toda a reflexão. Está presente também nessa reflexão um princípio de eclesiologia trinitária tirado do mesmo CCE: "Para investigar o mistério da Igreja, é necessário considerar primeiramente sua origem no desígnio da Santíssima Trindade e sua realização progressiva no curso da história" (n. 758).

Desse modo, põe-se em relação outro princípio teológico trinitário do CCE: "Crer que a Igreja é 'santa' e 'católica' e que é 'una' e 'apostólica' (como acrescenta o Símbolo Niceno-Constantinopolitano)" (n. 750).

Por motivos de espaço e de limitações próprias deste tipo de comentário, não é possível aprofundar cada um desses atributos da Igreja. Vamos reuni-los todos sob o atributo: a Igreja é una. E a partir dessa premissa serão postos em evidência e em relação todos os outros conteúdos referentes à Igreja.

Creio na santa Igreja católica

A primeira parte do CCE é uma clara referência à dimensão trinitária da Igreja. Nos nn. 74-79, põe-se em evidência a ação das três Pessoas divinas na Igreja: "Assim, a comunicação que o Pai fez de si mesmo por seu Verbo no Espírito Santo permanece presente e atuante na Igreja" (n. 79). Esse assunto retorna no art. 8. "O artigo de fé sobre a Igreja depende inteiramente dos artigos concernentes a Cristo Jesus" (n. 748), e "depende também inteiramente do artigo sobre o Espírito, que o precede" (n. 749). Desse modo, o CCE reúne o que é comum nos símbolos dos primeiros séculos da Igreja: a Igreja passa a fazer parte do Credo nos artigos da profissão de fé no Espírito Santo, bem como passa a fazer parte do Símbolo crer no perdão dos pecados, na ressurreição da carne e na vida eterna.

A Igreja das origens descobria no Símbolo o mistério da Trindade em função da vida cristã. Portanto, o Símbolo proclama a sua fé no Pai criador, no Filho salvador e no Espírito Santo, que dá a vida e que opera principalmente na Igreja e por meio dela. Quando o Credo nos faz dizer: "Creio na Igreja", não introduz uma quarta proposta complementar às três proposições trinitárias. A Igreja é, nesse caso, a primeira obra do Espírito Santo, cuja presença ativa no coração das pessoas se acabou de professar.

O CCE assume tudo isso e introduz os artigos do "creio na Igreja católica" (nn. 748-975), "creio no perdão dos pecados" (nn. 976-987), "creio na ressurreição da carne" (nn. 988-1019) e "creio na vida eterna" (nn. 1020-1065), dentro dos artigos do "creio no Espírito Santo" (nn. 633-1065). Esses artigos são: o art. 8 (creio no Espírito Santo); o art. 9 (creio na santa Igreja católica); o art. 10 (creio no perdão dos pecados); o art. 11 (creio na ressurreição da carne) e o art. 12 (creio na vida eterna).

Isso torna necessário compreender adequadamente o significado de "crer na Igreja". Para o fazer mostramos dois modos presentes no CCE. Em primeiro lugar, não dizemos crer "na" Igreja como dizemos crer "em" Deus, porque se crê somente em Deus, mas cremos que a Igreja existe por vontade ou desígnio de Deus. Ela tem a sua origem no mistério do Deus uno e trino, no seu desígnio de salvação para a humanidade, chamando-a à comunhão de vida com ele, por mediação do seu Filho e no Espírito Santo. O objeto da fé é Deus, a revelação de Deus que encontramos na Igreja por meio da fé da Igreja. Consequentemente, a Igreja não é, antes de tudo, objeto, fim ou conteúdo da fé, mas uma dimensão intrínseca da fé. A Igreja não faz parte da fé como um objeto qualquer, mas como princípio e órgão de discernimento daquilo em que temos de crer. A importância da Igreja reside na sua participação como mediadora em Cristo e, portanto, torna-se o caminho para chegar a Deus. O papel da Igreja é ser mediadora e contexto comunitário da fé. O CCE refere-se a esse primeiro significado de "Creio na Igreja" quando afirma: "Crer que a Igreja é 'santa' e 'católica' e que é ela 'una' e 'apostólica' (como acrescenta o Símbolo Niceno-Constantinopolitano) é inseparável da fé em Deus Pai, Filho e Espírito Santo. No Símbolo dos Apóstolos, professamos crer em uma Igreja Santa (*Credo Ecclesiam*), e não *na* Igreja, para não confundir Deus com as suas obras e para atribuir claramente à bondade de Deus todos os dons que ele pôs em sua Igreja" (n. 750).

Em segundo lugar, "Creio na Igreja" significa que a Igreja não faz parte do centro da fé ou que é o seu fim, mas é o lugar e o contexto correto de fé, sendo uma comunidade sacramental. Assim manifesta o fato de ser comunidade própria da profissão de fé cristã, como expressão eclesiástica de fé em Deus. Exprime também o fato de ser comunidade convidada ou chamada e comunidade que convoca e chama. Ou comunidade que ouve e proclama, como estabelecido na Constituição DV. Para receber a revelação cristã é necessário ter fé na Igreja e isso sob dois aspectos: como espaço ou lugar de revelação e enquanto a Igreja é parte do objeto da fé. É a Igreja que dá a fé que professamos. Deus dá a fé ao cristão mediante a Igreja. A fé não é uma invenção pessoal, pois se recebe e se vive na comunidade da Igreja. O aspecto eclesial da fé não depende do sujeito chamado a crer na Igreja, mas da revelação divina. Quanto à revelação, a missão da Igreja é a de guardá-la e transmiti-la. Sob esse ponto de vista, a Igreja se compreende na vontade de Deus de se comunicar. A existência da Igreja depende inteiramente da ação reveladora de Deus. Segundo César Izquierdo, crer na Igreja quer dizer encontrar nela Jesus Cristo. É reconhecer que a Igreja é lugar de fé, porque é também ela crente. Assim, somos crentes à medida que se partilha da fé da Igreja. Mas, como já dissemos anteriormente, ter fé na Igreja não está no mesmo nível que ter fé em Deus, mas sim uma fé numa relação com Deus dependente dele. A fé na Igreja é fé na ação de Deus na Igreja. Crer na Igreja, portanto, significa reconhecer a sua relação essencial com a revelação e a vontade de Deus de se comunicar.

Em certo sentido, a Igreja pode ser chamada de "a grande fiel"; é onde cada fiel se reúne com os outros numa só fé, que é a fé da Igreja. Da Igreja cada fiel recebe os conteúdos e como crer. Ao se apropriar da fé da Igreja, cada fiel se torna Igreja; ele a constrói e contribui para o nascimento de novos crentes. Ao transmitir a revelação, a Igreja convida os cristãos a fazer própria a sua fé "pela sua mediação", mas também a se tornar um só todo "junto com a Igreja e na Igreja". O credo da fé de cada fiel é o credo da fé da Igreja. A fé da Igreja exprime-se e existe no ato de fé dos que vivem a fé em comunhão com ela. O crente é objeto de fé, na medida em que faz parte da comunhão dos fiéis, e não separadamente como autônomo em relação a ela. O que foi dito não está em contradição com a necessária personalização da fé, porque somente em comunhão com a Igreja é que a personalização da fé é autêntica e madura. De outro modo, seria subjetivização, mais do que personalização da fé. Crer na Igreja é, em última análise, crer de maneira eclesial. A Igreja é o âmbito comunitário e sacramental onde a fé cristã é professada, celebrada e testemunhada.

Esse segundo significado de "crer na Igreja" aparece também no CCE quando, na primeira parte, explica o significado da fé: "A fé é um ato pessoal: a resposta livre do homem à iniciativa de Deus que se revela. Ela não é, porém, um ato isolado. [...] Ninguém deu a fé a si mesmo [...]. O crente recebeu a fé de outros, deve transmiti-la a outros. [...] Cada fiel é como um elo na grande corrente dos fiéis. Não posso crer sem ser carregado pela fé dos outros e, pela minha fé, contribuo para carregar a fé dos outros. [...] 'Eu creio': é também a Igreja, nossa Mãe, que responde a Deus com sua fé e que nos ensina a dizer: 'eu creio', 'nós cremos'. [...] É antes de tudo a Igreja que crê e que, desta forma, carrega, alimenta e sustenta minha fé. É antes de tudo a Igreja que, em toda parte, confessa o Senhor [...]. A salvação vem exclusivamente de Deus; mas, por recebermos a vida de fé por meio da Igreja, ela é nossa mãe [...]. Por ser nossa mãe, a Igreja é também a educadora de nossa fé" (nn. 166-168).

A Igreja é una, santa, católica e apostólica

No que diz respeito à Igreja, fala-se no Símbolo dos apóstolos somente da "santa Igreja católica", enquanto no Credo Niceno se diz: "Cremos na Igreja una, santa, católica e apostólica". Para o Concílio de Constantinopla, essas quatro dimensões ou quatro atributos da Igreja são o sinal de sua autenticidade. Nessa mesma direção pronunciou-se o Concílio Vaticano II: "Cristo, único mediador, constituiu sobre a terra e incessantemente sustenta a sua Igreja, santa, comunidade de fé, de esperança e de caridade, como organismo visível, mediante o qual difunde para todos a verdade e a graça. [...]

Essa é a única Igreja de Cristo, que no Símbolo professamos como una, santa, católica e apostólica e que o nosso Salvador, depois da sua ressurreição, deu a Pedro para que fosse apascentada (cf. Jo 21,17), confiando a ele e aos outros apóstolos a difusão e guia dela (cf. Mt 28,18 ss.), e constituiu para sempre como coluna e suporte da verdade (cf. 1Tm 3,15). Essa Igreja, constituída e organizada neste mundo como sociedade, subsiste na Igreja católica, governada pelo sucessor de Pedro e pelos bispos em comunhão com ele, embora fora do seu organismo se encontrem muitos elementos de santificação e de verdade que, pertencendo propriamente por dom de Deus à Igreja de Cristo, levam à unidade católica" (LG 8).

E nessa mesma linha vai o CCE: "Esses quatro atributos, inseparavelmente ligados entre si [cf. DS 2888], indicam traços essenciais da Igreja e de sua missão. A Igreja não os tem de si mesma; é Cristo que, pelo Espírito Santo, dá à sua Igreja o ser una, santa, católica e apostólica, e é também ele que a convida a realizar cada uma dessas características. Só a fé pode reconhecer que a Igreja recebe estas propriedades de sua fonte divina. Suas manifestações históricas constituem sinais que falam também com clareza à razão humana" (nn. 811-812).

Avery Dulles, em relação a esses quatro atributos, enfoca as diferenças no modo de interpretá-las em função dos diversos modelos eclesiológicos. Para a finalidade do presente texto, mostramos o sentido que assumem no modelo institucional antes do Vaticano II e nos modelos comunitários e sacramentais próprios do Vaticano II. No modelo "institucional" da Igreja, ela é vista de modo estático, como uma sociedade que teve alguns atributos específicos que foram dados de modo definitivo por Cristo. A instituição era necessariamente considerada no sentido de que o homem era obrigado a pertencer a ela, para ter alguma esperança de salvar a sua alma. Consequentemente, era questão de vida ou de morte para o povo ser capaz de reconhecer a verdadeira Igreja. Os quatro atributos foram entendidos como notas distintivas de uma sociedade visível. Portanto, a unidade, por exemplo, era concebida como "a subordinação de todos os crentes a uma só e única jurisdição espiritual e a um só Magistério". A conotação de catolicidade é secundária, porque está fortemente vinculada à unidade. Na teoria institucional foi entendida também como altamente visível e mensurável em termos geográficos e estatísticos. Em relação à unidade, a catolicidade significa que uma Igreja que brota em todo o mundo deve ter o mesmo credo, o mesmo culto e o mesmo sistema jurídico. O enorme desenvolvimento da Igreja e a multidão de seus seguidores foram considerados como um motivo particular do seu esplendor, da sua coesão e da sua disciplina. A terceira nota, a santidade, foi interpretada como característica da Igreja como sociedade visível. Portanto, não estava ligada principalmente à união interior dos crentes com Deus, mas, antes, com a sua santidade visível. Muitos apologetas desse período prestam atenção *in primis* à sacralidade dos meios, em particular dos que faltam entre os adversários. A última nota, apostolicidade, foi interpretada como pertencente à instituição enquanto meio de salvação. Foi dada grande importância à manutenção do depósito apostólico da doutrina, dos sacramentos e do ministério. Para fins práticos, a prioridade foi dada ao governo ou ao ofício. Por ofícios se entendia a capacidade e o poder de declarar qual era a verdadeira doutrina e quais os verdadeiros sacramentos. Para esses apologetas, a apostolicidade tinha, pois, o significado da legítima sucessão dos pastores, e a aprovação dos pastores era vista como vinda de Roma.

No modelo "comunitário" da Igreja, os atributos não são mais interpretados como sinais visíveis de uma específica sociedade, mas, antes, como as qualidades de uma comunidade viva. Consequentemente, a Igreja é descrita em categorias dinâmicas, vitalistas e com uma perspectiva de contínuo crescimento para a consecução da perfeição. Desse modo, a sua participação nos atributos que a definem será apenas parcial e de orientação até o fim dos tempos. Os atributos são vistos como uma missão a ser cumprida por parte de cada uma das comunidades cristãs, mais do que como propriedade exclusiva de uma sociedade. A aspiração da Igreja é se tornar plenamente una, santa, católica e apostólica. A unidade a que se faz referência não é a unidade externa de uma sociedade organizada; antes, a unidade interior da caridade recíproca é que constrói uma comunidade de amigos. A santidade não é tanto a santidade de meios de santificação ou uma santidade externa susceptível de ser estatisticamente medida, mas se refere em primeiro lugar a uma vida santa, uma comunicação interior com Deus que eleva a comunhão com o próximo. A catolicidade fundamental para essa eclesiologia não é tanto o fato de ter muitos membros esparsos em diversas latitudes; é, mais, o dinamismo católico de um amor que tudo procura e nada exclui. Essa caridade "católica" faz a Igreja se tornar, na terminologia de Bergson, uma "sociedade aberta". A apostolicidade que conta nessa teologia não é tanto a sucessão legal dos prelados devidamente ordenados; é, antes, a duradoura magnanimidade do Espírito Santo, que imbuiu a Igreja apostólica desde a origem no dia de Pentecostes.

No terceiro modelo, a Igreja como "sacramento", os quatro atributos tradicionais são utilizados, às vezes, como critérios fundantes da verdadeira Igreja, mas a perspectiva é muito diferente da perspectiva dos dois modelos anteriores. A categoria operativa será o sinal sacramental. Cristo é o sinal por excelência do fim redentor de Deus. A Igreja existe para tornar Cristo realmente presente como sinal do amor redentor de Deus que se estende a toda a humanidade. Isso implica a existência de uma comunidade que tem certos atributos definidos. Em primeiro lugar, o sinal de Cristo deveria se estender no tempo, de modo a se tornar definitivo envolvendo tudo, ou, com uma terminologia mais técnica, deve ser escatológico. Com o objetivo de perpetuar o sinal de Cristo até o fim dos tempos, a Igreja de cada momento histórico deve permanecer em evidente continuidade com Cristo e com a Igreja apostólica, ou, em outras palavras, deve ter apostolicidade. Em segundo lugar, o sinal de Cristo deveria se expandir no espaço para manifestar e tornar atual a vontade salvífica de Deus para com todas as regiões e para com todas as diversidades culturais e étnicas. Em outros termos, deveria exprimir a resposta de todos os povos à graça divina. Isso significa que a Igreja deve ser católica; ou seja, expandir-se por todo o mundo e não somente segundo a cultura da Europa ocidental. Como diz o Concílio Vaticano II, com referência à catolicidade: "Esse caráter de universalidade que adorna e distingue o povo de Deus é dom do próprio Senhor. E com ele a Igreja católica, com eficácia e sem pausas, tende a recapitular toda a humanidade, com todos os seus bens, em Cristo, cabeça na unidade do seu Espírito. Em virtude dessa catolicidade, cada uma das partes leva os próprios dons às outras partes e a toda a Igreja" (LG 13). Enfim, a Igreja deve se caracterizar pela santidade; de outro modo não poderia ser um sinal de Cristo. A Igreja, enquanto terrena, não poderá jamais ser completamente santa. Todavia, em virtude dos seus princípios formais e sob a guia do Espírito Santo, a Igreja trabalha constantemente para purificar o homem dos seus pecados e para o induzir à conversão e à penitência. A consciência que os membros têm de não serem dignos da sua alta vocação e de cometerem pecados a cada dia é um testemunho de santidade coerente com a natureza da Igreja. No modelo sacramental, portanto, as quatro notas ou atributos assumem maior importância em relação ao modelo comunitário. Devem ser as qualidades visíveis da Igreja na sua forma atual, ou, contrariamente, a Igreja não será um sacramento de Cristo, uma expressão visível da sua graça invisível que triunfa sobre o pecado humano e sobre a alienação. A visibilidade é necessária, como no modelo institucional, mas é preciso ressaltar uma diferença significativa. O primeiro modelo propõe uma visibilidade manifesta aos olhos de todos, mensurável e susceptível de estatísticas, e pode ser explorado de modo racional numa argumentação apologética. O terceiro modelo, todavia, propõe um modelo especial de visibilidade adequada para um sacramento, vale dizer, a expressão física de um mistério divino.

Quando o CCE fala dos atributos, põe em evidência neles quer a dimensão do dom e da realidade para a qual a Igreja tende, quer a sua dimensão de concreta realidade histórica nos modelos que, segundo o modo de entender de Dulles, são o modelo de comunhão e o modelo sacramental. Um claro exemplo é o modo como o CCE se refere à santidade da Igreja: "'Já na terra a Igreja está ornada de verdadeira santidade, embora imperfeita.' Em seus membros, a santidade perfeita ainda é algo a adquirir" (n. 825). O CCE põe, assim, em evidência que a Igreja é, ao mesmo tempo, uma realidade espiritual e visível: "A Igreja está na história, mas, ao mesmo tempo, a transcende" (n. 770).

A Igreja é una

O Vaticano II não fala apenas de unidade. No Decreto sobre o ecumenismo usa os termos "unidade e unicidade da Igreja" (UR 2). Desse modo, afirma-se que Cristo fundou uma só Igreja e que a queria perfeitamente unida. O plano divino de unidade manifestou-se nas ações de Cristo durante a sua vida terrena e atingiu o seu ápice depois da glorificação de Jesus, com a vinda do Espírito Santo, princípio divino de unidade daqueles que creem em Cristo. A unidade é uma conotação específica da Igreja de Cristo. "É, portanto, da própria essência da Igreja" (CCE n. 813). Como disse o Papa João Paulo II, "De fato, essa unidade dada pelo Espírito Santo não consiste simplesmente numa confluência de pessoas que se somam umas às outras. É uma unidade constituída por vínculos da profissão de fé, dos sacramentos e da comunhão hierárquica. Os fiéis são uma só coisa, porque, no Espírito, eles estão na comunhão do Filho e, nele, na sua comunhão com o Pai: 'A nossa comunhão é com o Pai e com o seu Filho Jesus Cristo' (1Jo 1,3). Portanto, para a Igreja católica, a comunhão dos cristãos não é senão a manifestação neles da graça por meio da qual Deus os torna partícipes da sua própria comunhão, que é a sua vida eterna. As palavras de Cristo 'que todos sejam uma só coisa' são, pois, a oração dirigida ao Pai para que o seu desígnio se realize plenamente, de modo que resplandeça 'aos olhos de todos como a realização do mistério mantido oculto desde sempre nele, o Criador do universo' (Ef 3,9). Crer em Cristo significa querer a unidade; querer a unidade significa querer a Igreja; querer a Igreja significa querer a comunhão de graça que corresponde ao desígnio do Pai desde toda eternidade. Eis o significado da oração de Cristo: '*Ut unum sint*'" (UUS 10).

Da citação ressalta a estrutura trinitária da unidade na Igreja. O CCE aprofunda o "sagrado mistério da unidade da Igreja" nessa perspectiva claramente trinitária. "'A Igreja é una por sua fonte': 'o modelo supremo e o princípio deste mistério é a unidade na Trindade de Pessoas, Pai e Filho no Espírito Santo' (UR 2). A Igreja é una 'por seu Fundador': 'de fato o Filho encarnado [...] por sua cruz reconciliou todos os homens com Deus, restabelecendo a união de todos em um só povo e em um só corpo' (GS 78,3). A

Igreja é una 'por sua alma': 'o Espírito Santo que habita nos crentes, que plenifica e rege toda a Igreja, realiza esta admirável comunhão dos fiéis e os une tão intimamente em Cristo, que ele é o princípio da unidade da Igreja.' (UR 2)" (CCE n. 813)

A Igreja é "una" por sua origem

A eclesiologia trinitária do CCE assume a categoria de "mistério", do Vaticano II, como referência que guia a sua reflexão: "Para investigar o mistério da Igreja, convém meditar primeiro sobre sua origem no desígnio da Santíssima Trindade e sobre sua realização progressiva no curso da história" (n. 758). E afirma, a seguir, que a Igreja é "um desígnio nascido no coração do Pai". Desde o prólogo, o CCE assume essa estrutura de mistério trinitário da Igreja. O texto começa contemplando Deus na eternidade, gozando de perfeição e de felicidade infinitas. Ao Pai são atribuídas todas as ações a favor dos seres humanos. O Pai as realiza "por mediação do Filho [...] no Espírito Santo". Por isso, proclama desde o início: "O Símbolo da fé resume os dons que Deus, como Autor de todo bem, como Redentor, como Santificador, outorga ao homem, e os articula em torno dos 'três capítulos' de nosso Batismo — a fé em um só Deus: o Pai Todo-Poderoso, o Criador; Jesus Cristo, seu Filho, nosso Senhor e Salvador, e Espírito Santo, na Santa Igreja" (n. 14).

Na seção dedicada a Deus Pai, o CCE confirma que Deus é a fonte e a origem de tudo, também da Igreja, uma vez que os artigos da Igreja dependem dos artigos sobre Deus Pai. Deus é o início e o fim de tudo. "'Creio em Deus': esta primeira afirmação da profissão de fé é também a mais fundamental. [...] Os artigos do Credo dependem todos do primeiro [...]. Os demais artigos nos fazem conhecer melhor a Deus tal como se revelou progressivamente aos homens" (n. 199).

No que se refere à Igreja, ao abordar a origem, a fundação e a sua missão, o CCE afirma que ela é um plano presente no coração de Deus desde a origem dos tempos, presente no seu coração antes da criação do mundo. Como diz Bruno Forte, "as origens da Igreja estão ocultas na profundidade do mistério de Deus. A Igreja é do Pai, amada desde a origem dos tempos. Sempre existiu no coração de Deus. Se a Igreja é a esposa de Cristo Jesus, está preparada para ele desde antes da criação do mundo (Ef 1,3-6). A Igreja é do Pai; amada por ele desde toda a eternidade em virtude do seu amor, existe no seu coração como comunidade de salvação. A Igreja querida pelo Pai é, portanto, obra do Filho (obra da Palavra de Deus), animada pelo Espírito Santo: é, realmente, a obra da Trindade". A Igreja não é iniciativa humana, mas a iniciativa de Deus. Uma iniciativa que mantém relação profunda com a criação de todas as coisas e a criação dos seres humanos (CCE n. 759). Desde os primeiros tempos, a vontade de Deus é a de elevar os seres humanos à participação da vida divina: "A glória de Deus consiste em que se realizem esta manifestação e esta comunicação de sua bondade, em vista das quais o mundo foi criado. 'Ele nos predestinou à adoção como filhos, por obra de Jesus Cristo, para o louvor de sua graça gloriosa' (Ef 1,5-6) [...]" (n. 294).

É da vontade de Deus salvar os seres humanos convocando um povo. Os crentes em Cristo, ele os quis convocar na santa Igreja (n. 759). A Igreja existe por desígnio e vontade divina como instrumento de salvação para a humanidade inteira, para salvar em Cristo e com Cristo. A Igreja deve ser entendida na sua natureza íntima como expressão e manifestação da vontade salvífica universal de Deus. A Igreja é um desígnio do coração do Pai. É uma vontade que se realiza e se faz presente na história da humanidade.

"'Todos os que creem em Cristo, o Pai quis chamá-los a formarem a santa Igreja'. Esta 'família de Deus' se constitui e se realiza gradualmente ao longo das etapas da história humana, segundo as disposições do Pai: 'desde a origem do mundo a Igreja foi prefigurada. Foi admiravelmente preparada na história do povo de Israel e na antiga aliança. Foi fundada nos últimos tempos. Foi manifestada pela efusão do Espírito. E no fim dos tempos será gloriosamente consumada' (LG 2)." (n. 759).

O CCE, nos subtítulos, dá a entender o que é chamado de "realização progressiva [da Igreja] no curso da história": "A Igreja — um projeto nascido no coração do Pai"; "A Igreja — prefigurada desde a origem do mundo"; "A Igreja — preparada na antiga aliança"; "A Igreja — instituída por Cristo Jesus; "A Igreja — manifestada pelo Espírito Santo"; e "A Igreja — Consumada na glória" (nn. 751-769).

Na parte dedicada ao "crer no Espírito Santo", retoma a progressiva realização da Igreja nos séculos. E o faz pondo em evidência a pessoa divina do Espírito Santo, que age e se manifesta em toda a história da salvação em três grandes momentos: "O Espírito e a Palavra de Deus no tempo das promessas" (nn. 702-716), "O Espírito de Cristo na plenitude do tempo" (nn. 717-730) e "O Espírito e a Igreja nos últimos tempos" (nn. 731-741).

O CCE fala de uma preparação remota da reunião do povo de Deus, que começa com a vocação de Abraão e a preparação imediata com a eleição de Israel como povo de Deus e com o anúncio de uma aliança nova e eterna (n. 762). Desse modo, afirma-se que a Igreja pode ser compreendida somente em íntima relação com Israel e com a primeira ou antiga aliança. Para exprimir essa relação, a reflexão teológica recorre a três categorias: a continuidade, a complementariedade e a novidade entre a Igreja e Israel. Com respeito à continuidade, evidencia-se a condição do ser "povo de Deus" (n. 781). Na atual reflexão teológica, a consideração da Igreja como povo de Deus é característica relevante, complementar a outras, como "Corpo de Cristo" e "sacramento de salvação". Segundo Antonio María Calero, a categoria "povo de Deus" é central e fundante para a eclesiologia do Vaticano II, porque joga luz sobre as seguintes dimensões da vida da Igreja: a dimensão histórica da Igreja, a categoria bíblica da aliança, a continuidade e descontinuidade da Igreja em relação a Israel, a relação entre batizados dentro da comunidade eclesial, a fundamental igualdade e a dignidade de todos eles como batizados, a distinção entre Igreja e Reino de Deus, a natureza escatológica da Igreja e um modo novo de compreender a relação entre a Igreja e o mundo.

O CCE não é estranho a esse assunto. Como já foi dito, a categoria povo de Deus é fundamental, dado como o CCE apresenta a Igreja. Cita o Concílio, em particular a LG 9: "Em todo tempo e em toda nação, quem quer que o tema e pratique a justiça é acolhido por ele (cf. At 10,35). Todavia, Deus quis santificar e salvar os homens não individualmente e sem nenhuma ligação entre eles, mas quis fazer deles um povo, que o reconhecesse segundo a verdade e que o servisse na santidade. Escolheu, pois, para si o povo israelita, estabeleceu com ele uma aliança e o formou lentamente, manifestando na sua história a si mesmo e os seus desígnios e o santificando para si. Tudo isso, porém, ocorreu em preparação e como figura da nova e perfeita aliança a ser feita em Cristo, bem como da mais completa revelação a ser realizada por meio do próprio Verbo de Deus que se fez homem".

Expressão dessa continuidade é o uso das imagens para falar de Israel como povo de Deus da antiga aliança e da Igreja como povo de Deus na nova aliança. Entre tantas, o utiliza as seguintes imagens: o redil, o rebanho, a herdade ou campo de Deus, o edifício de Deus, casa de Deus, família de Deus, templo santo (nn. 753-757). Todavia a continuidade mostrada, baseada nessas imagens, dá destaque, além disso, a uma novidade: "Na Sagrada Escritura, encontramos grande quantidade de imagens e figuras interligadas, pelas quais a Revelação fala do mistério inesgotável da Igreja. As imagens encontradas no Antigo Testamento constituem variações de uma ideia de fundo, a de 'povo de Deus'. No Novo Testamento (cf. Ef 1,22; Cl 1,18), todas essas imagens encontram novo centro pelo fato de Cristo tornar-se a 'Cabeça' deste povo, (cf. LG 9) que é, então, seu corpo. Em torno deste centro, agruparam-se imagens 'tiradas ou da vida pastoril ou da vida dos campos, ou do trabalho de construção ou da família e do casamento' (LG 6)" (n. 753).

O CCE mostra também a novidade na continuidade da Igreja como povo de Deus, quando faz notar algumas características próprias da Igreja povo de Deus, pondo-as em evidência com fonte itálica: "A pessoa torna-se 'membro' deste povo não pelo nascimento físico, mas pelo 'nascimento do alto', 'da água e do Espírito' (Jo 3,3-5), isto é, pela fé em Cristo e pelo batismo. Este povo tem por 'chefe' [cabeça] Jesus Cristo [ungido, Messias], porque, da mesma Unção, o Espírito Santo, ele flui da Cabeça para o corpo, este é o 'povo messiânico'. A condição deste povo é a dignidade da liberdade dos filhos de Deus: nos corações deles, como em um templo, reside o Espírito Santo (LG 9). 'Sua *lei* é o mandamento novo de amar como Cristo mesmo nos amou' (cf. Jo 13,34). É a lei 'nova' do Espírito Santo (Rm 8,2; Gl 5,25). Sua missão é ser o sal da terra e a luz do mundo (cf. Mt 5,13-16). 'Ele constitui para todo o gênero humano a mais forte semente de unidade, esperança e salvação' (LG 9). Sua meta é 'o Reino de Deus, iniciado na terra por Deus mesmo, reino a ser estendido mais e mais, até que, no fim dos tempos, seja consumado pelo próprio Deus' (LG 9)" (n. 782). A novidade fundamental é dada pelo acontecimento de Cristo e pela fé da Igreja nele como Messias, Salvador e Filho de Deus (nn. 422-682). A complementariedade se explica mediante o íntimo vínculo entre as duas alianças e o significado religioso de Israel (nn. 839-840).

A Igreja é "una" por seu fundador

Ao abordar a questão, o CCE utiliza diversas expressões: "Cristo fundou a Igreja"; "A Igreja instituída por Jesus Cristo"; "O Senhor Jesus deu início à sua Igreja" e "A Igreja nasceu principalmente do dom total de Cristo". Desse modo, afirma-se que a Igreja é obra de Jesus Cristo, o Verbo feito carne; ou seja, como já dito antes, que é obra também do Pai e do Espírito Santo. A sua origem trinitária apresenta-se ao descrever a economia da salvação. Resumindo, o CCE mostra, de diversas formas e com diversidade de palavras, que a Igreja é obra da Trindade: é a vontade do Pai, realizada por Jesus Cristo, com a força do Espírito Santo. É o resultado de um projeto e da iniciativa do Pai e das missões do Filho e do Espírito Santo. É essa a abordagem do Vaticano II, na esteira da *Ecclesia de Trinitate*, de Cipriano (cf. LG 2-4).

Como entender, então, que a Igreja é instituída ou fundada por Jesus Cristo? A esse propósito, pronuncia-se Antonio María Calero: "Pode-se, portanto, afirmar que Jesus fundou a Igreja, mas esclarecendo e especificando corretamente essa expressão, no sentido de que o que é feito por Jesus é feito, de um lado, segundo o plano eterno do Pai, para salvar toda a humanidade mediante um instrumento que existia antes de Cristo, graças à realidade e à instituição da antiga aliança; além disso, se desenvolve durante a vida terrena de Cristo, graças à sua mediação única e inigualável; e, depois de Cristo, é desenvolvida pelo povo da nova e definitiva aliança. Em outro sentido, Jesus institui a Igreja, construindo os fundamentos: a constituição de um grupo ao qual confiou a missão que ele mesmo tinha recebido do Pai e ao qual confere os elementos necessários para que a salvação, por sua mediação, não caia no vazio [...]. Portanto, a resposta à pergunta feita antes não só vai além de uma visão completamente isolacionista da Igreja como realidade ligada exclusivamente ao Jesus histórico, mas implica, consequentemente, a presença e a ação das três pessoas divinas. A relação da Igreja com a pessoa de Cristo é muito mais pormenorizada hoje em dia e se encontra numa perspectiva teologicamente muito mais rica (a Trindade) e historicamente muito mais dinâmica como uma realidade que se constitui gradualmente até atingir o seu cumprimento histórico a partir de Pentecostes".

A Comissão Teológica Internacional (1985), na mesma linha do Vaticano II, relaciona deste modo o processo de fundação da Igreja: (a) as promessas veterotestamentárias referentes ao povo de Deus; (b) o amplo convite dirigido a todos os homens por parte de Jesus para se converterem e crerem nele; (c) o chamado e a instituição dos doze; (d) a imposição do nome a Simão Pedro; (e) a rejeição de Jesus por parte de Israel e a distância entre o povo hebraico e os discípulos de Jesus; (f) a instituição da ceia e a paixão e morte; (g) a ressurreição; (h) o envio do Espírito Santo em Pentecostes; (i) a missão dos discípulos em meio aos pagãos; (j) a definitiva ruptura entre o "verdadeiro Israel" e o judaísmo. Como conclusão, afirma-se que "nenhuma dessas etapas, tomadas isoladamente, pode constituir o todo, mas, unidas todas entre si, mostram com evidência que a fundação da Igreja deve ser entendida como um processo histórico, ou seja, como o futuro da Igreja dentro da história da revelação. Nesse mesmo desenvolvimento constitui-se a estrutura fundamental permanente e definitiva da Igreja".

Salvador Pié-Ninot conclui a esse propósito: "Fundação, origem e fundamento são os três termos específicos e complementares sobre a compreensão da Igreja radicada em Jesus em chave sacramental: (a) a fundação da Igreja por Jesus se manifesta na eclesiologia implícita e processual que atesta que, mesmo antes da Páscoa, Jesus iniciou um movimento de restauração de todo o povo de Deus; (b) a origem da Igreja está em Jesus, porque, depois da Páscoa, o movimento iniciado durante o seu ministério foi reconstruído e ampliado com vigor; (c) os fundamentos da Igreja encontram-se em Jesus Cristo, pois ele age e está ainda presente na Palavra de Deus, nos sacramentos, na comunidade eclesial e na vida dos crentes".

O que foi dito é importante na estrutura do CCE. Embora seja verdade que dedica um só número à Igreja instituída por Jesus Cristo (n. 763), ele deveria ser lido e interpretado à luz do segundo ponto do art. 9 ("Origem, fundação e missão da Igreja", nn. 758-769). E, melhor ainda, à luz de toda a segunda seção do CCE. Em ambos os casos, o CCE fala da origem da Igreja e da sua fundação no contexto da história da salvação e das suas diversas fases. Com esse objetivo, é suficiente lembrar uma declaração — princípio teológico e estrutural do CCE: "o Concílio mostra que o artigo de fé sobre a Igreja depende inteiramente dos artigos concernentes a Cristo Jesus" (n. 748).

A Igreja é "una" por sua alma: o Espírito Santo

"A Igreja é o templo do Espírito Santo"; é esse um dos títulos que dá o CCE à Igreja. "O Espírito é como a alma do corpo místico, princípio da sua vida, da unidade na diversidade e da riqueza dos seus dons e carismas" (n. 809). Na sua concepção trinitária da Igreja, é claro no CCE que "o artigo sobre a Igreja depende também inteiramente do artigo sobre o Espírito, que o precede. 'Com efeito, após termos mostrado que o Espírito Santo é a fonte e o doador de toda santidade, confessamos agora que foi Ele quem dotou a Igreja de Santidade'. Segundo a expressão dos Padres, a Igreja é o lugar 'onde floresce o Espírito'" (n. 749).

É tão evidente essa dependência que o fim do terceiro capítulo do CCE ("Creio no Espírito Santo") fala da Igreja do Espírito Santo, ao ressaltar a promessa de Jesus aos seus discípulos de enviar o Espírito Santo no dia de Pentecostes. "A partir dessa Hora, a missão de Cristo e do Espírito passa a ser a missão da Igreja" (n. 730). "Por sua vinda, que não cessa, o Espírito Santo faz o mundo nos 'últimos tempos', o tempo da Igreja, o Reino já recebido, mas ainda não consumado" (n. 732). Assim, se "a missão de Cristo e do Espírito Santo realiza-se na Igreja" (n. 737), "a missão da Igreja não é acrescentada à de Cristo e do Espírito Santo, senão que é seu sacramento: com todo o seu ser e com todos os seus membros, a Igreja é enviada a anunciar e testemunhar, atualizar e difundir o mistério da comunhão da Santíssima Trindade" (n. 738). É precisamente disso, segundo o CCE, que trata todo o art. 9.

O cardeal W. Kasper, num dos seus últimos escritos, aprofunda as características fundamentais de uma eclesiologia de comunhão ou as características de uma eclesiologia católica. Um desses escritos é dedicado à Igreja como templo do Espírito Santo e outro à Igreja como sacramento do Espírito Santo. Consequentemente, como indicado no Símbolo, a eclesiologia se enquadra no contexto da pneumatologia, a doutrina sobre o Espírito Santo. Segundo o testemunho dos Atos dos Apóstolos, a Igreja, no dia de Pentecostes, aparece pela primeira vez em público como obra do Espírito Santo. O resto do caminho da Igreja foi percorrido à luz e sob a guia do Espírito Santo. Para explicar a relação entre Espírito e Igreja, o CCE chama a atenção para uma frase de Ireneu de Lyon: "lá onde está a Igreja, ali também está o Espírito de Deus, e lá onde está o Espírito de Deus, ali está a Igreja e toda graça" (n. 797).

Dissemos que é difícil demonstrar a fundação explícita da Igreja com relação a Jesus, mas pode-se dar, como faz o CCE, uma importância especial ao acontecimento de Pentecostes na primeira manifestação pública da Igreja: "'Terminada a obra que o Pai havia confiado ao Filho para realizar na terra, no dia de Pentecostes o Espírito Santo foi enviado 'para santificar continuamente a Igreja' (LG 2). Foi então que 'a Igreja se manifestou publicamente diante da multidão e começou a difusão do Evangelho com a pregação' (AG 4)" (n. 767). "A partir dessa Hora, a missão de Cristo e do Espírito passa a ser a missão da Igreja" (n. 730). A esse propósito pronuncia-se o cardeal Kasper, dizendo que "a Igreja é, por sua origem, obra de Jesus e seu cumprimento no Espírito Santo. Nasceu quando os discípulos de Jesus decidiram, no Espírito Santo, iniciar a congregação escatológica de todas as nações, anunciando a morte e a ressurreição de Jesus e o envio do Espírito Santo, reevocando esse único evento no Espírito mediante a pregação e a celebração dos sacramentos". Isso justifica, mais uma vez, nas palavras do cardeal Kasper, entender a Igreja como sacramento do Espírito. Confirma-se que é pela ação e mediação do Espírito Santo que se consegue atualizar e compreender a nossa Igreja hoje como a Igreja de Jesus, presente de modo real e existencial na comunidade dos crentes. A Igreja deve ser entendida pela sua missão: "'A Igreja peregrina, por sua natureza, é missionária'" (cf. nn. 849-856).

O CCE remete à memória da fé todas as riquezas da Escritura, dos Padres da Igreja, do Magistério e da teologia do Espírito Santo. É comum a todas essas fontes dirigir-se ao Espírito Santo como alma da Igreja. Ser alma significa que ele é aquele que constrói, conserva, vivifica, faz crescer e guia a Igreja. Isso explica por que o CCE assegura uma perspectiva trinitária da missão e da natureza missionária da Igreja. Em primeiro lugar, pela sua origem: "O mandato missionário do Senhor tem a sua fonte última no amor eterno da santíssima Trindade: 'A Igreja peregrina é, por sua natureza, missionária, pois ela se origina da missão do Filho e da missão do Espírito Santo, segundo o desígnio do Deus Pai' (AG 2). O fim último da missão não é outro senão fazer os homens participarem da comunhão que existe entre o Pai e o Filho em seu Espírito de amor" (n. 850). Em terceiro lugar, pelos motivos da missão: "O amor de Deus por todos os homens [...]. 'Ele quer que todos sejam salvos e cheguem ao conhecimento da verdade' (1Tm 2,4)" (n. 851). E, em quarto lugar, pelos caminhos da missão: "'O Espírito Santo é o protagonista de toda a missão eclesial' (*Redemptoris missio* 21). É ele que conduz a Igreja pelos caminhos da missão. 'Esta missão, no decurso da história, continua e desdobra a missão do próprio Cristo, enviado a evangelizar os pobres. Eis por que a Igreja, impelida pelo Espírito de Cristo, deve trilhar a mesma estrada de Cristo, isto é, os caminhos da pobreza, da obediência, do serviço e da imolação de si até a morte, da qual Ele saiu vencedor por sua ressurreição' (AG 5)" (n. 852).

A esta altura, é claro que, para o CCE, a vida trinitária de Deus é a fonte e a origem da missão da Igreja. É um dado de fato nas Escrituras, em particular no Evangelho de João. Para o evangelista João a missão é o resultado da iniciativa do Pai pela mediação de Cristo e a ação do Espírito Santo (Jo 16,7; 16,13-15; 14,25-26). Às perguntas: de onde se iniciou a missão da Igreja? Qual é a sua única verdadeira fonte? Antonio María Calero responde: "Tendo presente que a missão da Igreja é a continuação da missão de Cristo na história e que a missão de Cristo é recebida do Pai e é levada adiante pelos séculos com a força do Espírito Santo (Lc 4,14), é necessário responder às questões levantadas que a Trindade toda é que está na origem da missão da Igreja". Portanto, a missão da Igreja não deve ser entendida como um acréscimo à missão de Cristo e do Espírito Santo, mas é seu sacramento. A Igreja, "com todo o seu ser e com todos os seus membros, [...] é enviada a anunciar e testemunhar, atualizar e difundir o mistério da comunhão da Santíssima Trindade" (n. 738).

A Igreja é "una" na diversidade

"Contudo, desde a origem, esta Igreja una se apresenta com grande diversidade, a qual provém, ao mesmo tempo, da variedade dos dons de Deus e da multiplicidade das pessoas que os recebem. Na unidade do Povo de Deus congregam-se as diversidades dos povos e das culturas. Entre os membros da Igreja existe uma diversidade de dons, de encargos, de condições, de modos de vida; 'na comunhão eclesiástica há, legitimamente, Igrejas particulares gozando de tradições próprias' (LG 13). A grande riqueza desta diversidade não se opõe à unidade da Igreja. No entanto, o pecado e o peso de suas consequências ameaçam, sem cessar, o dom da unidade" (n. 814). Esse número do CCE pode ser definido como uma ótima síntese, uma vez que reúne e apresenta diversos elementos da essência da Igreja presentes em outras seções do mesmo art. 9. No pano de fundo dessa visão do ser e da missão da Igreja, há uma concepção do Vaticano II que compreende a Igreja como mistério, reafirmada pelo Sínodo extraordinário dos Bispos, de 1985. O CCE utiliza nesse caso a expressão "O mistério da Igreja" (n. 770). Segundo essa compreensão da Igreja como mistério, podemos afirmar que a

Igreja é a revelação do mistério de Deus e do seu desígnio para salvar, em Cristo e por Cristo, todos os homens no decurso da história até o fim dos tempos. A Igreja é também o lugar em que esse desígnio de salvação se consuma, sendo realização histórica da salvação de Deus em Cristo.

A natureza trinitária do mistério da Igreja deve ser entendida de dois modos: (a) a Igreja é obra das três pessoas divinas; (b) a Igreja é uma manifestação, uma epifania, a presença na história do mistério de Deus Uno e Trino. A respeito do primeiro aspecto fizeram-se muitas referências ao longo deste comentário do CCE. Sobre o segundo, ressalte-se que a Igreja é chamada a ser na história manifestação visível do mistério trinitário. Convém dizer, antes de tudo, que, como a Trindade é comunhão de vida e de amor, assim deve ser também a Igreja. Portanto, tudo na Igreja — as pessoas, os ministérios, os carismas, as estruturas em todos os níveis (Igreja universal e local), na sua relação com o mundo e na sua relação com os não crentes e com os outros crentes — deveria ser reconhecido no seu caráter de comunhão, de diálogo e de serviço, à semelhança da Trindade. Bruno Forte afirma a esse propósito: "Fica entendido que a Igreja é *communio*, ícone da Trindade, estruturada à imagem e semelhança da comunhão trinitária: una na diversidade das pessoas, numa relação de troca fecunda. A Igreja, estruturada como ícone da Trindade, deverá ficar longe quer de uma uniformidade que esmaga e leva à morte a riqueza e a originalidade dos dons do Espírito, quer de qualquer contraposição massacrante. A Igreja é comunhão articulada de carismas e de ministérios na unidade local e na comunhão católica das Igrejas particulares na unidade da Igreja universal, a qual está presente nelas e vive nelas, reunidas em torno do bispo de Roma, que preside no amor".

Diversos números do CCE contidos no art. 9 devem ser lidos na perspectiva de o ícone da Trindade ser unidade na diversidade, comunhão e participação: a Igreja é "um povo sacerdotal, profético e régio" (nn. 783-786), "toda Igreja particular é 'católica'" (nn. 832-835), "a Igreja — Corpo de Cristo", com diversidade de membros (nn. 787-795) e "a Igreja é apostólica" (nn. 857-865). Os primeiros números lembram a comum dignidade de todos os batizados em Cristo, o sacerdócio comum dos fiéis. Para Bruno Forte e outros, o Vaticano II supera assim a concepção clerical (ou hierárquica) da concepção da Igreja, que vê a realidade eclesial articulada na separação de dois tipos de cristãos (clero e leigos), um ativo e o outro, passivo. Com esse modo de falar, o Vaticano II descreve a unidade de batismo do povo de Deus, rica de carismas e de vários ministérios, como base que antecede qualquer articulação particular.

Com relação ao segundo, seria possível citar o que refere o CCE a esse propósito: "A unidade do corpo não acaba com a diversidade dos membros: 'Na edificação do corpo de Cristo, há diversidade de membros e de funções. Um só é o Espírito que distribui dons variados para o bem da Igreja, segundo suas riquezas e as necessidades dos ministérios'" (n. 791).

O art. 9, que segue o Símbolo dos apóstolos e no qual se faz profissão da apostolicidade da Igreja, põe em evidência o ministério apostólico na Igreja e, internamente, evidencia o papa e os bispos como sucessores dos apóstolos. O CCE dá especial atenção à unidade na diversidade e à compreensão das Igrejas particulares: "Devemos, no entanto, evitar conceber a Igreja universal como sendo o somatório, ou, por assim dizer, a federação, de Igrejas particulares. A Igreja é universal por vocação e por missão; ao lançar suas raízes na variedade dos terrenos culturais, sociais e humanos, se reveste, em cada parte do mundo, de aspectos e de expressões exteriores diversas" (n. 835).

Salvador Pié-Ninot enfatiza que o Concílio Vaticano II tratou de modo especial a realidade das Igrejas particulares, e fornece uma adequada compreensão delas: "Segundo o Vaticano II, a Igreja católica nasce de um duplo movimento concomitante e recíproco: de um lado, nelas está concretamente, na medida em que ela existe nas Igrejas locais; de outro, fez-se realidade concreta e histórica nas Igrejas locais. E assim, a Igreja católica, que se realiza nas Igrejas locais, é a mesma que se constitui a partir das Igrejas locais; assim, a fórmula 'nelas' e 'delas' (*in quibus et ex quibus*) traduz o mistério da Igreja na sua essência institucional segundo a lógica de imanência recíproca da dimensão local-particular na universalidade católica e vice-versa".

Rumo à unidade

Em relação ao adjetivo "católica" na LG 8, Salvador Pié-Ninot diz: "Observemos que o adjetivo 'católica' assume duas diferentes conotações: uma qualitativa e a outra, confessional. Inicialmente, é útil para definir qualitativamente a única Igreja de Cristo como católica, como professa o Símbolo [...]. De outra parte, essa expressão é usada em sentido confessional, para indicar a Igreja católica romana concreta, governada pelo sucessor de Pedro e pelos bispos em comunhão com ele. É óbvio que a ligação entre as duas conotações está na significativa fórmula 'subsiste na' (*subsistit in*), que deixa bem claro que a única Igreja católica está presente na Igreja católica romana, embora haja elementos de catolicidade fora da sua estrutura visível, que, como dons próprios da Igreja de Cristo, levam à unidade católica. Assim, o Concílio exprime também a ferida na plenitude da catolicidade por parte da Igreja de Roma, uma vez que a falta de unidade entre os cristãos é uma ferida; não no sentido de que está privada de unidade, mas enquanto obstáculo à plena realização da sua universalidade [...]. Desse modo, alude-se ao déficit presente na Igreja católica romana; o que significa que existe, portanto, um dever por parte da Igreja católica romana, ou seja, como quem não faz o suficiente para atingir a unidade".

A expressão "subsiste na" substitui a palavra "está" com cuja utilização se negaria a existência de elementos da Igreja fora da Igreja católica. Para Pié-Ninot, "subsiste na" deve ser entendido como "estar presente" ou "continua a estar presente" na Igreja católica a plenitude dos instrumentos de salvação (UR 3), a plenitude da verdade revelada (UR 4) e os elementos essenciais da Igreja de Cristo (LG 8). Desse modo, diz-se que a Igreja católica não é uma entre as muitas Igrejas. Afirma-se que a Igreja de Cristo tem o seu lugar concreto na Igreja católica romana e que existe, portanto, na história e nela se torna visível.

Embora o CCE explique claramente que "a Igreja é una, santa, católica e apostólica em sua identidade profunda e última" (n. 865), reconhece também que dentro da Igreja na sua forma histórica existem "feridas da unidade". "As rupturas que ferem a unidade do corpo de Cristo", que não ocorrem sem os pecados dos homens (cf. n. 817). Daí a importância e o lugar relevante que ocupa na apresentação do CCE a expressão "subsiste na" (n. 816) e em outros assuntos correlatos, como "Quem pertence à Igreja católica", a frase "fora da Igreja não há salvação" e o diálogo ecumênico (nn. 811-822; 836-848).

A respeito do primeiro, o CCE se refere a formas diferentes de pertencimento, como o ressalta o Vaticano II. O Concílio, nas palavras de Pié-Ninot, confirma uma posição circular e concêntrica da comunhão eclesial. As modalidades com as quais o Concílio se refere a essa matéria falam também da gradualidade: plena, íntegra, não plena, não perfeita, gradual, de diferentes modos. Tudo isso favorece uma visão comunial e processual, como se deduz do fato de que o Concílio não utiliza o termo "membro". Essa expressão é substituída no Concílio por adjetivos como: a comunhão plena, íntegra, não plena, não perfeita (LG 15; UR 2.3.4.14.17; *Orientalium ecclesiarum* 4, 30); bem como as expressões: ordenação, orientação, incorporação, pertencimento (LG 13.14.16; UR 3.22). O CCE assume essa abordagem processual e gradual nos dois números dedicados a esse assunto. Não somente não utiliza a expressão "membro", mas em cada um deles exprime a gradualidade. No n. 836, em linha com a LG, diz: "Todos os homens são chamados a essa católica unidade do povo de Deus, à qual, de vários modos, pertencem ou estão ordenados quer os fiéis católicos, quer os outros crentes em Cristo, quer, enfim, todos os homens, que são chamados à salvação pela graça de Deus". E no número seguinte (837), mais uma vez em linha com os ensinamentos do Concílio, o CCE se refere à "plena incorporação na sociedade da Igreja", pondo em evidência os três vínculos visíveis que a formam: a profissão de fé, os sacramentos e o governo eclesiástico da comunhão (n. 837). Segundo Pié-Ninot, a respeito desses três vínculos é necessário haver discernimento, porquanto têm um papel diferente na constituição da Igreja. Os primeiros dois (profissão de fé e sacramentos), constituem, fundam e causam a Igreja. O terceiro, com base no ministério hierárquico e ordenado, deve ser entendido como um serviço ao que Deus deu e dispôs. O ministério não é causa ou fundamento, mas o testemunho, condição, serviço da profissão de fé e dos sacramentos. Eis por que a tradição teológica indica a Igreja como a serviço "do objeto da fé" e, portanto, como uma condição e não como uma causa de consentimento. Sobre os outros assuntos, o CCE põe em evidência o convite à unidade: "O desejo de reencontrar a unidade de todos os cristãos é um dom de Cristo e um convite do Espírito Santo" (n. 820). Isso requer, por parte de todos, uma contínua renovação, a conversão do coração, a oração comum, o fraterno reconhecimento recíproco, o diálogo entre teólogos e a colaboração entre cristãos nos diversos campos de serviço à humanidade (cf. n. 821).

A Igreja plenamente realizada na glória

Foi devidamente demonstrado neste comentário que, segundo o CCE, "para investigar o mistério da Igreja, convém meditar primeiro sobre sua origem no desígnio da Santíssima Trindade e sobre sua realização progressiva no curso da história" (n. 758). O CCE estrutura essa abordagem deste modo: "Um projeto nascido no coração do Pai" (n. 759); "A Igreja prefigurada desde a origem do mundo" (n. 760); "A Igreja preparada na antiga aliança" (nn. 761-762); "A Igreja — instituída por Jesus Cristo" (nn. 763-766); "A Igreja manifestada pelo Espírito Santo" (nn. 767-768); e "A Igreja — Consumada na glória" (n. 769).

Com essa estrutura, o CCE evidencia o que foi dito no início deste comentário com as palavras de Bruno Forte: (a) a origem trinitária da Igreja; (b) a forma trinitária da Igreja; (c) o objetivo ou o destino trinitário da Igreja. Sobre o destino trinitário da Igreja, são significativas as palavras do mesmo autor: "A Igreja, que nasce da Trindade e é feita à imagem da comunhão trinitária, não tem a sua consumação neste mundo, mas se move para a Trindade no caminho do tempo. A Igreja aponta para o alto para chegar ao dia escatológico no qual Deus será tudo em todos. O tempo da Igreja é o 'ínterim' entre o dom recebido e a promessa ainda a ser atingida. Eis por que tudo no ser e nas obras do povo de Deus está marcado pelo 'já' e o 'ainda não'. Assim, toda a dimensão escatológica impregna a vida toda da Igreja. Índole escatológica que permite à Igreja peregrina reconhecer o seu status de instrumento, de estar a serviço, de não identificação com o Reino de Deus".

A natureza escatológica permite-nos concluir este comentário sobre o art. 9 do CCE com uma espécie de Símbolo "ao avesso", no sentido de que se parte do mistério de Cristo e da ação do Espírito Santo na Igreja para retornar ao Pai, fim último de todas as coisas. Mais uma vez com as palavras de Bruno Forte: "A Igreja gerada por Cristo no Espírito Santo caminha em direção ao Pai mediante o Filho no único Espírito da vida".

Artigo 9

Parágrafo 4/I-II

OS FIÉIS DE CRISTO:
HIERARQUIA, LEIGOS, VIDA CONSAGRADA

SALVADOR PIÉ-NINOT

A natureza da Igreja manifesta na sua visibilidade a realidade mais profunda à qual conduz: a vida da própria Trindade. Daí a dupla dinâmica de comunhão e de missão própria dos fiéis cristãos a partir do batismo, que é o fundamento sacramental da incorporação a Cristo. O n. 871 descreve com ênfase esse fundamento sacramental que lembra as quatro designações patrístico-escolásticas do caráter sacramental conferido pelo batismo, o qual constitui o fiel como cristão do povo de Deus (*signum distinctivum*), configurado à imagem de Cristo (*signum configurativum*), chamado a exercer a missão que Deus confiou à sua Igreja (*signum dispositivum*), a fim de que a realize no mundo (*signum obligativum*) (cf. João Damasceno, *De fide orthodoxa*, IV c. 1).

A configuração do fiel cristão a Cristo articula-se com a sua tríplice missão ou ministério (*triplex munus*), como Profeta, Sacerdote e Senhor/Rei, que constitui a coluna vertebral de todo o parágrafo dedicado à hierarquia e ao laicato. Nesse sentido, o texto situa-se na perspectiva do Concílio Vaticano II, que descreve precisamente a missão da Igreja a partir da tríplice missão salvífica de Cristo, "sacerdotal, profética e real", de tal maneira que a tríplice missão de Cristo configura a tríplice missão da Igreja — os *munera Ecclesiae* —, sendo uma formulação teológica que, por seu sentido, obtém a categoria de doutrina comum no Concílio (cf. AS III/1, 285). Com efeito, em torno dela está estruturado o ministério pastoral dos bispos (cf. LG 25-27; CD 12-16) e dos seus colaboradores, os presbíteros (PO 4-6), bem como a missão dos leigos (cf. LG 34-36; AA 2); desse modo está também estruturado o nosso texto: hierarquia (nn. 888-896) e fiéis leigos (nn. 901-913). Já antes, essa categoria foi utilizada para descrever as características do povo de Deus como "um povo sacerdotal, profético e régio" (nn. 783-786) e, depois, ao se desenvolver a graça do batismo, é lembrada novamente (nn. 1268 s.). Essa fórmula teológica é utilizada pela primeira vez e de modo homogêneo pelo ensinamento católico do *Catecismo Romano*, que não só a enumera e a justifica, como já havia feito a antiga tradição, inclusive a escolástica, mas procura também preenchê-la de conteúdo, uma vez que "Jesus Cristo veio como salvador e assumiu os ofícios de profeta, sacerdote e rei e, por esse motivo, foi chamado de Cristo". Além disso, credita esses três títulos e explica que essa tríplice função assume toda a obra redentora de Cristo, pois ele foi ungido para exercer tais ministérios, os quais, por sua vez, são "três insignes ofícios a favor da sua Igreja" (n. 7 s.).

Essa exposição, por sua ampla similitude, parece provir do *Catecismo Cristão*, do Cardeal Bartolomeu de Carranza, arcebispo de Toledo, que fazia parte do grupo de bispos aos quais precisamente foi confiada a redação da primeira parte do Símbolo do *Catecismo Romano*. De outra parte, parece claro que Carranza tenha se inspirado, por sua vez, nas *Institutiones Christianae Religionis*, do reformado Calvino, o qual articula a obra redentora de Cristo em torno da tríplice missão confiada pelo Pai, em contraposição aos teólogos romanos que ele acusava de ter ofuscado a missão de Jesus e de citá-la apenas "de um modo frio, de passagem e sem conteúdo" (*Catecismo Romano*, nn. 34-38). Carranza, portanto, aproveita esses pontos doutrinais que os autores da Reforma tinham posto em evidência e que se opunham à teologia católico-romana, por tê-los abandonado e, uma vez que a doutrina da "tríplice missão" estava insinuada na tradição, cuidadosamente a desenvolve.

O *Catecismo Romano* a faz sua pelas mesmas razões, acontecendo pela primeira vez de essa doutrina ser estruturada de um modo homogêneo no ensinamento católico (cf. DONGHI, R., *Credo la Santa Chiesa Cattolica. Dibattiti pretridentini e tridentini sulla Chiesa e formulazione dell'articolo nel Catechismo Romano*, Roma, PUL, 1980). No Concílio Vaticano II, a "tríplice missão de Cristo" será estendida com mais clareza à missão da Igreja, sem dúvida pela razão da importante analogia existente entre o Verbo encarnado e a Igreja (cf. LG 8; DV 13) e pela decisiva teologia da Igreja como sacramento da salvação de Cristo (cf. LG 1.9.48.59; SC 5.26; GS 42.45; AG 1.5).

Os dois números seguintes — 872 e 873 — ressaltam, de uma parte, a radical igualdade de todos os fiéis cristãos, em virtude do batismo, por meio do qual se recebe o dom da fé, o único necessário para a salvação. E, de outra parte, ressalta-se a diferença que se estabelece entre os fiéis cristãos, graças às diversas funções e ministérios que cada um é chamado a realizar na Igreja. Essas diferenças na Igreja dependem fundamentalmente da vontade de Deus sobre cada um e, ao se exprimir na vida visível, revelam a condição própria de cada um na Igreja (batismo, matrimônio, ordem, vida consagrada...).

Desse modo, portanto, os nossos textos unem a compreensão da Igreja como comunhão e missão. De fato, a comunhão acentua a radical igualdade de todos em virtude do batismo, e a missão põe em evidência as diversas funções e ministérios que os fiéis cristãos são chamados a exercer na Igreja, coisa que comporta uma diferença funcional, radicada ontologicamente quando é fruto de um sacramento e toda ela orientada à unidade da missão.

I. A constituição hierárquica da Igreja

A justificação teológica geral do ministério eclesial nasce do próprio Cristo como fonte, a qual é expressa aqui (cf. nn. 874-875) com cinco palavras-chave: ele é aquele que o "instituiu", deu-lhe "autoridade" e "missão", "orientação" e "fim" (cf. a edição do clássico RAHNER, K., *La gerarchia nella Chiesa. Commento al capitolo III di Lumen gentium* [= original em *LThKVat.II* 1, 514-528], com introdução de G. Canobbio (org.), Brescia, Morcelliana, 2008). Essa justificação teológica é expressa depois com articulação de duas expressões técnicas usadas pelo Concílio Vaticano II para descrever a atuação do ministro ordenado sacramentalmente; com efeito, esse último recebe "a missão e a faculdade" ("o poder sagrado") para agir "na pessoa de Cristo Cabeça" (*in persona Christi Capitis*).

O sagrado poder, expressão específica da missão e da faculdade de Cristo, é confiado aos ministros ordenados, como afirma o nosso texto ao citar a LG 18. Tal expressão é usada inicialmente na LG 10, para significar a diferença essencial (*essentia non gradu tantum*) entre o sacerdócio comum dos fiéis e o sacerdócio ministerial ou hierárquico, em acordo com o enfoque da Encíclica MD, de Pio XII (DS 3850-3852) e explícita na sua alocução *Magnificate Dominum*, de 02.11.1954. Isso significa que o sacerdócio não está no plano do que é a ontologia essencial do sacerdócio comum do cristão, mas no plano do "serviço ministerial". É, portanto, uma participação funcional, mas que inclui uma base ontológica no plano da função, por ser manifestação tangível da "mediação" pessoal e sacerdotal de Cristo.

Esse "sagrado poder" dá missão e faculdade, direito e capacidade para agir na pessoa de Cristo Cabeça (*in persona Christi Capitis*), como diz o Vaticano II (LG 10; 28, PO 12; somente "*in persona Christi*" em SC 33; LG 21; PO 2; 13), seguindo uma ampla tradição teológica. Por essa razão, esse ministério pode ser apenas exercido em virtude do dom de Deus conferido por um sacramento próprio: o sacramento da ordem.

Será útil lembrar as considerações do Papa Francisco sobre esse tema, nas quais enfatiza que "não se deve esquecer que, quando falamos de poder sacerdotal, 'encontramo-nos no âmbito da *função*, não da *dignidade* nem da *santidade*' [...]. Ainda que a função do sacerdócio ministerial seja considerada 'hierárquica', é preciso ter bem presente que está 'ordenada *totalmente* à santidade dos membros de Cristo'" (EG 104).

Notemos, além disso, que sobre a questão do "poder sagrado" na Igreja existem duas grandes interpretações a partir da origem do poder dos bispos. De uma parte, a concepção do sagrado poder como originada pelo sacramento da ordem (cf. autores como W. Bertrams, G. Philips, K. Mörsdorf, W. Aymans, K. Rahner, Y. Congar, E. Corecco, J. Manzanares...); e, de outra, como participada por meio do sacramento e da missão eclesial (cf. autores como D. Staffa, A. Gutiérrez, U. Lattanzi, A. M. Stickler, J. Beyer, G. Ghirlanda...). No entanto, partindo de uma eclesiologia de comunhão e de um melhor conhecimento do *Decreto de Graciano* (1120-1140), pai do *Direito Canônico*, poderíamos superar o dualismo "*ordo/jurisdictio*" com o binômio "*potestas/executio*", no qual a *potestas* é transmitida toda pelo sacramento da ordem, mas que o seu "exercício" depende da permanência ou não do ministro na comunhão da Igreja (por isso, as Igrejas ortodoxas, embora estejam separadas da Igreja católica, têm um episcopado reconhecido como verdadeiro; cf. *Nota explicativa prévia à LG*).

O texto, no n. 876, enfatiza bem o caráter de serviço próprio da natureza sacramental do ministério eclesial com uma tríplice menção do vocábulo neotestamentário "de serviço": "servos de Cristo" (Rm 1,1), "a condição de servo" (Fl 2,7) e "servos de todos" (1Cor 9,19). O vocabulário do serviço é tipicamente paulino para exprimir o apostolado como missão desinteressada do Evangelho (2Cor 4,5; 11,8), ao qual se associam os seus colaboradores (Fl 2,22; Cl 1,7; 4,7; cf. Ap 6,11). Na tradição litúrgica a expressão "serviço" é usada tanto para qualificar o ministério sacerdotal dos "servidores" de Deus, quanto para denominar os próprios ministros (cf. *Sacramentario Veronese*, 767; 1114 e *Gelasiano*, I, 25; 71; 181).

Além disso, com base na identificação feita por Hebreus 8,6 entre sacerdócio e ministério, esse último vocábulo, usado frequentemente na *Vulgata* e na tradição latina, assumirá um lugar proeminente para qualificar os presbíteros como "sacerdotes". O Concílio Vaticano II, porém, prefere, em momentos-chave, falar de "ministério da comunidade" (LG 20) e de "verdadeiro serviço, chamado significativamente de diaconia ou ministério" (LG 24), como se vê no próprio título do Decreto sobre o "Ministério e vida dos presbíteros" (PO).

A natureza sacramental do ministério eclesial mostra, além disso, ter um caráter colegial. De novo, emerge aqui a eclesiologia de comunhão como espinha dorsal do ministério, em consonância com o que foi afirmado pelo Sínodo extraordinário de 1985 (II. C.1, in: EV 9, 1800) e pelo próprio João Paulo II (cf. CL 19).

O texto, citando o Vaticano II, lembra a instituição dos Doze, que "foram, a um tempo, a semente do novo Israel e a origem da sagrada hierarquia" (AG 5). Com efeito, trata-se de um dado reconhecido como pré-pascal pela pesquisa atual e que a Comissão Teológica Internacional lembrou como básica para falar do processo de fundação da Igreja (cf. *Themata selecta de Ecclesiologia*, 1985, n. 1.4, in: EV 9, 1677-1679). E nessa instituição dos Doze manifesta-se uma correlação entre Reino de Deus e povo de Deus, sem a qual não se compreende Jesus. De fato, o Reino de Deus tem necessidade de um povo em meio ao qual possa se impor e a partir do qual possa se irradiar, pressuposto que, caso contrário, não seria nem histórico nem localizável. Nesse sentido, a instituição dos Doze, além de um gesto simbólico anunciador da reunião definitiva de Israel, indica uma dimensão fundacional, até jurídica, uma vez que, englobando esse povo, acolhe também a Igreja, como Israel escatológico.

O caráter colegial dos Doze brota da unidade fraterna deles em função da comunhão também fraterna de todos os fiéis, como reflexo da comunhão mais definitiva: a das pessoas divinas, como é expresso no texto citado de João 17,21-23. Não é estranho, pois, que esses versículos joaninos tenham sido utilizados como apoio para uma organização da Igreja católica que leve em consideração a colegialidade episcopal, dado que a situação que pressupõem se aproxima da refletida na Carta aos Efésios, nas Cartas Pastorais e na Primeira Carta de João, para as quais o ideal de unidade se torna um ideal de comunidade. Daí deriva também a colegialidade concreta do ministério do bispo e do ministério do presbítero, como expressão da comunhão hierárquica à qual são devidas, como lembram LG 22; 23 e PO 2.7.8, e que é mais amplamente desenvolvida no nosso texto a seguir (nn. 880-887).

Finalmente, o CCE (n. 878) ressalta também o caráter pessoal do ministério eclesial com uma referência à expressão neotestamentária: "Tu, segue-me". Trata-se de uma fórmula única e exclusiva para exprimir o seguimento pessoal de Jesus, que aparece somente na boca de Jesus e nos quatro evangelhos (também como aplicação de Mt 10,38, é usada em Ap 14,4, falando da *"imitatio Agni"*), e que comporta dois aspectos: a proximidade com ele — comunhão vital — e a propagação do Evangelho — missão. De fato, o quarto Evangelho indica a equação entre segui-lo e servi-lo (12,26), que é fruto de um dom de Deus (21,20-22) e não da própria autodeterminação ("Pedro disse: 'Senhor, por que não posso seguir-te imediatamente?'", 13,36-38) e, por isso, o ápice do seguimento de Pedro consiste no "Segue-me", também material (21,19.22).

A instituição do *Colégio apostólico* "por disposição do Senhor" (*statuente Domino*) afirmada no n. 880, citando LG 19.22, é confirmada por um juízo explícito da Pontifícia Comissão Bíblica durante as sessões conciliares, a pedido do próprio papa, no qual se constata o seu fundamento bíblico. Sobre a sucessão do colégio apostólico pelo colégio episcopal, o mencionado juízo declarou que não basta apenas a Escritura para a sua realização concreta (cf. AS III/1, 13 s.). A expressão "por disposição do Senhor" deve, pois, ser vista à luz da famosa afirmação da DV 9 sobre o princípio católico da tradição: "Ocorre assim que a Igreja haure a sua certeza sobre todas as coisas reveladas, não somente da Escritura" (cf. a nossa *Ecclesiologia*, Brescia, Queriniana, 2008, 103-139: "A igreja radicada em Jesus").

Para explicar o ministério primevo de Pedro, citam-se no n. 881 os dois textos evangélicos clássicos — Mateus 16,18 s.; João 21,15-17 —, como no Vaticano I, o qual, referindo-os à instituição do primado apostólico de São Pedro, observa que se trata de uma "doutrina tão clara das sagradas Escrituras, como sempre o entendeu a Igreja católica" (DH 3054). Portanto, embora esses textos não caiam, de per si, sob a definição dogmática, estão, obviamente, na origem dessa notável interpretação eclesial.

Mateus 16,16-19 merece uma atenção particular, dada a sua importância decisiva na história da teologia do primado. Com efeito, trata-se de uma perícope original e não interpolada, de clara origem aramaica, segundo os estudos dos especialistas de todas as tendências. Além disso, cresceu a opinião, também entre os católicos, de que se trata de um texto de provável origem pós-pascal, talvez ligado à protofania de 1 Coríntios 15,5 e de Lucas 24,34 (assim exegetas, como R. Schnackenburg, A. Vögtle, R. Pesch, X. Léon-Dufour, R. E. Brown, P. Grelot, R. Fabris, R. Aguirre..., e teólogos como H. Fries, F. S. Fiorenza, J. M. Tillard, M. M. Garijo-Guembe, W. Kasper, M. Kehl, S. Pié-Ninot...). Hipótese que não pode ser excluída, desde que seja garantido o valor histórico dessa promessa baseada numa fé autenticamente cristã no evento da ressurreição de Jesus Cristo.

O nosso texto, além disso, citando LG 22, refere-se ao poder das chaves, com a missão de ligar e desligar, confiado a Pedro e aos apóstolos e continuado pelos bispos sob o primado do papa. Para o judaísmo, o poder das chaves do Reino evocava a autoridade consolidada sobre uma realidade objetiva e, com o poder de ligar e de desligar, torna possível a exclusão ou a readmissão na comunidade; implica também um poder para declarar o que é preciso crer e fazer para entrar na Igreja de Deus e nela permanecer.

Todo o n. 882 é dedicado ao ministério do bispo de Roma e sucessor de São Pedro, o papa, a partir da LG 23, que se refere à Constituição dogmática *Pastor Aeternus*, do Vaticano I, como "perpétuo e visível princípio e fundamento de unidade" (DH 3050); por isso, tem o "poder pleno, supremo e universal, que pode sempre exercer livremente", como é lembrado, citando LG 22, cf. CD 2.9 (cf. UUS 95 e o amplo comentário sobre "Ministério petrino" na nossa *Ecclesiologia*, cit., 454-584).

O último texto citado da LG serve também de ponto de apoio para tratar (cf. nn. 883-885) do poder do colégio episcopal com o seu chefe, que, significativamente, participa dos mesmos adjetivos atribuídos somente ao papa, embora a ordem seja diferente, coisa que, sem dúvida, não é fortuita. Com efeito, trata-se de um poder "supremo, pleno e universal" (LG 22; cf. CIC cân. 336). Além disso, enfatizam-se nos números seguintes dois importantes aspectos do colégio episcopal: primeiro (n. 884), o exercício do seu poder de forma solene no Concílio ecumênico, confirmado e aceito ao menos pelo papa (cf. LG 22; CIC cân. 337); em segundo lugar (n. 885), a expressão de universalidade e de unidade que manifesta a múltipla composição do próprio colégio episcopal (cf. LG 22 e o documento da PONTIFÍCIA COMISSÃO BÍBLICA, *Unità e diversità della Chiesa* [11.04.1988], in: EV 11, 554-643).

Partindo da LG 23, todo o n. 886 é dedicado aos bispos, os quais são "o princípio visível e o fundamento da unidade em suas Igrejas particulares", qualificadas como "porção do povo de Deus" e não "parte", porque poderiam ser interpretadas como Igrejas parciais. Por essa razão, talvez o adjetivo "particular", que o novo CIC consagrou como predominante para a definição de dioceses (cân. 368 s.) — marginalizando a expressão Igreja "local", que o Vaticano II usava também de forma semelhante —, faça surgir certas ambiguidades, pois se corre o risco de o binômio "particular/universal" gerar uma bipolaridade que torna difícil sua essencial articulação inclusiva e sua própria "inclusão recíproca". Nesse sentido, seria seguramente melhor manter a expressão "Igreja local" tanto por sua polivalência, quanto pela sua mais fácil articulação com o adjetivo universal.

Sobre a relação entre Igreja universal e Igrejas locais, a reflexão teológica continua a aprofundar o sentido da afirmação conciliar segundo a qual "as Igrejas particulares, formadas à imagem da Igreja universal, nas quais e a partir das quais (*in quibus et ex quibus*) existe a única Igreja católica" (LG 23, cit. no n. 833 do CCE).

Sobre o tema da prioridade entre Igreja local e Igreja universal, diversos autores lembraram que é uma discussão que "leva a um beco sem saída" e, por isso, se prefere falar na linha de "mútua presença e recíproca inclusão" (W. Aymans, Y. M. Congar, H. Légrand, A. Anton, D. Valentini, S. Pié-Ninot...). A Congregação para a Doutrina da Fé, no documento *Alcuni aspetti della Chiesa intesa come comunione* (28.05.1992), afirma que as Igrejas particulares têm com a Igreja universal uma relação peculiar de "mútua interioridade" (cf. COMISSÃO TEOLÓGICA INTERNACIONAL, *Themata selecta de Ecclesiologia* [07.10.1985], n. 5.2, in: EV 9, 1714). Por isso, a Igreja universal é "uma realidade ontológica e temporalmente prévia a todas as Igrejas particulares". Daí que a fórmula do Concílio Vaticano II, a Igreja nas Igrejas e a partir das Igrejas (*"Ecclesia in et ex Ecclesiis"*, da LG 23, que desenvolve o que foi afirmado pela MCC: *"Ex quibus una constat Ecclesia Catholica"*), é inseparável desta outra: as Igrejas na Igreja e a partir da Igreja (*Ecclesiae in et ex Ecclesia*). É importante nesse sentido lembrar que o texto conciliar situa a fórmula *"in quibus et ex quibus"* depois da afirmação "as Igrejas particulares são formadas à imagem da Igreja universal" (LG 23). Talvez a analogia com a relação entre cabeça e corpo poderia dar uma orientação útil para a compreensão dessa articulação inclusiva e dessa mútua interioridade das Igrejas locais e da Igreja universal no sinal de uma eclesiologia da *"communio Ecclesiarum"* (AG 38, e *"corpus Ecclesiarum"*: LG 23; cf. o balanço na nossa *Eclesiologia*, cit., 375-383). Indica-se, além disso, que os bispos, como membros do colégio episcopal, devem ter uma solicitude para com todas as Igrejas. Trata-se de uma expressão proposta pela Enc. *Fidei Donum*, de Pio XII, em 1957, mediante a qual convidava os bispos a favorecer a atividade missionária com a oração, a caridade e o desenvolvimento das vocações missionárias. A novidade dessa perspectiva fundamentava-se em situar a solicitude episcopal não somente como "participação" da solicitude do papa, mas de forma relevante como própria da sucessão apostólica fundada na própria instituição de Cristo. A expressão *"sollicitudo pro universa Ecclesia"* é ampliada na LG 23 e CD 6 para manifestar, por sua vez, a função de unidade, própria da promoção e da tutela pela *"communio"* do *"corpus Ecclesiarum"* que os bispos devem realizar. Essa *"sollicitudo"*, que deve se traduzir de fato no comportamento e prática pastoral deles, é significativamente visualizada pela presença de vários bispos na sua ordenação episcopal, como já atesta a *Tradição apostólica*, de Hipólito (c. 3), e o Concílio de Niceia (cân. 4). A legislação canônica concretiza os aspectos dessa solicitude de todo bispo para com a Igreja universal, seja no exercício do seu poder ordinário, evidente especialmente nos cânones que poderíamos chamar de "vigilância" sobre a sua própria diocese (cân. 305, 392, 804, 823 s.), seja em determinadas instituições criadas para essa finalidade, como o Sínodo episcopal, os concílios particulares, as conferências episcopais (cân. 342; 439-459). O nosso texto explicita de modo particular os destinatários privilegiados dessa solicitude para com a Igreja universal: os pobres, os perseguidos pela fé e os missionários.

O último ponto (n. 887) concretiza as estruturas sinodais de comunhão entre as Igrejas particulares/locais. Em primeiro lugar são citadas as províncias eclesiásticas, patriarcais ou regionais. Já desde o século III a Igreja se organizou desse modo, sob a presidência do Metropolita ou Patriarca, como comprovado, no século IV, pelo *Cânon dos apóstolos*, n. 34 (PG 137, 103-106), citado no nosso texto, que tinha certas prerrogativas reconhecidas pelos Concílios de Niceia, em 325, e Calcedônia, em 451, sucessivamente redimensionadas pelo Concílio de Trento. O Vaticano II, na LG 23, distingue claramente entre o poder ordinário de cada bispo — que não "pode exercer o governo pastoral de outras Igrejas" — e, de outro lado, "a obrigação da solicitude por toda a Igreja" — como fruto da "união e afeto colegial" de todos os bispos —, dado que "em nossos dias, muitas vezes, os bispos dificilmente são capazes de desenvolver de modo adequado e com fruto seu mandato sem uma cooperação cada vez mais estreita e em concordância com os outros bispos" (CD 37).

Em segundo lugar, citam-se as formas de cooperação sinodal, antes de tudo os sínodos ou concílios provinciais, frequentemente celebrados na Igreja antiga e na Idade Média e que a partir do Concílio de Trento tornaram-se mais raros. O CIC de 1917 estabeleceu a celebração deles a cada vinte anos, e o novo CIC deixa-os à prudência pastoral do Metropolita. Finalmente, fala-se das conferências episcopais segundo a LG 23. Sobre seu estatuto teológico e jurídico, o *Diretório pastoral para os bispos*, de 1973, apresentou as primeiras normas (EV 4, 1945-2328). Contudo, a seguir, no CIC de 1983 restringe-se "a sua função pastoral" (CD 38), prevista pelo Vaticano II, a somente "algumas funções pastorais" (cân. 447), enfoque confirmado na *Apostolos suos* (21.05.1998), n. 15 (EV 17, 834), na *Pastores gregis* (16.10.2003), n. 63 (EV 22, 910 s.) e no *Direttorio per il ministero pastorale dei vescovi* (22.02.2004), nn. 28-32 (EV 22, 1636-1649). Nessa moldura aparecem as reflexões do Papa Francisco, quando afirma que "não se explicitou suficientemente um estatuto das Conferências episcopais que as conceba como sujeitos de atribuições concretas, incluindo também alguma autoridade doutrinal. Uma excessiva centralização, em vez de ajudar, complica a vida da Igreja e a sua dinâmica missionária" (EG 32).

O desenvolvimento do *"triplex munus"* da Igreja começa com o ofício de ensinar, ao qual é dado mais espaço em coerência com o que é próprio de um Catecismo que se situa primordialmente no âmbito da doutrina, como lembra a FD de João Paulo II que a promulgou. Enfatiza-se que o primeiro dever dos bispos, com os presbíteros, seus colaboradores, é o anúncio do Evangelho segundo o texto missionário com o qual se conclui o evangelho de Marcos 16,15. Não sem razão, os bispos são descritos como "doutores com autoridade", tradução mais exata do latim *"authentici"*, segundo os próprios redatores do texto conciliar que queriam ressaltar que o Magistério dos bispos se realiza "com autoridade/de modo autorizado", como lembra a equivalência presente no texto citado, ou seja, *"authentici"*, "revestidos da autoridade de Cristo" (*auctoritate Christi praediti*: LG 25) (cf. SULLIVAN, F. A., *Il Magistero nella Chiesa Cattolica*, Assisi, Cittadela, 1986; *Magistero*, in: LATOURELLE, R.; FISICHELLA, R., [ed.], *Dizionario di Teologia Fondamentale*, Assisi, Cittadella, 1998, 653-661). A pureza da fé na qual a Igreja deve se manter nasce do próprio Cristo, Verdade, que a torna partícipe da sua própria infalibilidade, que aparece, portanto, como própria de toda a Igreja por motivo do seu enraizamento cristológico; por isso, graças ao "sentido sobrenatural da fé", o povo de Deus "adere indefectivelmente à fé" sob a guia do magistério vivo da Igreja. Esse *"sensus fidei"*, que a LG 12 articula em torno da "totalidade dos fiéis que não pode se enganar no crer", é ressonância da famosa "infalibilidade no crer" usada no debate conciliar (cf. AS III/1, 198). O nosso texto — n. 889 — refere-se a dois momentos nos quais o Vaticano II cita esse *"sensus fidei"* (LG 12; DV 10), embora a LG amplie o campo da sua compreensão, referindo-se à sua função não só de adesão, mas também de aprofundamento epistemológico (*recto iuditio in eam profundius penetrat*) e de aplicação vital (*in vita plenius applicat*) como expressão do "progresso na Igreja da tradição que deriva dos apóstolos", tão sutilmente descrito na DV 8 (cf. o nosso *Sensus fidei*, in: LATOURELLE, R.; FISICHELLA, R. [ed.], *Dizionario di Teologia Fondamentale*, op. cit. 1131-1134, e o Documento da Comissão Teológica Internacional, *Il senso della fede nella vita della Chiesa* [10.06.2014]).

Em forma de novidade para um texto eclesial, o n. 890 analisa a missão do Magistério como sinal da definitividade da "aliança que Deus, em Cristo, selou com o seu povo". Tal análise lembra uma das grandes contribuições do teólogo K. Rahner, quando afirma: "a Igreja não seria a comunidade escatológica da salvação se não possuísse de modo infalível a verdade de Cristo" (cf. *Sacramentum mundi*, 8 vols., Brescia, Morcelliana, 1974-1977; *Corso fondamentale sulla fede*, Alba, Edizioni Paoline, 1977). Por sua vez, enfatiza-se com precisão que a missão pastoral do Magistério está a serviço "da verdade que liberta", ressonância da expressão joanina "a verdade vos fará livres" (Jo 8,32). Lembremo-nos que a DV 8 mostra que esse tipo de ensinamento se fundamenta no "carisma certo da verdade", comunicado com a sucessão apostólica. Esse carisma de infalibilidade se exerce em "matéria de fé e de costumes" (*fides et mores*), como expressão do conteúdo do "depósito da revelação", no qual entra não só "a fé", mas também "toda regra, norma ou ordenamento moral", segundo a suave expressão do Concílio de Trento retomada pelo Vaticano II: *"morum disciplina"* (DH 3006; DV 7: "toda regra moral", traduz U. Betti). A comissão teológica do Vaticano II explicou que o objeto da infalibilidade tem a mesma extensão do depósito revelado — retomado pelo nosso texto na conclusão — e que, portanto, se estende diretamente a ele, ou ao que é exigido para guardá-lo e expô-lo fielmente (cf. AS III/1, 251).

A declaração da Congregação para a Doutrina da Fé, ME, ao tratar explicitamente o tema do objeto secundário do Magistério, fala de "tudo o que é necessário para que o depósito da fé possa ser guardado e exposto como se deve, e que deve ser afirmado não como verdade revelada própria do objeto primário, mas em conformidade com a doutrina católica" (n. 3, in: EV 4, 2572; citado mais adiante no nosso texto, no n. 2035). O exercício da infalibilidade por parte do romano pontífice e do corpo dos bispos em união com ele é qualificado como "magistério supremo" — melhor do que "extraordinário" — e é expresso com a fórmula "ato definitivo", evitando a mais conhecida, mas sem dúvida menos compreensível imediatamente, como é a alocução *"ex cathedra"* (cf. Vaticano I: DH 3074; no Vaticano II, LG 25, são usadas as duas). A adesão exigida para essas definições é a "obediência da fé" (*obsequium fidei*: LG 25; AG 15; DH 15; cf. CIC 750), que, segundo a explicação conciliar, é mais do que uma sincera adesão do espírito, porque, em se tratando de definições, chega até à aceitação de fé (cf. AS 111/1, 251).

O texto seguinte concentra-se no Magistério ordinário, que é descrito como "um ensinamento que leva a uma melhor inteligência da revelação em matéria de fé e de costumes". Para distinguir esse tipo de Magistério, a mesma LG 25 oferece três critérios pressupostos: "A natureza do documento, a frequente proposição e o teor da expressão verbal". A adesão exigida a tal Magistério é "o obséquio religioso" (o *"obsequium religiosum"* da LG 25). O nosso texto, pondo-o em relação com o "obséquio da fé", indica um sutil critério hermenêutico baseado contemporaneamente na distinção e na coerência entre ambos, com esta formulação: "O obséquio religioso que, embora se distinguindo do obséquio da fé, é, todavia, seu prolongamento" (cf. o importante documento da Comissão Teológica Internacional, *De interpretatione dogmatum* [1989], in: EV 11, 2717-2811). Deve-se observar que, a seguir, João Paulo II promulgou o *Motu proprio* "Ad tuendam fidem" (18.05.1998, in: EV 17, 801-897), esclarecendo uma nova distinção no Magistério ordinário, seja o definitivo, seja o não definitivo (cf. esse tema na nossa *Ecclesiologia*, cit., 532-538).

Fala-se brevemente — talvez bastante, embora a segunda parte do CCE dedicada aos sacramentos o justifique — do ofício de santificar, devido ao fato de o bispo ser "o dispensador (*oeconomus*, diz o texto latino da LG 26) da graça do supremo sacerdócio". Essa última expressão é a que é própria da *Tradição* de Hipólito e do *Sacramentário Veronense* para qualificar o bispo, e que é assumida pelo Vaticano II para explicar o ensinamento segundo o qual "com a consagração episcopal é conferida a plenitude do sacramento da ordem" (LG 21). Por isso, a nova *Prex ordinationis* do bispo a incorporou na *editio tipica* pós-conciliar de 1968, que permaneceu na segunda *editio tipica* de 1989. O texto se concentra no exercício desse sacerdócio por meio da "eucaristia, que é o centro da vida da Igreja particular". O Vaticano II situa-se nessa perspectiva, traçando a noção teológica da Igreja diocesana (CD 11, que o novo CIC assume substancialmente no cân. 369). Com efeito, a eucaristia é "fonte e centro de toda a vida cristã" (LG 11) e "de toda a evangelização" (PO 5) e, portanto, da missão da Igreja, como é também "fonte da sua vida" (UR 15). O mesmo Concílio afirma que a eucaristia é "centro e máxima expressão dos sacramentos" (AG 9) e, por sua vez, "centro e ponto culminante de toda a vida da comunidade cristã" (CD 30). Por isso, a LG 26 descreve a Igreja diocesana como a comunidade reunida em torno do bispo em assembleia eucarística "que ele próprio oferece ou faz oferecer e da qual a Igreja continuamente vive e cresce" e, por sua vez, conclui: "Em toda comunidade que participa do altar, sob o ministério sagrado do bispo, é oferecido o símbolo da caridade e unidade do corpo místico [...] por virtude do qual se reúne a Igreja una, santa, católica e apostólica (cf. AGOSTINHO, *in loco*)".

Com essa formulação, o nosso texto, seguindo o Vaticano II, retoma um princípio presente na tradição eclesiológico-teológica que vê que a Igreja faz a eucaristia e a eucaristia faz a Igreja, e que se encontra na "eclesiologia eucarística", desenvolvida especialmente pela teologia ortodoxa (cf. a referência a N. Affanassief na mesma *relatio* conciliar sobre a LG 26; cf. AS III/1, 254; além disso, J. Meyendorff, A. Schememann, J. D. Zizioulas...). Ressonâncias significativas dessa eclesiologia encontram-se também no âmbito católico (cf. J. Hamer e depois do Vaticano II, J. Ratzinger, B. Forte, G. J. Békés, J. M. Tillard, M. M. Garijo-Guembe...). Por isso, não é estranho que a conexão entre eucaristia e Igreja seja basilar nas comissões oficiais entre ortodoxos e católicos (cf. *Il mistero della Chiesa e dell'eucaristia alla luce della santa Trinità* [06.07.1982], in: EO 1, 2183-2197), bem como entre ortodoxos e anglicanos (*Dichiarazione di Mosca* [1976]; *Rapporto di Dublino* [1984], in: EO 1, 409-415; 552-558). Pois bem, essa importante recuperação católica da eclesiologia deve incluir "a existência do ministério petrino, fundamento da unidade do episcopado e da Igreja universal, está em correspondência profunda com a índole eucarística da Igreja" (CONGREGAÇÃO PARA A DOUTRINA DA FÉ, *Alcuni aspetti della Chiesa intesa come comunione* [28.05.1992], n. 11).

Finalmente, o ofício pastoral ou de guia (*munus regendi*) é articulado de um modo mais genérico com a oração e o trabalho, e em torno do ministério da Palavra e dos sacramentos, bem como com o exemplo, como "modelos do rebanho", segundo a expressão de 1 Pedro 5,3, sobre a relação entre pastores e fiéis, que é um claro testemunho clássico sobre o ministério e a ordenação eclesial da Igreja primitiva (cf. a nossa *Ecclesiologia*, cit., 117-139). A qualificação dada aos bispos como "vigários de Cristo" já se encontra desde o século III nos Padres latinos (Cipriano, Hormisda, Bráulio, Catulfo, Amalário...). A partir de Santo Ambrósio e por volta do Sínodo romano de 495, é aplicada ao romano pontífice, embora preferencialmente até o século XI seja chamado de *"Vicarius Petri"*. O título de *"Vicarius Christi"* aplicado ao bispo de Roma divulga-se a partir de São Bernardo e é usado oficialmente no Concílio de Florença (DH 1307) e no

Vaticano I (DH 3059): *"Verus Christi Vicarius"*. Não obstante, continuou a sua aplicação aos bispos na linha do que foi afirmado por Santo Tomás, que qualifica os apóstolos e seus sucessores como *"vicarius Dei quantum ad regimen Ecclesiae constitutae per fidem et fidei sacramenta"* (Summa Theologiae, III, 64, 2 ad 3).

O nosso texto, citando LG 27, sublinha com força "o poder próprio, ordinário e imediato" dos bispos nas suas Igrejas particulares e, depois, lembra que "os bispos não devem ser considerados como vigários do papa, cuja autoridade ordinária e imediata sobre toda a Igreja não anula a dos bispos, mas, antes, a confirma e a defende". Essa última parte é uma síntese do segundo parágrafo da LG 27, cujas três observações completam o seu sentido: de uma parte, remete-se à resposta de Pio IX aos bispos alemães, na qual se ressaltava essa afirmação contra Bismarck (cf. DH 3112-3117) e, de outra parte, cita-se o Vaticano I com a sua *relatio* esclarecedora sobre esse ponto (cf. DH 3061; a *relatio* conciliar editada em Mansi 52, 1114D); e, finalmente, a LG 27 acrescenta que o poder "próprio, ordinário e imediato" dos bispos "é regulado, em última instância (*ultimatim regatur*), pela suprema autoridade da Igreja", ressaltando com essa formulação o papel próprio do ministério do papa e evitando repetir — como fez o Vaticano I, criando certa dificuldade hermenêutica — e qualificar o poder do papa com os mesmos adjetivos de "ordinário e imediato" (DH 3064). Por essa razão, esses adjetivos não são retomados na Constituição dogmática sobre a Igreja LG, embora sejam citados secundariamente num decreto conciliar disciplinar, como é CD 2.

Além disso, não se pode negar que nos encontramos diante de um dos pontos cuja insistência representa — tanto a afirmativa no n. 894, "Os bispos são vigários de Cristo", quanto a negativa no n. 895, "Os bispos não são vigários do papa" —, talvez, sob o tom da sua nem sempre fácil visualização, uma importante reafirmação da teologia do episcopado e da Igreja local própria do Vaticano II como uma inconfundível eclesiologia da comunhão *"cum et sub Petro"* (cf. LG 22 e *Nota explicativa prévia à LG*). Finalmente, é a imagem do bom Pastor, com a qual o nosso texto conclui a parte sobre a hierarquia no n. 896, que é apresentada como "modelo e forma da missão pastoral do bispo". É sabido que na Igreja primitiva tornou-se tradicional o simbolismo do pastor que guia e protege o seu rebanho; e é assim que o encontramos descrito no discurso de Paulo aos "presbíteros", de Éfeso a Mileto (At 20,7-38), que parece ser o pano de fundo de nosso texto. De fato, no intento de Lucas, esse discurso contém um ensinamento decisivo para aqueles que têm um ministério na época pós-apostólica; com efeito, graças ao paralelismo entre Paulo e Jesus, é posto em evidência até que ponto o ministério para a comunidade deva constituir uma *"diakonía"* (v. 24) e uma "doação feliz" (v. 35) e, por essa razão, assim como o próprio Paulo, o "bispo" (v. 28) tem uma "função de vigilância" (vv. 31 s.) na comunidade. Esse último ponto apresenta um forte paralelismo com o discurso do bom Pastor de João 10,11-18, no qual se ressalta a importância do "conhecimento pessoal" das ovelhas à imagem do "conhecimento" existente entre o Pai e o Filho. Esse paralelismo ficaria ainda mais evidente se esses dois textos neotestamentários proviessem ambos de Éfeso, hipótese que não deve ser desconsiderada (cf. também 1Pd 2,2.25; 5,1 s.).

Para terminar a descrição da "tríplice missão" episcopal e da sua figura, bem como com a referência à imagem do bom Pastor, encerra-se com a nota e incisiva afirmação de Santo Inácio de Antioquia: "Ninguém exerça sem o bispo alguma ação referente à Igreja" (*Epistula ad Smyrnaeos*, 8, 1). Nesse contexto é digna de atenção a reflexão do Papa Francisco, quando afirma que "o bispo deve sempre favorecer a comunhão missionária na sua Igreja diocesana, perseguindo o ideal das primeiras comunidades cristãs, nas quais os crentes tinham um só coração e uma só alma (cf. At 4,32)" (EG 31).

II. Os fiéis leigos

É retomada no n. 897 a primeira parte da famosa definição dos fiéis leigos da LG 31, que parte da dimensão negativa: os leigos são todos os fiéis que não são membros nem da ordem sagrada, nem do estado religioso; e se orienta para a dimensão positiva: são leigos todos os que estão incorporados em Cristo pelo batismo, formam o povo de Deus e participam "a seu modo" da função sacerdotal, profética e real de Cristo, e realizam "de sua parte" a missão própria de todo o povo cristão na Igreja e no mundo.

Essa definição, tomada literalmente da CL 9, bem como do próprio CIC, cân. 224 s., prescinde da segunda parte do texto da LG 31, em que é esclarecido mais positivamente o "modo" e a "parte" específica da sua identidade: o famoso "caráter secular", visto como "próprio e particular" dos leigos. Não se pode negar que, apesar de não ser uma definição formal do Vaticano II, essa secularidade abre novas perspectivas eclesiológicas e torna possível não nos determos somente no problema da atribuição aos leigos de competências cada vez mais próximas das do sacerdócio ministerial, com o risco sutil de clericalização que altera o caráter da secularidade. Os especialistas da teologia do laicato propõem três interpretações desse "caráter secular".

1. A interpretação sociológica da escola canonista alemã (K. Mörsdorf; W. Aymans) e de importantes teólogos italianos (S. Dianich, B. Forte), que afirmam a superação da categoria do laicato em eclesiologia. Essa interpretação supõe uma bipartição dos fiéis cristãos: clérigos e leigos, segundo o cân. 207, 1.

2. A interpretação teológica do caráter secular, particularmente relevante em E. Corecco, como aparece na sua intervenção no Sínodo sobre o laicato, no qual definiu os elementos constitutivos da secularidade como a propriedade, o matrimônio e a liberdade. Sobre outras coordenadas foi também mantida pela maior parte dos autores participantes do Simpósio Internacional sobre o laicato da Universidade de Navarra (1987). Essa interpretação retoma a tripartição dos fiéis: clérigos, leigos e religiosos, como sugerem os cân. 225, 2; 1427, 3; 711.

3. Finalmente, há uma posição intermediária, que assume elementos das anteriores e que poderia ser caracterizada como ministerial-missionária; nessa linha situam-se os últimos escritos de Y.-M. Congar sobre a dimensão ministerial do leigo, bem como W. Kasper, que ressalta o serviço ao mundo (*Weltdienst*), e os canonistas J. Beyer e G. Ghirlanda, os quais falam do "carisma da secularidade" e que esse, certamente, seria desejável (assim na nossa *Ecclesiologia*, cit. 308-325).

Os três números seguintes — 898-900 — explicitam a vocação dos leigos precisamente no seu "caráter secular", prescindindo dessa expressão com a frase que é a mais importante de todo o cap. IV e que constitui como que sua pedra angular: "Por sua vocação é próprio dos leigos procurar o reino de Deus, tratando as coisas temporais e ordenando-as segundo Deus" (PHILIPS, G. *La Chiesa e il suo mistero nel Concilio Vaticano II. Storia, testo e commento della Costituzione Lumen Gentium*, Milano, Jaca Book, 1969, citando LG 31). O fim último perseguido é "iluminar e ordenar todas as realidades temporais".

O termo "iluminar" mostra que aqueles que não respeitam os valores temporais ou os desprezam, não são iluminados. Não basta acompanhar o trabalho com uma boa intenção, deve ser "iluminado" por dentro para ser ordenado segundo a vontade de Cristo "para ser de louvor do Criador e Redentor". Trata-se de uma síntese entre criação e salvação em chave cristológica que lembra as grandes linhas da GS. Com grande coragem, o texto acentua a necessária "iniciativa" dos leigos, qualificada como "um elemento normal da vida da Igreja" para "descobrir e idealizar", bem como "permear" evangelicamente as "realidades sociais, políticas e econômicas". Isso se apoia na expressiva afirmação de que "os fiéis leigos se encontram na linha mais avançada da vida da Igreja", tirada de Pio XII e citada por João Paulo II em CL 9, que teve uma clara ressonância na sua homilia conclusiva do Sínodo sobre os leigos, quando exclamou: "Eis, pois, o fiel leigo lançado às fronteiras da história: a família, o trabalho, a cultura, o mundo do trabalho, os bens econômicos, a política, a ciência, a técnica, a comunicação social; os grandes problemas da vida, da solidariedade, da paz, da ética profissional, dos direitos da pessoa humana, da educação, da liberdade religiosa" (30.10.1987, cf. o nosso comentário em Pontificium Consilium pro laicis, *Presenza e missione dei laici nel mondo: Christifideles Laici: spunti per uno studio*, in: *I Laici oggi*, 32/33 [1989/1990] 95-101).

O chamado ao apostolado conclui o tema da vocação do leigo. Ressalta-se que essa obrigação fundamental e esse direito individual e associado têm seu fundamento sacramental no batismo e na confirmação e que essa obrigação se torna "ainda mais premente" quando se trata do único modo com que se pode conhecer o Evangelho e Jesus Cristo (cf. LG 33). Não está fora de propósito ter o Papa Francisco ressaltado o forte desafio eclesial que consiste na Igreja "em saída", onde a "formação dos leigos e a evangelização das categorias profissionais e intelectuais representam um importante desafio pastoral" (EG 102).

Seguindo o esquema tripartido, já utilizado ao se falar da hierarquia e de acordo com o Vaticano II, a missão dos leigos é estudada a fundo em três blocos. No primeiro, sobre a missão sacerdotal, explicita-se a participação dos leigos no ofício sacerdotal de Cristo. Em primeiro lugar, cita-se a LG 34, onde se resumem os dois elementos fundamentais da função sacerdotal: o culto "em espírito e verdade" e o testemunho, o duplo eixo da teologia do sacerdócio do Novo Testamento (cf. Hb 1; 1Pd 2,4-10). Na linha do testemunho, lembra-se a fórmula cunhada por Pio XII no II Congresso mundial para o apostolado dos leigos, de 1957, da "consagração do mundo a Deus", que caracteriza a missão iluminadora e impregnante do Evangelho no mundo, no sentido de "um serviço cristão no temporal" (Y. M. Congar). O ponto seguinte incide sobre essa orientação, referindo-se à vida conjugal e à educação cristã dos filhos, com uma citação do CIC, cân. 835, 4. Termina-se este bloco com uma referência aos ministérios dos leigos segundo o CIC, cân. 230. Trata-se tanto dos ministérios estáveis, quanto dos extraordinários de leitor e de acólito. Segundo o *Motu proprio* da sua instituição por parte de Paulo VI, o ministério de leitor não se limita ao âmbito litúrgico, uma vez que inclui o anúncio da Palavra de Deus, animação litúrgica e a preparação dos fiéis aos sacramentos e à catequese (MQ V, in: EV 4, 1761). Esse *Motu proprio*, além disso, permitia às conferências episcopais a instituição de outros ministérios, como o da caridade, algo que a seguir será insinuado também em CL 41. Apesar disso, o Sínodo dos leigos expressou o desejo de esse *Motu proprio* ser revisto (*Propositio* 18) e para essa finalidade foi criada uma comissão específica (cf. CL 23). Sobre esse ponto convém levar em consideração a flutuação pós-conciliar do termo "ministério", que pode ser ocasião de confusão, dado que no Vaticano II — de 16 vezes que aparece esse termo, 7 vezes é aplicado ao laicato — e em diversos documentos posteriores (MQ V, EN 73 e FC 28.32.38 s.) esse termo exprime também o conceito eclesiológico do leigo "ministro" no mundo. Ao contrário, no CIC (cân. 230, 759, 910, 943, 1481, 1502, 1634), "ministério" aplica-se somente à Igreja. Por essa razão, seria desejável, para o desenvolvimento de tais ministérios, conseguir tanto uma clareza doutrinal a respeito de sua natureza, quanto uma clareza canônica, para situá-los e protegê-los, e uma clareza sócio pastoral, para não proceder a partir da improvisação ou da precipitação.

Na segunda missão valoriza-se a participação do leigo no ofício profético de Cristo. A função profética dos leigos é descrita nos nn. 904 s. a partir da LG 35 como desdobramento do ofício profético de Cristo em dois níveis: o primeiro é "ser testemunha", como ponto de referência constante do Vaticano II na sua concreta procura pela credibilidade concreta da fé. O texto tem interesse em sublinhar a complementariedade existente entre testemunho de vida e anúncio da Palavra, citando, além disso, AA 6 e AG 15, bem articulados no conhecido texto da EN 20 s.

Em segundo lugar, o ofício "profético" é expresso no "sentido da fé e da graça da Palavra", fórmula desenvolvida na LG 12, retomada em CL 14 e já citada anteriormente no n. 92 do nosso texto. Esse *"sensus fidei"* deve ser colocado no contexto da comunhão eclesial, que torna possível a ampla articulação entre o Magistério "exterior", próprio do colégio apostólico com o seu chefe e os seus sucessores, que tem a "missão de interpretar com autoridade a Palavra de Deus escrita ou transmitida" (DV 10; cf. LG 25) e o Magistério "interior" do Espírito, presente em todos os batizados, que se manifesta na participação da função profética de Cristo e da Igreja (cf. LG 12.35.37; DV 8) como via empírica da tradição viva da Igreja (cf. nosso *Sensus fidei,* in: LATOURELLE, R.; FISICHELLA, R. [ed.], *Dizionario di Teologia Fondamentale,* cit., 1133 s.). Os últimos dois pontos sobre a função profética — nn. 906-907 — apresentam as normas canônicas pertinentes que abarcam essa função profética: a catequese, o ensinamento das ciências sagradas e os meios de comunicação social, bem como a importância de "manifestar aos sagrados pastores seu pensamento sobre o que diz respeito ao bem da Igreja" (CIC, cân. 212, 3). Trata-se do que é sugerido pela LG 37, que cita dois memoráveis textos de Pio XII nos quais se lembra, de uma parte, que "nas batalhas decisivas, as iniciativas de maior valor partem da linha de combate" e, de outra, se dá destaque à importância de uma sadia opinião pública na vida da Igreja (LG 37, nota 7).

Enfim, como terceiro aspecto, se esclarece a participação do leigo no ofício "real" de Cristo, seguindo a LG 36. O nosso texto, no n. 908, introduz em forma de novidade esse ofício real a partir da obediência até a morte de Cristo, que comunica assim "o dom da liberdade real", sutilmente descrita com a citação literal de Santo Ambrósio. Partindo daí aparecem duas expressões centrais da presença do cristão no mundo, ou seja, do seu "ofício real"; trata-se de "curar" tudo o que é pecado e, por sua vez, de "impregnar" de valores morais a realidade. Duas expressões que lembram a teologia da graça como purificadora e libertadora (a *"gratia sanans"* de Agostinho) e como elevadora e divinizadora (a *"gratia elevans",* do século XIII), que conjugam a missão da Igreja segundo a LG 13.17 (*"sanans-purificans/elevans-roborans/consumans"*). Os dois números seguintes — nn. 910-911 — abordam a participação dos leigos no exercício do governo da Igreja. Com a citação de EN 73, que já comentamos antes, é lembrada a possibilidade do exercício de "ministérios" na Igreja. Por sua vez, retomando as normas canônicas, explicita-se sua cooperação "no exercício do poder de governo", em concílios particulares, sínodos, conselhos pastorais e conselhos para os negócios econômicos, cuidado pastoral de uma paróquia e participação nos tribunais eclesiásticos. Observe-se que, citando como base o cân. 129, 2, que usa a expressão "podem cooperar" e não a mais possibilista da LG 33, que fala de "assunção por parte da hierarquia", vê-se claramente que se trata de uma cooperação extrínseca ao poder de outros, ou seja, da hierarquia, e não tanto de uma habilitação originária e própria do exercício de governo na Igreja.

Para concluir, o nosso texto refere a LG 36, ressaltando "a indispensável distinção" (G. Philips) entre membros da Igreja e membros da sociedade humana. Longe de cair na esquizofrenia, lembra-se que a "boa harmonia" entre esses dois âmbitos fundamenta-se na guia "da consciência cristã", que faz a unidade da pessoa e que tem sempre uma palavra a dizer à realidade humana. Essa união, portanto, se estabelece graças à dimensão ético-moral e é ela que exerce o seu domínio — que é o domínio de Deus inscrito no coração dos crentes — sobre a atividade temporal. A referência à "consciência cristã", citada somente uma vez na LG 36, multiplica-se na GS tratando da presença da Igreja e dos cristãos no mundo (21 vezes).

O número conclusivo sobre o leigo cita a LG 33, na qual se reafirma a sua vocação e sua missão, que deve ser claramente qualificada como de Igreja, uma vez que "é um testemunho e, ao mesmo tempo, um instrumento vivo da missão dela mesma", graças à radical igualdade que lhe dá o ter recebido os sacramentos da iniciação "segundo a medida do dom de Cristo" (Ef 4,7; cf. o comentário e a bibliografia de VITALI, D., LG. *Capitolo IV. I laici*, in: *Commentario ai Documenti del Vaticano II: 2, Lumen Gentium*, Bologna, EDB, 2015, 315-321, e *Lumen gentium. Storia — Commento — Recezione*, Roma, Studium, 2012).

Artigo 9
Parágrafo 4/III
A VIDA CONSAGRADA

PIER GIORDANO CABRA

Premissa

Depois da publicação do CCE (1992), realizou-se o Sínodo dos bispos sobre a Vida consagrada (1994), que se encerrou em 1996, com a publicação da Exort. apost. VC, que pode ser considerada o mais respeitável comentário sobre o nosso tema.

Nas origens da vida consagrada

Na história da Igreja, as formas da vida consagrada são inúmeras e as mais variadas, mas todas são redutíveis ao Senhor Jesus, o qual, pregando a todos o Reino de Deus, exigiu apenas de alguns que deixassem tudo para ficar com ele, para viver como ele vivia. Se a todos pedia que o seguissem em seu modo de viver as exigências do Reino em condições de vida normais, nem a todos pedia que o seguissem na sua "anormalidade" de célibe, sem recursos materiais, sem o prestígio do poder, todo dedicado às coisas do Pai e ao anúncio do Reino. "Ao longo dos séculos não faltaram homens e mulheres que escolheram essa via de 'especial seguimento' de Cristo. Também eles deixaram tudo, como os apóstolos" (VC 1). Pode-se compreender que esse "especial seguimento" tenha-se imposto também depois da ressurreição que tinha manifestado a glória da divindade presente no homem Jesus. Tudo em Jesus era manifestação de Deus: não só os fatos e as palavras, mas também o seu modo de viver que se punha no ápice do ideal cristão, sendo compreendido como a forma divina de viver a vida humana ou a forma humana de viver a vida divina. Pode-se compreender, consequentemente, a importância dada à virgindade "em honra da carne do Senhor". De São Paulo a Santo Inácio de Antioquia, a virgindade (ou o celibato) foi estimada como expressão de um especial amor pelo Senhor, virgem e esposo, apaixonado por todas as pessoas que não recusam o seu amor. O "especial seguimento de Cristo" foi logo praticado e se tornou visível no monaquismo, das mais variadas formas e das mais diversas regras; todas, porém, caracterizadas pelo constante denominador comum da virgindade ou celibato, das origens até nossos dias.

No segundo milênio, afirma-se a teologia dos três "conselhos evangélicos" como característica interpretativa do "especial seguimento de Cristo". Na prática, ele é a tematização em torno dos três conselhos evangélicos de pobreza, castidade e obediência, do ideal de totalidade de dedicação a Deus, presente em todas as *Regras* anteriores. Uma contribuição determinante para a afirmação da tríade é a personalidade única de São Francisco, que assim sintetiza o seu ideal: "A regra dos frades é esta, ou seja, viver em obediência, sem nada próprio e em castidade" (*Regola non bollata* I, 1). Por amor de Cristo, se quer viver como ele. Poucos decênios depois, Santo Tomás defenderá diante dos teólogos da Universidade de Paris a profissão dos conselhos evangélicos, ilustrando sua dimensão antropológica, porquanto os três conselhos removem os principais obstáculos postos pela tríplice concupiscência à consecução da perfeita caridade. Desde então, o "especial seguimento de Cristo" será chamado de vida religiosa ou vida regular ou vida consagrada assumida mediante a profissão dos conselhos evangélicos.

A vida consagrada

Este artigo pode ser compreendido melhor se forem levadas em consideração as duas dimensões da Igreja, a petrina e a mariana. VC 34, ao apresentar o grupo dos discípulos e discípulas reunidos no cenáculo à espera do Espírito Santo, afirma: "Em Pedro e nos outros apóstolos emerge, sobretudo, a dimensão da fecundidade, como se exprime no 'ministério eclesial', que se faz instrumento do Espírito pela geração de novos filhos, mediante a dispensação da 'Palavra', a celebração dos 'sacramentos' e a 'cura pastoral'. Em Maria é particularmente viva a dimensão do 'acolhimento' esponsal, com o qual a Igreja faz frutificar em si a vida divina mediante o seu total amor virginal. A 'vida consagrada' sempre foi vista predominantemente na parte de Maria, a Virgem esposa. Desse amor virginal provém uma particular fecundidade que contribui para o nascimento e o crescimento da vida divina nos corações". Pedro e Maria, a instituição e a vida, o dom e a resposta: duas dimensões "coessenciais", indiscutível e indissoluvelmente unidas, a serviço do povo de Deus.

Conselhos evangélicos, vida consagrada

O Novo Testamento apresenta numerosos conselhos que permitem levar uma vida inspirada no Evangelho, como a oração contínua, a generosidade em doar, a partilha dos bens, a aceitação para si da injustiça, a oferta da vida pelos inimigos. Pensemos, além disso, nos conselhos evangélicos contidos nas Bem-aventuranças. A expressão "conselhos evangélicos" evoca a tríade castidade, pobreza e obediência, uma tríade considerada como síntese do comportamento evangélico em relação ao corpo, aos bens e à afirmação de si. Orientar para Deus essas três forças fundamentais, segundo o exemplo de Cristo e sob o poder do Espírito Santo, significa dar início à reorientação de toda a pessoa humana para a perfeita comunhão com Deus.

A VC apresenta alguns esclarecimentos a respeito dos nossos dois artigos:

1. *Conselhos evangélicos e perfeição cristã.* "Toda pessoa regenerada em Cristo [no batismo] é chamada a viver, com a força proveniente do dom do Espírito, a castidade correspondente ao próprio estado de vida, a obediência a Deus e à Igreja, um razoável desapego dos bens materiais, porque todos são chamados à santidade, que consiste na perfeição da caridade. Mas o batismo não comporta por si mesmo o chamado ao celibato nem à virgindade, a renúncia à posse dos bens, a obediência a um superior, na forma própria dos conselhos evangélicos. Portanto, a profissão desses últimos supõe um particular dom de Deus não concedido a todos, como o próprio Jesus ressalta para o caso do celibato voluntário (Mt 19,10-12)" (VC 30).

2. *Vida cristã e vida consagrada.* Se todo cristão digno desse nome é chamado a se conformar a Cristo, a partir das suas atitudes em relação às coisas até o seu modo de sentir — "Comportai-vos entre vós assim como se faz em Jesus Cristo" (Fl 2,5) —, a alguns foi dada a vocação de se conformar também à sua forma de vida. "A profissão dos conselhos evangélicos está intimamente ligada ao mistério de Cristo, tendo a missão, de algum modo, de tornar presente a forma de vida que ele escolheu, indican-

do-a como valor absoluto e escatológico" (VC 29). Os valores da "forma de vida" de Cristo são parte irrenunciável da revelação e do patrimônio espiritual que a Igreja deve transmitir a todas as gerações (cf. DV 7). A transmissão desse tesouro espiritual não pode se realizar somente por meio das palavras. É necessário que determinadas pessoas, consagradas ao Pai, representem continuamente na Igreja a "forma de vida" que Jesus abraçou. É necessário que algumas pessoas, habilitadas pelo Espírito, ofereçam ao mundo, com a sua presença cristiforme, uma típica e permanente visibilidade dos traços característicos de Jesus (cf. VC 1).

Daí a iluminadora e importante afirmação: "Verdadeiramente, a vida consagrada constitui 'memória viva do modo de existir de Jesus' como Verbo encarnado perante o Pai e perante os irmãos" (VC 23). Isso é um grande dom e uma grande missão, que se torna possível pela amorosa e orante atenção à pessoa do Senhor Jesus, como contemplação da pessoa concreta, ou seja, da "santa humanidade" do Senhor Jesus e de um compromisso de "tensão conformativa", dada a altíssima meta apresentada à frágil natureza humana. Mas isso é importantíssimo para manter viva na Igreja e diante do mundo a verdadeira memória do Senhor Jesus, memória facilmente deformável pelas aspirações muito humanas, presentes hoje como ontem. É muito fácil projetar sobre a figura de Jesus as nossas expectativas, em vez de se deixar plasmar pelas suas propostas. A vida consagrada, pelo próprio fato de existir, lembra que ele veio sem nenhum poder, em forma de servo obediente. Veio sem riquezas, só com a força desarmada da Palavra. Veio célibe, somente com a força gratificante do amor de Deus. Para nos dizer que é Deus a sua e a nossa realização. Para nos lembrar que Deus é a sua e nossa sempre nova riqueza, para nos convencer de que Deus é o seu e o nosso amor, o único que pode definitivamente preencher o coração.

UMA GRANDE ÁRVORE COM MUITOS RAMOS

Não existe a vida consagrada em abstrato, mas existem muitas formas concretas (Ordens, Congregações, Institutos de várias denominações: jesuítas, franciscanos, filhas de Maria Auxiliadora...). A multiplicidade dos Institutos depende das necessidades da Igreja a que o Espírito quis e pretende dar uma resposta, mediante uma nova forma de vida consagrada. Quando houve necessidade de reafirmar entre o povo cristão a seriedade do seguimento de Cristo, o deserto ficou povoado de ascetas que lembraram o fato de que por Cristo é preciso saber renunciar a si mesmo. Quando, no Ocidente, os chamados bárbaros semeavam destruições materiais e espirituais, São Bento, com a sua *Regra*, lançou as bases da reconstituição espiritual e civil da sociedade do seu tempo. Francisco e Domingos lembram que o Evangelho deve ser pregado com humildade e não imposto com a força ou com outras formas de pressão. E assim por diante, até as Congregações diaconais masculinas e femininas que serviram aos pobres, exercendo as diversas obras de misericórdia. Tanto é verdade que não se pode escrever a história de muitos países se esquecemos a história da vida consagrada, tão elevada é a sua contribuição até para a humanização, bem como para a santidade pessoal e para a vida da Igreja.

A quem cabe, porém, dizer se uma nova proposta de vida consagrada vem do Espírito? O n. 919 dá uma clara indicação: o primeiro discernimento cabe aos bispos locais e a aprovação definitiva cabe à Santa Sé. Se a Igreja não cria a vida consagrada, cabe a ela a autenticação dos carismas típicos da vida consagrada.

A vida eremítica

A descrição dos vários ramos da planta "que afunda suas raízes no Evangelho e produz frutos copiosos em todas as estações da Igreja" (VC 5) começa com a vida eremítica, que se tornou célebre com a *Vida de Antônio* (251-356), escrita por Santo Atanásio, que tinha conhecido pessoalmente Antônio. A leitura dessa biografia espiritual, que foi decisiva na escolha de vida de Santo Agostinho e de muitos outros, mostra o fascínio de uma vida toda dedicada somente a Deus (*solus cum Solo*). Com efeito, parece realmente que "Deus é tudo" para quem abandonou todas as coisas, lembrando desse modo aos próprios semelhantes e à comunidade eclesial que "'não se perca nunca de vista a suprema vocação', que é ficar sempre com o Senhor" (VC 7). Justamente essa biografia, porém, longe de apresentar uma visão romântica da vida eremítica, mostra a necessidade e as dificuldades do combate espiritual, para pôr ordem dentro de si mesmo. O deserto e a solidão desmascaram as nossas ilusões sobre a nossa suposta "inocência", aguçando a necessidade de empreender o difícil caminho de purificação para o retorno ao Pai.

As virgens e as viúvas consagradas

Para o cristão, Cristo é tudo: Senhor, Amigo, Esposo. Ele amou cada pessoa humana e a Igreja "até o fim"; ele é o Esposo escatológico, definitivo, o qual deseja ser amado "com todo o coração". A virgindade pelo "Reino dos céus" lembra essa realidade esponsal da vida cristã. É compreensível que desde os tempos apostólicos tenha havido virgens cristãs que, chamadas pelo Senhor a se dedicarem exclusivamente a ele numa maior liberdade de corpo e de espírito, tomaram a decisão de viver no estado de virgindade pelo "Reino dos céus" (Mt 19,12). "É motivo de alegria e de esperança ver que volta hoje a florescer 'a antiga ordem das virgens' [...]. Consagradas pelo bispo diocesano, elas adquirem um particular vínculo com a Igreja, a cujo serviço se dedicam, embora ficando no mundo" (VC 7). A própria Exortação apostólica acena também à ordem das *viúvas*: "Volta a ser hoje praticada também a consagração das 'viúvas', conhecida desde os tempos apostólicos (cf. 1Tm 5,5.9-10; 1Cor 7,8), bem como a dos viúvos" (VC 7). Essas pessoas, mediante o voto de castidade perpétua, como sinal do Reino de Deus, consagram sua condição para se dedicar à oração e ao serviço da Igreja. O restabelecimento dessa forma de consagração antiquíssima, até apostólica, teve seus inícios no último conflito mundial, quando mulheres que tinham perdido o marido se associaram entre si quer para se apoiarem na sua viuvez, quer para se consagrarem a Deus no sustento dos filhos.

Os institutos seculares

No século passado, o Espírito Santo suscitou continuamente novas expressões de vida consagrada. "O pensamento vai antes de tudo para os 'institutos seculares', cujos membros pretendem 'viver a consagração a Deus no mundo' mediante a profissão dos conselhos evangélicos no contexto das estruturas temporais, para serem assim fermento de sabedoria e testemunhas de graça dentro da vida cultural, econômica e política. Mediante a síntese, que lhes é específica, de secularidade e consagração, eles pretendem 'fazer penetrar na sociedade as energias novas do reino de Cristo', procurando transfigurar o mundo por dentro com a força das Bem-aventuranças" (VC 10). Embora estejam no estado de vida consagrada, os membros desses institutos não mudam, entretanto, sua condição canônica, leiga ou clerical, justamente para tornar possível neles a plena inserção apostólica nas estruturas da vida secular e eclesial, sem se distinguirem em nada dos outros fiéis leigos ou clérigos. De fato, têm sua vida nas situações ordinárias do mundo, sem nenhum sinal externo, sozinhos ou cada qual na própria família. Todavia, podem viver também em grupos de vida fraterna, sem assumir as formas da vida comum religiosa, precisamente para ser fermento discreto no mundo.

As sociedades de vida apostólica

As sociedades de vida apostólica, ou sociedades de vida comum, "perseguem com um estilo que lhes é próprio um específico fim apostólico ou missionário" (VC 11). Costuma-se fazer remontar sua origem a São Filipe Neri, que reuniu em torno de si sacerdotes, com o único vínculo da obediência, sem votos. Difundidos sobretudo na França (sulpicianos, lazaristas, eudistas), assumem, às vezes, também os conselhos evangélicos. Todavia, a peculiaridade da consagração deles distingue-os quer dos institutos religiosos, quer dos institutos seculares. "No decurso dos últimos séculos produziram muitos frutos de santidade e de apostolado, especialmente no campo da caridade e na difusão missionária do Evangelho" (VC 11).

A vida religiosa

Enquanto o Oriente cristão se concentrou sobre a vida monástica, o Ocidente viu surgir formas bem diversificadas de consagração religiosa, nascidas em geral para responder às necessidades da Igreja, mas também da sociedade. Poder-se-ia interpretar a diversidade com a referência privilegiada a duas diferentes Bem-aventuranças. O Oriente se organiza em torno da Bem-aventurança dos "puros de coração, porque verão a Deus". Daí a importância do empenho ascético, da purificação do coração, da contemplação das realidades divinas, da manutenção viva e operante da dimensão teândrica ou divino-humana, da vocação cristã. O Ocidente parece ter como estrela polar a bem-aventurança dos "misericordiosos, porque encontrarão misericórdia". Daí uma atenção mais acentuada ao próximo, a Deus que vem ao nosso encontro nos pobres, nos sofredores, nos marginalizados. Nesse contexto, a vida religiosa se apresenta fundamentalmente sob duas formas: a *vida religiosa contemplativa*, que revela e imita Cristo orante no monte, torna-se sinal da presença do Reino de Deus, já inaugurado por Cristo, bem como sinal da Igreja peregrina num mundo que passa. Dedica-se à glorificação de Deus mediante a *lectio*, a oração contínua, o cuidado da liturgia. Afirma o absoluto primado de Deus em tudo, a partir da organização do tempo. Reúne muitas formas diferentes: dos mosteiros de clausura aos monges contemplativos e a outras formas, sinal de uma indiscutível vitalidade. A *vida apostólica ativa* que imita Cristo, que ensina, cura, evangeliza. Na história criou escolas, hospitais e obras de assistência para todo tipo de necessidade. É sinal de uma Igreja enviada a servir e salvar.

Vocação e profissão

A vocação à vida consagrada de uma pessoa é um dom que a Trindade concede não somente à pessoa, mas também e, sobretudo, à sua Igreja. O Pai atrai a si uma pessoa para que se dedique exclusivamente a seu Reino. Ele a introduz no seguimento do Filho para que aprenda com ele a se dedicar às coisas do Reino. Envia o Espírito para que torne atraentes e compreensíveis essas coisas tão insólitas e para que dê a coragem e a força para fazer renúncias a bens tão enraizados na natureza. À luz e na força do Espírito, a pessoa chamada descobre o que significa se dedicar ao Reino como fez o Senhor, que de rico se fez pobre, de forte se fez inerme, de glorioso se fez humilde e, querendo se pôr à disposição dele, aceita partilhar da vida casta, pobre e humilde do seu Senhor, decidindo professar os conselhos evangélicos num projeto carismático, ou seja, num Instituto aprovado pela Igreja.

Os conselhos evangélicos são professados como votos e recebidos na Igreja e pela Igreja, a qual vê aí realizada da mais elevada forma a sua realidade de Esposa, toda dedicada a seu Senhor. Por "profissão" dos conselhos evangélicos se entende quer o ato litúrgico com o qual, durante a celebração eucarística, se assume a obrigação de praticar os conselhos evangélicos, quer a atuação prática dos conselhos evangélicos, de modo a ser percebida publicamente, ou seja, deve ocorrer de modo aberto diante da Igreja e da sociedade, com certa separação do mundo. Os que professam os conselhos evangélicos "recebem uma nova e especial consagração" para serem capazes de fazer própria "a forma de vida praticada pessoalmente por Jesus e por ele proposta aos seus discípulos" (VC 31). Observe-se que não se trata de uma distinção de grau, como se a pessoa consagrada, em relação ao batismo, fosse mais consagrada do que o leigo, mas de uma consagração de natureza diferente, como era diferente o especial seguimento exigido de alguns pelo Senhor. Na profissão dos conselhos evangélicos ocorre uma tríplice consagração: "Deus" que, reservando para si uma pessoa, a consagra; "a pessoa" que se consagra; "a Igreja" que, aceitando essa consagração, consagra-se a Deus em alguns de seus filhos.

Regulamentação canônica

A vida religiosa é cuidadosamente regulada pelo CIC, que a torna reconhecível por três elementos: a profissão religiosa, a vida fraterna em comunidade, a missão específica.

a. As religiosas e os religiosos emitem os "votos públicos" temporários, a serem renovados por um período, ou os votos perpétuos e segundo o direito próprio do Instituto.

b. "A vida fraterna em comunidade", numa casa legitimamente constituída, sob a autoridade de um superior designado segundo o direito, na qual haja pelo menos uma capela onde se celebrar ou se conservar a eucaristia.

c. "Uma missão específica" que comporte um "testemunho público" de Cristo e da Igreja, significado também pela clausura e pelo hábito, segundo a índole e as finalidades próprias de cada instituto (integralmente dedicado à contemplação, monástico, canonical, conventual, apostólico).

Os institutos, além disso, de diferentes modos e de acordo com a espécie (de direito diocesano, de direito pontifício), gozam de uma autonomia própria, especialmente de governo, que os bispos e os seus colaboradores devem conservar e tutelar. As relações entre bispos e religiosos são reguladas por particulares documentos e por acordos locais, baseados no princípio do mútuo respeito. Se a Igreja local deve respeitar os carismas dos institutos, eles devem respeitar os planos pastorais da Igreja local. Desses dados essenciais, que fixam a identidade canônica da vida religiosa, provêm também os elementos essenciais da sua missão.

Consagração e missão: anunciar o Rei que vem

A vida consagrada participa da missão da Igreja com todo o seu ser: com a sua especial consagração, com a vida fraterna, com a missão específica.

A consagração

A especial consagração diz que a missão, antes de tudo, é tornar presente, pela própria pessoa, o Senhor Jesus, caminho verdadeiro que leva ao Pai, nos diversos contextos, graças à ação do Espírito Santo.

a. "As pessoas consagradas tornam visível, na sua consagração e total dedicação, a presença amorosa e salvífica de Cristo, o consagrado do Pai, enviado em missão. Elas, deixando-se conquistar por ele (cf. Fl 3,12), dispõem-se a se tornar, de certo modo, um prolongamento da sua humanidade. A vida consagrada diz, eloquentemente, que quanto mais se vive de Cristo, tanto melhor o podemos servir nos outros" (VC 76). A forma de vida de Cristo implica um esvaziamento de si, para se deixar possuir pelas "coisas do Pai", pelos seus desejos, pela sua vontade de que todos os seres humanos o conheçam, sintam-se amados por ele e o amem. O extraordinário espetáculo dos frutos apresentados ao longo da história pela vida consagrada, nos mais diversos campos (da difusão da fé até o exercício da caridade), demonstra a fecundidade do estar em missão, sem ligações, interesses, preocupações ou programas pessoais, de tempo integral e de modo incondicional. De fato, quem está possuído pelo amor de Deus não tem outro desejo senão fazê-lo amar: "Amar-te e fazer-te amar!".

b. Os conselhos evangélicos não fazem do homem apenas um discípulo que segue a Cristo mais de perto, mas reconstroem nele a imagem de Deus como foi formada na criação. Os três votos não fazem senão dominar os três instintos que caracterizam o ser profundo do homem: o desejo de possuir, de procriar, de se autodirigir. Esses três valores fazem parte da criação e são, portanto, fundamentalmente bons. O pecado, porém, que se aninha no coração humano tende a absolutizar esses instintos vitais, fazendo deles obra de morte. As pessoas que professam e praticam os três votos, mediante sua renúncia voluntária e alegre, não são apenas imitadores de Jesus, mas são também terapeutas para a humanidade ferida pela ebriedade da autodeterminação.

c. A vida consagrada é realista. Se, de uma parte, sabe que "os homens são levados a seu destino de felicidade mediante a humanidade de Cristo" (*Summa Theologiae*, III, 9), sabe, de outra, que para reconstruir o homem à imagem de Cristo, é preciso aceitar também as páginas incômodas do Evangelho, onde se fala de renunciar a si mesmo e carregar a cada dia a própria cruz. Os conselhos evangélicos comportam renúncias não pequenas nem breves, as quais, todavia, se praticadas com boa vontade, podem apoiar o desapego dos irmãos e das irmãs. É olhando para o alto que se é reerguido ou, pelo menos, que se deseja se elevar. É olhando para quem renuncia muitas coisas que se pode renunciar a alguma coisa para "ser reconduzido ao destino de felicidade".

A vida fraterna em comunidade

A vida religiosa sempre cultivou, com maior ou menor intensidade, com diferentes resultados e com diferentes modalidades, a vida fraterna em comunidade. O ideal de viver a *apostolica vivendi forma* (ou seja, o modo de viver dos apóstolos, os quais, deixando todas as coisas, viveram com Jesus e formaram com ele uma nova família) foi cultivado continuamente e retomado nos momentos de reforma, dando início a novas e originais formas de vida fraterna. Outros pontos de referência foram "as primeiras comunidades cristãs", descritas pelos Atos dos Apóstolos e, mais recentemente, a "santa Família de Nazaré", bem como, cada vez mais importante, foi e é a reflexão sobre a comunhão trinitária e a respectiva espiritualidade de comunhão.

a. A vida fraterna é um dos ensinamentos fundamentais do Senhor Jesus e foi uma das causas mais eficazes da difusão do cristianismo. Também hoje, no clima de individualismo difundido, torna-se um dos testemunhos mais exigidos e necessários para os cristãos. Os religiosos, que foram chamados "peritos de comunhão", têm uma missão relevante na comunidade cristã e na Igreja, onde cresce todos os dias a consciência e a necessidade de uma teologia, de uma prática e de uma espiritualidade de comunhão. A fraternidade cristã é um dom que começa com a vinda do Espírito Santo, que permitiu construir comunidades fraternas. O dom da fraternidade é particularmente percebido pela comunidade religiosa, que não só reúne pessoas em torno de metas ou de projetos apostólicos, mas une e funde existências em nome e por amor de Cristo. Sem Espírito Santo não se vencem as forças desagregadoras da autorreferencialidade, nem se constrói uma comunidade fraterna, pois o Espírito é um dom que deve ser pedido "de comum acordo e com assiduidade" (At 2,46).

A comunidade religiosa é o lugar onde "acontece a iniciação à fadiga e à alegria de viver em comunidade" (VC 67), para demonstrar que onde chega o Evangelho cresce a fraternidade. Isso contribui para manter viva na Igreja a dimensão fraterna como "sinal e instrumento da união do homem com Deus e dos homens entre si" (LG 1). A arte de construir fraternidade faz parte da missão, especialmente hoje, quando parece que se globalizaram mais os egoísmos do que a solidariedade.

b. A vida consagrada, inclusive a eremítica, teve sempre uma aguda sensibilidade pela "comunhão dos santos". Os antigos Padres do deserto enfrentavam a solidão certos de, desse modo, participar da missão da Igreja, uma vez que qualquer vitória deles sobre o mal em si mesmos enfraquecia as forças do mal no mundo, pelos estreitos vínculos entre todos os membros do corpo de Cristo. As autoridades e a vida penitente foram consideradas um reservatório de energias espirituais para toda a Igreja e não só um meio de purificação pessoal. Quem ora, quem sofre por amor encontra-se no coração da Igreja, como testemunharam santas e santos de todos os tempos, especialmente na vida claustral. Não só; quem se aproxima de Deus não se afasta dos homens, mas se torna verdadeiramente próximo deles, com um amor misericordioso e construtivo.

c. As comunidades da vida consagrada vivem hoje o desafio da convivência de pessoas que provêm de diversas culturas, um desafio que toca todas as sociedades. O compromisso de construir comunidades fraternas "policromas" não é só uma tarefa interna, mas um verdadeiro ato missionário, que demonstra que o mandamento novo do Senhor é o segredo para construir um mundo novo, uma nova sociedade, onde situações potencialmente explosivas podem se tornar fatores de enriquecimento recíproco e de crescimento humano.

A missão específica

a. Muitos cristãos, muitos institutos, muitas missões específicas. "O Espírito, longe de subtrair à história dos homens as pessoas que o Pai chamou, as põe a serviço dos irmãos, segundo as modalidades próprias do seu estado de vida, e as orienta a desempenhar particulares missões, [...] por meio dos carismas próprios dos vários institutos. Daí o surgimento de múltiplas formas de vida consagrada" (VC 19). Por meio das várias missões específicas (missões externas, educação, doentes, hospitais etc.), a vida consagrada tornou a Igreja presente nas várias áreas do mundo e nos diversos âmbitos vitais, não somente com obras assistenciais e promocionais, mas também com propostas de espiritualidade ligadas ao carisma. Uma história gloriosa, às vezes heroica, de existências dedicadas a anunciar o Reino que vem. Basta pensar no recente empreendimento de evangelização na África, predominantemente por obra dos institutos missionários.

b. Elias e a profecia. Elias está constantemente na vida consagrada como modelo de uma sempre necessária profecia. "Profeta audaz e amigo de Deus. Vivia na sua presença e contemplava no silêncio a sua passagem, intercedia pelo povo e proclamava com coragem a sua vontade, defendia os direitos de Deus e se erguia em defesa dos pobres contra os poderosos do mundo (cf. 1Rs 18–19)" (VC 84). A vida consagrada, além disso, foi vista como profética quando soube antecipar soluções inovadoras para a vida da Igreja, seja no campo das realidades espirituais (forte apelo a Deus), seja nas realidades sociais (particulares formas de assistência ou promoção ou defesa dos pobres e dos marginalizados). Lembremo-nos que "o testemunho profético exige a constante e apaixonada procura da vontade de Deus [...] para pôr em prática o Evangelho na história, em vista do reino de Deus" (VC 84).

c. A corrida de Pedro e de João em direção ao sepulcro. Na manhã da Páscoa, Pedro e João correm para o sepulcro. Nessa corrida a Igreja viu a própria tensão escatológica, o seu próprio desejo de ver o rosto de Deus, de gozar das promessas de Cristo, de entrar "na alegria do seu Senhor". Em João, que corre mais veloz, foi vista a vida consagrada, que deseja ver o amado do seu coração, pelo qual se sente particularmente amada e pelo qual abandonou muitas outras coisas. E assim, a sua corrida sustenta a de Pedro e a de toda a Igreja. Num momento no qual o céu parece fechado ou irrelevante, a vida consagrada tem a missão de lembrar a decisiva importância do mundo da ressurreição, mantendo vivo o desejo de Deus e levando um pouco de céu aos infernos da terra. "Como o povo de Deus não tem aqui cidade permanente [...], o estado religioso [...] manifesta melhor a todos os crentes os bens celestes já presentes neste mundo, testemunha melhor a existência de uma vida nova e eterna, adquirida pela redenção de Cristo, e prenuncia melhor a futura ressurreição e a glória do reino celeste" (LG 44). Jamais desistir de correr, para que os outros não se cansem de caminhar! Jamais desistir de invocar: "Cristo, rei da glória, vem nos trazer a paz!".

Artigo 9

Parágrafo 5

A COMUNHÃO DOS SANTOS

SALVADOR PIÉ-NINOT

A fórmula *"communio sanctorum"* — último dos artigos incorporados ao Símbolo apostólico (DH 30) — é mencionada pela primeira vez no contexto do Símbolo pelo Comentário de Niceta di Remesiana († 420 ca.; cf. *Explanatio Symboli*, 10: DH 19; cf. a sua história em D. Sorrentino, *Comunione dei santi*, in: G. Calabrese et al., *Dizionario di Ecclesiologia*, Roma, Città Nuova, 2010, 292-307). Essa fórmula possui um duplo sentido: de uma parte, exprime a Igreja como "comunidade das coisas santas", sobretudo da eucaristia (*"sanctorum"* do *"sancta/sanctorum"*, neutro); de outra parte, indica também a Igreja que se torna visível como "comunhão dos santos", "santificados" (*"sanctorum"* do *"sancti/sanctorum"*, masculino), tanto dos já glorificados, quanto dos ainda peregrinos.

A fórmula *"communio sanctorum"* foi muito difundida por Lutero para definir a Igreja como a comunhão "invisível" dos santos, mas separada da Igreja visível e empírica provida de ministérios. Agora, deve-se esclarecer que o cristianismo das origens não separava esses dois aspectos, uma vez que a *"communio"* fundamentava-se tanto sobre o sacramental eucarístico, quanto sobre o vínculo de união com o bispo — o *"ius communionis"* (cf. Cipriano, *Epistula*, 16, 2) —, entendido como: "A comunhão como vínculo de união entre bispos e fiéis, bispos entre si, fiéis entre si, que é efetuado e, ao mesmo tempo, manifestado pela comunhão eucarística" (cf. Hertling, L., *Communio. Chiesa e papato nell'antichità cristiana* [1943], Roma, PUG, 1961).

Não sem razão, o *Catecismo Romano* — respondendo implicitamente a Lutero — reafirmava o seu caráter sacramental-eclesiológico, dado que "a comunhão dos santos é uma nova explicação do próprio conceito de Igreja, una, santa e católica. A unidade do Espírito que a anima e governa faz com que tudo o que possui a Igreja seja comumente possuído por todos que a formam. E, assim, o fruto de todos os sacramentos pertence a todos os fiéis, os quais, por meio deles, são unidos e incorporados a Cristo. Isso vale de modo especial para o sacramento do batismo, porta pela qual os cristãos entram na Igreja. Ao batismo segue a eucaristia, que, de maneira especialíssima, produz essa comunhão" (I, 9, V).

Já no início do século XX, o luterano D. Bonhoeffer propôs com ênfase o tema da Igreja à atenção da teologia contemporânea na sua obra *Sanctorum Communio* (1930; in: *Opere di Dietrich Bonhoeffer*, Brescia, Queriniana, 1994). Mais recentemente, na esteira do Concílio Vaticano II e no âmbito ecumênico, particularmente a expressão "comunhão dos santos" foi promovida como descrição da Igreja por parte do "Grupo de trabalho bilateral da Conferência Episcopal Alemã e da Direção da Igreja Evangélica Luterana Unida na Alemanha" no documento *Communio Sanctorum* (2000). Nesse documento, o mesmo conceito é reproposto como ponto de encontro para o qual podem convergir as concepções da Igreja que se desenvolveram na tradição católica e evangélica (cf. Maffeis, A. (ed.), *Communio Sanctorum. La Chiesa come comunione dei santi*, Brescia, Morcelliana, 2003).

I. A comunhão dos bens espirituais

O texto, no n. 949, apresenta como referência escriturística introdutiva o famoso sumário de Atos 2,42 sobre a *"koinonía"* da comunidade cristã primitiva, descrita por quatro conceitos: o dinâmico, "o ensinamento dos apóstolos"; o básico, "a comunhão"; o inovador, "a fração do pão", e o tradicional, "as orações".

Trata-se de quatro conceitos que descrevem a particular constituição da vida do novo grupo messiânico de convertidos à fé cristã, proposto como modelo vinculante para a comunidade do seu tempo. Essa descrição da comunhão fraterna, certamente com alguma carga de idealização, manifesta-se de modo ascendente: a partir da germinal unidade local, passa-se à unidade social, que, fundada na fé, torna-se também espiritual e eucarística, e se desdobra na comunhão dos bens. Esse texto estrutura em cinco aspectos a *"koinonía"*.

O primeiro — n. 949 — é a comunhão de fé da Igreja recebida pelos apóstolos, vista como tesouro de vida que se enriquece enquanto é partilhado e que ressalta, desse modo, a necessária comunhão apostólico-hierárquica.

O segundo — n. 950 — é a comunhão dos sacramentais, cujo eixo está centrado na eucaristia que "leva essa comunhão a seu ápice" e tem como "ministério pastoral" o episcopado. Com efeito, esses dois primeiros aspectos unem-se no documento da Congregação para a Doutrina da Fé, *Su alcuni aspetti della Chiesa intesa come comunione* (28.05.1992), com esta afirmação: "a unidade da eucaristia e unidade do episcopado com Pedro e sob Pedro não são raízes independentes da unidade da Igreja, porque Cristo instituiu a eucaristia e o episcopado como realidade essencialmente vinculante" (n. 14).

Seguem-se os três últimos aspectos na linha da comunhão-participação: a comunhão dos carismas (n. 951), vista como dons do Espírito para favorecer a edificação e o bem comum da Igreja; a participação em comum (n. 952), com o acento no aspecto mais material; e a comunhão da caridade (n. 953), síntese da profunda solidariedade com todos os homens, vivos e mortos, como membros do Corpo de Cristo e máxima expressão da comunhão dos santos.

II. A comunhão da Igreja do céu e da terra

O texto (n. 954), mesmo usando as expressões "Igreja do céu" e "Igreja da terra", não quer favorecer nenhum tipo de dualismo, como se existissem duas Igrejas e, por isso, se fala de modo atenuado de "três estados da Igreja". Eles lembram as categorias que o *Catecismo Romano* usava ao falar de Igreja militante, sofredora e triunfante, adjetivos, porém, esquecidos aqui, seguindo a LG 49-51. Aparece, assim, o eixo que os une e que faz com que formem "uma mesma Igreja", pois participam "do mesmo amor de Deus e do próximo".

Essa comunhão manifesta-se, em primeiro lugar, com "a intercessão dos santos" (n. 956). Seguindo de forma sintética a LG 49, enfatiza-se que a intercessão dos santos é devida às graças adquiridas por Cristo, único mediador (cf. 1Tm 2,5; já bem presente no Vaticano II: LG 8, 28, 41, 49, 60, 62; UR 20; PO 2; AG 7). O texto conciliar lembra, por sua vez, que os santos completam em sua carne o que falta aos sofrimentos de Cristo em favor do seu Corpo, que é a Igreja, citando Colossenses 1,24 e a MCC de Pio XII, que desenvolve esse ponto com manifesta complacência.

Em segundo lugar, o texto, no n. 957, concentra-se, seguindo a LG 50, na "invocação dos santos", vista não segundo o estilo de uma pura lembrança deles como modelos, mas como expressão da "comunidade de amor" entre os membros do corpo de Cristo em qualquer estado em que eles se encontrem. Agora, não é somente a imitação dos santos que é cristologicamente orientada; o é também a invocação que a eles se dirige, pressupondo-se que tem "Cristo como termo". É de novo lembrada aqui a MCC, que presta especial atenção a "Cristo, fonte e autor de toda santidade", e que o texto do CCE reafirma com uma citação de São Policarpo. É óbvio que a respeito dos costumes populares no culto dos santos podem ser dados juízos diferentes, mas o núcleo da questão encontra-se indubitavelmente de acordo com a tradição bíblica e cristã, quando se concentra em venerar o mistério de Deus na santidade humana.

Em terceiro lugar, o nosso texto, com o n. 958, desenvolve, seguindo também a LG 50, "a comunhão com os defuntos". Com efeito, é aqui que o conceito de "comunhão" tem um lugar importante, uma vez que se aplica à união com os irmãos que nos precederam. A lembrança deles se tornará progressivamente um culto e uma invocação. O texto se refere ao relato de 2 Marcos 12,45, — citação clássica, base do ensinamento cristão sobre o purgatório (cf. n. 1032) —, em que se lê que orar pelos mortos a fim de que eles sejam libertados de seus pecados é um pensamento sadio e salutar. O texto bíblico, além disso, estabelece uma relação explícita entre esse gesto de piedade e a esperança da ressurreição futura. O nosso texto acrescenta a reciprocidade dessa oração, afirmando que também a "nossa oração pode tornar eficaz a intercessão deles em nosso favor", bem como confirma o mesmo texto bíblico citado sobre o poder da intercessão dos mortos justos em favor dos vivos (cf. 2Mc 15,11-16).

A conclusão retoma as palavras finais do capítulo sobre o caráter escatológico da Igreja de LG 51, no qual se afirma que "os filhos de Deus formam em Cristo uma só família". No texto conciliar citado é fácil reconhecer a irradiação da liturgia celeste do Apocalipse descrita de modo tão belo na SC 8: "Na liturgia terrena, nós participamos, pregustando, a celeste, que é celebrada na santa cidade de Jerusalém, para a qual tendemos como peregrinos, onde o Cristo se assenta à direita de Deus como ministro dos santos e do verdadeiro tabernáculo (cf. Ap 21,2; Cl 3,1; Hb 8,2); [...] cantamos ao Senhor o hino de glória; lembrando com veneração os santos". Por isso, a invocação dos santos é uma singular expressão da "Comunhão dos santos", particularmente "as orações à Mãe de Deus e mãe dos homens, para que interceda junto a seu Filho, também agora, quando se encontra no céu elevada acima de todos os bem-aventurados e anjos na Comunhão dos santos" (LG 69).

ARTIGO 9

PARÁGRAFO 6

MARIA — MÃE DE CRISTO, MÃE DA IGREJA

REGINA WILLI

O tema de "Maria, Mãe de Deus, Mãe da Igreja" encontra-se no terceiro capítulo, a propósito da confissão de fé cristã: "Creio no Espírito Santo". Entre o Espírito Santo e os artigos de fé seguintes subsiste uma intrínseca e especial relação: "De fato, neles se trata de obras próprias do Espírito, ou melhor (visto que eles constituem um todo, independentemente do seu número), da sua própria obra" (LUBAC, H. de, *Credo*, Einsiedeln, 1975, 86-87). Ao mesmo tempo, porém, o único Deus se revela na história da salvação. Por isso, Santo Ambrósio escreve: "*Omnis enim creatura et ex voluntate et per operationem et in virtute est Trinitatis*" (*De Spiritu Sancto*, lib. 2, c. IX [CSEL 79, 125; PL 16, 764]). Tudo vem "do" Pai, "mediante" o Filho, "no" Espírito Santo. O terceiro capítulo do Credo está subdividido em cinco artigos. O parágrafo sobre "Maria, Mãe de Deus, Mãe da Igreja" pertence ao artigo intitulado: "Creio na santa Igreja católica".

De fato, fala-se de Maria em todas as quatro partes do CCE. Esse fato dá a entender a dimensão mariana de todo o mistério cristão. De outra parte, essa dimensão mariana não é a única que caracteriza o CCE, embora tenha um significado fundamental. Assim se expressou o Papa Paulo VI: "A compreensão da verdadeira doutrina católica a propósito da Bem-aventurada virgem Maria representará sempre um eficaz auxílio para a compreensão correta do mistério de Cristo e da Igreja" (*Alocução* [21.11.1964, in: AAS 56 [1964] 1015). O Papa Bento XVI retoma esse pensamento e o ilustra: "De fato, com esse título ['Maria, Mãe de Deus, Mãe da Igreja'] o Papa [Paulo VI] sintetizava a doutrina mariana do Concílio e dava a chave para a sua compreensão. Maria não está apenas em relação singular com Cristo, o Filho de Deus, que, como homem, quis se tornar seu filho. Estando totalmente unida a Cristo, ela pertence também totalmente a nós. Sim; podemos dizer que Maria está próxima de nós como nenhum outro ser humano, porque Cristo é homem para os homens e todo o seu ser é um 'ser para nós'. Cristo, dizem os Padres, como Cabeça, é inseparável do seu Corpo, que é a Igreja, formando junto com ela, por assim dizer, um único sujeito vivo. A Mãe da cabeça é também a Mãe de toda a Igreja; ela é, por assim dizer, totalmente desprovida de si mesma; deu-se inteiramente a Cristo e com ele é dada como dom a todos nós" (BENTO XVI, *Homilia* [08.12.2005] in: AAS 98 [2006] 15).

Os nn. 963-975 do CCE, que devemos aprofundar aqui, completam o discurso da Igreja, da sua origem, da sua missão e destinação, de modo a dirigir a nossa atenção para Maria. Como modelo da Igreja, como *Ecclesiae typus*, podemos ver nela o que a Igreja é no seu mistério, na sua "peregrinação da fé" e o que será no fim da sua viagem para a pátria (n. 972). Nesses doze números é acatado predominantemente o texto da Constituição conciliar LG VIII, "A Bem-aventurada Virgem Maria, Mãe de Deus no mistério de Cristo e da Igreja" (nn. 52-69). Mais, é explicitamente acolhido o título de "Mãe de Igreja".

No n. 963, a atenção é inicialmente atraída pelo "lugar da Virgem Maria no mistério da Igreja", depois que nos nn. 484-507 e 721-726 se falava "do papel de Maria no mistério de Cristo e do Espírito Santo". Como sugere o n. 963, que introduz e antecipa, os nn. 964-972 podem ser, por sua vez, subdivididos em três partes:

I. A maternidade de Maria em relação à Igreja (nn. 964-970);
II. O culto da santa Virgem (n. 971);
III. Maria, ícone escatológico da Igreja (n. 972).

Os nn. 973-975 repetem com textos sintéticos o que já foi exposto.

Se na primeira parte é principalmente tematizado "o papel e a missão de Maria em relação à Igreja", na segunda, de maneira simétrica, aborda-se o culto da Igreja em relação à Virgem Maria.

Nos textos do Vaticano II, acena-se somente de modo indireto a Maria como Mãe da Igreja. Todavia, o Papa Paulo VI, no discurso de encerramento, no dia 21 de novembro de 1964, depois da promulgação do *textus approbatus* da Constituição conciliar LG, reservou-se o direito de declarar Maria como "Mãe da Igreja" e, portanto, de realizar um desejo várias vezes expresso. Contrariamente à denúncia de raro uso desse título, Paulo VI ressaltou quão "familiar era ele à piedade cristã" e que podia fazer parte do "núcleo originário da piedade mariana". O papa explicou: *"Mater Ecclesiae, hoc est totius populi christiani, tam fidelium quam Pastorum* — Mãe da Igreja, ou seja, de todo o povo cristão, tanto dos fiéis, quanto dos pastores".

Papéis maternos de Maria em relação à Igreja (n. 963)

Na LG fala-se dos papéis maternos de Maria em relação aos membros da Igreja, ainda que o título "Mãe da Igreja" não seja explicitamente mencionado; com efeito, ela "cooperou com a caridade para o nascimento dos fiéis na Igreja" (LG 53). Essa declaração — fundamentalmente, uma citação de Agostinho do *De Virginitate*, c. 6 (PL 40, 399) — foi acrescentada ao CCE, no n. 963. O que significa, porém, essa afirmação? De que modo a Virgem e Mãe de Deus cooperou para que os crentes nascessem na Igreja? A maternidade de Maria em relação à Igreja está radicada na sua maternidade divina.

Em Lucas 1,26-27, lê-se: "No sexto mês, o anjo Gabriel foi enviado por Deus a uma cidade da Galileia, chamada Nazaré, a uma virgem". O título "Virgem" é o primeiro título de Maria. No Concílio de Éfeso (431), Maria, depois, foi distinguida solenemente com o título de *"Theotokos"* (gr. *Theotókos*, lat. *Dei Genitrix*) ou "Mãe de Deus". A mais antiga oração mariana conhecida, *Sub tuum praesidium*, que remonta ao século III, usa a frase *Dei Genitrix*, "Mãe de Deus", para dizer que a Virgem Maria realmente concebeu e deu à luz o Filho de Deus mediante a obra criadora do Espírito de Deus. Esse é o ponto de partida de todo discurso mariológico e de toda espiritualidade mariana. "Uma vez que a própria encarnação pertence à obra de salvação que Deus realiza no seu filho a favor dos homens, também Maria participou desse evento de salvação, não só passivamente, mas também de modo ativo, como mãe. Por isso ela [...], sobretudo a partir do século II, é elogiada como nova Eva, que deu à luz a vida. Com o paralelo Eva-Maria, cresce o significado histórico-salvífico da maternidade de Maria" (ZIEGENAUS, A., *Maria in der Heilsgeschichte*, in: *Katholische Dogmatik* V, Aachen, 1998, 205-206).

No decurso da sua vida, pois, a maternidade física de Maria em relação ao Filho de Deus estendeu-se à maternidade espiritual em relação aos discípulos de Jesus Cristo. Nas núpcias de Caná, ela apresenta a "necessidade" dos esposos a seu filho Jesus Cristo (Jo 2,3) e depois se volta para os servos: "Fazei tudo o que ele vos disser" (Jo 2,5). "Na perícope de Caná, segundo a representação de Maria própria do evangelista, é descrita a participação no sofrimento terreno e na revelação da 'sua glória'" (ZIEGENAUS, A., *Maria in der Heilgeschichte*, cit., 218). Assim, no Gólgota, aos pés da cruz, quando Jesus confia sua mãe ao apóstolo João e, vice-versa, o apóstolo João a sua mãe, a maternidade espiritual de Maria torna-se particularmente evidente.

Na citação de Santo Agostinho, no n. 963, fala-se da "cooperação de Maria para o nascimento dos fiéis na Igreja". Assim lemos na Carta aos Efésios: "Deus, Pai de nosso Senhor Jesus Cristo, [...] nos predestinou a ser para ele filhos adotivos por Jesus Cristo, assim o quis a sua benevolência para o louvor da sua glória, da graça com que nos cumulou em seu Bem-amado; nele, por seu sangue, somos libertados, nele, nossas faltas são perdoadas, segundo a riqueza da sua graça" (Ef 1,3.5-7). O "nascimento dos fiéis na Igreja" fundamenta-se na morte e ressurreição de Jesus Cristo e é levada a seu cumprimento no sacramento do batismo de cada indivíduo. Maria estava junto à cruz de Jesus Cristo e sofreu no seu coração e com ele a obscuridade e a crueldade dos acontecimentos; assim, mostrou ser verdadeiramente a mãe de Jesus Cristo, o Salvador do mundo, mãe não somente segundo a carne (cf. Mt 12,50; Mc 3,35). Com Jesus, ela aceitou a vontade do Pai celeste e se entregou inteiramente à sua obra de salvação: "O Senhor quis triturá-lo pelo sofrimento. Se ele oferece sua vida em sacrifício de reparação, verá uma descendência, prolongará os seus dias e o beneplácito do Senhor terá êxito. Depois de ter pagado com a sua vida, ele verá uma descendência, ele será cumulado de dias; logo que conhecido, justo, ele distribuirá a justiça, ele, meu Servo, em benefício das multidões, pois as iniquidades delas toma sobre si. Por isso, eu lhe darei parte entre os grandes, e é com miríades que ele repartirá o despojo, porque se derramou a si mesmo até a morte e se deixou contar entre os pecadores, visto que carregou o pecado das multidões e intercede pelos transgressores" (Is 53,10-12).

Com a profunda união com o seu Filho sobre a cruz, ela se tornou verdadeiramente a nova Eva, a auxiliar do novo Adão, Jesus Cristo. Assim temos na LG: "Justamente, pois, os santos Padres consideram que Maria não foi instrumento meramente passivo nas mãos de Deus, mas que cooperou para a salvação do homem com livre fé e obediência. Com efeito, como diz Santo Ireneu, ela, 'com a sua obediência, tornou-se causa de salvação para si e para todo o gênero humano' (*Adversus Haereses*, III, 22, 4: PG 7, 959). Por isso, não poucos Padres, em sua pregação, afirmam tranquilamente como Ireneu que 'o nó da desobediência de Eva foi desfeito com a obediência de Maria' (*Adversus Haereses*, III, 22, 4: PG 7, 959); o que a virgem Eva ligou com a sua incredulidade, a virgem Maria desligou com a sua fé e, na comparação com Eva, chamam Maria de 'mãe dos vivos' e afirmam com frequência: 'a morte por meio de Eva, a vida por meio de Maria' (JERÔNIMO, *Epistula*, 22, 21: PL 22, 408. Cf. AGOSTINHO, *Sermones*, 51, 2, 3: PL 38, 335; *Sermones*, 232, 2: PL 38, 1108; CIRILO DE JERUSALÉM, *Catech*. 12, 15: PG 33, 741AB; JOÃO CRISÓSTOMO, *In Ps*. 44, 7: PG 55, 193; JOÃO DAMASCENO, *Hom*. 2 in dorm. B.M.V., 3: PG 96, 728)" (LG 56).

Maria: Mãe da Igreja, porque é Mãe de Cristo (n. 964)

Também o título mariano *Mater Ecclesiae* surge relativamente tarde, precisamente apenas no século IX, graças a Berengário. Na mulher do Apocalipse (Ap 12) ele vê, ao lado da Igreja, também Maria: "*Possumus per mulierem in hoc loco et beatam Mariam intelligere, eo quod ipsa mater sit Ecclesiae; quia eum peperit, qui caput est Ecclesiae* ['...pois ela deu à luz aquele que é cabeça da Igreja'] *et filia sit Ecclesiae, quia maximum membrum est Eccle-*

siae" (*Expositio Berengaudi*, PL 17, 876 [ed. ²1879]). Como Mãe de Cristo, Maria é também Mãe da Igreja e, devido a essa proximidade com o filho, está preordenada à Igreja; e, apesar disso, ela se encontra na condição de redimida (como "primícia dos redimidos") e de "filha", também dentro da Igreja. A cabeça e o seu corpo estão em estreita ligação interna; daí é que adquire legitimidade o nome de Maria, Mãe da Igreja. O Papa Leão XIII utilizou o título pela primeira vez num texto oficial, na Carta encíclica chamada *Adiutricem populi*, sobre o Rosário de Nossa Senhora (05.09.1895), na qual o papa caracterizou Maria como mãe espiritual dos fiéis, e conclui que ela é verdadeiramente "Mãe da Igreja", bem como "Mestra e Rainha dos apóstolos" (*Mater Ecclesiae atque magistra et Regina Apostolorum*, in: AAS 28 [1895/1896] 130).

A maternidade espiritual de Maria em relação à Igreja e a sua posição de membro (eminente) da Igreja não deveriam ser vistas como opostas, como não são opostas nem a sua isenção do pecado original nem a sua classificação entre os redimidos. "Como crente e primícia da redenção, Maria tem sua posição na comunidade dos redimidos e como serva e esposa de Cristo posiciona-se, em relação a Cristo, no topo da Igreja. Ela foi escolhida na sua maternidade espiritual, a qual continua no céu a obra de redenção do Filho com um modo materno, e está envolvida no nascimento dos membros de Cristo para a vida divina" (SCHEFFCZYK, L., *Maria. Mutter und Gefährtin Christi*, Augsburgo, 2003, 175).

Enquanto o título de *Theotókos* indica a unidade das duas naturezas em Jesus Cristo, o título de *Mater Ecclesiae* mostra o íntimo entrelaçamento do mistério de Cristo e do mistério da Igreja. Ao mesmo tempo, o título *Mater Ecclesiae* sugere a mais profunda conexão e unidade dos crentes entre si, mediante a mãe comum. Assim explicou Bento XVI: "Ao ver do alto da cruz a Mãe e ali ao lado o discípulo amado, Cristo, moribundo, reconheceu a primícia da nova família que viera formar no mundo, o germe da Igreja e da nova humanidade. Por isso voltou-se para Maria, chamando-a de 'mulher' e não de 'mãe', termo esse, porém, que utilizou ao confiá-la ao discípulo: 'Eis a tua mãe!' (Jo 19,27). O Filho de Deus cumpriu assim a sua missão: nascido da Virgem para partilhar em tudo, exceto no pecado, de nossa condição humana, deixou no mundo, quando do retorno ao Pai, o sacramento da unidade do gênero humano (cf. LG 1): a família 'reunida pela unidade do Pai e do Filho e do Espírito Santo' (CIPRIANO, *De Orat. Dom.* 23: PL 4, 536), cujo núcleo primordial é precisamente esse vínculo novo entre a Mãe e o discípulo. Desse modo, ficam consolidadas de maneira indissolúvel a 'maternidade divina' e a 'maternidade eclesial'" (Homilia no Santuário Mariano de Meryem Ana Evi, em Éfeso [29.11.2006], in: AAS 98 [2006] 910-911).

Maria como um membro da Igreja (n. 965)

Depois da Ascensão de Jesus Cristo, Maria permaneceu unida aos apóstolos na oração do Cenáculo (cf. At 1,14). Junto com os apóstolos e algumas mulheres, "vemos também Maria implorar com as suas orações o dom do Espírito que, na anunciação, a acolhera sob sua sombra" (LG 59).

Maria participa de modo único da ressurreição do Filho (n. 966)

Tematizam-se aqui dois dogmas, o da Imaculada Conceição de Maria e o da sua Assunção corpórea, com a citação de um trecho da Const. ap. *Munificentissimus Deus*, de Pio XII

(AAS 42 [1950] 753-773). O Papa leva em consideração a preservação de Maria do pecado original e lembra a fé e a longa tradição litúrgica da Igreja do Oriente e do Ocidente de tempo imemoriável.

Assim, São João Damasceno, que se distingue entre todos como testemunha exímia dessa tradição, considerando a assunção corpórea da magnânima Mãe de Deus à luz dos seus outros privilégios, exclama com vigorosa eloquência: "Era necessário que aquela que no parto tinha mantido ilesa a sua virgindade conservasse também sem nenhuma corrupção o seu corpo depois da morte. Era necessário que aquela que tinha levado em seu seio o Criador feito menino habitasse nos tabernáculos divinos. Era necessário que a esposa do Pai habitasse nos tálamos celestes. Era necessário que aquela que tinha visto o seu Filho na cruz, recebendo no coração a espada de dor da qual fora imune ao dá-lo à luz, o contemplasse assentado à direita do Pai. Era necessário que a Mãe de Deus possuísse o que pertence ao Filho e por todas as criaturas fosse honrada como Mãe e Serva de Deus (*Hom. II in dorm. B. Virginis Mariae*, 14: PG 96, 742)" (PIO XII, *Munificentissimus Deus*, in: AAS 42 [1950] 761).

A Assunção ou Dormição da Bem-aventurada Virgem Maria não é apenas uma singular participação da ressurreição do Filho, mas também uma antecipação da glorificação corporal dos justos. A verdade da Assunção corporal de Maria ao céu deve significar uma consolidação dos homens no caminho existencial dela, fazendo refulgir quer o valor da vida humana, quer o nobre fim ao qual todo homem está destinado. A Bem-aventurada Virgem Maria não deixou o mundo com a sua Dormição. Ela é e permanece verdadeiramente mãe na ordem da graça.

Maria como arquétipo e modelo da Igreja, como *Ecclesiae typus* (n. 967)

Mediante a sua adesão de plena confiança "à vontade do Pai, à obra redentora do seu Filho, a toda moção do Espírito Santo", ou seja, graças à sua completa devoção à Trindade, a Virgem Maria é um arquétipo para a Igreja (cf. n. 967). Assim se expressou Santo Ambrósio: "A Mãe de Deus é o tipo da Igreja, sob a ordem da fé, do amor e da perfeita união a Cristo" (*Expositio Evangelii secundum Lucam* II, 7: PL 15, 1555). Portanto, ela é "reconhecida como proeminente e totalmente singular membro da Igreja" (LG 53). Ela é "arquétipo da Igreja", *Ecclesiae typus*. Se a teologia patrística indica Maria como *týpos* da Igreja, significa que se reconhece na Virgem Maria a personificação e quase a antecipação de tudo o que deveria se desenvolver na Igreja, na sua essência e habilidade (cf. RAHNER, H., *Maria und die Kirche*, Innsbruck, 1951, 15 [tradução italiana, *Maria e la Chiesa*, Milano, Jaca Book, 1974]).

João Paulo II escreve na sua Enc. RMa, no n. 44: "Conforme essa relação de exemplaridade, a Igreja se encontra com Maria e procura se tornar semelhante a ela: 'À imitação da mãe do seu Senhor, com a virtude do Espírito Santo, conserva virginalmente íntegra a fé, sólida a esperança, sincera a caridade' (LG 64). Maria está, portanto, presente no mistério da Igreja como modelo. Porém o mistério da Igreja consiste também em gerar os homens para uma vida nova e imortal: é a sua maternidade no Espírito Santo. Maria é aqui não somente modelo e figura da Igreja, mas é muito mais. Com efeito, 'com amor de mãe, ela coopera para a regeneração e formação' dos filhos e filhas da mãe Igreja. A maternidade da Igreja realiza-se não só segundo o modelo e a figura da Mãe de Deus, mas também com a sua 'cooperação'. A Igreja se beneficia copiosamente dessa cooperação, ou seja, da mediação materna, que é característica de Maria, porquanto já na terra ela cooperou para a regeneração e formação dos filhos e das filhas da Igreja como Mãe do Filho que 'Deus pôs como primogênito entre muitos irmãos' (LG 63)".

Maria é para nós mãe na ordem da graça (n. 968)

A Bem-aventurada Virgem Maria é para nós, portanto, não só um modelo graças a seu percurso pessoal de fé, mas ela também "cooperou" de um modo totalmente único e com ardente amor à obra do Redentor, ou seja, recriar a vida sobrenatural das almas, como já foi tratado antes (cf. n. 963).

"'Mulher, eis o teu filho' e ao discípulo: 'Eis a tua mãe' (Jo 19,26). São palavras que determinam 'o lugar de Maria na vida dos discípulos de Cristo' e exprimem [...] a sua nova maternidade como Mãe do Redentor: a maternidade espiritual, nascida do íntimo do mistério pascal do Redentor do mundo. É uma maternidade na ordem da graça, porque implora o dom do Espírito Santo que suscita os novos filhos de Deus, redimidos mediante o sacrifício de Cristo: o Espírito que, junto com a Igreja, também Maria recebeu no dia de Pentecostes" (RMa 44).

Além disso, Maria é não somente o tipo da Igreja sob o ponto de vista da fé e do amor, mas, como Ambrósio disse, também sob o ponto de vista da perfeita união com Cristo. O Papa Francisco explicou esse fato com as seguintes palavras: "A vida da Virgem Santa foi a vida de uma mulher do seu povo: Maria orava, trabalhava, ia à sinagoga [...]. Porém, toda ação era realizada sempre em união perfeita com Jesus. Essa união chega ao ápice no Calvário; aí Maria se une ao Filho no martírio do coração e na oferta da vida ao Pai para a salvação da humanidade. Nossa Senhora fez própria a dor do Filho e aceitou com ele a vontade do Pai, na obediência que produz fruto, que dá a verdadeira vitória sobre o mal e sobre a morte" (*Audiência geral* [23.10.2013]).

A maternidade de Maria na economia da salvação ainda continua (n. 969)

A cooperação de Maria com a obra salvífica não pertence somente ao passado; ela é e continua sendo importante devido à participação de Maria no poder do Cristo ressuscitado, mediante a sua Assunção ao céu. Assim, depois da Assunção ao céu, ela continua, por meio de sua múltipla intercessão, a distribuir os dons da salvação eterna, mediando para nós as graças divinas (cf. nn. 968-969). Na sua solicitude materna, educa os fiéis com o seu exemplo de fé e de amor à verdadeira filiação divina e "cuida dos irmãos do seu Filho ainda peregrinantes e postos no meio dos perigos e preocupações, até serem conduzidos à pátria feliz. Por isso, a bem-aventurada Virgem é invocada na Igreja com os títulos de advogada, auxiliadora, socorrista, Mediadora" (LG 62).

O *Fiat* de Maria no momento da Anunciação do anjo (Lc 1,38), unido à sua dedicação e cooperação junto à cruz de Jesus Cristo, tem um impacto sobre toda a humanidade. Maria aceita a mensagem que o anjo lhe anunciou e o seu acordo tem uma eficácia salvífica universal. Com base nisso, São João Damasceno pôde escrever: "Portanto, é justo e verdadeiro que nós chamemos a Virgem Maria de *Theotókos* (Mãe de Deus). Com efeito, esse nome resume toda a economia da salvação" (*De fide Orthodoxa*, III, 12: PG 94, 1029). É o consenso materno para o bem de toda a humanidade, a qual foi redimida por Cristo. Maria é definida como mãe, como assistente e colaboradora permanente de Cristo para o bem de toda a Igreja. A sua materna caridade intercede junto de Deus pela Igreja, protege-a e está presente na sua peregrinação. Maria é um sinal eminente da proximidade de Deus.

Mediante a sua fidelidade incondicional a seu filho Jesus Cristo, Maria contribuiu para o nascimento dos fiéis na Igreja (cf. AGOSTINHO, *De Virginitate*, c. 6: PL 40, 399). "A consequência dessa comunhão de sentimentos e de sofrimentos entre Maria e Jesus é que Maria 'se tornou legitimamente digna de reparar a ruína humana' (EADMER DE CANTUÁRIA, *De Excellentia Virg. Mariae*, c. IX) e, por isso, de distribuir a todos os tesouros que Jesus nos proporcionou com a sua morte e o seu sangue" (PIO X, *Ad diem illum laetissimum* [02.02.1904]). São Luís Maria Grignion de Montfort explicou: "Deus Filho comunicou a sua Mãe tudo o que adquiriu com a sua vida e a sua morte, os seus méritos infinitos e as suas virtudes admiráveis. Ele a constituiu tesoureira do que o Pai lhe deu em herança. Por meio dela, ele aplica os seus méritos aos seus membros, comunica as suas virtudes e distribui as suas graças [...]. Deus Espírito Santo comunicou a Maria, sua fiel Esposa, os seus dons inefáveis. Escolheu-a como dispensadora de tudo o que possui, de modo que ela distribui a quem quer, quanto quer, como quer e quando quer todos os seus dons e as suas graças. Nenhum dom do céu é concedido aos homens que não passe pelas mãos virginais dela. A vontade de Deus é, de fato, que tudo nos seja dado por meio de Maria" (*Trattato della vera devozioni a Maria*, Cinisello B., San Paolo, 2009, nn. 24-25).

Maria orienta para Cristo os olhos e os corações dos fiéis (n. 970)

A sua missão materna em relação aos homens não obscurece nem diminui, de modo algum, a mediação única de Cristo.

A função materna de Maria para com os homens não ofusca nem enfraquece essa mediação única de Cristo, mas mostra sua eficácia. Toda salutar influência da Bemaventurada Virgem em relação aos homens não nasce de uma necessidade objetiva, mas de uma disposição puramente gratuita de Deus, e brota da superabundância dos méritos de Cristo; portanto, fundamenta-se na mediação destes, depende dessa mediação e por ela obtém absolutamente toda a sua eficácia, e não impede minimamente a união imediata dos crentes com Cristo; antes, a facilita (LG 60).

Na Primeira Carta a Timóteo, São Paulo escreve: "Há um só Deus e, também, um só mediador entre Deus e os homens, o homem Cristo Jesus, que se entregou como sacrifício por todos. Este é o testemunho que foi prestado nos tempos estabelecidos" (1Tm 2,5-6). E na Carta aos Gálatas, lemos: "Mas ao chegar a plenitude dos tempos, Deus enviou o seu Filho, nascido de mulher e sujeito à lei, para resgatar aqueles que estão sujeitos à lei, para que nos seja dado ser filhos adotivos" (Gl 4,4-5). A Igreja vê Maria no centro da revelação do plano divino para o mundo. A revelação da salvação em Jesus Cristo é inseparável do fato de o Filho de Deus ter vindo por meio de Maria na história, mediante a obra do Espírito Santo. Somente o Espírito Santo, o poder do Altíssimo, permitirá que receba o Filho de Deus, Jesus Cristo (cf. Lc 1,35). Tanto o evangelista Mateus como o evangelista Lucas explicam a maternidade de Maria como obra do Espírito Santo. O Espírito criador, o espírito do Gênesis, operou nela e por meio dela, cobriu-a com o poder de Deus. Portanto, aquele que ela concebeu no seu seio foi chamado santo e Filho de Deus (cf. Lc 1,35).

Tudo é realizado em Cristo e por Cristo, mas para entender verdadeiramente o mistério de Cristo não pode ficar de lado o mistério de Maria, a qual está totalmente ordenada a Deus e a Cristo, nosso único Mediador e Salvador (cf. PAULO VI, *Alocução* [21.11.1964], in: AAS 56 [1964] 1017: *"Praesertim exoptamus ut id praeclara in luce collocetur: scilicet Mariam, humilem Domini ancillam, ad Deum et ad Christum Iesum, unicum Mediatorem Redemptoremque nostrum, totam spectare"*). Pela própria natureza das coisas, o mistério de Maria, Mãe de Deus, impôs-se aos grandes debates cristológicos dos séculos IV e V. Isso é evidente se é verdade que, sem Maria, Jesus Cristo não teria existido na sua realidade concreta e viva, e que sem ela não poderia ser explicada a plenitude do mistério dele.

"Ele é imagem do Deus invisível, primogênito de toda criatura, pois nele tudo foi criado, nos céus e na terra [...]. Tudo foi criado por ele e para ele, e ele existe antes de tudo; tudo nele se mantém, e ele é também a cabeça do corpo, que é a Igreja." (Cl 1,15-18). Nesse corpo, os batizados são os membros (cf. 2Tm 2,10-11; Ef 2,4 ss.; Cl 2,12-13 e LG 7). Cristo é a cabeça do corpo. Todavia, "como a natureza assumida serve ao Verbo divino como vivo órgão de salvação, a ele indissoluvelmente unido, assim de modo não diferente o organismo social da Igreja serve ao Espírito de Cristo que a vivifica, para o crescimento do corpo (cf. Ef 4,16)" (LG 8).

Por meio desse nexo entre Cristo e a Igreja explica-se finalmente, de maneira ainda mais clara, o título de "Maria, Mãe da Igreja": se Maria é a mãe de Jesus Cristo, o Verbo de Deus encarnado, então é também mãe do "Cristo total", ou, como disse Agostinho, a mãe de Cristo será também a mãe dos membros, a mãe da Igreja. O Papa Paulo VI assim explicou: "Os fiéis e toda a Igreja amam invocar Maria sobretudo com este qualificativo de Mãe. Esse nome faz parte certamente do sulco da verdadeira devoção a Maria, porque se fundamenta solidamente na dignidade com que Maria foi premiada enquanto Mãe do Verbo de Deus Encarnado. [...] Uma vez que Maria é a Mãe de Cristo, o qual tão logo assumiu a natureza humana no seu seio virginal, uniu a si como Cabeça o seu Corpo místico, ou seja, a Igreja. Portanto, Maria, como Mãe de Cristo, deve ser considerada também Mãe de todos os fiéis e de todos os Pastores, vale dizer, da Igreja" (*Alocução* [21.11.1964], in: AAS 56 [1964] 1015).

E como Maria, assim todo membro do Corpo de Cristo, todo membro da Igreja, tem outra missão e outra vocação. "Como a bondade única de Deus é realmente difundida em vários modos nas criaturas, assim também a única mediação do Redentor não exclui, mas suscita nas criaturas uma variada cooperação participada por uma única fonte" (LG 62).

A veneração da Bem-aventurada Virgem Mãe de Deus (n. 971)

"A piedade da Igreja para com a Virgem Maria é elemento intrínseco do culto cristão" (*Marialis cultus* [02.02.1974] 56). De outra parte, ela é venerada com o título de Mãe de Deus desde os tempos antigos, sob cuja proteção os fiéis imploram refúgio em todos os perigos e necessidades: "Sob a tua proteção encontramos refúgio, santa Mãe de Deus". Como delicado momento de devoção mariana, faz-se referência às festas litúrgicas, dedicadas de modo especial à Mãe de Deus (cf. SC 103), bem como à oração mariana do Rosário, o "Compêndio de todo o Evangelho" (*Marialis cultus* 42). No Rosário, contemplamos com Maria o rosto de Cristo. O Papa João Paulo II assim escreve na sua Carta apostólica *Rosarium Virginis Mariae* [16.10.2002] (n. 11): "Maria vive com os olhos em

Cristo e aproveita todas as suas palavras: 'Guardava todos esses acontecimentos em seu coração' (Lc 2,19; cf. 2,51). As lembranças de Jesus, impressas na sua alma, acompanharam-na em todas as circunstâncias, levando-a a rever com o pensamento os vários momentos da sua vida ao lado do Filho. Foram essas lembranças que constituíram, em certo sentido, o 'rosário' que ela própria recitou constantemente nos dias da sua vida terrena. Também agora, entre os cantos de alegria da Jerusalém celeste, os motivos da sua ação de graças e de seus louvores permanecem imutáveis. São eles que inspiram o seu materno cuidado em relação à Igreja peregrina, na qual ela continua a desenvolver a trama da sua 'narração' de evangelização. Maria repropõe continuamente aos crentes os 'mistérios' do seu Filho, com o desejo de que sejam contemplados, a fim de que possam desprender toda a sua força salvífica. Quando recita o Rosário, a comunidade cristã sintoniza-se com a lembrança e com o olhar de Maria".

Para a prática da devoção à Bem-aventurada Virgem, Paulo VI, na Exortação apostólica *Marialis cultus*, aconselhava, sobretudo, ao lado do Rosário, também o *Angelus Domini* (cf. nn. 40-41). É claro que o apego infantil à Virgem Mãe de Deus não pode bastar por si mesmo. Antes, esse apego deve ser considerado como uma ajuda, que, por sua natureza, leva os homens a Cristo e os une ao eterno Pai do céu, mediante o vínculo de amor do Espírito Santo. A Igreja, considerando o rosto de Maria "à luz do Verbo feito homem" (LG 65), torna-se sensível à ação de Deus, que escolheu Maria para realizar a nossa salvação no seu amado Filho. Maria seguiu o chamado de Deus: ela acreditou na palavra que o Senhor lhe dirigiu por meio do anjo e se pôs totalmente à disposição da vontade de Deus. Assim escreve Paulo VI em *Marialis cultus*: "Enfim [...], gostaríamos de confirmar que o objetivo último do culto à Bem-aventurada Virgem é o de glorificar a Deus e de comprometer os cristãos a uma vida totalmente conforme a sua vontade. Os filhos da Igreja, com efeito, quando unirem suas vozes à voz da mulher anônima do evangelho, glorificando a Mãe de Jesus e exclamando, voltados ao próprio Jesus: 'Bem-aventurada aquela que te trouxe no seio e te amamentou!' (Lc 11,27), serão induzidos a considerar a grave resposta do divino Mestre: 'Bem-aventurados antes os que ouvem a palavra de Deus e a observam' (Lc 11,28). E essa resposta [...] soa também para nós como um aviso para viver segundo os mandamentos de Deus, e é como um eco de outras advertências do próprio divino Salvador: 'Não basta me dizer: Senhor, Senhor! Para entrar no Reino dos céus; é preciso fazer a vontade do meu Pai que está nos céus' (Mt 7,21); e: 'Vós sois meus amigos se fizerdes o que eu vos mando' (Jo 15,14)".

A correta veneração à Bem-aventurada Maria, Virgem e Mãe de Deus, leva a se pôr à escuta da Palavra de Deus e a observá-la, como ela o fez. Ao mesmo tempo, ela ensina também à Igreja como se tornar uma comunidade orante: "Venerar a Mãe de Jesus na Igreja significa, então, aprender com ela a ser comunidade que ora: é esse um dos fundamentos da primeira descrição de comunidade cristã delineada nos Atos dos Apóstolos (cf. 2,42). Muitas vezes, a oração é ditada por situações de dificuldades, por problemas pessoais que levam a se dirigir ao Senhor para ter luz, conforto e ajuda. Maria convida a abrir as dimensões da oração, a se dirigir a Deus não somente na necessidade e não só por si mesmos, mas de modo unânime, perseverante, fiel, com 'um só coração e uma só alma' (cf. At 4,32)" (BENTO XVI, *Audiência geral* [14.03.2012]).

A propósito da veneração de Maria, Mãe de Deus, poder-se-iam ainda citar inumeráveis devoções que são praticadas pelo povo dos fiéis, além do rico tesouro de hinos e cantos, de ícones e representações marianas, de sermões e de ladainhas. Em particular, nos últimos decênios, voltou a estar em voga a prática das peregrinações.

Maria como ícone escatológico (n. 972)

O dogma da Assunção de Maria ao céu explica e define para "glória da santa Trindade" que "a Imaculada Mãe de Deus, sempre virgem Maria, terminado o curso da vida terrena, foi assunta à glória celeste em alma e corpo" (PIO XII, *Munificentissimus Deus* [01.11.1950], in: AAS 42 [1950] 770). Nela somos capazes de olhar para o que é a Igreja no seu mistério, em sua "peregrinação da fé" e para o que ela [Igreja] será na pátria, ao término do seu caminho (n. 972). "Primeira a ser redimida por seu Filho, plena participante da santidade dele, ela já é o que toda a Igreja deseja e espera ser. É o 'ícone escatológico da Igreja'" (JOÃO PAULO II, *Homilia* [08.12.2004]). Maria é o ícone escatológico da Igreja "peregrina no deserto da história, mas voltada para a meta gloriosa da Jerusalém celeste, onde resplenderá como Esposa do Cordeiro, Cristo Senhor. Como a celebra a Igreja do Oriente, a Mãe de Deus é a *Odighítria*, aquela que 'indica o caminho', ou seja, Cristo, único mediador para encontrar em plenitude o Pai. [...] Na sua gloriosa Assunção ao céu, Maria é [...] a imagem da criatura chamada por Cristo ressuscitado a atingir, ao final da história, a plenitude da comunhão com Deus na ressurreição para uma eternidade bem-aventurada. Para a Igreja, que muitas vezes sente o peso da história e o assédio do mal, a Mãe de Cristo é o emblema luminoso da humanidade redimida e envolta pela graça que salva" (JOÃO PAULO II, *Audiência geral* [14.03.2001]). Desse modo, ela ilumina a nós, povo de Deus peregrinante aqui na terra, até a vinda do dia do Senhor (cf. 2Pd 3,10), como sinal de segura esperança e de consolação (LG 68).

Em resumo (nn. 973-975)

Nesses três números resume-se em textos breves o que foi referido nos parágrafos anteriores. No n. 975, é citada a solene profissão de fé do Papa Paulo VI, a *Sollemnis professio fidei*, de 30 de junho de 1968 (AAS 60 [1968] 436-446). Essa confissão de fé, articulada em 30 pontos, fala da Bem-aventurada Virgem Maria, principalmente nas seções 14-15: "Nós acreditamos que Maria é a Mãe, permanentemente Virgem, do Verbo encarnado, nosso Deus e Salvador Jesus Cristo e que, por motivo dessa singular eleição, ela, em consideração dos méritos de seu Filho, foi redimida de modo mais eminente, preservada de toda mancha do pecado original e cumulada do dom da graça mais do que todas as outras criaturas. Associada aos mistérios da encarnação e da redenção com um vínculo estreito e indissolúvel, a Virgem santíssima, a Imaculada, ao final de sua vida terrena, foi elevada em corpo e alma à glória celeste e configurada a seu Filho ressuscitado, antecipando a sorte futura de todos os justos; e nós cremos que a Mãe santíssima de Deus, nova Eva, Mãe da Igreja, continua no Céu o seu ofício materno em relação aos membros de Cristo, cooperando para o nascimento e o desenvolvimento da vida divina nas almas dos redimidos".

Capítulo III

Artigo 10
"CREIO NO PERDÃO DOS PECADOS"

Antonio Miralles

Confessar a fé na remissão dos pecados, estreitamente ligada à fé nos artigos anteriores do Símbolo dos apóstolos, significa crer na eficácia atual da obra da redenção — vitória de Cristo sobre o pecado —, a qual chega na Igreja e por meio dela aos homens de todos os tempos e de todos os lugares; significa crer, portanto, na presença de Cristo e na ação santificadora do Espírito Santo na Igreja. Jesus Cristo ressuscitado manifesta que associou a Igreja à sua vitória sobre o pecado, conferindo aos apóstolos o poder de perdoar os pecados, junto com o encargo de continuar a sua missão e com o dom do Espírito Santo: "'Como o Pai me enviou, assim também eu vos envio'. Tendo assim falado, soprou sobre eles e lhes disse: 'Recebei o Espírito Santo. A quem perdoardes os pecados, ser-lhes-ão perdoados. A quem os retiverdes, ser-lhes-ão retidos'" (Jo 20,21-23). O dom do Espírito constitui a força que permite aos apóstolos continuar a missão de Cristo e destruir o pecado. A intervenção deles, destruidora do pecado, revela-se como ação plena da força do Espírito Santo.

A Igreja na terra não é uma comunidade de impecáveis e perfeitos; nela, porém, encontra-se a remissão dos pecados, justamente porque os apóstolos e seus sucessores receberam de Cristo o poder de julgar os pecados e de perdoá-los. A Igreja não pode renunciar à sua ação de oposição frontal ao pecado, porque trairia a sua natureza de sacramento universal de salvação.

I. Um só batismo para a remissão dos pecados

Na Igreja, obtém-se a remissão dos pecados, antes de tudo, por meio do batismo (nn. 977-978), que nos torna participantes da morte e ressurreição de Jesus Cristo, a ponto de "a paixão de Cristo se tornar remédio para todo batizado, como se ele próprio tivesse passado pela paixão e pela morte" (*Summa Theologiae*, III, 69, 2). Como explicava São Cirilo de Jerusalém aos neobatizados: "Cristo recebeu os pregos em suas mãos puras e sofreu; a mim, porém, sem sofrer nem penar, pela participação, é dada a salvação" (*Catecheses mystagogicae*, 2, 5, in: *Collana di testi patristici* 8, Roma, Città Nuova, 1983, 64). Não permanece, pois, nenhuma culpa a ser perdoada, nenhuma pena a ser paga no purgatório: tornamo-nos também participantes da ressurreição de Cristo, dando início a uma nova vida, como um novo nascimento; o batismo, com efeito, é "uma água que regenera e renova no Espírito Santo" (Tt 3,5). Permanecem, porém, as consequências do pecado, que não constituem uma culpa, mas penas a serem sofridas: a inclinação a pecar, que exige esforço e luta para se manter no bem, o sofrimento, o cansaço, a doença e a morte. Os neobatizados não são transferidos a um estado paradisíaco; a participação da ressurreição de Cristo, aqui na terra, é apenas iniciada, com relação à vida espiritual, e será completa na ressurreição final da carne. Os sofrimentos da vida presente permitem aos batizados que se conformem a Cristo, percorrendo a via por ele aberta, a que passa pela cruz, antes de chegar à glória da ressurreição, ou seja, por sermos "co-herdeiros de Cristo, visto que, participando dos seus sofrimentos, também teremos parte na sua glória" (Rm 8,17).

Por meio do batismo, o pecado é vencido, mas não completamente debelado, pois nesta vida a vontade é sempre volúvel, mesmo a respeito das suas determinações mais radicais, e pode resistir à ação divina que nos conduz à vida eterna. Além disso, a inclinação a pecar continua a estar presente nos batizados. Eles, porém, podem sair vitoriosos do combate contra o pecado, porque no batismo foram dotados de todas as armas para vencer, segundo a imagem de São Paulo, que vê o cristão como um soldado bem armado para conseguir a vitória sobre o mal (cf. 1Ts 5,8; Ef 6,14-17).

Mesmo se o cristão for ferido gravemente, na luta contra o pecado, pode sempre, arrependido, erguer-se e obter o perdão do pecado por meio da Igreja, especificamente por meio do sacramento da penitência (nn. 979-980). Como o batismo é necessário para a remissão dos pecados anteriores à regeneração batismal, assim a penitência é necessária para a remissão dos pecados graves dos batizados. Restabelece-se a graça batismal, mas desta vez se trata de "um batismo laborioso". Aquele que atingiu o uso da razão e se faz batizar deve ter a penitência interior dos pecados — arrependimento e propósito de mudar de vida e se pautar por uma conduta cristã —, mas não precisa fazer determinadas obras de penitência.

Ao contrário, "a penitência do cristão que caiu é bem diferente da batismal; compreende não apenas a desistência dos pecados e a rejeição deles, ou seja, ter um coração contrito e humilhado, mas também a confissão sacramental deles — pelo menos com o desejo, a ser efetivado no momento oportuno —, a absolvição dada pelo sacerdote e a satisfação, mediante o jejum, a esmola, as orações e outras obras de piedade" (DS 1543).

II. O poder das chaves

O poder das chaves que têm os apóstolos e seus sucessores — os bispos coadjuvados pelos presbíteros —, por força do qual são perdoados os pecados aos fiéis, recebe esse nome em referência à promessa de Cristo feita a São Pedro (n. 981): "Dar-te-ei as chaves do Reino dos céus; tudo o que ligares na terra será ligado nos céus e tudo o que desligares na terra será desligado nos céus" (Mt 16,19). É um poder conferido não apenas a Pedro, mas também a todos os apóstolos (cf. Mt 18,18), o qual compreende a autoridade para governar, pronunciar juízos em matéria de doutrina e, sobretudo, como característica de maior valor, a autoridade de julgar sobre os pecados e de perdoá-los (cf. Jo 20,23).

O poder das chaves estende-se a todos os pecados cometidos depois do batismo, sem exclusão (n. 982). Nem mesmo a severa advertência do Senhor: "Se alguém blasfemar contra o Espírito Santo, fica para sempre sem perdão" (Mc 3,29), constitui um limite ao poder das chaves. O pecado contra o Espírito Santo manifesta-se irremissível, pois consiste precisamente na impenitência, ou seja, na recusa da oferta de salvação e do perdão que vêm do Espírito (cf. n. 1864. Assim interpreta o Papa Gelásio I as palavras do Senhor e conclui: "Não há nenhum pecado pelo qual a Igreja deixe de orar, perdoando-o, ou do qual, por força do poder recebido de Deus, não possa absolver aqueles que dele desistem e fazem penitência" (DS 349). A conversão do pecador impenitente exige um especial dom de Deus para fazer ceder a oposição à graça do arrependimento.

Capítulo III

Artigo 11

"CREIO NA RESSURREIÇÃO DA CARNE"

LUIS F. LADARIA

A criação, a salvação e a santificação do homem, obra da Trindade, culminam na ressurreição dos mortos e na vida eterna. A ação de Deus pelo nosso bem não tem limites temporais como os tem a nossa vida neste mundo. A criação é chamada a se consumar na segunda criação; a salvação do homem é para sempre; a sua santificação significa a participação na vida do próprio Deus. Com a fé na ressurreição dos mortos, proclama-se que o que Deus fez pelo nosso bem é para sempre e, além disso, abraça o nosso ser inteiro. E não com os limites próprios desta vida e da nossa condição terrena, mas numa condição transfigurada e celeste, da qual já temos as primícias em Cristo ressuscitado, que nos fez participantes, já nesta vida, do dom do seu Espírito.

A fé na ressurreição de Cristo é central para todo cristão. Essa verdade, que é o fundamento dos artigos finais que agora comentamos, é proclamada em outro lugar do Credo. No Novo Testamento, a ressurreição dos mortos no fim dos tempos é vista em relação com a ressurreição de Jesus (ao texto citado no n. 989 poderiam ser acrescentados outros: 1Cor 6,14; 15,20-23.45-49; 2Cor 4,14; Fl 3,20). O fundamento da nossa ressurreição futura é, portanto, Jesus, vencedor do pecado e da morte. Ele é a ressurreição e a vida, segundo João 11,25. Assim como o Pai ressuscitou Jesus dos mortos, igualmente compete ao Pai a iniciativa da nossa ressurreição à imagem da ressurreição do seu Filho. E como indica Romanos 8,11, citado muito oportunamente neste contexto, também o Espírito Santo opera na nossa ressurreição: a sua atual habitação em nós, como dom do Senhor ressuscitado, é como a garantia da futura ressurreição dos nossos corpos mortais; eles receberão a vida em virtude do Espírito.

A ressurreição significa a vida nova e definitiva do homem inteiro, inclusive a dimensão "carnal", de fraqueza. A esperança não se reduz à vida da alma imortal. O texto de Tertuliano que encontramos no n. 991 (*De Resurrectione*, 1), "A confiança dos cristãos é a ressurreição dos mortos; somos o que somos, crendo nela", mostra-nos a relevância que esse artigo de fé tinha na Igreja das origens. Alguém é cristão à medida que acredita na ressurreição dos mortos. A ideia, partilhada por muitos naqueles tempos, da alma imortal, não é suficiente para os cristãos, que têm diante de seus olhos o Senhor ressuscitado. O próprio Tertuliano dirá que os que creem somente na imortalidade da alma creem numa "ressurreição pela metade" (*De Resurrectione*, 2): é a única que os gnósticos conhecem. A esperança cristã refere-se, portanto, à vida definitiva de todo ser humano. Cristo é contemplado como as primícias dessa ressurreição. A seção seguinte abrange mais diretamente esse ponto.

I. A ressurreição de Cristo e a nossa

Sabemos que não foi fácil para o Antigo Testamento chegar à ideia da ressurreição. Nesse ponto, como em outros, a revelação de Deus a seu povo foi "progressiva". E, como bem indica o texto, a fé na ressurreição chegou à consciência do povo eleito na reflexão sobre Deus criador e salvador. O Deus que tudo criou, que estabeleceu a sua aliança com Abraão e sua descendência, é o Deus que pode tudo e que, portanto, salvará o homem e não deixará que se perca. Já em alguns textos tardios do Antigo Testamento, 2 Macabeus 7 e Daniel 12,1, foi formulada explicitamente a fé na ressurreição dos mortos (pelo menos para os justos) como salvação plena do israelita fiel.

Na época de Jesus, os fariseus tinham esperança na ressurreição, enquanto os saduceus a negavam. O Novo Testamento mostra-nos essa diversidade de pareceres. Jesus, durante a sua vida pública, ensinou a ressurreição. O fato é conhecido e o CCE apresenta os textos clássicos a esse respeito.

Todavia o que é decisivo é que no Novo Testamento a ressurreição aparece unida à própria pessoa de Jesus. Nos anúncios que o próprio Jesus faz da paixão já se encontra o anúncio da ressurreição no terceiro dia (cf. Mc 8,31 e paralelos; 9,31 e par.; 10,34 e par.).

Nos Sinóticos, há outras alusões à ressurreição. Porém, especialmente conforme o quarto Evangelho, Jesus anuncia a ressurreição dos que creem nele. O milagre da ressurreição de Lázaro é interpretado explicitamente nesse sentido. Não se trata mais, portanto, de uma fé genérica na ressurreição dos mortos, como para os fariseus. No Novo Testamento é a ressurreição de Jesus que se torna o centro do anúncio. Se, de uma parte, o horizonte geral da esperança da ressurreição pôde ajudar a compreender a ressurreição de Jesus, de outra parte, é o próprio fato dessa ressurreição já ocorrida que orienta à esperança o fundamento definitivo. A ressurreição que se espera é, consequentemente, a de Jesus: ressuscitaremos como ele, com ele, por meio dele (n. 995).

O anúncio de Jesus ressuscitado é o coração do testemunho cristão. O testemunho de Jesus e o da ressurreição caminham necessariamente juntos. Os apóstolos comeram e beberam com ele depois da sua ressurreição, segundo os Atos dos Apóstolos. A insistência sobre comer e beber com o Ressuscitado mostra o realismo com que o Novo Testamento viu a ressurreição de Jesus. O n. 996 alude às dificuldades e às oposições que, desde o primeiro instante, experimentou o anúncio da ressurreição. Já indicamos que, nos tempos de Jesus e da Igreja das origens, era comumente aceita a imortalidade da alma, mas a ideia da ressurreição suscitava escândalo. Somente a fé no infinito poder de Deus, manifestada na ressurreição de Jesus, pode nos abrir para essa esperança. O n. 997 começa com uma "definição" de ressurreição. Utilizam-se as categorias tradicionais da morte como separação da alma e do corpo e da ulterior reunião desses dois princípios do homem. É interessante observar que, mesmo sem ser dito explicitamente, parece que se fala aqui da ressurreição no sentido mais pleno e positivo do termo. Com efeito, diz-se que a alma está à espera da reunião com o "seu corpo glorificado". Note-se que o Novo Testamento e a tradição usam o termo ressurreição em dois sentidos, intimamente relacionados, mas não coincidentes; o primeiro é o que é insinuado aqui, a plena participação do ser humano na vida de Jesus glorificado. Na maior parte dos casos em que se fala da ressurreição no Novo Testamento, o termo é utilizado nesse sentido pleno e positivo. O segundo sentido é o que encontramos no n. 998, ou seja, a ressurreição como reunião da alma e do corpo é para todos, para aqueles que fizeram o bem e para aqueles que fizeram o mal. O Novo Testamento conhece também esse conceito de ressurreição, mais neutro, e o prova o próprio texto citado (cf. também At 24,15). É importante ter presente essa distinção para compreender bem os textos bíblicos e até os do próprio Catecismo. Naturalmente, dado o modo como se fala da ressurreição no contexto da esperança cristã na salvação, é o primeiro sentido que predomina. Mesmo quando se procura falar em termos "neutros", não é raro as expressões utilizadas levarem automaticamente para o primeiro desses significados.

No Novo Testamento já é posta a pergunta: como ressuscitaremos? Já fizemos referência ao realismo com que o Novo Testamento fala da ressurreição de Jesus. Ao mesmo tempo, sabemos que nem sempre foi fácil para os discípulos o reconhecimento imediato de Jesus ressuscitado. Isso explica por que, por um lado, os textos magisteriais tenham insistido sobre a identidade entre o corpo presente e o ressuscitado. Por outro lado, porém, encontramo-nos na impossibilidade de uma descrição fenomênica. Trata-se de uma transfiguração num corpo de glória (e notemos que, imperceptivelmente, o texto do CCE passa da segunda acepção de ressurreição à primeira). É significativo o texto de 1 Coríntios que é citado, um dos mais importantes do Novo Testamento por relacionar a ressurreição de Jesus com a nossa. Paulo não responde à pergunta sobre o "como". Remete a diversas comparações e, por último — e lamenta-se que estes versículos tenham sido omitidos na citação —, recorre à comparação entre os dois Adão: se agora portamos a imagem do corpo terreno do primeiro Adão, portaremos depois a imagem do corpo espiritual (cheio do Espírito Santo, não corpo "imaterial", que seria claramente uma contradição) do segundo, Cristo ressuscitado (cf. 1Cor 15,44-49). Como indica o n. 1000, o "como" da ressurreição supera a nossa compreensão e a nossa imaginação. Antes, se acreditássemos tê-la compreendido ou imaginado, continuaríamos a seguir categorias no nosso mundo, quando a ressurreição, por definição, as ultrapassa. Temos de reconhecer que para muitas questões não temos uma resposta racional; por exemplo, como explicar a identidade física entre o corpo mortal e o ressuscitado, levando em consideração as mudanças que sobrevêm no mundo material. Porém o fato de a realidade do nosso ser futuro ir além das nossas categorias não significa que não possamos desde já pregustar os bens celestes. Na fé, temos certo acesso a eles. Isso ocorre, sobretudo, na celebração da eucaristia. Já no Novo Testamento, eucaristia e ressurreição são postas em relação (cf. Jo 6,52 ss.). A participação da eucaristia torna-nos incorruptíveis, segundo Santo Ireneu.

A ressurreição dos mortos no Novo Testamento está intimamente unida à *parusía* do Senhor; cf., além dos textos citados pelo catecismo, 1 Coríntios 15,22 ss. A ressurreição é o efeito em nós da plena manifestação do senhorio de Jesus sobre todas as coisas, da destruição de todos os inimigos, de modo especial do pecado e da morte. É a consumação final da obra salvífica de Cristo, o momento no qual, vencedor de tudo, entregará o reino ao Pai, a fim de que Deus seja tudo em todas as coisas (cf. 1Cor 15,24-28). Embora esperemos a ressurreição no último dia, o Novo Testamento ensina que o batizado já participa da morte e da ressurreição de Jesus. Com o batismo, deixamos de ser escravos do pecado e começamos a viver a vida nova. A ressurreição de Jesus, que mostrará no fim a plenitude dos seus efeitos, já é eficaz em nós, porque, elevado à direita do Pai, Jesus nos deu o Espírito Santo. Entretanto, essa ressurreição está ainda "oculta", como, de certo modo, ainda está a de Jesus, que não revelou o seu poder nem se manifestou na glória a todos os homens. Por isso, a plena manifestação de Jesus será também a nossa. A nossa vida de ressuscitados está agora oculta com Cristo em Deus. A esperança cristã, que diz respeito a todo ser humano, uma vez que ele é uno em alma e corpo, determina o respeito que toda pessoa merece já agora, em todas as dimensões do seu ser, inclusive as corpóreas e materiais. A conformação com Cristo, que será plena na ressurreição, faz com que, já agora, tenhamos de ver a nós mesmos e aos outros como "membros de Cristo". O próprio Jesus se identificou, sobretudo, com os que sofrem (cf. Mt 25,31 ss.).

II. Morrer em Cristo Jesus

A morte cristã é ir morar junto do Senhor, como diz Paulo em 2 Coríntios 5,8. Por isso, morrer e estar com Cristo é, sem dúvida, a melhor coisa (cf. Fl 1,21). Antes de tudo, Paulo deseja, porém, o serviço dos irmãos, e esse desejo prevalece ainda sobre aquele de estar com Jesus (cf. Fl 1,22 ss.). Sob o ponto de vista antropológico, a morte, como já indicado, é definida mais uma vez como a separação da alma e do corpo. Para os cristãos essa separação não é a última palavra. Pomo-nos diante dela com a esperança de estar com Cristo e de ressurgir com ele.

O enigma, ou melhor, o mistério da condição humana atinge na morte o seu auge. A fé cristã apresenta-nos, ao mesmo tempo, diversas perspectivas da morte: por um lado, a morte do homem é natural (vemos que os outros seres vivos morrem); por outro, nas fontes bíblica e da Tradição, como oportunamente indicou o CCE, a morte é posta em relação com o pecado. É impossível separar claramente essas duas dimensões na nossa experiência real da morte, nossa e dos outros; ainda que reconheçamos a sua inevitabilidade, não nos resignamos diante dela, mas a consideramos como uma frustração e uma ruptura. Há ainda um modo mais definitivo de nos aproximarmos da morte, exclusivo da fé cristã: a participação na morte de Cristo, para poder ter parte na ressurreição. Assim como para Jesus a entrada na glória do Pai ocorreu mediante a morte (e morte de cruz!), também para nós a proximidade com o Senhor e a conformação a seu corpo glorioso deve passar pelo momento doloroso e misterioso da morte. Nenhum cristão, porém, morre sozinho. Jesus, que sofreu o abandono da morte, acompanha-nos nesse momento crítico e decisivo. Mais ainda, a morte cristã é participação na morte de Jesus, que já foi antecipada sacramentalmente no batismo. Por isso, o sentido da morte foi transformado em Cristo.

Uma consideração inevitável, ao tratarmos da morte, é a que é insinuada no n. 1007: a morte é o termo da vida e inseparavelmente o termo do caminho humano, o termo do estado de "via". Ou, em outros termos, se durante o decurso da nossa vida terrena podemos mudar, podemos pecar e nos arrependermos do pecado etc., a situação na qual nos encontramos diante de Deus no momento da morte torna-se definitiva para toda a eternidade. Na morte se "chega", termina o caminho da nossa vida. Tanto o limite da nossa vida, quanto a definitividade que ela adquire no momento da morte dão à nossa existência o caráter de "urgência". Cada um dos momentos da nossa existência tem um valor escatológico de definitividade. Daí a responsabilidade humana de responder com fidelidade ao Senhor e de cooperar com a sua obra e os seus desígnios sobre nós em todos os momentos da nossa existência.

O n. 1008 nos lembra o que já foi afirmado nos nn. 374 ss. e 400 ss., ao tratar da condição do homem no paraíso e do pecado original. A morte é consequência do pecado, segundo a Escritura e o Magistério da Igreja. Deus destinava o homem a não morrer, embora sua natureza seja mortal. Isso nos faz pôr a questão — à qual não podemos responder — de como ocorreria o fim desta vida terrena no caso de não ter existido o pecado. Sem especular sobre as coisas possíveis, que nos são desconhecidas, temos de afirmar que a morte que experimentamos e que, como já dissemos, nos parece necessariamente como uma ruptura e uma frustração, não se explica sem o pecado humano; ele, rompendo a relação com Deus, alterou profundamente as relações do homem consigo mesmo e com o cosmos. Notemos também que a imortalidade definitiva à qual Deus nos chama é a participação da vida do Senhor ressuscitado. Justamente por isso a morte não é a última palavra sobre o ser humano. Em Cristo, já o dissemos, o seu sentido mudou. Jesus a aceitou pela nossa salvação, em obediência à vontade do Pai. Também nós podemos nos oferecer inteiramente a Deus, associando-nos ao mistério da paixão de Jesus. A nossa morte nele pode ter também o sentido de salvação. Depois das considerações gerais sobre a morte, em que não poderia faltar a referência explícita à morte do cristão, essa parte volta com mais detalhes sobre o tema. Naturalmente, muitos dos pontos que são tratados aqui já foram referidos e já os comentamos.

A morte nos une a Cristo no mistério da sua morte e ressurreição, em que o Senhor consumou a sua vida de obediência ao Pai. Para nós, a morte é a consumação da nossa união com ele no seu ato redentor. O que no Batismo já foi vivido sacramentalmente é consumado na morte física. É o momento de identificação com ele no aspecto mais profundo do que foi a sua vida, a sua entrega até o fim no amor ao Pai e aos homens. Identificação na morte, identificação na vida gloriosa: se morrermos com ele, com ele viveremos. É belíssimo o texto de Santo Inácio de Antioquia: na união com Jesus na morte somos verdadeiramente "humanos". Jesus é o modelo e o paradigma, a regra do humano.

A morte, chamado de Deus. Na morte, Deus nos chama a si. Na linguagem cristã é ainda viva essa terminologia: Deus nos chama à sua casa. Já fizemos referência ao desejo de estar com Cristo que Paulo manifestava e que o texto aqui recorda. Também para o cristão estar com Cristo é "a melhor coisa". Além dos textos citados, pode-se fazer alusão a outro de Santa Teresa de Jesus, num dos seus poemas: "Morro porque não morro".

A liturgia, lugar privilegiado da expressão da fé (*"lex orandi lex credendi"*), mostra constantemente essa esperança na vida com Jesus depois da morte. O Prefácio dos defuntos I do *Missal Romano*, que é citado, inspira-se em 2 Coríntios 5,1-10.

A morte é a meta da peregrinação terrena. Já falamos sobre esse ponto. O tempo até a morte é de graça e de misericórdia, para realizar a existência segundo o desígnio do Senhor. Muito oportunamente o CCE alude à crença na reencarnação por parte de alguns dos nossos contemporâneos. A Igreja não a pode admitir, porquanto significa uma desvalorização da existência terrena, uma perda do sentido escatológico de cada um dos nossos atos. Faz perder o sentido da nossa responsabilidade definitiva diante de Deus. A ideia da reencarnação empobrece enormemente a visão do homem. Indiretamente significa também uma desvalorização da existência terrena de Jesus, que se ofereceu por nós uma vez por todas, que nos salvou na sua vida humana toda, culminada em sua morte e ressurreição.

Dado que o momento da morte tem esse significado decisivo para o nosso destino eterno e diante da insegurança acerca do momento em que a morte pode chegar, a Igreja nos exorta à preparação, a pedir ajuda para esse momento, a pedir, especialmente, a intercessão de Maria e de São José. A exortação a viver com o pensamento voltado para a morte não é um apelo à tristeza ou ao pessimismo, mas um apelo à esperança no encontro definitivo com o Senhor e à justa valorização da nossa vida presente.

Capítulo III

Artigo 12

"CREIO NA VIDA ETERNA"

LUIS F. LADARIA

A morte como fim da vida terrena significa o início da vida eterna. O texto do CCE já fez referência antes a essa questão, que é aqui lembrada. A Igreja fortifica com a absolvição, o sacramento da unção dos enfermos, o Viático, aquele que se encontra em risco de vida. O texto da encomendação da alma que é citado mostra a fé no encontro com Jesus no momento da morte e da entrada no paraíso, no qual nos esperam Maria, os anjos e os santos.

I. O juízo particular

Já dissemos que, com a morte, termina o tempo que Deus dá ao homem para aceitar livremente o seu amor e a sua graça. Nesse momento o ser humano entra na existência definitiva. Dado que, na sua liberdade, o homem, no tempo da sua vida, pode ter escolhido a favor ou contra Deus, a definitividade que o espera pode ser de salvação ou de condenação. Daí a necessidade do juízo. Agora, a ideia do juízo, no Novo Testamento (pensemos, por exemplo, em Mt 25,31 etc.), está unida sobretudo à *parusía* do Senhor no final dos tempos (cf. mais adiante a partir do n. 1038). Não faltam no Novo Testamento, porém, algumas passagens, citadas pelo CCE (n. 1021), que falam de um estar com Jesus imediatamente depois da morte, ou de uma diferenciação entre bons e maus, a partir desse momento (por exemplo, Lc 16,22, a parábola de Lázaro e do rico epulão). Não é fácil encontrar no próprio Novo Testamento uma harmonização explícita entre essas passagens que falam da situação imediata daquele que morre e as que se referem ao momento final. Partindo, no entanto, da convicção de que o homem, depois da morte, chega a um estado de salvação ou de condenação definitivas, explica-se muito facilmente que se tenha chegado à ideia do juízo particular, ou seja, o juízo que ocorre na morte de cada um e que significa a retribuição imediata em função da fé e das obras.

O n. 1022 traz os principais textos magisteriais que falam direta ou indiretamente desse juízo, pressuposto necessário, como dissemos, da retribuição imediata. Entre todos eles, merece uma particular atenção a constituição *Benedictus Deus*, de Bento XII, do ano de 1336 (DS 1000-1002), que resolveu de modo definitivo a questão da retribuição imediata. Salvação e condenação são as alternativas diante das quais se encontra cada um de nós. Esses são os dois possíveis "resultados" do juízo particular. O texto, porém, menciona uma terceira possibilidade, a da purificação. Uma leitura rápida e superficial pode dar a impressão de que as três possibilidades estejam no mesmo patamar. Na realidade, não é assim; como será explicado claramente mais adiante, o "Purgatório" encontra-se inteiramente no caminho da salvação.

Não é um resultado definitivo como os outros dois, nem um estado intermediário entre o Céu e o Inferno. É a purificação necessária aos salvos para entrar na plena comunhão com Deus, no caso em que as imperfeições humanas não lhes permitam a alegria do Céu. O conhecido texto de São João da Cruz nos diz que será o nosso amor o objeto do juízo de Deus sobre nós.

II. O céu

Passa-se agora, depois dos esclarecimentos sobre o juízo particular, a estudar as diversas possibilidades nas quais pode se encontrar o homem na vida definitiva. O Céu é a primeira, porque somente ele merece, a rigor, a qualificação de "vida eterna"; o uso neotestamentário da palavra "vida", associada às vezes a "eterna", não deixa lugar para dúvidas. Os escritos de João, que associam a vida a Cristo, são particularmente significativos a respeito (cf., por exemplo, Jo 3,36; 5,24; 6,47.53-54; 11,25; 17,3; 1Jo 3,14). No Novo Testamento, o estado da vida eterna já é associado à visão de Deus (cf. os textos citados no CCE). No Magistério tem especial importância a constituição *Benedictus Deus*, à qual apenas fizemos referência e que aparece citada em suas passagens fundamentais. Poder-se-ia, talvez, acrescentar um pequeno trecho, que não é referido e que vem logo depois do fim daquele que nos é apresentado: "Mas a divina essência se lhes mostra nua, imediata, clara e abertamente". A visão de Deus da qual se fala a nós não significa que Deus seja compreendido, abraçado, que não seja mais um mistério para o bem-aventurado. Muito pelo contrário, a visão imediata de Deus faz ver imediatamente a sua incompreensibilidade, na qual o ser humano se imerge cada vez mais.

Se em alguns momentos a teologia falou do Céu quase exclusivamente em termos da visão, agora se tem mais consciência de que no Novo Testamento e na Tradição aparecem também outros elementos. Um deles é a comunhão de vida e de amor com Deus uno e trino. A "visão" não é meramente intelectual, mas abraça todos os aspectos e as dimensões da vida humana. Contemporaneamente à comunhão com Deus, indica-se a plenitude da comunhão dos santos, elemento importante na tradição. No n. 1026 volta-se a essa ideia. Se o homem não tem outra finalidade senão o próprio Deus, chegar a essa plena visão e comunhão é a plena realização do ser humano, o estado de plena felicidade. Vale a pena citar um texto de Santo Tomás, que retoma esses e outros elementos da vida eterna: "Na vida eterna a primeira coisa é que o homem se une com Deus. Portanto, o próprio Deus é o prêmio e o fim de todos os nossos esforços [...]. Essa união consiste na perfeita visão: 'Agora vemos em espelho e de modo confuso, mas então será face a face' (1Cor 13,12). Consiste também no sumo louvor [...]. E igualmente na perfeita saciedade do desejo [...]. Na feliz comunhão de todos os bem-aventurados; e essa comunhão será muito agradável, porque cada qual partilhará todos os bens com todos os bem-aventurados. Portanto, cada qual amará o outro como a si mesmo e, por isso, alegrar-se-á com o bem do outro como do seu" (*Opuscula Theologiae*, 2).

O n. 1025 indica outro ponto fundamental que deve ser evidenciado. A vida eterna é "estar com Jesus". O Novo Testamento é claro a esse respeito. Deve-se no mínimo recuperar essa ideia de plena comunhão com Cristo, tão determinante na teologia do Novo Testamento e dos primeiros tempos da Igreja (cf., por exemplo, Inácio de Antioquia, *Ad Romanos*, 5, 3, para quem o martírio significa "chegar a Cristo"). O texto, porém, dá um passo adiante, também ele de grandes consequências teológicas. Os eleitos vivem "em Cristo", no seu corpo ressuscitado, que abraça toda a humanidade salva. Em Cristo, no espaço vital que se abre na sua ressurreição, o eleito também está em "Deus". Santo Ireneu formulou isso de modo magistral em *Adversus Haereses*, IV, 20, 5: "Como os que veem a luz estão na luz e participam do seu esplendor, assim os que veem a Deus estão em Deus, participando do seu esplendor". O Deus trino nos admite à vida interior da divindade, à comunhão de amor do Pai, do Filho e do Espírito Santo. Porém tudo isso, diz o texto, não significa que quem está salvo vá perder a sua identidade pessoal. Na união com Jesus essa identidade chega à sua máxima realização. Relação com Deus e consistência própria do ser criatural crescem ao mesmo tempo, não se opõem uma a outra. Se o destino do homem é essa união com Deus em Cristo, quem a atinge é mais plenamente ele mesmo.

O n. 1026 retoma temas anteriormente mencionados e aos quais nós já fizemos referência: antes de tudo, a relação com Cristo morto e ressuscitado; ele é aquele que, subindo ao Pai, prepara um lugar também para nós (cf. Jo 14,2 s.). Jesus nos abre o caminho do Céu porque ele próprio, como âmbito no qual entramos em comunhão com Deus, "é" o céu. Por isso, não há vida no Paraíso senão como associação à sua glorificação. Também já fizemos referência à comunhão de todos os bem-aventurados como uma dimensão essencial do "Céu". Toda descrição que procuramos fazer da vida do além será sempre inadequada. Daí a linguagem metafórica e simbólica que o próprio Jesus utilizou e que se usa, em geral, na Escritura e na Tradição: o banquete nupcial, o vinho novo etc. A enumeração do n. 1027 é eloquente. O que Deus preparou para aqueles que o amam supera toda nossa capacidade de imaginação, porque é ele próprio. A infinita majestade de Deus é tal que pode ser vista somente por aquele ao qual o próprio Deus a dá a conhecer. Com as nossas forças não podemos chegar a Deus. A "visão beatífica", assim chamada porque nos torna plenamente felizes, afortunados, bem-aventurados, é dom e é graça. Somente Deus é que nos pode admitir à alegria do seu Reino. Os bem-aventurados continuam a realizar o desígnio de Deus em relação aos outros homens e à criação. Intercedem pelos que se encontram ainda a caminho. O Concílio Vaticano II, no cap. 7 da Constituição LG (nn. 48-51), falou da índole escatológica da Igreja peregrinante e da sua comunhão com a Igreja celeste. Os bem-aventurados reinam para sempre com Cristo. Eles próprios são o Reino, porquanto com eles se realiza totalmente o domínio salvífico de Cristo, o domínio que elimina toda escravidão e miséria. Nos bem-aventurados o Senhor manifesta o seu poder amoroso e salvífico. Podemos concluir este capítulo dedicado ao Céu com as palavras com que Santo Agostinho conclui a sua obra *De Civitate Dei* (22, 30): "Lá, repousaremos e veremos, veremos e amaremos, amaremos e louvaremos. Eis o que acontecerá até o fim, sem fim".

III. A purificação final ou purgatório

Falávamos, a propósito do n. 1022, da errônea interpretação a que poderia dar lugar uma rápida leitura dele. Quem lê atentamente esta seção dedicada ao purgatório compreenderá a seguir o porquê. Não tem sentido falar do purgatório senão em relação à salvação. Quem morre na graça e na amizade de Deus não é necessariamente purificado totalmente do pecado, pode não ter acolhido totalmente na vida o amor de Deus, pode não estar livre de todo afeto desordenado. Antes, podemos pensar que essa situação não seja, de modo algum, anormal. A purificação depois da morte é um evento de graça. Deus nos quer realmente dignos de si. Por isso, quer nos purificar de toda mancha, renovar-nos completamente. A justificação do pecador, segundo a doutrina católica, significa uma transformação interior do homem, a sua santificação.

De modo análogo, a salvação definitiva deve levar consigo a nossa plena transformação, a total purificação e a plena orientação para Deus de todo o nosso ser. O purgatório é uma verdade de fé que deve dar lugar à alegria e à esperança. A nossa total purificação, ainda que contenha um sofrimento, é um dom de Deus que exige a humilde gratidão. As formulações tradicionais da doutrina sobre o purgatório insistem ser precedente em relação à visão de Deus a purificação por meio dele. Algumas orientações modernas, diante das quais o CCE não toma nenhuma posição, aludem ao caráter purificador que deve ter o próprio encontro com Deus, porquanto nos liberta, não sem dor de nossa parte, de tudo o que não está plenamente orientado para ele. Não há motivo para as duas linhas serem incompatíveis. Mesmo aceitando essa segunda interpretação, fica claro que somente "depois" dessa purificação e como consequência dela, eliminado todo obstáculo que se opõe à comunhão com Deus, é que a alegria do encontro com o Senhor e a visão beatífica podem ser perfeitas e plenas. Os documentos magisteriais mais importantes, bem como os textos bíblicos sobre os quais eles se fundamentam, são referidos no n. 1031. É preciso chamar a atenção sobre uma importante afirmação desse número. O purgatório não tem nada a ver com um inferno temporal. O inferno é a separação definitiva de Deus; já o purgatório, o caminho para a plena posse Dele. Já se vê que não pode haver diferença maior. O equívoco pode surgir por causa da imagem do "fogo", utilizada em ambos os casos. No caso do inferno se trata de castigo, enquanto que no caso do purgatório, de purificação. O sentido do fogo, portanto, é muito diferente em um e outro caso. Não será inútil lembrar aqui o que o Concílio de Trento recomenda aos pastores da Igreja, ou seja, esperar diligentemente que a doutrina sobre o purgatório seja exposta e crida, evitando, porém, que se dê lugar a curiosidades e superstições (cf. DS 1820). Sobre esse ponto é particularmente recomendável a sobriedade na exposição das verdades de fé.

A doutrina do purgatório está intimamente unida à da oração pelos defuntos. O n. 1032 apresenta também os textos da escritura e do Magistério fundamentais a esse respeito. Quem deve prestar contas a Deus dos seus atos e sofrer a purificação, no caso de ser ela necessária para poder gozar do paraíso, não está sozinho diante de Deus nesse momento. A Igreja o acompanha com a oração, a esmola e as obras de penitência, intercede por ele e, sobretudo, oferece por ele o sacrifício eucarístico no qual Cristo associa todos nós à sua perfeita oblação ao Pai. Em relação aos sufrágios pelos defuntos, que a Igreja recomenda com muita ênfase, podemos também lembrar outra advertência do Concílio de Trento contida no mesmo texto que citamos há pouco, ou seja, que se evite tudo o que possa dar lugar a "torpes proveitos" (cf. DS 1820).

IV. O inferno

A doutrina do inferno causa dificuldades a muitos dos nossos contemporâneos. E, não obstante, é essencial para uma reta compreensão da relação entre Deus e o ser humano e até para uma reta compreensão do que é o Céu. Com efeito, a comunhão de amor que Deus nos oferece e que quer para todos é oferecida livremente e deve ser, portanto, livremente aceita. O amor não pode ser forçado, sob pena de sua destruição. É o mistério da liberdade e da responsabilidade humana em toda a sua grandeza que nos obriga a ter presente a possibilidade de recusa de Deus. Somente se essa possibilidade for real é que será real a nossa liberdade, a qual se torna plena apenas no acolhimento do imenso amor que Deus nos concede. A recusa do amor de Deus exprime-se no ódio em relação a ele e em relação ao irmão, no nosso fechamento diante do próximo e de suas necessidades. Quem se obstina nessa atitude e nela é surpreendido pela morte permanece separado de Deus e, como mostra muito bem o CCE, "autoexclui-se" da comunhão com Deus e com os bem-aventurados. A rigor, Deus não fez o inferno. Fazem-no as suas criaturas livres, porquanto dele se separam. Tampouco Deus, falando propriamente, manda alguém para o inferno: é o condenado que se separa e que não quer entrar na casa paterna. Deus, dizia Santo Ireneu, não visa propriamente punir os condenados, mas, sendo privados de todos os bens, é a pena que os persegue (*Adversus Haereses*, V, 27, 2; ideia semelhante em Santo Agostinho, *Enarrationes in Psalmos*, 5, 10: Deus abandona o pecador a seu mal, não lhe causa propriamente nenhum). Por isso, e contra o que às vezes se diz, é preciso insistir no fato de que o inferno não diz nada contra a infinita bondade de Deus. Está apenas a favor do imenso respeito que tem Deus pela liberdade dos homens criados à sua imagem.

Deus não quer em momento algum anular essa liberdade, sem a qual, como dissemos, nem sequer seria possível o acolhimento do seu amor e da sua graça.

As próprias palavras de Jesus no Evangelho mostram claramente a gravidade da escolha diante da qual todo homem se encontra na vida. É uma irresponsabilidade minimizar essas duras expressões, mantendo-se válido que nenhuma delas pode nos fazer esquecer o amor e a misericórdia de Deus, o qual quer que todos os homens se salvem (cf. 1Tm 2,4) e que enviou o seu Filho ao mundo não para que o mundo fosse condenado, mas para que se salvasse por meio dele (cf. Jo 3,16 s.). O inferno não é uma prova contra a vontade salvífica universal de Deus.

No n. 1034 encontramos as afirmações fundamentais de Jesus sobre o inferno, transmitidas pelos evangelhos. Aparece a imagem do fogo inextinguível, mas também e sobretudo a ideia do afastamento e da separação: "Longe de mim, malditos…" (Mt 25,41).

O ensinamento da Igreja seguirá essa mesma linha; encontramos também a referência aos documentos fundamentais no n. 1035. Também nesses textos abundam as referências ao fogo, mas é indicado, com muita razão, que a pena principal do inferno deve ser vista na separação de Deus, uma vez que a felicidade do homem e os bens aos quais aspira e para os quais foi criado se encontram apenas nele. A teologia tradicional tem chamado de "pena de dano" essa separação de Deus, enquanto reservou o nome de "pena de sentido" aos outros tormentos dos quais se fala, o fogo etc. Se, como veremos em breve, à felicidade do Céu corresponde também a inserção num mundo transformado e renovado, pode-se compreender que a separação de Deus comporte também uma separação dos outros e do cosmos, uma relação negativa com a realidade criada, perversão da relação positiva que somos chamados a ter com o mundo transformado.

Deduz-se claramente das afirmações bíblicas e do Magistério a responsabilidade diante da qual o homem se encontra. Do uso da sua liberdade depende o seu destino eterno. Daí a necessidade da contínua atitude de conversão e da vigilância diante da nossa ignorância do dia e da hora na qual seremos chamados a prestar conta da nossa vida ao Senhor. A insistência sobre a vigilância remonta ao ensinamento do próprio Jesus (cf., por exemplo, Mc 13,35; Mt 25,13; Lc 12,39); o texto do Concílio Vaticano II que é citado coloca-se na linha de uma contínua Tradição. Já dissemos que Deus quer que todos os homens se salvem. A Igreja rejeitou a ideia da predestinação ao mal e ao inferno. Deus é o primeiro interessado, por assim dizer, na salvação humana. O Pai enviou o seu único Filho ao mundo não para o condenar, mas para que seja salvo por meio dele (cf. Jo 3,17). É somente a decisão livre do homem, o pecado mortal e a persistência nele (como já tivemos ocasião de ver, cf. o n. 1033), a que provoca a condenação. O mistério da liberdade humana aparece em toda a sua gravidade diante dessa tremenda possibilidade.

Temos, portanto, de nos unir à oração da Igreja para a salvação de todos. É frequente a pergunta sobre o número dos que se salvam ou se condenam. Já fizeram essa pergunta a Jesus, o qual não respondeu com uma informação direta, mas exortando à responsabilidade pessoal, a "entrar pela porta estreita" (cf. Lc 13,23 s.). A questão do inferno não se põe em terceira pessoa, mas em primeira: cada um de nós deve ser responsável pelo fato de que pode se fechar à graça de Deus e pelo fato de nas suas decisões estar em jogo o seu destino eterno. Ao mesmo tempo, porém, pode e deve confiar na graça de Deus e esperar da sua misericórdia o dom da salvação para si e para os outros homens.

V. O juízo final

O CCE já falou do juízo particular depois da morte de todo homem.

Agora se refere ao juízo universal no fim dos tempos, do qual nos fala o Evangelho, especialmente nas passagens que o CCE cita. O homem é, de uma parte, um ser pessoal e não repetível; de outra parte, vê-se inserido numa história humana na qual todas as liberdades se entrelaçam. O juízo particular e o geral devem ser vistos, portanto, não só na sua separação no tempo (momento da morte, fim da história), mas também na sua intrínseca relação: a irrepetibilidade pessoal, de uma parte, e de outra a humanidade como um todo no qual cada um de nós se encontra inserido. O juízo final está em relação intrínseca com a última vinda ou *parusía* de Cristo, da qual já se falou em outro ponto do CCE. É uma dimensão intrínseca dessa vinda: "Virá a julgar os vivos e os mortos". Encontra-se igualmente em relação com a ressurreição. No Novo Testamento já aparece a ideia da ressurreição de todos, prévia ao juízo universal; ressurreição que para alguns é para a vida e para outros, para a condenação. Já dissemos alhures que o Novo Testamento conhece também uma noção mais plena da ressurreição, a participação na vida gloriosa do Senhor ressuscitado, que naturalmente é a ressurreição dos salvos. Jesus, a Verdade em pessoa, é também o "homem perfeito", como diz o Concílio Vaticano II (cf. GS 22, 38, 41, 45). Por isso, a sua aparição na glória, na plena manifestação do que ele é, revela a verdade última do homem, constituída por sua relação com Deus. O juízo, assim, não é um acréscimo exterior à *parusía*. Podemos dizer que essa última já é o juízo, porque Jesus, o juiz a quem o Pai deu todo o poder de julgar (cf. Jo 5,27), é, ao mesmo tempo, o critério do juízo. Nele é medido o ser último de todo homem e de toda a história. Por isso, com muita razão o CCE diz que o Pai, o único que conhece e determina o dia e a hora (cf. Mc 13,32; At 1,7) do retorno glorioso de Cristo, pronunciará por meio de Jesus a sua palavra definitiva sobre toda a história (n. 1040). A providência de Deus guia a história até o seu fim, a consumação em Cristo. Na aparição definitiva de Jesus aparecerá o sentido de todas as coisas, ficarão claros os caminhos, incompreensíveis para nós, mediante os quais Deus terá conduzido todas as coisas até o fim último. Porém Deus quis realizar os seus desígnios com a cooperação humana. Daí que a manifestação dos seus caminhos tenha essa dimensão de juízo discriminante sobre os homens e as suas ações. Põe-se o problema — que pode ser formulado também a propósito do juízo "particular" — da harmonização da misericórdia e da justiça divinas. Essa justiça, não obstante, é salvífica. Por isso, representará, diz o texto, o triunfo sobre as injustiças cometidas pelos homens. No juízo, Deus aparecerá como o defensor do fraco e do pobre. Tornar-se-á manifesta a face oculta da história, que nós não podemos conhecer e que muitas vezes contribuímos para esconder mais ainda. Jesus já havia alertado os seus contra a pretensão de antecipar o juízo que cabe somente a Deus (cf. Mt 13,24-30.36-43, parábola do trigo e da cizânia). Em todo caso, é preciso ressaltar que o juízo significará o triunfo do amor divino, não da vingança nem do ódio. Tudo isso não anula de nossa parte o santo temor a Deus, que dará a cada um segundo as próprias obras nesse juízo cujo dia esperamos, confiando no seu amor misericordioso. Como já se dizia a propósito do tempo de vida que o Senhor concede a cada um de nós, a mensagem do juízo final significa um chamado à conversão, ao empenho pelo Reino de Deus e sua justiça. O CCE indica, porém, muito justamente, que é ao mesmo tempo um anúncio de esperança. Essa atitude deve prevalecer no cristão que deseja a glorificação final de Deus, ou seja, a plena realização do fim que Deus se propôs ao criar o mundo.

VI. A esperança dos céus novos e da terra nova

O título que fecha o estudo do último artigo do Credo oferece um resumo do que foi dito nas seções anteriores. O n. 1042, por sua vez, nos dá uma espécie de sumário do que será exposto depois: o Reino eterno com Cristo dos justos, glorificados em corpo e alma; isso significa, como lembra a citação do Vaticano II, LG 48, a consumação da Igreja. Junto com o gênero humano, também o universo será transformado, adquirirá a sua perfeição definitiva. O homem, conforme o que ensina o próprio Concílio Vaticano II na GS 24, é a única criatura deste mundo que Deus quis por si mesma. As outras foram queridas por Deus para ele, homem. Daí que o destino final do cosmos deve ser visto em íntima relação com o do homem. Na realidade, somente enquanto o ser humano atinge o destino em Cristo é que também o universo o pode atingir.

O conjunto da humanidade e do cosmos transformados constitui os céus novos e a terra nova, como lembra o texto. Significa, ao mesmo tempo, o pleno domínio de Cristo ressuscitado sobre todas as coisas. Nada escapa a seu poder salvífico. Será a plena identidade entre a obra da criação e a da salvação, à qual se chegará, quando tudo for recapitulado em Cristo (cf. Ef 1,10); com essa recapitulação cumprir-se-á o desígnio divino anterior à criação do mundo (cf. Ef 1,4 ss.).

Os céus novos e a terra nova, que são a Jerusalém celeste, caracterizam-se, sobretudo, segundo o cap. 21 do Apocalipse, pela presença de Deus. Na nova Jerusalém, Deus terá a sua morada em meio aos homens. O céu consiste nessa comunhão do homem com Deus, como oportunamente já dissemos. E isso inclui o desaparecimento de toda pena e de toda dor, porque o Senhor enxugará todas as lágrimas de nossos olhos.

Continuando, se diz o que será a Jerusalém celeste para o homem e para o cosmos. Para o homem, a quem cabe o primeiro lugar, a Jerusalém celeste significa a unidade de todo o gênero humano; a Igreja é agora o sacramento, ou seja, o sinal e o instrumento dessa unidade (LG 1), que na consumação escatológica será a unidade perfeita. Quando falávamos da vida eterna no Céu, já tínhamos feito referência à comunhão perfeita que reinará entre os homens. Então, a Igreja será a perfeita esposa de Cristo, sem nenhuma mancha de pecado. A perfeita harmonia entre os homens será a consequência da comunhão com Deus, da visão beatífica, que, como diz o CCE, é a fonte de felicidade e paz, e de comunhão entre nós. A relação com Deus perfeitamente adquirida torna possível a perfeita relação dos homens entre si e, também, com o cosmos, como é dito mais adiante.

Como afirma o n. 1046, há uma comunhão de destino entre o mundo material e o homem. É citado o texto clássico de Romanos 8,19-23, talvez o mais eloquente do Novo Testamento sobre a futura transformação cósmica em relação à glorificação humana e à manifestação da plena liberdade dos filhos de Deus. O pecado, alterando a relação do homem com Deus, altera também sua relação com o cosmos. Esse último participa, a seu modo, da escravidão em que o homem caiu. A transformação do cosmos é, definitivamente, um elemento a mais do pleno domínio de Cristo ressuscitado sobre toda a criação, da salvação e da redenção perfeita de tudo. Sendo o homem um ser inserido no cosmos, sendo também chamado à perfeição nas suas dimensões materiais e cósmicas (ressurreição), compreende-se que essa plenitude não pode ser atingida sem um universo transformado.

O n. 1047 explicita, com a citação de Ireneu, a relação entre a plenitude do cosmos e a plenitude do homem: o universo restaurado está a serviço dos justos. A ressurreição, no seu pleno sentido de participação na glorificação do Senhor Jesus, não significa que o homem se converta em um ser "acósmico". O que parece é claramente o contrário. Tudo isso faz reavivar o sentido de responsabilidade do ser humano pelo mundo presente que Deus lhe confiou.

Os nn. 1048-1050 constituem-se fundamentalmente por citações de um importante texto do Concílio Vaticano II, GS 39, que retoma precisamente essa tradição bíblica da transformação do cosmos, talvez um pouco esquecida nos momentos seguintes. Em primeiro lugar é lembrada a incerteza do quando e do como do fim e do mundo futuro. A escatologia cristã não pode "descrever" o mundo que esperamos, porque ele ultrapassa a nossa imaginação e as nossas capacidades. Isso, porém, não faz diminuir a certeza de fé na nova morada que o Senhor nos prepara, os céus novos e a terra nova. Ora, o mundo que esperamos abraça todas as dimensões da realidade presente: sem dúvida, é, sobretudo, dom de Deus, mas, ao mesmo tempo, fruto da resposta humana ao dom e à graça. Por isso, a esperança na terra nova não deve fazer diminuir o interesse por esta terra, mas, ao contrário, aumentá-lo, para que na esperança da transformação futura o nosso esforço neste mundo seja salvo da caducidade e da transitoriedade que caracterizam a condição presente. O que fazemos neste mundo transitório pelo bem dos irmãos adquire dimensões de eternidade. Por um lado, o Concílio esclarece muito bem a "descontinuidade" entre a condição presente e a futura. É preciso distinguir entre o progresso terrestre e o Reino de Deus, porque, entre outras coisas, esse progresso é, com frequência, ambíguo, pode representar um avanço em alguns aspectos e um regresso em outros. Por outro lado, porém, é indicada também a "continuidade": esse progresso, enquanto contribui para um melhoramento da sociedade humana em todos os graus, não é indiferente a esse Reino que esperamos. E é porque Deus não quer destruir o nosso esforço nem os seus frutos. Quer transformá-lo, justamente porque quer transformar o mundo sobre o qual se reflete a obra do homem. Por isso, encontraremos transformado e purificado tudo o que tivermos feito neste mundo segundo o mandamento de Deus, em submissão ao poder do seu Espírito. Tudo aquilo em que tivermos sido verdadeiramente cooperadores de Deus, no cumprimento dos seus desígnios, será parte dos céus novos e da terra nova. De certo modo, portanto, o juízo discriminante e purificador de Deus a que já fizemos referência deve dizer respeito também à obra humana no mundo, deve separar o que o homem tiver feito em conformidade com Deus daquilo em que tiver se oposto a seu plano salvífico. Este mundo purificado e transformado faz parte também do Reino que Jesus entregará ao Pai no fim dos tempos, quando tudo terá sido submetido a ele, e Deus será tudo em todas as coisas (cf. 1Cor 15,28). Os dons celestes que o Pai nos dá mediante o Filho no Espírito Santo, com os quais criou e guia para a plenitude o universo, constituem, portanto, a vida eterna que aguardamos.

"AMÉM"

RINO FISICHELLA

É significativo que a conclusão da primeira parte do CCE termine com uma explicação breve e inteligente do termo "amém". Como é afirmado, "amém" é um termo que recorre muitas vezes na vida da Igreja. As nossas orações terminam com o "amém" e, igualmente, o fazem os Símbolos da fé. Como o n. 1064 faz notar, com o "amém" se pretende confirmar a fé que foi professada.

O termo "amém" apresenta-se como a palavra mais simples e, ao mesmo tempo, como a mais importante. Permaneceu em todas as línguas modernas na mesma forma originária hebraica, como que para atestar a sacralidade do termo, que não pode nem deve ser modificado devido ao alto valor que possui. Na Sagrada Escritura o uso do "amém" é diferenciado. Um texto, todavia, pode ajudar a entrar mais diretamente no seu significado profundo. Estamos no tempo do rei Davi e da sua decisão para que Salomão, o filho que teve com Betsabé, o suceda no trono. "O rei Davi disse então: 'Chamai o sacerdote Sadoc, o profeta Natan e Banaías, filho de Joiada!' Apresentaram-se eles ao rei. Ele lhes disse: 'Tomai convosco os servos de vosso senhor; instalai meu filho Salomão em minha própria mula e fazei-o descer a Gion. Lá, o sacerdote Sadoc e o profeta Natan lhe administrarão a unção que o sagrará rei de Israel, enquanto fareis ressoar a trompa e aclamareis: 'Viva o rei Salomão!'. Subireis depois atrás dele, e ele virá sentar-se em meu trono; é ele que reinará em meu lugar, é ele que eu constituo chefe de Israel e de Judá'. Banaías, filho de Joiada, respondeu ao rei: *'Amém!* Assim fala o Senhor, o Deus de meu senhor e rei. Como o Senhor esteve com meu senhor, o rei, assim há de estar com Salomão; ele há de elevar seu trono ainda mais alto que o de meu senhor e rei Davi'" (1Rs 1,32-37).

O "amém" pronunciado pelo profeta Banaías tem um duplo poder: indica que o profeta compreendeu a vontade do rei Davi; aprova-o e chega até a exprimir o augúrio para que o próprio Senhor possa realizar as palavras do rei. E ainda, o "amém" indica que o profeta está pronto a realizar tudo o que é exigido para que a ordem seja cumprida. Como se pode observar, existe uma relação entre o que a palavra do rei pede e o que comporta a sua realização. O "amém" pronunciado pelo profeta atesta que o conteúdo da vontade do rei Davi deve ser realizado. É expressa, portanto, uma dupla condição: a "objetiva", que faz referência à ordem expressa, a qual deve corresponder à sua realização; a "subjetiva", que se cria entre quem pronuncia o "amém" e o que ele confirma com a sua ação concreta. Ao pronunciar o seu "amém", enfim, o profeta mostra quer a consciência da vontade de Davi, quer o assentimento à sua vontade. Isso comporta a submissão da sua pessoa em conformidade com o conteúdo e o seu empenho em realizá-lo.

No final da Profissão de fé, quando o crente pronuncia o seu "amém", ele tem a intenção de expressar, antes de tudo, que está a par do que professou e que deseja praticá-lo na sua vida cotidiana. A profissão de fé, portanto, põe-se entre duas colunas-mestras que, do início ao fim, exprimem o mesmo ato unitário. Com o primeiro "eu creio", o fiel testemunha que aceita a verdade de tudo o que se segue na sua profissão e que o aceita em si, fundamentando-se no testemunho do próprio Deus. Com o último "amém — eu creio", ele confirma a fé que expressou e se empenha em dar testemunho a respeito.

Concluindo esta primeira parte do "amém", o CCE passa da Profissão de fé à consideração da celebração do mistério cristão na liturgia. Daí, passando pelo compromisso da vida como discípulos de Cristo, introduz-se na quarta parte, na oração cristã. O "amém" será repetido também nesse momento como a certeza de ter encontrado Deus Pai, Filho e Espírito Santo, de confiar nele e de ser ouvido nas necessidades de cada dia.

Segunda Parte

A celebração do mistério cristão

Primeira Seção
A ECONOMIA SACRAMENTAL

Capítulo I
O MISTÉRIO PASCAL NO TEMPO DA IGREJA

MARIA DEL PILAR RIO GARCÍA

Os conteúdos apresentados neste breve capítulo inovativo dizem respeito à liturgia e aos sacramentos em seu âmbito teológico próprio: a economia sacramental da salvação. Esse enquadramento histórico-salvífico, em que o CCE se coloca em continuidade com a doutrina da Const. Conciliar SC e com a reflexão teológica dos últimos decênios, mais radicada na Escritura, permite "recolocar" os sacramentos no quadro da liturgia e oferecer assim uma visão deles profundamente unitária. O CCE, diferentemente da teologia dos manuais dos sacramentos, apresenta-os como verdadeiras celebrações litúrgicas, unindo assim doutrina e liturgia, teologia e celebração.

A apresentação que se refere a esta unidade exige que se integre o seu conteúdo ao dos números que precedem e lhe dão continuidade: os relativos à liturgia em geral (nn. 1066-1075) e à celebração do mistério pascal (nn. 1135-1209). Em caso contrário, a interpretação e a explicação dos sacramentos ficariam isoladas do contexto litúrgico-celebrativo e, portanto, não seriam fiéis à visão teológica unitária que o CCE quis transmitir. Uma catequese sobre os sacramentos aderente ao texto, pois, deveria integrar a perspectiva doutrinal própria do primeiro capítulo com a litúrgico-celebrativa do segundo capítulo (cf. n. 1113) e, por sua vez, a exposição sobre os aspectos celebrativos deverá pressupor a compreensão da economia sacramental (cf. n. 1135).

No que diz respeito ao conteúdo teológico e pastoral aqui exposto, o CCE introduz a exposição dos dois capítulos desta primeira seção com um número (cf. n. 1076) no qual se retomam as categorias-chave que abrem a porta à compreensão teológica das ações litúrgicas e sacramentais. Essa "chave-mestra" são as noções bíblico-patrísticas de "mistério" e "economia", já presentes no início da segunda parte: "A Igreja confessa, no Símbolo da Fé, o mistério da Santíssima Trindade e seu 'desígnio benevolente' (Ef 1,9) sobre toda a criação: o Pai realiza o 'mistério da sua vontade', entregando seu Filho bem-amado e seu Espírito para a salvação do mundo e para a glória do seu nome. Este é o mistério de Cristo (cf. Ef 3,4), revelado e realizado na história, segundo um plano, uma 'disposição' sabiamente ordenada, à qual São Paulo denomina 'realização do seu ministério' (Ef 3,9) e a tradição patrística a chama de 'Economia do Verbo Encarnado' ou 'a Economia da Salvação'" (n. 1066; cf. 50; 236).

A realização histórica ("economia") do plano divino da salvação ("mistério") atravessa diversas fases de atuação: da criação até o fim dos tempos, passando pela encarnação e pela obra redentora de Cristo, que leva a cabo o desígnio nascido no coração do Pai. Todas têm seu centro no mistério pascal, mediante o qual Cristo entregou o seu Espírito e se uniu à sua Igreja num só Corpo (cf. n. 1067; SC 5), abrindo, assim, uma nova fase na dispensação do mistério da salvação.

O n. 1076 une-se diretamente a essa apresentação bíblica da "economia do mistério" e a completa, seguindo de perto a exposição da SC: "No dia de Pentecostes, pela efusão do Espírito Santo, a Igreja é manifestada ao mundo (cf. SC 6; LG 2). O dom do Espírito inaugura um tempo novo na 'revelação do mistério': o tempo da Igreja" (n. 1076; cf. SC 6). À fase da sua realização histórica em Cristo, por meio de sua Pessoa e dos mistérios da sua vida que culminaram na sua paixão, morte e gloriosa ressurreição, segue-se esta nova fase do "tempo da Igreja". Caracteriza-se pelo fato de que "Cristo manifesta, torna presente e comunica a sua obra de salvação por meio da Liturgia da sua Igreja, 'até que ele venha' (1Cor 11,26)" (ibid.). Especifica-se, portanto, mediante a "modalidade" pela qual a obra redentora de Cristo se faz presente e é dispensada aos homens pelo "sacramento" (sinal e instrumento) salvífico, que é a sua Igreja (cf. LG 1): "Neste tempo da Igreja, Cristo vive e age agora na sua Igreja e com ela de uma maneira nova, própria deste tempo novo" (ibid.). Essa maneira ou modalidade é chamada "sacramental": "[Cristo] age por meio dos sacramentos; é a isso que a tradição comum do Oriente e do Ocidente chama de 'a economia sacramental'; consiste ela na comunicação (ou 'dispensação') dos frutos do mistério pascal de Cristo na celebração da liturgia 'sacramental' da Igreja" (ibid.).

A "economia sacramental" corresponde, pois, à fase atual da realização da salvação na Igreja e pela Igreja. Ela, por meio da liturgia sacramental, anuncia e celebra até o fim dos tempos o mistério de Cristo, a fim de que "os fiéis vivam e deem testemunho dele no mundo" (cf. n. 1068; SC 2). Mistério (pascal), ação (litúrgico-sacramental) e vida são três realidades indissociáveis no tempo da Igreja.

À luz desse enquadramento teológico, o título deste primeiro capítulo ("O mistério pascal no tempo da Igreja") parece plenamente justificado e esclarecido. Trata-se aqui da liturgia e dos sacramentos como "mistério": ação sacramental do mistério pascal. Sendo a liturgia um evento e uma obra trinitária, em cujo coração se encontram sua expressão mais sublime, os sacramentos, o capítulo concentra os seus dois artigos em ambas essas realidades. Os seus conteúdos correspondem aos tratados da liturgia fundamental e dos sacramentos em geral, respectivamente, e a sua perfeita articulação abre interessantes perspectivas quer à dogmática, quer à catequese e à pastoral.

Artigo 1
A LITURGIA — OBRA DA SANTA TRINDADE

O CCE começa apresentando a dispensação litúrgico-sacramental da salvação à luz do mistério trinitário, pondo assim em destaque o seu caráter essencialmente divino e salvífico. Tudo na história da salvação e, portanto, também no seu "momento" litúrgico se realiza segundo um curso circular que segue (*ad extra*) o dinamismo intratrinitário (cf. n. 236): tudo parte do Pai, como iniciativa, e tudo retorna ao Pai, como louvor e adoração, por meio de Cristo, no Espírito Santo (*a Patre per Christum in Spiritu Sancto ad Patrem*), mediante a humilde colaboração da Igreja. Os principais protagonistas da celebração litúrgica do evento salvífico, consequentemente, não são a Igreja nem cada cristão, mas as três Pessoas da santíssima Trindade. Nós, fiéis, somos convidados a dela participar ativamente, mas ela é, sobretudo, um *opus Dei*; ou melhor ainda, um *opus Trinitatis*. Dessa perspectiva trinitária, que confere um grande dinamismo à consideração das ações litúrgicas e sacramentais, o CCE completa e enriquece a visão da SC, na qual a liturgia e os sacramentos aparecem, sobretudo, em relação a Cristo (cf. SC 7).

I. O Pai, fonte e fim da liturgia

O CCE dedica ao Pai, fonte de toda a economia litúrgico-sacramental, uma breve, mas rica exposição de matriz bíblica, que foi considerada uma das suas páginas mais belas. Seguindo a linha do hino de ação de graças que abre a Carta aos Efésios (Ef 1,3-6), o texto liga a liturgia à história da salvação e às maravilhas que Deus operou nela desde o início até o fim dos tempos. E o faz partindo da categoria bíblica de "bênção" (cf. n. 1077): "Abençoar é uma ação divina que dá a vida e cuja fonte é o Pai. Sua bênção é, ao mesmo tempo, palavra e dom (bene-dictio, εὐ-λογία [eulogia])" (n. 1078). Toda a obra com que Deus Pai leva a termo o seu desígnio salvífico, portanto, aparece como uma "imensa bênção divina" (n. 1079). Uma bênção que se desdobra no tempo e abraça a obra da criação (cf. n. 1080), a história de Israel e a antiga aliança (cf. n. 1081), a obra da salvação (cf. n. 1082). Essa incomensurável bênção é a história das *magnalia Dei*, das misericórdias com que Deus preparou a sua maior bênção: a revelação da sua Palavra e do seu dom total, no seu Filho bem-amado e, com ele, a efusão do Espírito Santo oferecido aos homens a partir de Pentecostes. E nessa história das bênçãos de Deus, como dissemos, coloca-se a liturgia, como um "momento" da própria história, porque nela esse acontecimento histórico-salvífico se manifesta, torna-se presente e se comunica aos homens.

Todavia, como indica a mesma Carta aos Efésios, o termo "bênção" aplica-se também ao ser humano e, nesse caso, "significa a adoração e a entrega a seu Criador na ação de graças" (n. 1078). É, pois, a resposta que nasce no coração da criatura por todos os benefícios divinos, que se eleva no culto de Israel, ao fazer memória das maravilhas que YHWH realizou no seu povo, e que a Igreja dirige ao Pai por meio da mais excelsa das suas bênçãos. Na ação litúrgica, por isso, Deus e a Igreja se encontram e se abençoam: "Na liturgia da Igreja, a bênção divina é plenamente revelada e comunicada: o Pai é reconhecido e adorado como a Fonte e o Fim de todas as bênçãos da criação e da salvação; em seu Verbo encarnado, morto e ressuscitado por nós, ele nos cumula com suas bênçãos e, por meio dele, derrama em nossos corações o dom que contém todos os dons: o Espírito Santo" (n. 1082).

A liturgia mostra-se assim como uma "imensa bênção" que, brotando da fonte — o Pai, princípio de toda bondade —, desce sobre as criaturas e, ao mesmo tempo, como uma "bênção", cumula de fé e de amor que sobe para o Pai. Reconhece-se nela, pois, um duplo movimento ou dimensão: "Por um lado, a Igreja, unida a seu Senhor e sob a ação do Espírito Santo (Lc 10,21), bendiz o Pai 'por seu dom inefável' (2Cor 9,15), mediante a adoração, o louvor e a ação de graças. Por outro, e até o pleno cumprimento do projeto de Deus, a Igreja não cessa de apresentar ao Pai 'a oferenda de seus próprios dons' e de implorar que envie o Espírito Santo sobre a oferta, sobre si mesma, sobre os fiéis e sobre o mundo inteiro, a fim de que, pela comunhão com a morte e a ressurreição de Cristo Sacerdote e pelo poder do Espírito, estas bênçãos divinas produzam frutos de vida 'para louvor de sua graça gloriosa'" (n. 1083). A mediação sacerdotal de Cristo, pelo poder do seu Espírito, é a "ponte" pela qual passa e se realiza eficazmente esse duplo movimento de santificação e culto (cf. SC 7).

Nesse "encontro" ou "diálogo" do Pai com os seus filhos, por meio de Cristo no Espírito Santo (cf. n. 1153), ele mantém sempre a iniciativa — "ama-nos por primeiro" — e nós, seus filhos, fazemos memória e reconhecemos cheios de admiração os seus dons. A liturgia é, portanto, profundamente "paterna" e "filial". E, consequentemente, uma esplêndida escola de oração e de vida na qual se aprende a termos gratidão e confiança no nosso Pai, a esperar tudo dele e a saber que somos parte da sua família, à qual todos os homens são chamados (cf. GS 40).

II. A OBRA DE CRISTO NA LITURGIA

Sempre nessa perspectiva trinitária, o CCE põe em evidência o protagonismo de Cristo na liturgia. Seguindo o esquema da SC (nn. 5-8), retoma a doutrina conciliar sobre a presença e a centralidade do evento salvífico de Cristo no culto da Igreja, mas a aprofunda, dá um passo adiante e a enuncia de modo mais explícito. Segundo o princípio cristológico-litúrgico conciliar, a exposição articula-se em quatro momentos, precedidos por quatro títulos que, ligados entre si, resumem o desenvolvimento do tema.

Cristo glorificado...

O primeiro momento parte da compreensão da liturgia como "lugar" no qual Cristo, nosso Redentor e sumo Sacerdote, já glorificado, continua — pela efusão e pelo poder do seu Espírito — a sua presença viva e operante no seu Corpo que é a Igreja e, com ela e por meio dela, continua a agir agora mediante a liturgia sacramental que ele promulgou para comunicar a sua graça (cf. nn. 1084; 662; 1069). Por meio dos sacramentos, que o CCE define pela primeira vez neste número (cf. nn. 1084; 1127), Cristo glorificado desdobra a sua mediação sacerdotal até o fim dos tempos, garantindo a sua presença operante, ativa e eficaz entre os homens.

Como a seguir explica o texto, "na liturgia da Igreja, Cristo significa e realiza principalmente o seu mistério pascal" (n. 1085). A liturgia é, pois, essencialmente, presença do evento histórico-salvífico do mistério pascal de Cristo, ocorrido "uma vez e para sempre". Essa importante convicção constitui uma novidade com relação à doutrina enunciada pela SC. De fato, embora o documento conciliar afirmasse a presença e a centralidade do mistério redentor na liturgia (cf. SC 7), considerava que essa presença ocorresse apenas "de certo modo" (*quodammodo praesentia*) e a via reduzida à virtude e aos méritos do Senhor (*divitias virtutum atque meritorum Domini*) (cf. SC 102; 61). O CCE, porém, dá um passo além e é mais explícito a propósito: "Durante sua vida terrestre, Jesus anunciava seu mistério pascal por seu ensinamento e o antecipava por seus atos. Quando chegou sua hora (cf. Jo 13,1; 17,1), viveu o único evento da história que não passa: Jesus morre, é sepultado, ressuscita dentre os mortos e está sentado à direita do Pai 'uma vez por todas' (Rm 6,10; Hb 7,27; 9,12). Este é um evento real, acontecido em nossa história, porém é único: todos os outros eventos da história acontecem uma vez e depois passam, engolidos pelo passado. O mistério pascal de Cristo, ao contrário, não pode ficar somente no passado, já que, por sua morte, destruiu a morte e tudo o que Cristo é, fez e sofreu por todos os homens participa da eternidade divina e, por isso, abraça todos os tempos e neles se mantém presente. O evento da cruz e da ressurreição permanece e atrai tudo para a vida" (n. 1085).

É na liturgia que esse evento que recapitula a vida e a obra salvífica de Deus-homem permanece presente através do véu dos sinais. A esse propósito, o CCE reafirma esse realismo sacramental, quando diz que "a liturgia é memorial do Mistério da Salvação" (n. 1099; cf. nn. 1363-1364).

...da Igreja dos Apóstolos...

O título, iniciando com reticências, quer evidenciar a continuidade da ação que vem de Cristo glorificado, a qual — pela efusão do Espírito em Pentecostes — faz-se presente de um modo novo, sacramental, na Igreja. O primeiro número (cf. 1086), que retoma literalmente a SC 6, situa a liturgia em continuidade com a missão que Cristo recebeu do Pai e que ele transmitiu aos apóstolos, a fim de continuar até o fim dos tempos a sua obra, inseparavelmente redentora e salvífica. E isso mediante a sua Palavra e a realização dela, com o poder do Espírito; quer dizer, do anúncio do Evangelho da salvação em Cristo morto e ressuscitado e a realização desse anúncio "por meio do sacrifício e dos sacramentos, em torno dos quais gravita toda a vida litúrgica" (n. 1086). O Evangelho, como realidade salvífica (a própria obra redentora de Cristo) é o conteúdo da *traditio viva* que, a partir dos apóstolos, transmite-se a seus sucessores de geração em geração na Igreja. Precisamente em vista dessa transmissão, Cristo ressuscitado deu aos apóstolos o Espírito Santo e lhes confiou o poder de santificação (cf. Jo 20,21-23) que eles, por sua vez, transmitiram a seus sucessores mediante a imposição das mãos (o sacramento da ordem), que os torna "sinais de Cristo", não para o substituir, mas para o representar sacramentalmente (cf. n. 1087). Por meio do ministério dos apóstolos e dos seus sucessores, Cristo garante a continuidade da sua presença e da sua ação na liturgia da Igreja.

...está presente na liturgia terrena...

Como ensina a SC 7, a presença e a ação de Cristo glorificado realizam-se principalmente por meio das ações litúrgicas (cf. n. 1088). Todavia, como explica o próprio documento, essa presença, sendo única — pois é sempre presença viva e vivificante do mistério pascal de Cristo — realiza-se de formas e graus diferentes, segundo a diversidade dos sinais sacramentais. A presença litúrgica de Cristo na Igreja é, portanto, multiforme (cf. nn. 1181, 1373, 1374). Em ordem de "intensidade", aparece em primeiro lugar a presença de Cristo sob as espécies eucarísticas, ligada à dos ministros ordenados. A essa se segue a sua presença nos sacramentos, na pregação da Palavra e na oração da Igreja. Ele, além disso, está presente de modo análogo, mas real, em todas essas ações litúrgicas, mas é somente na eucaristia que a sua presença é "substancial", porque, sob os sinais do pão e do vinho, faz-se totalmente presente como Deus e como homem (cf. PAULO VI, *Mysterium fidei* [03.09.1965], 39; CCE 1374). Segundo o fio da mesma constituição conciliar, o CCE conclui, afirmando (cf. n. 1089) que nessas ações litúrgicas "é prestada a Deus uma glória perfeita e os homens são santificados, Cristo associa sempre a si a Igreja" (SC 7). Na liturgia, com efeito, verifica-se uma verdadeira 'sinergia' entre Cristo e a sua Igreja: é "uma obra comum" a ambos.

...que participa da liturgia celeste

Sob esse último título, o CCE retoma a SC 8, na qual se apresenta a celebração litúrgica como espaço de comunhão privilegiado entre a Igreja peregrina e a Igreja celeste. Em virtude dessa última, desfrutamos e participamos da liturgia eterna — toda ela festa e comunhão, para além dos sinais (cf. n. 1136) — e nos unimos ao hino de glória que as fileiras celestes dirigem ao Senhor, veneramos a Virgem e os santos — esperando participar com eles da glória celeste e acompanhá-los — e esperamos a vinda definitiva do Senhor na glória (cf. nn. 1090; 1137-1139). Em toda celebração litúrgica, sobretudo na do sacrifício eucarístico, no qual a comunhão entre a Igreja do céu e da terra se realiza de maneira particularmente intensa, renovamos a esperança de atingir a meta e de nos unir para sempre ao único canto de louvor ao Deus Uno e Trino (cf. LG 50).

O conjunto desta seção lembra que, na liturgia, o próprio Cristo, agora ressuscitado e glorioso, continua a estar presente e a agir de modo eficaz no meio de nós. Toma a iniciativa e nos vem ao encontro, aproxima-se de nós nas diversas ações litúrgicas, de modo especial na eucaristia e nos outros sacramentos. Em cada uma delas, realiza a sua Páscoa e dela nos torna participantes, para transformar a nossa existência. A salvação é principalmente obra de Cristo, mediante o Espírito Santo, na sua Igreja.

III. O Espírito Santo e a Igreja na liturgia

Faz-se nesta seção uma apresentação ampla e inovadora sobre a ação do Espírito Santo na liturgia, que completa e aperfeiçoa quer a reflexão teológica e litúrgica latina, quer a tímida pneumatologia da SC. Já no título se declara o ponto de vista da exposição, que é explicitada no primeiro número: "Na liturgia, o Espírito Santo é o pedagogo da fé do povo de Deus, o artífice das 'obras-primas de Deus', que são os sacramentos da nova aliança. [...] Quando encontra em nós a resposta de fé, que ele mesmo suscitou, realiza-se uma verdadeira cooperação" (n. 1091). A perspectiva, pois, é a da "sinergia": uma verdadeira colaboração, em virtude da qual se pode afirmar que "a liturgia torna-se a obra comum do Espírito Santo e da Igreja" (ibid.).

A atividade do Espírito Santo nessa "obra comum" é multiforme e, à luz da sua obra na economia da salvação anterior a Cristo e ao tempo da Igreja (cf. n. 737), o texto a desenvolve em torno de quatro ações (cf. n. 1092). Elas estão enunciadas nos títulos que estruturam a seção.

O Espírito prepara para acolher Cristo

Nesta fase da dispensação sacramental do mistério de Cristo, própria do tempo da Igreja, o Espírito Santo age do mesmo modo que nas fases anteriores da economia da salvação. Assim, ele "prepara a Igreja para encontrar seu Senhor" (n. 1092). E o faz dando cumprimento na economia sacramental às figuras da antiga aliança (cf. n. 1093), anunciadas na catequese "tipológica" fundada na harmonia dos dois Testamentos (cf. nn. 1094-1095), de modo que na liturgia da nova aliança — em cada ação litúrgica, mas sobretudo na celebração da eucaristia e dos outros sacramentos — se cumpra o encontro entre Cristo e a Igreja e se realize a união de ambos num único Corpo (cf. n. 1097). Pois bem, "a assembleia deve 'preparar-se' para encontrar seu Senhor, deve ser 'um povo bem-disposto'. Essa preparação dos corações é obra comum do Espírito Santo e da assembleia, em particular de seus ministros. A graça do Espírito Santo procura despertar a fé, a conversão do coração e a adesão à vontade do Pai. Essas disposições constituem pressupostos para receber as outras graças oferecidas na própria celebração e para os frutos de vida nova que ela está destinada a produzir posteriormente" (n. 1098).

O Espírito Santo lembra o mistério de Cristo

A função de lembrar, que o Espírito realiza como "memória viva da Igreja (cf. Jo 14,26)" (n. 1099), é a chave de toda celebração, porque a liturgia é "memorial" (cf. ibid.). Portanto, ele "recorda e manifesta Cristo à fé da assembleia" (n. 1092). Os dois "estímulos" dos quais se serve para reavivar a memória da Igreja são a "Palavra de Deus" e a "anamnese". Assim, o Espírito Santo — inspirador das Escrituras — lembra à assembleia litúrgica "o sentido do evento da salvação, dando vida à Palavra de Deus, que é anunciada para ser recebida e vivida" (n. 1100); "dá aos leitores e aos ouvintes, segundo as disposições dos seus corações, a compreensão espiritual da Palavra de Deus" (n. 1101); "'recorda' à assembleia tudo o que Cristo fez por nós" (n. 1103); "põe os fiéis e os ministros em relação viva com Cristo" (n. 1101); suscita a resposta de fé que exige o anúncio da Palavra de Deus, fazendo da assembleia uma comunhão na fé (cf. n. 1102). Também toda celebração litúrgica "'faz memória' das maravilhas de Deus em uma anamnese, mais desenvolvida ou menos desenvolvida" (n. 1103), que não é mera lembrança, mas presença e realização objetiva dos eventos salvíficos (cf. nn. 1363-1364). Assim, despertando a memória da Igreja, o Espírito Santo suscita na assembleia a ação de graças (eucaristia) e o louvor (doxologia) pela Páscoa de Cristo (cf. n. 1103).

O Espírito Santo atualiza o mistério de Cristo

O Espírito Santo "torna presente e atualiza o mistério de Cristo por seu poder transformador" (n. 1092). Com grande precisão teológica, o CCE explica que, graças a sua intervenção atual, a liturgia não só lembra — nem simplesmente repete os eventos salvíficos e, de modo central, o mistério pascal de Cristo —, mas os reapresenta, os traz ao presente e os comemora. Em cada celebração, "sobrevém a efusão do Espírito Santo que atualiza o único mistério" (n. 1104). Portanto, são as celebrações que se repetem, não o mistério de Cristo que, como evento salvífico, permanece sempre único e inimitável. Entende-se, portanto, que a invocação ao Espírito Santo, junto com a anamnese, constitui o centro da celebração sacramental, sobretudo na eucaristia (cf. n. 1106). Trata-se da chamada *epíklesis* ou "a intercessão na qual o sacerdote suplica ao Pai que envie o Espírito Santificador para que as oferendas se tornem o Corpo e o Sangue de Cristo e para que, ao recebê-los, os fiéis se tornem, eles mesmos, uma oferenda viva a Deus" (n. 1105). O próprio poder transformador do Espírito na liturgia "apressa a vinda do Reino e a consumação do mistério da salvação" (n. 1107). Ele garante, consequentemente, o realismo da celebração como memorial do passado e profecia do futuro.

A comunhão do Espírito Santo

O Espírito Santo, invocado na epiclese de cada celebração litúrgica, faz entrar a assembleia em comunicação com o mistério de Cristo (cf. nn. 1108; 1092). Assim, ela "recebe sua unidade da 'comunhão do Espírito Santo', que congrega os filhos de Deus no único corpo de Cristo" (n. 1097). O Espírito Santo na liturgia é, pois, Espírito de comunhão: age e permanece na Igreja, tornando-a sinal e instrumento (sacramento) do mistério da unidade salvífica (cf. LG 1) e a sua ação produz frutos não somente na comunhão com a santa Trindade e na comunhão fraterna (cf. n. 1108), mas também numa comunhão missionária que se desdobra na vida. A Igreja "pede, pois, ao Pai que envie o Espírito Santo para que faça da vida dos fiéis uma oferenda viva a Deus, por meio da transformação espiritual à imagem de Cristo; da preocupação pela unidade da Igreja; da participação em sua missão pelo testemunho e pelo serviço da caridade" (n. 1109).

A esplêndida exposição pneumatológica desta seção, rica de consequências, ressalta que o artífice e o principal animador da celebração litúrgica é o Espírito, Senhor que dá a vida. A sua poderosa ação na história da salvação prolonga-se na liturgia, escola onde aprendemos a tratar com ele e ser guiados por ele, para encontrar o Senhor que nos conduz ao Pai, para acolher as graças que nos concede na celebração e os frutos de vida nova que é chamada a produzir.

No fim deste primeiro artigo, a liturgia aparece no CCE, realmente, como obra trinitária na Igreja: "lugar" no qual as três divinas Pessoas põem-se em movimento, fazendo os fiéis — cada um segundo a sua modalidade pessoal — participantes da misteriosa vida intratrinitária e suscitando neles uma resposta plena de fé, que interpela a existência em todas as suas dimensões.

Artigo 2
O MISTÉRIO PASCAL
NOS SACRAMENTOS DA IGREJA

Enquadrada na liturgia, a exposição concentra-se agora no seu núcleo: os sacramentos. Eles não a exaurem, no entanto, "toda a vida litúrgica da Igreja gravita em torno do sacrifício eucarístico e dos sacramentos" (n. 1113; cf. SC 6). No tempo da Igreja, portanto, a dispensação dos frutos do mistério pascal de Cristo realiza-se principalmente por meio da liturgia sacramental (cf. n. 1076). Como indicado desde o início, trata-se neste artigo do que é comum aos sete sacramentos (seu "denominador comum") sob o ponto de vista doutrinal. O que têm em comum sob o ponto de vista celebrativo está exposto no cap. 2, e as características de cada um, na segunda seção (cf. n. 1113). Uma compreensão integral dos sacramentos em seus aspectos comuns requer, como dissemos, a articulação entre a exposição doutrinal e a litúrgica. No que diz respeito aos conteúdos, este pequeno tratado, no qual se expõem com uma nova luz os temas clássicos dos sacramentos em geral, apresenta os sacramentos sob um ponto de vista "relacional": com Cristo, a Igreja, a fé, a salvação, a vida eterna. Alhures, eles são também considerados em relação à Trindade (nn. 1077-1112) e às culturas (nn. 1200-1209).

I. Os sacramentos de Cristo

O CCE começa com a apresentação dos sacramentos em relação a Cristo, lembrando, com o Concílio de Trento, que foram instituídos por ele, Cristo (cf. Concílio de Trento: DS 1600-1601; CCE 1114). A afirmação de fé relativa à instituição vai além de uma simples relação externa ou jurídica: os sacramentos procedem de Cristo e dele recebem eficácia; ele é a fonte deles e seu fundamento (cf. nn. 1120; 1084-1090). Nos números seguintes, o texto explica a origem dos sacramentos em Cristo com grande beleza, retomando a compreensão sacramental da história da salvação, própria da patrística, descoberta e esboçada nos documentos do Concílio Vaticano II. O tema permanece, pois, enquadrado na economia da salvação, onde aparece claramente que a obra sempre atual de Cristo continua na Igreja e nos sacramentos (cf. nn. 1066-1068; 1076).

O Filho enviado pelo Pai ao mundo, com efeito, revela e cumpre o desígnio divino, entrando na história e assumindo a carne: "A sua humanidade aparece como o 'sacramento', ou seja, o sinal e o instrumento da sua divindade e da salvação que ele traz" (n. 515). Cristo, o Verbo encarnado, é "sacramento" primordial e essencial da salvação, da qual, como Deus, é autor e, como homem, instrumento. Durante a sua passagem pela terra, tudo na sua vida mostra e realiza o plano salvífico do Pai: "As palavras e as ações de Jesus, durante sua vida oculta e durante seu ministério público, já eram salvíficas. Antecipavam o poder do seu mistério pascal. Anunciavam e preparavam tudo o que ele haveria de dar à Igreja quando tudo tivesse sido realizado" (nn. 1115; 512-521). Desse modo, a salvação que ele realizava visivelmente mediante a sua humanidade, durante a sua vida terrena e, em particular, com o seu mistério pascal, ele a cumpre agora por meio dos sacramentos. Portanto, "os mistérios da vida de Cristo são os fundamentos daquilo que agora, por meio dos ministros de sua Igreja, Cristo dispensa nos sacramentos, pois 'aquilo que era visível em nosso Salvador passou para seus mistérios' (SÃO LEÃO MAGNO, *Sermones*, 74, 2)" (n. 1115).

Na dispensação sacramental do mistério de Cristo, a Igreja-sacramento (cf. LG 1) está envolvida. Nela continuamos a "tocar" Cristo, como a hemorroíssa do relato evangélico (cf. Mc 5,30), porque os sacramentos "são 'forças que saem' do corpo de Cristo (cf. Lc 5,17; 6,19; 8,46), sempre vivo e vivificante; são ações do Espírito Santo operante no corpo de Cristo, que é a Igreja" (n. 1116). E, como tais, "são 'as obras-primas de Deus' na Nova e eterna Aliança" (ibid.). Assim, os sacramentos são "de Cristo", porque ele é a fonte e o fundamento deles: brotam do seu Corpo pneumático e são sua realização, por meio dos sinais, dos mistérios da sua vida e da sua Páscoa. Neles, na verdade, encontramos Cristo e por ele somos encontrados.

II. Os sacramentos da Igreja

O CCE passa a apresentar os sacramentos sob uma perspectiva incomum na catequese, mas importante quer no plano pessoal, quer no eclesial: os sacramentos são "da Igreja". O que significa esse "genitivo"? Missão, não origem nem propriedade: a Igreja, Esposa unida a Cristo num só Corpo vivificado por seu Espírito, recebeu do seu Chefe e Senhor a missão da dispensação sacramental da sua obra redentora entre os homens. A sua missão é de serviço, de guarda, de fiel administração do mistério de Cristo. Com a luz e a guia do Espírito Santo (cf. Jo 16,13), Cristo lhe confiou a missão de discernir as ações sacramentais, esclarecer seu número septenário e determinar sua dispensação (cf. n. 1117). Todavia, como "serva" dos sacramentos, o seu poder sobre eles, embora sendo exclusivo, não é arbitrário nem ilimitado (cf. 1125; 1205).

"Da Igreja" significa também que os sacramentos existem "[por meio] dela" e "para ela" (cf. n. 1118). "Por meio dela", porque a Igreja no seu todo (não somente os ministros sagrados), enquanto "sacramento da ação de Cristo que nela opera, graças à missão do Espírito Santo" (n. 1118), é o sujeito integral das ações sacramentais. Todo o corpo-povo eclesial, enquanto "comunidade sacerdotal organicamente estruturada", em virtude da dupla participação do único sacerdócio de Cristo — participação que passa pelos sacramentos que conferem o chamado "caráter sacramental" — "faz" os sacramentos (cf. LG 10-11; CCE 1121). Por sua vez, alguns deles desempenham uma função estrutural e dinâmica na comunidade cultual (cf. n. 1121); em virtude do batismo e da confirmação, a Igreja se constitui como povo sacerdotal, habilitado pelo "sacerdócio comum" para celebrar a liturgia; e, em virtude da ordem, que concede a alguns fiéis o sacerdócio ministerial e os habilita a representar sacramentalmente Cristo-Cabeça, como povo sacerdotal hierarquicamente estruturado no qual Cristo continua a agir (cf. nn. 1119-1120). Segundo a sua estruturação orgânica, de natureza sacerdotal e raiz sacramental, a Igreja, vivificada pelo Espírito, opera como sinal e instrumento da própria ação de Cristo. Um aspecto importante na catequese consistirá em evidenciar tanto o "nós" que constitui o sujeito celebrante unido a Cristo, quanto o lugar e função de cada um segundo a própria vocação.

"Para ela" significa que os sacramentos "fazem a Igreja". Segundo o sentir da tradição, eles "fazem a Igreja, conquanto manifestam e comunicam aos homens, sobretudo na Eucaristia, o mistério da comunhão do Deus amor, uno em três Pessoas" (n. 1118). A liturgia sacramental, portanto, é autêntica "epifania" da Igreja: âmbito no qual o mistério eclesial se realiza e se exprime de modo privilegiado como obra trinitária (cf. SC 26; 41). Portanto, a Igreja é não somente "sujeito", mediação, mas também "objeto" das ações sacramentais.

III. Os sacramentos da fé

Segundo uma abordagem profundamente tradicional, recuperada pela doutrina conciliar (cf. SC 59), o CCE fala dos "sacramentos da fé". A fé aparece assim não como um elemento externo à ação sacramental, mas incorporado à sua própria essência e estrutura. O texto focaliza e explicita a relação fé-sacramentos nos seus diversos aspectos e níveis, começando pela contextualização na missão de Cristo prolongada nos seus apóstolos (cf. Lc 24,47; Mt 28,19; CCE 1122). Nela, anúncio, fé e sacramentos são indissociáveis e se articulam de modo dinâmico: "A missão de batizar, ou seja, a missão sacramental, está implícita na missão de evangelizar, porque o sacramento é preparado pela Palavra de Deus e pela fé, a qual é assentimento a essa Palavra" (n. 1122; cf. PO 4).

Essa "fé sacramental", que nasce do anúncio da Palavra e está envolvida no sacramento, apresenta as seguintes características e comporta não poucas consequências pastorais e catequéticas: (1) Prepara para o sacramento e, ao mesmo tempo, é instruída, revigorada, alimentada e expressa pela celebração dele (cf. SC 59; CCE 1123). Portanto, a fé pessoal que os sacramentos pressupõem é um ponto de partida, não de chegada: é chamada a crescer e se desenvolver como vida de fé; ao mesmo tempo, as palavras e as ações sacramentais são um meio esplêndido para instruir os fiéis. (2) Pessoal e, ao mesmo tempo, eclesial: porque os fiéis são convidados a aderir à fé, recebida pelos apóstolos, que a Igreja professa e celebra na ação sacramental e que, portanto, precede a dos fiéis e da qual eles participam (cf. n. 1124). A celebração eclesial inteira é atividade crente, celebração da fé; daí que a liturgia é um elemento constitutivo da Tradição viva da Igreja (cf. DV 8). (3) Realiza-se em três níveis inseparáveis do evento sacramental: fé "professada" no "mistério" celebrado, fé "celebrada" na "ação" litúrgica e fé que exige ser "vivida" na "vida" pessoal (cf. n. 1124). Embora o momento ritual e o existencial se distingam entre os dois momentos, não há ruptura, mas continuidade: os sacramentos são celebrações da fé "operativa". (4) Manifesta-se em algumas formas rituais comuns que não podem ser modificadas arbitrariamente (nenhum rito pode ser modificado ou manipulado por vontade do ministro, da comunidade, nem mesmo da suprema autoridade da Igreja) e exprimem e desenvolvem a comunhão de fé na Igreja (a celebração dos sacramentos é sinal de uma mesma fé professada). A liturgia, pois, é um dos critérios essenciais do diálogo ecumênico (cf. nn. 1125-1126).

IV. Os sacramentos da salvação

O CCE expõe a questão da eficácia dos sacramentos começando a lembrar, com o Concílio de Trento, que "celebrados dignamente na fé, os sacramentos conferem a graça que significam (cf. Concílio de Trento, DS 1605 e 1606)" (n. 1127). A perspectiva que ilumina o sentido dessa afirmação, todavia, é profundamente coerente com a compreensão trinitária e "sinérgica" das ações litúrgicas apresentadas no art. 1. Os sacramentos são eficazes porque neles age o próprio Cristo, com a colaboração da sua Igreja, a qual — pela epiclese — implora ao Pai para que envie o Espírito Santo, que, como o fogo (cf. n. 696), "transforma em vida divina o que é submetido ao seu poder" (n. 1127; cf. nn. 1084; 1105). São eficazes porque Cristo, presente e operante neles, é seu primeiro agente; o Espírito, em sinergia com a Igreja, o seu grande artífice; e o Pai, o princípio do qual procede toda salvação. Retomando os nn. 1115-1116, poder-se-á explicar que Cristo é o "sacramento" de quem emana toda eficácia sacramental. Partindo sempre de Cristo, o CCE explicita com uma nova luz o significado da afirmação tridentina sobre a eficácia *ex opere operato* dos sacramentos. Isso significa: "em virtude da obra salvífica de Cristo, realizada uma vez por todas" (n. 1128). Assim, os sacramentos são eficazes porque neles se manifesta, faz-se presente de modo objetivo e se comunica, por meio de sinais, o único e inimitável mistério redentor de Cristo com toda a sua força salvífica (cf. n. 1085). Definitivamente, são eficazes porque constituem a realização litúrgico-celebrativa do desígnio da salvação, concluído historicamente no mistério de Cristo. Por meio deles, ele nos vem ao encontro, oferece o dom da salvação a todo homem e o dispensa a quem o aceita na fé, pelo poder do seu Espírito. Nesse contexto, lembra-se a distinção clássica entre "eficiência" e "fecundidade" dos sacramentos (cf. n. 1128): a primeira não depende dos méritos do ministro ("Quando um sacramento é celebrado em conformidade com a intenção da Igreja, o poder de Cristo e do seu Espírito age nele e por meio dele"); a segunda depende também da disposição daqueles que os recebem.

O texto afirma também, com Trento, que "para os crentes, os sacramentos da nova aliança são necessários para a salvação" (n. 1129; cf. n. 1257; DS 1604). Coloca a explicação na linha da operatividade da chamada "graça sacramental", que não entende como uma realidade diferente da realidade da "graça santificante", mas que apresenta como um único dom sacramental: "a graça do Espírito Santo dada por Cristo e peculiar a cada sacramento" (n. 1129; cf. n. 2003). Essa graça desdobra o seu dinamismo salvífico como ação que cura e que configura a Cristo: "O Espírito cura e transforma os que o recebem, conformando-os ao Filho de Deus [...] o Espírito de adoção deifica (cf. 2Pd 1,4) os fiéis, unindo-os vitalmente ao Filho único, o Salvador" (ibid.). Pois bem, sendo o mesmo Espírito o que opera nos diversos sacramentos, a sua ação é diversificada em virtude dos diversos sinais sacramentais. Como a luz que atravessa um prisma e se decompõe em diversas cores, assim a graça do Espírito amplia a sua força de cura e configuração com o mistério de Cristo de modo diferente em cada sacramento.

V. Os sacramentos da vida eterna

Sob esse título, o CCE apresenta a dimensão escatológica dos sacramentos em íntima relação com a ação do Espírito Santo. Ele é aquele que está na raiz da tensão da liturgia para a *parusía* e que garante à Igreja, por meio dos sacramentos, a participação, já na terra, do penhor da sua herança (cf. nn. 1130; 1107): o advento do Reino (cf. nn. 2816-2821), a plena comunhão com a Trindade (cf. n. 1107) e com os santos na plenitude da caridade (cf. nn. 946-948; 953). Os sacramentos são, portanto, sinais proféticos que, durante o tempo da Igreja, anunciam e antecipam esses bens futuros (cf. nn. 1130; 1152). Assim, a ação sacramental realiza-se contemporaneamente como memorial do passado, evento salvífico presente e participação da plenitude futura.

O CCE encerra esta seção com um belo texto do Aquinata (cf. *Summa Theologiae*, III, 60, 3) que pode servir como síntese catequética recapituladora: são sinais comemorativos da paixão de Cristo (mistério pascal), demonstrativos da graça (salvação), prefigurativos da glória que deve vir (vida eterna), confiados à Igreja e preparados pela fé, tanto da Igreja, quanto dos fiéis.

Nesse completo e rico quadro teológico geral, no qual os sacramentos aparecem como "obras-primas da Trindade", as duas definições reunidas pelo CCE (cf. nn. 1084; 1131), complementares entre si e que veiculam uma tradição viva enriquecida de novas luzes, serão mais bem contextualizadas e compreendidas na catequese.

Capítulo II
A CELEBRAÇÃO SACRAMENTAL DO MISTÉRIO PASCAL

GOFFREDO BOSELLI

A segunda parte do CCE, "A celebração do mistério cristão", representa, ainda hoje, trinta anos depois, o ponto mais avançado no ensinamento da Doutrina católica sobre a liturgia. De fato, se no decurso dos trinta anos desde o encerramento do Vaticano II até a promulgação do CCE, importantes interpretações e qualificados comentários da Constituição litúrgica já tinham sido oferecidos tanto pelos documentos magisteriais, quanto pelos estudos teológicos, graças aos quais a aceitação eclesial da reforma litúrgica conciliar foi acompanhada e apoiada, a catequese litúrgica oferecida pelo CCE representa um importante acréscimo do entendimento do sentido da celebração do mistério. Isso especialmente em razão da qualidade evangélica e do genuíno espírito cristão expressos pelo ensinamento litúrgico do CCE, pelo alento bíblico e patrístico que o atravessa, por seu amplo haurir do vastíssimo tesouro das tradições litúrgicas do Oriente, valorizando, ao mesmo tempo, as riquezas da liturgia romana renovada pelo Vaticano II. Se repararmos bem, o CCE conjuga fidelidade à grande tradição litúrgica cristã com a capacidade de exprimir o significado e o valor da celebração do mistério no hoje da Igreja e do mundo.

A parte que o CCE consagra à liturgia, portanto, marca um significativo amadurecimento do que o Concílio Vaticano II expressou na carta e no espírito da SC, cuja indelével marca está expressa em todo o tratado. Ao mesmo tempo, oferece a medida do longo e providencial caminho que a Igreja iniciou nos primeiros anos do século XX, graças à obra do Movimento litúrgico, um caminho que assumiu inteiramente mediante a renovação da liturgia, algo desejado pelo Concílio Vaticano II, e que, a seguir, se realizou na ordinária vida das Igrejas locais por meio da aceitação e aplicação da reforma litúrgica conciliar até atingir, nas páginas do CCE, a plena maturidade teológica e espiritual. A singular autoridade doutrinal que o CCE possui como ensinamento oficial da Doutrina católica faz do conjunto do seu conteúdo litúrgico, e não só o expresso na segunda parte, um ponto de não retorno na compreensão do mistério da liturgia e, ao mesmo tempo, uma referência particularmente importante diante de todo possível questionamento dos princípios teológicos que servem de fundamento da renovação litúrgica realizada pela Igreja a partir do Concílio Vaticano II. Do mesmo modo, é um sólido e irrenunciável ponto de partida para a renovação litúrgica dos anos futuros.

O CCE ensina a fé da Igreja na sua liturgia, porquanto crer na Igreja, como se professa no Símbolo de fé, significa necessariamente crer também na liturgia que ela celebra.

A celebração sacramental do mistério pascal

A primeira seção ("A economia sacramental") da segunda parte do CCE é constituída por dois capítulos: "O mistério pascal no tempo da Igreja" e "A celebração sacramental do mistério pascal". Os dois capítulos formam um díptico, cujas placas são essenciais uma à outra, como dois movimentos que se interceptam e se exigem mutuamente. Com efeito, não é possível falar da celebração do mistério pascal se antes não é apresentado o próprio mistério pascal. Afirmando a centralidade do mistério pascal, o CCE assume e desenvolve a que é reconhecida como a maior e mais decisiva aquisição da teologia litúrgica da SC.

Se a Constituição litúrgica apresenta o mistério pascal em chave eminentemente cristológica, o CCE cresce em sentido fortemente trinitário, chegando a compreender a liturgia como "obra da santa Trindade" (cap. 1, art. 1). Definido o Pai como fonte perene e fim último da liturgia e o Filho como aquele que torna presente e comunica a sua obra de salvação por meio da liturgia da Igreja, emerge com singular importância a ampla parte reservada ao papel do Espírito Santo na liturgia. Desenvolvendo a ideia central segundo a qual é na liturgia que se realiza a mais estrita sinergia entre o Espírito Santo e a Igreja (n. 1108), essas luminosas páginas, por sua profundidade teológica e riqueza espiritual, representam a parte mais inovadora e original, a ponta mais avançada da contribuição que o CCE oferece à Doutrina católica sobre a liturgia e, em particular, sobre a presença e a ação do Espírito Santo na celebração litúrgica. Desse modo, é amplamente preenchida a escassa atenção que o Ocidente latino reservou, há séculos, à missão do Espírito Santo na liturgia.

A síntese desse ensinamento é bem expressa onde se afirma: "O mistério pascal de Cristo é celebrado, não repetido; são as celebrações que se repetem. Em cada uma delas, sobrevém a efusão do Espírito Santo que atualiza o único mistério" (n. 1104). No pano de fundo da obra trinitária, o CCE passa a expor a Doutrina dos sacramentos, mediante os quais a comunidade crente celebra o mistério pascal. Os sacramentos de Cristo e da Igreja são os sacramentos da fé, da salvação e da vida eterna.

A sacramentalidade da Palavra de Deus

A trinta anos da promulgação do CCE, não é possível deixar de observar que uma aquisição ulterior sobre a relação entre o mistério pascal e a sua celebração na liturgia é dada pela notável contribuição oferecida pela Exort. apost. pós-sinodal VD, do Papa Bento XVI, não só sobre a relação entre a palavra de Deus e os sacramentos, mas, em especial, sobre a "sacramentalidade da Palavra" (VD 56), um tema particularmente novo e significativo emergido durante os trabalhos da XII Assembleia geral ordinária do Sínodo dos Bispos (5-26 de outubro de 2008). É necessário, portanto, que o ensinamento do CCE sobre a articulação entre mistério pascal e os sacramentos da Igreja seja integrado e completado pela compreensão da qualidade sacramental da Palavra de Deus, oferecida pela Exortação apostólica, segundo a qual "a sacramentalidade da Palavra se deixa assim compreender em analogia com a presença real de Cristo sob as espécies do pão e do vinho consagrados" (ibid.). O número conclui desejando "Aprofundar o sentido da sacramentalidade da Palavra de Deus, ou seja, favorecer uma compreensão mais unitária do mistério da revelação em 'eventos e palavras intimamente conexos', favorecendo a vida espiritual dos fiéis e a ação pastoral da Igreja" (ibid.). A VD mostra, assim, ter plenamente aceitado a Proposição sétima expressa pela assembleia sinodal: "Os Padres sinodais desejam que possa ser promovida uma reflexão teológica sobre a sacramentalidade da Palavra de Deus. Sem o reconhecimento da presença real do Senhor na eucaristia, o entendimento da Escritura permanece incompleto".

Artigo 1
CELEBRAR A LITURGIA DA IGREJA

A primeira placa do díptico, o entendimento do mistério pascal e da sua natureza sacramental, não só ilumina a segunda placa — "A celebração sacramental do mistério pascal" —, jogando luz sobre "a novidade da sua celebração" (n. 1135), mas, como veremos a seguir, é sua razão e causa. É a Páscoa que gerou os ritos que a celebram, de modo que, interrogando a celebração, desvelar-se-á o mistério celebrado. Por isso, o ensinamento litúrgico do CCE declara por si mesmo o seu estilo pedagógico: "Esta catequese fundamental das celebrações sacramentais responderá às questões primordiais que os fiéis levantam a este respeito: quem celebra? Como celebrar? Quando celebrar? Onde celebrar?" (n. 1135).

A escolha do CCE de expor o ensinamento litúrgico na forma de respostas a quatro simples e concretas perguntas postas pelos fiéis define não somente a precisa escolha da "mistagogia" como método de catequese, mas faz do CCE um verdadeiro mistagogo e, consequentemente, daqueles que dele se aproximam faz iniciados nos santos mistérios. Essa inequívoca opção, entre as diversas possíveis, revela e, ao mesmo tempo, chancela com autoridade a consciência da íntima conexão entre liturgia e catequese, própria não só da tradição patrística, mas já visível nas próprias santas Escrituras desde o advento em cujo memorial fundamenta a ritualidade hebraica e cristã: a Páscoa. Um catecismo, com efeito, é gerado por uma simples pergunta, cujo cenário o autor do livro do Êxodo fixa antecipadamente, dado que a pergunta já fazia certamente parte, na época, de um ritual que ainda hoje faz parte da celebração da Páscoa hebraica: "Observareis este rito quando tiverdes entrado na terra que o Senhor vos dará, como ele o disse. 'Que rito é esse que estais celebrando?', direis: 'É o sacrifício da Páscoa para o Senhor, que passou diante das casas dos filhos de Israel no Egito...'" (Ex 12,25-27).

Essa pergunta da *Haggadah* pascal não é posta pelo adulto à criança, mas dela ao adulto. A pergunta parte dos "descobridores", que são os catecúmenos, os catequizandos, crianças ou adultos que sejam. Mais exatamente, parte do mistério pascal (primeira parte do díptico), pois toda a catequese consistirá sempre no "narrar" (cf. Ex 10,2) o mistério pascal nos detalhes, como a nossa liturgia consistirá sempre em fazer a Páscoa de Cristo (cf. Mt 26,26). Portanto, é a Páscoa que interroga, que suscita perguntas, de modo que a pergunta pascal é a síntese como o ponto de interseção de todas as outras perguntas postas pela fé e pela vida cristã.

I. Quem celebra?

A liturgia não é ação de apenas alguém a quem a comunidade cristã delega a celebração dos santos mistérios, mas "a liturgia é 'ação' do 'Cristo todo' (*'Christus totus'*)" (n. 1136); por isso, é ação da Igreja inteira numa profunda comunhão dos santos do céu e da terra que constitui uma única assembleia celebrante. É de grande importância evidenciar que o CCE, ao expor os "celebrantes da liturgia celeste" (nn. 1137-1139), refere-se unicamente ao texto neotestamentário do Apocalipse de João e, em particular, à visão do Cordeiro imolado de pé no trono (cf. Ap 5,6), o Cristo crucificado e ressuscitado (n. 1137). Isso significa que no ensinamento litúrgico do CCE a liturgia do céu não deve, pois, ser entendida, numa perspectiva dionisíaca, como uma ideia platônica preexistente e a-histórica que serviria de modelo para a liturgia terrena. Se no Antigo

Testamento — segundo a tradição sacerdotal — era a liturgia do céu o protótipo do culto do Templo, o Novo Testamento atesta que a Páscoa de Cristo inverteu a relação entre as duas liturgias. A vida mesma de Jesus Cristo, que culminou na sua paixão, morte e ressurreição, é a liturgia por ele celebrada sobre a terra. Adorando o Cordeiro degolado, no céu como na terra, celebra-se o memorial da Páscoa de Cristo.

É, portanto, decisivo para a compreensão cristã da liturgia celeste — ensina o CCE — que Jesus, o crucificado e ressuscitado, tenha subido ao céu, esteja sentado à direita de Deus e retorne na glória, como professa o Credo cristão. Com isso, realizou-se uma elevação radical com relação à perspectiva veterotestamentária: não é a liturgia celeste o modelo para a terra, mas agora se celebra no céu segundo a partitura da liturgia terrena. O que une a liturgia do céu à da terra é, portanto, a comum participação da liturgia de Jesus Cristo, o "liturgo do santo (*leitourgós tôn haghíon*)" (Hb 8,2). É Cristo o verdadeiro liturgo da liturgia eclesial, porquanto o é da celeste, porque é ele que a preside como "Sumo sacerdote do verdadeiro santuário" (cf. Hb 4,14-15).

Ao definir os "celebrantes da liturgia sacramental" (nn. 1140-1144), o CCE retoma literalmente o ensinamento da Constituição litúrgica, afirmando que é "toda a comunidade, o corpo de Cristo unido à sua Cabeça, celebra" (n. 1140), "a assembleia que celebra é a comunidade dos batizados" (n. 1141), em nome do sacerdócio comum de Cristo, do qual todos os seus membros participam. Esclarecendo, pois, o serviço essencial e exclusivo prestado à comunidade pelos ministros "consagrados pelo sacramento da Ordem", os quais agem "na pessoa de Cristo-Cabeça para o serviço de todos os membros da Igreja" (n. 1142), o CCE conclui a resposta à primeira interrogação, formulando uma nova e audaz expressão: "a assembleia inteira é 'liturgo'" (n. 1144). Diante das resistências em relação ao uso da expressão "assembleia celebrante" — feita também objeto de explícitas interdições —, o CCE, ao afirmar que "a assembleia inteira é o 'liturgo'", vai bem mais além, ensinando que a comunidade cristã não só é "sujeito integral da ação litúrgica" — como diz o título de um célebre artigo de Yves Congar (*L'Ecclesia ou communauté chrétienne, sujet intégral de l'action liturgique*, in: *La Liturgie après Vatican II. Bilans, études, prospective*, Paris, Cerf, 1967, 242-282) —, mas que a comunidade reunida em assembleia não é apenas, com todo o direito, sujeito da celebração litúrgica, mas ela própria liturgia enquanto *Ecclesia congregata*.

II. Como celebrar?

Os cristãos celebram sua fé por meio de símbolos que vêm da criação e da cultura, mediante os sinais da antiga aliança, os sinais realizados pelo próprio Cristo e os que se tornaram sacramentos da Igreja. Ao afirmar que o homem enquanto "ser ao mesmo tempo corporal e espiritual, exprime e percebe as realidades espirituais por meio de sinais e símbolos materiais" (n. 1146), o CCE evoca em primeiro lugar a dimensão a um tempo corporal e espiritual do ser humano. É, com efeito, por meio do seu corpo que o homem entra em relação com os outros, com o mundo, com as coisas e, portanto, também com Deus. Isso determina, necessariamente, também o seu modo de celebrar Deus, porque o corpo é o paradigma da relação entre Deus e o homem. O homem em oração, "essa árvore de gestos" (cf. CERTEAU, M. de, *Debolezza del credere. Fratture e transiti del cristianesimo*, Troina, Città Aperta, 2006), celebra a sua fé por meio de posturas e gestos, fazendo uso da voz, da linguagem, elementos que constituem os sinais e os símbolos da liturgia.

Ao atestar que "a liturgia da Igreja pressupõe, integra e santifica elementos da criação e da cultura humana, conferindo-lhes a dignidade de sinais da graça, da nova criação em Jesus Cristo" (n. 1149), o CCE evidencia que na liturgia os elementos da criação, entre os quais a água, o óleo, o fogo, não só fazem parte da liturgia, mas são eles próprios liturgia, porque são elementos essenciais à ação litúrgica como lugar da comunhão com Deus, como cosmos sacramentalmente posto em Deus. Ao mesmo tempo, nada é excluído de tudo o que é autenticamente humano e expressão da cultura; a liturgia é o lugar maior onde se revela com extrema evidência que o mais espiritual é o mais humano e vice-versa. A liturgia é, além disso, a demonstração mais evidente e eloquente da rejeição, por parte da fé cristã, de todo possível dualismo entre espírito e matéria e, ao mesmo tempo, de toda forma de panteísmo, porque celebrar significa invocar a transfiguração e a santificação de toda a criação.

Na liturgia, os crentes proclamam o "Amém" da fé a tudo o que existe e, desse modo, reconhecem diante do Senhor, com o autor do livro da Sabedoria: "Tu amas todos os seres e não detestas nenhuma de tuas obras: tivesses odiado uma delas, não a terias criado" (Sb 11,24). O ato de amor de Deus em relação a todas as criaturas torna-se ato de celebração da criação por parte do homem.

Evocando, pois, os sinais da aliança, ressalta-se, de fato, que da liturgia do povo de Israel a liturgia cristã assumiu e, ao mesmo tempo, ressignificou, à luz do mistério pascal, festas e sinais da antiga aliança, não tanto na sua materialidade, quanto na profundidade de seu sentido bíblico. Os sinais e os símbolos da liturgia cristã sem a Bíblia são como se estivessem privados de sua seiva vital, o que levou Louis Bouyer a afirmar: "Se se quer compreender a liturgia, é preciso compreender a Bíblia. Queiramos ou não, estudar a liturgia é, com efeito, estudar a Bíblia, porque a liturgia é ainda a Bíblia [...]. Não se aprecia nem se compreende mais a liturgia porque não se aprecia nem se compreende mais a Bíblia. Todavia, por sua vez, a Bíblia não é mais apreciada nem compreendida, porque a exegese espiritual é negligenciada e, mais ainda, desconhecida" (*Liturgie et exégèse spirituelle*, in *La Maison-Dieu* 7 [1946] 27.30).

Essa estreita relação entre Palavra de Deus e liturgia é aprofundada nos números consagrados às palavras e às ações litúrgicas (nn. 1153-1155). Lembrando que "as ações litúrgicas significam o que a Palavra de Deus exprime", o CCE ensina que a ritualidade litúrgica no seu todo, e os sacramentos em particular, não é senão a manifestação do movimento interno da Palavra de Deus que se faz ato, ação, gesto. Os sacramentos são o corpo da Palavra de Deus. Diferentemente do *lógos* grego, o *dabhar* semítico é inseparavelmente palavra e ação, ou palavra-acontecimento. E outra coisa não é, portanto, um sacramento senão o desenvolvimento da própria substância da Palavra de Deus como palavra que chega a seu cumprimento, não na racionalidade de um discurso (*lógos*), mas no acontecimento de um ato histórico. A Palavra de Deus que, feita gesto e ação litúrgica, tem como seu objetivo e último termo o de se fazer corpo e realidade vivida na existência do crente. Toda ação litúrgica e sacramental da Igreja verifica-se, no sentido de tornar-se verdadeira, na vida de quem a celebra. "Inseparáveis, como sinais e ensinamento, as palavras e as ações litúrgicas são igualmente indissociáveis, conquanto realizam o que significam" (n. 1155), quer dizer, o lugar em que a palavra e a ação litúrgica conseguem plenamente seu significado é a palavra e a ação do cristão: realizam o que significam na existência do crente.

Também o canto, a música e as imagens são realidades concelebrantes. Nas páginas que se seguem, o CCE faz própria a compreensão da liturgia como obra de arte, reconhecendo que a arte é uma linguagem capaz de transmitir de modo único e original a experiência de Deus, de modo a criar uma correspondência com as linguagens simbólicas da liturgia. O "canto sacro, ligado às palavras, é parte necessária ou integrante da liturgia solene" (n. 1156). Lembrando a salmodia bíblica, onde oração, poesia e canto formam uma só coisa, o CCE lembra que o canto não é um ornamento ou um embelezamento da ação litúrgica, mas lhe é essencial, porquanto o canto faz crescer o sentido do texto, fecunda a letra. O canto é veículo de sentido tanto quanto o texto. O canto não é, portanto, um complemento ou a música, um acompanhamento, mas estão "intimamente ligados à ação litúrgica segundo três critérios principais: a beleza expressiva da oração, a participação unânime da assembleia, nos momentos previstos, e o caráter solene da celebração" (n. 1157). A beleza da liturgia é a mais alta expressão e a mais eficaz narração da bondade do anúncio de Cristo, do seu Evangelho. No canto litúrgico ouve-se a voz da Igreja, porque toda comunidade celebrante tem a sua voz, que a torna única e inimitável.

O alto valor teológico da sacramentalidade da arte na liturgia continua expresso no parágrafo seguinte referente às sagradas imagens (nn. 1159-1162), em particular o ícone litúrgico. Seja-nos suficiente observar que o CCE apresenta uma ampla citação de Niceia II, um Concílio desconhecido, da Idade Média latina até uma época relativamente recente, pelo cristianismo ocidental em seu todo. O ensinamento do CCE sobre a iconografia litúrgica é fortemente marcado pela contribuição da tradição das Igrejas do Oriente, graças à qual a imagem é vista no seu valor epifânico do mistério de Deus. Afirmando que "a iconografia cristã transcreve, por meio da imagem, a mensagem evangélica que a Sagrada Escritura transmite pela palavra" (n. 1160), enfatiza-se não somente a necessária visibilidade da Palavra de Deus dentro da liturgia, verdadeira realidade sacramental, mas que a imagem icônica é parte integral e necessária da teologia da Palavra de Deus. A inteligência do mistério cristão é uma questão de visão e não somente de escuta.

III. Quando celebrar?

O ensinamento litúrgico do CCE mostra que, por meio da liturgia, a Igreja celebra o tempo. O cristão, sacerdote do mundo, na liturgia reconhece o tempo principalmente como uma criatura de Deus que foi dada ao ser humano. O tempo é dom, porque é o lugar onde Deus age e salva, onde Cristo viveu os seus dias, revelando o mistério de Deus: a história da salvação o é somente se é salvação da história. Esse é o sentido do "hoje" que escande a liturgia da Igreja, "este 'hoje' do Deus vivo, no qual o homem é chamado a entrar, é 'a hora' da páscoa de Jesus que atravessa e leva toda a história" (n. 1165). Isso significa para os cristãos decidirem-se livremente, como Jesus Cristo, por um preciso *éthos* do tempo: o *éthos* de viver o próprio tempo numa lógica eucarística, ou seja, não na lógica da posse, mas da partilha, não do consumo, mas da comunhão, não da instantaneidade, mas da espera.

O CCE confirma os elementos essenciais da celebração da fé no tempo: o dia do Senhor (nn. 1166-1167) e o ano litúrgico (nn. 1168-1171), dentro dos quais situam-se o *Santoral* (nn. 1172-1173) e a verdadeira oração dos dias que é a *Liturgia das horas* (nn. 1174-1178). Na base da catequese litúrgica exposta é particularmente evidente a sinergia entre ritmo semanal e ritmo anual, ou seja, entre o domingo e a celebração anual da Páscoa. O ano litúrgico encontra a sua plena justificação teológica na festa anual da Páscoa, a qual o tornou possível; daí ele nasceu e, com o tempo, se desenvolveu.

Se é esse o fundamento teológico do ano litúrgico e, em certa medida, a sua possibilidade de existir, o seu objetivo é de fazer viver a Igreja de nada mais senão de Cristo. A Igreja é o corpo de Cristo porque no dia de Pentecostes o Ressuscitado transmitiu aos doze o seu Espírito, que é o seu sopro vital, a ponto de formar com aquela comunidade de homens um só corpo. De tal modo os uniu a si, a seu mistério de morte e ressurreição, que partilhou com eles a sua própria vida. Celebrando de domingo em domingo e de festa em festa o memorial dos mistérios de Cristo por todo o ano litúrgico, a Igreja vive da vida de Cristo e cresce na comunhão com ele. Celebrar os mistérios de Cristo é, com efeito, o modo mais eficaz que a Igreja conhece de compreender e viver o mistério de Deus.

Por sermos membros do corpo de Cristo que é a Igreja, o ano litúrgico tem a função de formar o Cristo em cada um dos crentes, plasmando-o e conduzindo-o, segundo as palavras de Paulo, "ao conhecimento do Filho de Deus, ao estado de adultos (*eis ándra téleion*), à estatura de Cristo em sua plenitude" (Ef 4,13). "Não se nasce cristão, torna-se", lembrava Tertuliano aos neófitos (*Apologeticum*, 18, 4), querendo dizer que, uma vez recebido o batismo, tornar-se cristão é uma missão que jamais se cumpre totalmente, porquanto significa atingir a *plenitudo Christi*, a qual é, decerto, uma realidade somente escatológica. O ano litúrgico é um instrumento não exclusivo, mas certamente decisivo para cumprir esse caminho. Numa homilia para a festa da Teofania, Gregório de Nazianzo percorre um a um os episódios da vida de Cristo que o ano litúrgico celebra, e conclui: "Quantas solenidades para cada um dos mistérios de Cristo! Mas têm todos um só objetivo: levar-me à perfeição, plasmar-me e reconduzir-me ao primeiro Adão" (GREGÓRIO DE NAZIANZO, *Discurso*, 38, 16).

"O ano litúrgico é o desdobramento dos diversos aspectos do único mistério pascal" (n. 1171); desse ensinamento do CCE conclui-se que o ano litúrgico é um meio privilegiado e eficaz de união a Cristo. Domingo após domingo, semana após semana, ano após ano, festa após festa, o ano litúrgico plasma Cristo no cristão. Paulo dirige aos cristãos uma pergunta decisiva, um ultimato, a bem dizer: "Fazei vós mesmos a vossa autocrítica, vede se estais na fé, provai a vós mesmos: ou não reconheceis que Jesus Cristo está em vós?" (2Cor 13,5). Por meio da celebração dos mistérios de Cristo durante o ano litúrgico, sempre mais conhecendo e aprofundando o mistério de Cristo em toda a sua policromia, o Cristo habita no cristão.

IV. ONDE CELEBRAR?

Os números do CCE dedicados ao lugar da celebração (nn. 1179-1186) são uma verdadeira mistagogia do espaço litúrgico. Lembrando-se que a novidade cristã do culto "em espírito e verdade" (Jo 4,24) é que "não está ligado a um lugar exclusivo" (n. 1179), que a comunidade cristã reunida é o autêntico "edifício espiritual" e que todo cristão é "o templo do Deus vivo" (2Cor 6,16), as igrejas visíveis construídas pelos cristãos "manifestam a Igreja viva neste lugar" (n. 1180). O CCE ensina, pois, que, sob o ponto de vista teológico e eclesiológico, há um nexo indivisível entre a consciência que Igreja tem de si mesma e a imagem que dá de si nos seus edifícios. Isso significa que edificar espiritualmente a Igreja não está desvinculado do fato de projetar e construir materialmente as igrejas.

Apresentando o significado e os elementos essenciais que caracterizam o espaço litúrgico — altar, ambão, batistério, cátedra, tabernáculo —, a catequese litúrgica do

CCE mostra que o espaço litúrgico, sobretudo no ato da celebração, é o lugar simbólico permanente de formação da identidade cristã, porque ele permite ver o léxico e a gramática da vida cristã como foram transmitidos pela grande tradição. É a própria liturgia que atesta a relação entre o espaço litúrgico e a identidade cristã, quando, no responsório gradual da dedicação de uma igreja tirado do IV livro de Esdras, canta: *"Locus iste a Deo factus est, inaestimabile sacramentum"* (4Esd 8,21.24). O espaço litúrgico é, portanto, *sacramentum* no sentido agostiniano do termo, ou é *quasi visibile verbum*, é visibilidade da Palavra. Se, como canta o gradual, o espaço litúrgico é *sacramentum*, ele é então palavra "viva e eficaz" que opera e age sobre quem o habita, sobre quem, dia após dia, o frequenta, sobre quem nele mora, cooperando para a formação da identidade do cristão e, portanto, da identidade da Igreja. Habitar o espaço litúrgico significa habitar a fé da Igreja; por isso, o edifício igreja edifica a Igreja.

O espaço litúrgico é espaço de iniciação no qual cada um é convidado a entrar, a tomar lugar, o seu lugar, e a deixar-se tomar, confiando na materialidade do lugar, na pedra, na madeira, na luz, os quais, por sua composição e transformação, falam a língua cristã e, portanto, falam a Palavra de Deus. Como a *Ecclesia mater*, também o espaço de uma igreja é uma verdadeira matriz espiritual e cultural na qual os cristãos são gerados para a fé. De fato, é dentro de um espaço litúrgico que se nasce para a vida cristã e, liturgia após liturgia, os crentes crescem e amadurecem como homens e mulheres de fé. É esse o papel do espaço litúrgico na formação da identidade do cristão e, inevitavelmente, também as deformações e fealdades de um espaço litúrgico tornar-se-ão, mais cedo ou mais tarde, deformações e patologias da vida espiritual de quem o frequenta. Não se pode deixar de observar com certa lamentação que tais igrejas são verdadeiros obstáculos à oração e à experiência de Deus. Isso traduz a extrema fragilidade à qual o espaço litúrgico cristão está exposto. Por isso, ele, como toda outra realidade cristã, tem constante necessidade de ser evangelizado, ou seja, averiguado, renovado e corrigido, à luz do específico cristão.

Artigo 2
DIVERSIDADE LITÚRGICA E UNIDADE DO MISTÉRIO

"O mistério celebrado na liturgia é um só, mas são diversas as formas de sua celebração" (n. 1200). É essa a asserção de onde provém o ensinamento do CCE a respeito das tradições litúrgicas e da catolicidade da Igreja. Uma afirmação que, desde o início, tira toda possível ambiguidade sobre a primazia ou a superioridade do rito latino. Nessa seção, o CCE declara com vigor não somente a extraordinária riqueza da diversidade dos ritos e a sua "maravilhosa complementaridade", mas, ao mesmo tempo, convida a reconhecer que a multiplicidade das tradições litúrgicas é o resultado mesmo da própria natureza do mistério de Deus revelado em Cristo: "a riqueza insondável do mistério de Cristo é tal que nenhuma liturgia é capaz de exaurir sua expressão" (n. 1201). Afirmar que nenhuma tradição litúrgica exaure a riqueza do mistério significa declarar que nenhuma delas pode se julgar superior e, muito menos, viver a pretensão de poder dispensar as outras. Basta-nos observar que a presença no cânone das Escrituras de quatro diferentes evangelhos atesta que, desde as origens apostólicas, o cristianismo nasce plural na narração da vida do Senhor Jesus Cristo pela unidade da confissão de fé nele. Sendo a liturgia uma forma essencial da confissão da única fé, a Igreja nasce plural também nas suas tradições litúrgicas. Por isso, deve-se reconhecer que o CCE tem o mérito de pôr com extrema clareza o decisivo problema do real encontro entre as culturas dos povos no âmbito da liturgia. É essa uma exigência atestada na história mesma da Igreja e da sua liturgia, cujos frutos são visíveis na extraordinária riqueza das tradições litúrgicas das Igrejas do Oriente.

De resto, já na abertura da parte referente à celebração do mistério cristão, nos números consagrados à relação catequese e liturgia, lê-se que "o presente Catecismo, que quer estar a serviço da Igreja inteira, na diversidade de seus ritos e de suas culturas, apresenta o que é fundamental e comum a toda a Igreja, no tocante à liturgia, como mistério e como celebração (Seção I), e, em seguida, os sete sacramentos e os sacramentais (Seção II)" (n. 1075). Querendo, portanto, apresentar "o que é comum", reconhece, de fato, a legitimidade e a riqueza do que é, porém, próprio e exclusivo das específicas tradições das Igrejas locais ou das regiões eclesiásticas, especialmente no que se refere às tradições litúrgicas, expressões da vida de fé delas, da história e da cultura pelas quais foram geradas. Na medida em que a liturgia envolve a comunidade que a celebra, ela é, consequentemente, uma de suas expressões mais eloquentes. Daí nasce a exigência posta pelo CCE do encontro entre o anúncio do Evangelho e as riquezas das várias culturas.

Temos de observar que a SC 40, pelo conceito de "adaptação litúrgica", mantinha uma relação substancialmente externa entre liturgia da Igreja e cultura local (embora o termo "cultura" não apareça no texto); pela Constituição conciliar, a adaptação litúrgica consiste em selecionar os diversos elementos das culturas dos povos para os adaptar à liturgia. Na realidade, uma cultura não é a simples soma de componentes distinguíveis um do outro, mas representa um conjunto orgânico em relação ao qual cada elemento assume o seu significado. Por essa razão, a prática litúrgica pode influenciar a cultura na medida em que ela é o fruto maduro do encontro do Evangelho com essa mesma cultura. Diferentemente, entre a liturgia de uma Igreja e a cultura daquele povo haverá sempre um hiato insuperável, não determinado, todavia, pela irredutibilidade do Evangelho de Cristo a qualquer cultura humana, mas pela incapacidade de a liturgia assumir os traços essenciais e constitutivos daquela cultura. O CCE afirma que, para cumprir a sua missão, a liturgia "é geradora e formadora de culturas" (n. 1207), ou seja, deve ser capaz de exprimir e, a um tempo, enriquecer a cultura do povo que a celebra. Por isso, declara que o mistério de Cristo "deve ser anunciado, celebrado e vivido em todas as culturas, de modo que estas não sejam abolidas, mas resgatadas e realizadas por ele" (n. 1204).

Se a promulgação do CCE no dia 11 de outubro de 1992, a trinta anos do Concílio, foi reconhecida como um acontecimento de particular importância para a vida da Igreja, o CCE, ainda hoje, trinta anos depois, continua sendo um instrumento indispensável e decisivo para a transmissão da fé da Igreja, que comporta em si mesma também a transmissão do verdadeiro sentido da liturgia.

Segunda Seção
OS SETE SACRAMENTOS DA IGREJA

OS SETE SACRAMENTOS DA IGREJA

PHILIP GOYRET

O CCE, nos nn. 1114-1116, já se ocupou com a instituição dos sacramentos por parte de Jesus. Agora, porém, põe-se em evidência uma importante consequência, ou seja, o fato de, após a partida de Jesus para o céu, o número e a tipologia dos sacramentos ficarem para sempre fechados: são sete, nem mais nem menos (o "septenário sacramental" confirmado pelo Concílio de Trento), sendo três sacramentos da iniciação cristã (batismo, crisma, eucaristia), dois da cura (penitência e unção dos enfermos) e dois da comunhão (matrimônio e ordem). O CCE, na esteira da teologia escolástica, retoma assim a analogia do desenvolvimento da vida natural dos seres humanos aplicada à vida sobrenatural: nascimento, crescimento e nutrição (iniciação), recuperação e preparação para a morte (cura); formação da família e ministério na Igreja (serviço da comunhão). Desse modo, destaca-se mais a organicidade da vida sacramental.

Capítulo I

Artigo 1

OS SACRAMENTOS DA INICIAÇÃO CRISTÃ — O SACRAMENTO DO BATISMO

JUAN CARLOS CARVAJAL BLANCO

"A carne é o eixo da salvação (*caro salutis cardo*)" (Tertuliano, *De resurrectione carnis liber*, c. VIII: PL 2, 806). Essa frase de Tertuliano afirma que a economia cristã da salvação passa pela carne: pela humanidade do homem e pela sua condição histórica. De fato, Deus se aproximou do seu povo Israel e guiou as vicissitudes da sua história para realizar com Israel o seu desígnio salvífico e, na plenitude dos tempos, enviou o seu Filho, nascido de mulher (cf. Gl 4,4), para que na sua Páscoa revelasse plenamente o seu amor e realizasse a sua salvação na carne assumida no seio de Maria. Desde então, a ação salvífica de Deus continua mediante a carne da Igreja, que representa Cristo na história e está a serviço da ação santificadora do Espírito que o próprio Cristo enviou do Pai (cf. Jo 15,26).

Se a humanidade de Cristo é o grande sacramento da divindade, a que na unidade do Espírito Santo partilha com o Pai, e se é por meio da sua carne que nos chega a salvação para todos os homens, essa mesma coisa, analogicamente, como diz o Concílio, poderia ser dita da Igreja: "De fato, como a natureza assumida serve ao Verbo divino como verdadeiro órgão de salvação, a ele indissoluvelmente unido, assim, de modo não dissemelhante, o organismo social da Igreja serve ao Espírito de Cristo que a vivifica, para o crescimento do corpo (cf. Ef 4,16)" (LG 8).

A Igreja é o corpo de Cristo em crescimento no decurso da história, é mediação, com relação a todos os povos, em qualquer tempo e lugar, da presença do seu Salvador e Senhor. Cristo, mediante o seu Espírito, doa-lhe a própria vida por meio de alguns sacramentos (sinais na carne), de modo que ela possa ser testemunha da sua obra redentora e instrumento de salvação para todos os homens.

São múltiplos os sinais com que a Igreja atualiza a salvação que Cristo realizou na sua pessoa; em todo caso, o Concílio de Trento, depois de um processo de discernimento e com fundamento numa longa tradição, declarou solenemente que os sacramentos são sete: batismo, confirmação, eucaristia, penitência, unção dos enfermos, ordem sacerdotal e matrimônio. Para a definição dos sete sacramentos, a Igreja manteve um duplo critério: há os que foram instituídos pelo próprio Cristo (reconhecendo assim que não tem nenhum poder sobre os sinais da salvação, mas que é sua destinatária e mediadora) e os que foram instituídos para o bem humano.

O CCE põe em evidência que há uma correspondência entre os sete sacramentos e as fases da vida de um ser humano e que o evento de graça que se realizou durante a existência de Jesus vai acompanhando e configurando aqueles que durante sua vida receberem com fé os sacramentos que a Igreja celebra. "Os sete sacramentos atingem todas as etapas e todos os momentos importantes da vida do cristão: graças a eles, a vida de fé do cristão nasce e cresce, recebe cura e os dons da missão." (n. 1210). A celebração dos sacramentos estabelece uma relação real entre Jesus e os seus discípulos, de modo que eles possam reproduzir na vida os mistérios do seu Senhor e possam exercer no mundo a missão recebida de seus lábios: "Como o Pai me enviou, assim também eu vos envio" (Jo 20,21).

Capítulo I
OS SACRAMENTOS DA INICIAÇÃO CRISTÃ

O CCE começa o primeiro capítulo apresentando os sacramentos da iniciação cristã, o batismo, a confirmação e a eucaristia, e o faz afirmando que a celebração deles estabelece "os 'fundamentos' de qualquer vida cristã". Alguns números mais adiante (nn. 1229-1233), o CCE fornece algumas indicações sobre o que seja a iniciação cristã. Para maior clareza, permitimo-nos antecipar o comentário a essa seção, para ressaltar a natureza da iniciação cristã e a integridade que existe entre o processo de fé e a celebração dos sacramentos da iniciação.

No século XX, sobretudo a partir do Vaticano II, a noção de iniciação cristã encontrou um lugar de destaque na teologia sacramental (cf. SC 65, 71; AG 14; PO 2; RICA, RBC...). Na realidade, a partir do processo de secularização e do declínio da sociedade do cristianismo, a Igreja recuperou a convicção de que "não se nasce cristão, torna-se (fiunt, non nascuntur)" (TERTULIANO, Apologeticum, c. XVIII, 4: CCL 1, 118). "Como isso é possível?", pergunta Gregório Nazianzeno, e ele próprio dá uma resposta que nos parece particularmente luminosa: "Esse novo ser, é a fé que o gera; a regeneração do batismo o dá à luz; a Igreja, como uma nutriz, aleita-o com a sua doutrina e as suas instituições e o alimenta com o seu pão celeste; atinge a idade madura com a santidade de vida; a união com a Sabedoria é o seu matrimônio; os seus filhos, a esperança; a sua casa, o reino; a sua herança e as suas riquezas, as delícias do paraíso; o seu fim não é a morte, mas a vida eterna e feliz no palácio dos santos" (GREGÓRIO NAZIANZENO, Sermão sobre a ressurreição de Cristo: PG 46, 603-606).

De fato, para se tornar cristão é preciso seguir um caminho, com etapas adaptadas ao processo de conversão e de fé, por meio do qual o crente é libertado do pecado e gerado como filho de Deus, torna-se membro de Cristo e da sua Igreja e, sob o poder do seu Espírito, participa da sua missão. A Igreja, instrumento do Espírito, é o seio no qual os cristãos são gerados como filhos de Deus; para isso oferece-lhes como sustento a catequese e a celebração litúrgico-sacramental (cf. AG 14).

Na iniciação cristã, o itinerário catequético e o litúrgico-sacramental possuem um caráter unitário. E, para poder realizar a obra de Deus, ambas as funções são necessárias, para se completarem mutuamente. Com efeito, "A catequese está intrinsecamente ligada a toda ação litúrgica e sacramental, porque é nos sacramentos e especialmente na eucaristia que Jesus Cristo age em plenitude para a transformação dos homens" (CT 23; CCE 1074). A liturgia, entrementes, deve "ser precedida pela evangelização, pela fé e pela conversão, poderá então produzir seus frutos na vida dos fiéis: a vida nova segundo o Espírito, o compromisso com a missão da Igreja e o serviço de sua unidade" (CCE 1072, apud Conferência Episcopal Espanhola, A iniciação cristã [27.11.1998] 40).

A unidade entre a catequese e os sacramentos não pode ser rompida de modo algum; é a condição para que os cristãos façam a experiência da vida divina que a iniciação cristã lhes oferece, uma vida que é mediada pela Igreja e exige a fé. De fato, sendo a Igreja uma realidade "[...] humana e, ao mesmo tempo, divina; visível, mas dotada de dons invisíveis; fervorosa na ação e devotada à contemplação; presente no mundo e, no entanto, peregrina" (SC 2; CCE 771), o cristão deve ter os olhos da fé para passar "do visível para o invisível, do significante para o significado, dos 'sacramentos' para os 'mistérios'" (CCE 1075).

O CCE apresenta-nos por alto as alternâncias pelas quais passou a iniciação cristã em toda a Igreja (nn. 1230-1232). Hoje, a reforma litúrgica pós-conciliar respondeu às exigências do tempo presente com a renovação de dois ritos: o RICA e o RBC. Assim, na Igreja de rito romano faz-se distinção entre a iniciação cristã dos adultos e a das crianças. Para os primeiros, conservam-se a ordem e o uso tradicional: depois de um processo de catecumenato, durante a celebração da Vigília pascal, os adultos recebem os três sacramentos da iniciação: batismo, confirmação e eucaristia. No que diz respeito às crianças, embora, em princípio, o rito reconheça a ordem tradicional dos sacramentos, o faz depender, na prática, do processo catequético pós-batismal que aqueles que foram batizados nos primeiros meses de vida devem seguir durante a infância, a adolescência e a juventude. Em todo caso, pede-se que a unidade sacramental seja salva e que o catecumenato pré-batismal ou pós-batismal, conforme cada caso, prepare o acolhimento da graça batismal e, uma vez recebida, facilite a sua necessária assunção e seu desenvolvimento.

Artigo 1
O SACRAMENTO DO BATISMO

Fundamentando-se na referência a dois documentos magisteriais, o Concílio de Florença (1439) e o *Catecismo Romano* promovido pelo Concílio de Trento (1566), o CCE começa definindo o sacramento do batismo. De nossa parte e como complemento ao texto que nos interessa, citamos as definições fornecidas quer pelo RBC, quer pelo RICA. Na prática, o rito para as crianças enraíza o batismo na vontade salvífica de Cristo em benefício de todos os homens e revela a relação estrutural que existe entre o sacramento da fé e a proclamação do Evangelho: "O batismo, ingresso na vida e no reino, é o primeiro sacramento da nova lei. Cristo o propôs a todos para que tenham a vida eterna, e o confiou à sua Igreja junto com o Evangelho, dizendo aos apóstolos: 'Ide e anunciai o Evangelho a todos os povos, batizando-os no nome do Pai e do Filho e do Espírito Santo'. Por isso, o batismo é, antes de tudo, o sacramento da fé, com a qual os homens, iluminados pela graça do Espírito Santo, respondem ao Evangelho de Cristo" (RBC, *Introdução geral*, 3).

De sua parte, o rito para os adultos torna manifesta a transformação que opera o batismo naqueles que, nascendo da água e do Espírito, participam do mistério pascal de Cristo e são iluminados em seu percurso para uma nova vida. Os batizados, "por meio do batismo, [...], obtida a remissão de todos os pecados, libertados do poder das trevas, são transferidos para o estado de filhos adotivos; renascendo da água e do Espírito Santo, tornam-se nova criatura: por isso, são chamados e são realmente filhos de Deus. Assim, incorporados a Cristo, são constituídos em povo de Deus" (RICA, *Introdução geral*, 2).

I. Como é chamado esse sacramento?

Em certo sentido, os nomes que esse sacramento recebeu ao longo de toda a tradição da Igreja exprimem os elementos que ambos os ritos expõem. Com efeito, em primeiro lugar, chama-se "batismo" (do verbo *baptízein*, imergir), porque, antes de tudo, a essência do rito é a imersão na água, por meio da qual o crente é sepultado na morte com Cristo para ressuscitar com ele (cf. Rm 6,4). Trata-se de "uma água que gera e renova no Espírito Santo" (Tt 3,5), porque o Espírito que age por meio da água opera um verdadeiro nascimento no qual o batizado nasce para a nova vida dos filhos de Deus (cf. Jo 3,3-8). Além disso, é chamado também de "iluminação", porque, permanecendo unido ao ensinamento catequético, o batizado é iluminado pela graça do Evangelho e se converte num "filho da luz" (1Ts 5,5,) e em luz do Senhor para irradiar a salvação entre os homens (cf. Ef 5,8; Mt 5,14-16).

Já no século II, São Justino mártir, ao explicar a fé e as práticas cristãs, reúne essa tríplice denominação: "Todos aqueles que se convencem e aceitam pela fé que é verdade o que nós ensinamos e dizemos, prometendo ser capazes de viver segundo isso […], nós os levamos a um lugar onde há água e com as mesmas modalidades de 'regeneração' com que fomos regenerados, também eles o são; de fato, submetem-se ao 'banho na água', no nome do Pai de todas as coisas e Senhor Deus, no nome do nosso salvador Jesus Cristo e no do Espírito Santo. Esse banho é chamado 'iluminação', para significar que aqueles que aprendem essas coisas são iluminados" (*Primeira Apologia*, 61).

II. O batismo na Economia da salvação

O batismo não é um rito isolado, mas nele se concentram os eventos da história da salvação da qual Deus foi protagonista com o seu povo Israel e que Jesus Cristo levou à plenitude na sua pessoa. Toda celebração do batismo é um *kairós*, um momento no qual, pela oração da Igreja e a graça do Espírito, atualiza-se a história do amor que Deus levou adiante com o seu povo e agora se realiza de modo concreto na pessoa que é batizada.

A liturgia batismal o põe em evidência mediante a bênção que o celebrante pronuncia na fonte batismal (cf. RICA 215, 389; RBC 60-63; *Missal Romano*, Vigília pascal). O CCE focaliza a atenção sobre esse texto eucológico e, partindo da sua descrição, mostra que no decurso de toda a história a água foi o instrumento da intervenção de Deus para estabelecer um pacto de amor com o seu povo. O início da bênção o põe em evidência: "Ó Deus, realizais pelos sinais visíveis dos sacramentos maravilhas invisíveis; e ao longo da história da salvação, vós vos servistes da água para fazer-nos conhecer a graça do batismo" (n. 1217). Com essa referência, o CCE introduz a memória dos eventos da salvação que Deus realizou por meio da água. Em primeiro lugar, os acontecimentos da antiga aliança que prefiguram o batismo: a criação, o dilúvio, a passagem do Mar Vermelho. E, depois, as ações de Jesus que constituem o ápice do que foi prefigurado e são o fundamento, no seu dom de si pascal, do batismo da nova aliança. Enfim, a ordem de batizar e a celebração na Igreja. Deve-se observar que na lógica da bênção da água batismal, como está na exposição do CCE, a narração toda acaba por se concentrar no hoje da Igreja e na invocação do Espírito do Unigênito de Deus, a fim de que, por meio daquela água, se possa realizar a obra da regeneração: "Olhai agora, ó Pai, a vossa Igreja, e fazei brotar para ela a água do batismo. Que o Espírito Santo dê por esta água a graça do Cristo, a fim de que o homem, criado à vossa imagem, seja lavado da antiga culpa pelo batismo e renasça pela água e pelo Espírito Santo para uma vida nova" (*Missal Romano*, Vigília pascal).

O CCE não responde explicitamente a respeito do momento da instituição do batismo, mas na sua exposição põe em evidência que o batismo com a água que Jesus recebeu das mãos do Batista manifesta a Trindade, antecipa a obra redentora que Cristo realizará na sua Páscoa e atribui à água a capacidade de difundi-la em virtude do Espírito que, por meio do Filho de Deus, desce sobre ela: "O Espírito que pairava sobre as águas da primeira criação desce então sobre Cristo, como prelúdio da nova criação, e o Pai manifesta Jesus como seu 'filho amado' (Mt 3,16-17). Com sua páscoa, Cristo abriu a todos os homens as fontes do Batismo [...]: desde então é possível 'nascer da água e do Espírito' para entrar no reino de Deus (Jo 3,5)" (nn. 1224-1225).

A Igreja não celebra o batismo de João, batismo de água e de penitência, mas como cumprimento do mandato missionário do seu Senhor ressuscitado — "Ide, pois; de todas as nações fazei discípulos, batizando-as em nome do Pai e do Filho e do Espírito Santo" (Mt 28,19-20) —, oferece um batismo no Espírito para a justificação dos que se convertem e creem no Evangelho. Com efeito, o batismo é o sacramento da fé. A fé e o lavacro batismal são inseparáveis. O fato de a profissão de fé, que compreende a confissão trinitária, fazer parte do próprio rito indica que aquilo que se confessa realiza-se no sacramento e, por sua vez, a graça que vem do sacramento confere veracidade e realidade ao que se professa. São Basílio exprime de um modo singular esse vínculo essencial: "A fé e o batismo são dois meios necessários para obter a salvação, estão unidos entre si e são inseparáveis. Se é verdade que a fé atinge a sua perfeição por obra do batismo, o batismo, por sua vez, fundamenta-se na fé; um e outro recebem a própria perfeição dos próprios Nomes. Do mesmo modo como temos fé no Pai, no Filho e no Espírito Santo, somos também batizados no nome do Pai, do Filho e do Espírito Santo. É verdade que vem antes a profissão de fé, que leva à salvação, mas logo depois vem o batismo, que sela a nossa adesão" (São Basílio de Cesareia, *Sobre o Espírito Santo*, XII, 28).

III. Como é celebrado o sacramento do batismo?

Para nos introduzir na celebração do batismo, o CCE retoma a perspectiva global da iniciação cristã, a que ressaltamos no início da nossa exposição. Passemos, pois, a comentar diretamente a catequese mistagógica que o texto oferece sobre os ritos da celebração sacramental.

Em conformidade com o Concílio de Trento, o CCE afirma que os sacramentos "são sinais eficazes da graça [...]. Os ritos visíveis, sob os quais os sacramentos são celebrados, significam e realizam as graças próprias de cada sacramento" (n. 1131, cf. n. 1127). A partir dessa premissa e seguindo o estilo próprio dos Padres, o texto se dedica a enumerar e analisar o significado dos ritos com a intenção de ajudar a passar do visível ao invisível, do sinal ao significado. De nossa parte, apressamo-nos a articular a sua apresentação segundo a dinâmica celebrativa que o RBC expõe em quatro partes: ritos de acolhida, liturgia da Palavra, liturgia do sacramento e ritos de conclusão (cf. nn. 15-19 e 36-80).

Os *Ritos de acolhida*. Esses ritos têm por objetivo "fazer com que os fiéis reunidos constituam uma comunidade e se disponham a ouvir como convém a Palavra de Deus e a celebrar dignamente o sacramento". Obviamente, no caso do batismo das crianças, pais e padrinhos têm um lugar de destaque e, ao pedirem o sacramento e se comprometerem a educá-los na fé, estão fazendo "uma verdadeira profissão de fé diante da comunidade reunida". A acolhida da criança por meio do sinal da cruz "assinala a marca de Cristo naquele que vai pertencer-lhe e significa a graça da redenção que Cristo nos proporcionou por sua cruz" (n. 1235).

A *liturgia da Palavra*. É o momento em que se aviva a fé dos participantes e se ora junto pelo fruto do sacramento. Esse momento continua com uma oração em forma de exorcismo, com o qual se implora a libertação do mal; segue a unção com óleo dos catecúmenos e a imposição das mãos; com isso se fortalece o candidato na luta para seguir a Cristo.

A *celebração do sacramento*. Esse momento central prevê uma preparação que consiste na consagração da água mediante uma oração de epiclese, a fim de que todos "os que nela forem batizados nasçam 'da água e do Espírito' (Jo 3,5)" (n. 1238), na renúncia a Satanás e na profissão de fé por parte dos pais e dos padrinhos em nome da criança. A seguir, procede-se ao rito essencial do batismo, no qual, mediante a ablução com a água, se "significa e opera a morte ao pecado e a entrada na vida da Santíssima Trindade, por meio da configuração ao mistério pascal de Cristo" (n. 1239). A esse rito se acrescentam outros ritos complementares: a unção com o sagrado crisma "que é sinal do sacerdócio real do batizado e da sua agregação ao povo de Deus; e, enfim, com a entrega da roupa branca, da vela acesa, e com o rito do 'Éfeta'" (RBC 18, § 3).

Os *ritos de conclusão*. Esses ritos compõem-se de dois elementos: a oração do pai-nosso recitado em torno do altar que, enquanto manifesta que o batizado já é filho de Deus por adoção, prefigura a sua futura participação na eucaristia da Igreja, à qual o batizado está disposto. Enfim, a bênção dos pais e dos presentes, a fim de que, com palavras e obras, sejam, diante dos batizados, testemunhas de Jesus Cristo.

IV. QUEM PODE RECEBER O BATISMO?

Respondendo a essa pergunta, o CCE é categórico: "É capaz de receber o batismo toda pessoa, mas somente a pessoa ainda não batizada" (n. 1246; cf. CIC, cân. 864; CCEO, cân. 679). A partir daí não existe nenhum limite de idade e é possível recebê-lo como adulto ou como criança. Na realidade, durante toda a história da Igreja, com diversas nuanças, mantiveram-se ambas as práticas. O fundamento dessa prática encontra-se na universalidade do pecado original: "As crianças precisam do novo nascimento no Batismo, a fim de serem libertadas do poder das trevas e serem transferidas para o domínio da liberdade dos filhos de Deus" (n. 1250); e na especial predileção que Jesus demonstrou em relação aos mais pequeninos: "Deixai vir a mim as crianças" (Lc 18,15).

Em todo caso, é preciso ter sempre em mente que a recepção do batismo está ligada à profissão de fé: "De todo batizando se requer a profissão de fé, expressa pessoalmente, no caso do adulto, ou pelos pais e pela Igreja, no caso da criança" (*Compêndio do CCE*, 259).

Todavia, como afirma o CCE, se a fé é necessária para a recepção do sacramento, é preciso também levar em consideração que ela pode crescer somente com a recepção da graça batismal e a inserção vital na Igreja. De fato, o batismo é o sacramento da iniciação cristã: "leva somente até o limiar da nova vida", a fé e a vida em Cristo que se recebem na fonte batismal; o crente, sob o impulso da graça, se comprometeu a fazê-las crescer durante toda a sua existência, partilhando com os irmãos o dom que recebeu na Igreja.

V. QUEM PODE BATIZAR?

Os ministros ordinários do batismo são o bispo e o presbítero e, na Igreja latina, também o diácono. A Igreja está convencida de que "Deus quer que todos os homens se salvem" (1Tm 2,4) e da necessidade do batismo para a salvação; por isso, o CCE afirma que, em caso de necessidade, qualquer um pode batizar, mesmo um não batizado, desde que tenha a intenção de fazer o que faz a Igreja e utilize a fórmula trinitária.

VI. A necessidade do batismo

A Igreja não estabelece a necessidade do batismo para a salvação como uma questão disciplinar própria. Ela se reconhece vinculada à ordem do seu Senhor. De fato, a necessidade do batismo foi estabelecida pelo próprio Jesus: primeiro, quando afirma que é preciso nascer da água e do Espírito para entrar no reino de Deus (cf. Jo 3,5) e, mais tarde, quando, pouco antes de voltar ao Pai, envia os seus discípulos com a promessa de que "quem crer e for batizado será salvo" (cf. Mc 16,16; Mt 28,19-20). Portanto, com base nas palavras do seu Senhor, a Igreja não conhece outro meio para garantir aos homens seu ingresso na bem-aventurança divina.

Todavia, como afirma o CCE, ela crê firmemente que se "Deus vinculou a salvação ao sacramento do batismo, mas ele mesmo não está vinculado a seus sacramentos" (n. 1257). A tradição cristã sempre acreditou que há dois modos de administrar o batismo: o batismo de sangue, fruto do martírio, e o batismo de desejo. Este último encontrou uma explicitação no Vaticano II: "Cristo morreu por todos e a vocação última do homem é, efetivamente, uma só, a divina; por isso, temos de considerar que o Espírito Santo dá a todos a possibilidade de entrar em contato, do modo que Deus sabe, com o mistério pascal" (GS 22; cf. LG 16; AG 7).

Quer dizer, a eficácia do batismo e a salvação que proporciona pode se estender também aos que, sem culpa, não receberam materialmente o batismo; porque a recepção dele está inevitavelmente condicionada pela necessária escuta da pregação evangélica e pela sua acolhida na fé. Alguém que não tenha ouvido falar do Evangelho ou dele tenha ouvido falar de um modo errôneo, pode, todavia, pôr-se numa atitude de abertura à graça divina, a qual, de um modo misterioso, o vincula ao mistério pascal. E há a presunção razoável de que essa pessoa de boa vontade desejasse se batizar se o anúncio do Evangelho chegasse à sua vida com toda a luminosidade.

O que sucede às crianças que morrem sem serem batizadas? Não foi fácil tratar desse tema na tradição da Igreja. Todavia, hoje, essa problemática foi desdramatizada, uma vez que, em virtude da vontade salvífica universal de Deus e da atenção especial que Jesus lhes dedicou, a Igreja crê que o seu Senhor os tenha ligado a si e a sua misericórdia divina lhes tenha aberto um caminho por meio do qual foram libertados do pecado original e os tenha feito participantes da sua salvação.

VII. A graça do batismo

Os efeitos do batismo — e não pode ser de outro jeito — são significados pelos elementos sensíveis do rito batismal. O CCE põe em correlação os dois efeitos principais desse sacramento: a remissão dos pecados por meio do lavacro e o novo nascimento por meio do Espírito Santo. Desse modo, faz-se eco à longa tradição da Igreja. Bastarão duas referências para aprofundar o texto que estamos comentando. "No batismo, propõem-se dois objetivos, ou seja, a abolição do corpo do pecado, a fim de que não produza fruto para a morte, e a vida do Espírito, a fim de que abundem os frutos da santificação; a água representa a morte, fazendo como se acolhesse o corpo no túmulo; mas é o Espírito que dá a força vivificante, fazendo passar as nossas almas renovadas da morte do pecado para a primeira vida" (BASÍLIO DE CESAREIA, *Sobre o Espírito Santo*, 35: PG 32, 130).

Por meio do batismo, todos os pecados são perdoados; nos regenerados não permanece nada que os impeça de entrar no Reino de Deus. É verdade que neles permanecem as consequências da queda original: a doença, a morte terrena, as fraquezas...

assim como a inclinação ao pecado, que a tradição chama de concupiscência. Apesar disso, a obra que o Espírito realiza naqueles que emergem das águas é uma verdadeira regeneração, como atesta São Cirilo: "Batizados em Cristo e revestidos de Cristo, fostes feitos semelhantes ao Filho de Deus [...]. Fostes convertidos em Cristo ao receberdes o sinal do Espírito Santo; com efeito, em relação a vós, tudo foi realizado sob forma de símbolo e imagem; definitivamente, sois imagens de Cristo" (*Das catequeses de Jerusalém*, Catechesi 21 [Mistagogica 3] 1: PG 33, 1087).

Pela ação do Espírito Santo, opera-se no batizado uma nova criação, em virtude da qual lhe é dado participar da vida sobrenatural. Na realidade, foi criado outro Cristo e, graças ao dom do Espírito, nele habita a própria Trindade. Pela graça do batismo, o cristão é revestido da graça santificante, que o torna capaz de viver na fé, na esperança e na caridade; é adornado com os dons do Espírito e é ajudado a crescer no bem mediante o exercício das virtudes morais.

Não podemos nos esquecer da dimensão eclesial do batismo: a obra que se realiza na fonte batismal acontece dentro da Igreja e contribui para a sua edificação. Com efeito, o batismo incorpora à Igreja. Dele nasce o único povo de Deus que, transcendendo todos os limites naturais ou humanos, constitui uma estirpe eleita, um sacerdócio real, uma nação santa, um povo conquistado por Deus, para oferecer, por meio de Jesus Cristo, sacrifícios espirituais e anunciar os feitos realizados pelo Senhor (cf. 1Pd 2,9). Todo batizado, no ato de ser configurado a Cristo, entra como uma "pedra viva" para a edificação desse povo sacerdotal e, como seu membro, enquanto contribui para a comunhão do corpo eclesial, participa da missão evangelizadora que recebeu do seu Senhor.

O batismo é vínculo de unidade fraterna entre todos aqueles que nasceram da água e do Espírito; por isso, o batismo é o fundamento da comunhão entre todos os cristãos, inclusive aqueles que estão ainda em plena comunhão com a Igreja católica. O CCE, seguindo o Concílio, declara que aqueles que creem em Cristo e receberam validamente o batismo, ainda que não esteja em perfeita comunhão com a Igreja católica, são reconhecidos pelos filhos dela como irmãos no Senhor (cf. UR 22).

O CCE conclui a sua exposição sobre o batismo, afirmando que a recepção desse sacramento imprime no cristão o selo espiritual indelével da sua pertença a Cristo e do seu vínculo com a Igreja como penhor do ingresso na vida eterna. Eis o motivo pelo qual o batismo não pode ser repetido, e o seu dom, atribuído uma vez por todas, está sempre à espera de ser desenvolvido mediante o acolhimento da fé por parte do batizado, de modo que, conservando esse "selo do Senhor" até o fim, ele seja o seu salvo-conduto para entrar na casa do Pai. De fato, esse selo, sinal da fidelidade do Senhor, não é cancelado por nenhum pecado, ainda que o pecado possa impedir o batizado de produzir frutos de salvação (DS 1609-1619). "O selo batismal capacita e compromete os cristãos a servirem a Deus, mediante uma participação viva na sagrada liturgia da Igreja, e a 'exercerem o seu sacerdócio batismal pelo testemunho de uma vida santa e de uma caridade eficaz'" (n. 1273, cf. LG 10).

Capítulo I

Artigo 2

O SACRAMENTO DA CONFIRMAÇÃO

JUAN CARLOS CARVAJAL BLANCO

A apresentação que o CCE faz do sacramento da confirmação começa com uma afirmação que serve de enquadramento e orientação para a exposição que segue: "Com o batismo e a eucaristia, o sacramento da Confirmação constitui o conjunto dos 'sacramentos da iniciação cristã', cuja unidade deve ser salvaguardada. É preciso, por isso, explicar aos fiéis que a recepção deste sacramento é necessária à consumação da graça batismal" (n. 1285, citando o RC, Premissa 1).

De fato, a apresentação sistemática oferecida pelo CCE procura pôr em evidência que a confirmação é propriamente um sacramento; que, não obstante as diferenças disciplinares entre a Igreja do Oriente e a do Ocidente, se define no conjunto da iniciação cristã, em relação ao batismo e à eucaristia; e que os sinais da celebração litúrgica definem seus efeitos específicos. Hoje, levando em consideração o processo de secularização da sociedade, a celebração da confirmação tem um particular interesse pastoral, cuja prática não está isenta de polêmicas e dificuldades. Não há dúvida de que a exposição do CCE oferece orientações muito pertinentes para a necessária atividade pastoral e catequética a respeito desse sacramento.

I. A confirmação na Economia da salvação

Deus age na história da salvação mediante o seu Espírito. Na criação, o Espírito adejava sobre o caos primigênio (cf. Gn 1,2). No decurso da história, depois, o mesmo Espírito suscita juízes, reis e profetas e, ao ungi-los com seu poder, confere-lhes a capacidade de conduzir o povo de Israel no caminho da fidelidade à aliança de amor que Deus tinha estabelecido com ele. Além disso, essa ação messiânica e profética que o Espírito promove contém uma promessa escatológica e um dom universal.

De fato, aquela promessa se refere, antes de tudo, a um rei messiânico, ao servo de YHWH, sobre o qual o Espírito do Senhor pousará (cf. Is 11,2). Quando o Espírito Santo desceu sobre Jesus no Jordão, foi um sinal que manifestou que ele era o Messias prometido que devia vir, o Filho de Deus (cf. Mt 3,13-17; Jo 1,33-34). O próprio Jesus revela que ele efetua a sua missão sob o poder do Espírito (cf. Lc 4,16-21). Como afirma o *Compêndio*: "Toda a vida e a missão de Jesus se desenvolvem numa total comunhão com o Espírito Santo" (n. 265); e isso até o ponto de, na Páscoa e sobretudo depois do seu glorioso retorno ao Pai, se tornar o doador do Espírito (cf. Jo 19,30; 20,21-23; 16,13-15...).

Também os profetas prometeram a efusão do Espírito a todo o povo de Israel (cf. Is 44,3; Ez 39,29...); anunciaram, além disso, uma efusão universal do Espírito sobre todo o nascido da carne (cf. Gl 3,1-3). Deus quer constituir um povo messiânico para que seja seu servidor entre os povos (cf. Ez 36,25-27). É precisamente isso o que aconteceu em Pentecostes. Naquele dia, cumpriu-se não só a promessa da antiga aliança, mas também a pronunciada por Jesus antes do seu retorno ao Pai (cf. At 1,4-8). Pedro declara que essa efusão do Espírito é o sinal dos tempos messiânicos (cf. At 2,17-18) e põe como condição para recebê-la a fé na pregação apostólica e o batismo (cf. At 2,38). Portanto, assim como o batismo dos discípulos ficou completo em Pentecostes, com a efusão do Espírito, do mesmo modo, em cumprimento da vontade de Cristo e com o objetivo de completar a graça do batismo, os apóstolos comunicaram aos neófitos o dom do Espírito Santo por meio da imposição das mãos.

É essa imposição das mãos que foi com razão reconhecida pela Tradição católica como a primeira origem do sacramento da confirmação, a qual perpetua, em certo sentido, na Igreja, a graça de Pentecostes (cf. PAULO VI, Const. *Divinae Consortium naturae*). Para melhor significar o dom do Espírito Santo, bem cedo foi acrescentada à imposição das mãos a unção com óleo perfumado (crisma), que, como afirma o CCE, explica o nome "cristão", que significa "ungido" e tem a sua origem no nome de Cristo, que "Deus consagrou no Espírito Santo" (cf. At 10,38). Portanto, na consciência da Igreja, o dom pleno do Espírito Santo é dado na confirmação. Todavia, pomo-nos a pergunta sobre qual seja a sua distinção com relação ao batismo. Essa questão é mais difícil se levarmos em consideração as diferentes disciplinas litúrgico-sacramentais que atualmente se segue no Oriente e no Ocidente.

Nos primeiros séculos, a confirmação constitui uma única celebração com o batismo, considerado um "duplo sacramento" (cf. SÃO CIPRIANO, *Epistula*, 73, 21). Essa distinção na unidade da celebração litúrgica adquiria visibilidade na distribuição das funções que tinham os celebrantes. Enquanto o sacerdote administrava o batismo e uma primeira unção sobre o neófito, o bispo reservava a si dois ritos litúrgicos que hoje constituem o núcleo da celebração da confirmação: a imposição das mãos e a unção com óleo da ação de graças (HIPÓLITO DE ROMA, *Traditio apostolica*, 21). Quando, com o passar do tempo, se multiplicaram as paróquias e o bispo não podia estar sempre presente, as Igrejas do Oriente e do Ocidente estabeleceram diferentes disciplinas. Nas primeiras, para dar destaque à unidade sacramental, todos os ritos passaram para as mãos dos sacerdotes, inclusive a confirmação; no Ocidente, as Igrejas quiseram reservar a confirmação ao bispo, para ressaltar desse modo a origem apostólica dos sacramentos e manifestar o vínculo eclesial com aqueles que os recebiam.

II. Os sinais e o rito da confirmação

Qual é o rito essencial da confirmação? A resposta dada pelo *Compêndio* a essa pergunta nos introduz aos elementos essenciais desse sacramento: "o rito essencial da Confirmação é a unção com o sagrado crisma (óleo misturado com bálsamo, consagrado pelo bispo), que se faz com a imposição da mão por parte do ministro que pronuncia as palavras sacramentais próprias do rito. No Ocidente, essa unção é feita na fronte do batizado com as palavras: 'Recebe, por este sinal, o Espírito Santo, o dom de Deus'. Nas Igrejas Orientais de rito bizantino, a unção é feita também em outras partes do corpo, com a fórmula: 'Selo do dom que é o Espírito Santo'" (*Compêndio*, n. 267).

Não há dúvida que todo o rito tenha extraordinárias ressonâncias bíblicas. A "imposição das mãos" é um gesto que aparece habitualmente na história da salvação para indicar a transmissão de um poder ou de uma força. Nesse caso, é a porta de entrada no momento central do rito. Com efeito, depois da profissão de fé por parte dos candidatos, que se refere ao batismo recebido, o rito começa com um convite à assembleia para orar, pedindo a Deus que derrame sobre eles o seu Espírito Santo. Depois de um momento de silêncio e com a imposição das mãos sobre o grupo dos candidatos, o bispo pede a Deus que envie sobre eles o Espírito Santo Paráclito, a fim de que os consagre como pedras vivas da Igreja e os encha com os seus sete dons: Espírito de sabedoria e de inteligência, Espírito de conselho e de fortaleza, Espírito de ciência e de piedade, a fim de que fiquem repletos do Espírito do seu santo temor (cf. RC 29).

Também na "unção" ressoam os ecos dos múltiplos significados que esse gesto tem na história da salvação (sinal de abundância, de alegria, de cura, de força...); todavia, a admoestação que o rito propõe para esse momento focaliza a atenção na ação de identificação com Cristo, que se declara, ele próprio, marcado com o selo do Pai (cf. Jo 6,27). Assim, no rito da unção, o bispo impõe as mãos sobre cada um dos candidatos e, fazendo o sinal de cruz gloriosa de Cristo na fronte deles, marca-os com o sagrado crisma. Esse gesto significa que eles são completamente propriedade de Cristo, identificados com ele. "A unção com óleo perfumado significa que ser crismado é o mesmo que ser Cristo, ser Messias, ser ungido. E ser Messias e Cristo comporta a mesma missão do Senhor: dar testemunho da verdade e ser o bom perfume das boas obras de santidade no mundo" (RC, *Monición al rito de la Crismación del Episcopado español*, 1976 [Prot. C.D. 30/76] 33).

Aquele que realiza essa ação é declarado nas palavras com que o bispo acompanha o gesto: "Recebe, por este sinal, o selo do Espírito Santo, o dom de Deus" (CCE 1300). De fato, apenas o selo do Espírito Santo pode constituir a marca do pertencimento total a Cristo, a atitude de se pôr a seu serviço para sempre e indicar também a promessa da divina proteção na grande prova escatológica (cf. Ap 7,2-3; 9,4; Ez 9,4-6). Encerra-se o rito com o beijo da paz, para significar a comunhão eclesial com o bispo e a plena integração na comunidade eclesial.

III. Os efeitos da confirmação

Embora o título do parágrafo fale dos "efeitos", no plural, o seu desenvolvimento, na realidade, indica que a confirmação produz um só efeito: "A efusão especial do Espírito Santo" (n. 1302, cf. *Compêndio*, 268), do qual derivam os outros efeitos, esses sim, sempre referidos ao crescimento e ao aprofundamento da graça batismal: enraíza-nos mais profundamente na filiação divina, une-nos mais solidamente a Cristo, aumenta em nós os dons do Espírito Santo, torna mais perfeita nossa vinculação com a Igreja e nos dá uma força especial para sermos autênticas testemunhas de Cristo (cf. n. 1303).

O batismo já havia concedido o dom do Espírito Santo ao batizado. Agora se trata de uma nova efusão que evoca o dia de Pentecostes. O vínculo que o CCE mantém entre o batismo e a confirmação manifesta que a ação de Deus é una e igual a si mesma, também quando inclui dois tempos, como no caso da Páscoa de Cristo, origem de toda graça cristã, e de Pentecostes, quando aquela graça atinge a plenitude em virtude da recepção completa do dom divino por excelência: o Espírito Santo. Quem é que, ao conhecer a bondade extraordinária do Espírito, não desejará recebê-lo? Considerando a natureza divina do Espírito e a sua procedência do Pai e do Filho, São Basílio Magno assim responde a essa pergunta: "Porque se chama Espírito de Deus, Espírito de verdade que procede do Pai, Espírito guiado e que guia. Espírito Santo é o seu nome próprio e peculiar [...]. A ele se voltam todos aqueles que sentem a necessidade da santificação; a ele tende o desejo de todos aqueles que levam uma vida virtuosa, e o seu sopro é para eles uma espécie de irrigação que os ajuda a atingir seu fim natural" (São Basílio de Cesareia, *Sobre o Espírito Santo*, IX, 22).

A confirmação imprime também na alma uma marca espiritual indelével: o caráter, o sinal com que Jesus Cristo, com o selo do seu Espírito, distingue o crismado, a fim de que seja sua testemunha no meio do mundo. De fato, como Jesus pôs em relação a missão evangelizadora com a recepção do seu Espírito (cf. Jo 20,21-22; At 1,4-8), agora os batizados, ao receberem um novo selo pelo dom do Espírito, tornam-se capazes de participar de modo mais intenso da missão da Igreja e de "professar publicamente a fé de Cristo e como que em virtude de um ofício (*quasi ex officio*)" (n. 1305).

Um vínculo eclesial mais forte, uma maior participação na comunhão e na missão da Igreja; esses frutos do sacramento da confirmação na vida do cristão em relação à sua consolidação e desenvolvimento sugerem a recepção ineludível da eucaristia. Com efeito, a recepção do sacramento do Espírito no seio dela contribui para ressaltar a unidade dos sacramentos da iniciação cristã, que encontra sempre a sua plenitude na celebração eucarística.

IV. Quem pode receber esse sacramento?

O sujeito destinatário da confirmação é todo batizado ainda não crismado. A unidade dos sacramentos da iniciação cristã exige que, para que um cristão seja plenamente iniciado à vida da fé, deve receber os três sacramentos: batismo, confirmação e eucaristia. Portanto, em nenhum caso pode se dispensar de receber o sacramento do Espírito; a iniciação cristã ficaria incompleta.

No que diz respeito à idade em que pode ser recebido, observe-se a distinção que o CCE estabelece entre "idade adulta da fé" e "idade adulta do crescimento natural" (n. 1308), as quais não se identificam. Essa advertência é de grande importância num momento de extraordinário secularismo e exige da Igreja um processo de discernimento que vá além quer de certo automatismo, consequência da prefixação de uma época específica por sua recepção, quer de uma concepção voluntarista pela qual o acesso ao sacramento poderia parecer consequência de um mérito. A confirmação é sempre um dom de Deus, jamais alguma coisa de merecido, jamais conquistado; porém é também um sacramento que se recebe na fé (do rito faz parte a confissão pública da fé por parte dos candidatos), que exige daqueles que estão por receber o dom do Espírito algumas disposições básicas desenvolvidas por uma catequese apropriada a partir dos dons do batismo recebidos na primeira idade. O objetivo da catequese para a confirmação é descrito no CCE como segue: "A 'preparação' para a Confirmação deve visar a conduzir o cristão à união mais íntima com Cristo, à familiaridade mais intensa com o Espírito Santo, sua ação, seus dons e seus chamados, a fim de poder assumir melhor as responsabilidades apostólicas da vida cristã. Por isso, a catequese da Confirmação se empenhará em despertar o senso de pertença à Igreja de Jesus Cristo, tanto à Igreja universal como à comunidade paroquial. Esta última tem especial responsabilidade na preparação dos confirmandos" (n. 1309).

Para receber o sacramento, é necessário que o confirmando esteja em estado de graça. Para tal fim, o CCE considera conveniente recorrer à celebração do sacramento da penitência. Do mesmo modo, propõe um período intenso de oração para facilitar um acolhimento dócil e disponível do dom do Espírito. Não esquece sequer de lembrar a oportunidade de o confirmando poder contar com a ajuda espiritual de um padrinho ou uma madrinha, se possível, para manifestar a unidade de ambos os sacramentos, como ocorre com o batismo.

V. O ministro da confirmação

Os apóstolos impunham as mãos sobre os samaritanos batizados pelo diácono Filipe (cf. At 8,17). Durante os três primeiros séculos, o bispo, sucessor dos apóstolos e chefe de uma Igreja particular, era aquele que impunha as mãos e exigia a segunda unção sobre aqueles que tinham sido batizados pelo sacerdote. Quando a Igreja se expandiu e não foi mais possível manter a presença do bispo na celebração do batismo, a disciplina se diversificou. A Igreja do Oriente julgou oportuno que, para tornar visível a unidade sacramental, depois do recebimento do batismo, o mesmo sacerdote do batismo fosse quem conferisse também a confirmação com o sagrado crisma consagrado pelo patriarca ou pelo bispo. Na Igreja latina, com exceção da iniciação cristã dos adultos, foi mantido o bispo como ministro ordinário da confirmação (cf. LG 26). Desse modo, "evidencia que este sacramento tem como efeito unir aqueles que o receberam mais intimamente à Igreja, às suas origens apostólicas e à sua missão de dar testemunho de Cristo" (n. 1313).

Todavia, deve-se observar, como o faz o próprio CCE, que o Concílio substituiu o adjetivo "ordinário" por "originário": "O ministro originário da Confirmação é o Bispo" (n. 1312, cf. LG 26); desse modo, reconhece-se o valor da prática oriental e se abre a porta ao fato de que, onde as condições pastorais o exijam, também na Igreja latina possam administrar o sacramento da confirmação os sacerdotes para isso delegados.

Capítulo I

Artigo 3

O SACRAMENTO DA EUCARISTIA

JUAN CARLOS CARVAJAL BLANCO

Abordamos a exposição do terceiro sacramento da iniciação cristã com uma citação da Exort. apost. pós-sinodal SaC, na qual o Papa Bento XVI dá destaque ao lugar que ocupa a eucaristia no "percurso de iniciação" e a relação que os outros sacramentos de iniciação têm com ela: "Se, realmente, a eucaristia é fonte e ápice da vida e da missão da Igreja, segue-se, antes de tudo, que o caminho de iniciação cristã tem como seu ponto de referência a possibilidade de ter acesso a esse sacramento [...]. É preciso jamais esquecer, com efeito, que somos batizados e crismados em função da eucaristia. Esse dado implica o compromisso de favorecer na prática pastoral uma compreensão mais unitária do percurso de iniciação cristã. O sacramento do batismo, com o qual nos tornamos conformes a Cristo, incorporados na Igreja e feitos filhos de Deus, constitui a porta de acesso a todos os sacramentos. Com ele somos inseridos no único corpo de Cristo (cf. 1Cor 12,13), povo sacerdotal. Todavia, é a participação do sacrifício eucarístico que aperfeiçoa em nós o que nos foi dado no batismo. Também os dons do Espírito são dados para a edificação do corpo de Cristo (1Cor 12) e para o maior testemunho evangélico no mundo. Portanto, a santíssima eucaristia leva à plenitude a iniciação cristã e se põe como centro e fim de toda a vida sacramental" (n. 17).

I. A eucaristia — fonte e ápice da vida eclesial

A eucaristia, além de ser o ápice da iniciação cristã, o é também do resto dos sacramentos, dos diversos ministérios e das obras de apostolado; tudo na vida da Igreja está unido a ela e a ela se dispõe. O motivo é muito simples: a Igreja dá fé às palavras do seu Senhor na última Ceia (cf. Mt 26,26-29; Mc 14,22-25; Lc 22,14-20) e crê que a eucaristia contenha o próprio Cristo em pessoa (cf. PO 5).

De fato, ela não confere outro fruto do ato redentor de Cristo, mas comunica e torna presente de modo sacramental o próprio Cristo no seu mistério de redenção. Desse modo, o conjunto da vida eclesial encontra nela a sua fonte, porque é na comunhão sacramental com Cristo que a Igreja se substancia como corpo de Cristo e pode realizar a sua obra santificadora do mundo. Além disso, é nela que atinge a sua plenitude, pois, unida a seu Senhor, faz uma oblação da sua vida e do seu serviço ao Evangelho para participar da liturgia celeste na qual se dá glória a Deus. Definitivamente, a eucaristia é o compêndio e o resumo da nossa fé; nela se significa e se realiza a comunhão de vida com Deus e a unidade do povo de Deus.

II. Como é chamado esse sacramento?

Justamente como cita o CCE, quer na Escritura, quer durante toda a Tradição da Igreja, esse sacramento recebeu diversos nomes. O *Compêndio* assim os reúne: "A insondável riqueza desse sacramento se exprime com diversos nomes que evocam seus aspectos particulares. Os mais comuns são: Eucaristia, Santa Missa, Ceia do Senhor, Fração do pão, Celebração eucarística, Memorial da paixão, da morte e da ressurreição do Senhor, Santo Sacrifício, Santa e Divina Liturgia, Santos Mistérios, Santíssimo Sacramento do altar, Santa Comunhão" (n. 275).

Santo Tomás, diante da pergunta sobre a oportunidade de o mesmo sacramento ser chamado com vários nomes (*Summa Theologiae*, III, 73, 4), responde, afirmando que isso se deve ao tríplice significado desse sacramento. Em primeiro lugar, diz o doutor angélico, refere-se a um evento passado; a memória da paixão do Senhor; por isso lhe cabe o nome de sacrifício e tudo o que evoca esse fato salvífico. Em segundo lugar, diz o santo dominicano, refere-se também a uma realidade atual: Cristo está presente e realiza a unidade eclesial para a participação de sua carne e de sua divindade e, por isso, é chamada de comunhão. Enfim, refere-se ao futuro, porque na participação do sacramento se prefigura a fruição divina que se terá no Céu e, assim, é chamada de viático e já é uma antecipação da liturgia celeste.

Para além de qualquer explicação, a diversidade dos nomes mostra que o sacramento eucarístico torna presente um mistério que é incompreensível para a mente humana: a presença real de Cristo, diante de quem o homem de fé não pode fazer nada menos do que cantar os louvores divinos e se prostrar em adoração.

III. A eucaristia na Economia da salvação

O ser humano, como qualquer ser vivo, tem necessidade de alimento para sobreviver; todavia, fez da necessidade de se alimentar um ato carregado de simbolismo. Ao partilhar da mesa, os homens estabelecem relações, festejam os acontecimentos de sua vida, dão-lhes um significado e exprimem de modo extraordinário suas relações com a divindade.

Essa base antropológica justifica o fato de o alimento ter sido, na história da salvação, um elemento fundamental para exprimir a aliança que Deus estabeleceu com o seu povo e lembrar os eventos centrais da sua salvação. Para além de uma perspectiva genérica, o CCE focaliza a sua atenção sobre as espécies do pão e do vinho, esses elementos que, no coração da celebração eucarística, por meio das palavras de Cristo e da invocação do Espírito Santo, tornam-se o corpo e o sangue do Senhor. Todavia, a eucaristia não se explica nem pelos eventos da antiga aliança que essas espécies sintetizaram (n. 1334), nem pelos diversos milagres que com elas Jesus realizou na sua vida pública (n. 1335). Na eucaristia acontece alguma coisa nova: o próprio Jesus Cristo transformado em pão de vida. Essa novidade é tamanha que, diante desse mesmo anúncio, muitos discípulos de Jesus se escandalizaram e o abandonaram (Jo 6,6).

A eucaristia está entre os poucos sacramentos de cuja instituição a Igreja tem um testemunho detalhado. Durante a última Ceia, na véspera da sua condenação à cruz, Jesus instituiu o sinal da nova aliança no seu corpo entregue e no seu sangue derramado. Dão testemunho disso diversos textos do Novo Testamento (Mt 26,26-29; Mc 14,22-25; Lc 22,14-20; 1Cor 11,23-26). Todavia, para penetrar no significado dessa instituição, é oportuno pôr em relação essa última ceia com as ceias de Jesus e contemplá-la também à luz das aparições do Ressuscitado. Com efeito, as ceias de Jesus constituem um sinal distintivo do apostolado de Cristo. Por meio delas, entra em comunhão com os pecadores (cf. Lc 5,29; 7,36-50; 15,1-2; 19,2-10...), e, a um tempo, essas ceias lhe servem para antecipar messianicamente o banquete do Reino (cf. Mt 14,13-21; 15,32-38...). No que diz respeito às aparições, é preciso observar que muitas se verificam no contexto de uma ceia (cf. Lc 24,30.41-42; Jo 21,9-10). Desse modo, o Ressuscitado torna manifesto que, depois de ter derrotado a morte, cumpre a promessa feita a seus discípulos de se doar pessoalmente àqueles que comungam do seu corpo e do seu sangue.

A última Ceia é o momento privilegiado no qual Cristo institui a eucaristia. Nela encontra eco a celebração hebraica da Páscoa, desdobra-se como uma partilha com aqueles que mais tarde o renegarão e supõe o anúncio do Reino futuro. Todavia, os gestos e as palavras de Jesus prometem a realização da alguma coisa nova que ele deseja que permaneça durante a história: o memorial da sua morte e da sua ressurreição, do seu dom de si sacrifical para o perdão dos pecados. A eucaristia é a garantia que Jesus deixa do seu amor, com o seu desejo de não se afastar nunca dos seus discípulos e de os tornar participantes da sua Páscoa gloriosa (cf. n. 1337). Para penetrar no valor atribuído a essa instituição, lembramos algumas palavras do Concílio: "Na última ceia, na noite em que foi entregue, nosso Salvador instituiu o Sacrifício Eucarístico de seu Corpo e Sangue, com o qual perpetua pelos séculos, até a sua volta, o sacrifício da cruz, confiando, deste modo, à Igreja, sua amada esposa, o memorial de sua morte e ressurreição: sacramento da piedade, sinal da unidade, vínculo da caridade, banquete pascal em que Cristo é recebido como alimento, o espírito é cumulado de graça e nos é dado o penhor da glória futura" (SC 47, cit. no n. 1323).

De então até hoje, obediente ao mandamento do seu Senhor, a Igreja perpetuou a memória da sua Páscoa salvífica, celebrando todos os dias a eucaristia; dela fez o centro da sua vida eclesial e a deu como alimento ao povo peregrino, que, pelo caminho da cruz, prossegue para o banquete celeste no qual todos os eleitos se sentarão à mesa do Reino.

IV. A celebração litúrgica da eucaristia

Observando de perto a evolução que durante a bimilenar história da Igreja viveu a celebração eucarística, não se pode deixar de reconhecer que os elementos essenciais permaneceram no tempo. De fato, a explicação das Escrituras e a fração do pão a que Jesus procedeu com os discípulos de Emaús (cf. Lc 24,13-35) constituem hoje as duas mesas de que se alimenta o povo de Deus. A esse propósito, estas palavras do Papa Bento XVI ressaltam a relação estrutural que liga as duas mesas: "Liturgia da Palavra e liturgia eucarística — além dos ritos de introdução e de conclusão — 'são tão estritamente ligadas entre si que formam um único ato de culto'. Com efeito, existe uma ligação intrínseca entre a Palavra de Deus e a eucaristia. Ouvindo a Palavra de Deus, nasce ou se revigora a fé (cf. Rm 10,17); na eucaristia, o Verbo feito carne dá-se a nós como alimento espiritual. Assim, 'das duas mesas da Palavra de Deus e do corpo de Cristo a Igreja recebe e oferece aos fiéis o pão da vida'. Portanto, deve-se ter constantemente presente que a Palavra de Deus, lida e anunciada na liturgia pela Igreja, leva à eucaristia como a seu fim conatural" (SaC 44).

A celebração eucarística começa com a reunião dos cristãos, quer dizer, com a constituição da assembleia litúrgica. Embora, infelizmente, o povo de Deus não tenha consciência disso, esse momento é altamente simbólico. Se "a liturgia é 'ação' de 'Cristo todo' (*Christus totus*)" (n. 1136), o rito inicial tem alguma coisa de construtivo, nele se reúnem os batizados, formando o "corpo de Cristo" e recebem o ministro ordenado, bispo ou sacerdote, cuja presidência representa Cristo cabeça. Imediatamente depois, todo batizado faz sobre si mesmo o sinal da cruz e pronuncia o nome de Deus: Pai e Filho e Espírito Santo. Constituídos em nação santa e povo sacerdotal, começam a celebração litúrgica na qual, unidos a seu Senhor, participam da liturgia celeste, para oferecer a Deus os sacrifícios espirituais de uma vida dedicada ao serviço do seu Reino (cf. 1Pd 2,9). A procissão de ingresso, o canto de abertura, a saudação ao altar, o rito penitencial, o Glória e a oração coleta, tudo está a serviço da constituição dessa assembleia santa e todo cristão é seu participante não só com a sua presença, mas também porque carrega consigo a sua vida para pô-la sobre o altar do seu Senhor.

A liturgia da Palavra constitui, como dissemos, uma das mesas da qual se alimenta o povo de Deus. Deus continua a dirigir a sua Palavra a seu povo e vai lhe revelando os mistérios do seu amor. Os escritos do Antigo Testamento, junto com os do Novo, são o sustento a partir do qual Deus entra em diálogo com a assembleia. Na proclamação litúrgica, o Espírito Santo atualiza a Palavra divina, enquanto, ao mesmo tempo, prepara o coração dos crentes para receberem as palavras humanas que lhes chegam aos ouvidos como realmente são: Palavra de Deus. A homilia desempenha aqui um papel fundamental; se, de um lado, deve agora mostrar a atualidade das maravilhas que a Palavra comunicou (cf. SaC 46), deve ser, de outro, um serviço a essa conversação que Deus quer manter com cada um dos seus filhos (cf. EG 143). A liturgia da Palavra encerra com duas ações que são um eco desse diálogo: a confissão de fé, que é a afirmação de que Deus realmente realizou o que a Palavra proclamou, e a oração dos fiéis, na qual a assembleia suplica a Deus que continue a operar as suas maravilhas.

Depois da liturgia da Palavra, vem a liturgia eucarística. A IGMR explica a lógica que articula essa parte da missa: "Cristo, na verdade, tomou o pão e o cálice, deu graças, partiu o pão e os deu a seus discípulos, dizendo: 'Tomai, comei, bebei: isto é o meu Corpo; este é o cálice do meu Sangue. Fazei isso em memória de mim'. Por isso, a Igreja dispôs toda a celebração da liturgia eucarística em partes, que correspondem às palavras e gestos de Cristo. De fato: (a) Na preparação dos dons, são levados ao altar o pão e o vinho com água, isto é, os mesmos elementos que Cristo tomou em suas mãos. (b) Na Oração Eucarística rendem-se graças a Deus por toda a obra da salvação, e as oferendas se tornam o corpo e o sangue de Cristo. (c) Pela fração do pão e pela comunhão, os fiéis, embora muitos, recebem o Corpo do Senhor de um único pão e recebem o seu Sangue de um único cálice, do mesmo modo como os Apóstolos, das mãos do próprio Cristo" (n. 72).

Assim, se é fiel ao memorial que Cristo ordenou se realizasse, a assembleia o exerce, todavia, mediante as mãos do sacerdote, que representa Cristo e que age sob o poder do Espírito Santo: "Na *epiclese*, a comunidade pede ao Pai que envie seu Espírito Santo (ou o poder de sua bênção, cf. *Cânone romano*) sobre o pão e o vinho, para que se tornem, por seu poder, o Corpo e o Sangue de Jesus Cristo, e para que aqueles que participam da Eucaristia sejam um só corpo e um só espírito" (CCE 1353).

O memorial se realiza mediante a anáfora. Na realidade, essa é uma oração na qual a súplica, a ação de graças, a consagração e a intercessão se reúnem como expressão da liturgia celeste na qual os fiéis, unidos a seu Senhor sob a ação do Espírito, dão glória ao Pai, origem e fim de toda a criação. Com efeito, por meio da Oração eucarística, a Igreja oferece sempre e novamente a Deus Pai o único e definitivo sacrifício de Cristo, seu Filho; mas, em virtude do poder do Espírito, a Igreja se une a essa oferta de Cristo na cruz. Portanto, como prossegue o CCE, a eucaristia é sacrifício de Cristo e da Igreja. Esse dinamismo sacrifical pelo qual, por meio de Cristo, tudo retorna ao Pai é especificamente expresso na doxologia final: "Por Cristo, com Cristo e em Cristo, a vós, Deus Pai Todo-Poderoso, na unidade do Espírito Santo, toda honra e toda glória, agora e para sempre".

O rito de comunhão constitui o momento preparatório para a comunhão sacramental. A oração do Senhor, o rito da paz e a fração do pão criam naqueles que se preparam para comungar as disposições últimas para receberem frutuosamente a eucaristia. Isso é certamente necessário; o momento o requer, porque, se por lei natural o alimento se torna parte da substância de quem o assume, na comunhão sacramental o efeito é o oposto. Realmente, o pão e o vinho eucarísticos, longe de serem assimilados por aqueles que o recebem, transforma-os. Cumpre-se aqui a promessa que Santo Agostinho imaginou ouvir de Cristo: "Não me transformarei em ti como alimento da tua carne, mas serás tu a te transformares em mim" (*Confissões*, VII, 10).

A celebração eucarística termina com os ritos de conclusão. Se com os ritos iniciais a assembleia se reuniu, agora, com esses ritos, aqueles que participaram dos mistérios do Senhor e por eles foram transformados são abençoados e enviados à sua vida ordinária para viverem de modo eucarístico, quer dizer, fazendo o bem, louvando e abençoando a Deus, de modo a serem testemunhas de Jesus Cristo e servidores do seu Reino.

V. O sacrifício sacramental: ação de graças, memorial, presença

Os últimos números do artigo que o CCE dedica à eucaristia oferecem um desenvolvimento sistemático da teologia desse sacramento. Em conformidade com o título da seção, a perspectiva escolhida é a do sacrifício. A eucaristia é o sacramento do dom sacrifical de Cristo na cruz. Temos de reconhecer que para os nossos contemporâneos não é nada fácil compreender o significado contido no termo "sacrifício", e que não percebem sequer que o evento salvífico possa se atualizar em cada celebração eucarística e, menos ainda, que Cristo possa se fazer presente sob as espécies do pão e do vinho. O texto que nos interessa aborda o mistério eucarístico sob uma perspectiva holística; cada um dos termos que compõem o título da seção é caminho de acesso que, em sua realização, permite penetrar nesse grande mistério da fé. "A eucaristia, sacramento de nossa salvação realizada por Cristo na cruz, é também um sacrifício de louvor em ação de graças pela obra da criação. No sacrifício eucarístico, toda a criação amada por Deus é apresentada ao Pai por meio da morte e da ressurreição de Cristo. Por Cristo, a Igreja pode oferecer o sacrifício de louvor em ação de graças por tudo o que Deus fez de bom, de belo e de justo na criação e na humanidade" (n. 1359).

Esse número do CCE põe em relação diversos elementos que compõem o mistério eucarístico e nos permite identificar a lógica profunda que os articula. Com efeito, há um evento central que atualiza sacramentalmente a eucaristia: a morte e ressurreição de Cristo. Esse evento pascal é definido contemporaneamente como "um sacrifício de louvor em ação de graças por tudo o que Deus fez de bom, de belo e de justo na criação e na humanidade" e como "a nossa salvação realizada por Cristo na cruz". Desse modo, a Páscoa é apresentada, certamente, como um evento sacrifical, no qual Cristo faz dom de si e, com ele, da humanidade e do resto da criação que assumiu na sua encarnação. Esse dom sacrifical de si, porém, é articulado como uma ação de graças por tudo o que Deus fez na criação e na própria humanidade. A lógica filial é a que permite a compreensão definitiva desse sacrifício de ação de graças que Cristo realiza na sua Páscoa. Assim, pelo menos, é posto em evidência pelo evangelista São João na introdução ao *Livro da Glória*: "Antes da festa da Páscoa, sabendo Jesus que a sua hora tinha chegado, a hora de passar deste mundo para o Pai, ele, que amara os seus que estavam no mundo, amou-os até o extremo [...]. Jesus, sabendo que o Pai lhe entregou todas as coisas entre as mãos, que ele saiu de Deus e volta para Deus [...]" (Jo 13,1-3).

Jesus, quando devia realizar a salvação do homem por meio do seu retorno pascal ao Pai, não conserva nada do que o Pai pôs em suas mãos. Ao contrário, no seu dom de si na cruz, que reúne a obediência à vontade divina e o amor até o extremo pelos seus, restitui tudo àquele que é a fonte de toda a criação. O dom de si pascal de Jesus é, justamente, sacrifical, porque não conserva nada para si mesmo; antes, é um sacrifício de ação de graças, porque o que Jesus entrega na cruz são os dons que antes lhe deu o Pai e, por isso, carrega consigo o reconhecimento da sua bondade divina, a ação de graças e o louvor. Nesse sentido, o CCE nos lembra que "eucaristia significa, por primeiro, ação de graças" (n. 1360).

Esse dom de si sacrifical de Jesus ao Pai, que, segundo a Carta aos Hebreus, "fez de uma vez por todas, oferecendo-se a si mesmo" (Hb 7,27), em virtude da ressurreição, foi plenamente aceito pelo Pai e, por isso, perdura eternamente de forma atual e gloriosa no céu. De fato, Jesus Cristo, sentado à direita do Pai, é, ao mesmo tempo, sacerdote e vítima. Ele oferece a si mesmo ao Pai por toda a eternidade, mas nesse dom de ação de graças está incorporando a vida dos homens que justamente vivem segundo o mandamento do amor.

Agora compreendemos por que a eucaristia é, a um tempo, memorial e sacrifício. É memorial porque esse evento único com o qual Cristo deu a sua vida ao Pai para a salvação dos homens atualiza-se em cada eucaristia em virtude da reapresentação (fazer-se presente) do mistério pascal que nela ocorre. Dado que Cristo está no Céu, pode fazer-se presente sacramentalmente na sua Igreja como sacerdote e oferta, assim como o é junto ao Pai, e pode atualizar em cada momento e em qualquer lugar o dom de si que realizou na cruz para a salvação dos homens. E é também sacrifício, porque a eucaristia não atualiza nada senão o dom que Cristo fez de si mesmo na Páscoa. Como lembra o CCE, o caráter sacrifical da eucaristia manifesta-se nas próprias palavras da instituição: "corpo entregue" e "sangue derramado", que se referem a seu dom de si no altar da cruz (cf. n. 1365). "O sacrifício de Cristo e o sacrifício da eucaristia são um único sacrifício" (n. 1367). A eucaristia é o sacramento do sacrifício de Cristo atualizado pelo Espírito na fé da Igreja.

Além disso, a eucaristia, lembra o CCE, "é também o sacrifício da Igreja" porque ela, "que é o corpo de Cristo, participa da oferta de sua Cabeça" (n. 1368). Um pequeno rito, que na maior parte das vezes passa inobservado, manifesta a incorporação da assembleia litúrgica ao sacrifício do seu Senhor: referimo-nos ao gesto de unir a água ao vinho do cálice. Já no século III, São Cipriano nos explica o sentido desse rito: "Quando se mistura o vinho com a água no cálice, o povo se une com Cristo. Se alguém oferece somente vinho, o sangue de Cristo está sem nós; se se oferece somente água, o povo se encontra sem Cristo" (*Epistula ad Caecilium*, 13: PL 4, 384A).

A eucaristia, como dissemos, é a origem e o ápice da vida cristã. Pelo dom recebido e em virtude do envio que ocorre no fim da missa, os cristãos procuraram viver eucaristicamente. Agora, quando se reúnem em torno do altar, levam consigo a entrega da própria vida que realizaram no nome do Senhor. "A vida dos fiéis, seu louvor, seu sofrimento, sua oração, seu trabalho são unidos aos de Cristo e à sua oferenda total, e adquirem assim novo valor. O sacrifício de Cristo, presente sobre o altar, dá a todas as gerações de cristãos a possibilidade de estarem unidos à sua oferta" (n. 1368). Desse modo, a eucaristia é o lugar em que a consagração dos batizados adquire o seu pleno significado. A vida deles, vivida como um sacrifício de ação de graças, sobe juntamente com a de Cristo para o trono de Deus como oferta santa, pura, espiritual, na esperança de que "quando Cristo, vossa vida, aparecer, então vós também aparecereis com ele em plena glória" (Cl 3,4). Isso explica o interesse mostrado por parte do Concílio no que diz respeito à participação dos fiéis na missa e como a compreendeu: "A preocupação viva da Igreja é que os fiéis não assistam como estranhos ou mudos espectadores a esse mistério de fé, mas que, compreendendo-o bem por meio dos ritos e das orações, participem consciente, piedosa e ativamente da ação sagrada, sejam instruídos na palavra de Deus, nutram-se da mesa do corpo do Senhor, rendam graças a Deus; oferecendo a hóstia imaculada, não apenas pelas mãos do sacerdote, mas junto com ele, aprendam a oferecer a si mesmos e, dia após dia, por Cristo mediador se aperfeiçoem na unidade com Deus e entre si, de modo que Deus seja, finalmente, tudo em todos" (SC 48).

Enfim, segundo o CCE, o mistério eucarístico é presença sacramental: "[Ele] está, portanto, presente de modo sacramental, ou seja, sob as espécies eucarísticas do pão e do vinho, Cristo todo inteiro: Deus e homem" (*Compêndio*, 282). Não há oposição aqui entre presença real e presença sacramental de Cristo. Cristo se faz realmente presente na eucaristia, mas a sua presença é sacramental, porque é mediada pelas espécies do pão e do vinho, as quais "mediante a eficácia da palavra de Cristo e da ação do Espírito Santo", para além da aparência exterior, se converteram substancialmente no corpo entregue e no sangue derramado de Cristo (cf. *Compêndio*, 283).

Assim, o corpo e o sangue nos quais se converteram as espécies eucarísticas representam a pessoa total e concreta de Cristo no ato de entrega com o qual ele constitui a sua Igreja e salva toda a realidade criatural e humana que o Pai lhe deu em herança. Isso explica a advertência que o CCE faz, segundo a qual, se a presença de Cristo na eucaristia é real, ela o é por antonomásia e não por exclusão (n. 1374). Poderíamos dizer que, com diferentes densidades, a sua presença na Igreja é múltipla (n. 1373) e, de certo modo, acaba por transbordar para o mundo, porque, nas palavras de Francisco, "a sua ressurreição não é uma coisa do passado, contém uma força de vida que penetrou no mundo" (EG 276), "a ressurreição do Senhor já penetrou na trama oculta desta história, porque Jesus não ressuscitou em vão" (EG 278). Nos dias de hoje, em que parece avançar o secularismo, é necessário que os cristãos saibam estabelecer essa conexão. Aqueles que participam da eucaristia e com os olhos da fé contemplam a presença real de Cristo nas espécies eucarísticas educam seu olhar também para reconhecer seu Senhor no meio do mundo, especialmente nos pobres, com os quais ele se identificou (cf. Mt 25,40-45).

VI. O banquete pascal

"A Eucaristia é o banquete pascal, porquanto Cristo, ao realizar sacramentalmente a sua Páscoa, nos dá o seu Corpo e o seu Sangue, oferecidos como alimento e bebida, e nos une a si e entre nós no seu sacrifício" (*Compêndio*, 287).

Esse número do *Compêndio* põe em evidência que a celebração eucarística é a atualização da ceia pascal. Isso implica que, uma vez que Cristo se oferece como verdadeiro alimento e verdadeira bebida (cf. Jo 6,55-56), o fiel entre em plena comunhão com ele apenas quando come do seu corpo e bebe do seu sangue. Nesse momento, não só realiza a plena união com ela, mas por ele e nele e, também, com o Pai e entre nós.

Pela comunhão eucarística realiza-se sacramentalmente, mas de modo eficaz, a admirável troca de que falam os Padres a respeito da encarnação: o Filho de Deus se fez homem para fazer de nós filhos de Deus. Com efeito, pela comunhão realiza-se a deificação do homem, que consiste em participar da própria vida de Deus. Um texto de Santo Hilário enfatiza o papel capital da comunhão eucarística nesse processo de divinização: "Se é verdade que o Verbo se fez carne e que nós, na ceia do Senhor, comemos esse Verbo feito carne, como não será verdade que habita em nós com a sua natureza aquele que, de um lado, nascendo como homem, assumiu a natureza humana como inseparável da sua e, de outro, uniu essa mesma natureza à sua natureza eterna no sacramento no qual nos deu a sua carne? Por isso, todos nós nos tornamos um, porque o Pai está em Cristo e Cristo está em nós; por isso, se Cristo está em nós e nós estamos nele, tudo o que somos está, com Cristo, em Deus" (*De Trinitate*, VIII, 13: PL 10, 246).

Como se vê, a comunhão com Cristo na eucaristia dinamiza no cristão o processo de divinização que começou nele com o batismo. Partindo dessa realidade, o CCE contempla os frutos da comunhão eucarística sob uma tríplice perspectiva: a ligação com Cristo, a constituição da Igreja e a participação da vida eterna. Com efeito, em primeiro lugar, a comunhão faz crescer a íntima união com Cristo, o que supõe um afastamento do pecado e um reforço na vida da caridade, a vida pela qual o cristão se torna testemunha do próprio Cristo no meio do mundo e servidor do seu Reino (cf. nn. 1391-1395).

Em segundo lugar, ao unir mais estreitamente a Cristo, como efeito consequente, a eucaristia produz a unidade entre todos os que entram em comunhão com seu Senhor, chegando a formar um só corpo, a Igreja. A lógica é a seguinte: antes de a Igreja fazer a eucaristia, é a própria eucaristia que faz a Igreja. As seguintes palavras de Bento XVI esclarecem de modo particular esse ponto: "A eucaristia é Cristo que se doa a nós, edificando-nos continuamente como seu corpo. Portanto, na sugestiva circularidade entre eucaristia que edifica a Igreja e Igreja que faz a eucaristia, a causalidade é a expressa na primeira fórmula: a Igreja pode celebrar e adorar o mistério de Cristo presente na eucaristia justamente porque o próprio Cristo foi o primeiro a se doar a ela no sacrifício da cruz. A possibilidade de a Igreja 'fazer' a eucaristia está toda enraizada na doação que Cristo lhe fez de si mesmo" (SC 14).

O amor de Deus é sempre antecedente. "Ele nos amou por primeiro" (1Jo 4,19). A precedência causal da eucaristia sobre a Igreja refere essa última ao que sempre foi a sua fonte ontológica: o amor de Deus, e manifesta a sua essência e a sua missão, ou seja, ser no mundo testemunha viva desse amor divino para a convocação dos homens e para dar glória a Deus, seu Senhor.

VII. A eucaristia — "Penhor da glória futura"

Enfim, a eucaristia é também antecipação da glória celeste. É uma antecipação do banquete escatológico que Deus prometeu preparar sobre o seu monte santo para todos os povos (Is 25,6-9); o banquete que Jesus anunciou, dizendo que seria partilhado com os seus discípulos no reino do Pai (cf. Mt 26,29); o mesmo banquete que não é senão as núpcias do Cordeiro (Ap 19,9), no qual se unirá uma vez por todas com a sua esposa, a Igreja. "Tendo Cristo passado deste mundo ao Pai, nos dá, na Eucaristia, o penhor da glória junto dele" (CCE 1419).

Uma última observação. O CCE tratou dos sacramentos da iniciação sob uma perspectiva unitária; somente pela articulação entre batismo, confirmação e eucaristia é que se dá à luz um cristão. É preciso lembrar, todavia, que a esse processo de iniciação ao dinamismo sacramental é preciso unir a catequese, que entra sempre com todo o direito no processo de "fazer cristãos". Apesar disso — e é essa a observação —, o protagonista da iniciação cristã é o Espírito que Cristo enviou do Pai. Ele é aquele que incorpora os filhos de Deus no seio da Igreja. A catequese e a ação litúrgica e sacramental são mediações eclesiais que o próprio Espírito ativa com a sua graça para manifestar e consumar a ação misteriosa, mas real, que ele próprio leva adiante naqueles que se abriram, mediante a fé, ao Evangelho. A atividade eclesial, se quiser ser eficaz, deve evitar qualquer automatismo, para secundar a ação do Espírito e dar apoio à resposta livre dos que acompanha e gera na fé.

Capítulo II

Artigo 4

OS SACRAMENTOS DE CURA — O SACRAMENTO DA PENITÊNCIA E DA RECONCILIAÇÃO

Antonio Miralles

A penitência é o sacramento da vitória dos batizados sobre o pecado. O CCE começa com palavras do Concílio Vaticano II que evidenciam a dimensão eclesial da penitência. O pecado é ofensa a Deus e a vitória sobre o pecado consiste, antes de tudo, na remissão da ofensa; ele, porém, causa, ao mesmo tempo, uma ferida na Igreja (n. 1422). A linguagem do Concílio é muito precisa: ofensa não é a mesma coisa que ferida. Todo pecado ofende a Deus, mas nem todo pecado ofende a Igreja. Traz ofensa à Igreja apenas o que constitui um atentado à sua honra, à sua unidade, à sua ordem externa.

Todo pecado, porém, fere a Igreja, porque se opõe à caridade e, portanto, à comunhão. Aquele que não persevera na caridade "permanece, sim, no seio da Igreja com o 'corpo', mas não com o 'coração'" (LG 14), como um membro exaurido. Também o pecado venial fere a Igreja, embora de modo bem mais leve: não destrói a comunhão na caridade, mas freia seu crescimento, impedindo que a caridade desdobre todo o seu valor.

Quando a ofensa a Deus é perdoada, também a ferida causada à Igreja cicatriza e o membro se torna são, contribuindo para a edificação do corpo (cf. Ef 4,16).

Por isso, a Igreja não deixa o pecador sozinho no caminho de volta ao Pai, nem se limita a uma intervenção pontual, no momento da reconciliação, mas acompanha o pecador antes, durante e depois da absolvição sacramental.

I. Como é chamado esse sacramento?

Na linguagem usual dos fiéis para designar esse sacramento predomina o nome Confissão, porque, além de ser essa uma parte essencial do sacramento, é vista como o momento mais significativo. Na linguagem teológica, prevaleceu por séculos a denominação "sacramento da penitência", como a mais expressiva do sacramento no seu todo. "Sacramento da reconciliação" é denominação que põe em primeiro plano o efeito do sacramento, ou seja, paralela ao sacramento da regeneração que designa o batismo (nn. 1423-1424).

II. Por que um sacramento da reconciliação depois do batismo?

A luta contra o pecado por parte dos fiéis, ou seja, dentro da comunidade cristã, é uma constante na vida da Igreja (nn. 1425-1429). Os escritos neotestamentários não apresentam a Igreja como uma comunidade de pessoas que não pecam.

Prova disso é, antes de tudo, o paradigma da oração cristã, o pai-nosso — "perdoai-nos as nossas ofensas, assim como nós perdoamos a quem nos tem ofendido" (cf. Mt

6,12) —, à qual faz eco a advertência de 1 João 1,8-9: "Se dissermos: 'Não temos pecado', enganamo-nos a nós mesmos e a verdade não está em nós. Se confessarmos nossos pecados, fiel e justo como é, ele nos perdoará nossos pecados e nos purificará de toda iniquidade". Também a exortação de Tiago 5,16: "Confessai, pois, vossos pecados uns aos outros e rezai uns pelos outros, a fim de serdes curados". Não há por que pensar apenas nos inevitáveis pecados cotidianos; São Paulo, com efeito, deplora pecados bem mais graves e não isolados: "Não vos enganeis a este respeito: as más companhias corrompem os bons costumes. Tornai a ser razoáveis de verdade e não pequeis! Pois alguns não têm o conhecimento de Deus, digo-o para vossa vergonha" (1Cor 15,33-34). "Com efeito, receio não vos achar, à minha chegada, tais como quero [...] e eu tenha de chorar por muitos daqueles que pecaram anteriormente e não se converteram de sua impureza, de seu desregramento e de sua devassidão!" (2Cor 12,20-21). As citações podem se multiplicar e fazem ver que a penitência na Igreja não é o resultado de um enfraquecimento de virtude depois de um tempo áureo de fervor cristão. Desde o primeiro momento, o chamado à penitência ressoou dentro da Igreja e não somente para fora, para aqueles aos quais era anunciado o Evangelho.

A Igreja, mais de uma vez, teve de reagir contra aqueles que queriam reduzi-la a uma comunidade de perfeitos, de impecáveis.

Como exemplo, veja-se a admoestação de Santo Ambrósio aos novacianos: "Quando, portanto, eliminais todo resultado da penitência, que outra coisa dizeis senão que 'nenhum dos feridos entre em nosso albergue, ninguém seja curado na nossa Igreja; entre nós não se curam os doentes, somos sadios, não há necessidade de médico'" (*De paenitentia*, 1, 6, 29: BA 17, 191). Ao contrário, na Igreja os fiéis sempre encontram remédio contra o pecado e, embora a luta contra o pecado seja sempre pessoal — não admite suplentes —, não é uma história privada: o pecador não é deixado só, encontra o perdão na Igreja e mediante a Igreja.

III. A conversão dos batizados

O itinerário de conversão que os fiéis percorrem na Igreja tem manifestações exteriores bem precisas, animadas, porém, pela penitência interior. Ela tem também um papel na primeira conversão que culmina no batismo, mas é, decerto, diferente do papel que desempenha no sacramento da penitência. O batismo de quem tem uso da razão pressupõe a conversão interior e, portanto, o arrependimento, mas não pode ser definido como o sacramento da primeira penitência, porque assume outra forma: participação da morte e ressurreição de Cristo mediante o rito de sepultura e ressurreição na água e da água, junto com a invocação trinitária.

IV. A penitência interior

O sacramento da reconciliação pode ser bem definido como o sacramento da segunda penitência, da penitência dos Batizados, segundo o modo estabelecido por Cristo, ou seja, segundo o juízo dos apóstolos e dos seus sucessores. Por isso, o Concílio de Trento ensina que a penitência foi sempre necessária para a remissão dos pecados, mas que, antes da vinda de Cristo, não era sacramento, como, tampouco, o é a penitência pré-batismal (cf. DS 1670); depois, para os batizados, ela adquire uma forma concreta estabelecida por Cristo e constitui um sacramento. Os elementos que formam a disposição penitente do homem (a virtude da penitência) encontram-se na penitência sacramental. O primeiro de todos, o que constitui o início das obras de penitência, realiza-se dentro do coração humano: é a penitência interior, a qual é a alma das obras exteriores de penitência e garante sua autenticidade. E é no coração humano onde, por primeiro, ocorre a ligação entre graça divina e cooperação humana.

V. As múltiplas formas da penitência na vida cristã

A penitência interior redunda em muitas obras exteriores de penitência que tendem à destruição do pecado e das suas consequências em nós (nn. 1434-1435). Entre essas obras sobressaem as que formam o sacramento da penitência. Também a eucaristia se torna, porém, obra de penitência, no sentido de que procura nela o contato vital com o sacrifício de Cristo, fonte de toda reconciliação, e nela busca forças para vencer as tentações (n. 1436). A eucaristia, além disso, estimula o cristão a recorrer ao sacramento da penitência. "Cristo, que convida para o banquete eucarístico, é sempre o mesmo Cristo que exorta à penitência, que repete o 'Convertei-vos' (Mc 1,15). Sem esse constante e sempre renovado esforço pela conversão, a participação da eucaristia estaria privada da sua plena eficácia redentora, diminuiria ou estaria enfraquecida nela a particular disponibilidade de oferecer a Deus o sacrifício espiritual (cf. 1Pd 2,5), no qual se exprime de modo essencial e universal a nossa participação no sacerdócio de Cristo" (RH 20).

VI. O sacramento da penitência e da reconciliação

Por meio do sacramento se expressa e se realiza a reconciliação com Deus: Deus, que perdoa as ofensas de um filho seu; e este, que se afasta do pecado e se submete à vontade de Deus para reparar as ofensas.

Tudo isso ocorre em Cristo com o poder do Espírito Santo. O acesso ao Pai passa por Cristo, mediante o encontro e a união com ele, e Cristo se torna visível no sacerdote, seu ministro, a quem — por meio dos apóstolos e da sucessão apostólica —, com o dom do Espírito Santo, deu o poder de perdoar os pecados.

A ação da Igreja, que Cristo quer associada a si na obra de reconciliação, concentra-se especialmente no ministro; todavia, todos os membros da Igreja ajudam o pecador — portanto, todos se ajudam mutuamente — no seu caminho de reconciliação com Deus: ajudam-no com a oração, com o exemplo e com as obras de penitência, pois há nisso uma solidariedade entre os fiéis ao darem satisfação a Deus pelas ofensas a ele feitas. Como explica Santo Tomás de Aquino, quando é a caridade que une dois amigos, um pode dar satisfação a Deus no lugar do outro, pois o amor comum, perfeito devido à caridade, faz com que as obras do amigo se tornem como próprias, mais ainda se o amigo deve sofrer (cf. *Summa contra gentiles*, 3, 158).

O sentido mais completo das palavras ligar e desligar está explicado no n. 553. Compreende também a autoridade de governar, de pronunciar juízos em matéria de doutrina e, no que diz respeito ao perdão dos pecados, devem ser interpretadas junto com João 20,22-23 (cf. nn. 976 e 1441, nota 434): "Recebei o Espírito Santo. A quem perdoardes os pecados, ser-lhes-ão perdoados. A quem os retiverdes, ser-lhes-ão retidos". Com essas palavras, Cristo ressuscitado conferiu aos apóstolos o poder de perdoar os pecados no sacramento da penitência (cf. DS 1703). Nela nem sempre se procura remediar a exclusão da comunhão interior com a Igreja, pois os pecados veniais são também objeto de perdão no sacramento da penitência e não rompem a comunhão.

O CCE não trata da questão da penitência sacramental, nos primeiros séculos, sem inscrição na ordem dos penitentes (n. 1447). O assunto é debatido entre os estudiosos e não modifica as conclusões sobre a estrutura fundamental do sacramento da penitência, porque, ao encontrar essa estrutura na antiga penitência pública — a que incorporava a inscrição na ordem dos penitentes e que, com respeito à forma atual, apresentava modalidades muito dissemelhantes às da penitência sem inscrição em tal ordem —, fica claro que a estrutura da penitência, no que se refere às suas notas fundamentais, permaneceu inalterada ao longo dos séculos.

O sacramento da penitência é constituído dos atos do penitente — contrição, confissão e satisfação — e do sacerdote que julga e absolve (cf. n. 1491). Esses atos são externos, como corresponde a um sacramento (cf. n. 1131), mas em continuidade com a penitência interior e animados por ela. Significa-se externamente o efeito inteiro do sacramento: o afastamento do pecado, convertendo-se a Deus e o perdão divino. Diferentemente do batismo, na penitência, os atos do penitente fazem parte do sacramento; alguma coisa semelhante ocorre na vida corporal: no nascimento, no início da vida, a passividade é total; na cura, o organismo humano adulto deve cooperar com o processo terapêutico guiado pelo médico.

O estabelecimento, por parte do ministro da Igreja, da modalidade da satisfação é um elemento fundamental do sacramento. O pecador submete os próprios pecados ao juízo do ministro de Deus e da Igreja — submete-os ao poder das chaves —, não tanto porque o sacerdote julgue sobre a autenticidade do arrependimento, quanto para fazer penitência segundo o juízo da Igreja e, afinal de contas, segundo o juízo de Deus, a quem ofendeu com o pecado.

VII. Os atos do penitente

A contrição (nn. 1451-1454) é ato da vontade: como é voluntário o pecado, voluntária deve ser sua reprovação. Precisamente ao se arrepender e ao orientar a própria conduta a Deus, o homem exerce e manifesta a sua dignidade de criatura livre. A dor da vontade pode ser acompanhada de outros componentes sensíveis de tristeza e de desgosto, e normalmente é assim, por causa da unidade da pessoa humana, mas essas emoções sensíveis não determinam a autenticidade do arrependimento, nem a sua medida.

A contrição olha sempre para o passado e para o futuro. Olha para o passado, porque arrepender-se não é simplesmente deixar de pecar, mas implica também detestar o pecado cometido.

Olha para o futuro, porque inclui o propósito de não pecar mais. A sinceridade e firmeza do propósito garantem a autenticidade da contrição; sem o propósito de não pecar mais futuramente, a vontade não se oporia de fato ao pecado.

Os motivos do arrependimento podem ser vários, mas para que deem lugar à verdadeira contrição devem ser de natureza sobrenatural: porque Deus, ofendido pelo pecado, é infinitamente bom; pelo temor das penas eternas do inferno; pela fealdade moral do pecado etc. Motivos simplesmente naturais não fazem do arrependimento uma verdadeira contrição: não a tem, por exemplo, o comerciante que se lamenta de ter fraudado porque, simplesmente, perdeu a freguesia. Se o arrependimento é motivado pela caridade, ou seja, pelo amor de Deus amado acima de todas as coisas, a contrição é perfeita. Ela é um dom de Deus, pois o ser humano sozinho não consegue se arrepender de um modo tão perfeito.

A contrição depois do batismo, se é perfeita, inclui "a firme resolução de recorrer, assim que possível, à confissão sacramental"; caso contrário, não é perfeita. Não há, com efeito, duas vias de remissão dos pecados depois do batismo, uma sacramental e outra extrassacramental; a via é única: o sacramento da penitência é tão necessário à salvação dos que pecaram depois do batismo quanto o próprio batismo é necessário aos não batizados (cf. DS 1672).

O sacramento da penitência não se realiza, normalmente, num breve momento; antes, é um caminho de penitência. Por isso, a contrição perfeita — efeito da caridade e, portanto, da graça santificante — é precedida, muitas vezes, pela contrição ainda imperfeita, chamada também de "atrição". Aquele que tem apenas atrição dos seus pecados não obteve ainda a reconciliação com Deus, mas com esse arrependimento já pode se aproximar da confissão sacramental e, depois, ao receber a graça do sacramento, tornar-se-á perfeitamente contrito.

O exame de consciência é necessário para identificar os pecados de que se arrepender e, depois, confessar. Não tem uma forma fixa de realização e, conforme os casos, poderá ser muito breve ou exigirá mais tempo e diligência, precisamente a que é proporcional ao que está se realizando, alguma coisa grave e não insignificante.

A confissão ao sacerdote (nn. 1455-1458) é essencial, porque sem ela os pecados não seriam submetidos ao juízo da Igreja, ao poder das chaves. Não basta, por isso, declarar-se genericamente pecador, mas é preciso que a confissão seja íntegra: "O fiel tem a obrigação de confessar, segundo a espécie e o número, todos os pecados graves cometidos depois do batismo dos quais tenha consciência, depois de um diligente exame, e não ainda diretamente perdoados mediante o poder das chaves da Igreja nem acusados na confissão individual" (CIC, cân. 988, § 1). Isso quer dizer que devem ser também confessados pecados graves talvez já perdoados, mas não acusados numa confissão individual por esquecimento ou outra impossibilidade.

A confissão sacramental é necessária uma vez que a pessoa seja capaz de pecar gravemente e, de fato, tenha pecado. Por isso, o preceito da Igreja que impõe a confissão dos pecados graves, pelo menos uma vez ao ano, é de obrigação desde quando se chega à idade da discrição.

A isso se acrescenta a grande utilidade da confissão frequente, até para as crianças, às quais, aliás, é de grande ajuda para que tenham uma correta atitude diante de Deus como Pai que sempre perdoa. A alegria de ser perdoado é comum a adultos e crianças, mas as crianças são particularmente sensíveis a respeito.

O preceito de receber a absolvição sacramental dos pecados mortais antes de receber a santa comunhão não é uma simples lei eclesiástica, sujeita a mudanças, mas se apoia numa sólida base dogmática constituída pelas palavras de 1 Coríntios 11,27-29, do modo como foram interpretadas pela Tradição viva da Igreja (cf. DS 1646-1647).

Eis as palavras de São Paulo: "Por isso, quem comer do pão ou beber do cálice do Senhor indignamente tornar-se-á culpado para com o corpo e o sangue do Senhor. Examine-se cada um a si mesmo, antes de comer deste pão e beber deste cálice; pois quem come e bebe sem discernir o corpo, come e bebe a própria condenação". Por isso, São João Paulo II afirmava categoricamente que essa norma inculcada por São Paulo e pelo Concílio de Trento estará sempre em vigor na Igreja (*Discurso* de 30.01.1981: AAS [1981] 203).

A conveniência da confissão frequente dos pecados veniais deriva principalmente dos efeitos do sacramento: a graça do perdão é também força para vencer nos futuros combates contra o pecado e, sobretudo, nos configura a Cristo que venceu o pecado na cruz com dócil submissão à vontade do Pai.

Depois da absolvição sacramental, o pecado não está ainda completamente aniquilado (nn. 1459-1460). Por vezes, restam ainda a serem cumpridos propósitos de necessária reparação dos danos causados pelo pecado: restituição de bens subtraídos, ressarcimento de danos materiais, reparação do escândalo, retificação das calúnias etc. E ficam sempre a serem cumpridas as obras de penitência impostas pelo confessor. Elas têm uma finalidade ao mesmo tempo expiatória e medicinal. Medicinal, porque as obras de penitência, embora leves, comportam sempre certa penalidade, pelo menos a que está ligada ao esforço e dificuldade de vencer a resistência em nós para fazer o bem. Desse modo, o homem se exercita no bem, aprofundando as boas disposições, e se torna mais cauto para não ceder à tentação no futuro.

A finalidade expiatória das obras de penitência deriva do fato de que é justo que o pecador, tendo satisfeito o próprio prazer — apesar de ter sido isso desagradável, de modo grave ou leve, a Deus —, deva contrariar a si mesmo, afastando-se de algum modo das criaturas, para aderir com mais decisão a Deus. Em resumo, por meio dessas obras de penitência paga-se a "pena temporal" do pecado (cf. nn. 1472-1473). Se não for paga nesta vida, será paga depois no Purgatório.

Nesta vida, porém, podemos fazer isso com penitências que nos permitem crescer no amor de Deus, nos unir a Cristo, que sofreu por nós, e progredir na virtude.

O valor das obras de penitências deriva da união com Cristo; daí a particular eficácia expiatória da satisfação sacramental, pois por meio dela age, como em todos os sacramentos, a eficácia salvífica da paixão de Cristo. Além disso, a união com Cristo se mede pela caridade e dela devem brotar as obras de penitência. Com efeito, a satisfação do pecado não consiste em sofrer a vingança de Deus, mas em lhe oferecer alguma coisa que lhe traga um agrado maior do que a desaprovação do pecado (cf. *Summa Theologiae*, III, 48, 2).

VIII. O ministro desse sacramento

Por sua natureza, o sacramento da penitência exige que o ministro seja sacerdote, "de modo a poder agir em nome de Cristo, cabeça da Igreja [do Corpo místico]" (PO 2) e, além disso, que tenha sob seu cuidado pastoral os fiéis sobre os quais exerce o ministério da reconciliação, ou seja, que tenha a faculdade de ouvir as confissões sacramentais deles (nn. 1461-1467).

Ao longo da história, a atribuição dessa faculdade foi regulada de vários modos pela Igreja. Desde sempre constitui uma questão sólida o fato de o bispo ser o moderador da disciplina penitencial. Outros sacerdotes têm essa faculdade por força de seu ofício (párocos, cônegos penitenciários, superiores de um instituto religioso e de uma sociedade de vida apostólica etc.), ou por concessão do Ordinário do lugar. Segundo o direito da Igreja, "aqueles que gozam da faculdade de receber habitualmente as confissões, quer por força do ofício, quer devido à concessão do Ordinário do lugar de incardinação ou do lugar no qual têm o domicílio, podem exercer a mesma faculdade em qualquer lugar, a menos que o Ordinário do lugar, num caso particular, tenha proibido" (CIC, cân. 967, 2; cf. CCEO, cân. 722). "Também os cardeais gozam, pelo próprio direito, da faculdade de receber em qualquer parte as confissões dos fiéis" (CIC, cân. 967, 1). Se o penitente está em perigo de morte, o direito da Igreja concede a todo sacerdote a faculdade de receber sua confissão (cf. CIC, cân. 976; CCEO, cân. 725).

O chamado à penitência é parte irrenunciável do ministério da Palavra dos sacerdotes, os quais têm a tarefa "de ensinar a Palavra de Deus e de convidar todos insistentemente à conversão e à santidade" (PO 4). Em concreto, "no espírito de Cristo Pastor [os presbíteros] ensinam também a submeter com coração contrito os próprios pecados à Igreja no sacramento da penitência, para poder assim se converter cada dia mais ao Senhor, lembrando as suas palavras: 'Convertei-vos: o Reinado dos céus aproxima-se' (Mt 4,17)" (PO 5).

Em consonância com a obrigação de convidar os fiéis à conversão, há também a de se tornar disponíveis a exercer o ministério da penitência, como exigência da missão sacerdotal, não como simples cumprimento administrativo; daí o grande valor pastoral da norma do código: "Todos aqueles de quem se exige, por força do ofício, a cura das almas, são obrigados a prover que seja ouvida a confissão dos fiéis a eles confiados, quando razoavelmente o peçam, e que seja a eles dada a oportunidade de se aproximarem da confissão individual, estabelecidos, para comodidade deles, dias e horas" (CIC, cân. 986, 1).

Por ser ministro de Cristo e da Igreja, o sacerdote deve tornar-se intérprete do coração de Cristo e da vontade da Igreja. Por isso, "o confessor, como ministro da Igreja, deve aderir fielmente, na administração do sacramento, à doutrina do Magistério e às normas dadas pela competente autoridade" (CIC, cân. 978, 2). Cometeria grave injustiça em relação ao penitente se se deixasse guiar, em seu juízo e nos seus conselhos, por pontos de vista pessoais em desacordo com a doutrina ensinada pelo Magistério da Igreja. O penitente lhe abre a consciência, porque vê nele o ministro de Deus; se encontrasse nele severidade e não misericórdia, dúvidas e obscuridades e não a luz da verdade, sofreria autêntico engano espiritual.

IX. Os efeitos desse sacramento

A graça da reconciliação com Deus é graça santificante e justificante e, recebida mediante a penitência, compreende também a graça sacramental (cf. nn. 1129 e 2003). Com ela o fiel é fortalecido para sair vitorioso no futuro na luta contra o pecado. Torna-se, com efeito, participante da ação vitoriosa de Cristo sobre o pecado, realizada mediante a submissão obediente à vontade do Pai, sofrendo penas expiatórias pelos pecados dos homens.

Essa participação modela as virtudes do fiel, dando a ela uma coloração penitencial e favorecendo o fato de o espírito de penitência se tornar presente em toda a vida do cristão.

X. As indulgências

Para compreender plenamente o que seja a indulgência, é preciso ter presente a necessidade de pagar as penas temporais devidas pelos pecados já perdoados quanto à culpa. O pecado, com efeito, deixa o pecador num estado de culpa diante de Deus a quem ofendeu e o torna merecedor de castigo. Enquanto o pecador não obtém o perdão da ofensa grave feita a Deus, o castigo a ele reservado será a perda da vida eterna, a separação de Deus por toda a eternidade (cf. n. 1035): essa é a pena eterna.

Além dela, o pecador merece outra pena reparadora do fato de ter se apegado desordenadamente a um bem criado, apesar de isso contrariar a vontade divina. Também a ofensa leve causada a Deus merece semelhante punição. "É necessário, então, para a plena remissão e reparação dos pecados, não somente que a amizade com Deus seja restabelecida com uma sincera conversão da mente e que seja reparada a ofensa causada à sua sabedoria e bondade, mas também que todos os bens, quer pessoais, quer sociais ou da própria ordem universal prejudicados ou destruídos pelo pecado sejam plenamente reintegrados ou com voluntária reparação, a qual não será sem pena, ou com aceitação das penas estabelecidas pela justa e santíssima sabedoria de Deus, mediante as quais resplandeçam em todo o mundo a santidade e o esplendor da sua glória" (ID 3). Essa é a "pena temporal" que deve ser paga ou nesta vida ou na outra, no Purgatório.

Segundo a definição da indulgência (n. 1471) tirada da ID, ela consiste numa verdadeira "remissão diante de Deus da pena temporal pelos pecados", remissão concedida fora do sacramento da penitência, o qual serve também à remissão dessa pena por meio da satisfação sacramental. Fora do sacramento, mas não independentemente dele, porque a remissão da pena supõe a remissão da culpa; com efeito, enquanto ela permanece, enquanto o ser humano permanece na condição de ofensor de Deus, merece a punição. E o perdão das culpas graves e, muitas vezes, também das veniais, ocorre por meio do sacramento da reconciliação. Diz-se, além disso, que o fiel deve estar "devidamente disposto", porque a indulgência se adquire quando se está em estado de amizade com Deus (estar na graça de Deus), e "em determinadas condições", pois devem ser realizadas determinadas ações para adquirir as indulgências. Precisamente, "o fim que a autoridade eclesiástica se propõe na concessão das indulgências é não somente o de ajudar os fiéis a pagar as penas do pecado, mas também o de estimulá-los a fazer obras de piedade, de penitência e de caridade, especialmente as que colaboram para o crescimento da fé e para o bem comum" (ID 8).

A intervenção da autoridade da Igreja ao conceder a indulgência a que se faz referência na definição, bem como a natureza do tesouro da Igreja, são explicadas, respectivamente, nos nn. 1478 e 1474-1477.

A indulgência plenária livra de toda a pena temporal devida aos pecados. "Para adquirir a indulgência plenária é necessário realizar a obra indulgenciada e cumprir três condições: confissão sacramental, comunhão eucarística e oração segundo as intenções do sumo Pontífice. Exige-se, além disso, que se exclua qualquer afeto ao pecado, mesmo venial" (ID, norma 7). Justamente essa última condição torna difícil adquirir a indulgência realmente plenária; e é uma condição insuprimível, porque, se permanece o apego a algum pecado venial, a correspondente pena temporal não é perdoada.

Em que medida a indulgência é parcial? Obviamente, a remissão da pena temporal não é calculável em termos numéricos e é conhecida somente por Deus. "O fiel que, pelo menos de coração contrito, cumpre uma ação à qual está anexada a indulgência parcial, obtém, junto com a remissão da pena temporal que consegue com a sua ação, igual remissão da pena por intervenção da Igreja" (ID, norma 5). Todas as boas ações nesta vida têm certo caráter de pena, até as que não consistem na privação ou subtração de algum bem criado; por exemplo, os atos de fé, de esperança e de caridade, porque sempre devem vencer alguma resistência em nós, como consequência do pecado original. Por isso, todas as boas obras podem ter um valor satisfatório, cuja medida é dada pela caridade que está em sua origem.

A indulgência parcial nos garante, por assim dizer, a solidariedade da Igreja no nosso empenho de conduta verdadeiramente cristã e, em concreto, de solidariedade na purificação dos pecados, tornando duplamente eficazes as nossas obras de penitência.

As orações e os atos de piedade mais difundidos entre os fiéis produzem a indulgência parcial. A elas se acrescentam três concessões gerais; assim, podemos dizer que a Igreja assiste continuamente os fiéis na sua expiação dos pecados. As três concessões gerais compreendem, na prática, toda a vida cristã: com elas "o fiel é convidado a modelar conforme o espírito cristão as ações de que é composta a sua vida e a procurar a perfeição da caridade nas suas ordinárias ocupações" (*Manuale delle indulgenze*, p. 35). Primeira concessão geral: "Concede-se a indulgência parcial ao fiel que, ao cumprir os seus deveres e ao suportar as adversidades da vida, eleva com humilde confiança a alma a Deus, acrescentando, ainda que apenas mentalmente, uma pia invocação" (ibid., p. 37). Segunda: "Concede-se a indulgência parcial ao fiel que, com espírito de fé e com ânimo misericordioso, põe a si mesmo ou os seus bens a serviço dos irmãos que se encontrem em necessidade" (ibid., p. 39). Terceira: "Concede-se a indulgência parcial ao fiel que, em espírito de penitência, se priva espontaneamente e com seu sacrifício de alguma coisa lícita" (ibid., p. 42).

A doutrina e a prática das indulgências são clara expressão da fé na comunhão dos santos. Existe, de fato, uma comunhão de bens espirituais entre os membros do corpo de Cristo que é a Igreja; entre esses bens incluem-se as expiações oferecidas a Deus para a libertação dos pecados; constituem elas um cúmulo de riquezas espirituais às quais podem recorrer os fiéis para satisfazer os débitos das próprias culpas, porque aqueles que estão unidos pela caridade podem oferecer satisfação a Deus uns pelos outros. Clemente VI, na bula de publicação do Jubileu do ano de 1350, já chamava esse cúmulo de riquezas espirituais de o "tesouro da Igreja" (cf. DS 1025-1027). É um tesouro inexaurível, porque compreende em primeiro lugar as satisfações e os méritos de Cristo redentor. A ele se acrescentam também os da bem-aventurada Virgem Maria e de todos os santos, pois, embora sendo mais que suficiente a expiação oferecida por Cristo para todos os pecados do gênero humano, ele quis, todavia, associar a si, na obra da redenção, os membros do seu corpo místico, segundo o que diz o Apóstolo: "Encontro a minha alegria nos sofrimentos que suporto por vós; e o que falta às tribulações de Cristo, eu o completo em minha carne em favor do seu corpo que é a Igreja" (Cl 1,24). Desse modo, as vitórias de um fiel sobre o pecado revertem em favor dos outros fiéis.

A intervenção da Igreja na aquisição das indulgências é digna de crédito, porquanto à sua autoridade está confiado o seu tesouro, a fim de que o dispense aos fiéis para a salvação deles. Como explica Santo Tomás de Aquino, "aquele que recebe as indulgências não é propriamente absolvido do débito da pena, mas lhe é dado aquilo com que saldá-lo" (*Summa Theologiae*, Supl., 25, 1 ad 2).

"O fim que a autoridade eclesiástica se propõe na concessão das indulgências é não só o de ajudar os fiéis a pagar as penas do pecado, mas também o de estimulá-los a realizar obras de piedade, de penitência e de caridade, especialmente as que colaboram para o crescimento da fé e para o bem comum" (ID 8). Isso se manifesta particularmente na concessão das indulgências plenárias. Algumas delas podem, na prática, ser adquiridas por todos os fiéis em cada dia do ano, cumprindo uma das seguintes obras, junto com as outras condições gerais para todas as indulgências plenárias: a adoração do santíssimo Sacramento por, pelo menos, meia hora; a piedosa leitura da Sagrada Escritura por, pelo menos, meia hora; o piedoso exercício da *Via crucis*; a recitação do Rosário mariano na igreja ou oratório público, ou em família, numa comunidade religiosa, numa pia associação (cf. *Manuale delle indulgenze*, p. 51).

A comunhão dos santos une não apenas os membros da Igreja peregrina entre si e com os santos no céu, mas se estende também às almas que se purificam no Purgatório. Os fiéis podem oferecer a Deus a favor delas as indulgências que adquirem, pedindo a Deus que as aceite para que sejam aliviadas das penas que estão suportando e logo cheguem à glória eterna; por isso se diz que são "aplicadas aos defuntos sob o modo de sufrágio" (ID, norma 3).

XI. A celebração do sacramento da penitência

A liturgia do sacramento da penitência é extremamente sóbria no que diz respeito aos ritos e cerimônias (cf. n. 1480). A saudação inicial, a confissão, os conselhos do confessor e a exortação ao arrependimento, a imposição e a aceitação da penitência têm pouco, para não dizer nada, de ritual; são, porém, ações extremamente significativas da atividade de Deus no coração do penitente.

A dimensão eclesial da penitência exprime-se suficientemente nos atos do penitente que formam o sacramento e nos do confessor; todavia, pode encontrar maior expressividade na moldura de uma celebração comunitária da preparação e da ação de graças, na qual se inserem a confissão pessoal dos pecados e a absolvição individual dos penitentes (n. 1482).

Quando a confissão individual e completa, com a relativa absolvição, se torna impossível (física e moralmente) e há grave necessidade da penitência, pode-se realizar o sacramento com uma confissão genérica e a absolvição dada em conjunto a vários penitentes (nn. 1483-1484). Para esses casos o *Rito da penitência* prevê um modo próprio de celebração do sacramento. Ela é um "meio extraordinário em situações totalmente excepcionais" (São João Paulo II, *Motu proprio* "Misericordia Dei" [02.05.2002]), e, embora se tratando de uma celebração comunitária, é menos expressiva do que a dimensão eclesial da penitência em relação à forma ordinária (confissão pessoal e absolvição individual), porque a reconciliação com Deus mediante o encontro pessoal com Cristo, que está na base da reconciliação com a Igreja, torna-se menos evidente na absolvição coletiva, bem como é menos nítida a submissão dos pecados às chaves da Igreja.

O fiel que, nesses casos excepcionais, faz uma confissão genérica e é absolvido coletivamente, deve ter "o propósito de confessar no devido tempo cada um dos pecados graves, que no momento não pode confessar" (CIC, cân. 962, § 1; CCEO, cân. 721, § 1). É um dever inevitável, porque pertence à essência do sacramento submeter todos os pecados graves ao poder das chaves dos ministros da Igreja e, por isso, a verdadeira contrição inclui o supradito propósito que, embora naquela necessidade seja realizado apenas parcialmente — de modo genérico —, depois o será completamente, e a própria sinceridade do arrependimento levará a cumpri-lo.

Capítulo II

Artigo 5
A UNÇÃO DOS ENFERMOS

ANTONIO MIRALLES

O sacramento da unção dos enfermos encontra-se em continuidade com o da penitência. O Concílio de Trento o apresenta como aperfeiçoador não somente do sacramento da penitência, mas de toda a vida cristã, que deve ser uma contínua penitência (cf. DS 1694). Toda a vida do cristão, com efeito, recebe do sacramento da penitência um sentido penitencial e um particular valor purificatório dos vestígios do pecado, segundo a oração que recita o confessor depois da absolvição sacramental: "O bem que fizeres e o mal que tiveres de suportar te ajudem para o perdão dos pecados, o aumento da graça e o prêmio da vida eterna".

Nessa moldura, a doença tem um particular significado e pode contribuir consideravelmente para dar à vida cristã o sentido de penitência contínua. Por isso, o CCE, antes de expor a doutrina referente ao sacramento da unção dos enfermos, detém-se em tratar da doença na economia da salvação.

O primeiro número (n. 1499) serve como síntese introdutiva que permite, aliás, compreender a exposição sobre a doença na perspectiva do sacramento da unção dos enfermos. Nesta breve síntese, tirada da Const. LG (n. 11) do Concílio Vaticano II, estão os elementos que constituem esse sacramento: o rito essencial, o ministro, os sujeitos aos quais é destinado, os efeitos, a dimensão eclesial e o que cabe ao doente pelo a sacramento recebido.

I. Seus fundamentos na Economia da salvação

Considera-se aqui a doença grave, ou seja, aquela que, de per si, contém uma referência à morte, porque o doente, sozinho, não conseguiria sobreviver à doença. A ciência médica progrediu muito e pode ajudar eficazmente na cura de muitas enfermidades graves, mas nem por isso essas doenças perdem certa gravidade existencial que pesa sobre o enfermo. A doença, com efeito, está ligada ao sofrimento (nn. 1500-1501) e, mesmo quando a arte médica consegue curar um doente, não consegue lhe tirar o sofrimento, embora faça o possível para aliviá-lo. O sacramento da unção dos enfermos diz respeito à doença grave, porque ela tem um lugar específico na economia da salvação, não a mal-estares, às indisposições, aos achaques, que se contam entre as inevitáveis penas da vida terrena.

No Antigo Testamento (n. 1502), começa-se a ter uma resposta ao questionamento humano sobre o porquê da doença: nele se revela que ela tem um lugar no desígnio divino da salvação. Está ligada ao mal e ao pecado, mas também à salvação. As mensagens proféticas das futuras intervenções divinas de salvação estão, muitas vezes, tecidas de promessas de cura das enfermidades, mas a resposta exaustiva sobre o sentido da doença não será revelada senão no Novo Testamento.

Na vida pública de Jesus (nn. 1503-1504) a doença é um contínuo ponto de referência da sua ação messiânica: a maior parte dos milagres é constituída de curas, as quais são, ao mesmo tempo, sinais dos bens messiânicos. Jesus não apenas restitui a saúde aos corpos, mas a cura física era acompanhada da cura das almas. O Evangelho dá destaque à compaixão de Jesus; nada do que era humano o deixava indiferente, mas ele se comovia especialmente diante dos enfermos. "Tomado de compaixão, Jesus lhes tocou os olhos. Imediatamente recuperaram a vista. E eles o seguiram" (Mt 20,34). "Ao desembarcar, ele viu uma grande multidão: foi tomado de compaixão por eles e curou seus doentes" (Mt 14,14). O evangelista vê nas curas a assunção por parte de Jesus das nossas enfermidades, a sua com-paixão (sofrer junto), vendo nelas o cumprimento da profecia do Servo sofredor: "Ao anoitecer, trouxeram-lhe numerosos endemoninhados. Ele expulsou os espíritos pela palavra e curou todos os doentes, para que se cumprisse o que fora dito pelo profeta Isaías: 'Foi ele quem levou as nossas enfermidades e carregou sobre si as nossas doenças'" (Mt 8,16-17). Com a sua conduta em relação aos doentes, Jesus mostrou que eles, como enfermos, têm um lugar central, não periférico, na Igreja.

A resposta definitiva sobre o sentido da doença no desígnio divino da salvação é dada por Jesus mediante a sua paixão e morte na cruz, ao assumir plenamente o sofrimento (n. 1505). Daquele momento em diante, toda dor humana tem um valor positivo na obra da redenção. "À medida 'que o homem toma a sua cruz', unindo-se espiritualmente à cruz de Cristo, revela-se diante dele o sentido salvífico do sofrimento. A fé na participação nos sofrimentos de Cristo traz consigo a certeza interior de que o homem sofredor 'completa o que falta às tribulações de Cristo' (cf. Cl 1,24) e que na dimensão espiritual da obra da redenção serve, como Cristo, 'à salvação dos seus irmãos e irmãs'. Portanto, não só é útil aos outros, mas, em geral, cumpre um serviço insubstituível. Por isso, a Igreja vê em todos os irmãos e irmãs de Cristo que sofrem como que 'um sujeito que multiplica sua força sobrenatural'" (São João Paulo II, Carta Apost. SD 26-27).

O comportamento de Cristo diante do sofrimento próprio e de outros é paradigmático para os seus discípulos, para todos os cristãos (CCE 1506-1508). "A revelação por parte de Cristo do sentido salvífico do sofrimento 'não se identifica de modo algum com uma atitude de passividade'. Tudo ao contrário. O Evangelho é a negação da passividade diante do sofrimento. O próprio Cristo, nesse terreno, é sobretudo ativo [...]: ele passa 'como benfeitor' (At 10,38), e o bem das suas obras teve destaque sobretudo diante do sofrimento humano" (SD 30). Semelhante atitude ativa é exigida da Igreja, a qual é chamada a se desvelar, em seus filhos, a favor dos doentes. Foi-lhe até dado o carisma da cura e, ao longo dos séculos, jamais faltaram na Igreja as curas milagrosas. Essa sua total dedicação envolve também os doentes, os quais são membros ativos da Igreja e contribuem grandemente para seu bem, porque o sofrimento é meio de união com Cristo.

"Todos os que sofrem foram chamados uma vez por todas a se tornarem partícipes 'dos sofrimentos de Cristo' (1Pd 4,13). Assim como todos são chamados a 'completar' com o próprio sofrimento 'o que falta às tribulações de Cristo' (Cl 1,24). Cristo, ao mesmo tempo, ensinou ao homem a fazer o bem com o sofrimento e a fazer o bem a quem sofre. Nesse duplo aspecto, ele revelou profundamente o sentido do sofrimento" (SD 30).

Cristo não apenas nos deixou um modelo de comportamento diante da doença, mas está também presente na Igreja, à qual confiou a missão de continuar a sua ação em relação aos enfermos (n. 1509). Está presente na Igreja que dispensa suas curas aos doentes, exercendo desse modo a caridade. "Com efeito, ele está presente na sua Igreja, a qual exerce as obras de misericórdia não somente porque, quando fazemos um pequeno bem a um dos seus humildes irmãos, o fazemos ao próprio Cristo (cf.

Mt 25,40), mas também porque é o próprio Cristo que faz essas obras por meio da sua Igreja, socorrendo sempre os homens com divina caridade" (São Paulo VI, Carta Enc. *Mysterium fidei*). Está também presente na Igreja que ora pelos doentes. A sua presença se acentua nos sacramentos, também eles a favor dos doentes, especialmente a eucaristia — na qual a presença de Cristo é particularmente operante, bem como substancial — e a unção dos enfermos.

A unção dos enfermos é sacramento específico para os doentes (nn. 1510-1512). As palavras da Carta de São Tiago não se referem a intervenções para obter curas milagrosas, mas a uma prática normal de apoio aos doentes, especialmente para seu benefício espiritual. Com efeito, a referência à fé que salva, expressa na oração, e ao perdão dos pecados indicam que os efeitos são predominantemente espirituais.

Entre os testemunhos da Tradição sobre o reconhecimento da unção dos enfermos como um dos sacramentos da Igreja, sobressai a carta de Santo Inocêncio I ao bispo Gubbio, no ano 416, na qual, esclarecendo-lhe uma dúvida, declara que a unção dos doentes feita pelos presbíteros, segundo Tiago 5,14-15, podem *a fortiori* realizá-la os bispos, e são eles que abençoam o óleo, e acrescenta que não é dada aos penitentes ainda não reconciliados, porque a eles são negados os outros sacramentos e, portanto, também esse (cf. DS 216). Figura, além disso, na lista dos sete sacramentos da Igreja dos Concílios ecumênicos Lugdunense II, Florentino e Tridentino (cf. DS 860, 1310, 1601).

A matéria desse sacramento é o óleo bento pelo bispo (cf. DS 1695). O óleo dos enfermos (n. 1513) é benzido, como os outros santos óleos, na missa da manhã da Quinta-feira Santa. Não é tão necessário que seja o bispo a benzê-lo como no caso do crisma e da confirmação; em caso de necessidade, até mesmo qualquer presbítero pode abençoá-lo na própria celebração do sacramento. São Paulo VI estabeleceu que o óleo não seja necessariamente de oliveira, mas que possa ser usado também um óleo tirado de plantas, o mais possível semelhante ao óleo de oliveira (cf. Const. ap. *Sacram unctionem infirmorum*). Além disso, simplificou o rito, de modo que as unções sejam apenas duas, respectivamente sobre as mãos e sobre a fronte.

"O óleo é substância terapêutica, aromática e convivial: trata das feridas, perfuma os membros, alegra a mesa. Essa natureza do óleo é assumida no simbolismo bíblico-litúrgico e está carregada de um particular valor para exprimir a unção do Espírito que cura, ilumina, conforta, consagra e impregna de dons e de carismas todo o corpo da Igreja" (*Benedizione degli oli e Dedicazione della chiesa e dell'altare*. Premissa geral da Conferência Episcopal Italiana). A unção com o óleo dos enfermos significa a unção da graça do Espírito Santo que cura e conforta o doente.

II. Quem recebe e quem administra esse sacramento?

Esse sacramento é destinado aos doentes graves que estão em perigo de morte (n. 1514). Eles têm necessidade da graça da unção dos enfermos justamente quando começam a estar em perigo de morte. Se o sacramento é diferido para os últimos momentos antes da morte, tira-se do enfermo uma valiosa ajuda sobrenatural da qual tem necessidade não apenas quando está em fim de vida, mas também ao longo de todo o percurso da doença grave. Se a afecção não comporta perigo de morte, embora causando fortes sofrimentos, o sujeito não é idôneo para receber a unção dos enfermos. Nem por isso ficará privado da ajuda dos sacramentos, pois poderá sempre recorrer à eucaristia e à penitência. A velhice, quando comporta perigo de morte, constitui, de per si, uma enfermidade grave. Não se trata, porém, de critérios cadastrais: ele é um sacramento específico dos enfermos, não da terceira idade nem dos pensionistas, os quais podem se encontrar com boa saúde.

Para poder receber esse sacramento, a pessoa deve estar ainda em vida. Quando a alma está separada do corpo, já não pode receber nada por meio dos restos mortais. Os sacramentos pertencem à realidade presente da Igreja peregrina na terra e aquele que concluiu o seu caminho na terra não pode deles se aproximar. Além disso, é preciso que o doente seja batizado. Quem não recebeu a configuração a Cristo impressa pelo caráter batismal e não está incorporado a seu Corpo místico é estranho às ações sacramentais da Igreja. A respeito, os gestos sacramentais não têm valor nem significação.

A unção dos enfermos não se repete na mesma doença (n. 1515), porque os efeitos espirituais do sacramento se conferem a fim de que o enfermo se configure à paixão redentora de Cristo e supere as dificuldades próprias daquela enfermidade. Quando se retoma e se recai sucessivamente num estado grave, pode-se repetir o sacramento, porquanto o estado de doença grave é outro, embora a doença seja a mesma. Igualmente, pode-se repetir se se verifica uma piora e se entra numa nova situação de gravidade.

Os ministros da unção dos enfermos são os presbíteros (n. 1516), como indicado em Tiago 5,14, ou seja, os próprios ministros da penitência, justamente pelo vínculo de continuidade entre esses dois sacramentos. Se a presença do sacerdote para confortar os doentes não se limita à administração da unção dos enfermos, mas está ali para escutar suas confissões, levar a eles a comunhão, visitá-los e confortá-los com seus conselhos e encorajamentos, será mais fácil superar os temores de chamar o sacerdote para administrar a unção dos enfermos como se fosse sinal de morte iminente.

As boas disposições a serem despertadas nos doentes são muito necessárias, porque esse sacramento exige, de per si, o estado de graça naquele que o recebe; daí a conveniência de fazer preceder normalmente a unção dos enfermos pela Confissão sacramental.

III. Como se celebra esse sacramento?

As palavras da LG 11, que abrem a exposição do CCE sobre esse sacramento, mostram sua dimensão eclesial (n. 1517). Mediante a ação ministerial dos sacerdotes, "toda a Igreja recomenda os doentes ao Senhor sofredor e glorificado"; eles, recebendo o fruto espiritual do sacramento, não apenas tiram proveito pessoal, mas também contribuem para o bem do povo de Deus. Essa dimensão eclesial encontra-se em toda celebração da unção dos enfermos, mesmo quando dela toma parte somente o presbítero e o doente; todavia, o fato de ser toda a Igreja a recomendar os enfermos ao Senhor sugere uma participação mais ampla de fiéis, bem como a celebração para um grupo de enfermos, desde que não prejudique o melhor proveito espiritual.

"Todos os sacramentos estão estreitamente unidos à sagrada eucaristia e a ela estão ordenados" (PO 5). A unção dos enfermos não é exceção; antes, a configuração a Cristo sofredor na sua paixão redentora, específica desse sacramento, dispõe os doentes a melhor se unir a Cristo, nossa Páscoa, que foi imolado (cf. 1Cor 5,7) e a participar de sua passagem deste mundo para o Pai (Jo 13,1).

Entre os diversos elementos da celebração, a parte essencial é formada pela unção com o óleo acompanhada das palavras do sacerdote celebrante, que constituem uma oração da Igreja a favor do doente (n. 1531).

IV. Os efeitos da celebração desse sacramento

A unção dos enfermos é, junto com a penitência, um sacramento de cura da alma (n. 1520). A graça do Espírito Santo que fortifica o doente contra as tentações, cura-o também dos resíduos dos pecados (cf. DS 1696), ou seja, da fraqueza espiritual da qual deve ainda se restabelecer aquele que, por meio da penitência, já está curado da grave doença do pecado. Essa conexão com a penitência faz com que, por meio da unção dos enfermos, sejam perdoados ao doente os pecados dos quais não pôde obter o perdão pelo sacramento da reconciliação (n. 1532). De fato, "se tiver pecados, ser-lhes-ão perdoados" (Tg 5,15). Como os atos do penitente — contrição, confissão e satisfação — fazem parte do sacramento da penitência, pode ocorrer que o enfermo, por causa de sua fraqueza — até por perda de consciência —, não seja capaz de realizá-los; pode, porém, receber com fruto a unção dos enfermos, desde que a graça não encontre o obstáculo de uma vontade obstinadamente contrária, mas o arrependimento habitual, embora imperfeito, da atrição (cf. n. 1453).

O enfermo é "de certa forma [...] consagrado" (n. 1521). Normalmente se fala de consagração da pessoa por obra dos sacramentos em referência ao caráter sacramental (cf. n. 1121). Essa consagração é participação da de Cristo, segundo modalidades entre si essencialmente diferentes, de acordo com o sacramento. Jesus Cristo é "aquele que o Pai consagrou e enviou ao mundo" (Jo 10,36), com uma missão que compreende a paixão redentora. Jesus que sofre e morre na cruz é o Servo sofredor, o Ungido pelo Pai no Espírito Santo. Pois bem, a configuração do doente, mediante a unção, a Cristo sofredor, a fim de que se una à sua paixão e à sua morte, embora não consista num caráter indelével, pode ser bem entendida e descrita em termos de consagração, pelo menos "de certa forma".

V. O viático, último sacramento do cristão

Quer os sacramentos da iniciação cristã, quer os sacramentos que encerram a peregrinação terrena têm uma justa ordem entre si. Como a confirmação aperfeiçoa a obra iniciada pelo batismo e dispõe à eucaristia, na qual culmina a iniciação cristã, assim também a unção dos enfermos leva a cumprimento a purificação dos pecados realizada por meio da penitência e dispõe o fiel para a perfeita união com Cristo na comunhão eucarística, sacramento da passagem deste mundo ao Pai (n. 1525).

Capítulo III

Artigo 6

OS SACRAMENTOS DO SERVIÇO DA COMUNHÃO — O SACRAMENTO DA ORDEM

PHILIP GOYRET

O CCE introduz brevemente (nn. 1533-1535) a tratativa deste terceiro grupo de sacramentos, enquadrando-o no contexto geral dos demais sacramentos: ao passo que os sacramentos da iniciação fundamentam a vocação de todos os cristãos na santidade e na evangelização, fornecendo as graças necessárias, a ordem e o matrimônio "estão ordenados à salvação dos outros". Naturalmente, de algum modo todos os sacramentos contribuem seja para a salvação pessoal, seja para a salvação dos outros, mas há em cada um deles um sentido essencial principal, atribuível a uma dessas possibilidades.

Para esses "sacramentos do serviço", fala-se de "consagrações particulares", que se adicionam às de caráter geral, fornecidas pelo batismo e pela confirmação. São "particulares" seja porque não estão destinadas a todos, seja porque fornecem uma capacidade e uma destinação para uma missão particular. Baseado nisso, dos cônjuges se diz que são "como consagrados": de fato, não se trata aqui do caráter sacramental indelével, chamado também de consagração, mas do vínculo matrimonial de per si indissolúvel, que constitui também uma vocação à vida cristã e à missão, principalmente em relação aos filhos, realizada junto com o outro cônjuge.

O SACRAMENTO DA ORDEM

Em sintonia com o Vaticano II (LG 19-21), inicia-se a tratativa sobre esse sacramento considerando a sucessão apostólica como elemento fulcral da ordem sagrada, chamando-o por isso de "o sacramento do ministério apostólico" (n. 1536).

I. Por que o nome de sacramento da ordem?

A etimologia dos termos "ordem" e "ordenação" não deve ser confundida com a origem da realidade teológica indicada neles. A ordem sagrada, sua estruturação, e o ato pelo qual alguém é constituído diácono, presbítero ou bispo, não são elementos modelados segundo a praxe imperial romana (como a ordem senatorial, a ordem militar etc.), mas provêm da revelação bíblica, e mais especificamente da constituição do colégio apostólico e da sua sucessão. A vontade fundacional na Igreja e nos ministérios que nela são atuantes prevê, de fato, não apenas o sacramento da ordem em seus três graus, mas também o exercício destes dentro de uma comunhão ministerial, pela qual foi escolhido, em seguida, o nome genérico de *ordo*, que, "na Antiguidade romana, designava corpos constituídos no sentido civil" (n. 1537).

Pela ordenação se insere um candidato na respectiva ordem; embora possa parecer óbvio, é necessário tomar ciência, como se faz no CCE, de que a ordenação é uma realidade de natureza sacramental, distinta da eleição, da delegação ou da instalação. É, ao mesmo tempo, conveniente advertir que os "termos" ordenação e consagração não implicam sempre na sacramentalidade (como nas ordens menores dos ritos orientais e na consagração da virgens) e que não existe, até agora, uma terminologia absolutamente homogênea. O Vaticano II usa os termos consagração e ordenação indistintamente, seja para os bispos, seja para os presbíteros. Em vez disso, no Ritual latino atualmente em vigor, se utiliza o termo ordenação exclusivamente para a atribuição do episcopado, do presbiterado e do diaconado, ao passo que os termos bênção, consagração, instituição e dedicação dizem respeito aos abades/abadessas, às virgens consagradas, aos leitores e acólitos e às igrejas e altares, além das várias bênçãos de objetos e lugares.

II. O sacramento da ordem na Economia da salvação

O sacerdócio da antiga aliança

O sacerdócio levítico aparece como elemento essencial na história do povo de Israel. A configuração das doze tribos como verdadeiro povo ocorre, de fato, com a recepção da lei mosaica e com a instituição do sacerdócio no monte Sinai. É claro que se trata de uma realidade apenas prefigurativa do novo sacerdócio: não se trata, portanto, de uma primeira fase, da qual o sacerdócio da nova aliança teria se desenvolvido em seguida. Embora tivesse sido instituído a partir da iniciativa divina, faltava ao sacerdócio antigo o sentido forte da mediação; num certo sentido, a relação entre os israelitas e YHWH, por ele veiculada, estava constituída por um movimento essencialmente ascendente — dos seres humanos para Deus —, e por isso não comportava uma verdadeira e própria justificação, embora permanecesse intrinsecamente em relação com esta, por motivo da fé no Messias que viria.

Era, em suma, um verdadeiro sacerdócio. Mediante o culto sacrifical, prestava-se a YHWH a devida adoração e se proclamava a fé no Messias que viria. Portanto, como prefiguração do futuro sacerdócio, ele não deve ser subestimado, e, por isso mesmo, a atual liturgia de ordenação no Rito latino — em seus três graus — o menciona no contexto unitário da história da salvação.

O único sacerdócio de Cristo

Na Carta aos Hebreus encontra-se o aspecto prefigurativo do sacerdócio levítico, mas o sacerdócio de Cristo é apresentado como sendo segundo a ordem de Melquisedec, sacerdote do Deus altíssimo, anterior ao sacerdócio levítico e até mesmo "sem pai, sem mãe, sem genealogia" (Hb 7,3). De Cristo sacerdote são delineados seu caráter único (não existe nenhum outro sacerdote fora de sua pessoa), perene (nunca diminuirá), universal (dirigido não apenas a um único povo, mas a todos os seres humanos) e sacrifical (com um sacrifício único, feito de uma vez por todas, em sua própria pessoa). Portanto, seu caráter sacrifical significa não apenas a função de oferecer sacrifícios, mas de se tornar sacrifício. Nele, oferta e oferente coincidem em sua pessoa.

A unicidade do sacerdócio de Cristo foi reafirmada mais recentemente pelo magistério da Igreja na Declaração *Dominus Iesus* da Congregação para a Doutrina da Fé, datada do ano 2000, e que, embora não use explicitamente o termo "sacerdócio", afirma "a unicidade e universalidade da mediação salvífica de Jesus Cristo" (n. 16). Essa unicidade, entendida de modo radical, leva à concepção de um ministério sacerdotal necessariamente como participação ao sacerdócio de Cristo, pois não existe outro. Portanto, não é possível pensar em um sacerdócio autônomo, não dependente daquele sacerdócio de Cristo: este é o sentido forte sublinhado pela teologia católica.

Duas participações ao único sacerdócio de Cristo

Também o sacerdócio comum dos fiéis, aquele que provém do batismo e da confirmação, é participação ao sacerdócio de Cristo e não é nunca uma realidade autônoma. Entre este e o sacerdócio ministerial, embora ambos participem ao único sacerdócio de Cristo, intercorre uma "diferença essencial" (LG 10), não redutível à gradualidade. O sacerdócio ministerial, portanto, não é um desenvolvimento do sacerdócio comum, como que uma intensificação deste, mas cada sacerdócio provém diretamente do sacerdócio de Cristo. Trata-se de uma doutrina eivada de consequências no âmbito espiritual e ministerial: o ministério não deve ser pensado como a coroação da vida cristã, e menos ainda como um direito. Certamente este pressupõe o sacerdócio comum, mas é um dom totalmente gratuito, em vista do bem da comunidade.

Dessas duas formas de sacerdócio participado se diz, sempre com a expressão da LG (n. 10), que "estão ordenados um ao outro". De fato, o ministério ordenado é relativo ao sacerdócio comum, existe para formá-lo por meio da pregação da Palavra de Deus e da celebração dos sacramentos, de modo a prepará-lo a levar adiante a missão da Igreja. Para o ministro ordenado, portanto, o serviço não é uma simples atitude espiritual, conveniente para progredir na santidade, mas realidade teológica e exigência eclesiológica: por isso é chamado de "ministerial". Um sacerdote não dedicado ao serviço trai sua própria identidade.

A própria estrutura do ministério ordenado, que consiste nos três graus do diaconado, do presbiterado e do episcopado, recebidos de modo consecutivo, é modelada segundo esta dinâmica ministerial, levando em conta que o diaconado administrado sacramentalmente não cessa nem com a ordenação presbiteral, nem com a episcopal. Dessa maneira se prevê que as funções presbiterais e eventualmente episcopais sejam exercitadas como verdadeiro serviço. Do ponto de vista litúrgico, isso é manifesto ao se fazer o bispo vestir a dalmática diaconal (habitualmente de tecido leve) sob a casula, quando se usa o rito pontifical.

Contudo é necessário, ao mesmo tempo, ter consciência de que na Igreja — que é uma Igreja episcopal — a autoridade hierárquica se encontra no ministério ordenado: primariamente nos bispos, coadjuvados pelos presbíteros e pelos diáconos. Sob esse ponto de vista, o sacerdócio comum — que não é hierárquico — está, por sua vez, ordenado ao sacerdócio ministerial. Esse ordenamento recíproco constitui justamente o motor que impulsiona a Igreja em sua missão.

Na pessoa de Cristo Cabeça

Para especificar melhor o traço característico do sacerdócio ministerial, o CCE não hesita em se refazer à expressão agir *in persona Christi Capitis*, patrimônio da sacramentária escolástica, mas na realidade cunhada pelos Padres da Igreja em seus comentários aos Salmos, particularmente em relação ao papel do autor inspirado. Deseja-se assim reafirmar o forte sentido de causalidade instrumental do agir ministerial: quando o sacerdote exercita seu ministério, o sujeito real dessas ações é o próprio Cristo ("Eu te absolvo...", "Isto é o meu Corpo..."), ao passo que o papel do ministro permanece no âmbito exclusivo da instrumentalidade. A presença de Cristo Cabeça torna-se assim visível junto aos fiéis de um modo livre de eventuais subjetivismos.

Entretanto, é necessário especificar que a realidade teológica do agir *in persona Christi* possui um valor analógico, e por isso o CCE, muito cuidadosamente, adiciona que "a força do Espírito Santo não garante, de igual modo, todos os atos dos ministros" (n. 1550). Concretamente, na medida em que no ministério sacramental a presença de Cristo está garantida, mesmo no caso de ministros indignos, na pregação e na direção pastoral as condições humanas do ministro deixam sua marca e poderiam também obstaculizar as realidades da graça dada. Quando se quer enfocar melhor essa diversidade de garantia da presença de Cristo no agir ministerial, esta se traduz por meio da expressão *repraesentatio Christi* para indicar as funções do ensinamento e do governo, reservando a expressão de agir *in persona Christi* exclusivamente para a liturgia sacramental.

Faz-se igualmente necessário adicionar que no ministério diaconal não existe um agir *in persona Christi* em sentido verdadeiro e próprio, embora estes ajam *auctoritate Christi* ("com a autoridade de Cristo"). Por isso, na *editio tipica* latina do CCE, a propósito do n. 875 sobre a constituição hierárquica da Igreja, se quis levar em conta essa distinção, dizendo que "os bispos e os presbíteros recebem a missão e a faculdade [a 'sacra potestade'] de agir 'na pessoa de Cristo Cabeça'", ao passo que "aos diáconos a graça sacramental lhes concede a força necessária para servir ao povo de Deus na 'diaconia' da liturgia, da Palavra e da caridade, em comunhão com o Bispo e seu presbitério" (n. 1588).

"Em nome de toda a Igreja"

Além de tornar presente Cristo junto à Igreja, o sacerdócio ministerial age "em nome de toda a Igreja", pois o ministro apresenta a Deus a oração e o culto da Igreja. O CCE (n. 1553) se preocupa em tomar as devidas distâncias de eventuais configurações pensadas como delegação de uma potestade originalmente pertencente à comunidade, e posteriormente confiada ao ministro. O ministro ordenado representa a Igreja, Corpo de Cristo, porque representa sua Cabeça, o Cristo. Com palavras de João Paulo II, "a referência à Igreja está inscrita na única e mesma referência do sacerdote a Cristo, no sentido de que é ela a 'representação sacramental' de Cristo a fundamentar e a animar a referência do sacerdote à Igreja" (PDV, 16). Trata-se de um aspecto fundamental do sacerdócio entendido — tendo por base o dado bíblico — como uma participação na mediação salvífica de Cristo: mediação contemporaneamente "ascendente" e "descendente". O aspecto "descendente", o Deus que vem ao encontro dos seres humanos oferecendo-lhes a salvação, é decididamente o mais importante. Entretanto, a resposta de fé do ser humano que acolhe essa oferta, com seus componentes de culto e de caridade, se apresenta a Deus também por meio do sacerdócio de Cristo, tornado visível por meio de seus ministros. A *repraesentatio Ecclesiae* torna possível esse movimento sacerdotal "ascendente", dos seres humanos a Deus, e se manifesta de modo particular na liturgia eucarística.

Porque o sacerdócio existe "na Igreja e para a Igreja" (PDV, 15), este deve ser sempre exercitado dentro de uma comunhão hierárquica e ministerial: pelos bispos no colégio episcopal e pelos presbíteros no presbitério diocesano presidido pelo seu bispo. Contemporaneamente, o ministério "para a Igreja" se espelha na dimensão universal do sacerdócio, em correspondência à missão apostólica, esta também universal, herdada:

ou seja, o sacerdote se oferece à Igreja em sua totalidade, a todos os seres humanos sem nenhuma discriminação, ainda que de fato ele desempenhe sua missão em uma determinada comunidade.

III. Os três graus do sacramento da ordem

Ao passo que entre o sacerdócio comum e o sacerdócio ministerial há uma diferença essencial, não de grau, há, pelo contrário, graus de participação ao sacerdócio de Cristo dentro do sacerdócio ministerial. Com a ordenação episcopal se administra o "sumo sacerdócio" em sua plenitude, obviamente não no sentido de esgotar toda a realidade do sacerdócio de Cristo, mas porque não existe possibilidade de um maior grau de participação. Também o presbiterado confere uma participação ao sacerdócio de Cristo na linha ministerial, mas o faz "em grau subordinado" (PO 2), portanto, parcial, não pleno. O diaconado, nesse sentido, não é um terceiro grau de sacerdócio, mas pertence certamente à ordem sagrada, está a serviço dos outros ministros e de toda a Igreja, e pode ser corretamente descrito como participação ao sacerdócio de Cristo em linha ministerial.

O texto da LG (n. 28) que introduz essa seção do CCE fala do "ministério eclesiástico de instituição divina", o qual "é exercido em diversas ordens" por aqueles chamados, já na antiguidade, de "bispos, presbíteros, diáconos". A nota ao final se refaz ao Decreto sobre o sacramento da ordem do Concílio de Trento, em cujo cânon sexto se lança um anátema a quem diga que "na Igreja católica não há uma hierarquia instituída por disposição divina, e formada por bispos, sacerdotes e ministros". Embora de modo articulado, pertence à fé, portanto, não apenas a existência da ordem sagrada, mas também o fato que em sua forma sacramental ela é trimembre. Nos ritos orientais existem também as ordens menores e o subdiaconado, mas estes não são de natureza sacramental.

Ao descrever cada um dos graus, o CCE segue a lógica do Vaticano II, na qual o episcopado é a realidade original, substancial, ao passo que o presbiterado e o diaconado provêm deste como uma derivação. É preciso ter presente que a instituição da ordem por parte de Cristo ocorreu com a instituição do Colégio dos Apóstolos, de quem os bispos são os sucessores. Seria possível dizer que Cristo instituiu o episcopado quando constituiu o apostolado dos Doze, os quais por sua vez, por meio da imposição das mãos, transmitiram aos bispos aquilo que do ofício deles poderia ser transmitido. Todavia tanto os apóstolos como os bispos transmitiram em grau subordinado a sua função também aos presbíteros e aos diáconos, como é testemunhado pelo Novo Testamento. Essa praxe apostólica se refaz à vontade fundacional de Cristo, como ocorre com toda a revelação neotestamentária, e por isso resulta pertinente afirmar a instituição divina, ainda que de modo diverso, tanto do episcopado, como do presbiterado e do diaconado.

A ordenação episcopal — plenitude do sacramento da ordem

Sobre o episcopado, mais concretamente, o CCE (n. 1555), sempre na linha do Vaticano II, apresenta sua origem histórica dentro do quadro da sucessão apostólica. O texto cita o trecho central de LG 20, em que se afirma que, entre os vários ofícios existentes na Igreja primitiva, "tem o primeiro lugar o ofício daqueles que, constituídos no episcopado, por sucessão que remonta à origem, conservam a semente apostólica". Nestas poucas palavras do documento conciliar está sintetizado o conjunto dos testemunhos bíblicos e históricos (At 20,25-27; 2Tm 4,6; 1Tm 5,22; 2Tm 2,2; Tt 1,5; Clemente Romano, Tertuliano, Ireneu de Lion), e é necessário dar-se conta da existência desses testemunhos, pois enquanto a instituição do apostolado dos Doze, para quem crê no Evangelho, é um fato inegável, não é igualmente evidente a sua sucessão. De fato, o que poderia suscitar perplexidade é a ausência, no Novo Testamento, da expressão e do próprio conceito de "sucessão apostólica". Contudo, está presente "a realidade" da sucessão: é justamente isto que manifestam esses testemunhos.

Ademais, se quisermos compreender mais profundamente o argumento, é necessário tomar nota da "motivação" da sucessão apostólica, de que fala a LG: "A missão divina confiada por Cristo aos apóstolos durará até o fim dos séculos (cf. Mt 28,20), pois o Evangelho que eles devem pregar é para a Igreja o princípio de toda sua vida em todo tempo. Por isso os apóstolos, nessa sociedade hierarquicamente ordenada, tiveram o cuidado de instituir sucessores". A chave da argumentação está no sentido dado ao "Evangelho": não é um simples escrito, por si transmissível sem necessidade de bispos, mas "princípio de toda a sua vida [da Igreja] em todo tempo". Com palavras de Paulo, o Evangelho é "poder de Deus para a salvação de todo aquele que crê" (Rm 1,16). O Evangelho é Palavra de Deus viva e vivificante, que deve ser anunciada (com a pregação) e celebrada (na liturgia) para desdobrar todo o seu poder salvífico. Deve ser, portanto, transmitido e encarnado no testemunho pessoal dos ministros e, em primeiro lugar, no dos bispos. A sucessão episcopal é a portadora da Tradição apostólica, cujo conteúdo é propriamente o "Evangelho que eles devem anunciar".

O conteúdo da função desempenhada na sucessão episcopal é tamanho que requer necessariamente sua sacramentalidade, pois a simples condição cristã não tem a capacidade para transmitir o Evangelho na modalidade apenas mencionada. Também aqui o CCE segue a lógica do concílio, lendo em uma relação consequencial a sucessão com a sacramentalidade do episcopado. Reafirma-se assim, com palavras da LG 21, que "os apóstolos foram enriquecidos por Cristo com uma efusão especial do Espírito Santo que desceu sobre eles (cf. At 1,8; 2,4; Jo 20,22-23), e eles mesmos, mediante a imposição das mãos, concederam este dom espiritual aos seus colaboradores (cf. 1Tm 4,14; 2Tm 1,6-7), dom que foi transmitido até nós na consagração episcopal". Esta "imposição das mãos" não é a simples entrega de um ofício, mas um dom espiritual transmitido em vista do cumprimento da missão confiada: e chamamos de sacramental justamente a realidade espiritual transmitida por meio de um sinal visível. A natureza sacramental do episcopado foi definida pelo magistério da Igreja pela primeira vez no Concílio Vaticano II (LG 21).

Sobre a função episcopal sacramentalmente transmitida, adicionam-se importantes esclarecimentos. De um lado, junto com o ofício de santificar (por exemplo, o poder de ordenar), ela inclui os ofícios de ensinar e de governar, o que torna esses ofícios muito mais consistentes do que uma mera função administrativa. Sobre os ofícios de ensinar e governar é necessário lembrar que, "por sua natureza, [eles] não podem ser exercidos senão na comunhão hierárquica com a cabeça e com os membros do colégio" (LG 21). Não ocorre o mesmo com o ofício de santificar, como ocorre com os bispos não católicos cujo episcopado é reconhecido como válido pela Igreja católica, assim como são consideradas válidas também suas funções ministeriais (ordenações, crismas, eucaristia etc.).

Por outro lado, com a ordenação episcopal imprime-se o caráter sacramental próprio dos bispos, "de modo tal que os bispos, de maneira eminente e visível, representam o próprio Cristo mestre, pastor e pontífice, e agem em lugar dele" (LG 21). Existe, pois, uma capacidade ontológica-sacramental característica dos bispos, traduzida por meio da expressão "de maneira eminente", a qual ultrapassa a capacidade dos simples presbíteros, e explica em grande parte a reserva de algumas ações apenas aos bispos, como a ordenação sacramental, por exemplo. Além disso, convém lembrar que, embora os presbíteros possam crismar em circunstâncias especiais (por uma faculdade delegada e em outros casos) e também no âmbito dos ritos orientais, eles o podem fazer validamente somente usando o crisma consagrado pelo bispo. Por isso, a LG chama os bispos de "ministros originários" da crisma (n. 26).

Por fim, é reafirmada a natureza colegial do episcopado, não apenas como realidade exclusivamente jurídica, mas sacramental. Com a ordenação episcopal, o presbítero se torna bispo no colégio episcopal. Tornar-se bispo e tornar-se membro do colégio constituem um único efeito do sacramento recebido. Em outras palavras, exerce-se o episcopado junto com os outros bispos. Naturalmente, a condição de membro do colégio comporta o estar em comunhão hierárquica com o chefe do colégio e com seus membros. Quando eventualmente não há essa comunhão, a condição sacramental do ser bispo permanece separada de seu componente colegial, isso é uma anomalia séria, embora não afete a validez do episcopado recebido.

A ordenação episcopal é tarefa exclusiva dos bispos e desde a antiguidade está prescrito que esta seja administrada por, pelo menos, três bispos: desse modo manifesta-se liturgicamente a natureza colegial do episcopado, pois o novo candidato é acolhido por um corpo representado pelos três bispos ordenantes. É até mesmo recomendado que todos os bispos presentes intervenham na ordenação. Essa praxe contém também outros dois aspectos que merecem ser mencionados: de um lado, com pelo menos três testemunhas, assegura-se ainda mais a certeza da ordenação administrada, e isso é importante em uma Igreja com estrutura episcopal, como é o caso da Igreja católica; de outro lado, a presença contemporânea de três ministros garante melhor a validez sacramental da ordenação, no caso eventual em que algum dos ministros não tenha sido validamente ordenado.

Estas últimas considerações nos levam rumo a uma melhor compreensão da sucessão apostólica. Por vezes esta é entendida no sentido de ordenações posteriores, como os anéis de uma corrente, que de algum dos apóstolos se chega, ao final, aos bispos atuais. De fato, do ponto de vista histórico, cada bispo poderia fazer remontar sua episcopalidade até o apóstolo originante, refazendo para trás a sua "corrente"; contudo, a teologia e a própria história nos fazem ver que o argumento é mais articulado. De um lado, pelo menos até tempos recentes (antes que fosse estabelecida por Paulo VI a aposentadoria dos bispos anciãos), não era habitual que um bispo ordenasse o seu sucessor. Além do mais, o fato de que as ordenações se confiram — já desde os tempos antigos — com, pelo menos, três ministros ordenantes comporta que a sucessão episcopal não se desenvolva como que em "correntes paralelas", mas como uma rede densa. Além disso, mais importante ainda é tomar ciência de que, olhando para o argumento a partir de uma perspectiva eclesiológica, a sucessão apostólica-episcopal não se realiza de bispo para bispo, mas de colégio para colégio: o colégio episcopal sucede ao colégio apostólico.

Porque se tornar bispo é tornar-se membro do colégio, para a legitimidade da ordenação episcopal é sempre exigida a intervenção do bispo de Roma, chefe do colégio episcopal. Junto ao rito latino, essa intervenção consiste no mandato pontifício para proceder à ordenação (CIC, cân. 1013). No caso de ordenação sem esse mandato, quer o bispo ordenante, quer o que é ordenado incorrem na excomunhão *latae sententiae*

(CIC, cân. 1382). É também necessária a nomeação prévia do bispo por parte do Papa, embora existam também casos particulares de eleições legítimas nas quais o papel do Romano Pontífice é apenas o de confirmar a eleição realizada (CIC, cân. 377, § 1). Junto aos ritos orientais, é necessário o mandato legítimo proveniente ou do Romano Pontífice, ou do Patriarca, ou do Metropolita (CCEO, cân. 745).

A função mais paradigmática do bispo é a de estar à frente de uma Igreja local, como seu legítimo pastor. O CCE lembra que essa função deve ser, em todo caso e sempre, combinada com a solicitude por todas as Igrejas, pois corresponde à sua condição de membro do colégio episcopal. Ademais, o bispo governa sua própria Igreja como membro do colégio: ele torna presente a Igreja universal na sua própria Igreja particular, e a governa em sintonia com o bispo de Roma e os demais bispos. Trata-se de uma consequência não indiferente da estrutura bidimensional tanto do episcopado como da Igreja. De um lado, é necessário afirmar, junto com São Cipriano, que "o episcopado é um só, e os bispos individualmente, em sua própria parte, o possuem solidariamente" (*De Ecclesiae Catholicae unitate*, 5). Por outro lado, entre cada Igreja particular e toda a Igreja universal existe uma relação de "mútua interioridade" (*Communionis notio* [28.05.1992], 9), pois na Igreja particular "está realmente presente e age a Igreja de Cristo, una, santa, católica e apostólica" (CD 11). Episcopado e Igreja se compenetram e se projetam reciprocamente nas duas dimensões.

A ordenação de presbíteros — cooperadores dos bispos

Sobre o presbiterado o CCE procede, sempre na linha do Vaticano II, ancorando-o na consagração e missão de Cristo, componentes do seu sacerdócio, os quais são participados pelos apóstolos e pelos bispos, seus sucessores, mas também pelos presbíteros, embora em grau subordinado. Ou seja, os presbíteros não participam do sacerdócio de seus bispos, mas no sacerdócio de Cristo, mesmo se estão destinados a desempenhá-lo como "cooperadores da ordem episcopal" (PO 2). Assim são sintetizados os traços característicos da função presbiteral: é uma participação não plena ao sacerdócio de Cristo, a ser exercitada de modo subordinado aos bispos como seus cooperadores, em vista da "correta absolvição da missão apostólica confiada pelo Cristo" (PO 2). Observe-se que os presbíteros não são sucessores dos apóstolos, embora participem na missão apostólica. Em outra direção, se pode dizer que a missão levada adiante na sucessão apostólica é realizada pelos bispos coadjuvados pelos presbíteros (e pelos diáconos).

Deste modo, supera-se uma pérfida problemática levada adiante já há muitos séculos, sobre a distinção entre episcopado e presbiterado. Tenha-se presente que com São Jerônimo, no século V, tem início um filão de tradição teológica que nega a sacramentalidade do episcopado. Segundo o célebre biblista, a partir da análise de alguns textos do Novo Testamento (Tt 1,7; Fl 1,1; At 20,28; Hb 13,17; 1Pd 5,1-2) seria possível concluir que "presbítero e bispo são a mesma coisa" (*Ep* 146). Superada a diferença sacramental, a distinção entre os dois *ordines* se coloca em outro lugar: ou como simples dignidade, ou como questão de poder jurisdicional, ou como poder para ordenar e crismar. Esses critérios são, porém, deficitários ou, pelo menos, insuficientes. Ao passo que isso é evidente em relação ao primeiro critério mencionado, sobre o poder jurisdicional (teoricamente presente no bispo e ausente no presbítero), é preciso se dar conta que o conteúdo da missão desempenhada pelos bispos supera em muito o aspecto jurisdicional. Há também os casos em que existem presbíteros com um poder jurisdicional mais amplo do que o de muitos bispos. A *potestas confermandi* não é um critério decisivo, como já se explicou a propósito das crismas administradas pelos presbíteros. A *potestas ordinandi* poderia ser eventualmente pensada como critério de distinção, mas não está isenta de inconvenientes, pois alguns poucos casos históricos de ordenações administradas por presbíteros suscitam perplexidade. O Vaticano II faz o episcopado remontar ao âmbito sacramental, colocando sua distinção em relação ao presbiterado em três campos, em relação consequencial: o episcopado é plenitude sacerdotal, ao passo que o presbiterado é sacerdócio em grau subordinado. Os bispos sucedem aos apóstolos, ao passo que os presbíteros participam na missão apostólica, mas não são sucessores dos apóstolos. A função paradigmática do bispo é a de estar à frente de uma Igreja particular, ao passo que a do presbítero é de cooperação na função episcopal.

Mais especificamente, a função presbiteral é descrita pelo CCE seguindo LG 28: "São consagrados para pregar o Evangelho, apascentar os fiéis e celebrar o culto divino, como verdadeiros sacerdotes do Novo Testamento". Eles agem *in persona Christi Capitis* e com a sua autoridade. O culto divino, e mais concretamente a celebração da eucaristia, tem uma centralidade absoluta: podemos dizer que se torna presbítero em vista da celebração eucarística. Não se trata apenas de uma questão atinente apenas à vida espiritual, mas de um elemento-chave na dinâmica pastoral e missionária da Igreja. De fato, "todos os sacramentos, como também todos os ministérios eclesiásticos e as obras do apostolado, estão intimamente unidos à sagrada eucaristia e a ela estão ordenados [...]. Por isso a eucaristia se apresenta como fonte e cume de toda a evangelização" (PO 5). Essa centralidade eucarística existe não apenas em nível institucional, mas também, e principalmente, nas pessoas: toda a vida dos cristãos está destinada a ser inserida na eucaristia para se tornar oferenda aprazível a Deus. Com palavras da LG a propósito dos leigos, lembramos que "as suas obras, as orações e as iniciativas apostólicas, a vida conjugal e familiar, o trabalho cotidiano, o alívio espiritual e corporal, se forem feitos no Espírito, e as próprias moléstias da vida, se forem suportadas com paciência, se tornam sacrifícios espirituais aprazíveis a Deus por Jesus Cristo (cf. 1Pd 2,5); e essas coisas na celebração da eucaristia são ofertas piedosas ao Pai junto com a oblação do corpo do Senhor" (LG 34).

Ainda sobre a vida presbiteral, o CCE recorda dois traços importantes e característicos: nas Igrejas particulares os presbíteros constituem um único presbitério que depende do bispo. Essa dependência, de natureza hierárquica e com desdobramentos também jurídicos, provém da própria natureza do ofício de presbíteros, "sábios colaboradores da ordem episcopal" (LG 28): é, pois, a consequência do dado dogmático no âmbito ministerial. A "dependência" não é apenas jurídica, mas antes, e principalmente, de âmbito sacramental e eclesiológico: de certo modo, os presbíteros tornam presente o seu bispo junto à comunidade dos fiéis e absolvem junto com ele a missão apostólica.

Além disso, dentro do presbitério, os presbíteros se relacionam reciprocamente conforme uma "fraternidade sacramental", uma expressão forte que o CCE toma do Vaticano II (PO 8). Além de suas manifestações litúrgicas (com a imposição das mãos nas ordenações presbiterais e a concelebração eucarística), a fraternidade entre eles deve ser vivida como em família. Para um presbítero, sua primeira responsabilidade são os seus irmãos presbíteros: visitar os doentes, sustentar os mais débeis, rezar por eles, ajudar-se mutuamente, encontrar-se em sintonia no cumprimento da tarefa pastoral etc. Em suma, é necessário viver em comunhão quer ministerial, quer existencial, de modo tal a realizar o mandamento do Senhor: "Dou-vos um mandamento novo: que vos ameis uns aos outros. Como eu vos amei, do mesmo modo amai-vos também uns aos outros. Disto saberão todos que sois meus discípulos: se tendes amor uns pelos outros" (Jo 13,34).

A ordenação dos diáconos — "para o serviço"

Em relação ao diaconado, seguindo também aqui a doutrina do Vaticano II, se reafirma em primeiro lugar a pertença do diaconado ao âmbito hierárquico, como realidade proveniente do sacramento da ordem sagrada. Não é uma afirmação banal, levando em consideração que a diferença entre a função diaconal e o exercício dessas mesmas funções por parte de um fiel não ordenado não é facilmente realçável. Requer-se, pois, um esforço especial para remontar à natureza propriamente teológica do diaconado.

Nessa linha, LG 29 — citada pelo CCE — reporta a célebre frase sobre a imposição das mãos nos diáconos *non ad sacerdotium, sed ad ministerium*, tomada das *Constitutiones Ecclesiae Aegyptiacae*, um antigo documento do século IV que remonta à *Tradição apostólica*, documento do início do século III atribuído à Hipólito Romano. Lendo a frase ao pé da letra, o diácono ficaria fora do âmbito do sacerdócio ministerial, e isso teria uma coerência, considerando que o diácono não pode oferecer o sacrifício eucarístico. Contudo, a exclusão absoluta do âmbito do ministério sacerdotal o projetaria para aquele do sacerdócio comum, já que não existem outras possibilidades. Isso, entretanto, deve ser evitado, pois o dado certo é que o diaconado não provém do batismo (e crisma), mas da ordem sagrada. Embora o diácono não seja sacerdote (pois não consagra), podemos dizer que o diaconado é uma participação ao sacerdócio de Cristo na linha ministerial. Não se trata de um jogo de palavras; é preciso dar-se conta de que o sacerdócio de Cristo, além do componente cultual, é composto também pelo aspecto profético e régio, e é sob esse perfil (além de alguns aspectos cultuais não eucarísticos, como o ministério batismal) que falamos de participação diaconal no sacerdócio de Cristo.

O CCE reafirma a existência do caráter sacramental da ordem em nível também diaconal, como efeito da ordenação. Isso não comporta, como ocorre para os presbíteros e os bispos, a capacidade de agir *in persona Christi Capitis* (por isso não podem consagrar), mas permite aos diáconos desempenhar o ministério como uma *repraesentatio Christi* (representação de Cristo), de modo tal que o sujeito real das suas funções é o próprio Cristo, que por meio deles se faz diácono para todos: enquanto pregam, enquanto exercitam a caridade com os pobres, enquanto assistem os bispos e os presbíteros na liturgia, enquanto batizam, assistem matrimônios e presidem os funerais, e outros serviços mais.

O diaconado permanente foi restaurado na Igreja com o Vaticano II. Anteriormente ele viveu um período de grande esplendor durante a primeira metade do primeiro milênio, e teve o seu ápice nos séculos III e IV, com os santos da grandeza de São Lourenço e São Vicente. Durante a segunda metade do milênio foi desaparecendo gradualmente, permanecendo apenas como degrau rumo ao presbiterado. No Concílio de Trento houve uma débil tentativa de restauração — no contexto também das ordens menores e do subdiaconado —, mas foi apenas depois do Vaticano II que ele conseguiu se tornar uma realidade estável nas Igrejas locais, aberta também para homens casados.

A organização teológica do diaconado — complexa e articulada — requer dos candidatos ao diaconado permanente uma formação especialmente cuidadosa, de modo tal que seu exercício se mantenha no âmbito autenticamente ministerial. As obras de caridade, como sublinhado pelo relato do livro dos Atos dos Apóstolos (cap. 6: os diáconos se tornam tais pelo cuidado para com a mesa das viúvas), devem estar no centro do ministério dos diáconos sem, no entanto, esgotar-se como mero serviço social. A pregação dos diáconos se realiza *auctoritate Christi* ("com a autoridade de Cristo"), não como uma simples conferência. Suas tarefas litúrgicas não devem ser homologadas em pé de igualdade com os simples ministros. Também o ministério diaconal, definitivamente, torna Cristo presente junto à comunidade dos fiéis, embora não o faça com as características típicas do ministério eucarístico.

IV. A celebração desse sacramento

O CCE descreve a liturgia da ordenação combinando maravilhosamente síntese e completude, de modo que não são necessários muitos comentários. As diferentes tradições rituais da Igreja católica distinguem adequadamente os elementos essenciais — a imposição das mãos do bispo ordenante sobre a cabeça do ordenando e a oração consecratória específica segundo o grau administrado — dos demais elementos explicativos, que ajudam a compreender melhor o mistério celebrado, mas não constituem parte do sinal sacramental verdadeiro e próprio.

Essa distinção entre o aspecto essencial e os demais aspectos foi sancionada de uma vez por todas pelo Papa Pio XII em 1947, por meio de sua Constituição apostólica *Sacramentum ordinis*. Antes de sua publicação, alimentavam-se dúvidas a respeito da pertença ou não da assim chamada *traditio strumentorum* ("a entrega dos instrumentos") ao núcleo essencial do sacramento: a entrega do Evangelho ao diácono e ao bispo, e da patena e do cálice ao presbítero. A questão foi, pois, esclarecida sem, entretanto, tirar nada da grande conveniência (e obrigação) de respeitar os elementos não essenciais prescritos. Nas palavras de Pio XII, tiradas do mesmo documento, "o que nós declaramos e estabelecemos não pode ser entendido como se fosse lícito descurar ou abandonar os outros ritos prescritos pelo *Pontifical Romano*".

V. Quem pode administrar esse sacramento?

Solus episcopus: somente o bispo (validamente ordenado) administra validamente a ordem, em seus três graus: episcopado, presbiterado e diaconado. De fato, a partir da revelação do Novo Testamento e da vida da Igreja primitiva, foram os apóstolos e os bispos, seus sucessores, a impor as mãos sobre os candidatos que teriam continuado o seu ministério nos diversos graus, e a Igreja desde o início se soube ligada a essa praxe, considerando-a vinculante para sempre, na medida em que esta remontava ao desígnio fundacional da Igreja. É, pois, coerente que o "sacramento do ministério apostólico" seja administrado pelos sucessores dos apóstolos em seu ministério, ou seja, os bispos. Dada a importância de garantir a idoneidade dos ordenandos e a validez das ordenações realizadas, a lei canônica prevê que o bispo ordenante seja o próprio bispo do candidato ao diaconado ou presbiterado, ou que tenha recebido as legítimas cartas dimissórias (CIC, cân. 1015, § 1), e que todas as ordenações nos três graus sejam devidamente registradas na cúria no lugar onde ocorreu a ordenação (CIC, cân. 1053, § 1). Como já foi acenado, para a legitimidade das ordenações episcopais é necessário o mandato pontifício.

VI. Quem pode receber esse sacramento?

Solus vir baptizatus ("exclusivamente o batizado do sexo masculino") recebe validamente a ordenação (CIC, cân. 1024). É também necessária, naturalmente, a intenção de ser ordenado, ou seja, a consciência e a ausência de coação: de fato, a Igreja se preocupa em se certificar com antecedência que a ordenação seja feita "espontânea e livremente" (CIC, cân. 1036) por parte do candidato.

A condição de ser batizado é facilmente compreensível, mas ocorre que ela seja certificada com a devida documentação, para não se correr o risco de eventuais casos de invalidez. Em relação à condição masculina do candidato, convém, de um lado, distinguir as "razões fundamentais" das razões teológicas e, de outro, é preciso considerar distintamente os graus de episcopado e presbiterado, do grau de diaconado.

Como foi reafirmado pelo magistério recente pós-conciliar, as "razões fundamentais" para reservar a ordem exclusivamente para os homens compreende: "O exemplo, registrado nas sagradas Escrituras, de Cristo que escolheu seus apóstolos somente entre os homens; a prática constante da Igreja, que imitou Cristo no escolher somente homens; e o seu Magistério vivente, que coerentemente estabeleceu que exclusão das mulheres do sacerdócio está em harmonia com o plano de Deus para a sua Igreja" (João Paulo II, OS 1). Ao saber dessas razões, é preciso levar em consideração que Jesus agiu com plena liberdade, sem deixar-se condicionar pela mentalidade e pelos usos do lugar e do tempo, como manifesta também em outros aspectos, como sua posição em relação à condição da mulher, ou em sua relação com os publicanos e pecadores. Os apóstolos perceberam também eles de estarem vinculados a essa praxe e escolheram apenas homens como seus sucessores, mesmo contando com a presença de muitas mulheres junto às comunidades primitivas cristãs que haviam se demonstrado mais fiéis que os homens, sem contar Maria santíssima. Essa conduta dos apóstolos permaneceu a mesma também naqueles âmbitos geográficos em que, a causa da existência de sacerdotisas de outras religiões, a eventual ordenação de mulheres não teria suscitado perplexidades. A tradição subapostólica e patrística prosseguiu vinculada a essa praxe, reconhecendo-a como praxe apostólica permanente. Ao ponderar o conjunto desses argumentos, João Paulo II declara e estabelece que "a Igreja não tem de modo algum a faculdade de conferir às mulheres a ordenação sacerdotal e que essa sentença deve ser considerada de modo definitivo por todos os fiéis da Igreja" (OS 4).

A motivação da reserva da ordem exclusivamente aos homens não provém, pois, de uma hipotética misoginia, mas de uma tradição que se refaz a Jesus e considerada, por isso mesmo, vinculante. A isso podemos adicionar que a *repraesentatio sacramentalis Christi* característica, como já visto, do sacerdócio ministerial, é desempenhada corretamente, do ponto de vista significativo, pelo homem e não pela mulher, pois o dado inequívoco é que o Filho de Deus se encarnou tomando um corpo do sexo masculino: Cristo foi e permanece homem. Não é, pois, de se subestimar o significado esponsal do sacerdócio; a salvação por ele veiculada, de fato, se manifesta na revelação sob a imagem privilegiada de um casamento estre Cristo e a Igreja. No sacerdócio ministerial se torna presente junto da Igreja Esposa o amor de Cristo Esposo: uma presença bem significada somente por um ministro do sexo masculino. Por fim, convém recordar que as mulheres não têm direito de acesso ao sacerdócio pelos mesmos motivos pelos quais nem mesmo os homens possuem esse direito: o sacerdócio é um dom absolutamente imerecido, não configurado como desenvolvimento do sacerdócio batismal, nem mesmo sequer como seu coroamento.

As "razões fundamentais" anteriormente mencionadas, e a já citada declaração de João Paulo II, dizem respeito à "ordenação sacerdotal", portanto, o grau episcopal e presbiteral. Faz-se agora necessário enfrentar a questão da admissibilidade ou não de uma mulher ao diaconado sacramental. Num primeiro olhar a resposta pareceria positiva, haja vista que em Romanos 16,1 fala-se de "Febe, nossa irmã, diaconisa da Igreja da Cencreia", e a gramática de 1 Timóteo 3,8-13 permite lançar a hipótese da presença de candidatas ao diaconado. Encontramos até mesmo vários documentos da antiga tradição oriental que testemunham a presença de diaconisas (a *Didascalia Apostolorum* do século III; o cânon 19 do Concílio de Niceia; as *Constituições apostólicas* da Síria, do século IV, o cânon 15 do Concílio de Calcedônia, e outros mais), testemunho que se estende até o século VIII tardio. Se a história testemunha a existência delas no passado, seria possível eventualmente pensar em restaurar essa realidade.

Contudo, é necessário dar-se conta de que as "diaconisas" mencionadas por essas fontes não devem ser necessariamente equiparadas aos diáconos no sentido técnico atual. A partir do estudo das fontes, particularmente as fontes litúrgicas, emerge uma figura do diaconado feminino diferente do diaconado masculino: as diaconisas desempenhavam a sua função especialmente no âmbito da administração do batismo de imersão para as mulheres, em virtude da necessidade de custodiar o pudor; também na preparação das catecúmenas e em suas unções; e tudo aquilo em que o contato entre um ministro do sexo masculino e a mulher poderia ter sido ocasião de escândalo, ainda mais em uma sociedade em que a separação entre homens e mulheres era muito marcada. As fontes revelam também que às diaconisas não era permitido distribuir a comunhão eucarística, nem abençoar, nem estar no presbitério, nem fazer pregações. O conjunto dessas características leva, pois, a não homologar as antigas "diaconisas" com os diáconos de nossa época. A isso devemos adicionar os resultados da teologia da ordem, a qual reafirma a importância da unidade do ministério ordenado, aproximando ao diaconado os mesmos argumentos sobre a não admissibilidade da mulher ao episcopado e ao presbiterado. O magistério da Igreja não quis ainda sancionar a questão de modo definitivo, na medida em que não se concluam os estudos específicos já lançados. Neste momento está em vigor uma disciplina canônica que proíbe a ordenação de mulheres ao diaconado (Congregação para a Doutrina da Fé, *Normae de gravioribus delictis*, Normas substanciais, art. 5).

Têm acesso ao sacerdócio ministerial somente aqueles que são chamados: uma "vocação" de Deus, pois; irreduzível a uma escolha profissional e menos ainda a um arranjo existencial. A vocação encontra seu ponto principal autêntico no convite da autoridade hierárquica à ordenação, à qual espera também estabelecer as condições de idoneidade dos candidatos, os requisitos prévios e a avaliação desses candidatos.

Na Igreja latina é vigente a lei do celibato para os três graus da ordem, com exceção ao diaconado permanente. Existem também alguns casos particulares, como os ministros casados de outras comunhões cristãs, recebidos posteriormente na plena comunhão da Igreja católica e que, desejosos de exercer o ministério, são "reordenados" (no caso de a ordenação deles não ser válida) sem a obrigação da continência. Para compreender adequadamente o argumento, é preciso tomar ato que a chamada ao sacerdócio se dirige àqueles que receberam previamente de Deus o carisma do celibato: mais que uma exigência de renúncia ao matrimônio em vista do sacerdócio, a lei do celibato consiste, pois, no escolher para o ministério somente entre aqueles que receberam esse dom. A Igreja procede assim no rastro de uma tradição que remonta aos primeiros séculos, na consciência que o próprio Jesus permaneceu célibe, dedicando toda sua vida exclusivamente à missão recebida do Pai. O caráter esponsal do sacerdócio pede que se ame a Igreja com o coração indiviso, isso é também fonte de fecundidade.

Nas Igrejas orientais segue-se uma disciplina legítima, mas diversa, que permite o presbiterado dentro de uma vida matrimonial. Com isso não se enfraquece o que foi dito anteriormente, considerando que o episcopado no Oriente — o "sumo sacerdócio", como foi já acenado — está reservado exclusivamente aos célibes e que o presbiterado célibe é considerado como grande honra e é também praticado. De fato, a combinação do ministério sacerdotal ao celibato não provém de uma hipotética desvalorização da vida matrimonial, mas da universalidade da missão confiada. Quem é casado desempenha devidamente a missão da Igreja no amor ao cônjuge e na educação dos filhos; quem é célibe desempenha devidamente missão da Igreja segundo uma dimensão evangelizadora mais ampla. A praxe diversa no Oriente e no Ocidente corresponde ao diverso posicionamento dos graus da ordem na organização missionária da Igreja.

Por fim, convém recordar que em nenhum caso — nem no Oriente e nem no Ocidente, nem no grau diaconal, presbiteral ou episcopal — é permitido o casamento após a ordenação, exceto nos casos de demissão prévia do estado clerical. O *impedimentum ordinis* o tornaria até mesmo inválido.

VII. Os efeitos do sacramento da ordem

O caráter indelével

Com a ordenação sacramental, o novo ministro está habilitado para agir como representante de Cristo Cabeça, lembra justamente o CCE (n. 1581): uma representação não assimilável àquela característica da vida social e política, nem mesmo àquela que é própria das artes figurativas, mas entendida — a partir dos escritos dos Padres da Igreja — como presença real do representado no representante, que durante o ministério sacramental se torna capacidade para agir *in persona Christi*, como já acenado. Tudo isso se condensa na noção de "caráter" sacramental da ordem, com a qual se indica a capacidade ontológica sacramentalmente recebida para agir desse modo, a qual permanece no sujeito de modo permanente e indelével. Por isso se diz que *semel sacerdos, sempre sacerdos*: uma vez sacerdote, para sempre sacerdote. Isso torna incoerente a eventualidade de um sacerdócio *ad tempus*, seja como atividade a ser desempenhada *part-time*, isto é, em tempo parcial, seja em vista de um exercício do ministério limitado no tempo.

Deve ser justamente esclarecido que no caso de um ministro ordenado que, seja por justos motivos, seja por debilidade pessoal, não exercita mais o ministério, nem por isso deixa de ser sacerdote. A existência de uma disciplina que regula a dispensa das obrigações assumidas com a ordenação e que pode em alguns casos também proibir o exercício das funções sacerdotais, em modo algum pode ser considerada como eliminação da realidade sacramental anteriormente conferida. Em vez disso, é diferente o caso da eventual declaração de nulidade da ordenação, com a qual se assegura que, por razões que devem ser bem demonstradas, a ordenação não havia sido administrada validamente.

A graça do Espírito Santo

Com a ordenação é também conferida a graça sacramental, "para assumir no devido modo os ofícios eclesiásticos" (Pio XII, *Sacramentum ordinis*), mencionada para cada grau na fórmula litúrgica consecratória. Para os bispos, é a graça de "exercer de modo irrepreensível a plenitude do sacerdócio", para os presbíteros a graça para que "obtenham [...] o segundo grau da ordem sacerdotal", para os diáconos, o dom do Espírito "que os fortaleça com os sete dons da vossa graça, a fim de exercerem com fidelidade o seu ministério".

Definitivamente, a graça da ordem, junto com a força necessária para o eficaz cumprimento da função sacerdotal, confere aos ordenado uma ajuda especial contra as tentações que podem surgir no desempenhar do ministério. Essa graça impulsiona a formar as consciências dos fiéis não segundo o parecer pessoal do ministro, mas segundo o querer de Deus, com o máximo respeito pelas suas liberdades e responsabilidades pessoais. Ela imprime a prudência pastoral que leva cada um a dar aquilo que majoritariamente lhe convém no momento mais oportuno. No ministério sacramental, ao passo que o caráter garante a eficácia dos sacramentos em si mesmos, a graça se dirige a tirar todo tipo de "mecanicismo" no ministro, afastando o perigo da rotina ou de se tornar uma espécie de "funcionário" dos sacramentos.

Capítulo III

Artigo 7

O SACRAMENTO DO MATRIMÔNIO

INA SIVIGLIA

Os sacramentos "a serviço da comunhão"

O terceiro capítulo do CCE apresenta o sacramento do matrimônio em correlação com o sacramento da ordem, evitando o equívoco, no passado relativamente frequente, de atribuir um sentido de superioridade à ordem sagrada em relação ao matrimônio. São postos em evidência os pontos em comum dos dois sacramentos, ambos edificados sobre Cristo, pedra angular, e constituídos para desenvolver a comunhão na Igreja e entre a Igreja e o mundo. Ambos acompanham a santidade dos fiéis, por caminhos diversos, mas igualmente dignos, e convergentes em vista do fim comum que é a salvação.

Ambos os sacramentos — lê-se no n. 1534 — "estão ordenados à salvação de outrem. Se contribuem também para a salvação pessoal, isso se dá por meio do serviço aos outros". Nas entrelinhas emerge a primazia do serviço da comunhão entre o povo de Deus e entre este e a família humana no que diz respeito a uma possível prioridade legítima, da realização pessoal humana e cristã dos sujeitos em questão: o presbítero e o casal cristão.

Os dois sacramentos existem para o serviço generoso e gratuito aos outros. Obedecer a esse chamado de oferta incondicional de si (cf. Rm 12,1) é a *conditio sine qua non* para a salvação pessoal e, no caso do matrimônio, para a salvação do casal. Em ambas as vocações, os sujeitos eclesiais, em virtude dos sacramentos da iniciação cristã, livremente se predispõem a receber "consagrações específicas". Os ministros ordenados são consagrados realmente "para serem, em nome de Cristo, 'pela palavra e pela graça de Deus, os pastores da Igreja'" (n. 1535). Os esposos cristãos são, por sua vez, "como que consagrados por um sacramento especial para cumprir dignamente os deveres de seu estado" (ibid.). Não é supérfluo perceber que entre os sinais sacramentais o óleo é um elemento inequívoco de toda consagração a partir da consagração basilar do batismo: o óleo está presente na ordenação, mas está previsto na celebração do matrimônio que é "como" uma consagração no sentido de que exige colocar sempre em primeiro lugar a relação com Deus, quer individual, quer como casal. O amor conjugal elevado por Cristo à dignidade de sacramento torna estável e indissolúvel a união nupcial.

Quem vive conscientemente um dos dois sacramentos que recebeu poderá evocar continuamente para a comunidade cristã que não é possível se salvar sozinhos e que antes, ao doar a si mesmo, principalmente a quem é mais frágil, a quem é mais pobre, a quem está mais afastado, pode-se esperar que se apresentará junto como "filhos do único Pai", a quem é tão cara ao coração a salvação de todos, que enviou o Filho para que todos sejam salvos.

Quem redigiu o CCE fez resplandecer a unidade e a originalidade do matrimônio entre homem e mulher, articulando uma comparação seja com o ministério ordenado, seja, nos números sucessivos do Catecismo, com aqueles que são chamados por meio de uma vocação especial à virgindade consagrada, que testemunha ao mundo a expectativa alegre do Esposo e de seu Reino (nn. 1618-1620).

Uma coisa é certa: seja qual for o estado de vida que o homem e a mulher escolham, cada um é chamado a meditar o Evangelho e a anunciá-lo, vivendo até o fim a relação com o Senhor em situações existenciais obviamente diversas, mas sempre totalizantes para todos. Todo *Christifidelis* não pode não escolher o seguimento de Cristo aprendendo a partir da familiaridade com ele como viver no mundo como cristãos maduros na fé, segundo o espírito das bem-aventuranças. Os esposos cristãos sabem que a graça do sacramento celebrado corrobora a sua vontade no servir aos demais, segundo a especificidade de seu ministério, reconhecido pela Igreja.

Do ponto de vista pastoral, os cônjuges e os ministros sagrados podem tirar uma grande vantagem na ação comum missionária, colocando em comum os dons recebidos, cooperando diversa mas harmonicamente em várias iniciativas, especialmente no campo da evangelização e da formação, com o pleno exercício dos carismas recebidos. Seja no caso dos presbíteros, seja no dos cônjuges cristãos, ao carisma recebido corresponde um ministério — um instituído, o outro de fato — ambos reconhecidos pela e na Igreja. Esses dons devem ser ativados para o bem da comunidade, assim como da sociedade.

Três palavras-chave

A experiência do matrimônio entre um homem e uma mulher é tão rica e dificilmente descritível que não pode ser comunicada com um único termo. Construir juntos "a comunhão da vida toda" (n. 1601) aparece para alguns como algo impossível, para outros como algo belo, mas dificilmente realizável. Em vez disso, para quem crê no poder da graça do sacramento se escancara um horizonte de novidades que há algo de milagroso: tudo se torna possível quando se acolhe, na vida de casal, o Senhor como companheiro de caminho, como ocorreu com os dois de Emaús.

Nos primeiros três números do artigo 7 são utilizados não apenas um, mas três termos diferentes e polivalentes para expressar o máximo possível aquilo que é e deve ser o matrimônio. Estes são: "aliança/pacto" (n. 1601); "mistério" (n. 1602) e "vocação" (n. 1603). Os três termos confluem, ao final, rumo a uma única palavra que os resume e os projeta na direção daquela posteriodidade, tão necessária quanto inefável que é o horizonte do infinito, da transcendência e da eternidade: o amor (n. 1604).

Vale a pena conferir brevemente as três palavras-chave conforme uma ordem lógica e teológica.

1. O termo "vocação" introduz imediatamente no âmbito da fé: casar-se "no Senhor" implica a consciência de que esse passo se inscreve em um percurso de fé de dois batizados que descobrem, à luz de um discernimento espiritual em comum, que Deus chama os dois parceiros para que realizem juntos um desígnio de amor que lhes faça assemelhar sempre mais ao Deus unitrino que é Amor, segundo a intenção do Criador "no princípio".

O sacramento do matrimônio é considerado por muitos como um ponto de chegada: de fato é um ponto de partida e um caminho da vida dos dois esposos. Na realidade, o sujeito eclesial não é mais o indivíduo batizado, mas o casal que, de dois, se tornam "uma só carne" e de tal modo manifestam, de modo analógico, o dinamismo da Trindade, três Pessoas, um só Deus.

2. A palavra "mistério" provém do grego *mystérion*, em latim traduzido pelo termo *sacramentum*. Este possui diferentes valências semânticas: (a) quer dizer, em geral, algo escondido e obscuro; (b) trata-se de uma realidade visível que reenvia a uma realidade invisível, como corre no caso do sacramento; (c) na linguagem paulina significa o plano de Deus, a economia da salvação escondida nos séculos e que vai se revelando na história (cf. Ef 1,3-10). A expressão cheia de maravilha de Paulo: "Este mistério é grande: eu o digo em relação à Cristo e à Igreja" (Ef 5,32). Essa asserção assalta com força os dois esposos colocados diante de um mistério muito maior que eles, do qual eles mesmos são parte integrante e do qual representam, nem sempre conscientemente, o sentido pleno com sua vida doada sem reservas a Deus e aos outros, animados como estão pelo Espírito Santo que os inabita e os funde em uma única realidade.

A partir do contexto linguístico (cf. n. 1602) a palavra parece significar aquilo que se vê e se experimenta, que está em parte velado e em parte revelado a quem possui os olhos da fé. Quando se reconhece a autenticidade de um amor meramente humano, é possível se dar conta de que o casal não está fora do plano divino, mas pode se considerar já na metade de um caminho que pode terminar onde já se encontra, ou pode ir mais além do encontro com o outro e experimentar um contato de nível superior com o Deus-Amor. Para quem reza com fé, especialmente se é um casal de cônjuges, o amor verdadeiro é a janela da qual se entrevê e se contempla o amor entre as três Pessoas divinas: o casal, atraído por essa dinâmica, é chamado a se aproximar "com os pés descalços" desse mistério fascinante, como Moisés foi atraído pela sarça ardente (cf. Ex 3,1-6), até que o casal não se encontre, ele próprio, envolvido, tornando-se um ícone desse mistério, ainda que por vezes desbotado, mas sempre capaz de evocar a verdadeira Vida, aquela que não termina nunca.

3. Por fim, o "pacto/aliança" entre os dois cônjuges refere-se, de um lado, à dimensão primorosamente jurídica (diz respeito a algo livremente acordado entre os dois sujeitos); e, de outro, evoca fortemente a categoria bíblica da aliança do Antigo e do Novo Testamento que diz respeito ao compromisso entre YHWH e o povo de Israel, ao qual se pede que respeite a *Tôrah*, a Lei.

A síntese dos três termos-chave está presente no n. 1604, no qual se pode ler que "Deus, que criou o homem 'por amor', também o 'chamou para o amor'" na medida em que ele "foi criado à imagem e semelhança de Deus". O casal humano, na expressão da reciprocidade no amor, por querer divino, manifesta, de modo analógico, a própria identidade de Deus-Amor, e se aproxima do *agápe* da Trindade santíssima para perceber, e em parte experimentar, o *proprium* do amor de ternura e de *éros* entre Deus e seu povo, entre Cristo e a Igreja.

Os esposos são chamados a viver o sacro vínculo do amor recíproco que, alimentado pelo mesmo sacramento, permite alcançar "uma unidade indefectível", uma fidelidade inviolável e uma indissolubilidade por toda a vida. São essas as características irrenunciáveis de todo verdadeiro amor (cf. n. 1614 e Mt 19,6) que se realizam parcial ou totalmente, levando em conta a fragilidade das criaturas e do pecado das origens.

As palavras do Gênesis "e os dois se tornarão uma só carne" (Gn 2,24) estão inscritas na diferença dos corpos, feitos um para o outro. A teologia do corpo inclui o significado profundo da sexualidade humana que está baseada na diferença dos sexos e que, vivida com fé, conduz ao limiar do mistério trinitário: o ser, as três hipóstases, um *unum*. O homem e a mulher, criados no ápice da obra criativa de Deus, são, ao mesmo tempo, objeto de maravilha para o próprio Criador que, contemplando-os em sua nudez, considera-os como algo "muito bom", diferentemente das demais criaturas, consideradas apenas "boas" (Gn 1,31).

Desse modo, as desordens relacionais dentro do casal, os conflitos violentos, o desejo de ter o parceiro como se fosse um objeto a ser usado para o próprio prazer, os sentimentos doentios de ciúmes e rancor, as infidelidades, as paixões cegas: tudo aparece atribuível ao pecado, o qual inspira ações malignas e tende a deturpar a harmonia da realidade criada, semeando um espírito de caos, de divisão, de incomunicabilidade, de domínio de um sobre o outro, por vezes até de violência homicida.

A luta é contínua: emerge a fragilidade do casal que corre o risco, quando não é sustentado pelo sacramento, de se encontrar mais egoísta e mais voltado para si mesmo, por causa do pecado, e isso pode ser verificado em todo tempo e lugar. A presunção de poder vencer o pecado por si mesmos e de conter as consequências nefastas faz com que o casal por vezes se perca nos meandros dos conflitos, rancores, ofensas, ira, desejos de vingança. Alternativamente é possível vencer a tentação e o pecado por parte daqueles esposos que invocam Deus com humildade e esperança, para que se cumpra o projeto divino e assim o homem e a mulher se realizem em vista do Reino, deixando-se moldar ao Filho. O sacramento celebrado é a fonte de um poder curador e salvador que Deus oferece ao casal cristão. Ele se torna presente nos modos e pelos caminhos que apenas ele conhece (cf. nn. 1606-1609), para transformar e "fazer novas todas as coisas" (Ap 21,5).

Toda a Sagrada Escritura, do livro do Gênesis ao Apocalipse, está permeada por um sentido difuso de nupcialidade vivida por casais, embora não perfeitos em sua unicidade e originalidade. O amor nupcial apresenta na Escritura toda uma tipologia que resulta funcional para manifestar o amor de Deus pelo seu povo e, sob a nova aliança, entre Cristo morto e ressuscitado e toda a humanidade (cf. n. 1612). Os hagiógrafos seguiram essa inspiração: o próprio Deus se revelou como noivo, esposo, amante e marido. Talvez a escolha da dimensão esponsal foi desejada porque não existe outra experiência com essa plenitude e profundidade que possa expressar o "amor erótico de Deus" (cf. *Deus caritas est* [25.12.2005], 9): na natureza humana não há nada de mais expressivo, nada de mais alegre e gratificante que o amor apaixonado entre um homem e uma mulher.

O imperativo de Jesus "O que Deus uniu, o homem não separe" (Mt 19,6) deve ser harmonizado com a possibilidade concedida pela Lei mosaica da "carta de repúdio" no caso de divórcio. Não há dúvida de que o divórcio não é conforme à vontade de Deus expressa "no princípio": essa origem resulta normativa para toda a humanidade e para sempre.

Naquele caso, explica Jesus, se tratava de uma concessão que queria corrigir os erros realizados pela "dureza do coração" no âmbito das relações de casal. Tratou-se, no tempo de Moisés, de querer proteger a mulher, subtraindo-a do desprezo e das pretensões de um parceiro que tivesse o desejo se livrar dela.

O "adultério" na sociedade judaica era considerado o "pecado dos pecados", na medida em que envolvia, ainda que apenas pela via analógica, o amor entre Deus e seu povo e, no Novo Testamento, o amor de Cristo-esposo pela Igreja-esposa e por toda a humanidade (cf. Mt 19,8 e Dt 24,1), em um horizonte escatológico em que os que forem salvos poderão contemplar eternamente a realização das "núpcias do Cordeiro" (cf. Ap 19,7-9). A união dos esposos, coadjuvados no consenso recíproco pela força da graça, poderá finalmente se realizar, segundo o plano de Deus, e por isso poderá ser conotada pela unidade, unicidade, indefectibilidade, fidelidade e indissolubilidade, sob um vínculo cada vez mais corroborado pelo sacramento recebido.

Sem Deus, o amor do homem e da mulher pode permanecer incompleto, às vezes informe, em todo caso, incapaz, sozinho, de buscar com perseverança o fim nele inscrito que é o amor verdadeiro, que torna capaz de se doar sem medida, de viver a limitação do outro com uma caridade que se expressa no perdão, na reconciliação e no recomeçar a cada dia, com fé e esperança; a renegar a si mesmos, a tomar a própria cruz sobre si e seguir a Cristo.

Sem nada tirar a beleza da elevação do amor humano à dignidade de sacramento — que se pode contemplar na presença ativa de Jesus nas bodas dos esposos de Caná da Galileia (cf. Jo 4,46-54) —, deve ser também considerado o alto valor da virgindade pelo Reino. Trata-se de uma escolha livre e totalizante, um querer, com todas as forças, seguir mais de perto o Cristo pobre, casto e obediente, o qual, mesmo aprovando o matrimônio, escolhe para si a via da virgindade, em vista de um sacrifício livremente assumido para a salvação de toda a humanidade.

Aceitar viver juntos, em tantas circunstâncias da vida, o mistério da cruz, mistério de morte e de ressurreição do Filho de Deus, constitui parte integrante e elemento indispensável na construção de uma casa sobre a rocha para os dois cônjuges cristãos. E é isso que faz a diferença em relação a todos os demais modos de ver e viver a relação homem-mulher.

Papa Francisco, com a AL, deu um impulso ao nosso tema. Quis aproximar o ideal das núpcias do Cristo esposo com a Igreja esposa. Mediante o instrumento mais indicado, o da "analogia imperfeita", de um lado salvou a inspiração paulina, do outro, exaltou a beleza do amor humano. Com sensibilidade pastoral, o Papa afirma que "o Evangelho da família nutre também as sementes que ainda aguardam se desenvolver" (AL 76); em vez disso, o n. 78 coloca os conviventes entre aqueles que participam na vida da Igreja "de modo imperfeito", mas não irrecuperável. O sistema teológico da Exortação está em continuidade com o ditado bíblico e magisterial anteriores: a partir desses elementos fundamentais, o texto se desenrola em uma tratativa que tem o sabor da concretude, do dia a dia, da proximidade e do serviço. Na relação esponsal, especialmente entre dois batizados, se desenvolve tanto o valor unitivo como também o crescimento espiritual no dom que um faz de si próprio ao outro. O amor dos esposos, elevado à dignidade de sacramento, os torna, um para o outro, transparência da graça.

A celebração do matrimônio

Como se viu, o mistério pascal é o fundamento do matrimônio cristão. Por isso é sempre considerado oportuno que o rito litúrgico do matrimônio se realize no contexto de uma celebração eucarística, ali onde os esposos cristãos expressam o seu oferecimento sobre o altar junto com a oferta que Cristo faz de si próprio, doando seu corpo e seu sangue pela Igreja esposa, e juntamente com o dom de si feito por parte do presbítero, que celebra os santos mistérios. A mesa eucarística permite atingir o mais alto grau de compenetração recíproca e de unicidade entre os esposos e Cristo, e entre este e todo o povo de Deus no único corpo místico. Podem participar em parte da celebração eucarística também os batizados divorciados e recasados: estes, embora não sendo excomungados, encontrando-se em uma situação objetiva de pecado, não podem se aproximar da eucaristia. Podem, contudo, participar da oração comunitária da assembleia, na vida paroquial, desempenhando até mesmo algum serviço de responsabilidade.

O rito, segundo a tradição da Igreja latina, é uma celebração pública, que culmina com o consentimento dos esposos para os quais a assembleia suplica que o Espírito Santo os habite e os transforme. Eles próprios são os ministros do sacramento diante da presença qualificada e abençoadora do bispo, do presbítero e/ou diácono e das testemunhas. No Oriente cristão católico o rito expressa alguns sinais diversos, dentre os quais aquele mais significativo da "coroação": o sacerdote, após ter acolhido o consentimento dos dois, coroa a esposa e esposo para significar a aliança que Deus instaura com o novo casal cristão, que ele enche de bênçãos. Em relação ao rito do Ocidente, o elemento pneumatológico está decididamente mais presente e influente.

Os cônjuges se compromissam a estar abertos para a procriação, cooperando assim à ação do próprio Criador, a acolher os filhos que Deus quererá lhes dar e à educação cristã dos filhos. E isso também nos matrimônios mistos (cf. CIC, cânones 1124-1129), certamente com maiores dificuldades.

O consenso matrimonial

A partir de um discernimento sério, fundamentado sobre a consciência dos compromissos que o matrimônio comporta, tendo uma plena e reta consciência, os dois esposos escolhem um ao outro por toda a vida. O consentimento, publicamente declarado, é a base sobre a qual se constrói todo o "edifício" do casal de cônjuges, das relações entre eles apenas e entre eles com os filhos. Esse consentimento apresenta diversos aspectos: (a) "antropológico": o homem e a mulher, pondo em jogo a si mesmos, sem reservas, exercem plenamente sua liberdade, sua vontade e seus sentimentos de amor na sua mais ampla gama (ternura, *éros*, amizade...), sua mente, e suas emoções, na doação recíproca física e espiritual no ato conjugal, em uma palavra: tudo o que eles são; (b) "litúrgico-sacramental": diz respeito ao casal como "sujeito eclesial". Normalmente, os esposos trocam entre si o consentimento no seio de uma celebração eucarística, diante de um presbítero na medida em que este é o representante qualificado da Igreja. Toda palavra e todo gesto do rito possuem um valor e um sentido próprios. Os esposos batizados aceitam viver o mistério pascal não apenas no âmbito litúrgico-sacramental, mas, ao mesmo tempo, em cada dia de suas vidas; (c) "Jurídico-social": também a sociedade, na qual os dois esposos trocam seu consentimento, deve estar presente e ser participativa, mostrando concretamente o acolhimento dos novos casais que estão na origem das novas famílias. É a partir da saúde da "nova célula social" que depende, em boa parte, uma sociedade sã e criativa; (d) "eclesiológico": a comunidade dos fiéis presta louvor ao Senhor por meio dos esposos e os reconhece como "sujeito ministerial" com plenos direitos. De fato, estes, já pelo simples fato de terem trocado um consentimento livre e comprometedor, não feito apenas de palavras, mas de ajuda mútua, com adesão total do coração, vivem em plenitude o seu vínculo de amor e testemunham à Igreja e ao mundo a paixão de Cristo pela Igreja. É confiado para ambos os esposos a tarefa de educar os filhos, principalmente na fé, mas também a tarefa "solidária" de se tornar formadores qualificados das crianças e dos jovens que encontrarão nas próprias vidas, para que se abram ao Amor e ao matrimônio cristão.

O coração deste ensinamento é, e sempre será, o seguinte: "O autêntico amor conjugal é assumido no amor divino e é sustentado e enriquecido pela força redentora do Cristo e da ação salvífica da Igreja" (GS 48).

Entre as manifestações de caridade concreta às quais são expressamente chamados os membros da família cristã, está o acolhimento: aqui é de se imaginar o confiar temporâneo, ou mesmo a adoção para sempre, de menores desfavorecidos e privados de estabilidade afetiva. Não são dois amores entre si inconciliáveis — aquele pelos membros da própria família e aquele por tantos "pobres" em situação de necessidade —, mas um único grande amor que, ao se dilatar, abraça tantas outras pessoas que sofrem. Em polêmica aberta contra a hipocrisia, no livro de Isaías se lê: "O jejum que Deus quer 'não é talvez repartir o pão com o faminto, acolher em tua casa os pobres sem abrigo, vestir os desnudos e não desdenhar teu semelhante?'" (Is 58,7).

A Igreja doméstica

Nos primeiros séculos da vida da Igreja, especialmente no período das perseguições, os cristãos, além de frequentar todos os dias o templo, lugar em que se manifestava publicamente a fé, como narra o livro dos Atos dos Apóstolos (2,46), partiam o pão pelas casas: a casa de uma família de neobatizados se tornava um grande polo de atração e agregação. Oferecia-se a possibilidade de crescer na vida fraterna e de aprender o patrimônio de verdade do Evangelho e dos ensinamentos das comunidades apostólicas e dos Padres.

Os elementos que qualificavam a Igreja doméstica podem ser resumidos em três pontos: (1) a comunhão de vida e de amor dos cônjuges cristãos que acolhiam era a base sacramental e ministerial de uma "Igreja doméstica"; (2) para os fins da missão, o acolher em casa aparecia como mais proveitoso que o ir para fora em busca de quem evangelizar. Com a hospitalidade cordial se conquistava a cada dia a simpatia e a confiança de outros pagãos (cf. At 2,47 e 4,33); (3) a família, mais que outros sujeitos eclesiais, podia ser uma escola de humanidade e de vida cristã em que estava assegurada a transmissão integral da fé às jovens gerações; (4) a Igreja doméstica era um ginásio de relações humanas e de vida moral; (5) a celebração eucarística sobre a mesa da família, isto é, o pão e o vinho com o sabor do dia a dia, criava um clima privilegiado para a oração; (6) os bens eram compartilhados, sendo colocados em comum.

O estilo de vida dessa Igreja doméstica estava marcado pelo espírito das bem-aventuranças. É a admiração e a estima em relação a essas famílias que inspiraram o autor anônimo da carta *A Diogneto* (final do século II d.C.): "Os cristãos mostram o caráter admirável e extraordinário [...] de seu sistema de vida. Habitam na própria pátria, mas como estrangeiros [...]. Casam-se como todos, geram filhos, mas não expõem os recém-nascidos [...]. Estão na carne, mas não vivem segundo a carne. Moram na terra, mas são cidadãos do céu" (V, 4-10).

Capítulo IV
AS OUTRAS CELEBRAÇÕES LITÚRGICAS

EDWARD McNAMARA

Este capítulo, "As demais celebrações litúrgicas", inclui uma pluralidade de ritos e devoções que saem do âmbito dos sete sacramentos. Sob esse título, o CCE inclui os sacramentais (bênçãos e exorcismos, art. 1) e as exéquias cristãs (art. 2). O título, contudo, poderia gerar certa confusão, uma vez que o art. 1 inclui também as devoções populares que, como tais, não são consideradas celebrações litúrgicas, e trata separadamente a Liturgia das Horas e o ano litúrgico (nn. 1163-1178), que certamente o são. Teria sido mais lógico abordar a piedade popular na seção dedicada à oração, mas também é verdade que essas formas contêm frequentemente elementos litúrgicos, como, por exemplo, as bênçãos que estão, muitas vezes, intimamente ligadas à liturgia, apresentando motivações que justificam assim a inclusão nesta seção.

Artigo 1
OS SACRAMENTAIS

No n. 1667, o CCE, inspirado por SC 60-61, sublinha aqueles aspectos que descrevem a natureza dos sacramentais e ao mesmo tempo os distinguem dos sacramentos. Os sacramentais, à primeira vista, são similares aos sacramentos e, no passado, nem sempre existiu uma distinção clara entre uns e outros. Por exemplo, no cânon 7 do Concílio Lateranense III (1179) se diz que: "[...] é absolutamente desonroso que em algumas igrejas [...] para o ingresso dos bispos, abades ou eclesiásticos, para o estabelecimento de sacerdotes em uma igreja, para sepulturas e funerais, para a bênção de matrimônios ou para outros sacramentos [...]". O texto não é claro se com "outros sacramentos" se refira somente ao matrimônio ou a todo o elenco destes. Entretanto, assim como a Igreja levou séculos para desenvolver um clara e definitiva articulação da doutrina trinitária e cristológica, não surpreende que tenha sido necessária uma reflexão posterior para distinguir seus numerosos ritos e práticas.

Um primeiro elemento distintivo foi o fato de que Jesus Cristo instituiu os sacramentos, ao passo que foi a Igreja a instituir os sacramentais. O conceito de "instituição" introduzido por Hugo de São Vítor (1096-1141) é o ponto fulcral que nos ajuda a compreender os sacramentos. Embora o termo sacramento tenha adquirido um significado fortemente jurídico após o Concílio de Trento (1545-1563), Santo Tomás de Aquino (1225-1274) o define melhor como um sinal que Deus dá para conceder a graça que faz participar em sua vida divina (*Summa Theologiae*, III, 64, art. 2 *sed contra*). Assim como só Deus pode conceder a graça, somente aqueles ritos essenciais para o nascimento, para o cuidado e para o revigoramento da vida divina foram instituídos por ele, e são diferentes de outros ritos não essenciais.

Poderíamos também ampliar o conceito de instituição para incluir a Igreja como sacramento e dizer que os sacramentos são aqueles ritos que Deus estabeleceu como essenciais para o nascimento, o cuidado e o revigoramento da própria Igreja. Em outras palavras, a Igreja e seus membros não poderiam existir sem os sete sacramentos. Todos os demais ritos são contingentes para sua existência, embora sejam úteis para seu bem-estar. A compreensão do conceito de instituição como uma forma qualquer de decreto jurídico que provenha de Cristo ou da Igreja ao instituir um rito não é, entretanto, exaustiva para distinguir entre sacramento e sacramental. Alguns sacramentais, como o exorcismo, têm fundamento nos próprios gestos de Cristo, o qual transmitiu em seguida sua autoridade aos apóstolos, gestos e ações que, porém, nunca foram considerados sacramentos. Por outro lado, os ritos essenciais de certos sacramentos, como o matrimônio e a confirmação, têm origem na Igreja. Somente a Santa Sé pode criar novos sacramentais.

Um segundo elemento distintivo entre sacramentos e sacramentais é atribuível a seus efeitos. Os sacramentos conferem diretamente (*ex opere operato*) uma participação na vida divina àqueles que tenham as devidas disposições interiores. Os sacramentais "preparam para receber a graça e dispõem à cooperação com ela" (CCC 1670) por meio da oração e intercessão da Igreja. Essa eficácia é definida tecnicamente como *ex opere operantis ecclesiae* e *praesertim operante Ecclesia* (cf. CCE, cân. 1166; CCEO, cân. 867).

Os sacramentais, pois, são em primeiro lugar uma oração de intercessão feita pela Igreja a Deus e, secundariamente, uma oração de intercessão dirigida à santificação de uma pessoa ou de um objeto. Não obstante essas diferenças, os sacramentais partilham alguns aspectos da eficácia do sacramento como, por exemplo, o não depender da santidade pessoal do ministro para obter o seu efeito espiritual. Efeito que é sempre concedido na medida em que Cristo se une à oração da sua Igreja. Os mesmos obstáculos que impediriam uma recepção frutuosa dos sacramentos tornariam também um sacramental espiritualmente ineficaz, embora aqueles sacramentais que estabelecem alguma forma de condição estável em uma pessoa ou em um objeto permanecessem válidos. Entretanto, os benefícios espirituais derivantes dos sacramentais pressupõem a fé, particularmente em quem se beneficiará de maneira mais direta com a celebração destes. Diferentemente dos sacramentos em relação aos quais os efeitos dependem apenas em parte da fé daqueles que os recebem, os sacramentais não atuam normalmente sem essa fé viva, ainda que algumas bênçãos possam ser dadas aos catecúmenos assim como aos não católicos (*Ritual de Bênçãos*, Introdução Geral, nn. 10 e 31).

Uma característica adicional dos sacramentais é a sua capacidade de santificar os mais variados eventos da vida. Os sacramentos assinalam os mais importantes momentos da vida como o nascimento, o matrimônio, a doença e a morte. Em vez disso, os sacramentais podem acompanhar todo momento da existência humana dirigindo-a a Deus. Deste modo, a Igreja, por meio dos sacramentadas e da Liturgia das Horas, quer honrar o mandamento de rezar incessantemente e dar graças em todas as circunstâncias (cf. 1Ts 5,16-18).

As bênçãos

Quase todos os sacramentais são bênçãos. A bênção é principalmente uma ação divina na qual o Pai doa a vida. Deus manifesta a sua bênção na criação e nos eventos da história da salvação. A bênção da humanidade significa adoração e dom de si para o Criador no agradecimento. A maior bênção do Pai e a maior resposta do ser humano é o próprio Cristo (CCE 1083). É nesse sentido que todos aqueles que são batizados em Cristo são contemporaneamente chamados a ser bênção e a abençoar.

A Introdução geral do *Ritual de Bênçãos*, que muitos consideram como o fruto maduro não apenas da SC, mas também da LG e da DV, propõe uma síntese teológica acerca das bênçãos. Deus que é bendito nos séculos (Rm 9,5) fez todas as coisas boas (Gn 1,4; 12,18; 21,31). Não obstante a queda, continuou a derramar a sua bênção como sinal do seu amor misericordioso na criação e na escolha de Abraão e de seus descendentes como depositários da aliança na expectativa da vinda de seu Filho, e os preparou para acolher o Redentor. Cristo é o ápice dessas bênçãos na redenção e no envio do Espírito Santo para que aqueles que se tornaram filhos por adoção se tornem capazes de oferecer uma bênção, um louvor e um agradecimento verdadeiros ao Pai. Cristo mesmo glorificou e abençoou o Pai e todo aquele que o tenha encontrado, especialmente as crianças (cf. Mt 9,31; 14,19; 26,26; Mc 6,41; 8,7.9; 14,22; Lc 9,16; 24,30; 24,50; Jo 6,11). Os cristãos, seguindo Cristo, aprenderam a integrar as bênçãos na vida cotidiana. As bênçãos e a doxologia das Cartas de São Paulo mostram como tenha rezado de modo particular na ocasião dos momentos mais significativos de seu mistério divino (Rm 1,25; 9,5; 11,36).

O mistério da encarnação eleva também a bondade inata presente em todas as criaturas em um novo nível de santidade, de modo a ser um sinal ainda maior da bênção de Deus a ponto de abençoar a ele próprio. Poderíamos dizer que a santificação de todos os objetos materiais presentes nos sacramentos e nos sacramentais de algum modo deriva da bênção fundadora que é a encarnação. O ápice da bênção está contido na celebração da eucaristia, na qual bendizemos o Pai pelos dons do pão e do vinho como dons de sua bondade e "do trabalho do homem". Cristo com e por meio do Espírito Santo transformará esses mesmos dons, em seu sacrifício santo e vivente, "o pão da vida" e "nossa bebida espiritual", justamente agradecendo o Pai e pronunciando a bênção.

A benção, seja por meio de Deus, seja por meio de um intermediário, é sempre uma promessa de auxílio divino e proclamação das sua predileção e fidelidade. Quando são os próprios seres humanos a abençoar, estes louvam Deus pela sua bondade e invocam o auxílio divino sobre os indivíduos ou sobre aqueles que estão reunidos em assembleia. A Introdução geral do *Ritual de Bênçãos* conclui: "Sem dúvida, as bênçãos, como atos de bendizer, referem-se em primeiro lugar e principalmente a Deus, cuja grandeza e bondade exaltam; mas porque comunicam benefícios divinos, elas visam aos homens, que Deus governa e protege com providência; finalmente, as bênçãos se dirigem também às coisas criadas, com que Deus abençoa os homens de modo abundante e variado" (*Ritual de Bênçãos*, Introdução, n. 7).

Ministros e estrutura da celebração

O CCE (n. 1669) esclarece que, uma vez que os sacramentais derivam do sacerdócio batismal, "eis porque os leigos podem presidir certas bênçãos". A possibilidade de participação do leigo fica reduzida ou eliminada quanto mais os sacramentais se aproximam dos sacramentos. Também para esses sacramentais presididos pelos leigos, o *Ritual de Bênçãos* delineia algumas distinções e limitações em relação ao uso de palavras e gestos que estão reservados aos ministros ordenados. Por exemplo, um ministro leigo nunca pronuncia alguma saudação que normalmente demande a resposta: "E com o teu espírito"[1]. Encontramos essa saudação já no livro de Rute, quando Booz

---

1. Assim está no original italiano. É o equivalente à nossa aclamação: "Ele está no meio de nós". (N. do T.)

saúda os ceifeiros com "O Senhor esteja convosco!", a cuja saudação estes respondem: "O Senhor te abençoe!" (2,4). São João Crisóstomo (344-407) se refere ao significado da saudação como o Espírito imóvel e como a uma alusão ao fato de que o bispo representa o sacrifício por meio do poder do Espírito Santo.

Na liturgia romana das origens, a saudação "O Senhor esteja convosco", "E com o teu espírito", era considerada tão sagrada a ponto de ser usada uma única vez durante a Missa: no início da Oração eucarística. Naquele momento ela representa uma oração ao Espírito Santo, por assim dizer, entre o sacerdote e a assembleia, para reacender o dom dado a todos no batismo e ao sacerdote na ordenação, a fim de que aquilo que estava para ser realizado pudesse ser feito e pudesse ser frutuoso. Podemos aduzir razões análogas para explicar porque alguns gestos estão reservados a quem recebeu o sacramento da ordem: os ministros leigos não abrem os braços, à maneira dos "orantes", mas os mantêm juntos; não estendem as mãos para abençoar nem dão a bênção; em vez disso, assinalam a si mesmos com o sinal da cruz para, desse modo, induzir a assembleia a fazer o mesmo.

A estrutura dos ritos das bênçãos deriva do ser dos atos litúrgicos. Como tais, os ritos das bênçãos revistos seguem a estrutura que está na base dos demais ritos reformados. A celebração se inicia com a proclamação da Palavra de Deus para assegurar que a bênção seja um sinal sagrado efetivo, e é sucedida e acompanhada por uma oração de louvor a Deus com um sinal exterior específico que a acompanha: palavras, gestos e cantos rituais. As palavras da fórmula de bênção são permeadas pelos temas tirados da história da salvação, nos recordando os atos salvíficos de Deus e as obras de Cristo, dando atenção aos sacramentos da Igrejas que têm sua origem a partir do mistério pascal. Os elementos principais do rito são tão importantes que o número 23 do *Ritual de Bênçãos* estabelece que "nunca se devem omitir, mesmo nos ritos mais breves". O número 27 é ainda mais rigoroso: "[...] não é permitida a realização habitual da bênção de objetos e lugares somente usando-se sinais externos, sem qualquer referência à Palavra de Deus, ou de alguma oração".

O sinais, os símbolos e os gestos escolhidos pela Igreja e que acompanham as palavras da oração invocam nossos sentidos e nos recordam a história da salvação. O incenso, quando é usado, nos recorda a oração dos santos que se eleva a Deus em um odor de doçura (cf. Ap 8,3; Ex 40,27). Como a maior parte dos ritos reformados, a presença de uma assembleia que participa ativamente, mais do que um ambiente privado ou individual, é a forma privilegiada e mais completa para celebrar uma bênção (*Ritual de Bênçãos*, Introdução, nn. 16-17).

As várias formas de sacramentais

A Introdução geral do Ritual de Bênçãos (nn. 12-13) sublinha que as bênçãos são para quem vive momentos particulares da própria existência, para objetos que utilizam e para lugares em que trabalham e vivem. Para essa diversidade de situações, há muitas bênçãos e em alguns casos essas bênçãos podem ser sobrepostas a diferentes situações. Existe, em todo caso, uma dupla divisão das bênçãos, geralmente compartilhada: bênçãos constitutivas e invocativas. A bênção constitutiva (na verdade constitutiva e invocativa) modifica o *status* jurídico de uma pessoa, de um objeto ou de um lugar, separando-os do seu uso normal e tornando-os sagrados. Um lugar ou um objeto sagrado que recebeu bênção desse gênero é tratado com respeito e não deve ser usado pra finalidades profanas, mesmo se mantido por um privado. A bênção invocativa, como o nome sugere, invoca a bênção de Deus sobre uma pessoa, um objeto ou um lugar, mas não muda nem o *status* jurídico e nem o separa de seu uso habitual.

Os ritos litúrgicos mais importantes da Igreja contêm bênçãos invocativas e constitutivas. Por exemplo, o *Missal Romano* contém bênçãos invocativas como a bênção do diácono antes da proclamação do Evangelho e a bênção ao final da Missa. Outros livros rituais, como o *Ritual do Batismo*, contêm bênçãos invocativas como a bênção da água batismal. Outras bênçãos invocativas que dizem respeito a pessoas, lugares e coisas são ritos por si só.

Bênçãos constitutivas de pessoas

As bênçãos constitutivas destinadas às pessoas não devem ser confundidas com a ordenação sacramental.

— *A benção do abade ou da abadessa de um mosteiro.* O abade ou abadessa são figuras veneráveis desde os tempos antigos e exercem uma paternidade ou maternidade espiritual, bem como uma autoridade jurídica. Esse duplo elemento levou a ritos de bênçãos especiais desde o século VI em diante, embora as primeiras fórmulas com essa bênção se encontrem no *Sacramentário Gregoriano*. Com o passar do tempo, o rito se tornou mais complexo e foi se assemelhando à ordenação episcopal. O novo rito foi simplificado e é mais conforme à missão espiritual do abade. Após a oração de bênção, é entregue ao novo abade o livro das regras. Em seguida, recebe os símbolos da mitra e do anel. A bênção de uma abadessa é semelhante, entretanto, esta recebe apenas o livro das regras. Esse rito é geralmente presidido pelo bispo local.

— *O rito da profissão religiosa.* O rito com que uma pessoa professa os conselhos evangélicos de pobreza, castidade e obediência foi sempre uma ocasião solene desde a época do nascimento do monaquismo. O ritual atual apresenta um esquema que toda ordem religiosa adapta às várias tradições de cada família religiosa. Este contém uma descrição de um rito para iniciar à vida religiosa, outro para a primeira profissão temporária (por um determinado período) que pode compreender a vestição com o hábito da ordem ou a entrega dos símbolos e uma renovação simples desses votos. Os ritos se concluem com a profissão solene perpétua, celebrada durante a Missa, que inclui o canto das ladainhas dos santos.

— *A consagração das virgens.* Este rito, no qual uma jovem mulher consagrava sua vida a Deus, no passado unia elementos tirados do matrimônio, na medida em que essa mulher é esposa de Cristo, e dos ritos fúnebres, como símbolos da morte para o mundo. O rito caiu em desuso no século XV quando a maior parte dessas mulheres se tornaram religiosas. O novo rito, promulgado em 1970, é dirigido às religiosas, mas retoma também a ordem das virgens como mulheres leigas consagradas que permanecem ativas no mundo. O novo rito é presidido pelo ordinário diocesano e é semelhante à profissão perpétua, a não ser pelo fato de que a virgem secular professa apenas o voto de castidade. Após a oração solene de consagração lhe são entregues as insígnias da consagração, que são o véu e a aliança, ou somente a aliança.

— *A instituição de ministérios laicais da Igreja como leitores e acólitos.* Desde os tempos antigos existiam alguns serviços litúrgicos oficiais que não exigiam a imposição das mãos. Em 1251, Papa Cornélio escreve que além dos sacerdotes e dos diáconos havia sete subdiáconos, quarenta e dois acólitos, cinquenta e dois exorcistas, leitores e porteiros. Com o passar do tempo, desapareceram como ministérios a parte e se tornaram momentos do caminho rumo ao sacerdócio: como ordem principal, o subdiácono, e como ordens menores as demais. Em 1972 a reforma de Paulo VI suprimiu as ordens menores e as substituiu com os dois ministérios laicais de leitor e acólito abertos para os leigos do sexo masculino[2] e para os seminaristas. O leitor proclama a Palavra de Deus na assembleia e em outras celebrações ocasionais. O acólito serve o altar, purifica os vasos sagrados na ausência do diácono e pode ser demandado como ministro extraordinário da comunhão. Os ritos de instituição de ambos ministérios são similares. Após uma primeira admoestação, que descreve as tarefas do ministério e que pode substituir a homilia, o bispo invoca a bênção de Deus e entrega aquilo que é próprio a cada ministério, as Sagradas Escrituras para o leitor e a patena e o cálice para o acólito.

— *A instituição de ministros extraordinários da comunhão.* Esse novo rito é semelhante ao da instituição dos ministérios, ainda se não prevê nenhuma entrega. À diferença dos ministérios instituídos, o ministro extraordinário da comunhão pode servir apenas dentro dos limites fixados pelo bispo e perde qualquer delegação para além dos limites da própria diocese.

Bênçãos constitutivas de lugares e objetos

— *A dedicação ou a bênção de uma igreja ou de um altar.* A referência mais antiga a um rito de dedicação de uma igreja remonta a Santo Eusébio, por volta do ano 340. O rito continuou a se desenvolver e a fundir entre si elementos romanos e orientais, de modo que, a partir do século IX, incluía várias aspersões com água benta e a unção do altar da igreja, das paredes e da porta, com inscrições no alfabeto grego e latino sobre o pavimento e múltiplas incensações e recitação de salmos e orações. Uma parte importante do rito era também a deposição das relíquias no altar. O novo rito, muito simplificado, consta de quatro partes: o ingresso na igreja, a liturgia da Palavra, a oração da dedicação e a unção da igreja e do altar e, por fim, a celebração eucarística. A oração da dedicação é proclamada após as ladainhas dos santos e após a deposição das relíquias quando estas estão disponíveis. A unção do altar com o sagrado crisma o torna um símbolo de Cristo, "o ungido". As quatro ou as doze unções das paredes separam a construção do uso profano, destinando-a exclusivamente para o culto cristão. O altar é incensado e, em seguida, tanto o povo de Deus como o edifício da igreja, como sinal de que este se tornou agora a casa de oração e templo vivo de Deus (Rm 12,1). Nesse momento, o altar é revestido com uma toalha de linho e adornado com flores. São acesas as velas e o edifício é completamente iluminado. Por fim, a eucaristia, celebrada pela primeira vez, representa o único rito realmente essencial para a dedicação de uma igreja.

— *A benção dos óleos santos, dos vasos e das vestes sagradas, dos sinos* etc. Estas são as bênçãos de todos aqueles objetos utilizados no culto cristão. As mais importantes são as dos óleos do crisma e dos enfermos, pois nesse caso a bênção se torna essencial para administração dos sacramentos da confirmação e da unção dos enfermos. A benção do

---

2. Em 11 de janeiro de 2021, o Papa Francisco, por meio do *Motu proprio* "Spiritus Domini", abriu a possibilidade para que as mulheres também possam receber esses ministérios. Ademais, no dia 10 de maio de 2021, mediante o *Motu proprio* "Antiquum Ministerium", Papa Francisco criou o ministério laical instituído de Catequista e pede, nesse mesmo documento, para que a Congregação para o Culto Divino e a Disciplina dos Sacramentos providencie o rito próprio para esse ministério. (N. do T.)

óleo dos catecúmenos e da água batismal é importante para o sacramento do batismo, mas não são essenciais para o rito em si. Os demais ritos que dizem respeito a objetos litúrgicos sublinham a sua separação e seu uso específico para o culto cristão. Algumas bênçãos litúrgicas como a das cinzas e dos ramos possuem um contexto celebrativo limitado, pois os objetos bentos não são destinados a outros usos.

— *A benção dos objetos que dizem respeito à devoção popular.* Essas bênçãos, assim como a bênção dos terços, dos escapulários, das medalhas e das imagens sacras, são de algum modo constitutivas e invocativas. Esses objetos já são de per si de algum modo sagrados e a bênção lembra a quem os utiliza que não são uma decoração, mas devem favorecer a oração e a devoção. Em alguns casos, a concessão de indulgências depende da bênção de um objeto.

Bênçãos invocativas das pessoas

As várias tipologias de bênçãos nas quais a Igreja invoca a bênção de Deus sobre diferentes categorias de pessoas implica que não seja excluído nenhum setor da comunidade humana. Entretanto, o *Ritual de Bênçãos* dedica um capítulo à benção da comunidade familiar, dos doentes, dos participantes na catequese e na oração pública, dos alunos e dos professores, daqueles que participam de organizações de socorro nas necessidades públicas, de peregrinos e de viajantes.

O capítulo mais completo diz respeito à comunidade familiar. Por meio dessas bênçãos, os genitores podem renovar a prerrogativa, enraizada na Bíblia, de dar a bênção sobre seus filhos. A inserção das bênçãos dos pais na vida cotidiana sublinha a importância e a responsabilidade da paternidade e da maternidade em refletir a imagem divina na vida familiar. Além das bênçãos dos pais, há outras que abraçam toda a vida familiar a partir das mães, antes e depois do parto, até a bênção dos anciãos.

Bênçãos invocativas de lugares e objetos

A Introdução geral do *Ritual de Bênçãos* dispõe que, ao se abençoar lugares e objetos, dê-se atenção para que essas bênçãos sejam invocadas "tendo presentes os seres humanos que usam esses objetos e atuam nesses lugares" (n. 12). Portanto, o *Ritual de Bênçãos* reafirma continuamente que não abençoa algum objeto e lugar ou algum lugar sem a presença das pessoas que o utilizam ou nele vivem.

Sob o título "Bênçãos de edifícios e de outras obras", encontramos as bênçãos de pedras fundamentais, casas, fábricas, escritórios, meios destinados a viagens, instalações técnicas, animais, campos e pastagens, plantações, eventos esportivos e da mesa. Outras partes do *Ritual de Bênçãos* dizem respeito a bênçãos ligadas à festas e estações e uma bênção a ser utilizada em diferentes circunstâncias, de modo que quase todas as atividades humanas possam ser objeto de uma bênção guiada apenas pela prudência pastoral que leva a se abster de dar uma bênção ali onde esta poderia ser inapropriada, por exemplo, no caso de armas.

Exorcismos

Quando a Igreja suplica publicamente e com autoridade, em nome de Jesus Cristo, que uma pessoa ou um objeto sejam protegidos contra a influência do maligno e subtraídos de seu domínio, fala-se de exorcismo. A prática do exorcismo existia já no judaísmo (cf. Tb 3,8; 3,16; Lc 11,19). Cristo praticou exorcismos e é dele que deriva o poder e a tarefa da Igreja de exorcizar (Mt 8,16; Mc 1,25-26; 6,13; 16,17 cf. Lc 8,2). A missão e a pregação de Cristo inauguram seu Reino e a derrota de Satanás (Mt 12,28; Jo 12,31). Na prática de exorcismos, Jesus claramente distingue entre a cura de uma doença e o exorcismo. No primeiro caso fala diretamente ao doente (Mt 8,1-4; Lc 8,43-48; Jo 5,2-9), no segundo fala diretamente ao demônio, ou impede que o espírito maligno fale (Mc 1,25.33-34; cf. Lc 4,36; 6,18; 7,21). Os espíritos impuros o temem (Mc 3,11).

Cristo concede à Igreja este poder de libertar as pessoas dos espíritos impuros (Mt 10,1; Mc 3,15; 6,7.13). De fato, esse poder é um dos sinais específicos do ser discípulo (Mc 16,17). Após Pentecostes os discípulos fazem exorcismos: Pedro (At 5,18), Felipe (At 8,7) e Paulo (At 19,11-17). Seguindo o exemplo de Cristo e dos apóstolos, a Igreja sempre fez exorcismos, mesmo se sob o Papa Inocêncio I (401-417; *Epístola* 25, c. 6) o exorcismo tenha sido reservado aos clérigos com autorização episcopal. Essa restrição permanece em vigor ainda hoje. Apenas um bispo, ou um sacerdote devidamente e especificamente autorizado pelo ordinário local, podem exercer legitimamente um exorcismo em possessos.

Há dois tipos de exorcismos: simples e solene. Na forma simples, o exorcismo é feito durante a celebração do batismo e em algumas bênçãos que utilizam a forma extraordinária do *Ritual Romano*. O exorcismo grande, ou solene, mira diretamente à expulsão dos demônios ou à libertação do possesso da influência demoníaca mediante a autoridade espiritual que Jesus confiou a sua Igreja. O CCE convida também à prudência por parte do exorcista, com a finalidade de evitar confusão entre presença do maligno e doença psicológica a qual, por vezes, apresenta manifestações semelhantes. Essas celebrações não devem ser separadas de outros ritos de cura.

Do ponto de vista teológico, o exorcismo se encaixa facilmente no âmbito dos sacramentais em virtude de seu fundamento e instituição bíblica. É também um sinal análogo aos sacramentos. No caso do exorcismo, os sinais são as palavras rituais pronunciadas pelo exorcista sob a forma de súplica invocativa ou como súplica deprecativa. A essa súplica estão tradicionalmente associados alguns gestos, como a imposição das mãos, a aspersão com a água benta, a proclamação da Palavra de Deus e a invocação dos santos. O exorcismo é também uma ação da Igreja que, para além do exorcista considerado individualmente, participa de seu poder de intercessão em favor de uma alma. Portanto, embora o exorcismo se desenrole de maneira reservada sem considerar o objeto envolvido, permanece um rito da Igreja e, portanto, comporta dever seguir um ritual aprovado e a presença de uma assembleia reunida em oração que acompanhe o exorcista enquanto implora a libertação da pessoa possuída.

Nem sempre é claro como um exorcismo prepara para receber a graça e dispõe para cooperar com esta (cf. CCE 1670), pois a possessão não implica necessariamente a perda da graça ou um aumento desta. Todavia, predispõe a alma para receber a graça removendo um obstáculo que provoca aversão ao sacro e facilita assim a recepção fecunda dos sacramentos e de outros sacramentais.

A religiosidade popular

"O senso religioso do povo cristão encontrou, em todas as épocas, sua expressão em formas diversas de piedade, que circundavam a vida sacramental da Igreja, como veneração de relíquias, visitas a santuários, peregrinações, procissões, via-sacra, danças religiosas, rosário, medalhas etc." (CCE 1674). Após o Concílio Vaticano II houve um período em que a piedade popular em alguns ambientes era reprovada na medida em que era considerada antiquada, não adequada para os tempos atuais e destinada a ser substituída exclusivamente por formas litúrgicas de adoração. Os ensinamentos de muitos papas, como São Paulo VI na *Marialis cultus* (02.02.1974), e a publicação do CCE buscaram enfrentar a situação e propor uma relação sadia e equilibrada entre o culto litúrgico e a piedade popular.

Em 2001, a Congregação para o Culto divino promulgou o *Diretório sobre piedade popular e liturgia. Princípios e orientações*. Este documento amplo resume os ensinamentos anteriores que fornecem uma sólida base teológica para a piedade popular e sua relação com a liturgia. Busquemos apresentar aqui seus pontos essenciais.

Em primeiro lugar, reconhece que a piedade popular "é uma realidade viva na Igreja e da Igreja: sua fonte está na presença constante e ativa do Espírito de Deus no corpo eclesial; seu ponto de 'referência', o mistério de Cristo Salvador; sua finalidade, a glória de Deus e a salvação dos seres humanos; 'a ocasião histórica', 'o encontro feliz entre a obra da evangelização e a cultura'. Por isso o Magistério expressou mais vezes sua estima pela piedade popular e suas manifestações. Admoestou aqueles que a ignoram, a descuram ou a desprezam para que assumam em relação a esta uma atitude mais positiva, que leve em consideração seus valores. Por fim, não hesitou em apresentá-la como 'verdadeiro tesouro do povo de Deus'" (n. 61). O sujeito da piedade popular é "todo cristão — clérigo, religioso, leigo — seja quando, movido pelo Espírito de Cristo, reza privadamente, seja quando reza comunitariamente em grupos de variada origem e fisionomia" (n. 67).

Entre os valores da piedade popular neles reconhece "um inato sentido do sagrado e do transcendente. Manifesta uma genuína sede de Deus e 'um sentido agudo dos atributos profundos de Deus: a paternidade, a providência, a presença amorosa e constante', a misericórdia" (ibid.). Valoriza também algumas atitudes interiores e algumas virtudes como a "resignação cristã nas situações irremediáveis"; o abandono confiante em Deus; a capacidade de sofrer e de perceber o "sentido da cruz na vida cotidiana"; o desejo sincero de aprazer ao Senhor, de reparar as ofensas a ele causadas e de fazer penitência; o desapego das coisas materiais; a solidariedade e a abertura aos outros, o sentido "de amizade, de caridade e de união familiar". Ao mesmo tempo dirige de bom grado sua atenção aos mistérios da fé cristã, como o mistério da paixão e morte de Cristo, a comunhão com Maria, os anjos e os santos, a oração em sufrágio das almas dos defuntos (cf. nn. 61-62).

A piedade popular é capaz também de adaptar por si a mensagem cristã e conferir-lhe expressão em uma cultura particular. "Com efeito, nas manifestações mais genuínas da piedade popular a mensagem cristã, de um lado, assimila os módulos expressivos da cultura do povo, de outro, permeia com conteúdos evangélicos sua concepção da vida e da morte, da liberdade, da missão, do destino do ser humano" (n. 63). Ela tem também um papel muito importante na transmissão e custódia da fé, mesmo ali onde os cristãos estejam privados de assistência pastoral (cf. nn. 63-64).

Todavia, a piedade popular não está isenta de perigos que podem fazê-la desviar e, sendo assim, ela exige uma evangelização constante, prudente e paciente. Entre esses perigos há a desproporção entre a estima pelo culto dos santos e a consciência da absoluta soberania de Jesus Cristo; a falta de consciência do papel do Espírito Santo; a pertença das Escrituras e dos sacramentos à Igreja. Por vezes apresenta a tendência a separar o momento cultual dos compromissos da vida cristã, uma visão utilitarista que poderia favorecer o ingresso da superstição, magia, fatalismo e opressão (cf. nn. 64-65).

Para o que diz respeito à liturgia, o CCE nos lembra que: "Essas expressões prolongam a vida litúrgica da Igreja, mas não a substituem" (CCE 1675). O *Diretório* especifica esse ensinamento dizendo: "a Liturgia, por sua natureza, é em muito superior aos exercícios da piedade, de modo que na prática pastoral é preciso dar à liturgia 'o lugar preeminente que lhe compete em relação aos exercícios da piedade'; liturgia e exercícios da piedade devem coexistir no respeito à hierarquia dos valores e da natureza específica de ambas expressões cultuais" (n. 73). "Isso significa que se deveria realizar um esforço para harmonizar e evitar a confusão e a mistura híbrida entre liturgia e exercícios da piedade" (n. 74).

O primeiro princípio teológico por trás da renovação e da evangelização da piedade popular é que a vida do culto cristão é fundamentalmente Trinitária e sacramental. Assim é vivida em comunhão com o Pai por meio de Cristo, no Espírito Santo por meio da participação na vida sacramental (cf. nn. 76-78). "À luz dos princípios até agora expostos parece necessário que a piedade popular se configure e constitua um momento do diálogo entre Deus e o homem por Cristo no Espírito Santo" (n. 79). O segundo princípio é o da Igreja como comunidade adoradora. A esse propósito, além da liturgia, também as demais formas da piedade popular são fruto do Espírito Santo e expressão da piedade da Igreja e muitas delas são recomendadas pela própria Igreja. Contudo, é necessário que as expressões da piedade popular sejam iluminadas pelo "princípio eclesiológico" do culto cristão de modo a ter uma visão correta da relação entre Igreja particular e universal permitindo não se fechar aos valores universais. A veneração da Bem-aventurada Virgem Maria, dos anjos, dos santos e bem-aventurados, e o sufrágio pelos defuntos deveriam ser configurados no contexto das relações intercorrentes entre a Igreja celeste e a Igreja peregrinante. Também a relação entre "ministério" e "carisma" deveria ser compreendida de modo fecundo (cf. nn. 83-84).

Outros princípios teológicos estão ligados ao sacerdócio comum na piedade popular (cf. nn. 85-86) e à Palavra de Deus na vida cristã. "Porque na escuta da Palavra de Deus se edifica e cresce a Igreja, o povo cristão deve conquistar familiaridade com a Sagrada Escritura e embeber-se do seu espírito, para traduzir em formas idôneas e conforme aos dados da fé o sentido da piedade e da devoção que brotam do contato com o Deus que salva, regenera e santifica" (n. 87).

A piedade popular está naturalmente marcada por fatores históricos e culturais, e sua introdução e inclusão no mundo do dia a dia são um sinal claro do enraizamento e inculturação da fé no coração de cada povo ainda que esta deva sempre se deixar orientar e guiar pelas indicações da liturgia (cf. nn. 91-92). Algumas expressões da piedade popular são locais, ao passo que outras se tornaram parte de muitas e diferentes culturas. O CCE no n. 1674 menciona algumas delas com valor universal. A veneração das relíquias dos santos que se distinguiram como membros do Corpo místico de Cristo e como templo do Espírito Santo em virtude de sua santidade heroica, que agora vivem no Paraíso, mas que há um tempo viveram sobre a terra. A veneração das relíquias nos conduz à memória de que também o corpo físico é santificado e participa no processo de santificação. As visitas aos santuários e as peregrinações assim como as procissões favorecem um sadio equilíbrio entre vida litúrgica e piedade popular. A "via-crúcis" é um acompanhar meditativo de Cristo durante as últimas fases da sua vida terrena.

Principalmente atribuível às devoções marianas é o rosário, que é uma espécie de compêndio do Evangelho e, por isso, é uma devoção profundamente cristã que ajuda a fé a contemplar os mistérios da vida de Jesus Cristo por meio dos olhos da Virgem Maria (cf. São João Paulo II, *Rosarium Virginis Mariae* [16.10.2002]).

Por fim, o CCE recomenda fortemente o confiar-se à devoção ao Sagrado Coração de Jesus: "Jesus nos conheceu e nos amou a todos e a cada um, durante sua vida, agonia e paixão, e por cada um de nós entregou-se: 'Filho de Deus, que me amou e se entregou por mim' (Gl 2,20). Amou-nos todos com um coração humano. Por essa razão, o Sagrado Coração de Jesus, traspassado por nossos pecados e para a nossa salvação [...] é considerado o principal sinal e símbolo daquele amor infinito com que o divino Redentor ama incessantemente o Pai eterno e todos os homens" (CCE 478), sem exceção alguma.

Artigo 2
AS EXÉQUIAS CRISTÃS

O CCE é relativamente exaustivo na apresentação dos ritos das exéquias cristãs e mostra o espírito do rito atual. Em certo sentido, o rito atual busca restituir o espírito das antigas exéquias cristãs. Característica desses ritos foi a escolha dos usos locais. Alguns costumes, como as lamentações rituais e a oferenda e alimento para o defunto, foram rejeitados, ao passo que outros foram acolhidos, sendo-lhes atribuído um significado cristão. Os cristãos logo introduziram também a recitação dos salmos antes da sepultura. O espírito das exéquias cristãs era muito diferente em relação ao espírito dos pagãos, seus contemporâneos. Principalmente porque a fé na ressurreição comportava que eles não atribuíssem uma importância absoluta em seguir o rito prescrito para o destino final do defunto.

Há testemunhos do uso da celebração eucarística por ocasião dos funerais já a partir do século IV; entretanto, não se torna uma prática comum por muitos séculos. O antigo ritual era relativamente simples, embora fosse rico de significados pascais. O corpo era preparado em casa e acompanhado até a igreja com a recitação do Salmo 97: "O Senhor reina, exulte a terra". Uma vez na igreja, mantinha-se uma breve oração com os Salmos 4 e 42; em seguida o corpo era acompanhado até o cemitério com a recitação dos Salmos 15 e 52. Durante o sepultamento, por fim, era entoado o Salmo 118 com a antífona "Abri-me as portas da justiça".

Durante o período Medieval, o rito se tornou mais elaborado. A Missa agora já é comum e se adiciona a incensação e a aspersão do corpo com a água benta em recordação do batismo. O tom é mais comedido com uma ênfase marcada pela dor, pelo pecado, pelo juízo e pela necessidade de implorar a misericórdia divina. O corpo é acompanhado na igreja com os Salmos 130 e 51; o Glória e o Aleluia são omitidos assim como as bênçãos e as respostas alegres. A absolvição conclusiva da Missa é introduzida junto com a oração *Non intres in iudicium*: "Não entreis em juízo contra esta alma fiel, ó Senhor, pois ninguém pode se declarar sem culpa diante de vós, se vós mesmo não lhes concedeis o perdão de todos os pecados". Esse rito permaneceu em uso até que o *Ritual Romano* de 1614 o simplificou e restaurou alguns elementos pascais como as antífonas alegres *In paradisum* e *Chorus angelorum*. O novo Ritual introduzido em 1969 espelha os ensinamentos do CCE e busca enriquecer o conteúdo dos ritos; ao mesmo tempo, restitui uma visão completa da doutrina cristã condizente à morte, especialmente em sua natureza pascal. O novo Ritual inclui também orações pela família do defunto e pelas outras pessoas vivas, que faltavam no rito anterior. Os ritos fundamentais das exéquias cristãs são:

— A *Vigília de oração* na casa do defunto, ou em outro lugar adequado conforme as circunstâncias, durante a qual a família, os amigos e os membros da comunidade cristã se recolhem para elevar a Deus uma oração de sufrágio, confortando quem chora o defunto; exprime a solidariedade cristã de acordo com as palavras do Apóstolo, "chorai com aqueles que choram" (Rm 12,15).

— A *Celebração da eucaristia*. A comunidade cristã escuta a Palavra de Deus, que proclama o mistério pascal; dá a esperança de se reencontrar no Reino de Deus; reaviva a nossa piedade em relação aos defuntos e exorta a testemunhar uma vida realmente cristã.

— O *Rito de despedida, de cortejo fúnebre e da sepultura*. Na despedida, o defunto é encomendado a Deus com a última saudação dirigida pela comunidade cristã a um de seus membros antes que seu corpo seja levado para a sepultura. No cortejo fúnebre, a mãe Igreja, que levou sacramentalmente em seu seio o cristão durante sua peregrinação terrena, acompanha o corpo do defunto ao lugar de seu repouso, na expectativa do dia da ressurreição (cf. 1Cor 15,42-44).

O *Diretório sobre piedade popular e liturgia* contém algumas reflexões pertinentes sobre os ritos para os defuntos (nn. 248-260) que completam o CCE. O n. 249 afirma: para o cristão, "a morte é a passagem para a plenitude da verdadeira vida e, por isso, a Igreja, subvertendo a lógica e as perspectivas deste mundo, chama o dia da morte do cristão de *dies natalis*, dia do seu nascimento para o céu, onde 'a morte não existirá mais, e não haverá mais luto, nem grito, nem dor, porque as coisas anteriores passaram' (Ap 21,4); trata-se, portanto, do prolongamento de modo novo do evento vida, pois como diz a liturgia: 'para os que creem em vós, a vida não é tirada, mas transformada. E, desfeito o nosso corpo mortal, nos é dado, nos céus, um corpo imperecível'". A morte do cristão é um evento de graça, tendo em Cristo e por Cristo, um valor e um significado positivo. Este se fundamenta no ensinamento das Escrituras: "Para mim, o viver é Cristo e o morrer lucro" (Fl 1,21); "Certa é esta palavra: se com ele morremos, com ele também viveremos" (2Tm 2,11).

Terceira Parte
A vida em Cristo

Primeira Seção
A VOCAÇÃO DO HOMEM: A VIDA NO ESPÍRITO

A VOCAÇÃO DO HOMEM:
A VIDA NO ESPÍRITO

RENZO GERARDI

Quem é o cristão? A resposta lapidária de Pedro é um inesgotável programa de vida: o cristão é aquele que ama o Senhor Jesus, "mesmo sem tê-lo visto, e apesar de não o ver" (1Pd 1,8) nele crê e a ele adere.

Uma vez tornado "homem novo", o batizado é chamado a "viver em Cristo", em comunhão de vida no seu Espírito e no seu Corpo, observando as suas palavras e seguindo seus exemplos. Cristo é o modelo e o mestre de toda perfeição. Dele brotam norma ética e possibilidade de vida autêntica.

De tudo isso trata a terceira parte do CCE, que tem como título "A vida em Cristo", subdividida em duas seções: "A vocação do homem: a vida no Espírito"; e "Os dez mandamentos".

Sem dúvida alguma, o termo "vida" tem um significado muito amplo, e é tão rico e complexo que pode ser mais descrito que definido. Aqui se fala de "vida em Cristo". Ele é a vida. A possui originariamente (cf. Jo 1,4), e dela dispõe como propriedade absoluta. Ele dá sua vida (cf. Jo 10,11.17). Ele, "o autor da vida", foi morto, "mas Deus o ressuscitou dos mortos" (At 3,15), e ele será juiz dos vivos e dos mortos (cf. 1Pd 4,5).

O homem pode participar na própria vida de Deus, graças ao Espírito de Cristo, "que é Senhor e dá a vida". A revelação de Deus na carne tem como fim nossa participação na vida divina, na realização em nós do mistério da sua encarnação.

Foi um grande mérito do Concílio Vaticano II o fato de ter acolhido uma antropologia unitária e tê-la colocado como eixo da análise da constituição GS: "O homem, considerado em sua unidade e em sua totalidade, corpo e alma, o homem coração e consciência, pensamento e vontade" (n. 3) foi criado "à imagem de Deus, capaz de conhecer e de amar seu Criador, e constituído por ele acima de todas as criaturas terrenas como seu senhor, para governá-las e delas se servir para a maior glória de Deus" (n. 12), de modo que "unidade de alma e corpo, o homem sintetiza em si, por sua própria condição corporal, os elementos do mundo material" (n. 14). "Com a encarnação, o Filho de Deus se uniu de certo modo a todo homem" (n. 22), restituindo-lhe a semelhança com Deus, dando-lhe a possibilidade de desenvolver plenamente os próprios dons e de realizar a própria dignidade. Por isso, o ser humano é chamado a colaborar com Deus, vivendo a própria vida como resposta a uma vocação pessoal. Dando a vida, Deus ordena ao homem honrá-la e realizá-la ao máximo de suas capacidades: entretanto, o Senhor da vida dá também regras e normas, para que possa ser vivida em plenitude.

Todo homem é chamado a ser o guardião fiel e sábio da própria vida e da vida dos demais. Porém o serviço à vida — bem "fundamental", pressuposto e condição de todos os outros — é realmente tal apenas na fidelidade à lei moral, que expressa seu valor e tarefas. O melhor desejo, carregado de esperança, que é feito na Bíblia, é o de uma "vida longa", como prêmio para quem observa os mandamentos de Deus. Mas nós sabemos — pois Deus no-lo revelou e no-lo deu — que há uma vida eterna, realidade última e definitiva, uma vida "para além da morte". É a que realmente conta: a vida "em Deus".

Nove números (1691-1698) introduzem no CCE essa parte sobre "A vida em Cristo", sobre os quais focaremos nossa atenção, propondo algumas sugestões de reflexão e indicando algumas possibilidades de desenvolvimento.

No n. 1691, traz-se um famoso texto de São Leão Magno, tirado de uma Homilia para o Natal, em que os cristãos são exortados a "reconhecer a própria dignidade" de "filhos no Filho". Como "filhos de Deus" (1Jo 3,1) e "participantes da natureza divina" (2Pd 1,4), eles são chamados a se comportar de modo digno do Evangelho de Cristo. Ou seja, a viver a vida nova "em Cristo e no Espírito".

No batismo ocorreu a libertação do poder do pecado: o homem foi imerso como "velho" na água e dela saiu "novo". Graças à cruz gloriosa de Cristo, o cristão é um homem novo em todo o próprio ser; consequentemente também a sua relação com os demais seres humanos, com a história, com a natureza, com o cosmo, não pode ser senão "nova". A "crucificação" e a "sepultura" do homem velho marcaram um renascimento, estabelecendo um princípio novo: o futuro é novo, é viver com Cristo, em Cristo, por Cristo.

A existência do Cristão é colocada sob a senhoria do Crucificado Ressuscitado. O estar crucificados com Cristo no Batismo teve como finalidade e como consequência a supressão do domínio do pecado. O poder do pecado pode continuar a prevalecer somente se a ele se obedece: mas o cristão não deve obedecê-lo. Seria um contrassenso! Continuar a viver no pecado é um absurdo, pois é ir contra a nova realidade de batizados, conta um novo modo de ser. Vem à memória o interrogativo de Paulo, no início do capítulo da Carta aos Romanos: "Que diremos, então? Permaneceremos no pecado para que abunde a graça?" (Rm 6,1). A resposta é um decidido "é absurdo!", que nunca ocorra. Pois, já "mortos para o pecado" (Rm 6,2), não podemos mais viver nele.

Assim como Cristo ressuscitado agora vive para Deus, assim os batizados, mortos para o pecado, devem vivem para Deus, sob o senhorio de Cristo, na expectativa do desenrolar-se definitivo da vida eterna.

No número seguinte — n. 1692 —, a visão se amplia a "todos os sacramentos", numa perspectiva de fé e de ação de graças pelos dons do Senhor.

A imersão batismal é somente o início e garantia. É o início: pois a iniciativa vem de Deus, isto é, é graça. É garantia: porque o dom de Deus é dado sem arrependimento, isto é, trata-se do caráter, realidade que permanece, qualifica e consagra definitivamente como "sacerdotes na Igreja". Mas ainda não é tudo.

É início, porque está dirigida a uma participação ao mistério pascal de Cristo sempre mais plena (mediante a confirmação e a eucaristia) e cada vez mais diferenciada e complementar (mediante os outros sacramentos da Igreja). É garantia, pois é o gesto a que o cristão deve sempre se refazer e com o qual pode sempre contar, para colaborar na atuação da resposta à "convocação" de Deus. Mas ainda não é tudo.

Há ainda que crescer e amadurecer, e o crescimento, o "se tornar cristãos", deve percorrer as etapas do mistério pascal. A "nova criatura" deve chegar "até o homem perfeito, até atingir a medida da plenitude de Cristo" (Ef 4,13). Isso acontece como com a vida física do homem, da concepção e do nascimento: há já "em germe" todo o homem de amanhã. Energias vitais, faculdades, atitudes, propensões: estão todas recolhidas naquela pessoa frágil que apenas entra na vida e depois vem à luz; e esses elementos terão apenas que se desenvolver e amadurecer ao longo de todo o arco da existência. Raramente uma analogia humana se revela tão pertinente assim, a ponto de ilustrar um dado da fé. O próprio Jesus se serviu disso falando com Nicodemos: "Não te admires se eu te disse: deveis nascer do alto" (Jo 3,7). No batismo está resumida toda a vida cristã, pois ele é seu fundamento e seu fulcro: o que vem a seguir é seu desenvolvimento, explicitação e realização. Lá estão presentes todas as virtualidades a serem desenvolvidas, estão já fixadas as leis fundamentais daquele progresso que deve aperfeiçoar no Cristão a Páscoa do Senhor.

Portanto, o projeto de vida cristã deve ser coerente com a escolha de fé feita no batismo: é um caminho de perfeição (cf. Tg 1,4) na Igreja, comunidade de salvação e de graça, no Espírito que é doado.

Logo, sempre e para todos pode ser salvadora e solucionadora a memória do *incipit*, do batismo, "porta da vida espiritual" e "fonte da vida", figura decisiva, objetiva e eclesial da fé. Do batismo descende o primado da fé na vida, como tensão a permanecer na adesão ao Cristo Jesus de quem nos revestimos. E, a partir do batismo, a vida espiritual do cristão recebe sua dimensão pascal constitutiva, que a configura como existência na fé, na esperança e na caridade.

Essa consciência batismal é constitutiva do rosto da Igreja e do fiel. Deve impregnar e orientar sua teologia e sua vida espiritual. A vida do cristão é essencialmente *martyría*, isto é, testemunho batismal, tendo a fé uma identidade batismal. Somente se o cristão assume esta prioridade de fé como coluna de sustentação da própria vida espiritual, poderá se colocar em um caminho que seja também de vivificação humana e espiritual de si, da comunidade e da sociedade.

É uma fé capaz de diálogo e de comunhão, de testemunho e de serviço. Escreveu o Papa Paulo VI: "Quem foi evangelizado, por sua vez evangeliza. Aqui está a prova da verdade, a pedra de toque da evangelização: é impensável que um homem tenha acolhido a Palavra e tenha-se dado ao Reino, sem se tornar alguém que, por sua vez, dá testemunho e anuncia" (EM 24).

Assim, e apenas assim, se faz a vontade de Deus. Se cumpre essa vontade que o cristão, criatura nova no Espírito, é capaz de discernir graças à iluminação do Espírito. É vontade de Deus a ser cumprida, segundo a medida da própria vocação, o papel providencial que cada um tem para o crescimento do único Corpo, para que o Reino venha.

Tudo isso ocorre graças ao batismo "em nome do Pai e do Filho e do Espírito Santo" (Mt 28,19). A existência recebe assim uma orientação trinitária: ao Pai, por meio de Cristo, no Espírito Santo.

No n. 1693, em primeiro lugar, é dirigido aos batizados um convite para "olhar para o Pai", para poder viver "à luz do seu rosto". O que quer dizer: à imitação de Jesus, "o rosto do Pai", realizando aquilo que lhe é agradável, em comunhão com ele, para se tornar "perfeitos".

Nós fomos batizados na morte de Jesus. "Por meio do batismo, portanto, fomos sepultados com ele na morte para que, assim como Cristo foi ressuscitado dos mortos por meio da glória do Pai, assim também nós possamos caminhar em uma vida nova" (Rm 6,4). Segundo essa simbologia, a fonte batismal é como o túmulo pascal, na qual o neófito se despoja do homem velho e da qual ressurge com Cristo, homem novo. Revestindo-se dele, se torna nova criatura, remodelada a partir do Senhor pelo poder do Espírito Santo.

Aqueles que receberam o batismo podem ser chamados de santos, e o são, realmente. Podemos praticamente dizer que estamos diante de um daqueles casos em que uma relação se torna tão profunda a ponto de se tornar uma equação. Entre batismo, vida cristã, perfeição e santidade, há uma perfeita equação: quem nasceu na imersão batismal é santo, pois aquelas águas foram fecundadas pelo Espírito. Ali nasce para os céus um povo santo. Evidentemente, para que a equação continue a vigorar, o batismo deve ser "vivido". É o batismo vivido que faz o cristão, o perfeito, o santo. Criar uma verdadeira equação entre batismo e vida de santidade: este é o sentido e o fim da vida cristã.

Para o cristão, o batismo é aquilo que a fonte é para o rio: o evento de onde brota sua vida em Cristo. Com isso, o homem começa a fazer parte de seu povo, que faz uma experiência contínua do Dom, pois sabe ser povo salvo. E é salvo porque Deus, o Amor, doou-se.

O batismo, "incorporando a Cristo", insere o fiel na Igreja (cf. 1Cor 12,13), estruturando eclesialmente sua existência. É o que é afirmado no n. 1694, por meio de um "entrelaçamento" de citações de textos do Novo Testamento (dos escritos de Paulo e de João): incorporados em Cristo, mortos para o pecado, viventes para Deus, participantes da vida do Ressuscitado, em seu seguimento, em união com ele, imitadores de Deus porque seus filhos, caminhando na caridade, conformando pensamentos, palavras, ações aos sentimentos dele, seguindo seus exemplos.

O "novo" início — que pode ser chamado "conversão" [em grego: *metánoia*] — é certamente um início no "pensar" [em grego: *noéin*], mas não é um ato de obediência Àquele que nos precede, portanto, não tem sua origem em nós. Especificando ainda mais: aquilo que precede não é uma "coisa", mas um "ele", uma pessoa; é um "tu": o Cristo, o Verbo feito carne. É ele o novo início, a partir do qual nos "fomos pensados" e "pensamos". E a obediência a ele devida é algo que "permanece", pois aquele que nos precede, uma vez conhecido, não se torna uma porção do nosso pensamento, mas, pelo contrário, cada um de nós se torna seu. E, ao nos tornarmos nele, cada um começa a fazer parte de um "nós", o seu corpo vivo.

Da ferida de Cristo morrente na cruz, tiveram princípio a Igreja e a fonte da vida, que lava todo o mundo. Essa fonte é o primeiro dom precioso feito pelo Espírito à Igreja: e, na medida em que a Igreja faz o batismo, o batismo no Espírito faz a Igreja, a edifica. Aqueles filhos, que foram concebidos na água graças ao sopro criador de Deus, são dados à luz virginalmente pela mãe Igreja e são chamados continuamente a crescer na santidade de vida.

Para completar a narração da realidade nova do batismo como dom do Deus unitrino, no n. 1695 é feita uma memória específica da "ação do Espírito". Também aqui está presente um "entrelaçamento" de textos paulinos: o Espírito Santo, curando as feridas do pecado, renova interiormente com uma transformação espiritual, ilumina e fortifica para viver como filhos da luz, mediante toda bondade, justiça e verdade; os batizados, justificados no Espírito do nosso Deus, santificados e chamados a ser santos, templo do Espírito Santo, aprendem do Espírito do Filho a rezar ao Pai; que se tornou a vida deles, os faz agir, para que produzam o fruto do Espírito mediante uma caridade atuante.

O Espírito é a Pessoa-Amor, o divino artista em um íntimo e sempre novo diálogo de amor com o fiel, para tornar sua vida conforme à imagem de Cristo (cf. 2Cor 3,18). O progresso da vida cristã é principalmente a obra do Espírito de Deus. Ele é o primeiro e grande dom: o Espírito que é o próprio amor com que Deus nos ama. "O amor vem de Deus. [...] Nisto se reconhece que nós permanecemos nele e ele em nós: ele nos deu seu Espírito" (1Jo 4,7.13). O Espírito é o "dom do Deus Altíssimo", como é invocado no antigo hino *Veni Creator*. É o "primeiro dom aos fiéis", como é chamado na Oração eucarística IV: dom concedido por aquele que é o doador, o Pai das misericórdias, com absoluta gratuidade, por meio de Jesus Cristo, seu Filho.

Consequentemente, no n. 1696, se diz que o que "conduz à vida" (cf. Mt 7,14) é "o caminho de Cristo". Cristo é o caminho a ser percorrido para se ter a vida, tomando a cruz "todos os dias" (Lc 9,23). Jesus, afirmando de si próprio "Eu sou o caminho" [em grego: *odós*] (Jo 14,6), convida o discípulo a se converter, a crer no Evangelho (cf. Mc 1,15), a se colocar no seguimento.

Não apenas o Cristo, também o cristianismo é "caminho". Nos inícios, antes ainda que a palavra "cristãos" fosse difundida, a religião cristã chamava-se simplesmente de "o caminho". No discurso diante dos judeus no átrio do templo, o apóstolo Paulo confessa ter perseguido até a morte "esse caminho" [em grego: *odós*] (At 22,4). A fé cristã é "um caminho". É o caminho para a vida, ao passo que o caminho oposto "conduz à perdição" (Mt 7,13).

No início do "caminho" (cf. At 9,2; 24,22) cristão — e precisamente de todo caminho de fé por parte do ser humano — há o encontro com a Palavra. A tarefa permanente da Igreja é a de ser "uma comunidade a caminho", que mostra concretamente o caminho do viver correto, o caminho da vida, tornando sempre novamente visível o conteúdo moral da fé, por meio do anúncio da palavra do Senhor. Para o ser humano, tentado a iluminar com sua própria lanterna, a Igreja propõe o esplendor imutável que provém da revelação. É a luz do rosto de Deus, que resplandece em toda sua beleza no rosto de Cristo, em cujo mistério encontra verdadeira luz o mistério do ser humano. E se o agir de toda pessoa humana dever ser conduzido "na verdade", isso vale ainda mais para o cristão, para aquele que deve ser "luz do mundo" (Mt 5,14) e pode sê-lo apenas se viver à luz da vida e dos exemplos de Cristo.

É necessário, pois, caminhar na luz (cf. 1Jo 1,7): a fé cristã é verdade a ser vivida, e mediante a vida moral, a fé se torna testemunho. Andar no caminho verdadeiro é deixar-se conduzir pelo Espírito, percorrendo o caminho que é Jesus, que é verdade e vida.

A Carta aos Hebreus vê a vida cristã como um êxodo, segundo o modelo de vida dos "antepassados" (cf. Hb 11). O êxodo qualifica o próprio sacrifício de Cristo: ele, de fato, "sofreu a paixão fora da porta da cidade" (Hb 13,12). A comunidade cristã é admoestada a sair e a "ir para fora", até ele (cf. Hb 13,13), que é um "caminho novo e vivo" (Hb 10,20). Os fiéis, que são "estrangeiros e peregrinos" (Hb 11,13), acolhendo a promessa de Deus, aceitam fazer de toda sua vida uma "peregrinação", da qual permanecem desconhecidos o percurso e a duração, mas da qual, na fé, conhecem a chegada.

O último objetivo é a plena comunhão com o Pai. Todavia o encontro com o Deus pessoal, o Deus de Jesus Cristo, constitui também a vocação que dá início ao "caminho", à estrada: no seguimento de Jesus Deus-Homem, "peregrino na terra", que realizou seu êxodo em Jerusalém (cf. Lc 9,31). Nossa viagem é um ir "além" e "depois", rumo à Jerusalém celeste, lugar do final dos tempos e cenário do juízo, comprometidos com a história, mas voltados na direção do Pai, que somente Jesus dá a conhecer e amar.

Viajar como peregrinos nesta terra é uma parábola da fé e da esperança, da expectativa e do futuro, contra as tentações do apego à própria "concha" e às próprias coisas e as tentações da inércia, do possuir e do egoísmo.

No número sucessivo e bem articulado do CCE (n. 1697), é dito que é importante, "na catequese", evidenciar com muita clareza a alegria e as exigências do caminho de Cristo, que é o caminho da vida. A catequese é absolutamente necessária, para que o cristão possa aprofundar o mistério de Cristo à luz da Palavra. Em suas diversas formas e fases, a catequese deve sempre acompanhar o povo de Deus. É catequese do Espírito, da graça, das bem-aventuranças, do pecado e do perdão, das virtudes humanas e cristãs, do mandamento da caridade. E é catequese eclesial.

No início há a *didaké* apostólica, isto é, a "pregação" da Palavra de Deus. Da Igreja sai a voz do arauto, que propõe o *kérygma*, isto é, o anúncio primário e fundamental que o próprio Jesus tinha proclamado no início de seu ministério: "O tempo se cumpriu e o reino de Deus está próximo: convertei-vos e crede no Evangelho" (Mc 1,15). Sem anúncio da Palavra não pode existir escuta, e "a fé vem da escuta" (Rm 10,17).

O Reino de Deus foi inaugurado porque o Pai ressuscitou dos mortos o Filho que por ele foi enviado, Jesus, e deu seu Espírito. Jesus é o único Senhor: "Em nenhum outro há salvação; pois, debaixo do céu não foi dado aos homens outro nome pelo qual possamos ser salvos" (At 4,12). O cristão é chamado a dar testemunho desta sua esperança "com doçura e respeito, com uma consciência reta" (1Pd 3,16), pronto também para sofrer rejeição e perseguição, consciente que "é melhor sofrer fazendo o bem do que fazendo o mal" (1Pd 3,17).

A "pregação" do evento Cristo faz parte da missão da Igreja. Antes, é sua razão de ser. Encontra expressões particulares, no anúncio, na catequese e na homilia: realidades que pressupõem leitura e compreensão, explicação e interpretação, e um envolvimento de mente e coração.

A catequese da "vida nova no cristão" deve ser em primeiro lugar "pneumatológica", isto é, "do Espírito Santo", que a Igreja invoca como o perfeito Consolador, o doce hóspede da alma, a luz dos corações, o doador de dons. É próprio do Espírito fazer a comunhão. Ele, vínculo de amor, nos enxerta no Cristo e nos conduz, por meio dele, ao Pai.

Tudo é seu dom: na ordem da natureza e na vida cristã. Em sua ação divinizadora, o Espírito age purificando e elevando, por meio da graça, das virtudes sobrenaturais, dos dons. Estes compreendem a totalidade de nossa vida e de nossos atos, e fornecem a realização última dos próprios atos das virtudes, comunicando-lhes um "modo deiforme". Não conferem ao ser humano apenas um princípio de vida, mas também um modo de vida divina. É uma maravilhosa rede espiritual de influxos divinos, que o Espírito Santo entrelaça ao longo de todo o desenrolar da vida cristã. Toda a existência daqueles que, ao se abrirem a ele no batismo, não lhe oferecem resistência, mas são flexíveis à sua ação e são dóceis ao seu ensinamento, é sustentada e guiada por esse Hóspede divino.

Ele é Espírito de sabedoria e de inteligência, de conselho e de fortaleza, de ciência e de piedade e de temor de Deus, os dons do Espírito são como uma fonte divina, da qual se haure o conhecimento dos mandamentos da vida cristã. Por meio destes é possível experimentar se o Espírito Santo habita em nós. São "hábitos", mediante os quais a alma se aperfeiçoa para obedecer rapidamente à vontade de Deus. Eles produzem aquilo que Paulo chama de "o fruto do Espírito" (Gl 5,22) e aquelas obras ainda mais perfeitas que correspondem às bem-aventuranças evangélicas.

Os dons são intervenções com as quais o Espírito torna o fiel, nas dimensões próprias das várias virtudes e nas características fundamentais de suas escolhas de vida, sempre mais dócil às suas moções. Portanto os dons devem ser acolhidos na disponibilidade, cultivados e sustentados, defendidos dos inimigos da vida de graça.

Consequentemente, a catequese da "vida nova do cristão" não pode ser senão "uma catequese da graça". A vida moral cristã não se exprime em um puro e simples comportamento ético. O horizonte é o da conformação a Cristo, da plenitude da vida moral, da santidade. Quando o agir cristão está sustentado pela graça, expressa a união com a vontade de Deus, como indicado pelo Evangelho.

Por meio da graça batismal, o ser humano é configurado a Cristo no mistério pascal de morte e ressurreição: por isso, seguir Cristo é o fundamento essencial e original da moral cristã. Apenas perdendo a própria vida, por causa de Jesus, se poderá encontrá-la (cf. Mt 10,39). E há sentido perder a própria vida em Jesus, porque o primeiro que se deu totalmente por nós foi o Pai por meio do dom de Jesus e do Espírito.

A experiência de identificação com Cristo se exprime em Paulo por meio de termos incisivos, quando ele diz de si próprio: "Estou crucificado com Cristo, e não sou mais eu que vivo, mas Cristo vive em mim" (Gl 2,19-20). Em seguida ele recorda aos batizados: "É em [Cristo] que habita corporalmente toda a plenitude da divindade, e vós participais de sua plenitude [...] com ele fostes sepultados no batismo, com ele fostes também ressuscitados mediante a fé no poder de Deus, que o ressuscitou dos mortos" (Cl 22,9.12).

O batismo é o evento que fundamenta a existência cristã, ato decisivo e irreversível, pelo qual ela permanece assinalada com um selo invisível. Tudo o que vem depois se fundamenta e se enraíza nessa graça e nesse dom. Tudo o que é dado não faz outra coisa senão aperfeiçoar o que esse dom já contém. Expressando, selando e doando a fé de que é sinal, o batismo se insere na dinâmica missionária dessa fé.

Sob a proteção e com a cooperação da graça, o cristão é unido ao Espírito Santo e começa a querer ardentemente o que Deus quer. Assim sua vontade se torna amor, pois o amor não é outra coisa senão uma vontade ardente no bem.

A catequese da "vida nova do cristão" deve ser também, e principalmente, "uma catequese das bem-aventuranças".

Bem-aventurado é aquele que se deixa guiar pela sabedoria de Deus, mediante a observância da lei, e tem uma conduta íntegra. O salmista proclama: "Bem-aventurado quem é íntegro em sua vida e caminha na lei do Senhor" (Sl 119,1). "Caminho" e "caminhar" indicam as máximas e as convicções que dirigem e orientam o ser humano na vida moral. E este é chamado justo quando se empenha em traduzir em sua vida prática a vontade divina expressa pela lei. Desejando se alimentar da linfa vital nela contida, ele a medita em continuação: "Feliz o homem que [...] na lei do Senhor encontra sua alegria, sua lei medita dia e noite" (Sl 1,1-2). O comportamento do justo está sob o sinal da bem-aventurança, pois da adesão a Deus provém a felicidade: "Feliz o homem que teme o Senhor e em seus preceitos encontra grande alegria" (Sl 112,1). A alegria da lei é a felicidade da comunhão pessoal com Deus.

Podendo escolher livremente de mover os próprios passos sobre algum dos caminhos que se abrem diante de si, o verdadeiro discípulo é aquele que escolhe percorrer o caminho da vida: isto é, escolhe amar o Senhor seu Deus, observar seus mandamentos, suas leis e seus preceitos. Assim poderá ter plena felicidade: aprendendo de Cristo e seguindo-o. Jesus é o pastor que guia quem escolhe subir a escada da perfeição evangélica por meio dos degraus das bem-aventuranças.

Na medida em que proclama as bem-aventuranças, Jesus as vive: ele é o pobre, o manso, o misericordioso, o puro de coração, o operador de paz, o justo, o sofredor e o perseguido... Ele é o protótipo do homem novo descrito nas bem-aventuranças. Atrás dele há um grande batalhão de santas e santos, com a Virgem Maria na primeira fila. Todo Cristão é chamado e percorrer a mesma estrada, que é o caminho da vida, pois as bem-aventuranças expressam a vocação dos fiéis associados à glória de Cristo: pobres, aflitos, mansos, famintos e sedentos de justiça, misericordiosos, puros de coração, operadores de paz, perseguidos por sua causa (cf. Mt 5,3-11).

Uma vida vivida segundo as bem-aventuranças prepara a felicidade plena da comunhão total e definitiva com Deus. A cada bem-aventurança está ligada uma promessa; e tal promessa expressa a obra de Deus: de fato abre o olhar para a plenitude de sua ação. Quer mudar o olhar para mais além daquele presente que nós percebemos como problema, dizendo-nos a resposta de Deus, o futuro de Deus como futuro da nossa vida.

Contudo, a catequese da "vida nova em Cristo" deve ser também "uma catequese sobre o pecado e sobre o perdão". O Novo Testamento opõe ao "caminho da salvação" (At 16,17) o caminho que conduz à perdição: é o caminho que escolhe aquele que, com o pecado, rejeita Deus e seu amor.

Mais que uma falta contra a razão, a verdade e a reta consciência, o pecado é principalmente uma ofensa a Deus. O salmista reconhece: "contra ti, só contra ti eu pequei, o que é mau aos teus olhos eu o fiz" (Sl 51,6). O pecado vai contra o amor de Deus por nós e afasta nossos corações dele. É uma transgressão no âmbito do amor verdadeiro, para com Deus e para com o próximo.

Diante de Deus, o homem deve sempre se reconhecer como um pobre mendicante. Os seus assim chamados "méritos" são como nada diante da superabundância do dom gratuito. De um lado deve existir a pobreza radical; de outro há a imensidão da graça, que vem a preencher o vazio do ser humano. O caminho do fiel requer a tomada de consciência daquilo que ele não é, e da vontade de Deus que nos envolve com sua misericórdia. A salvação vem apenas de Deus: por isso devem ser dadas a Jesus a primazia e a preferência em tudo. Essa é a síntese do apelo à conversão: "Retornai à casa do Pai: o reino dos céus já chegou para vós".

Portanto, após a páscoa de Cristo, a perseverança na rejeição ao amor maior (aquele que Deus por primeiro ofereceu para os seres humanos sem contrapartida, enviando o Filho para a morte, para a redenção: cf. 1Jo 4,10), condensa, em sua monstruosa ingratidão, a própria essência do pecado como afastamento consciente daquele que é a verdade e a vida. É a rejeição do amor, que provoca aflição e tristeza, e conduz à morte.

A raiz do pecado está na livre vontade do ser humano: "De fato, é do coração que provém os maus propósitos, os homicídios, adultérios, impurezas, roubos, falsos testemunhos, calúnias. Essas são as coisas que tornam o homem impuro" (Mt 15,19-20).

A variedade dos pecados é grande e a Bíblia oferece, dessa multiplicidade, vários elencos. Paulo contrapõe as obras da carne ao fruto do Espírito: "São bem conhecidas as obras da carne: fornicação, impureza, libertinagem, idolatria, feitiçaria, inimizades, discórdia, ciúme, cólera, divisões, intrigas, invejas, bebedeiras, orgias e coisas parecidas. Em relação a essas coisas eu vos previno, como já havia dito: quem pratica essas coisas não herdará o reino de Deus" (Gl 5,19-21).

Os pecados podem ser distintos segundo seu objeto (como se faz para todo ato humano), ou então segundo as virtudes às quais se opõem, ou ainda segundo os mandamentos que eles transgridem. É ainda possível subdividi-los conforme ao que digam respeito: a Deus, ao próximo ou a si mesmo. Podem ser distintos em pecados espirituais e carnais, ou ainda, em pecados de pensamento, de palavra, de ato e de omissão.

A distinção entre pecado mortal e pecado venial, já esboçada na Bíblia, se impôs na tradição da Igreja. O pecado mortal destrói a caridade no coração do homem por causa de uma grave violação da lei de Deus; afasta o ser humano de Deus, que é seu fim último e sua bem-aventurança, já que este prefere um bem inferior; tem como consequência a privação da graça santificante. Por sua vez, o pecado venial não quebra a aliança com Deus e é humanamente "reparável" por meio de sua graça. Ele é cometido quando, tratando-se de matéria não grave, não se observa a medida prescrita pela lei moral, ou então, quando se desobedece à lei moral em matéria grave, mas sem plena consciência ou sem total consentimento.

Prosseguindo, no CCE afirma-se que a catequese da "vida nova" é também "uma catequese das virtudes humanas".

A "bolsa do peregrino", pobre diante de Deus, deveria conter poucas coisas. A ossatura e a substância de seu ser são dadas pela fé e esperança. Ele deve se preencher de amor, vivendo em oração, em jejum e dando esmolas. Ele escolheu de ser próximo a cada um, para poder já aqui nesta vida encontrar Deus. É um ser humano virtuoso: "amassado" em uma massa de prudência e justiça, temperança e fortaleza.

Desde a antiguidade, quando a moral do ser humano se tornou objeto de reflexão, já se fala de virtudes. Virtude, segundo a linguagem tradicional, indica a capacidade de se orientar estavelmente em direção a determinado bem. Por isso é força interior permanente, para que a pessoa, na diversidade das situações, se decida livremente por um bem ou valor determinado.

Na especificidade cristã, a vida virtuosa é essencialmente teologal: vida de fé, esperança e caridade. Junto a essas três virtudes teologais, há as quatro virtudes chamadas de cardeais, das quais "nada há de mais útil aos homens durante a vida" (Sb 8,7). As quatro virtudes — temperança, prudência, fortaleza e justiça — são as armas com que se combate a "boa batalha"; são qualidades que permitem à liberdade se realizar como dom nas várias escolhas concretas da vida moral; são as estratégias do amor, que abrem o ser humano a uma dinâmica de comunhão, finalizada ao dom de si na caridade.

Nas escolhas de vida é necessário o discernimento. Portanto, é essencial a virtude da "prudência", sem a qual todo o edifício moral não se mantém de pé e acaba por desabar. Ela persegue o bem da razão, que é o bem da pessoa. É sua tarefa decifrar a realidade concreta da vida, para avaliar todo seu aspecto prático. Ela permite conhecer e praticar aquilo que é o bem. Mas a pessoa prudente não se contenta com que o fim seja correto: ela quer que assim também o sejam os meios e o modo. Por isso escolhe concretamente o tempo e o lugar em que seja conveniente agir, evitando passos inúteis ou falsos. Quem é prudente possui o equilíbrio, característica inconfundível da maturidade espiritual.

A "justiça" é virtude moral que leva a responder à vocação de "dar a cada um o seu, enquanto seu". Dada a natureza ao mesmo tempo individual e social da pessoa humana, o outro, cuja justiça se relaciona, pode ser considerado em sua individualidade ou em sua solidariedade social. Há assim uma justiça particular e uma geral (para o bem comum). É evidente que a virtude da justiça possui em si uma riqueza tal de valor, a desempenhar um papel decisivo nas consciências das pessoas e das sociedades. A novidade do amor cristão não exclui a justiça, antes, ele a envolve e a assume. É com o amor que são animadas as estruturas de justiça, vivificadas e sustentadas a partir de dentro, para evitar que sejam realidades apenas exteriores, incapazes de realizar valores duradouros. Contudo, é necessário um empenho específico para a realização da justiça, em todas suas exigências, dentro de cada comunidade e nas relações entre as comunidades.

É verdade que muitos exaltam a força física, chegando a aprovar também manifestações extremas de violência. Na verdade, o ser humano a cada dia faz a experiência da própria debilidade, especialmente no campo espiritual e moral, cedendo aos impulsos das paixões internas e às pressões que exercem sobre ele o ambiente ao redor. Justamente para resistir a esses vários impulsos é necessária a virtude da "fortaleza". Ela se dirige em duas direções opostas, mas complementares: é uma tendência seja para a resistência, seja para o ataque, é freio e acelerador. A fortaleza modera a audácia e vence os temores. A audácia pode pecar por imprudência. O temor pode se tornar covardia. A fortaleza freia a impetuosidade do audaz e anima o temeroso. Não exige apenas o suportar as coisas difíceis, mas também o empreender as coisas árduas.

Por fim, a virtude da "temperança" guia a vida rumo a um equilíbrio harmonioso, ditando a justa medida. Ela consiste fundamentalmente na moderação em todas as coisas. Temperança não quer dizer apenas repressão do desejo do prazer, mas, segundo o sentido original, indica a "mistura" nas devidas proporções. Por isso ela deve influenciar em todos os aspectos da vida, moderando-os, em relação ao crescimento gradual, regular e total da pessoa. A temperança possui a tarefa de manter em equilíbrio a sensibilidade, não apenas impondo a cada ato de se conformar à ordem objetiva dos valores, mas vigiando diretamente sobre as potências da alma e sobre as atividades destas com o autocontrole e com um esforço consciente de educação pessoal. A temperança é virtude de liberdade, libertação da hegemonia da sensitividade, afirmação da primazia do espírito.

Contudo — adiciona o CCE — não é suficiente, para uma catequese completa sobre a "vida nova em Cristo", deter-se nas virtudes humanas: é necessária, principalmente, "uma catequese das virtudes cristãs".

A escolha fundamental de seguir Cristo encontra sua explicitação fundamental no viver "a fé, a esperança e a caridade", que habilitam o cristão a atuar em seu agir a participação na vida trinitária, recebida como dom. Vivendo a dimensão teologal, o cristão segue Cristo, participando efetivamente em sua experiência vital.

Na fé o cristão se torna partícipe do conhecimento que Cristo tem do mistério de amor do Pai. Na esperança acolhe com confiança a salvação realizada por Deus em Cristo. Na caridade compartilha o amor de Deus e do próximo, vivido por Cristo até o dom da vida. Fé, esperança e caridade são fundamentalmente uma unidade: fé que espera e que ama. Expressam uma relação única e total com o Deus da salvação.

A experiência da vida teologal, que tem seu centro em Cristo e é animada pelo Espírito, confere especificidade e unidade à vida cristã. Acolhendo o dom da fé, esperança e caridade, o cristão coloca uma escolha fundamental que orienta todo seu agir e coloca toda decisão e ação em um horizonte teologal, isto é, na luz do Deus unitrino. Nessa perspectiva, as virtudes teologais fundamentam, animam e caracterizam o agir moral do cristão: informam e vivificam todas as virtudes morais.

As atitudes de fé, esperança e caridade se referem reciprocamente, elevando à dimensão sobrenatural as capacidades do ser humano de conhecer, desejar e amar, e sua abertura ao transcendente na tensão rumo à verdade, felicidade e amor. Fé e esperança se tornam operantes na caridade, que é o coração da proposta moral cristã. As três atitudes estão intimamente ligadas entre si, na medida em que fé e esperança convergem na primazia da caridade: "Agora permanecem estas três coisas: a fé, a esperança e a caridade. Mas a maior de todas é a caridade!" (1Cor 13,13).

Eis, portanto, que a catequese da "vida nova" deve se qualificar como "uma catequese do duplo mandamento da caridade", desenvolvido no Decálogo.

Amor a Deus e amor ao próximo são inseparáveis. Aquilo que já era o núcleo da fé de Israel e o centro da existência do israelita fiel, isto é, o mandamento do amor a Deus ("Escuta, Israel: o Senhor é o nosso Deus, único é o Senhor. Amarás o Senhor, teu Deus, com todo o coração, com toda a alma e com todas as tuas forças": Dt 6,4-5), foi unido por Jesus ao mandamento do amor ao próximo (já presente em Lv 19,18: "Amarás teu próximo como a ti mesmo") em um único preceito (cf. Mc 12,29-31).

O fundamento e o motivo do "novo" mandamento, que nos foi dado por Jesus, estão justamente no fato de que Deus nos amou por primeiro e se tornou nosso próximo. E assim o amor não é mais apenas um mandamento: é a resposta ao dom do amor, com o qual Deus vem ao nosso encontro. O mandamento do amor se torna possível somente porque não é apenas uma exigência: o amor pode ser ordenado porque antes ele é doado.

Mediante o novo mandamento, Jesus associa seus discípulos ao que ele viveu, doando-lhes a capacidade de amar como ele ama. Na última noite rezou: "Que o amor com o qual me amaste esteja neles e para que eu mesmo esteja também neles" (Jo 17,26). Não dá apenas uma palavra para ser observada, mas doa a si próprio. Com o dom do novo mandamento, Jesus doa também sua presença.

É verdade que a comunhão com Deus se realiza na observância dos mandamentos: "Quem observa seus mandamentos permanece em Deus e Deus com ele" (1Jo 3,24). Mas é também verdade que tantos mandamentos se resumem no único e novo grande mandamento. Isso significa que cada mandamento dado por Deus não pode ser considerado como uma entidade separada. Cada mandamento é a realização parcial e necessária daquele amor que tudo envolve. Paulo diz isso claramente: cada mandamento "se recapitula nesta palavra: Amarás teu próximo como a ti mesmo. A caridade não faz mal algum ao próximo: de fato, a plenitude da Lei é a caridade" (Rm 13,9-10).

Por meio dos mandamentos, Deus indica como amar a ele e ao próximo. E mediante o dom do Espírito dá a força e a possibilidade de realizar aquilo que parece ser impossível ao ser humano: amar como o próprio Jesus nos amou.

Ao assinalar a rota da peregrinação, Cristo deixou, aos seus, traços de seu sangue; entregou um viático de vida e de graça, premiou com a missão que ele mesmo recebeu do Pai. Na nova aliança o próprio Cristo se torna companheiro de viagem do ser humano, tornando-se seu viático naqueles sinais em que ele a havia ratificado. O alimento eucarístico é o viático que a Igreja obtém do Pai, na medida em que invoca o Espírito e vive na expectativa da vinda do Senhor, na tensão rumo a sua *parusía*.

A catequese da "vida nova", pois, não pode ser senão "eclesial". A vida cristã pode crescer e se comunicar apenas na "comunhão dos santos". O caminho para o seguimento de Jesus não é individual. A resposta ao chamado é certamente pessoal, mas se realiza e se insere em um povo, a *ekklesía*, o povo dos convocados. A Igreja é povo a caminho porque a Igreja é "da Trindade à Trindade": vem de Deus e caminha para Deus.

Plenitude de Cristo, a Igreja está em movimento na história, Igreja missionária, anunciadora de Cristo, sua Cabeça que, mediante ela, seu Corpo, estende a própria senhoria sobre todo o universo. Na qualidade de sacramento da unidade do gênero humano, se coloca ao lado de todos os povos e de todas as pessoas a caminho, disponível a toda justa exigência ou expectativa destes, solícita para o bem deles, ampliando assim, para além de todo limite, as fronteiras da sua caridade.

Por natureza e graça, o Corpo tende para sua Cabeça; e disso descem infinitas riquezas e dons extraordinários. Essa tensão se caracteriza em cada membro: como conformação a Cristo e como assunção em seus mistérios. É renovação por obra do Espírito de Cristo, único e idêntico na Cabeça e nos membros. Ele doa a todos o Corpo, vida, unidade e movimento.

Finalmente, no n. 1698, recorda-se ainda que "é Jesus Cristo", "o caminho, a verdade e a vida" (Jo 14,6), a referência primeira e última da catequese da "vida nova". Somente olhando para ele há possibilidade real de vida e de salvação. "Somente no mistério do Verbo encarnado encontra verdadeira luz o mistério do homem" (GS 22). O edifício moral deve ser construído em Cristo, Homem novo: toda pessoa é criada à imagem e semelhança de Deus (cf. Gn 1,26) e é salva por Cristo. Verdadeira imagem do Deus invisível, Cristo é o revelador do significado pleno do ser humano.

Portanto, na catequese devem ser colocadas em destaque a centralidade da pessoa de Jesus Cristo e a concretude da existência da pessoa humana. A realização do chamado ocorre com Cristo, pois ele realiza pessoalmente em plenitude a resposta que a pessoa deve dar a Deus. Em Cristo, contemporâneo do ser humano de todos os tempos, a proposta moral encontra seus conteúdos específicos e suas motivações últimas, pois ele é a realização e o aperfeiçoamento de toda a lei.

Em Cristo, caminho, verdade e vida, o cristão encontra a força de coesão que dá sentido e unidade a toda a própria existência, pois em Cristo é restaurada a imagem divina impressa no momento da criação e desfigurada pelo pecado: tornando-nos "conformes à sua imagem" (cf. Rm 8,29), nos tornamos "partícipes da natureza" (cf. 2Pd 1,4), isto é, da vida mesma de Deus, e realizamos em plenitude nossa humanidade.

Essa visão antropológica pode dar razão à vocação humana fundamental de agir "por natureza segundo a lei", pois seus ditames estão escritos nos corações (cf. Rm 2,15-16). Todo ser humano, criado em Cristo, no profundo do próprio ser traz impressa uma tensão de realizar a si mesmo segundo a imagem do Filho, isto é, de agir com sentido e verdade.

É por isso que a moral cristã se apresenta fundamentalmente como atuação da nova e eterna aliança, que Jesus Cristo atua com sua morte e ressurreição. É o chamado a participar do mistério pascal de Cristo, como expressão suprema do amor. E assim o fiel, regenerado em Cristo e movido pela ação constante do Espírito, por meio da própria vida pode anunciar ao mundo o Evangelho da salvação universal, realizada pelo Senhor.

"Ó maravilhoso comércio [em latim: *O admirabile commercium*]. O Criador tomou uma alma e um corpo, nasceu de uma Virgem; fez-se homem sem a obra do homem, doando-nos sua divindade"[1], proclama a liturgia do Natal.

E o CCE, em conclusão dessa introdução, traz um texto de São João Eudes (viveu no século XVII), que convida, pede, suplica a "pensar em Jesus", para melhor poder pensar a si mesmos: a conhecer o desejo de Jesus, para poder desejar aquilo que ele quer. Como diz o apóstolo: "Para mim, viver é Cristo" (Fl 1,21).

---

1. Traduzido do original italiano. Na versão brasileira da *Liturgia das Horas* — Primeiras Vésperas da Solenidade de Santa Maria, Mãe de Deus — essa antífona se apresenta na forma seguinte: "Admirável intercâmbio! O Criador da humanidade, assumindo corpo e alma, quis nascer de uma Virgem. Feito homem, nos doou sua própria divindade!". (N. do T.)

Capítulo I
A DIGNIDADE DA PESSOA HUMANA

ÁNGEL RODRÍGUEZ LUÑO

O primeiro capítulo da terceira parte do CCE está dedicado à consideração da dignidade humana. A vida moral cristã nasce e expressa nos desejos e nas obras aquilo que o cristão "já é" e a vocação que "já recebeu", e por esse motivo pressupõe que se reconheça a própria dignidade de filho de Deus em Cristo por meio do Espírito Santo. A exposição da dignidade humana, e de tudo aquilo que ela implica, é estudada em oito artigos, cujo conteúdo essencial se ilustrará brevemente em seguida.

Artigo 1
O HOMEM IMAGEM DE DEUS

Cristo revelou o mistério do Pai e revelou também que o ser humano tem uma dignidade muito alta, pois foi criado em Cristo à imagem e semelhança de Deus e foi destinado à eterna bem-aventurança. "E Deus criou o homem à sua imagem; à imagem de Deus o criou" (Gn 1,27). O que quer dizer "ser criado à imagem e semelhança de Deus"? A perfeição divina não se reflete de modo semelhante nas criaturas não humanas?

É verdade que todas as coisas refletem de algum modo a perfeição e a bondade de Deus, mas apenas o ser humano é imagem de Deus. Falamos de imagem na medida em que se expressa e se imita aquilo que é específico do modelo. O ser humano foi criado à imagem e semelhança de Deus porque Deus não só lhe deu o ser e a vida, como dera aos animais e as plantas, mas porque ele lhe infundiu também uma alma espiritual, e com esta deixou no ser humano uma "digital" que imita, ainda que de modo imperfeito, aquilo que é mais específico de Deus, graças ao qual o ser humano é um interlocutor de Deus, capaz de entrar em comunhão com ele, capaz de conhecê-lo e de amá-lo livremente. Nessa imagem de Deus, possuída por toda pessoa, está enraizada sua alta dignidade que implica a vocação a participar na bem-aventurança eterna que é própria de Deus.

Entre os sinais que expressam a imagem divina presente no ser humano, e a partir daqui a dignidade humana, o CCE menciona a inteligência e a consciência — graças às quais o ser humano distingue o bem e o mal — e a liberdade, em virtude da qual é dono de seus atos, capaz de projetar sua vida em uma amorosa correspondência ao amor de Deus e no serviço ao próximo.

A liberdade se realiza no amor, na livre afirmação do bem porque é bom, mas traz consigo a possibilidade de não reconhecer o bem e de aderir ao mal. A revelação ensina que o ser humano pecou no início da história, decaindo da própria dignidade de filho de Deus. Por meio de sua paixão, Cristo nos libertou do domínio do pecado e mereceu em nosso favor a nova vida no Espírito Santo, que nos torna filhos de Deus. Em união com Cristo, o homem "alcança a perfeição da caridade, isto é, a santidade. A vida moral, amadurecida na graça, floresce na vida eterna, na glória do céu" (n. 1709).

A consideração sobre a dignidade humana no início da parte moral do CCE quer ajudar a compreender que o que se dirá mais adiante acerca das boas obras é expressão daquilo que o ser humano é: imagem de Deus elevado à dignidade de filho, e não uma imposição externa estranha à condição humana.

Artigo 2
NOSSA VOCAÇÃO À BEM-AVENTURANÇA

I. As bem-aventuranças

Criado à imagem de Deus, o ser humano é chamado à bem-aventurança eterna. É à luz dessa vocação que se devem compreender as bem-aventuranças que desempenham o papel de introdução ao grande Sermão da montanha no Evangelho de Mateus. Tornam-se uma espécie de "programa" que resume as atitudes necessárias para entrar e pertencer ao Reino dos céus. A pobreza de espírito, a mansidão, a fome e a sede de justiça, a pobreza, a pureza do coração etc., definem sinteticamente o espírito dos discípulos de Cristo e, contemporaneamente, ajudam a ver com seus próprios olhos os eventos e as circunstâncias da vida, unindo-os com uma promessa que, embora por vezes seja paradoxal, preenche com paz e esperança.

II. O desejo de felicidade

As palavras de Jesus acerca das bem-aventuranças respondem ao desejo de felicidade que anseia profundamente o coração humano. Todos querem ser felizes, mas poucos sabem como conseguir isso e muitos percorrem caminhos que esvaziam o coração e o preenchem de amargor. As frases breves e incisivas de Jesus iluminam e orientam com promessas consoladoras o desejo mais profundo do ânimo humano, que se sente chamado a gozar os bens que saciam sem saciar.

III. A bem-aventurança cristã

O Novo Testamento usa muitas expressões para caracterizar a bem-aventurança à qual o ser humano é chamado: o Reino de Deus, a visão de Deus, a entrada na alegria do Senhor ou no repouso de Deus. Esclarece-se assim a dimensão mais profunda da dignidade humana e cristã: o ser humano é chamado a uma verdadeira comunhão com Deus, a contemplá-lo face a face e a compartilhar sua eterna e infinita bem-aventurança. Essa vida eterna em Deus é uma condição inalcançável com apenas as forças naturais do ser humano e, por esse motivo, o CCE diz que se trata de um dom gratuito e sobrenatural. É concedido pela misericordiosa generosidade divina àqueles que o desejam para além de qualquer outra coisa, afastando o coração dos ídolos que em toda época prometem de modo enganoso algo que não podem dar. Como sugere o texto que comentamos, a catequese sobre a bem-aventurança cristã conduz à purificação do coração e dos desejos. O cristão se caracteriza não apenas por aquilo que faz, mas principalmente por aquilo que deseja e por aquilo que ama.

Artigo 3
A LIBERDADE DO HOMEM

I. Liberdade e responsabilidade

A liberdade é um sinal muito alto da dignidade do ser humano criado à imagem de Deus. A pessoa é livre como é livre seu Criador. A liberdade humana é verdadeira liberdade, embora seja finita e falível. É iniciativa e domínio sobre suas próprias ações, é o poder de fazer e não fazer, de fazer isto ou aquilo, em geral: é o ser verdadeiro artífice da direção que se dá à própria vida. Deus respeita seriamente a liberdade, que dá uma profunda dignidade aos seres humanos, e deixa que os atos livres desdobrem todas as próprias consequências, por quão graves estas sejam. A liberdade humana não é um espetáculo circense que se desenrola acima de uma rede de segurança. Se o ser humano escorrega, realmente cai e se machuca. Deus não nos abandona nunca, mas respeita sempre nossa liberdade. Quem sabe fazer bom uso da liberdade, aderindo àquilo que reconhece ser bom, se tornará sempre mais livre; que faz um mau uso, terminará por se tornar escravo dos próprios vícios.

O respeito de Deus mostra que a liberdade está inseparavelmente unida à responsabilidade. Dado que existe verdadeira liberdade e todos podem projetar livremente as próprias ações e a própria vida, pode-se e deve-se responder pelos próprios projetos e pelas suas consequências. Naturalmente, o tamanho da responsabilidade coincide com o tamanho da liberdade. A uma liberdade atrofiada por causa da ignorância, do descuido, do temor, da violência etc. corresponde uma responsabilidade igualmente diminuída. Além do mais, é imputável apenas aquilo que se quer, razão pela qual certos efeitos colaterais negativos inseparáveis de ações que devem ser realizadas necessariamente, não são imputáveis. Trata-se de efeitos que a necessidade obriga tolerar, mas que a pessoa não deseja. "Para que o efeito danoso seja imputável, é necessário que seja previsível e que o agente tenha a possibilidade de evitá-lo, como, por exemplo, no caso de um homicídio cometido por motorista embriagado" (n. 1737).

A liberdade humana, parte essencial da sua dignidade, deve ser reconhecida pelas autoridades civis e eclesiásticas. Seu exercício pode ser legitimamente limitado apenas na exata medida em que o bem comum exige-o para tornar possível a coexistência e a colaboração entre pessoas livres no âmbito do Estado ou da Igreja. As convicções da consciência em matéria religiosa devem ser imunes à coação da parte civil. "Este direito deve ser reconhecido civilmente e protegido nos limites do bem comum e da ordem pública" (n. 1738).

II. A liberdade humana na economia da salvação

Os números que vão de 1739 a 1742 contemplam a liberdade humana do ponto de vista da história da salvação. A liberdade humana tem sua história: concedida pelo Criador e enriquecida por grandes dons, caiu e permaneceu escrava do pecado, e finalmente foi liberada por Cristo mediante sua paixão, morte e ressurreição, para ser reforçada pela ação do Espírito Santo, que é Espírito de liberdade. A graça de Cristo torna possível uma nova dimensão da liberdade: a liberdade-libertação da miséria e do pecado. A graça não se opõe à liberdade, mas a faz crescer e a assegura diante das provas e dos perigos. "Pela obra da graça, o Espírito Santo nos educa à liberdade espiritual, para fazer de nós livres colaboradores de sua obra na Igreja e no mundo" (n. 1742).

Artigo 4
A MORALIDADE DOS ATOS HUMANOS

Dado que o ser humano é livre, e na exata medida em que ele é livre, é um sujeito moral. As ações deliberadamente pensadas e livremente realizadas possuem uma bondade ou uma malícia particular, chamadas de bondade ou maldade moral, à diferença dos atos originados do instinto animal ou de causas necessárias, não governáveis pela liberdade. Os eventos não livres (um acidente, uma doença etc.) podem também ser bons ou maus para o ser humano, mas não implicam uma bondade ou uma malícia moral.

I. As fontes da moralidade

Do que depende o fato que uma ação livre seja moralmente boa ou má? De três componentes da ação: "Do objeto escolhido; do fim visado ou da intenção; das circunstâncias da ação" (n. 1750).

O objeto escolhido é o objeto da vontade, aquilo para o qual deliberadamente ela se dirige, que pode ser bom ou mau conforme a inteligência o perceba como próprio de uma virtude ou de um vício. O objeto escolhido especifica moralmente o ato da vontade. Se alguém presenteia um livro, o que essa pessoa "quer" é presentear um livro: "presentear um livro" é, portanto, o "objeto escolhido". Se aquela pessoa rouba um livro, o que ela "quer" é roubar um livro: "roubar um livro" é o "objeto escolhido". Em nenhum desses dois exemplos o livro é o "objeto escolhido"; se o objeto fosse o livro, as duas ações acima mencionadas seriam idênticas, afirmação evidentemente falsa.

A intenção, e o fim que a intenção persegue, é o bem ou a razão pela qual se escolhe o objeto. Pode-se presentear um livro para manifestar amizade, ou mesmo por vaidade ou com o propósito de obter em troca um favor ilícito. Existem intenções que explicam porque se realizam uma ou duas ações, e há intenções que explicam muitas ações ou até mesmo toda uma vida. Por esse motivo o CCE diz que a intenção "não se limita à direção de nossas ações singulares, mas pode orientar para um mesmo objetivo ações múltiplas; pode orientar toda vida para o fim último" (n. 1752).

Uma intenção boa não torna boa ou justa a ação em que o "objeto escolhido" é mau, como a intenção de presentear por amizade um livro previamente roubado não justifica o furto. O fim não justifica os meios. Em vez disso, uma intenção má pode tornar mau um ato que, em si, pode ser bom, como a intenção de obter um favor ilícito torna maliciosa a ação de dar um livro.

As circunstâncias são elementos secundários do ato: o lugar em que se realiza, a duração da ação, o modo de realizá-la, a qualidade da pessoa que a realiza etc. Conforme os casos, as circunstâncias podem agravar ou reduzir a bondade ou a malícia da ação, podem aumentar ou atenuar sua imputabilidade, mas não podem tornar boa uma ação que, pelo seu "objeto escolhido", é má.

II. Atos bons e atos maus

Quando são considerados em seu conjunto, o objeto escolhido, o fim e as circunstâncias, é necessário ter em mente que o comportamento bom requer que sejam bons contemporaneamente o objeto escolhido, o fim da intenção e as circunstâncias, e que se o "objeto escolhido" é mau, isso determina sempre a maldade da ação. Por isso o CCE expõe um princípio que é muito importante na prática: "Existem comportamentos concretos — como a fornicação — cuja escolha é sempre errônea, pois escolhê-los significa uma desordem da vontade, isto é, um mal moral" (n. 1755). A vontade que deliberadamente se dirige ou aprova um ato que se opõe diretamente a uma virtude (como, por exemplo, roubar um livro se opõe à virtude da justiça), se opõe ela mesma à virtude, e, portanto, é uma vontade má, embora tenha uma intenção subjetivamente boa. Não é possível levar adiante a amizade ou a justiça mediante ações injustas, assim como não é possível levar adiante o amor ou a castidade mediante ações impuras.

Portanto, é errado julgar a moralidade dos atos humanos considerando somente a intenção que os inspira ou as circunstâncias que são sua moldura. Do mesmo modo, na ação pastoral não se deve esquecer que, geralmente, as ações más procedem de más intenções, de modo que é preciso estar atento tanto à purificação do coração como dos desejos, assim como à educação da capacidade de encontrar o modo justo de realizar as boas intenções (a prudência e o discernimento). A boa intenção é necessária, mas não basta.

Artigo 5
A MORALIDADE DAS PAIXÕES

I. As paixões

Seguindo a tradição teológica, o CCE chama de paixões tudo aquilo que comumente se denomina como emoções ou movimentos da sensibilidade. O conceito de paixão faz alusão ao caráter "passivo" dos sentimentos: enquanto a ação é iniciativa, ativa (alguém decide colocar-se a estudar), a paixão é passiva (alguém fica triste) e reativa (vendo um evento negativo sobrévem um sentimento de pessimismo e angústia). As paixões fazem parte da psicologia normal humana e representam a reação da sensibilidade diante do bem ou do mal percebido pelos sentidos externos ou internos (visão, memória, imaginação etc.). A fundamental é o amor, que é o atrativo que desperta o bem percebido, imaginado ou recordado. Do amor provém o desejo do bem e a satisfação do bem possuído. A percepção do mal causa, em vez disso, ódio, aversão, temor e tristeza.

II. Paixões e vida moral

As paixões em si mesmas não são moralmente imputáveis. Apenas quando são projetadas pela inteligência e permitidas ou suscitadas pela vontade podem se tornar um mérito ou uma culpa. Não obstante isso, desempenham uma grande importância, pois são um dos estímulos mais frequentes das ações livres: antecipam o juízo da inteligência (tende-se a ver como bom aquilo que causa prazer e como feio o que é desagradável) e sugerem uma linha de ação (aproximar-se ao que é agradável e fugir do que é desagradável). Nesse sentido, podem ser consideradas "boas" as paixões que implicam um julgamento verdadeiro e conduzem a uma aproximação do bem e a uma fuga do mal, e "más" as paixões que se fundamental sobre um juízo falso e inclinam ao mal.

Em razão do efeito de predisposição às paixões e pela sua influência na percepção do bem e do mal, é de fundamental importância a educação da afetividade e dos sentimentos. É mais fácil se comportar de modo correto se os sentimentos são uma ajuda e não continuamente um obstáculo a ser superado. A educação moral deve fazer com que o ser humano seja levado rumo ao bem não apenas pela inteligência e pela vontade, mas também pelo coração e pelos sentimentos. A ação do Espírito Santo cura as feridas da sensibilidade, originadas em virtude do pecado, e dirige rumo ao bem todas as energias do ânimo humano.

Artigo 6
A CONSCIÊNCIA MORAL

Pode-se compreender mais facilmente o que diz o CCE quando se considera que normalmente se fala da consciência moral em dois sentidos: em sentido amplo, como presença da lei moral no profundo do coração humano e, em sentido específico, como juízo acerca da qualidade moral de um ato concreto. No primeiro sentido alguém poderia dizer, por exemplo, que em consciência não se pode estar de acordo com a decisão que este ou aquele governante tomou; no segundo sentido, alguém pode pensar ter agido mal no momento em que não ouviu a quem precedentemente havia pedido ajuda.

I. O juízo da consciência

Em sentido específico, "a consciência moral é um julgamento da razão pelo qual a pessoa humana reconhece a qualidade moral de um ato concreto que vai planejar, que está a ponto de executar ou que já praticou" (n. 1778). Nesse juízo se tornar presente a lei moral, e, no fundo, a voz de Deus, que está escrita no coração como lei natural, e, não obstante, se fazem presentes a lei de Cristo e as moções que o Espírito Santo pode infundir na alma em um momento concreto. Quando a pessoa é sincera consigo mesma, sua consciência representa o centro mais profundo de sua alma, na qual se encontram a pessoa, o chamado a fazer o bem que provém de Deus e a avaliação das circunstâncias particulares de cada situação. A consciência, como convicção íntima e sincera, possui a mesma dignidade da pessoa, razão pela qual ninguém deve estar obrigado "a agir contra a própria consciência. Mas também não há de ser impedido de proceder segundo a consciência, sobretudo em matéria religiosa" (n. 1782).

II. A formação da consciência

No caso da consciência ocorre algo similar ao que acontece com a natural capacidade humana de falar. Todos possuem essa capacidade, mas apenas quem recebeu certa educação é capaz de se expressar com propriedade, clareza e elegância. Para que os juízos da consciência sejam verdadeiros, isto é, julguem como bom aquilo que é bom e como mau aquilo que é realmente mau, é necessário formar a consciência. A formação da consciência é uma tarefa complexa que dura toda a vida e que requer, de um lado, amar a virtude e o bem, além de conhecer as suas exigências concretas; de outro, eliminar os obstáculos como o orgulho, o egoísmo, a falta de sinceridade consigo mesmos, o medo, os escrúpulos e a superficialidade. A reflexão sobre a Palavra de Deus, a oração, o exame de consciência sincero e humilde facilitam a formação de uma delicada e reta consciência; assim como o conselho das pessoas prudentes e a atitude de docilidade diante de Deus e diante dos ensinamentos da Igreja, que não significa certamente uma renúncia à busca da compreensão do porquê das coisas.

III. Escolher segundo a consciência

É um fato da experiência comum que, diante de uma decisão concreta, a consciência pode formular um juízo reto e verdadeiro, isto é, conforme a tudo aquilo que é razoável e conforme à lei divina, ou então, um juízo errôneo que se afasta da lei moral e da reta razão. Por vezes devemos enfrentar problemas difíceis e se torna necessário ter uma atitude sincera de busca pela verdade e pela justiça, que procura compreender qual seja a vontade de Deus, que sabe interpretar a experiência passada e presente, que exercita a prudência consultando pessoas peritas e que invoca a ajuda do Espírito Santo.

O CCE relembra algumas regras gerais que podem ajudar em caso de dúvida: não é nunca permitido fazer o mal para que daí derive um bem; a regra de ouro: comportar-se com os outros como gostaríamos que eles se comportassem conosco; agir sempre com respeito em relação ao próximo e para com sua consciência. Seria possível adicionar ainda outras regras, como o não julgar as intenções dos outros, considerar os outros inocentes até que se demonstre sua culpa, presumir que tenha agido bem quem habitualmente se comporta corretamente e que tenha errado quem normalmente se engana nesse campo etc.

IV. O juízo errôneo

Deve-se agir sempre de acordo com o juízo que a consciência moral formula com certeza subjetiva, isto é, sem que se manifeste alguma dúvida a respeito. Em caso contrário, a pessoa agiria contra a própria consciência, fazendo aquilo que julga com certeza mau ou omitindo aquilo que considera com certeza obrigatório. Contudo, às vezes pode ocorrer que o julgamento subjetivamente certo seja errôneo. Nesse caso, o CCE distingue dois tipos de erro: o erro vencível ou culpável e o erro invencível ou não culpável.

O erro "vencível" é aquele pelo qual a pessoa é moralmente responsável, pois é fruto, por exemplo, da falta de empenho habitual na busca pela verdade, ou então da negligência sobre o informar-se bem acerca de um problema concreto que se enfrenta, ou da repetição de pecados que tornaram a consciência insensível e quase cega. Nesses casos, "a pessoa é culpável pelo mal que comete" (n. 1791). No fundo, quando o erro é vencível, o juízo da consciência não goza de uma certeza plena, pois em algum momento o indivíduo se dá conta de que não se empenhou suficientemente na busca pela verdade ou que seu juízo está condicionado pelos seus vícios. No caso de se perceber, ainda que por um instante, a possibilidade de que o próprio juízo seja errôneo, surge a obrigação de buscar informações para se sair do erro. É muito difícil que não seja afetada pela culpa a pessoa que está consciente do fato de que seu juízo de consciência seja contrário ou aos ensinamentos da Igreja ou ao sentimento comum das pessoas retas e especialistas nessa matéria.

O erro "invencível" é o aquele que, por causas externas à própria vontade, domina completamente a consciência, de modo que a pessoa não tenha aqui e agora a possibilidade de reconhecê-lo e de superá-lo. Nesse caso, "o mal cometido pela pessoa não poderá lhe ser imputado" (n. 1793), mas nem por isso deixa de ser um mal ou uma desordem. Daí deriva que há sempre a obrigação de formar melhor a própria consciência e de se empenhar em reconhecer e superar os erros.

Artigo 7
AS VIRTUDES

I. As virtudes humanas

As virtudes humanas são disposições estáveis e firmes que aperfeiçoam as faculdades operativas (inteligência, vontade, apetites da sensibilidade) de modo a tornar mais fáceis para a pessoa o conhecimento do bem e sua realização. Embora haja também as virtudes intelectuais, como a sabedoria e a ciência, o CCE se refere sobretudo às virtudes morais, que representam um aperfeiçoamento estável da liberdade, da capacidade de escolher. A justiça, por exemplo, é a virtude por meio da qual o ser humano que a possui consegue encontrar a solução adequada para cada problema, colocando-a em prática. As virtudes morais humanas são "hábitos" que se adquirem mediante a prática continuada de atos bons: quem com o próprio esforço pessoal age pouco a pouco de modo justo, adquire a virtude da justiça, que lhe permite agir com justiça de modo sempre mais fácil e seguro. As virtudes morais não são um automatismo nem o simples hábito de fazer sempre a mesma coisa, mas sim um verdadeiro aperfeiçoamento moral da capacidade de escolher: o homem justo não faz sempre a mesma coisa, mas age sempre com justiça, mesmo se a decisão justa seja diferente conforme as circunstâncias e os contextos.

Distinção das virtudes cardeais

Chamam-se virtudes cardeais as quatro virtudes morais fundamentais, em torno das quais se agrupam todas as demais. São a prudência, a justiça, a fortaleza e a temperança.

A "prudência" determina em cada caso concreto aquilo que é bom fazer, e por isso é a condição que fundamenta todas as demais, dado que é a prudência a estabelecer aquilo que aqui e agora é próprio da justiça, da fortaleza e da temperança. Diz-se por isso que a prudência é a regra e medida da ação virtuosa, a *auriga virtutum*, que guia todas as demais virtudes. A "justiça" é a vontade firme e constante de dar a cada um aquilo que lhe é devido, aquilo que lhe espera por direito. Para o que diz respeito ao que é devido a Deus, ela toma o nome de "virtude da religião". A "fortaleza" ajuda a perseverar no bem difícil de ser realizado, superando o medo suscitado pelas dificuldades, pelas tentações, pelas perseguições e pelos perigos. Seu ato mais excelso é o martírio. A "temperança" domina a atração pelos prazeres e a repulsa pela dor, para que a pessoa não se desvie do bem por culpa dessas situações. Modera a inclinação da sexualidade, pela comida, pelo jogo etc.

As virtudes e a graça

As virtudes morais adquiridas mediante o empenho humano "são purificadas e elevadas pela graça divina" (n. 1810), para que o cristão possa realizar o bem iluminado pela fé e se dirija à bem-aventurança eterna, e não apenas àquilo que é bom segundo a razão natural. A maior parte dos teólogos considera que, com a graça de Deus, infundem-se no cristão as virtudes morais infusas (prudência infusa, justiça infusa etc.); outros, pelo contrário, creem que basta considerar que a graça purifica e eleva as virtudes morais humanas. Trata-se de uma questão teológica que o CCE deixa em aberto, pois não foi definida pela Igreja. Entretanto, que se explique de um ou outro modo, não há dúvida de que a graça e as virtudes teologais de alguma maneira modificam os critérios de comportamento das virtudes humanas. Assim, por exemplo, a temperança humana leva a comer aquilo que é necessário para manter a saúde e a capacidade de trabalho; a temperança cristã, em vez disso, comporta por vezes o comer algo a menos em relação ao necessário, ou até mesmo o jejum, como meio de expiação e de crescimento espiritual.

II. As virtudes teologais

Ao passo que as virtudes morais regram as relações da pessoa com os outros, consigo mesma e com o uso dos bens criados, as virtudes teologais se referem diretamente a Deus Uno e Trino. São infusas por Deus para que o ser humano possa agir como seu filho e possa assim merecer a vida eterna. As virtudes teologais são a fé, a esperança e a caridade. Essas três virtudes animam e vivificam as virtudes morais e caracterizam a vida moral cristã.

Pela "fé", nós cremos em Deus e em tudo aquilo que ele nos revelou. É a origem da salvação humana, é o fundamento e a raiz de toda justificação. Mediante a fé o ser humano se abre ao desígnio salvífico de Deus em Cristo. Pela "esperança", aspiramos à bem-aventurança eterna, confiando nas promessas de Cristo e na ajuda da graça do Espírito Santo. É a virtude que vem ao encontro do desejo de felicidade enraizado profundamente no coração humano, purificando-o e elevando-o. Pela "caridade", amamos Deus por si mesmo, sobre todas as coisas, e nosso próximo como a nós mesmos, por amor a Deus. É a maior de todas as virtudes. São Paulo diz que, se "não tivesse a caridade, a nada me serviria" (1Cor 13,3). É considerada a "forma" de todas as virtudes, pois as articula e as ordena e, como diz Santo Agostinho, as outras virtudes são, num certo sentido, formas do amor.

III. Os dons e frutos do Espírito Santo

A vida moral cristã é ainda mais enriquecida pelos dons do Espírito Santo, que são disposições permanentes que tornam o ser humano dócil no seguimento de suas inspirações. Guiado pelo Espírito, o cristão age segundo uma modalidade num certo sentido sobre-humana, por exemplo, chegando a conclusões ou ações intuitivas e imediatas às quais o raciocínio racional, ainda se iluminado pela fé, não teria conseguido chegar ou chegaria apenas após um longo período. A Tradição da Igreja distingue sete dons do Espírito Santo (cf. n. 1831). Essas perfeições, como a alegria, a paz, a longanimidade etc., são chamadas de frutos do Espírito Santo, que são o efeito da ação divina na alma humana.

Artigo 8
O PECADO

I. A misericórdia e o pecado

A mensagem central do Evangelho é que Deus quis salvar o ser humano em Cristo, libertando-o de seus pecados. Entretanto, a salvação pressupõe o pecado e o reconhecimento do pecado. Sem pecado não há necessidade de um Redentor ou de um Salvador. A doutrina do pecado é parte essencial do anúncio evangélico, precisamente porque o Evangelho é um anúncio de misericórdia e salvação.

II. A definição do pecado

Santo Agostinho define o pecado como "uma palavra, um ato ou um desejo contrários à lei eterna" (n. 1849). Dado que a razão humana é participação na Razão divina, o pecado é também contrário à reta razão e ao bem humano.

O elemento essencial do pecado é a ofensa a Deus, o negar-se a aceitar seu amor, com um componente de desobediência e, por vezes, de rebelião. Além disso, mediante o pecado, o ser humano faz dano a si próprio e aos outros, e se relaciona de modo desordenado em relação aos bens criados. Cristo, Cabeça da humanidade pecadora, manifesta sensivelmente em sua paixão a dor que em si traz a ferida do pecado e que é necessário curá-la.

III. A diversidade dos pecados

Os catálogos dos pecados contidos na Escritura demonstram que há vários pecados. Estes podem ser distintos conforme seu objeto (roubar, matar etc.), conforme a virtude à qual se opõem (pecados contra a caridade, contra a justiça etc.) ou ainda segundo os mandamentos que eles transgridem (pecados contra o quarto mandamento, contra o quinto etc.).

IV. A gravidade do pecado: pecado mortal e venial

Há uma grande diferença entre pecado mortal e pecado venial. O pecado mortal exclui a caridade, priva da graça santificante e desvia o ser humano de Deus e da bem-aventurança eterna. A libertação do pecado mortal exige uma nova iniciativa da misericórdia de Deus e uma conversão do coração que normalmente se realiza no sacramento da reconciliação. O pecado venial, por sua vez, não exclui a caridade, mesmo se a ofenda e a fira. Implica uma desordem que impede o progresso espiritual e debilita a prática do bem. O pecado venial deliberado e que tenha permanecido sem arrependimento, predispõe ao pecado mortal. O pecado venial merece uma pena temporal e também nisso difere do pecado mortal, que traz em si uma punição eterna.

Para que um pecado seja mortal, se requer que haja três condições: matéria grave, plena consciência e consentimento deliberado. A matéria grave é especificada pelos dez mandamentos e se verifica quando a ação que se opõe ao mandamento é gravemente contrária a uma exigência da virtude (por exemplo, à justiça se opõem um furto substancioso ou uma mentira que provoca danos significativos). A percepção ou a plena consciência significa que a pessoa se dá conta daquele que faz e da séria oposição à lei moral daquilo que está fazendo. O consentimento deliberado se tem quando a vontade escolhe deliberadamente a ação pecaminosa. Se a percepção não é plena, o consentimento não pode ser plenamente deliberado.

Comete-se um pecado venial quando se realiza deliberadamente um ato desordenado em matéria leve, ou mesmo em matéria grave, mas sem que haja plena consciência ou total consentimento.

V. A proliferação do pecado

Caso o pecado não seja seguido pelo arrependimento, coloca-se em ação uma maior facilidade para o pecado, até que se torna um vício que obscura a consciência e torna difícil a correta valorização do bem. O pecado tende a se proliferar. São chamados de vícios capitais aqueles pecados que geram outros pecados. São a soberba, a avareza, a inveja, a ira, a luxúria, a gula, a preguiça ou acídia. Existem pecados tão graves que se diz "bradam ao céu" (cf. n. 1867).

Além das próprias ações, pode-se pecar também colaborando ou se tornando cúmplices dos pecados dos outros: tomando parte neles diretamente e voluntariamente; ordenando-os, aconselhando-os, louvando-os ou aprovando-os; não os denunciando ou não os impedindo, quando se é obrigado a fazê-lo; protegendo aqueles que cometem o mal. Pecando, o ser humano perde a dignidade de filho de Deus, mas a misericórdia divina vem ao encontro do pecador para lhe restituir sua dignidade. "Ali onde abundou o pecado, superabundou a graça" (Rm 5,20).

Capítulo II
A COMUNIDADE HUMANA

GAETANO DE SIMONE

Artigo 1
A PESSOA E A SOCIEDADE

I. O caráter comunitário da vocação humana

O ser humano não pode doar a si mesmo a um projeto apenas humano da realidade, a um ideal abstrato ou a falsas utopias. Ele, como pessoa, pode doar a si próprio a outra pessoa ou a outras pessoas e, por fim, a Deus, que é o autor do seu ser e é o único que pode plenamente acolher seu dom. Por essa razão, é alienado o homem que rejeita transcender a si próprio e viver a experiência do dom de si e da formação de uma autêntica comunidade humana, orientada para seu destino último, que é Deus.

É alienada a sociedade que, em suas formas de organização social, de produção e de consumo, torna mais difícil a realização desse dom e a constituição dessa solidariedade inter-humana. A pessoa humana não pode e não deve ser instrumentalizada pelas estruturas sociais, econômicas e políticas, pois cada ser humano possui a liberdade de se orientar rumo ao seu fim último. Por outro lado, toda realização cultural, social, econômica e política, em que historicamente agem a sociabilidade da pessoa e sua atividade transformadora do universo, deve sempre ser considerada também em seu aspecto de realidade relativa e provisória. Trata-se de uma relatividade escatológica, no sentido de que o ser humano e o mundo vão ao encontro de seu fim, que é a realização do seu destino em Deus, e de uma relatividade teológica, na medida em que o dom de Deus, mediante o qual se realizará o destino definitivo da humanidade e da criação, supera infinitamente as possibilidades e as expectativas do ser humano. Qualquer visão totalitária da sociedade e do Estado e qualquer ideologia puramente intramundana do progresso são contrárias à verdade integral da pessoa humana e ao desígnio de Deus sobre a História.

A Igreja se coloca concretamente a serviço do Reino de Deus, principalmente anunciando e comunicando o Evangelho da salvação, bem como constituindo novas comunidades cristãs. Além disso, ela serve o Reino de Deus difundindo no mundo os valores evangélicos, que são expressão do Reino e ajudam as pessoas a acolher o desígnio de Deus. Portanto, é verdade que a realidade incipiente do Reino pode se encontrar também para além dos limites da Igreja em toda a humanidade, na medida em que esta consiga viver os valores evangélicos e se abrir à ação do Espírito que sopra onde e como quer (Jo 3,8); mas é preciso logo adicionar que essa dimensão temporal do Reino está incompleta, se não estiver coordenada com o Reino de Cristo presente na Igreja e prolongado rumo à plenitude escatológica. De modo particular, a partir disso deriva que a Igreja não se confunde com a comunidade política e não está ligada a algum sistema político. De fato, a comunidade política e a Igreja, em seu próprio campo, são independentes e autônomas uma da outra e ambas estão, ainda que em diferentes papéis, a serviço da vocação pessoal e social dos próprios seres humanos. Antes, é possível afirmar que a distinção entre religião e política e o princípio da liberdade religiosa são uma aquisição específica do cristianismo de grande relevo no âmbito histórico e cultural.

II. A conversão e a sociedade

Mediante sua doutrina social, a Igreja se encarrega da tarefa de anúncio que o Senhor lhe confiou. Ela atualiza nas vicissitudes históricas a mensagem de libertação e de redenção de Cristo, o Evangelho do Reino. Evangelho que ecoa mediante a Igreja no hoje do ser humano. A completa realização da pessoa humana, atuada em Cristo graças ao dom do Espírito, amadurece na história e é mediada pelas relações da pessoa com as demais pessoas, relações que, por sua vez, atingem sua perfeição graças ao compromisso voltado a melhorar o mundo na justiça e na paz. O agir humano na história é de per si significativo e eficaz para a instauração definitiva do Reino, mesmo se este permaneça como dom de Deus, plenamente transcendente. Esse agir, quando é respeitoso da ordem objetiva da realidade temporal e iluminado pela verdade e pela caridade, se torna instrumento para uma atuação sempre mais plena e integral da justiça e da paz e antecipa no presente o Reino prometido. Conformando-se a Cristo redentor, o ser humano se percebe como criatura desejada por Deus e por ele eternamente escolhida, chamada à graça e à glória, em toda a plenitude do mistério do qual se tornou partícipe em Jesus Cristo. A conformação a Cristo e a contemplação de seu rosto infundem no cristão um desejo irrefreável a antecipar neste mundo, no âmbito das relações humanas, aquilo que será realidade no definitivo, esforçando-se por dar de comer, de beber, de vestir, por dar abrigo, cuidado, acolhida e companhia ao Senhor que bate à porta (cf. Mt 25,35-37).

O ser humano existe como algo único e não repetível, existe como um "eu", capaz de autocompreender-se, de autopossuir-se, de autodeterminar-se. A pessoa humana é um ser inteligente e consciente, capaz de refletir sobre si mesma e, portanto, de ter consciência de si e dos próprios atos. Contudo, não são a inteligência, a consciência e a liberdade que definem a pessoa, mas é a pessoa que está na base dos atos de inteligência, de consciência e de liberdade. Uma sociedade justa pode ser realizada somente mediante o respeito à dignidade transcendente da pessoa humana. Esta, por sua vez, representa o fim último da sociedade, estando a ela ordenada. Portanto, a ordem social e seu progresso devem sempre fazer prevalecer o bem das pessoas, de forma que a ordem das coisas deve ser adequada à ordem das pessoas e não o contrário. Também a solidez do núcleo familiar é um recurso determinante para a qualidade da convivência social, por isso a comunidade civil não pode ficar indiferente diante das tendências desagregadoras que minam a base de seus próprios pilares. É tarefa da comunidade cristã e de todos aquele que se importam com o bem da sociedade reafirmar que: a família, mais do que um mero núcleo jurídico, social e econômico, é uma comunidade de amor e de solidariedade que, de modo único, está apta a ensinar e a transmitir valores culturais, éticos, sociais, espirituais e religiosos essenciais para o desenvolvimento e o bem-estar dos próprios membros e da sociedade.

Artigo 2
A PARTICIPAÇÃO NA VIDA SOCIAL

I. A autoridade

A pessoa humana é fundamento e finalidade da convivência política. Dotada de racionalidade, ela é responsável pelas próprias escolhas e capaz de perseguir projetos que dão sentido à sua vida, em nível individual e social. A abertura para com a Transcendência e para com os outros é a característica que a marca e a distingue: somente em relação com a Transcendência e com os outros a pessoa humana alcança a plena e completa realização de si. Isso significa que, para o ser humano, criatura naturalmente social e política, a vida social não é algo acessório, mas sim uma dimensão essencial e ineliminável. A comunidade política brota da natureza das pessoas, cuja consciência revela e ordena peremptoriamente de seguir a ordem esculpida por Deus em todas as suas criaturas: uma ordem ética religiosa, a qual incide mais do que qualquer outro valor material sobre as direções e soluções a serem dadas aos problemas da vida individual e associada dentro das comunidades nacionais e nas relações entre elas. Essa ordem deve ser gradualmente descoberta e desenvolvida pela humanidade. A comunidade política, realidade conatural aos seres humanos, existe para obter um fim de outro modo inalcançável: o crescimento mais pleno de cada um de seus membros, chamados a colaborar estavelmente para realizar o bem comum sob o impulso da sua tensão natural rumo ao verdadeiro e ao bem. Jesus rejeita o poder opressivo e despótico dos chefes sobres as nações (Mc 10,42) e a pretensão destes de se fazerem chamar de benfeitores (Lc 22,25), mas nunca contesta diretamente as autoridades de seu tempo. Na diatribe sobre o imposto a ser dado a César (Mc 12,13-17; Mt 22,15-22; Lc 20,20-26), ele afirma que é necessário dar a Deus aquilo que é de Deus, condenando implicitamente toda tentativa de divinização e de absolutização do poder temporal: apenas Deus pode exigir tudo do ser humano. Ao mesmo tempo, o poder temporal tem direito àquilo que lhe é devido: Jesus não considera injusto o imposto a César. A submissão não passiva, mas por razões de consciência (Rm 12,5), ao poder constituído responde à ordem estabelecida por Deus. São Paulo, por exemplo, define as relações e os deveres dos cristãos para com as autoridades (Rm 13,1-7).

A pessoa é constitutivamente um ser social, porque Deus, que a criou, assim o quis. De fato, a natureza do ser humano se manifesta como natureza de um ser que responde às próprias necessidades na base de uma subjetividade relacional, ou seja, à maneira de um ser livre e responsável, o qual reconhece a necessidade de se integrar e de colaborar com os próprios semelhantes, sendo capaz de uma comunhão com eles na ordem do conhecimento e do amor. Uma sociedade é um conjunto de pessoas ligadas de modo orgânico por um princípio de unidade e que supera cada uma delas. Sendo uma assembleia ao mesmo tempo visível e espiritual, uma sociedade perdura ao longo do tempo: é herdeira do passado e prepara o porvir.

Portanto, se faz necessário evidenciar que a vida comunitária é uma característica natural que distingue o ser humano do resto das criaturas terrenas. O agir social traz consigo um sinal particular do ser humano e da humanidade, o de uma pessoa atuante em uma comunidade de pessoas: esse sinal determina sua qualificação interior e constitui, em certo sentido, sua própria natureza. Essa característica relacional adquire à luz da fé um sentido mais profundo e estável. Consequentemente, a vida social não é extrínseca ao ser humano: ele não pode crescer nem realizar sua vocação senão em relação com os outros. A sociabilidade humana não desemboca automaticamente na comunhão com as pessoas e no dom de si. Toda sociedade pode considerar estar na verdade quando cada membro seu, graças à própria capacidade de conhecer o bem, o procura para si e para os demais. É por amor ao bem, próprio e dos demais, que as pessoas se unem em grupos estáveis, tendo como finalidade alcançar um bem comum. A sociabilidade humana não é uniforme, mas assume múltiplas expressões. O "bem comum" depende com efeito de um sadio pluralismo social. As múltiplas sociedades são chamadas a constituir um tecido social unitário e harmônico, em cujo interior seja possível a cada uma conservar e desenvolver a própria fisionomia e autonomia. Algumas sociedades como a família, a comunidade civil e a comunidade religiosa são mais imediatamente correspondentes à natureza íntima do ser humano.

Consequente a tudo isso é o respeito ao princípio de "subsidiariedade": na base desse princípio, todas as sociedades de ordem superior devem se colocar em atitude de ajuda *subsidium*, portanto, de apoio, promoção e desenvolvimento, no que diz respeito às menores. Dessa forma, os corpos sociais intermédios podem adequadamente desempenhar as funções que lhes competem, sem ter que cedê-las injustamente a outras agregações sociais de nível superior, pelas quais terminariam por ser absorvidos e substituídos chegando, por fim, a ver negada sua dignidade própria e seu espaço vital. Corresponde à subsidiariedade — entendida em seu sentido positivo, como ajuda econômica, institucional, legislativa oferecida a entidades sociais menores —, uma série de implicações em negativo, que impõem ao Estado a abstenção daquilo que restringiria de fato o espaço vital das células menores e essenciais da sociedade. A iniciativa, a liberdade e a responsabilidade destas não devem ser suplantadas. O princípio de subsidiariedade protege as pessoas dos abusos das instâncias sociais superiores e solicita destas uma ajuda para que cada indivíduo e para que os corpos intermédios possam, cada um, desenvolver suas tarefas. Esse princípio é vital para que cada pessoa, família e corpo intermédio tenha algo de original para oferecer à comunidade. A experiência testemunha que a negação da subsidiariedade, ou sua limitação em nome de uma pretensa democratização ou igualdade de todos na sociedade, limita e, por vezes, também chega a anular o espírito de liberdade e de iniciativa.

Formas de centralização, burocratização, assistencialismo, de presença injustificada e excessiva do Estado e do aparato público, se contrastam com o princípio de subsidiariedade. Intervindo diretamente, desresponsabilizando a sociedade, o Estado assistencial provoca a perda de energias humanas e o aumento desmensurado dos aparatos públicos, dominados por lógicas burocráticas, mais do que pela preocupação de servir os usuários, com enorme crescimento da dívida pública. Correspondem à atuação do princípio de subsidiariedade: o respeito e a promoção efetiva do primado da pessoa e da família; a valorização das associações e das organizações intermédias, em suas próprias escolhas fundamentais e em todas aquelas que podem ser delegadas ou assumidas por outros; o encorajamento oferecido à iniciativa privada, de modo a que cada organismo social permaneça a serviço, com as próprias peculiaridades do bem comum; a articulação plural da sociedade e a representação das suas forças vitais; a salvaguarda dos direitos humanos e das minorias; a descentralização burocrática e administrativa; o equilíbrio entre as esferas pública e privada, com o consequente reconhecimento da função social do privado; uma adequada responsabilização do cidadão no seu fazer parte da realidade política e social do país.

II. O bem comum

A partir da dignidade, unidade e igualdade de todas as pessoas deriva principalmente o princípio do bem comum, ao qual todo aspecto da vida social deve se referir para encontrar plenitude de sentido. Por bem comum entende-se: o conjunto daquelas condições da vida social que permitem seja à coletividade, seja a cada membro, alcançar a própria perfeição mais plenamente e mais rapidamente (cf. GS 26).

O bem comum não consiste na simples soma dos bens particulares de cada sujeito do corpo social. Sendo de todos e de cada um, é, e permanece comum, porque indivisível e porque somente juntos é possível atingi-lo, aumentá-lo e guardá-lo, mesmo em vista do futuro. Como o agir moral do indivíduo se realiza na realização do bem, do mesmo modo o agir social atinge a plenitude realizando o bem comum. De fato, o bem comum pode ser entendido como a dimensão social e comunitária do bem moral. Uma sociedade que quiser, em todos os níveis, intencionalmente permanecer a serviço do ser humano, será aquela que se propõe, como meta prioritária, o bem comum, na medida em que é o bem de todas as pessoas e do ser humano em sua totalidade. A pessoa não pode encontrar realização apenas em si mesma, isto é, prescindindo de seu ser "com" e "para" os outros. Essa verdade impõe à pessoa não apenas uma simples convivência nos vários níveis da vida social e relacional, mas a busca sem fim, de modo prático e não apenas ideal, do bem, ou seja, do sentido e da verdade rastreáveis nas formas de vida social existentes. Nenhuma forma expressiva da sociabilidade — da família ao grupo, da associação à empresa de caráter econômico, da cidade à região, ao Estado e até à comunidade dos povos e das nações — pode evitar o interrogativo acerca do próprio bem comum, que é constitutivo de seu significado e autêntica razão de ser da sua própria subsistência. O bem comum compromissa todos os membros da sociedade: ninguém está isento de colaborar, conforme as próprias capacidades, para alcançá-lo e para seu desenvolvimento. O bem comum exige ser servido plenamente, não segundo visões redutivas subordinadas a vantagens que possam ser obtidas à parte, mas sim tendo por base uma lógica que tende ao assumir mais amplo de responsabilidades.

III. Responsabilidades e participação

Consequência característica da subsidiariedade é a participação, que se expressa, essencialmente, em uma séria de atividades, mediante as quais o cidadão, como indivíduo ou em associação com outros, diretamente ou por meio de representantes próprios, contribui para a vida cultural, econômica, social e política da comunidade civil a qual pertence. A participação é um dever a ser exercitado conscientemente por parte de todos, de modo responsável e em vista do bem comum. Ela não pode ser delimitada ou restrita a algum conteúdo particular da vida social, dada sua importância para o crescimento, principalmente humano, em âmbitos como o mundo do trabalho e as atividades econômicas em suas dinâmicas internas, a informação e a cultura e, em máximo grau, a vida social e política até os níveis mais altos, como são aqueles dos quais depende a colaboração de todos os povos para a edificação de uma comunidade internacional solidária. Nessa perspectiva, se torna imprescindível a exigência de favorecer a participação principalmente dos mais desfavorecidos e a alternância dos dirigentes políticos, com o fim de evitar que se instaurem privilégios ocultos; além disso, é necessária uma tensão moral forte, para que a gestão da vida pública seja o fruto da corresponsabilidade de cada um em relação ao bem comum.

A participação pode ser obtida em todas as possíveis relações entre o cidadão e as instituições: para essa finalidade, uma atenção particular deve ser dada aos contextos históricos e sociais nos quais ela deveria se realizar de fato. A superação dos obstáculos culturais, jurídicos e sociais, que muitas vezes se colocam como verdadeiras barreiras para a "participação solidária" dos cidadãos na sorte da própria comunidade, requer uma obra de informação e educação.

Artigo 3
A JUSTIÇA SOCIAL

A justiça é um valor que acompanha o exercício da virtude moral cardeal correspondente. Conforme a sua formulação mais clássica, "ela consiste na vontade constante e firme de dar a Deus e ao próximo aquilo que lhes é devido". Do ponto de vista subjetivo, a justiça se traduz na atitude determinada da vontade de reconhecer o outro como pessoa, ao passo que, do ponto de vista objetivo, ela é o critério determinante da moralidade no âmbito intersubjetivo e social. O magistério social se refaz às formas clássicas da justiça: a comutativa, a distributiva e a legal. Foi adquirindo uma relevância cada vez maior nesse magistério a "justiça social", que representa um verdadeiro e próprio desenvolvimento da justiça geral, reguladora das relações sociais, tendo por base o critério da observância da lei. A justiça social, exigência ligada à questão social, que hoje se manifesta em uma dimensão mundial, diz respeito aos aspectos sociais, políticos e econômicos e, principalmente, à dimensão estrutural dos problemas e das soluções correlativas. A verdade plena sobre o ser humano permite superar a visão contratualista da justiça, que é uma visão limitada, e também abrir para a justiça o horizonte da solidariedade e do amor. "Por si só, a justiça não basta. Antes, pode chegar a negar a si própria, se não se abre para aquela força mais profunda que é o amor".

Entre as virtudes em seu conjunto, e particularmente entre virtudes, valores sociais e caridade, subsiste um liame profundo, que deve ser sempre mais cuidadosamente reconhecido. Os valores da verdade, da justiça e da liberdade nascem e se desenvolvem a partir da fonte interior da caridade.

A convivência humana é ordenada, fecunda de bem e correspondente à dignidade do ser humano quando se fundamenta na verdade. Ela é atuada segundo a justiça, isto é, no efetivo respeito aos direitos e no cumprimento leal dos respectivos deveres. É atuada na liberdade que condiz com a dignidade dos seres humanos, impulsionados pela sua própria natureza racional a assumirem para si a responsabilidade da própria atuação. É vivificada pelo amor, que faz sentir como próprios as necessidades e as exigências dos demais e torna sempre mais intensas a comunhão de valores espirituais e a solicitude pelas necessidades materiais. Esses valores constituem os pilares pelos quais recebe solidez e consistência o edifício do viver e do atuar: são valores que determinam a qualidade de toda ação e de toda instituição social.

I. O respeito à pessoa humana

A pessoa humana deve ser sempre compreendida em seu caráter irreproduzível e de inelimininável singularidade. De fato, o ser humano existe principalmente como subjetividade, como centro de consciência e de liberdade, cuja história única e não comparável a qualquer outra expressa sua irredutibilidade a qualquer tentativa de encapsulá-lo dentro de esquemas de pensamento ou sistemas de poder, ideológicos ou não. Isso impõe principalmente a exigência não apenas do simples respeito por parte de todos, e especialmente das instituições políticas e sociais e de seus responsáveis no que diz respeito a cada pessoa desta terra, mas muito mais, isso implica o fato de o primeiro compromisso de cada um para com o outro, e sobretudo dessas instituições, seja colocado precisamente na promoção do desenvolvimento integral da pessoa.

O respeito pela dignidade humana não pode prescindir absolutamente do respeito a este princípio: é preciso considerar o próximo, sem exceção, como um outro eu, tendo presente, em primeiro lugar, sua vida e os meios necessários para viver essa vida dignamente. Em nenhum caso a pessoa humana pode ser instrumentalizada para fins estranhos ao seu próprio desenvolvimento, que poderá encontrar realização plena e definitiva somente em Deus e em seu projeto salvífico: de fato, o ser humano, por sua interioridade, transcende o universo e é a única criatura a ter sido desejada por Deus em si mesma. Por essa razão, nem sua vida, nem o desenvolvimento de seu pensamento, nem seus bens, nem aqueles que compartilham de sua história pessoal e familiar podem ser submetidos a injustas restrições no exercício dos próprios direitos e da própria liberdade. A pessoa não pode ser destinada a projetos de caráter econômico, social e político impostos por qualquer autoridade, mesmo em nome de progressos presumíveis da comunidade civil em seu conjunto ou de outras pessoas, tanto no presente como no futuro. É necessário, portanto, que as autoridades públicas vigiem com atenção, para que toda restrição à liberdade ou, em todo caso, todo ônus imposto ao agir das pessoas, nunca seja lesivo da dignidade pessoal, e para que seja garantida a efetiva praticabilidade dos direitos humanos. Tudo isso, mais uma vez, se fundamenta sobre a visão do ser humano como pessoa, ou seja, como sujeito ativo e responsável do próprio processo de crescimento, junto com a comunidade da qual faz parte.

II. Igualdade e diferenças entre os homens

A raiz dos direitos do homem deve, com efeito, ser buscada na dignidade a qual pertence todo ser humano. Essa dignidade conatural à vida humana é igual em cada pessoa, mesmo em suas múltiplas diferenças, e ela pode ser percebida e compreendida principalmente por meio da razão. O fundamento natural dos direitos aparece ainda mais sólido se, à luz sobrenatural, se considera que a dignidade humana, após ter sido doada por Deus e ter sido profundamente ferida pelo pecado, foi assumida e redimida por Jesus Cristo mediante sua encarnação, morte e ressurreição. Somente o reconhecimento da dignidade humana pode tornar possível o crescimento comum e pessoal de todos. Para favorecer um crescimento como esse, é necessário, particularmente, sustentar os últimos, assegurar condições efetivas e oportunidades iguais entre homem e mulher, garantir uma igualdade objetiva entre os diferentes estratos sociais diante da lei. Também nas relações entre os povos e os Estados, as condições de equidade e de paridade são o pressuposto para um autêntico progresso da comunidade internacional. A uma igualdade no reconhecimento da dignidade de cada ser humano e de cada povo deve corresponder a consciência de que a dignidade humana poderá ser custodiada e promovida somente na forma comunitária, por parte de toda a humanidade. Somente mediante a ação concorde dos seres humanos e dos povos sinceramente interessados no bem de todos os demais é que se poderá alcançar uma autêntica fraternidade universal, do contrário, a permanência de condições de grave disparidade e desigualdade empobrece a todos.

III. A solidariedade humana

As novas relações de interdependência entre seres humanos e povos, que são, de fato, formas de solidariedade, devem se transformar em relações que tendem a uma verdadeira e própria solidariedade ético-social, que é a exigência moral inerente a todas as relações humanas. Portanto, a solidariedade se apresenta sob dois aspectos complementares: o de princípio social e o de virtude moral. A solidariedade deve ser percebida, primeiramente, em seu valor de princípio social ordenador das instituições, com base no qual as "estruturas de pecado", que dominam as relações entre as pessoas e os povos, devem ser superadas e transformadas em estruturas de solidariedade, mediante a criação ou a oportuna modificação de leis, regras do mercado, disposições. A solidariedade é também uma virtude moral, não um sentimento de vaga compaixão ou de enternecimento em relação aos males de tantas pessoas, próximas ou afastadas. Pelo contrário, é a determinação firme e perseverante do compromissar-se pelo bem comum. A solidariedade assume o papel de "virtude social" fundamental pois se coloca na dimensão da justiça, virtude orientada por excelência ao bem comum e no "compromisso pelo bem do próximo com a disponibilidade, em sentido evangélico, de 'se perder' em favor do outro, em vez de se aproveitar dele, e a 'servi-lo' em vez de oprimi-lo para obter vantagem própria" (Mt 10,40-42; Mc 10,42-45; Lc 22,25-27).

O princípio da solidariedade demanda que os seres humanos do nosso tempo cultivem em maior quantidade a consciência da dívida que possuem em relação à sociedade dentro da qual estão inseridos: são devedores daquelas condições que tornam possível o viver da existência humana, como também aquele patrimônio, indivisível e indispensável, constituído pela cultura, pelo conhecimento científico e tecnológico, pelos bens materiais e imateriais, por tudo aquilo que a história humana produziu. Uma dívida como essa deve ser honrada por meio de várias manifestações do agir social, de modo que o caminho dos seres humanos não se interrompa, mas permaneça aberto às gerações presentes e futuras, chamadas a compartilhar, juntas, o mesmo dom na solidariedade.

Capítulo III
A SALVAÇÃO DE DEUS:
A LEI E A GRAÇA

ARISTIDE FUMAGALLI

A partir da profissão de fé e da celebração dos sacramentos brota a vida em Cristo. Enraizada na vocação pessoal e social do homem, a vida em Cristo é animada pelo Espírito Santo que, guiando-a mediante a lei e sustentando-a com a graça, lhe comunica a salvação de Deus.

Na parábola da verdadeira videira, narrada por Jesus para ilustrar seu liame com os discípulos (cf. Jo 15,1-8), o Espírito Santo pode ser comparado à linfa, por meio da qual a videira-Cristo penetra nos ramos-discípulos e os ramos se consolidam na videira.

A alegoria espiritual da videira e dos ramos permite interpretar a lei e a graça, expressões do Espírito, como, respectivamente, o dissolver-se de Cristo no homem e o solidificar-se do homem em Cristo. A lei indica a obra que o Espírito divino exercita sobre a liberdade humana. A graça representa a obra que o Espírito divino efetua na liberdade humana. Lei e graça dizem, respectivamente, como o Espírito age e aquilo que o Espírito realiza no ser humano, para que este seja participante da salvação de Deus realizada em Cristo.

Artigo 1
A LEI MORAL

A possível derivação do termo "lei" do verbo latino "ligare" convida a compreender a lei como um liame. À luz da revelação cristã, esse liame segue à aliança que Deus, em Cristo e por meio do Espírito, estabeleceu com os seres humanos. A lei expressa o aspecto propriamente moral da aliança, isto é, o aspecto que diz respeito ao agir humano, o exercitar-se da liberdade do ser humano nas ações.

Brotando da aliança gratuitamente oferecida por Deus, a lei moral não é um produto humano, mas um dom divino, uma "obra da Sabedoria divina" (CCE 1950). A lei moral é dom na medida em que ensina ao ser humano os caminhos do bem, permitindo a ele gozar do amor de Deus, tirando-o dos caminhos do mal que, ao contrário, o privam do desfrute do amor divino. O dom da lei moral por parte de Deus empenha o ser humano, de modo que a lei moral tem também um caráter de obrigação. A lei moral liga o homem a Deus assim com um presente obriga o donatário em relação ao doador. A lei moral não é obrigação extrínseca imposta por uma divindade autoritária, mas o dom oferecido para que o ser humano, ao corresponder a esse dom, participe intimamente na providência de Deus para com ele.

A aliança entre Deus e os seres humanos, como história que tende entre a criação e a redenção, configura a lei moral como um dinamismo gradual, que alcança em Cristo sua plena realização: "Jesus Cristo em pessoa é o caminho da perfeição" (n. 1953).

O dinamismo gradual da lei moral foi compreendido pela tradição teológica mediante três figuras, sucessivas e coordenadas, da lei natural, da lei antiga e da lei nova.

Essas três figuras são especificações da lei eterna em relação aos seres humanos, mediante a qual Deus provê a toda a criação.

I. A lei moral natural

A lei moral encontra sua especificação basilar na "lei natural", própria e exclusiva da natureza humana. Diferentemente de todas as demais criaturas, Deus cria o ser humano infundindo em sua natureza peculiar uma lei apropriada.

O ato criativo de Deus que infunde a lei natural, por mais que escape à compreensão humana, pode ser indicado pelas metáforas do artista que imprime a imagem no anel na cera, do escultor que esculpe a estátua, do escritor que preenche uma página. Referidas à lei natural, essas metáforas significam, por um lado, sua derivação de Deus, e, por outro, sua apropriação pelo ser humano. O duplo significado das metáforas não deve ser separado, do contrário corre-se o risco de uma má compreensão da lei natural como uma lei que se impõe ao homem a partir do exterior ou, pelo contrário, como lei que brota do homem em si mesmo. A lei natural não é nem heterônoma e nem autônoma, em vez disso, ela é participativa. Ela é a sabedoria de Deus criador comunicada à criatura humana que, desse modo, se torna responsável pelas suas ações.

Participando da sabedoria divina, a lei natural é uma forma de saber, de modo que pode ser definida como inteligência humana iluminada pela inteligência divina, razão humana habilitada pela razão divina. A lei natural é uma expressão da razão moral, isto é, da razão que diz respeito ao agir humano, prescrevendo o bem a ser feito e o mal a ser evitado.

A lei natural se coloca no âmbito basilar do agir humano, como sentido moral originário que indica as principais normas da vida moral, servindo como princípio de discernimento das ações particulares. A basilaridade da lei natural se traduz no seu guardar e promover as duas relações fundamentais da vida moral, a relação com Deus e a relação com o próximo, e em seu articular-se, principalmente, nos preceitos do Decálogo. Sua colocação basilar põe a lei natural como fundamento do edifício das normas morais que regem a vida pessoal e social, bem como está na base das normas da lei civil, positivamente estabelecidas pelos homens.

Apropriada ao ser humano enquanto criatura, a lei natural é própria de toda a humanidade. Isso vale em sentido sincrônico e diacrônico, ou seja, para as pessoas viventes em qualquer espaço geográfico e em qualquer tempo histórico. A lei natural, enquanto própria da natureza humana, é universal e imutável.

A universalidade da lei natural atribui a cada ser humano a dignidade de pessoa responsável de suas ações e, simultaneamente, o responsabiliza acerca de sua relação com Deus e com os outros. A imutabilidade da lei natural diz respeito ao aspecto basilar de seus preceitos que, salvaguardando e promovendo os bens constitutivos do ser humano, resultam invariáveis e permanentes. A lei natural, que é própria da natureza humana, falharia apenas se falhasse a própria natureza humana, ou seja, quando o homem não fosse mais humano. Nesse sentido, a lei natural é inextinguível.

A universalidade e a imutabilidade da lei natural não prejudicam e, pelo contrário, exigem a particularidade e a diversidade dos costumes e das normas morais, mediante as quais a lei natural se articula nas diferentes culturas e nas diferentes épocas. A diferença entre os preceitos universais e imutáveis e a lei natural e suas adaptações normativas, particulares e variáveis, explica como a lei natural, além de servir como fundamento, serve também como princípio interpretativo e critério valorativo da evolução dos costumes e das normas morais. A promoção ou a transgressão da lei natural são um indicador, respectivamente, da progressão no bem ou da regressão ao mal.

No dinamismo da história da salvação, tendo por objetivo a bem-aventurança dos seres humanos em plena comunhão com Deus, a lei natural representa o grau fundamental, correspondente à criação em Cristo e que dispõe à sua plena realização nele. Entretanto, para que a história da salvação se cumpra, é necessária uma lei moral que, principalmente, remedeie a dificuldade e os erros do ser humano, frágil e pecador, no conhecimento com clareza e rapidez da lei natural, e que, sobretudo, habilite o ser humano a conhecer e a praticar o bem no grau perfeito do amor de Cristo.

Essas duas necessidades são atendidas pela lei revelada em sua forma dúplice, ou seja, pela lei antiga e nova.

II. A Lei antiga

A história da salvação, que tem na criação seu prólogo, contempla a auto revelação de Deus, o qual, por meio do povo de Israel e, depois, de modo completo em Cristo, estabelece a aliança com toda a humanidade. A primeira aliança com Israel contempla o dom da "lei antiga" revelada a Moisés. Essa primeira forma da lei revelada encontra uma expressão resumida nos dez mandamentos, de modo que, no que diz respeito aos preceitos morais, a lei antiga coincide com a lei natural. A revelação dos preceitos do Decálogo, de per si já conhecido pelo ser humano como contido na lei natural, está ligada à fragilidade pecaminosa da criatura humana. Porque o homem, endurecido pelo mal, com maior labor e dificuldade encontra a lei natural infundida em seu coração, Deus a revela, para que esta lhe seja mais clara e mais certamente percebida. A lei antiga é memória escrita da lei natural que os homens dificilmente conseguem ler em seus corações. O Decálogo revelado a Israel instrui a razão moral, iluminando suas penumbras e garantindo-a no bem a ser realizado e no mal a ser evitado.

Como "primeiro estágio da Lei revelada" (n. 1962) e "primeira etapa no caminho do Reino" (n. 1963), a lei antiga é já "espiritual" (Rm 7,14) e "santa" (Rm 7,12), isto é, já entra na obra do Espírito Santo, pois dispõe para a prática do amor em relação a Deus e ao próximo. Como grau fundamental, embora imperfeito, do amor, a lei antiga é irrenunciável e suas dez palavras, pronunciadas por Deus, são um ensinamento que permanece para sempre, mesmo diante da perfeição da lei nova.

A imperfeição da lei antiga em relação à lei nova é que ela obriga o ser humano ao bem sem, contudo, empoderar a pessoa para que possa praticá-lo sem ceder à tentação do mal. Obrigando sem empoderar, a lei revela a incapacidade do ser humano de cumpri-la e manifesta assim seu pecado. Por outro lado — justamente ao dar ciência ao homem de seu pecado — ela permite pressagiar a libertação pela graça. Completada pelo ensinamento da Profecia e da Sabedoria, a lei antiga reenvia à lei da nova aliança atuada em Cristo.

Embora na cronologia do tempo, primeiro tenha sido revelada a lei antiga e, em seguida, a lei nova, do ponto de vista da história salvífica as duas leis são sempre operantes, de modo que não faltavam pessoas já no tempo da antiga aliança que correspondessem à lei nova, nem faltam, após a nova aliança, pessoas que ainda permaneçam sob a lei antiga.

III. A nova Lei ou Lei evangélica

Mediante a "lei nova", correspondente à nova e eterna aliança realizada em Cristo, a lei moral atinge a perfeição. A lei nova aperfeiçoa a lei antiga dando cumprimento às suas virtualidades escondidas e superando-a em suas exigências. O cumprimento da lei nova não abole a lei antiga e sua superação não consiste na adição de preceitos exteriores para as ações. A lei nova confere cumprimento à lei antiga no sentido de que age no íntimo do ser humano, na raiz do agir humano. A lei nova liberta o coração do ser humano do endurecimento pecaminoso e molda-o em um segundo momento, aperfeiçoando a obra criadora de Deus que infunde a lei moral.

Gratuitamente dada ao ser humano, mesmo quando este não cumpra a lei natural e antiga, a lei nova outra coisa não é senão a "graça do Espírito Santo". Em relação à lei natural e antiga, a lei nova não só instrui acerca do bem a ser feito, como comunica também a força para que possa ser praticado, especialmente mediante os sacramentos.

A gratuidade da lei nova não se impõe ao ser humano, o qual, se é verdade que nada deve fazer para merecer a graça do Espírito Santo, não obstante, deve acolhê-la. O acolhimento do Espírito Santo que agracia a liberdade humana, libertando-a do mal do pecado e empoderando-a para o bem do amor, exige a fé. A fé cristã é o "deixar livre o amor" (H. U. von Balthasar) que o Espírito Santo derrama nos corações (cf. Rm 5,5).

A instrução sobre a fé que, acolhendo a lei nova, age mediante a caridade, encontra expressão privilegiada no Sermão da montanha (Mt 5–7). A fé correspondente à graça do Espírito Santo é ilustrada pelas condições de pobreza, humildade, aflição, pureza de coração, perseguição por causa de Cristo, próprias das "bem-aventuranças" evangélicas (cf. Mt 5,3-12), e encontra atuação nos "atos de religião" como a oração, especialmente a do pai-nosso, o jejum e a esmola. Deixando livre o amor gratuitamente comunicado pelo Espírito Santo, a fé coopera com a caridade de Cristo em relação ao próximo, sob a bandeira da "regra de ouro" que pede para fazer aos outros aquilo que se gostaria que fosse feito a si próprio (cf. Mt 7,12), e ainda mais do "mandamento novo" de Jesus, que pede para amar os outros como ele amou (cf. Jo 15,12).

A caridade operada pela fé anima as múltiplas virtudes da vida cristã e ilumina o discernimento dos casos de consciência, inspirando-o na "catequese moral dos apóstolos" (cf., por exemplo, Rm 12–15; 1Cor 12–13; Cl 3–4; Ef 4–6).

A caridade correspondente à lei nova não apenas remove aquilo que contrasta com ela, como também aquilo que atrapalha a mais célere e perfeita prática. Esse aperfeiçoamento da caridade encontra expressão nos "conselhos evangélicos", que melhor articulam a prática da caridade em relação ao estado de vida e à vocação própria de cada pessoa.

A lei nova, mediante a graça do Espírito Santo, livra a liberdade do ser humano da incapacidade de amar e a potencializa até a capacidade de praticar o amor mesmo de Deus revelado em Jesus Cristo. Nesse sentido, a lei nova pode ser triplamente qualificada como lei da graça, da liberdade e do amor.

Artigo 2
GRAÇA E JUSTIFICAÇÃO

O mistério sobre como o amor divino, gratuitamente doado pelo Espírito Santo e livremente acolhido pelo ser humano, se traduz em amor humano, não é totalmente compreensível. O ser humano não pode surpreender Deus na medida em que lhe comunica seu amor vital. O ser humano descobre ser amado por Deus quando Deus lhe deu já a vida e o mantém vivente, justamente como uma criança amada pelos seus pais muito antes de qualquer consciência que ela tenha disso. Deus está na origem de toda atividade humana e sua ação não pode nunca ser adequadamente compreendida pelo ser humano, cujas tentativas são comparáveis àquelas da mão que porventura tentasse agarrar o próprio pulso que a sustenta.

A comunhão de amor dentro da qual o Espírito atrai a liberdade foge da pretensão de uma determinação exata da ação de ambos. O "co-fundir-se" do abraço amoroso entre o Espírito e a liberdade, todavia, não impede a observação de sua indissociável ação *ex parte Spiritus* e *ex parte libertatis*, isto é, considerando, por quanto possível, o agir do Espírito na liberdade e o agir da liberdade no Espírito. Portanto, após ter privilegiado, sob o título de lei moral, a perspectiva do Espírito, deve-se assumir, portanto, sob o título da graça, a perspectiva da liberdade. À consideração do Espírito como lei da liberdade, sucede a consideração do Espírito como graça para a liberdade. Porque o Espírito Santo agracia o ser humano realizando sua justificação e santificação, a (teo)lógica do argumento resultaria mais linear e consequente se, por primeiro, se tratasse da graça e, em seguida, da justificação, como de fato deixaria imaginar o título do artigo. Entretanto, mantendo o ritmo dos parágrafos do texto, consideramos imediatamente a graça do Espírito Santo na qualidade de justificante.

I. A justificação

O Espírito Santo justifica o ser humano. Infundindo-se no coração de sua liberdade, o Espírito torna o ser humano justo, libertando-o da prática injusta do mal e habilitando-o à justa prática do bem. A justificação feita por Deus é a manifestação mais excelente da sua misericórdia, ou seja, do seu amor gratuitamente oferecido ao ser humano precipitado na miséria do pecado. A graça misericordiosa de Deus torna o ser humano justo na medida em que o dispõe na justa relação com Deus. Restabelecendo o liame que o pecado interrompeu, Deus comunica ao ser humano sua justiça, seu modo próprio de ser justo, aquele que Jesus revelou amando os homens "até o fim" (Jo 13,1), até a medida última e suprema de dar a vida para que a tivessem em superabundância (cf. Jo 10,10). A justificação é a ação de Deus que torna justo o ser humano, restaurando a relação com ele. O homem justo só o é apenas porque está e permanece em relação com Deus, que o torna justo. O homem não pode se considerar propriamente justo, prescindindo da permanente ação justificante de Deus; nem mesmo pode considerar-se realmente justo, senão porque é permanentemente justificado por Deus.

A justificação é feita pelo Espírito Santo que, atraindo os seres humanos em Cristo, os une vitalmente a ele, assimilando-os a ele, o Filho unigênito do Pai, no ser filhos adotivos de Deus. A justificação, obra totalmente divina, não justifica o ser humano prescindindo do homem, mas sim envolvendo-o por meio da fé. O atuar-se da fé ocorre primariamente no batismo, que, primeiro entre os sacramentos, é o evento histórico no qual a única páscoa de Cristo se torna contemporânea aos seres humanos de todos os tempos.

O mistério da cooperação da liberdade do homem na obra de justificação da graça de Deus escapa à inteligência teológica, a qual pode, entretanto, melhor escrutar esse mistério guiada pela fé da Igreja, que exclui os dois extremos de uma justificação que não derive totalmente da graça divina ou de uma justificação em que a liberdade humana seja meramente passiva.

A justificação não é um ato instantâneo, mas um processo de conversão, que só começa com a libertação da injustiça do pecado, mas que depois continua no acolhimento da justiça de Deus, o qual, infundindo as virtudes da fé, da esperança e da caridade, coloca o ser humano na justa disposição de amor para com Deus e para com o próximo. A justificação, sendo atuada pelo Espírito Santo que inabita a liberdade humana, coincide com a santificação do homem. O ser humano se torna santo na medida em que se deixa santificar pelo Espírito.

II. A graça

A graça de Deus, justificante do homem, não é um simples dom feito por Deus ao ser humano, à semelhança de um doador que presenteia um objeto ao donatário, mas é o dom da parte de Deus de sua própria vida divina. A graça divina é, portanto, a ação gratuita e agraciadora com que Deus estabelece a relação com o ser humano. Assim entendida, a graça do Espírito Santo não é outra coisa senão o próprio Espírito Santo inabitante da pessoa humana. O Espírito comunica ao ser humano a vida trinitária de Deus, colocando-o em comunhão com Cristo e, em Cristo, na condição de filho de Deus Pai. A graça não é uma realidade coisificável, mas sim uma ligação pessoal que, na medida em que liga à Deus, transcende a natureza humana, ou seja, é sobrenatural, divina.

Como ação gratuita de Deus no homem, a graça é a liberdade divina que interage com a liberdade humana: a liberdade divina toma a iniciativa, a liberdade humana a acolhe. O encontro entre a livre iniciativa de Deus e a livre resposta do ser humano é um mistério de amor, que se por um lado escapa à experiência direta do ser humano, por outro lado é cognoscível pelo homem em virtude dos efeitos que gera. Como a linfa que escorre escondida nos ramos revela sua atividade nos frutos que amadurece, assim a inefável graça do Espírito Santo acolhido na fé se manifesta nas obras da caridade.

A cooperação com a liberdade divina não se limita a um momento da história da liberdade humana, mas é permanente. O mesmo acolhimento da graça divina não é obra própria da liberdade humana, mas cooperação do ser humano com a iniciativa de Deus. Todo o processo da justificação, da raiz da conversão à realização da santificação é relacional, devido à iniciativa divina e ao acolhimento humano. A diferente modalidade do agir divino, independente em relação ao agir humano, acolhedor, explica não apenas como a atividade divina não implica a passividade humana, mas como, pelo contrário, a atividade divina suscita e exige a liberdade humana.

A interação entre graça e liberdade, em todo caso, permanente, pode ser diferentemente conotada levando em consideração os diferentes modos com que a graça é comunicada à liberdade e os diferentes efeitos que nela induz. É o que evidenciam as diferentes qualificações da graça como: "santificante ou deificante" — quando, com o batismo, instaura o processo de justificação; "sacramental" — quando é comunicada mediante os sacramentos; "habitual" — quando acompanha de modo estável o livre agir do ser humano; "atual" — quando é dada por Deus em momentos particulares da história pessoal de vida; "especial" — quando consiste num carisma para a santificação da pessoa e o bem da Igreja; "de estado" — quando é especialmente dada para o exercício de uma responsabilidade ou de um serviço na vida cristã e eclesial.

III. O mérito

Porque a justificação é obra gratuita que Deus realiza junto ao ser humano, libertando-o do pecado e santificando-o no amor, ela não é merecida pelo homem como justa retribuição da sua autônoma capacidade de praticar as boas obras. Recebendo de Deus não apenas a lei do amor, mas a própria habilidade de praticá-la, o ser humano não tem nada a ser reivindicado como justa compensação pelas próprias obras, que se são boas, é porque são agraciadas, isto é, fruto da graça divina. Não há, portanto, espaço dentro da teologia da graça para uma concepção autônoma dos méritos do homem em relação a Deus.

O mérito, contudo, pode ser compreendido, em uma perspectiva relacional, como a graça superabundante que Deus novamente concede ao ser humano uma vez que o homem tenha acolhido sua graça. O acolhimento, na fé, da graça divina, permite ao Espírito Santo continuar a derramá-la no coração do ser humano, de modo que ele seja progressivamente santificado. Nessa perspectiva, o mérito do homem consiste em cooperar com a obra de Deus, não se opondo à graça do Espírito Santo, mas deixando-a livre para operar todo o processo da justificação.

IV. A santidade cristã

A graça santificante do Espírito Santo, acolhida na fé pelo ser humano, efetua a santidade cristã. Exigindo do homem apenas o acolhimento da iniciativa gratuita de Deus, a santidade é a vocação comum a todos os fiéis, que o Espírito Santo conforma a Cristo, habilitando-os a amar como ele nos amou, de modo tal que sejam perfeitos, como ele, no amor. A santidade cristã é santidade porque é atuada pelo Espírito Santo e é cristã porque conforma o ser humano ao Cristo. A conformação do homem a Cristo no modo de viver e amar não ocorre por imitação exterior, mas por íntima união que o Espírito realiza entre o ser humano e Cristo, comunhão cuja intensidade é expressa pela teologia nos termos de incorporação.

A santidade cristã, exigindo que a liberdade se submeta à obra da graça divina, comporta uma dimensão ascética e também mortificante. O caminho da santidade cristã é um caminho cruciforme, que o Espírito Santo sustenta alimentando a esperança na graça da perseverança final e da recompensa bem-aventurada, ou seja, a esperança de corresponder até o fim da vida terrena à graça divina de modo a ser definitivamente agraciados com a vida eternamente bem-aventurada, em comunhão definitiva com Deus e com todos os bem-aventurados nele.

Artigo 3
A IGREJA, MÃE E MESTRA

A vocação à santidade cristã é vocação pessoal. Os cristãos, entretanto, são chamados à santidade na Igreja, comunhão dos convocados pelo Espírito à união com Cristo. O Espírito, embora agindo misteriosamente no mundo e ao longo da história, age certamente e plenamente na Igreja, a qual Cristo confiou a pregação de sua Palavra, a celebração de seus sacramentos, o Magistério de seus apóstolos, o testemunho de seus santos.

A presença operante do Espírito na Igreja a torna mãe, envolvendo-a na geração e no crescimento dos fiéis para que vivam aquilo que creem. A vida moral dos fiéis, como é acolhimento correspondente à graça do Espírito Santo, é um culto espiritual: culto como oferta de si mesmo a Deus em obediência ao seu amor; espiritual na medida em que é suscitado e alimentado pelo mesmo Espírito de Deus que habilita ao amar, em comunhão com Cristo, como ele ama. Por isso, a vida moral cristã encontra sua fonte e seu cume na eucaristia, o sacramento do amor extremo e supremo de Cristo.

I. Vida moral e Magistério da Igreja

A presença atuante do Espírito na Igreja, além de mãe, a torna mestra, envolvendo-a na educação dos fiéis para que sejam capazes "de conhecer o amor de Cristo, que supera todo conhecimento" (Ef 3,19). Na Igreja, povo de Deus a caminho na estrada do Reino dos céus, o ensinamento moral não é exclusivo de alguém, mas pertence a cada fiel na medida em que, vivendo em Cristo, cada um deles comunica seu conhecimento e testemunha seu amor.

Na Igreja, o Espírito comunica a cada um o dom do ensinamento moral, suscitando ministérios e carismas em vista do bem de todos, entre os quais goza de especial relevo o Magistério dos pastores da Igreja.

Coadjuvado pelo *sensus fidelium*, pela sabedoria dos autores espirituais, pela ciência dos teólogos, o Magistério do Papa e dos bispos garante a transmissão do *depositum fidei*, que compreende o depósito da moral cristã. O *depositum moris* é constituído pelos mandamentos e pelas virtudes que instruem e moldam a vida cristã, e se estende aos preceitos da lei moral natural. Participando da própria autoridade de Cristo, o Magistério do Papa e dos bispos em comunhão com ele goza ordinariamente de autenticidade, até o ponto de ser garantido pelo carisma da infalibilidade quando dissesse respeito a verdades essenciais da revelação ou necessárias para a sua fiel salvaguarda e transmissão.

A autorizada competência moral exercida pelo Magistério na Igreja está voltada para a instrução das pessoas acerca da fé e da moral cristã. No quadro contemporâneo de crise geral da relação entre autoridade e liberdade, também a relação entre Magistério hierárquico e consciência pessoal pode aparecer como conflitiva. Para além de contrastes prejudiciais, é antes de tudo necessário reconhecer que Magistério e consciência não são alternativos ou rivais. O serviço autorizado do Magistério se dirige às consciências para que sejam ajudadas no discernimento pessoal. Por sua vez, o discernimento pessoal dos cristãos fornece ao Magistério estímulos e sugestões para o discernimento autorizado conforme a tradição do *depositum fidei*; o *sensus fidelium*, ou melhor, o *consensus fidelium*, por quão difícil seja sua verificação, é parte integrante da afirmação de uma verdade moral. Magistério e consciência não são duas autoridades morais em conflito, que podem, no máximo, aspirar a um compromisso razoável, mas dependem da única autoridade do Espírito que em ambas se expressa em benefício da adesão da liberdade humana à verdade cristã.

A necessária e oportuna cooperação entre consciência e Magistério, de um lado, implica no direito dos fiéis de receber o ensinamento magisterial e, do outro, exige o dever por parte deles de acolher esse ensinamento com espírito filial. A autoridade de que goza o Magistério, em virtude da assistência particular do Espírito Santo, convida cada consciência, ali onde não esteja certa do próprio discernimento, a se conformar às indicações magisteriais. Pode, entretanto, dar-se o caso em que o ditame certo da consciência devidamente formada não coincida, em uma situação particular, com o ditado do Magistério. Nesse caso, espera à consciência a última palavra no discernimento da situação particular. Isso não significa que esse discernimento particular possa ser feito valer em geral. Segundo a consciência católica, a autenticidade e, eventualmente, a infalibilidade do ensinamento moral é prerrogativa exclusiva do Magistério, o qual, entretanto, não pode se substituir à consciência, sendo esta "o núcleo mais secreto e o sacrário do homem, onde ele está só com Deus, cuja voz ressoa na intimidade" (GS 16).

II. Os mandamentos da Igreja

A interpretação autorizada da lei moral por parte do Magistério encontra sua expressão fundamental nos cinco mandamentos da Igreja que dizem respeito às condições indispensáveis para a subsistência — mínima, pelo menos — da vida cristã. Estes se refazem a três pilares comuns em diversas tradições religiosas: a oração, o jejum e a esmola. A respeito da oração, os primeiros três mandamentos exigem o repouso festivo, a participação na Missa dominical e festiva, a Confissão, pelo menos anual, e a comunhão eucarística, pelo menos por ocasião da páscoa. Acerca do jejum, o quarto mandamento recomenda-o nos dias preestabelecidos, ao passo que a respeito da esmola, o quinto mandamento recorda que é necessário ajudar nas necessidades da Igreja.

III. Vida moral e testemunho missionário

A vida moral dos cristãos, justificados e santificados pela graça do Espírito Santo, testemunha no mundo a autenticidade da salvação que Deus doou aos seres humanos em Cristo. Entre a vocação à santidade e o testemunho missionário não há uma solução de continuidade. Assim como a linfa torna vivo o ramo e, ao mesmo tempo, o torna frutuoso, assim o Espírito Santo acolhido na fé santifica a vida dos fiéis, tornando-os fecundos na caridade.

A santificação dos fiéis em Cristo os habilita a se amarem uns aos outros como ele os amou. Por esse motivo, a santidade de cada um gera a comunhão dos fiéis, que de tal modo edificam a Igreja. O primeiro fruto da santidade cristã é a comunhão eclesial. Mas a comunhão eclesial dos fiéis no amor de Cristo é já missionária para com o mundo, segundo e ensinamento do próprio Cristo aos seus discípulos: "Disto todos conhecerão que sois meus discípulos: se tiverdes amor uns pelos outros" (Jo 13,35).

O testemunho cristão é essencial para a credibilidade do Evangelho, pois expressa em forma humana — compreensível, portanto, para os seres humanos — o amor divino. O testemunho de vida dos cristãos, que constituem na Igreja o corpo de Cristo, é o prolongamento do mistério da encarnação do Filho de Deus na história da humanidade.

Assim como um grão de trigo, que ao cair na terra produz muito fruto (cf. Jo 12,24), igualmente Jesus Cristo semeou o Reino de Deus na história humana. Na medida em que os fiéis, acolhendo na fé o Espírito de Cristo, o deixam atuar em suas próprias vidas, eles concorrem para o advento definitivo do Reino de Deus, apressando a história da salvação rumo à sua plena realização.

Segunda Seção
OS DEZ MANDAMENTOS

OS DEZ MANDAMENTOS

STEFANO ZAMBONI

A terceira parte do CCE têm como tema "A vida em Cristo". Antes de mostrar quais sejam as exigências concretas que são solicitadas ao cristão, o CCE insiste, justamente, na vocação humana, para afirmar que antes do imperativo ético vem o imperativo divino, o dom da salvação. A tratativa dos mandamentos está colocada nesse contexto. O CCE poderia ter tomado para si outra perspectiva como, por exemplo, aquela usada por Tomás de Aquino que, na *Summa Theologiae*, após ter refletido sobre a vocação do ser humano (bem-aventurança) e sobre os atos que tendem para essa vocação, dedica uma análise sistemática aplicada às virtudes que edificam o ser humano na verdadeira liberdade segundo a lei divina. O CCE, pelo contrário, escolhe uma exposição baseada nos mandamentos, provavelmente para respeitar a tradição catequética, consagrada pelo *Catecismo Romano*, que dedica sua terceira parte aos "Mandamentos do Decálogo". Contudo, pensando bem, trata-se de uma escolha que se encontra em consonância com a tradição bíblica, em que o Decálogo não só possui uma importância imprescindível na lei do Antigo Testamento, como é óbvio, como é também retomado de modo explícito pelo ensinamento de Jesus, como o próprio CCE faz logo notar abrindo suas considerações sobre o tema.

I. "Mestre, que devo fazer...?"

A reflexão sobre os mandamentos inicia com a referência ao conhecido trecho evangélico do jovem rico: "E eis que alguém se aproximou e lhe disse: 'Mestre, o que devo fazer de bom para ter a vida eterna?'. Ele lhe respondeu: 'Por que me perguntas a respeito do que é bom? Um só é o bom. Se queres entrar na vida, observa os mandamentos'" (Mt 19,16-17). O texto do CCE utiliza o trecho evangélico para sublinhar alguns aspectos relevantes, assim como fará a Encíclica *Veritatis Splendor*, lançada pouco depois do CCE: "No jovem, que o Evangelho de Mateus não nomeia, podemos reconhecer 'cada homem que', conscientemente ou não, 'se aproxima de Cristo, Redentor do homem, e lhe põe a pergunta moral'. Para o jovem, mais do que uma pergunta sobre regras a serem observadas, é uma 'pergunta de plenitude de significado para a vida'. E efetivamente é essa uma aspiração que está no âmago de cada decisão e de cada ação humana, a inquietude secreta e o impulso íntimo que movem a liberdade. Essa pergunta é, em última análise, um apelo para o Bem absoluto que nos atrai e nos chama para si, é o eco de uma vocação de Deus, origem e fim da vida do homem" (VS 7).

Os quatro números do CCE que abrem esta seção (nn. 2052-2055) permitem uma breve articulação do sentido desse chamado para o bem, dessa "pergunta moral", colocando-a em relação com as grandes questões de Deus, da lei, do amor, do seguimento de Cristo. Vejamos em qual sentido.

Em primeiro lugar, afirma-se que apenas Deus pode dar uma resposta autêntica para a plenitude de desejo de vida manifestado pelo jovem rico: "Um só é o bom", responde-lhe Jesus. Aparentemente ele evita a pergunta do jovem. Na realidade ele a orienta, mostrando-lhe seu verdadeiro sentido. Somente Deus pode responder à pergunta sobre o bem, uma vez que é o "bem por excelência e fonte de todo bem" (n. 2052). Todo interrogativo sobre o bem, prestando atenção, possui uma natureza religiosas, na medida em que Deus é a plenitude da bondade: ele está na origem, ainda que nem sempre explicitamente reconhecida, de toda pergunta e de toda aspiração ao bem (cf. VS 9).

Por sua vez, Jesus explica ao jovem rico que para entrar na "vida" são necessários os mandamentos. Eles indicam o caminho da vida e a ela conduzem. Jesus elenca os mandamentos do Decálogo que dizem respeito ao próximo (a assim chamada "segunda tábua" do Decálogo) e que estão sintetizados neste apelo: "Ama o próximo como a ti mesmo". Os mandamentos representam, portanto, a condição de base para o amor pelo próximo e são "a primeira etapa necessária no caminho rumo à liberdade, o seu início" (VS 13). Em outros termos: Jesus, após ter recordado que um só é o bom — isto é, Deus — e que, portanto, a vida boa deriva em última análise apenas dele, esclarece que a Deus e à sua bondade não se chega senão por meio do amor ao próximo, como é garantido pelos mandamentos da segunda tábua do Decálogo. De tal modo o amor — o "duplo e único mandamento" do amor a Deus e ao próximo — e a correta hermenêutica dos mandamentos, como bem lembra a citação de Romanos 13,10 que fecha essa seção do CCE: "O amor (*agápe*) é o cumprimento perfeito (*pléroma*) da Lei" (n. 2055).

Em terceiro lugar deve ser lembrado que Jesus leva à plena realização os mandamentos de Deus, em particularmente o mandamento do amor ao próximo, interiorizando e radicalizando suas exigências: lembre-se aqui do famoso: "Mas eu vos digo" (cf. Mt 5,20 ss.). Portanto, "a Lei não foi abolida, mas o homem é convidado a reencontrá-la na pessoa de seu Mestre, que é o cumprimento perfeito dela" (n. 2053). Escreve VS: "'Jesus leva a cumprimento os mandamentos de Deus', particularmente o mandamento do amor ao próximo, 'interiorizando e radicalizando suas exigências': o amor ao próximo brota de 'um coração que ama', e que precisamente porque ama, está disposto a viver 'as exigências mais altas'. Jesus mostra que os mandamentos nunca devem ser entendidos como um limite mínimo a não ser ultrapassado, mas muito mais como uma estrada aberta para um caminho moral e espiritual de perfeição, cuja alma é o amor (cf. Cl 3,14)" (n. 15).

Sabemos bem que o jovem rico não se contenta com a observância dos mandamentos, coisa que sempre fez. Percebe uma falta e uma "nostalgia". É precisamente aproveitando dessa nostalgia que Jesus lhe propõe o caminho da perfeição: "Disse-lhe Jesus: 'Se queres ser perfeito, vai, vende aquilo que possuis, dá aos pobres e terás um tesouro no céu; depois vem e segue-me!'" (Mt 19,21). Note-se que esse apelo à perfeição diz respeito a todos e que, portanto, deve ser rejeitada — na linha do Vaticano II que fala da "vocação universal à santidade" (cf. LG, cap. V) — a tradicional divisão entre caminho normal, dos "mandamentos", necessário para a salvação, e caminho da "perfeição", isto é, de todos aqueles que professam os "conselhos evangélicos". Como lembra ainda VS, "o caminho e, ao mesmo tempo, o conteúdo dessa perfeição consiste na *sequela Christi*". Por isso, "seguir Cristo é o fundamento essencial e original da moral cristã". Com feito, não se trata "somente de se colocar à escuta de um ensinamento e de acolher na obediência um mandamento. Trata-se, mais radicalmente, de 'aderir à pessoa mesma de Jesus', de partilhar sua vida e seu destino, de participar na sua obediência livre e amorosa à vontade do Pai" (n. 19).

II. O Decálogo na Sagrada Escritura

Após ter apresentado o sentido geral dos mandamentos dentro da dinâmica moral e da proposta de Jesus, o CCE analisa o lugar do Decálogo dentro da revelação bíblica. O Decálogo (do grego *dekálogos* = "dez palavras"), que na Bíblia chegou à nós em duas versões (Ex 20,1-17; Dt 5,6-22), "deve ser entendido, em primeiro lugar, no contexto do êxodo, que é o grande acontecimento libertador de Deus no centro da Antiga Aliança" (n. 2057).

O êxodo faz alusão à intervenção liberatória e gratuita de Deus, a aliança para um encontro de duas liberdades, a uma ligação que se decide instaurar de maneira livre e que, ao mesmo tempo, preserva a qualidade das relações recíprocas. Por isso o Senhor se dirige ao povo admoestando-o à urgência da escuta: "Se ouvirdes minha voz e guardardes a minha aliança, vós sereis para mim uma propriedade particular entre todos os povos" (Ex 19,5). "Se ouvirdes...": a liberdade de Israel é interpelada; o povo pode finalmente exercitar aquilo que tinha visto brotar por meio da intervenção do Senhor. Deus solicita uma resposta. Somente respondendo, Israel poderá ser realmente interlocutor de Deus: um povo que, liberto, está diante de seu libertador.

Parece, entretanto, que Deus queira constringir a liberdade do povo. Aquilo que lhe é imposto a partir de fora, isto é, uma série de normas como as que estão contidas no Decálogo, parece-nos estar em uma oposição insanável com as exigências da liberdade. Na realidade, o Decálogo coloca sim um limite, mas não um limite "à" liberdade, mas um limite "para" a liberdade. Este indica sob quais condições o ser humano é livre, qual é o pressuposto para sua liberdade. Nesse sentido, o Decálogo "define" a liberdade humana, mostrando quais sejam as condições que permitem seu surgimento e seu desenvolvimento. "Formulados como mandamentos negativos (proibições), ou à maneira de mandamentos positivos [...], as 'dez palavras' indicam as condições de uma vida liberta da escravidão do pecado. O Decálogo é um caminho de vida" (CCE 2057).

O fato de que o Decálogo assuma sentido dentro da aliança é reafirmado mais vezes nesta seção (cf. nn. 2060-2061). Mas o que comporta a aliança de Deus com seu povo? O documento da Pontifícia Comissão Bíblica *Bíblia e moral. Raízes bíblicas do agir cristão* (11.05.2008) observa que o significado da aliança pode ser individuado em quatro verbos: o Deus de Israel "acompanha", pois indica o caminho no deserto; "liberta" do jugo da opressão e da morte; "doa", em um dúplice modo: doa a si próprio como Deus no povo e doa a esse povo o "caminho" (*derek*), para entrar e permanecer em relação com ele; "reúne" o povo nascente em torno de um projeto comum, de um modo de "viver juntos" (cf. n. 16). Portanto, poderíamos dizer que o Decálogo poder ser interpretado precisamente como sinal desse acompanhamento, memória dessa libertação, instrumento para permanecer nesse dom, fundamento dessa convocação divina.

Justamente o CCE insiste sobre a prioridade da ação divina, sobre a primazia de Deus em relação a toda conduta humana. De fato, o Decálogo se abre com a autoapresentação de Deus e sua iniciativa de salvação: "Eu sou o Senhor teu Deus, que te tirou do Egito, da casa de escravidão" (Ex 20,2; Dt 5,6; cf. CCE 2061). Isso significa que as "dez palavras" "pertencem à revelação que Deus faz de si mesmo e da sua glória. O dom dos mandamentos é dom do próprio Deus e de sua santa vontade" (CCE 2059). Seria possível arrematar dizendo que o sentido dos mandamentos, antes ainda de ser ético, é "teológico", pois mostra a identidade de Deus, seu cuidado pelo povo que escolheu para si, a vontade de "se revelar em pessoa e manifestar o mistério da sua vontade" (DV 2).

Ao afirmar que primeiro vem a iniciativa gratuita de Deus, reconhece-se que "os mandamentos propriamente ditos vêm em um segundo lugar; exprimem as implicações da pertença a Deus, instituída pela Aliança. A existência moral é reposta à iniciativa amorosa do Senhor" (n. 2062). O documento *Bíblia e moral* expressa o mesmo conceito quando recorda que "a moral, sem ser secundária, é segunda" (n. 4). A iniciativa de Deus é um dom gratuito oferecido aos seres humanos e os mandamentos são a resposta do ser humano para o chamado inscrito nesse dom. O indicativo da salvação fundamenta o imperativo moral. Não está privo de significado que o termo hebraico *Tôrah*, que normalmente é traduzido com lei, designe propriamente o ensinamento, a instrução. Os mandamentos são ensinamento prático doado por Deus para responder adequadamente o doar-se de Deus e para permanecer assim à altura da liberdade oferecida pela sua iniciativa de salvação.

Como fechamento da seção, o CCE recorda oportunamente que nos mandamentos "todas as obrigações são enunciadas na primeira pessoa ('Eu sou o Senhor...') e dirigidas a outro sujeito ('tu...')" (n. 2063). Com isso se expressa aquela que poderia ser definida como a "conotação personalista e dialógica" do Decálogo, que se fundamenta sobre uma aliança entre duas liberdades, entre dois sujeitos capazes de responsabilidade e, em última instância, de amor.

III. O Decálogo na Tradição da Igreja

Nestes números se reafirma o fato de que a Igreja concedeu uma importância particular ao Decálogo (cf. n. 2064) e se traça uma breve história de sua recepção eclesial, de Agostinho até os dias de hoje, evidenciando as diferenças sobre a divisão e a numeração dos mandamentos (cf. nn. 2065-2066). Sucessivamente, afirma-se que os mandamentos podem ser divididos em duas partes: os primeiros três se referem principalmente ao amor a Deus, ao passo que os outros sete enunciam as exigências do amor para com o próximo (n. 2067). Por fim se recorda um pronunciamento do Concílio de Trento sobre a obrigação de observar os mandamentos por parte do homem justificado (contra toda tentação "anômica") e um do Vaticano II (LG 24) sobre a obrigação de os bispos anunciarem a toda criatura, de modo que todos os homens — por meio da fé, do batismo e da "observância dos mandamentos" — obtenham a salvação (cf. n. 2068).

Particularmente, para o que diz respeito à numeração dos mandamentos, deve-se observar que na Bíblia o número dez expressa um todo completo, como, por exemplo, das dez pragas do Egito, e se presta a uma memorização fácil (conta-se com os dez dedos das mãos). Sobre a repartição dos mandamentos, é preciso recordar que existe uma diferença ligada ao preceito de não fazer imagem alguma (cf. Ex 20,4). Se na Tradição da Igreja católica isso não é considerado um mandamento em si e, de consequência, se distinguiu o mandamento do cobiçar em dois mandamentos ("Não desejarás a mulher do próximo"; "Não desejarás as coisas alheias"), de modo a se chegar a dez, nas Igrejas ortodoxas e no calvinismo a proibição de fazer imagens é considerada o segundo mandamento, ao passo que a proibição de cobiçar é considerado um único mandamento. Existem diferenças também na distinção das duas tábuas: ao passo que, como o CCE recorda, na linha de Agostinho, a Tradição católica fala de três mandamentos que dizem respeito a Deus e sete que tocam ao próximo, a Tradição judaica defende outra subdivisão dos mandamentos, falando de duas tábuas de cinco mandamentos cada.

Seria muito interessante seguir detalhadamente essas diferenças e traçar uma história detalhada do modo com que as diversas tradições eclesiais acolheram e transmitiram o ensinamento do Decálogo ao longo da história. Não sendo aqui possível nem oportuno fazer isso, é bom sublinhar que a Tradição da Igreja não é algo que está simplesmente atrás de nós, mas um processo vivo, no qual a Igreja de todos os tempos é chamada a retomar a fé vivida. Por isso, a cada geração cristã é pedido para entrar sempre mais na inteligência das "dez palavras". Um interessante ensaio a esse propósito nos foi oferecido pelo já citado documento *Bíblia e moral* que, a certo ponto (n. 30), fala de uma "leitura axiológica" do Decálogo. O quer dizer?

Trata-se de ler o conteúdo do Decálogo em termos de uma "moral de valores". As proibições ou os preceitos, explica o documento, de per si, se concentram apenas sobre os comportamentos a serem evitados ou a serem observados, encorajando assim uma moral minimal. Em vez disso, pelo contrário, "o compromisso por um valor corresponde a um canteiro de obras sempre aberto, onde não se chega nunca à meta e onde se é chamado sempre a um a mais". Portanto, "transpostos em uma terminologia de valores, os preceitos do Decálogo conduzem ao elenco seguinte: o Absoluto, a reverência religiosa, o tempo, a família, a vida, a estabilidade do casal marido e esposa, a liberdade [...], a reputação, a casa e as pessoas que aí vivem, a casa e os bens materiais". Temos assim um programa de vida que toca todos os âmbitos da existência e requer uma atenção e uma tarefa moral que nunca está conclusa. Desse modo, afirma o documento citado, o Decálogo "abre largamente a estrada a uma moral libertadora: deixar o primeiro lugar à soberania de Deus sobre o mundo (valores nn. 1 e 2), dar a cada um a possibilidade de ter tempo para Deus e de administrar o próprio tempo de modo construtivo (n. 3), favorecer o espaço de vida da família (n. 4), preservar a vida, mesmo enferma e aparentemente não produtiva, das decisões arbitrárias do sistema e das manipulações sutis da opinião pública (n. 5), neutralizar os germes de divisão que tornam frágil, sobretudo em nosso tempo, a vida matrimonial (n. 6), deter todas as formas de exploração do corpo, do coração e do pensamento (n. 7), proteger a pessoa contra os ataques à reputação (n. 8) e contra todas as formas de engano, de exploração, de abuso e de coação (n. 9 e 10)" (n. 30).

IV. A unidade do Decálogo

Apenas um número (CCE 2069) está dedicado ao tema da unidade do Decálogo. Por essa unidade entende-se o fato que ele "forma um todo inseparável. Cada 'palavra' remete a cada uma das outras e a todas elas, estas se condicionam reciprocamente". Essa consideração deriva como consequência daquilo que se dizia antes em relação à natureza de dom dos mandamentos: ao provir da solicitude salvadora de Deus eles estão todos orientados para a plenitude da humanidade do homem.

Precisamente a leitura em chave axiológica que foi apenas ilustrada nos ajuda a compreender melhor a "unidade orgânica" formada pelos mandamentos. A pessoa é considerada em todas as suas dimensões, de modo "integral", como ama dizer o Magistério: em suas necessidades econômicas e em suas relações políticas, no espaço de vida do âmbito familiar e em sua abertura constitutiva para o Absoluto. Se isso é verdade em positivo, vale também em seu negativo, isto é, em relação à transgressão dos mandamentos: "Transgredir um só mandamento é transgredir todos os demais". Isso porque o pecado é ruptura das relações que formam a pessoa: é infração da integralidade de relações que torna a pessoa plenamente livre e completa. Naturalmente essa afirmação não deve ser interpretada de maneira fundamentalista, considerando que todas as possíveis infrações do Decálogo estejam no mesmo nível sem qualquer diferenciação (cf. n. 2073). Deve ser lida, em vez disso, como indicação da natureza antirrelacional do pecado que solapa a unidade profunda da vida moral humana.

O CCE tinha recordado um pouco antes que "o Decálogo deve ser interpretado à luz desse duplo e único mandamento da caridade, plenitude da lei" (n. 2055). Precisamente o amor (*agápe*), sendo aquilo em que a lei se cumpre e aquilo sobre a qual se fundamenta, é o sentido dessa profunda unidade dos mandamentos. Não se pode separar o amor a Deus do amor ao próximo: eles se alimentam reciprocamente, de modo tal que o amor para com Deus é inseparável do amor para com o irmão, e um autêntico amor para com o próximo se enraíza, em última análise, no amor a Deus. "O Decálogo unifica a vida teologal e a vida social do homem", isto é, o âmbito das relações com Deus (fé, esperança e caridade) e da relação com o outro (família, sociedade...).

V. O Decálogo e a lei natural

O CCE, em seus nn. 2070-2071, trata de um problema teológico muito discutido no passado, ou seja, a relação do Decálogo com a lei natural, que o próprio CCE havia definido nestes termos: "A lei natural exprime o sentido moral original, que permite ao homem discernir, pela razão, o bem e o mal, a verdade e a mentira" (n. 1954).

A questão é enfrentada em dois momentos. Em primeiro lugar se evidencia que "os dez mandamentos pertencem à revelação de Deus", ou seja, são dados, como já visto, no contexto da aliança que Deus estipula de modo gratuito com seu povo. E, ao mesmo tempo, eles nos "ensinam a verdadeira humanidade do homem", pois esclarecem aspectos fundamentais (deveres e direitos) da pessoa humana que transcendem as particularidades de determinado povo e se colocam como universalmente válidos para todo homem e todo o tempo. Desse modo, "o Decálogo contém uma expressão privilegiada da 'lei natural'" (n. 2070).

Se isso é verdade, seria possível se perguntar sobre como é que tenha sido necessária uma revelação específica para algo que seria possível discernir por meio da razão humana. A resposta a essa objeção está contida nas palavras de São Boaventura (*In libros sententiarum*, 4, 37, 1, 3), citadas no segundo número desta seção: "Uma explicação completa dos mandamentos do Decálogo tornou-se necessária no estado de pecado, por causa do obscurecimento da luz da razão e do desvio da vontade". Aquilo que não seria necessário em sentido abstrato, em vez disso, o é pelo motivo da condição de pecado em que o ser humano se encontra concretamente: "Para chegar a um conhecimento completo e certo das exigências da lei natural, a humanidade pecadora tinha necessidade desta revelação" (CCE 2071).

O CCE, embora acolha *in toto* as teses, não cita aqui Tomás de Aquino que, em seu Tratado sobre a lei, trata abundantemente dessas questões, afirmando que todos os preceitos morais da lei antiga (de fato, os dez mandamentos) pertencem à lei natural, mas são conhecidos de maneira diversa: alguns são absolutamente evidentes, outros, por serem conhecidos, têm necessidade de uma análise aprofundada ou diretamente do ensinamento divino (cf. *Summa Theologiae*, I-II, 100). Portanto, para Tomás, a revelação divina remedia a evidência insuficiente da lei natural no estado de natureza decaída no qual o ser humano, mesmo conservando uma incancelável orientação para o bem, tem, entretanto, necessidade da luz da revelação para conhecer com certeza o bem ao qual está chamado.

VI. A obrigatoriedade do Decálogo

De que maneira o Decálogo é obrigatório? O CCE já lembrou (cf. n. 2053) que também o cristão está obrigado aos mandamentos do Decálogo, na medida em que Jesus veio não para abolir, mas para dar pleno cumprimento à lei antiga (cf. Mt 5,17). A pergunta à qual responde o CCE nestes números é de natureza moral e diz respeito ao vínculo de obrigação que a lei institui em relação à consciência humana. Essas obrigações — como é afirmado no n. 2072 — são "graves" (em relação à sua própria natureza), "essencialmente imutáveis" e "sua obrigação vale sempre e em toda parte" (*semper et ubique*). Essa afirmação se baseia no fato de que o Decálogo enuncia obrigações essenciais para com Deus e para com os outros, obrigações "gravadas por Deus no coração do ser humano": não se poderia ser fiel à própria humanidade transgredindo uma dessas exigências fundamentais. Como afirma VS, "a Igreja sempre ensinou que nunca se deve escolher comportamentos proibidos pelos mandamentos morais" (n. 52).

Entretanto, sempre na linha da Tradição, o CCE reconhece que "a obediência aos mandamentos implica, ainda, obrigações cuja matéria é, em si mesma, leve" (n. 2073). Isso evoca a distinção entre pecado mortal e pecado venial, da qual o CCE tratou nos nn. 1854-1864. Deve-se lembrar que João Paulo II, na *Reconciliatio et paenitentia* de 02.12.1984 (n. 17), tinha dado a seguinte definição: "É pecado mortal todo pecado que tem como objeto uma matéria grave, e que, além disso, é cometido com plena consciência e deliberadamente" (cf. CCE 1857). Caso falte uma dessa condições, o pecado não deve ser considerado mortal.

VII. "Sem mim, nada podeis fazer"

Após essas afirmações de natureza delicadamente moral, voltamos, quase que a modo de inclusão, àquilo que se poderia definir como o "pano de fundo cristológico" do Decálogo (CCE 2074). No Evangelho de João, Jesus afirma que, ao passo que sem ele não podemos fazer nada (cf. Jo 15,5), nele e com ele produzimos fruto e esse fruto "é a santidade de uma vida fecundada pela união com Cristo". De fato, continua o CCE, "quando cremos em Jesus Cristo, comungamos de seus mistérios e guardamos seus mandamentos, o Salvador mesmo vem amar em nós seu Pai e seus irmãos, nosso Pai e nossos irmãos" (CCE 2074). É uma afirmação que evoca aquilo que o próprio Jesus afirmou em outra passagem do Evangelho de João: "Se alguém me ama, observará minha palavra e meu Pai o amará e nós viremos a ele e nele tomaremos morada" (Jo 14,23). A inabitação de Deus na vida dos fiéis se torna possível pelo acolhimento, mediante a fé e a vida moral, da iniciativa de amor do Deus unitrino. Os mandamentos, então, não são mais vistos como algumas obrigações exteriores, mas são vividos como exigência de amor para com o Senhor e Mestre da nossa vida.

"Sua pessoa se torna, graças ao Espírito, a regra viva e interior de nosso agir". Foi von Balthasar a propor a ideia de considerar Cristo como norma concreta e universal. Cristo é uma pessoa concreta, mas, tendo cumprido toda a vontade do Pai, se propõe para nós como modelo normativo do agir. Nesse sentido, VS ratifica que Cristo é a "lei vivente e pessoal" (n. 15). Von Balthasar adiciona em seguida que Cristo não apenas nos diz o que devemos fazer, mas nos dá também a capacidade de fazer a vontade do Pai, de modo que "todo o agir cristão na realidade dos filhos de Deus é um poder fazer e não um dever fazer" (*Nove tesi sull'etica Cristiana: prima tesi*, in: RATZINGER, J.; SCHÜRMANN, H.; VON BALTHASAR, H. U., *Prospettive di morale Cristiana*, Roma, Città Nuova, 1986). O dever para o cristão não é o fundamento da ética, como na perspectiva kantiana: primeiro vem a graça, a possibilidade para o bem aberta por Deus. "O que Deus manda, torna-o possível por sua graça" (CCE 2082).

Capítulo I

Artigo 1

O PRIMEIRO MANDAMENTO

CATALDO ZUCCARO

I. "Adorarás o Senhor, teu Deus, e o servirás"

A um primeiro olhar superficial, tem-se a impressão de que esse número que abre a apresentação do primeiro mandamento não entra diretamente na especificidade da matéria do Decálogo; antes, em algumas das tantas discussões havidas durante o Concílio Vaticano II, chegou-se até mesmo a temer que assumir o amor como critério da moralidade pudesse desviar os fiéis da própria observância dos mandamentos. Como se o adágio agostiniano "ama é faz o que quiseres" representasse o perigo de uma interpretação relativista e não vinculante do Decálogo (cf. *De Ordine Morali*, 15, in: *Acta et Documenta Concilio Oecumenico Vaticano II Apparando. Series II [Praeparatoria]. Volumen II: Acta Pontificiae Commissionis Centralis Praeparatoriae Concilii Oecumenici Vaticani II*. Pars II: Sessio tertia 15.I.1962). Desde então, o *sensus fidei* conduziu os Padres conciliares a reafirmar com confiança a centralidade do amor na vida moral do cristão, sublinhando que o amor é o mandamento distintivo do cristão.

Na realidade o CCE evidencia também outro aspecto importante: o mandamento do amor não é exigido do fiel como um dever imposto de fora, como uma exigência que brota da consciência da natureza de Deus que é amor. Existe uma ligação intrínseca entre o indicativo e o imperativo, no sentido que a revelação de Deus — que se apresenta como o libertador e doador de bem "Eu sou o Senhor, teu Deus, que te tirou do Egito, da casa da escravidão" — suscita naquele que a acolhe o sentimento do amor e da gratidão. Essa é a perspectiva do Decálogo: ele expressa contemporaneamente a interpretação operativa do amor que Deus oferece ao ser humano e a do ser humano que responde ao dom de Deus. "Para a Bíblia, a moral vem depois da experiência de Deus, mais precisamente depois da experiência que Deus concede ao ser humano por dom puramente gratuito" (Pontifícia Comissão Bíblica, *Bíblia e moral. Raízes bíblicas do agir cristão* [11.05.2008], 4).

Portanto, é o dom de Deus que precede a resposta humana e a torna possível. Daí a necessidade de assumir uma perspectiva que supere a concepção jurídica da lei moral, a partir do Decálogo e também da insistência do amor como mandamento exigido por Jesus de seus discípulos. Não que este último aspecto não corresponda à verdade, mas não se deve enfatizar a ponto de deixar na sombra ou, em todo caso, em segundo plano, aquilo que é mais importante: o amor de Deus para conosco. Se faltar essa consciência, a vida moral do cristão está privada de seu fundamento específico e corre o risco de se apresentar como a imposição exterior de um monte de regras. O reconhecimento da identidade de Deus por parte do ser humano gera e fundamenta a consciência da própria identidade do homem como criatura. No âmbito antropológico, isso manifesta a grande dignidade humana, a partir do momento em que a pessoa é criada "à imagem e semelhança de Deus". Em vez disso, no âmbito do agir fundamenta a exigência que, de sua parte, o ser humano reconheça e acolha a presença de

Deus, agindo em conformidade ao seu ser. Por isso, o CCE no n. 2086 cita o *Catecismo de Trento*, para mostrar como as exigências da fé, da esperança e da caridade estejam de algum modo contidas no reconhecimento da identidade e da natureza de Deus, de modo que o ser humano não pode acolher Deus sem viver de modo coerente sua vida: "Na explícita afirmação divina: 'Eu sou o Senhor, teu Deus' está incluído o mandamento da fé, da esperança e da caridade".

A partir deste cruzamento entre revelação de Deus e vida do ser humano deriva, entretanto, outro aspecto importante, isto é, o fato de que o ser humano chegue a agarrar o coração de sua identidade somente acolhendo a revelação divina. É fácil perceber aqui a lição do Concílio Vaticano II, quando apresenta Jesus Cristo, revelação plena de Deus e do homem: "Na realidade, somente no mistério do Verbo encarnado se esclarece verdadeiramente. Adão, o primeiro homem, era efetivamente figura daquele futuro, isto é, de Cristo Senhor. Cristo, novo Adão, na própria revelação do mistério do Pai e do seu amor, revela o homem a si mesmo e descobre-lhe sua vocação sublime" (GS 22).

A fé

Compreende-se então a perspectiva que abre o horizonte da vida moral do fiel. "Nossa vida moral encontra sua fonte na fé em Deus, que nos revela seu amor" (CCE 2087). Com isso somos transportados precisamente para a gênesis da nossa vida moral, ali onde a adesão de fé à oferta do amor de Deus se torna já a primeira e fundamental decisão moral e a fonte das decisões morais que se seguirão. Nesse sentido a fé, que permanece sempre como dom livre de Deus, entra na dimensão moral como objeto de decisão por parte da consciência do fiel e simultaneamente se torna, por si mesma, princípio que anima, inspira e determina suas decisões sucessivas. Nesse sentido, deve-se notar como não seja possível a adesão à fé "desviando" do dinamismo da consciência moral.

Não é a redução antropológica da fé, mas seu acolhimento autenticamente humano que torna possível e obrigatória a atitude de alimentá-la e guardá-la, "com prudência e vigilância, nossa fé e rejeitar tudo que se lhe opõe" (n. 2088). Por isso entra no primeiro mandamento a necessidade de evitar toda atitude e toda ação que sejam contrárias à fé, como a dúvida voluntária e involuntária (n. 2088), a incredulidade, a heresia, a apostasia, o cisma (n. 2089). Cada época é colocada diante da prova da fé mediante tentações particulares; na história encontramos o testemunho das heresias, da apostasia, de vários cismas. Talvez pudéssemos nos perguntar sobre quais provas a fé seja majoritariamente submetida em nossos dias, mas a resposta não seria unívoca, uma vez que as diversidades culturais e geográficas tornam diversificadas as condições em que os fiéis hoje vivem.

Para o Ocidente, há um elemento comum que atravessa os pecados contra a fé elencados: é a indiferença. Seria possível crer que a pessoa não decida na realidade contra a fé, como se combatesse ou agisse voluntariamente contra ela. Na realidade, é precisamente essa atitude de indiferença que está na base da morte da fé, a qual é como se fosse aprisionada pela fome. Aquilo que poderia representar um desafio para o crescimento se torna ocasião de fraqueza e exaustão mortal. Assim, por exemplo, a dúvida não necessariamente é um mal para a fé, mas quando nasce pode se tornar ocasião de crescimento e de aprofundamento da própria fé, no caso de a pessoa se empenhar na superação da dúvida. Utilizando uma imagem, seria possível dizer que, se a ruína ocorreu na parte superior, é porque já na parte inferior os fundamentos não eram mais estáveis.

A esperança

A revelação da bondade de Deus gera no ser humano não apenas uma atitude de fé, mas lhe abre também o coração para a esperança, isto é, para a confiança que "Deus lhe dê a capacidade de corresponder a este amor e de agir de acordo com os mandamentos da caridade" (n. 2090). A atitude da esperança, como dom que suscita a confiança no ser humano de corresponder ao amor de Deus, se coloca como alternativa a duas atitudes opostas entre si, mas igualmente contrárias à esperança: de um lado a presunção e do outro, o desespero.

Ambas as atitudes podem ser fruto do eclipse de Deus no mundo, do desconhecimento da sua presença e da sua misericórdia. De fato, a morte de Deus gerou o mito do super-homem que acreditava possuir todos os poderes para se salvar de si mesmo, mas o delírio de onipotência diante dos dramas da história e do limite da morte revelou o abismo metafísico do nada e jogou o homem no desespero. Quando esse clima difuso é assumido livremente e com consciência pela pessoa, que vive e age subtraindo a própria vida de Deus, então o desespero se torna pecado. O mesmo se poderia dizer da presunção, do momento em que, em ambos os casos, não se crê na misericórdia ou na providência divina (nn. 2091-2092). O pecador, nesse sentido, é sempre uma pessoa egocêntrica, um *homo incurvatus in se*, segundo a conhecida interpretação luterana.

Na realidade, o clima cultural profundamente fragmentado, embora facilite os contatos, torna difícil a relação entendida como capacidade de encontro e participação na vida do outro, quase nunca percebido como próximo, mas muito frequentemente como ameaça ou como objeto de indiferença. Diante do fenômeno agora irreversível e global das migrações em massa, se sente a necessidade de conjugar segurança e acolhimento, mas cresce também o sentido de fechamento em relação ao outro. Também esse fechamento pode se tornar um pecado contra a esperança, na medida em que não se crê na possibilidade que em tudo aquilo que ocorre na história seja possível atuar um discernimento capaz de perceber os sinais da esperança ligados ao amor de Deus. Também nesse caso, desespero e presunção são o êxito oposto de uma atitude comum de rejeição ao discernimento e à aceitação do agir de Deus na história, desequilibrando-se sobre cenários apocalípticos irreparáveis ou então, sobre reações violentas institucionalizadas.

A caridade

A resposta de fé à revelação da identidade de Deus encontra uma verificação efetiva na resposta da caridade humana ao amor divino. A perspectiva do mandamento do amor não encontra seu fundamento no esforço humano, mas no dom de Deus pelo qual, como escreve de modo lapidário e eficaz Santo Tomás de Aquino, é Deus que, amando-nos, nos torna capazes de amá-lo. E nesse contexto, citando o livro de Provérbios 8,17: "Eu amo aqueles que me ama", explica que isso não deve ser entendido no sentido que Deus espera o amor dos homens como condição necessária para então poder retribuir, pelo contrário, no sentido de que é Deus que ama os seres humanos por primeiro e precisamente graças a isso que ele os habilita e os torna capazes de poder amá-lo (*"Deus enim nos amando, facit suos dilectores; Prv 8,17: ego diligentes me diligo: non quasi prius fuerint diligentes, sed quia ipse eos diligentes facit diligendo"*, TOMÁS DE AQUINO, *Super Johannem*, cap. 15, lectio 3).

O mandamento, assim como é explicado pelo CCE, não implica apenas no amor do ser humano por Deus, mas ele ordena amar também "as criaturas por ele e por causa dele". Mais uma vez se encontra o eco da preocupação do Concílio Vaticano II que, sem demora, sai de uma concepção individualista do cristianismo, para assumir um ponto de vista majoritariamente aberto à relação e à sociabilidade: "Pois o homem, por sua própria natureza, é um ser social, que não pode viver nem desenvolver as suas qualidades sem entrar em relação com os outros" (GS 12; ver de maneira ainda mais explícita CCE 1878-1896). Mas é necessário ir além e dar peso ao texto do CCE que fala de "todas as criaturas", envolvendo no mandamento toda a criação.

Portanto, o mandamento do amor para com Deus não apenas está indivisivelmente ligado ao mandamento do amor para com o próximo, mas também àquele de todos os demais seres viventes que permanecem sinal do amor de Deus pelo homem, mas que são eles mesmos um reflexo da bondade divina: "São Francisco, fiel à Escritura, nos propõe reconhecer a natureza como um esplêndido livro no qual Deus nos fala e nos transmite algo de sua beleza e da sua bondade" (PAPA FRANCISCO, LS 12). É, pois, pelo amor de Deus que o fiel é chamado a amar a criação e os demais seres que a habitam. O cristão deve se colocar de modo equilibrado entre um antropocentrismo que aceita como normal uma atitude predatória do homem em relação ao resto da natureza e uma ecologia exasperada que elimina toda distinção entre o homem e o resto da natureza. Papa Francisco recorda como não é possível separar a atitude em relação à criação daquilo que se assume no que diz respeito ao próximo, seja o amor, seja o desprezo por um e pelo outro, se condicionam reciprocamente: "As narrações da criação no livro do Gênesis [...] sugerem que a existência humana se baseia sobre três relações fundamentais intimamente ligadas: as relações com Deus, com o próximo e com a terra" (LS 66). Tendo presente este quadro, se esclarece totalmente o ensinamento do CCE: "A fé no amor de Deus envolve o apelo e a obrigação de responder à caridade divina por um amor sincero. O primeiro mandamento nos ordena que amemos a Deus, acima de tudo e acima de todas as criaturas, por ele mesmo e por causa dele" (CCE 2093).

Após a apresentação do amor como exigência da resposta de fé autêntica a Deus, o CCE elenca as possíveis traições a esse amor, identificando-as na indiferença, na ingratidão, na tibieza, na acídia, no ódio, delineando assim, para cada uma, um perfil distinto e breve, mas significativo. Provavelmente, se tivéssemos que hierarquizar essas atitudes, deveríamos partir da última elencada: o ódio, na medida em que mais imediatamente e de forma direta e explícita se opõe ao amor de Deus. Na realidade, sob o perfil pedagógico, é necessário sublinhar talvez ainda mais as demais atitudes pois são comuns, embora mais escondidas, rastejantes, mas não menos venenosas na vida do fiel. De fato, este dificilmente poderá chegar a afirmações explícitas e formais de ódio em relação a Deus, mas mais facilmente poderá cair na armadilha da acídia ou da indiferença ou ainda da preguiça, acreditando que pequenas caídas e traições não sejam capazes de privá-lo completamente do amor de Deus. Conforme os termos da tradição, trata-se da relação entre pecado venial e pecado mortal e da natureza diversa dos dois. Apenas o pecado mortal priva o fiel da graça. Porém a importância dos "pecados veniais" está no fato de que eles representam uma corrosão lenta e contínua do amor que atinge um ponto em que o fiel não aguenta mais o impacto do mal e capitula pecando gravemente. Ora, cada ato de pecado mortal não deve levar ao engano: é verdade que vem à luz somente no momento em que é realizado, mas isso tornou-se possível apenas porque houve um período de gestação à sombra da acídia, da indiferença e da preguiça espirituais. No horizonte, a necessidade de ler o pecado mortal em sua biografia e à luz da opção fundamental.

II. "Só a ele prestarás culto"

A revelação de Deus, principalmente no Antigo Testamento, implica a afirmação de seu senhorio único, absoluto e universal. A afirmação emerge já no relato da criação no qual a fé judaica reconhece que aqueles que eram percebidos como divindades pelos povos circunstantes (a luz, as trevas, o caos etc.) não são senão criaturas de Deus. A mesma consciência permeia a história da salvação e encontra uma confirmação ulterior na pregação de Jesus, no centro da qual está o anúncio do Reino de Deus, isto é, do senhorio universal, único e absoluto que Deus expressa em seu agir misericordioso. O anúncio de Jesus, enquanto focado nesse Reino de misericórdia, não é autorreferencial, embora ele manifeste a consciência de que o Reino está já presente e atuante nele. É em relação à aceitação ou à rejeição de Jesus que se atua o juízo definitivo de Deus sobre a humanidade: nenhuma atitude de neutralidade política ou de escape é agora possível; é necessário tomar partido, ou a seu favor ou contra ele. O juízo final é de algum modo já antecipado pela decisão que se toma na vida diante de Cristo, aceito ou rejeitado na pessoa dos irmãos e das irmãs, principalmente os mais pobres.

Antes de determinar as ações concretas que realizam a escolha prioritária e exclusiva de Deus na vida do cristão, ocorre compreender de maneira adequada seu significado. Em particular, não se deve pensar que a afirmação da prioridade absoluta de Deus na vida do cristão signifique o desconhecimento de todo e qualquer outro valor humano. Deus não entra em rota de colisão e em concorrência com o amor pelos filhos, ou com a saúde, ou com a amizade, ou com a economia, ou com qualquer outro valor humano. E isso não ocorre porque ele justamente se coloca em um patamar que não é o mesmo de nenhum dos valores criados. Em vez disso, é o contrário, pelo menos em termos tendenciais: a afirmação do senhorio absoluto de Deus garante a correta relação entre os valores humanos. Deus não entra no entrelaçamento dos valores humanos embaraçando-os por dentro, mesmo como o primeiro e o maior, mas está presente e de algum modo os garante como se fosse a condição de possibilidade destes.

Daqui a necessidade de superar uma visão fundamentalista do senhorio de Deus, como se ela se expressasse sem alguma mediação e analogia, mas de forma ocasional. O adágio proverbial "não cai uma folha de uma árvore sem que Deus o permita" não pode ser ingenuamente entendido como se a ocasião que balança a folha seja o sopro direto de Deus. Uma interpretação como essa conduziria erroneamente a vincular também as circunstâncias da morte, frequentemente trágicas e dolorosas, à ação direta da mão de Deus, ou então, as circunstâncias absurdas de um ato de violência ou de um estupro ao qual se segue uma gravidez à iniciativa de Deus. A atitude do cristão não é a da renúncia àquilo que é autenticamente humano como forma de afirmar o senhorio de Deus, mas é a afirmação do senhorio de Deus para gozar plenamente aquilo que é autenticamente humano. Naturalmente o humano autêntico não se dá como simples dado de fato, mas ele se constrói sempre dentro de um conjunto de relações: é aqui que podem ser encontradas situações tais, a ponto de serem incompatíveis com a afirmação do senhorio absoluto de Deus. Não é a saúde a colocar em dúvida o senhorio de Deus, mas o culto exasperado a ela — quando tendencialmente domina sobre todo outro bem — é que pode muito bem se prestar a esse papel.

A adoração

As virtudes teologais da fé, esperança e caridade se prolongam e se tornam operativas por meio das virtudes morais que, no âmbito do primeiro mandamento, se especificam principalmente na virtude da religião. No centro dessa virtude se encontra a atitude da criatura que se coloca em estado de adoração do Criador, reconhecendo assim seu senhorio absoluto e absoluta dependência dele. À imagem anteriormente assinalada do pecador como *homo incurvatus in se*, se contrapõe a imagem do homem que "se inclina diante de Deus" em virtude de reconhecer sua alteridade absolutamente indisponível e transcendente. Como lembra o CCE, essa atitude de adoração "liberta o homem do fechamento em si mesmo, da escravidão do pecado e da idolatria do mundo" (n. 2097). Na realidade, dobrar os joelhos diante do Senhor Jesus é a garantia mais forte que permite a experiência da liberdade, seja quando se está em pé diante de pretensões e falsas formas de autoridade, seja quando se ajoelha diante do outro em atitude de serviço.

A oração

A oração é aqui apresentada certamente não em toda a amplitude de seus significados, como ocorre na quarta parte do CCE, mas em relação à adoração do único Senhor. Consequentemente, é evidenciado o caráter obediencial da oração, seja quando assume a forma de louvor ou de agradecimento, seja quando assume a forma de intercessão ou de súplica. Em toda forma ela expressa o reconhecimento da dependência do Criador e a disponibilidade a obedecer seus mandamentos.

O sacrifício

Na mesma linha do reconhecimento da dependência de Deus e da afirmação de seu senhorio, se coloca o ensinamento do sacrifício, "sinal de adoração e de reconhecimento, de súplica e de comunhão" (n. 2099). Dentro desse horizonte, o sacrifício se expressa em três direções: a interioridade, superando o perigo do farisaísmo; a misericórdia para com o próximo, superando o risco do ritualismo estéril; a liturgia da vida, superando o risco da fragmentação, de forma que possamos "fazer de nossa vida um sacrifício a Deus" (n. 2100).

Promessas e votos

Essas ações, ligadas entre si, embora não idênticas, são apresentadas pelo CCE de modo a evitar a evocação de imagens errôneas, ligadas a fantasias bizarras de uma religiosidade feita de práticas pouco significativas para a vida cristã. De fato, mesmo reconhecendo a liberdade de cada fiel de "prometer a Deus este ou aquele ato, oração, esmola, peregrinação", coloca-se, entretanto, em primeiro plano o fato de que existem já algumas formas de promessas ligadas aos sacramentos, como o batismo, a confirmação, o matrimônio e a ordenação (n. 2101). Igualmente, a propósito do voto, se recorda que a "Igreja atribui valor exemplar aos votos de praticar os conselhos evangélicos" (n. 2103). A lógica das promessas e dos votos se compreende dentro do paradigma do reconhecimento do senhorio de Deus, e, especialmente no caso dos votos, de uma maior assimilação a Cristo, como sugere a citação de LG 42.

O dever social de religião e o direito à liberdade religiosa

O título final desse segundo parágrafo se encerra com o tema da liberdade religiosa, que de fato encontra muito mais espaço em relação aos demais títulos, quase como um testemunho da importância que o CCE atribui a esse tema. Ademais, a escolha de inseri-lo dentro do argumento sobre o dever do homem de reconhecer e adorar o senhorio absoluto de Deus é lógica. De fato, esse dever, tendo que se expressar de forma humanamente autêntica e significativa, necessita da liberdade de formas exteriores de culto e de ações próprias da religião. Certamente o Concílio Vaticano II deu passos adiante acerca da concepção do direito à liberdade religiosa e da necessidade de que esta possa se expressar de maneira pública. Apenas como exemplo, é possível recordar Gregório XVI, Papa que mencionava aquela "absurda e errônea sentença, ou melhor, delírio, que se deva admitir e garantir a cada um a liberdade de consciência" (Carta encíclica *Mirari vos* [15.10.1832]) e mais recentemente Leão XIII, que notava "nas pessoas uma atitude que é profundamente contrária à virtude religiosa, ou seja, a assim chamada liberdade de culto" (Carta encíclica *Libertas* [20.06.1888]). Sem dúvida deve ser acolhida a corajosa evolução de doutrina por parte do Concílio Vaticano II, expressa na declaração sobre a liberdade religiosa DH, abundantemente citada nesses números.

O CCE se apropriou dos problemas emersos e frequentemente resolvidos ao longo do caminho que conduziu o Concílio Vaticano II à aprovação da declaração. Em primeiro lugar é afirmado o dever de todo homem de buscar a verdade e, uma vez tendo-a descoberto, de a ela aderir, especificando que esse dever deriva da própria natureza dos seres humanos (n. 2104). Aderir à verdade que diz respeito a Deus comporta que "o dever de prestar a Deus um culto autêntico diz respeito ao homem individual e socialmente" (n. 2105). A esse dever corresponde especularmente a necessidade de que "ao mesmo tempo se reconheça e se observe em favor de todos os cidadãos e das comunidades religiosas o direito à liberdade em matéria religiosa" (n. 2107).

Além disso, o texto parece responder às preocupações surgidas no âmbito da discussão conciliar acerca da equiparação entre a liberdade religiosa e o indiferentismo, como se se tratasse do mesmo fenômeno. O CCE recorda que o fundamento da liberdade religiosa não está ligado à verdade da escolha, mas está fundamentado diretamente na dignidade da pessoa. Naturalmente, isso não significa que cada escolha no âmbito da religião seja indiferente. De fato, mesmo reconhecendo que as diversas religiões não raramente "refletem lampejos daquela verdade que ilumina a todos os homens" (n. 2104), todavia reafirma para os cristãos a necessidade de "que levem a conhecer o culto da única religião verdadeira, que subsiste na Igreja católica e apostólica" (n. 2015). Além disso, é esclarecido que o "direito à liberdade religiosa não significa nem a permissão moral de aderir ao erro nem um suposto direito ao erro" (n. 2108).

A liberdade de consciência é o contexto mais amplo dentro do qual se coloca a liberdade religiosa, entendida como uma espécie dentro do próprio gênero. Por isso, "em matéria religiosa, ninguém seja forçado a agir contra a própria consciência, nem impedido de agir, dentro dos justos limites, de acordo com ela" (n. 2106). Naturalmente, a referência à consciência moral supõe a doutrina conciliar de GS 16 e à luz dela deve ser interpretada sua dignidade moral que impõe respeito e a obrigação de não constringir ninguém a agir contra a própria consciência. A declaração prescinde de entrar nas problemáticas teológicas particulares, assim como no caso do debate sobre a consciência errônea invencível. O que importa é ratificar a dignidade da consciência moral como "o centro mais secreto e o sacrário do homem, no qual ele se encontra a sós com Deus, cuja voz ressoa na intimidade do seu ser".

Não se pode compreender o ponto de vista do CCE sem notar o veio de realismo ao colocar alguns limites para o exercício da liberdade de religião e de culto. Os limites, mais vezes mencionados (cf. nn. 2106; 2108-2109), encontram a sua razão no respeito e na promoção do bem comum: "Os justos limites [...] devem ser determinados, para cada situação social, pela prudência política, segundo as exigências do bem comum, e ratificados pela autoridade civil, segundo 'normas jurídicas, de acordo com a ordem moral objetiva'" (n. 2109). A lógica que emerge é o cuidado para evitar que, de um lado, toda reivindicação de consciência ligada à religião se torne automaticamente autêntico exercício de liberdade religiosa e, de outro lado, toda intervenção voltada a limitar a expressão da liberdade de consciência automaticamente encontre sua justificação e legitimidade. Em outros termos, seja a liberdade religiosa, seja a intervenção para limitá-la podem se desnaturar e se configurar muito mais como ideologia, traindo assim sua verdadeira natureza. Daqui toda a cautela do CCE em descrever de modo mais claro possível as condições do exercício da liberdade religiosa e de seus limites.

III. "Não terás outros deuses diante de mim"

A proibição está fundamentada no reconhecimento do único senhorio de Deus, senhorio que é absoluto, universal e exclusivo. Por esse motivo, na vida do fiel, não pode existir nenhuma pessoa ou realidade que possa partilhar a pretensão de obediência total que apenas Deus pode pedir. O coração do fiel, portanto, não pode se tornar como um condomínio, em que os espaços são divididos com tantas outras realidades, mais ou menos importantes, mas sempre comparáveis a Deus. O contexto cultural, dentro do qual hoje o cristão é chamado a observar este mandamento, não o ajuda, mas por vezes serve-lhe de tropeço. Este torna difícil a concepção de um princípio unificador da vida, principalmente identificado em referência a uma só pessoa, que dê unidade e significado à multiplicidade das experiências vividas. De fato, em todos os níveis, o que se impõe é a absolutização do fragmento arrancado da rede e a exaltação da experiência individual como critério de referência e de guia subjetiva do agir. A justa conquista da liberdade enfatiza a autonomia, frequentemente sacrificando-a sobre o altar da responsabilidade e da relação. Nesse universo de fragmentos e de suspeita por toda forma que obscureça a autonomia, se torna difícil a afirmação de uma referência pessoal única e absoluta como sentido da existência.

Particularmente, no âmbito religioso, essa cultura parece convidar ao fenômeno do sincretismo, isto é, da escolha de elementos parciais tomados de tradições religiosas profundamente diferentes e colocados em uma coexistência na vida da pessoa, para além do contexto originário desses elementos. Tendencialmente, cada um constrói para si um mosaico da própria religião com os pedaços tomados em empréstimo de diferentes religiões. Se fosse possível arriscar uma analogia, se poderia dizer que se assiste à passagem da ditadura da religião à ditadura do desejo religioso subjetivo. Mas talvez ainda mais difundido do que o sincretismo é o clima geral de indiferença em relação à fé e à religião, por vezes justificado sob a aparência científica do agnosticismo.

O mandamento leva a se interrogar sobre se podem ser — e quais seriam — os outros presumíveis deuses que usurpam de fato o lugar de Deus na vida do fiel. Nesse sentido não se pode ignorar que, como aparece já a partir da narração do Gênesis sobre as tentações, o primeiro concorrente de Deus é o próprio ser humano. Mas o homem vive sempre dentro de uma rede de relações que o formam e que ele próprio contribui para formar. A interação entre pessoa e comunidade se estrutura nas instituições. Estas, uma vez criadas, condicionam a relação da qual nascem. Portanto, são precisamente essas estruturas que por vezes se tornam tão intrusivas a ponto de tomar o lugar de Deus na vida do fiel. Considere-se, apenas como exemplo, o campo da economia, e mais particularmente a pretensão do mercado, que exige o sacrifício da pessoa para poder viver e prosperar. Ou então, os poderes ditatoriais, ou ainda as várias formas de poderes ocultos atuantes nas coxias da ilegalidade. Todas as vezes que alguém ou algo tem a pretensão de tomar o lugar de Deus, produz-se como resultado, sempre e em maneiras diversas, não a exaltação do ser humano, mas sua ruína.

A superstição — A idolatria

A superstição é a presunção de capturar os favores de Deus obrigando-o a estar presente em práticas religiosas ou sinais que possam ser também de natureza sacramental sem que a eles corresponda uma disposição interior coerente. Nesse sentido, a verdade da religião é distorcida, posto que se elimina sua dimensão transcendente, traindo-se também a verdadeira identidade de Deus, pois ele é assim "domesticado", colocando-o à disposição da criatura. A superstição está ligada, no fundo, à idolatria, no sentido que troca o verdadeiro Deus por gestos ou coisas de natureza material que o substituem. Na realidade, "o primeiro mandamento condena o 'politeísmo'. Exige que o homem não acredite em outros deuses afora Deus, que não venere outras divindades que não o Único" (n. 2112). Muitos santuários de deuses conhecidos no período da composição do Antigo Testamento se esvaziaram e terminaram com o ocaso das culturas que os produziram. Entretanto, de maneira muito oportuna, o CCE recorda que "a idolatria não diz respeito somente aos falsos cultos do paganismo. […] Consiste em divinizar o que não é Deus. Existe idolatria quando o homem presta honra e venera a uma criatura no lugar de Deus, quer se trate de deuses ou de demônios (por exemplo, o satanismo), do poder, do prazer, da etnia, dos antepassados, do Estado, do dinheiro etc." (n. 2113). O motivo fundamental pelo qual a idolatria "é uma perversão do sentimento religioso inato do homem" consiste no fato que ela esmaga a transcendência própria da religião cristã no âmbito antropológico.

Divinização e magia

É natural que cada um tenha preocupação pela própria vida e pelo próprio futuro, buscando prover a estes de modo adequado. O próprio CCE reconhece explicitamente que "a imprevidência pode ser uma falta de responsabilidade" (n. 2115). O clima antropológico atual, cheio de incógnitas em relação ao futuro, aprofunda a sensação de insegurança e facilita respostas que dão a ilusão de poder dominar e controlar a vida conforme os próprios desejos. Por isso chega-se a ficar inclinado em "dar fé" a autodenominados magos e adivinhos que predizem um futuro estudado especialmente para responder às ânsias daqueles que os procuram. Na perspectiva teológica, o erro está na presunção de poder determinar a própria vida tendo por base uma visão que prescinde sistematicamente da Providência divina. De fato, a palavra do mago não é a palavra do profeta que fala em nome de Deus ("Deus pode revelar o futuro a seus profetas ou a outros santos": n. 2115), mas se apresenta como uma alternativa à providência divina. Por isso "dar fé" a essa palavra é faltar com a fé em relação a Deus. O CCE, de modo equilibrado, ajuda a compreender como se tornem atitudes contrárias ao primeiro mandamento, e, particularmente, à fé na Providência divina, tanto uma vida baseada na magia (n. 2117) e na adivinhação em suas diversas formas (n. 2116), como uma vida vivida "ao acaso", sem nenhuma previdência. No caso da magia simplesmente isso ocorre porque não se crê na Providência. Em vez disso, no caso da imprevidência, isso acontece porque se vive a confiança na Providência de maneira errônea, "de modo mágico", como se a cooperação do homem não fosse necessária. É necessário lembrar que a relação entre Deus e o ser humano não se configura mediante o circuito da relação entre servo e patrão, ou então, no circuito da concorrência, mas se articula muito mais tendo por base o modelo familiar. De fato, o ser humano, como filho de Deus, é chamado a interpretar e a colocar em prática o desígnio providencial do Pai, como filho, de modo não mágico, mas livre e responsável, na consciência de que assim se realiza sua vida.

A irreligião

Em primeiro lugar, deve-se notar que com o termo "irreligião" não se entende a atitude de quem absolutamente não crê em Deus e por consequência não professa algum ato de culto. Em vez disso, a irreligião é a atitude de quem, embora creia em Deus e coloque eventualmente atos de culto, distorce, entretanto, a identidade de Deus de vários modos, expressando consequentemente atos cultuais que desvirtuam, ofuscam e, de todo modo, ofendem a verdadeira imagem divina. A tentação de distorcer o verdadeiro rosto de Deus já está presente no engano de Adão por obra da serpente, assim como é narrado pelo Gênesis. A serpente quer induzi-lo a crer que Deus não é, no fundo, tão amoroso, mas, pelo contrário, é ciumento a ponto tal que não quer conceder ao ser humano o dom da imortalidade. O sentido da tentação não é o de induzir o ser humano a não crer em Deus, mas a não crer que Deus seja aquele que realmente é, isto é, mudar e modificar sua natureza mais profunda que é o amor. Nesse sentido devem ser compreendidos também os demais atos que o CCE coloca sob o termo "irreligião": o sacrilégio (n. 2120) e a simonia (n. 2121). De fato, com o sacrilégio, os sacramentos e as demais ações litúrgicas são usados de modo a não respeitar sua finalidade e os bens espirituais. Em vez disso, com a simonia, os bens espirituais perdem sua valência de gratuidade e se tornam ocasião de compra e venda, como se fossem propriedades humanas e não dependessem de Deus, que gratuitamente os distribui a todos.

O ateísmo — O agnosticismo

O ateísmo, que o CCE descreve como a rejeição da íntima e vital ligação com Deus (n. 2123) e identifica nas várias formas de materialismo prático, de humanismo ateu e de liberalidade econômica, representa a própria negação de Deus. Sempre presente na história humana, o ateísmo é mais ou menos percebido e vivido em diferentes épocas e latitudes geográficas. Segundo o CCE, na base do ateísmo se encontra "uma concepção falsa da autonomia humana, que chega a recusar toda dependência em relação a Deus" (n. 2126). De fato, a autonomia é uma conquista da modernidade, na medida em que resgatou a pessoa de uma espécie de "subjetividade marginal" definida a cada vez em referência ao sexo, à condição social, à religião e assim por diante. O resultado dessa libertação do sujeito infelizmente sacrificou com frequência a relação da pessoa, concebida de modo absoluto e autorreferencial. Como já foi anteriormente acenado, precisamente a dependência da criatura ser humano de Deus permite articular em conjunto a autonomia e a relação sem sacrificar nenhuma de suas dimensões sobre o altar da outra.

Parente próximo do ateísmo é o agnosticismo, que "com muita frequência [...] equivale ao ateísmo prático" (n. 2128) e que se reveste não raramente de um véu de cientificismo, justificando-se com a impossibilidade de provar a existência de Deus.

IV. "Não farás para ti imagem esculpida de nada..."

Esse mandamento divino brota do reconhecimento em si da identidade de Deus, que é absolutamente o Transcendente, como explica o CCE ao reportar as palavras de Deuteronômio 4,15-16: "No dia em que o Senhor vos falou do meio do fogo no Horeb, não vistes figura alguma. Guardai-vos bem de corromper-vos fazendo figuras de ídolos de qualquer tipo". Na história da Igreja, já desde o início foi colocado e resolvido o problema da veneração das imagens: "Fundamentado no mistério do Verbo encarnado, o sétimo Concílio ecumênico, em Niceia (em 787), justificou, contra os iconoclastas, o culto dos ícones: os de Cristo e também os da Mãe de Deus, dos anjos e de todos os santos. Ao se encarnar, o Filho de Deus inaugurou uma nova 'economia' das imagens" (CCE 2131). Esclareceu-se que a veneração da imagem não tem nada a ver com a idolatria, mas com uma atitude respeitosa para com as imagens sagradas. "Os atos de culto não se dirigem às imagens como realidades em si, mas as considera em seu aspecto próprio de imagens que nos conduzem a Deus encarnado" (n. 2132).

Talvez a insensibilidade cultural, tão atenta ao mundo dos ícones, desta vez consiga a ajudar na compreensão autêntica do mandamento divino. O ícone não substituía a pessoa que representa, mas é a tentativa de expressar visualmente uma característica de sua personalidade. O CCE fala justamente de uma nova economia das imagens na medida em que está fundamentada na encarnação de Jesus. Trata-se, utilizando uma linguagem analógica, de uma espécie de economia sacramental, ali onde o sinal em diferentes modos torna presente a realidade figurada. Não no mesmo sentido em relação ao ícone e ao sacramento, mas, justamente, em sentido analógico, e tendo presente que também a linguagem analógica é ela mesma a linguagem mais apta para expressar as verdades da fé: "Agora nós vemos de modo confuso, como em um espelho; então veremos face a face. Agora conheço de modo imperfeito; então conhecerei perfeitamente, como também eu sou conhecido" (1Cor 13,12).

Capítulo I
Artigo 2
O SEGUNDO MANDAMENTO

JOSÉ M. GALVÁN

O segundo mandamento é formulado negativamente: "Não pronunciarás o nome do Senhor teu Deus em vão" (Ex 20,7; Dt 5,11). Essa formulação, além de sublinhar que nem toda palavra humana tem como termo imediato a Deus, indica um mínimo, abaixo do qual não se pode ir, de modo que é proibido a qualquer um o uso da capacidade simbólica dos seres humanos (pensamentos, palavras, sinais externos...) que direta ou indiretamente não seja respeitosa do nome santo de Deus. A partir desse mínimo, o mandamento indica uma estrada rumo ao compromisso para converter toda ação humana em ocasião de manifestar livremente nossa adoração e nossa gratidão a Deus. De fato, o livre agir humano, pelo menos implicitamente, deve ser expressão do fato de termos sido criados à imagem e semelhança de Deus.

A natureza religiosa do ser humano faz com que o dever de louvar o nome de Deus esteja fora de questão, como manifestação do reconhecimento da natureza pessoal da divindade e de seus atributos. Dirigir-se a Deus é uma expressão necessária da religiosidade que tem a mesma obrigatoriedade do culto, e que encontra seu fundamento último na capacidade de reconhecer Deus em todas as obras criadas. Esse dever, fundamentado na condição de criaturas, é elevado à manifestação da condição filial no âmbito da graça. Desse modo, a oração é uma manifestação da piedade e do amor filial.

O CCE desenvolve o conteúdo desse mandamento em três parágrafos: o primeiro sobre a santidade do nome de Deus e a obrigação de venerá-lo, incluindo o pecado contrário mais evidente, a blasfêmia. No segundo, se trata principalmente do valor moral do juramento feito em nome de Deus. Por fim, o último faz referência ao nome de todo cristão, seja o nome que se recebe no batismo, seja aquele com que Deus chamou todo ser humano, identificando-nos pessoalmente desde toda a eternidade e por toda a eternidade.

I. O nome do Senhor é santo

Como se sabe, o nome próprio significava para o povo de Israel muito mais do que um mero sinal identificativo da pessoa ou uma convenção para poder ser univocamente interpelado e distinguido pelos outros. Sem deixar esse significado fundamentalmente social, o nome era principalmente um tornar extrínseco a simbólica do ser, um "dizer" quem é aquele que o porta. Por isso, poder "chamar pelo nome" quer dizer também ter acesso ao verdadeiro ser daquele que é chamado, conhecê-lo em sua essência pessoal, de algum modo poder dispor dele. Assim, as divindades das religiões dos povos circunstantes a Israel tinham um nome com o qual eram indistintamente identificadas, no momento de nomeá-las ou na ação litúrgica. Esse nome não era simplesmente o apelativo genérico que indica a natureza divina ("deus" ou "deusa"), mas um verdadeiro "nome próprio", pessoal e intransferível, que delimita univocamente aquele a quem se dirige na súplica e no sacrifício, mas principalmente aquele que é religiosamente reverenciado e temido. Israel compartilha em grande medida essa atitude, a ponto tal de ter recebido do Senhor a proibição expressa e absoluta de "nomear" os outros deuses, na medida em que isso teria comportado, de certo modo, um reconhecimento da realidade desses deuses: "Não pronunciareis o nome de outros deuses: ninguém o escute sobre a tua boca!" (Ex 23,13).

Entretanto, o povo de Israel não recebeu imediatamente o nome de Deus. No início era nomeado somente de maneira genérica (*'el*), ou por meio de uma locução que, utilizando um plural irregular, retomava todos os possíveis atributos divinos (*'elohîm*). Não faltam os pedidos a Deus para que revele seu nome, para se conseguir ter um acesso imediato a ele: "Revela-me teu nome" (Gn 32,30). Essa petição será finalmente atendida na revelação feita a Moisés no Horeb (cf. Ex 3,13-14): o povo poderá ter confiança plena em Deus porque possuirá seu nome, YHWH: "Este é meu nome para sempre; este é o título pelo qual serei lembrado de geração em geração" (Ex 3,15). O tetragrama sacro se torna, pois, não apenas o contentor transcendente da fé de Israel, mas também o fundamento último da esperança, pois, possuindo o nome, o povo pode ter uma confiança inquebrantável na fidelidade indefectível de Deus às promessas feitas aos Pais. De fato, antes de dar seu nome, ele se apresentou como "o Deus de Abraão, o Deus de Isaac e o Deus de Jacó" (Ex 3,6).

Como lembra o n. 2143 do CCE, nessa palavra singular se resume tudo aquilo que, no Antigo Testamento, Deus quis revelar aos fiéis, manifestando-se a esses como mistério de confidência e intimidade. Para Israel, o mais alto atributo divino é a "santidade", que expressa, melhor que qualquer outra característica sua, a absoluta transcendência de Deus e sua natureza inalcançável, não obstante sua proximidade e seu papel, que livremente assumiu, de Senhor da história. A santidade manifesta que ele não fica prisioneiro nas vicissitudes históricas em que atua, não sofre seus efeitos negativos; antes, ela se torna a força unificadora de Deus, já que sua presença na história atrai para si toda as coisas: os seres humanos, os tempos e os lugares se tornam santos na medida em que são acolhidos pelo poder atuante da santidade, que se manifesta como "glória". "Sede santos porque eu sou santo" (Lv 11,44.45).

Pois bem, YHWH é justamente o nome daquele que é Santo. Portanto, parece lógico que o nome, tão ligado ao próprio ser de Deus, não possa ser pronunciado em vão, e que sua pronúncia vocal esteja ligada a momentos especialmente significativos do culto e do louvor. O povo pode viver sua religiosidade invocando o nome de YHWH (Gn 4,26; 12,8; 21,33; 1Rs 18,24; 2Rs 5,11; Sl 105,1; Is 64,6...).

Tornemos ao caráter negativo do preceito. Também o primeiro mandamento originariamente possui uma formulação negativa ("Não terás outros deuses diante de mim": Ex 20,3; Dt 5,7), que posteriormente, porém, recebeu de Jesus uma enunciação positiva com que normalmente ele é nomeado: "Amarás o Senhor, teu Deus, com todo o coração, com toda a alma e com todo teu entendimento" (Mt 22,37; cf. CCE 2083). Na Tradição da Igreja não aconteceu assim com a formulação do segundo preceito, que permaneceu sempre negativo, provavelmente pela importância de marcar um limite inferior intransponível. Entretanto, o contexto indica com clareza que não existe um limite superior no louvar o nome de Deus: a partir daquele mínimo se abre a liberdade em direção ao máximo possível de exaltação de Deus e de seu agir.

A palavra, em todas as suas possíveis configurações (interna, externa, corporal, gestual...), manifesta de modo especialmente significativo a condição conscientemente religiosa do ser humano, obrigado a louvar a Deus não apenas ontologicamente, como o resto das criaturas, mas na medida em que é capaz de atos livres e intencionais. A palavra é o primeiro instrumento da virtude natural da religião e o caminho mais "lógico" para estar em "diálogo" com o Criador. Por isso se pode dizer que esse mandamento recorda diretamente a obrigação moral mais básica do ser humano. Como lembra o Concílio Vaticano II, "é desde o começo da sua existência que o homem é convidado a dialogar com Deus: pois, se existe, é só porque, criado por Deus por amor, é por ele, sempre por amor, constantemente conservado; nem pode viver plenamente segundo a verdade, se não reconhecer livremente esse amor e se entregar ao seu Criador" (GS 19).

Ainda que, como já se disse, o preceito tenha permanecido tradicionalmente negativo, encontramos sua expressão positiva no conteúdo da primeira petição do pai-nosso: "Seja santificado o vosso nome" (Mt 6,9; cf. CCE 2807-2815). O fato de que a manifestação positiva dessa obrigação ocorra principalmente na oração do Senhor, no âmbito do Novo Testamento, é algo especialmente significativo. O Antigo Testamento parece ter predileção pelas formulações em que a verdadeira glória do Nome está diretamente confiada a YHWH: é ele o Santo, que santifica o nome profanado entre as nações (cf. Ez 36,23); o homem não pode fazer isso senão por meio da sua assunção na esfera da santidade divina. De fato, o nome santo (Sl 33,21; 103,1; 105,3; Is 57,15; Sb 10,20...) não é diretamente santificado senão pelas pessoas tomadas pela santidade e nos tempos e lugares santos: somente sob essas condições se pode pronunciar o nome de YHWH. O nome é usado para a bênção litúrgica sobre o povo por parte dos levitas (Dt 10,8) e pelos reis (2Sm 6,18). Talvez também por isso o preceito do Antigo Testamento fosse negativo.

Entretanto, quando Jesus revela a Trindade, que é o verdadeiro conteúdo da santidade, toda a humanidade, misteriosamente e realmente unida à sua, pode nele glorificar o nome de Deus. A ele é dado o "nome que está acima de todo outro nome" (Fl 2,9) e "debaixo do céu não foi dado aos homens outro nome pelo qual possamos ser salvos" (At 4,12). Nós estamos unidos a Jesus, Verbo encarnado, pela ação do Espírito Santo, e graças à terceira Pessoa podemos dizer que Jesus é o Senhor e nos dirigirmos ao Pai, *Abbá* (cf. Rm 8,15; Gl 4,6). Os "verdadeiros nomes" da santidade divina se tornam a primeira expressão intelectiva da nossa fé, recebida "em nome do Pai e do Filho e do Espírito Santo" (Mt 28,19); confessar a Fé em Deus Pai, Filho e Espírito Santo se torna o primeiro ato de adoração religiosa, abundantemente presente no Novo Testamento (cf. Rm 15,19; Hb 13,15; Ap 15,4). E para essa confissão se adequam nossas obras, que se tornam assim a manifestação da glorificação de Deus na história e no mundo, pois "o Senhor será rei sobre toda a terra; naquele dia o Senhor será único e único o seu Nome" (Zc 14,9).

O ser humano louva o nome de Deus com todas as dimensões de seu ser, cada ação sua afirma ou oculta a presença de Deus: "O meu coração e a minha carne exultam no Deus vivo" (Sl 83,3; cf. CCE 2153). Em primeiro lugar com sua inteligência, que é também alimentada por todas as demais potências cognoscitivas. O homem sabe descobrir por detrás dos acontecimentos cotidianos a mão daquele que tudo sustenta e ao qual ele se confia por meio de atos da vontade que dirigem todas as suas tendências. Em seguida, como em qualquer relação interpessoal, também a afetividade está envolvida e é capaz de elevar e "humanizar" esse diálogo humano-divino por meio da invocação direta. Finalmente, também a corporeidade, o canto, o vestuário, o lugar, o tempo e tantos outros fatores ajudam a "encarnar" esse encontro espiritual. Cada ação simbólica nossa deve ser uma exaltação de Deus.

A "blasfêmia" se opõe a tudo isso. Os pensamentos e os afetos do coração, as palavras externas, os sinais corporais podem ser livremente endereçados contra Deus, contradizendo, em sua raiz, sua natureza religiosa originária. Por isso, se trata da mais grave violação da virtude da religião, pela qual o ser humano é chamado a manifestar livremente sua dívida ontológica para com o Criador. Na ordem da graça de Cristo, a gravidade da blasfêmia se caracteriza como ofensa de um filho para com o Pai amoroso, determinando-se, assim, como conteúdo deliberadamente ofensivo ou nocivo, como pecado gravíssimo de ódio a Deus, no âmbito da virtude teologal da caridade. Muitos autores clássicos, de fato, chamam "blasfêmia diabólica" o ultraje voltado intencionalmente às Pessoas divinas. Pode ser que a blasfêmia, nos casos de ira ou de desespero, não busque diretamente o ultraje a Deus ("blasfêmia indireta"), mas, como uso consciente de palavras ou gestos ofensivos, permanece sempre um pecado gravíssimo. É preciso ter presente que, muitas vezes, as circunstâncias difíceis que poderiam levar a uma blasfêmia indireta são também ocasião de súplica, pedido de ajuda ou de confiança em Deus, o que aumenta de algum modo a gravidade por missão culpável da imploração filial. A blasfêmia externa, porque escandaliza, pode facilmente incluir também um pecado contra a caridade teologal para com o próximo.

Somente a imperfeição do ato por imperceptibilidade ou falta de consenso pode tornar venial a blasfêmia, sempre que não haja uma voluntariedade "em causa" devida à habituação não contrastada, caso em que não apenas permanece a gravidade, como poderia também ser agravada pelo desprezo que não se importa com a ofensa e com o possível escândalo. Em vez disso, não comporta culpa alguma o surgir no coração pensamentos ou expressões ofensivas contra o Senhor ou as coisas sacras, seja como tentação ou como manifestação de uma condição psicológica alterada; antes, nesses casos a necessidade de vencer a tentação e o sincero desprazer que produzem podem ser a ocasião de viver com mais intensidade os atos internos e externos de amor a Deus.

No final do n. 2148 o CCE amplia o conceito de blasfêmia ao "recorrer ao nome de Deus para encobrir práticas criminosas, reduzir povos à servidão, torturar ou matar". O ultraje não provém dos gestos ou das palavras ofensivas, mas das obras que, realizadas em nomes de Deus, comportam um dano grave à sua honra. Dependendo da gravidade e da significância pública da ação cometida, esses pecados comportam uma forte dimensão escandalosa e podem constituir um motivo de rejeição da fé.

II. O nome do Senhor pronunciado em vão

No parágrafo anterior o CCE tinha indicado que "as promessas feitas a outrem em nome de Deus empenham a honra, a fidelidade, a veracidade e a autoridade divinas. Devem, pois, em justiça, ser respeitadas. Ser-lhe infiel é abusar do nome de Deus e, de certo modo, fazer de Deus um mentiroso" (c. 2147; cf. 1Jo 1,10). Este texto parece já indicar aquilo que mais adiante indica o CCE: o juramento de per si, como invocação do nome de Deus a testemunho da verdade, é um ato da virtude da religião. Por invocação deve-se entender um verdadeiro ato de louvor e súplica a Deus, com as próprias expressões ou com as fórmulas rituais do caso, pelo que se lhe pede para que reforce com sua onipotente sabedoria a veracidade das palavras humanas ditas em seu nome.

Um ato como esse, pelo fato de envolver explicitamente o testemunho de Deus, deve ser realizado "com verdade, retidão e justiça" (Jr 4,2; CIC, cân. 1199, § 1: "O juramento, isto é, a invocação do nome de Deus como testemunha da verdade, não se pode fazer a não ser na verdade, no discernimento e na justiça").

A primeira condição do juramento, portanto, é a veracidade. No caso de um juramento "assertório" (asserção de uma verdade passada ou presente), quem jura deve estar certamente persuadido da verdade das palavras proferidas. Não se pode jurar uma verdade dúbia sem que isso seja indicado explicitamente. No caso do juramento "promissório", que se refere a coisas futuras, deve existir a firme e sincera intenção de realizar aquilo que se promete. Contra a verdade do juramento há o pecado do perjúrio. No caso do juramento assertório, consiste em jurar uma como verdadeira uma afirmação falsa, independentemente da gravidade objetiva da mentira (uma mentira irrelevante, se jurada, se torna um pecado grave). No caso do juramento promissório, é perjuro aquele que não tem a intenção de realizar a coisa prometida, ou que, sem estar impedido, não a realiza. "Quem jura livremente fazer alguma coisa está obrigado, por especial obrigação de religião, a cumprir o que tiver assegurado com juramento" (CIC, cân. 1200, § 1).

A segunda condição é a prudência. Para "invocar a veracidade divina como garantia de nossa própria veracidade" (CCE 2150) devem existir motivos proporcionais. De fato, o CCE parece insistir mais na aparente proibição de Jesus contida no Sermão da Montanha: "Eu vos digo: não jureis" (Mt 5,34; cf. CCE 2153), seja na permissão paulina (cf. 2Cor 1,23; Gl 1,20; CCE 2154), seja no Antigo Testamento (cf. Dt 6,13; Is 65,16; Jr 12,16). Com isso, parece se indicar um critério fundamentalmente restritivo, de modo que "a santidade do nome divino exige que não se recorra a ele para coisas fúteis" (CCE 2155). O cristão deve estar consciente da santidade do juramento, como em geral do recorrer ao nome de Deus sem motivos sérios. Por isso, em linha de máxima, deve seguir a indicação do Senhor a qual nos referimos antes e somente no caso de verdadeira necessidade, por isso, muito extraordinariamente, deverá recorrer ao juramento. Em geral, exceto esses casos especiais, pode-se dizer que se deve jurar somente quando é solicitado pela legítima autoridade eclesiástica ou civil. A doutrina moral comum considera o juramento fútil pecado venial, mas indicando que, se o recurso de jurar se torna um hábito vão, facilmente se poderá cair no pecado grave por uso impróprio do nome de Deus ou pela possibilidade elevada de jurar o falso.

Sucede assim a terceira condição do juramento, que deve ser feito também com justiça. De fato, uma autoridade ilegítima ou injusta, ou que pede o juramento por motivos contrários à dignidade da pessoa e da sociedade, perde o direito de pedir o juramento: "Quando o juramento é exigido por autoridades civis ilegítimas, pode-se recusá-lo" (CCE 2155). Faz parte também dessa condição não jurar sobre matérias que, ainda que sejam verdadeiras, são em si mesmas pecaminosas. Seria, por exemplo, duplamente grave (contra a caridade e contra a religião) jurar uma afirmação difamatória contra outra pessoa, ou prometer em nome de Deus a realização de uma ação desonesta. Definitivamente, a matéria do juramento deve ser, em todo caso, moralmente lícita.

III. O nome cristão

"Pois nos escolheu nele, antes da criação do mundo, para sermos santos e imaculados diante dele no amor. Também nos predestinou, num ato de amor, para sermos seus filhos adotivos por Jesus Cristo. Este foi o plano deliberado de sua benevolência" (Ef 1,4-6). O batismo, por meio de seu caráter indelével, realiza para os membros da Igreja a conformação a Cristo ("nele"), que Paulo sublinha nesse trecho. Escolhidos desde toda a eternidade, todo ser humano é "nomeado" pela Trindade com um nome que indica a nossa relação interpessoal com o Pai, com o Filho e com o Espírito Santo. Não nos é possível conhecer nesta vida esse nome, que nos será revelado na *parusía*: "Darei ao vencedor o maná escondido e lhe entregarei uma pedra branca, e na pedra será gravado um nome novo que ninguém conhece, a não ser quem o receber" (Ap 2,17; cf. CCE 2159).

O CCE quer recordar que sobre esses nomes — os da Trindade, de um lado, e o nosso, do outro — se desenvolve o diálogo perene ao qual estamos chamados desde a nossa criação: o Deus Trino se dirige a nós "pelo nome", assim como nós respondemos nominalmente a cada uma das Pessoas. Efetivamente, o sinal da cruz — "Em nome do Pai e do Filho e do Espírito Santo" — não é somente um sinal litúrgico central de adoração e de louvor. Talvez seja também uma das mais comuns e imediatas formas de se dirigir a Deus em busca de ajuda ou proteção. Aquilo que está presente de maneira natural na fé dos cristãos corresponde a uma verdade teológica profunda: o Deus que nos sustenta e nos consola no caminho da história é o Deus Uni-Trino que chama a cada um pelo nome. Certamente muitos elementos socioculturais e outros tantos automatismos de instinto, assim como autênticas patologias da fé, podem estar presentes no sinal da cruz que tantos cristãos repetem de modo mecânico no momento da necessidade real ou aparente. Mas o fato de que seja justamente o sinal das três Pessoas e não uma outra forma qualquer de se dirigir à divindade quer dizer que a fé trinitária possui raízes profundas na piedade pessoal como verdadeiro diálogo interpessoal. A tarefa do cristão, ajudado pela Igreja, é viver conscientemente todo "sinal da cruz", como uma devoção que cresce cada vez mais.

O nome recebido dos pais no batismo, ainda que não seja o nome com que a Trindade nos chamou desde toda eternidade, representa, de algum modo, o papel dos pais como colaboradores de Deus na genealogia da pessoa, identificada pelo nome que lhe foi dado por eles no momento de se tornar sacramentalmente filho de Deus: "Quando transmitem *a vida ao filho, um novo 'tu' humano se insere na órbita do 'nós' dos cônjuges*, uma pessoa que eles chamarão com um nome novo: 'nosso filho...; nossa filha...'" (São João Paulo II, Carta às famílias *Gratissimam sane* [02.02.1994], 11). Por esse motivo é importante que o nome dado ao batizando recorde sua inserção na família dos filhos de Deus, principalmente por meio do uso dos nomes dos santos que podem ser vistos como modelos e intercessores. Em todo caso e contra hábitos contemporâneos frequentes, o CCE lembra a urgente exortação do CIC: "Cuidem os pais, padrinhos e pároco que não se imponham nomes alheios ao senso cristão" (cân. 855). O nome recebido no batismo representa, de algum modo misterioso, mas real, o verdadeiro nome que Deus nos deu, de modo que é um ícone da dignidade filial. Seria muito conveniente que os genitores cristãos tivessem em mente que a escolha de um nome adequado é para o filho um grande presente para toda a vida e uma evocação permanente da sua vocação à santidade.

Capítulo I

Artigo 3

O TERCEIRO MANDAMENTO

CETTINA MILITELLO

I. O dia de sábado

"Lembra-te de santificar o dia de sábado. Trabalharás durante seis dias e farás todos os trabalhos, mas o sétimo dia é sábado, descanso dedicado ao Senhor teu Deus. Não farás trabalho algum: nem tu, nem teu filho, nem tua filha, nem teu escravo, nem teu servo, nem teu gado, nem o estrangeiro que está em tuas Portas. Porque em seis dias o Senhor fez o céu e a terra, o mar e tudo o que neles existe, mas ele repousou no sétimo dia. Por isso o Senhor abençoou o dia de sábado e o santificou" (Ex 20,8-11). "Guarda o dia de sábado, para o santificares, como te ordenou o Senhor, teu Deus. Durante seis dias, trabalharás e farás toda a tua obra. Mas o sétimo dia é o sábado do Senhor, teu Deus: não farás nenhum trabalho, nem tu, nem teu filho, nem tua filha, nem teu servo, nem tua serva, nem teu boi, nem teu asno, nem outro teu animal qualquer, nem o estrangeiro que está dentro das tuas portas, para que teu servo e tua serva repousem, como tu. Lembrar-te-ás que foste escravo no país do Egito, do qual o Senhor, teu Deus, te tirou com mão forte e braço estendido: eis por que o Senhor, teu Deus, te ordenou guardares o dia de sábado" (Dt 5,12-15).

Mesmo na ampla coincidência das palavras, aparece como algo evidente como está subjacente às duas versões do mandamento uma instância "teológica" diferente. Estamos diante de um mandamento preciso de Deus e ainda estamos naquela esfera que toca, nas "dez palavras", a relação com ele. De uma parte emerge, porém, o apelo à "memória"; e de outra, em vez disso, um convite para "observar". O texto do Êxodo, que é mais antigo, ao evocar a criação, fala da abstenção do próprio Deus, do "cansaço" do criar. Em seis dias Deus fez o "cosmos" do "caos", isto é, ordenou o indistinguível originário em beleza. O primeiro relato da criação nos fala sobre a separação que Deus faz entre o céu e a terra e as águas; o seu estabelecer dos astros como indicadores do dia (sol) e da noite (lua); o fervilhar das águas e da terra com os seres vivos de toda espécie; o seu criar (e à sua imagem) o ser humano, homem e mulher. No sétimo dia, Deus retirou-se da atividade, pondo fim à sua extroversão criadora. Como diz certa literatura judaica, pôs fim ao seu contrair, ao seu dar lugar ao que colocou fora de si. No cálculo semanal da época, a comunidade que nos foi testemunhada pela fonte sacerdotal justifica, portanto, o repouso do "sábado" à semelhança do repouso de Deus. Da mesma forma, quem o segue e honra e santifica seu nome deve, no sétimo dia, abster-se de todo trabalho (CCE 2168-2169). Outra motivação do mandamento encontra-se em Deuteronômio 5,12-14. No pano de fundo não está o transcorrer litúrgico do hexameron (pense-se aqui na aclamação: "E Deus viu que era coisa boa"); a atenção da comunidade deuteronomista, movendo-se sobre a Páscoa, destaca a ação poderosa que Deus realizou em favor de seu povo, libertando-o da dura escravidão sofrida na terra do Egito (CCE 2170-2171).

Comecemos enfatizando como, seja na tradição do Êxodo, seja na do Deuteronômio, nos é oferecida uma lista pontual daqueles que devem abster-se no dia de sábado de todo trabalho: o chefe da família (e sua esposa, embora não explicitamente evocada), o filho e a filha, o escravo e a escrava, o estrangeiro que mora junto com Israel. Além disso, os próprios animais devem cessar com o trabalho, que a fórmula deuteronômica recorda por meio da menção à dupla do boi e do burro, ou seja, os animais comumente usados e abusados na labuta do cultivo e do transporte de tudo aquilo que é produzido. Em suma, o descanso sabático não conhece exceções inerentes a qualquer condição social, gênero ou espécie. Isso expressa uma instância socioeconômica global. É para todos e todas, sejam seres humanos ou animais, uma modalidade de recuperar as próprias forças; uma forma de reparar o desgaste que o trabalho cotidiano acarreta ou impõe (n. 2172). Mas tudo isso não fundamenta o preceito e seus indubitáveis resultados socioeconômicos, que lhe são consequentes. No repouso sabático Israel age como o seu Deus agiu. Ele, pondo fim ao seu trabalho como "criador", fez do "sábado" um dia abençoado e sagrado. Portanto, o "sábado", o sétimo dia, existe em honra do Senhor (n. 2170).

A comunidade pós-exílica — aquela que propõe a segunda redação do Decálogo — traz consigo as feridas que lhes foram impressas durante o exílio recente. Portanto, o descanso sabático de um ponto de vista humanitário, traz um pouco de cor, abrindo espaço também para quem é estranho a Israel — o estrangeiro que habita dentro de suas portas, o escravo e a escrava — projetando neles a vexação sofrida, a lembrança da escravidão vivenciada. De todos e de todas o "sábado" deve ser santificado. Para todos e todas, o "sábado" é para o Senhor Deus de Israel. Se isso alude ao aspecto festivo, ao descanso e ao espaço oferecido desse modo à memória da ação de Deus, também alude ao mal sofrido, ao repouso negado, que Israel está, portanto, obrigado a garantir para si mesmo e para aqueles que moram junto dele em condição de marginalidade ou sujeição (n. 2172).

Como já mencionado, a fórmula do Êxodo insiste na "memória", a do Deuteronômio, na "observância". Há na passagem de um aspecto para o outro, uma percepção mais preceptiva e legal do "sábado". Observá-lo significa obedecer a uma ordem precisa de Deus, que a longo prazo corre o risco, no entendimento formal que se poderia ter dele, anular o que o "sábado" é como um "dom", precisamente porque é tempo restituído ao senhorio de Deus. Este último, repetidamente pertencente à ação de Jesus, muitas vezes acusado de não observar o sábado. Ele, devolvendo-o ao seu significado original, antes afirma que o sábado foi feito para o homem e não o homem para o sábado (cf. Mc 2,27; CCE 2173).

II. O dia do Senhor

Para nós, cristãos, o sábado de festa e do descanso tornou-se "domingo", memorial da ressurreição do Senhor. A festa semanal dos cristãos é o *dies Domini* ou *dominicum* (CCE 2174). São expressões próximas e diferentes, em que tempo e espaço se entrelaçam e em que se evoca o evento eclesial e a assembleia reunida, incluindo o seu partilhar o corpo do Senhor.

Se o domingo — na mesma linha do sábado — é descanso, refrigério, *vacatio*, alegria, dom, bênção concedida por Deus e sua bênção, celebrá-lo como *dies Domini* significa reconhecê-lo como "o dia depois do sábado" (Jo 21,1), aquele em que Maria de Magdala encontra pela primeira vez o Ressuscitado no jardim da nova criação; quer dizer, significa vivê-lo como "o primeiro dia depois do sábado" (Lc 24,1; Mc 16,2.9) ou "o primeiro dia da semana" (Mt 28,1) — se quisermos recordar juntamente com a Madalena todas as portadoras de mirra. O domingo é o dia primeiro por excelência, o dia do Éden reaberto, o dia em que a criação é restituída à sua beleza originária pela vitória de Cristo sobre a morte. Memória do início, *kairós*, ou seja, um tempo que se tornou oportuno e benigno, santo e santificador, o *dies Domini* indica o triunfo de Cristo e, ao mesmo tempo, a expectativa de seu retorno glorioso. Em suma, o domingo antecipa aquele *dominicus dies velut octavus* cantado por Agostinho em seu *De civitate Dei* (XXII, 30). A páscoa semanal é de fato, ao mesmo tempo, testemunho/tensão/expectativa do retorno glorioso do Senhor.

Tudo isso está muito presente na consciência das comunidades cristãs desde os tempos mais antigos. Não é por acaso que o CCE, em seu n. 2174, recorda uma passagem bem conhecida da *Apologia I* de São Justino mártir, na qual, de fato, se dá como razão da reunião dos cristãos no "dia do sol", o primeiro dia da semana, aquele em que definitivamente fugiram as trevas perante a luz gloriosa do Cristo ressuscitado.

O domingo — plenitude do sábado

Santificar no tempo a festa significa antes de tudo celebrar, semana após semana, a Páscoa do Senhor. Não se trata apenas de instituir uma parada memorial que interrompa o *continuum* do tempo. Trata-se de situar no próprio tempo, semana após semana, o acontecimento fundamental e fundador, celebrando os *acta et verba Christi*, o seu agir salvífico. Esses atos e essas palavras estão recolhidos na chave interpretativa do ano litúrgico (n. 2173). Nele, Advento, Natal, Quaresma e Páscoa sucedem-se, caracterizando os domingos próprios. O tempo *per annum* preenche os espaços restantes diversamente, relendo palavras e ações já celebradas. A reforma litúrgica do Vaticano II conota ainda mais a chave mistérica do tempo, obrigando-nos a ler ao longo de três anos as passagens mais importantes da Sagrada Escritura e nos colocando à escuta, a cada ano, de um dos sinóticos: Mateus, Marcos e Lucas nos oferecem assim sua perspectiva teológica peculiar. Em suma, o domingo se nos apresenta com toda a riqueza da palavra proclamada, da salvação eficazmente evocada e oferecida. Todo o conjunto é engastado e interpretado pela eucologia, ou seja, pelas fórmulas de orações, que nos oferecem muitas vezes a verdadeira chave interpretativa da celebração, o verdadeiro e fecundo paradigma mistagógico do tempo litúrgico.

Essa centralidade do tempo é um conjunto unitário com a centralidade do espaço. De fato, ontem como hoje, as comunidades vivem seu encontro não só no imediatismo do "tempo", mas também na concretude do "lugar". Em particular, a dimensão local caracteriza as comunidades, que são tais a partir do seu reunir-se nas casas — a *ekklesía kat'ôikon* que nos testemunhou o Novo Testamento — para celebrar a memória da morte e ressurreição do Senhor até que ele venha. O lugar é o contexto inevitável da reunião, assim como é o tempo. O dia do Senhor é temporalmente aquele em que ele é encontrado na experiência de um espaço que torna possível o encontro.

Isso pertence à Tradição mais antiga. Caracteriza a comunidade e a torna tal. De fato, se faz a reunião no dia do Senhor para fazer memória dele morando naquela que é, ao mesmo tempo, sua e nossa casa.

A Eucaristia Dominical

Celebra-se e santifica-se o domingo morando, frequentando a casa de Deus que é a casa da Igreja. Celebra-se o domingo convergindo para o lugar concreto que o povo de Deus constrói para si e para Deus mesmo, para se aproximar dele e aproximar-se daqueles que nele creem. O *dominicum*, o domingo, é marcado pelo Ressuscitado que se faz presente e que novamente nos convoca à mesa de sua Palavra e de seu Corpo, e isso acontece no local do encontro, na casa do povo de Deus, sempre assim, mesmo na mutação das imagens de Igreja, sempre a seu modo expressiva do mistério que a própria Igreja é.

Não é por acaso, de fato, que o edifício cultual, a igreja, é indicada com o mesmo termo que indica a Igreja como reunião salvífica. Subjaz aí a metáfora construtiva que se repete várias vezes no Novo Testamento para significar seu mistério. Seja em Efésios 2,18-22 ou ainda em 1 Pedro 2,4-5, a construção animada pelo Espírito é feita de pedras vivas que são os próprios fiéis em Cristo, embora sejam diferentes em suas funções. A igreja edifício, ícone espacial do mistério, é, portanto, obrigada a sugerir aquilo de que ela própria é a imagem sinalética. Isso é especialmente verdadeiro para a igreja paroquial — paróquia, como é sabido, deriva do verbo *paroikéo*, "viver próximo". Nela se reúne uma comunidade local que, não por acaso, recebe também o nome de "Igreja de Deus" (cf. LG 28). O n. 2179 do CCE se refere expressamente assim às paróquias, ou seja, às comunidades menores a partir das quais a Diocese é formada. Nelas exerce o seu ministério um presbítero que torna o bispo diocesano presente e em seu nome preside a eucaristia. Nelas os fiéis participam ordinariamente na liturgia dominical; nelas estes usufruem de todos os sacramentos, começando com a iniciação cristã. Nelas é prestado a Deus o culto público que não torna supérfluo invocá-lo e bendizê-lo em todo tempo e em todo lugar, mas que, pelo contrário, manifesta a Igreja como comunidade por ele reunida. Deus, de fato, não escolheu nos salvar individualmente, mas nos quis salvar como povo reunido em seu nome (cf. LG 9). Reunião salvífica que atingiu plenitude no mistério do dar-se por nós do Filho e no dom do seu Espírito.

Portanto, a reunião se dá no contexto espacial de um edifício, ele mesmo concreção e imagem da assembleia, da *ekklesía*, convocada em Cristo e no Espírito. A índole mistérica da assembleia é expressa em uma pluralidade múltipla dos carismas e ministérios que marcam e diversificam o povo reunido. O "uníssono dos espíritos" (cf. CCE 2179 — e se trata de uma citação de João Crisóstomo), isto é, "a sinfonia do *agápe*" (como Inácio de Antioquia a chama — *Ad Ephesinos*, 4, 2) surge da fusão harmoniosa das tarefas próprias de cada um. A assembleia dominical tem de fato uma multiplicidade de ministérios e ministros, que, cada um de acordo com a própria graça, exercem em sinergia o sacerdócio régio e o serviço ao povo de Deus para que este se traduza em plenitude de seu estatuto sacerdotal, profético e real. Tarefas que não se exaurem apenas na participação à liturgia, mas dão forma a vida de todos os membros da comunidade. A paróquia nisso desempenha um papel próprio, tanto sob o perfil do anúncio e da catequese, como sob o da caridade e seu exercício. Eles certamente encontram espaço na celebração da assembleia e prolongam sua eficácia, indicando como tarefa própria da comunidade o não se voltar para si mesma, mas o seu dever de testemunho e de missionariedade.

A obrigação do domingo

O CCE recorda a obrigação de participação no domingo (nn. 2180-2183), na Eucaristia dominical, no mesmo dia ou nas vésperas que o precedem. Esta não é uma obrigação puramente formal. Não participar na eucaristia no dia do Senhor — assim como em outros dias solenemente festivos — é de alguma forma abdicar da própria identidade cristã, renunciar ao poder do testemunho que a própria participação carrega consigo. Acima de tudo é renunciar a alimentar-se da Palavra e do Corpo do Senhor como se dela ou dele pudesse ser dispensado. De fato, o n. 2182 afirma: "A participação na celebração comunitária da Eucaristia dominical é um testemunho de pertença e de fidelidade a Cristo e à sua Igreja. Assim, os fiéis atestam sua comunhão na fé e na caridade. Dão simultaneamente testemunho da santidade de Deus e de sua esperança na salvação, reconfortando-se mutuamente sob a moção do Espírito Santo". Efetivamente, o *dominicum* não é apenas tempo (*kyriakê eméra*), não é só um lugar (a igreja-casa), não é só convocação/reunião (*ekklesía*), mas é também comunhão/comunicação (*koinonía*) ao Corpo e Sangue do Senhor. É alimentando-se dele que os fiéis podem testemunhar sua pertença a Cristo, sua fidelidade à sua Igreja. Só dela podem extrair aquela comunhão mútua, aquela caridade mútua que brota da santidade de Deus na Eucaristia em que eles participam e neles é incrementada, graças à presença incessante e transformadora do Espírito. Em suma, a obrigação, que ainda assim permanece, não brota de uma norma nua e crua a ser respeitada. Não se pode ser membros vivos do Corpo de Cristo, que é a Igreja, sem tirar do próprio Cristo o alimento que ele nunca deixa de nos oferecer, dando-nos o seu próprio Corpo.

A situação eclesial em que vivemos, a diminuição do número de ministros ou sua crônica inferioridade numérica muitas vezes torna difícil, se não impossível a celebração da Eucaristia dominical. O CCE recomenda no n. 2183 a responder a essa emergência participando, onde for possível, em uma liturgia da Palavra, celebrada na igreja paroquial ou em outro lugar. Assembleias dominicais que se reúnem na ausência de presbítero temos muitas já há algum tempo. Nelas o que importa é o valor do testemunho do encontro, a nutrição oferecida seja por meio da proclamação da Palavra de Deus, seja por meio da participação no Corpo e Sangue do Senhor, mediante o serviço prestado a este fim por um diácono ou um fiel preparado e capaz, na forma estabelecida pelo Ordinário diocesano. E, se isso também não fosse possível, o dever de rezar pessoalmente ou em família ou reunindo mais famílias. Neste último caso, a orientar para o domingo num sentido mais forte é a consciência a consciência de ser "Igreja", além de qualquer impedimento, além de qualquer impossibilidade ou barreira objetiva de se reunir em assembleia.

Dia de graça e de interrupção do trabalho

Essa consciência, em todo caso bem viva, do domingo e da necessidade de vivê-lo plenamente, constitui a atenção final do CCE aos nn. 2184-2188. Neles o domingo é apresentado como dia de graça e de interrupção do trabalho. É uma questão agora, retomando o tema de Gênesis já enunciado da cessação por parte de Deus de todo seu trabalho, de enfatizar a necessidade na vida humana da alternância entre trabalho e descanso. Não é, em relação a este último, de um opcional; não é se trata de descansar ou não como se fosse uma escolha indolor. Está em jogo a própria qualidade de vida, que não pode ser absorvida apenas pelas instâncias do labor ou do lucro. O paradigma de Gênesis se torna indício de um projeto autenticamente humano que permita a todos realizarem plenamente a si mesmos, cultivando-se socialmente e culturalmente, abrindo espaço para a própria família, para aquela rede de relacionamentos que qualifica e potencializa a vida de todos. Também não é uma fuga pura e simples. O tempo de *vacatio* do trabalho indica a disponibilidade para a alegria, disponibilidade para a comunidade que se reúne para louvar; indica também a dedicação de cuidar dos outros. E se, assim como acontece, no dia dominical é realmente necessário trabalhar, o texto pede que isso não se torne um hábito prejudicial à inteligência do descanso dominical.

Mais amplamente, o n. 2186 articula a operosidade extrovertida do dia de descanso: boas obras, visitas a doentes e idosos, visitas familiares e também estudo e reflexão. Antes de tudo, ele pede, porém, que como cristãos é necessário lembrar daqueles que não podem aproveitar o descanso dominical por motivo da pobreza e da miséria. O descanso é direito de todos, não somente de alguns. O que se torna, no número seguinte, um apelo para que todos possam desfrutar do descanso dominical, ou pelo menos que haja o compromisso de garantir àqueles que estão socialmente impedidos de descansar aos domingos outro tempo, sempre destinado ao descanso. O que, na verdade, toca um ponto nevrálgico descoberto em nosso presente devido à tendência de fazer do domingo um dia de trabalho como qualquer outro, e não apenas no âmbito dos serviços, mas também no comércio, na indústria e assim por diante. Como cristãos, é necessário comprometer-se para que a legislação civil acolha, no respeito à liberdade religiosa e pelo bem comum, o descanso aos domingos e feriados. E é ainda mais dever dos cristãos tornar tangível a alegria dominical, a alegria da oração compartilhada, a alegria de se reunir em assembleia. E, se isso lhes fosse impedido, restaria, no entanto, o dever de testemunhar o forte significado do domingo, assembleia festiva, assembleia dos primogênitos inscritos no céu.

O resumo dos nn. 2189-2195 repropõe o conteúdo essencial do terceiro mandamento. No geral, acreditamos que precisamos relembrar algumas instâncias.

Em primeiro lugar, a instância antropológica ligada à necessidade de todo ser humano de entrelaçar trabalho e descanso. O primeiro qualifica-o não menos do que segundo, aliás, o segundo é *conditio sine qua non* para a eficácia do primeiro. O trabalho realiza plenamente o ser humano na medida em que não o aliena, mas deixa-o aberto à relação com Deus, com os irmãos e com toda a comunidade.

Sobre isso, o sábado na tradição de Israel é um paradigma. O descanso de Deus sanciona o descanso do ser humano, o qual faz da necessidade do descanso uma lei a mais ampla possível. O sábado é um dom que ele restitui a Deus tornando sua própria norma aquilo que ele mesmo fez. E se a norma tem o sabor não exaltante de algo devido, é o próprio Jesus a devolver ao sábado o seu valor de sinalética gratuita e interior.

O domingo substitui o sábado, dando-lhe a novidade decisiva de Páscoa. A partir daí o "dia do Senhor" torna-se ao mesmo tempo uma evocação de tempo, lugar, comunidade e comunhão. O valor teológico do *dominicum* obriga a comunidade cristã a se reunir para celebrar memorialmente a entrega do Senhor por nós, na completude de um lugar e na plenitude de um entrelaçamento relacional com o próprio Deus e com os irmãos. Parada, descanso, *vacatio*, o domingo é acima de tudo prova da gratuidade e do dom, testemunho de um Deus que vem ao nosso encontro e habita conosco e para nós, uma história que, por isso, santifica e transforma.

A comunidade cristã não pode desprezar o apelo ao encontro; não pode desconsiderar o alimento da Palavra e da Eucaristia; não pode decepcionar a causa dos irmãos; não pode renunciar a expressar e a significar a alegria que em tudo isso a caracteriza.

A Igreja nasce da alegria da Páscoa e essa alegria ela deve testemunhar ao mundo até a volta do Senhor. Portanto, deve se reunir a cada domingo para significar essa sua fé e esperança, no ardente exercício da caridade que o Espírito concede e nutre.

Capítulo II
Artigo 4
O QUARTO MANDAMENTO

CARMELO DOTOLO

A compreensão do quarto mandamento deve ser situada dentro da perspectiva fundamental do Decálogo: na origem da existência humana há o ato constitutivo da libertação-salvação operada por Deus. Reconhecer esse Deus significa consentir em uma mudança de perspectiva, por meio da qual se apreende um princípio decisivo: nossa identidade e existência estão marcadas por um "dom", sinal de uma relação com o Deus amoroso da vida e do amor como lógica do "ser-em-relação". Esse dom vem a nós, em primeiro lugar, por meio de nossos pais, que expressam a relação com a fonte da vida, mas que também indicam como o vínculo mais profundo e imediato entre os seres humanos é a relação de filiação: é nessa relação que se insere o caminho de identificação da própria personalidade (cf. CCE 2215). Isso envolve a consciência de que nenhuma pessoa pode viver sem confiar-se a ideais, valores e pessoas. Alcançar uma identidade plena significa saber escolher valores sobre os quais se pode construir um projeto e articular a própria existência. Aqui está a razão pela qual não reconhecer o sentido e a extensão da relação coloca em risco a existência, compromete o caminho de amadurecimento da autonomia, provoca uma ruptura nas relações interpessoais, até o ponto da própria perda da condição humana (cf. n. 2200). Por isso, a perspectiva de significado do quarto mandamento coloca no centro o evento do amor. Amar implica a inversão do movimento conatural do eu em direção a si mesmo, rompe a ilusão da autossuficiência, orientando para espaços de reconhecimento e aceitação. Nesse horizonte de interpretações se coloca o verbo "honrar": este implica no saber dar o peso certo, no considerar como algo importante o pai e a mãe que sintetizam e representam o conjunto das relações humanas (cf. n. 2212). Honrá-los significa reconhecer a dívida que cada um tem para com Deus, para com os outros (cf. n. 2199), sem os quais a pessoa não seria o que é. Basicamente, o quarto mandamento se coloca como um modelo do sentido do ser pessoa chamada a acolher, desenvolver e partilhar os dons recebidos. O oposto, ou seja, da imagem do *self-made man*, cuja voltar-se para si individualista rompe a intencionalidade da criação, cuja lei fundamental reside na relação com a alteridade como desenvolvimento autêntico: "Não é bom que o homem esteja só" (Gn 2,18).

I. A família no plano de Deus

Parece coerente, portanto, que dentro do quadro do quarto mandamento a família surja como lugar privilegiado da identidade humana e que pensar na família e no casamento segundo o plano de Deus (cf. CCC 2202-2203) significa interpretar a arquitetura simbólica da existência humana, na difícil arte do amor e sua pedagogia. Deve-se reconhecer que o "evento do casamento" é um longo processo e com muitas nuanças de significado, em cuja escola há sempre o que aprender. Isso, no entanto, não autoriza a simplificar seu alcance, nem a se considerar dispensados do trabalho do discernimento e da reflexão. Porque amar no estilo da família exige um compromisso que envolve para além da lógica do mercado dos sentimentos; também porque não é tão difícil tornar a experiência do amor semelhante à barganha da oferta e da procura, esquecendo que o que está em jogo não é uma mercadoria, mas o encontro nunca concluído de dois seres. Por isso, uma das características próprias da família reside na qualidade diferencial das relações (cf. 2206), em que o equilíbrio entre a esfera emocional e o valor do vínculo é precioso.

A reavaliação da importância da esfera afetiva representa um importante passo na reafirmação de relações menos burocráticas ou funcionais. É importante que a família possa educar para superar o risco de analfabetismo emocional, mostrando como a compreensão mútua, a ternura, a compaixão e o diálogo sincero podem guiar e dar forma à existência (cf. n. 2206). No entanto, parece ser mais viável a afirmação de relacionamentos puros e de um amor que viajam no trem do desejo. A tese básica da contemporaneidade é que o amor basta por si mesmo e não precisa de vínculos estáveis ou o reconhecimento de instituições. Há uma preferência pela leveza e pela velocidade, assim como a variedade e a novidade. Em outras palavras, prevalece a presunção da onipotência do sentimento, de sua capacidade de superar todos os obstáculos, de derrubar situações consideradas impossíveis. Esse preconceito sugere que a arte de amar é uma dotação da natureza e que aprender a amar não seja necessário.

Neste contexto, parece necessário reiterar como a "forma cristã" da família (cf. nn. 2204-2205) seja à imagem das relações trinitárias, pelas quais o amor, o encontro e a reciprocidade solidária se alimentam da comunhão e de uma capacidade de doação que, do nível do ter, eleva-se até o patamar do ser. Do ponto de vista da "igreja doméstica" a família se configura como um espaço no qual a necessidade de amar e ser amados se combina com a liberdade da pessoa, bem como a escolha de uma estabilidade, expressa no casamento, liberta a pessoa de infiltrações egocêntricas, que não permitem a transmissão da vida autêntica. Tal escolha, no entanto, deve soltar-se das amarras de uma ideia de família predominantemente jurídica e econômica, cuja forma institucional dá a impressão de uma convivência que prescinde das pessoas com suas riquezas e fragilidades. Nessa perspectiva, a fidelidade se coloca como paradigma de uma relação qualitativamente diferente, que precisa de tempo, para que esteja sempre voltada para o porvir, que é o outro. Ou seja, trata-se de aceitar o outro como a terra prometida da própria transformação, e para fazer essa jornada não é pensável uma relação tendo por base o modelo do contrato de futuros. "A autoridade, a estabilidade e a vida de relações no seio da família constituem os fundamentos da liberdade, da segurança e da fraternidade no conjunto social" (n. 2207). A fidelidade preenche as incertezas que podem surgir no chamado ao amor como dom, nutrindo a confiança, apesar das falhas e das feridas, que o projeto é possível, em virtude também do amor que o Espírito tece na aventura da reciprocidade. "Não é o vosso amor a apoiar o casamento, mas de agora em diante é o casamento que sustenta o vosso amor" (BONHOEFFER, D., *Resistenza e resa. Lettere e scritti del carcere*, Cinisello Balsamo, San Paolo, 1988, 103).

Nesse sentido, educar-se para uma "espiritualidade familiar" é um caminho mais do que nunca indispensável, porque se trata de assumir a responsabilidade da construção de uma comunidade que vai além de uma simples convenção social, pois estabelece o valor incondicional da gratuidade, do dom e do serviço. A gratuidade é o sinal da ação do Espírito, que na família permite a doação desinteressada de si em direção àquela esfera da justiça que nutre o estar juntos em uma rede de direitos e deveres.

II. A família e a sociedade

Não há dúvida de que, se o princípio comunitário fortalece a realidade da família, daí segue-se que a "dimensão social" pertence à compreensão da vocação do amor conjugal. Primeiro, porque a família desempenha um papel insubstituível na formação da pessoa, escola da humanidade na qual se aprendem os valores sociais da justiça, da liberdade e da solidariedade. Ela é um microcosmo social, onde se experimenta a preciosidade e a delicadeza das relações interpessoais, o respeito às autoridades, o senso de bem comum e da corresponsabilidade por uma ecologia integral. Em segundo lugar, por que a instituição familiar pode representar um modelo cultural para a elaboração e o exercício da relação entre os laços afetivos e formativos, e laços sociais como lugar construtivo de um *éthos* comum. "A vida em família é iniciação para a vida em sociedade" (CCE 2207), também, e principalmente, em relação a quem precisa de uma ajuda concreta e colaborativa. A importância da família para a vida e o bem-estar da sociedade é, portanto, proporcional à indicação de uma cultura do convívio, em que as diferenças ajudam a combinar realismo político e esperança humana e religiosa. Ou seja, a família se torna um "itinerário pedagógico" de confronto, de escuta, de compromisso para com os outros, para criar uma casa comum em que abertura, atenção, cuidado e capacidade de compreender e mesmo de se transformar em relação ao novo e ao diferente constituem as linhas principais de uma organização frutífera de existência. Se o quarto mandamento "ilumina as outras relações na sociedade" (n. 2212) é porque estende o conceito de família às dimensões intergeracionais, sociais e comunitárias. A família inclui os parentes entendidos como uma rede de laços de aliança e filiação, em que a árvore genealógica cresce e cria um tecido mais amplo. Irmãos, irmãs, avós, tios, tias, primos, sobrinhos, sogras etc. fazem a família se sentir um corpo social, ajudam a perceber melhor o sentido do estar ligados, fomentando a sensação de participar de uma vida mais ampla. Como escreve o Papa Francisco: "Às vezes o individualismo destes tempos leva a fechar-se na segurança de um pequeno ninho e a sentir os outros como um incômodo. Todavia este isolamento não proporciona mais paz e felicidade, antes fecha o coração da família e priva-a do horizonte amplo da existência" (AL 187). Essa experiência permite uma melhor interpretação do esforço de ser nós mesmos, pois supera o perigo de um anonimato que aos poucos desmorona os sentimentos de solidariedade e de livre pertença. Dentro desse quadro, a dimensão social da família é biunívoca: de um lado, o estar dentro de relacionamentos matrimoniais (nos quais se tornar um esposo e uma esposa significa tornar-se genro, nora, cunhada, cunhado) favorece a possibilidade de cultivar e consolidar o vínculo conjugal, também em caso de conflitos de casal; por outro lado, o enxerto da família no tecido vital de uma comunidade maior dinamiza a identidade familiar, na medida em que mostra a fecundidade de uma solidariedade para além daquela do sangue e da territorialidade.

Na esteira da dimensão institucional, a família está envolvida em um processo distributivo: dá vida, distribui afeto, cuidado, educação, implementando um exercício de responsabilidade que afeta seus membros; mas seu papel distributivo é realizado em contato com outras famílias e instituições sociais, por exemplo, em atividades voluntárias, de participação na vida civil, na formação de um estilo econômico digno (cf. 2213). Eis o motivo pelo qual a "missão social" da família deve ser apoiada (cf. nn. 2210-2211), favorecendo o estabelecimento de redes de ajuda mútua e solidária para compartilhar novos estilos de vida e desenvolver vínculos entre as gerações. Tornar viável a conciliação da vida familiar e profissional abre a oportunidade de dar espaço à uma ética da amizade, à corresponsabilidade pela qualidade da existência, à solidariedade com aqueles que vivem em situações de dificuldade, de marginalização, ao crescimento de uma sensibilidade hospitaleira para com o próximo (cf. n. 2212), especialmente se for diverso, e ao estrangeiro. Nesse contexto, o valor da educação aparece como decisivo para o "bem comum" como prioridade de amadurecimento e crescimento em humanidade. As autoridades da sociedade civil estão, de fato, deputadas para esse serviço, o que implica a escolha de uma hierarquia de valores capaz de promover o princípio do bem comum e acompanhar sua aprendizagem. Ao fazer isso, a comunidade política e social deve exercer sua própria responsabilidade de forma subsidiária (cf. n. 2209), como ajuda à pessoa, através de órgãos intermediários entre a família e a sociedade global. A subsidiariedade, no entanto, deve ser articulada com "o princípio da solidariedade", que evita o erro do assistencialismo e do isolamento em situações de crise econômica e de trabalho. Antes, o atual período histórico de empobrecimento de milhões de pessoas e o enfraquecimento das estruturas de bem-estar, exigem um novo modelo de política econômica e financeira que tenha como objetivo a "família humana", superando a lógica do mercado que se baseia na prevalência do interesse de alguns sobre muitos. É justamente o modelo da família (cf. n. 2224) que poderá ajudar em uma construção da sociedade, se a política de direitos do homem previne a política das exportações, se o dever da cultura da solidariedade e de uma ordem econômica justa inspira o direito a um bem-viver, se o respeito mútuo é mais importante do que a ideologia da concorrência e do consumo.

III. Deveres dos membros da família

A experiência histórica, apesar da sucessão de modelos de referência e crises de identidade, mostra como a família é um dos lugares de transmissão privilegiada de um saber experiencial, sobretudo porque, ao cuidar dos outros, cuida-se da humanidade dos pais e dos filhos na concretude do dia a dia e no trabalho das escolhas. Nela é possível experimentar o sentido de "iniciação ao ser humano" (n. 2224), na elaboração de significados, no identificar repertórios de práticas, no indicar critérios de discernimento e valores fundamentais por meio dos quais aprender as condições autênticas da liberdade. Nesse sentido, deve ser repensada a "questão educacional" dentro do espaço de um planejamento e uma responsabilidade que é a do florescimento da vida. Pode-se dizer que isso constitui o específico da família: ser a primeira e fundamental "escola de vocação", em que a função educativa dos pais é direcionada para o caminho do amadurecimento dos filhos. Estes, por sua vez, são convidados a crescer em autonomia e corresponsabilidade, por meio de um conjunto de escolhas coerentes que vão desde o modo de usar o tempo livre, à profissão (cf. n. 2230), do estudo como atitude de pesquisa ao cuidado da corporeidade, do relacionar-se com a sociedade civil ao compromisso por uma cultura mais atenta à dignidade da pessoa. Aprender o difícil trabalho de ser homem e mulher por parte dos filhos, no entanto, refere-se à "capacidade de dar testemunho" dos pais, na coragem de saber questionar-se, na lógica da escuta, na humildade de saber se confrontar, na partilha da própria experiência de fé. Um caminho como esse é possível se os filhos fizerem a experiência de se sentirem chamados, solicitados, evento que desmonta a ideia de função e papel. Só assim é possível pensar em uma vida como um projeto, tornando-se juntos, mesmo na diferença nas relações educativas, construtores de uma visão de existência capaz de partir da força das relações pessoais, de se alimentar da disponibilidade à transformação no amor, de cooperar no amadurecimento pessoal e intersubjetivo. Em outras palavras, a paixão educativa deve acompanhar a superação de uma leitura infantil da realidade, na qual fatores temperamentais e os condicionamentos momentâneos blindam a passagem a um estado de estabilidade e autonomia. E só pode ser feito se a vida da família for capaz de testemunhar (cf. n. 2223) que o caminho é, por mais longo que seja, possível: requer a renúncia gradual do egocentrismo, da busca de satisfações imediatas, em vista da elaboração de critérios de juízo autônomos; e convida a desenvolver um discernimento crítico cada vez mais próximo da verdade, em virtude do qual será possível harmonizar a vida na construção do bem, da felicidade, da realização do próprio ideal. "O lar é um lugar particularmente apropriado para a 'educação das virtudes'. Esta educação requer a aprendizagem da abnegação, do reto juízo, do domínio de si, condições de toda verdadeira liberdade" (n. 2223). No espaço educativo da família, portanto, a relação filhos-pais e pais-filhos é nutrida pelo respeito e aceitação recíproca, dando forma a identidades abertas, nas quais cada um pode delinear a própria personalidade no espaço do encontro e da confrontação, que não autoriza álibis para a necessidade de mudança. O respeito mútuo e a docilidade implicam, porém, na consciência do limite, da fragilidade, das imperfeições não como anomalias de identidade, mas condições para mudar o olhar em relação a si e aos outros, para além da onipresença do erro e do defeito.

IV. A família e o reino

Nesse contexto, é de grande valor o papel dos pais na "educação da fé", na disponibilidade para indicar no Evangelho a custódia de uma Palavra que desequilibra os nossos hábitos ao interpretar a nós mesmos, o mundo e os outros. Não é difícil intuir como, na perspectiva cristã, a qualidade da existência e a maturidade da pessoa humana passem pela escolha de uma "espiritualidade evangélica". Esta se alimenta daqueles processos formativos que são próprios da liturgia, especialmente a eucarística, em que a qualidade ética da vida cotidiana é experimentada nos sinais do pão e do vinho, mas também da vida paroquial como comunidade em que os valores do Reino são aprendidos (cf. n. 2226). Os momentos de convívio, de alegria, de oração e de reflexão poderão nutrir a descoberta contínua da Boa-Nova de que no Deus de Jesus Cristo está presente a plenitude da vida (cf. n. 2232), também na escolha de um seguimento na vida consagrada ou no ministério sacerdotal. Mas a atenção ao Reino convida a família a um estilo de vida em que é possível apostar na construção de uma civilização do amor. Ou seja, trata-se do modelo missionário do seguimento que provoca a exigência de se libertar dos condicionamentos da própria cultura que impedem de perceber a presença do Espírito e os caminhos do Evangelho na história e nas sociedades.

V. As autoridades na sociedade civil

Se o bem comum (cf. nn. 2234; 2240) é o cenário interpretativo e a finalidade constitutiva das instituições que habitam o espaço público, quem é deputado ao exercício da autoridade deve saber inspirar-se ao princípio comunitário como vocação humana (cf. n. 2236). É a comunidade que tem essa função maiêutica em relação à pessoa, para que nela possa ser reconhecida plenamente a dignidade humana precisamente na qualidade da convivência em toda a sociedade. Por isso a ênfase no dever e nos deveres, tanto das autoridades civis como dos cidadãos, aparece como algo importante no que diz respeito a uma lógica do direito a ter direitos. Se os "poderes políticos" têm a tarefa de "respeitar os direitos fundamentais da pessoa", procurando exercer com humanidade "a justiça, no respeito pelo direito de cada um, principalmente das famílias e dos deserdados" (n. 2237), têm, no entanto, a responsabilidade de criar as condições para uma comunidade civil criativa de um bem que suscita a partilha, a comensalidade, a hospitalidade e até mesmo a responsabilidade ecológica. O princípio do bem comum, então, pode favorecer a configuração de novos estilos de vida e uma economia de comunhão que coloque no centro uma cultura que sabe criar oportunidades de cooperação, de trabalho, desenvolvimento para todos, especialmente estrangeiros e imigrantes (cf. 2241; cf. *La famiglia tra sfide e prospettive*, Magnano, Qiqajon, 2015). Ao mesmo tempo, o dever dos cidadãos "para o bem da sociedade, em espírito de verdade, de justiça, de solidariedade e de liberdade" (n. 2239), em uma participação aberta e crítica, deve saber estar atento à relação necessidade-direito, mais do que sobre o direito como capacidade. É essa paradoxal proposta cristã que, tendo por base a prioridade do homem sobre as coisas (cf. n. 2244), sugere como o dever se perfila como um direito intersubjetivo, comunitário e social: este vai desde não infringir os direitos do mais fraco, cuidar e reconhecer os outros, até resistir no que diz respeito à opressão e à proposta de mudar as estruturas de injustiça e alienação da pessoa humana. A este nível se coloca a missão da Igreja (cf. nn. 2245-2246): a busca pelo bem comum exige uma mudança institucional e uma atitude política que reconhece o princípio comunitário, o respeito pelos direitos fundamentais e a atenção aos últimos.

Capítulo II

Artigo 5

O QUINTO MANDAMENTO

STEFANO ZAMBONI

De forma muito significativa, o CCE, diante da análise do que implica o quinto mandamento, não apenas precede sua formulação dentro do Decálogo ("Não matar": Ex 20,13), como também a interpretação que Jesus dá a esse mandamento no contexto das chamadas "antíteses" de Mateus: "Ouvistes o que foi dito aos antigos: 'Não matarás; quem tiver matado será submetido a julgamento'. Mas eu vos digo: quem quer que odeie seu irmão, será submetido a julgamento" (Mt 5,21-22). Desse modo o conteúdo do mandamento se amplia e se aprofunda, passando a indicar não apenas o ato de supressão da vida do outro, mas também tudo o que mina seriamente sua dignidade. O discípulo de Jesus, na lógica da justiça "superabundante" (cf. Mt 5,20), não se limita simplesmente a não matar o outro homem, mas evita qualquer comportamento prejudicial à sua humanidade. Por isso, o CCE, após a seção dedicada ao "respeito à vida humana" (I), trata do "respeito à dignidade das pessoas" (II), para concluir com "a salvaguarda da paz" (III). No início de todo o discurso, afirma-se o pressuposto em que se baseia o argumento subjacente do CCE, ou seja, a "sacralidade" da vida humana "do seu início até o seu fim": sacralidade fundamentada na "ação criadora de Deus" e na "relação especial com o Criador" (n. 2258). Essa afirmação deveria ser apropriadamente completada com o enraizamento cristológico da dignidade pessoal do homem: "Tornando-se um de nós, o Filho faz com que possamos tornar-nos 'filhos de Deus' (Jo 1,12), 'participantes da natureza divina' (2Pd 1,4). Esta nova dimensão não está em contraste com a dignidade da criatura que todos os homens reconhecem como racional, mas eleva-a a um ulterior horizonte de vida, que é a própria vida de Deus, e permite refletir mais adequadamente sobre a vida humana e sobre os atos que a constituem" (DP 7).

I. O respeito à vida humana

A reflexão sobre a dignidade da vida humana começa com um breve levantamento bíblico (nn. 2259-2262). As ideias em que se insiste podem ser assim resumidas: o ódio pelo outro está enraizado na condição do pecado em que o homem se encontra (a história do primeiro homicídio é emblemática, isto é, o de Abel perpetrado por seu irmão Caim: Gn 4,1-16; cf. CCE 2259). Inequivocamente a Escritura condena o assassinato (CCE 2260-2261); Jesus acrescenta ao conteúdo do mandamento a proibição em relação à ira, ao ódio, à vingança e dá o mandamento do amor ao inimigo (n. 2262). Observe-se que o conteúdo do mandamento é formalmente expresso como "o assassinato voluntário de um inocente" e a lei que o proíbe "é universalmente válida: obriga a todos, e a cada um, sempre e em toda parte" (n. 2261). Ou seja, é uma norma que proíbe um comportamento intrinsicamente imoral e é vigente, como se diz em teologia moral, *semper et pro sempre*, isto é, em todo os casos, sem exceção.

Se, no entanto, isso for verdade, como deve ser interpretada a "legítima defesa"? Não se trataria talvez de uma exceção à natureza peremptória do "não matar"? O CCE, na abertura dos números dedicados a este tema (nn. 2263-2267), afirma claramente que "a legítima defesa das pessoas e das sociedades não é uma exceção à proibição de matar o inocente" (n. 2263), pois, como explica Tomás (*Summa Theologiae*, II-II, 64, 7) citado em apoio a esta tese, de um mesmo ato podem surgir dois efeitos, um intencional (a defesa da própria vida) e outro preterintencional (*praeter intentionem*: e não "involuntário", como foi traduzido pela primeira edição do CCE), ou seja, a morte de quem fez o atentado. Desta forma, a legítima defesa não é uma exceção ao mandamento de não matar (matar é, neste caso, preterintencional e, além disso, é infligido a um agressor injusto, portanto, não a um inocente), mas deve sim ser relacionado ao fato de que é "legítimo fazer respeitar seu próprio direito à vida" (n. 2264). Também é mencionado aqui Santo Tomás que recorda o critério da proporcionalidade (a defesa é legítima quando é proporcional à agressão sofrida) e reconhece a razão de legitimidade defesa no amor consigo mesmo, na necessidade de prover primeiro à própria vida do que à dos outros. A este ponto, é de se perguntar se o antepor o amor a si mesmo em relação ao amor aos outros está de acordo com a proposta ética de Jesus, expressa especialmente no Sermão da Montanha, assim como seria possível se perguntar se a insistência, ainda que em parte legítima, na culpa do agressor não corre o risco de efetivamente negar de fato a dignidade que é própria de todo ser humano. Seja como for, o CCE prossegue afirmando que a legítima defesa, além de ser um direito, pode ser um "dever grave" para quem exerce autoridade e que, portanto, tem a responsabilidade de defender, até mesmo com o uso de armas, se necessário for, os que lhe foram confiados (n. 2265).

Nesse contexto, o CCE se detém no significado da "penalidade". É aqui que encontramos uma formulação diferente dos nn. 2266-2267 em comparação com primeira edição. Nessa edição se afirmava que o ensino tradicional da Igreja reconheceu o direito/dever da autoridade de infligir penas proporcionais ao crime "sem excluir, em casos de extrema gravidade, a pena de morte" (n. 2266, primeira edição). Essa declaração forneceu o ensejo para inúmeras controvérsias, tendo em vista o forte compromisso assumido pelo Magistério dos últimos papas na promoção da abolição da pena da morte no mundo. Como então se explica esta afirmação do CCE? Este limitava-se a reiterar "o ensinamento tradicional da Igreja" que, de fato, admitiu a possibilidade da pena de morte como salvaguarda do bem comum (pense-se em Santo Tomás: *Summa Theologiae*, II-II, 64, 2). A nova edição do CCE pretendia se estender mais sobre a questão, especificando-a melhor. Após reiterar o direito/dever da autoridade de infligir penas proporcionais ao crime e de ter recordado as funções da pena — reparação da desordem introduzida pela culpa, expiação, defesa da ordem pública, correção do culpado (n. 2266), o CCE explica: "O ensino tradicional da Igreja não exclui, depois de comprovadas cabalmente a identidade e a responsabilidade do culpado, o recurso à pena de morte, se essa for a única via praticável para defender eficazmente a vida humana contra o agressor injusto". Como se vê, nesta declaração há uma volta ao juízo de legitimidade da pena de morte pronunciada pelo ensino tradicional da Igreja, acrescentando-se então, nos números seguintes, que, de fato, dispondo atualmente o Estado de possibilidades para tornar "inofensivo aquele que o cometeu, sem privá-lo definitivamente da possibilidade de se redimir, os casos de absoluta necessidade de supressão do réu 'são agora muito raros, se não até mesmo praticamente inexistentes'" (n. 2267).

O CCE retoma aqui o n. 56 da *Evangelium Vitae* (EVi), em que João Paulo II reiterou a possibilidade de recorrer à pena de morte "em casos de absoluta necessidade, ou seja, quando a defesa da sociedade não fosse possível de outro modo", mas afirmando justamente que "de fato" esses casos são praticamente inexistentes. Como é possível ver, a explicação oferecida pela segunda edição do CCE não nega o que fora afirmado na primeira, mas especifica melhor seu âmbito excluindo, no contexto atual, a possibilidade de recorrer a uma pena como essa que, "em linha de princípio", nem sempre é sem legitimidade. Numerosos teólogos morais e não poucas vozes do Magistério episcopal se expressaram em favor de uma descontinuidade com essa linha interpretativa mostrando, por um lado, a dificuldade de encaixar a pena de morte na questão da legítima defesa e sublinhando, por outro lado, o fato de que "nem sequer o homicida perde sua dignidade pessoal e o próprio Deus se constitui seu garante" (EVi 9). Portanto, seria desejável uma maior coragem do Magistério universal nessa linha de rejeição, "ainda que teórica", da legitimidade da pena de morte.

Os próximos dois parágrafos são dedicados ao "homicídio voluntário" (CCE 2268-2269). Além de afirmar que "o quinto mandamento proíbe, por ser gravemente pecaminoso, o homicídio direto e voluntário" (n. 2268), além disso, recorda também que é vedada uma ação que tenha a intenção de provocar "indiretamente" a morte de uma pessoa, como no caso em que se exponha alguém a um risco mortal sem motivo grave, ou então, se recuse a assistência a uma pessoa em perigo. Nesse sentido, basta pensar nas graves condições de miséria em que se encontram sociedades inteiras, ou nas práticas usurárias e mercantis que causam a fome e, de consequência, a morte (n. 2269).

O CCE aborda em seguida a questão do "aborto" (nn. 2270-2275). A esse propósito, se evoca o ensinamento inalterado e invariável da Igreja em relação à malícia do aborto procurado diretamente, "isto é, querido como fim ou como meio" (n. 2271). O Concílio Vaticano II falou a esse propósito de "crime abominável" (GS 51). Qual é a razão de uma postura tão severa e peremptória? O CCE, seguindo e citando abundantemente a instrução *Donum vitae* de 1987, da Congregação para a Doutrina da Fé (entrementes outra instrução mais atualizada foi emitida pelo mesmo dicastério: *Dignitas Personae*), recorda que "desde o primeiro momento de sua existência, o ser humano deve ver reconhecidos os seus direitos de pessoa, incluindo o direito inviolável de todo ser inocente à vida" (CCE 2270). De fato, o embrião "deve ser tratado como pessoa desde a concepção" (n. 2274). É de se notar que o CCE, de acordo com a instrução *Donum vitae*, não se compromete com uma definição de um caráter filosófico, ao afirmar que o embrião "é" uma pessoa, pois não pretende dirimir a velha questão da animação — isto é, relativa à alma —, muito debatida principalmente no passado. Apesar de não dar uma indicação de caráter ontológico (que, no entanto, é de fato pressuposta), mesmo assim a injunção ética é peremptória. Consequentemente, deve ser reservada ao embrião uma tutela também na esfera jurídica, uma vez que "o inalienável direito à vida de todo indivíduo humano inocente é um elemento constitutivo da sociedade civil e de sua legislação" (CCE 2273). Uma forma particular de tutela está representada, no ordenamento canônico, pela excomunhão *latae sententiae* (em que se incorre pelo próprio fato de se ter cometido o delito) cominada a quem provoca o aborto (n. 2272). A razão para essa disposição é o desejo de enfatizar a gravidade do aborto, contrariando a tendência das legislações contemporâneas que pretendem legalizá-lo e até mesmo considerá-lo como um "direito" da pessoa. A partir do princípio ético de tratar o embrião "como uma pessoa" também deriva o critério para julgar a licitude das intervenções médicas sobre ele (nn. 2274-2275). Os "não" aqui pronunciados pelo Magistério estão ordenados para o "sim" à vida querida e amada por Deus como estas palavras da EVi nos lembram: "A vida humana é sagrada e inviolável em cada momento de sua existência, inclusive na fase inicial que precede o nascimento. Desde o seio materno, o homem pertence a Deus que tudo perscruta e conhece, que o forma e plasma com suas mãos, que o vê quando ainda é um pequeno embrião informe, e que nele entrevê o adulto de amanhã, cujos dias estão contados e cuja vocação já está escrita no 'livro de vida' (cf. Sl 139,1.13-16). Quando está ainda no seio materno [...] o homem é o objeto muito pessoal da amorosa e paternal providência de Deus" (n. 61).

Após ter tratado do início da vida, o CCE, com os números dedicados à "eutanásia" (CCE 2276-2279), passa à questão do seu término. Eutanásia é um termo que vem do grego e indica literalmente uma "boa morte" (*eu* = bem, bom; *thánatos* = morte). É usado para indicar uma morte que gostaria de ser "misericordiosa", dada a quem vive sofrimentos insuportáveis e que são considerados como incompatíveis à dignidade da pessoa. O CCE, depois de ter lembrado que às pessoas doentes e que apresentam algum nível de deficiência deve estar reservado um cuidado particular (n. 2276), declara a inadmissibilidade ética da "eutanásia direta", "sejam quais forem os motivos e os meios". Fala de um "ato assassino" e a define nestes termos: "uma ação ou omissão que, em si ou na intenção, gera a morte, a fim de suprimir a dor" (n. 2277). Note-se que, para evitar confusões terminológicas, falar de eutanásia direta não significa referir-se aos meios pelos quais ela é cometida: esta é direta na medida em que visa — "em si ou na intenção" — provocar a morte do enfermo, embora possa ser cometida por meio de uma ação (por exemplo, a administração de uma droga mortal) ou uma omissão (não fornecer os cuidados necessários para a manutenção da vida). Seja qual for o modo como acontece, sempre constitui "um assassinato gravemente contrário à dignidade da pessoa humana e ao respeito pelo Deus vivo, seu Criador". Opinião confirmada, aliás fortalecida pelo exercício da sua autoridade petrina, por João Paulo II: "em conformidade com o Magistério dos meus predecessores e em comunhão com os bispos da Igreja católica, 'confirmo que a eutanásia é uma grave violação da lei de Deus', enquanto morte deliberada moralmente inaceitável de uma pessoa humana. Tal doutrina está fundada sobre a lei natural e sobre a Palavra de Deus escrita, é transmitida pela Tradição da Igreja e ensinada pelo Magistério ordinário e universal" (EVi 65). A renúncia à "obstinação terapêutica" deve ser considerada como algo distinto da eutanásia: a decisão de interromper "procedimentos médicos onerosos, perigosos, extraordinários ou desproporcionais", na verdade, pode ser perfeitamente legítima. Na verdade, "não se quer dessa forma provocar a morte; aceita-se não poder impedi-la" (CCE 2278). Com relação aos tratamentos a serem oferecidos ao doente, o n. 2279 especifica: os tratamentos ordinários devem sempre ser garantidos; analgésicos usados para aliviar o sofrimento do paciente são lícitos mesmo que haja o risco de encurtar a vida (princípio do duplo efeito); os cuidados paliativos, que "constituem uma forma privilegiada de caridade desinteressada", devem ser incentivados.

A última questão abordada é a do "suicídio". O juízo moral de reprovação se baseia no fato de que "somos os administradores e não os proprietários da vida que Deus nos confiou" (n. 2280) e se articula com base nos argumentos já ilustrados por Tomás (cf. *Summa Theologiae*, II-II, 64, 5), que vê o suicídio como uma falta grave contra o justo amor de si mesmo, contra o amor ao próximo e contra o amor do Deus vivo (n. 2281). A consideração sobre a malícia moral do suicídio, no entanto, não significa falta de misericórdia para com aqueles que o cometeram, seja porque sua responsabilidade pode ser mitigada por alguns fatores (n. 2282), seja porque a Igreja não deixa de rezar por todos aqueles que atentaram contra a própria vida (n. 2283), como o demonstra também o desaparecimento da exclusão das exéquias eclesiásticas para os suicidas.

II. O respeito à dignidade das pessoas

Neste segundo parágrafo da análise do quinto mandamento, elementos diversificados convergem e são reunidos, talvez nem sempre de forma completamente persuasiva, em torno da categoria de "dignidade das pessoas". Aqui se fará um rápido resumo, especialmente porque a síntese trazida no final deste artigo 5º do CCE dedica um número às questões consideradas aqui (cf. n. 2326).

Em primeiro lugar, se deterá no "escândalo", visto como falta de "respeito pela alma dos outros" (nn. 2284-2287). Este é definido como "a atitude ou comportamento que leva outrem a praticar o mal" (n. 2284) e é particularmente grave se quem o comete são aqueles que detêm autoridade (legisladores, educadores, chefes de empresas...) e se quem o sofre são os fracos e os pequeninos (cf. Mt 18,6). Em seguida, se considera o respeito à "saúde" (nn. 2288-2291). Esta deve ser cuidada como um bem dado por Deus e exige condições que devem ser garantidas pela sociedade (alimentação e vestuário, habitação, assistência de saúde, ensino básico, trabalho, previdência social). Isso não significa que respeito pela vida corporal seja um valor absoluto, como tende a fazer certa concepção que o CCE define como "neopagã", à base da qual se promove um verdadeiro "culto do corpo". O respeito ao corpo implica também a virtude da temperança que dispõe de modo a evitar todo tipo de excessos (comida, álcool, tabaco...) e esse respeito é obviamente negado pelo uso das drogas. Em terceiro lugar, reflete-se sobre o respeito da pessoa em relação à "pesquisa científica" (nn. 2292-2296). Reconhece-se que ela constitui "uma expressão significativa do domínio do homem sobre a criação" e, portanto, deve ser encorajada quando é colocada a serviço do homem em seu desenvolvimento integral. No entanto, é ilusório, observa o CCE, invocar uma presumida "neutralidade moral da pesquisa científica e suas aplicações": ela tem necessidade de ser orientada para o bem da pessoa, sem ceder às ideologias dominantes ou a critérios deduzidos exclusivamente da eficácia técnica ou da utilidade social. Descendo a casos concretos, toca-se no tema dos experimentos sobre o ser humano — moralmente legítimos se forem respeitosos em relação à sua dignidade e não o exponham a riscos desproporcionados — e sobre transplantes e doação de órgãos. Em quarto lugar examina-se o respeito pela "integridade corporal" (nn. 2297-2298): aqui convergem comportamentos bastante diferentes (sequestros e tomada de reféns, terrorismo, tortura, amputação, mutilação ou esterilização). Hoje a breve menção ao terrorismo certamente mereceria ser aprofundada e tratada em outro contexto. Deve-se notar que no n. 2298 o CCE reconhece a responsabilidade, mesmo dos pastores da Igreja, em recorrer ou mesmo ter tolerado no passado "práticas cruéis para manter a lei e a ordem". Hoje, é necessário que se façam esforços de modo resoluto para sua abolição. O último aspecto é o "respeito aos mortos" (nn. 2299-2301). Em particular recorda-se do cuidado e da atenção para com os moribundos, o respeito devido aos corpos dos mortos (o sepultamento dos mortos é uma obra de misericórdia corporal) e a licitude da cremação também é mencionada (segundo as novas disposições do CIC de 1983), na medida em que essa escolha não questione a fé na ressurreição dos corpos.

III. A salvaguarda da paz

Conforme já observado acima, o CCE, junto à injunção contida no Decálogo ("não matar"), coloca as palavras de Jesus sobre a ira contra o próprio irmão (Mt 5,21-22). Desse modo, o discurso sobre a paz e sobre a guerra, objeto deste terceiro parágrafo, é trazido de volta ao "coração", isto é, ao que, de acordo com a visão bíblica, é a sede dos pensamentos, dos afetos e das decisões do homem. Ao fazê-lo, o CCE se detém em primeiro lugar na "cólera" (n. 2302) e no "ódio" ao próximo (n. 2303).

Note-se que o CCE aborda oportunamente o tema da "paz" em primeiro lugar (nn. 2302-2306) em relação ao da guerra. Se é verdade que na mentalidade comum tendemos a definir a paz como a ausência de guerra, partindo da observação empírica que infelizmente na história da humanidade houve poucos períodos de paz, o CCE reflete antes de tudo sobre a natureza da paz. Ele o faz na esteira do Vaticano II, que afirmou que a paz "não é a simples ausência de guerra", é antes "o fruto da ordem impressa na sociedade humana por seu divino Fundador", ou melhor, "imagem e efeito da paz de Cristo que emana do Pai". "Nunca é algo de alcançado de uma vez por todas", porque "os homens, como pecadores, estão e estarão sempre sob ameaça de guerra". Essa paz deve ser construída, sobre o fundamento da "justiça" e do "amor", na "prática da fraternidade humana" à qual os cristãos não são estranhos de modo algum, pois estão chamados a "juntar-se a todos os homens que amam sinceramente a paz para implorá-la do céu e realizá-la" (GS 78). No CCE, portanto, afirma-se que a paz não é simplesmente a ausência de guerra, mas, segundo a definição agostiniana (cf. *De Civitate Dei*, XIX, 13,1), é "tranquilidade de ordem", fruto da justiça e da caridade (CCE 2304). O CCE lembrará que a encíclica *Pacem in terris* — a grande Encíclica profética de João XXIII (1963) — começava recordando que "a paz na terra, anseio profundo dos seres humanos de todos os tempos, só pode ser estabelecida e consolidada apenas no pleno respeito da ordem estabelecida por Deus" (n. 1). E essa ordem se sustenta no respeito pela pessoa humana, na sua liberdade, na justiça e na verdade. Do ponto de vista bíblico, a paz é a promessa definitiva de Deus ao seu povo; é plenitude de vida e bênção (*shalôm*) e é dada completamente por Cristo, que é a própria paz: "Pois ele é a nossa paz, aquele que de dois povos fez um só, derrubando o muro de separação que os dividia, isto é, a inimizade, por meio de sua carne" (Ef 2,14). Relembrando isso, o CCE — citando novamente a GS — afirma que "a paz terrestre é imagem e fruto da paz de Cristo" (CCE 2305). Nesse contexto, finalmente se mencionam aqueles que "renunciam à ação violenta" para proteger os direitos do homem (n. 2306). Eles dão um testemunho de "caridade evangélica" e certamente constituem um sinal profético de grande valor.

Após ter tratado da paz, o CCE reflete sobre a necessidade de "evitar a guerra" (nn. 2307-2317). Não há dúvida de que se deva atuar e rezar para que o mundo seja liberto "da antiga escravidão da guerra" (n. 2307), mas onde não há possibilidade de uma intervenção efetiva por parte da autoridade internacional para pôr fim aos conflitos, não poderá negar aos governos — como ensina GS (n. 79) — o direito de legítima defesa (CCE 2308). A doutrina social da Igreja insistiu e continua a insistir para que se forme uma comunidade dos povos e das nações que esteja orientada ao bem comum universal comum e que sirva como garantia de paz: neste sentido, o Concílio Vaticano II pediu a instituição de "uma autoridade pública mundial, por todos reconhecida e com poder suficiente para que fiquem garantidos a todos a segurança, o cumprimento da justiça e o respeito dos direitos" (GS 82). No entanto, quando o recurso a esta autoridade não for eficaz e não houver qualquer possibilidade de uma solução pacífica do conflito, "uma 'legítima defesa com força militar'" (CCE 2309) pode ser justificada. A legitimidade moral de tal defesa está sujeita a "condições estritas": é necessário "ao mesmo tempo em que: o dano infligido pelo agressor à nação ou à comunidade das nações, seja durável, sério e certo; todos os outros meios de pôr fim a tal dano se tenham revelado impraticáveis ou ineficazes; estejam reunidas as condições sérias de êxito; o emprego das armas não acarrete mais males e desordens mais graves do que o mal a eliminar".

O CCE especifica que a avaliação dessas condições "cabe ao juízo prudencial daqueles que estão encarregados do bem comum", uma vez que dependem de contingências histórico-políticas que são impossíveis de serem determinadas *a priori*. Acrescente-se a isso que "esses são os elementos tradicionais listados na doutrina chamada de a 'guerra justa'". A assim chamada teoria da guerra justa, que vai desde o século IV até nossos dias, no entanto, foi contestada por numerosos teólogos que invocam explicitamente seu abandono, dada a ligação contraditória entre o adjetivo "justa" e o substantivo "guerra". De fato, se a declaração do CCE é irrepreensível do ponto de vista histórico, entretanto, induz à confusão, a partir do momento que, com razão, no início do n. 2309, fala-se de legitimidade não da guerra, mas da defesa armada, à semelhança da legitimidade das forças policiais para a manutenção da ordem pública em cada Estado. Uma última anotação sobre este número, certamente um dos mais importantes dessa parte. Em relação ao último critério ("o emprego das armas não acarrete mais males e desordens mais graves do que o mal a eliminar"), se acrescenta que "o poderio dos meios modernos de destruição pesa muito na avaliação desta condição". O CCE está ciente da peculiaridade da guerra moderna em termos de destrutividade (cf. 2314); por isso, certamente teria sido apropriado recordar nestes números a famosa e peremptória declaração de *Pacem in terris* sobre a absurdidade do recurso à guerra no tempo presente: "É contrário à razão (*alienum est a ratione*) pensar que, na era atômica, a guerra possa ser usada como instrumento de justiça" (n. 43). Os outros números desta parte estão dedicados à defesa nacional — com a definição dos militares como "servidores da segurança e liberdade dos povos" (CCE 2310) — e a objeção de consciência ao uso de armas (n. 2311). Diz-se em seguida que durante o curso dos conflitos armados nem tudo é lícito: permanece sempre a lei moral e o chamado "direito das nações" (*jus gentium*), com seus princípios universais. Em particular, se condena o horrendo crime de genocídio, do qual infelizmente fomos testemunhas até os dias atuais (nn. 2312-2313). Uma menção especial merece a questão das armas (nn. 2315-1316) e especificamente tudo o que é dito sobre a "acumulação de armas". A chamada Guerra Fria foi considerada um legitimar do equilíbrio de armas, a fim de dissuadir da guerra a potência adversária (a "dissuasão"); essa lógica, que continua até hoje, deve ser objeto de "severas restrições morais". De fato, continua o CCE, "a 'corrida aos armamentos' não garante a paz. Longe de eliminar as causas da guerra, há o risco de agravá-las" (n. 2315).

Esta terceira parte termina com um belo texto do Vaticano II (GS 78) que lembra de modo muito realista como os seres humanos, como pecadores, estejam sempre sob ameaça da guerra até a vinda de Cristo, mas podem, mediante o amor, vencer as raízes do pecado e da violência (cf. CCE 2317). Em suma, a Igreja deve anunciar continuamente que Deus é o Deus da paz: de forma plena, definitiva, irrevogável. É o que deve ser reiterado no confronto crítico com os lugares de formação do pensamento contemporâneo e de sua práxis, desmentindo uma suposta "naturalidade" ou "originalidade" do conflito que seria sua justificação final. Claro que a guerra e a violência são reais, evidentemente. Mas o homem é habitado, e é um fato ainda mais originário, por um desejo de paz. Se a "realidade" do ser humano se caracteriza pela guerra, sua "verdade" é a de um ser de paz.

Capítulo II
Artigo 6
O SEXTO MANDAMENTO

ARISTIDE FUMAGALLI

A vida em Cristo, guiada e animada pelo Espírito, corresponde ao mandamento novo que Jesus deixou como testamento aos seus discípulos: "Amai-vos uns aos outros como eu vos amei" (Jo 15,12).

O novo mandamento, expressando a perfeição da vida moral, leva à realização o antigo ensinamento do Decálogo, cujas dez palavras estão resumidas no duplo mandamento do amor, também formulado por Jesus: "Amarás o Senhor teu Deus de todo o teu coração, com toda a sua alma e com toda a sua mente. [...] Amarás o teu próximo como a ti mesmo" (Mt 22,37-39).

O duplo mandamento do amor a Deus e ao próximo retoma sinteticamente a distinção encontrada no Decálogo entre os três mandamentos da chamada primeira tábua, relativos a Deus, e os outros sete da chamada segunda tábua, relativos ao próximo. As dez palavras do Decálogo, iluminando-se mutuamente, formam uma única declaração de amor, o amor do Senhor Deus que, libertando o povo da escravidão maligna, o instrui para que se mantenha livre para desfrutar dos bens da aliança. O Decálogo configura a vida moral como uma resposta à iniciativa amorosa de Deus.

O que, em geral, vale para os Dez Mandamentos, vale de maneira especial para o sexto mandamento que, na formulação da Escritura, proibindo o adultério, diz respeito à relação de amor por excelência, aquela entre homem e mulher. Já o Decálogo, no nono mandamento, ensina a evitar o adultério desde o seu nascimento como desejo pela mulher dos outros. Jesus, precisamente ao recordar o sexto mandamento, radicaliza esse ensinamento afirmando que "quem olhar para uma mulher para desejá-la, já cometeu adultério com ela em seu coração" (Mt 5,28).

Ao contrário dos outros mandamentos, cuja fórmula catequética, embora abreviada, retoma a formulação da Escritura, o sexto mandamento a altera de forma mais evidente, reformulando a frase "não cometer adultério" com o "não cometer atos impuros". A mudança, com a expansão do ditado do mandamento a toda a esfera da sexualidade, sinaliza a ressonância íntima e o forte impacto que a ação sexual tem na experiência humana e cristã. A formulação catequética do mandamento, no entanto, deve ser interpretada adequadamente para evitar mal-entendidos e suspeitas sobre a sexualidade humana, que não deixaram de prejudicar sua valorização. Isto é especialmente verdadeiro para a interpretação do sexto mandamento o princípio pastoral introduzido a este CCE, de acordo com o qual também na exposição dos "deveres da atividade moral, sempre e em tudo deve ser enfatizado o amor de nosso Senhor, para que as pessoas entendam que todo exercício da virtude cristã perfeita só pode brotar do amor, assim como tem seu fim último no amor" (n. 25).

Em uma concepção negativa da sexualidade humana, que ao enaltecer a dimensão espiritual e racional do homem desprezasse sua dimensão corpórea e passional, os atos impuros acabariam por coincidir, *sic et simpliciter*, com os atos sexuais. De fato, o preconceito negativo sobre a sexualidade humana, induzido pelas várias formas de gnosticismo recorrente ao longo da história, precocemente e por muito tempo contaminou o ensino da Igreja. Em vez disso, na perspectiva autenticamente cristã da sexualidade, os atos impuros proibidos pelo sexto mandamento, longe de serem todos atos sexuais, são aqueles atos sexuais que, em vez de manifestar o amor de Cristo, o contradizem. E como o amor de Cristo pode ser expresso sinteticamente como o dar a vida pelos outros (cf. Jo 15,13; 10.10), atos impuros são aqueles atos sexuais que em vez de vitalizar, mortificam a vida amorosa. Puros são os atos sexuais que expressam a doação de si para o outro, impuros são os que fecham egoisticamente o sujeito em si mesmo. Se o "culto espiritual" consiste em oferecer os "corpos como sacrifício vivo, santo e agradável a Deus" (Rm 12,1), então também a oferta do próprio corpo nos atos sexuais, se vivida no amor de Cristo, é uma forma espiritual de amor humano, isto é, uma forma de amor segundo o Espírito Santo.

I. "Homem e mulher os criou..."

O sexto mandamento instrui o homem e a mulher para que sua sexualidade seja vivenciada correspondendo ao amor de Deus revelado em Cristo e derramado pelo Espírito Santo nos corações dos fiéis.

A ligação entre a sexualidade humana e o amor divino tem suas raízes na criação do homem à imagem e semelhança de Deus (cf. Gn 1,26-27). No ser humano, criado homem e mulher, reflete-se o mistério do Deus de amor. Ao Deus Trinitário, comunhão do Pai e do Filho na unidade do Espírito, corresponde a união do homem, fruto de uma relação amorosa entre masculino e feminino, que se expressa simbolicamente nos atos sexuais e na geração filial.

A sexualidade humana é uma condição diferencial e relacional que distingue, entre as muitas espécies vivas, também a espécie humana. É uma condição diferencial porque distingue os seres humanos em machos e fêmeas; é uma condição relacional porque a diferença deles é relativa a elas e vice-versa. A relação diferencial que distingue os seres humanos é condição de possibilidade de autêntica comunhão amorosa, que evita seja a incomunicabilidade daqueles que fossem diferentes sem estar em relação, seja a confusão daqueles que estavam em relação sem serem diferentes.

A sexualidade é uma condição antropológica difusa, no sentido de que diz respeito ao ser humano em sua totalidade. Esta não pode ser limitada apenas à dimensão corpórea, mas, dada a união inseparável que há entre o corpo e o espírito, também conota a dimensão espiritual da pessoa. Complementaridade corpórea entre masculino e feminino expressa simbolicamente a reciprocidade pessoal do homem e da mulher, cuja união é a imagem da comunhão e da fecundidade de Deus A reciprocidade sexual do homem e da mulher, ambos criados por Deus, atribui-lhes a mesma dignidade pessoal, que expressa, de uma forma diferente, poder e ternura do amor divino.

Uma vez que a sexualidade é uma condição espírito-corpórea, a identidade sexual da pessoa não resulta em ter um corpo masculino ou feminino, mas contempla o reconhecimento pela pessoa de sua natureza corpórea masculina ou feminina. Dada a natureza relacional da sexualidade, esse reconhecimento só pode ocorrer adequadamente na relação entre homem e mulher, que, aliás, é sempre mediada pela cultura social que pode realçar a diferença sexual em vista da comunhão pessoal, ou então, desvalorizá-la em vistas de sua remoção.

Ao propor uma antropologia relacional, a revelação cristã contesta a possibilidade de se chegar à definição de identidade sexual considerando uma base individual e argumenta, pelo contrário, que ela não pode ser adquirida independentemente da relação interpessoal entre homem e mulher. O gênero sexual (*gender*) é indefinível em uma base individual, como demonstra seu extravio nas teorias que pretendem defini-lo prescindindo das relações sexuais.

A perspectiva cristã não só revela a relação essencial entre o homem e mulher, mas também revela qual prática de relação poderia permitir aos seres humanos descobri sua própria identidade específica, evitando o duplo obstáculo que em nome da diferença sexual ofende a dignidade da pessoa ou, vice-versa, em nome da igual dignidade pessoal acaba anulando a diferença sexual. Esta prática é contada pelo "como" do amor de Cristo, ao qual o homem e a mulher são chamados a conformar sua relação para que assim se valorize a diferença específica na dignidade igual.

II. A vocação à castidade

O amor sexual envolve a pessoa inteira na relação interpessoal. A isso dispõe a virtude da castidade, que manifesta o amor pessoal nos corpos sexuados, tornando-os expressivos no dom de si para o(a) outro(a).

A integridade da pessoa

O amor diz respeito integralmente à pessoa humana, a todo o seu ser espírito-corpóreo. A unidade do espírito e do corpo não é um fato pré-estabelecido em relação à ação da pessoa, mas fruto de uma ação que o corpo propicia e o espírito exercita. A unificação realizada pelo espírito visa garantir que o corpo, valorizado em sua objetividade e organicidade, se torne símbolo expressivo do amor pessoal. A valorização do corpo sexuado como expressão de amor pessoal exclui que este possa ser escravizado pelo espírito, sob a bandeira de uma concepção espiritualista do amor que despreza ou demoniza o corpo. Por outro lado, a valorização do corpo sexuado não pode nem mesmo exaltar o corpo a ponto de torná-lo um tirano do espírito, sob uma concepção materialista do amor, que degrada ou nega o espírito.

A adequada valorização do corpo pelo espírito supõe a forma mais adequada na responsabilidade, na habilidade, ou melhor, na interação com os dinamismos psicofísicos que o constituem, para que encarnem o amor pessoal. A responsabilidade do corpo sexuado, próprio e dos outros, implica que seus dinamismos e potenciais sexuais sejam reconhecidos, assumindo-os como uma gramática do amor interpessoal. O homem e a mulher têm a responsabilidade de elaborar o significado esponsal do corpo próprio e o corpo sexual dos outros, para que sua gestualidade amorosa seja expressiva do recíproco dom de si, na fecunda comunhão de amor. O assumir responsável do corpo sexuado como expressão do amor pessoal assimila o amor sexual à linguagem, cuja verdade exige a unificação do que se quer dizer com aquilo que é dito, evitando a duplicidade que em vez de revelar as verdadeiras intenções, mascara-as.

A responsabilidade do corpo sexuado para que encarne o amor pessoal é o que na tradição moral corresponde à "castidade", virtude cristã considerada bastante anacrônica e muitas vezes equivocada. Em seu significado mais autêntico, a castidade é a arte espiritual de assumir responsavelmente os dinamismos psicofísicos do corpo sexuado, sem censurá-los e sem se submeter a eles. Para que o amor pessoal se expresse nos atos do corpo sexuado, é necessário que as emoções sensuais e os sentimentos psíquicos, as chamadas paixões, não arrastem o espírito para comportamentos mais sofridos do que atuados. Neste caso, o amor pessoal seria adulterado, pois estaria privado do espírito pessoal.

Contrastando com a degradação do amor, a castidade é a disposição que permite à pessoa o domínio de seus atos sexuais, para que eles revelem o amor pessoal nos dinamismos sensuais e sentimentais do gesto amoroso. A castidade é a energia espiritual que, valorizando as paixões psicofísicas, inscreve o amor pessoal nos comportamentos sexuais.

A tradição cristã, ligando a castidade à virtude cardeal da temperança, considera-a uma virtude moral e, ao mesmo tempo, um fruto do Espírito, uma capacidade, portanto, que nasce da colaboração da liberdade humana com a graça divina. Exige-se da liberdade humana um longo aprendizado e um exercício contínuo para que a castidade não seja o compromisso de alguns momentos, mas uma disposição estável: assim é a virtude. A castidade, como toda virtude, cresce gradualmente com o tempo, segundo fases com diversos níveis de exigência nas várias fases da vida, marcadas pela imperfeição e frequentemente pelo pecado. O compromisso pessoal para o crescimento virtuoso na castidade está sempre em jogo dentro de uma cultura social que pode promovê-la ou combatê-la, principalmente por meio de informação e educação. Contudo, a obtenção da virtude da castidade não se reduz a um esforço autônomo do sujeito dentro da sociedade, mas conta com a graça do Espírito Santo acolhida e cultivada na vida de fé. Infundindo-se nos dinamismos da sexualidade humana, o Espírito capacita o sujeito para torná-la expressiva daquele modo de amar que é o de Cristo.

No que diz respeito ao agir sexual, a castidade inclui também o prazer que a ele está ligado. O prazer sexual, por si só, não serve como critério para o agir sexual, dependendo este último do amor cristão que este expressa ou viola. O prazer sexual, quando muito, informa sobre a qualidade do amor interpessoal na medida em que é integral e recíproco: integral, no sentido de que satisfaz a pessoa em seu todo, revelando-se ser não apenas prazer físico, mas também bem-estar psíquico e alegria espiritual; recíproco, no sentido de que não é buscado de um ponto de vista individualista, ou seja, como satisfação de si mesmo, mas experimentado em chave interpessoal, como manifestação sensível da comunhão.

A integralidade da doação de si mesmo

Na concepção cristã das virtudes, frutos do Espírito Santo acolhido na fé da liberdade humana, todas elas são entendidas como expressões do amor de Deus que, derramado no coração do homem, fortifica e anima suas múltiplas e variadas atividades. Nessa perspectiva, a castidade é a irradiação da caridade de Cristo no agir sexuado do homem e da mulher, bem como em seus comportamentos sexuais.

A inevitável sexualidade da pessoa humana, que é tal de modo que seu amor sempre e em todo caso se expressa em uma forma sexuada, ainda que não especificamente sexual, faz da castidade uma vocação para todos, relevante para toda relação interpessoal, a partir da amizade entre pessoas do mesmo sexo ou de sexo diferente. Vivida na castidade, a amizade ganha a profundidade da comunhão espiritual com o próximo.

As diversas formas de castidade

Vocação de todos os cristãos, chamados em sua condição sexuada a amar como Cristo amou, a castidade assume uma forma diferente em relação aos estados particulares de vida das pessoas. A principal diferença que ocorre entre o casamento — o único estado de vida que, segundo a moral católica, pode contemplar a união sexual — e os demais estados de vida é que estes últimos devem excluir a união sexual.

Ao serviço da caridade no âmbito específico da sexualidade humana, a virtude da castidade encontra a sua mais completa realização no matrimônio, no qual a ação em todo caso sexuada do homem e da mulher assume valor propriamente sexual. Na aliança matrimonial, a virtude da castidade torna a união sexual expressiva do amor interpessoal, envolvendo integralmente o homem e a mulher no dom mútuo de si para o(a) outro(a). A castidade conjugal dispõe o casal a se unir e gerar expressando em seus corpos sexuados a comunhão pessoal e fecunda do amor sexual.

Fora do casamento, a virtude da castidade prevê a continência, isto é, abstenção das relações sexuais. Conter a expressão sexual não significa censurar o amor pessoal, mas verificar sua própria consistência e permitir que ele amadureça adequadamente. Nesse sentido, a continência sexual não representa castração, mas sim crescimento do amor. A "castidade continente" se especifica nos diferentes estados de vida que precedem, sucedem ou não contemplam o casamento. A "castidade juvenil", que diz respeito ao homem e à mulher que ainda não mantém laços amorosos, dispõe ao domínio de seu próprio corpo sexuado, a ponto de viverem com responsabilidade o instinto e a pulsão sexual. A "castidade pré-matrimonial", relativa ao homem e à mulher mais ou menos próximos ao casamento — em termos tradicionais, que são "noivos" — ajusta a expressão corpórea ao grau de amor interpessoal vivenciado. A "castidade da viuvez", do homem e da mulher que sobreviveram à morte do cônjuge, é implementada na continência vivida como testemunho de um amor esponsal "mais forte do que a morte" (Ct 8,6). A "castidade celibatária/solteira", do homem e da mulher solteiros, renunciando à expressão sexual do amor, reconhece e dá crédito à aliança matrimonial como um lugar devido ao amor sexual. A "castidade virginal", própria do homem e da mulher consagrados para o Reino, consiste na escolha definitiva da continência como forma de testemunho radical do primado do amor de Cristo em relação à sua expressão sexual.

As ofensas à castidade

Ao dispor a pessoa, em sua integridade, para o dom integral de si mesma, a castidade torna a sexualidade humana como algo expressivo da caridade cristã. As ofensas à castidade consistem, portanto, naqueles comportamentos sexuais que impedem ou contrariam o amor integralmente pessoal.

O amor é despersonalizado quando os atos sexuais não visam a comunhão interpessoal, mas apenas o prazer venéreo. Nesse sentido, a "luxúria" é moralmente desordenada não porque busque o prazer, mas porque busca-o excluindo o amor interpessoal.

A busca despersonalizada do prazer venéreo conota a "masturbação", que exclui a relação sexual com o(a) outro(a) induzindo a uma espécie de egocentrismo hedonista. A relação sexual, por outro lado, conota a "fornicação", que, no entanto, viola o amor interpessoal na medida em que ocorre entre pessoas desvinculadas da união conjugal e da geração filial. Despersonalizante é também a "pornografia", que subtrai a sexualidade humana do cenário da intimidade interpessoal, exibindo-a obscenamente em público. O que é exibido e visto é moralmente reprovável não porque a nudez sexual seja vista, mas porque ela está privada de profundidade pessoal.

A despersonalização do amor sexual se dá na "prostituição", em que a relação sexual envolve a mercantilização das pessoas, especialmente mulheres e menores de idade, reduzidos, muitas vezes mediante a violência, a objetos de prazer. No "estupro", a redução da pessoa a um objeto é obtida mediante a violência, cujas consequências graves e permanentes na vítima são amplificadas por sua possível relação de parentesco ou subordinação com o seviciador.

Esta síntese, apenas indicativa dos comportamentos sexuais prejudiciais ao amor interpessoal, refere-se a atos julgados objetivamente, independentemente do grau de responsabilidade de quem os realiza. Por isso, em relação a estes, recai a definição de atos gravemente desordenados ou inerentemente maus.

A responsabilidade subjetiva é influenciada por fatores psicofísicos e socioculturais, bem como limites e fragilidades morais que podem minimizar a imputabilidade pessoal. De qualquer forma, nos comportamentos sexuais que violam o amor interpessoal fica gravemente ofendida a dignidade da pessoa, quer porque ela mesma se priva, quer porque ela priva outras pessoas da possibilidade de corresponder à vocação ao amor interpessoal. Além disso, esses comportamentos às vezes têm uma implicação social escandalosa, no sentido de que atrapalham a ponto de impedir a educação ao amor sexual autêntico, incentivando muito mais uma cultura que dissocia o sexo do amor.

Castidade e homossexualidade

A gênese ainda em grande parte inexplicável da homossexualidade impede defini-la como uma doença mental, uma escolha deliberada ou um vício moral. A variabilidade de suas formas culturais e históricas convidaria, ademais, a considerar, em vez de "a" homossexualidade, "as" homossexualidades, valorizando a singularidade das pessoas no que diz respeito à orientação e aos comportamentos homossexuais. Também a pessoa homossexual, como toda pessoa, goza de uma dignidade que proíbe qualquer discriminação injusta e, como todo cristão, ela é chamada a corresponder à vontade de Deus praticando a castidade.

A castidade homossexual, como qualquer outra forma de castidade não matrimonial, não contempla as relações sexuais, que, além disso, no caso das pessoas homossexuais, não se caracterizam pela diferença dos sexos e pelo potencial generativo. A ausência da complementaridade sexual e da abertura à vida é a razão pela qual, segundo a Tradição moral da Igreja, os atos homossexuais, objetivamente considerados, são considerados intrinsecamente desordenados no que diz respeito aos atos conjugais entre o homem e mulher.

Os atos homossexuais são, para um número não desprezível de pessoas, induzidos por uma tendência homossexual profundamente enraizada, que coloca à prova a prática da castidade por parte destes. A capacidade de crescer gradualmente e decididamente na virtude da castidade, com a finalidade de corresponder, em sua própria peculiar condição homossexual, ao mandamento de Cristo de amar como ele nos amou, não pode prescindir da graça que o Espírito Santo comunica na oração e nos sacramentos, bem como por meio da amizade desinteressada daqueles que compartilham o seguimento de Cristo, em obediência ao seu amor.

III. O amor entre os esposos

A reciprocidade do homem e da mulher, semelhantes em humanidade e diferentes na sexualidade, orienta-os para aquela intimidade amorosa e união de vida que constitui a essência do matrimônio. A comunhão matrimonial envolve totalmente os esposos, que significam e nutrem o seu amor interpessoal na união sexual de seus corpos sexuados.

Além disso, o casamento cristão dos batizados, dada sua união com Cristo, é um sacramento, isto é, um sinal real do seu amor esponsal pela Igreja. A esponsabilidade de Cristo consiste em dar sua vida para que os seres humanos, vitalmente unidos a ele na fé, tenham a vida em abundância e se amem uns aos outros como ele ama. Sustentados pela graça do matrimônio sacramental, os esposos entregam mutuamente toda a vida deles. O amor esponsal dos cônjuges, à medida que os une, torna-os fecundos: é união fecunda e fecundidade unitiva. O amor conjugal já é frutífero quando une os esposos, pois dá vida a um novo sujeito pessoal, o casal, para que "já não sejam dois, mas uma só carne" (Mt 19,6). Além disso, a fecundidade do amor esponsal toma corpo no filho a quem é transmitida a vida.

Fidelidade conjugal

O dom mútuo e total da própria vida, que os esposos prometem no pacto conjugal, atribui ao amor matrimonial propriedades de unidade e indissolubilidade. A unidade do matrimônio é fruto da fidelidade amorosa, que, participando do amor fiel de Cristo pela Igreja, mantém a promessa esponsal de se doar totalmente ao cônjuge. A indissolubilidade do casamento nada mais é do que o estender-se da fidelidade ao longo da vida, em correspondência à promessa de entregar-se totalmente ao outro e em conformidade com o amor total de Cristo pela Igreja. Unidade e indissolubilidade do matrimônio cristão não são duas imposições extrínsecas ao amor do casal, mas duas de suas exigências intrínsecas, isto é, correspondentes a um amor vivido pelo homem e pela mulher como comunhão integral de vida.

A fecundidade do matrimônio

A fecundidade do amor conjugal tem sua expressão mais peculiar, embora não única, na geração dos filhos. O filho é o amor dos esposos que se tornou uma só carne, realizando o desejo de ser um no outro vivido por eles na união sexual. A ligação íntima que a união sexual entretém com a transmissão da vida motiva o ensinamento da Igreja de não dividir os dois significados, unitivo e procriador, do ato sexual, isto é, da comunhão pessoal dos cônjuges e sua aptidão para gerar (cf. HV 12).

Essa cisão ocorre no caso da "contracepção artificial" que, eliminando a aptidão para gerar, mortifica o significado procriador do ato sexual. O significado procriador, no entanto, não está presente em todos os atos sexuais, uma vez que a ciclicidade da fertilidade feminina se alterna em períodos férteis e inférteis. Nos períodos inférteis, os atos sexuais expressam apenas o significado unitivo, de modo que o significado procriador, resultando ausente, também não pode ser positivamente excluído como acontece por meio de contracepção artificial. Por esse motivo, o ensinamento moral da Igreja legitima e promove, no que diz respeito à regulação dos nascimentos, o uso de períodos inférteis, conhecidos por meio dos chamados "métodos naturais".

A regulação dos nascimentos, por outro lado, refere-se à "responsabilidade procriadora" que, como responsabilidade, pertence à consciência dos cônjuges, devidamente formada, e, como procriadora, se concebe com cooperação à obra criadora de Deus, em obediência à sua vontade e aos seus mandamentos. A procriação responsável é corroborada pelo fato de que a vida humana passada pelos pais, atravessando o horizonte terreno, está destinada à vida eterna.

O dom do filho

A vida do filho não é criada pelos pais, mas recebida por eles e transmitida. Nesse sentido, o filho é um presente concedido aos pais pelo mistério de uma vida muito maior do que a deles. No horizonte da fé, o filho é um dom que os pais aceitam de Deus, cooperando à sua ação criadora. O filho não é um direito dos pais ou um objeto de sua propriedade. Pelo contrário, o filho tem o direito de ser criado e educado pelos mesmos pais que lhe transmitiram a vida, bem como ser respeitado desde a concepção como uma pessoa criada por Deus.

Correspondendo a este duplo direito do filho, entendemos a gravidade moral da "fertilização artificial heteróloga". Envolvendo terceiras pessoas na concepção (doadoras de gametas) e/ou na gestação ("barriga de aluguel"), essa forma de procriação assistida dissocia a conjugalidade da paternidade e da maternidade: os dois cônjuges não se tornam pai e mãe um por meio do outro. Além disso, a fertilização artificial heteróloga, multiplica e fragmenta as figuras genitoriais (biológico, gestacional, afetivo, legal...), dificultando a aquisição da própria identidade pessoal da criança.

Menos grave moralmente, mas ainda não correspondente à uma qualidade de procriação propriamente humana é "a fecundação artificial homóloga", que substitui o ato conjugal por um procedimento técnico. Não sendo o filho um produto biológico, mas fruto do amor pessoal dos cônjuges, corresponde à sua dignidade de pessoa que ele tenha origem a partir de um ato pessoal de seus pais.

Sendo os filhos um dom não devido, sua geração numerosa é uma bênção divina, sem que a esterilidade seja uma maldição. As pesquisas clínicas apropriadas e os cuidados médicos desejáveis não são o único recurso para lidar com a esterilidade física, que de outra forma pode dispor os cônjuges a formas não menos nobres de fecundidade conjugal, como o acolhimento de filhos privados de seus pais ou a hospitalidade familiar do próximo necessitado.

IV. As ofensas à dignidade do matrimônio

A dignidade do matrimônio é a bondade e a beleza de um amor no qual o homem e a mulher dão a vida um ao outro. O amor matrimonial é mortalmente ferido quando, com o "adultério", o cônjuge, mais do que vitalizado por seu próprio amor, é mortificado pela traição. Mesmo antes da união sexual extraconjugal, o adultério se realiza já na intenção de fazê-lo, no desejo de realizá-lo. Mas já quando o amor do cônjuge não é mais cultivado, o amor matrimonial começa a ser adulterado, e com ele também o amor aos filhos, que não mais desfrutam da comunhão amorosa de seus pais.

O divórcio

O sacramento do matrimônio é celebrado para que o homem e a mulher se amem como Cristo amou "até o fim" (Jo 13,1). O amor indissolúvel, dado aos esposos cristãos pela graça divina, é contradito pelo "divórcio", que a Igreja Católica, de fato, não contempla em seu aparato canônico, consequentemente excluindo também as novas núpcias sacramentais para aqueles que já tivessem se casado com o sacramento do matrimônio.

Além do significado religioso do casamento, o divórcio frustra a unidade familiar, com sérios danos ao cônjuge abandonado e, principalmente, para as crianças. O divórcio também causa danos à sociedade, na medida em que afrouxa a coesão social que, na estabilidade da família, tem seu fundamento. Embora o vínculo sacramental não possa ser dissolvido, se tiver sido validamente estabelecido, é legítimo em alguns casos, por motivo da dignidade e dos direitos da pessoa ou para a proteção e o cuidado dos filhos, a separação conjugal e, eventualmente, divórcio civil, no que diz respeito apenas aos efeitos civis do casamento religioso.

A diferente responsabilidade pessoal dos cônjuges, em caso de separação e divórcio civil, não permite necessariamente fazer uma dedução, a partir de sua situação objetivamente não concorde com o Evangelho, sobre a culpa moral daqueles que se encontram envolvidos. A separação e o próprio divórcio civil poderiam ter sido provocados por um dos cônjuges, sendo que o outro poderia ter apenas sofrido as consequências. A diferente responsabilidade moral e imputabilidade pessoal de situações matrimoniais não correspondentes ao ensinamento da Igreja são condições relevantes no que tange o discernimento pastoral dos caminhos da vida cristã nos quais acompanhar as pessoas envolvidas.

Outras ofensas à dignidade do casamento

O dom total de si ao cônjuge, que é próprio do matrimônio, exclui a "poligamia", que contraria a dignidade pessoal da mulher, que, além disso, seria duplamente prejudicada se fosse abandonada pelo marido, no caso deste se tornar cristão, sem que ele tivesse cumprido suas obrigações contraídas em relação a ela.

A comunhão amorosa do matrimônio é seriamente subvertida, com graves danos à dignidade pessoal, pelo "incesto" que não salvaguarda a diferença essencial entre a união sexual e o vínculo de geração. O "abuso sexual" de menores por adultos pode ser equiparado ao incesto, principalmente se os adultos em questão tivessem alguma responsabilidade educacional para com esses menores.

A integralidade do amor matrimonial é impedida por múltiplas formas de "união livre", em que a intimidade sexual é vivida independentemente da comunidade definitiva de vida própria do matrimônio e dos compromissos públicos que este comporta. Entram nessa esfera também as "relações sexuais pré-matrimoniais", mesmo que fossem justificados como uma prova em vista de um possível casamento. A união sexual não é um meio para saber se se deve comprometer com o amor, mas é sim a expressão de uma vida comprometida, de fato, com o amor.

Capítulo II

Artigo 7

O SÉTIMO MANDAMENTO

SABATINO MAJORANO

O aprofundamento do sétimo mandamento, proposto pelo CCE, é regido pela instância, particularmente destacada no Concílio Vaticano II, de um maior compromisso pela superação de visões individualistas da moral cristã: "A profundidade e rapidez das transformações reclamam com maior urgência que ninguém se contente, por não atender à evolução das coisas ou por inércia, com uma ética puramente individualista" (GS 30). A maturidade cristã, para a qual deve tender a catequese, exige que todo batizado seja levado, no Espírito Santo, a cultivar a própria vocação segundo o Evangelho, a uma caridade sincera e operosa, e à liberdade com que Cristo nos libertou", de modo que se torne capaz de discernir "nos acontecimentos — grandes ou pequenos — quais são as urgências e qual é a vontade de Deus" (PO 6).

Isto é o que o apóstolo Paulo pede aos filipenses: "Eu peço para que a vossa caridade cresça cada vez mais em conhecimento e em pleno discernimento, para que possais distinguir aquilo que é melhor de modo que estejais íntegros e irrepreensíveis para o dia de Cristo" (Fl 1,9-10). Característica indispensável desse discernimento é abertura às exigências do bem comum, libertando-se de todo fechamento egoísta: "'Tudo é lícito!'. Mas nem tudo convém. 'Tudo é lícito!'. Sim, mas nem tudo edifica. Ninguém procure o seu próprio interesse, mas o dos outros" (1Cor 10,23-24).

Estas são as instâncias fortemente reiteradas pelo Papa Francisco desde o início do seu magistério. Na EG, ele dedicou à dimensão social da evangelização todo o quarto capítulo: "O *kérygma* possui um conteúdo inevitavelmente social: no próprio coração do Evangelho, aparece a vida comunitária e o compromisso com os outros. O conteúdo do primeiro anúncio tem uma repercussão moral imediata, cujo centro é a caridade" (n. 177). É necessário, portanto, nunca esquecer que "se esta dimensão não vem devidamente explicitada, corre-se sempre o risco de desfigurar o significado autêntico e integral da missão evangelizadora" (n. 176).

Em seguida, na Encíclica LS, somos convidados a dar à nossa relação com os bens um respiro mais amplo e responsável, inspirado pelo respeito e pela solidariedade: libertando-nos da escravidão do possuir egoísta, do acúmulo e do consumo, experimentaremos a alegria do cuidado pela casa comum, em que "são inseparáveis a preocupação pela natureza, a justiça para com os pobres, o empenho na sociedade e a paz interior" (n. 10).

O mandamento "não furtar" de Êxodo 20,15 e Deuteronômio 5,19, reproposto em Mateus 19,18, é, portanto, aprofundado pelo CCE de modo a ficar claro que é um desenvolvimento do "duplo mandamento da caridade", de acordo com escolhas programáticas, lembradas nas premissas da terceira parte dedicada à "Vida em Cristo" (n. 1697). Somos convidados a uma catequese que se preocupa principalmente com a maior conscientização do significado evangélico dos bens, que leva a uma correta relação com estes: dons do Criador para a felicidade de todos, são confiados à liberdade responsável de cada pessoa e de cada comunidade. Frutos do trabalho e da inventividade de cada um, em interdependência com os outros, são uma expressão e visam promover encontro e solidariedade. Indispensáveis para a qualidade de vida, porém, sempre correm o risco de se transformar em ídolos, perdendo o significado de meios a serem compartilhados. A relação não pode, portanto, ser aquela de um simples consumo, muito menos de consumo entendido de forma egoísta, mas de partilha, cuidado e uso responsável.

A doutrina social da Igreja tenta concretizar essas instâncias fazendo um discernimento evangélico da realidade socioeconômica para contribuir à "purificação da razão e através da formação ética, a sua contribuição específica para que as exigências da justiça se tornem compreensíveis e politicamente realizáveis" (DCE 28). Não se trata, portanto, simplesmente de "receitas" a serem aplicadas, mas de critérios e ferramentas para que as escolhas das pessoas e das comunidades saibam como encarnar construtivamente os valores evangélicos.

Essas considerações permitem entender o desenvolvimento e a articulação do tratado sobre o sétimo mandamento. As duas primeiras seções destacam as duas perspectivas fundamentais que tornam evangélica a relação com os bens: a interdependência entre a destinação universal e propriedade privada (parte I) e entre o respeito pelas pessoas e o respeito pelos seus bens (parte II). Em seguida há a referência à doutrina social da Igreja como instrumento de discernimento (parte III). São também evocados os principais problemas relativos à justiça social nas atividades econômicas (parte IV) e os relativos à solidariedade entre as diferentes nações (parte V). A última seção reafirma o amor pelos pobres como critério evangélico fundamental da vida socioeconômica (parte VI).

I. A destinação universal e a propriedade privada dos bens

Diante de todos os bens, seja aqueles naturais, seja aqueles que são fruto da diligência humana, a atitude fundamental do fiel é o agradecimento admirado: "Os céus narram a glória de Deus, a obra de suas mãos anuncia o firmamento" (Sl 19,2). É um agradecimento que se torna louvor: "O homem, ser uno, composto de corpo e alma, sintetiza em si mesmo, pela sua natureza corporal, os elementos do mundo material, os quais, por meio dele, atingem a sua máxima elevação e louvam livremente o Criador" (GS 14). É um agradecimento que gera responsabilidade, descobrindo que tudo está confiado às suas mãos: "Ó Senhor, nosso Deus, como é grande o teu nome em toda a terra: tua glória se eleva acima dos céus... o que é o homem para dele te lembrares e o filho do homem para dele te importares? E, no entanto, o fizeste um pouco menos do que os anjos, de glória e de honra o coroaste; deste-lhe poder sobre as obras das tuas mãos, tudo puseste debaixo dos seus pés" (Sl 8,2.5-7). É um "poder" à imagem do poder do próprio Deus: é amor que quer levar à plenitude a própria criação, que cuida, respeita no próprio momento em que ele se serve dos bens, para que permaneçam instrumentos da felicidade de todos. Por isso, destaca o CCE, "a propriedade de um bem faz de seu detentor um administrador da providência, para fazê-lo frutificar e para repartir os frutos com outros, com seus parentes, em primeiro lugar" (n. 2404).

Essa visão de "propriedade privada" não nega sua importância como condição para que a pessoa possa afirmar-se na sua dignidade e para a eficácia dos próprios processos econômicos. Em vez disso, nega qualquer absolutização dela, que necessariamente conduz à oposição — até mesmo violenta —, ao conflito e ao medo em relação aos outros, à "cultura do 'descartável'" que exclui os pobres considerando-os "resíduos", "sobras" (EG 53). Essa absolutização egoísta é a riqueza em relação à qual Cristo não hesita em afirmar com amargura: "Na verdade, eu vos digo: dificilmente um rico entrará no reino dos céus. Repito: é mais fácil um camelo passar pelo buraco de uma agulha do que um rico entrar no reino de Deus" (Mt 19,23-24).

É "direito e dever" da autoridade política "regulamentar o exercício legítimo do direito de propriedade em função do bem comum" (CCE 2406). Isso deve ser feito levando em conta a especificidade dos bens sobre os quais se exerce o direito, a concretude e a diversidade dos contextos socioeconômicos e a variedade das tradições culturais. Para a comunidade cristã trata-se de testemunhar com franqueza que "A solidariedade é uma reação espontânea de quem reconhece a função social da propriedade e o destino universal dos bens como realidades anteriores à propriedade privada. A posse privada dos bens justifica-se para cuidar deles e aumentá-los de modo a serivem melhor o bem comum, pelo que a solidariedade deve ser vivida como a decisão de devolver ao pobre o que lhe corresponde" (EG 189).

II. O respeito às pessoas e aos seus bens

O respeito devido à pessoa estende-se também aos bens que legitimamente lhe pertencem, como condição e instrumento para sua dignidade. Por isso, deve-se excluir não só qualquer subtração por outrem, mas também qualquer dano injusto a estes. No entanto, não se deve falar de roubo quando as circunstâncias levam à presunção do consentimento do proprietário e principalmente quando se entra em conflito com a destinação universal dos bens: "É o caso da necessidade urgente e evidente, em que o único meio de acudir às necessidades imediatas e essenciais (alimento, abrigo, roupa...) é dispor e usar dos bens dos outros" (CCE 2408).

Em um contexto em que há uma tendência a absolutizar o direito de propriedade, é importante que a catequese proponha com clareza que este deve dar lugar à prioridade do direito de todos à vida, quando se está na situação de falta de bens essenciais. Isso, porém, sem legitimar desengajamento ou desresponsabilização pessoal, de acordo com a advertência do apóstolo Paulo: "Quando estávamos convosco, sempre vos demos esta regra: quem não quer trabalhar, não coma" (2Ts 3,10).

As formas de roubar são muitas e acompanham o desenvolvimento das dinâmicas econômicas. No CCE, são mencionadas as mais comuns, referentes quer a bens pessoais, quer sociais. É necessário que a catequese torne ainda mais concretas essas formas de modo a permitir um discernimento também dos riscos presentes nas novas formas de financiamento e de comércio eletrônico.

Ressalte-se a urgência de superar todas as formas de corrupção, que é hoje uma das expressões mais fortes da "nova idolatria do dinheiro", capaz de falsear todas as dinâmicas sociais: negando "a primazia do ser humano", fazendo com que "enquanto os lucros de poucos crescem exponencialmente, os da maioria situam-se cada vez mais longe do bem-estar daquela minoria feliz" (EG 55-56). Na catequese é preciso se comprometer para que não nos limitemos à denúncia e condenação dos episódios mais sensacionais, mas, para que se cresça na capacidade de libertação do "é assim que todo mundo faz", propondo práticas e estilos de vida centrados no respeito e na promoção do bem comum.

É também importante sublinhar o significado moral da "legislação fiscal" como expressão de solidariedade para o bem comum. Sua formulação equânime é uma das tarefas fundamentais da autoridade política. Deve-se também reconhecer que a distribuição da carga tributária nem sempre é efetivamente justa, também por causa da rapidez das mudanças socioeconômicas: daí a necessidade de uma constante verificação e reformulação. Tudo isto, porém, não deve fazer perder de vista a instância de solidariedade que está em sua raiz. Desse modo, será possível lidar de forma moralmente válida também eventuais situações-limite de inadequação e até mesmo de injustiça.

Em contraste com "modas", amplamente difundidas também no mundo adolescente e juvenil, é necessário promover estilos e comportamentos regidos pelo respeito aos bens públicos: desde os ambientes e estruturas de trabalho, estudo ou diversão, até os meios de transporte, obras de arte, espaços e a arborização pública. Não se trata de coisas ou de espaços a serem usufruídos ou mesmo consumidos egoisticamente. São bens de todos confiados à responsabilidade de cada um.

A utilização dos "jogos de azar" em nossas sociedades está experimentando uma tendência crescente de difusão, induzindo formas de dependência que são difíceis de superar, se tornando até mesmo uma doença social. É verdade que para alguns trata-se de uma tentativa em resposta a problemas econômicos particularmente graves, mas é ilusório e fonte de outras dificuldades. Deve ser considerada como responsabilidade de toda a comunidade prevenir que os sujeitos mais débeis sejam contagiados pelo encanto das muitas formas de apostas, muitas vezes habilmente anunciadas.

A justa articulação e o respeito aos "contratos", a começar pelos que dizem respeito ao trabalho, constituem um elemento decisivo para um viver sereno em sociedade. A comunidade cristã deve se certificar de que esses contratos sejam estipulados preocupando-se principalmente com a defesa dos direitos dos sujeitos mais débeis, porque sabe bem que sem essa preocupação vencerá sempre a lógica do direito do mais forte, isto é, a do peixe grande que devora o peixe menor. Por isso, a autoridade política tem uma tarefa de fiscalização e de estímulo, especialmente quando estão em jogo estruturas multinacionais. Por outro lado, é necessário apoiar o respeito aos compromissos assumidos com os contratos, começando por aqueles mais simples, que fazem parte da trama do dia a dia.

A "restituição de bens", dos quais se tomou posse de maneira injusta, constitui um dever moral. Isto também se aplica quando o roubo ou o dano diz respeito à coletividade, embora nem sempre seja fácil quantificar os danos e as modalidades de reparação. Em todo caso, a conversão só é evangélica se há um reconhecimento do ser responsáveis por aquilo que foi feito e se há um compromisso sincero para recuperar, na medida do possível, o dano feito.

Uma expressão privilegiada do sétimo mandamento é o compromisso sincero de erradicar da nossa sociedade tudo o que pode levar a "escravizar seres humanos, a desconhecer sua dignidade pessoal, a comprá-los, a vendê-los e a trocá-los como mercadorias" (CCE 2414). A denúncia do Papa Francisco a essas dinâmicas de exploração chama à baila as muitas formas de conivência, nem sempre sentidas pela opinião pública: "Quem dera que se ouvisse o grito de Deus, perguntando a todos nós: 'Onde está o teu irmão?' (Gn 4,9). Onde está o teu irmão escravo? Onde está o irmão que estás matando cada dia na pequena fábrica clandestina, na rede da prostituição, nas crianças usadas para a mendicidade, naquele que tem de trabalhar às escondidas porque não foi regularizado? Não nos façamos de distraídos! Há muita cumplicidade... A pergunta é para todos! Nas nossas cidades, está instalado este crime mafioso e aberrante, e muitos têm as mãos cheias de sangue devido a uma cômoda e muda cumplicidade" (EG 211).

O segundo parágrafo do sétimo capítulo termina recordando a necessidade de respeito e cuidado por toda a criação. Na realidade, os sinais de esperança para uma maior tomada de consciência sobre a urgência de um compromisso compartilhado para dar respostas efetivas aos problemas ecológicos estão se tornando mais numerosos hoje. Mas também se agravaram as dúvidas e os riscos para o futuro do nosso planeta e a qualidade da vida. As afirmações do CCE devem ser aprofundadas e desenvolvidas à luz do Magistério sucessivo, concretizando-as nos desafios do contexto em que se vive.

Na CV, Bento XVI enfatiza a interdependência entre ecologia ambiental e ecologia humana. Reiterou que "a *Igreja sente o seu peso de responsabilidade pela criação* e deve fazer valer esta responsabilidade também em público" e acrescentou que essa responsabilidade envolve a defesa não só da terra, da água e do ar "como dons da criação que pertencem a todos, mas deve sobretudo proteger o homem da destruição de si mesmo". De fato, a degradação da natureza está "estreitamente ligada à cultura que molda a convivência humana: quando a 'ecologia humana' é respeitada dentro da sociedade, beneficia também a ecologia ambiental [...] assim também o sistema ecológico se rege sobre o respeito de um projeto que se refere tanto à sã convivência em sociedade como ao bom relacionamento com a natureza" (n. 51).

Em LS, Papa Francisco dirige "um convite urgente a renovar o diálogo sobre a maneira como estamos a construir o futuro do planeta. Precisamos de um debate que nos una a todos, porque o desafio ambiental que vivemos e as suas raízes humanas nos dizem respeito e impactam todos nós" (n. 14). Para a comunidade cristã, são importantes "alguns eixos fundamentais", entre os quais "a relação íntima entre os pobres e a fragilidade do planeta; a convicção de que tudo está estreitamente interligado no mundo; a crítica do novo paradigma e das formas de poder que derivam da tecnologia; o convite a procurar outras maneiras de entender a economia e o progresso; o valor próprio de cada criatura; o sentido humano da ecologia; a necessidade de debates sinceros e honestos; a grave responsabilidade da política internacional e local; a cultura do descarte e a proposta de um novo estilo de vida" (n. 16).

É tarefa da catequese projetar a luz da esperança sobre os problemas ecológicos. Será então possível acompanhar as consciências para que se sintam responsáveis por isso, de acordo com as possibilidades efetivas de cada um e sem nunca perder de vista o horizonte global. Certamente é necessária a crítica construtiva "dos 'mitos' da modernidade baseados na razão instrumental (individualismo, progresso ilimitado, concorrência, consumismo, mercado sem regras)". Será necessário, sobretudo, o compromisso na recuperação dos "distintos níveis de equilíbrio ecológico: o interior consigo mesmo, o solidário com os outros, o natural com todos os seres vivos, o espiritual com Deus. A educação ambiental deveria predispor-nos para dar este salto para o Mistério, do qual uma ética ecológica recebe o seu sentido mais profundo" (LS 210).

Neste contexto entendemos o apelo do CCE para o respeito e o cuidado com os animais: "Os animais são criaturas de Deus. Ele os envolve com sua solicitude providencial" (n. 2416). É, portanto, "contrário à dignidade humana, fazer os animais sofrerem inutilmente e desperdiçar suas vidas". Ao mesmo tempo, porém, deve ser considerado "indigno gastar com eles o que deveria prioritariamente aliviar a miséria dos homens". O amor e o cuidado pelos animais não devem significar que eles podem se tornar "objeto daquele afeto que só é devido às pessoas" (n. 2418).

III. A doutrina social da Igreja

A proposta positiva das exigências do sétimo mandamento leva o CCE a evocar a importância da doutrina social da Igreja em toda a catequese. João Paulo II na SRS enfatiza que "o ensino e a difusão da doutrina social fazem parte da missão evangelizadora da Igreja" (n. 41), acrescentando na CL: "sobretudo para os fiéis leigos, de várias formas empenhados no campo social e político, é absolutamente indispensável uma consciência mais exata da doutrina social da Igreja" (n. 60).

O CCE não apresenta toda a riqueza e complexidade da doutrina social da Igreja, mas se limita a recordar as afirmações fundamentais. Nesse sentido, observa Papa Francisco, "temos um instrumento muito apropriado no 'Compêndio da Doutrina Social da Igreja', cujo uso e estudo vivamente recomendo" (EG 184). A doutrina social não deve ser considerada como um livro de receitas, mas como uma ferramenta para o amadurecimento das consciências para o discernimento evangélico das problemáticas sociais. GS lembra aos leigos que "compete à sua consciência previamente bem formada, imprimir a lei divina na vida da cidade terrestre. Dos sacerdotes, esperem os leigos a luz e força espiritual. Mas não pensem que os seus pastores estejam sempre de tal modo preparados que tenham uma solução pronta para qualquer questão, mesmo grave, que surja, ou que tal é a sua missão. Antes, esclarecidos pela sabedoria cristã, e atendendo à doutrina do magistério, tomem por si mesmos as próprias responsabilidades" (n. 43).

O discernimento pessoal é sustentado pelo discernimento comunitário. EG sublinha isso, recordando o ensinamento de Paulo VI na *Octogesima adveniens*: "Perante situações assim tão diversificadas, se torna difícil para nós tanto o pronunciar uma palavra única, como o propor uma solução que tenha um valor universal. Mas isso não é ambição nossa, nem mesmo a nossa missão. É às comunidades cristãs que cabe analisar, com objetividade, a situação própria do seu país" (n. 4).

A continuidade do ensinamento social da Igreja não deve ser entendida como repetitividade, mas sim como fidelidade que se encarrega de responder criativamente à novidade dos sinais dos tempos: é "um corpo doutrinal — lembra o CCE — que se articula, à medida que a Igreja interpreta os acontecimentos ao longo da história, à luz do conjunto da palavra revelada por Jesus Cristo, com a assistência do Espírito Santo" (n. 2422). Para facilitar a compreensão desta fidelidade dinâmica, é bom que a catequese ajude a discernir os três níveis de suas afirmações: "A doutrina social da Igreja propõe princípios de reflexão, apresenta critérios de juízo, orienta para a ação" (n. 2423). É evidente que estes últimos são mais afetados pela concretude das situações a que eles tentam responder.

Especialmente nos desenvolvimentos mais próximos a nós, o ensino social visa ao diálogo e à colaboração da comunidade cristã com todos aqueles que se preocupam com o futuro da humanidade e da terra. O testemunho, que não recua — mesmo quando tem de suportar situações particularmente difíceis — é o caminho obrigatório para que possa ser compreendido como instrumento a serviço do bem de todos. A esse propósito, vale a admoestação de Cristo aos discípulos: "Não quem me diz: 'Senhor, Senhor', entrará no reino dos céus, mas aquele que faz a vontade de meu Pai que está nos céus" (Mt 7,21).

No centro do empenho da comunidade cristã estará sempre a estreita ligação entre a promoção da dignidade da pessoa e a construção do bem comum. Separar essas duas instâncias ou radicalizar uma ou a outra leva, de fato, à negação de ambas, como lembra o CCE: "A regulamentação da economia exclusivamente por meio do planejamento centralizado perverte, na base, os vínculos sociais. Sua regulamentação unicamente pela lei do mercado vai contra a justiça social, pois 'há muitas necessidades humanas que não podem ser atendidas pelo mercado'" (n. 2425).

IV. A atividade econômica e a justiça social

As profundas mudanças que o desenvolvimento tecnológico está determinando no campo econômico, começando pelos processos de produção, exigem um cuidadoso discernimento por parte da comunidade cristã. Esta reconhece com gratidão os muitos elementos positivos para a qualidade de vida nas diferentes áreas, começando pelas áreas de saúde e comunicação, que estão ocorrendo. No entanto, não pode aceitar que o desenvolvimento seja capitalizado em benefício de poucos, criando marginalização e desperdício. Da mesma forma a comunidade cristã respeita "a autonomia das realidades terrenas", sabendo "que as coisas criadas e as próprias sociedades têm suas próprias leis e valores, que o homem gradualmente deve descobrir, usar e ordenar"; entretanto, ela crê que isso não pode significar que "as coisas criadas não dependem de Deus e que o homem pode usá-las sem as ordenar ao Criador" (GS 36). Portanto, ele não pode aceitar "autossuficiência da própria técnica, quando o homem, interrogando-se apenas sobre o como, deixa de considerar os muitos porquês pelos quais é impelido a agir. [...] Nascida da criatividade humana como instrumento da liberdade da pessoa, pode ser entendida como elemento de liberdade absoluta; aquela liberdade que quer prescindir dos limites que as coisas trazem consigo" (CV 70).

A crise da política das últimas décadas acabou deixando processos econômicos à mercê do lucro dos mais fortes. É, pois, urgente que a política volte a desempenhar o seu papel orientador tendo em vista o bem comum, colocando em diálogo os interesses e preocupações de grupos e de indivíduos, que só podem manter sua legitimidade na abertura àqueles dos demais.

Os conflitos inevitáveis, devido à complexidade e à diversidade de interesses em jogo, não devem transformar-se em oposição, mas em busca confiante de pontos de convergência compartilhados: "Perante o conflito — observa o Papa Francisco — alguns limitam-se a olhá-lo e passam adiante como se nada fosse, lavam-se as mãos para poder continuar com a sua vida. Outros entram de tal maneira no conflito que ficam prisioneiros [...]. Mas há uma terceira forma, a mais adequada, de enfrentar o conflito: é aceitar suportar o conflito, resolvê-lo e transformá-lo no elo de ligação de um novo processo. 'Felizes os pacificadores' (Mt 5,9)" (EG 227).

O CCE, com razão, nos convida a partir sempre da dignidade do trabalho em como expressão de "pessoas criadas à imagem de Deus e chamadas a prolongar, ajudando-se mutuamente, a obra da criação dominando a terra" (n. 2427). Portanto, é necessário nunca perder de vista que "o trabalho é para o homem, e não o homem para o trabalho" (n. 2428). Isso não significa certamente esquecer as demandas dos processos de produção, mas pedir um esforço sincero de planejamento e implementação para que se respeite a dignidade de pessoa de todos aqueles que são seus protagonistas.

Em nosso contexto, até mesmo o trabalho corre o risco de se tornar um privilégio de poucos. A forma como os processos de globalização têm sido implementados e a reorganização exigida pela difusão de novas tecnologias acabaram por submeter tudo ao "jogo da competitividade e da lei do mais forte, onde o poderoso engole o mais fraco. Em consequência desta situação, grandes massas da população veem-se excluídas e marginalizadas: sem trabalho, sem perspectivas, num beco sem saída. O ser humano é considerado, em si mesmo, como um bem de consumo que se pode usar e depois lançar fora" (EG 53). Portanto, não é possível "confiar nas forças cegas e na mão invisível do mercado". São necessárias "decisões, programas, mecanismos e processos especificamente orientados para uma melhor distribuição das entradas, para a criação de oportunidades de trabalho, para uma promoção integral dos pobres que supere o mero assistencialismo" (EG 204).

Para a comunidade cristã, reivindicar e promover o "direito de todos ao trabalho" e o respeito pela dignidade da pessoa de cada trabalhador se colocam como um dever prioritário de justiça e caridade. Ao mesmo tempo, é necessário fazer com que todos amadureçam uma responsabilidade mais convicta: cada atividade é sempre também um serviço aos outros no contexto do bem comum. Falha-se em relação às exigências da justiça e da caridade quando um emprego é reduzido a apenas um lugar e um instrumento de ganho e de lucro egoísta. Isto é especialmente verdadeiro para aqueles que estão envolvidos em obras de utilidade pública. A espiritualidade do trabalho, que nos permite viver com alegria o inevitável "cansaço" que está sempre presente, mesmo que de forma diferente, nas diversas atividades, permite dar a estas uma maior qualidade humana.

A rapidez da evolução da economia hoje exige maior criatividade, pronta para aproveitar as novas possibilidades. Nessa perspectiva, deve ser explorado "o direito de iniciativa econômica", sempre defendido pela comunidade cristã, em virtude da qual, recorda o CCE, "cada um usará legitimamente seus talentos, a fim de contribuir para uma abundância da qual todos possam aproveitar e para colher, pelo próprio esforço, os justos frutos" (n. 2429). As declarações de princípio devem ser concretizadas com políticas capazes de promovê-la, especialmente entre os jovens. A simplificação de processos burocráticos aparece como algo indispensável sem, contudo, perder as instâncias de controle sugeridas pelo bem comum. Da mesma forma à comunidade cristã pede-se uma denúncia clara de todas as formas de usura: daquelas escancaradas de agiotagem, como aquelas disfarçadas em contratos de empréstimo, mais ou menos legitimados.

É um importante sinal dos tempos a crescente sensibilidade para pela "responsabilidade social empresarial": "Os responsáveis pelas empresas — sublinha o CCE — têm, perante a sociedade, responsabilidade econômica e ecológica por suas operações" (n. 2432). Em EG, o Papa Francisco acrescenta: "a vocação de um empresário é uma nobre tarefa, desde que se deixe interpelar por um sentido mais amplo da vida; isto permite-lhe servir verdadeiramente o bem comum com o seu esforço por multiplicar e tornar os bens deste mundo mais acessíveis a todos" (n. 203). São perspectivas que a comunidade cristã é chamada a promover com coerência, sempre enfatizando que uma estrutura de produção deve não apenas respeitar o meio ambiente, mas também que parte do lucro deva ser reinvestido em favor do meio ambiente. Nesse sentido se colocam as muitas iniciativas do chamado "terceiro setor" e as novas formas de "economia civil e comunhão [...], mas de uma nova e ampla realidade complexa, que envolve o privado e o público e que não exclui o lucro, mas considera-o como instrumento para realizar finalidades humanas e sociais" (CV 46).

V. Justiça e solidariedade entre as nações

A intensificação dos processos de globalização torna cada vez mais o nosso mundo uma única "aldeia global". Portanto, como Bento XVI recorda por meio da CV, "o bem comum e o empenho em seu favor não podem deixar de assumir as dimensões da família humana inteira, ou seja, da comunidade dos povos e das nações, para dar forma de unidade e paz à cidade do homem e torná-la em certa medida antecipação que prefigura a cidade de Deus sem barreiras" (n. 7). A comunidade cristã, enriquecida pela sua experiência de universalidade, pode dar uma valiosa contribuição, sublinhando que o fato de ser cidadãos do mundo não significa perder o enraizamento na própria cultura, mas torná-la uma riqueza a ser partilhada no respeito mútuo e no diálogo. Igualmente ela deverá recordar com franqueza o risco de "à real interdependência dos homens e dos povos, não corresponda a interação ética das consciências e das inteligências, da qual possa resultar um desenvolvimento verdadeiramente humano. Só através da caridade, iluminada pela luz da razão e da fé, é possível alcançar objetivos de desenvolvimento dotados de uma valência mais humana e humanizadora" (n. 9).

O CCE sublinha "a grave responsabilidade moral" que as nações mais desenvolvidas têm para com aquelas que "não podem garantir sozinhas os próprios meios de desenvolvimento ou foram impedidas de fazê-lo por trágicos acontecimentos históricos". É um dever não só "de solidariedade e caridade", mas também "uma obrigação de justiça, o bem-estar das nações ricas provém de recursos que não foram equitativamente pagos" (n. 2439). É nessa perspectiva que deve ser colocada a procura de soluções eficazes para os problemas postos pelas migrações dos países mais pobres, superando medos e instrumentalizações de qualquer tipo.

Assim será possível promover, a todos os níveis, a visão integral e sustentável do desenvolvimento, que sabe como assumir não só o respeito e a afirmação da dignidade das pessoas e dos povos, mas também os cuidados pela criação: "O progresso humano autêntico — lembra o Papa Francisco — possui um caráter moral e pressupõe o pleno respeito pela pessoa humana, mas deve prestar atenção também ao mundo natural e 'ter em conta a natureza de cada ser e as ligações mútuas entre todos, num sistema ordenado' Assim, a capacidade do ser humano transformar a realidade deve desenvolver-se com base na doação originária das coisas por parte de Deus" (LS 5).

Acima de tudo, devemos estar convencidos de que, sem um desenvolvimento partilhado entre os povos, a verdadeira paz será impossível, porque "uma paz que não surja como fruto do desenvolvimento integral de todos não terá um futuro e será sempre uma semente de novos conflitos e de várias formas de violência" (EG 219). Será decisivo ouvir o "clamor de povos inteiros, dos povos mais pobres da terra", sabendo que "até os direitos humanos podem ser usados como justificação para uma defesa exacerbada dos direitos individuais ou dos direitos dos povos mais ricos". Não se deve cansar de lembrar que "o planeta é de toda a humanidade e para toda a humanidade, e que o simples fato de ter nascido num lugar com menores recursos ou menor desenvolvimento não justifica que algumas pessoas vivam menos dignamente". (EG 190).

VI. Amor aos pobres

Consistente com a escolha básica de entender o Decálogo como um "desenvolvimento" do duplo mandamento do amor, o CCE conclui o artigo dedicado ao sétimo mandamento recordando a centralidade do amor pelos pobres em toda a vida cristã. É um amor efetivo, que se deixa interpelar pelas necessidades deles e procura dar-lhes respostas eficazes, como o Samaritano na parábola de Lucas (10,29-37). Portanto, é um amor que promove a justiça de uma forma que remove eficazmente os muitos fatores de discriminação, exploração e de marginalização presentes na sociedade.

São João Paulo II liga a própria credibilidade da evangelização à solidariedade efetiva para com os pobres. Na *Novo millennio ineunte*, depois de evocar a página do Evangelho na qual Cristo se identifica com os necessitados (Mt 25,31-46), acrescenta: "Nesta página, não menos do que o faz com a vertente da ortodoxia, a Igreja mede a sua fidelidade de Esposa de Cristo". E isso porque, "segundo as palavras inequivocáveis do Evangelho que acabamos de referir, há na pessoa dos pobres uma especial presença de Cristo, obrigando a Igreja a uma opção preferencial por eles" (n. 49).

O chamado para o acolhimento e o compromisso efetivo com qualquer um que esteja na necessidade se repete constantemente no ensinamento do Papa Francisco. Na *Misericordia et misera* ele recorda que "as nossas comunidades serão capazes de permanecer vivas e dinâmicas na obra da nova evangelização na medida em que a 'conversão pastoral', que estamos chamados a viver, for plasmada dia após dia pela força renovadora da misericórdia" (n. 5). É, portanto, necessário promover em todos os níveis "uma cultura de misericórdia, com base na redescoberta do encontro com os outros: uma cultura na qual ninguém olhe para o outro com indiferença, nem vire a cara quando vê o sofrimento dos seus irmãos e irmãs" (n. 20).

Tudo isso, sublinha o CCE, "é incompatível com o amor imoderado pelas riquezas ou o uso egoísta delas" (n. 2445). Ecoa, portanto, a denúncia forte de Tiago: "E agora a vós, ricos: chorai e gritai por causa das desgraças que estão para cair sobre vós! [...] Olhai: o salário dos trabalhadores que ceifaram os vossos campos, e que vós deixastes de pagar está gritando; o clamor dos trabalhadores chegou aos ouvidos do Senhor Todo-Poderoso" (5,1-6). E se reconecta à tradição patrística (João Crisóstomo, Gregório Magno), segundo a qual "quando damos aos pobres as coisas indispensáveis, não praticamos com eles grande generosidade pessoal, mas lhes devolvemos o que é deles. Cumprimos um dever da justiça e não tanto um ato de caridade" (n. 2446).

Capítulo II

Artigo 8

O OITAVO MANDAMENTO

RÉAL TREMBLAY

"Não poderá estar diante de minha presença quem profere mentiras."

(Sl 101,7)

"Eu sou o caminho, eu sou a verdade, eu sou a vida. Habitando junto do Pai, ele é a verdade e a vida; revestindo-se de carne, ele se tornou o caminho."

(Santo Agostinho)

"O que é a verdade?" (Jo 18,38). Esta pergunta refere-se à reação de Pilatos após o testemunho de Jesus: "Tu o dizes: Eu sou rei. Para isto nasci, e para isto vim ao mundo: para dar testemunho da verdade. Quem é da verdade, ouve a minha voz" (Jo 18,37). O ceticismo do procurador romano permanece aparentemente sem resposta. Mas na realidade, o testemunho de Jesus sobre a verdade será realizado. Será a cruz.

Sem forçar as coisas, podemos dizer, portanto, que os nn. 2464-2513 do CCE que especificam e desenvolvem o conteúdo do oitavo mandamento do Decálogo (cf. Ex 20,16) e o seu ressoar no "Sermão da montanha" (cf. Mt 5,33) "poderiam tomar a forma da cruz". De que forma?

A. O seu amplo braço vertical que sobe rumo ao céu é o símbolo da verdade que tem sua origem e consistência do alto, de Deus que é a verdade. De fato, do Pai vem a verdade, porque ele é fonte e fim de todas as coisas (cf. 1Cor 8,6). É ele que envia o seu Filho-"Verdade" ao mundo (cf. Jo 4,16; 14,6). É dele que provém o "Espírito da verdade" para nos fazer compreender a verdade ensinada pelo Filho (cf. Jo 14,16-17.26; cf. CCE 2465-2466).

I. Viver na verdade

O grande braço vertical da cruz é plantado no fundo e atravessa todos os tipos de terreno do coração humano. São já terrenos de boa composição, uma vez que o homem é fundamentalmente conduzido à verdade, tendo a obrigação moral de a procurar, honrá-la e conformar a ela a própria vida. A verdade, como "retidão do agir e da palavra humana", se diz "veracidade" e "franqueza". O discípulo de Cristo concorda em "viver na verdade", ou seja, viver "na simplicidade de uma vida conforme o exemplo do Senhor" e para aí permanecer (cf. CCE 2467-2470).

II. "Dar testemunho da verdade"

Também os terrenos permeáveis, dóceis às energias provenientes do alto, para que estas aí possam germinar, criar raízes e produzir o fruto do testemunho. Com esta "virtude" pneumática, os batizados são investidos por um dinamismo de "êxodo", de saída de si mesmos para proclamar e divulgar, com a vida e palavras, a verdade do Evangelho recebido, e isto ao preço, se necessário, do seu próprio sangue. O CCE defende que o testemunho é uma obrigação (nn. 2471-2472) que deriva da vida experimentada na Igreja, no Espírito de Cristo. Vem de "justiça" entendida como a divulgação da verdade. É conhecido que o testemunho do dom da própria vida foi tido em grande consideração nos primeiros tempos da Igreja. Um indício dessa consideração são as "Atas dos Mártires" cuidadosamente preservadas e estimados por ela como "os arquivos da verdade escritos com letras de sangue" (nn. 2473-2474).

III. As ofensas à verdade

Finalmente, terrenos duros e pedregosos, macios e arenosos, estratificados e tortuosos, estéreis e poluídos. O CCE examina os corações mesmo nos seus refúgios mais íntimos, para identificar palavras e atos contrários à verdade, tais como o "falso testemunho" e o "perjúrio" (n. 2476), o "juízo temerário", "a maledicência" e a "calúnia" (n. 2477), a "bajulação", "adulação" (n. 2480), a "malícia" e a "ironia" (n. 2481). Cada uma destas ofensas contra a verdade é cuidadosamente definida insistindo, conforme os casos, no impacto social ou fraterno da malícia delas, entendida, entre outras coisas, como um ataque à reputação e honra do próximo.

Neste contexto, a parte do leão pertence naturalmente à "mentira". Desde o início, o CCE não deixa de sublinhar que sua malícia de fundo vem de sua relação com o diabo, o "pai da mentira" (Jo 8,44, CCE 2482). Após tê-la definido como "ofensa mais direta à verdade" (n. 2483), o CCE se aplica a mensurar ainda a malícia segundo seu objeto (natureza da verdade deformada), as circunstâncias e as intenções de quem a comete, as injustiças sofridas por aqueles que são vítimas dela (nn. 2484-2486). Venial em si, a mentira se torna mortal quando fere gravemente a justiça e a caridade. Portanto, o dever de reparação moral e material do caso é necessário "em consciência" (n. 2487).

B. Ao grande braço vertical da cruz, se adiciona o braço horizontal que recolhe a comunidade dos batizados chamada a "comunicar a verdade". Nesse setor de atividades, há ordens ou normas a serem consideradas.

IV. O respeito à verdade

De fato, o direito — hoje tão valorizado — à transmissão da verdade não é incondicional. Este deve ser proporcional ao amor fraternal, mais precisamente à questão de saber se, nestas ou naquelas circunstâncias, é apropriado revelar a verdade àqueles que a pedem. O CCE ilustra o que tem a ver com esta área, com a ajuda de alguns casos que são bons exemplos para compreender o caráter positivo daquilo que poderia aparecer aos olhos do homem de hoje como reservas injustificadas. O bem e a segurança, o respeito pela vida privada, o bem comum como, em particular, o dever de evitar o escândalo, recomendam discrição, tanto mais que ninguém pode sentir-se obrigado a dizer a verdade àqueles que não têm o direito de conhecê-la (n. 2489).

Outras ocasiões exigem um silêncio total e inviolável, como no caso do "segredo do sacramento da reconciliação". Pretexto algum autoriza o confessor a revelar qualquer coisa sobre a confissão do penitente. Nesse ponto, a proibição é absoluta (n. 2490).

Outros segredos são considerados como "segredos profissionais" no âmbito da política, da defesa, medicina, direito e outras áreas importantes da vida social. Esses segredos devem ser guardados, bem como os que selam determinadas confidências. Só excepcionalmente podem ser revelados. Isto ocorreria quando a retenção do segredo prejudicasse seriamente "àquele que os confia, àquele que os recebe, ou a um terceiro", e esses danos só seriam evitáveis por meio da revelação da verdade. O CCE nota finalmente que, mesmo que não tenham sido confiados sob o selo do segredo, as informações privadas que são prejudiciais a terceiros não podem ser divulgadas "sem razão grave e proporcionada" (n. 2491).

No que diz respeito à vida privada das pessoas, é apropriado manter uma justa confidencialidade. Isto aplica-se em particular aos responsáveis pela comunicação. A justa proporção a ser observada situa-se entre as exigências do bem comum e o respeito pelos direitos particulares. A este respeito, o CCE sublinha que "a ingerência da informação" na vida privada das pessoas envolvidas na vida política ou pública não é justificável "na medida em que viola sua intimidade e sua liberdade" (n. 2492).

Como se pode ver, o CCE é particularmente sensível à relação da verdade com o bem das pessoas, um binômio frequentemente profanado hoje em dia por um mundo em busca de qualquer novidade, por vezes ao preço de graves ofensas para o *humanum*. Este binômio, simbolizado pelo braço horizontal da Cruz como a resposta de Jesus à pergunta de Pilatos sobre a verdade, recebe aí um apoio e uma eficácia que se abre sobre a ilimitação da caridade divina que o CCE pretende aprofundar ainda mais na reflexão sobre a utilização dos meios de comunicação social.

V. O uso dos meios de comunicação social

Em nossas sociedades modernas, "informação, promoção cultural e formação" são apoiadas pelos meios de comunicação social. Longe de ter uma tendência decrescente, esse papel está a cada dia se tornando mais impressionante, na medida em que o progresso da tecnologia se torna mais avançado e aumenta a massa de transmissão de notícias e sua "influência exercida sobre a opinião pública" (n. 2493).

A informação midiática voltada para o bem comum deve ser transmitida à sociedade, que tem todo o direito a uma informação "fundada sobre a verdade, a liberdade, a justiça e a solidariedade". Isto implica que tal comunicação deve ser, quanto ao seu objeto, "verídica" e deve ser feita de acordo com "as exigências da justiça e da caridade"; também deve ser "completa". No que diz respeito à forma como as notícias são adquiridas e divulgadas, esta deve ser em conformidade com as leis morais, os direitos e a dignidade humana (n. 2494). Ao contribuir em conjunto para a "divulgação da reta opinião pública", os usuários dos meios de comunicação social também podem sucumbir a certa "passividade", que leva a atitudes de consumo pouco criteriosas. Para resistir "mais facilmente às influências menos honestas" são necessárias moderação, disciplina e formação da consciência (nn. 2495-2496). Precisamente por causa de sua profissão, "os responsáveis pela imprensa têm [...] o dever de, na difusão da informação, servir à verdade e não ofender a caridade". Procurarão, pois, respeitar "a natureza dos fatos e os limites do juízo crítico a respeito das pessoas". Eles evitarão a difamação (cf. n. 2497).

Cabem às autoridades civis "deveres especiais" por causa de sua obrigação de proteger o bem comum. Nessa perspectiva, elas deverão vigiar sobre a aplicação das leis que promulgarão em favor de uma "verdadeira e justa liberdade de informação". Elas garantirão que o abuso da mídia não cause "graves prejuízos aos costumes públicos e aos progressos da sociedade". Elas estabelecerão sanções "contra a violação dos direitos de cada pessoa à reputação e ao segredo da vida privada". "No momento oportuno e honestamente", informarão as populações sobre o "bem comum" e abster-se-ão de manipular a opinião pública com informações tendenciosas, como acontece em estados totalitários que são uma verdadeira e própria "praga" a ser denunciada (cf. nn. 2498-2499).

C. Nos grandes braços da cruz-testemunho da verdade está suspenso o corpo de Jesus, o corpo do "mais belo dos filhos do homem" (cf. Sl 45,3). Por que falar do "mais belo" quando o corpo de um crucifixo era considerado na antiguidade como a aberração por excelência, observação a que, aliás, São Paulo faz eco quando fala, na esteira do "quarto canto do Servo de YHWH" de Isaías (52,2), da cruz como "escândalo para os judeus e loucura para os pagãos" (1Cor 1,23)?

Jesus é, portanto, "o mais belo dos filhos dos homens" na feiura de um crucifixo. Por que esse *sub contrario*? A cruz é a expressão do amor de Deus pela humanidade pecadora. Ora, como diz São Leão Magno, "a caridade não deve ter limites, porque a divindade não pode estar fechada por nenhuma delimitação" (*Sermone sul digiuno quaresimale* 10, 3, in: *I sermoni quaresimali e sulle collette*, Bologna, EDB, 1999, 223). Isso significa que, para se expressar no *humanum* pecador, o amor de Deus devia se unir com a forma humana mais vazia e despojada de suas prerrogativas (cf. Fl 2,5), a uma carne "sem aparência", a um corpo nu e perfurado por todos os lados, inclusive no coração, "objeto de zombaria e rejeição da humanidade", em uma alusão ao homem humilhado do Gólgota.

VI. Verdade, beleza e arte sacra

O CCE não parece ecoar essa beleza *sub contrario* quando relembra, em apoio à sua estética, os textos bíblicos mais significativos sobre o esplendor de Cristo (cf. abaixo o n. 2500). Mas, cuidado! Antes de retornar a este ponto com outros esclarecimentos, faz-se necessário repercorrer aos principais dados sobre a ideia de beleza do CCE e de seu papel.

Como a prática do bem é acompanhada por um prazer espiritual e pela beleza moral, do mesmo modo a verdade inclui alegria e esplendor espiritual. "A verdade é bela em si mesma". Ao lado da verdade da Palavra, expressão do conhecimento da realidade criada e incriada, existem outras formas complementares de verdade. Porque, antes de dizer-se ao ser humano com palavras de verdade, Deus também se revela "pela linguagem universal da criação". Pela "grandeza e beleza das criaturas, pode-se chegar a ver, por analogia, o seu Criador" (Sb 13,5), "pois foi o princípio e autor da beleza quem as criou" (cf. Sb 13,3; 7,25-27.29-30; cf. CCE 2500).

Imagem de Deus, o ser humano exprime a verdade de sua relação com o Criador também "pela beleza das próprias obras artísticas". Proveniente do talento dado pelo Criador, a arte o implica esforço do homem, na medida em que é uma forma de sabedoria prática que une inteligência e habilidade "para expressar a verdade de uma realidade em linguagem acessível à vista e ao ouvido". Inspirando-se na verdade e no amor dos seres, sua atividade é semelhante à do Criador. Assim como outras atividades humanas, a arte não é um "fim absoluto"; está a serviço do fim último do ser humano (n. 2501).

A arte sacra é verdadeira e bela quando traduz o mistério de Deus, "beleza excelsa de verdade e de amor" que apareceu no Cristo. E o CCE cita, como apoio de sua afirmação cristológica, Hebreus 1,3: Cristo "resplendor da glória, a expressão do seu ser" e, em Colossenses, Cristo em quem "habita corporalmente toda a plenitude da divindade" (Cl 2,9), beleza "refletida" na Virgem Maria, nos anjos e nos santos. Assim, a autêntica arte sacra leva o ser humano ao amor adorante e orante a Deus "Criador e Salvador, Santo e Santificador" (CCE 2502). Por isso, os bispos ou os seus delegados são convidados a zelar pela autenticidade da arte sacra e a descartar tudo o que a desfigura (n. 2503).

Anteriormente, havíamos mencionado que o CCE não baseava sua estética na beleza *sub contrario* de Cristo crucificado. Ao mesmo tempo, havíamos recomendado cautela na expectativa do estudo mais direto dos números dedicados à beleza. Ao final do estudo, pode-se constatar que a primeira observação está confirmada. Sobre isso, é interessante notar que a citação de Hebreus 1,3 é relatada apenas em parte. O trecho de Hebreus 1,3c ("Depois de ter realizado a purificação dos pecados..."), que claramente alude à cruz de Cristo, é omitido. Por outro lado, duas expressões usadas no final de n. 2502 parecem abrir a porta à minha abordagem. Trata-se das expressões "Salvador" e, principalmente, "Santificador": elas se referem a Hebreus 2,10-11, "Convinha de fato que Deus — para quem e por quem tudo existe, e que queria conduzir à glória uma multidão de filhos — levasse à consumação, por meio de sofrimentos, o promotor da salvação deles. Pois o santificador e os santificados têm todos a mesma origem; por isso, ele não se envergonha de chamá-los de irmãos"; e a Hebreus 10,10.14: "Nesta vontade é que fomos santificados pela oblação do corpo de Jesus Cristo, efetuada de uma vez por todas [...]. De fato, por uma única oblação levou para sempre à perfeição os que santificou". A alusão à cruz é sutil, mas está lá. Numa eventual revisão do texto, seriam desejáveis desenvolvimentos mais substanciais no sentido de uma cruz entendida como consagração sacerdotal "na verdade" (cf. Jo 17,19).

É inegável que, a partir da cruz entendida como resposta de Jesus à pergunta de Pilatos sobre a verdade, o conteúdo catequético do oitavo mandamento e sua retomada no "monte das Bem-Aventuranças" é particularmente importante para hoje. Na verdade, quanto maior é a possibilidade de difundir a verdade em nível individual e social, maior é a possibilidade de ver sua consistência mudada. Nessa perspectiva, os esclarecimentos doutrinais do CCE são mais que bem-vindos. Eles oferecem uma série de critérios que permitem não perder de vista o sentido de direção num setor tão significativo para a realização humana e cristã.

Um aspecto de particular relevância nessa área é a questão de saber como respeitar a verdade "em toda ocasião oportuna e inoportuna" (cf. 2Tm 4,2). Pilatos não podia fazer isso, porque não tinha nunca procurado pela verdade; sua vida como um político oportunista o tornara surdo à "voz" (cf. Jo 18,37) da Verdade que estava diante dele. O comportamento do procurador romano adverte: pode-se servir a verdade sempre e em toda parte somente "sendo da verdade". Essa foi a força daqueles que escreveram com seu sangue os "Arquivos da verdade", conservados na Igreja (cf. CCE 2474). Esta será também a força dos novos mártires do nosso mundo. Pensemos, por exemplo, nos médicos cristãos confrontados com uma forte pressão social a favor do chamado "suicídio" assistido, a ponto de serem ameaçados de perder o direito de exercer sua profissão se não entram nos parâmetros da ideologia dominante ou do "politicamente correto" e que não querem se curvar aos desejos dos seus pacientes e do Estado que os sustenta. A verdade, neste caso — e o CCE confirma isso —, "é que a vida é sagrada" e que "só Deus pode dá-la e retomá-la" (cf. n. 2258).

Deriva daí que o serviço coerente com a verdade não pode ser improvisado. É preciso se preparar. E a maneira de fazer isso é sintonizar-se "constantemente" com a *mens Christi* de que fala São Paulo, atribuindo-a ao "homem espiritual" que tudo julga (cf. 1Cor 2,15-16).

Capítulo II
Artigo 9
O NONO MANDAMENTO

MARTÍN CARBAJO NÚÑEZ

Se o sexto mandamento se concentra em atos luxuriosos, o nono coloca em guarda contra a concupiscência da carne, que se manifesta em pensamentos e desejos impuros: isto é, requer a correta canalização dos impulsos psicofísicos, especialmente os de natureza sexual. "Quem olha para uma mulher para desejá-la, já cometeu adultério com ela em seu coração" (Mt 5,28). Também o décimo mandamento pede para vencer a concupiscência, mas se concentra nos olhos, ou seja, na cobiça, na inveja e no desejo desordenado de possuir os bens de outrem. No Antigo Testamento, ambos os tipos de concupiscência são objeto de um único mandamento (Ex 20,17; Dt 5,21). A divisão atual foi proposta por Santo Agostinho.

A concupiscência refere-se a qualquer forma intensa, ansiosa e possessiva do desejo humano que "transtorna as faculdades morais do homem" e que "o inclina a cometer o pecado" (CCE 2515). Aquele que se deixa levar, se torna escravo de seus próprios impulsos e incapaz de canalizá-los de uma maneira controlada e racional. Para ser livre e "entrar na vida" (Mt 19,17), o ser humano precisa dominar a concupiscência purificando seu coração e praticando a virtude da temperança.

Concentrando-se na intenção e no desejo, o nono mandamento indica que os atos externos adquirem sua plena especificidade humana quando são o resultado de uma escolha feita de forma livre e responsável. Só assim podemos falar de "atos humanos", ao passo que se costuma chamar de "atos do homem" os de tipo fisiológico, gerados pelo reflexo ou por instinto, que não dependem de sua livre vontade, mesmo se feitos de forma consciente. Na mesma linha, a sexualidade dos animais, que responde a dinâmicas biológicas e hormonais, se distingue da sexualidade humana, que subordina estas dinâmicas às dimensões internas que expressam a vontade livre do sujeito. Daí a gravidade que pressupõe o fato de alimentar pensamentos e desejos impuros.

Chamados à liberdade

Com o Decálogo (as "Dez palavras"), o Deus amoroso nos mostra o caminho da libertação para "entrar" na vida eterna, isto é, para acolher o dom que ele nos oferece. Essas "palavras" expressam uma moral personalista que procura o encontro — livre e amoroso — com Deus, com os outros, consigo mesmos e com a natureza. De fato, o Decálogo fazia parte da oração que o fiel israelita recita todas as manhãs. O Novo Testamento o enquadra na lei de Cristo, que é amor livre e gratuito. Não se busca uma pureza legal, fim em si mesma, mas a liberdade dos filhos de Deus, que é um dom de si por amor. Este dom exige dominar as concupiscências e, "com a graça de Deus, [vencer] as seduções do prazer e de poder" (n. 2549).

A LUXÚRIA NOS IMPEDE DE SERMOS LIVRES

A sexualidade, para ser autenticamente humana, deve libertar-se do princípio do prazer. Em vez de colocar tudo a serviço dos suas próprias sensações e experiências, o ser humano precisa se abrir serenamente à alteridade, amando afetuosamente tudo o que o cerca, sem tentar dominar, enganar ou plagiar. Imersos em um mundo "hiperconectado" e cheio de pretensões, temos necessidade de vencer a concupiscência da carne, que nos impele a ver os outros em função de nossas exigências. Não se procura uma relação serena e afetuosa, mas sim a satisfação das próprias pulsões.

ACOLHER O MISTÉRIO DA PESSOA

A luta contra a concupiscência comporta que paremos de olhar para o outro de forma doentia ou tentemos conhecê-lo apenas para controlá-lo. Ao dominar esses impulsos, o sujeito purifica seu coração e é capaz de "re-conhecer" o mistério de cada pessoa, contemplando nela o rosto do Deus vivo e também vendo a si mesmo como o templo do Espírito. De fato, a pessoa é muito mais do que a consciência que ela tem de si mesma e só indiretamente ou por reflexo percebe sua interioridade. Não chega nunca a se conhecer o suficiente para ser capaz de realizar objetivamente a própria biografia, pois, para que os juízos sobre si sejam objetivos, deveriam ser distinguidos o juiz ("eu") e o julgado ("mim"). Como recordava Santo Agostinho: "Tudo o que sei de mim, eu o sei pela luz que me comunicaste para que eu o saiba; e o que eu sei sobre mim, permanecerei sem sabê-lo até quando essas trevas de minha ignorância se converterão em luz tão clara quanto a luz de meio-dia com o resplendor da tua presença divina" (*Confessiones*, X, 5, 7).

A purificação do coração

O nono mandamento convida à purificação do coração e da mente para poder viver a sexualidade como um doar-se na liberdade. "Bem-aventurados os puros de coração, porque verão a Deus" (Mt 5,8). Essa purificação não pode ser reduzida a uma pureza legal, externa, que leva à hipocrisia farisaica, ao considerar-se superior aos outros e ao tornar-se "sepulcros caiados" (Mt 23,27). Um coração puro liberta o olhar, abre à beleza e faz descobrir que toda realidade é teofânica. São João da Cruz tinha alcançado esse olhar purificado, que permite contemplar o Amado "na natureza, de forma real e imediata" e, por sua vez, na beleza do Amado, perceber "a montanha ou a colina, a fonte de água pura" (*Cântico Espiritual*, 26). Deus se deixa vislumbrar na beleza e na harmonia do cosmos e, mostrando-nos sua beleza divina, nos ajuda perceber a verdadeira entidade de tudo o que existe.

A BATALHA PELA PUREZA

Quando o coração não foi purificado, o sujeito é incapaz de acolher o mistério da pessoa e facilmente reduz o corpo a uma mercadoria, a um objeto de observação doentia, caindo assim no exibicionismo ou no voyeurismo. Os olhos impuros não podem perceber a dimensão religiosa do corpo — próprio e alheio — como "um templo do Espírito Santo, uma manifestação da beleza divina" (n. 2519). Para alcançar a virtude da castidade e a pureza de coração, que é um dom e uma tarefa, o ser humano precisa abrir-se à ação do Espírito Santo para vencer as tendências da carne (cf. Rm 8,5-8), próprias do homem velho; ou seja, ele precisa suplicar, pedir constantemente a graça divina e se esforçar para disciplinar os sentimentos e a imaginação, os desejos e as paixões, a intenção e o olhar tanto exterior quanto interior.

O PUDOR

A sociedade da informação está submetendo a fortes tensões o tradicional consenso social sobre modéstia e pudor. A comunicação concentra-se no eu interior, nos sentimentos, ao passo que se torna cada vez mais frequente a exposição descarada da própria interioridade e uma curiosidade doentia, livre de sentimentos de culpa e da punição. Os meios de comunicação social exploram descaradamente o filão da intimidade e, na publicidade, abusam do corpo de maneira mórbida, especialmente do corpo feminino. Hoje há inclusive certo orgulho de alguns aspectos pessoais que anteriormente eram zelosamente guardados em segredo. As eventuais violações do pudor não parecem mais uma ruptura com aquela ordem profunda que era considerada indispensável para o indivíduo e para a própria sociedade. Muitas vezes são vistos como uma expressão de originalidade e do espírito crítico que deve animar o indivíduo na sociedade. O transgressor é apresentado como uma espécie de herói que ajuda a se libertar das repressões antigas. O pudor seria uma imposição social que sufoca a natural expressividade humana. A modéstia no vestir e nas manifestações pessoais seriam o resultado de complexos e obsessões que devem ser superados.

A pureza exige o pudor

A pureza exige pudor, que liberta do erotismo e da curiosidade doentia, regula os olhares e preserva a intimidade pessoal. O pudor possui, pois, um sentido positivo na medida em que protege o mistério da pessoa (cf. CCE 2521-2522). Não é para se fechar, mas para poder se relacionar com autenticidade, evitando todo desejo possessivo.

Mediante o pudor psicológico e corporal (interior e exterior), os seres humanos procuram não ser reduzidos a objetos observáveis e manipuláveis. Se o pudor psicológico defende a esfera mais íntima de nossa personalidade, o pudor corporal evita que o corpo perca seu mistério e se torne um objeto possuído e, portanto, marginal. Quando há uma profunda comunicação pessoal, o pudor deixa de constituir uma barreira à entrega da própria intimidade, garantindo assim a autenticidade do relacionamento. Não é por acaso que os nazistas utilizassem o ataque ao pudor para infamar e destruir nos prisioneiros o sentido da sua própria dignidade.

O pudor protege a intimidade e facilita a comunicação

O pudor protege a intimidade, ou seja, facilita a capacidade de dispor da própria vida, de gerenciar livremente o próprio mundo interior de pensamentos, experiências e vivências. Cultivar esse mundo interior é mais importante do que a ocultação de certas informações. De fato, a intimidade é muito mais do que informações íntimas ou barreiras defensivas. Pertence mais ao ser do que ao ter. A pior agressão contra a intimidade não consiste em revelar um segredo pessoal, mas em atacar a liberdade interior. Não se concentra em esconder "algo", mas em salvaguardar a própria riqueza pessoal, em não ceder a outro o controle da nossa vida.

Se o exibicionismo e a curiosidade doentia (voyeurismo) alteram a experiência da intimidade, efeitos semelhantes são causados pelo polo oposto, isto é, o fechar-se em si mesmo e o conhecimento insuficiente do outro. A intimidade supõe sempre certa impenetrabilidade, mas é igualmente inconcebível sem certo grau de transparência. Ninguém pode reivindicar o direito de conhecê-la, mas uma experiência equilibrada da própria intimidade supõe também o transcender-se, o partilhar da própria riqueza pessoal, livremente e com confiança. O fechamento absoluto impediria a coexistência e as relações autenticamente humanas, pois não se pode dialogar sem partilhar algo de si mesmo, e não se pode amar o outro sem o reconhecer como "alguém".

A virtude da temperança

O pudor é uma parte integrante da temperança e está ordenado à castidade. De fato, o domínio de si ("temperança") está ordenado ao dom de si ("caridade"; cf. n. 2346). A temperança não existe para reprimir a sexualidade, mas para educá-la e fazê-la amadurecer. Ser ordenado é muito diferente do ser subordinado. No mundo clássico, a proposta era a de subordinar o corpo, de subjugá-lo por meio da mortificação, de modo a poder libertar a dimensão espiritual e racional que aí se encontra presa, ou seja, ser capaz de pensar sem que as paixões o impeçam de fazê-lo. No pensamento cristão, contudo, o corpo não é inimigo da alma, mas seu necessário e harmonioso complemento. O corpo tem uma entidade e um valor ontológico em si mesmo, porque tudo o que somos e temos foi querido por Deus. Trata-se de coordenar, não de subordinar. Em vez de reprimir, ignorar ou negar os impulsos da carne, o ser humano deve torná-los seus e coordená-los de modo que nada o impeça de amar livremente, com todo o seu ser, Deus, o seu próximo e todas as criaturas.

A virtude da temperança leva a fazer penitência, a abraçar a pobreza interior, até mesmo a renunciar aos bens legítimos, tudo vivido como caminho de liberdade, de crescimento e de participação no mistério pascal: "Se alguém quiser me seguir, renuncie a si mesmo, tome sua cruz e me siga" (Mt 16,24).

Diante das recorrentes antropologias dualistas, o Concílio Vaticano II enfatiza a unidade do ser humano e, para afirmá-la, utiliza no latim o ablativo em vez do genitivo (GS 14), reforçando assim o sentido de unidade. De fato, a perfeição não é alcançada afastando-se da matéria e do próprio corpo para alcançar um pensamento puro e um espírito imperturbável, mas sim assumindo e coordenando tudo o que somos. O Verbo Encarnado não nos redime da matéria, mas com a matéria e com o corpo. A mortificação nos liberta para poder amar.

O amadurecimento afetivo

Na sociedade líquida de hoje (cf. Bauman), muitas pessoas carecem de projeto pessoal em que se possa sacrificar tempo e energia. São governadas antes por desejos, pulsões e emoções, que não duram muito e devem ser atendidos imediatamente. Neste contexto, são necessários formação e acompanhamento para avançar no amadurecimento afetivo. A liberdade não é possível sem alguma disciplina que permita guardar o coração e a visão, monitorar as emoções e os sentimentos. Trata-se de viver os anseios dentro de certos limites, integrando a fraqueza e o possível fracasso (VC 63), dominando os próprios impulsos e superando a dependência da gratificação imediata.

"A castidade tem leis de crescimento". O homem casto "dia a dia se constrói por meio de opções numerosas e livres" (CCE 2343). Os atos específicos do tipo voluntário não são suficientes. Nem se trata reprimir os impulsos sexuais, com os pensamentos e desejos que provocam, mas de crescer gradualmente em termos de conhecimento, comunicação e maturidade; ou seja, trata-se de integrar todas as dimensões do próprio ser, acolhendo "o outro como 'próximo'" (n. 2519). A formação é necessária sobretudo para os jovens (cf. n. 2526). Sem essa maturidade psíquica, sexual e afetiva, a continência pode ser facilmente convertida em frustração despersonalizadora e o amor numa mera ilusão que desaparece com a primeira dificuldade.

Purificando o clima social: uma sociedade erotizada

"A pureza cristã exige a 'purificação do clima social'" (n. 2525). De fato, a atual sociedade midiática e permissiva privilegia um "erotismo generalizado" e propõe inúmeros "espetáculos que favorecem a curiosidade mórbida e a imaginação indecorosa" (n. 2525). Os meios técnicos, que facilitam a comunicação interpessoal, podem ser usados também para explorar o próximo como um simples objeto de observação doentia (voyeurismo, reality show). Nesse contexto social, os ensinamentos da Igreja sobre sexualidade são muitas vezes contestados ou ignorados.

Potencializar o ideal de autenticidade

A privatização progressiva da sociedade e o processo de individualização que se desenvolve no Ocidente, a partir do Renascimento, causou uma "viragem rumo ao eu" (*turn to the self*) e uma maior valorização da dimensão afetiva. A antiga moral da abnegação (*self-denial*) foi substituída pela moralidade da autorrealização (*self-fulfillment*). Enquanto o primeiro promovia virtudes sociais e valores rigorosos — sinceridade, lealdade, sacrifício, responsabilidade, fidelidade ao grupo social —, a nova moral está focada em valores psicológicos. Em vez de autocontrole e da disciplina para com os próprios impulsos, agora é proposto o prazer como critério de moralidade.

Alguns autores falam de cultura narcísica, enquanto outros argumentam que o ideal de autenticidade prevalece em nossa sociedade. Esse ideal, de acordo com Charles Taylor, não é um convite à anomia moral e à autoindulgência atomista, mas muito mais — se devidamente interpretado — gera imperativos morais internalizados e converte o indivíduo em um ser mais autônomo, sociável e responsável. É necessário trazer à tona os valores que se sentem na sociedade moderna, como a noção de liberdade e individualidade, purificando-os de aditivos perigosos, que convertem a própria identidade tornando-a fragmentária, superficial e egocêntrica.

Integrar a experiência em um projeto de vida

No campo da sexualidade, a "viragem rumo ao eu" levou a uma maior permissividade nos costumes e a priorizar a afetividade, o sentimento e a própria experiência, acima de outras considerações sociais. Deseja-se que a relação de casal seja autêntica, fruto do amor, e isso é positivo, mas muitas vezes não se faz o esforço necessário para fazer com que a relação cresça e amadureça. Muitos casamentos terminam porque os cônjuges carecem de maturidade emocional suficiente e não se esforçam para superar as dificuldades e fortalecer seu amor dia após dia. Quando uma emoção falha, imediatamente busca-se outra. M. Lacroix sustenta que hoje muitas pessoas se perdem em uma sucessão de emoções e experiências desconexas, "fortes", mas insignificantes, não processadas. São consumidoras de "emoções-choque", mas não são capazes de contemplar, transcender e de cultivar sentimentos. Emocionam-se, mas não sentem. Quando não há internalização adequada da experiência vivida, é difícil harmonizar as várias dimensões do próprio ser e integrar no presente as experiências do passado com os projetos e as expectativas do futuro. Vive-se a própria identidade de forma fragmentada e a há uma incapacidade de articular a própria história de maneira coerente. Faltam unidade, continuidade e uma itinerário de sentido.

Abertura ao outro nas redes sociais

As redes sociais fazem parte desses maravilhosos meios técnicos que atualmente facilitam as relações e comunicação global, mas elas também podem ser usadas como vitrines onde se expor. Muitas vezes o sujeito tenta ser o centro das atenções, mas não concede esse privilégio a ninguém. Esse tipo de narcisismo o leva a se confundir com o perfil público que ele mesmo construiu para si. A autoestima e a própria identidade ficam assim à mercê das reações emocionais que aquela imagem idealizada provoca nos outros. Obcecado pelo o reflexo de si mesmo no espelho do outro, o sujeito não consegue descobrir sua própria identidade nem a dos outros.

"A velocidade da informação supera nossa capacidade de reflexão e de julgamento, não permitindo uma expressão mensurada e correta de si mesmo" (Papa Francisco, Mensagem para o 54º Dia Mundial das Comunicações sociais, [24.01.2014]). Nas redes sociais, todo usuário fala de si e da própria experiência de uma forma emocional, pulando de um evento a outro, sem chegar a articular uma verdadeira narrativa. Tudo parece um bazar emocional, um mosaico de experiências sem uma clara sequência lógica, sem sentido ou direção. É tão difícil "o desenvolvimento de uma capacidade de viver com sabedoria, pensar em profundidade, amar com generosidade" (LS 47). Por isso, hoje "sentimos o desafio de descobrir e transmitir a mística de viver juntos" (EG 87).

É necessário superar essa fragmentação para recuperar a capacidade de narrar a própria história, dando deste modo um sentido às próprias experiências, à sucessão dos acontecimentos, ao devir pessoal, formando assim uma narrativa polifônica, em vez de informações fragmentadas sobre si mesmos. Dessa forma, será possível canalizar adequadamente o ideal de autenticidade, que está na base da cultura contemporânea.

O nono mandamento adverte contra a concupiscência da carne, que não nos permite ser autênticos a fim de nos doarmos na liberdade. Precisamos purificar nossos corações e nosso ambiente social para poder construir relações gratuitas, oblativas, livres, seja com o próximo, seja com todas as outras criaturas. Só assim será possível uma eco-espiritualidade que cure desde a raiz o consumismo do "usa e joga fora" e o narcisismo daqueles que exploram o próximo sem considerá-lo como um irmão, e que, ao mesmo tempo, torne-os capazes de ouvir o clamor da terra e o grito dos pobres. As atuais tecnologias da informação podem alimentar a nossa concupiscência carnal e nos levar a estabelecer relações narcisistas, mas também, se usadas com sabedoria, "elas podem contribuir para a satisfação do desejo de sentido, verdade e unidade que continua a ser a aspiração mais profunda do ser humano" (Papa Bento XVI, Mensagem para o 45º Dia Mundial das Comunicações, [24.01.2011]).

Capítulo II
Artigo 10
O DÉCIMO MANDAMENTO

MAURO COZZOLI

A liberdade do homem é minada pela concupiscência, isto é, pelo desejo de prazer e de sua realização. Além da "concupiscência da carne" há uma "concupiscência dos olhos" (cf. 1Jo 16). A primeira está ligada aos desejos despertados pelas pulsões psicofísicas, dentre estas, em primeiro lugar, a sexual. A segunda, aos desejos suscitados pelos bens, objeto de posse. A virtude cardeal da "temperança" liberta tanto de uma como da outra, estabelecendo a primazia da liberdade sobre os instintos e paixões. Por meio dela sou eu que "vivo", assumindo, moldando e dirigindo pulsões, atrações e desejos, de modo a não "ser vivido" por eles. É próprio do ser humano o "viver" e não o "deixar-se viver". "O animal 'é vivido', deve viver, mas não o homem" (Guardini, R. *Virtù*, Brescia, Morcelliana, 1980, 101).

Assim como o nono mandamento "proíbe a concupiscência carnal" (CCE 2514) e forma para a temperança dos impulsos e das paixões psicofísicas, o décimo "proíbe a concupiscência dos bens alheios" (n. 2514) e, por sua vez, forma para a temperança dos impulsos e o desejo de ter.

Aqui destacamos as instâncias teológico-morais do décimo mandamento, introduzidas por uma reflexão anterior sobre a temperança do ter, que funciona como um marco ético-normativo.

A temperança do ter

Vivendo entre os bens deste mundo e se beneficiando deles, o sujeito deve assumir e cultivar o correto relacionamento com estes. Não é suficiente a justiça — exigida pelo sétimo mandamento — que regulamenta o direito de seu uso e propriedade. É necessária ao mesmo tempo, e mesmo antes, a temperança, virtude moderadora do "apetite sensível", isto é, das paixões humanas, em que cada uma delas impulsiona para a satisfação de uma necessidade seguida pelo prazer que a acompanha.

Ora, a liberdade, que é inteligência e vontade, não está sob o "princípio do prazer". Para ser humana e humanizadora em seu exercício, não pode tomar o prazer como critério orientador e decisivo. Isso significaria a negação da liberdade. O sujeito seria arrastado e dominado pela paixão. Assim, a psique, que é sentimento, desse modo teria a primazia e não o espírito, que é liberdade. Mas o sentimento é passivo, não estabelece liberdade: sentir é uma forma de sofrer. A liberdade acaba, assim, sob o condicionamento das pulsões e dos impulsos, das atrações e dos desejos. São eles que decidiriam sobre a liberdade e sua qualidade.

É próprio do ser humano, de seu crescimento e realização, passar pela fase infantil, dominada pelo "princípio do prazer", até a fase adulta, posta sob o "princípio do bem moral", pessoalmente reconhecido e aceito como critério orientador de opções e decisões. A "temperança" é uma virtude qualificante de uma liberdade adulta, capaz de assumir o passional, endereçando-o e orientando-o segundo um projeto de crescimento humano integral. Uma liberdade intemperante, à mercê das seduções e cobiças, é uma liberdade imatura: regredida ou bloqueada em um nível infantil, incapaz de dominar e orientar instintos e pulsões. É a liberdade daquelas "crianças" — no dizer do Apóstolo — "sacudidas pelas ondas e levadas aqui e ali por qualquer vento de doutrina" (Ef 4,14), incapazes de fazer valer a força da verdade e do bem no "vento" das opiniões e paixões.

O caminho da temperança não é o da repressão ou remoção das paixões. Estas não são esnobadas e depreciadas, mas são reconhecidas e valorizadas como um potencial psicofísico de ação, orientado e direcionado para o projeto de vida da pessoa.

A temperança é uma virtude de "liberdade do" domínio do psicofísico "para a" primazia do espírito. Liberdade que assume e submete o potencial pulsional e impulsivo à vontade inteligente e planejadora da pessoa, utilizando-o para sua realização integral. "O espírito" — escreve R. Guardini — "dá ao instinto um novo significado. Expressa-se no instinto e nele suscita profundidade, caráter, beleza. Situa-o na relação com o mundo dos valores, bem como na relação com aquilo que sustenta esses valores, a pessoa. Assim, ele o eleva à esfera da liberdade. No animal os instintos são 'natureza'; o espírito elabora a partir deles o que chamamos de 'cultura', entendendo-se o termo como expressão de responsabilidade e superação [...]. O espírito cria uma altura acima do instinto. Ao fazê-lo, não o destrói [...]. Em vez disso, conquista a possibilidade de regular e moldar o instinto e conduzi-lo a um significado mais elevado. Em direção à sua perfeição, também e precisamente como instinto" (GUARDINI, R. *Virtù*, cit., 101).

Uma paixão particular no homem é aquela gerada pelos instintos de ter e possuir e pela atratividade exercida por eles. O desejo de ter está enraizado na sensibilidade humana: "O apetite sensível nos faz desejar as coisas agradáveis que não temos" (CCE 2535). Esse desejo, em suas expressões primárias, é impulsionado por necessidades vitais como a de saciar a fome, de defender-se do frio (cf. n. 2535). Estende-se, pois, a todos os bens que são objeto de desejo, satisfação e prazer. Considerado em si, o desejo/necessidade de ter é "bom" (cf. n. 2535): impele o homem a procurar para si bens úteis e a dar satisfação para necessidades reais. Sua bondade é dada pela bondade do bem, objeto de desejo: é bom desejar coisas boas, ou pelo menos indiferentes de um ponto de vista moral.

O desejo de ter, no entanto, pode se tornar "concupiscência": "desejo imoderado" (n. 2514) de bens. A necessidade destes torna-se "cobiça" (n. 2534): busca ansiosa e gananciosa. O desejo, portanto, avança por sobre a liberdade. Esta se torna um súcubo dele: isto é, não o domina, mas é dominada por ele. A "concupiscência dos olhos" estende-se a todos os bens, que atraem agradavelmente o olhar, suscitando o desejo de alcançá-los e possuí-los. E porque o bem alcançado e possuído é só e sempre uma fração, uma pequena parte do ainda não alcançado e possuído, a "concupiscência dos olhos" é ilimitada e insaciável. Ela priva o sujeito da liberdade de "se contentar" com os bens justamente alcançados: priva-o da alegria que o benefício deles suscita e da gratidão a Deus, doador de todo o bem. Oferece-lhe apenas o prazer de uma conquista efêmera, presa como está na espiral perversa e frenética de um desejo não poderá ser nunca satisfeito.

O indivíduo depende tanto dos bens que possui que acaba sendo "possuído por eles". Ele é cada vez menos uma liberdade que dispõe de seus bens, e cada vez mais "disponibilizado" por eles. O objeto atropela o sujeito, o ter o ser, a necessidade, a liberdade e a pessoa — que tem a identidade de sujeito (não de objeto), que vale pelo que é (e não pelo que tem), que é liberdade (e não necessidade) — perde sua própria identidade e vocação. Este é o "rico" do Evangelho, excluído do Reino (cf. Mt 19,23-26): homem dominado pela "concupiscência dos olhos". Olhos carregados e distorcidos pela cobiça do ter, incapazes de elevação, abertura e confiança no amor providente de Deus.

A "temperança do ter" liberta dessa concupiscência: é a virtude dos "olhos novos", porque estão livres do desejo de possuir. Virtude moderadora do desejo de ter, que permite discernir e distinguir as necessidades imprescindíveis e primárias daquelas supérfluas e secundárias. Virtude da correta relação com os bens deste mundo. Seu fruto é a "sobriedade", como capacidade e atitude para dominar o instinto de fruição e posse, transmitindo-o dentro dos limites do necessário para uma vida digna e decorosa. "Libertando da" busca frenética e "da" posse da riqueza que subjuga, a temperança do ter "liberta para" o amor, ou seja, para a gratuidade ao próximo e gratidão à Divina Providência, bem como para o respeito e o uso correto dos bens e recursos deste mundo, que assumem as formas da responsabilidade ecológica.

Fruto da temperança do ter é também a "penitência", como disposição a aceitar, ou a ser imposta, no que diz respeito à renúncia até mesmo de bens legítimos, úteis e necessários, como forma de ascese da liberdade, de crescimento ético-espiritual e forma de participação na cruz de Cristo. Nela, toma forma singular aquele "negar a si mesmo" que o Evangelho exige como condição do seguimento de Cristo, e pelo qual passa o êxito salvífico da vida: "Se alguém quiser me seguir" — exorta Jesus — "negue-se a si mesmo, tome sua cruz e siga-me. Pois quem quiser salvar a sua vida, a perderá; mas quem perder sua vida por minha causa a encontrará. Pois que vantagem terá um homem se ganhar o mundo inteiro, se com isso perderá sua vida?" (Mt 16,24-26). Não é uma renúncia estoica, ascética, mas ordenada para o melhor, para o "ganho" da vida.

Expressões penitenciais particulares são o "jejum" (cf. CCE 1434-1438), como renúncia de satisfazer a necessidade de alimentação em tempos e circunstâncias determinados, e a "abstinência" de determinados alimentos.

Instâncias teológico-morais

Analisemos agora as questões teológico-morais, delineadas pelo CCE como razões e exigências do décimo mandamento.

I. A desordem das concupiscências

A "concupiscência dos olhos" é o desejo que se tornou "cobiça": olhar captador e incontinente dos bens desejáveis. "Captador", porque sobre todo bem agradável ao olhar se projeta um desejo de possuir: o olhar polariza possessivamente toda a liberdade sobre o que é olhado. Objeto de prazer e objeto de posse tornam-se um. "Incontinente" porque o desejo e o prazer de ter não conhecem limites. Nem em uma linha extensiva, suscitando ânsias de posse, fruição, ganho, prazer, sucesso, vantagem, carreira e poder. Em suma, abrangem todo o campo do ter, que não se restringe apenas ao ter relativo a coisas. Nem em linha intensiva, arrastando a pessoa em sua totalidade no desejo: pulsões, afeições, engenhosidade, intenções, energias, vontade, ideias, desenhos, projetos.

A cobiça é assim acompanhada pela "ganância". Esta é inerente a ela e é entendida como desejo excessivo de bens e prazeres. Cobiça é a ganância insaciável de possuir. E do momento em que o desejo de ter torna o ser humano insensível aos outros e indisponível para o dom, a cobiça favorece a "avareza": o guardar tudo para si, em uma espiral irreprimível e obsessiva de acumulação. Com o desejo de apropriação que desperta e alimenta, a cobiça está na base de todo pecado de injustiça (cf. n. 2536).

A ganância e a cobiça são males morais que se instalam e tomam forma nas faculdades operacionais da pessoa: inteligência, vontade, sentimentos, pulsões. Como tais, não são apenas atos (*actus*), ações pecaminosas, que se repetem e se somam. São hábitos (*habitus*), ou seja, disposições permanentes da pessoa, que os atos geram e nutrem e que se chamam vícios: inclinações da liberdade para o mal, que dão lugar a "estados de pecado", no nosso caso a ambição e a mesquinhez do ter. Estados cuja gravidade é proporcional à profundidade das raízes deitadas no sujeito e à negligência relativa à virtude da temperança. O estado do pecado, por sua vez, dispõe e induz a praticar atos de pecado, em uma espiral reciprocamente suscitadora de *actus* e *habitus*.

O pecado não está no mero desejo pelas coisas de outras pessoas. O "não cobiçar", prescrito pelo mandamento, não é uma condenação indistinta do desejo. O pecado está no desejo imoderado e ganancioso e no querer e esperar a desgraça alheia, para dela tirar um lucro (cf. n. 2537).

A concupiscência do ter está na origem da "inveja", um dos sete "pecados mortais" que desestruturam a liberdade moral da pessoa. A inveja é o sentimento desagradável — "a tristeza" — despertado por bens, qualidades e méritos de outros, que são desejados para si, acompanhados de hostilidade, rancor e ressentimento para com quem tem esses elementos (cf. n. 2539). Como *habitus* adquirido — ou seja, como um vício —, a inveja inclina a liberdade a esse sentimento. Perde-se assim a alegria de estar satisfeito com o próximo, que agora é percebido como um rival. O desejo de ter, tendo por pano de fundo a inveja, funde-se com o "orgulho", de modo que não se tolera que outros tenham bens ou alcancem resultados superiores ou iguais aos próprios (cf. n. 2540).

Ao não ser reconhecida pela consciência e pela responsabilidade moral, minimizada, racionalizada ou removida, não contrastada e dominada pela temperança e pela humildade, "a inveja pode levar às piores ações" (n. 2538). Em todo caso, ela quer o mal do próximo. "Da inveja — observa São João Crisóstomo — nascem o ódio, a maledicência, a calúnia, o prazer causado pelo infortúnio dos outros e a tristeza, causada pelo seu sucesso" (*Moralia in Job*, 31, 45: PL 76, 621). Temperança e humildade, libertando da inveja, libertam para a benevolência, a complacência e a admiração do próximo (cf. n. 2539).

II. Os desejos do Espírito

Para o cristão, a temperança é mais do que uma virtude humana adquirida por meio da moderação e do governo dos instintos e paixões. É virtude gerada pela graça do Espírito Santo, que realiza a conversão de "ser carnal (*sárkikos/psychikòs ánthropos*)" em "ser espiritual (*pneumatikós ánthropos*)" (cf. 1Cor 2,14-15; Rm 7,14): a partir do "homem velho" (Ef 4,22; Cl 3,9), que está sob o domínio da carne, com suas paixões e concupiscências — "o homem que se corrompe sob efeito das paixões enganosas" (Ef 4,22), "escravo de todos os tipos de paixões e prazeres" (Tt 3,3) — ao "homem novo" (Ef 4,24; Cl 3,9), liberto pela liberdade daqueles que "pertencem a Cristo Jesus", os quais crucificaram a carne com suas paixões e concupiscências" (Gl 5,24; cf. Rm 8,5-13; Gl 5,16-25).

O fruto dessa conversão é a "vida segundo o Espírito": vida de libertação dos "desejos da carne" pelos "desejos do Espírito" (cf. Rm 8,5-8). Ora, quem "vive segundo o Espírito" (Gl 5,25) "anda segundo o Espírito" (Gl 5,25). No sentido de que realiza os seus desejos e obras: "Digo-vos, pois: andai segundo o Espírito e não sereis levados a satisfazer os desejos da carne. Na verdade, a carne tem desejos opostos ao Espírito e o Espírito tem desejos contrários à carne; essas coisas se opõem mutuamente" (Gl 5,16-17).

O cristão vive a temperança não como lei, mas como dom e tarefa da graça. Não como uma lei, que, pelo mandamento "Não cobiçar", faz conhecer o pecado, conhecimento que fomenta "a concupiscência", "todo tipo de desejo" e "paixões pecaminosas", levando assim à morte espiritual. São Paulo a chama de "lei do pecado e da morte" (cf. Rm 7,5.7-13; 8,2). E menos como a "lei de pecado que está nos meus membros", oposta à "lei da minha razão", expressão da "lei de Deus", que induz a fazer "não o que eu quero, mas o que detesto" (cf. Rm 7,14-25; cf. CCE 2542-2513).

Homem novo, o cristão está "morto para a lei, para viver para Deus" (Gl 2,19; cf. Rm 7,4-6). Essa é uma expressão do "desejo do sumo Bem" (CCE 2541), para o qual todo bem é bem e é desejável. O cristão vive da liberdade que a vida segundo o Espírito significa para ele (cf. 2Cor 3,17): "Vós, irmãos, fostes chamados para a liberdade" (Gl 5,13). Não a liberdade-arbítrio, "pretexto para viver segundo a carne", mas a liberdade fortalecida pela caridade, suscitada e nutrida pela graça do Espírito Santo (cf. Gl 5,13-14; 2Cor 3,17; Rm 5,5).

III. A pobreza de coração

"Onde estiver o teu tesouro, aí estará também o teu coração" (Mt 6,21). O coração é o centro em que brota o amor. É o próprio amante, que encontra no amado o seu "tesouro". É importante amar, mas o objeto do amor é decisivo. Dele depende a qualidade do amor. Cada ser humano responde à pergunta fundamental: "A quem, ou o que, você ama?"; "Em quem ou no que você coloca sua confiança?"; "Qual é o bem-valor que funciona como polo de atração e de consistência de sua vida?".

A riqueza, os poderes e prazeres meramente humanos são "tesouros" efêmeros e falaciosos. Fazer deles o centro gravitacional do amor, persegui-los como bens-valores primários e decisivos, objeto da confiança fundamental é ilusório e decepcionante. A pessoa não pode ser satisfeita por nada que valha menos que seu coração. Somente Deus e seu Reino — que veio e se abriu para nós pelo evento de Jesus, o Senhor — são o "tesouro" na medida do coração humano, no qual ele satisfaz os desejos deste.

Daí a exigência, para o Evangelho, de "buscar em primeiro lugar o reino de Deus e sua justiça" (Mt 6,33). Este é o "tesouro" e a "pérola", de modo que o homem que os encontra "vai, cheio de alegria, vende todos os seus bens e compra-os" (cf. Mt 13,44-45). Assim, ele constitui "um tesouro no céu" (Mt 19,21). Os bens essenciais não são da ordem do "ter" e sua abundância: o discípulo do Evangelho não acumula "tesouros na terra, onde a traça e a ferrugem consomem e onde os ladrões arrombam e roubam". Está sim na ordem do "ser" e de sua plenitude: o discípulo do Evangelho acumula "tesouros no céu, onde nem traça nem ferrugem consomem, e onde os ladrões não arrombam nem roubam" (cf. Mt 6,19-20). Não se trata depreciar os bens da terra, mas sim "relativizá-los": tomá-los por aquilo que são, como "meios" para viver bem e praticar a justiça e o amor ao próximo e não como "fins" que seduzem e pervertem o coração. Ao serem procurados como fins, o coração cede à idolatria da riqueza e do dinheiro. Ídolos que o Evangelho chama de *"mammon/*riqueza": o "senhor" que toma o lugar de Deus, dirigindo para si o culto devido a Deus (cf. Mt 6,24; Lc 16,13).

A "pobreza do coração" liberta dessa perversão idólatra. É uma virtude que tem suas raízes e sua realização no coração. É possível não ter bens e poderes e, ainda assim, não ser pobres, pois pode-se estar dominado pela ganância e pela inveja, despertada pela carência desses elementos. A pobreza está antes de tudo "dentro", é uma atitude do coração. Jesus proclama "bem-aventurados os pobres de espírito", e o coração é uma expressão disso. E acrescenta: "Deles é o reino dos céus" (Mt 5,3). A virtude, que torna a pessoa bem-aventurada e determina o ser membro do Reino, não se refere à escassez de bens e recursos. É a pobreza na interioridade do espírito, onde se formam intenções, desejos e atitudes. No espírito a liberdade escapa ao domínio do ter, separa-se das coisas possuídas, e o desejo é purificado. A virtude da pobreza é uma disposição do espírito, de cujas profundezas transborda: toma forma nas ações e estilo de vida da pessoa.

Pelo contrário: "Ai de vós, ricos" — adverte Jesus — "porque tendes já o vosso consolo. Ai de vós que agora estais saciados, porque tereis fome" (Lc 6,24-25). Colocando o seu "tesouro" nas riquezas e nas satisfações deste mundo, o "rico" está fora da economia do Reino e da salvação (cf. Mt 19,23-26). Não há lugar em seu coração para a graça providente e libertadora de Deus. Assim como o coração do fariseu está nos prazeres de suas obras, o coração do rico está no gozo de seus bens. Ambos receberam sua recompensa (cf. Mt 6,1-6): se autoexcluíram de Deus e de seu Reino. Em vez disso, pobre é aquele que não deposita sua confiança na segurança das próprias forças e nas riquezas acumuladas. Ele tem um coração confiante e dócil à graça: ele aceita suas solicitações, convertendo-se à justiça e à gratuidade. Ele se torna "pobre de espírito". Essa significação teologal de pobreza e riqueza nos diz que ambas são mais do que condições e modalidades humanas da experiência. São modos de ser para Deus, decisivos no modo de relacionar-se com bens e pessoas. Somente de um coração convertido e aberto a Deus é que pode proceder a pobreza nos modos de se referir aos bens deste mundo e do beneficiar-se deles tanto para si mesmo como para o próximo.

Entendemos então por que uma concepção e uma vivência agnóstica e mundana da vida não favorecem as virtudes da temperança e da pobreza, mas fomentem a cobiça do ter, do prazer e do poder. O coração do homem, afastado de Deus, permanece neles, sua felicidade depende deles e sua liberdade é por eles subjugada. Confiança em Deus e a temperança do ter devem ser conjugados ao mesmo tempo.

IV. "Quero ver a Deus"

Na Bíblia, a busca pelo rosto de Deus é a invocação do orante e a aspiração do sábio. "Quero ver a Deus" é o desejo profundo e supremo do homem que sabe que não pode colocar sua esperança em bens relativos e efêmeros. "Ver Deus" é a felicidade do homem (cf. CCE 2548). Não é o ver-conhecer sensorial e intelectual. É o ver-conhecer do coração, isto é, do amor. A "visão amorosa" de Deus é o maior bem do homem: sua "bem-aventurança". Não é uma felicidade qualquer, mas a felicidade plena e perfeita, como apenas o amor ao sumo Bem pode assegurar. "Quem vê a Deus, alcançou todos os bens que podem ser concebidos", observa São Gregório de Nissa (*Orationes de beatitudinibus*, 6: PG 44, 1265A).

A esperança de ver a Deus, assegurada pela fé cheia de caridade, é princípio da hierarquização e harmonização dos bens e libertação e realização do desejo. Os bens adquirem valor e prioridade a partir da relação com o sumo Bem. O desejo, por sua vez, estabelece a correta relação no que diz respeito a cada bem, sem postergar o primário em relação ao secundário ou sem permitir ser influenciado e enganado por este.

O desejo de ver a Deus nos liberta da concupiscência dos olhos. Ao polarizar o olhar sobre Deus, este torna-se puro, pois acaba sendo purificado da cobiça do ter. Torna-o assim livre para buscar e desejar tudo aquilo que merece ser procurado e desejado, sem se fixar possessivamente sobre algum bem, mas utilizando-se de cada um para amar e, no amor, tudo orientar para Deus e para a realização plena e definitiva nele. Isso dá a liberdade de mortificar até mesmo afeições e desejos honestos e lícitos, como razão e caminho de ascese para a visão beatífica divina. Longe de aliená-lo, o desejo de Deus é o caminho para reencontrar o ser humano: "Liberta o homem do apego imoderado aos bens deste mundo, que se realizará na visão e na bem-aventurança de Deus" (CCE 2548). "Para possuir e contemplar a Deus, os fiéis de Cristo mortificam sua concupiscência e superam, com a graça de Deus, as seduções do gozo e do poder" (n. 2549).

Quarta Parte
A oração cristã

Primeira Seção
A ORAÇÃO NA VIDA CRISTÃ

Capítulo I
A REVELAÇÃO DA ORAÇÃO

ENZO BIANCHI

Introdução

"Tu nos fizeste para ti, Senhor, e nosso coração não tem paz até que não descanse em ti" (*Confessiones*, I, 1, 1). Esta famosa declaração de Agostinho indica claramente o fundamento da oração cristã, como foi estabelecido desde o tempo dos grandes Padres da Igreja até os dias atuais. O desejo que o ser humano tem em si mesmo, desejo do *bonum* supremo, exprime-se antes de tudo por meio da oração como um movimento do coração humano para o infinito, o eterno, o absoluto.

O resultado disso é uma definição aceita em sua essência, embora com nuances diferentes, por todos os autores espirituais do Oriente e do Ocidente. Assim João Damasceno, que recolhe e fixa a tradição oriental, define a oração como "a elevação da alma a Deus ou a petição a Deus de bens convenientes" (*De fide Orthodoxa*, III, 24), palavras retomadas pelo Ocidente por Tomás de Aquino (*Summa Theologiae*, II-II, 83, 1). Esta apresentação da oração no espaço da busca de Deus pelo ser humano hoje aparece, quando não é negada, pelo menos de forma insuficiente, especialmente porque as novas gerações são alérgicas às concepções ascendentes e verticais presentes em toda a espiritualidade cristã.

Desta forma, *per aliam viam*, recupera-se um dado fundamental da teologia bíblica: a presença do Deus vivo é dada, não moldada ou alcançada pelo homem, a quem espera a acolhida de sua vinda epifânica. O Deus da revelação bíblica é o sujeito, é o Deus vivo que não é um termo de algum raciocínio nosso, não está na lógica dos nossos conceitos, mas em seus atos, em suas intervenções que o mostram como um Deus em busca do homem, desde o "No princípio": "Homem, onde estás?" (Gn 3,9). É Deus quem quer e estabelece o diálogo, entrando em comunhão e em aliança conosco; é Deus que, do Gênesis ao Apocalipse, vem na história, busca, chama e questiona o ser humano. O Deus que "nos amou por primeiro" (1Jo 4,19) fala, inicia o diálogo na história, e o homem, a mulher, diante dessa autorrevelação de Deus, reage na fé por meio da bênção, do louvor, da ação de graças, da adoração, da súplica, da intercessão, da confissão do próprio pecado: por meio da oração, que sempre quer ser obediência àquele que nos falou e se expressar como fé, esperança, caridade. Em poucas palavras, à bênção com que Deus oferece seus dons ao ser humano, este, por sua vez, responde elevando a bênção, antes, tentando fazer de toda sua própria vida uma bênção.

Tendo em conta esta perspectiva bíblica, bem ilustrada pelos nn. 2566-2649 do CCE (que não mencionamos explicitamente porque são o quadro subjacente à nossa reflexão), gostaríamos de traçar algumas linhas fundamentais da revelação da oração cristã: é uma perspectiva que faz emergir com muita clareza como, mesmo quando a oração se manifesta como busca de Deus, em profundidade permanece sempre uma resposta movida pelo impulso da graça, permanece sempre e essencialmente um dom de Deus. Assim, o eu que se eleva a Deus é descentralizado na oração e o protagonista, o sujeito, continua sendo o Deus que primeiro nos procurou, que se dirigiu a nós enquanto éramos inimigos, rebeldes contra ele (cf. Rm 5,6-10).

A oração no Antigo Testamento

O Pentateuco apresenta duas grandes figuras de orações: Abraão e Moisés. A oração destes se realiza no espaço da "amizade": Abraão é "amigo de Deus" (Tg 2,23); Moisés é aquele com quem "o Senhor falou face a face, como alguém fala com seu amigo" (Ex 33,11; cf. Nm 12,6-8; Dt 34,10). Essa familiaridade explica a insistência e a audácia da intercessão de Abraão (cf. Gn 18,16-33) e de Moisés (cf. Ex 8,8.26; 9,33; 10,18; 17,8-16; 32,11-14.30-32; 34,5-9; Nm 11,1-2.10-30; 12,13-14; 14,10-19; 16,20-22; 17,6-13; 21,7-9). Em Êxodo 32,31-32, em particular, a intercessão de Moisés torna-se uma oferta vicária da própria vida em favor do povo. Se a intercessão é a forma mais presente de oração, não faltam, contudo, súplicas (Gn 15,2-3; 24,12-14; 32,10-13): é sobretudo a esterilidade das mulheres nas histórias patriarcais a despertar as súplicas (Gn 25,21) dirigidas ao Deus que ouve a oração (Gn 30,6.17.22). O cântico de Êxodo 15, narração e ao mesmo tempo oração, é a resposta orante do povo à ação salvadora com que Deus tirou os filhos de Israel do Egito.

Uma amarga lamentação está presente no livro de Josué (cf. Js 7,7-9), ao passo que o livro de Juízes mostra Deus intervindo em resposta às súplicas elevadas pelos filhos de Israel em momentos de dificuldades político-militares (cf. Jz 3,9.15; 4,3; 6,6; 10,10), ou então, por personagens particulares, como Manoac (cf. Jz 13,8) e os juízes Gedeão (cf. Jz 6,36-40) e Sansão (cf. Jz 15,18; 16,28). Nos livros de Samuel-Reis se destacam oração de Ana em Silo (cf. 1Sm 2,1-10) — que influenciou a redação lucana do Magnificat (cf. Lc 1,46-55) —, a humilde ação de graças de Davi depois do oráculo de Natã (cf. 2Sm 7,18-29), sua confissão de pecado após o recenseamento (cf. 2Sm 24,10.17), a oração de Salomão em Gabaon (cf. 1Rs 3,4-14), sua súplica no momento da inauguração do Templo (cf. 1Rs 8,22-53) e a oração de Ezequias para pedir a libertação de Jerusalém sitiada (cf. 2Rs 19,14-19). A figura de Samuel (cf. 1Sm 1,1–25,1) tornou-se, na tradição bíblica, o símbolo do grande intercessor junto a Deus (cf. Sl 99,6).

Quanto à experiência profética, o "ciclo de Elias e Eliseu" (cf. 1Rs 17–2Rs 13) destaca a experiência de Elias que, depois de ter passado pela angústia e tristeza, chega ao encontro com a presença do Senhor — diante da qual vive toda a sua existência (cf. 1Rs 17,1) —, que a ele se revela com intensidade inimitável na "voz de um silêncio sutil" (1Rs 19,12). Os textos dos profetas escritores apresentam o profeta como um homem que compartilha "o *páthos* de Deus" (A. J. Heschel), aquele a quem Deus revela a sua vontade (cf. Am 3,7). Esta proximidade dos profetas com YHWH os torna intercessores ousados em favor do povo, mas também acérrimos defensores do direito de Deus e mediadores exigentes do julgamento divino sobre o pecado do povo. É frequente a crítica profética ao culto hipócrita, à oração comunitária separada da prática inspirada pela justiça e pela lei (cf. Is 1,15; Am 5,21-27; Mq 3,4; 6,6-7 etc.). Mas é sobretudo Jeremias que emerge como figura de orante desde o diálogo que marca o início de sua vocação (cf. Jr 1,4-19). De acordo com 2 Macabeus 15,14, ele é "aquele que eleva muitas orações pelo povo e pela cidade santa". As chamadas "confissões" (cf. Jr 12,1-6; 15,10-21; 17,14-18; 18,18-23; 20,7-18), compostas com acentos líricos inesquecíveis, são orações pessoais dramáticas que assumem a forma de uma "luta" entre o profeta e aquele que o enviou.

Entretanto, o livro bíblico de oração por excelência é o Saltério, o livro em que a Palavra de Deus se torna oração do homem, obra atribuída pela tradição judaica ao rei e poeta Davi. Se rezados com inteligência e consciência, os salmos revelam-se realmente como uma escola de oração, um todo no fragmento, um microcosmo da relação entre Deus e aquele que nele crê. Eles lembram ao orante que a oração é principalmente ouvir.

A palavra que saiu da boca de Deus, de fato, desdobra seu aspecto constitutivo dialógico graças ao seu acolhimento no coração de um indivíduo ou no seio de uma comunidade e à resposta que dali sobe a Deus. A graça amorosa de Deus (*chesed*) precede e fundamenta a oração do ser humano, que sempre é escuta e resposta à Palavra de Deus, consequentemente, à sua intervenção histórica, ao seu amor antecipado. "Abre a tua boca e eu te sacio" (Sl 81,11), diz Deus: os salmos são as palavras que Deus põe na boca do ser humano para ensiná-lo a falar com ele, como um pai faz com seu filho.

Em particular, os salmos ensinam a unidade entre oração e vida, magistralmente expressa na observação maravilhada: "Todos os meus ossos dirão: 'Senhor, quem é como tu?'" (Sl 35,10). Os salmos são vida e história ambientadas em oração, isto é, diante de Deus: dizer que os salmos ensinam a rezar significa dizer que ensinam a viver todas as situações cotidianas diante de Deus. Talvez este seja o seu valor mais significativo. De fato, isso implica a unidade da pessoa humana: longe das divisões entre espiritual e material, entre o âmbito intelectual e o âmbito da prática, o verdadeiro sujeito da oração dos salmos é o corpo. Não apenas no sentido de que o corpo está comprometido na oração por meio de diferentes posições (o estar de joelhos, o estar prostrado, deitado com o rosto no chão, o elevar os olhos para o céu, dançar etc.), mas no sentido de que todo o ser humano está envolvido na oração. A unidade entre oração e vida também inclui a relação intrínseca entre o plano pessoal e o plano comunitário: o orante dos salmos não diz "eu" sem dizer ao mesmo tempo "nós", sem saber que o agradecimento pelo benefício obtido por ele é devido à sua inclusão no povo da aliança; que o pecado cometido por ele e pelo qual ele levanta um apelo a Deus tem repercussões em todo o corpo comunitário em que está inserido (cf. Sl 51,20-21).

O valor histórico e existencial dos salmos encontra expressão em uma oração que se desenvolve dentro de um dinamismo fundamental estabelecido pela bipolaridade do louvor e da súplica. Não apenas louvor e súplica são os dois pulmões fundamentais da oração, mas todo o Saltério é estruturado de forma a apresentar, na sua organização final, caminho da súplica ao louvor, das trevas à luz, caminho pascal da morte para a vida. Os salmos ensinam que, na oração, o louvor é sempre o horizonte que abrange cada súplica, porque esta sempre supõe a confissão de fé em nome de Deus, e que a súplica tende sempre ao louvor, isto é, ao restabelecimento da relação plena com Deus: a expressão "Voltarei a louvá-lo!", pronunciada pelo levita exilado (Sl 42,6.12; 43,5), pode estender-se a toda oração, caminho para a plenitude da comunhão com Deus.

Dentro dessa bipolaridade estão localizadas as seções da ação de graças (mais específica do que elogio, refere-se a um evento preciso, envolvendo um discernimento claro da ação de Deus na história) e do protesto. Este último é particularmente instrutivo e capaz de revitalizar a nossa oração, muitas vezes demasiadamente estéril. Os salmos descrevem orantes que, na doença e no sofrimento, sabem expressar sua dor, sabem contar seu sofrimento, deixando as portas abertas para o clamor, o lamento, a pergunta cruciante: "Por quê?". Com a infinita gama de linguagens que os salmos apresentam (silêncio, lágrimas, gemido, grito, sussurro, diálogo interior, risos, espanto, confiança etc.) estes lembram que a oração é uma relação com Deus, uma relação concreta, cotidiana, existencial e histórica: eles nos lembram que a oração é vida diante de Deus.

A oração no Novo Testamento

Jesus rezava. Ele pertencia a um povo que sabia rezar, a um povo que criou os salmos, e encontrou na prática da oração de Israel a norma que formou sua própria fé. Sua oração litúrgica foi marcada pelos modos e formas da oração judaica do tempo, como era vivida na liturgia da sinagoga e nas festas do templo de Jerusalém: salmos, recitação do *Shema' Yisra'el* (cf. Dt 6,4-9; 11,13-21; Nm 15,37-41), *Tefillâh* (ou "Dezoito bênçãos", oração principal recitada em cada ofício litúrgico), leitura da *Tôrah* e dos Profetas etc. É dessa fonte que Jesus tirou inspiração para sua capacidade criativa. O "pai-nosso", por exemplo, tem afinidades evidentes com a *Tefillah* e com o *Qaddish* (antiga doxologia frequentemente usada no ofício da sinagoga); em particular, as palavras: "Santificado seja o teu nome, venha o teu Reino" parecem se adequar a uma normativa expressa no *Talmud* da seguinte forma: "Uma bênção em que o nome divino não é mencionado não é uma bênção, e uma bênção que não contém a menção à realeza de Deus não é uma bênção" (Talmude da Babilônia, *Berakhot* 40b). Cada vez que Jesus comia uma refeição junto com seus próprios discípulos, presidia a mesa e pronunciava a bênção: não por acaso na última Ceia, inserida pelos evangelhos sinóticos em um contexto pascal, se recorda também da recitação comunitária do *Hallel* (os Salmos 113–118, que encerravam o banquete pascal) por Jesus e seus discípulos (cf. Mt 26,30; Mc 14,26).

Também de grande importância é a oração pessoal de Jesus. Seu ministério público é de fato intercalado com frequentes "retiros", sobretudo durante a noite ou de manhã cedo, para rezar "em lugares desertos", "à parte", "sozinho", "na montanha" (Mt 14,23; Mc 1,35; 6,46; Lc 5,16; 9,18.28), em particular, "conforme seu costume, no Monte das Oliveiras" (Lc 22,39). Lucas é o evangelista que mais insiste na oração de Jesus, ligando-a aos momentos mais marcantes de sua vida e de sua missão: Jesus reza no momento do batismo recebido por João (cf. Lc 3,21-22); rezar antes de escolher os Doze (cf. Lc 6,12-13); reza na transfiguração (cf. Lc 9,28-29); a oração é o espaço preparado para a confissão de fé de Pedro (cf. Lc 9,18); da sua oração nasce o próprio ensinamento sobre a oração dirigida aos discípulos (cf. Lc 11,1-4); antes da paixão declara de ter rezado por Pedro, para que sua fé não desfalecesse (cf. Lc 22,32); no Getsêmani sua oração é de uma intensidade especial (cf. Lc 22,39-46); por fim, Jesus reza na cruz, invocando o perdão do Pai para os seus algozes (cf. Lc 23,34), e depois entregando com confiança o próprio alento em suas mãos (cf. Lc 23,46; cf. Sl 31,6).

A oração de Jesus é algo muito pessoal na qual ele se dirige a Deus chamando-o de "Papai", com uma nuança de particular intimidade e confiança inerente ao termo aramaico *Abbá*: esta, por sua vez, é a porta de entrada para o mistério da sua personalidade, totalmente sob o signo da filiação em relação ao Pai amado. E a Jesus, que reza com insistência e perseverança, o Pai responde entrando em diálogo com ele: "Tu és meu Filho, eu hoje te gerei" (Sl 2,7; Hb 1,5; cf. Mc 1,11), palavras que encontram no hoje da ressurreição o seu cumprimento (cf. At 13,32-33). Uma reflexão à parte merece a majestosa "oração da hora" (muitas vezes chamada de "sacerdotal": Jo 17,1-26) que, situada entre os discursos de despedida (Jo 13,31–16,33) e a prisão de Jesus (Jo 18,1-11), de fato já abraça o tempo da Igreja e apresenta a intercessão que o Filho glorificado realiza por aqueles que o Pai lhe deu. Finalmente, não se deve esquecer das orações pronunciadas por Jesus em público durante seu ensino: a confissão de louvor ao Pai que revela o Reino aos pequeninos, aos pobres, e não aos intelectuais inflados com seu conhecimento (cf. Mt 11,25-27; Lc 10,21-22); a invocação cheia de confiança dirigida ao próprio Pai antes da ressurreição de Lázaro (cf. Jo 11,41-42).

É a partir de sua experiência de oração que Jesus ensinou aos seus discípulos a orar, e ele o fez por meio de uma interpretação autorizada do ensino sobre a oração contido nas Santas Escrituras e na tradição que ele recebeu. Portanto, é essencial à oração autêntica o acolhimento dos conselhos de oração dados por Jesus aos discípulos e por eles ouvidos, conservados e entregues às comunidades cristãs que, por sua vez, os viveram, como fiéis, até, em seguida, serem depositados como Escritura nos evangelhos. Estas indicações são ainda hoje as linhas espirituais e pastorais essenciais para a oração cristã. Antes de examiná-las brevemente (cf. BIANCHI, E., *Perché pregare, come pregare*, Cinisello Balsamo, San Paolo, 2009, 61-72), lembro apenas que Jesus resumiu seu ensinamento sobre a oração na oração do "pai-nosso" — comentada em outra seção do CCE —, que é justamente definida como "compêndio de todo o Evangelho" (TERTULIANO, *Oração* I, 6).

Em primeiro lugar, Jesus advertiu sobre como não se deve rezar. Não como os hipócritas, por ostentação, para ser vistos e elogiados, mas "no segredo", ou seja, confiando no Senhor que vê os corações e reconhece a retidão da intenção (cf. Mt 6,5-6; Mc 12,40; Lc 20,47); sem um palavreado exagerado, como os pagãos, ou alongando-se inutilmente (Mt 6,7; Mc 12,40; Lc 20,47); com efeito — disse — "o vosso Pai sabe do que necessitais antes mesmo de o pedirdes" (Mt 6,8). É necessário rezar com insistência, sem esmorecer, com perseverança (cf. Lc 11,5-13; 18,1; 21,36), com grande fé e confiança na bondade do Pai a quem se deve dirigir (cf. Mt 7,11; Lc 11,13); esta fé deve se tornar confiança no cumprimento (cf. Mt 21,21-22; Mc 11,22-24; Mt 17,20; Lc 17,6; Mt 7,7-8; Lc 11,9-10). A oração de súplica encontra uma hierarquia de pedidos, para os quais a santificação do Nome, a vinda do Reino e o cumprimento da vontade do Pai são prioritárias a todas as outras súplicas: "Buscai primeiro o reino de Deus e a sua justiça, e todas as outras coisas também vos serão dadas" (Mt 6,33; cf. Lc 12,31). É preciso pedir "Em nome de Jesus" (cf. Jo 14,13-14; 15,16; 16,24.26), isto é, converter a própria vontade na vontade do Pai manifestada em Jesus. Sua oração no Getsêmani, que submete o atender do pedido ao cumprimento da vontade do Pai, mostra os dois polos dentro dos quais situa-se a oração de súplica ensinada por Jesus: liberdade do filho que ousadamente pede ao Pai, disposição do orante a se submeter à vontade do Pai (cf. Mt 26,39; Mc 14,35-36).

A autenticidade da invocação está na disponibilidade de realizar a vontade do Pai (cf. Mt 7,21; Lc 6,46). A oração feita em comunhão de intenções em nome do Senhor é atendida (cf. Mt 18,19); para pedir o perdão dos próprios pecados é necessário estar dispostos também a perdoar (cf. Mt 6,14-15; Mc 11,25); a reconciliação com o próprio irmão é essencial para a verdade da oração e dos atos litúrgicos (cf. Mt 5,23-24). É necessário rezar com humildade, com sinceridade, reconhecendo o próprio pecado (cf. Lc 18,9-13); é preciso rezar e vigiar esperando a vinda do Senhor (cf. Lc 21,36) e para ser preservado da tentação (cf. Mt 26,41; Mc 14,38; Lc 22,45); é preciso rezar pelos próprios inimigos (cf. Mt 5,43-48; Lc 6,27-38), para poder expulsar certos demônios (cf. Mc 9,29). Acima de tudo, é preciso colocar na frente de todos os pedidos o pedido do dom do Espírito, segundo uma palavra decisiva de Jesus: "Se vós, que sois maus, sabeis dar coisas boas aos vossos filhos, quanto mais o vosso Pai do céu dará o Espírito Santo", ou seja, a coisa boa por excelência (considerando o paralelo com Mt 7,11), "àqueles que lhe pedem" (Lc 11,13).

Permanecendo no âmbito dos evangelhos, é preciso ainda recordar, por fim, a oração de Maria, expressa no *Magnificat* (cf. Lc 1,46-55), e os outros dois cânticos que a Igreja repete diariamente na Liturgia das Horas: o *Benedictus* (cf. Lc 1,68-79) e o *Nunc dimittis* (cf. Lc 2,29-32).

A oração no tempo da Igreja

O livro dos Atos dos Apóstolos, o segundo quadro da obra de Lucas, apresenta antes de tudo a realidade da oração da Igreja, a comunidade-litúrgica. Uma das "notas" constitutivas da Igreja é a perseverança nas orações (cf. At 2,42), bem como na *fractio panis*, isto é, na Eucaristia (ibid.). Os primeiros cristãos ainda participavam nos ritmos da oração judaica dirigindo-se ao Templo (cf. At 2,46; cf. também 3,1; 21,26; 22,17), provavelmente o fizeram a partir do pórtico de Salomão (cf. At 3,11; 5,12), lugar onde se reuniram como um grupo caracterizado pela fé em Jesus como Cristo (cf. At 3,11-4,31; 5,12-42). Os cristãos também rezavam em casas particulares, em que louvavam a Deus e praticavam a *fractio panis* principalmente no primeiro dia da semana (cf. At 20,7-11; ver também 2,1.46; 4,23-31; 12,5.12). A oração tem uma dimensão eclesial constitutiva: é o primeiro gesto da Igreja depois da Ascensão (cf. At 1,13-14), é o âmbito que prepara a descida do Espírito no dia de Pentecostes (cf. At 2,1-11). Para os Atos é essencial a modalidade de oração: esta deve acontecer com perseverança, em concórdia e unidade. Todas as importantes decisões colegiadas são precedidas e acompanhadas da oração: por ocasião da escolha do substituto de Judas (cf. At 1,15-26), bem como no momento da instituição dos sete (cf. At 6,6).

De um modo mais geral, é toda a vida cotidiana da Igreja que é acompanhada pela oração: a perseguição (cf. At 4,23-31; 12,1-5), a missão (cf. At 13,2-3; 14,23), o ministério apostólico (Pedro e Paulo são frequentemente apresentados no ato de rezar: cf. At 9,40; 10,9; 20,36; 28,8). É um artifício para afirmar que não há vida eclesial e cristã sem oração. O próprio nome dos discípulos de Cristo, antes de serem "cristãos", é o daqueles "que invocam o nome do Senhor" (cf. At 9,14.21). O ministério de Paulo é marcado por sua participação na liturgia sinagogal nas várias cidades por onde passa e durante as quais prega "que Jesus é o Cristo" (At 9,22; cf. 9,20-22; 13,5.14 ss.; 14,1; 16,13; 17,1 ss.; 18,4; 19,8). Mas os Atos também enfatizam a dimensão pessoal da oração: Estêvão no momento do martírio (cf. At 7,55-60), Paulo após o acontecimento na estrada de Damasco (cf. At 9,11), Pedro em um terraço ao meio-dia (cf. At 10,9). A oração tem lugar na prisão (cf. At 16,25) ou à beira-mar (cf. At 21,5), é expressa por meio de hinos (cf. At 16,25) ou intercessões (cf. At 12,5), em louvores (cf. At 2,47) ou em ações de graças (cf. At 28,15): ela molda a vida de toda a Igreja.

Poderíamos examinar em detalhes a oração e como ela é apresentada em outros escritos do Novo Testamento (em particular o *corpus* das cartas paulinas), mas, seguindo os nn. 2623-2642 do CCE, nos dedicamos a uma breve análise das várias formas de oração (cf. BIANCHI, E., *Lessico della vita interiore*, Milano, BUR, 2004, 131-152). A forma de oração mais testemunhada nas Escrituras e pedida pelo próprio Jesus é a de súplica. É também a que mais causou problemas à tradição cristã, que muitas vezes afirmou a superioridade e a maior pureza da oração de louvor (ou seja, a gratidão que se traduz em uma resposta maravilhada e "poética" ao amor de Deus, reconhecido na grandeza de seus dons para nós) e de ação de graças: "O principal tipo de oração é o de ação de graças" (CLEMENTE DE ALEXANDRIA, *Stromata* VII, 79, 2). Em vez disso, hoje estamos testemunhando seu ressurgimento em formas não autenticamente evangélicas que a reduzem a uma atitude mágica, a uma espécie de injunção dirigida a um Deus percebido como imediatamente "disponível", que quase teria o dever de satisfazer todas as nossas necessidades.

Dirigindo-se a Deus com a súplica em diferentes situações existenciais, o fiel — sem renunciar à sua própria responsabilidade e ao seu compromisso — testemunha que quer receber da relação com ele o sentido de sua própria vida e de sua própria identidade, e confessa que não "dispõe" da própria existência. Nesse sentido, a oração de súplica certamente é escandalosa, na medida em que se choca com a pretensão de autossuficiência do ser humano. Além disso, em sentido profundo, por trás de cada oração em particular de súplica realmente cristã, há uma súplica radical de sentido, que o progresso tecnológico nunca poderá torná-la superada, e que diz respeito diretamente não só ao fiel ("Quem sou eu?"), mas também ao Deus "em quem vivemos, nos movemos e existimos" (At 17,28).

Além disso, com a oração de súplica, o fiel estabelece um tempo de expectativa entre a necessidade e sua satisfação, coloca uma distância entre si mesmo e sua situação concreta: nasce de sua necessidade e a transfigura no desejo. Graças à oração de súplica podemos aprender a desejar, isto é, a conhecer e disciplinar nossos desejos, distinguindo-os de nossas necessidades e procurando alinhá-los com o desejo de Deus. Em outras palavras: pedimos dons que satisfaçam nossas necessidades, e o Espírito Santo leva-nos a invocar a presença do Doador, ou seja, a pedir o amor, desejo do desejo.

É por isso que a oração da súplica visa na realidade a presença de Deus a quem se dirige, antes mesmo da obtenção de um determinado benefício: ela só é praticável dentro de uma relação filial com Deus, vivida sob a bandeira da fé. É dentro e nos limites dessa relação que deve ser colocada a oração de súplica cristã, que absolutamente não pode ser confundida com a oração de súplica comum a qualquer forma religiosa, mas tem uma sua *norma normans* na hierarquia das petições presentes no "pai-nosso" e um de seus critérios imprescindíveis na oração do Filho Jesus Cristo em relação ao Pai: a fé e a relação filial vividas por Jesus, o modo como ele se dirigiu ao Pai, se tornam desse modo exemplares para o fiel.

Nesse sentido é extremamente significativa a experiência já mencionada do Getsêmani, a hora decisiva da vida de Jesus. Na iminência de sua paixão confessa Deus como "*Abbá*, Pai" (Mc 14,36) e, com insistência, pede-lhe para que passasse longe dele "aquela hora" (Mc 14,35), "aquele cálice" (cf. Mt 26,39). Ao mesmo tempo, porém, Jesus submete sua súplica a um critério muito específico: "Não o que eu quero, mas o que tu queres" (Mc 14,36), "não como eu quero, mas como queres tu" (Mt 26,39). Esta é a autêntica oração de súplica do cristão, discípulo de Jesus Cristo!

Uma forma particular de oração de súplica é a intercessão. Etimologicamente, *inter-cedere* significa "dar um passo entre", se "interpor" entre duas partes, indicando assim um comprometimento ativo, um levar a sério tanto a relação com Deus quanto a relação com outros irmãos e irmãs na humanidade. A intercessão não nos leva a ficar lembrando a Deus sobre as necessidades dos outros, mas leva a nos abrirmos à necessidade deles, fazendo memória deles diante de Deus e recebendo novamente os outros de Deus, iluminados pela luz de sua vontade. A intercessão nos ensina a entrar em todas as situações humanas em plena solidariedade com Deus, que se fez homem "por nós homens", como recitamos no Símbolo de fé. Por meio dela reconhecemos a nossa grande limitação em fazer o bem para o outro e nos dispomos a assumi-lo para além de nossas possibilidades: interceder é o sinal mais evidente e o fruto mais maduro de nossa responsabilidade para com nossos irmãos e as irmãs, porque é o ato com o qual conseguimos ampará-los mesmo para além do espaço público, mesmo quando isso não é exigido pelas convenções sociais nem produz uma gratificação pessoal.

O ápice da intercessão não consiste em palavras ditas diante de Deus, mas em um viver diante dele na posição do Crucificado, fiel a Deus e em solidariedade com os seres humanos até o fim. A intercessão por excelência, na qual também participa a do cristão, é de fato a do Cristo que estende os braços na cruz, invocando o perdão para os seus crucificadores; assim, ele os abre em um abraço na direção de toda a humanidade, fazendo da fraqueza extrema de sua própria morte o ato de amor por meio do qual nele se manifesta o poder misericordioso de Deus. Nesse ato, o fiel reconhece e confessa a intercessão plenamente eficaz, sem limites, portadora de salvação para todos os seres humanos.

Para examinar o outro polo da oração, a ação de graças, podemos tomar como ponto de partida o episódio evangélico dos dez leprosos curados por Jesus (cf. Lc 17,11-19), no qual se diz que foi a apenas um deles que se dirigiram as palavras do Senhor, "A tua fé te salvou" (Lc 17,19): é aquele que, vendo-se curado, volta para agradecer a Jesus. Só quem dá graças experimenta a salvação, isto é, a ação de Deus em sua própria vida. E uma vez que a fé é uma relação pessoal com Deus, a dimensão da ação de graças não diz respeito apenas à forma externa de algumas orações, mas deve impregnar o próprio ser da pessoa. É o que Paulo pede: "Sede eucarísticos!" (Cl 3,15; cf. 1Ts 5,18), isto é, em constante ação de graças. A fé cristã é constitutivamente eucarística, e toda a vida do fiel deve ser vivida "em ação de graças" (*metà eucharistías*: 1Tm 4,4).

Embora tão fundamental, a ação de graças é tudo menos espontânea, principalmente do ponto de vista antropológico. Na verdade, ela supõe que o sentido de alteridade e a capacidade de entrar em um relacionamento com um "tu", porque só a um outro reconhecido como pessoa se pode dizer: "agradeço". Entrar na gratidão significa, portanto, lutar contra a tentação de consumo, a fim de criar as condições de uma comunhão, de uma relação em que seja proibida a instrumentalização do outro em si mesma. Já neste primeiro nível, pois, a oração de agradecimento é aquela que pensa o outro, o tempo e o espaço, diante de Deus que é seu único Senhor, e assim cria as condições para uma visão não-consumista da Criação e daqueles que, junto conosco, são co-criaturas.

Na relação pessoal com o Senhor, pois, a capacidade eucarística indica a maturidade de fé do fiel, que reconhece que o amor do Senhor precede, acompanha e segue sua vida. A ação de graças brota do acontecimento central da fé cristã: o dom do Filho Jesus Cristo que o Pai, em seu imenso amor, deu à humanidade (cf. Jo 3,16). É o dom salvífico que desperta a ação de graças no homem e faz da eucaristia a ação eclesial por excelência. "Na verdade, ó Pai, Deus eterno e Todo-Poderoso, é nosso dever dar-vos graças, é nossa salvação dar-vos glória, em todo tempo e lugar, por Jesus Cristo, o filho do vosso amor": estas palavras que abrem os Prefácios do *Missal Romano* indicam bem o movimento perene de ação de graças cristã. E porque a Eucaristia, e dentro dela a Oração Eucarística, é o modelo da oração cristã, o cristão é chamado a fazer de toda sua existência uma ocasião de ação de graças. À gratuidade do agir de Deus para com o ser humano correspondem o reconhecimento do dom e da gratidão, o agradecer: os cristãos são aqueles que "continuamente dão graças por todas as coisas a Deus Pai, em nome do Senhor Jesus Cristo" (cf. Ef 5,20; Cl 3,17).

O papel central da Eucaristia — oração das orações — no cristianismo também nos lembra que o culto cristão consiste essencialmente em uma vida capaz de responder com gratidão ao dom inestimável e preveniente de Deus: o cristão responde ao dom de Deus fazendo da própria vida uma ação de graças, uma eucaristia viva. Na verdade, ele sabe, ou deveria conhecer, o significado profundo do gesto eucarístico realizado por Jesus na Última Ceia (cf. Mc 14,17-25 e par.): Jesus realizou esse ato para evitar que os discípulos lessem sua morte como um evento sofrido por acaso, ou devido a um destino inelutável desejado por Deus. Portanto, ele terminou sua existência como sempre a tinha vivido: em liberdade e por amor a Deus e aos seres humanos. E para que isso fosse claro, Jesus antecipou profeticamente a seus discípulos sua paixão e a morte, explicando-lhes com um gesto capaz de narrar o essencial de toda sua história: pão partido, assim como sua vida seria logo depois; vinho vertido no cálice, como seu sangue seria derramado em uma morte violenta. Para segui-lo, o cristão é chamado a *loghikè latréia*, ao "culto segundo os *Lógos*" assim indicado pelo Apóstolo: "A oferta do próprio corpo em sacrifício vivo, santo e agradável a Deus" (cf. Rm 12,1), por meio de uma vida gasta no amor.

Entendida sob esta luz, a oração de agradecimento não é apenas uma resposta pontual a eventos em que a presença e a ação de Deus são discernidas na própria vida, mas é a atitude radical de quem abre a trama cotidiana da existência à ação de Deus nele; até que tudo esteja predisposto para que Deus transfigure a morte em um evento de nascimento para uma nova vida. É por isso que no momento do martírio a última palavra de Cipriano de Cartago foi: *"Deo gratias"*; e Clara de Assis morreu depois de ter rezado: "Obrigado, Senhor, por que me criaste".

Se de um lado a oração de ação de graças considera o passado, ou seja, o que Deus fez por nós, por outro, ela abre para o futuro, para a esperança: e tudo isso enquanto ela se configura como uma dimensão peculiar na qual viver de forma cristã o presente, o espaço mesmo da vida. Em sua sabedoria a Igreja condensou tudo isso na oração entregue ao cristão como o primeiro ato do seu dia: "Eu vos adoro, meu Deus, e vos amo de todo o meu coração; dou-vos graças por que me criastes, me fizestes cristão e me conservastes nesta noite". Este é o propósito da oração: o *agápe*, o amor que nos impulsiona a viver, isto é, confessar com toda a nossa existência, que a cada dia, até o dia de nossa morte, é para nós um dom do amor de Deus.

Capítulo II
A TRADIÇÃO DA ORAÇÃO

ANNA MARIA CÀNOPI

Artigo 1
NAS FONTES DA ORAÇÃO

Com uma escolha sábia, o CCE dedica toda a quarta parte — a conclusiva — à oração na vida cristã, enfatizando assim que a "doutrina" cristã exposta e explicada nas partes anteriores não é um código rígido de direitos e proibições, mas um guia para um mais profundo conhecimento do Senhor, e tem como meta o diálogo de amor, a comunhão com ele.

Mas o que é oração? E como rezar? Antes mesmo de responder a estas perguntas o CCE cita a bela frase de Santa Teresa de Lisieux, segundo o qual a oração é "um impulso do coração, é um simples olhar lançado ao céu, um grito de reconhecimento e amor no meio da provação ou no meio da alegria". São palavras que encontram eco e confirmação em muitas outras expressões de autores antigos e modernos: a oração é desejo do coração, o sopro da alma, é luz nas trevas...

A oração é essencial à vida humana, é tão necessária quanto o pão cotidiano ou como o ar. Precisamente porque ela é, antes de tudo, um dom de Deus ao ser humano. Isso é mostrado de modo eloquente pelas grandes figuras de orantes da antiga e da nova aliança, de Moisés aos discípulos de Jesus que humildemente pedem ao seu Mestre: "Senhor, ensina-nos a rezar..." (Lc 11,1).

Após esta ampla visão geral da oração, o segundo capítulo — dedicado à "Tradição da oração" — abre com duas fortes afirmações negativas que são contrabalanceadas por duas afirmações positivas que conduzem ao coração da experiência da oração.

Se é verdade que a oração é um "impulso do coração", esse impulso não é uma emoção espontânea, ligada a fatores contingentes, que se acende para depois, logo em seguida, se apagar. Não é sentimentalismo ou a busca de experiências esotéricas, mas fruto de um ato da vontade: "Para rezar é preciso querer" (CCE 2650). Em que sentido deve-se querê-lo? Certamente não é um ato de voluntarismo, como se a oração dependesse de nossa força de vontade, mas é um ato de uma educação da vontade que deixa espaço para o Espírito Santo, ouvindo os seus "gemidos inefáveis" (cf. Rm 8). A oração torna-se então uma necessidade do coração, que deseja entrar em diálogo com Deus, buscado e amado acima de tudo.

Por isso — aqui está a segunda afirmação negativa — a oração não pode ser uma técnica aprendida em livros nem mesmo uma repetição mecânica de palavras já escritas: "Não basta saber o que as Escrituras revelam sobre a oração" (CCE 2650).

Entre os dois riscos opostos — o de um sentimentalismo emocional e o de um intelectualismo rígido —, a oração autêntica passa através do caminho de um aprendizado humilde, aprendizado vivo: "É necessário aprender a rezar", como a criança aprende a chamar sua mãe e seu pai, aprende a pedir-lhes aquilo de que tem necessidade, a agradecê-los pelo que recebe e expressar a simples alegria de estar com eles.

"Por uma transmissão viva que o Espírito Santo, na 'Igreja crente e orante', ensina os filhos de Deus a rezar. (DV 8)" (n. 2650). Eis aqui a Tradição!

Existe um alfabeto, uma linguagem da oração que — caso tenha havido a graça de nascer em uma família cristã — já é sugada com leite materno e depois se aprende no ambiente familiar, quase respirando uma atmosfera de oração feita de palavras e gestos. Essas primeiras experiências de oração crescem mais tarde no seio da Mãe Igreja, participando nas funções sagradas, nas celebrações solenes que dão ritmo ao curso do ano litúrgico. Quantos testemunhos poderiam ser trazidos a este respeito! Tal como o de Santo Agostinho que derramou rios de lágrimas — lágrimas de purificação — ouvindo os hinos litúrgicos sendo cantados na igreja de Milão cheia de fiéis reunidos em torno de seu pastor, Santo Ambrósio! (cf. *Confessiones*, IX, 7, 16).

Ao rezar com a Igreja "que reza e crê", todo cristão aprende, por sua vez, a rezar e a crer, a aprofundar o próprio conhecimento do Senhor, a ler os acontecimentos da sua vida pessoal e da história universal à luz da Palavra de Deus. Assim o fez a Virgem Maria, que não se deixa distrair por mil coisas, mas vive em recolhimento e guarda em seu coração todas as alegrias e sofrimentos, as angústias e esperanças do mundo inteiro, para apresentá-los a Deus em oração (cf. CCE 2651). Depois de ter recebido graça sobre graça, ele mesmo se torna uma testemunha vivente da fé, uma "fonte" jorrando para restaurar outros corações de pobres que atravessam com dificuldade os desertos áridos da dúvida e os caminhos impérvios da história.

Crescer até atingir esta maturidade de fé, de modo a se tornar um apoio para os outros, não é tarefa reservada a alguns "especialistas em oração", mas um dever de todos os cristãos, porque simplesmente coincide com o chamado universal à santidade. Por isso o CCE traça um itinerário simples e seguro, adequado para todos, bem estabelecido por gerações e gerações de fiéis, que desde as origens do cristianismo trilharam os caminhos de Deus atentos às "sugestões do Espírito". De fato, é o Espírito Santo "a água viva que no coração do orante 'jorra para a vida eterna' (Jo 4,14). É ele que nos ensina a recolher essa água na própria fonte: Cristo" (n. 2652).

Ora, Jesus, um peregrino com a humanidade a caminho pelas estradas da história, tem lugares particulares onde ele gosta de parar para nos encontrar de forma mais viva, quase repetindo o convite dirigido aos seus discípulos: "Ide agora a sós a um lugar isolado" (Mc 6,31). Esses lugares são como oásis no deserto e como fontes onde se refrescar para depois retomar de volta a santa viagem da vida (cf. n. 2652).

Lectio divina

O primeiro lugar privilegiado de encontro é a Palavra de Deus, abordada não tanto com a competência do estudo exegético — certamente necessário — mas com a simplicidade de um coração faminto e sedento de verdade e de amor. Essa leitura, profundamente diferente da forma usual de ler livros ou jornais — foi chamada de *lectio divina*, leitura "divina", em duplo sentido: em primeiro lugar porque o livro lido, meditado, saboreado — a Sagrada Escritura — é Palavra de Deus, mas também porque na *lectio divina* é o próprio Deus que fala ao coração do leitor e quem lê, abrindo-se à oração e à contemplação, fala com Deus e encontra o próprio Deus.

Certamente não por acaso esta forma de leitura — que deve então tornar-se um modo de vida — nasceu no ambiente monástico, onde o silêncio e a oração preparam um ambiente mais propício à escuta da Palavra. Cada pessoa, no entanto, pode guardar no próprio coração uma "cela interior" e viver, de certa forma, como monge, dando primazia a Deus e sua Palavra (cf. nn. 2653-2654). De fato, esse recolhimento é necessário para uma autêntica vida de oração. A *lectio divina*, se de uma parte o exige, por outro favorece esse recolhimento, aumentando-o e preenchendo os ânimos de paz.

Considerando que a *lectio divina* é uma experiência espiritual profunda, como seria possível aprendê-la, como se educar nela? Não se pode presumir ter uma profunda experiência de Deus através da *lectio divina* sem as premissas necessárias.

A longa prática da *lectio divina* realizada no âmbito da vida monástica foi se caracterizando por uma estrutura própria em quatro fases, segundo o conhecido e sempre válido ensinamento de Guigo, o Cartuxo (século XII): a primeira etapa é a da "leitura" propriamente dita feita com atenção, devagar, para que a Palavra penetre no coração; a segunda etapa é a "meditação" para procurar, nas palavras, verdades ocultas (e aqui é aconselhável iluminar uma passagem bíblica com outras passagens bíblicas semelhantes, ou seja, ler a Bíblia com a Bíblia). Segue a "oração" que expressa ao mesmo tempo arrependimento pela própria inadequação em face da página bíblica, mas também o desejo de vivê-la e o humilde pedido de ajuda dirigido a Deus para que nos dê sua graça. Então, quase espontaneamente, a oração abre-se à "contemplação", porque na página lida é Deus mesmo que vem ao encontro do orante, revelando-lhe seu rosto.

Dito de forma mais sucinta: a "leitura" busca a doçura da vida bem-aventurada, a "meditação" a percebe, a "oração" a pede, a "contemplação" a experimenta.

É evidente que, na prática, isso não acontece com uma sucessão regular dos quatro graus, mas de forma mais livre sob o impulso imprevisível do Espírito Santo, que é o verdadeiro Mestre da *lectio divina*. Porque a Palavra foi escrita sob a ação inspiradora do Espírito, é preciso lê-la, ouvi-la e assimilá-la ainda sob a ação do Espírito Santo e em plena comunhão com a Igreja na qual o Espírito está presente. Então ocorre que ao mesmo tempo se procure, se encontre, se saboreie e se seja levado a buscar mais, a desejar mais. Porque essa busca nunca tem fim. Se sempre buscamos, porém, percebemos o convite a viver a Palavra, a entrar em seu "mistério".

Sagrada liturgia e tempo santificado

O segundo lugar privilegiado de encontro com o Senhor é a "sagrada liturgia", em particular a Santa Missa e a Liturgia das Horas. Nela se atualizam os "mistérios de Cristo", a história da salvação torna-se atual, o tempo, da pura passagem das horas, dias e anos torna-se o tempo sagrado ritmado pela vida de Cristo. Participar da sagrada liturgia significa para o fiel tomar cada vez mais consciência de ser um com Cristo e com os irmãos, de formar um só corpo, de cooperar ao pleno cumprimento do desenho universal de salvação. A Eucaristia torna todos "um" no sentido mais forte do termo: tornam-se consanguíneos e "con-corpóreos".

A sagrada liturgia é assim uma grande escola de comunhão, mais do que isso, é uma grande oficina na qual se passa de indivíduos que rezam, a pessoas em comunhão que "vivem Cristo" e o fazem presente no "hoje". É por isso que o "tempo" é muito importante na liturgia. Pode-se, em certo sentido, falar de "tempo da liturgia". Mais se vive liturgicamente, mais se percebe que o "tempo" flui diferentemente: as horas do dia, os dias da semana, os meses do ano adquirem uma cor e um rosto únicos e inconfundíveis, cada um com uma espiritualidade e uma riqueza específica.

A finalidade da Liturgia das Horas não é um simples lembrar-se de Deus para prestar-lhe um louvor ou uma súplica em geral, mas uma atualização no tempo da obra de

Deus que Jesus Cristo veio fazer e que continua a cumprir, por meio da Igreja — seu corpo místico —, até a conclusão da história, para que todo homem possa entrar na economia da salvação. A Liturgia das Horas constitui verdadeiramente o "relógio novo" do cristão como nova é a sua vida pascal.

O "Ofício das Leituras" é caracterizado por uma prolongada escuta meditativa e contemplativa da Palavra. É por isso que assume uma eficácia particular quando pode ser celebrado — como nos mosteiros — no grande silêncio da noite: revela-se, então, quase como o seio materno de onde brotam todas as outras Horas. Prepara o coração para receber na graça o novo dia.

As "laudes" — ao amanhecer — comemoram a ressurreição de Cristo. Elas também expressam igualmente a oferta a Deus das primícias do tempo, dos pensamentos e dos sentimentos do coração humano. As "Vésperas" — ao pôr do sol — comemoram a Ceia do Senhor, sua morte e seu sepultamento. Por meio delas se apresenta a Deus — como *sacrificium vespertinum* — o que foi vivido ao longo do dia e se invoca o perdão pelas culpas devidas à fragilidade humana. As horas de "Terceira, Sexta e Nona" — ou globalmente a Hora Média — são pequenas paradas restauradoras na viagem cotidiana. Ali onde são celebradas individualmente elas também têm uma referência à vida de Cristo e da Igreja: a descida do Espírito, a agonia de Jesus na cruz e sua morte. "Completas" fecha a jornada e introduz o silêncio da noite pacificando os corações — com um exame de consciência — e dispondo a um sereno repouso sob a proteção materna da santa Virgem, ternamente invocada na antífona conclusiva da Hora e da jornada.

Assim, a voz do *Christus totus*, de Cristo com sua Igreja, depois de ter marcado com o canto as horas de luz, é recolhida no coração e marca com o ritmo do silêncio até as horas da noite, mantendo nelas acesas a lâmpada da expectativa, até a aurora do novo dia raiar. Entretanto, esta dimensão de interioridade, porém, não é — não deve ser — estranha a nenhum momento da jornada. A oração litúrgica e a *lectio divina* forjam um homem atento, com interioridade, capaz de ouvir e contemplar: um homem que age da profundidade de coração comparável a "um altar" (n. 2655).

Assim como o dia, também a "semana" vivida no ritmo da Liturgia das Horas tem sua própria estrutura específica e cada dia é como uma nota de uma escala musical. O "Domingo" — "Dia do Senhor", o "primeiro" dia da semana — renova a graça do dia da ressurreição. O que torna o domingo feliz e santo é o reunir-se juntos para celebrar a "Páscoa do Senhor", tornando visível a realidade do ser Igreja, comunidade dos redimidos, comunidade dos amigos no Senhor. A secularização atual dificulta adquirir e conservar o sentido do "dia do Senhor". Nesse sentido, todos os últimos pontífices várias vezes e de diferentes maneiras enfatizaram a importância do "domingo" como feriado cristão a ser vivido juntos. "Aos discípulos de Cristo, contudo, lhes é pedido que não confundam a celebração do domingo, que deve ser uma verdadeira santificação do dia Senhor, com o 'fim de semana', entendido fundamentalmente como tempo de mero repouso ou de diversão. Urge, a este respeito, uma autêntica maturidade espiritual, que ajude os cristãos a 'serem eles próprios', plenamente coerentes com o dom da fé, sempre prontos a mostrar a esperança neles depositada (cf. 1Pd 3,15)" (São João Paulo II, *Dies Domini*, n. 4).

Faz-se necessário um cuidado para que se forme uma concepção mais justa sobre o uso do tempo: lembrar-se de "santificar as festas" significa lembrar que pertencemos ao Senhor e queremos oferecer-lhe as primícias do tempo, na gratuidade. Na vida é preciso o momento festivo, para viver bem também o tempo ferial.

A partir do domingo brotam os demais dias da semana. Nos primeiros dias revive-se, por assim dizer, o tempo da missão pública de Cristo. Deixando-se guiar pela escolha sábia dos salmos — coração da Liturgia das Horas em que se ouve a própria voz de Cristo — não é difícil perceber que a "segunda-feira" se caracteriza por seu olhar sobre a obra criadora de Deus; a "terça-feira" tem um tom mais marcadamente sapiencial, ao passo que a "quarta-feira" é um hino à fidelidade de Deus que guia pacientemente o ser humano pelos caminhos da história da salvação. Os últimos dias da semana, por sua vez, são um pequeno "tríduo pascal", a ser vivido com plena participação na paixão-morte de Cristo em vista do domingo. Dessa forma, todo o tempo é uma imersão contínua em Cristo, crescendo com ele até a plenitude dos tempos.

Dias e semanas são preciosos fragmentos do "ano litúrgico" que, assim como o ano solar, tem suas estações, seus "tempos". No tempo do "Advento-Natal" revive-se o mistério da espera do Messias e da Encarnação da Verbo até o momento em que inicia publicamente sua missão de anúncio do Reino de Deus, do Evangelho da salvação. A culminação do ano é alcançada nos "tempos fortes da Quaresma e da Páscoa" em que se revive a paixão-morte e ressurreição de Cristo, onde se há a plena manifestação do amor de Deus pelo homem. Fixando o olhar naquele que é Amor oblativo, o fiel entra no dinamismo do Espírito que o empurra para o dom de si mesmo. Este é o significado e o valor da longa sucessão de semanas que se chama "Tempo Comum": tempo do Espírito, tempo de "viver Cristo" na vida ordinária, prestando testemunho do Evangelho no "hoje".

O "hoje"

O CCE dedica grande atenção ao "hoje", porque esta é a "alavanca de Arquimedes" para uma vida santa (cf. nn. 2659-2660). Para o cristão, de fato, o tempo foi resgatado de sua transitoriedade e de seu aspecto trágico, porque nele entrou e permaneceu aquele que é o Senhor do tempo — Cristo ontem, hoje e sempre (cf. Hb 13,8) —, que veio fazer convergir toda a história humana em direção ao Reino de Deus.

Viver é trilhar o caminho da pátria celeste e a vida é um "caminho" a ser percorrido, ou melhor, uma pessoa a ser seguida: Jesus, que nos convida, ele mesmo, ao seu seguimento: "Se alguém quiser me seguir, renuncie a si mesmo, tome sua cruz de cada dia, e então me siga" (Lc 9,23). Cada dia é sempre uma possibilidade aberta de nova salvação para todos.

A Sagrada Escritura é toda atravessada por esses "hojes" de salvação que nos envolvem e ajudam-nos a descobrir o valor da nossa vida.

Não é por acaso que a Liturgia das Horas se abre com o convidativo Salmo 95 (94) que tem em seu centro o versículo: *"Hodie, si vocem eius audieritis, nolite obdurare corda vestra* — hoje, se ouvirdes a sua voz, não endureçais o vosso coração...". De fato, não basta não o endurecer: é preciso abri-lo, como o pequeno Samuel que não deixava cair no vazio nenhuma palavra do Senhor, e mais ainda como Maria, cuja escuta foi tal que permitiu à Palavra se encarnar. Essa escuta no "hoje" se dá vivendo concretamente o "pai-nosso", abandonando-se com confiança à Providência, modelando "pela oração as simples situações do cotidiano. Todas as formas de oração podem ser aquele fermento ao qual o Senhor compara o Reino" (CCE 2660).

Esta atenção ao "hoje", que o CCE enfatiza com razão, lembra-nos outro aspecto muito importante da Liturgia das Horas: seu valor pessoal. Se é verdade — como já foi dito — que é a escola de comunhão, isso não significa que a pessoa em sua singularidade seja cancelada. Longe disso. A verdadeira comunhão, de fato, é a harmonia de alteridade. Cada um, como membro de Cristo, revive em si mesmo, desde o nascimento até a morte, o mistério da redenção. Nos altos e baixos da vida, cada um poderá reconhecer os traços deste ou daquele mistério que nele "hoje" se encarna de uma forma única. Um nascimento será um evento natalício, um sofrimento será um evento de Paixão, uma reconciliação ou superação de uma tentação serão uma nova Páscoa; cada trabalho, cada serviço, cada gesto de caridade serão conformação a Cristo semeador, a Cristo, bom samaritano, a Cristo, médico celeste. Nesta Luz, toda a vida é um grande Tempo de Advento, espera vigilante e laboriosa do último retorno de Cristo.

Purificação do coração

Parando fielmente nestes "lugares" de encontro com o Senhor, o cristão encontra-se junto de uma riquíssima fonte de graça que pode não apenas saciar sua sede, mas torná-lo um canal de graça para os demais sedentos. Desde que, no entanto, ele tire a água e beba! Na verdade, pode-se morrer de sede mesmo em uma fonte. Fora da metáfora, é preciso que a escuta da Palavra e a celebração litúrgica se realizem com uma reta disposição do coração.

O CCE se debruça sobre este aspecto (nn. 2656-2658) oferecendo indicações preciosas. Retomando a imagem da fonte novamente, seria possível resumir as três etapas principais propostas desta forma: vê-se a fonte somente se se tem a "fé"; bebe-se da fonte, se se tem "esperança"; parte-se da fonte correndo, somente se se deixa levar pela "caridade". As três virtudes teologais — "fé, esperança, caridade" — são a única e indispensável bagagem para o caminho da vida que é o caminho da oração, porque todos somos mendigos neste mundo.

A originalidade do CCE reside precisamente na ênfase colocada nas virtudes teologais e não no esforço ascético: na fonte da oração — e da vida cristã — está o dom de Deus, seguido da resposta — positiva ou negativa — do ser humano. "Pela fé", as perguntas, as dúvidas, necessidades não ficam fechadas no coração, mas se tornam um grito a um tu, de cuja escuta e bondade não se duvida. Na "esperança" as asperezas e as trevas do caminho, o próprio silêncio de Deus não são um obstáculo insuperável, mas, na verdade, um estímulo, porque a esperança avança como que vendo o invisível. Em virtude da "caridade" derramada nos corações (cf. Rom 5,5), a oração derruba todos os muros de divisão, constrói pontes, fazendo de tudo para todos.

Neste ponto, ainda é a "fé" que dá olhos para ver nos outros o próprio rosto de Cristo; ainda é a "esperança" que aposta em uma salvação para todos, porque sabe que mesmo nas profundezas do inferno o Cristo se faz presente; ainda é a "caridade" que impele o orante a interceder por todos, oferecendo a si próprio. Esse caminho de purificação deve ser realizado todos os dias, sem nunca se cansar, porque todos os dias — como diz São Bento — nas relações fraternas costumam surgir "espinhos de brigas" (cf. *Regula Benedicti*, XIII, 12). E elas tornam a oração infrutífera: "Tudo o que terás feito para te vingares de um irmão que tenha te ofendido, se tornará para ti uma pedra de tropeço durante o tempo da oração [...]. Se desejas rezar como se deve, não entristeças nenhuma alma, do contrário correrás em vão" (EVÁGRIO PÔNTICO, *Tratado sobre a Oração*, 13.20). O amor humilde, por outro lado, inflama o coração para o bem de todos: "Vi um homem — confessa Simeão, o Novo Teólogo — que desejava tão ardentemente a salvação de seus irmãos que muitas vezes, do fundo da alma e com lágrimas, suplicava a Deus para ou salvá-los a todos ou condená-lo também a ele com eles. Ó alma cheia de Deus que alcançou a perfeição suprema no amor a Deus e ao próximo" (*Catequeses*, 8, 57-67).

Ouve-se o eco da oração de Jesus: "Pai, quero que aqueles me destes estejam também comigo onde estou [...]. E eu dei-lhes a conhecer o vosso nome e eu o farei conhecer, para que o amor com o qual me amastes esteja neles e eu neles" (Jo 17,24.26). É o auge da oração que coincide com o amor.

Artigo 2
O CAMINHO DA ORAÇÃO

"Na tradição viva da oração, cada Igreja, segundo o contexto histórico, social e cultural, propõe aos fiéis a linguagem de Jesus em sua oração: palavras, melodias, gestos, iconografia" (CCE 2663). Dessa forma tudo fica cheio de vida e, através da ativa e cônscia participação, cada fiel vive verdadeiramente o que é celebrado, aprendendo a conhecer o Senhor a partir da experiência interior e entrando no seu amor que realiza a comunhão. Assim, a liturgia é admirável por sua juventude sempre renovada que a torna capaz de falar ao coração de cada pessoa, na sucessão dos tempos e gerações. Os elementos que a compõem são retirados principalmente da Sagrada Escritura — salmos, cânticos, leituras — integrados com textos patrísticos, hagiográficos, eucológicos e poéticos (hinos, tropários etc.) inspirados na Bíblia e ao mesmo tempo uma expressão de várias culturas.

Entrando na liturgia de todo o coração, aberto ao dom do Espírito, o cristão encontra tudo o que é realmente necessário para não só aprender a rezar bem, mas a "tornar-se oração", para rezar sempre, nunca se cansando, tirando vida da oração. O autor da "oração incessante" é o Espírito Santo. É ele que no ser humano incessantemente invoca o "*Abbá*, Pai" e dá a doçura de se sentir como filhos; é ele o Mestre interior que enche os corações com a luz de Cristo; é ele que, se procuramos viver em Cristo, "suscita" em nós a oração como uma verdadeira e própria experiência de se "apaixonar" por Jesus Cristo. A oração, então, não é mais uma "palavra dita", mas é um nome, um rosto: o nome e rosto de Jesus; é a atração de estar interiormente diante dele, com ele, olhá-lo, ouvi-lo, onde quer que esteja, o que quer que se faça. E estar com ele é ir ao Pai, movido por um desejo crescente por ele: "Uma água viva murmura dentro de mim e me diz: 'Vem para o Pai!'" (Inácio de Antioquia, *Carta aos Romanos*, 7, 2).

A oração torna-se assim um itinerário sem fim, nunca satisfeito, que leva a descobrir cada vez mais a gratuidade do Amor que salva. Daí a necessidade de humildade, de abandono, de pedido de perdão, como se expressa de forma sublime na chamada "oração de Jesus": "Jesus, Filho de Deus, tem piedade de mim, pecador" (cf. CCE 2666-2667).

Quando atinge essa essencialidade, a oração também se torna um lugar excepcional de encontro ecumênico. "O nome de Deus" — afirma o patriarca de Antioquia Inácio IV — "creio que ele pode nos ensinar o essencial da oração. O nome de Deus, que é sua presença, deve cobrir toda a nossa vida. Nossa oração é estar em sua presença, mencionando seu santo nome" (*Un amore senza finzioni*, Magnano, Qiqajon, 2006, 179-180).

Alegria e dor, angústia e esperança, lágrimas e canto: tudo entra naturalmente no grito da oração que se torna cada vez mais simples: invocação ao Pai, invocação a Jesus, invocação ao Espírito. Como disse Isaac, o Sírio: "Quando te apresentares diante de Deus na oração, torna-te como uma criança que gagueja" (*Discursos Ascéticos*, 19). No limite, até a simples jaculatória é demais: muitas vezes é um silêncio a resumir a oração; às vezes uma lágrima, um "sim", um obrigado, sempre em uma atitude de escuta e de expectativa que transforma a inquietação em uma disponibilidade paciente e confiante. Novamente o patriarca Inácio IV — que certamente fala por experiência — afirma: "Quando o rosto de Deus se ilumina dentro de nós, não dizemos mais palavras que aprendemos sobre Deus, mas todo o nosso ser nasce de novo. Somos filhos de Deus" (*Un amore senza finzioni*, 181).

Essa foi a oração de Jesus na terra em suas noites diálogo com o Pai; esta foi também a oração de "Maria". É ela é a criatura humana na qual a oração se tornou vida em todas as dimensões do seu ser: foi a orante perfeita como Filha, como Esposa, como Irmã, como Mãe, como humilde Serva do Senhor e, portanto, como Rainha.

Por isso é tão importante rezar a ela e colocar-se sob sua proteção, para entrar em comunhão com ela (cf. CCE 2673-2679) e participar, de alguma forma, do seu mistério, que é o mistério mesmo da Igreja, virgem, esposa, mãe: "Quando rezamos a ela, aderimos com ela ao plano do Pai [...]. A oração da Igreja é sustentada pela oração de Maria, à qual está unida na esperança" (n. 2679).

É bem conhecida a questão colocada pelo pároco de aldeia no famoso romance de Bernanos: "E a santa Virgem, rezas tu à santa Virgem? [...] Rezas como se deve, rezas bem?". E depois acrescenta: "Te dás conta do que somos para ela, nós, a raça humana? [...] O olhar da Virgem é o único olhar verdadeiramente infantil que jamais se fixou sobre nossa vergonha e nossa desgraça. Sim, para bem rezar a ela é necessário 'sentir sobre si mesmos esse olhar de terna compaixão'". Talvez o segredo para redescobrir o valor da presença da Santa Virgem na Igreja e em nossa vida pessoal resida precisamente em não perceber tanto "o que ela é para nós" quanto "o que somos para ela".

A intuição profunda e segura de tão benevolente amor fez brotar espontaneamente do coração dos fiéis, desde as primeiras gerações, antífonas e orações que são expressões genuínas e comoventes de piedade, de confiança, de abandono, de súplica. As principais encontraram seu justo lugar no culto eclesial, outras continuam a embelezar a oração pessoal, de geração em geração. Esse sentimento de abandono confiante tem certamente o seu ponto culminante na "Ave-Maria", de inspiração estritamente escriturística. Repetida calmamente na recitação do santo "Rosário", torna-se um guia seguro para a contemplação dos mistérios de Cristo com o coração da Mãe, enchendo o ser humano de paz: "O Rosário acompanhou-me nos momentos de alegria e nos de provação. A ele eu entreguei tantas preocupações, nele sempre encontrei conforto" (São João Paulo II).

Artigo 3
GUIAS PARA A ORAÇÃO

Com este aceno ao santo Rosário, entramos no terceiro e último artigo do capítulo do CCE dedicado à "Tradição de Oração". Desde sua abertura, percorre um vasto horizonte. A referência à "nuvem de testemunhas" (Hb 12,1) que nos sustentam em nosso caminho abre nosso coração. Somos peregrinos neste mundo, mas não estamos sozinhos. A "comunhão dos santos" é o mistério mais doce da nossa fé. A comunhão dos santos é a própria Igreja, isto é, todos nós fiéis em Cristo, reunidos pelo Espírito Santo — que é Amor — para formar um corpo místico, um só coração e uma só alma. A Igreja vive em duas dimensões: a terrestre e a celeste. Ela é peregrina sobre a terra, no tempo, e entra progressivamente no céu, na eternidade, isto é, no seio da Santíssima Trindade, que é mistério de comunhão. Entre o Céu e a terra não há separação, porque Jesus Cristo, por meio de sua paixão-morte-ressurreição, reuniu a humanidade com Deus.

Os santos que já entraram na vida eterna e nós que ainda estamos no caminho formamos uma única Igreja, uma única família de filhos de Deus vivendo em comunhão de amor. Eles intercedem por nós junto a Deus, para nos sustentar no caminho árduo: assim se expressa a sua caridade (CCE 2683). Ao invocá-los e seguir seus exemplos, sentimos crescer nossa amizade com eles. Que fruto essa amizade produz! É uma antecipação aqui na terra da vida bem-aventurada. São Paulo VI dizia com alguma ênfase mística: "Oh, a comunhão dos santos: que mundo maravilhoso! O conceito, que nós tentamos fazer dela, é como um sonho; mas a realidade supera as imagens de fantasia; é ainda maior, é ainda mais bonita e é sobretudo mais real. O reino da santidade é o paraíso em seu reflexo aqui na terra, em sua plenitude lá no alto, no céu; é o esplendor vivificante de Deus". E, em seguida, aconselhava: "Um desejo invade nossos ânimos. É um desejo muito piedoso e digno de ser encorajado e, na medida do possível, satisfeito. É o amor pela ciência hagiográfica, que deveria, como já ocorreu na educação espiritual dos fiéis, ser ainda hoje promovida e cultivada mais do que nunca [...]. O 'Martirológio' deveria voltar a ser um livro em moda na Igreja" (Homilia de 6.10.1968).

Nossos intercessores no céu, os santos também deixaram pegadas amplas e seguras na terra, que facilitam nossa jornada. Seu testemunho deu origem a espiritualidades diferentes e complementares, a um rico florescimento de famílias religiosas e movimentos eclesiais, todos participantes de modo variado na "tradição viva da oração e são guias indispensáveis para os fiéis" (CCE 2684). Assim nasceu e se desenvolveu na Igreja aquela forma particular de *sequela Christi* que é a "vida consagrada", totalmente entregue a Deus pelos irmãos. Suas múltiplas concretizações são como os diferentes matizes do único amor oblativo. O dom de si ora se expressa como preocupação com as necessidades materiais dos filhos mais pobres e abandonados, ora como atenção à sua educação, crescimento e formação espiritual, ora como capacidade de escuta e aconselhamento, ora como um acolhimento simples e silencioso, entremeado de oração e partilha. Certamente o "serviço da oração" é o próprio coração da vida consagrada: dela nasce e nela encontra a sua verdadeira fecundidade, quer seja na vida contemplativa, quer na vida ativa. Como bem esclarece o CCE: a vida consagrada "é uma das fontes vivas de contemplação e da vida espiritual na Igreja" (n. 2687).

A familiaridade com a oração, o viver de coração a coração com o Senhor, forja nos ânimos uma capacidade mais profunda de escutar o Espírito. É por isso que um serviço de alto valor — cada vez mais solicitado hoje — oferecido pelos religiosos ao povo de Deus é o de "guia espiritual"; ou melhor, de "paternidade-maternidade" espirituais (n. 2690). Não é um serviço que só eles podem fazer, mas certamente todo guia espiritual deve ser, necessariamente e antes de tudo, um homem ou uma mulher de oração, pois as almas devem ser acompanhadas antes de tudo com os joelhos (cf. Ef 3,14-19). Na oração está o segredo da fecundidade espiritual: a vida é transmitida não com discursos de palavras, mas com uma transfusão do Espírito Santo, de coração a coração, consumindo-se no silêncio do amor.

Sempre em função da vida de oração do povo de Deus, outro precioso serviço prestado pela vida consagrada, e de modo particular pela vida monástica, é a sua simples "presença acolhedora e hospitaleira": ser um oásis de refrigério para quem deseja parar para entrar em oração. O clima do mosteiro, com seu silêncio orante, é de fato propício à escuta da Palavra de Deus, à oração litúrgica e pessoal, à reflexão e à contemplação. Em um ambiente como esse, muitos também podem encontrar um porto de consolação e paz para seus ânimos angustiados, um ponto de apoio para suas inquietudes e incertezas. E não apenas uma paragem momentânea, mas um ponto de apoio constante, pois o acolhimento ocorre principalmente no coração.

Por outro lado, a "vida familiar" pode inspirar-se na vida monástica e receber sustento para ser o que ela é chamada a ser: igreja doméstica e "primeiro lugar da educação para a oração" (n. 2685). Hoje a família que quer se manter cristã deve resistir a fortes seduções por parte do mundo; para isso é necessária principalmente a "oração". Oração feita no próprio coração da família e oração feita por toda a comunidade cristã pela família. A experiência da oração feita em família, além de saudável, é muito bonita. De fato, rezar juntos significa convidar o Senhor à nossa casa; e o Senhor, com sua presença, nutre o amor mútuo e fortalece o vínculo de união. Colaboradores de Deus, aos pais é confiada a delicada missão da formação humana e espiritual dos filhos, desde o primeiro choro até a idade madura e além, pois a tarefa de ser pai e mãe nunca termina. Antes, uma mãe, que reza muito durante a gravidez, já está começando a educar seu filho de maneira cristã.

Concluímos com o trecho de uma carta maravilhosa escrita por uma mãe cristã a uma filha em um momento de sofrimento interior: "Minha querida Henriqueta — escreveu a bem-aventurada Maria Beltrame Quattrocchi — faz da tua vida um louvor perene a Deus. Torna Jesus conhecido por meio de tua alma. Sê um ostensório, uma partícula da Eucaristia que se doa, como Jesus se doa a nós, sem reservas. Sê uma hóstia de louvor e de amor" (abril de 1924). Como Henriqueta terá acolhido essa carta? Sua resposta foi uma vida entremeada de oração e de caridade ardente, até uma morte com odor de santidade.

Capítulo III
A VIDA DE ORAÇÃO

MICHAEL SCHNEIDER

A graça da vocação cristã depende da oração: "A oração é a vida do coração novo" (CCE 2697). Sem oração não há uma vida com Deus, nem sequer um serviço ao homem (n. 2744), "porque sem mim nada podeis fazer" (Jo 15,5). Mesmo que seja a coisa mais difícil de praticar na vida com Deus, é tão necessária quanto o ar para respirar. Por isso, nos é recomendado: "Rezai sem cessar. Em todas as circunstâncias dai graças, pois esta é a vontade de Deus a vosso respeito, em Cristo Jesus" (1Ts 5,17). Rezar não é uma arte de que o cristão se apropria, é "somente" uma resposta Àquele que já há algum tempo reza e trabalha nele.

A dificuldade de rezar não pode ser eliminada, permanece por toda a vida. De modo que a oração não pode ser deixada ao acaso e realizada de tempos em tempos (CCE 2743). A oração requer ordem (n. 2742), especialmente a ordem do silêncio e do isolamento, pois esta não é possível ou mesmo realizável em todas as condições. Especialmente para quem, tendo que viver no mundo, leva em consideração o problema sobre o como, estando imerso no cotidiano da vida de fé, poder encontrar o caminho da oração e praticá-la (nn. 2697-2699).

Artigo 1
AS EXPRESSÕES DA ORAÇÃO

Visto que a vida e a oração são uma unidade, não se aprende a rezar simplesmente adquirindo métodos de oração e livros de piedade, mas estando dispostos a convergir, a "converter" toda a própria vida a Deus. A oração não é uma coisa a mais ao longo do dia ou uma técnica espiritual, mas sim uma expressão da própria vida dedicada a Deus. Desse modo, oração e vida se fecundam e aprofundam reciprocamente: o desejo de Deus leva à oração, e a oração aprofunda o desejo de Deus (CCE 2700), como afirma Santo Agostinho: "O teu próprio desejo é oração; e, se é incessante, a oração também é incessante" (*En. in ps.*, 37, 14).

A oração se aprofunda na medida em que o ser humano se orienta cada vez mais para Deus, e precisamente em todas as áreas e realizações de sua vida. Portanto, para progredir na oração e poder experimentar a proximidade de Deus, o orante deve trazer, dia após dia, toda sua vida em uma ordem externa e interna (por isso os monges submetem sua vida a uma "regra"). Não é indiferente para a oração como o ser humano convive com seus semelhantes, se se deixa levar pela inveja, pela ira, pela ganância, se ele fala tudo o que passa pela sua cabeça; não é indiferente à oração nem mesmo sua maneira de dormir, de comer, de descansar. O principal impedimento à oração é particularmente o pecado, pois separa de Deus e torna o ser humano cego.

A ordem da oração recebe da vida cotidiana os critérios que decidem sobre o como e o que rezar. Uma vez que, segundo uma sentença de Orígenes, a "pequena oração", representada por orações individuais, deveria ser expressão da "grande oração", isto é, de toda a vida, é importante escolher as orações justas e adequadas para a própria vida. Não se deve "fazer" qualquer oração que apareça, mas pronunciar aquelas orações que são uma expressão da existência e da situação momentânea. Pertencem a esta categoria aquelas orações com as quais o orante gostaria de "ir tomando conhecimento": são as "orações de fim". Se o orante diz a Deus: "Fazei de mim o que quiserdes!", talvez ele ainda não tenha chegado à plena disposição para a dedicação, mas ainda pode rezar para o "fim" de se familiarizar cada vez mais com ela. O crescimento na oração consiste em encontrar Deus de uma maneira cada vez mais simples, mais natural e, portanto, mais profunda; aqui a oração permanece "meio", não um fim. A pedra de toque final e decisiva da oração vocal é se ela tem força para abrir a vida do orante a Deus, aproximando-o dele.

Da unidade interna entre oração e vida, entre oração "pequena" e "grande" derivam importantes ajudas para a configuração da oração na vida cotidiana. Quanto às modalidades de oração, a modalidade justa a ser escolhida é a que ajuda a viver mais intensamente na presença de Deus. Para isso servem todas aquelas práticas espirituais que Inácio de Loyola no livro *Exercícios Espirituais* descreve assim: "Assim como passear, caminhar e correr são exercícios corporais, também se chamam exercícios espirituais os diferentes modos de a pessoa se preparar e dispor para tirar de si todas as afeições desordenadas e, tendo-as afastado, procurar e encontrar a vontade de Deus, na disposição da sua vida para o bem da mesma pessoa" (*Exercícios Espirituais*, n. 1).

Os exercícios espirituais são mais do que uma simples realização de um programa espiritual. O exercício da oração não pode ser explicado pela razão de alguma obrigação a se cumprir, mas apenas por causa da promessa que determinado exercício espiritual traga boas experiências: alegria, liberdade, consolação e vida nova. O exercício espiritual é, portanto, um ato de esperança de que experiências semelhantes, novas e positivas possam ser repetidas e aprofundadas. Pelo contrário, não se deveria insistir em exercícios feitos sob a pressão da autoridade e da obrigação (cf. CCE 2707).

A oração beneficia na mesma medida em que a pessoa que reza está disposta a servir os outros, não visando o próprio "interesse" (1Cor 13,5: "a caridade [...] não busca seu próprio interesse"), mas tudo o que Deus lhe dá deve ser para os outros, em quem ela pretende encontrar Deus, sabendo que atrás dos outros está Cristo, que se entregou à morte por todos. Ao descobrir o rosto de Deus em seus semelhantes, o orante reconhece isso como fruto de sua oração, que fecundará ainda mais o seu rezar. O caminho experiencial de um exercício espiritual é construído a partir de experiências já feitas (próprias ou mediadas pela tradição) e relembra o desejo de um crescimento experiencial. Para um caminho como esse, vale a lei fundamental de não exagerar, mas aproveitar todos os meios e oportunidades que levam a dar mais passos na estrada da alegria na fé. Para isso, o CCE (nn. 2700-2724) distingue três formas de oração: oração "vocal", "meditativa" e "contemplativa".

I. A oração vocal

As palavras da oração são uma "âncora de salvação", um ponto fixo na corrente muitas vezes impetuosa da vida (cf. CCE 2700). O que é especialmente verdade para a oração do coração, pronunciada interiormente seguindo o ritmo respiratório: "Senhor Jesus Cristo, filho do Deus vivo, tende piedade de mim!". Porque a oração cristã provém do desejo ardente do coração, essa forma de rezar — que acima de tudo nos faz desejar a Deus — torna-se salutar e expressa nossos sentimentos. Não há necessidade de quem sabe quais efusões sentimentais e nem mesmo de orações longas e cansativas; basta uma oração curta, uma jaculatória, repetida ao longo do dia. Essas fórmulas vocais ajudam a resistir à tentação, a trazer de volta o espírito de todas as distrações para a quietude e mantê-lo na presença de Deus.

O exemplo a seguir, tirado da vida, demonstra a força dessas jaculatórias. Se a um homem — que vive em uma família e realiza um trabalho pesado, de modo a voltar para casa às vezes muito cansado — sua esposa perguntasse: "Tu me amas?", ela receberia como resposta: "Sim, claro!". Se a esposa insistisse: "Mas realmente me amas, mesmo neste momento?". Esse homem deveria admitir honestamente: "Não, agora eu não sinto nada além da dor das minhas costas e do meu corpo muito cansado". E, no entanto, esse homem tem razão quando diz que lhe quer bem, pois sabe que, apesar do grande cansaço, seu amor por ela permaneceu vivo. Aqui, neste sentido, vê-se que as orações vocais são insubstituíveis, mesmo para aqueles que já progrediram na oração (n. 2704: "No entanto, também a oração mais interior não pode desprezar a oração vocal").

O próprio Jesus nos ensina a oração vocal. Ele, o Filho amado do Pai, ensinando o "pai-nosso", reza como Deus e como homem. Aqui a oração vocal não é mais apenas uma questão entre o homem e Deus, mas é uma oração de Deus dirigida a Deus: na "oração" intratrinitária, de fato, cada pessoa divina suplica à outra para a realização do que é vontade comum. A essa adoração recíproca das três pessoas divinas Cristo também tornou participantes seus discípulos: "Eu lhes dei a glória que tu me deste, para que sejam um, como nós somos um: eu neles e tu em mim, para que sejam perfeitamente unidos, e o mundo conheça que tu me enviaste e que os amaste como tu me amaste" (Jo 17,22-23).

Ninguém jamais rezou como Jesus; nele a oração atinge a forma perfeita e o significado completo. Na oração, o orante toma parte naquilo que é o próprio Deus, precisamente graças ao Espírito Santo que o Ressuscitado prometeu aos que nele creem; Espírito que conduz o orante na mais íntima união com o Ressuscitado. A especificidade da oração cristã é, portanto, seu cumprimento trinitário.

II. A meditação

O CCE faz um aceno a várias formas e meios de meditar: "Geralmente, se utiliza um livro, e os cristãos dispõem de muitos: as Sagradas Escrituras, particularmente o Evangelho, os ícones sagrados, os textos litúrgicos do dia ou do tempo, os escritos dos Padres espirituais, as obras de espiritualidade, o grande livro da criação e da história, a página 'hoje' de Deus" (n. 2705).

De fato, todas as coisas deste mundo, na medida em que são pensadas e criadas em Deus, podem se tornar objetos de oração. A oração cristã se faz, portanto, não de forma abstrata, separada das realidades terrenas da vida humana, as quais somente em Cristo alcançarão seu cumprimento.

Na tradição espiritual da Igreja, recomenda-se sobretudo um exercício de oração muito útil no caminho da espiritualidade: a leitura espiritual, a *lectio divina*. A palavra latina *lectio* não é um conceito unívoco: pode significar tanto o ato de ler quanto o texto lido. É nesse último sentido que deve ser entendido como o termo *lectio divina*: o texto inspirado por Deus, a Sagrada Escritura.

Entre os Padres, o estudo da Bíblia (*vacare lectioni* = dedicar-se à lição) forma uma unidade com o encontro com Deus (*vacare Deo* = dedicar-se a Deus): quem está vazio de preocupações terrenas e aberto à Palavra da Sagrada Escritura está livre interiormente e está aberto a Deus, pois quem abre a Bíblia encontra Deus nas palavras da Sagrada Escritura. De fato, o orante não busca a solidão como fim em si mesma; isolamento e silêncio não são simplesmente momentos de vazio e nirvana, mas preparam o orante ao encontro com Deus. Em vez de se voltar para si mesmo, o fiel procura na solidão a abertura ao chamado de Deus que lhe chega na leitura da Sagrada Escritura. Gregório Magno recomenda ao orante: "Descobre [de 'descobrir', 'tirar a cobertura'] o coração à Palavra de Deus" (*Ep.* 4, 31).

Muitos escritores espirituais apreciaram o exercício da *lectio divina* como alimento diário para a vida espiritual. Originalmente a expressão *lectio divina*, como já destacado, não indicava o ato de ler, mas a coisa lida; isto é, o próprio texto: era sinônimo de "sagrada escritura" ("página sagrada"). O adjetivo *"divina"* indica o que "vem de Deus". Até a Idade Média, a *lectio divina* nada mais era do que um estudo da Sagrada Escritura, integrado à vida cotidiana e ordenado à "experiência de Deus": meditando sobre um texto sagrado, o leitor fica tão tocado por Deus que seus pensamentos e palavras se apagam, e por Deus eles são guiados em um profundo silêncio; pois ninguém pode tomar posse de Deus.

Mas também em relação às outras formas de meditação, aduzidas pelo CCE, vale o princípio de que o orante não termina na passividade de quem apenas espera, permanecendo um espectador estranho; mas é muito mais uma recíproca interpenetração entre a Palavra de Deus e resposta humana que deve fazer interagir a ambos — Deus e o orante — em igual medida, e fazê-los ir um em direção ao outro. Ao ouvir e contemplar o Senhor, o orante silencioso guardará e meditará a palavra de Deus em seu coração (cf. Lc 2,19), para participar com a própria vida no mistério do Senhor (CCE 2724).

III. A oração contemplativa

A oração contemplativa leva à alegria e ao dom da firme esperança no Senhor que "está perto" (Fl 4,5), de modo que a oração com o salmista se torna um louvor a Deus: "Meu coração e minha carne exultam no Deus vivo" (Sl 84,3). Na medida em que o orante está intimamente unido ao rezar de Jesus Cristo, a oração contemplativa permite participar à vida com Deus: "O mistério de Cristo é celebrado pela Igreja na Eucaristia, e o Espírito o faz viver na oração contemplativa, para que seja manifestado pela caridade ativa" (CCE 2718). A participação na oração de Jesus é o pré-requisito para o conhecimento e a compreensão da pessoa de Jesus; mas para todo conhecimento é necessária também a adequação (*adaequatio*) entre o cognoscente e o conhecido. Quem então participa na oração de Jesus Cristo está em comunhão com ele, assim como também a Igreja e a Eucaristia brotam da oração de Jesus.

O cristão trabalha não ao lado ou fora de Cristo, mas sempre como membro de seu corpo, movido pela cabeça do corpo. Assim a afirmação do Apóstolo, "não sou mais eu que vivo, mas Cristo vive em mim" (Gl 2,20), se transforma na experiência contemplativa: "não sou mais eu que trabalho, mas Cristo trabalha em mim". Aqui o cristão reconhece a qual grandeza e dignidade ele foi chamado diante de Deus pelo dom da graça batismal.

Mas nosso coração nem sempre se alegra com a proximidade de Deus. No momento em que se experimenta a ausência e a distância de Deus, falham todas as tentativas de reviver a alegria novamente. O Deus vivo e íntimo não se vê mais, parece morto. Mesmo ao reler a Sagrada Escritura, para o orante, parece que ela está calada, já não lhe diz mais nada. Ademais, o tempo do silêncio e do recolhimento lhe parece aborrecido e permanece infrutífero; até a celebração da Eucaristia o deixa indiferente, as palavras de Deus se tornam insípidas ou amargas, elas nada comunicam da bondade e do amor de Deus (CCE 2710; 2717-2718).

O período dessa obscuridade pode durar muito tempo (Teresa de Lisieux foi acompanhada por ele até a morte); escuridão que pode ser de intensidade diferente dependendo do estado espiritual de uma pessoa. A vida dos santos mostra que quanto mais perto de Deus se está, mais se é ofuscado pela "super-luz" divina. Nessa situação de escuridão, o cristão experimenta que o impulso de sua oração não vem dele, mas da oração de outro, que ele mesmo não entende, do qual, no entanto, ele tem um pressentimento, uma vez que este outro vive e reza nele já há muito tempo.

Na nona regra do "discernimento dos espíritos", Inácio de Loyola aponta as três principais causas de por que os cristãos são submetidos ao tempo da escuridão e da "desolação": "A 'primeira', porque somos tíbios, preguiçosos ou negligentes nas práticas espirituais, e assim a consolação espiritual se afasta por nossa culpa; a 'segunda', porque o Senhor quer provar o quanto valemos e até onde estamos progredindo em seu serviço e em seu louvor, mesmo sem uma abundante concessão de consolações e de grandes graças; a 'terceira', para que saibamos com certeza e para estarmos convencidos, de modo a senti-lo interiormente, que não depende de nós obter ou conservar uma grande devoção, um intenso amor, lágrimas, nem qualquer outra consolação espiritual, mas que tudo isso é um dom e uma graça de Deus nosso Senhor..." (*Exercícios espirituais*, n. 322; cf. também CCE 2710-2715; 2726-2733).

Em tempos de prova, o orante, se resiste e mantém o olhar fixo em Jesus, ganha um "coração puro". A oração não é dirigida tanto para que Deus entenda o que o orante lhe pede, mas muito mais para que o orante compreenda o que Deus quer dele. A oração, assim entendida, exige sempre também uma conversão radical: assim como "também Cristo não procurou agradar a si mesmo" (Rm 15,3), comportando-se "como quem nada tem e, em vez disso, possui tudo!" (cf. 2Cor 6,6-10).

Artigo 2
O COMBATE DA ORAÇÃO

Pode acontecer que alguém seja capaz de rezar porque encontrou o lugar justo para a oração, isso envolve evitar mudar com frequência o lugar da oração, justamente pela influência positiva que o lugar exerce. É diferente se rezo no escondido do meu quarto ou em uma igreja, se rezo no primeiro banco da igreja ou no "último" banco (cf. Lc 18,13).

As configurações do silêncio interior, pré-requisito fundamental para a oração, podem ser variadas: ficar em silêncio, recitação do Rosário, oração de Jesus ou Liturgia das Horas; o importante é que "entremos" regularmente na realização do exercício, independentemente se no momento sentimos algum fervor ou não (CCE 2742). A repetição das orações favorece a "oração contínua": "Alguns [ritmos de oração] são cotidianos: a oração da manhã e da tarde, antes e depois das refeições, a Liturgia das Horas. O domingo, centrado na Eucaristia, é santificado principalmente pela oração. O ciclo do ano litúrgico e suas grandes festas são os ritmos fundamentais da vida de oração dos cristãos" (n. 2698).

Quem leva uma vida diária inquieta e desordenada encontrará a mesma inquietação em si mesmo no momento da oração. Aquele que durante a oração está frequentemente distraído e não concentrado deverá tentar ser mais recolhido mesmo em suas ações diárias: a ordem na vida de todos os dias leva à oração recolhida (n. 2709). Se os pensamentos e as paixões impedem a oração, só resta suspendê-la para trabalhar primeiro as distrações.

Um grande desafio no caminho espiritual são os períodos das crises de fé, especialmente se marcados também pelo "tédio" ou "náusea". Cada orante terá que atravessar a experiência da *akedía* (acídia), como é chamada pela tradição. Não só leva a práticas de negligência espiritual, mas representa uma crise global que torna quase impossível o crer, rezar e suportar a própria vida; a isso se some a desolação e o desespero que podem durar muito tempo, e talvez levar a uma decisão existencial tal a ponto de colocar tudo em questão (CCE 2732-2733).

Mas quem em tal situação reza-contempla o Senhor "incessantemente", se liberta de si mesmo e experimenta uma transformação que é obra de Deus: "E todos nós, de rosto descoberto, refletimos a glória do Senhor como num espelho, somos transformados em sua imagem com um esplendor cada vez maior porque é o Espírito do Senhor quem realiza isto" (2Cor 3,18). No orante, desse modo fixo no Senhor, ocorre uma profunda transformação que ele, com apenas seus próprios esforços (ascéticos), não conseguiria atingir (CCE 2739).

As exposições do CCE (nn. 2746-2751) sobre a oração terminam com uma referência à "oração sacerdotal" (expressão formulada pela primeira vez pelo teólogo luterano David Chytraeus). "Nosso Sumo Sacerdote, que por nós reza, é também aquele que ora em nós e o Deus que nos ouve" (n. 2749). Jesus Cristo se apresenta como o verdadeiro Sumo Sacerdote que no dia da sua crucificação expiatória leva a verdadeira expiação-reconciliação para o mundo inteiro e para todos os tempos. Pois ele prepara seu corpo para o único templo verdadeiro: "Por isso, entrando no mundo, Cristo diz: Tu não quiseste sacrifício nem oferta, um corpo, em vez disso, me preparaste" (Hb 10,5). Naquela sua "hora" (cf. Jo 17,3.6-10.25) antes de sua morte salvífica, Jesus Cristo consagra a si mesmo para os seus apóstolos e dá sua própria santificação aos seus e ao mundo inteiro: "Por fim, é nesta oração que Jesus nos revela e nos dá o 'conhecimento' indissociável do Pai e do Filho (cf. Jo 17,3.6-10.25), que é o próprio mistério da vida de oração" (CCE 2751).

O cristão se empenhará sobretudo na escola da liturgia, onde se pode reconhecer de forma insuperável a presença do verdadeiro mediador de Deus, o eterno Sumo Sacerdote, que intercede incessantemente pelos seus diante do trono da graça de seu Pai. Na celebração eucarística, o orante encontra a força para resistir às alienações aparentes e aos afastamentos de Deus com oração ardente, em profundo silêncio e talvez em grande solidão. Na oração se manifesta aquilo que um homem espera. Também as orações litúrgicas terminam com as palavras "Por Cristo nosso Senhor", sendo ele a origem na fé de toda esperança fundada. Precisamente com a oração do "pai-nosso" que ele nos ensinou, nos guia na prática concreta da esperança cristã. Aquele que, em vez disso, perde a esperança, não conseguirá mais rezar, precisamente porque não tem esperança. Na oração pode "entrar" apenas aqueles que estão convencidos de que ali há "mais do que tudo": quem reza aprende a esperar... e a viver. Ao longo da sua vida, o cristão se empenhará cada vez mais a se dedicar à oração, para que, na hora da sua morte, possa "perder" sua vida eternamente naquele que sempre foi sempre o seu ser mais íntimo, mais íntimo até do que ele próprio. Então ele será transformado por toda a eternidade naquela oração em que foi iniciado e em cujo louvor não terá fim. Não devemos ter ou recitar uma oração, mas nos tornar e ser uma oração encarnada; então, toda a nossa vida será uma liturgia incessante: "Quero cantar para o Senhor enquanto tiver vida" (Sl 104,33).

Segunda Seção
A ORAÇÃO DO SENHOR: "PAI-NOSSO"

A ORAÇÃO DO SENHOR:
"PAI-NOSSO"

UGO VANNI

I. Introdução

O texto do CCE comentando o "pai-nosso" (nn. 2759-2865) apresenta, em uma primeira leitura, uma abundância de material que pode até mesmo desconcertar. São abundantes as referências bíblicas que perambulam por todo o Novo Testamento e são retomados muitos antecedentes do Antigo Testamento; principalmente a oração do Senhor é refletida com referências à liturgia da Igreja das origens, à patrística, às atualizações hodiernas.

Como se orientar nessa abundância exuberante?

Considerando que o "pai-nosso" nasceu e se formou na experiência da Igreja das origens, poderá ser esclarecedor revisitar sua origem e seu desenvolvimento inicial. É o que propomos, mas vamos especificar melhor.

Encontramos, no início do século II, a "oração do Senhor" já em uso em uma formulação correspondente à atual na liturgia da Igreja primitiva (cf. *Didaché*, 8, 3), onde também se começa a ler o Evangelho de "quadriforme", isto é, o Evangelho de acordo com Marcos, Mateus, Lucas e João. A simultaneidade do uso da oração do Senhor e da leitura dos quatro evangelhos é significativa. Constitui o ponto de chegada do caminhar de uma Tradição múltipla, que se desenvolveu entre várias vicissitudes e tensões — basta pensar nas tensões dentro da Igreja paulina e da joanina — e que desemboca no decorrer do século II no que foi chamada de "a grande Igreja".

Qual é a jornada que faz a oração do Senhor na tradição que confluiu na grande Igreja? Mais especificamente, uma vez que a oração do Senhor foi vista como a "síntese de todo o Evangelho" (Tertuliano), qual é a sua relação específica com o "Evangelho quadriforme"?

Uma resposta a essa pergunta nos permitirá, por um lado, identificar gradualmente a estrutura teológico-bíblica que sustenta a oração do Senhor e colocá-la no ambiente vivo da Igreja das origens.

Daí será possível obter um quadro de referência em que situar e organizar o material proposto pelo CCE. Veremos, consequentemente, a propósito do "pai-nosso", primeiro os antecedentes de Marcos, depois a apresentação sistemática de Mateus, o impulso para frente de Paulo, a acentuação de Lucas e, finalmente, a síntese madura que pode ser encontrada em João.

II. Os antecedentes de Marcos

Comecemos pelo Evangelho de Marcos, também chamado de "o Evangelho do catecúmeno" porque é particularmente apto para a iniciação cristã. Os "Doze" nele realizam um caminho de fé, cujas etapas principais coincidem com as fases de desenvolvimento do texto do Evangelho (cf. MARTINI, C. M., *L'itinerario spirituale dei dodici nel Vangelo di*

Marco, Roma, Borla, 1976). Esta dimensão propedêutica do Evangelho de Marcos que inferimos de uma análise interna é confirmada pela localização do Evangelho no quadro das tradições sinóticas. Marcos é considerado normalmente como o primeiro Evangelho, cujo material mais tarde confluiu em abundância, praticamente em sua totalidade, nos outros dois sinóticos. Há, portanto, certa precedência até mesmo cronológica e esta, aliada ao eco da catequese petrina perceptível no Evangelho de Marcos, confirma o caráter iniciático do texto.

O que encontramos no Evangelho de Marcos sobre o "pai-nosso"? Como se sabe, uma fórmula litúrgica só pode ser encontrada em Mateus e Lucas. Em Marcos, no entanto, podem ser identificadas algumas ideias que manifestamente o preparam e são significativos.

Os discípulos são gradualmente introduzidos a rezar, são levados a se dirigirem a Deus com a máxima confiança e intimidade (cf. Mc 11,22-24). Eles são aconselhados a esperar tudo de Deus como se, quando eles pedem, já o tivessem obtido (cf. Mc 11,24). A convivência com Jesus, o "estar com ele", típico do Evangelho de Marcos (cf. STOCK, K., *Boten aus dem Mit-Ihm-Sein. Das Verhältnis zwischen Jesus und die Zwölf nach Markus*, Roma, Biblical Institute Press, 1975), faz brotar gradualmente nos discípulos a necessidade do Pai e, por assim dizer, prepara o espaço de acolhida.

Este espaço é constituído sobretudo pelo perdão que os discípulos, antes de rezar, devem conceder aos outros: "Quando ficais de pé para rezar, se tendes alguma coisa contra alguém, perdoai, para que vosso Pai que está no céu perdoe também vossos pecados" (Mc 11,25). É a única vez em que no Evangelho de Marcos fala-se explicitamente de Deus como Pai dos discípulos. Constitui o ponto de chegada de um caminho em que os discípulos, em contato direto com Jesus, aprenderam uma relação mais profunda com Deus e somente no final do caminho Deus é compreendido como Pai. A paternidade de Deus nunca é um elemento dado como certo.

Também no que diz respeito à relação de Jesus com o Pai nota-se no Evangelho de Marcos uma manifestação gradual. Duas vezes há uma referência explícita, mas feita na terceira pessoa: Jesus, falando do "filho do homem" e indicando com essa expressão a si próprio, menciona a "glória de seu Pai" (Mc 8,38). Quanto ao dia e hora da conclusão da história, ninguém conhece nada "exceto o Pai" (Mc 13,32).

Os discípulos devem ter ficado particularmente impressionados quando Jesus, no auge de sua paixão interior do Getsêmani, pede a Deus como dom supremo o cumprimento de sua vontade, alcançando assim o cume da oração de todos os tempos. Neste momento particularmente dramático, os discípulos notam com surpresa que Jesus se dirige a Deus chamando-o de Pai e usando a terminologia da ternura familiar: permaneceu-lhes impresso o termo aramaico *'abbâ*: é a invocação, feita de confiança e compreensão, com que as crianças se dirigem ao pai dentro da família. E é a única vez que encontramos o termo no âmbito dos evangelhos.

Vivendo com Jesus e ouvindo-o falar, os discípulos aprendem gradualmente que havia uma oferta de Deus que lhes dizia respeito: a oferta se concretiza em um Jesus sempre surpreendente, que aparece como o portador de um reino que, em última análise, coincide com ele. É o "reino de Deus".

Em contato com Jesus, os discípulos são repetidamente convidados a confiar tanto a ele como a Deus suas preocupações terrenas. Essas preocupações estão concentradas no pão, símbolo do que é necessário para o desenvolvimento da vida vivida. Há em Marcos uma seção chamada "do pão" (cf. Mc 6,30–8,29), em que os discípulos, em contato com a multiplicação dos pães feita por Jesus, são convidados a aprofundar, a compreender: "Ainda não compreendeis e não entendeis? [...] Ainda não compreendeis?" (Mc 8,17.21). O objeto dessa compreensão que é solicitada com insistência é a disponibilidade plena, a entrega confiante ao Pai que, por meio de Jesus, dá a seu tempo e em grande abundância o pão de que a vida necessita. Deve-se entender gradualmente que Jesus é indispensável não apenas para uma vida entendida em sentido religioso, mas simplesmente para a vida como tal. Se não for relacionado à vida, Jesus não é devidamente compreendido e a vida, por sua vez, parece sem dúvida incompleta, arriscada, incerta, sem a presença de Jesus que a alimenta.

A familiaridade com Jesus que os discípulos vão adquirindo pouco a pouco, coloca-os também em um contato particular entre eles. Eles terão que se entender, se amar, se perdoar mutuamente como Jesus sabe fazer em relação a eles (cf. Mc 11,25).

Finalmente os discípulos, desde o início do ministério de Jesus em Cafarnaum, são postos em contato com o mal (cf. Mc 1,23-26.34.39 etc.). O mal tem uma raiz um tanto transcendente, demoníaca, e se manifesta em todas as formas de sofrimento que afetam a integridade da vida física e chegam a atingir uma presença, particularmente desconcertante, do demoníaco no âmbito humano. Jesus repreende duramente os espíritos imundos que revelam sua identidade: caberá ao próprio Jesus declarar gradualmente e fazer compreender sua verdadeira realidade. Mas é típica a reação do mal, poderíamos dizer também aqui do "maligno", diante dele: não é possível uma coexistência com Jesus, o mal e o maligno não podem se manter diante de sua presença. Os discípulos aprendem, entregando-se completamente a Jesus, a superar essas forças misteriosas que ameaçam negativamente a vida humana.

As constatações que estamos fazendo estão distribuídas ao longo de todo o Evangelho de Marcos. Quando os discípulos estiverem imbuídos de todos esses valores, a oração deles será espontaneamente a expressão destes. Então eles aprenderão a se dirigir a Deus como Pai, a desejar a realização do reino, a se confiarem, como Jesus, à sua vontade, a confiar nele em todas as situações da vida, a amar uns aos outros, a superar a negatividade do maligno. Assim, tem-se um quadro completo daqueles que são os elementos essenciais da vida cristã que emergem do Evangelho de Marcos. Esses elementos são pontualmente aderentes à fórmula do "pai-nosso". Podemos por isso dizer que a preparam e ajudam a compreender seu significado e função.

III. A formulação completa de Mateus

O texto litúrgico em uso do "pai-nosso" retoma a formulação proposta pelo Evangelho de Mateus (Mt 6,9-13), que encontramos inserida no grande Sermão da montanha (Mt 5-7). Para uma compreensão da fórmula se requer em primeiro lugar um cuidado em relação ao contexto, depois ao texto que a expressa e, finalmente, às implicações que ela contém e que são então desenvolvidas em outro lugar, sempre no âmbito de Mateus.

III/1. O contexto do "pai-nosso" é o Sermão da montanha. E esse fato já é significativo. A fala representa um programa relativamente abrangente da prática cristã, baseada nas primeiras bem-aventuranças (Mt 5,3-11).

Estas representam os juízos de valor que Jesus dá sobre escolhas fundamentais do homem, sobre os aspectos válidos ou não válidos de sua vida. Durante três capítulos, essas escolhas de pano de fundo são então desenvolvidas, detalhadas, aplicadas às várias situações. Entre as situações concretas objeto de uma aplicação mais pontual encontramos a oração tipicamente cristã. Esta não terá aquela atitude extrovertida, horizontal, que às vezes constituía uma degeneração da oração judaica — e não apenas judaica — da época. Jesus insiste que a oração seja dirigida ao "Pai que vê no oculto" (Mt 6,1: ver em particular 6,5-6). A oração cristã aparece como um diálogo marcado por intensa intimidade filial, que acontece entre o cristão e Deus. Precisamente porque é um diálogo intersubjetivo, o entendimento é imediato. Não é necessário multiplicar as palavras, pois — vem explicitamente observado: "os pagãos fazem" (Mt 6,7). Provavelmente havia na comunidade eclesial de Mateus uma tendência ao muito falar, que também deveria se refletir na oração. Em vez disso, a relação do cristão com o Pai é sintética, essencial, pesca nas profundezas.

O "pai-nosso" está situado nesse contexto específico.

O contexto o qualifica como uma oração primorosamente cristã, que parte do coração do ser humano e tende a atingir, por assim dizer, o coração de Deus. Com uma essencialidade, profundidade e abertura nem sempre conceitualizável, que caracterizam o relacionamento maduro com o Pai.

III/2. Vejamos mais de perto como se articula a oração característica do cristão. Encontramos a apresentação do que foi chamada de a fórmula do "pai-nosso" em Mateus (6,9-13) e Lucas (11,2-4). As variações não podem remontar até modelos distintos. Existe, antes das duas redações, a chamada "fonte Q" (cf. NEYRING, F., *Q-Synopsis*, Leuven, Peeters, 1988, 30-31), que foi então reinterpretada e desenvolvida de acordo com as necessidades das respectivas comunidades.

Vamos começar nossa análise a partir de Mateus. Mas antes deve ser feita uma observação: a oração do "pai-nosso" não é ensinada como uma fórmula fixa. Mesmo quando se tornar uma, depois, no uso litúrgico da comunidade de Mateus e, mais tarde, da comunidade cristã das origens, o "pai-nosso" se constitui como um mapa estimulante e de referência que ilumina e orienta o desenvolvimento da oração e da vida. Reduzi-lo a uma fórmula significaria rebaixar e talvez desvirtuar seu valor.

A oração cristã suscitada pelo "pai-nosso" dirige-se a Deus chamando-o de Pai. A ressonância deste termo no ambiente de Jesus e dos primeiros discípulos é sobretudo de caráter social. O pai é aquele que, com sentido de responsabilidade e preocupação, organiza a vida da família e provê aos indivíduos o que eles necessitam (cf. Mt 13,52). Desse modo, toda a família se apoia no pai, em sua atuação, habilidades, bravura e sabedoria. Portanto, nós nos dirigimos a Deus, sentindo-nos em família, juntos, na consciência de que Deus como Pai se preocupa conosco e o cuida de maneira adequada.

Nesta perspectiva, o pai é também aquele que organiza a vida da família que, por sua vez, a ele se submete, é aquele de quem se deve cumprir a vontade.

Junto a essa fenomenologia que vê o pai colocado no âmbito coletivo da família, merece ser enfatizada a relação estritamente intersubjetiva. O pai, nesta nova perspectiva que não se contrapões à anterior, mas simplesmente especifica um aspecto dela, é aquele que compreende, aquele que educa como pessoa, aquele que compreende o filho e em quem o filho tem plena confiança.

A figura do pai, entendida nesta dupla dimensão sugerida pelo ambiente de Jesus e da comunidade judaico-cristã das origens, refere-se a Deus. O cristão, portanto, ao chamar Deus de Pai, sente-se unido a ele no vínculo da mesma situação familiar e, além disso, sente-se amado e totalmente compreendido. Deus é verdadeiramente o "Pai que vê no oculto" (Mt 6,6).

Destes dois aspectos destaca-se o coletivo: dizemos "pai-nosso", com referência à dimensão sociofamiliar que os cristãos estão assumindo. Há talvez uma referência às tendências centrífugas, próprias da comunidade de Mateus. De qualquer forma, é enfatizado o fato que os cristãos se encontram vivendo juntos, não apenas como um agregado social, mas em virtude de um fio que os une atravessando seus valores mais íntimos e pessoais. O Pai que "vê no oculto" é também o Pai que, de forma unitária, vê a todos.

Deus, pensado e sentido por meio das categorias de Pai e do qual se tem experiência na terra, permanece em seu nível transcendente. A transcendência não diminui sua paternidade. Pelo contrário: poderíamos até dizer que Deus multiplica sua divindade por sua paternidade e sua paternidade por sua divindade: desse modo, assim temos um Deus que é infinitamente Pai e um Pai que é tal ao infinito. Tudo isso é indicado pela expressão "que estais no céu". Os "céus" — também se poderia dizer "céu", no singular, já que o plural é claramente um judaísmo retomado por Mateus — significam seu nível próprio de Deus, enfatizando sua realidade inatingível. Também é um lembrete para evitar qualquer banalização: na abordagem a Deus como Pai, havia o risco não tanto de senti-lo tão próximo — isso nunca acontece — mas muito mais de considerá-lo, por assim dizer, em formato reduzido, projetando em Deus as categorias da experiência — inevitavelmente limitada — da paternidade terrena. Mateus percebe esse risco e alerta sobre isso quando ele contrapõe o nível do ser humano ao nível do "Pai Celeste", uma expressão típica de Mateus.

A primeira pergunta que é dirigida ao Pai celeste diz respeito ao seu nome: pede-se que seja santificado. Aqui, um esclarecimento poderá elucidar imediatamente a linha deste pedido. No ambiente cultural bíblico, o nome está para a pessoa em si e nunca aparece redutível a uma pura denominação, a um título qualquer dado de fora. A imposição e a mudança de nome indicam uma mudança de sujeito, uma qualificação em função de uma missão a ser cumprida, uma nova capacidade que é concedida. O nome manifesta e expressa o que a pessoa é, é compreensível somente se for pensado no contexto da própria pessoa. Pedindo ao Pai que seu nome seja santificado, consequentemente estamos lhe pedindo que ele mesmo, como pessoa, seja santificado.

Neste ponto surge o problema do significado de "santificação". O campo semântico ao qual o termo pertence está estritamente relacionado à divindade: indica o que é próprio, típico de Deus. Diante disso, surge a pergunta: como alguma santificação é concebível em relação a Deus? O risco de um discurso que dê voltas em torno de si mesmo, ou que seja até mesmo sem sentido, sugeriu a alternativa de interpretar a santificação não no sentido de uma caracterização ontológica referível a Deus, mas no sentido de um reconhecimento. Nesse caso poderíamos dizer que "o vosso nome", que vós mesmo sejais reconhecido como santo: é uma interpretação bem difundida. Mas o verbo "santificar" nunca envolve no uso bíblico uma relação puramente cognitiva que desemboque em um reconhecimento. Refere-se a uma ação: usado de forma ativa, "santificar" significa tornar santo, tornar divino, tornar semelhante a Deus; usado na forma passiva, sublinha o efeito desta homogeneização em relação a Deus, produzida e realizada. Volta, então, o problema, que aparece como algo sem saída: como é possível uma santificação do Santo, uma divinização de Deus? Uma conhecida passagem de Ezequiel nos fornece uma base sólida para a resposta: "*Santificarei o meu grande nome*, profanado entre as nações, profanado por vós entre elas: Então as nações saberão que eu sou o Senhor — oráculo do Senhor — *quando eu demonstrar minha santidade em vós* diante dos olhos delas" (Ez 36,23 segundo a versão dos LXX; veja também

28,22; 28,25; 38,16; 38,23 etc.). O texto de Ezequiel, considerando também o contato aderente entre Mateus e todo o Antigo Testamento, é esclarecedor. A santificação de que se fala é real e é referida, em paralelismo, primeiro ao nome de Deus que então fala ao próprio Deus como sujeito. Essa santificação se atualiza não por meio de um acréscimo impensável à santidade de Deus, mas mediante uma participação sempre mais difusa dessa santidade compartilhada pelo povo. Segundo essa interpretação — já proposta por São Cipriano — é pedido a Deus Pai que sua santidade se realize e se espalhe em sua grande família cristã.

O próximo pedido diz respeito ao Reino de Deus, o Reino do Pai que está nos céus. Para entender esta expressão é necessário se refazer à linha teológico-bíblica, a respeito do reino que já encontramos no Antigo Testamento e que então conflui no Novo.

O "reino de Deus" não se limita ao domínio que espera a Deus sobre toda a criação, mas implica em uma série de iniciativas próprias de Deus e do ser humano e que se poderia resumir da seguinte forma.

Em primeiro lugar, há um movimento descendente: Deus sai em certo sentido da sua inacessibilidade e vai ao encontro do ser humano trazendo-lhe uma iniciativa. É o entendimento entre Deus e ser humano, a "aliança", como foi explicitamente chamada, que comporta uma proposta bilateral: Deus assume o compromisso em favor homem, mas pede em troca ao ser humano que observe os mandamentos. E é aqui que surge um movimento ascendente: o homem sai do seu nível profano e ousa ir ao encontro de Deus numa atitude de reciprocidade disponível. Percebendo a oferta que chega até ele da parte de Deus, o homem diz seu sim. Do encontro dessas duas linhas, descendente e ascendente, uma nova situação é determinada e esta comportará uma partilha aderente e próxima entre Deus e o ser humano, quase uma simbiose: essa nova realidade se chama reino e é já atuante no Antigo Testamento, a começar da aliança do Sina, pelo menos. Quanto ao que diz respeito ao Novo Testamento, na linha descendente, Deus, que se revelou como Pai, oferece ao ser humano a riqueza de Cristo e, na linha ascendente, o homem, percebendo esta nova oferta aumentada, se abre completamente a ela mediante o sim da fé. A nova situação, assim determinada, é o Reino de Deus em sua aceitação típica do Novo Testamento.

Como se pode ver, há um desenvolvimento, uma passagem do Antigo Testamento ao Novo. Mesmo atingindo o nível do Novo Testamento há um impulso a mais: o "Reino" implicará uma presença de Cristo sempre mais penetrante em toda a realidade criada, nos seres humanos e nas coisas e, por meio de Cristo, uma presença cada vez mais próxima por parte de Deus. O objetivo final deste movimento em ato será a meta escatológica, na qual, como Paulo recorda, Deus será "tudo em todos" (1Cor 15,28). O reino visto nesta fase conclusiva pertence ao futuro e é estritamente escatológico.

Voltemos agora ao nosso texto. Quando o cristão pede que "venha" o Reino do Pai, ele se insere nesse desenvolvimento futuro. Aquilo que ele pede é uma presença maior da riqueza de Cristo entre os seres humanos, em suas vidas, em suas estruturas, no mundo em que estes habitam. O pedido diz respeito tanto a Deus como ao homem, justamente porque Deus se quis envolver com o homem mediante a oferta que ele lhe faz.

Outro pedido apresentado ao Pai diz respeito à realização da sua vontade.

A vontade do Pai é entendida em sentido objetivo: é tudo aquilo que Deus planejou para o homem: antes de tudo os mandamentos, todas as indicações que derivam para o homem da Palavra de Deus encarnada em Cristo e interpretada pelo Espírito.

Além disso, como Deus, o criador de tudo, também organiza o movimento da história, e faz tudo em função do ser humano, podemos dizer que uma mensagem que expressa sua vontade também se encontra inclusive na história dos indivíduos. Fazer a vontade de Deus comporta uma plena docilidade executiva em relação a essa ampla gama que a manifesta.

O pedido ao Pai para fazer a sua vontade não é uma resignação passiva, envolve uma partilha cordial: o cristão torna-se consciente de que o seu melhor está precisamente no que Deus lhe propõe. Segue-se então o desejo — não há oração verdadeira sem desejo — de fazer sua vontade.

Esta concepção envolve, por um lado, o próprio Deus na medida em que ama o ser humano, o planeja, deseja ardentemente sua plena realização; por outro lado, envolve o homem que, por sua vez, reconhece com trepidação e alegria que Deus Pai o segue momento a momento, que cuida dele e que manifesta a ele sua vontade em virtude do amor que ele tem por ele.

Daí segue no cristão o ideal de uma execução adequada, uma execução que, partindo do nível do homem, atinja o nível próprio de Deus e que traga à terra, que é a área própria do homem, a totalidade própria do céu, que é a área de Deus.

Neste sentido, especifica-se que a implementação da vontade de Deus se realizará na terra, mas trazendo-lhe um nível ideal de perfeição transcendente, algo de Deus, uma relação com o céu.

O pedido de pão — como observou R. Meynet — está no centro das sete petições da formulação de Mateus. É também aquele pedido que aparece como o mais característico do cristão que se dirige a Deus como Pai. É próprio do pai dar pão aos filhos. De fato, o pedido de pão remete ao quadro da vida familiar em que se insere a figura do pai. O pão, no ambiente cultural bíblico, é, ao mesmo tempo, realidade concreta e símbolo. Na linguagem realista, o pão indica o alimento que é base da vida. Deus Pai, preocupando-se com o desenrolar da vida do homem na concretude de sua história, consequentemente toma a peito também a nutrição que torna possível esse desenrolar. Esta consideração é aqui reinterpretada a partir de uma perspectiva familiar. A alimentação que é pedida a Deus não são mais as plantas, como encontramos em Gênesis (cf. Gn 1,29), mas o pão, o alimento feito pelo homem para o homem e que é compartilhado na família por cada membro individualmente. Dirigindo-se então a Deus especificamente como Pai, o cristão, detendo-se precisamente na paternidade familiar de Deus, pede-lhe apaixonadamente o alimento de que ele necessita para viver.

Mas o pão também é um símbolo. Evoca, justamente como símbolo, a parte que serve para uma vida a ser conduzida no espaço e no tempo, tudo aquilo que tende a tornar a vida familiar não apenas possível, mas também agradável. Diz respeito a roupas, a casas, em suma: diz respeito a toda aquela esfera que, embora secundária à alimentação, contribui para garantir que a vida possa ser vivida com serenidade e dignidade.

O pão é pedido hoje e para o hoje. Há uma dupla ênfase no aspecto do cotidiano. E é significativo: supõe-se de fato — e isso é percebido de uma forma particularmente aguda — que Deus como Pai siga com uma preocupação digna dele e dos filhos, cujos desdobramentos de vida sempre o entretêm. Vidas que se realizam no espaço e no tempo: a preocupação do Pai seguirá os filhos sempre e em todo o lugar, sem a menor descontinuidade. É precisamente esta relação viva e simultânea com o Pai que leva os filhos para pedir a cada momento, em cada ocasião, em cada lugar o que é necessário e útil para a sua existência. Não procuram acumular tesouros na terra, não procuram nem mesmo tomar precauções fechando-se em um cálculo humano contra as circunstâncias imprevisíveis do futuro. O cristão sabe viver dia a dia, porque sabe que a cada dia é acompanhado, amado, guiado, protegido pelo Pai, sem antecipações ou atrasos.

Por fim, o quadro familiar em que se insere o pedido comporta a plenitude da família. O pão pedido é "nosso", não "meu": é o pão de todos, que chega a todos. Nós o pedimos uns para os outros.

O espírito de família que é sugerido pela figura bíblica da paternidade, como já apontamos mais vezes, também implica uma reciprocidade horizontal entre irmãos cristãos. Estes devem se sentir na mesma medida filhos do Pai. Essa consciência irá então levá-los a uma atitude que refletirá na sua reciprocidade essa atitude vertical que o Pai tem para com eles.

Os cristãos estão cientes de que têm em relação a Deus Pai "dívidas" a serem pagas. É uma imagem simbólica para expressar uma realidade triste: trata-se daquele vazio, daquela insuficiência defeituosa que também os cristãos podem fazer no âmbito de sua existência por meio de suas escolhas erradas, os "pecados".

O homem deve a si mesmo o que Deus lhe dá. Um vazio em relação ao contexto de realidade-valor pensado por Deus torna-se, consequentemente, uma dívida — conforme a imagem simbólica utilizada, que o homem contrai em primeiro lugar consigo mesmo. Mas visto que Deus é Pai e Pai até o infinito, considera, por uma apropriação de amor, como tendo sido feito a si mesmo, à sua pessoa, o mal que o ser humano realiza em dano a si próprio. Esse processo de apropriação no amor ganha contornos mais precisos quando, por exemplo, se fala de aliança, dos mandamentos e da lei sempre procedentes de Deus e expressão de sua vontade de amor. Deus Pai leva o ser humano a sério e quer ser levado a sério pelo ser humano.

Se então o que Deus pede ao ser humano — mas sempre para o benefício do homem — não é realizado, forma-se um vazio que toca o próprio Deus, criando-se uma fratura na intersubjetividade.

Deus-Pai acompanha o ser humano com um fluxo ininterrupto de bondade, o encontro supera as fraturas e preenche esses vazios. Permanecendo na metáfora usada, Deus perdoa as dívidas. Ele quer que o homem lhe peça para que ele tome ciência do que está em jogo.

Vimos como a relação com Deus Pai se realiza na concretude de uma família. O cristão tem junto de si outros filhos de Deus que são seus irmãos. E uma vez que a atitude de Deus para com o indivíduo é paradigmática, o cristão deve trazer para a relação horizontal aquilo que ele recebe na relação vertical. Consequentemente, aqueles que são os "vazios" que nas relações recíprocas se abrem, ou seja, as fraturas, tudo aquilo que resulta em um compromisso não cumprido, que constitui uma lacuna, uma falta de bondade, atenção, ajuda e amor em relação a uns com os outros, constitui uma lista de "dívidas" horizontais que devem ser eliminadas do mesmo modo como queremos eliminar a "dívida" em relação a Deus. De outra forma, o fluxo de bondade que parte de Deus e quer atravessar os homens para retornar a Deus ficaria bloqueado.

Quando se trata do plano horizontal, o ser humano se move em seu próprio campo: impotente para preencher as lacunas que o separam de Deus, para "pagar suas dívidas" com ele, o homem cristão pode fazê-lo em relação aos outros seres humanos que estão em seu mesmo nível. E ele terá que fazer isso. Existe uma necessidade de "família" por parte de Deus Pai, que deseja ser imitado nessa bondade que constrói para além. Consequentemente, para poder invocar Deus como Pai, o cristão deve primeiro dar uma mão a seus irmãos. Seria possível dizer que Deus se recusa a ser invocado fora desta esfera coletiva familiar e rejeita aqueles que pretendessem alcançá-lo sozinhos, excluindo os outros.

Positivamente, fazendo aos outros aquilo que se desejaria para si mesmo, e, no que diz respeito às "dívidas" contraídas, perdoando, remediando, reconstruindo tenazmente todas as malformações que ocorreram na relação horizontal, o cristão terá a certeza de ser acolhido pelo Pai.

As duas últimas petições do "pai-nosso" de Mateus ainda dizem respeito ao mistério do pecado visto naqueles elementos que facilmente o condicionam: tentação e maligno.

O conceito bíblico de tentação é particular e, mais do que um conceito em sentido estrito, é um conglomerado de conceitos. Há uma tentação quando certos valores realizados anteriormente, seja de um ponto de vista individual ou coletivo, são submetidos a uma pressão, que pode ser individual ou coletiva, momentânea ou prolongada.

O exemplo mais claro é o caminho no deserto que separa a saída do Egito até a entrada na terra prometida. São os quarenta anos da "tentação no deserto" (Sl 94,8). Os valores da aliança, propostos e aceitos pelo povo, são submetidos a múltiplas pressões: o dia a dia, a falta de eventos clamorosos, principalmente o amadurecimento subterrâneo do grupo do povo de Deus que vai gradualmente se amalgamando e aprendendo a ser livre; e, finalmente, a pressão das circunstâncias desconfortáveis. A tentação pode ter um resultado positivo. Seguir-se-á então uma consolidação dos valores anteriores como resultado da prova sofrida pelo povo. Assim é, por exemplo, no Primeiro Livro dos Macabeus, que sublinha o fato de que Abraão, precisamente na tentação, "se conservou fiel" (1Mc 2,52; cf. Sr 27,5.7). No entanto, dada a fraqueza do homem, a tentação pode ter uma saída negativa: se a pressão da provação exceder a capacidade de manutenção por parte do ser humano, a tentação torna-se a ocasião irreversível de uma escolha errada (cf. Mt 26,41; Mc 14,38; Lc 22,40.46). A tentação-provação se soma ao mistério do mal com que o ser humano está sempre em contato. E o mistério do mal também significa o mistério de sua fraqueza incoerente. Então pede-se a Deus Pai uma intervenção de defesa: que nos impeça de entrar na areia movediça dessas tentações cujo resultado seria negativo.

A experiência do povo de Deus no deserto sugere outra interpretação possível, por si só mais consistente com a terminologia utilizada: "tentação", que em grego tem por si só um significado ativo, mais do que a tentação sofrida, indicaria a tentação na qual o homem se torna protagonista. Várias vezes no contexto da experiência no deserto o povo é levado a "tentar" a Deus, a pô-lo à prova (cf. Ex 17,27; Dt 6,16; 9,22; Sl 94,8; ver "tentação" entendida como tentar a Deus: SPICQ, C., *Notes de Lexicographie Néo-testamentaire*, Paris, Cerf, 1978-1982, III, 548-559 [tradução italiana, *Note di lessicografia Neotestamentaria*, Brescia, Paideia, 1988-1994]). É uma atitude negativa porque se opõe ao abandono confiante e sem reservas que merece o cuidado que Deus dispensa aos seus. Mas é sobretudo falta de um sentido filial: significa não confiar, significa esperar uma garantia que tranquilize o homem dentro da própria esfera humana.

Se a tentação já coloca em contato com o mistério do mal, há um maior aumento e uma explicitação quando o próprio mal é personificado no "maligno": é o demoníaco, satanás. A experiência que o cristão pôde fazer, quer por meio de suas observações pessoais, quer ouvindo o Antigo Testamento, mostra-lhe que existe uma rede complexa de armadilhas, de negatividade que, tomando forma em sua história, tendem a envolvê-lo. O cristão sabe que há fraquezas nele, nas quais o demoníaco poderia tomar conta e é difícil para ele perceber até mesmo todos esses pontos débeis. Esta situação — que poderia desembocar em uma tensão dramática — não afeta a serenidade básica dos filhos de Deus. Deus Pai superou o mal da história desde o início e o venceu por meio da morte de Cristo. Ele pode então defender adequadamente seus filhos, não apenas advertindo-os, mas, efetivamente, quase arrancando-os do laço do "maligno".

Este último pedido é basicamente uma evocação ao realismo da precária situação do cristão. Não se pode acreditar, mesmo sendo ele verdadeiramente um filho de Deus, já ter atingido um nível de segurança acima de todo risco. Ele está a caminho. E, então, pede ao Pai para que proteja seu caminho, para liberá-lo também de si mesmo, daquelas áreas percebidas como de ataque do "maligno" e de que é portador.

Finalmente, notamos como — entendendo "tentação" seja no sentido de provação-limite, seja no sentido ativo — na oração sejam confiados a Deus também os medos do ser humano, o risco de fazer algum mal, e até mesmo de não confiar nele. Não há insistência em um voluntarismo que estimule o homem, mas pede-se a Deus também aquilo que deve derivar do homem. Porque aprendeu do mistério do mal, o cristão está consciente de que é fraco, frágil e que pode até mesmo falhar em seus compromissos básicos: ele confia ao próprio Deus essas eventualidades negativas. Não se fecha em seu curto-circuito, mas se lança com coragem nos braços do Pai.

III/3. Depois de ter acompanhado analiticamente a formulação do "pai-nosso" em Mateus, nos perguntamos se algumas ressonâncias podem ser encontradas, sempre dentro do contexto de Mateus, em relação às questões surgidas nos pedidos individuais. E a resposta é surpreendentemente positiva: as ressonâncias e os desdobramentos se multiplicam. Vamos escolher alguns exemplos.

Em primeiro lugar, uma ênfase que diz respeito à expressão "'Pai nosso' que estás nos céus" que evoca a outra expressão "Pai celeste".

Como mencionamos, o termo "celeste" dirigido a Deus e explicitamente a Deus como Pai é típico de Mateus: ele se repete sete vezes ao longo de todo o Evangelho. Encontramos apenas outras duas outras ocorrências de "celeste" no Novo Testamento e referem-se aos anjos (Lc 2,13) e uma visão (At 26,19).

Das sete ocorrências de "celeste" referidas ao Pai, duas estão relacionadas a Jesus: "meu Pai celeste" (Mt 15,13; 18,45); cinco são ditas por Jesus aos cristãos: "vosso Pai celeste" (5,48; 6,14; 6,26.32; 23,9).

Quando os cristãos acolhem a mensagem de Jesus e na medida em que eles fazem isso, é como se houvesse uma passagem de Jesus para os cristãos.

Quando o "meu Pai celeste" se tornou "o vosso Pai celeste" se será capaz de dizer "'Pai nosso' que estais nos céus".

Encontramos desenvolvido — ainda que de forma mais implícita — o conceito de uma participação na "santidade" de Deus, expressa no pedido da santificação do "nome". Quando Jesus insiste para que as pessoas tenham as mesmas atitudes do Pai celeste, ou seja, que saibam amar como ele, perdoar como ele, agir como ele age, de acordo com o que ele é, apela-se para a realidade transcendente própria de Deus, à sua santidade. É possível — por exemplo — usar a bondade que o Pai celeste usa, porque, como filhos que se assemelham a ele a partir do interior, compartilhamos na raiz a sua santidade (cf. Mt 5,48).

Quanto ao pedido da vinda do Reino, encontramos em Mateus um desenvolvimento mais amplo do que o observado em Marcos. O Reino de Deus — que Mateus chama de "reino dos céus" por trinta e três vezes e duas vezes como "Reino do Pai" (13,43; 26,29) — toma forma na Igreja, que é a situação emergente quando a oferta de Cristo feita pelo Pai é acolhida pelos seres humanos.

Sobre essa situação são esboçadas a realidade, o desenvolvimento no tempo, a meta escatológica. Características são "as parábolas do reino" (cf. Mt 13,1-51; ver 13,11) em que o "reino dos céus", o Reino do Pai, é visto em seu devir, com o desenvolvimento típico mencionado acima.

A evocação à vontade de Deus a ser realizada em medida ideal é sugerida, em primeiro lugar, pelo contexto que vimos, no qual está situada a formulação do "pai-nosso", o Sermão da montanha. Contém uma ampla e detalhada documentação do que é a vontade de quais — poderíamos por assim dizer — são as ambições de Deus Pai em relação aos homens, seus filhos. O pedido da plena execução da vontade de Deus coincide plenamente com o pedido, muito claro ainda que implícito, que o que está indicado no Sermão da montanha, das bem-aventuranças que o introduzem no acolhimento factual da Palavra de Deus com a qual termina, seja compreendido e executado.

Encontramos tudo isso confirmado e desenvolvido na insistência, esta também típica de Mateus, sobre a vontade do Pai: é uma vontade solícita que não quer que nenhum dos pequeninos se perca (Mt 18,14), exige uma atuação concreta, para além do palavreado (Mt 7,21), produz um vínculo muito próximo com Jesus (Mt 12,50). É realmente Jesus — Mateus retoma a tradição de Marcos vista anteriormente — que leva ao máximo, para si e para os seres humanos, o cumprimento da vontade do Pai quando, no Getsêmani, diz, dirigindo-se ao Pai: "Seja feita a tua vontade" (Mt 26,42).

O pedido do pão de cada dia — no sentido amplo que ilustramos — encontra em Mateus uma continuidade e uma explicação quando é sublinhada a exigência de um total confiar-se a Deus, no que diz respeito aos alimentos e roupas, realizado no dia a dia, justamente no cotidiano: "A cada dia bastam as suas penas" (Mt 6,34).

O pedido de uma remissão das "dívidas" diretamente proporcional a que é praticada pelo cristão para com seus próprios "devedores" se espelha na exigência de acolher, perdoar, usar de misericórdia, e isso é particularmente enfatizado por Mateus. O texto mais envolvente é o da parábola dos dois devedores (Mt 18,21-35). A bondade do patrão que "compadecendo-se" (Mt 18,27) perdoa uma dívida imensa, se entendida e devidamente avaliada pelo servo devedor, deverá conduzi-lo obviamente a usar, por sua vez, bondade e misericórdia em um nível horizontal em que as dívidas são imensamente mais tênues. As palavras de Jesus tornam-se afiadas: "Do mesmo modo procederá convosco meu Pai celeste, se cada um de vós não perdoar a seu irmão de todo o coração" (Mt 18,35). Jesus exige uma abertura incondicional à bondade do Pai, mas não uma abertura e uma recepção passivas. A infinita bondade do Pai deve ser personalizada, reinterpretada e tornada própria pela pessoa que quer ser verdadeiramente filha de Deus.

O pedido de não cair em tentação tem, em Mateus e Lucas, uma lista de verificação dos pontos críticos sobre os quais pode recair a pressão ativada pelo aspecto demoníaco: é o episódio das tentações de Jesus (Mt 4,1-11; Lc 4,1-13; aqui seguimos a redação de Mateus). Jesus é "tentado" a usar a seu próprio favor a capacidade de fazer milagres. É exatamente a questão do pão, do pão que é necessário para a vida. Jesus, depois do jejum, sente a necessidade desse pão, desse alimento, mas confia-se totalmente a Deus. Ele é verdadeiramente o Filho de Deus, mas ele dirigirá essa sua qualificação a serviço dos outros (cf. Mt 4,2-4). Muitas tentações insistem na exigência da necessidade do pão de cada dia, girando em torno da necessidade que o homem tem de alimento, dos elementos indispensáveis — ou que assim ele acredita — para sua vida. Terá de trabalhar e ocupar-se: mas sobretudo ele terá que ter em mente a necessidade primária de buscar o "reino de Deus e sua justiça" (Mt 6,33).

O "resto", incluindo também o pão, será dado em abundância. Bastará apenas o cristão pedir.

Um segundo setor em que recai a tentação é a entrega a Deus. A sugestão do maligno a Jesus é sintomática: há uma palavra exigente de Deus que Jesus podia forçar a seu favor (Mt 4,5-6). Esse tipo de tentação é alcançado através de uma mistura de raciocínios com os quais a pessoa tende a encerrar o que pertence a Deus — sua existência, sua palavra, suas intervenções, sua providência — no curto-circuito de seus raciocínios. Se Deus existe, ele não pode permitir isso. É uma tentação insidiosa, da qual só se sai renovando a confiança incondicional a Deus, cujos caminhos não são os do ser humano. O homem deve evitar "pôr à prova o Senhor Deus" (cf. Mt 4,7).

É o que se pede no "pai-nosso", segundo uma das duas interpretações de tentação propostas.

O terceiro âmbito é o mais evidente: oferece-se a Jesus a proposta de um reino terreno. É a tentação de uma valorização absoluta, feita em um circuito fechado, do que é contingente, sensível e material.

Em geral: a tentação será inevitável, também pode ser útil. O cristão, mantendo-se — assim como Jesus — em situação de diálogo com o Pai Celeste, falando com ele também sobre suas tentações, evitará o risco de isolamento, de contatos desconectados, em que, pelo contrário, caíram os discípulos no Getsêmani apesar da advertência de Jesus.

Libertação do "maligno" — o último pedido detalhado que é apresentado ao Pai — adquire uma importância típica no contexto do Evangelho de Mateus, que usa o termo com uma frequência característica (vinte e seis ocorrências em Mateus, duas em Marcos, treze em Lucas, três em João). A gama bastante ampla de atribuições apresenta uma articulação unitária: há uma raiz da maldade constituída pelo demoníaco (Mt 5,37; 13,19) que tende a germinar no coração das pessoas que acolhem sua pressão e consequentemente são chamados de "filhos do Maligno" (Mt 13,38). Uma vez que tenham se tornado protagonistas ativos da maldade (Mt 9,4), as pessoas pertencentes ao demoníaco constituem uma "geração má" (Mt 12,39), que sabem dizer "todo tipo de mal" (Mt 5,11). A onda turva da maldade tende a atingir também os cristãos, que terão que se defender com decisão (cf. Mt 6,23; 13,19). Em uma palavra, há todo um contexto organizado de "maldade", o oposto da bondade de Deus: cf. Mateus 20,15 — que, partindo do demoníaco, tende a seduzir os homens. Somente o contato com o Pai que torna o cristão filho semelhante a si pode permitir que não se seja afetado por essa sedução.

Os exemplos da ressonância do "pai-nosso" no Evangelho poderiam continuar. Estes que vimos são suficientes para nos fazer tocar com a própria mão um fato importante. O "pai-nosso" se ramifica, penetrando um pouco em todo o texto de Mateus.

A "fórmula", além de ter sido sintetizada em um esquema, talvez já recitada na liturgia, existiu em um estado difuso na experiência polivalente da comunidade de Mateus.

IV. O impulso paulino

Não encontramos em Paulo uma formulação do "pai-nosso" que corresponda inteiramente à que está presente em Mateus. Mas alguns elementos de correspondência, claramente reconhecíveis, são significativos. Um, acima de todos, merece ser estudado de perto: insiste-se por duas vezes que nós, como cristãos guiados pelo Espírito, nos dirijamos a Deus e "gritemos '*Abbá*, Pai'" (Rm 8,15; Gl 4,5-6).

É uma invocação que ocorre no âmbito da liturgia, como indica o verbo característico usado, "gritemos".

A assembleia sente a necessidade de expressar uma invocação em voz alta que a conecta diretamente com o Pai. Segundo alguns estudiosos (Lietzmann, Grundmann, Cullmann, Jeremias: cf. para uma documentação WILCKENS, U., *Der Brief an die Römer*, Zürich-Neukirchen-Vluyn, 2, Benziger — Neukirchener Verlag, 1979, 137), essa seria precisamente a recitação do "pai-nosso" em voz alta. Teríamos assim uma ligação aderente com as tradições sinóticas, especialmente com a de Lucas. Não considerando o "pai-nosso" como fórmula, mesmo aproximada — improvável no período dos anos 50 d.C. —, há um impulso ousado na direção de Deus-Pai que se realiza coletivamente — "gritamos" — na assembleia litúrgica. Mesmo que ainda não tenhamos uma fórmula, encontramos pelo menos um início desta.

Neste ímpeto em direção ao Pai, deve-se notar o uso do termo aramaico *"Abbá"*, "papai" que encontramos no Evangelho de Marcos, usado exclusivamente por Jesus. De acordo com este testemunho de Paulo, os cristãos se atrevem a se dirigir a Deus tornando própria a intimidade familiar — indicada precisamente por *Abbá* — que Jesus, segundo a documentação que temos, tinha reservado para si.

Uma explicação persuasiva dessa audácia, proposta por Marchel (cf. MARCHEL, W., *"Abba, Père"*. *La prière de Jésus et des chrétiens*, Roma, Biblical Institute Press, 1971), nos aprofunda. A comunidade eclesial gradualmente vai se tornando consciente da extensão do Espírito que a anima, que lhe anuncia a verdade de Jesus, que lhe formula a lei, dando-lhe também a energia para que ela seja capaz de realizá-la. O Espírito de Deus e de Jesus que, "derramado" no coração do cristão (Rm 5,5), organiza toda a sua vida. Haja vista que o Espírito veicula o conteúdo de Cristo, se produz uma afinidade com o próprio Cristo que, entrando lentamente em toda a vida do cristão, penetra também em sua consciência. Como parte da nova consciência de que assim se realiza, o Espírito testifica ao cristão sua realidade, sua própria filiação (cf. Rm 8,16).

Compreende-se então como a comunidade pode ousar dirigir-se ao Pai com a mesma familiaridade de Cristo.

Se este é o aspecto mais aderente ao "pai-nosso" que encontramos na esfera paulina, não faltam outros contatos de algum interesse. Limitamo-nos a alguns exemplos. Paulo mostra uma sensibilidade especial para com a paternidade de Deus. Deus é normalmente chamado de "'nosso Pai' e de Nosso Senhor Jesus Cristo" (Rm 1,7; 1Cor 1,23; 2Cor 1,2.3; Gl 1,3 etc.). À paternidade de Deus para conosco, Paulo combina regularmente a paternidade de Deus para com Jesus Cristo. Nossa filiação não só é colocada ao lado daquela do Filho, mas depende do "primogênito entre muitos irmãos" (Rm 8,29). Em relação com Cristo, estando em contato com ele, o cristão percebe que há um caminho aberto, até mesmo um impulso rumo ao Pai (cf. Rm 5,1; 1Cor 8,6). Ele se move constantemente ao nível do *"Abbá-Pai"*. Deve-se observar, no entanto, que Paulo nunca usa o termo "celeste" referindo-se a Deus Pai nem o relaciona explicitamente com "os céus".

A participação da santidade de Deus na comunidade cristã acontece, segundo Paulo, pela influência decisiva do Espírito explicitamente chamado de "espírito de santidade" (Rm 1,4). Isso começando pelo batismo, em base ao qual os cristãos são chamados de "santos" e "santificados".

Precisamente porque deriva do batismo, a santidade do cristão, sempre ativada pelo Espírito, está toda relacionada a Cristo. Uma das declarações mais densas a este respeito, encontramos em 1 Coríntios 1,30: "Cristo por nós tornou-se sabedoria pela obra de Deus, justiça, santificação e redenção". É claro que a santificação que nos traz Cristo, sendo proveniente "da obra de Deus", nada mais é do que uma participação na santidade de Deus, participação que se realiza e se espalha dentro do "nós" comunitário.

O Reino de Deus em Paulo, ao contrário dos evangelhos sinóticos, é futuro com um valor escatológico. Consequentemente, o reino do qual se diz "venha" será constituído pela participação de todos e de tudo na ressurreição de Cristo como será realizado quando o Filho "entregar o reino a Deus Pai" (1Cor 15,24) e Deus será "tudo em todos" (1Cor 15,28).

Paulo desenvolve o tema da vontade de Deus de uma maneira particular.

Como evidenciou um estudo (cf. PALLIPARAMBIL, J., *The Will of God. A Commitment to Man*, Roma, Universidade Gregoriana, 1986), a vontade de Deus em Paulo apresenta constantemente uma articulação bipolar.

Por um lado, sempre presente e em primeiro plano, há o "Deus que quer". A vontade de Deus é compreendida se, antes de olhar para o conteúdo objetivo que ela expressa, estabelece-se um contato imediato com Deus como Pai: a sua vontade é "a vontade de Deus e 'Pai nosso'" (Gl 1,4), como ele se revela ao longo da história da salvação do Antigo ao Novo Testamento. A vontade de Deus passa por meio de um envolvimento pessoal, e paralelamente pela sua "complacência" (cf. Ef 1,9). O outro "polo" da vontade de Deus em Paulo é seu conteúdo objetivo. Resumindo, poderíamos dizer que a vontade de Deus como conteúdo objetivo condensou-se totalmente em Cristo. Podemos encontrar expresso em Cristo, em seu ensinamento, em seu comportamento, em sua pessoa, o que Deus quer. O Espírito tomará essa "matéria-prima" concentrada em Cristo e cuidará de "anunciá-la" para o cristão em cada momento, em cada situação.

Paulo não insiste na petição do pão. Mas várias referências mostram que esse aspecto também está presente para ele.

Nas dez ocorrências que se referem ao "pão", sete dizem respeito ao pão eucarístico; três referem-se ao pão no sentido usual, com acento do compromisso do trabalho (2Ts 3,8.12) e, sobretudo, da confiança em Deus que "dará também o pão para o sustento" (2Cor 9,10). Estamos dentro do circuito do pedido filial pelo pão que já encontramos em Mateus.

Acima de tudo, Paulo está preocupado em enquadrar a alimentação no grande contexto da liturgia da vida, a partir da qual tudo se refere a Deus: "Quer comais, quer bebais, quer façais qualquer outra, fazei tudo para a glória de Deus" (1Cor 10,31).

Quanto à superação do mal expresso por Mateus com a metáfora da remissão das dívidas, Paulo se aprofunda. Mostra ter compreendido plenamente o significado do Sermão da montanha (cf. Mt 5,38-48) e o reelabora com uma capacidade de concentração de essencialidades que lhe são características. Com uma referência direta ao Sermão da montanha, Paulo afirma que o cristão, diante de quem lhe faz o mal, deverá ter uma atitude construtiva, a ponto de dar de comer e beber para o próprio inimigo (cf. Rm 12,20). "Não te deixes vencer pelo mal" — diz Paulo ao cristão — "mas vence o mal pelo bem" (Rm 12,21). Isso já é muito, mas Paulo não está satisfeito: desenvolvendo de modo original e numa perspectiva totalmente positiva a metáfora da dívida, Paulo afirma com firmeza que o cristão é sempre e somente um devedor de amor: "Não devais nada a ninguém, a não ser o amor mútuo" (Rm 13,8). O desenvolvimento comparado ao nível indicado por Mateus é realmente notável. Não se trata mais de superar os ataques de hostilidade, que vêm por parte de outros, simplesmente esquecendo-os, não os considerando, perdoando "a dívida". Deve-se ir ao contra-ataque. Se a única dívida é realmente o amor, esta será a atitude com a qual o cristão se sentirá obrigado em relação a seus irmãos e, mais geralmente, a todas as pessoas. Qualquer forma de mal não a encontrará despreparado, em uma situação de ingenuidade sonhadora, nem mesmo simplesmente disposto a ignorar sistematicamente o mal que lhe foi feito. O cristão terá uma atitude construtiva. Ele não será derrotado pelo mal, não só no sentido de não usar as mesmas armas, mas sobretudo no sentido de não sofrer a chantagem de seu pessimismo. O mal poderá ser e será superado, mas apenas por meio de uma inundação de bem.

Quanto à tentação, encontramos em Paulo uma casuística complexa e elaborada. Paulo fez pessoalmente a experiência, também dolorosa, da provação, sentiu-se "esbofeteado" por Satanás (2Cor 12,7-10). Ele, portanto, fala disso com aquele envolvimento pessoal que é uma atitude tipicamente sua: o que ele experimenta pessoalmente, Paulo o apresenta como um paradigma para os outros. Ele insiste em dois aspectos que ele considera fundamentais: a tentação-provação deve ser aceita pelo cristão, que também terá de equipar-se adequadamente para a sua própria defesa. Trata-se de uma verdadeira batalha, que, portanto, deve ser encarada como tal (cf. Ef 6,10-17). Deus a permite para uma consolidação e zela pelos cristãos para que não sejam tentados além de sua capacidade de resistência (cf. 1Cor 10,13).

Mas a boa vontade, também traduzida em um compromisso realista de defesa, não basta: é preciso recorrer a Deus na oração para evitar que as tentações se estabeleçam de acordo com a intenção insidiosa do tentador Satanás (cf. 2Cor 2,11; 11,14; 2Ts 2,9). No contexto da tentação, convergem de um lado o mistério do mal e do maligno e do outro, as incógnitas do coração humano, com sua resiliência e seus fracassos repentinos. Faz-se necessária a força de Deus e de Cristo para que o cristão possa "sair" da tentação sem permanecer prisioneiro (cf. 1Cor 10,13). Um argumento paralelo pode ser feito em relação ao "maligno". Paulo nota sua presença na história, como um poder arrogante e insidioso. Satanás pode se insinuar em todos os aspectos da vida concreta, pode esperar o cristão em qualquer curva de seu caminho e agir tornando-se tentação.

O cristão, porém, não deve viver sob o pesadelo do demoníaco. A seriedade da aposta permanece, mas é a adesão a Cristo, alimentada pela oração, que lhe permitirá vencer o demoníaco e viver sua filiação com alegria.

Em resumo: os elementos do "pai-nosso" são reconhecíveis em Paulo; nele estão em um estado fluido, que, no entanto, poderíamos classificar como incandescente. A dimensão inequivocamente litúrgica em que se coloca a invocação "*Abbá*-Pai" nos leva, embora não necessariamente, à fórmula do "pai-nosso", a um fragmento de oração equivalente, notável pela sua intensidade e pela pressão do Espírito. Mas o "estado fluido" é determinado pela experiência múltipla de vida em que os elementos correspondentes à fórmula aparecem inseridos. Existe, poderíamos dizer, um tipo de movimento pendular: da formulação litúrgica à vida cristã, da vida cristã à formulação. Isso aciona um mecanismo de aprofundamento, o que também leva a uma essencialidade. É o que encontramos na apresentação de Lucas.

V. A consequente ênfase de Lucas

V/1. Como observamos no início, encontramos uma fórmula do "pai-nosso" também em Lucas. Vale a pena olhá-la de perto.

Para compreendê-la, devemos ter em mente um fato geral: a relação de proximidade entre Lucas e Paulo — como aparece no livro dos Atos, escrito justamente de Lucas — também deixou sua marca ao Evangelho de Lucas. O que encontramos em Paulo, esperamos encontrá-lo também em Lucas.

Mas vamos à fórmula do "pai-nosso".

Ao passo que Mateus o insere no Sermão da montanha e, explicitamente, no contexto de uma oração que evita o palavreado pagão, Lucas nos dá algumas referências mais concretas, relacionadas com a atitude de Jesus. Jesus reza. Para isso, muitas vezes ele se retira para lugares solitários, até mesmo se isolando dos discípulos. Os discípulos percebem isso, apreciam o comportamento do Mestre e são estimulados a imitá-lo. Então eles lhe pedem: "Senhor, ensina-nos a rezar" (Lc 11,1).

A resposta de Jesus é envolvente. Ele lhes diz: "Quando rezardes, dizei" (Lc 11,2). Supõe-se uma vontade de oração determinada, séria e comprometida por parte dos discípulos. A fórmula que Jesus sugere é, portanto, a expressão perceptível de uma oração que se move primeiro interiormente.

Depois vem a formulação típica de Lucas. A oração é dirigida ao "Pai". O esclarecimento de Mateus, "que estais nos céus", não é adicionado. Perguntou-se o porquê disso. Ao se descartar a dupla fórmula ensinada por Jesus como uma hipótese fantasiosa, pensou-se com fundamento que essa aparente simplificação de Lucas constitui, na verdade, um aprofundamento. É o que sustenta W. Marchel. E a análise aprofundada seria esta: "Pai" evoca de maneira muito próxima o termo aramaico *"Abbá"* e é sua tradução mais imediata e espontânea. Pode-se então dizer que encontramos em Lucas o que em Paulo nos parecia ser um grito dirigido ao Pai, expresso com a familiar intimidade usada por Jesus em sua vida terrena e que é sugerida aos cristãos pelo Espírito.

Teríamos, portanto, o nível de Paulo elaborado em uma fórmula.

Este nível profundo de uma oração que é conhecida e se percebe como que animada pelo Espírito de Jesus e que, portanto, leva a se dirigir a Deus, chamando-o simplesmente Pai, torna desnecessária a adição "que estais nos céus" no sentido de que a engloba.

Especifiquemos. Nem mesmo em Mateus — conforme já visto — se trata de uma correção, como se quisesse dizer aos cristãos para não esquecerem, enquanto invocam Deus como Pai, que esse Pai está nos céus e não à disposição imediata na terra. O sentido, como já visto, é mais profundo porque envolve a transcendência de Deus. É justamente a ação do Espírito que, de certa forma, leva a transcendência a um contato direto com o homem. Se é realmente o Espírito que anima a oração do cristão e impele-o a dirigir-se ao Pai, então, há uma pressão da transcendência que ocorre dentro do homem. Pode-se dizer sem ênfases que o "céu" se encontra no coração do homem, no sentido de que é precisamente no coração que age o Espírito, que aí foi "derramado" (Rm 5,5).

A santificação do nome de Deus e a vinda de seu reino adquirem — sempre esclarecendo Lucas com Paulo — uma nitidez particular. A santificação do nome é também aqui a difusão da santidade pessoal própria de Deus no âmbito da comunidade cristã. O Reino, do qual se deseja a presença próxima, é aquele que se vislumbra em Mateus, talvez com uma acentuação de seu movimento rumo à conclusão escatológica. A vinda do Reino, portanto, sempre se refere a essa realidade que surge quando a linha descendente se encontra com a ascendente. A retomada literal dessas duas solicitações, bem como a variação da invocação subjacente, sugere um contato comum entre a tradição de Lucas e a de Mateus com a fonte Q, que, no entanto, se resolve em uma original elaboração.

A originalidade de Lucas aparece sobretudo nas omissões. Nele não encontramos o pedido, tão explicitamente sublinhado em Mateus, para cumprimento da vontade de Deus. Também aqui, mais do que uma ausência, trata-se de um aprofundamento. Vimos em Paulo — e Lucas, como observamos, provavelmente depende dele — como a vontade condensada de Deus em Cristo é transmitida e proposta concretamente ao ser humano pela ação do Espírito. Então o problema muda. Não se pede a Deus para que sua vontade seja realizada com uma perfeição que envolve transcendência, porque tudo isso já está em devir: a iluminação e o impulso do espírito leva a identificar e cumprir a cada momento a vontade de Deus. Consequentemente, o problema atual do cristão é a docilidade ao Espírito. A vontade do Pai assim se realiza imediatamente com força plena, com uma organicidade que penetra em todos os aspectos da vida, sem vazios e sem interrupções.

Encontramos, no entanto, uma insistência particular no pedido do pão: Lucas enfatiza a vida cotidiana. Ao passo que Mateus insiste no pão que é pedido para o "hoje" (Mt 6,11), Lucas explicita a questão acrescentando "dai-nos a cada dia o pão cotidiano". Esta é uma nuance significativa. Ou seja, pede-se que Deus conceda o pão — no sentido amplo já visto em Mateus — de acordo com o plano que ele mesmo estabeleceu para a continuidade da vida que acontece dia a dia. É claro que o pão que serve para hoje, se pede hoje, com a atitude de simultaneidade em relação ao Pai que já relevamos. No entanto, é igualmente claro — e é o sentido da nuance de Lucas — que não se pede uma reserva infinita nem mesmo uma reserva de pão que dure mais de um dia. Assim como o maná era dado por Deus no deserto dia a dia (cf. Ex 16,1-20; Sb 16,20-21), do mesmo modo o pão é pedido com o seu ritmo diário de acordo com o plano de Deus. Com isso, de um lado pedimos com insistência, e do outro, confiamo-nos totalmente a Deus.

Pede-se também que "nossos pecados sejam perdoados, porque também nós perdoamos a quem é nosso devedor" (Lc 11,4).

Em comparação com a formulação de Mateus, há uma dupla variação a ser notada, que serve para esclarecer. O que em Mateus é chamado de "dívidas" aqui vem chamado de "pecados". É uma interpretação que tende a se ampliar, interpretando o sentido da metáfora "dívidas" como se Lucas nos quisesse dizer para não pensar apenas naquelas "dívidas" contraídas com Deus através de inadimplências formais, que, na prática do Antigo Testamento, poderiam ser superadas por meio de uma oferenda ritual bem determinada e proporcional à gravidade da transgressão. As dívidas são os pecados: ou seja, todas as vezes que o homem erra, saindo fora daquilo que é seu próprio contexto concebido por Deus, tem-se um pecado. O pecado sempre diz respeito a Deus não apenas quando a ação errada é dirigida diretamente a ele — como na blasfêmia —, mas também quando a decisão pecaminosa incide apenas no homem. Deus ama o homem como um Pai e não tolera — dada a força irresistível de seu amor — que o homem, seu filho, machuque-se. Mas quando a decisão pecaminosa foi tomada e o mal realizado, somente Deus pode remediar por meio de uma nova criação, que é o seu modo de perdoar. Pedindo ao Pai para perdoar os pecados, lhe pedimos uma restauração total, até mesmo uma ação criativa sobre esse vazio, esse "nada", que acabou por se determinar em nosso sistema por meio do pecado.

A reparação restaurativa em relação ao vazio do pecado é pedida a Deus em proporção direta a uma atitude construtiva em relação aos outros. Lucas muda o termo "dívidas" pelo termo "pecados" a respeito de Deus, mas deixa a metáfora das "dívidas" a serem perdoadas quando se trata da atitude do cristão para com seus irmãos. Isso também é significativo. O abismo aberto pelo pecado é mais amplo do que as "dívidas" que se contraem na vida cotidiana. A remissão destas envolve a exigência constante de restabelecer um equilíbrio alterado, não de reconstruir um vazio.

Uma última nuance destacada em relação à remissão continuada das "dívidas" que os outros contraem em relação a nós é sua universalidade. Obviamente também em

Mateus qualquer exceção a esta disposição de remissão seria inadmissível. Mas Lucas a torna explícita. Pedimos a remissão dos pecados, acrescentando, "porque também nós perdoamos a quem é nosso devedor" (Lc 11,4). É como se fosse um desafio: sempre haverá irmãos ou pessoas em geral que afetarão negativamente o cristão, prejudicando seus direitos e tornando-se "devedores". Diante de qualquer ação desse tipo, especialmente diante de qualquer pessoa que se comporte assim, o cristão sempre terá sua única resposta: perdoar a dívida com a alegria de imitar a bondade do Pai "'também' nós", e a bondade de Jesus, que — sempre segundo Lucas, conforme o códex Sinaítico — disse sobre a cruz, "Pai, perdoa-lhes..." (Lc 23,34).

Finalmente, em Lucas encontramos uma simplificação da última petição que diz respeito à tentação e ao maligno. A parte "livrai-nos do maligno" decai e permanece apenas o pedido "não nos deixeis cair em tentação". A razão para essa omissão — com toda a probabilidade — está na linha de aprofundamento que também tende a simplificar o argumento. Vimos como o demoníaco, na ponderação de Paulo — e que é compartilhada por outros autores do Novo Testamento —, não age sozinho, mas se infiltra nas estruturas humanas pressionando a pessoa e por meio dela. A pressão para a escolha errada do pecado é a tentação, que não permanece isolada: se há uma tentação, há também um tentador que a ativa. Com isso em mente, a libertação do maligno já está contida na petição para não se enredar na tentação. É como se dissesse: a tentação existirá e poderá ter, desde que dela se saia, até mesmo seu propósito positivo. Mas será necessário um apoio especial de Deus, a ser obtido com a oração, para que essa tentação, de fato inevitável, não se transforme em uma armadilha mortal. A superação da tentação comporta a neutralização do efeito do demoníaco e consequentemente uma liberação total de sua influência negativa. Uma tentação que veio apenas do homem dificilmente poderia ter um impacto tão forte e preocupante a ponto de se recorrer ao Pai para se sair dela ileso.

V/2. Colocado como está no contexto vital da oração de Jesus — Lucas é particularmente sensível a este aspecto, que deixa uma marca em todo o seu Evangelho —, o "pai-nosso" se ramifica e encontra numerosos pontos de contato, à semelhança do que já se viu em Mateus.

A ênfase — por exemplo — na paternidade de Deus evoca as parábolas da bondade divina que Lucas nos apresenta — e ele é o único evangelista a fazê-lo — no cap. 15. É sobretudo na terceira parábola (Lc 15,11-32) que já S. Kierkegaard havia chamado de a parábola do Pai, e que é chamada comumente a parábola do filho pródigo, que emerge da figura do pai — e o pai é claramente Deus — como é percebida pelo Evangelho de Lucas. O pai, obstinadamente construtivo, só quer o bem de todos os seus dois filhos. Nenhuma forma de mal, nem aquele mal que salta aos olhos, de seu filho mais novo que pega seus pertences e os dissipa, nem aquela forma mais sofisticada do filho mais velho que, mesmo observando todas as prescrições e vivendo continuamente em casa, ainda não entendeu seu pai e é capaz de bloquear sua bondade. O pai realmente sabe como vencer qualquer forma de mal dos filhos com um bem criativo, adequado e aderente à situação deles. Essa figura sugestiva é a que vem à mente do cristão quando ele se dirige a Deus chamando-o pelo nome de Pai.

A partilha da santidade de Deus na comunidade através do dom do Espírito é de grande interesse para Lucas. Ela se realiza em continuidade com o Evangelho, na primeira parte dos Atos, quando a comunidade cristã, que está realmente começando a participar um pouco da santidade de Deus, se torna "um só coração e uma só alma" (At 4,32). A iminência do Reino de Deus é particularmente enfatizada por Lucas, que insiste entre outras coisas em uma presença envolvente, que pesca profundamente, que envolve o homem em sua interioridade no que diz respeito ao Reino: "o reino de Deus está entre vós" (Lc 17,21).

Esta avaliação extremamente positiva da presença do Reino está em perfeita sintonia com o pedido "venha o vosso reino", mas também aqui o Reino de Deus é sempre visto como o melhor do ser humano.

A insistência na entrega diária à providência de Deus, revelada em Mateus e derivante da fonte Q, encontra sua correspondência aderente também em Lucas (cf. Lc 12,22-34; quanto à fonte Q, cf. NEYRING, F., Q-Synopsis, 42-43).

O mesmo pode ser dito da dinâmica das tentações, que Lucas, paralelamente a Mateus, tem o cuidado de ilustrar na apresentação que faz de Jesus no início de sua vida pública (cf. Lc 4,1-13).

Em uma palavra: a oração do Senhor não é isolada nem isolável do conjunto do Evangelho de Lucas e dos Atos dos Apóstolos. Ao contrário, constitui um ponto de referência luminoso, um polo de irradiação que permite compreender melhor — mais profundamente de forma unitária — o dinamismo da história da salvação que parte do Pai e leva ao Reino do Pai.

VI. A elaboração amadurecida do círculo joanino

VI/1. O movimento joanino representa no contexto do Novo Testamento uma experiência eclesial particularmente avançada. Podemos situá-lo, para o que diz respeito à sua expressão mais madura, entre os anos 80-120 d.C. na área de Éfeso. Representantes típicos são, sem dúvida, o Quarto Evangelho e as Cartas de João, provavelmente também o Apocalipse. Perguntamo-nos então se, e de que maneira, a oração do Senhor se reflete como formulação ou especialmente como conteúdo nesta camada da Igreja das origens.

Uma primeira abordagem corre o risco de decepcionar: uma fórmula de oração que faça pensar diretamente na do "pai-nosso" não aparece documentada no campo dos escritos joaninos. Sem dúvida, fala-se de oração, insiste-se que a oração seja dirigida ao Pai em nome de Jesus (cf. Jo 15,16; 16,23-24), enfatiza-se também a oração que se dirige diretamente ao próprio Jesus e pede em seu nome. Contudo uma oração dos cristãos dirigida diretamente ao Pai e identificável em uma fórmula qualquer ou esquematização não é encontrada.

Em vez disso, encontramos uma oração dirigida ao Pai e expressa diretamente por Jesus: é o capítulo 17 do Quarto Evangelho.

Existe alguma relação entre esta oração, enfaticamente sublinhada pelo evangelista, e a oração do Senhor que nos é apresentada nos Sinóticos e à qual Paulo provavelmente faz essa alusão fragmentária que examinamos? Para responder a esta pergunta se requer uma contextualização cuidadosa. Ou seja, devemos esclarecer qual é a relação entre Jesus e o Pai, uma relação que se destaca de modo totalmente particular nesta oração, mas que começa mais cedo e é documentada em todo o Quarto Evangelho.

Jesus no Evangelho é apresentado desde o início como "o unigênito que vem do Pai, cheio de graça e de verdade" (1,14). Como Filho unigênito ele tem um relacionamento próprio com o Pai, e o Quarto Evangelho tem o cuidado de explicitar isso. Basta alguns lembretes, pois é um aspecto conhecido.

Toda a vida de Jesus é regulada pelo Pai. Ela se desenvolve, poderíamos dizer, à luz do Pai, momento a momento, hora a hora (cf. 11,9-10), em uma contínua situação dialógica.

E isso implica que Jesus está sempre em ação, assim como o Pai está em ação (cf. Jo 5,17). O que o Pai faz é paradigmático para Jesus da maneira mais absoluta: basta que o Pai o faça para que Jesus o queira e como se quase devesse fazê-lo também. Há entre Jesus e o Pai uma perfeita harmonia operativa (cf. 5,19).

No entanto, este não é um paralelismo mecânico. Essa reciprocidade perfeita é fruto de um amor vertiginoso que existe entre os dois, Jesus reconhece-o e exprime-o quase com espanto, certamente com alegria: "O Pai ama o filho e mostra-lhe tudo o que faz" (Jo 5,20). E o amor move o Pai a mostrar ao Filho o que ele faz e que o Filho aceitará como a vontade do Pai (cf. Jo 5,30).

O Filho mostra uma paixão entusiástica pela vontade do Pai: a vontade do Pai constitui "o seu alimento" (cf. Jo 4,34), o seu ideal é fazer "sempre as coisas que agradam" ao Pai (Jo 8,29). Esta reciprocidade altíssima conduz Jesus ao dom de si mesmo. Quando a "hora" se aproxima — a hora da morte e ressurreição —, Jesus sente uma comoção: é a reação humana diante do sofrimento e da morte (Jo 12,27). Mas depois de perguntar ao Pai para libertá-lo da hora, ele imediatamente se recompõe e, reiterando a si próprio que veio ao mundo para viver justamente essa hora, expressa ao Pai aquilo que é o desejo mais ardente que ele sente: "Pai, glorifica o teu nome" (Jo 12,28). Essa glorificação — é a resposta que vem do Pai — já se realizou na existência concreta de Jesus antes da hora e encontrará nessa própria hora sua expressão máxima (cf. Jo 12,28b): "E, quando eu for levantado da terra, atrairei todos a mim" (Jo 12,32). É uma referência inequívoca à morte de cruz que representa justamente o máximo da obra de Jesus e sua relação com o Pai.

Começando a "hora" com sua paixão, Jesus solenemente declarará aos discípulos: "Para que o mundo saiba que eu amo o Pai, e como o Pai me ordenou, assim eu procedo" (Jo 14,31).

Esta relação de máxima abertura recíproca com as implicações que vimos entre Jesus e o Pai dá o toque da "oração da hora" de onde havíamos partido e que poderíamos chamar de "pai-nosso" de Jesus. Jesus dirige-se ao Pai levantando "os olhos para o céu" (17,1). Mas a transcendência, evocada pelo termo "céu", está nele mesmo: "Estou no Pai e o Pai está em mim" (Jo 14,10). Eles são "um" (Jo 10,30).

A oração da hora realiza-se — como se sabe — em três círculos concêntricos. No primeiro, Jesus fala de si ao Pai, pede a sua glorificação para poder, por sua vez, glorificar o Pai, dando assim aos homens o que o Pai lhe deu: a vida eterna (cf. Jo 17,1-5). No segundo círculo concêntrico Jesus fala ao Pai dos seus discípulos (Jo 17,6-19): eles receberam a manifestação do "homem" — no sentido de pessoa — do Pai. Jesus pede ao Pai que sempre cuide deles em relação ao "teu nome, o nome que me deste" (cf. Jo 17,11), para que eles, compartilhando a realidade do Pai e de Jesus, "possam ser um, como nós" (Jo 17,11). Esta situação estupenda terá de ser defendida e Jesus reza ao Pai para que os mantenha afastados "do maligno" (Jo 17,15).

No terceiro círculo (17,2-20), a oração de Jesus ao Pai alcança todos os que nele crerão. Jesus transfere sua "glória" para eles (Jo 17,22), a sua realidade-valor. Consequentemente serão, não menos do que os discípulos, "todos um, como tu, Pai, estás em mim e eu em ti" (17,21). E tudo isso é empurrado para o nível escatológico, de acordo com a própria categoria da escatologia realizada, que é própria de João: "Pai, eu quero que aqueles que tu me deste também estejam comigo onde eu estiver, para que contemplem a minha glória, aquela que tu me deste; pois me amaste desde antes da criação do mundo" (17,24).

Os pontos de contato entre a oração da hora e o "pai-nosso" são numerosos e sugestivos.

A invocação de Deus como Pai, colocada na boca de Jesus, retoma e supera a intimidade testemunhada pelo Pai e assumida por Lucas. A referência ao céu é reinterpretada.

Fala-se repetidamente do "nome" do Pai, entendendo a pessoa. A santidade que se realiza na partilha por parte da comunidade cristã em João 17 é a glória, no sentido notável de realidade-valor que passa do Pai a Jesus e de Jesus aos seus seguidores, começando pelos discípulos, com o resultado final de uma unidade transcendente entre o Pai, Jesus e eles, que desse modo é realizada.

A comunidade eclesial, vista nessa perspectiva, como "um", tanto reciprocamente como em relação ao Pai e a Jesus, constitui uma interpretação particularmente estimulante do Reino, no sentido acima indicado: é a situação que surge do encontro da linha descendente — o Pai que ama tanto o mundo a ponto de oferecer e doar o Filho (cf. Jo 3,16) — e a linha ascendente, constituída pela aceitação da fé por parte do homem.

Se então os discípulos e cristãos forem realmente em sentido vertical e horizontal uma coisa só, eles cumprirão plenamente a vontade do Pai e se amarão mutuamente ao máximo.

Sua presença no mundo os exporá às tentações. Jesus não quer tirá-los do mundo, mas reza ao Pai para que os mantenha "afastados do maligno", como é possível encontrar na formulação mateana.

Em resumo: a falta do "pai-nosso" em João é apenas aparente.

Na realidade encontramos na oração da hora uma reformulação acrescida daquelas que são as instâncias básicas: temos o "pai-nosso" de Jesus.

VI/2. Essa oração própria de Jesus ilumina, sugerindo um conteúdo específico, a atitude orante observada por Lucas e que é a ocasião do ensinamento do "pai-nosso".

Também em João os discípulos rezam aprendendo de Jesus. É possível então verificar, na linha do "pai-nosso", os pontos de interesse sobre os quais a oração da comunidade joanina deve ter insistido de uma forma particular? Como a Igreja joanina aprendeu a rezar em continuidade com os primeiros discípulos?

Comecemos com uma consideração que à primeira vista é tida como certa: a oração de Jesus com que o cristão se dirige ao Pai supõe que ele seja filho de Deus. No contexto do movimento joanino, a filiação em relação a Deus é profundamente sentida: desde o início se afirma a "capacidade" dada àqueles que creem em Jesus "de se tornarem filhos de Deus" (Jo 1,12). Entre aqueles que, tendo crido, possuem essa capacidade, estão certamente os discípulos; mas, ao passo que no decorrer do Quarto Evangelho fala-se frequentemente da relação de filiação entre o Pai e Jesus, a filiação dos discípulos não é sublinhada. Ela é mencionada somente como um fato que ocorreu no contexto da "hora", quando Jesus ressuscitado, falando deles, os qualifica explicitamente como seus "irmãos" e afirma: "subo para meu Pai e vosso Pai, meu Deus e vosso Deus" (Jo 20,17). A capacidade de se tornar filhos de Deus a esse ponto aparece como realizada. A realização constituiu um caminho que se desenvolveu no contexto do "livro dos sinais" (Jo 1,19–12,50): os discípulos, estando em contato direto com Jesus, expandiram e consolidaram gradualmente sua capacidade de acolhê-lo. Eles foram embebidos pela sua palavra, pela sua verdade, expressando, a esse propósito, mesmo em momentos de crise, o seu apreço (cf., por exemplo, a profissão de Pedro: "Tu tens palavras de vida eterna", depois do discurso eucarístico, Jo 6,68).

Amadurecidos nesta progressiva aceitação de Jesus, os discípulos no livro da "hora" dão um salto qualitativo precisamente em relação à sua filiação: Jesus, de quem eles admiraram a realidade-valor, a "glória" — "contemplamos a sua glória, glória como do Filho unigênito que vem do Pai", João 1,14 —, comunica-lhes precisamente esta sua qualificação. Como já visto, ele afirma isso na oração da hora: "E a glória que tu me deste eu lhes dei, para que sejam um como nós somos um" (Jo 17,22). É a participação da "glória", da realidade-valor própria do Filho que atua nos discípulos — e em todos aqueles que acreditarão mediante sua palavra —, a "capacidade" de se tornar filhos de Deus, em uma relação muito estreita de união com Jesus, com o Pai (cf. Jo 17,23) e entre eles.

Dessa realização muito elevada da filiação decorrem, como consequência, a alegria (cf. 17,13), a paz e a santificação (cf. 17,19), tudo diretamente relacionado a uma influência de Jesus, a uma participação que ele concede de si mesmo.

E a consequência mais característica é a oração. Jesus, a começar do "livro dos sinais", pratica uma oração dialógica contínua em relação ao Pai, que, de tempos em tempos, também se torna explícita em seu conteúdo (cf. Jo 6,11: "depois de ter dado graças"; especialmente Jo 11,41). Mas não se fala nunca de uma oração dirigida ao Pai feita pelos discípulos. Agora que, porém, participando da "glória" de Jesus também se tornaram filhos, são encorajados expressamente por Jesus a rezar em seu nome: "...se pedirdes alguma coisa ao meu Pai em meu nome, ele vos dará. *Até agora não pedistes nada em meu nome*. Pedi e recebereis, para que a vossa alegria seja perfeita" (Jo 16,24).

Podemos dizer, em conclusão, que os discípulos gradualmente chegaram ao pleno nível de sua filiação, são capazes de expressar então, em perfeita sintonia com Jesus, sua oração ao Pai. Jesus os envolve em sua relação com o Pai.

Consequentemente, a oração dos discípulos — e de todos os cristãos — será sempre uma oração realizada ao nível de Jesus, em sintonia com o qual os discípulos se dirigem ao Pai, e ela tenderá a assumir os traços típicos de sua verdade, elaborando-os.

Seguindo o esquema do "pai-nosso", faremos alguns esclarecimentos, e podemos fazê-los legitimamente porque é altamente provável que, no final do primeiro século, na Igreja joanina que girava em torno de Éfeso, já se conhecia a fórmula de Mateus-Lucas do "pai-nosso", empregando-a na liturgia. Esta probabilidade é sugerida pela estreita relação de Paulo e Lucas com Éfeso; também o escrito de Mateus, explicitamente mencionado por Pápias de Hierápolis — também da área de Éfeso —, algumas décadas depois, devia ser lido e conhecido. O "Evangelho quadriforme" estava sendo formado.

Os discípulos — e, de modo mais geral, os cristãos da escola joanina, como é possível encontrá-los na Primeira Carta de João —, se preocuparão com a glorificação do nome do Pai como Jesus havia feito.

Esse aspecto encontra-se explícito, correspondendo à primeira petição do "pai-nosso". Os discípulos ouvem Jesus dizer: "Tudo o que pedirdes em meu nome, eu o farei, para que o Pai seja glorificado no Filho" (Jo 14,13). A glorificação-santificação do Pai — no sentido acima indicado de participação da comunidade eclesial — realiza-se como consequência da oração dos discípulos.

Como já vimos, a glorificação-santificação da glória do Pai se realiza "no Filho" e, em particular, na "exaltação" de Jesus. É a sua situação de crucifixo, visto como uma realeza de amplitude universal (Jo 19,19-22), como unidade indivisível (Jo 19,23-24), em uma nova relação que se estabelece entre Maria e os novos irmãos de Jesus (Jo 19,25-27), na própria morte de Jesus que representa um último espasmo de amor para com o Pai e para com os homens e que leva Jesus à sua perfeição suprema (Jo 19,28-30), e, finalmente, naquela profusão de dons, incluindo o Espírito, que realiza a sacramentalidade da Igreja — simbolizados pela água e pelo sangue que manam do lado aberto de Jesus é particularmente sugestivo (Jo 19,31-37). Este contexto de santificação-glorificação mostra para o cristão o horizonte muito amplo em que se move quando ele pede ao Pai, usando a fórmula de Mateus provavelmente já difundida também nas comunidades joaninas, que "seu nome seja santificado".

Pensando no Reino de Deus, os discípulos o veem como ligado a Jesus "Filho de Deus e rei de Israel" (cf. Jo 1,49). Realizando na situação de crucificado (cf. Jo 19,19-22) o seu "reino que não é deste mundo" (cf. Jo 18,36), Jesus faz dos cristãos "reino" (Ap 1,5), engajando-os, através do exercício da sua mediação sacerdotal, na realização do "reino do mundo" como "reino de nosso Senhor e seu Cristo" (Ap 11,15: cf. para um maior aprofundamento e mais informações: VANNI, U., *Regno "non da questo mondo", ma "regno del mondo". Il regno di Cristo dal quarto Vangelo all'Apocalisse; La promozione del regno come responsabilità sacerdotale del Cristiano: Ap 1,5; 5,10; 20,6*, in: *L'Apocalisse. Ermeneutica, esegesi, teologia*. Bologna, EDB, 1991, 279-304; 349-368).

Portanto, o cristão que pede ao Pai a vinda do Reino, pede, de fato, uma presença particular de Jesus com as potencialidades de sua situação de crucificado, com a capacidade de atrair tudo e todos para si, primeiro no âmbito da comunidade cristã e, em seguida, em todo o mundo.

Vendo como Jesus ama apaixonadamente e realiza a vontade do Pai, a Igreja joanina intui o que significa pedir para fazer a vontade do Pai "na terra como no céu": a vontade do Pai realizada por Jesus expressa a transcendência no plano terrestre — "como no céu" — da execução da vontade do Pai. Vontade que o cristão encontra na verdade — valor de Jesus, realizada sob a influência contínua do Espírito que a interpreta para ele (cf. Jo 16,13). O pedido de fazer a vontade do Pai estará, portanto, em plena sintonia com a atitude em relação a Jesus e orientado, concretamente, para "fazer" a verdade (cf. Jo 3,21; 1Jo 1,6).

O pedido ao Pai pelo pão cotidiano adquire particular relevância em João. Todo o capítulo 6 está dedicado a um aprofundamento de o que representa o pão para os cristãos.

Nele encontramos Jesus que, colocando sua divindade a serviço do ser humano, dá-lhe comida (cf. Jo 6,1-13). Ele mesmo explica, no dia seguinte, na sinagoga de Cafarnaum, o significado desse "sinal" que nos permite vislumbrar os diferentes níveis segundo os quais Jesus se realiza como pão. O pão em um sentido realista, comido no dia anterior junto com o peixe, está em continuidade com o pão em sentido simbólico — e o grupo é convidado a compreender plenamente: João 6,26-27 —, que coincide com Jesus, "pão vivo, que desceu do céu" (Jo 6,51), dado pelo Pai (Jo 6,32). A alimentação a ser buscada e pedida ao Pai é, portanto, o próprio Jesus, "pão da vida" (6,48), com a polivalência de alimentação que comporta: nutre com sua palavra, com seu exemplo, com o Espírito; nutre particularmente com a Eucaristia (Jo 6,52-59), sobre a qual se insiste a ponto de causar desconforto nos ouvintes e que somente a fé vertiginosa solicitada por Jesus permitirá superar em seguida (Jo 6,60-69).

Assim, se entrevê o resultado dessas implicações contidas no pedido de pão, que o texto, quer de Mateus, quer de Lucas, deixavam perceber.

Em resumo: na reelaboração de João, o Pai doa Jesus como o pão e Jesus desempenha essa função seja se preocupando com aquelas necessidades que fazem parte de uma existência física a ser conduzida nesta terra, seja doando-se plenamente.

Assim, Jesus é compreendido e sentido pela Igreja de João como aquele que é capaz de alimentar plenamente aquela vida de filhos que permite aos cristãos realizarem um relacionamento particularmente próximo, ansioso e, ao mesmo tempo, alegre com o Pai celeste: "Vede como é grande o amor que o Pai nos deu para sermos chamados filhos de Deus; e nós o somos realmente!" (1Jo 3,1).

O pedido de perdão é reinterpretado e aprofundado. O perdão chega por meio de Jesus, por quem o cristão passa da morte à vida e está completamente livre do pecado.

Essa passagem realizada dá o tom de toda a vida eclesial: o cristão, por um lado, como filho de Deus e aderente a ele, "não peca" (1Jo 3,6). Está acima do risco dessa escolha de fundo negativa, o pecado entendido como uma rejeição da lei do Espírito que agora o guia (cf. 1Jo 3,4). Poderão haver, no entanto, algumas insuficiências parciais, riscos, medos: o recurso a Jesus que mantém permanentemente sua função de libertador do pecado (1Jo 2,1), uma confiança incondicional em Deus "maior do que o nosso coração" (1Jo 3,20) permitirá aos cristãos viverem adequadamente na situação de filhos de Deus.

Filhos de Deus e irmãos entre si. João insiste muito nessa dimensão. Não fala explicitamente do perdão das ofensas, mas, claramente, ele o incorpora em uma visão mais ampla e envolvente.

O amor aos irmãos, praticado adequadamente, constitui um critério diagnóstico da superação da situação de morte, própria do pecado: "Sabemos que passamos da morte para a vida, porque amamos nossos irmãos. Quem não ama permanece na morte" (1Jo 3,14). Positivamente, a relação filial que se estabelece com Deus — e Deus no vocabulário joanino é sempre o Pai —, que é amor, imediatamente se derrama sobre os irmãos: "Caríssimos, amemo-nos uns aos outros, porque o amor vem de Deus, e todo aquele que ama nasceu de Deus e conhece a Deus. Quem não ama não conheceu a Deus, porque Deus é amor" (1Jo 4,7-8). Ao passo que em Mateus e Lucas se enfatiza uma imitação do Pai no perdão das "dívidas" e dos "pecados", João estende ousadamente a emulação do Pai em uma perspectiva construtiva e ilimitada. Já existe o compromisso assumido de amar com a mesma intensidade, com o mesmo estilo com que ele, que é amor, ama: "Caríssimos, se a este ponto Deus (o Pai) nos amou, nós também devemos nos amar uns aos outros" (1Jo 4,11). Esse tipo de amor realizado na Igreja conseguirá tornar reconhecíveis os traços do Pai (cf. 1Jo 4,12).

Quanto ao último pedido do "pai-nosso" — a defesa contra a tentação e o maligno — temos novamente uma ênfase cristológica. Jesus — como já se viu — pede explicitamente ao Pai para que ele defenda os discípulos do mal ou do "maligno" (Jo 17,15). Tendo vencido o mundo (cf. Jo 16,33), sendo superior ao "príncipe deste mundo" (Jo 16,11), é capaz de garantir ao cristão a superação de todas as armadilhas demoníacas. Tais armadilhas se farão sentir: isso é sublinhado particularmente pelo livro do Apocalipse, que mostra como o demoníaco atua infiltrando-se nas estruturas da história. Os cristãos serão capazes de vencer sempre porque participam do "sangue do cordeiro" (Ap 12,11), isto é, da vitalidade — simbolizada pelo sangue — que Cristo como "cordeiro" (cf. Ap 5,6) obteve para si e doa continuamente, recorrendo aos recursos de sua morte e ressurreição.

Certamente não encontramos em João um otimismo evanescente que ignore o mal. Antes, surpreende a acentuação, típica do Quarto Evangelho, da força das trevas (cf. Jo 1,5; 8,12; 12,35 etc.). Mas o Cristão, unido a Cristo e "permanecendo" nele, sente-se acima dessas trevas. Sua oração poderá e deverá dirigir-se também ao Pai para superar as armadilhas do mal, mas sua principal preocupação será manter o contato com Cristo, ser e permanecer "ramo unido" à videira (Jo 15,2), para ser, em suma, sempre permeado pela vitalidade do Cristo. Nesta situação, o cristão será capaz de vencer o mal em todas as suas formas, mesmo as mais ameaçadoras.

Encontramos em João um sugestivo desenvolvimento do núcleo básico que se expressa e se detalha no "pai-nosso". Nenhum aspecto está ausente. No entanto, ao lado dessa presença que pode ser encontrada nos detalhes, surge em João a síntese que a comunidade cristã elaborou e continua a elaborar, caminhando em frente, amadurecendo, realizando cada vez mais e melhor os grandes valores de que é portadora. E os valores que a comunidade cristã realiza têm apenas um nome: Cristo. É Cristo, com sua verdade e sua vida, que é continuamente dado à comunidade pela mediação do Espírito. E assim o Pai santifica e glorifica seu nome, envolve em uma situação de reino que se realiza a cada dia e estabelece uma reciprocidade de amor que leva a desejar apaixonadamente a realização de sua vontade. Dando Cristo como alimento, o Pai dá o que há de melhor para o ser humano, para sua vida presente e futura, levando-o a amar com o mesmo tipo de seu amor e defendendo-o de quaisquer armadilhas. Movendo-se na órbita de Cristo, o cristão se tornará plenamente filho do Pai.

VII. Conclusão

O exame sumário realizado no contexto dos principais textos do Novo Testamento que dizem respeito ao "pai-nosso" — mas a ramificação é ainda mais extensa: basta pensar na execução da vontade do Pai na Carta aos Hebreus — no-lo apresentam em movimento. Começa-se a partir de Marcos, em que os elementos constitutivos ainda não estão conectados entre si em uma fórmula de oração. A fórmula é apresentada em Mateus e Lucas, mas os valores que ela expressa, longe de serem isoláveis do contexto dos respectivos evangelhos, encontram-se aí reinterpretados e aprofundados. Paulo, mediante o sublinhar da lei do Espírito, levou a uma maior profundidade: fez a comunidade refletir sobre o que significa a paternidade de Deus e sobre as implicações que isso acarreta.

Finalmente, João nos ofereceu uma reelaboração amadurecida dos núcleos básicos do "pai-nosso" inteiramente centrada no Cristo.

É então possível perceber — é uma conclusão que se impõe — que a fórmula do "pai-nosso" não é estereotipada, mas se torna como a ponta de um *iceberg*: viaja no âmbito da Igreja, causando ressonâncias na vastidão e na profundidade; estimula a Igreja a amadurecer e, ao mesmo tempo, consegue condensar e reexpressar o amadurecimento ocorrido.

Se dermos uma olhada na apresentação do "pai-nosso" no CCE e a medirmos a partir dos parâmetros bíblicos que obtivemos, detectamos uma correspondência aderente.

O padrão de desenvolvimento que observamos — do Jesus de Marcos à fórmula de Mateus e Lucas, da fórmula ao Jesus ativo na Igreja mediante o Espírito, que é próprio de João — corresponde ao padrão introdutório do Catecismo, ilumina-o conferindo-lhe densidade. Como "síntese de todo o Evangelho", o "pai-nosso" se condensa em Jesus, que "é o centro das Escrituras", é expresso na fórmula da "oração do Senhor" e torna-se a "oração da Igreja" (nn. 2759-2772).

O "pai-nosso" é uma fórmula. O Catecismo privilegia a forma de Mateus, a mais articulada e que se impôs no uso litúrgico. Essa fórmula é inculcada, analisada e resumida em suas sete petições: faz-se constantemente referência a ela.

O CCE pretende assim recordar em toda a sua plenitude o campo da oração cristã de súplica: todas as sete petições são essenciais, embora não seja necessário apresentá-las todas simultaneamente.

Mas a fórmula é uma cristalização da vida. Aí confluem aqueles valores básicos que a experiência da Igreja amadureceu e desenvolveu em sua história, à semelhança do que se pode encontrar nas comunidades paulinas e naquelas subjacentes aos evangelhos.

Na estrutura de sustentação que identificamos através do exame direto do "Evangelho quadriforme" e de Paulo se apresentam espontaneamente os muitos elementos relatados ou mencionados pela CCE, que adquirem, assim, solidez e perspectiva.

Alguns exemplos ilustram o que estamos dizendo.

A confiança com que o cristão se aproxima do Pai ousando dirigir-se a ele com familiaridade de *"Abbá"* (cf. nn. 2777-2782) adquire seu pleno significado se for enquadrada na experiência do Espírito própria da comunidade paulina, na qual se realiza a passagem de apropriação pelos cristãos do que havia sido, em Marcos, uma atitude exclusiva de Jesus.

A interpretação da expressão "que estais no céu" (nn. 2794-2796) quer justamente excluir a distância de Deus. Mas, mais do que sua própria majestade, confere, como se viu no uso "Pai celeste", próprio de Mateus, uma dimensão de infinito à paternidade. A transição de "céus", símbolo da transcendência, à "coração dos justos" (n. 2794, citação de Santo Agostinho) se esclarece, na perspectiva bíblica ilustrada, lembrando que o Espírito que leva os cristãos a invocar o Pai com *"Abbá"* age bem nos corações, que então se tornam o campo de uma ação transcendente.

A explicação da primeira petição insiste com razão na santidade própria do Pai realizada na comunidade dos cristãos (nn. 2807-2815), equivalente à glória (n. 2809). A perspectiva bíblica, de Mateus a João, relativiza o aspecto "estimativo" (n. 2811), tornando-o um corolário da participação real na santidade do Pai.

A vontade do Pai realizada na terra "como no céu" é bem compreendida na perspectiva de uma execução que beire a transcendência como perfeição: a reconhecemos no Jesus próprio de João e da Carta aos Hebreus. Caso contrário, o paralelo com a vontade salvífica de Deus que se supõe como já realizada na transcendência do céu corre o risco de permanecer como algo vago (nn. 2822-2827).

O pedido do pão dado pelo Pai adquire realmente um valor eucarístico. Mas mais do que a interpretação questionável neste sentido de *epiousios* (nn. 2836-2837), aparece como determinante a releitura do "pão da vida" que encontramos em João.

Por fim, a superação de todas as diferenças, "as dívidas", na relação recíproca que se insere no "fluxo de misericórdia" (nn. 2838-2841) próprio de Deus, se desenvolve adequadamente na experiência do Deus-amor, próprio da comunidade joanina.

Os exemplos poderiam continuar. No entanto, é essencial relembrar um fato fundamental: o "pai-nosso" continua a viajar na Igreja de hoje do mesmo modo como se desenvolveu naquela das origens.

Os numerosos comentários — abundantemente citados no CCE — que ocorreram ao longo da história da Igreja refletem pontualmente a problemática das várias situações históricas, sintetizando-a e interpretando-a.

Uma etapa desta viagem do "pai-nosso" na vida da Igreja está dada pela publicação do CCE. Contudo, esta etapa não é a última: a oração do Senhor continuará sua função de síntese e de inspiração — quase um movimento de sístole e diástole — com relação ao Evangelho até o fim dos séculos.

TRADUTORES DA EDIÇÃO BRASILEIRA

FRADE, GABRIEL
Apresentação
Introdução
Segunda Parte, Segunda Seção (Capítulo III)
Terceira Parte, Primeira Seção
Terceira Parte, Segunda Seção
Quarta Parte, Primeira Seção
Quarta Parte, Segunda Seção

GIACHINI, ENIO PAULO
Lista de autores
Lista de siglas
Questões Introdutórias
Primeira Parte, Primeira Seção

MOREIRA, ORLANDO SOARES
Primeira Parte, Segunda Seção
Segunda Parte, Primeira Seção
Segunda Parte, Segunda Seção (Capítulos I-II)

TRADUTORES DA EDIÇÃO ITALIANA

Alemão

PASQUALE, GIANLUIGI
A vida de oração (*Michael Schneider*)
O Catecismo da Igreja Católica nas Igrejas particulares (*Christoph Schönborn*)

RUSSO, CARMELO
Maria — Mãe de Cristo, Mãe da Igreja (*Regina Willi*)

Espanhol

CASESNOVES, JOSÉ GASCÓ
"Creio na Santa Igreja Católica" (*Manuel José Jiménez R.*)

COLONNETTI, PAOLO FRANCESCO
O Mistério Pascal no tempo da Igreja (*Maria del Pilar Rio García*)
O nono mandamento (*Martín Carbajo Núñez*)
Os sacramentos da iniciação cristã. O Sacramento do Batismo (*Juan Carlos Carvajal Blanco*)
O Sacramento da Confirmação (*Juan Carlos Carvajal Blanco*)
O Sacramento da Eucaristia (*Juan Carlos Carvajal Blanco*)

TOVAGLIARI, NICOLA
A dignidade da pessoa humana (*Ángel Rodríguez Luño*)

Francês

CAMPO, GIUSEPPINA
O Catecismo da Igreja Católica na dinâmica da renovação da catequese (*Joël Molinario*)

Inglês

CLEAR, RYAN
MERLINO, MASSIMO
Creio em Deus Pai (*Thomas Joseph White*)
Creio em Deus (*Thomas Joseph White*)
O Pai (*Thomas Joseph White*)
O Todo-Poderoso (*Thomas Joseph White*)

ESPOSITO, EMANUELE
Recepção do Catecismo da Igreja Católica (*Caroline Farey*)
As demais celebrações litúrgicas (*Edward McNamara*)

TOVAGLIARI, NICOLA
O céu e a terra (*Paul O'Callaghan*)

Edições Loyola

editoração impressão acabamento
Rua 1822 nº 341 – Ipiranga
04216-000 São Paulo, SP
T 55 11 3385 8500/8501, 2063 4275
www.loyola.com.br